Werner Weidenfeld | Wolfgang Wessels [Hrsg.]

Jahrbuch der Europäischen Integration

2022

Petra Ahrens · Aljoscha Albrecht · Franco Algieri · Katrin Auel · Heinz-Jürgen Axt · Mariano Barbato · Michael L. Bauer · Peter Becker · Annegret Bendiek · Julian Bergmann · Silvia Bolgherini · Sarah-Lena Böning · Klaus Brummer · Birgit Bujard · Karlis Bukovskis · Hrvoje Butković · Thomas Christiansen · Agnieszka K. Cianciara · Anthony Costello · Alexandru Damian · Johanna Deimel · Doris Dialer · Thomas Diez · Roland Döhrn · Julian Dörr · Hans-Wilhelm Dünn · Florence Ertel · Tobias Etzold · Alina Felder · Eva Feldmann-Wojtachnia · Sabine Fischer · Tobias Flessenkemper · Christian Franck · Lykke Friis · Carsten Gerards · Gabriel Glöckler · Daniel Göler · Alexander Grasse · Martin Große Hüttmann · Anna Gussarova · Christoph Gusy · Björn Hacker · Simon C. Hartmann · Niklas Helwig · Pauline Hoffmann · Andreas Hofmann · Bernd Hüttemann · Tuomas Iso-Markku · Klaus Jacob · Mathias Jopp · Michael Kaeding · Niels Keijzer · Anna-Lena Kirch · Henning Klodt · Wim Kösters · Valentin Kreilinger · Tobias Kunstein · Guido Lessing · Barbara Lippert · Christian Lippert · Marko Lovec · Siegfried Magiera · Remi Maier-Rigaud · Jean-Marie Majerus · Andreas Marchetti · Daniel Martínek · Dominic Maugeais · Andreas Maurer · Vittoria Meißner · Laia Mestres · Julina Mintel · Jürgen Mittag · Jan-Peter Möhle · Lucia Mokrá · Manuel Müller · Matthias Niedobitek · Philip Pauen · Thomas Petersen · Julian Plottka · Johannes Pollak · António Raimundo · Christian Raphael · Iris Rehklau · Darius Ribbe · Daniel Schade · Sebastian Schäffer · Joachim Schild · Ulrich Schlie · Otto Schmuck · Lucas Schramm · Tobias Schumacher · Martin Selmayr · Otto W. Singer · Eduard Soler i Lecha · Ditte Brasso Sørensen · Burkard Steppacher · Tamás Szigetvári · Funda Tekin · Gabriel N. Toggenburg · Hans-Jörg Trenz · Jürgen Turek · Günther Unser · Mendeltje van Keulen · Nicolai von Ondarza · Thomas Walli · Volker Weichsel · Werner Weidenfeld · Wolfgang Weiß · Charlotte Wenner · Wolfgang Wessels · Moritz Wiesenthal · Laura Worsch · Wolfgang Zellner

Das *Jahrbuch der Europäischen Integration* wird freundlicherweise vom Auswärtigen Amt gefördert.

Das *Institut für Europäische Politik (IEP)* wird im Rahmen des Citizens, Equality, Rights and Values Programms 2021–2027 der Europäischen Union gefördert. Für die Inhalte zeichnet allein das IEP verantwortlich.

Redaktion: David Nonhoff
Die Redaktion dankt Jakob Burger und Leander Kraft für die vielfältige Unterstützung. Für die Unterstützung bei Grafikdesign und Layout dankt die Redaktion Anna Schoida.

Onlineversion
Nomos eLibrary

Die Deutsche Nationalbibliothek verzeichnet diese Publikation in der Deutschen Nationalbibliografie; detaillierte bibliografische Daten sind im Internet über http://dnb.d-nb.de abrufbar.

ISBN 978-3-8487-8877-4 (Print)
ISBN 978-3-7489-2933-8 (ePDF)

ISSN 0721-5436

1. Auflage 2022
© Nomos Verlagsgesellschaft, Baden-Baden 2022. Gesamtverantwortung für Druck und Herstellung bei der Nomos Verlagsgesellschaft mbH & Co. KG. Alle Rechte, auch die des Nachdrucks von Auszügen, der fotomechanischen Wiedergabe und der Übersetzung, vorbehalten. Gedruckt auf alterungsbeständigem Papier.

Inhaltsverzeichnis

Vorwort der Herausgeber 11
Werner Weidenfeld/Wolfgang Wessels

1. Die Bilanz

Die Bilanz der Europäischen Integration 2022 15
Werner Weidenfeld

Die Europapolitik in der wissenschaftlichen Debatte 25
Christian Raphael/Darius Ribbe/Wolfgang Wessels

Die Europäischen Union und der Krieg in der Ukraine 45
Mathias Jopp

Die Auswirkungen der Covid-19-Pandemie 59
Martin Große Hüttmann

2. Die Institutionen der Europäischen Union

Die institutionelle Architektur der Europäischen Union 69
Carsten Gerards/Wolfgang Wessels

Europäisches Parlament 79
Andreas Maurer

Europäischer Rat 87
Lucas Schramm/Wolfgang Wessels

Rat der Europäischen Union 95
Julina Mintel/Nicolai von Ondarza

Europäische Kommission 103
Andreas Hofmann

Gerichtshof 111
Siegfried Magiera/Matthias Niedobitek

Europäische Zentralbank 121
Martin Selmayr

Rechnungshof 135
Siegfried Magiera/Matthias Niedobitek

Ausschuss der Regionen 139
Otto Schmuck

Europäischer Wirtschafts- und Sozialausschuss 143
Doris Dialer/Thomas Walli

Europäische Agenturen 147
Michael Kaeding

Europäische Investitionsbank 153
Tobias Kunstein

3. Die politische Infrastruktur

Nationale Parlamente 159
Valentin Kreilinger

Europäische Parteien 163
Jürgen Mittag

Europa der Kommunen.. 167
Andreas Marchetti

Europäische Bürgerinitiative 169
Julian Plottka

Europa in den Medien 171
Hans-Jörg Trenz

Interessenvertretung 175
Bernd Hüttemann

Die öffentliche Meinung.. 179
Thomas Petersen

Kirchen und Religionsgemeinschaften.. 187
Mariano Barbato

Konferenz zur Zukunft Europas 191
Manuel Müller

4. Die Innenpolitik der Europäischen Union

Agrar- und Fischereipolitik 197
Christian Lippert

Asyl-, Einwanderungs- und Visapolitik 203
Vittoria Meißner

Beschäftigungs- und Sozialpolitik... 211
Björn Hacker

Bildungspolitik.. 217
Alina Felder

Binnenmarkt.. 221
Iris Rehklau/Sebastian Schäffer

Datenschutzpolitik... 225
Jan-Peter Möhle

Digitale Agenda und Cybersicherheit.. 227
Hans-Wilhelm Dünn

Energiepolitik.. 233
Johannes Pollak

Forschungs-, Technologie- und Telekommunikationspolitik 237
Jürgen Turek

Gesundheits- und Verbraucherpolitik.. 241
Sarah-Lena Böning/Remi Maier-Rigaud

Gleichstellungspolitik.. 247
Petra Ahrens

Haushaltspolitik... 251
Peter Becker

Der Wiederaufbauplan der Europäischen Union 257
Peter Becker
Industriepolitik 261
Jürgen Turek
Jugendpolitik 265
Eva Feldmann-Wojtachnia
Kulturpolitik 269
Otto W. Singer
Menschenrechtspolitik 273
Gabriel N. Toggenburg
Rechtsstaatlichkeit 279
Gabriel N. Toggenburg
Polizeiliche und justizielle Zusammenarbeit 285
Christoph Gusy/Jan-Peter Möhle
Regional- und Kohäsionspolitik 291
Julian Dörr
Sportpolitik 297
Jürgen Mittag
Tourismuspolitik 301
Anna-Lena Kirch/Pauline Hoffmann
Umwelt- und Klimapolitik 303
Klaus Jacob
Verkehrspolitik 311
Daniel Martínek/Sebastian Schäffer
Währungspolitik 315
Gabriel Glöckler
Weltraumpolitik 321
Jürgen Turek
Wettbewerbspolitik 323
Henning Klodt
Wirtschaftspolitik 327
Roland Döhrn/Wim Kösters

5. Die Außenpolitik der Europäischen Union

Außenwirtschaftsbeziehungen 335
Wolfgang Weiß
Entwicklungszusammenarbeit und Humanitäre Hilfe 341
Niels Keijzer/Julian Bergmann
Gemeinsame Außen- und Sicherheitspolitik 347
Annegret Bendiek/Moritz Wiesenthal
Gemeinsame Sicherheits- und Verteidigungspolitik 353
Florence Ertel/Daniel Göler
Afrikapolitik 359
Aljoscha Albrecht

Asienpolitik 363
Thomas Christiansen

Die Europäischen Union und China 367
Franco Algieri

Lateinamerikapolitik 373
Daniel Schade

Nahostpolitik 377
Michael L. Bauer/Simon C. Hartmann

Die Europäische Union und die USA 381
Niklas Helwig

Zentralasienpolitik 387
Anna Gussarova

6. Die Europäische Union und ihre Nachbarn

Europäische Nachbarschaftspolitik 391
Barbara Lippert

Östliche Partnerschaft 399
Dominic Maugeais/Laura Worsch

Mittelmeerpolitik 407
Tobias Schumacher

Die EFTA-Staaten, der EWR und die Schweiz 411
Burkard Steppacher

Die Europäische Union und Russland 417
Sabine Fischer

Die Europäische Union und das Vereinigte Königreich 423
Birgit Bujard

7. Die Erweiterung der Europäischen Union

Die Erweiterungspolitik der Europäischen Union 433
Barbara Lippert

Westbalkan 443
Tobias Flessenkemper

Türkei 455
Funda Tekin

8. Die Europäische Union und andere Organisationen

Die Europäische Union und der Europarat 461
Klaus Brummer

Die Europäische Union und die NATO 467
Ulrich Schlie/Philip Pauen

Die Europäische Union und die OSZE 473
Wolfgang Zellner

Die Europäische Union und die Vereinten Nationen 479
Günther Unser

9. Die Europapolitik in den Mitgliedstaaten der Europäischen Union

Belgien 487
Christian Franck

Bulgarien 491
Johanna Deimel

Dänemark 495
Ditte Brasso Sørensen/Lykke Friis

Deutschland 499
Funda Tekin

Estland 507
Tobias Etzold

Finnland 509
Tuomas Iso-Markku

Frankreich 513
Joachim Schild

Griechenland 519
Heinz-Jürgen Axt

Irland 523
Anthony Costello

Italien 527
Alexander Grasse/Silvia Bolgherini

Kroatien 533
Hrvoje Butković

Lettland 535
Karlis Bukovskis

Litauen 537
Tobias Etzold

Luxemburg 539
Guido Lessing/Jean-Marie Majerus

Malta 541
Hans-Jürgen Axt

Die Niederlande 543
Mendeltje van Keulen

Österreich 547
Katrin Auel/Johannes Pollak

Polen 551
Agnieszka K. Cianciara

Portugal 557
António Raimundo

Rumänien 561
Alexandru Damian

Schweden 565
Tobias Etzold/Charlotte Wenner

Slowakei 569
Lucia Mokrá

Slowenien 573
Marko Lovec

Spanien 577
Laia Mestres/Eduard Soler i Lecha

Tschechische Republik 583
Volker Weichsel

Ungarn 587
Tamás Szigetvári

Zypern 591
Thomas Diez

10. Anhang

Abkürzungen 595
Die Autoren und Autorinnen 596

Vorwort der Herausgeber

Als im Morgengrauen des 24. Februar 2022 die ersten russischen Raketen in ukrainischen Städten einschlagen, fallen viele europäische und transatlantische Gewissheiten wie Kartenhäuser in sich zusammen. Kommissionspräsidentin Ursula von der Leyen spricht von „eine[m] Wendepunkt für unsere Union", der deutsche Bundeskanzler Olaf Scholz nennt es „Zeitenwende": Mitten im Kampf um den wirtschaftlichen Wiederaufbau Europas nach der Covid-19-Pandemie zwingt der russische Präsident Wladimir Putin mit seiner Invasionsarmee die Ukraine, die EU und ganz Europa brutal in ein neues Zeitalter. Und doch zeigt sich die EU – zumindest nach außen – so geeint wie lange nicht.

So folgt auf Verfassungskrise (2005), Finanzkrise (ab 2007), Eurokrise (ab 2010), Migrationskrise (ab 2015), Corona-Krise (ab 2020) und Klimakrise nun mit dem Krieg in der Ukraine eine weitere Krise fundamentalen Ausmaßes. Wie hat die EU auf dieses Zusammenspiel verschiedener Krisen reagiert? Welche Bruchlinien haben sie zutage befördert? Was bedeuten der Krieg und seine Auswirkungen für die Zukunft der europäischen Integration? Diese Fragen ziehen sich wie ein roter Faden durch die Beiträge des Jahrbuchs der Europäischen Integration 2022. Wie Werner Weidenfeld es in seiner *Bilanz der Europäischen Integration* rekapituliert: „Europa zeigt sich gegenwärtig als ein Kontinent der Fragezeichen".

In altbewährter Tradition beschreibt und analysiert das Jahrbuch auch in seiner 42. Ausgabe alle wichtigen Bereiche der Europapolitik zwischen Sommer 2021 und Sommer 2022: Die Arbeit der Institutionen, die Entwicklungen in den einzelnen Politikbereichen, Europas Rolle in der Welt sowie die Europapolitik in den Mitgliedstaaten und Kandidatenländern. Neben dem Krieg in der Ukraine sind die weiteren Querschnittsthemen der diesjährigen Ausgabe die Auswirkungen der Covid-19-Pandemie, die Probleme der Rechtsstaatlichkeit und die Folgen zahlreicher wichtiger nationaler Wahlen, wie zum Beispiel in Deutschland, Frankreich und Ungarn.

Sabine Fischer zeigt in ihrem Beitrag zur *Europäischen Union und Russland*, dass Russland mit dem Krieg zu einer Diktatur geworden ist, die den seit 1992 unabhängigen ukrainischen Staat vernichten will. Mathias Jopp gibt einen Überblick zum *Krieg in der Ukraine* und beleuchtet die wechselseitigen Konsequenzen der Sanktionen gegen Russland, die Debatte um Waffenlieferungen sowie die Auswirkungen des Krieges auf die EU-Institutionen, die Integration und die Erweiterungspolitik. Christian Raphael, Darius Ribbe und Wolfgang Wessels beobachten, dass in der *wissenschaftlichen Debatte* mit tradierten Sichtweisen und theoretischen Ansätzen zur europäischen Integrationspolitik abgerechnet wird, die viele Autor:innen nicht nur durch den Krieg in der Ukraine als überholt einstufen.

Auch Barbara Lippert stellt in ihren Beiträgen zur *Erweiterungspolitik* und zur *Nachbarschaftspolitik* grundlegende Veränderungen und neue Integrationsdynamiken fest. So zeigt sie – in Bezug auf Moldau, Georgien und die Ukraine – den Spurwechsel der EU von der Europäischen Nachbarschaftspolitik zur Erweiterungspolitik. Welche Ängste der Angriff Russlands auf die Ukraine in den Ländern der *Östlichen Partnerschaft* geweckt hat, fassen Dominic Maugeais und Laura Worsch zusammen. Annegret Bendiek und Moritz Wiesenthal erkennen und analysieren in ihrem Beitrag zur *Gemeinsamen Außen- und Sicherheitspolitik* Dynamiken des Wandels, aber auch der Stagnation und des Scheiterns europäischer Außen- und Sicherheitspolitiken.

Neben der allgemeinen Außen- und Sicherheitspolitik hatte der Krieg auch gravierende Auswirkungen auf die *Umwelt- und Klimapolitik*, die Klaus Jakob beschreibt. Johannes Pollak legt den Finger auf die dramatische Abhängigkeit einiger Mitgliedstaaten von russischem Gas und zeigt die Konsequenzen der *Energiepolitik* der EU auf. Gabriel Toggenburg erläutert in seinem Beitrag zur *Rechtsstaatlichkeit*, dass es begrüßenswerte Entwicklungen – wie die neuen Empfehlungen im Rechtsstaatsbericht der Kommission – gegeben hat. Das Gesamtbild der Rechtsstaatlichkeit habe sich jedoch leider nicht verbessert.

In seinem Beitrag zur *Europäischen Kommission* untersucht Andreas Hofmann die Rolle der Kommission bei der Bewältigung der Krisenkaskade und stellt dabei fest, dass es gelungen ist, die Klima- und Digitalpolitik als roten Faden der Krisenmaßnahmen zu bewahren. Peter Becker betrachtet in diesem Kontext die Umsetzung des *Wiederaufbauplans der Europäischen Union*. Unser neuer Autor Julian Dörr wartet mit einer spannenden Entwicklung der *Regional- und Kohäsionspolitik* auf: Diese wandelt sich schleichend von einer Unterstützungspolitik zu einer Quasi- Wirtschaftspolitik oder „Ersatzwirtschaftspolitik".

Auch abseits der großen internationalen Krisen gab es teils turbulente Entwicklungen in den Mitgliedstaaten: Alexander Grasse und Silvia Bolgherini skizzieren in ihrem Beitrag das innenpolitische Drama in *Italien* im Sommer 2022, aber auch den italienisch-französischen Freundschaftsvertrag. Agnieszka Cianciara berichtet vom weiterhin schwelenden Rechtsstaatskonflikt zwischen *Polen* und der EU, aber auch von der grenzlosen polnischen Unterstützungsbereitschaft für die Ukraine. Thomas Diez beschreibt den schwierigen Spagat *Zyperns* im Umgang mit dem russischen Angriffskrieg, während Hrvoje Butković berichtet, wie sich *Kroatien* auf die Einführung des Euros vorbereitet.

Zur Vereinheitlichung der Behandlung von EU-Nachbarstaaten gibt es dieses Jahr zwei Neuerungen: Die bisher alleinstehenden Länderkapitel *Ukraine*, *Moldau* und *Georgien* wurden in den Beitrag *Östliche Partnerschaft* von Dominic Maugeais und Laura Worsch integriert, der in seinem Umfang entsprechend gewachsen ist. Die EU-Beziehungen zu den *Westbalkan*staaten haben einen neuen Beitrag erhalten, den Tobias Flessenkemper verfasst hat und der die bisherigen Länderbeiträge beinhaltet. Dieser Ansatz bietet bessere Übersicht und spannende länderübergreifende Analysen ohne inhaltliche Abstriche zu machen.

Dieser kleine Ausschnitt aus den diesjährigen Jahrbuch-Beiträgen zeigt: Das Jahrbuch ist eine einzigartige Quelle für alle, die sich über die jüngsten Entwicklungen der EU informieren wollen. Die Autor:innen der sorgfältig ausgewählten, zusammengestellten und redigierten Beiträge – über 100 an der Zahl – sind allesamt ausgewiesene Expert:innen ihres Fachs. Sie beschreiben die Ereignisse des vergangenen Jahres und analysieren deren Bedeutung für den Fortgang der Europäischen Integration. So ist auch die vorliegende 42. Ausgabe des Jahrbuchs wieder ein wichtiges Stück europäischer Zeitgeschichte.

Den Autor:innen sei daher an dieser Stelle ein großer Dank ausgesprochen. Ein besonderer Dank gilt außerdem David Nonhoff, Leander Kraft und Jakob Burger vom Institut für Europäische Politik (IEP) für ihr sachkundiges und geduldiges Lektorat.

Das Jahrbuch ist ein Projekt des Instituts für Europäische Politik, das in Kooperation mit dem Centrum für angewandte Politikforschung der Universität München (C·A·P) und dem Centrum für Türkei und EU Studien (CETEUS) der Universität zu Köln verwirklicht wird. Ohne die großzügige Förderung durch das Auswärtige Amt war und ist das Jahrbuch nicht realisierbar.

Werner Weidenfeld   Wolfgang Wessels

1. Die Bilanz

Die Bilanz der Europäischen Integration 2022

Werner Weidenfeld

Die aktuelle Lage in der Europäischen Union ist höchst kompliziert. Sie entzieht sich unseren bisherigen Beschreibungsversuchen und unserem traditionellen Vokabular. Zu dramatisch, zu tiefgreifend, zu aufregend und zu undurchsichtig wird die EU vom Wandel erfasst. Es wäre eine Verharmlosung, nur von einer Krise der EU zu sprechen und darauf mit dem bekannten Routine-Pathos zu antworten.[1]

Entsprechend schrill sind die Schlagzeilen unserer Tage. Empirische Daten zeigen, dass wir in einem „Zeitalter der Konfusion" leben: Die EU wird von der großen Mehrheit der Menschen nicht mehr verstanden. Eine erodierte Politik öffnet den Markt für radikalen Populismus. Enthemmte Aggressivität gewinnt in Zeiten konfuser Ratlosigkeit an Attraktivität. Der Firnis der Zivilisation ist offenbar dünner als bisher angenommen. Die deutsche wie die europäische Politik üben sich gleichermaßen in strategischer Ratlosigkeit. Beide Ebenen der Politik werden drastisch vom Vertrauensverlust angenagt. Der bisherige Zauber der Stabilität ist verschwunden. Ratlosigkeit ist zur Normalität geworden. Die Strategiekrise der Bundesrepublik verbindet sich auf fatale Weise mit der Sinnkrise der gesamten EU.

Versuchen wir also, eine gewisse geistige Ordnung auf der Baustelle Europäische Union zu schaffen.[2] Die immense Rechtsetzungsmacht mit knapp 450 Mio. Europäer:innen lässt die Lösung der Demokratiefrage als essenziell und unabdingbar erscheinen. Wie soll in der Tradition der Volkssouveränität ein politisches System sonst seine Legitimation erhalten? Ohne solche normativen Grundlagen wäre Europa auf Dauer weder handlungsfähig noch akzeptabel. Um die demokratische Verfahrenslegitimation ist es allerdings in der Europäischen Union nicht gut bestellt. Die Verfahrenslegitimation bedarf der kollektiven Identität als kultureller Grundierung. Und diese kollektive Identität ist in der EU bisher schwach entwickelt. Die große Antwort fordert den Zuruf: Arbeitet an der Identität Europas! Die EU erlebt sich bisher weder als Kommunikationsgemeinschaft noch als eine Erinnerungsgemeinschaft und auch nicht als Erfahrungsgemeinschaft.

Die EU steht also vor einer intellektuellen Herausforderung besonderer Art. So wie die Europäische Union ein Gebilde sui generis ist, so ist auch die Notwendigkeit einer tragfähigen und überzeugenden Zukunftsstrategie für die EU eine einzigartige Herausforderung. Das herkömmliche Begründungspathos hilft dabei nicht weiter. Die alten Orientierungskonstellationen sind weitgehend verbraucht. Es bedarf also anderer politisch-

---

1 Ludger Kühnhardt: Das politische Denken der Europäischen Union. Supranational und zukunftsoffen, Paderborn 2022; Alexander auf dem Keller: Quo Vadis, Europäische Union? Die Finalität der EU am Leitbild des Bundesstaates, Baden-Baden 2022; Andreas Grimmel (Hg.): Die neue Europäische Union. Zwischen Integration und Desintegration, Baden-Baden 2020; Martin Kirchner (Hg.): Europa neu erzählen: Inszenierungen Europas in politischer, theologischer und kulturwissenschaftlicher Perspektive, Baden-Baden 2022.
2 Michael Mertes: Zyklen der Macht. Über Dynamik und Stagnation, Aufstieg und Niedergang in der Politik, Bonn 2021; Aleida Assmann: Der europäische Traum. Vier Lehren aus der Geschichte, München 2019; Werner Weidenfeld: Europas Seele suchen. Eine Bilanz der Europäischen Integration, Baden-Baden 2021.

kultureller Anstrengungen. Der Weihrauch der Werte, der Nebel des Pathos beheben nicht das Drama des Misstrauens in Europa.

Wie kann nun die strategische Antwort auf diese höchst komplexe, höchst schwierige Lage aussehen?[3] Sie kann nicht in dem historischen Hinweis auf die Gründerzeiten, ihre Erfolge und die klassischen Motivationslagen dieser Geschichtsepochen bestehen – was häufig genug versucht wird. Manche politische Kulisse der Integration stammt noch aus den Gründerzeiten, als Antwort auf den Zweiten Weltkrieg zu geben war – oder dann, als die Einigung Europas politisches Überlebensprinzip im weltpolitischen Konflikt zwischen Ost und West war. Alles das ist heute weitgehend konsumiert, bietet bestenfalls hohles Pathos aus vergangenen Zeiten.

Es bedarf also jetzt der großen Verständigung auf neue Begründungskonstellationen, die das Machtmonster Europa verstehen lassen. Die knapp 450 Mio. Menschen mit ökonomischem Spitzenpotential und solider militärischer Ausstattung haben die Europäische Union in den Rang einer Weltmacht befördert. Umso dringlicher wird es, diese Weltmacht aus taumelnder Orientierungslosigkeit zu befreien. Dazu bedarf es der neuen Begründungskonstellationen und der präzisen Strategien. Nur so kann Europa eine zukunftsfähige Form finden. Die Alternativen zu diesem bisher unerfüllten Konzept lassen sich in Ansätzen beobachten: In fast jedem Mitgliedstaat gibt es Fluchtbewegungen aus der Komplexität der Lage in die einfache Formel des populistischen Extremismus. Man fragt sich inzwischen dazu besorgt: Ist Europa die diskursive Energie ausgegangen? Der Zielhorizont Europa wankt. Er erodiert von innen. Nationalistische Alleingänge, populistische Slogans und egoistische Interessenlagen: Kollektive Erregung vernebelt den Verstand. Vertrauen ist verloren gegangen.

Die phänomenologischen Oberflächenerfahrungen verzehren das wichtigste Gut moderner Arbeitsteilung. Sie verzehren das Vertrauen. Die Konsequenz ist: Wir leben in europäischen Misstrauensgesellschaften. Doch auch hier hilft ein Blick in die Geschichte:[4] Es gibt so etwas wie ein politisch-kulturelles Grundgesetz Europas. Seit der ersten Nennung des Namens „Europa" im sechsten Jahrhundert v. Chr. bis zum heutigen Tag steht dieser Kontinent unter Spannung, weil die größtmögliche Vielfalt an Temperamenten, Mentalitäten und Traditionen in größtmöglicher räumlicher Dichte ihr Zusammenleben organisierten. Die daraus resultierende Spannung entlädt sich mal positiv als zivilisatorische Großleistung, mal negativ als imperiale, hegemoniale Katastrophe. Europa kennt den Geist der Bergpredigt genauso wie das Wörterbuch des Unmenschen. Soll die positive Seite aufgeschlagen werden, dann gelingt das nur, wenn man die politisch-kulturelle Leistung erbringt – nicht, wenn man infantil immer wieder die alten Fehler wiederholt.

Es ist interessant, dass in all den Krisenerlebnissen – wie den neuen Kriegserfahrungen, den Pandemienöten, dem Ringen um Kredite, der Diskussion um Zinssätze und der Kalkulation von Flüchtlingsquoten – doch immer wieder die Fragen auftauchen: Was macht Europa eigentlich aus? Was ist spezifisch für diesen Kontinent? Was hält Europa, bzw. die Europäische Union zusammen? Durch diese drängenden Fragestellungen wird greifbar, dass die EU mehr als ein Wirtschaftsraum, mehr als eine Währungsunion und mehr als ein bloßes Interessen-Gerangel ist. Die EU ist ein normatives Projekt! Es gilt, die Normen zu beschreiben und zu begreifen, nach denen die Schicksalsgemeinschaft ihren politischen Raum gestalten will. Alle, die einen Blick in die dramatischen Jahrhunderte

---

3 Werner Weidenfeld: Europa: Eine Strategie, München 2014; Ludger Kühnhardt: Europas Sicherheit, die Zukunft der Ukraine und die 'russische Frage', in: ZEI Discussion Paper C 274/2022.
4 Werner Weidenfeld: Europas Seele suchen, 2021.

der Geschichte Europas geworfen haben, wissen: Das Ringen um die Zukunft Europas wird sich nicht konzentrieren auf finanzwissenschaftliche Seminardaten, sondern auf die Ausgestaltung eines normativen Projekts.

Es geht also nicht um Traumtänzerei in eine neue historische Epoche, es geht um die Gestaltung von Interdependenz. Die Dichte der Verwebung von politischen, ökonomischen, kulturellen und digitalen Sachverhalten hat sich längst jenseits traditioneller Grenzen des Nationalen wie des Regionalen realisiert. Ein immenser Machttransfer ist bereits vollzogen. Entweder man wird davon überrollt, entmündigt, ja erdrosselt, oder man schafft eine transparente, führungsstarke Europäische Union. Dieser Gestaltungsraum bedarf einer normativen Grundierung, einer plausiblen Legitimation, einer normativen Identität und einer effektiven, klugen Führung. Daher greift auch die traditionelle Terminologie von Bundesstaat, Föderalismus oder Staatenbund nicht mehr. Es geht vielmehr um das neue Europa. Für die Realisierung des neuen Europas bedarf es ganz offenbar der strategischen Köpfe.

Damit ist unsere Aufgabe für das nächste Europa definiert: Das Narrativ der künftigen Sinnantwort für Europa ist zu erarbeiten. Die Deutungs- und Erklärungsleistung ist zu bieten. Mit anderen Worten: Die Seele Europas muss wiedergefunden werden. Langfristig müssen die erforderlichen Schritte über diesen gegenwärtigen Status quo der Reform hinausgehen. Denn angesichts der Erosion des gemeinsamen europäischen Symbolhaushalts lautet der Befund für die Handlungsperspektiven der nächsten Epoche: Europa braucht Ziele, Perspektiven und Orientierungen. Es muss eine strategische Kultur aufbauen. Wer die große Zeitenwende Europas positiv und erfolgreich beantworten will, der benötigt einen neuen strategischen Horizont und einen anderen kulturellen Umgang mit Europa.

Neue Vitalität wird der Europäischen Union nicht aus bürokratischen Mammut-Verträgen erwachsen. Die EU kann heute nur als rettende, elementare Antwort auf die Globalisierung ein neues Ethos entfalten. In der Globalisierung liegt die Idee für die neue, kraftvolle Begründung. Ein Aufbruch aus der zweiten Eurosklerose kann nur vermitteln, wer die Kunst der großen Deutung beherrscht. Am Beginn steht die Globalisierung mit ihren Konsequenzen für alle Bürger:innen der EU. Die EU liefert die Antwort darauf mit ihrem strategischen Konzept der Differenzierung nach innen und nach außen. Nur die Union kann schlüssige Antworten liefern, nur die integrierte Gemeinschaft ist stark genug, den einzelnen Staaten Schutz, Ordnung und Individualität zu garantieren. Die EU hat das Potential zur Weltmacht. Allerdings muss dieses Potential angemessen organisiert und mit dem Geist europäischer Identität erfüllt werden. Eine solche historische Großleistung kann die EU, die heute den großen Herausforderungen verunsichert gegenübersteht, durchaus erbringen. Sie muss lediglich ihren Lernprozess strategisch konsequenter umsetzen. Europa muss nun sein großes historisches Examen bestehen. Der Kontinent ist auf der Suche nach einer klaren, realisierbaren Zukunftsperspektive. Bisher hat der Kontinent dieses Zielbild nicht gefunden.

Die Dramatik der Existenzkrise Europas wird sofort anschaulich durch die gängigen Schlagzeilen der letzten Monate: „Die Welt ist aus den Fugen geraten", „Europa brennt", „Die Zeit drängt", „Europas großes Examen". Europa steht vor einer Zeitenwende von historischem Ausmaß. Es wirkt so, als ob der Kontinent in eine große Katastrophe geraten ist.

Europa steht in Flammen. Russlands Attacken sind menschenverachtend. Sie vernichten Leben. China und die USA dominieren in der Welt, aber sie sind in ihrer Konfliktorientierung unkalkulierbar geworden.⁵ Und von Innen drohen der EU existenzielle Krisen – von der Klimakatastrophe bis zur Gesundheitsfrage. Begleitet wird dies von Machtkämpfen aller Art. So kann es nicht überraschen, dass dann die Grundsatzfrage unvermeidlich wird: Was hält die EU eigentlich noch zusammen?

Die Antwort auf diese Frage ist schwer zu finden. Die Politik erschöpft sich weitgehend in situativem Krisenmanagement. Gesellschaftlich bindende Orientierung? Fehlanzeige. Die Forderung nach greifbarer Identität ist aber keine Banalität. Jedes politische System bedarf zur Gewährleistung seiner Handlungsfähigkeit eines Rahmens, auf den sich die Begründungen für Prioritäten und Positionen beziehen. Es bedarf der Filter zum Ordnen aller eingehenden Informationen.

Die aktuellen politischen Erschütterungen des Kontinents vermitteln uns mehr als die traditionelle Reihung europäischer Krisen und die darauffolgenden Fragmente eines Krisenmanagements. Nunmehr werden erstmals mit Nachdruck die Sinnfragen des Gesamtprojekts der Einigung Europas aufgeworfen.

Was ist der Grund für dieses höchst ungewöhnliche Phänomen? Zunächst erkennt man den Verbrauch früherer normativer Grundlagen. Sie sind in einer konfusen Komplexität konsumiert worden. Und es fehlt als Kompensation ein Zukunftsnarrativ. Die EU befindet sich so in einer Ära strategischer Sprachlosigkeit. Die Union muss also eine strategische Kultur aufbauen. Das wird nicht aus den herkömmlichen Machtspielen erwachsen.

Ein Blick in die Geschichte zeigt, dass Krisen zu Lernprozessen geführt haben und dann zu Problemlösungen. Nun gilt es diese Erfahrungen anzuwenden auf die elementaren Kategorien: die Frage nach der Legitimation, die Sicherung der Transparenz, die Klärung der Führungsstrukturen, die weltpolitische Mitverantwortung.

Aber Europa zeigt sich gegenwärtig als ein Kontinent der Fragezeichen, nicht der Antworten. Niemanden darf es daher überraschen, wenn ein deutlicher Vertrauensverlust in Politik und Demokratie zu registrieren ist. Zu den Kernelementen des europäischen Narratives zählen nicht nur seine hegemonialen Katastrophen, sondern auch seine eindrucksvollen Erfolge. Bei der Frage nach den Möglichkeiten der Erfolge stellt sich immer wieder die Frage nach der angemessenen Führungsstruktur. Auch gegenwärtig liegt hier der Schlüssel, um die Ära der Konfusion zu beenden: Die Führungsstruktur ist zu klären, um strategische Klarheit zu bieten.

Kontrastreicher können die Bilder nicht sein: Wie sehen dramatische Szenen der Hoffnung und zugleich Szenen des Grauens. Millionen Menschen versuchen den Katastrophen des Krieges, der Folter, des Hungers, der Not in ihrer Heimat zu entkommen. Ihr sehnsuchtsvoller Blick richtet sich auf einen kontinentalen Magneten: Europa. Und dann kommt der Überlebenskampf des Transfers. Diejenigen, die es schaffen, erreichen Lager, Transitzonen, Auffangzelte, deren humane Qualität zweifelhaft ist. Wir werden so daran erinnert, dass Völkerwanderungen zur Menschheitsgeschichte gehören.

Ein Blick auf diese Konfliktlagen zeigt: Der Kontinent findet keine Ruhe. Er taumelt von Krise zu Krise. Folgerichtig kommen Zweifel an der Handlungsfähigkeit und Legitimation der Europäischen Union auf. Hinweise auf die Entmündigung der Bürger:innen durch das Monster Europa werden zu Bestsellern. Zum eigentlichen Kern des Problems ist die schmerzhafte Orientierungslosigkeit geworden. Das brennende Europa braucht also nichts dringender als eine orientierende Handlungsstrategie und ein orientierendes Zu-

---

5 Vgl. hierzu auch die Beiträge „Die Europäische Union und die USA" und „Die Europäische Union und China" in diesem Jahrbuch.

kunftsbild. Eine Zeitenwende kann nur gelingen, wenn Ziel und Weg präzise festgelegt sind.

Aktuelle Herausforderungen der Europäischen Union

Diese elementaren Herausforderungen werden aktuell ergänzt durch eine Reihe aktueller Themen: der Krieg in der Ukraine[6], die Auswirkungen der Covid-19-Pandemie[7], die EU-Erweiterung[8], die Problematik der Rechtsstaatlichkeit[9], sowie die Konferenz zur Zukunft Europas[10].

Krieg in der Ukraine

Der russische Angriff auf die Ukraine, die Bombardierung der Städte, die systematische Zerstörung der zivilen Infrastruktur und die russische Drohung mit einer militärischen Eskalation bis hin zum Einsatz von Atomwaffen haben die europäische Friedensordnung zertrümmert. An die Stelle des institutionellen Vertrauens ist ein generelles Misstrauen getreten. Die Lüge wurde zum elementaren Beziehungsmaterial, das eine vertrauensvolle Zusammenarbeit nicht mehr zulässt. Mit dem Krieg gegen die Ukraine hat sich Russland aus einer europäischen Sicherheitsordnung verabschiedet, die ausdrücklich Miteinander und Kooperation vorsah und dafür territoriale Integrität, friedliche Konfliktlösung, Souveränität und freie Bündniswahl festschrieb. Alles dies ist nun verbrannt.

Die Bilder der unfassbaren Grausamkeiten verschlagen einem den Atem. Diese Vorstellungswelt wird nicht verschwinden, auch wenn der Krieg eines Tages beendet ist. Krisenmanagement wird zum eigentlichen Inhalt und zum Erscheinungsbild der Politik.

Der Russische Krieg in der Ukraine zwingt die EU, ihre strategische Sprachlosigkeit zu beenden. Damit bekommt das seit einiger Zeit proklamierte Ziel strategischer Souveränität eine neue Bedeutsamkeit und Dringlichkeit. Es liegt auf der Hand: Europa muss strategisch gerettet werden.

Covid-19-Pandemie

Der bisherige Verlauf der Covid-19-Pandemie hat gezeigt, wie sehr Europa gebraucht wird, um Überlebenschancen zu organisieren. Die fehlende Gesundheitsvorsorge muss korrigiert werden. Die EU muss den jeweils relevanten internationalen Rahmen organisieren: Testen, Isolierung, Abstand halten, Kontaktnachverfolgung, Schutzmasken. Dringend notwendig erscheinen: Investitionen in Gesundheitsämter, Hochrisikostrategien, Digitalisierung, kommunikative Koordinierung. Die Erkenntnis ist gewachsen, dass eine europäische Gesundheitsunion notwendig ist.[11]

Nicht erst seit der Covid-19-Pandemie weist ein Schlüsselsektor einen immensen Reformbedarf auf: das Gesundheitswesen. Es bildet einen der konfliktreichsten Sektoren der Gesellschaft, der weitgehend in seinen Reformnotwendigkeiten gelähmt ist. Auch im Gesundheitswesen ist zu spüren, dass die Hochtechnologie und die Digitalisierung die Rettung von Menschenleben bedeuten kann. Telemedizinisch sind viel leistungsfähigere Versorgungsstrukturen aufzubauen. Telemedizin bietet Medizin in Echtzeit – effektiv,

---

6 Vgl. hierzu auch den Beitrag „Die Europäische Union und der Krieg in der Ukraine" in diesem Jahrbuch.
7 Vgl. hierzu auch den Beitrag „Die Auswirkungen der Covid-19-Pandemie" in diesem Jahrbuch.
8 Vgl. hierzu auch den Beitrag „Die Erweiterungspolitik der Europäischen Union" in diesem Jahrbuch.
9 Vgl. hierzu auch den Beitrag „Rechtsstaatlichkeit" in diesem Jahrbuch.
10 Vgl. hierzu auch den Beitrag „Konferenz zur Zukunft Europas" in diesem Jahrbuch.
11 Vgl. hierzu auch den Beitrag „Gesundheits- und Verbraucherpolitik" in diesem Jahrbuch.

ohne technische und administrative Barrieren. Im Gesundheitswesen muss sich Europa als der eindrucksvolle Ort der Zukunftsgestaltung beweisen.

Die Befürwortung eines vorübergehenden und intergouvernemental organisierten Corona-Aufbau-Instrumentariums markiert einen Wendepunkt in der Europapolitik.[12]

Erweiterung

Der Krieg in der Ukraine hat die EU enger zusammenrücken lassen. Manch ein Entscheidungsprozess verlief schneller als früher. In das Zusammenrücken wurde die europäische Nachbarschaft[13] einbezogen – und damit bekam das Thema der EU-Erweiterung eine neue Dynamik und einen größeren zeitlichen Druck.

Komplexe Sachverhalte der möglichen künftigen EU-Mitgliedschaft führten zu ersten Ergebnissen:[14] Die Ukraine und Moldau erhielten den Beitrittskandidatenstatus.[15] Mit sechs Ländern des westlichen Balkans wurden die Beitrittsverhandlungen fortgesetzt,[16] ebenso mit der Türkei[17].

Rechtsstaatlichkeit

Wenn der Rechtsstaat nicht mehr vollgültig in Takt ist, dann wird deutlich, wie wichtig sein Beitrag zur Demokratie ist. Solche elementaren Defizite weisen die Demokratieindizes für zwei EU-Mitgliedstaaten auf: Ungarn und Polen.[18] Dort ist die Mängelliste gravierend: Abschaffung der Unabhängigkeit der Justiz, Verhinderung von Medienpluralismus, Behinderung zivilgesellschaftlicher Initiativen. Gegen diverse Maßnahmen reichte die Europäische Kommission Vertragsverletzungsverfahren beim Europäischen Gerichtshof ein.

Konferenz zur Zukunft Europas

Die Konferenz zur Zukunft Europas soll das Zukunftsprofil des Kontinents fixieren. Dazu haben die Mitglieder des Europäischen Parlaments, der nationalen Parlamente, der Europäischen Kommission, des EWSA, des Ausschusses der Regionen und der europäischen Sozialpartner mitgewirkt, ebenso wie Bürgerforen, Jugendforen und Think Tanks. Alle Bürger:innen waren eingeladen auf elektronischem Weg Ideen einzubringen. So sind etliche tausend Anregungen entstanden. Wie sie in operative Reformschritte umgesetzt werden, ist noch völlig offen. Strittig ist auch, ob man dies einem Konvent, also einer verfassungsgebenden Versammlung überträgt oder nicht. Zusammenfassend ist aktuell zu empfehlen: Die Konferenz sollte jetzt vom Ende her gedacht werden. Wenn sie Europa strategisch und programmatisch voranbringen will, braucht sie eine straffe Führung, eine

---

12 Christian Freudlsperger/Markus Jachtenfuchs: Wendepunkt Corona Krise? Deutsche Präferenzen zur europäischen Integration staatlicher Kerngewalt seit Maastricht, in: Integration 2/2021, S. 81–96; Funda Tekin/Jana Schubert: Deutschlands „Corona-Präsidentschaft", Weichenstellung für die Zukunft Europas, in: Aus Politik und Zeitgeschichte, Heft 23–25/2020, S. 10–16; Daniel René Jung et al.: Corona und die Verfassung Europas, in: ZEI Discussion Paper C 268/2021.
13 Vgl. hierzu auch den Beitrag „Nachbarschaftspolitik" in diesem Jahrbuch.
14 Funda Tekin: Die „Zeitenwende" in Europa. Ein Momentum für die Erweiterungspolitik der Europäischen Union?, in: Integration 2/2022, S. 91–105.
15 Vgl. hierzu auch den Beitrag „Östliche Partnerschaft" in diesem Jahrbuch.
16 Milenko Petrovic: EU enlargement into the Western Balkans: a gloomy prospect gets gloomier, ZEI Discussion Paper C 271/2022; vgl. hierzu auch den Beitrag „Westbalkan" in diesem Jahrbuch.
17 Vgl. hierzu auch den Beitrag „Türkei" in diesem Jahrbuch.
18 Kriszta Kovács/Kim Lane Scheppele: Rechtsstaat unter Druck, Ungarn, Polen und die Rolle der EU, in: Aus Politik und Zeitgeschichte 37/2021, S. 32–39; vgl. hierzu auch die Beiträge „Polen" und „Ungarn" in diesem Jahrbuch.

klare Vorstellung von dem angestrebten Ergebnis und einen zielführenden Arbeitsplan. Ein Spannungsbogen muss entstehen; Eigendynamik und Kreativität brauchen Raum zur Entfaltung.[19]

Die Europäische Union muss Antworten liefern

Was die Europäer:innen derzeit erleben, werden künftige Historiker:innen einmal als das große politisch-kulturelle Desaster beschreiben. Europa hat keine sofort abrufbare Antwort auf die kriegerische Herausforderung Moskaus. Man blickt hilfesuchend nach Washington. Die eigene Lösung fehlt. Die politische Klasse hat den Kontinent an die Wand fahren lassen. Sie ist normativ ausgetrocknet und offenbar überfordert.

Krisenmanagement wird zum eigentlichen Inhalt und zum Erscheinungsbild der Politik. Wäre es eingebettet in eine klare Strategie und Perspektive, dann könnte man alledem die Dramatik nehmen. Aber das ist nicht der Fall. Zum eigentlichen Kern des Problems ist die Orientierungslosigkeit geworden. Die Baustelle Europa braucht also dringend eine geistige Ordnung. Die EU gehört zu den intransparenten Phänomenen, mit denen das politische Leben bisher umzugehen hatte. Intransparenz aber veranlasst Distanzierung. Daraus folgt die dringende Notwendigkeit, Transparenz zu schaffen. Nimmt man die weltpolitische Mitverantwortung der EU hinzu, dann wird das Dilemma evident: Eine intransparente, begrenzt legitimierte EU mit ungeklärten Führungsstrukturen kann nicht die Antwort auf internationale Herausforderungen bieten.

Was zu tun ist, ist leicht aufgezählt, aber nur schwer umzusetzen:[20] Erstens muss die Sicherheit neu und effektiv organisiert werden – von einer europäischen Armee bis hin zur europäischen Cybersicherheit und der transnationalen Organisation der inneren Sicherheit. Zweitens verlangt der politische Rahmen der Wirtschafts- und Währungsunion nach stärkerer Handlungsfähigkeit; steuer- und sozialpolitische Kompetenzen gehören dazu. Alles das kann nur in einer „Differenzierten Integration" realisiert werden. Nicht bei jedem neuen strategischen Aufbruch ist auf ein „Europa der 27" zu warten, sondern es ist auf die jeweiligen kooperationsfähigen Kreise abzuheben. Alles das sollte konzeptionell von einem Europa-Strategierat gesteuert werden.

Im Kern dreht es sich nicht um irgendwelche institutionellen Kompetenzdetails, sondern um den pluralen, kontroversen Diskurs, den jede Demokratie benötigt. Die EU muss also Zukunftsstrategien entwickeln, die Elemente der Erfahrungsgemeinschaft in stabile Formen der Identität übertragen lassen. In Sachen Europa handelt es sich also um eine intellektuelle Herausforderung besonderer Art, um eine politisch-strategische Bewährungsprobe von historischer Dimension. Es geht um die geistige Ordnung Europas. In seiner vielbeachteten Rede an der Prager Karls-Universität am 29.8.2022 beschreibt Bundeskanzler Olaf Scholz die europäische Dimension der „Zeitenwende".[21] Es gehe um

---

19 Joachim Wuermeling: Auf ein Neues? Erfolgsfaktoren für die Konferenz zur Zukunft Europas. in: Integration 2/2021, S.150–158; Julian Plottka: Die Konferenz zur Zukunft Europas zwischen „Konvent 2.0" und „Intergouvernementalismus 3.0": Warum Europa diese Chance nutzen muss, in: Integration 3/2020, S.231–244; Martin Selmayr: „One too much": Europa braucht einen (nicht zwei) Präsidenten – ein Plädoyer für mehr Effizienz, geopolitische Glaubwürdigkeit und demokratische Legitimation an der Spitze der Europäischen Union, in: Integration 4/2021, Seite 318–327.
20 Claudia Major/Christian Mölling: Europas neue (Un-)Sicherheit. Von der Friedens– zur Konfliktordnung in: Aus Politik und Zeitgeschichte 28–29/2022, S. 10–15; Herfried Münkler; Die europäische Nachkriegsordnung. Ein Nachruf in: Aus Politik und Zeitgeschichte 28–29/2022, S. 4–9.
21 Olaf Scholz: Rede an der Karls-Universität am 29. August 2022 in Prag, abrufbar unter https://www.bundesregierung.de/breg-de/suche/rede-von-bundeskanzler-scholz-an-der-karls-universitaet-am-29-august-2022-in-prag-2079534 (letzter Zugriff: 21.9.2022).

europäische Antworten. Europa müsse dazu tiefgreifend reformiert werden. Es müsse ein souveränes Europa sein. Insofern sei die die Zeitenwende ein außenpolitischer und ein europäischer Weckruf.

Die EU muss sich aktuell als Strategiegemeinschaft begreifen, die einen gemeinsamen normativen Horizont realisiert. Spätestens der russische Angriff auf die Ukraine hat auch den letzten Europäer:innen diese Erkenntnis vermittelt. Es geht also um eine große kulturelle Kraftanstrengung. Wo liegt Europa? Wo befindet sich der Raum öffentlicher Selbstwahrnehmung der Europäer:innen? Auf solche Fragen findet man seit geraumer Zeit keine Antworten.

Historische Krisenerfahrungen zeigen uns auch die positiven Möglichkeiten in der Umsetzung solcher Ereignisse. Als 1954 die Europäische Verteidigungsgemeinschaft mit einer Europäischen Armee und einem europäischen Verteidigungsminister und die Europäische Politische Gemeinschaft mit einer eigenen Verfassung gescheitert waren, entwickelten sich aus der tiefen Krise die Römischen Verträge, die die Europäische Wirtschaftsgemeinschaft (EWG) und die Europäische Atomgemeinschaft kreierten. Ähnliches passierte in den 1970ern und 1980ern, als die „Eurosklerose" zur Binnenmarktvollendung führte.

Der durch die neue Weltunordnung herausgeforderte Kontinent kann nicht einfach fortschreiben, was einst für die EWG mit sechs Mitgliedstaaten galt. Die EU mit ihren heute 27 Mitgliedstaaten muss differenzierter organisiert werden. Es bedarf also jetzt der großen Verständigung auf neue Begründungskonstellationen, die Europa bestehen lassen. Das kann nur mit einer neuen strategischen Kultur gelingen: mit europäischer Handlungsfähigkeit, europäischer Verstehbarkeit und europäischen Erfolgen. Es geht um die Erfolge der Freiheit.

Die operativen Umsetzungen der dazu aktuell anstehenden Megathemen liegen auf der Hand: Der politische Rahmen der Wirtschafts- und Währungsunion verlangt nach stärkerer Handlungsfähigkeit. Die Sicherheit Europas ist neu und effektiv zu organisieren. Solche strategischen Grundsatzfragen sind zu unterfüttern mit neuen Verfahren der Legitimation und einer transparenten Führungsstruktur. Alles ist konzeptionell von einem Europa-Strategierat zu steuern.

Ein Blick in die Geschichte zeigt: Krisen haben zunächst Problemdruck ausgelöst, dann zu Lernprozessen geführt und schließlich zu Problemlösungen. Fehlende Antworten auf die Sinnfrage haben zu Katastrophen geführt. Die Orientierung des neuen Europa ist also der geistige Beitrag zur Vermeidung einer Katastrophe.

Die Handlungsperspektiven der nächsten Epoche lauten daher: Die EU braucht Ziele, Sensibilitäten, Orientierungen, um eine strategische Kultur aufzubauen. Wer die große Zeitenwende Europas positiv und erfolgreich beantworten will, der benötigt einen neuen strategischen Horizont.

Die Politikwissenschaft bietet zu Europas Platz in der Konfliktordnung weitreichende Perspektiven:

> „Die EU-Staaten sollten die Idee des ‚Westens' neu etablieren, und zwar nicht als geografisches, sondern als normatives Konzept. Dann umfasst dieser Westen weltweit Staaten, die Ideen und Prinzipien wie Demokratie, Freiheit und Rechtsstaatlichkeit teilen. Dazu gehören die transatlantischen Partner USA und Kanada, aber auch Japan, Australien und all jene, die sich zu diesen Prinzipien bekennen. Gleichzeitig darf dieses Konzept des Westens nicht in ein „the West against the rest" ausarten. Es gilt vielmehr, so viele Staaten wie möglich von den Vorzügen dieses Ansatzes zu überzeugen, gerade auch zögerliche wie Indien oder Südafrika. Für die EU gilt umso mehr, dass sie nur dann ein glaubwürdiger internationaler Akteur sein kann, wenn sie ihre eigenen Prinzipien ernst nimmt. Auch wenn Russland das Völkerrecht

bricht, müssen Demokratie, Rechtsstaatlichkeit und Völkerrecht für Europa unverhandelbar bleiben – sie machen den Unterschied aus gegenüber Autokratien. Es ist deshalb wichtig, diese Prinzipien auch bei sich selbst durchzusetzen".[22]

Die Problematik dieser komplexen Herausforderung bringt Henry Kissinger auf einen Punkt – Staatskunst:

„»Strategie« beschreibt die Schlussfolgerung, zu der ein Staatslenker unter diesen Bedingungen der Knappheit, der Zeitgebundenheit, der Konkurrenz und der Fluidität kommt. Bei der Suche nach einem Weg voran kann man strategische Führung mit einem Seiltanz vergleichen: Wie ein Akrobat, der stürzt, wenn er zu ängstlich oder zu kühn ist, bewegt sich auch eine Führungsfigur auf einem dünnen Seil, aufgehängt zwischen den relativen Gewissheiten der Vergangenheit und den Unklarheiten der Zukunft. Die Strafe für das Streben nach dem Unerreichbaren – die Griechen sprachen von Hybris – ist Erschöpfung, der Preis für das Ausruhen auf den eigenen Lorbeeren sind fortschreitende Bedeutungslosigkeit und schließlich Verfall. Schritt für Schritt müssen Anführer die Mittel und Zwecke sowie Absichten und Umstände in Übereinstimmung bringen, wenn sie Ihr Ziel erreichen wollen."[23]

Wir wissen: Auch in dramatischen Momenten einer Zeitenwende muss in Europa die Staatskunst verwirklicht werden.

Weiterführende Literatur

Jan Bergmann (Hg.): Handlexikon der Europäischen Union, Baden-Baden 2021.
Marcel Berlinghoff et al.: Flucht- und Flüchtlingsforschung, Baden-Baden 2022.
Olaf Bernau: Brennpunkt Westafrika. Die Fluchtursachen und was Europa tun sollte, München 2022.
Roland Bieber et al.: Die Europäische Union: Europarecht und Politik, 15.Aufl., Baden-Baden 2022.
BICC Bonn International Centre for Conflict Studies et al.: Friedensgutachten 2022. Friedensfähig in Kriegszeiten, Bielefeld 2022.
Elizabeth Borgwardt/Christopher McKnight Nichols/Andrew Preston (Hg.): Rethinking American Grand Strategie, New York 2021.
Katrin Böttger/Mathias Jopp: Handbuch zur deutschen Europapolitik, 2. Aufl., Baden-Baden 2021.
Klaus von Dohnanyi: Nationale Interessen. Orientierung für deutsche und europäische Politik in Zeiten globaler Umbrüche, München 2022.
Susanne Dröge: Der europäische Green Deal. Ziele, Hintergründe und globale Dimensionen, in: Aus Politik und Zeitgeschichte 3–4/2022, S. 24–30.
Oliver Eberl/Philipp Erbentraut (Hg.): Volkssouveränität und Staatlichkeit. Intermediäre Organisationen und Räume demokratischer Selbstgesetzgebung, Baden-Baden 2022.
Jörg Ernesti: Friedensmacht. Die vatikanische Außenpolitik seit 1870, Freiburg 2022.
Deniz Z. Ertin: Lobbying in der Europäischen Union. Beteiligung von Interessenorganisationen in der EU-Klima- und Bankenpolitik, Baden-Baden 2021.
Markus Ferber (Hg.): Weltwandel. Neuausrichtung der internationalen Beziehungen, Reinbek 2021.
Stefan Garsztecki et al.: Das politische System Polens, Baden-Baden 2022.
Alexander Görlach: Alarmstufe Rot. Wie Chinas aggressive Außenpolitik im Pazifik in einen globalen Krieg führt, Hamburg 2022.
Frank Gröninger (Hg.): Douce Frankreich: Die Abenteuer eines Deutschen in Paris, New York 2021.
Dag Nikolaus Hasse: Was ist europäisch? Zur Überwindung kolonialer und romantischer Denkformen, Ditzingen 2021.
Ludger Kühnhardt: Verknüpfte Welten, Band 2 (2000–2020), Wiesbaden 2022.
Kersten Lahl/Johannes Varwick: Sicherheitspolitik verstehen. Handlungsfelder, Kontroversen und Lösungsansätze, 2. Aufl., Frankfurt 2021.
Claus Leggewie/Ireneusz Pawel Karolewski: Die Viségrad-Connection. Eine Herausforderung für Europa, Berlin 2021.
Norbert Mappes-Niediek: Europas geteilter Himmel. Warum der Westen den Osten nicht versteht, Berlin 2021.
Tim Marshall: Die Macht der Geographie im 21. Jahrhundert, 4. Aufl., München 2022.

---

22 Claudia Major/Christian Mölling: Europas neue (Un-)Sicherheit, 2022, S. 13.
23 Henry Kissinger: Staatskunst. Sechs Lektionen für das 21. Jahrhundert, München 2022, S. 13.

Die Bilanz

Ian Morris: Geographie ist Schicksal. Machtkampf zwischen Großbritannien, Europa und der Welt – eine 10.000-jährige Geschichte, Frankfurt 2022.
Gisela Müller-Brandeck-Bocquet: Deutsche Europapolitik von Adenauer bis Merkel, 3. Aufl., Wiesbaden 2021.
Christine Pütz/Johannes Hillje: Selbstverständlich Europäisch? Erwartungen der Bürgerinnen und Bürger an die deutsche Europapolitik in der Zeitenwende, Heinirch-Böll-Stiftung 2022.
Berthold Rittberger: Die Europäische Union. Politik, Institutionen, Krisen, München 2021.
Karl Schlögel: Entscheidung in Kiew – ukrainische Lektionen, München 2015.
Gesine Schwan: Europa versagt. Eine menschliche Flüchtlingspolitik ist möglich, Frankfurt 2021.
Daniela Schwarzer: Demaskiert in eine neue Welt, in: Internationale Politik 4/2022, S. 18–24.
Daniela Schwarzer: Final Call. Wie sich Europa zwischen China und den USA behaupten kann, Frankfurt 2021.
Petra Stykow/Julia Baumann: Das politische Systems Russlands, Baden-Baden 2023 (im Erscheinen).
Lothar Thürmer: Zur Zukunft Europas in der Welt von morgen. Zwischen Aufbruch und Unterordnung, Norderstedt 2021.
Merit Thummes: Europäische Parteien als Antrieb für die europäische Integration?, in: ZEI: Discussion Paper C 272/2022.
Andreas Voßkuhle: Europa, Demokratie, Verfassungsgerichte, Berlin 2021.
Werner Weidenfeld: Die Europäische Union. Grundzüge der Politikwissenschaft, Stuttgart 2021.
Wolfgang Wessels/Tobias Kunstein/Lucas Schramm: The European Council as a Crisis Manager. The EU's Fiscal Response to the COVID-19 Pandemic, Baden-Baden 2022.
Johannes Wiggen: Chancen und Grenzen Europäischer Cybersicherheitspolitik, in: ZEI Discussion Paper C 261/2020.

Die Europapolitik in der wissenschaftlichen Debatte
Christian Raphael/Darius Ribbe/Wolfgang Wessels

Welch eine Dramatik und Polemik in der Debatte! Ein intensiver, wenn auch vorläufiger Eindruck von Beiträgen, die aus wissenschaftlichen Federn stammen, lässt einen veränderten Diskursstil erkennen. Der Schock über den Ukrainekrieg und die damit verbundene – nun auch in Westeuropa erkannte – elementare russische Bedrohung hat eine Welle von Paradigmenwechseln, ein vertieftes Überdenken traditioneller Narrative und die teils fundamentale Überprüfung gängiger (integrations-)theoretischer Ansätze ausgelöst. Als Stichworte für neue bzw. aktualisierte Leitbilder und Grundverständnisse sind insbesondere „Geopolitik" und „Zeitenwende" zu nennen. Das Spektrum an Beiträgen aus allen einschlägigen wissenschaftlichen Richtungen, die anlässlich der russischen Invasion der Ukraine verfasst wurden, ist beträchtlich; nicht nur die Bandbreite, sondern auch die Stoßrichtungen der Analysen erscheinen häufig zugespitzter und polemischer als in vorangegangenen, ebenso kontroversen Debatten. Kritisch anzumerken ist dabei, dass bei manchen Schnellschüssen für die öffentliche Debatte im Feuilleton, die Distanz und Abgeklärtheit fehlen, die wissenschaftliche Arbeiten auszeichnen sollten. „Abgerechnet" wird zudem mit tradierten Sichtweisen und theoretischen Ansätzen zur europäischen Integrationspolitik, die viele Autor:innen nicht nur durch die Ereignisse als überholt einstufen. Vielmehr gelten diese nun als bereits seit Jahrzehnten bestehende Fehlanalysen, die offensichtlich in die politische Irre geführt haben. Ein Beispiel bildet eine prägende Denkschule um das Auswärtige Handeln der Europäische Union als „normative power" (Manners 2002). Dieses findet zwar weiterhin Anwendung (Jenichen 2022), der wissenschaftliche Trend wird sich durch Verzögerungen im Veröffentlichungsprozess jedoch erst in den nächsten Jahren abzeichnen können. In mannigfacher Hinsicht hat diese Krise auch produktive Anstöße gegeben, wegweisende Ansätze sozialwissenschaftlicher Arbeiten erneut auf ihre Tragfähigkeit und Aussagen zu prüfen, zumal wenn die meinungs- und schulbildenden Autor:innen selbst Erklärungen, Bewertungen und Einordnungen der verändert wahrgenommenen Realitäten vornehmen. Gegenstand kritischer Einschätzungen sind nicht zuletzt mit Blick auf die veränderten Rahmenbedingen offizielle Berichte. Auch aus den Formulierungen dieser Dokumente und impliziten Annahmen können Studien Erzählungen identifizieren und einordnen.

Analysekategorien: Narrative als Einstieg
Einen Schlüssel zum Eintritt in den Diskursraum bilden verstärkt Stichworte wie „Erzählungen" (Müller 2021), „Leitbilder" und „Grundverständnisse" (weiterhin ertragreich: Schneider 1977) sowie „politisches Denken" und Ideen (Kühnhardt 2022). Häufig weisen sie ähnliche Denkmuster zur Ausarbeitung von Argumentationslinien für die Erklärung von politischen und institutionellen Entwicklungen auf. Von zentraler Bedeutung ist dann die Frage, ob und wie eine „Meistererzählung" (Probst 2003) geprägt wird, die handlungsanweisend und legitimationsstiftend ist. Das „Framing" (Medrano 2021) von integrationsbezogenen Erzählungen in einzelnen Mitgliedstaaten wie für die EU insgesamt ist also auch als eine Machtfrage zu untersuchen, da die Argumentation als Mittel der Wer-

bung um öffentliche Zustimmung, ja als Propaganda zum Erreichen einer kulturellen Hegemonie (zur Diskussion: Gramsci 1991, besonders H. 6, § 88 und H. 10.II, § 12) in politischen Auseinandersetzungen genutzt wird.[1] Ausgangspunkte für eine Diskursanalyse können politische Deklarationen sein – so die Versailler Gipfelerklärungen der EU-Staats- und Regierungschef:innen: „Russlands Angriffskrieg bedeutet eine tektonische Verschiebung in der Geschichte Europas". Es stellt sich die Frage, „wie wir als EU unserer Verantwortung in dieser neuen Wirklichkeit gerecht werden können" (Europäischer Rat 2022a). Für eine nähere Untersuchung bieten sich auch die „State of the Union Address" der Kommissionspräsidentin Ursula von der Leyen (2022b) im September sowie die als richtungsweisend verstandene Grundsatzrede des deutschen Kanzlers Olaf Scholz (2022b) in Prag vom August 2022 an. Herauszuarbeiten ist, ob und wie im Vergleich zum deutschen Koalitionsvertrag vom Herbst 2021 und zum europapolitischen Manifest des französischen Präsidenten Emmanuel Macron 2017 eine Zeitenwende festzustellen ist. So folgt Scholz der Tradition von Jean Monnet (Wessels 2001) und ersetzt somit die eher föderalistische Vision des Koalitionsvertrags in der Erbschaft von Spinelli.

Insbesondere für die wissenschaftliche Grundsatzdiskussion von besonderer Bedeutung ist die Frage, welches Verständnis von „Souveränität" im EU-Mehrebenensystem in diesen Dokumenten geprägt wird. Die intensiven und kontroversen Debatten in Deutschland und Europa – siehe die offenen Briefe (beispielsweise Fücks 2022, EMMA 2022) in denen „Intellektuelle", bekannte Persönlichkeiten des öffentlichen Lebens und führende Wissenschaftler:innen Grundannahmen für die handlungsanleitenden Erzählungen formulieren – bieten einen reichen Schatz an empirischen Befunden für umfassende Diskursanalysen. Und auch in diesem Jahrbuch werden Unterschiede in den Lageanalysen deutlich: Einerseits wird eine grundsätzliche Krise gesehen, bei der „Europa seine Seele suchen muss",[2] andererseits wird die Fähigkeit der EU hervorgehoben, im Krisenmodus trotz aller Schwierigkeiten und Unzulänglichkeiten eine „dynamische Stabilisierung" mit einer „evolutionären Normalität" der institutionellen Architektur erreicht zu haben.[3]

Zum Krisenbegriff: Eine unendliche Geschichte

Mit dem Krieg in der Ukraine hat die Kategorie „Krise" eine erneut veränderte und dramatisch zugespitzte Bedeutung gewonnen: Nicht nur die tiefgehenden öffentlichen, sondern auch die akademischen Welten sehen sich mit einer bisher nur von wenigen Beiträgen angegangen Realität konfrontiert, die durchgängig als „Zäsur" (Lippert 2022a, S. 4) verstanden wird. Dabei scheinen sich viele Kommentator:innen einig, dass der russische Angriffskrieg ein Integrationsmoment geschaffen (Berlinschi et al. 2022) und eine verteidigungspolitische Rückbesinnung auf geostrategische Überlegungen inklusive einer Abkehr von „soft-/ normative-Power" (Manners 2002, Nye Jr. 2004, 2008) gebracht habe. Kritische Stimmen weisen jedoch darauf hin, dass es möglicherweise eine Machtverschiebung innerhalb der Union zugunsten der osteuropäischen Mitgliedstaaten gegeben habe (Paikin und Gros 2022). Neben den bekannten Problemen (Demokratie-Qualität und Rechtstaatlichkeit) ist in der Gruppe der ost- und zentraleuropäischen Mitgliedstaaten das geopolitische Narrativ – auch durch die empfundene Bedrohung durch Russland (Tyushka

---

1 Zur „Instrumentalisierung" der gramscianischen Hegemonietheorie durch die „Neue Rechte" in Form einzelner „begrifflicher Versatzstücke[,] wo es passt, während bei der inhaltlichen Rezeption verfälscht, missverstanden und verkürzt wird": Müller (2020).
2 Vgl. hierzu den Beitrag „Die Bilanz der Europäischen Integration" in diesem Jahrbuch.
3 Vgl. hierzu den Beitrag „Die institutionelle Architektur der Europäischen Union 2022" in diesem Jahrbuch.

2022) – stärker ausgeprägt als in der Bundesrepublik (Kazharski und Makarychev 2021). Die Krisen Europas sind durchgängige, immer wieder bearbeitete Themen in der wissenschaftlichen Literatur. Um in den Debatten wiederkehrende Muster oder auch gravierende Unterschiede in den Ansätzen zu entdecken, lohnt es sich, das Werk von Bracher (1993), einem führenden Politikwissenschaftler bzw. Zeitgeschichtler der siebziger Jahre, erneut zu lesen. Im Rückblick sind seine Skizzen zu den Perspektiven Europas (S. 398) von besonderem Interesse. Nicht nur das Diktum von Jean Monnet, dem „Erzheiligen" der Europäischen Integration (Milward 2000, S. 318), dass „die europäische Integration durch Krisen" geschaffen wird, sondern auch weitere Studien zur Geschichte (Kaelble 2021b, Loth 2020, Werts 2021) haben immer wieder die Auswirkungen von Krisen auf den Fortgang des Integrationsprozesses herausgearbeitet: So stellt Kaelble (2021a) fest, die Union erscheine auf Grund vergangener Krisenerfahrungen bei der Bewältigung der Covid-19-Pandemie nach anfänglichen Koordinationsschwierigkeiten durchaus als „Krisenlöser". Jedoch stellt sich nachhaltig die Frage, ob und wie diese Beiträge und die anregenden Untersuchungen zur häufig beschworenen „Polykrise" (Knodt et al. 2020) des letzten Jahrzehnts ertragreich genutzt werden können, um diese fundamentale Krise Europas – und mehr als zuvor des „Westens" – zu erklären und einzuordnen.

Ein weiterer „(U-)turn" bei integrationspolitischen Ansätzen?

Beiträge aus Thinktanks und Universitäten haben die Aktivitäten, (Re-)Aktionen und Akte der Europäischen Union bei dem Versuch analysiert, die sozialen, ökonomischen und gesundheitlichen Folgen der Polykrise (Grimmel 2020) und insbesondere der Covid-19-Pandemie zu bewältigen (Jones et al. 2021, Ridderwold et al. 2021, Truchlewski et al. 2021). Nun ist zu prüfen, ob und wie die erkannten Muster auf die neue Krisen-Lage übertragen werden können (Pisani-Ferry 2022). Brauchen wir als akademische Gemeinschaft eine jetzt im Politischen häufig beschworene Zeitenwende oder – anders formuliert – erneut einen Wendepunkt, einen häufig geforderten „turn" (zur Übersicht vergangener „Turns" vgl. Ribbe und Wessels 2016, S. 25), vielleicht sogar einen „U-turn" zurück zu klassischen „geo-politischen" (Armstrong und Anderson 2007, Götz 2015) und „neo-realistischen" (Collard-Wexler 2006, Zimmermann 2021) Ansätzen? Die mediale Aufmerksamkeit entsprechend orientierter Kolleg:innen scheint in unserer Wahrnehmung diesen Trend anzudeuten, suggeriert wohlmöglich aber eine nicht vorhandene neue Dominanz. Bieten darüber hinaus konstruktiv geprägte Ansätze kritischer Geopolitik (Bachmann und Sidaway 2009) einen lohnenden Einstieg? Folgen wir diesem Ansatz kritischer Betrachtung, sollte unser Beitrag (als Fach) auch in einer traditionellen wissenschaftlichen Herangehensweise bestehen: nicht primär als beteiligte Bürger:innen, sondern mit Distanz zu politischen Stichworten aus offenen Briefen und Manifesten. Insbesondere auch gegenüber politischen Erzählungen, die mit Schlagworten aus „ruhmreichen" historischen Ereignissen – Churchills Reden im 2. Weltkrieg (Buchsteiner 2022) oder auch historischen Albträumen, wie München 1938 (Münkler 2022) – politische Unterstützung zu mobilisieren versuchen, gilt es Vorsicht walten zu lassen: Zu leicht lässt der Bezug auf historische Ereignisse und deren Lehren markante Unterschiede übersehen.

Neben einer sorgfältigen Beobachtung europäischer und westlicher Politik sind in einer frühen Phase mehrere Schwerpunkte zu erkennen, mit denen die Europäische Politik im aktuellen Krisengeschehen verortet und integrationspolitische Zukunftsszenarien diskutiert werden. Nicht nur um das Verhalten Russlands zu erklären (ausdrücklich nicht im

Sinne von akzeptieren), bietet sich die Arbeit mit Begriffen wie „Erzählungen" (Götz und Staun 2022), „Mythen", „Grundverständnisse" (Kempe 2013), „imagined communities" und (kritischer) Geo-Politik an (Penkala et al. 2020). Mit nur wenigen Bezügen zum russischen Angriffskrieg zeichnet der Sammelband zur Russlandpolitik der Mitgliedstaaten (Kaeding et al. 2022a) dennoch ein intensives und in diesem Sinn wichtiges „Vorher" der Kakophonie der Politiken und der unterschiedlichen Russlandnarrative innerhalb der Union, bevor die Integrationskräfte der Kriegsbedrohung wirksam wurden. Welche Gründungsmythen der Europäischen Integration (Lähdesmäki 2019, Probst 2003) oder noch allgemeiner des „Westens" sind zu hinterfragen und – politisch relevant – (von wem) wird eine neue Meistererzählung, ein „Master Narrative" (Bamberg 2005), entwickelt? Die europäischen Reaktionen auf das Kriegsgeschehen verdeutlichen die Schwächen der Union als Wirtschafts- und Wertegemeinschaft und eben nicht als eine wirkliche geopolitische Macht in europäischen und globalen Räumen (Mortera-Martinez 2022). Trotz der Proklamation eines erwachenden „geopolitischen Europa" (Borrell 2022), sei dieses in der politischen Realität für Youngs (2022) nicht zu erkennen – notwendig wäre daher vielmehr eine realistische Diskussion über ein Für und Wider stärkeren politischen Engagements der Union anstelle einer pathetischen (und täuschenden) Ausrufung eines nicht existenten geopolitischen Europas. Wird in diesem Kontext der auch von führenden Politiker:innen propagierte Begriff einer „europäischen Souveränität"[4] als Leerformel entlarvt?

Es liegen zudem weitere Nachschärfungen und Ergänzungen zu den gängigen Integrationstheorien vor. Waren vielen Studien zur Polykrise durch die Einordnung und den Erklärungswert des Gegensatzpaars „intergouvernemental" und „supranational" geprägt (Schramm und Wessels 2022), so sind diese unter veränderten Begebenheiten aufzugreifen und gegebenenfalls zu ergänzen und auch mit Blick auf einen Fusionsprozess (Wessels 2021) zu modifizieren. Eine anwendungsbezogene Ausarbeitung, welche die bedeutenden Integrationstheorien Neofunktionalismus, Intergouvernementalismus, Postfunktionalismus und Föderalismus bei unterschiedlichen Krisen (symmetrisch-asymmetrisch/hohe-geringe EU-Kompetenz) zusammenführt, legen Ferrara und Kriesi (2022) vor. Sie erweitern die Debatte zu „permissive consensus" und „constraining dissensus" (Hooghe und Marks 2009) um einen Dissensus (wie in der Euro-Krise) und einen Consensus (wie in der Covid-19-Pandemie) zwischen den Mitgliedstaaten, der unter Krisendruck weitere Integrationspotenziale entfaltet.

Zur deutschen Rolle: Eine wirkliche Zeitenwende?

Im Zuge des russischen Angriffskriegs sprach Bundeskanzler Scholz (2022a) von einer „Zeitenwende" in Europa. Wie in den fundamentalen Krisen zuvor, hat diese Krise die Frage nach der deutschen Rolle nachhaltig auf die Tagesordnung gesetzt. Es werden Begriffe wie „nationale Interessen" (von Dohnanyi 2022), „deutsche Staatsraison" (Müller-Brandeck-Bocquet 2021, S. 383), „(zögerliche[r]) Hegemon" bzw. „Zentralmacht" (vgl. dazu Schramm und Wessels 2022, S. 8) aufgegriffen, denn die „Zeitenwende" sei keine „Zustandsbeschreibung", sondern Handlungsauftrag (Scholz 2022a). Hier formuliert der Kanzler einen (mit-)Führungsanspruch an die europäische Ebene (Scholz 2022b). Vor dem russischen Angriffskrieg in der Covid-19-Pandemie wurde die deutsche Rolle noch anders betrachtet: So fragt sich ein führender Zeithistoriker, ob sich Deutschland (ange-

---

4 Zum Stand der Souveränität von EU und Mitgliedstaaten siehe Puglierin und Zerka 2022.

sichts der Krisen) erneut auf einem „Sonderweg" befinde (Winkler 2020, S. 10f.)? Dies wird verbunden mit einer eindeutigen Mahnung: „Es genügt nicht, das deutsche Selbstverständnis negativ aus einer verbrecherischen Vergangenheit heraus zu begründen". Es ergebe „sich die Pflicht zu einem nüchternen, am normativen Erbe des Westens ausgerichteten Realismus" (Winkler 2020, S. 221 f.). Während Debattenbeiträge und Politik also eine verstärkte Rolle Deutschlands, vor allem im Rahmen der europäischen Sicherheitsarchitektur, fordern, stellt Becker (2022b) heraus, dass die deutsche Europapolitik bisher auf Erhalt des Status Quo fixiert sei. Politikveränderungen würden nur bei einer Gefährdung dieses Status Quo oder der EU als Ganze zugestimmt, was in der Kompromissmaschinerie der Union zu Janus-Lösungen führe: ein von der Vergangenheit geprägter Neustart (de la Porte und Heins 2022). Diskutiert wird ebenso die langjährige (Führungs-)Rolle der früheren Bundeskanzlerin, Angela Merkel. Eine Bilanz analysiert:

> „Zweifelsohne hat der pragmatische, manchmal zögerlich, aber durchgängig zuverlässige, fleißige, nüchtern-sachliche, analytische und vor allem unprätentiöse Politikstil der Kanzlerin der deutschen Europapolitik [...] einen ganz eigenen Politikstil aufgedrückt" (Müller-Brandeck-Bocquet 2021, S. 386).

In einer ähnlichen Betrachtung wird „Merkel als Träger[in] der Monnet Methode" verstanden und ihr Wirken an der Spitze einer „europäischen Führungsmacht" analysiert (Schramm und Wessels 2022, S. 4f., 7 f.).

Erweiterung und Vertiefung: Die Rückkehr einer Grundsatzdebatte

Eine nachhaltige Folge des Kriegs in der Ukraine ist die fast schon dramatische Kehrtwende des Europäischen Rats vom Juni 2022, in der der Ukraine, der Republik Moldau und Georgien die Beitrittsperspektive anerkannt und der Ukraine und der Republik Moldau sogar der Status eines Beitrittskandidaten gegeben wurde (Europäischer Rat 2022b, Lippert 2022b).[5] Zusammen mit dem Bericht der Konferenz zur Zukunft Europas wird so erneut, verstärkt und unter veränderten Vorzeichen die Grundsatzdebatte zur Finalität Europas geführt. Getrieben durch den politischen Kontext des Kriegs verändern führende Politiker:innen wie auch Intellektuelle und Wissenschaftler:innen in der nun wiederauflebenden Grundsatzdebatte über Vertiefung und Erweiterung die bisherige Doktrin der Zurückhaltung und überkommen die europäische „Erweiterungsfatigue" (siehe hierzu beispielhaft: Dionysiou 2022, Schmidt und Dzihic 2021, Szolucha 2010). Die nüchterne Regelung zum Beitritt, wie sie in der Kopenhagener Erklärung des Europäischen Rats von 1993 und auch in Art. 49 EUV des Lissabonner Vertrags beschrieben steht, wird politisch aufgeladen: „(Da) kein anderes Land einen höheren Preis bezahlen (musste), um Teil des demokratischen Europas werden zu können, verdient die Ukraine eine verbindliche Beitrittsperspektive zur Europäischen Union"[6] (Fücks 2022). Die Ermutigung zu weiteren Schritten im Beitrittsprozess (Europäischer Rat 2022b), ließ viele Argumentationslinien aufleben, die angesichts der Erweiterungsmüdigkeit in den Hintergrund wissenschaftlicher Arbeiten geraten waren. Die Verleihung des Kandidatenstatus an die Ukraine könne

---

5 Vgl. hierzu auch die Beiträge „Europäischer Rat" und „Die Erweiterungspolitik der Europäischen Union" in diesem Jahrbuch.
6 Dieser offene Brief wurde von namhaften Wissenschaftler:innen auf dem Gebiet der deutschsprachigen EU-/Integrationsforschung aus unterschiedlichen Fachrichtungen gezeichnet. Beispielhaft seien hier Tanja Börzel, Carlo Masala, Armin Nassehi, Thomas Risse, Hedwig Richter, Funda Tekin und Michael Zürn erwähnt. Der Brief kann dabei als Reaktion auf einen gegensätzlichen – und stark kritisierten – „Friedensaufruf" und einer Kritik an Waffenlieferungen auf Kosten der ukrainischen Souveränität, der u. a. vom Politikwissenschaftler Wolfgang Merkel gezeichnet und in der EMMA (29.4.2022) veröffentlicht wurde, gesehen werden.

aus Sicht politikwissenschaftlicher Analytiker:innen nur ein erster Schritt für einen dauerhaften Wandel in den Ukraine-EU-Beziehungen sein. Ein eiliger Beitritt würde jedoch eine Reihe von Herausforderungen mit sich bringen, wie sie eine Sammelveröffentlichung der Stiftung Wissenschaft und Politik herausarbeitet (Bossong et al. 2022). Welches Momentum haben die neuen politischen Vorzeichen für weitergehende Reflexionen ausgelöst? Bietet sich „Differenzierung als ein möglicher Lösungsansatz für die Erweiterungsfrage an (Tekin 2022)? Den Ermutigungen und Stärkungen des Beitrittsprozesses zum Trotz zeige aber gerade der Fall der Türkei, dass „eine Beitrittsperspektive [...] mitnichten ein Selbstläufer" sei (Tekin 2022, S. 93). Aus einer historischen Betrachtung der EU-Türkei-Beziehungen heraus fragt dazu passend Casale (2022), ob die aktuellen Entwicklungen und das darin begründete Verstummen euroskeptischer Stimmen auch eine Revitalisierung für den türkischen Beitritt bedeuten könne oder die Ausdehnung der Union nicht vielleicht auch neue Rassismen und Identitätsdebatten hervorrufe? Pointiert zeigen im Rahmen dieser Debatte auch Aydın-Düzgit und Noutcheva (2022), wie die Politik der türkischen Regierung die normative Macht und Bedeutung der EU in Frage stellt – eine Parallele zur russischen Regierung. Es scheint, als bleibe die türkische Innenpolitik trotz wachsender Bedeutung der NATO in der aktuellen Krisensituation eine drängende Herausforderung für die EU-Türkei-Beziehungen.[7]

Der von Macron eingebrachte Begriff der „Europäischen Politischen Gemeinschaft" (EPG) eröffnet einen breiten Raum, bisherige Erfahrungen mit ähnlichen Vorhaben – so mit dem politischen Schicksal von Vorschlägen von François Mitterrand für eine europäische Konföderation mit mehreren Kreisen, um ein Kerneuropa aufzugreifen und zu ergänzen. Dem französischen Vorschlag begegnet die Skepsis, mögliche Alternativen zum ukrainischen EU-Beitritt zu diskutieren (Grant 2022). In Anbetracht anhaltender Konflikte und Schwierigkeiten bei der Erweiterung fordert Scazzieri (2022) dann auch eine Abstufung des Beitrittsprozesses, um eine engere EU-Bindung ohne sofortigen formellen Beitritt zu ermöglichen. Die Gründungssitzung am 6.10.2022 mit den Staats- und Regierungschef:innen der EU-27 (und Vertreter:innen der Europäischen Union) und 16 Nachbar- und Anrainerstaaten wurde zunächst als Erfolg gewertet. Eine vertiefte historische Analyse wird wahrscheinlich ausführen, dass die Gründung und Erweiterungen der Union nicht nur oder nicht immer primär durch Ziele einer Wirtschaftsgemeinschaft oder einer Wertegemeinschaft, sondern auch durch traditionelle geopolitische Interessen motiviert war (Skålnes 2005) und in den Augen einiger Betrachter:innen weiterhin sein sollte (Lippert 2022a). Zu einer nüchternen, distanzierten Analyse wird aber auch gehören, nicht nur den wahrscheinlich unsicheren geo-politischen Nutzen, sondern auch die Kosten eines „imperial" oder „institutional overstretch" (Haukkala 2008, Kennedy 2010) für die Union abzuwägen. Vor diesem Hintergrund ist zu erwarten, dass die EU ihre Beziehungen zur Ukraine nicht allein nach bekanntem Erweiterungsdrehbuch gestalten wird. Lippert (2022b) regt an, die EU solle vielmehr drei Handlungsrahmen aufeinander abstimmen: die künftigen Beitrittsverhandlungen, den laufenden Assoziierungsprozess und mögliche neue Formate, wie eine Europäische Politische Gemeinschaft oder einen Europäischen Politik- und Wirtschaftsraum. Ähnlich plädieren Lang und Buras (2022) vor dem Hintergrund der russischen Bedrohung der europäischen Ordnung für eine Wiederbelebung des Beitrittsprozesses im Allgemeinen und für eine „Partnerschaft für Erweiterung". Diese solle auch die Integration der Republik Moldau, Georgiens und der Westbalkan-Staaten voranbrin-

---

[7] Vgl. hierzu auch den Beitrag „Türkei" in diesem Jahrbuch.

gen und einen Weg zur Mitgliedschaft aufzeigen. Der Kritik der Autoren zur Bedeutungslosigkeit des Kandidatenstatus schließt sich auch Pashkov (2022) an und betont, es dürfe keine Alternative zur Erweiterungspolitik geschaffen werden. Die Ausdehnung auf weitere Staaten sei hierbei zwar sinnvoll, die Integration der Ukraine brauche aus geostrategischen Überlegungen jedoch priorisierte Behandlung. Auch Boiko (2022) begrüßt den Vorstoß von Land und Buras (2022), da dieser ein Gleichgewicht zwischen den Kandidatenstaaten schaffe. Bei ihrer Analyse lässt sie die Türkei – noch immer ein Beitrittskandidat – jedoch außen vor.

Für die notwendigen Zukunftsdebatten im Rahmen der von Seiten der Kommissionpräsidentin signalisierten Reformbereitschaft (von der Leyen 2022b) lässt dies besondere Aufmerksamkeit für die deutsche Europapolitik erahnen. Vor deutschen Alleingängen – auch im Nachgang der Konferenz zur Zukunft Europas – bei der Reform der Union warnt allerdings Plottka (2022). Die Zielsetzungen, den Instrumentenkasten und die politischen Bedingungen für eine Umsetzung des „Bericht[s] über das endgültige Ergebnis" der Konferenz zur Zukunft Europas" (Konferenz zur Zukunft Europas 2022) werden geprüft und kontrovers diskutiert, da sie als Grundlage für den Reformdiskurs dienen können. Bezug genommen wird dafür auf detailreiche und theoriegeleitete Analysen des Verfassungskonvents zu Beginn des Jahrhunderts und dessen Langzeitwirkung (Göler und Jopp 2002). Duff (2022), einer der führenden Gestalter des Verfassungskonvents, hat eine Liste von Vertragsänderungen vorgelegt, die eine tiefergehende Reflektion – etwa zur Frage einer assoziierten Mitgliedschaft sowie zur politischen Strategie gegenüber den West-Balkan-Staaten und der Ukraine – anregt. Schließlich solle Europa leben, als wäre die Union ein praktisch föderales Konzept, in das man politisches Vertrauen haben kann und soll (Duff 2022, S. 4). Weitere Debatten zu den Schlussfolgerungen aus der Zukunftskonferenz fassen von Ondarza und Ålander (2022) zusammen, wobei es der Konferenz als Institution nicht gelungen sei, Befürworter:innen (insbesondere aus den Reihen des Europäischen Parlaments) und Gegner:innen (aus den Reihen der Mitgliedstaaten) baldiger Vertragsänderungen zusammenzubringen. Dennoch halte die erwachte Debatte um Erweiterung und Vertiefung der Union – ob aus ideologischen oder geopolitischen Gründen – Einigungspotenzial.

Covid-19-Pandemie: Übergang zur analytischen „Normalität"

Die Covid-19-Pandemie ist in Folge des russischen Angriffskriegs etwas in den Hintergrund gerückt, auch weil im Zuge einer zunehmenden „Normalität" etwa bei der Umsetzung der Aufbau- und Resilienzfazilität weniger ad hoc-Betrachtungen stattfinden. Vielmehr zeigen sich die Auswirkungen auf den politischen Alltag mit Abstand in den Analysen. Kurzfristige Reaktionen der EU zeigten klare Zeichen von „failing forward" (Dimitrakopoulos und Lalis 2021), indem intergouvernemental Minimalkompromisse die Grundlagen zukünftiger Krisen schaffen und damit weitere Integrationsschritte notwendig machen (Jones et al. 2021, siehe auch Anghel und Jones 2022). In Folge der Covid-19-Pandemie hat sich der Zugang von Lobbyist:innen zu den europäischen Institutionen weiter verändert. So stellen Junk et al. (2021) fest, dass besonders ökonomisch „betroffene" Interessensgruppen kurzfristig verstärkt Zugang erhalten haben, was die Funktionalität des politischen Systems erhöhen könne. Doch gerade Sozial- und Umweltverbände gehörten – trotz Betroffenheit – auch im Bereich der Interessens-Repräsentation zu den Verlierer:innen der Pandemie. Zugleich stellen Claeys et al. (2021) fest, dass auch Südeuropa im Zuge der Covid-19-Pandemie ökonomisch besonders gelitten habe. Die

Pandemie drohe so kurz- und mittelfristig die Ungleichheit im Binnenmarkt auszuweiten. Diese Ungleichheiten und ökonomischer Druck haben bereits zu einem Erstarken rechtspopulistischer Euroskeptiker:innen geführt (Archick 2021). Neben der Ungleichheitsdebatte, zeigen sich die Verflechtung von Ökonomie und der Klimakrise für einige Autor:innen unter dem Brennglas der Pandemie (Maniatis et al. 2021). So wurden beispielsweise die Preisfindungsmechanismen des europäischen Emissionshandels und dadurch dessen Effektivität gestört (Dong et al. 2022). Aber die politisch und (wirtschafts-)wissenschaftlich vielfach gelobte Verbindung von Wiederaufbau und Investitionen in „Grüne" Energie und Technologie durch den „European Green Deal" (O'Callaghan et al. 2022, Zenghelis 2014) steht auch aus ökonomischer Sicht in der Kritik (Brahmbhatt 2021). Hier scheint sich eine fachspezifische Debatte zu entwickeln, die vor dem Hintergrund anhaltender Klimaproteste und deren Politisierung (Gardner und Neuber 2020, Marquardt und Lederer 2022) besondere gesellschaftliche Relevanz besitzt. Nicht zuletzt in den Verhandlungen zum Mehrjährigen Finanzrahmen (2021–2027) hat die Covid-19-Pandemie bisherige Verfahren verändert und rote Linien verwischt (siehe Becker 2022a). Erklärungen für die diversen Reaktionsmuster zwischen den Mitgliedstaaten, die in den vergangenen zwei Jahren auch die Integrationsdebatten begleiteten, liefern Toshkov et al. (2022). Interessanterweise scheinen u. a. eher rechte Regierungen schneller zu reagieren, was nur teilweise den gängigen Hypothesen über skeptische und nativistische Narrative der rechtsaußen-Parteien innerhalb der EU entspricht (Wondreys und Mudde 2022).

Impulse zur Strategischen Autonomie

Der Krieg in der Ukraine hat nicht zuletzt auch Anlass zu Diskussionen um den Begriff „strategische Autonomie" gegeben. Insbesondere in der europäischen Verteidigungs- und Energiepolitik sind alte (west-)europäische Gewissheiten grundlegend erschüttert worden, die nun ein höheres Maß an Unabhängigkeit und Diversifizierung erfordern. Zu diskutieren ist zudem, ob der Begriff der Autonomie nach dem bisherigen Verständnis im Sinne einer europäischen strategischen Souveränität neu gedacht werden muss (Nouveau 2022). In diesem Zusammenhang wird Kritik daran geäußert, dass bisherige Diskussionen sich stets um die Definition einer solchen Autonomie drehten, nicht aber zur Identifikation von Schritten beitrugen, die notwendig zum Erreichen dieser Zielsetzung sind (von Ondarza und Overhaus 2022, S. 3). Zunächst lässt sich in Bezug auf die europäische Energiepolitik eine Fortsetzung der Diskussion aus dem vergangenen Jahr im Hinblick auf die Abhängigkeit von russischem Erdgas feststellen (Mölling et al. 2022). Verursacht durch den Krieg hat sich insbesondere in Deutschland die Betrachtungsweise des russischen Gases als „Übergangstechnologie" der deutschen Energiewende hin zu einer gefährlichen Abhängigkeit entwickelt, die schnell reduziert werden muss (Pepe 2022). Aus einer gesamteuropäischen Perspektive schlug insbesondere die Europäische Kommission eine gemeinsame europäische Einkaufsstrategie für fossile Energieträger vor (von der Leyen 2022a). Im Kontext der Bewertung des Kriegs als möglicher Integrationsmotor lässt sich hier die – aus Kommissionssicht – verständliche Forderung nach weiterer Integration in einem Feld beobachten, das traditionell zum Kern der EU gehört.

Der zweite Diskussionsstrang unter der Überschrift strategische Autonomie behandelt verteidigungspolitische Fragen. Hier beschreiben von Ondarza und Overhaus (2022, S. 1) ein zentrales Dilemma der EU, das sich „auf absehbare Zeit nicht auflösen, sondern nur abmildern" lasse: Einerseits steige die sicherheitspolitische Abhängigkeit der EU von den USA in der gegenwärtigen und vermutlich auf unabsehbare Zeit existierenden „konfrontativen Sicherheitsordnung Europas" (ebd.). Andererseits sei die langfristige Bündnisfähigkeit der USA [...] ungewiss. Eine strategische Autonomie der EU müsse daher gleichzeitig die Stärkung der eigenen militärischen Handlungsfähigkeit sowie die enge Kooperation im Rahmen der NATO beinhalten (ebd.: 8). Fragen nach der Koordination mit den USA bestehen laut Bendiek und Stürzer (2022, S. 1) zudem bei digitalpolitischen Regulierungen, die im „globalen digitalen Wettbewerb" einen gewichtigen Teil der Strategischen Autonomie darstellen. Di Fabio (2022) kennzeichnet Strategische Autonomie als Leitbild der EU. Gleichzeitig führt er die Idee der „Selbstbehauptung Europas" ein, die er an vielen Stationen der historischen Einigung Europas identifizieren kann und so den Bogen zur Gegenwart schlägt: Die Notwendigkeit eines „Kampf[es] um das Dasein und das Sosein in der Welt" (ebd., S. 1) lässt sich mit Blick auf die gegenwärtigen Krisen immer wieder finden.

Analysen zur institutionellen Architektur

Die Entwicklungen von EU-Institutionen und die Auswirkungen auf die institutionelle Architektur der EU standen auch weiterhin auf der wissenschaftlichen Agenda. Angesichts seiner immer wieder erwähnten Rolle als „Krisenmanager" (Schramm und Wessels 2022) haben fundierte Arbeiten zum Europäischen Rat zugenommen. Der erfahrene Journalist Werts (siehe u. a.: 2008, 2015, 2021) legt auf Grundlage seiner Arbeiten seit Gründung des Europäischen Rats Detailstudien zu dessen Rolle in den „Krisenjahren" der EU vor. Dabei kommen den Schlussfolgerungen des Europäischen Rats als richtungsweisende Dokumente gerade in außergewöhnlichen Krisensituationen eine verstärkte Bedeutung zu (Wessels et al. 2022). Aus ihnen könnten sowohl verschiedene Fahrpläne für eine Weiterentwicklung der Union als auch die situativen Stolpersteine – wie euroskeptische, populistische Kräfte auf EU- und nationaler-Ebene – abgelesen werden. Auch die Forderung des Europäischen Parlaments nach einem neuen Wahlrecht mit einer Sperrklausel und transnationalen Listen ist Gegenstand kritischer Würdigung (Bressanelli 2022, Chryssogelos 2022, Duff 2022, Skrzypek 2022). Auf europäischer Ebene lassen sich zudem bereits Auswirkungen der feministischen Außenpolitik erkennen, wenn Aktionspläne und Gendersensibilisierungen institutionalisiert werden (Zilla 2022). Nützliches und umfassendes Zusatzmaterial zu Sitzungen des Parlaments und der Europäischen Institutionen (bspw. zur systematischen Darstellung von Themenschwerpunkten, der Rolle des Präsidenten und der Verbindung zu Parteien) liefern die Studien des European Parlament Research Service (EPRS).[8]

Auch die Dynamik der Beziehungen zwischen Europäischem Rat, Rat und Kommission ist Gegenstand akademischer Analysen. So arbeiten Smeets und Beach (2021) heraus, dass das Einmischen der Staats- und Regierungschef:innen Entscheidungsfindungen sowohl initiieren, beschleunigen aber auch verlangsamen und verhindern kann, je nach dem, wann und wie der Europäische Rat ins Spiel gebracht werde. Rosamond und Dupont (2021) finden eine effektive Zusammenarbeit zwischen Europäischem Rat und Rat im Bereich des European Green Deal – zumindest auf dem Papier. Die institutionellen Turbulenzen (Ansell und Trondal 2018) scheinen den legislativen Prozess nicht stark verlangsamt zu haben (zum Thema siehe auch: Siddi 2021)[9] – dennoch zeigen die Autor:innen den Bedarf für weitere Forschung in dem Bereich der inter-institutionellen

---

8 Der EPRS ist sowohl per App als auch via Webseite erreichbar: https://www.europarl.europa.eu/at-your-service/en/stay-informed/research-and-analysis.
9 Vgl. hierzu auch den Beitrag „Die institutionelle Architektur der Europäischen Union" in diesem Jahrbuch.

Balance auf. Die Responsivität der Europäischen Kommission als der institutionellen Agenda-Setterin im EU-System zeigen Giurcanu und Kostadinova (2022), indem sie die Schwerpunktsetzungen der Kommission mit denen der europäischen Parteien abgleichen. Sie stellen fest, dass die Kommission responsiv auf die europäische Parteienlandschaft reagiert, wenn Euroskeptizismus und öffentliche Salienz hoch und Kernbereiche von Zivilgesellschaft oder NGOs betroffen sind. Sie sei jedoch nicht responsiv zu den Politik-Präferenzen nationaler Regierungsparteien (Koop et al. 2022). Die technokratische Sprache der Kommission limitiert zudem ihre Kommunikationsfähigkeit gerade in politisierten Kontexten (Rauh 2022).[10] Diese Überlegungen beziehen sich auch auf die Annahme, die Kommission sei eine auf ihr eigenes Überleben ausgerichtete Bürokratie. Cheruvu (2022) folgert, dass Vertragsverletzungsverfahren verzögert eingeleitet werden, um auf politisch günstige Umstände zu warten. Ähnlich argumentieren Kelemen und Pavone (2022) und zeigen, dass die politische Führung der Kommission zur Sicherung breiter mitgliedstaatlicher Unterstützung wiederholt auf die Einleitung von Verfahren verzichtet habe. Dies wirft ein interessantes Licht auf die Rechtsstaatlichkeits-Krise der Union (Coman 2022, Gómez 2021, Pech et al. 2021), bei der auch die Antworten der europäischen Institutionen (Raube und Costa Reis 2021) und insbesondere der Kommission untersucht werden. Das lange Ausbleiben umfassender Reaktionen bringt Emmons und Pavone (2021) zu der Feststellung, im Rechtsstaatlichkeitsbereich scheine es kein „failing forward" zu geben.

Mit dem Europäischen Parlament[11] betrachten Maurer et al. (2023) einen „Motor und systemprägenden Akteur" im inter-institutionellen Gefüge der Union, wobei sie besonders auf die gestiegenen Kompetenzen und bedeutende Rolle im Inneren wie auch in den Außenbeziehungen der Union Bezug nehmen. Hierzu geben Ahrens et al. (2022) eine erste umfängliche Analyse der politischen Gruppierungen im Europäischen Parlament heraus. Diese hätten es jedoch bisher nicht geschafft, als Bindeglied zwischen Bevölkerung und Parlament aufzutreten (Johansson und Raunio 2022) – trotz Einführung des Spitzenkandidat:innen-Verfahrens (Kantola et al. 2022). Die Fortführung bzw. dauerhafte Institutionalisierung des Spitzenkandidat:innen-Verfahrens sehen Costa und Thinus (2022) dennoch als ähnlich bedeutende Frage wie die Direktwahl des Europäischen Parlaments für die Entwicklung eines verlässlichen politischen EU-Systems an. Mit derartigen Überlegungen stehen die Wahlen zum Europäischen Parlament weiterhin im Fokus wissenschaftlicher Betrachtungen im Rahmen von institutionellen Verfahren, aber auch Politisierungs- und Wahlanalysen. Dabei erweitern Alt et al. (2022) unser Verständnis zur Wahlmotivation, indem sie unterschiedliche Formen und Wirkungen von Politisierung identifizieren können: Neben national beeinflussten Wahlentscheidungen (Second-Order Wahlen) und der Stimmabgabe als allgemeiner Ausdruck von Zustimmung oder Ablehnung des europäischen Projektes gäbe es auch eine inhaltliche europapolitische Politisierung (siehe hierzu auch: Braun und Schäfer 2022). Die Koexistenz dieser unterschiedlichen Motivationen zeige die integrative Kraft des EU-Systems, dessen Legitimation die Autoren durch ihre Ergebnisse gestärkt sehen.[12] Allerding stellt die zunehmende Polarisierung des politisierten Parlaments (Braun und Grande 2021) Errungenschaften der vergangenen Jahre, die im

---

10 Zur politischen Kommunikation in der und über die Europäische Union siehe auch: Kauppi und Palonen (2022).
11 Für die seichte Beschäftigung am Abend mit der Arbeitsweise des Europäischen Parlaments empfehlen wir die deutsch-französisch-belgische Politiksatire „Parlament" in der ARD-Mediathek: https://1.ard.de/Parlament_ONE (letzter Zugriff: 18.10.2022).
12 Zur Verbindung von Legitimität, Inklusivität (von ökonomischem Wachstum) und Wohlbefinden im Kontext Europäischer Integration siehe auch die Argumentation von Dellmuth (2021).

Bereich der Geschlechtergerechtigkeit mit zu den Legitimationsmythen der Union zählen (MacRae 2010, Woodward und Vleuten 2014), in Frage (Kantola und Lombardo 2021). Von erheblicher Bedeutung für Studien zur institutionellen Architektur sind ebenso Analysen der organisierten Mitspieler:innen wie Regionen (Caminades 2022) und ein differenziertes Netz von Akteur:innen der europäischer Interessenvertretung (Huhe et al. 2022, Lawton 2022). Zur Rolle deutscher Industrieverbände haben Kohler-Koch et al. (2022) die Ergebnisse eines umfassenden Forschungsprojektes vorgelegt. Zu Entwicklung im EU-System konstatieren sie: „[D]ie Erwartung […], dass sich mit der Vertiefung der Integration ein supranationales Verbändesystem entwickeln werde, […] hat sich nicht erfüllt" (ebd., S. 218), obgleich „die Ausweitung nach Europa" eine „Überlebensstrategie" für kleinere Fachverbände sei (ebd., S. 292).

Populismusforschung: Auch im Feld der EU-Studien ein Trendthema

Ausarbeitungen aus dem Bereich der Populismusforschung (zur Einführung: Lewandowsky 2022) bilden ein Trendthema im politikwissenschaftlichen Diskurs. Befinden wir uns also wegen aktueller (Klima-)Krise, anhaltender Covid-19-Pandemie und drohender Energie-Knappheit und Inflation in einer „Zeit der Populist[:inn]en" (Decker et al. 2022a, S. 54, zu Covid-19 und Populismus auch: Bobba und Hubé 2021)? Die Wahlen in Frankreich und Ungarn (zu den allgemeinen Entwicklungen in beiden Ländern siehe jeweils: Csehi 2021, Facchini und Jaeck 2021), sowie in Slowenien, Schweden und Italien[13] mit der Neueinstufung Ungarns als „hybrides System der Wahlautokratie" (Europäisches Parlament 2022) oder als „illiberaler Staat" (Orbán 2014) scheinen diese Frage positiv zu beantworten. Mit „Aufstand der Außenseiter" geben Decker et al. (2022b) dann auch eine umfassende Analyse des neuen Populismus und der Herausforderungen desselben für die Europäische Union heraus, in der sowohl Gesamttrends wie Betrachtungen aus den Mitgliedstaaten zu einem vertieften Verständnis beitragen. Für den Euroskeptizismus beispielsweise wird festgestellt, dass er sich begrifflich und ideell zwar von Populismus unterscheide, ihnen sei eine „gewisse Artverwandtschaft" und Gleichzeitigkeit jedoch nicht abzusprechen (Ketelhut 2021, S. 81). Die populistische Kritik am Integrationsprojekt unterscheide sich weiter nach politischer Ausrichtung: So greifen Rechts-Populist:innen sowohl die Transnationalität als auch konkrete Politikfelder wie die Geschlechter-Gerechtigkeitspolitik der Union an (Cullen 2021). Links-Populist:innen hingegen betonen die liberale Ausrichtung ungerechter und nicht-repräsentativer Sparpolitiken (Serafis et al. 2022) – ohne jedoch eine Renationalisierung zu fordern oder einen angeblichen Kulturkampf zu inszenieren (Ketelhut 2021, S. 82).

Zeitgleich richtet ein Sammelband von Ruzza et al. (2021) den Blick auf den Einfluss, den die „populistische Welle" (Brombo 2021, S. 240) auf die Europäischen Institutionen und die Zivilgesellschaft habe. Der politische Einfluss europäischer Populist:innen im Tagesgeschäft der Europäischen Kommission bleibe zwar gering, da ein „populistischer Turn" noch erfolgreich marginalisiert werde, dennoch könne die „populistische Bedrohung" (Ruzza 2021, S. 169) weiter eskalieren. Auch direktdemokratische Verfahren – ein viel-diskutierter Reformvorschlag zum Demokratiedefizit der EU – werden vor dem Hintergrund populistischer Tendenzen hinterfragt. So fordert Eppler (2021) eher Parlamentsfunktionen im EU-System (Artikulation, Repräsentation, Kontrolle) zu stärken, als sich auf direktdemokratische Verfahren einzulassen, die selten zur „Stabilisierung und Konso-

---

13 Vgl. hierzu auch die Beiträge „Slowenien", „Schweden" und „Italien" in diesem Jahrbuch.

lidierung von Demokratien" beigetragen hätten. Die institutionelle Abwehr populistischer Narrative trage jedoch maßgeblich zur Mythenbildung bei, wenn zum Beispiel die soziale Dimension der europäischen Einigung (siehe hierzu auch Della Sala 2010) gegen Kritik verteidigt und durch europäische Solidarität[14] gestärkt werde (Ruzza 2021, S. 168). Denn die von Populist:innen beschworene „großen Krise des Solidaritätsgedankens und der Europäischen Union" greife zu kurz. Sie übersehe, „dass die Europäer[:innen] untereinander solidarischer sind, als Kommentator[:inn]en mit ihrem Hang zur Dramatisierung glauben machen und Politiker[:innen] der Mitte mit Blick auf die Wahlerfolge der Populist[:inn]en befürchten", so formuliert der Historiker Loth (2022).

Historische Perspektiven: Weiterhin von besonderer Bedeutung

Unter der Maxime „Zukunft braucht Erinnerung" nimmt Ziegerhofer (2021) die Ideengeschichte des europäischen Einigungsprozesses in den Blick, wobei der Rückbezug auf europäische Visionen aus dem 13. Jahrhundert einen besonders frühen Ausgangspunkt darstellt. Auch Patel (2022) zeichnet die Geschichte der Europäischen Integration nach, wobei kritische Bezugnahmen auf den Kolonialismus deutlicher ausfallen: „Allgemein spielte der Spätkolonialismus eine wichtige Rolle in der Frühphase europäischer Einigung". Mit der Notwendigkeit, die europäischen Geschichten „angesichts der kolonialen und imperialen Ansprüche, die mit der Geschichte und Gegenwart Europas verknüpft sind, selbstkritisch" zu wenden, befassen sich auch die Autor:innen eines neuen Sammelbandes (Kirschner 2022). Behandelt werden hier Fragen, die im Jahr des Endes der Regentschaft von Elisabeth II. und den Reflexionen zur (konstitutionellen) Monarchie zusätzlich an Bedeutung gewonnen haben (Bernard 2022). Ein Diskursband zu „Konfusion[en] und Vision[en]" greift zudem verschiede Entwicklungen und Szenarien auf, um über die Entstehung der Union, aktuelle Herausforderungen sowie Zukunftsperspektiven zu reflektieren (Lützeler und Gehler 2021). Leggewie und Karolewski (2021) zeichnen die (Entstehungs-)Geschichte des Bündnisses der sogenannten Visegrád-Gruppe (Polen, Ungarn, Tschechien und die Slowakei) nach. Im Verhältnis zu Russland zeigen sich Konfliktpotentiale der Gruppe, die von beiden Autoren als ernstzunehmende Gefahr für den liberalen Charakter der EU gezeichnet wird. Müller-Brandeck-Bocquet (2021) arbeitet die Beiträge der Bundesrepublik Deutschland zu Integrationsschritten, aber auch die Dualität nationaler Interessen und europapolitischen Engagements in „Deutsche Europapolitik" auf. Erneut liegen zudem biographische Analysen großer Europäer:innen vor. Die Aktualität von Robert Schuman bei der Reflexion heutiger Herausforderungen (Waechter et al. 2022) steht neben Arbeiten zum Einfluss des deutschen Kanzlers Konrad Adenauer (Ivanova 2022). Die Bedeutung weiterer europäischer Gründungsfiguren stellen Troitiño et al. (2022) heraus, indem sie das europapolitische Wirken ausgewählter Persönlichkeiten nachzeichnen. Hierbei lohnt ein kritischer Blick auf die dominant-männlichen Narrative[15] der Integrationsgeschichte (beispielhaft siehe Lombardo und Kantola 2021, S. 47 in ihrer Kritik an: Dinan 2004). Wir empfehlen daher auch Weidenbach (2022), die (u. a.) mit Louise Weiss und Simone Veil[16] die Beiträge zweier bedeutender Europäerinnen aufzeigt.

---

14 Zur Solidarität zwischen den Mitgliedstaaten vor und während der Covid-19-Pandemie siehe auch den Sammelband von Kaeding et al. (2022b).
15 Eine wissenschaftliche Aufarbeitung zum Thema Geschlecht im Kontext europäischer Politik legen Abels et al. (2021) in einem umfangreichen Handbuch vor.
16 Zu Simone Veil findet sich auch ein Kapitel in Troitiño et al. (2022).

Lehrbücher und Standardwerke

Es wurden eine Reihe an Standardwerken und Lehrbüchern aktualisiert bzw. neu vorgelegt. Wenngleich der Krieg in der Ukraine oft noch nicht Eingang finden konnte, so ist zumindest die Covid-19-Pandemie mittlerweile ein fester Bestandteil. Aufzulisten ist das Lehrbuch von Kühnhardt (2022), das für Studierende insbesondere „Denkwege", „Grundbegriffe", „Machtfragen" und „Folgerungen" dokumentengestützt herausarbeitet. Für das Taschenbuch der Europäischen Integration (Weidenfeld et al. 2022) wurden zentrale Kapitel für die online Fassung aktualisiert. Durch die vorrangige online-Aktualisierung haben einige Entwicklungen des Jahres 2022 bereits Eingang finden können. Das Lehrbuch „Das politische System der Europäischen Union" von Wessels (2022) ist nach vollumfänglicher Aktualisierung ebenfalls online erschienen. Auch Rittberger (2021) legt ein Einführungswerk zur Europäischen Union vor, dass sich sowohl der Funktionsweise der EU, der Integrationsdynamik, als auch der Frage nach Zukunftsszenarien der Union widmet. Die Institutionen-Perspektive nehmen Hodson et al. (2022) in fünfter Auflage ihres Standardwerkes „The Institutions of the European Union" ein. Anregend ist der Anspruch des Nachschlagewerks von Haastrup et al. (2022), die ein Lexikon der Europäischen Union herausgegeben, in dem englische Schlüsselbegriffe mit kurzen Erläuterungen versehen werden. Dass bei den unterschiedlichen und reichhaltigen Beiträgen zur Europäischen Integration trotz verschiedener Schwerpunktsetzungen einige Teil- und Politikbereiche nicht umfangreich besprochen werden, nehmen Hoerber et al. (2022) zum Anlass, ihren Sammelband „Europäische Integrationen" (Plural im engl. Original) vorzulegen. Im Fokus der Integrationsforschung greifen Autor:innen Themen wie Cyberkriminalität, Verteidigung, Forschung aber auch Fußball (Niemann et al. 2021) auf. Beispielhaft für zahlreiche juristische Beiträge zu den Spezifikationen des EU-Rechts wollen wir an dieser Stelle auf zwei allgemeine Beiträge verweisen. In aktualisierter Auflage legen Hatje und Müller-Graff das Werk „Europäisches Organisations- und Verwaltungsrecht" vor, in dem – als Teil der Enzyklopädie Europarecht – auch auf den Ukraine-Konflikt und Fragen zum Transit russischen Gases Bezug genommen wird (Hatje und Müller-Graff 2022). Ebenfalls auf das Europarecht als besonders dynamische Rechtsordnung in der politischen Praxis blicken Bieber et al. (2023) in der bereits online erschienenen Überarbeitung ihres Standardwerkes an der Schnittstelle zwischen Europarecht und Europapolitik.

Ausblick

Die Vielfalt und Diversität wissenschaftlicher Beiträge wird durch Analysen der Krisen, Institutionen und Politikfelder aus unterschiedlichen Fachschwerpunkten erneut und verstärkt deutlich. Die Suche nach umfassenden Ansätzen bleibt ein Desiderat, vielmehr wird auf Bewährtes zurückgegriffen, um aktuelle Entwicklungen zu verstehen und einzuordnen. Weitere Entwicklungen in der Realität werden eine empirische Evidenz bieten, um die vorläufigen Thesen der letzten Jahre umfassend testen zu können. Es muss schließlich diskutiert werden, ob der Krieg in Abgrenzung zu den bisherigen Krisen nicht vielmehr als genuine Katastrophe bezeichnet werden muss, gewissermaßen als der Fall, der durch die entwickelte europäische Friedensordnung nach 1945 und 1989 verhindert werden sollte. Es wird interessant zu sehen sein, ob diese Katastrophe einen Integrationsimpuls setzen kann, der sich qualitativ von denjenigen der bisherigen Krisen unterscheidet, die meist auf ein einzelnes oder einige wenige Politikfelder begrenzt waren – insofern könnte der Krieg per se eine weitere Polykrise darstellen. Erste Entwicklungen, vor allem in den Bereichen der Energie-, Innen-, und Verteidigungspolitik, deuten in eben diese Richtung.

Vielleicht werden wir mit Abstand aber auch feststellen, dass die nun identifizierten Meistererzählungen nur ein kurzfristiger „Hype" mit relativ geringer Relevanz für politische Entscheidungen waren: eine Ausprägung des „Zeitgeists" ohne bestimmenden Einfluss auf die tatsächliche Politik und ohne längerfristige Auswirkungen auf das Grundverständnis europäischer Integration. Wir erwarten mit Spannung die Beiträge der kommenden Jahre.

Literatur

Gabriele Abels et al. (Hg.): The Routledge Handbook of Gender and EU Politics, London/New York 2021.

Petra Ahrens/Anna Elomäki/Johanna Kantola (Hg.): European Parliament´s Groups in Turbulent Times, Cham 2022.

Dorian Alt/Erik Brandes/David Nonhoff: First Order for some. How Different Forms of Politicization Motivated Voters in the 2019 European Parliamentary Election, in: JCMS: Journal of Common Market Studies 2022.

Veronica Anghel/Erik Jones: Failing forward in Eastern Enlargement: problem solving through problem making, in: Journal of European Public Policy 7/2022, S. 1092–1111.

Christopher Ansell/Jarle Trondal: Governing turbulence: An organizational-institutional agenda, in: Perspectives on Public Management and Governance 1/2018, S. 43–57.

Kristin Archick: The European Union: Ongoing Challenges and Future Prospects, in: Current Politics and Economics of Europe 1/2021, S. 105–150.

Warwick Armstrong/James Anderson: Geopolitics of European Union Enlargement, London 2007.

Senem Aydın-Düzgit/Gergana Noutcheva: External contestations of Europe: Russia and Turkey as Normative Challengers?, in: JCMS: Journal of Common Market Studies 2022.

Karl D. Bracher: Die Krise Europas seit 1917. Propyläen Studienausgabe, Frankfurt a.M. 1993.

Veit Bachmann/James D. Sidaway: Zivilmacht Europa: A Critical Geopolitics of the European Union as a Global Power, in: Transactions of the Institute of British Geographers 1/2009, S. 94–109.

Michael Bamberg: Master narrative, in: David Herman/Manfred Jahn/Marie-Laure Ryan (Hg.): Routledge Encyclopedia of Narrative Theory, London 2005, S. 287–288.

Peter Becker: Der Haushalt der Europäischen Union und die deutsche Europapolitik, Wiesbaden 2022a.

Peter Becker: Germany as the European Union's status quo power? Continuity and change in the shadow of the Covid-19 pandemic, in: Journal of European Public Policy 2022b, S. 1–21.

Annegret Bendiek/Isabella Stürzer: Die digitale Souveränität der EU ist umstritten: Warum die EU dennoch im EU-US Handels-und-Technologierat auf den Brüssel-Effekt setzen sollte, SWP-Aktuell 30/2022.

Ruxanda Berlinschi et al.: Rallying around the EU Flag: Russia's Invasion of Ukraine and Attitudes toward European Integration, in: CESifo Working Paper No. 9883, 17.8.2022.

Philippe Bernard: Elizabeth II, de la seconde guerre mondiale au Brexit, a été une reine européenne, in: Le Monde, 8.9.2022.

Roland Bieber et al.: Die Europäische Union: Europarecht und Politik, Baden-Baden 2023.

Giuliano Bobba/Nicolas Hubé (Hg.): Populism and the Politicization of the COVID-19 Crisis in Europe, Cham 2021.

Viktoriia Boiko: Geopolitical leadership of the European Union: anchoring Ukraine more deeply in the Union, Stefan Batory Foundation, S. 4–9, abrufbar unter https://www.batory.org.pl/wp-content/uploads/2022/07/Partnership-for-Enlargement_Commentaries.pdf (letzter Zugriff: 8.10.2022).

Josep Borrell: The birth of geopolitical Europe: In conversation with Josep Borrell, 29.3.2022, abrufbar unter https://ecfr.eu/event/the-birth-of-a-geopolitical-europe-in-conversation-with-josep-borrell/ (letzter Zugriff: 8.10.2022).

Raphael Bossong et al.: Der mögliche EU-Beitritt der Ukraine und seine Konsequenzen, SWP 360 Grad, 6.7.2022.

Milan Brahmbhatt: Criticizing green stimulus for COVID recovery, in: Wiley Interdisciplinary Reviews: Climate Change 4/2021, S. e714.

Daniela Braun/Edgar Grande: Politicizing Europe in Elections to the European Parliament (1994–2019): The Crucial Role of Mainstream Parties, in: JCMS: Journal of Common Market Studies 5/2021, S. 1124–1141.

Daniela Braun/Constantin Schäfer: Issues that mobilize Europe. The role of key policy issues for voter turnout in the 2019 European Parliament election, in: European union politics 1/2022, S. 120–140.

Edoardo Bressanelli: The Political Groups as Organisations: The Institutionalisation of Transnational Party Politics, in: Petra Ahrens/Anna Elomäki/Johanna Kantola (Hg.): European Parliament's Political Groups in Turbulent Times, Cham 2022, S. 49–72.

Pierluigi Brombo: The Interaction Among Populism, Civil Society Organisations and European Institutions, in: Carlo Ruzza/Carlo Berti/Paolo Cossari (Hg.): The Impact of Populism on European Institutions and Civil Society, Cham 2021, S. 219–242.
Jochen Buchsteiner: Johnson gibt den Winston Churchill, in: Frankfurter Allgemeine Zeitung, 3.5.2022.
Vesna Caminades: Der Europäische Ausschuss der Regionen (AdR) und das Thema der Minderheiten, in: Europäisches Journal für Minderheitenfragen 1–2/2022, S. 158–163.
Giancarlo Casale: Turkey and the future of Europe: a history, in: Transatlantic policy quarterly 2022 21/1, S. 77–83.
Sivaram Cheruvu: When does the European Commission Pursue Noncompliance?, in: European Union Politics 3/2022, S. 375–397.
Angelos Chryssogelos: Exploring the cave of the unknown: transnational party politics in the EU, in: Journal of European Integration 3/2022, S. 451–457.
Grégory Claeys et al.: The great COVID-19 divergence: managing a sustainable and equitable recovery in the European Union, in: Bruegel Policy Contribution 11/21, 5.2021.
Simon Collard-Wexler: Integration under anarchy: Neorealism and the European Union, in: European Journal of International Relations 3/2006, S. 397–432.
Ramona Coman: The Politics of the Rule of Law in the EU Polity. Actors, Tools and Challenges, Cham 2022.
Olivier Costa/Pauline Thinus: Spitzenkandidaten: oui ou non?, in: Droit & Institutions Hors-série, Jacques Delors Institut, 6.2022.
Robert Csehi: The Politics of Populism in Hungary, London 2021.
Pauline Cullen: From neglect to threat: Feminist responses to right wing populism in the European Union, in: European Politics and Society 4/2021, S. 520–537.
Caroline de la Porte/Elke Heins: Introduction: EU constraints and opportunities in the COVID-19 pandemic – the politics of NGEU, in: Comparative European Politics 2/2022, S. 135–143.
Frank Decker/Philipp Adorf/Marcel Lewandowsky: Zeit der Populisten, in: Zeitschrift für Parteienwissenschaften 1/2022a, S. 54–66.
Frank Decker et al. (Hg.): Aufstand der Außenseiter: Die Herausforderung der europäischen Politik durch den neuen Populismus, Baden-Baden 2022b.
Vincent Della Sala: Political Myth, Mythology and the European Union, in: JCMS: Journal of Common Market Studies 1/2010, S. 1–19.
Lisa Dellmuth: Is Europe Good for You? EU Spending and Well-Being, Bristol 2021.
Udo Di Fabio (Hg.): Die Selbstbehauptung Europas: Zwischen Verfassungsidentität und Strategischer Autonomie, Tübingen 2022.
Dionyssis G. Dimitrakopoulos/Georgette Lalis: The EU's initial response to the COVID-19 pandemic: disintegration or 'failing forward'?, in: Journal of European Public Policy 2021, S. 1–19.
Desmond Dinan: Europe recast: a history of European Union, Basingstoke 2004.
Evita Dionysiou: The European Union Enlargement in the Western Balkans: A Never-Ending Story of High Hopes and High Disappointments, in: Bruno Ferreira Costa (Hg.): Challenges and Barriers to the European Union Expansion to the Balkan Region, Hershey 2022, S. 39–66.
Klaus von Dohnanyi: Nationale Interessen. Orientierung für deutsche und europäische Politik in Zeiten globaler Umbrüche, München 2022.
Feng Dong et al.: Exploring volatility of carbon price in European Union due to COVID-19 pandemic, in: Environmental Science and Pollution Research 6/2022, S. 8269–8280.
Andrew Duff: Constitutional Change in the European Union: Towards a Federal Europe, Cham 2022.
EMMA: Der offene Brief an Kanzler Scholz, 29.4.2022, abrufbar unter https://www.emma.de/artikel/offener-brief-bundeskanzler-scholz-339463 (letzter Zugriff: 8.10.2022).
Cassandra Emmons/Tommaso Pavone: The rhetoric of inaction: failing to fail forward in the EU's rule of law crisis, in: Journal of European Public Policy 10/2021, S. 1611–1629.
Annegret Eppler: Direkte Demokratie im EU-Mehrebenensystem in Zeiten des Populismus, in: Elisabeth Alber/Carolin Zwilling (Hg.): Von Government zu Governance. Direkte und deliberative Demokratie in europäischen Mehrebenensystemen, Baden-Baden 2022, S. 241–258.
Europäischer Rat: Erklärung von Versailles, 10. und 11. März 2022a, abrufbar unter https://www.consilium.europa.eu/de/press/press-releases/2022/03/11/the-versailles-declaration-10-11-03-2022/ (letzter Zugriff: 8.10.2022).
Europäischer Rat: Schlussfolgerungen, EUCO 24/22, 23./24.6.2022b,.
Europäisches Parlament: Report - A9-0217/2022, abrufbar unter https://www.europarl.europa.eu/doceo/document/A-9-2022-0217_EN.html (letzter Zugriff: 8.10.2022).
François Facchini/Louis Jaeck: Populism and the rational choice model: The case of the French National Front, in: Rationality and Society 2/2021, S. 196–228.

Federico Maria Ferrara/Hanspeter Kriesi: Crisis pressures and European integration, in: Journal of European public policy 9/2022, S. 1351–1373.

Ralf Fücks (ViSdP): Offener Brief, in: Die Zeit, 4.5.2022.

Beth Gharrity Gardner/Michael Neuber: Climate Justice in a Populist Era: Grievance Politicization Among Fridays for Future Protesters in Germany, in: Leviathan, H 35/2020, S. 173–204.

Magda Giurcanu/Petia Kostadinova: A responsive relationship? setting the political agenda in the European Union, in: Journal of European Public Policy 9/2022, S. 1474–1492.

Daniel Göler/Mathias Jopp: Der Konvent und die europäische Verfassung, in: Werner Weidenfeld/Wolfgang Wessels (Hg.): Jahrbuch der Europäischen Integration 2002/2003, Bonn 2003, S. 35–46.

David Parra Gómez: Crisis of the Rule of Law in Europe: The Cases of Hungary, Poland and Spain, in: Athens Journal of Law 2021, S. 379.

Elias Götz: It's geopolitics, stupid: explaining Russia's Ukraine policy, in: Global Affairs 1/2015, S. 3–10.

Elias Götz/Jørgen Staun: Why Russia attacked Ukraine: Strategic culture and radicalized narratives, in: Contemporary Security Policy 2022, S. 1–16.

Antonio Gramsci: Gefängnishefte, Hamburg 1991.

Charles Grant: Macron is serious about the "European Political Community", Insight, Centre for European Reform, abrufbar unter https://www.cer.eu/insights/macron-serious-about-european-political-community (letzter Zugriff: 8.10.2022).

Andreas Grimmel (Hg.): Die neue Europäische Union. Zwischen Integration und Desintegration, Baden-Baden 2020.

Toni Haastrup/Lee McGowan/David Phinnemore: A Dictionary of the European Union, London 2022.

Armin Hatje/Peter-Christian Müller-Graff (Hg.): Europäisches Organisations- und Verfassungsrecht, Baden-Baden 2022.

Hiski Haukkala: The European Union as a regional normative hegemon: the case of European Neighbourhood Policy, in: Europe-Asia Studies 9/2008, S. 1601–1622.

Dermot Hodson et al. (Hg.): The Institutions of the European Union, Oxford 2022.

Thomas Hoerber/Gabriel Weber/Ignazio Cabras (Hg.): The Routledge Handbook of European Integrations, London 2022.

Liesbet Hooghe/Gary Marks: A postfunctionalist theory of European integration: From permissive consensus to constraining dissensus, in: British Journal of Political Science 1/2009, S. 1–23.

Narisong Huhe/Robert Thomson/Javier Arregui/Daniel Naurin: Intergovernmental cooperation networks, national policy positions and partisan ideologies: longitudinal evidence from the Council of the European Union, in: Journal of European Public Policy 1/2022, S. 78–96.

Teodora Ivanova: A Founding Father of Europe: Konrad Adenauer's Role in the Construction of the European Union, in: Amsterdam Review of European Affairs 2022, S. 119–26.

Anne Jenichen: The politics of normative power Europe: norm entrepreneurs and contestation in the making of EU external human rights policy, in: JCMS: Journal of Common Market Studies 5/2022, S. 1299–1315.

Karl M. Johansson/Tapio Raunio: Shaping the EU's Future? Europarties, European Parliament's Political Groups and the Conference on the Future of Europe, in: Petra Ahrens et al. (Hg.): European Parliament's Groups in Turbulent Times, Cham 2022, S. 173–198.

Erik Jones/Daniel R. Kelemen/Sophie Meunier: Failing forward? Crises and patterns of European integration, in: Journal of European Public Policy 10/2021, S. 1519–1536.

Wiebke Marie Junk et al.: Changes in interest group access in times of crisis: no pain, no (lobby) gain, in: Journal of European Public Policy 2021, S. 1–21.

Michael Kaeding/Johannes Pollak/Paul Schmidt (Hg.): Russia and the Future of Europe. Views from the Capitals, Cham 2022a.

Michael Kaeding/Johannes Pollak/Paul Schmidt (Hg.): European Solidarity in Action and the Future of Europe. Views from the Capitals, Cham 2022b.

Hartmut Kaelble: Mehr als ein neues Krankheitsbild: Warum die Corona-Krise für die Europäische Union historisch neuartig ist, in: integration 4/2021a, S. 325–332.

Hartmut Kaelble: Durch eine neuartige Krise überrascht: Die Europäische Union und die Coronakrise, in: Themenportal Europäische Geschichte 2021b, abrufbar unter (letzter Zugriff: 8.10.2022).

Johanna Kantola/Anna Elomäki/Petra Ahrens: Introduction: European Parliament's Political Groups in Turbulent Times, in: Petra Ahrens et al. (Hg.): European Parliament's Groups in Turbulent Times, Cham 2022, S. 1–24.

Johanna Kantola/Emanuela Lombardo: Strategies of right populists in opposing gender equality in a polarized European Parliament, in: International Political Science Review 5/2021, S. 565–579.

Niilo Kauppi/Kari Palonen: Rhetoric and Bricolage in European Politics and Beyond. The Political Mind in Action, Cham 2022.

Aliaksei Kazharski/Andrey Makarychev: Belarus, Russia, and the escape from geopolitics, in: Political Geography 2021, S. 102377.
R. Daniel Kelemen/Tommaso Pavone: Where Have the Guardians Gone? Law Enforcement and the Politics of Supranational Forbearance in the European Union, in: APSA Preprints, 21.12.2022.
Iris Kempe: Russland und die Staaten der östlichen Nachbarschaft, die Ukraine, die Republik Moldawien, Belarus, Georgien, Armenien und Aserbaidschan, in: Werner Weidenfeld/Wolfgang Wessels (Hg.): Jahrbuch der Europäischen Integration 2013, Baden-Baden 2013, S. 313–319.
Paul Kennedy: The rise and fall of the great powers: economic change and military conflict from 1500 to 2000, New York 2010.
Jörn Ketelhut: Euroskeptizismus: Eine Begleiterscheinung des Populismus?, in: Frank Decker et al. (Hg.): Aufstand der Außenseiter: Die Herausforderung der europäischen Politik durch den neuen Populismus, Baden-Baden 2022, S. 71–84.
Martin Kirschner (Hg.): Europa (neu) erzählen: Inszenierungen Europas in politischer, theologischer und kulturwissenschaftlicher Perspektive, Baden-Baden 2022.
Michèle Knodt/Martin Große Hüttmann/Alexander Kobusch: Die EU in der Polykrise: Folgen für das Mehrebenen-Regieren, in: Andreas Grimmel (Hg.): Die neue Europäische Union. Zwischen Integration und Desintegration, Baden-Baden 2020, S. 119–151.
Beate Kohler-Koch/Sebastian Fuchs/David A. Friedrich: Verbände mit Zukunft? Die Re-Organisation industrieller Interessen in Deutschland, Wiesbaden 2022.
Konferenz zur Zukunft Europas: Report on the Final Outcome, Mai 2022, abrufbar unter https://futureu.europa.eu/pages/reporting?format=html&locale=en (letzter Zugriff: 8.10.2022).
Christel Koop/Christine Reh/Edoardo Bressanelli: Agenda-setting under pressure: Does domestic politics influence the European Commission?, in: European Journal of Political Research 1/2022, S. 46–66.
Ludger Kühnhardt: Das politische Denken der Europäischen Union: Supranational und zukunftsoffen, Paderborn 2022.
Tuuli Lähdesmäki: Founding myths of EU Europe and the workings of power in the EU heritage and history initiatives, in: European Journal of Cultural Studies 5–6/2019, S. 781–798.
Kai-Olaf Lang/Piotr Buras: Partnership for Enlargement: A new Way to integrate Ukraine and the EU´s Eastern Neighbourhood, ECFR Policy Brief, 17.6.2022.
Thomas C. Lawton: Business lobbying in the European Union, in: Journal of International Business Studies 2022.
Claus Leggewie/Ireneusz Paweł Karolewski: Die Visegrád-Connection: Eine Herausforderung für Europa, Berlin 2021.
Marcel Lewandowsky: Populismus. Eine Einführung, Wiesbaden 2022.
Barbara Lippert: Beitrittsgesuch der Ukraine setzt EU unter Druck: Keine Revision, aber sicherheitspolitische Flankierung der Erweiterungspolitik ratsam, SWP-Aktuell 23/2022a.
Barbara Lippert: Die nächste EU-Osterweiterung wird komplizierter und teuer: Beitrittsverhandlungen, Assoziierung und neue Formate aufeinander abstimmen, SWP-Aktuell 48/2022b.
Emanuela Lombardo/Johanna Kantola: Social constructivism, in: Gabriele Abels/Andrea Krizsán/Heather MacRae/Anna van der Vleuten (Hg.): The Routledge Handbook of Gender and EU Politics, London 2021.
Wilfried Loth: Europas Einigung: Eine unvollendete Geschichte, Frankfurt am Main 2020.
Wilfried Loth: Solidarität unter Europäern, in: Martin W. Ramb /Holger Zaborowski (Hg.): Solidarität und Verantwortung, Göttingen 2022, S: 260–274.
Paul Michael Lützeler/Michael Gehler: Die Europäische Union zwischen Konfusion und Vision: Interdisziplinäre Fragestellungen, Wien 2021.
Heather MacRae: The EU as a gender equal polity: Myths and realities, in: JCMS: Journal of Common Market Studies 1/2010, S. 155–174.
Kyriakos Maniatis/David Chiaramonti/Eric van den Heuvel: Post COVID-19 recovery and 2050 climate change targets: Changing the emphasis from promotion of renewables to mandated curtailment of fossil fuels in the EU policies, in: Energies 5/2021, S. 1347.
Ian Manners: Normative power Europe: a contradiction in terms?, in: JCMS: Journal of Common Market Studies 2/2002, S. 235–258.
Jens Marquardt/Markus Lederer: Politicizing climate change in times of populism: an introduction, in: Environmental Politics 5/2022, S. 735–754.
Andreas Maurer/Doris Dialer/Othmar Karas: Handbuch zum Europäischen Parlament, Baden-Baden 2023.
Juan Diez Medrano: Framing Europe. Attitudes to European Integration in Germany, Spain, and the United Kingdom, Princeton 2021.
Alan S. Milward: The European rescue of the nation-state, London/New York 2000.
Christian Mölling et al.: Zeitenwende für Europas Sicherheitsordnung: Entwicklungsoptionen in drei Skizzen, in: DGAP Policy Brief 9/2022.

Camino Mortera-Martinez: State of the Union: The EU, Three Month into Putin´s War, Insight, Centre for European Reform, abrufbar unter https://www.cer.eu/insights/state-union-eu-three-months-putins-war (letzter Zugriff: 8.10.2022).

Gisela Müller-Brandeck-Bocquet: Deutsche Europapolitik: Von Adenauer bis Merkel, Wiesbaden 2021.

Manuel Müller: Individuelle und kollektive Selbstbestimmung jenseits des Nationalstaats: das kosmopolitisch-demokratische Narrativ der europäischen Integration, in: integration 4/2021, S. 251–265.

Stefan Müller: Strategische Lektüre(n) von Rechts? Die Rezeption gramscianischer Hegemonietheorie durch die „Neue Rechte", in: KJ Kritische Justiz 3/2020, S. 335–347.

Herfried Münkler: Deutsche Sonderwege, in: Die Zeit, 29.1.2022.

Arne Niemann/Regina Weber/Alexander Brand: Football and European integration(s), in: Thomas Hoerber/Gabriel Weber/Ignazio Cabras (Hg.): The Routledge Handbook of European Integrations, London 2021, S. 49–64.

Patricia Nouveau: EU strategic sovereignty and Industrial policy after versailles, abrufbar unter https://www.egmontinstitute.be/content/uploads/2022/03/Egmont-29-March-amended.pdf (letzter Zugriff: 18.10.2022).

Joseph S. Nye Jr.: Soft power: The means to success in world politics, New York 2004.

Joseph S. Nye Jr.: Public diplomacy and soft power, in: The annals of the American academy of political and social science 1/2008, S. 94–109.

Brian O'Callaghan/Nigel Yau/Cameron Hepburn: How Stimulating is a Green Stimulus? The Economic Attributes of Green Fiscal Spending, in: Annual Review of Environment and Resources 2022.

Viktor Orbán: Speech at the XXV. Bálványos Free Summer University and Youth Camp, 26.7.2022, abrufbar unter https://hungarianspectrum.org/2014/07/31/viktor-orbans-speech-at-the-xxv-balvanyos-free-summer-university-and-youth-camp-july-26-2014-baile-tusnad-tusnadfurdo/ (letzter Zugriff: 8.10.2022).

Zachary Paikin/Daniel Gros: Will Putin's war in Ukraine make the EU stronger?, CEPS, abrufbar unter https://www.ceps.eu/will-putins-war-in-ukraine-make-the-eu-stronger/?mc_cid=8f90445d95&mc_eid=84bd4f7eae (letzter Zugriff: 8.10.2022).

Mykhailo Pashkov: Advantages and features of the new Polish-German initiative, Stefan Batory Foundation, abrufbar unter https://www.batory.org.pl/wp-content/uploads/2022/07/Partnership-for-Enlargement_Commentaries.pdf (letzter Zugriff: 8.10.2022).

Kiran Klaus Patel: Europäische Integration: Geschichte und Gegenwart, München 2022.

Laurent Pech/Patryk Wachowiec/Dariusz Mazur: Poland's rule of law breakdown: a five-year assessment of EU's (in)action, in: Hague Journal on the Rule of Law 1/2021, S. 1–43.

Alina Penkala/Ilse Derluyn/Ine Lietaert: The Ukrainian divide: The power of historical narratives, imagined communities, and collective memories, in: Regions and Cohesion 3/2020, S. 125–139.

Jacopo Maria Pepe: Der Ukraine-Krieg und seine Folgen: Deutschland muss seine Energietransformation neu austarieren, SWP Kurz gesagt, 2.3.2022.

Jean Pisani-Ferry: Un Nouveau Test Pour la Solidarité Européenne, 30.7.2022, abrufbar unter https://tnova.fr/democratie/international-defense/un-nouveau-test-pour-la-solidarite-europeenne/ (letzter Zugriff: 8.10.2022).

Julian Plottka: A comprehensive cross-sectoral reform package to kick-off EU reform, Institut für Europäische Politik, Berlin Perspectives 5/2022.

Lothar Probst: Founding Myths in Europe and the Role of the Holocaust, in: New German Critique 90/2003, S. 45–58.

Jana Puglierin/Pawel Zerka (Hg.): European Souvereignty Index, Council on Foreign Relations 6/2022, abrufbar unter https://ecfr.eu/wp-content/uploads/2022/06/European-Sovereignty-Index.pdf (letzter Zugriff: 8.10.2022).

Kolja Raube/Francisca Costa Reis: The EU's crisis response regarding the democratic and rule of law crisis, in: Marianne Riddervold/Jarle Trondal/Akasemi Newsome (Hg.): The Palgrave Handbook of EU Crises, Cham 2021, S. 627–646.

Christian Rauh: Clear messages to the European public? The language of European Commission press releases 1985–2020, in: Journal of European Integration, 2022.

Darius Ribbe/Wolfgang Wessels: Die Europapolitik in der wissenschaftlichen Debatte, in: Werner Weidenfeld/Wolfgang Wessels (Hg.): Jahrbuch der Europäischen Integration 2016, Baden-Baden 2016, S. 23–42.

Marianne Riddervold/Jarle Trondal/Akasemi Newsome: European Union Crisis: An Introduction, in: Marianne Riddervold/Jarle Trondal/Akasemi Newsome (Hg.): The Palgrave Handbook of EU Crises, Cham 2021, S. 3–47.

Berthold Rittberger: Die Europäische Union: Politik, Institutionen, Krisen, München 2021.

Jeffrey Rosamond/Claire Dupont: The European Council, the Council, and the European Green Deal, in: Politics and Governance 3/2021, S. 348–359.

Carlo Ruzza: The European Commission and Reactions to the 'Populist Turn'in Anti-discrimination Policy, in: Carlo Ruzza/Carlo Berti/Paolo Cossarini (Hg.): The Impact of Populism on European Institutions and Civil Society, Cham 2021, S. 147–171.

Carlo Ruzza/Carlo Berti/Paolo Cossarini: The Impact of Populism on European Institutions and Civil Society: Discourses, Practices, and Policies, Cham 2021.

Luigi Scazzieri: Will the EU rethink enlargement?, Bulletin Article, Centre for European Reform, 30.5.2022, abrufbar unter https://www.cer.eu/publications/archive/bulletin-article/2022/will-eu-rethink-enlargement (letzter Zugriff: 8.10.2022).

Paul Schmidt/Vedran Dzihic: Vaccine diplomacy and enlargement fatigue: why the EU must rethink its approach to the Western Balkans, in: LSE European Politics and Policy (EUROPP) blog 2021, abrufbar unter https://blogs.lse.ac.uk/europpblog/2021/04/28/vaccine-diplomacy-and-enlargement-fatigue-why-the-eu-must-rethink-its-approach-to-the-western-balkans/ (letzter Zugriff: 8.10.2022).

Heinrich Schneider: Leitbilder der Europapolitik. Der Weg zur Integration, Bonn 1977.

Olaf Scholz: Regierungserklärung von Bundeskanzler Olaf Scholz am 27. Februar 2022, Bundesregierung 2022a, abrufbar unter https://www.bundesregierung.de/breg-de/suche/regierungserklaerung-von-bundeskanzler-olaf-scholz-am-27-februar-2022-2008356 (letzter Zugriff: 8.10.2022).

Olaf Scholz: Rede von Bundeskanzler Scholz an der Karls-Universität am 29. August 2022 in Prag, Bundesregierung 2022b, abrufbar unter https://www.bundesregierung.de/breg-de/aktuelles/rede-von-bundeskanzler-scholz-an-der-karls-universitaet-am-29-august-2022-in-prag-2079534 (letzter Zugriff: 8.10.2022).

Lucas Schramm/Wolfgang Wessels: The European Council as a crisis manager and fusion driver: assessing the EU's fiscal response to the COVID-19 pandemic, in: Journal of European Integration 2022, S. 1–17.

Dimitris Serafis/E. Dimitris Kitis/Stavros Assimakopoulos: Sailing to Ithaka: The transmutation of Greek left-populism in discourses about the European Union, in: Journal of Language and Politics 2/2022, S. 344–369.

Ania Skrzypek (Hg.): Transforming the Political Union: Reinforcing europarties ahead of the European elections, Brüssel 2022.

Marco Siddi: Coping with turbulence: EU negotiations on the 2030 and 2050 climate targets, in: Politics and Governance 3/2021, S. 327–336.

Lars S. Skålnes: Geopolitics and the eastern enlargement of the European Union, in: Frank Schimmelfennig/Ulrich Sedelmeier (Hg.): The Politics of European Union Enlargement, London 2005, S. 213–233.

Sandrino Smeets/Derek Beach: 'It takes three to tango': new inter-institutional dynamics in managing major crisis reform, in: Journal of European Public Policy 2021, S. 1–19.

Anna Szolucha: The EU and 'Enlargement fatigue': Why has the european union not been able to counter 'Enlargement fatigue'?, in: Journal of Contemporary European Research 1/2010, S. 107–122.

Funda Tekin: Die „Zeitenwende" in Europa: Ein Momentum für die Erweiterungspolitik der Europäischen Union?, in: integration 2/2022, S. 91–105.

Dimiter Toshkov/Brendan Carroll/Kutsal Yesilkagit: Government capacity, societal trust or party preferences: what accounts for the variety of national policy responses to the COVID-19 pandemic in Europe?, in: Journal of European Public Policy 7/2022, S. 1009–1028.

David Ramiro Troitiño/Ricardo Martín de la Guardia/Guillermo A. Pérez Sánchez: The European Union and Its Political Leaders: Understanding the Integration Process: Cham 2022.

Zbigniew Truchlewski/Waltraud Schelkle/Joseph Ganderson: Buying time for democracies? European Union emergency politics in the time of COVID-19, in: West European Politics 5–6/2021, S. 1353–1375.

Andriy Tyushka: Weaponizing narrative: Russia contesting EUrope's liberal identity, power and hegemony, in: Journal of Contemporary European Studies 1/2022, S. 115–135.

Ursula von der Leyen: Erklärung, Einleitende Bemerkungen von Präsidentin von der Leyen auf der gemeinsamen Pressekonferenz mit Präsident Michel und Ministerpräsident Fiala im Anschluss an die informelle Tagung der Staats- und Regierungschefs vom 7. Oktober 2022, Europäische Kommission 2022a, abrufbar unter https://ec.europa.eu/commission/presscorner/detail/de/statement_22_6044 (letzter Zugriff: 8.10.2022).

Ursula von der Leyen: Rede, 2022 State of the Union Address by President von der Leyen, Europäische Kommission 2022b, abrufbar unter https://ec.europa.eu/commission/presscorner/detail/ov/speech_22_5493 (letzter Zugriff: 8.10.2022).

Nicolai von Ondarza/Minna Ålander: Von der Zukunftskonferenz zur Reform der EU: Vier Lehren für eine Union, die wieder mit der Balance von Vertiefung und Erweiterung konfrontiert ist, SWP-Aktuell 44/2022.

Nicolai von Ondarza/Marco Overhaus: Rethinking strategic sovereignty: Narratives and priorities for Europe after Russia's attack on Ukraine, SWP Comment 31/2022.

Matthias Waechter/Peter Becker/Otto Neubauer (Hg.): Politischer Realismus und Europäischer Geist: Die Inspiration Robert Schumans in der Krise, Baden-Baden 2022.

Vera Weidenbach: Die unerzählte Geschichte: Wie Frauen die moderne Welt erschufen – und warum wir sie nicht kennen, Hamburg 2022.

Werner Weidenfeld/Wolfgang Wessels/Funda Tekin (Hg.): Europa von A bis Z: Taschenbuch der europäischen Integration, Wiesbaden 2022.

Jan Werts: The European Council, London 2008.

Jan Werts: The European Council and the Council: New Intergovernmentalism and Institutional Change, in: Journal of Common Market Studies 4/2015, S. 934–935.

Jan Werts: The European Council in the Era of Crises, London 2021.

Wolfgang Wessels: Das Politische System der Europäischen Union, Wiesbaden 2022.

Wolfgang Wessels: Jean Monnet – Mensch und Methode: Überschätzt und überholt?, in: IHS Political Science Series Working Paper 74/2001, S. 1–16.

Wolfgang Wessels: The European Council as a transformative force, in: Helen Wallace/Nikos Koutsiaras/George Pagoulatos (Hg.): Europe´s Transformations: Essays in Honour of Loukas Tsoukalis, Oxford 2021.

Wolfgang Wessels/Lucas Schramm/Tobias Kunstein: The European Council as a Crisis Manager: The EU's Fiscal Response to the COVID-19 Pandemic, Baden-Baden 2022.

Heinrich A. Winkler: Wie wir wurden, was wir sind. Eine kurze Geschichte der Deutschen, München 2020.

Jakub Wondreys/Cas Mudde: Victims of the pandemic? European far-right parties and COVID-19, in: Nationalities Papers 1/2022, S. 86–103.

Alison E Woodward/Anna van der Vleuten: EU and the export of gender equality norms: Myth and facts, in: Anna Van Der Vleuten/Anouka van Eerdewijk/Conny Roggeband (Hg.): Gender Equality Norms in Regional Governance, Basingstoke 2014, 67–92.

Richard Youngs: The Awakening of Geopolitical Europe?, Carnagie Europe, 28.7.2022, abrufbar unter https://carnegieeurope.eu/2022/07/28/awakening-of-geopolitical-europe-pub-87580 (letzter Zugriff: 8.10.2022).

Dimitri Zenghelis: In praise of a green stimulus, in: Wiley Interdisciplinary Reviews: Climate Change 1/2014, S. 7–14.

Anita Ziegerhofer: Europäische Integrationsrechtsgeschichte, Innsbruck/Wien 2021.

Claudia Zilla: Feministische Außenpolitik: Konzepte, Kernelemente und Kontroversen, SWP-Aktuell 50/2022.

Hubert Zimmermann: Neorealism, in: Marianne Riddervold/Jarle Trondal/Akasemi Newsome (Hg.): The Palgrave Handbook of EU Crises, Cham 2021, S. 99–113.

Die Europäische Union und der Krieg in der Ukraine

Mathias Jopp

Am 24. Februar 2022 greift Russland aus verschiedenen Richtungen die Ukraine an, um die demokratisch gewählte, westorientierte Regierung Wolodymyr Selenskyjs zu stürzen.[1] Am gleichen Tag verurteilt der Europäische Rat (ER) auf einer Sondersitzung „die grundlose und ungerechtfertigte militärische Aggression der Russischen Föderation gegen die Ukraine aufs schärfste".[2] Er betont die Gefährdung der „Sicherheit und Stabilität Europas und der Welt" und fordert, dass „Russland seine militärischen Handlungen unverzüglich einstellt, alle Streitkräfte und Militärausrüstung bedingungslos aus dem gesamten Hoheitsgebiet der Ukraine abzieht und die territoriale Unversehrtheit, Souveränität und Unabhängigkeit der Ukraine innerhalb ihrer international anerkannten Grenzen uneingeschränkt achtet".[3] Damit war die Position der EU und ihrer Mitgliedstaaten für den weiteren Verlauf des Krieges markiert. Bundeskanzler Olaf Scholz spricht drei Tage später in seiner Regierungserklärung von einer „Zeitenwende" in der europäischen Geschichte.[4] Am 11. März beschließen die Staats- und Regierungschef:innen in Versailles angesichts der „tektonische(n) Verschiebung in der Geschichte Europas", die Verteidigungsfähigkeit der EU-Mitgliedstaaten zu stärken, die Energieabhängigkeit von Russland zu reduzieren und eine robuste Wirtschaftsbasis durch mehr sichere Versorgung in „sensibelsten" Bereichen wie Rohstoffen, Halbleitern und Nahrungsmitteln aufzubauen.[5] In nie dagewesener Weise reagiert die EU zudem mit umfangreichen Sanktionen, leistet sogar im Verlauf des Krieges Militärhilfe für die Ukraine und revidiert u. a. ihre östliche Nachbarschaftspolitik grundlegend. Doch wie sind die einzelnen Maßnahmen mit Blick auf ihre Ziele und tatsächlichen Effekte zu beurteilen und welche Schlüsse lassen sich daraus für die längerfristigen Auswirkungen des Krieges auf die EU ziehen?

Wirtschaftssanktionen

Noch am Tag der Invasion beschließt der ER, ein zweites Sanktionspaket verabschieden zu lassen, nachdem das erste schon am 23. Februar als Reaktion auf die russische Anerkennung der abtrünnigen „Republiken" im Osten der Ukraine und das Einrücken russischer Truppen in deren Gebiete in Kraft getreten war.[6] Die nun wesentlich umfangreiche-

---

1 So die Aussage des russischen Außenministers Sergej Lawrow anlässlich seines Besuches in Kairo nach: Der Spiegel: Russland bestätigt Pläne für Sturz der ukrainischen Regierung, 25.7.2022.
2 Europäischer Rat: Schlussfolgerungen, EUCO 18/22, 24.2.2022, S. 1.
3 Ebd.
4 Olaf Scholz: Regierungserklärung, 27.2.2022.
5 Informelle Tagung der Staats- und Regierungschefs, Erklärung von Versailles, 11.3.2022, S. 3, 5 und 7.
6 Rat der EU: Beschlüsse (GASP) 2022/264, 265, 266 und 267, in: Amtsblatt der EU L42 I, 23.2.2022, sowie Rat der EU: Verordnung (EU) 2022/259, Durchführungsverordnungen (EU) 2022/260 und 261 sowie Verordnungen (EU) 2022/262 und 263, in: Amtsblatt der EU L42 I, 23.2.2022; Rat der EU: Verordnung (EU) 2022/328, in: Amtsblatt der EU L49 I, 25.2.2022; Rat der EU: Beschluss (GASP) 2022/335, in: Amtsblatt der EU L57/4, 28.2.2022 sowie Rat der EU: Verordnungen (EU) 2022/234 und 235, in: Amtsblatt der EU L57/1 ff., 28.2.2022; Rat der EU: Beschluss (GASP) 2022/346 sowie Verordnung (EU) 2022/345, in: Amtsblatt der EU L63, 2.2.2022.

ren Sanktionen sollen „massive und schwerwiegende Konsequenzen" für Russland haben.[7] Es folgen vier weitere Sanktionspakete bis Anfang Juli,[8] um die Wirtschaft Russlands zu schwächen und die Staatseinnahmen für die Kriegsführung zu schmälern, bei möglichst geringen Verlusten für die europäische Wirtschaft. Im Juli 2022 werden in einem siebten Schritt wegen des starken Widerstands Ungarns die Sanktionen lediglich verschärft, immerhin noch ein Importverbot für russisches Gold verhängt.[9] Zögernde und zaudernde Stimmen in der EU, die noch in den ersten Tagen des Krieges möglicherweise mit einem schnellen Sieg Russlands rechneten, wurden sehr bald durch die Verteidigungsleistung der ukrainische Armee und den brutalen Kampf um Kyjiw eines besseren belehrt und waren nach dem Bekanntwerden der Massaker von Butscha Anfang April 2022 weit weniger zurückhaltend. Das trifft nicht nur auf Österreich, Italien und Frankreich zu. Auch in Deutschland wurde im Verlauf des Krieges eine Position nach der anderen im offiziellen Verhältnis zu Russland unter starkem moralischen und internationalen Druck geräumt, ob es die Stilllegung von Nord-Stream 2, den Umfang von Handelssanktionen oder den Ausschluss russischer Banken von SWIFT anbelangte. Die deutsche Bunderegierung gehörte zwar immer wieder aufgrund der im EU-Vergleich einmalig hohen wirtschaftlichen Abhängigkeit Deutschlands von Russland bei Roh- und Energiestoffen zu den Bremsern, dennoch konnte insgesamt ein umfangreiches Sanktionsregime der EU errichtet werden. Dieses bezieht sich auf die Finanzwirtschaft und die russische Zentralbank, die Energie- und Transportwirtschaft, auf strategisch relevante Güter- und Rohstoffe, den Mediensektor, Direktinvestitionen, Einreiseverbote, Einfrieren von Vermögenswerten, Schließung von Häfen und des EU-Luftraums sowie Einfuhrverbote für Eisen, Stahl, Holz, Zement, Spirituosen, Gold und Luxusgüter und betrifft Ausfuhren nach Russland im Wert von knapp 25 Mrd. Euro und Einfuhren aus diesem Land in Höhe von 83 Mrd. Euro.[10]

Energie-Embargo

Nach äußerst zäher Diskussion unter den Mitgliedstaaten gelang eine Einigung auf ein fünftes Sanktionspaket unter Einschluss eines Kohleembargos, welches vor allem auch aufgrund deutschen Drängens erst ab dem 10. August umzusetzen war.[11] Trotz zeitlicher Verzögerung traf das Embargo die russischen Kohleexporte stark, weil sich offensichtlich kaum andere Abnehmer finden ließen.[12]

Ein Ölembargo war besonders wichtig, weil 45 Prozent der russischen Staatseinnahmen aus Ölexporten stammen. Wegen Deutschland, Österreich, Ungarn und Frankreich

---

7 Europäischer Rat: EUCO 18/22, 2022, S. 2.
8 Europäischer Rat/Rat der EU: Wie und wann die EU Sanktionen verhängt, abrufbar unter www.consilium.europa.eu/de/policies/sanctions/ (letzter Zugriff: 18.9.2022).
9 Rat der EU: Verordnung (EU) 2022/1269 zur Änderung der Verordnung (EU) Nr. 833/2014, in: Amtsblatt L 193/13, 21.7.2022.
10 Europäische Kommission: EU-Sanktionen gegen Russland infolge der Ukraine-Invasion, abrufbar unter eu-solidarity-ukraine.ec.europa.eu/eu-sanctions-against-russia-following-invasion-ukraine (letzter Zugriff: 8.9.2022)
11 Rat der EU: Verordnung (EU) 2022/576 zur Änderung der Verordnung (EU) Nr. 833/2014, in: Amtsblatt der EU L 111/5 Art. 3, 8.4.2022.
12 Lauri Myllyvirta et al.: Financing Putin's war: Fossil fuel exports from Russia in the first six months of the invasion of Ukraine, Centre for Research on Energy and Clean Air (CREA/Finland), 6.9.2022, short version, S. 3.

konnte es noch nicht in das o. g. fünfte Sanktionspaket aufgenommen werden.[13] Aber der Druck von Seiten der Europäischen Kommission und auch der US-Administration[14] wuchs, sodass z. B. die deutsche Bunderegierung langsam auf einen Embargokurs einschwenkte, wenn ausreichend Zeit für die Umstellung auf neue Bezugsquellen bliebe. In zähen Verhandlungen einigte sich dann der Europäische Rat Ende Mai 2022 im Rahmen des sechsten Sanktionspaketes auf ein Embargo für Rohöl und Erdölerzeugnisse aus Russland mit befristeten Ausnahmen für Bulgarien und Kroatien sowie „einer vorübergehenden Ausnahme für Rohöl, das über Pipelines geliefert wird".[15] Letzteres war quasi eine Lex Orbán, der schon Anfang April nach seinem Wahlsieg für eine fünfte Amtszeit u. a. wegen hoher Abhängigkeit von Russlandimporten rote Linien bei Öl und Gas gezogen hatte.[16] Durch Ungarn wurde nicht nur das sechste Sanktionspaket wesentlich verzögert, sondern auch noch beinahe die Verabschiedung des entsprechenden Rechtstextes blockiert,[17] weil es im Rat darauf bestand, dass der russisch-orthodoxe Patriarch von Moskau, Kirill, von der Liste zu sanktionierender Personen gestrichen wird.[18] Das Ölembargo wird zwar spät kommen, es trifft aber trotz der Ausnahmen ab 5. Dezember 90 Prozent aller Ölexporte in die EU[19] und wird zu einem drastischen Rückgang der russischen Einnahmen führen, da der Ausfall bei weitem nicht durch Verkäufe an andere Staaten kompensiert werden kann. Der Effekt des Ölembargos ist als relativ hoch zu veranschlagen und wäre noch größer, wenn gleichzeitig der Transport und die Verschiffung von russischem Öl untersagt oder zumindest reduziert würde.[20]

Gas ist kurz- bis mittelfristig die „Achillesferse der EU".[21] Die schwierige Diskussion über ein Gasembargo hat sich allerdings schnell verflüchtigt, seitdem Russland selbst Gas als Waffe im Wirtschaftskrieg einsetzt und etliche Mitgliedstaaten von drastischen Lieferkürzungen betroffen sind oder wie Polen, Bulgarien, die Niederlande, Finnland, Dänemark, Lettland und mittlerweile auch Deutschland gar kein Gas mehr erhalten.[22] Es war insbesondere der deutsche Wirtschaftsminister Robert Habeck, der deshalb kollektive Einsparungen im Rahmen europäischer Solidarität einforderte. Doch es brachen alte Konfliktlinien aus der Zeit der Staatsschuldenkrise auf mit Widerständen bei einigen Südstaaten, die nicht einsehen wollten, warum sie sich an einem „Bail-out" für Deutschland mit seiner selbstverschuldeten Gasabhängigkeit beteiligen sollten.[23] Schließlich einigten sich

---

13 Frankreich befand sich ursprünglich in einer wesentlich komfortableren Position als etwa Deutschland. Wegen technischer Probleme und unzureichender Kühlung im heißen Sommer 2022 musste allerdings eine große Zahl der französischen Atom-Meiler vom Netz genommen werden.
14 Laura von Daniels: Bidens Energie-Embargo und Europas Zögern, SWP Kurz gesagt, 18.3.2022; Paul Krugman: How Germany became Putin's enabler, in: The New York Times, 7.4.2022.
15 Europäischer Rat: Außerordentliche Tagung – Schlussfolgerungen, EUCO 21/22, 31.5.2022, S. 2, Ziff. 5.
16 Jakob Hanke Vela/Suzanne Lynch: Brussels Playbook: More sanctions – VDL to Kyiv? – Putin's friends in Parliament, in: Politico, 5.4.2022, S. 2.
17 Rat der EU: Verordnung (EU) 2022/879 zur Änderung der Verordnung (EU) Nr. 833/2014, in: Amtsblatt der EU L 153/53–56, 3.6.2022, Art. 1, Abs. 7 (Art. 3m) ff.
18 Suzanne Lynch/Jakob Hanke Vela: Brussels Playbook: Sanctions saga – Poland unease – Danes say 'Ja', in: Politico, 2.6.2022, S. 1.
19 Europäische Kommission: EU-Sanktionen gegen Russland: ein Überblick, abrufbar unter https://www.consilium.europa.eu/de/policies/sanctions/restrictive-measures-against-russia-over-ukraine/sanctions-against-russia-explained/ (letzter Zugriff: 21.9.2022).
20 Lauri Myllyvirta: Financing Putin´s war, 2022, S. 3 von 5; G7 Germany 2022: G7 Finance Ministers´ Statement on the united response to Russia´s war of aggression against Ukraine, 2.9.2022, Zif. 5.
21 Jacopo Maria Pepe: Ölembargo der EU: Lehren für die Zukunft, SWP Kurz gesagt, 13.6.2022.
22 faz.net: Vorerst kein Gas mehr aus Nord Stream 1, 2.9.2022.
23 America Hernandez: EU gas rationing deal draws cheers but it won´t keep you warm this winter, in: Politico, 26.7.2022.

die Mitgliedstaaten auf freiwillige Kürzungen in den nächsten acht Monaten (1. August 2022 bis 31. März 2023), wobei verpflichtende Kürzungen im Gegensatz zur Intention der Europäischen Kommission im Notfall nicht von ihr, sondern auf Vorschlag von ihr ausschließlich vom Rat ausgerufen werden, der auch die Vorlage der Kommission mit qualifizierter Mehrheit abändern kann.[24] Auch hier gibt es eine ganze Reihe von Ausnahmen. So gelten die Maßnahmen nicht für Zypern und Malta, da sie nicht mit dem kontinentalen Netz verbunden sind. Die drei baltischen Staaten, die immer noch am postsowjetischen Stromnetz hängen, sind von Gaseinsparungen ausgenommen, sollte Russland „den Stecker" ziehen. Staaten wie Griechenland, die bei ihrer Elektrizitätsproduktion nur auf russisches Gas setzen, sind ebenfalls ausgenommen.[25]

Die Unsicherheiten über die Energieversorgung haben früh zu verschiedenen und wenig koordinierten Gegen-Strategien der Mitgliedstaaten geführt. So hat sich Italien in Algerien um mehr Gaslieferungen bemüht (unter der Regierung Mario Draghi) und Deutschland in Katar um Gas und Öl; Frankreich (wie im übrigen die USA) drängte Saudi-Arabien um mehr Erdöllieferungen und erhöhte Fördermengen.[26] Deutschland hat zudem den Bau von zwei LNG-Terminals vorangetrieben, greift stärker auf Kohlekraftwerke zurück, will zwei der noch laufenden AKWs sogar über das geplante Ausstiegsdatum hinaus in Reserve halten und hat sich für die fernere Zukunft mit Kanada um eine Energiepartnerschaft für grünen Wasserstoff und LNG engagiert.[27]

Effektivität der EU-Sanktionen

Russland exportiert fast zwei Drittel seines Öls und zwei Drittel seines Gases sowie 50 Prozent seiner Kohle in die EU.[28] Ein Abbruch dieser umfangreichen Beziehungen wird in den nächsten Jahren zu starken Verlusten in der russischen Exportposition, zur Schrumpfung der russischen Wirtschaft und großen Handelsumlenkungen im Energie- und Rohstoffhandel führen.

Dennoch verkraftet die russische Wirtschaft die Sanktionen zurzeit noch recht gut. Dies liegt zum einen an den gestiegenen Preisen für Roh- und Energiestoffe, welche die großen Mengenverluste im Absatz von Öl, Gas und Metall teilweise wettmachen und dem Rubel zu neuer Stärke verhelfen.[29] Zum anderen ist die extrem expansive Fiskal- und Geldpolitik in Russland zumindest auf kurze Sicht wirksam.[30] Auch liefern Staaten wie China und Indien teilweise Produkte der westlichen Sanktionsliste oder kaufen vermehrt russische Energie- und Rohstoffe zu allerdings günstigen Preisen ein.[31] Nicht zuletzt gibt

---

24 Rat der EU: Verordnung über koordinierte Maßnahmen zur Senkung der Gasnachfrage, 4.8.2022, 11568/22, Interinstitutionelles Dossier 2022/0225(NLE), Art. 3–5.
25 Rat der EU: Maßnahmen zur Senkung der Gasnachfrage, 2022, Art.5; faz.net: EU-Staaten beschließen Gas-Nofallplan, 26.7.2022.
26 Macron lud wegen der Energieprobleme Frankreichs trotz des Mordes an Jamal Khashoggi den saudischen Kronprinz nach Paris ein; Thomas Kirchner: Umstrittene Zusammenkunft, in: Süddeutsche Zeitung, 28.7.2022.
27 Die Bundesregierung: Kanzler Scholz in Kanada, „Hier haben sich zwei Länder gefunden, die gut zueinander passen", 24.8.2022.
28 Europäische Kommission/Hoher Vertreter der Union für Außen- und Sicherheitspolitik: Gemeinsame Mitteilung über die Beziehungen zwischen der EU und Russland – zurückdrängen, einschränken und zusammenarbeiten, Join (2021) 20 final, 16.6.2021, S. 5.
29 Victor Jack/Sarah Anne Aarup: Western sanctions sting but don't cripple Russia's economy, in: Politico, 26.7.2022.
30 Jeffrey Sonnenfeld et al.: Business Retreat and Sanctions are crippling the Russian Economy, Yale Executive Leadership Institute, Yale School of Management, 20.7.2022, insbes. Kapitel 2 und 6.
31 Johannes Pennekamp: „Wir müssen jetzt, wo nötig, die Ellenbogen ausfahren", in: faz.net, 26.8.2022.

es Umweglieferungen von Maschinen, Ersatzteilen, Speichermedien und Luxusautos z. B. über Kasachstan oder den westlichen Bündnispartner (!) Türkei, was allerdings nicht reibungslos funktioniert und logistisch kompliziert ist.[32] Insgesamt wird aber damit gerechnet, dass durch die Sanktionen der Telekommunikationssektor, die Waffenproduktion und die Erdöltechnologie Schaden nehmen werden, der Haushalt wegen des fehlenden Kapitalimports ins Defizit rutscht und eine tiefe Rezession unvermeidlich wird.[33]

Auswirkungen der Sanktionen auf die EU

Die Schäden des Wirtschaftskrieges sind auch in der EU groß. Die gestiegenen Energie- und Rohstoffpreise heizen die Inflation an und belasten Industrie und Verbraucher:innen. Trotzdem wurde für den Euroraum im Sommer 2022 noch mit einem Wachstum von 2,6 Prozent durch Nachholeffekte nach der fast überstandenen Covid-19-Pandemie gerechnet, für Frankreich mit 2,3 Prozent und für Deutschland immerhin noch mit 1,2 Prozent, obwohl sich im letztgenannten Fall schon eine Rezession für die kommenden Monate andeutet.[34] Den Mitgliedstaaten entstehen zusätzliche Kosten durch staatliche Beihilfen für energieintensive Handels- und Produktionsbetriebe, wofür die Europäische Kommission bereits umfangreiche Genehmigungen erteilte.[35] Hinzu kommen in etlichen Mitgliedstaaten Subventionen für Verbraucher:innen, um Winterhärten zu mildern. Für die EU wird deshalb das Durchhalten der Sanktionspolitik eine Belastungsprobe. Interventionsmaßnahmen im Energiebereich wie Preisdeckelungen oder Übergewinnabschöpfung und Umverteilung, wie von der Kommission entsprechend der Diskussion unter den EU-Energieminister:innen vorgeschlagen, sind deshalb zentral, um wirtschaftliche Insolvenzen zu vermeiden und den Wirtschaftskrieg sozial abzufedern.[36] Insgesamt zeichnet sich die EU durch eine erstaunliche Reaktions- und Anpassungsfähigkeit aus, gemischt mit einem hohen Maß an Flexibilität im Umgang mit Verzögerungstaktiken und Vetopositionen, ohne sich vom eingeschlagenen Kurs abbringen zu lassen. Der Preis der Flexibilität besteht teilweise in einer Sanktionspolitik á la carte oder einer mit variabler Geometrie, was den Gesamteffekt der Sanktionen kaum mindert.

---

32 Julia Friedlander: Transatlantic Sanctions Policy and the rise of Middle Powers, in: Internationale Politik Quarterly 3/2022, 30.6.2022.
33 Jack/Aarup: Western sanctions sting, 2022, S. 3; Jeffrey Sonnenfeld et al., Business Retreat and Sanctions, 2022, auch Kap. III.
34 International Monetary Fund: World Economic Outlook Update: Gloomy and more uncertain, Juli 2022, S. 7; Michael Bröcher et al.: Angst vor dem Absturz: Wie schlimm wird die deutsche Rezession?, Spiegel Online, 11.9.2022.
35 Bundesministerium der Finanzen: Pressemitteilung, 5 Milliarden Euro Hilfsprogramm für energieintensive Industrie startet, 14.7.2022; Zudem erlaubt die Kommission etwas mehr als 27 Mrd. Euro staatliche Beihilfen für Unternehmen, die wegen des teuren Stroms indirekte „Emissionskosten im Rahmen des Emissionshandelssystems" tragen müssen: Europäische Kommission: Pressemitteilung, Staatliche Beihilfen: Zugunsten energieintensiver Unternehmen zum Ausgleich indirekter Emissionskosten, IP/22/4928, 19.8.2022.
36 So plant z. B. die französische Regierung laut Manager Magazin vom 14.9.2022 für Verbraucher:innen eine erneute Preisdeckelungen bei den Energiekosten ab 2023 und die Europäische Kommission hat ein Gesetz zur Übergewinnabschöpfung vorgelegt; Europäische Kommission: Vorschlag für eine Verordnung des Rates über Notfallmaßnahmen als Reaktion auf die hohen Energiepreise, COM (2022) 437 final, 14.9.2022; Ewa Krukowska/Arne Delfs: EU ministers call for Urgent Push to Intervene in Energy Market, in: Bloomberg Law, 9.9.2022.

Waffenlieferungen, Militärhilfe und Wirtschaftshilfe

Bei den Waffenlieferungen tun sich die EU-Mitgliedstaaten schwer und in einigen von ihnen gibt es darüber wie in Deutschland heftige öffentliche Debatten.[37] Nach den USA und dem Vereinigten Königreich führt innerhalb der EU Polen die Liste der Waffenlieferanten noch weit vor Deutschland und Frankreich an, insbesondere auch mit Blick auf schwere Waffen. Innerhalb kürzester Zeit lieferte Polen 200 modernisierte T-72 Sowjetpanzer an Kyjiw, Tschechien ebenfalls einige T-72 und Slowenien einige M-84 Panzer.[38] Alle drei Länder verließen sich auf einen Ringtausch mit Deutschland, der allerdings bis heute nicht richtig voran gekommen ist.[39] Dies hat zu Verärgerung und Enttäuschung bei mittelosteuropäischen EU-Mitgliedern geführt, wobei die Telefondiplomatie von Scholz und Emmanuel Macron mit Wladimir Putin über die Köpfe der mittelosteuropäischen Regierungen hinweg zur Verstimmung beigetragen hat.[40] Immerhin hat Deutschland an die Ukraine an schwerem Gerät 10 Panzerhaubitzen 2000 (weitere 4 sind zugesagt), 3 MARS II Mehrfachraketenwerfer und bis zu 30 Flakpanzer GEPARD geliefert sowie das Luftverteidigungssystem IRIS-T SLM zugesagt.[41] Zudem hat die Bundesregierung Ende Juli 2022 die Produktion von 100 Panzerhaubitzen 2000 durch die Firma Kraus-Maffei Wegmann und Mitte September den Kauf von 18 hochmodernen Haubitzen RCH 155 genehmigt, wobei sich allerdings die Auslieferungen an die Ukraine noch einige Zeit hinziehen werden.[42] Ganz offensichtlich spielen Paris und Berlin bei ihren Waffenlieferungen auch auf Zeit, sei es, um nicht den Zorn Putins auf sich zu ziehen, sei es aus einer ganzen Reihe anderer Gründe. So befürchtete die Bundesregierung zu Recht über Monate, dass Putin Kürzungen der Gaslieferungen als Waffe zur Vergeltung einsetzen könnte.[43] Da dies nun eingetreten ist, entfällt der Zurückhaltungsgrund solange erneute Gaslieferungenmehr als unwahrscheinlich sind. Die Sorge allerdings, dass es aufgrund der Lieferung offensiver Waffen zu einer Eskalation des Konflikts, ja gar zu einem dritten Weltkrieg kommen könnte, besteht aufgrund der Annexion östlicher Teile der Ukraine bei gleichzeitiger Teilmobilmachung für die russischen Streitkräfte und nuklearen Drohgebärden Putins weiterhin.[44]

---

37 Alice Schwarzer et al.: Der offene Brief an Kanzler Scholz, in: Emma, 29.4.2022; ähnlich Hartmut Rosa: Krieg versus Verhandlungen: Die Bellizisten sitzen im sicheren Wohnzimmer, in: Der Spiegel 30/2022, 24.7 2022; für Waffenlieferungen mit überzeugender Analyse: Hannes Adomeit/Joachim Krause: Der neue (Kalte) Krieg. Das russische Ultimatum vom Dezember 2021 und die Folgen für die westliche Allianz, in: SIRIUS – Zeitschrift für strategische Analysen, 6(2)/2022, S. 129–149; jüngst verstärkt auch Außenministerin Baerbock den Druck auf den Bundeskanzler z. B. im Interview mit Johannes Leithäuser: Baerbock im Interview, „Unsere Waffen helfen, Menschenleben zu retten", in. faz.net, 14.9.2022.
38 Claire Mills/John Curtis: Military assistance to Ukraine since the Russian invasion, House of Commons Library, Research Briefing, 21.9.2022, S. 29.
39 Hans Monath/Georg Ismar: Schwere Waffen für die Ukraine. Der Ringtausch kommt kaum voran – der Druck auf Scholz wächst, in: Der Tagesspiegel, 21.7.2022; Florian Gathmann et al.: Kampfpanzer für die Ukraine. Warum jetzt der Ringtausch stockt, in: Der Spiegel, 25.7.2022.
40 Hans von der Burchard: Germany promised swift tank swaps to aid Ukraine. It hasn´t happened, in: Politico, 28.7.2022.
41 Claire Mills/John Curtis: Military assistance to Ukraine, 2022, S. 23–25; Die Bundesregierung: Krieg in der Ukraine, Militärische Unterstützungsleistungen für die Ukraine, abrufbar unter www.bundesregierung.de/breg-de/themen/krieg-in-der-ukraine/lieferungen-ukraine-2054514 (letzter Zugriff: 21.9.2022).
42 Hans von der Burchard: Germany authorizes production of 100 howitzers for Ukraine, in: Politico, 27.7.2022; Lorenz Hemicker: Die Ukraine bekommt bessere deutsche Artillerie, in: faz.net, 17.9.2022.
43 Berthold Kohler: Die Furcht Berlins vor Putins Gas-Rache, in: faz.net, 25.7.2022.
44 Liviu Horovitz/Lydia Wachs: Russlands nukleare Drohgebärden im Krieg gegen die Ukraine. Folgen für die internationale Ordnung, die Nato und Deutschland, SWP-Aktuell 28/2022; Liana Fix/Michael Kimmage: What if the war in Ukraine spins out of control?, in: Foreign Affairs, 19.7.2022; Dan Altman: The west

Neben den einzelstaatlichen Waffenlieferungen[45] hat die EU wie eine Großmacht die Ukraine mit Militärhilfe unterstützt und zwar durch fünf sukzessive Entscheidungen im Rahmen der der Gemeinsamen Außen- und Sicherheitspolitik (GASP) mit 2,5 Mrd. Euro, davon zuletzt ca. 500 Mio. Euro am 21./22. Juli 2022.[46] Bis Juli 2022 hatte die EU knapp 13 Mrd. Euro an Finanzhilfen einschließlich humanitärer Hilfe, Mittel durch die Europäische Investitionsbank (EIB) und die Militärhilfe aus der Europäischen Friedensfazilität für die Ukraine geleistet.[47] Wie bei den Waffenlieferungen muss noch die bilaterale Wirtschafts- und Finanzhilfe der einzelnen Mitgliedstaaten berücksichtigt werden. Das alles ist beachtlich, reicht aber nicht an das heran, was die USA der Ukraine zur Verfügung stellen. Diese wollen alleine im Rahmen ihres sechsten vom Kongress verabschiedeten Hilfsprogramms weitere 19 Mrd. Dollar Militärhilfe und 16 Mrd. Dollar Wirtschaftshilfe in den kommenden Monaten für die Ukraine leisten.[48]

Erweiterung

Die strategischen Implikationen der europäischen Integration[49] werden besonders deutlich, wenn die vorherrschende Perzeption der gegenwärtigen autoritären Führung in Moskau berücksichtigt wird. Moskau zufolge wird die EU-Erweiterung und sogar die Nachbarschaftspolitik (ENP) als Eindringen in ursprünglich russische Einflussbereiche gesehen,[50] obwohl die ENP ohne das Versprechen eines Beitritts eher als Abhaltestrategie denn als vollständige Integrationsstrategie konzipiert war.[51] Mit dem Überfall auf die Ukraine und ihrem Antrag auf Mitgliedschaft in der EU am 28.2.2022, dem kurz darauf im März auch die Anträge Moldaus und Georgiens folgten, wurde alles anders. Die Staats- und Regierungschef:innen billigten im Juni 2022 den Vorschlag der Kommission, den Status eines Beitrittskandidaten der Ukraine und der Republik Moldau zu verleihen sowie, nach Erfüllung weiterer Bedingungen, auch Georgien.[52] Antriebskraft dieses Prozesses war vor allem die Kommission und insbesondere ihre Präsidentin Ursula von der Leyen, die zweimal im ersten Halbjahr 2022 in die Ukraine gereist war und sich positiv

---

wories too much about escalation in Ukraine. NATO can do more without provoking Moscow, in: Foreign Affairs, 12.7.2022.
45 Claire Mills/John Curtis: Military assistance to Ukraine, 2022.
46 Rat der EU: Pressemitteilung, Europäische Friedensfazilität: Aufstockung der EU-Unterstützung für die Ukraine auf 2,5 Mrd.€, 708/22, 22.7.2022; Es ist erstaunlich wie rasch die eigentlich für militärische GSVP-Missionen und Peacekeeping der AU sowie leichte Bewaffnung vorgesehene Europäische Friedensfazilität (EFF) in eine direkte Militärhilfe zur Finanzierung der Verteidigung der Ukraine gegen den russischen Angriffskrieg umgewandelt wurde.
47 Barbara Lippert: Die nächste Osterweiterung wird kompliziert und teuer. Beitrittsverhandlungen, Assoziierung und neue Formate aufeinander abstimmen, SWP-Aktuell 48/2022, S. 5 und 6.
48 Mark Cancian: What does $ 40Bn in aid to Ukraine buy?, CSIS Commentary, 23.5.2022.
49 Mathias Jopp: The strategic implications of european integration, IISS, Adelphi Paper 45, 1995.
50 Serena Giusti: The Russian federation´s posture towards the European Neighbourhood Policy: a neoclassical realist explanation, Natali G. Zaslavskaya: Russia´s perception of the European Neighbourhood Policy: a constructivist explanation, beide in: Sieglinde Gstöhl/Simon Schunz (Hg.): Theorizing the European Neighbourhood Policy, London (Routledge) 2016; John J. Mearsheimer: Why the Ukraine crisis is the West´s fault. The liberal delusions that provoked Putin, in: Foreign Affairs 93(5)/2014, S. 1–12.
51 Eckart D. Stratenschulte (Hg.): Grenzen der Integration: Europas strategische Ansätze für die Nachbarregionen, Baden-Baden 2013.
52 Europäischer Rat: Schlussfolgerungen, EUCO 24/22, 24.6.2022, III., Zif. 10–14; Europäische Kommission: Stellungnahme zum Antrag der Ukraine auf Beitritt zur Europäischen Union, COM(2022) 407 final; Stellungnahme zum Antrag der Republik Moldau, COM(2022) 406 final; Stellungnahme zum Antrag Georgiens, COM(2022) 405 final, alle 17.6.2022.

über den Antrag Kyjiws geäußert hatte.[53] Zudem waren Macron und Scholz sowie Draghi und der rumänische Präsident Klaus Iohannis noch vor dem abschließenden Junigipfel der französischen Ratspräsidentschaft gemeinsam in Kyjiw. Dort sprachen sie sich ebenfalls für einen Kandidatenstatus für die Ukraine aus, sodass der einstimmige Beschluss des Europäischen Rates vom 23. Juni 2022 fast vorgezeichnet war.[54] Damit hat die EU ihre östliche Nachbarschaftspolitik grundlegen revidiert und bietet nicht nur einfach einem ENP-Land die Mitgliedschaftsperspektive an, sondern einem, das sich im Krieg mit der Nuklearmacht Russland befindet. Dies ist ein bemerkenswerter und an sich auch riskanter Schritt angesichts der aggressiven Politik der derzeitigen russischen Führung.

Das Vorgehen der EU ist aber zu einem großen Teil moralischer Verpflichtung geschuldet. Durch die fortlaufende Verurteilung Russlands in den offiziellen EU-Dokumenten seit Beginn des brutalen Angriffskrieges, die Unterstützung der Ukraine und vor allem auch durch zum Teil wiederholte Besuche hoher Vertreter:innen der Unionsorgane sowie einiger Staats- und Regierungschef:innen[55] ist es zu einem rhetorischen und moralischen „Entrapment" gekommen, das kaum eine andere Entscheidung zugelassen hätte.[56] Zwar ist der Kandidatenstatus zunächst ein symbolischer Akt und die Überprüfung der Anträge ganz anders als sonst weniger gründlich und eher „impressionistisch" erfolgt.[57] Jedoch definiert damit die EU im Sinne einer geopolitischen Antwort auf Russlands Aggression, was als zur EU-Europa und nicht zu Russland gehörig anzusehen ist. Inwieweit es gelingt, das Beitrittsversprechen einzulösen, eine Überdehnung der EU (die Ukraine alleine hat 42 Mio. Einwohner:innen) zu verhindern und auch das Problem der Sicherheitsgarantien des Art. 42(7) zu lösen, ist offen.[58] Ein Land wie die Ukraine wird sich vermutlich im Dauerkonflikt mit Russland befinden und es ist nicht klar, ob und wann es NATO-Mitglied werden kann.[59] Andererseits ist anzunehmen, dass sich die Beitrittsverhandlungen des noch postsowjetisch geprägten Landes mit der EU ein oder zwei Dekaden hinziehen und bis dahin vielleicht die heutige bellizistische russische Führung nicht mehr an der Macht ist.

Vor diesem Hintergrund und mit Blick auf die stockende Westbalkanerweiterung, die Probleme mit der Türkei, den Brexit und die Vertragsschwierigkeiten mit der Schweiz kommen ältere Denkmodelle zur Neuordnung Europas wieder zum Zuge. Staatspräsident Macron hat eine Europäische Politische Gemeinschaft (EPG) zur Lösung der Beitritts- und Nachbarschaftsfragen der EU vorgeschlagen, der Präsident des Europäischen Rates, Charles Michel, eine Europäische Geopolitische Gemeinschaft von Island bis Armenien

---

53 Ursula von der Leyen war am 8. April (mit dem Hohen Vertreter der Union für Außen- und Sicherheitspolitik Josep Borrell) und am 11. Juni 2022 in Kyjiw.
54 Othmara Glas: Kanzler zu Selenskyj: „Die Ukraine gehört zur europäischen Familie", in: faz.net, 16.6.2022.
55 Im März reisten die Ministerpräsidenten Polens, Tschechiens und Sloweniens nach Kyjiw, um ihre Solidarität zum Ausdruck zu bringen. Von Mai bis Juni waren es von der Leyen und Michel sowie im Juni Scholz, Macron, Draghi und Iohannis.
56 Frank Schimmelfennig: The Community Trap: Liberal norms, rhetorical action, and the Eastern enlargement of the European Union, in: International Organization 55(1)/2001, S. 47–80; Barbara Lippert: Beitrittsgesuch der Ukraine setzt EU unter Druck, SWP-Aktuell 23/2022, S. 7.
57 Barbara Lippert: Die nächste Osterweiterung wird kompliziert und teuer, 2022, S. 3.
58 Funda Tekin: Die "Zeitenwende" in Europa: Ein Momentum für die Erweiterungspolitik der Europäischen Union?, in: integration 2/2022, S. 91–105; Maria Demertzis: Ukraine and what it means for European Union enlargement, Bruegel-Comment, 13.6.2022.
59 Diese Frage hätte möglicherweise schon ab 2008 schrittweise beantwortet werden können, als die USA und Polen für einen NATO-Beitritt der Ukraine waren, Deutschland und Frankreich aber aus Rücksicht auf Moskau gegen den Abschluss eines Membership Action Plans (MAP) waren, obwohl damals Russland bei weitem nicht über die militärischen Fähigkeiten von heute verfügte.

oder Aserbaidschan und von Norwegen bis zur Türkei und der ehemalige italienische Ministerpräsident Enrico Letta die Idee François Mitterrands einer Europäischen Konföderation aufgegriffen.[60] Der Europäische Rat diskutierte daraufhin im Juni 2022 grundsätzliche Fragen des „Was, wer und wie?",[61] und die tschechische Ratspräsidentschaft hat bereits ein inaugurales Treffen für die EPG zwischen den Mitgliedern des Europäischen Rates und den Regierungschef:innen oder Präsident:innen der Ukraine und anderer östlicher Nachbarschaftsstaaten, des Vereinigten Königreiches, Norwegens, der Schweiz, der westlichen Balkanstaaten und der Türkei für den 6. Oktober einberufen.[62]

Verteidigung, Aufrüstung, Selbstertüchtigung

Der russische Angriffskrieg wirkt sich deutlich auf die Verteidigungspolitik von NATO und EU aus. Die NATO erlebt angesichts der neuen Bedrohung im Osten eine regelrechte Renaissance. Die USA haben ihre Truppen in Europa auf über 100.000 Soldat:innen aufgestockt, eine permanente Militärbasis in Polen eingerichtet, 300.000 Soldat:innen in Alarmzustand versetzt, mehr militärische Ausrüstung nach Europa verbracht, und z. B. in Rota, Spanien, vier zusätzliche Zerstörer mit ballistischer Bewaffnung stationiert.[63] Mittlerweile ist es auch kaum noch erstaunlich, dass hochrangige EU-Vertreter:innen wie der Präsident des Europäischen Rates beim Gipfeltreffen der NATO und umgekehrt bei EU-Ratssitzungen NATO-Generalsekretärs Jens Stoltenberg präsent sind, Michel, von der Leyen und Stoltenberg eine gemeinsame Pressekonferenz abhalten und der Europäische Rat einen Gedankenaustausch mit dem amerikanischen Präsidenten Joe Biden führt.[64] Dies gab es nicht einmal während des Kalten Krieges und zeigt die gewachsene Bedeutung der EU wie auch die insgesamt bedrohliche Situation, in der EU und NATO enger zusammen rücken.

Auf dem NATO-Gipfel in Madrid im Juni 2022 haben die Alliierten das neue Strategische Konzept der Allianz verabschiedet und Finnland und Schweden eingeladen, dem Bündnis beizutreten.[65] Die Ostsee wird so, wenn die Verzögerungstaktik des türkischen Staatspräsidenten überwunden ist, zu einem „Mare Nostrum" der NATO. Die meisten NATO-Mitgliedstaaten rüsten schrittweise auf, um das 2-Prozent-Ziel bei den Verteidigungsausgaben zu erreichen. Das künftige Mitglied Schweden nimmt sogar in diesem

---

60 Emmanuel Macron: Rede anlässlich der Konferenz zur Zukunft Europas, 9.5.2022; Charles Michel: Speech at the plenary session of the European Economic and Social Committee, 465/22, 18.5.2022; Enrico Letta: A European Confederation: a common political platform for peace, The Progressive Post, 25.4.2022; Mitterrand hatte im Dezember 1989 allerdings unter Einbeziehung Russlands eine Europäische Konföderation vorgeschlagen, um nach dem Fall der Mauer ein möglicherweise wiedervereinigtes Deutschland einzuhegen und eine EU-Osterweiterung auszubremsen.
61 Europäischer Rat: Schlussfolgerungen, EUCO 24/22, 2022, S. 1.
62 Jakob Hanke Vela: Brussels Playbook: Sweden leans right – Parliament car crash – Hungary funds, Politico, 12.9.2022, S. 1.; Marta Mucznik: The European (geo)political community and enlargement: Two important but separate discussions, European Policy Centre, Commentary, 14.7.2022; Michael Emerson/Steven Blockmans: The new agenda for the EU's enlargement and neighbourhood policies, CEPS Polical Insight 20/2022, Juni 2022.
63 Michael J. Mazarr/Daniel Fiott: Solid foundation, rocky future. Assessing transatlantic defence and security ties after NATO's Madrid summit, CEPS Policy Insights 26/2022, Juli 2022, S. 1–6.
64 Siehe beispielhaft: Ursula von der Leyen: Erklärung auf der gemeinsamen Pressekonferenz mit NATO-Generalsekretär Stoltenberg und Präsident Michel, EU-Kommission, 24.2.2022; und zum Dialog mit US-Präsident Biden: Europäischer Rat: Schlussfolgerungen, EUCO 1/22, 25.3.2022, S. 1.
65 NATO: NATO 2022 Strategic Concept, 29.–30.6.2022; NATO: Madrid Summit Declaration, Press Release (2022) 095, 29.6.2022; Jonathan Askonas: With Finland and Sweden in NATO, the U.S. can finally pivot to the Pacific, in: foreignpolicy.com, 12.7.2022.

Jahr eine Extraerhöhung um 300 Mio. Euro vor[66] und in Deutschland wurde ein Sondervermögen in Höhe von 100 Mrd. Euro für die Bundeswehr nach der Zeitenwende-Rede des Bundeskanzlers mit großer Mehrheit im Bundestag beschlossen.[67] Übertriebene Aufrüstung und Säbelrasseln wird aber vermieden, um Russland nicht zu provozieren. Der massive Angriff auf die Ukraine hat in der Bundesregierung einen tiefsitzenden Schock ausgelöst, zumal Putin beim Besuch von Bundeskanzler Scholz in Moskau am 15. Februar 2022 noch versichert haben soll, dass er keine kriegerischen Handlungen vorhabe.[68] Zudem fiel die Überprüfung der deutschen Verteidigungsfähigkeit deprimierend aus, da alleine 20 Mrd. Euro nur für Munition der Teilstreitkräfte nötig wären.[69] Der Löwenanteil des Sondervermögens ist für Luftverteidigung und -kampf vorgesehen, wozu unter anderem der geplante Kauf von 35 der modernsten amerikanischen Tarnkappenbomber F-35A gehört, um vor allem auch den Abschreckungsverbund für die nukleare Teilhabe Deutschlands durch die in der Eiffel gelagerten B-61 Atombomben wieder glaubwürdig zu machen.[70]

Genau einen Monat nach der russischen Invasion in der Ukraine billigte der Europäische Rat den für die französische Ratspräsidentschaft besonders wichtigen „Strategischen Kompass" für die Gemeinsame Sicherheits- und Verteidigungspolitik (GSVP), in dem nach zweijähriger Vorbereitung durch den Hohen Vertreter der Union for Außen- und Sicherheitspolitik die fundamental veränderte Sicherheitslage nicht mehr ganz berücksichtigt werden konnte.[71] Die EU-Mitgliedstaaten versprechen allerdings, mehr in die Verteidigung zu investieren, die Partnerschaft mit den USA, dem Vereinigten Königreich, Norwegen, Kanada und Japan zu verstärken, eine Schnelle Eingreifkapazität von 5.000 Soldat:innen bis 2025 aufzubauen und die Europäischen Friedensfazilität intensiv zu nutzen.[72] Die Stoßrichtung des Kompass besteht darin, die Fähigkeit zum Krisenmanagement zu stärken und komplementär zur NATO europäische Verteidigungskapazitäten zu verbessern, wobei die Allianz in einem als feindlich eingestuften sicherheitspolitischen Umfeld die „Grundlage der Verteidigung" der EU-Mitgliedstaaten, die in der NATO sind, bleibt.

Im Mai 2022 hat der ER dann entsprechend der Versailler Erklärung erstmals in der Geschichte der EU beschlossen, eine „gemeinsame Beschaffung" für die „Wiederauffüllung der Bestände" wegen der Waffenlieferungen an die Ukraine vorzunehmen und eine gemeinsame „Programmplanungs-, Beschaffungs- und Koordinierungsfähigkeit" der EU aufzubauen.[73] Das wird zwar einige Zeit dauern, wird aber zusammen mit anderen Vorhaben des Strategischen Kompasses zu einer Verdichtung der GSVP führen. Für deren zunehmende Attraktivität spricht auch die Abschaffung des dreißig Jahre währenden Opt-

---

66 Reuters: Sweden to boost defence spending by $300 mln in 2022, 16.3.2022.
67 Olaf Scholz: Regierungserklärung, 2022; Deutscher Bundestag: Plenarprotokoll 20/40, Stenografischer Bericht, 40. Sitzung, 1.6.2022.
68 Dumitru Minzarari: Failing to deter Russia´s war against Ukraine: the role of misperceptions, SWP Comment C 33/2022, 29.4.2022.
69 Mike Szymanski: 100 Milliarden Euro können nur ein Anfang sein, in: Süddeutsche Zeitung, 30.5.2022.
70 Christine Lambrecht: „Wir sorgen für eine voll einsatzbereite Bundeswehr", Rede der Verteidigungsministerin vor dem Deutschen Bundestag, 3.6.2022.
71 Europäischer Rat: Schlussfolgerungen, EUCO 1/22, 25.3.2022, S. 3–4, Zif. 12.
72 Rat der EU: Ein Strategischer Kompass für Sicherheit und Verteidigung – Für eine Europäische Union, die Ihre Bürgerinnen und Bürger, Werte und Interessen schützt und zu Weltfrieden und internationaler Sicherheit beiträgt, 7371/22, 21.3.2022, S. 3–4; Amanda Paul et al.: Will the Strategic Compasss be a game-changer for EU security and defence?, EPC Round-Up, 5.4.2022.
73 Europäischer Rat: Schlussfolgerungen, EUCO 21/22, 31.5.2022, S. 7, Zif. 24.

Outs Dänemarks von der EU-Verteidigungspolitik durch ein entsprechendes Referendum im Juni 2022. Es wird diesem Land künftig ermöglichen, an militärischen Missionen der EU, an der Ständigen Strukturierten Zusammenarbeit (SSZ bzw. PESCO) zum Aufbau militärischer Fähigkeiten und vor allem an Ratssitzungen mit verteidigungspolitischen Bezügen aktiv teilzunehmen. Dennoch ist die Hinwendung der meisten EU-Mitgliedstaaten zur NATO kaum zu übersehen, auch wenn klar ist, dass in Washington möglicherweise nicht immer ein NATO freundlicher Präsident wie Biden die Amtsgeschäfte führt. Die europäischen Staaten müssen deshalb einen komplizierten Spagat hinbekommen, indem sie einmal den Preis für die amerikanische Rückversicherung durch einen größeren Beitrag zur Verteidigung des Bündnisses leisten und zum anderen nicht das Vorhaben einer eigenständigeren Verteidigungspolitik aus den Augen verlieren.

Auswirkungen auf die Institutionen und die Mitgliedstaaten

Angesichts des Ukrainekriegs hat sich wie auch schon in der Covid-19-Pandemie die Fähigkeit zum Zusammenhalt der EU in schweren Krisen bestätigt.[74] Es zeigen sich aber auch Schwächen. Das traditionelle deutsch-französische Führungsduo hat erst in der Erweiterungsfrage im Juni 2022 etwas zu seiner Rolle zurückgefunden. Gleichzeitig treten Macron und Scholz für Reformen ein, um eine EU mit „30 oder 36 Mitgliedstaaten" durch mehr Mehrheitsentscheidungen funktionsfähig zu machen.[75] Dies dürfte aber allein mit Blick auf Ungarn und Polen bei einer Vertragsreform sehr schwierig sein, solange keine Strategie existiert, die aufzeigt, wie Vertiefung vor Erweiterung möglich wäre. Direkt nach Ausbruch des Krieges waren Paris und Berlin zudem bei Wirtschaftssanktionen wie bei Waffenlieferungen aus verschiedenen o. g. Gründen zögerlich, auch weil unklar war, ob man sich im Fall eines schnellen russischen Sieges auf ein vollkommen neues Arrangement mit dem Aggressor würde einstellen müssen. Insbesondere die Bundesregierung tat sich schwer und lieferte zunächst nur 5.000 militärische Helme an die Ukraine. Ganz anders Polen und die baltischen Staaten, die aufgrund der Nähe zu Russland sogar viel eher Vergeltung hätten befürchten müssen. Alleine Polen hat bis 3. August 2022 Waffen im Umfang von 1,8 Mrd. Euro an die Ukraine geliefert, Deutschland nur für knapp 0,5 Mrd. Euro, während die kleinen Länder Lettland und Estland zusammen genau so viel wie Deutschland lieferten.[76]

Der Ukrainekrieg hat auch die Visegrád-Gruppe auseinandergetrieben. Polen z. B. wurde zum Frontsaat für die Unterstützung der Ukraine sowohl was die Aufnahme von 3,5 Mio. Flüchtlingen als auch die Lieferung schwerer Waffen anbelangte. Ungarn hingegen hat sich weitgehend isoliert und sich in der Sanktionspolitik zum Bremser und teilweise zum Kollaborateur entwickelt, sei es wegen seiner Energieabhängigkeit, sei es als „Retourkutsche" wegen der begonnen Nutzung des Rechtsstaatsmechanismus, der zu Kürzungen der EU-Zuwendungen um 7,5 Mrd. Euro führen könnte,[77] oder aus Gründen

---

[74] Vgl. die Reaktion auf das erste Jahr der Covid-Pandemie bei: Katrin Böttger/Mathias Jopp: Die deutsche EU-Ratspräsidentschaft 2020: selektive Föderalisierung des Integartionsprozesses, in: integration 1/2021, S. 3–22.
[75] Olaf Scholz: Rede an der Karls-Universität in Prag, 29.8.2022.
[76] Institut für Weltwirtschaft Kiel (ifw): Ukraine Support Tracker, abrufbar unter https://www.ifw-kiel.de/de/themendossiers/krieg-gegen-die-ukraine/ukraine-support-tracker/ (letzter Zugriff 18.9.2022).
[77] Europäische Kommission: Vorschlag für einen Durchführungsbeschluss über Maßnahmen zum Schutz des Haushalts der Union vor Verstößen gegen die Grundsätze der Rechtsstaatlichkeit in Ungarn, COM(2022) 485 final, 18.9.2022.

der Autokratenfreundschaft zwischen Orbán und Putin.[78] Tschechien vertritt hingegen eine relativ harte Linie bei Sanktionen und Embargos und hat frühzeitig schwere Waffen an die Ukraine geliefert. Von den Balkanstaaten ist Bulgarien nach dem Ende der Reformregierung eher ein Problemfall, denn die jetzige Übergangsregierung möchte anscheinend wieder mehr Gas aus Russland beziehen.[79] Ganz anders Rumänien, das eindeutig dem westlichen Lager zuzurechnen ist und zu einem der Hauptumschlagsplätze für amerikanische Waffenlieferungen für die Ukraine geworden ist. Griechenland hat mit seinem Hafen Alexandroupolis ebenfalls einen wichtigen Anlandepunkt für amerikanische Waffenlieferungen.[80] Es trägt die restriktiven EU-Maßnahmen gegenüber Russland ebenso wie Zypern und Malta mit, solange Tankertransporte von Russland in Staaten außerhalb der EU nicht allzu sehr eingeschränkt werden. Mit Blick auf die Geschichte der spanischen Sozialisten ist es erstaunlich, wie sich die gegenwärtige Regierung des Landes zu einem starken Befürworter der NATO und einer harten Haltung der EU gegenüber Russland erwiesen hat. Im Frühjahr 2022 wollte sie sogar 40 Leopard Panzer an die Ukraine liefern, scheiterte aber an Berlin.[81] Um aus der Abhängigkeit von russischen Energielieferungen zu kommen, hat Spanien als einer der ersten EU-Mitgliedstaaten sogar schon August 2022 mit den in der EU verabredeten Sparmaßnahmen durch Abschalten der Beleuchtung von öffentlichen Gebäuden hervorgetan.[82]

Die Führungsschwäche Deutschlands und Frankreichs im Zentrum der EU und die Stärke der Peripheriestaaten (vor allem der östlichen Mitglieder) hat den Spielraum für die Brüsseler Institutionen und ihre Vertreter:innen vergrößert, den sie auch nutzten. So war der Präsident des ER, Michel, zweimal vor Macron und Scholz in der Ukraine und hat Kyjiws Beitrittsantrag positiv erwähnt.[83] Zudem hat er nicht gezögert, direkt nach Macron ebenfalls einen sogar präziseren Vorschlag für die Lösung des Erweiterungs-/Nachbarschaftsdilemmas zu machen. Auch der Hohe Vertreter der Union für Außen- und Sicherheitspolitik Josep Borrell kündigte eine Aufstockung der Militärhilfe für die Ukraine aus der Friedensfazilität um eine weitere halbe Mrd. Euro an, noch bevor dies offiziell beschlossen war und sprach sich für eine Energieembargo aus, um nicht länger Milliarden dem russischen Staatshaushalt zur Finanzierung des Krieges zuzuführen, zugleich aber der Ukraine für Waffenkäufe viel zu wenig zur Verfügung zu stellen.[84] Am Deutlichsten aber war das pro-aktive Verhalten der Europäischen Kommission und insbesondere das ihrer Präsidentin. Nicht nur, dass von der Leyen zweimal im ersten Halbjahr 2022 nach Kyjiw gereist war und frühzeitig positive Signale in der Erweiterungsfrage sendete.[85] Die

---

78 So drohte Ungarn im September mit einer Blockade bei EU-Sanktionen gegen Russland, wenn nicht drei Orbán nahestehende russische Oligarchen von der Sanktionsliste gestrichen werden: Handelsblatt: UN für kampffreie Zone um ukrainisches AKW – Ungarn droht mit Blockade bei EU-Sanktionen gegen Russland, Ukraine – die Lage am Morgen, 7.9.2022.
79 Philip Volkmann-Schluck: Die Angst vor einer prorussischen Achse zwischen Sofia und Budapest, in: Welt+, 5.9.2022.
80 Niki Kitsantonis/Anatoli Kurmanaev: Sleepy Greek port becomes U.S. arms hub, as Ukraine war reshapes region, in: The New York Times, 18.8.2022.
81 Jörg Römer: Technisch, strategisch und politisch haltlos, in: Spiegel Online, 14.9.2022.
82 Hans-Christian Rössler: Spanien will Energie sparen: Um 22 Uhr gehen die Lichter aus, in: faz.net, 2.8.2022
83 Europäischer Rat: Remarks by President Charles Michel following his meeting with President Volodymyr Szelenskyy via video conference in Odesa, Ukraine, 431/22, 19.5.2022.
84 Jakob Hanke Vela/Suzanne Lynch: Brussels Playbook: Climate clash – Ambassadors irked – Russia's central banke, Politico, 7.4.2022, S. 3.
85 Europäische Kommission: Erklärung von Präsidentin von der Leyen mit dem ukrainischen Präsidenten Selenskyj anlässlich des Besuchs der Präsidentin in Kiew, Directorate-General for Neighbourhood and

Kommission hat gegenüber den Mitgliedstaaten von Anfang an in der Frage von Sanktionen und Energieembargos Druck ausgeübt und das Kohleembargo wie das Ölembargo gepusht, auch wenn sie in der Frage eines Erdgasembargos wegen der hohen Abhängigkeit vieler Mitgliedstaaten zurückhaltend blieb.

Insgesamt wäre jedenfalls ohne die Antreiberrolle der Institutionen die Reaktion der EU auf den Ukrainekrieg schwächer ausgefallen. Hinzu kam die Auswirkung des Solidaritätsbesuchs der Ministerpräsidenten Polens, Tschechiens und Sloweniens kaum drei Wochen nach Kriegsbeginn in Kyjiw sowie im deutschen Fall der Besuch prominenter Abgeordneter der drei deutschen Koalitionsparteien im April und deren Petitum für mehr und schwerere Waffenlieferungen an Kyjiw.[86] Insgesamt ergibt sich somit eine Bild der Reaktion der EU auf den Ukrainekrieg, das sich aus der Vorreiterrolle östlicher Mitgliedstaaten, institutioneller „leadership", öffentlichem Druck, mitgliedstaatlichem „bargaining" und „rethorical entrapment" zusammensetzt. Vor diesem Hintergrund wird die EU ihr Engagement für die Ukraine kaum zurückschrauben, auch wenn es weiterhin zu Verzögerungen bei Waffenlieferungen kommen dürfte.

Schlussfolgerungen für die Zukunft der Integration

In einer Zeit, in der eine militärische Großmacht den Angriffskrieg nach Europa zurückbringt, präsentiert sich die EU relativ geschlossen.[87] Im Verbund mit der G7 kann sie bei den Sanktionen erhebliche Wirkung erzielen, was freilich den geheimdienstlich-militärischen Komplex in Russland bislang nicht von seinen revisionistischen Zielen und dem Einsatz von militärischer Gewalt abhält. Solange deshalb der russische Präsident keine Exitstrategie sucht, werden Friedensverhandlungen illusorisch bleiben. Im Gegenteil, die Annexion der selbstproklamierten Republiken im Osten der Ukraine per „Referendum", um dann russisch gewordenen Boden mit allen Mitteln zu verteidigen, stellt eine ernsthafte Eskalationsgefahr dar. Dabei scheinen Russlands Möglichkeiten – jenseits nuklearer Optionen – nicht gänzlich unbegrenzt zu sein, wenn bereits eine (Teil-)Mobilisierung erforderlich ist, Drohnen im Iran nachgekauft werden müssen und offensichtlich erwogen wird, Raketen sowie Munition aus Nordkorea zu beschaffen.[88] Jedenfalls hat sich die bisherige Strategie der EU, die auf Stärkung der eigenen Verteidigungsfähigkeit und ein enges Verhältnis zur NATO setzt, als richtig erwiesen. Sie muss weiterhin durch umfangreiche Wirtschaftshilfe und Waffenlieferungen für die Ukraine und verschärfte Sanktionen gegenüber Russland ergänzend abgestützt werden.

Die meisten der für Europas Wirtschaft „lebensnotwendigen" Rohstoff- und Energieimporte aus Russland sind ersetzbar, wenn auch zu höheren Preisen. Dabei kommt es zu einer global wirksamen Handelsumleitung wie seit dem Kalten Krieg nicht mehr. Zweitens steht die Suche nach fossilen Energieträgern bei den EU-Mitgliedern aus Gründen der Versorgungssicherheit zurzeit ganz oben auf der Prioritätenliste, was zu Lasten der

---

Enlargement negotiations, 8.4.2022; Alexandra Brzozowski: Von der Leyen makes surprise visit to Kyiv to discuss Ukraine´s EU bid, in: Euractiv, 11.6.2022.
86 Der Spiegel: Solidaritätsbesuch per Zug: Die Regierungschefs von Polen, Tschechien und Slowenien erreichen umkämpftes Kiew, 15.3.2022; Christian Deutschländer: Nach Ukraine-Besuch: Bundestagstrio setzt Scholz weiter unter Druck – Parteifreund wettert: „nicht hilfreich", in: Münchner Merkur, 26.4.2022.
87 Fabian Zuleeg/Janis A. Emmanouilidis: Europe´s moment of truth: united by adversity?, EPC Discussion Paper, 11.7.2022
88 Christian Denk: Erst Iran, jetzt Nordkorea: Putins verzweifelte Waffen-Shoppingtour, in: M Merkur.de (Münchner Merkur/digitale Ausgabe), 8.9.2022.

Nachhaltigkeit geht, langfristig aber die dem Green Deal entsprechende nötige Energietransformation erfordert, auch um unabhängiger zu werden.

Die Erweiterungsbereitschaft um die Ukraine ist ein geopolitischer Schritt, der auf Containment des russischen Einflusses setzt und vor oder während des Beitritts durch eine NATO-Erweiterung abgesichert werden müsste. Die EU scheut dabei auch nicht vor hohen Kosten für die Unterstützung der Ukraine durch Wirtschaftshilfe und Vor-Beitrittshilfen zurück. Da sich aber der Weg zur EU-Mitgliedschaft für die von Krieg und Korruption gezeichnete Ukraine lange hinziehen wird, ist es nötig, ein Konzept zur Neuordnung Europas zu entwickeln – und sei es auch nur als vorübergehende Auffanglösung. Für die Ukraine, Moldau, Georgien, die schon lange kaum vorankommenden westlichen Balkanstaaten, möglicherweise auch für Norwegen, die Schweiz, das Vereinigte Königreich und gegebenenfalls die Türkei könnte eine EPG ein Dach bieten, unter dem sich der Ausbau von Verkehrswegen, Energienetzen und Forschungskooperation betreiben oder auch ausgewählte Fragen der Außenpolitik behandeln ließen. Dies würde einen Beitritt keineswegs behindern und andere Formen der bilateralen Zusammenarbeit etwa im Rahmen einer (vertieften) Zollunion ermöglichen.

Unter dem Druck des Wirtschaftskrieges mit Russland könnte es im kommenden Winter zu Fragmentierungen kommen. Möglichkeiten dies zu vermeiden, bestehen einerseits in wirkungsvollen Einsparungen und in Energiebevorratung sowie andererseits in Markteingriffen zwecks Umverteilung. Es gibt Aussichten, dass dies halbwegs gelingt, denn erneut zeichnet sich bei den Mitgliedstaaten ein Brüsselreflex ab, der sich gegenwärtig in engerer Zusammenarbeit in der Energie- und Rohstoffpolitik sowie der Sicherheits- und Außenpolitikpolitik bei Flexibilität im Umgang mit Vetopositionen niederschlägt. Weiter gedacht ließe sich schlussfolgern, dass eine Vertiefung der Integration unterhalb der Schwelle von Vertragsänderungen durch Ausnahmeregeln machbar sein könnte und zwar in einstimmigen Politikbereichen wie bei der Nutzung von Passarellklauseln. Für die Erweiterung kann gefolgert werden, dass sie als längerfristiger flexibler Prozess im Rahmen einer EPG anzusehen ist, wobei unterschiedliche Annäherungsgrade der Nachbarn an die EU bis hin zur tatsächlichen Mitgliedschaft möglich sind.

Weiterführende Literatur

Katrin Böttger/Mathias Jopp: Plädoyer für ein Ende der Naivität: Die Ukraine-Krise und ihre Lehren für die EU-Ostpolitik, in: Werner Weidenfeld/Wolfgang Wessels (Hg.): Jahrbuch der Europäischen Integration 2014, Baden-Baden 2014.

Paul J. Bolt/Sharyl N. Cross: China, Russia, and Twenty-First Century Global Geopolitics, Oxford 2018.

Michael Emerson/Steven Blockmans: The New Agenda for the EU´s enlargement and neighbourhood policies, CEPS Political Insight 20/2022.

Die Auswirkungen der Covid-19-Pandemie

Martin Große Hüttmann[*]

Die Überschrift klingt wie der Titel eines Italo-Westerns: „Das Duell: Könnte Covid-19 die EU töten?" So lautete die Frage, die das Magazin „Prospect" im Sommer 2020 von zwei Europa-Experten diskutieren ließ.[1] Der ehemalige portugiesische Europaminister Bruno Maçães und Ana Bradford, Autorin des Buches „The Brussels Effect" und Professorin an der Columbia Law School, kamen in ihren Antworten zu unterschiedlichen Ergebnissen. Maçães hielt es Anfang Juni 2020, als der Beitrag erschienen ist, für möglich, dass die EU die Erwartungen, die Mitgliedstaaten an sie herantragen, nicht werde erfüllen können, weil sie für eine effektive Covid-19-Politik nicht die notwendigen Ressourcen besitze und auch über keine Kompetenzen auf diesem Gebiet verfüge. Die europäischen Regierungen, so seine Vermutung, könnten sich deshalb enttäuscht von der EU abwenden und Lösungen im kleinen Kreis mit einigen anderen europäischen Staaten suchen. Die EU wäre damit aus dem Spiel. Die US-amerikanische Rechtswissenschaftlerin sah das anders; sie argumentierte, dass es der EU auch in den vergangenen Krisen immer wieder gelungen sei, ihr Mandat auszuweiten, so dass sie erwarte, dass die EU auch auf dem Feld der Gesundheitspolitik, auf dem sie zu Beginn der Covid-19-Pandemie zum Jahresbeginn 2020 nur unterstützende Kompetenzen besaß, neue und zusätzliche Ressourcen und Zuständigkeiten von den Mitgliedstaaten übertragen bekommen werde. Denn die europäischen Regierungen hätten erkannt, so das Argument von Ana Bradford, dass sie allein nicht dazu in der Lage seien, ihre Bürger:innen vor einer globalen Pandemie zu schützen.

Rückblickend lässt sich sagen, dass sich der Optimismus, der aus Bradfords Einschätzung herauszulesen ist, bestätigt hat. Denn die EU hat – nicht zuletzt unter politischer Führung („Leadership") der Europäischen Kommission und ihrer Präsidentin Ursula von der Leyen – schnell reagiert und in den ersten Monaten eine Reihe von Projekten und Initiativen angestoßen, die unter dem Leitbild „Gesundheitsunion" stehen. Der Wiederaufbaufonds „NextGenerationEU", der auf einem EU-Gipfel im Juli 2020 nach schwierigen Verhandlungen beschlossen wurde, wäre ohne die Vorarbeiten und die erfolgreiche Vermittlung zwischen Paris und Berlin durch die Kommission und ohne die Unterstützung der gemeinsamen Schuldenaufnahme wohl nicht zustande gekommen.[2] Zwischen Juni 2021 und Juni 2022 wurde an der Umsetzung dieser ersten Maßnahmen und an der Vorbereitung weiterer Projekte zur Stärkung der Gesundheits- und Pandemiepolitik im EU-Mehrebenensystem intensiv gearbeitet.

---

[*] Ich danke Miriam Michenfelder ganz herzlich für ihre Unterstützung bei der Recherche von Literatur und Material.
[1] Bruno Maçães/Ana Bradford: The duel: could Covid-19 kill of the EU?, in: Prospect Magazin, 5.6.2020.
[2] Vgl. dazu David M. Herzenshorn et al.: The coronavirus recovery plan that von der Leyen built. COVID-19 rescue effort puts her legacy on the line, in: Politico, 15.7.2020; Peter Becker: Germany as the European Union's status quo power? Continuity and change in the shadow of the Covid-19 pandemic, in: Journal of European Public Policy, online first, 8.6.2022.

„Stärkung der Vorsorge und Reaktionsfähigkeit in der EU"

Ein Informationsblatt, das die Europäische Kommission am 27. April 2022 unter dem in der Kapitelüberschrift zitierten Titel veröffentlicht hat, gibt einen Überblick über die bisherigen Aktivitäten der EU auf dem Feld der Pandemie-Politik.[3] Das Fact-sheet ist einerseits eine für die Kommission typische Mischung aus Appellen an die Mitgliedstaaten, indem sie die europäischen Regierungen und Verwaltungen auffordert, ihre Pandemie-Politik auf gemeinsame Ziele auszurichten; das Info-Blatt ist andererseits ein kurzer Bericht über das bislang Erreichte: Unter der Rubrik Appelle werden folgenden Empfehlungen aufgeführt: die „Steigerung der Corona-Impfquoten" in den Mitgliedstaaten, die „Überwachung und Sammlung von Informationen durch Testen und Sequenzierung" sowie „Krisenvorsorge und -reaktionsmaßnahmen im Bereich der öffentlichen Gesundheit". Zu den Erfolgen der EU zählt die Kommission diese Aspekte: Die Entwicklung einer EU-Strategie für die nächste Generation von Corona-Impfstoffen, die Schaffung eines Netzwerkes „stets betriebsbereiter Produktionsanlagen für Impfstoffe", die Vereinbarung von „Prioritäten für weitere gemeinsame Beschaffungsverfahren für Therapeutika und stärkere Einbindung in bestehende Verfahren auf nationaler und EU-Ebene" sowie die „Verbesserung der nationalen Kapazitäten für Forschung und klinische Mehrländerstudien in EU-/EWR-Ländern in Krisensituationen".

Aber nicht nur die – im engeren Sinne – Stärkung und „Europäisierung" der mitgliedstaatlichen Gesundheits- und Pandemiepolitik wird hier thematisiert, sondern auch eine Reihe von innen- und geopolitischen Herausforderungen, mit denen die EU seit Beginn der Pandemie zur Jahreswende 2019/20 konfrontiert ist. Es geht hier zum einen um die „Bekämpfung von Fehl- und Desinformation" und die Entwicklung von „Strategien zur proaktiven Risikokommunikation und gemeinschaftliches Engagement im Zusammenhang mit möglichen zusätzlichen Corona-Impfdosen". Was sich auf den ersten Blick sehr technisch anhört, ist für die allermeisten EU-Mitgliedstaaten und die EU ein massives politisches Problem, weil in vielen europäischen Gesellschaften seit Beginn der Pandemie und der Verfügbarkeit von Impfdosen eine zum Teil sehr polarisierte öffentliche Debatte den Erfolg von Impfkampagnen einschränkt und trotz aller Erfolge ein nicht geringer Anteil der Bevölkerung in den Mitgliedstaaten das Impfen vehement ablehnt und damit den Erfolg der Impf-Kampagnen schmälert. Damit zusammen hängt auch ein zweiter Vorschlag, den die Kommission in ihrem Infoblatt anspricht: Es geht um die „Analyse und Bewertung von Manipulationen von Informationen und Einmischung aus dem Ausland durch das EU-Frühwarnsystem".

Eine letzte Dimension, die hier angesprochen wird und die ebenfalls auf die Anfänge der Pandemie verweist, ist die globale Dimension, die unter den Stichworten „Solidarität" und „Führung" (im Sinne von „Leadership") diskutiert werden. Zu den mittel- und langfristigen Maßnahmen zählt die Kommission die „Bewältigung der weiter reichenden gesundheitlichen Auswirkungen der Pandemie – wie Long Covid oder Belastungen der psychischen Gesundheit – durch die Sammlung und Analyse zusätzlicher Daten in den kommenden Jahren"; die „Schwerpunktsetzung auf die Resilienz der Gesundheitssysteme" und schließlich die „Beschleunigung der Digitalisierung im Gesundheitswesen durch einen europäischen Raum für Gesundheitsdaten". Durch diese breite Themenpalette wird

---

3 Europäische Kommission: Fact-Sheet, COVID-19 – Stärkung der Vorsorge und Reaktionsfähigkeit in der EU: Ausblick, 27.4.2022, Brüssel.

deutlich, wie ambitioniert der politische Gestaltungsanspruch ist, den die EU bzw. die Kommission mit dem Leitbild einer „Gesundheitsunion" erhebt.

Erste Lehren aus der Pandemie

Die Europäische Kommission hat am 15. Juni 2021 eine Mitteilung mit dem Titel „Drawing the early lessons from the COVID-19 pandemic" veröffentlicht.[4] Dieser 15 Seiten umfassende Zwischenbericht ist ein interessantes Dokument, weil die Kommission hier im Sinne einer Stärken-Schwächen-Analyse detailliert auflistet, wie sich die EU und ihre Mitgliedstaaten aus Brüsseler Sicht in der Pandemie bislang geschlagen haben. Das Ergebnis der Analyse ist angesichts der „Verzwicktheit" des Problems natürlich gemischt: Während die Kommission der EU in Sachen Geschwindigkeit, Ehrgeiz und Kohärenz ein gutes Zeugnis ausstellt, sieht sie Schwächen im Hinblick auf die Frage, wie gut die EU auf die Pandemie vorbereitet war – hier sieht sie jedoch die EU im Vergleich zu anderen Staaten und Regionen nicht schlechter aufgestellt. Die Erfahrungen und Lehren, die die EU aus der Finanzkrise gezogen hat, habe mit dazu beigetragen, dass die EU in der Pandemie so schnell reagieren konnte. Dieses „Learning from experience" aus früheren Krisen erinnert an das politikwissenschaftliche Konzept des „Experimentalist Governance", das auf Charles F. Sabel und Jonathan Zeitlin zurückgeht.[5] Diese Form des experimentellen Regierens ist für die EU nach Ansicht der Protagonisten des Konzeptes ganz typisch: Diese Art der politischen Steuerung basiert auf der Idee des politischen Lernens, also der Überzeugung, dass nicht nur Individuen, sondern auch politische Organisationen in der Lage sind zu lernen. Deshalb ist es kein Zufall, dass die Kommission in ihrer Mitteilung den „Lessons learnt" sehr großen Raum gibt. Die drei zentralen Lehren, die die EU und ihre Mitgliedstaaten für künftige Krisen auf dem Gebiet der Gesundheits- und Pandemie-Politik nennt, lauten:

1. Entscheidend sei die Koordinierung auf EU-Ebene, die nationalen Aufbau- und Resilienzpläne würden ihren Beitrag leisten, dass die „asymmetrische Betroffenheit" der Mitgliedstaaten ausgeglichen werden könne und die EU als Ganzes wirtschaftlich wieder wachsen werde;
2. Die Resilienz des EU-Koordinierungssystems müsse gestärkt werden, denn die EU besitze auf dem Gebiet der Gesundheitspolitik nicht wie in der Haushalts- oder Binnenmarktpolitik die notwendigen Instrumente und Ressourcen;
3. Das politische und wirtschaftliche Gewicht des EU-Binnenmarktes und des Euro seien der Schlüssel zur Stärkung der Resilienz der EU. Die enge Verflechtung und die Interdependenz der europäischen Volkswirtschaften und der Weltwirtschaft insgesamt durch die globalen Lieferketten hätten die Notwendigkeit einer globalen Zusammenarbeit deutlich gemacht. Der besonderen Rolle der EU als Akteur auf der globalen Bühne will die Kommission durch ihren „Team Europe"-Ansatz gerecht werden.

Eine lange Liste von Vorschlägen für neue Instrumente und die Stärkung bestehender Werkzeuge zeigen, dass sich die Kommission als vorausschauende Behörde versteht und ihre Lehren zieht aus dem (vermeintlichen) „Versagen der Europäer" in der Frühzeit der Pandemie. Zu den Ideen, die sie präsentiert, gehört etwa die Fortentwicklung des

---

4 Europäische Kommission: Mitteilung, Erste Lehren aus der Covid-19-Pandemie, 15.6.2021, COM/2021 380 final.
5 Charles F. Sabel/Jonathan Zeitlin (Hg.): Experimentalist Governance in the European Union, Oxford 2010.

bestehenden „Early Warning and Response System" bzw. des „European Surveillance System", das beim Europäischen Zentrum für die Prävention und die Kontrolle von Krankheiten (ECDC) angesiedelt war und seit Juni 2021 unter dem „EpiPulse"-Portal zugänglich ist. Dieses neu geschaffene Portal erlaubt es den europäischen Gesundheitsbehörden, aber auch internationalen Partnern, sich über Gefahren und Reaktionen auf Infektionskrankheiten auszutauschen.[6] Weitere Vorschläge betreffen die Schaffung eines „European Chief Epidemiologist", inklusive einer entsprechenden Verwaltungsstruktur sowie die Idee, dass die Kommission dem Europäischen Rat und dem Parlament (EP) einen jährlichen Bericht zum „Status der Bereitschaft" der EU und ihrer Mitgliedstaaten vorlegen werde. Der vorgeschlagene „State of Preparedness Report" soll nicht nur Pandemien und andere Gesundheitsgefahren dokumentieren, sondern darüber hinaus auch Szenarien zu anderen Gefahren und Risiken entwickeln, mit denen die EU es in naher Zukunft zu tun haben könnte. Hierzu zählt die Kommission in ihrem Bericht chemische, biologische und nukleare Angriffe oder Unfälle, Erdbeben, Umwelt- und Technik-Katastrophen oder einen großen „Blackout".

Am Ende des Erfahrungsberichts, den die Kommission auf Bitte des Europäischen Rates erstellt hat, schlägt die Brüsseler Behörde noch den Bogen zur Konferenz zur Zukunft Europas; dieses neue Format der direkten Bürgerbeteiligung sei eine gute Gelegenheit, die Fragen der öffentlichen Gesundheitsvorsorge und die Erfahrungen, die im Rahmen der Pandemiepolitik gemacht wurden, mit den Bürger:innen zu diskutieren. Im Schlussabsatz wird eine Beobachtung gemacht, die in der wissenschaftlichen wie auch in der öffentlichen Debatte in den zurückliegenden Krisenjahren der EU immer wieder zu hören war und im Zusammenhang mit Covid-19 eine Bestätigung zu erfahren schien: „Krisen waren schon häufig Katalysatoren für einen stärkere Europäische Union in den Bereichen, in denen sie am dringendsten benötigt wird".[7]

HERA, ECDC und EMA – drei Säulen der Pandemiepolitik

Im Mittelpunkt der Errichtung einer „Gesundheitsunion" stehen eine neu geschaffene Institution – HERA, die Behörde für die Krisenvorsorge und -reaktion bei gesundheitlichen Notlagen (engl.: Health Emergency Response Authority, HERA) – und die Stärkung einer bereits bestehenden Agentur, die ebenfalls unter ihrer Abkürzung bekannt ist, die ECDC, das European Centre for Disease Prevention and Control. Beide Einrichtungen lassen sich als zentrale Säulen der Gesundheitsunion beschreiben. HERA ist bei der Kommission als Generaldirektion angesiedelt; die HERA-Idee geht zurück auf Kommissionspräsidentin von der Leyen, die in ihrer Rede zur Lage der Nation im September 2020 für eine solche Institution geworben hat. Damit folgt die Kommission einer institutionellen und neofunktionalistischen Logik der schrittweisen Vertiefung der Zusammenarbeit in einzelnen Problemfeldern, die sich bereits in anderen Krisen der EU gezeigt hat.[8] Diese Pfadabhängigkeiten im EU-Krisenmanagement verdichten sich in besonderer Weise auch in der Covid-19-Politik der EU. Auf der entsprechenden Website wird die Aufgabe von HERA folgendermaßen beschrieben:

---

[6] ECDC: Launch of EpiPulse, a new portal to strengthen the prevention and control of infectious diseases, 21.6.2021, abrufbar unter https://www.ecdc.europa.eu/en/news-events/launch-epipulse-new-portal-strengthen-prevention-and-control-infectious-diseases, letzter Zugriff: 25.10.2022.
[7] Europäische Kommission: Erste Lehren, 2021, S. 18.
[8] Marianne Riddervold/Jarle Trondal/Akasemi Newsome (Hg.): The Palgrave Handbook of EU Crises, Cham 2021.

> „Dank der im Rahmen der COVID-19-Pandemie eingerichteten Behörde HERA lassen sich Gefahren und potenzielle Notlagen im Gesundheitsbereich mittels Informationsgewinnung und Aufbau der erforderlichen Reaktionskapazitäten in Zukunft antizipieren."

Kommt es auf dem Gebiet der Gesundheitspolitik zu einer „Notlage", dann steht HERA bereit, die „Entwicklung, Herstellung und Verteilung von Arzneimitteln, Impfstoffen und anderen medizinischen Maßnahmen – wie Handschuhen und Masken – sicher(zu)stellen, an denen es in der ersten Zeit der COVID-19-Pandemie gemangelt" habe.[9] Hier wird deutlich, dass die EU aus ihren Erfahrungen des Scheiterns in der Frühphase der Pandemie Anfang 2020 entsprechende Lehren gezogen hat. Auch dieses „Policy-Learning" ist typisch für die EU-Krisenpolitik und zeigt sich wie in einem Brennglas verdichtet auch in der Pandemie.

Am 16. September 2021 hat die Kommission die Etablierung von HERA in Form einer neuen Generaldirektion beschlossen, die am selben Tag ihre Arbeit aufgenommen hat.[10] Auf das bei solchen Entscheidungen sonst übliche „Impact Assessment" wurde angesichts der Dringlichkeit verzichtet. Die Errichtung von HERA erfolgte nicht, wie ursprünglich angedacht, auf der Basis des Gesundheits- oder des Binnenmarktkapitels im EU-Vertrag, sondern auf der Grundlage von Artikel 122 Absatz 1 AEUV, der einen Beschluss von „Maßnahmen in Notlagen" ermöglicht. Damit war das Europäische Parlament an der Entscheidung, den HERA-Rechtsrahmen zu etablieren, formal nicht beteiligt. Denn der Wortlaut des ersten Absatzes lautet folgendermaßen:

> „Der Rat kann auf Vorschlag der Kommission unbeschadet der sonstigen in den Verträgen vorgesehenen Verfahren im Geiste der Solidarität zwischen den Mitgliedstaaten über die der Wirtschaftslage angemessenen Maßnahmen beschließen, insbesondere falls gravierende Schwierigkeiten in der Versorgung mit bestimmten Waren, vor allem im Energiebereich, auftreten".

Auch hier zeigt sich eine Pfadabhängigkeit in der Krisenpolitik der EU: Der Art. 122 AEUV wurde bereits in der Staatsschuldenkrise 2010 genutzt bei der Etablierung des Europäischen Finanzstabilisierungsmechanismus (EFSM).[11]

Mit HERA wird der institutionelle Unterbau der EU auf dem Gebiet der Gesundheitspolitik erweitert und gestärkt: Neben der EU-Agentur ECDC, der Arzneimittel-Agentur EMA und dem milliardenschweren „Horizon Europe"-Forschungsprogramm bietet HERA eine Ebene, auf der die EU bzw. die Kommission eigenständig aktiv werden kann. Darunter liegen Programme und Instrumente der Europäischen Gesundheitspolitik, die unter der Rubrik zwischenstaatliche Koordinierung und „gemeinsames Handeln" subsumiert werden können; dazu zählen u. a. folgende Programme: „EU4Health", die EU-Impfstrategie, das „ReactEU"-Instrumentarium und andere Instrumente aus dem Feld der Kohäsionspolitik sowie das „RescEU"-Konzept, das Teil des EU-Zivilschutzmechanismus ist. Und unterhalb dieser Koordinierungs-Ebene finden sich alle Maßnahmen, die von den Mitgliedstaaten der EU in Eigenregie verantwortet werden; dazu gehören etwa die Umsetzung entsprechender

---

9 HERA: Health Emergency Preparedness and Response Authority, abrufbar unter https://ec.europa.eu/info/departments/health-emergency-preparedness-and-response-authority_de (letzter Zugriff: 26.10.2022).
10 Claudio Collovà/Gianluca Quaglio/Eleonora Di Franco: European Health Emergency Preparedness and Response Authority (HERA). Pre-legislative synthesis of national, regional and local positions on the European Commission's initiatve, EPRS, PE 698.036, Oktober 2021; Michael Anderson,/Rebecca Forman/Elias Mossialos: Navigating the role of the EU Health Emergency Preparedness and Response Authority (HERA) in Europe and beyond, in: The Lancet Regional Health 9/2021, S. 1–4.
11 Verordnung (EU) Nr. 407/2010 des Rates zur Einführung eines europäischen Finanzstabilisierungsmechanismus, in: Amtsblatt der EU L 118/1, 11.5.2010; Christoph Herrmann/Stephanie Dausinger: Art. 122 AEUV. Maßnahmen in Notlagen, in: Matthias Pechstein/Carsten Nowak/Ulrich Häde (Hg.): Frankfurter Kommentar Band III, Tübingen 2017, S. 622–629.

Notfall-Mechanismen auf mitgliedstaatlicher oder regionaler Ebene, die innerstaatliche Zusammenarbeit von nationalen und regionalen Gesundheitsbehörden sowie die Weitergabe von Informationen über die nationalen Gesundheitsmaßnahmen zwischen den EU-Staaten. Daraus ergibt sich eine für die EU ganz typische „Multi-level governance"-Struktur auch auf dem Feld der Gesundheitspolitik, an deren Spitze die „Europäische Gesundheitsunion" als Dach und Gesamtrahmen steht.[12] Die Erwartungen, die an HERA gestellt werden, sind groß. Ein Budget in Höhe von sechs Milliarden Euro, das im Mehrjährigen Finanzrahmen 2021–2027 vorgesehen ist, zeigt, wie ambitioniert das Projekt ist.

Da HERA direkt bei der Kommission angesiedelt ist und keine EU-Agentur darstellt, sind das Europäische Parlament und seine Ausschüsse nicht in das sonst übliche Monitoring eingebunden.[13] Das Europäische Parlament hat in seiner Entschließung vom Oktober 2021 die Ziele von HERA grundsätzlich begrüßt, das von der Kommission gewählte Verfahren über Art. 122 AEUV jedoch deutlich kritisiert: Nach Ansicht des Parlaments hätte die Kommission das Ordentliche Gesetzgebungsverfahren über Artikel 168 AEUV nutzen und HERA als echte und unabhängig arbeitende EU-Agentur, analog zur ECDC und der Arzneimittel-Agentur EMA, gründen sollen. Da mit dem Art. 122 AEUV ein anderer Weg gewählt wurde, würden, so das EP in seiner Entschließung, die „Transparenz und Rechenschaftspflicht im Bereich der öffentlichen Gesundheit untergraben".[14] In einer im November 2021 verabschiedeten Entschließung wiederholt das Parlament seine Kritik; es verweist darauf, dass bei der US-amerikanischen Behörde BARDA („Biomedical Advanced Research and Development Authority"), die 2006 gegründet wurde und Vorbild ist für HERA, die Kontrollbefugnisse des US-Kongresses und der entsprechenden Ausschüsse deutlich größer seien. In der November-Entschließung bringt das Europäische Parlament nochmals „seine Enttäuschung darüber zum Ausdruck, dass [es] nicht in seiner ihm zustehenden Rolle als Mitgesetzgeber einbezogen wurde."[15]

Ganz anders ist die Ausgangslage des Parlaments bei der ECDC und der EMA. Hier ist das EP als Mitgesetzgeber voll involviert und ist Teil des Legislativprozesses und der Reformen, die die beiden Agenturen erfahren haben. Die Kommission hatte am 11. November 2020 einen Vorschlag präsentiert, der das Ziel verfolgt, das Mandat des Europäischen Zentrums für die Prävention und die Kontrolle von Krankheiten zu stärken – im Zentrum standen Maßnahmen, die darauf zielen, dass die EU und ihre Mitgliedstaaten künftig auf grenzüberschreitende Gesundheitsgefahren besser und schneller als in der Anfangszeit der Covid-19-Pandemie reagieren können. Der Ausschuss für Umweltfragen, öffentliche Gesundheit und Lebensmittelsicherheit (ENVI) hatte am 29. Juni 2021 einen Bericht dazu vorgelegt.

Die, neben der ECDC, zweite Säule der Gesundheitsunion ist die Europäische Arzneimittel-Agentur; hierzu hatte die Kommission im November 2020 Vorschläge zur Stärkung der Agentur vorgelegt. Hier geht es vor allem darum, dass die EU und ihre Mitgliedstaaten im Sinne der oben beschriebenen „Multi-level governance"-Struktur bei künftigen Gesundheitskrisen schneller, effizienter und koordinierter reagieren können. Das Parlament hat

---

12 Europäisches Parlament: European Health Emergency Preparedness 2021, S. 3.
13 Europäisches Parlament: Briefing, HERA, the EU's new Health Emergency Preparedness and Response Authority, EPRS, PE 698.841, Februar 2022.
14 Entschließung des Europäischen Parlaments vom 21. Oktober 2021 zur Transparenz in der EU in Bezug auf die Entwicklung, den Kauf und die Verteilung von COVID-19-Impfstoffen, 2021/2678(RSP), in: Amtsblatt der EU C 184/99, 5.5.2022, S. 7.
15 Entschließung des Europäischen Parlaments vom 24. November 2021 zu einer Arzneimittelstrategie für Europa (2021/2013(INI)), S. 17.

sich intensiv mit den Vorschlägen der Kommission befasst:[16] Am 22. Juni 2021 hat der zuständige Ausschuss seinen Bericht vorgelegt, die Beratungen zwischen Kommission, Parlament und Rat begannen dann am 13. Juli 2021. Nach drei Trilog-Runden erreichten die drei Organe Ende Oktober 2021 einen vorläufigen Konsens. Fragen wie die zur Errichtung einer Monitoring-Plattform, um den Mangel an medizinischen Gütern frühzeitig zu erkennen, oder zum Datenschutz und zur Finanzierung von neu zu schaffenden Gremien wurden hier diskutiert. Am 25. Januar 2022 ist die Verordnung 2022/123 zu einer „verstärkten Rolle der Europäischen Arzneimittel-Agentur bei der Krisenvorsorge und -bewältigung in Bezug auf Arzneimittel und Medizinprodukte" beschlossen worden und seit dem 1. März 2022 in Kraft.

Ein weiteres Projekt, das im Zusammenhang mit der Pandemie von der Kommission vorangetrieben wird, trägt den Titel „European health data space". Hier geht es um digitale Gesundheitstechnologien, die die Telemedizin betreffen und die Frage, wie sensible Gesundheitsdaten einerseits geschützt und andererseits genutzt werden können, um die Gesundheitsversorgung stärker datenbasiert auszurichten. Welche Bedeutung der Digitalisierung in der Pandemiepolitik zukommt, hat sich gleich zu Beginn der Pandemie gezeigt. Die Einführung eines digitalen Impfzertifikats war ein weiterer Baustein der EU-Pandemiepolitik.

Digitales Covid-19-Zertifikat der EU

Am 1. Juli 2021 ist die Verordnung über das Covid-19-Zertifikat in Kraft getreten,[17] das alle Bürger:innen der EU und Drittstaatsangehörige, sofern sie sich regelmäßig in EU-Staaten aufhalten, nutzen können. Das digitale Tool erleichtert die freie Bewegung im EU-Raum und dokumentiert den Impf-, Test- bzw. Genesenenstatus einer Person. Für die Ausstellung entsprechender Zertifikate sind die zuständigen mitgliedstaatlichen Behörden verantwortlich – die Ausgabe erfolgt aber nach EU-einheitlich geregelten Vorgaben. Knapp 50 Nicht-EU-Länder folgen dem Modell und haben sich bereit erklärt, die EU-Zertifikate zu akzeptieren. Dass diese Verordnung gerade noch rechtzeitig zur Hauptreisezeit im Sommer 2021 in Kraft getreten ist, war aus Sicht der Bürger:innen und auch der EU-Staaten, die in einem hohen Maßen vom Tourismus abhängig sind, besonders wichtig. Die einfache Speicherung des Zertifikates auf mobilen Endgeräten hat wesentlich zur breiten Akzeptanz des Instruments beigetragen. Am 3. Februar 2022 hat die Kommission beschlossen, das Zertifikat um ein weiteres Jahr zu verlängern. Trotz der Tatsache, dass die seit 2021 allgemein verfügbaren Impfstoffe in den EU-Staaten die Pandemiesituation im Vergleich zum Frühjahr 2020 etwas entspannt hat, ist die Lage alles andere als stabil. Weiterhin hohe Infektionszahlen in den meisten EU-Staaten und die Verbreitung neuer Virenvarianten („Omikron") ließen die Situation bis zum Sommer 2022 als kritisch erscheinen.

Schlussfolgerungen

Auch in den früheren Krisen kam immer wieder die Debatte auf, ob die EU in ihrem Bestand gefährdet sei oder sogar auseinanderbrechen könne. In der EU-Forschung wird das Thema „Desintegration" seit einiger Zeit breit diskutiert.[18] Neben der Desintegration gibt

---

16 Vgl. zum Folgenden: Laurence Amand-Eeckhout: At a Glance, Reinforced role for European Medicines Agency, EPRS, PE 698.871, Januar 2022.
17 Vgl. zum Folgenden: Maria Niestadt: At a Glance: Extension of the EU Digital Covid Certificate, EPRS, PE 729.310, März 2022.
18 Hans Vollaard: European Disintegration. A Search for Explanations, Cham 2018.

es aber ein alternatives Szenario bzw. Erklärungsmodell, das als „Failing forward"-These beschrieben wird.[19] Hier wird argumentiert, dass es den EU-Staaten gerade auch in der Krise immer wieder gelungen sei, Reformen zu beschließen, die freilich nur den kleinsten gemeinsamen Nenner widerspiegeln. Dadurch gelänge es den europäischen Regierungen, so das Argument von Erik Jones und seinen Koautor:innen, die Desintegration der EU zu verhindern. Durch die Einigung auf Mini-Reformen, die in der höchsten Not beschlossen werden, würden sie die EU vor dem Zerfall bewahren und dies führe dann in Richtung mehr Integration und Vertiefung. Die beschlossenen Reformen sind jedoch nicht umfassend genug und nicht nachhaltig, weil sie nur auf den kleinsten gemeinsamen Nenner zurückgehen. Diese „halben" Reformen führen aber bei der nächsten Krise dazu, dass sich die Mitgliedstaaten auf neue Reformen verständigen müssen – und so ergibt sich ein Krisen- und Reformzyklus, der die EU vor einer echten Desintegration bewahrt.

Nicht nur die „Verfassung" der EU spielt beim Thema Covid-19-Pandemie eine zentrale Rolle, sondern auch ihr Selbstverständnis als geopolitischer Akteur. Unter dem Stichwort COVAX läuft seit April 2020 eine globale Initiative, die von der Weltgesundheitsorganisation (WHO), der Europäischen Kommission, Frankreich und der Bill and Melinda Gates Foundation angestoßen wurde. Hier geht es vor allem darum, Impfdosen in ausreichender Zahl weltweit zu verteilen und gerade arme Länder und Gesellschaften damit zu versorgen; die EU und ihre Mitgliedstaaten gehörten von Anfang zu den Unterstützern dieser Initiative. Eines der Ziele ist es, den „vaccine nationalism" zu bekämpfen.[20]

Weiterführende Literatur

Anne Bucher: Does Europe need a Health Union?, Bruegel, Policy Contribution 2/2022, Brüssel.
Charlotte Godziewski: The Politics of Health Promotion in the European Union, Cham 2022.
Remi Maier-Rigaud: Krisengetriebene Integrationsdynamiken – eine neofunktionalistische Erklärung des zunehmenden Schutzes öffentlicher Gesundheit durch die Europäische Union, in: integration 3/2022, S. 202–218.
Marie Nabbe/Helmut Brand: The European Health Union: European Union's Concern about Health for All. Concepts, Definition, and Scenarios, in: Healthcare 9/2021, S. 1–13.
Kiran Klaus Patel: COVID-19 und die Europäische Union. Zur Geschichte eines Erwartungshorizonts, in: Geschichte und Gesellschaft 3/2020, S. 522–535.
Luuk van Middelaar: Das europäische Pandämonium. Was die Pandemie über den Zustand der EU enthüllt, Berlin 2021.
Wolfgang Wessels/Lucas Schramm/Tobias Kunstein: The European Council as a Crisis Manager. The EU's Fiscal Response to the COVID-19 Pandemic, Baden-Baden 2022.

---

19 Dionyssis G. Dimitrakopoulos/Georgette Lalis: The EU's initial response to the COVID-10 pandemic: disintegration or ‚failing forward'?, in: Journal of European Public Policy 9/2022, S.1395–1413; Erik Jones/Daniel Kelemen/Sophie Meunier: Failing forward? The Euro crisis and the incomplete nature of European integration, in: Comparative Political Studies 7/2016, S. 1010–1034.
20 Eric Pichon: Understanding COVAX. The EU's role in vaccinating the world against Covid-19, EPRS, PE 729.319, März 2022.

2. Die Institutionen der Europäischen Union

Die institutionelle Architektur der Europäischen Union

Carsten Gerards/Wolfgang Wessels

So wie man Anfang des 21. Jahrhunderts die politische Zeitrechnung in eine „Prä-" und eine „Post-9/11-Welt" einteilte, wird der 24. Februar 2022 die Rolle eines historischen Scheidepunktes für die globalen Sicherheits- und Wirtschaftsbeziehungen im Generellen sowie die europäische (Friedens-)Ordnung im Speziellen darstellen. Während die mittel- und langfristigen Konsequenzen dieser „Zeitenwende"[1] für Europa noch nicht absehbar sind, lassen sich sechs Monate nach dem russischen Überfall auf die Ukraine zumindest die vorläufigen Reaktionen und Dynamiken innerhalb der institutionellen Architektur der Europäischen Union (EU) nachzeichnen.[2] Noch deutlicher als bei der Covid-19-Pandemie wird die einfache Einreihung des Krieges gegen die Ukraine in die europäischen „Polykrisen"[3] der letzten Jahre der realen Existenzbedrohung für ein EU-Nachbarland – und der einhergehenden Kampfansage an das europäische Wertesystem – jedoch nicht gerecht. Die Verschiebung politischer Prioritätensetzung seit dem Frühjahr 2022 von anderen Krisen hin zum Ukraine-Krieg und dessen Folgen bedeutete gleichwohl auch nicht die (Auf-)Lösung anderer, ebenso komplexer Problemlagen. Aus dem breiteren Blickwinkel der institutionellen Architektur der EU als Gesamtkonstrukt sind gerade die Verflechtung verschiedener Krisen von Interesse – sei es in der gegenseitigen Verstärkung der ökonomischen Folgeschäden (Neuverschuldung und Inflation durch Pandemie und Krieg)[4] oder den Versuchen integrierter Problemlösung (Rechtsstaatlichkeitsmaßgaben für EU-Wiederaufbaugelder)[5]. Der russische Krieg gegen die Ukraine trifft auf eine EU, die sich bereits seit Jahren in einem Modus des Krisenmanagements befindet und sich dem Aggressor – für viele überraschend – weitestgehend geeint entgegenstellte. Die Neuentwicklungen innerhalb der EU-Architektur vis-à-vis dieser europäischen Kriegs- und Krisenkonstellation wird im Fokus des Beitrages stehen. Entgegen anderen Krisenanalysen konstatieren wir zugleich eine grundlegende evolutionäre Normalität bzw. eine dynamische Stabilisierung des EU-Systems im Sinne einer beschleunigten Fortschreibung der intra- und interinstitutionellen Entwicklungen des vorherigen Jahrzehntes unter neuen Vorzeichen.[6]

Zur besseren Einordnung der Analyseeinsichten dieses Kapitels ist zunächst der Verweis auf einige zentrale politikwissenschaftliche Konzepte hilfreich. Die erprobte Unterscheidung zwischen *polity* (das makro-institutionelle und primärrechtliche Gefüge der

---

[1] Olaf Scholz: Regierungserklärung vom 22. Juni 2022, Bulletin 81-2.
[2] Vgl. hierzu auch den Beitrag „Die Europäische Union und der Krieg in der Ukraine" in diesem Jahrbuch.
[3] Vgl. Michèle Knodt/Martin Große Hüttmann/Alexander Kobusch: Die EU in der Polykrise: Folgen für das Mehrebenen-Regieren, in: Andreas Grimmel (Hg.): Die neue Europäische Union – Zwischen Integration und Desintegration, Baden-Baden 2020, S. 119–152.
[4] Vgl. hierzu auch die Beiträge „Währungspolitik" und „Wirtschaftspolitik" in diesem Jahrbuch.
[5] Vgl. hierzu auch die Beiträge „Rechtsstaatlichkeit" und „Der Wiederaufbauplan der Europäischen Union" in diesem Jahrbuch.
[6] Vgl. Carsten Gerards/Wolfgang Wessels: Die institutionelle Architektur der Europäischen Union, in: Werner Weidenfeld/Wolfgang Wessels (Hg.): Jahrbuch der Europäischen Integration 2021, Baden-Baden 2021, S. 67–74, hier S. 67.

institutionellen Architektur), *politics* (die politischen Prozesse auf Akteursebene) und *policy* (die inhaltlich/substanzielle Dimension politischer Agenden und Ergebnisse)[7] wird die Basis für die Strukturierung unserer Kernthesen bilden. Aus der Fachliteratur zur europäischen Integration greifen wir weiterhin – und ähnlich unseren Beiträgen der Vorjahre – auf drei verschiedene theoretische Perspektiven zurück.[8] Gleichartig einer internationalen Organisation kann die EU erstens als ein intergouvernementales Gebilde verstanden werden. Dieses Modell sieht das Gremium der Staats- und Regierungschef:innen, d. h. den Europäischen Rat, als Prinzipal der anderen Institutionen an der Spitze des Systems.[9] Im intergouvernementalen Modell fungiert das Europäische Parlament (EP) als eine Art nachrangiges Diskussionsforum mit einigen de jure Zuständigkeiten aber wenig de facto Einfluss.[10]

Modelliert man dagegen die institutionelle Architektur um das EP und den Rat als die beiden zentralen Gesetzgebungsakteure herum, und stellt die Rolle der Europäischen Kommission als (regierungsähnliche) Exekutive heraus, gelangt man zweitens zu der Perspektive der EU als ein supranationales, quasi-föderales System.[11] In einem solchen Modell fällt dem Europäischen Rat die nachrangige Rolle des Diskussionsforums zu.

Drittens ist es lohnenswert die (augenscheinliche) Dichotomie zwischen intergouvernementalen und supranationalen Ansätzen, um einen Mittelweg zu erweitern: Wissenschaftlich in der sogenannten „Fusionsthese"[12] zusammengefasst, findet europäische Politik demnach – entlang von zwischeninstitutionellen Kooperations- und Konkurrenzlogiken – in der Verschränkung intergouvernementaler und supranationaler Prozesse statt. In einfache Worte gefasst, basiert diese Perspektive auf dem (Selbst-)Verständnis des EU-Systems als „Problemlösungsapparat". In diesem ringen die einzelnen institutionellen Akteure, insbesondere der Europäische Rat und das EP, beständig um relativen Machterhalt und -ausbau.

Vor diesem konzeptuellen Hintergrund lassen sich folgende Kernthesen bezüglich der institutionellen Architektur der EU im Jahre 2021/22 formulieren:

– Während in Ausnahmensituation unausweichlich der Europäische Rat mit dem höchsten Maß an politischem Gewicht und Entscheidungsflexibilität die Rolle des vordersten Krisenmanagers einnimmt,[13] ist – wie insbesondere auch bereits die Reaktionen auf die Covid-19-Pandemie belegen – die rein zwischenstaatliche Perspektive auf diese Thesen unzureichend. Mit dem Bewusstsein für die Komplexität der Lage und Implikationen – weit über die intergouvernemental organisierte Außen-, Sicherheits- und Verteidigungspolitik hinaus – war die Einbindung aller Institutionen von Anfang an unersetzlich für die effektive Handlungsfähigkeit der EU. Im Ringen um Problemlösungen, insbesondere in

---

7 Karl Rohe: Politik – Begriffe und Wirklichkeiten, Stuttgart 1994, S. 61–66.
8 Zurückgreifend auf Wulf Reiners/Wolfgang Wessels: Nach Lissabon: Auf der Suche nach einem neuen Gleichgewicht in der institutionellen Architektur der EU, in: Werner Weidenfeld/Wolfgang Wessels (Hg.): Jahrbuch der Europäischen Integration 2011, Baden-Baden 2011, S. 47–53, hier S. 51f.
9 Zur Prinzipal-Agenten-Theorie siehe Mark A. Pollack: Delegation, Agency, and Agenda Setting in the European Community, in: International Organisation 1/1997, S. 99–134.
10 Vgl. Andrew Moravcsik: Preferences and Power in the European Community: A Liberal Intergovernmentalist Approach, in: Journal of Common Market Studies 4/1993, S. 473–524.
11 Vgl. zum Beispiel Thomas Schmitz: Integration in der Supranationalen Union, Das europäische Organisationsmodell einer prozesshaften geo-regionalen Integration und seine rechtlichen und staatstheoretischen Implikationen, Baden-Baden 2001.
12 Wolfgang Wessels: An Even Closer Fusion? A Dynamic Macropolitical View on Integration Processes, in: Journal on Common Market Studies, 2/1997, S. 267–299.
13 Vgl. hierzu auch den Beitrag „Europäischer Rat" in diesem Jahrbuch.

der Energiepolitik[14] als Konsequenz der Russlandsanktionen, scheint die Fusion von Zuständigkeiten auf mehreren Ebenen neue Pfade supranationaler Integration zu öffnen.
- Auf der *polity*-Ebene lässt sich zudem ein Rückgang der differenzierten Integration innerhalb der EU sowie der institutionellen Abstufung/Aufspaltung außerhalb des Blocks konstatieren. EU-Mitgliedstaaten rückten näher an den Kern der Gemeinschaft heran und verankerten sich tiefer im westlichen Verteidigungsbündnis. Die EU-Annäherung und Beitrittsperspektive von (vorläufigen) Drittstaaten wurde durch konkrete Entscheidungen bestärkt und vorangetrieben.[15]
- Aus der *politics*-Ebene war – über die erwartbaren „rally-around-the-flag"-Effekte unmittelbar nach dem russischen Einfall – ein ‚Unterhaken' zwischen den EU-Mitgliedstaaten und Institutionen beobachtbar. Von begrenzten Ausnahmen abgesehen, sprach die EU mit einer Stimme. Die weitreichendsten – und im Vorjahr noch undenkbaren – Sanktionspakete der EU-Geschichte konnten verabschiedet und die generelle Solidarität mit der Ukraine in konkrete humanitäre, wirtschaftliche und vor allem auch militärische Unterstützung übersetzt werden.[16]
- Auf der *policy*-Ebene durchdrang der geopolitische und geoökonomische Paradigmenwechsel und die daraus resultierenden Prioritätenverschiebungen (fast) alle Politikbereiche. Schon im Frühjahr 2022 wurde jedoch ersichtlich, dass dies keinesfalls die Verdrängung oder vollständige Eindimensionalisierung anderer politischer Diskussionen und entsprechender Rechtssetzungs-/Entscheidungsverfahren bedeutete. Die Berücksichtigung der neuen sicherheitspolitischen Ausgangslage oder zumindest die argumentative Bezugnahme auf die Ukraine und/oder Russland wurden im Referenzrahmen des „EU policy setting" vielmehr unerlässliche, zusätzliche Bestandteile innerhalb der regulären und eingespielten Deliberations-, Koordinierungs- und Entscheidungsverfahren.

Der Europäische Rat: erneut als Krisenmanager und die Sanktionspakete gegen Russland

Die für viele überraschend geeinte und umfassende Reaktion der EU und ihrer Mitgliedstaaten auf den russischen Krieg gegen die Ukraine, manifestiert in der Verabschiedung von insgesamt acht Sanktionspaketen gegen Russland zwischen Februar und Oktober 2022, wäre ohne die politische Führung auf Ebene des Europäischen Rates nicht möglich gewesen.[17] Als die einzige Institution mit dem politischen Gewicht, die europäische Krisenreaktion durch – bis Januar 2022 noch undenkbare – Richtungsentscheidungen auf ein neues paradigmatisches Fundament zu stellen, nahm der Europäische Rat auch in dieser Ausnahmesituation zunächst wieder die Rolle des Prinzipals des Krisenmanagements ein. In den Tagen, Wochen und Monaten nach Kriegsausbruch wurde jedoch wiederum auch besonders deutlich, dass der Europäische Rat die außenpolitische Durchschlagskraft seines

---

14 Vgl. hierzu auch den Beitrag „Energiepolitik" in diesem Jahrbuch.
15 Vgl. hierzu auch den Beitrag „Die Erweiterungspolitik der Europäischen Union" in diesem Jahrbuch.
16 Vgl. hierzu auch den Beitrag „Die Europäische Union und Russland" in diesem Jahrbuch.
17 Vgl. hierzu auch die Beiträge „Die Europäische Union und der Krieg in der Ukraine" und „Europäischer Rat" in diesem Jahrbuch.

Agierens nur durch seine doppelte Einbettung realisieren kann: institutionell auf europäischer Ebene und mit den „westlichen Partnern" auf internationaler Ebene. Die effiziente, institutionelle Ressourcenmobilisierung auf horizontaler und vertikaler Ebene im EU-System, beispielsweise in Form der humanitären, wirtschaftlichen und insbesondere auch militärischen Unterstützung, ist gespiegelt durch die Koordinierung der Schritte innerhalb der NATO und insbesondere der G7, in welchen neben der Präsenz von EU-Staats- und Regierungschef:innen auch die Koordinationsrolle von Kommissionspräsidentin Ursula von der Leyen und dem Präsidenten des Europäischen Rates Charles Michel zu unterstreichen ist. Auch mit ihren internationalen Partnern hat es die EU geschafft, mit einer Stimme zu sprechen.

Dynamisch-evolutionäre Stabilisierung: Das intra- und interinstitutionelle Tagesgeschäft

Die erste Hälfte der Legislaturperiode 2019–2024 war und ist von einer historischen Ausnahmesituation für das EU-System geprägt. Gleichzeitig hat sich gezeigt, dass die Institutionen und interinstitutionellen Prozesse funktionieren und liefern. Betrachtet man die Kennzahlen der institutionellen Leistungsfähigkeit im legislativen, exekutiven und judikativen Tagesgeschäft, stehen für den Zeitraum 2021–2022 das EP, der Rat, die Kommission, die Europäische Zentralbank (EZB) sowie der Europäische Gerichtshof (EuGH) ihrem jeweiligen ‚Through-' und ‚Output' der Vergleichsperiode 2016–2017 nicht nach (bzw. übertreffen diese sogar).[18] Für die EZB muss an dieser Stelle – nach mehr als einer Dekade ohne Zinserhöhungen – die inflationsbedingte Abkehr von der „Null-Zins-Politik" herausgestellt werden.[19] Für die Nahsicht auf die einzelnen Institutionen, wie z.B. auch die Europäische Investitionsbank oder den Europäischen Wirtschaft- und Sozialausschuss, sei auf die entsprechenden Kapitel in diesem Band verwiesen. Die hier aufgeführten Trends und Beispiele illustrieren jedoch bereits die These der evolutionären Normalität bzw. dynamischen Stabilisierung des gelebten, post-Lissabon Vertragswerks.

Im Rahmen des Ordentlichen Gesetzgebungsverfahren (OGV) – der quasi-föderale Standardprozess zwischen Kommission, EP und Rat im Zentrum des legislativen Tagesgeschäfts – werden weiterhin über informelle, interinstitutionelle Vorverhandlungen zwischen den Akteuren Kompromisstexte erarbeitet, welche in der ersten (oder wenn nötig zweiten) Lesung des formellen Gesetzgebungsprozesses formalisiert werden. Wie in den Vorjahren ist auch 2021 kein einziges Gesetzesvorhaben in die dritte Lesung gegangen, eine erschwerte Abstimmung zwischen EP und Rat lässt jedoch durch die Verschiebung von Gesetzesverabschiedung in erster und zweiter Lesung feststellen: Im Jahre 2021 wurden „lediglich" 66,7 Prozent der Gesetzesvorhaben in erster Lesung verabschiedet, zehn Prozentpunkte unter dem Wert des Vorjahres sowie sechs Prozentpunkte unter dem Vergleichsjahr 2016.[20] Umgekehrt, auf intrainstitutioneller Ebene, erreichte der Wert von möglichen Mehrheitsentscheidungen im Rat, welche einstimmig getroffen wurden, mit 87,6 Prozent den höchsten Wert seit 2016 – bei gleichzeitigen Anzeichen einer Ost-West-Spaltung in den (insgesamt abnehmenden) Fällen von überstimmten Mitgliedstaaten.[21]

---

18 Vgl. dazu insbesondere Kennzahlen zu Legislativakten aus dem Beitrag „Rat der Europäischen Union" in diesem Jahrbuch.
19 Vgl. hierzu auch den Beitrag „Europäische Zentralbank" in diesem Jahrbuch.
20 Vgl. hierzu auch den Beitrag „Rat der Europäischen Union" in diesem Jahrbuch.
21 Ebenda.

Betrachtet man die inhaltliche Dimension von Rechtssetzung und Rechtsdurchsetzung ist bemerkenswert, dass es der Europäischen Kommission – trotz des bereits beschriebenen Krisenfokus und der Implementierung der entsprechenden Richtungsvorgaben des Europäischen Rates – gelang Kernanliegen wie das „Fit for 55"-Klimapaket als Teil des „European Green Deal"-Projektes weiter voranzutreiben.[22] Gerade durch die Energiekrise als Folge des weitestgehenden Stopps russischer Gas- und Öllieferungen wurde die Verflechtung von Interessen des Klimaschutzes, der Industrie und der allgemeinen Versorgungssicherheit zum argumentativen Katalysator. Die 2021–2022 weiter zunehmende Eskalation der Rechtsstaatlichkeitskrise in und mit Polen bzw. Ungarn,[23] deren Anfänge weit vor der Covid-19-Pandemie lagen, steht inzwischen im Licht der Konditionalität von Pandemie-Wiederaufbaugeldern gegen entsprechende Reformen. Im sich etablierenden Tagesgeschäft der Rechtsstaatlichkeitsgefechte zwischen Brüssel und Warschau bzw. Budapest sind die Instrumente des Krisenmanagements inzwischen verschränkt.[24]

Für das Tagesgeschäft im Rahmen der Gemeinsamen Sicherheits- und Verteidigungspolitik (GSVP) sowie der Gemeinsamen Außen- und Sicherheitspolitik (GASP) verweisen wir auf die einschlägigen Kapitel in diesem Band. Im Lichte der These einer dynamisch-evolutionären Stabilisierung des EU-Systems sei jedoch hier auf die fortschreitende, intrainstitutionelle Konsolidierung des 2010 gegründeten Europäischen Auswärtigen Dienstes (EAD) verwiesen. Die letztendliche Identität des Dienstes – zwischen EU-Außenministerium und Sekretariat des Rates für Auswärtige Angelegenheiten – wurde von den intergouvernementalen Vertragsarchitekten in den Lissabonner-Kompromissformeln offengehalten. Diese Ambiguität erstreckte sich auf die politisch-sensible Frage nach der Ausbildung eines europäischen diplomatischen Corps(geists) innerhalb des EAD. Im Sinne des quasi-föderalen Modells – und auf Initiative des spanischen EP-Abgeordneten Nacho Sanchez Amor[25] – wurde die jahr(zehnt)elange politische Blockade einer Europäischen Diplomatischen Akademie des EAD[26] durch ein Budget für ein Pilotprogramm überwunden bzw. umgangen. Als Ergebnis dieses bottom-up-Prozesses begann die erste Kohorte nationaler Diplomat:innen im September 2022 ihre europäische Ausbildung.[27]

Abbau von Differenzierung in verschiedenen Dimensionen

Im Zentrum des akademischen und politischen Diskurses über das institutionelle Geflecht Europas steht der Begriff der differenzierten Integration, insbesondere um Strukturmerkmale und Abstufungen (insider und outsider) des EU-Systems zu erfassen.[28] Bedingt durch die neue geopolitische Lage ist die EU – und der Kontinent als Ganzes – im Jahre 2022 auf der makro-institutionellen *polity*-Ebene in mehreren Dimensionen näher zusammengerückt: Differenzierung wurde abgebaut. Diese fundamentalen politischen Verschiebungen

---

22 Vgl. hierzu auch den Beitrag „Europäische Kommission" in diesem Jahrbuch.
23 Vgl. hierzu auch die Beiträge „Rechtsstaatlichkeit", „Polen" und „Ungarn" in diesem Jahrbuch.
24 Rat der Europäischen Union: Pressemitteilung, NextGenerationEU: Ministerrunde billigt Bewertung des nationalen Plans Polens durch die Europäische Kommission, 550/22, 17.6.2022.
25 Alexandra Brzozowski: Own academy could help EU's diplomatic service find its footing, in: Euractiv, 22.4.2021.
26 Josep Maria Lloveras: The unborn EU Diplomatic Academy, Barcelona Centre for International Affairs, CIDOB Opinion 674, Juni 2021.
27 Europäischer Auswärtiger Dienst: Pressemitteilung, European Diplomatic Academy: EEAS launches a pilot project, 26.8.2022.
28 Funda Tekin: Differenzierte Integration. Verschiedene Geschwindigkeiten und Kerneuropa, in: Barbara Lippert/Peter Becker (Hg.): Handbuch Europäische Union, Wiesbaden 2020, S. 667–683.

folgten in vielen Fällen Paradigmenwechseln, welche 2021 – auf europäischer und (jeweiliger) nationalstaatlicher Ebene – noch völlig illusorisch gewesen wären.

- Seit dem Vertrag von Maastricht (1993) hat Dänemark von seinem „opt-out"-Recht bezüglich der Gemeinsamen Sicherheits- und Verteidigungspolitik (GSVP) Gebrauch gemacht. In einem Referendum im Juni beendeten die Dänen das Opt-out;[29] alle EU-Mitgliedstaaten sind nunmehr Teil der GSVP (lediglich Malta wird auch weiterhin nicht an der Verstärkten Strukturierten Zusammenarbeit teilnehmen).
- Mit großen Mehrheiten lehnten die finnischen und schwedischen Bevölkerungen über Jahrzehnte die NATO-Mitgliedschaft ihres Landes ab. In den Wochen nach der russischen Invasion verschoben sich die Haltungen in beiden Gesellschaften in einem Ausmaß, welches die politischen Akteure in Helsinki und Stockholm unter unmittelbaren Handlungszwang stellte.[30] Auf dem NATO-Gipfel in Madrid im Juni 2022 folgte auf die Beitrittsanfrage der beiden Länder die offizielle Einladung – und wenige Tage später der Abschluss der Verhandlungen und Beginn des Ratifikationsprozesses in den 30 anderen NATO-Staaten.[31] Lediglich die EU-Staaten Irland, Malta, Österreich und Zypern bleiben außerhalb der nordatlantischen Sicherheitsallianz. Sollte es zu keiner späten Blockade des finnischen und/oder schwedischen Beitrittes kommen, werden ab 2023 knapp 97 Prozent der EU-Bevölkerung auch NATO-Bevölkerung sein.[32]
- Auf Beschluss des Rates vom 6. Juli 2022 führt Kroatien – als 20. EU-Mitgliedstaat – Anfang 2023 den Euro als Währung ein.[33] Dies ist die erste Erweiterung der Eurozone seit dem Beitritt Litauens im Jahre 2015. Von den übrigen sieben EU-Mitgliedstaaten besitzt lediglich Dänemark ein formelles Opt-out bezüglich der Euro-Einführung. Länder wie Schweden, Polen oder Tschechien blockieren ihren Fortschritt aus politisch-ökonomischen Überlegungen weiterhin selbst.[34] Lediglich Bulgarien scheint dem Währungsgebiet in den nächsten Jahren beitreten zu können und wollen. Für die Jahre 2021 und 2022 bleibt weiterhin anzumerken, dass mit der fortschreitenden Öffnung der Euro-Gremien – einschließlich des „Euro-Gipfels" der Staats- und Regierungschef:innen der Euroländer – für Nicht-Euro-Mitglieder der Union prozedurale Abgrenzungen reduziert werden.[35]
- 2021/2022 gab es keine formelle Erweiterung des Schengenraums, welcher derzeit 22 der 27 EU-Mitgliedstaaten umfasst. Nichtsdestotrotz lassen sich auch hier Annäherungen aufzeigen: Mit der Gewährung des Lesezugriffs auf das gemeinsame Visa-Informationssystem erhielten Bulgarien und Rumänien

---

29 Vgl. hierzu auch den Beitrag „Dänemark" in diesem Jahrbuch.
30 Vgl. hierzu auch die Beiträge „Schweden" und „Finnland" in diesem Jahrbuch.
31 Vgl. hierzu auch den Beitrag „Die Europäische Union und die NATO" in diesem Jahrbuch.
32 Auch die EU-Beitrittskandidaten Albanien, Montenegro, Nordmazedonien und Türkei sind NATO-Länder.
33 Vgl. hierzu auch die Beiträge „Kroatien" und „Währungspolitik" in diesem Jahrbuch.
34 Paweł Tokarski/Serafina Funk: Die Nicht-Euro-Staaten in der EU nach dem Brexit: Zwischen Angst vor politischem Einflussverlust und Euro-Beitritt, SWP-Aktuell 68/2018.
35 Siehe beispielsweise Generalsekretariat des Rates: Erklärung, Tagung des Euro-Gipfels (Treffen im inklusiven Format), EURO 504/21, Brüssel, 16.12.2021.

im Juli 2021 „ein bisschen Schengen".[36] Für Kroatien scheint im Jahre 2023 sogar ein Schengen-Beitritt wahrscheinlich zu sein;[37] Irland und Zypern bleiben weiterhin aus eigenem Willen außen vor.

– Mit der Anerkennung der Ukraine und der Republik Moldau als EU-Beitrittskandidaten sowie Georgien als potenzieller EU-Beitrittskandidat wurde auf symbol- und realpolitischer Ebene am 23. Juni 2022 eine kaum zu unterschätzende geopolitische Entscheidung getroffen.[38] Mit dem Übergang dieser Länder von der sogenannten Östlichen Partnerschaft[39] in die Gruppe perspektivischer EU-Mitgliedstaaten wurden Grundpfeiler der Europäischen Nachbarschaftspolitik[40] verschoben. Wenige Wochen später wurden – nach Jahren politischer Blockade – die konkreten Beitrittsverhandlungen mit den Kandidatenländern Albanien und Nordmazedonien aufgenommen.[41] Über den konkreten Fortschritt für diese beiden Länder hinaus muss diese Entscheidung in erster Linie als politisches Bekenntnis zur realen Beitrittsperspektive für den westlichen Balkan angesehen werden.

Abbildung 1: Die zentripetale Dynamik

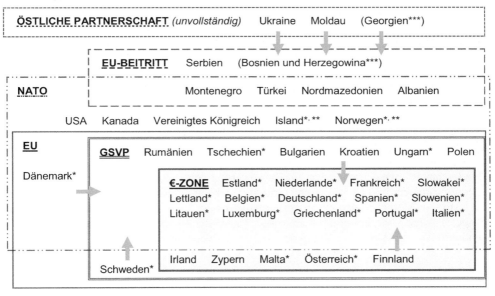

* Mitglied des Schengen-Raums, ** Mitglied des Europäischen Wirtschaftsraums, *** Potenzieller Beitrittskandidat. Quelle: Eigene Darstellung.

---

36 Claudia Knoppke: Ein bisschen Schengen für Bulgarien und Rumänien, in: Euranetplus, 21.6.2021.
37 Zoran Radosavljevic: PM hopeful Zagreb could soon get green light to join Schengen, in: Euractiv, 23.6.2022.
38 Europäischen Rat: Schlussfolgerungen zur Ukraine, zu den Beitrittsgesuchen der Ukraine, der Republik Moldau und Georgiens, zum Westbalkan und zu Außenbeziehungen, 611/22, 23.6.2022.
39 Vgl. hierzu auch den Beitrag „Östliche Partnerschaft" in diesem Jahrbuch.
40 Vgl. hierzu auch den Beitrag „Europäische Nachbarschaftspolitik" in diesem Jahrbuch.
41 Vgl. hierzu den Beitrag „Die Erweiterungspolitik der Europäischen Union" in diesem Jahrbuch.

Ausblick und Diskussion: Zur Zukunft der institutionellen Architektur

Mit der Zusage der Mitgliedschaftsperspektive an die Länder der Östlichen Partnerschaft und dem Bekenntnis zum Betritt der Staaten des Westlichen Balkans[42] stellt sich für die Union erneut und verschärft die Frage nach dem Spannungsverhältnis von Erweiterung und Vertiefung, welche die Entwicklung der EU-*polity* in vielen Phasen der Integrationsgeschichte wesentlich geprägt hat. Die breite Debatte um Reformen der institutionellen Architektur wird so eine zusätzliche Dynamisierung erfahren und – unter anderem – auf den im Mai präsentierten Ergebnissen der Konferenz zur Zukunft Europas[43] aufbauen. Wie wenige Monate nach der „Zeitenwende" bereits abzusehen ist, wird die entscheidende Debatte der nächsten Jahre jedoch auf höherer Entscheidungsebene tiefergreifende Fragen angehen (müssen).

Während 2021/2022 vom de facto Abbau institutioneller Differenzierung geleitet war, nahm gleichzeitig – und im Lichte des (Bedrohungs-)Szenarios einer erweiterten EU mit 30 oder gar 35 Mitgliedstaaten die theoretisch-politische Diskussion um verschiedene Integrationsabstufungen und -geschwindigkeiten neue Fahrt auf. Zentraler Impulsgeber hier war der französische Präsident Emmanuel Macron, welcher mit seinen Ideen zu einer „Europäischen Politischen Gemeinschaft" (EPG)[44] zunächst eine alternative oder „zusätzliche Integrationsperspektive"[45] für Nicht-EU-Länder ins Spiel brachte und im Kern auf einen neuen Rahmen der institutionellen Differenzierung abzielte. In der europapolitischen Grundsatzrede des deutschen Bundeskanzlers Olaf Scholz an der Prager Karls-Universität im August 2022[46] erhielt Präsident Macron für die EPG als politisches Alternativkonstrukt zur EU-Mitgliedschaft jedoch eine Absage. Die EPG etablierte sich bei ihrem ersten Treffen am 6. Oktober 2022 dann auch tatsächlich als loses aber hochsymbolisches Forum von 27 EU- und 17 weiteren europäischen Staats- und Regierungschef:innen (unter Ausschluss Russlands und Belarus).[47]

Eigene europapolitische Akzente setzte der Bundeskanzler in seiner Prag-Rede nach dem Motto „Form follows function", eine Strategie begrenzter Reformen, ohne die Finalität der Unionsentwicklung zu skizzieren. Damit ignorierte Scholz die Vision eines „föderalen Bundesstaates", welche über den Koalitionsvertrag seiner Regierung im Spätherbst 2021 wieder prominent in die europäische Grundsatzdebatte eingebracht worden war.[48] Entlang der „Monnet-Methode" des schrittweisen Ausbaus der EU, welcher bereits von einer Vorgängerin Angela Merkel praktiziert wurde,[49] griff der Bundeskanzler unter anderem folgende Punkte zur (Um-)Gestaltung der *polity* einer vergrößerten EU auf:

---

42 Vgl. hierzu auch den Beitrag „Westbalkan" in diesem Jahrbuch.
43 Vgl. hierzu auch den Beitrag „Konferenz zur Zukunft Europas" in diesem Jahrbuch.
44 Emmanuel Macron: Rede anlässlich der Konferenz zur Zukunft Europas, Straßburg, 9.5.2022.
45 Barbara Lippert: Die Richtung stimmt – Macrons Idee einer „europäischen politischen Gemeinschaft" mit der Ukraine, SWP Kurz gesagt, 13.5.2022
46 Olaf Scholz: Rede an der Karls-Universität, Prag, 22.8.2022.
47 Die neue EPG knüpft in ihrer institutionellen Ambition in keiner Weise an das gleichnamige föderal-europäische Integrationsprojekt an, welches Anfang der 1950er Jahre scheiterte; vgl. Magdalena Bernath: Die Europäische Politische Gemeinschaft – Ein erster Versuch für eine gemeinsame europäische Außenpolitik, in: Basler Schriften zur europäischen Integration 57/2001.
48 Manuel Müller: „Föderaler Bundesstaat" und „strategische Souveränität": Die europapolitischen Pläne der Ampelkoalition, Der (europäische) Föderalist, Blog, 17.12.2021.
49 Lucas Schramm/Wolfgang Wessels: Das europapolitische Erbe Angela Merkels: Krisen, Führung, Vorbild, in: integration 1/2022, S. 3–19.

- Zusammensetzung des EP unter Beibehaltung der maximalen Abgeordnetenzahl von 751 sowie der „Beachtung auch des demokratischen Prinzips, wonach jede Wählerstimme in etwa das gleiche Gewicht haben sollte" – ein Verweis auf die Grenzen der aktuell geltenden degressiven Proportionalität, bei welcher Bürger:nnen in größeren Mitgliedstaaten bei der EP-Wahl proportional weniger Stimmgewicht haben;
- Wahrung der „Balance zwischen Repräsentanz und Funktionsfähigkeit" der Europäischen Kommission unter Beibehaltung eines Kommissionspostens pro Mitgliedstaat durch Etablierung von geteilten Ressorts;
- Schrittweiser Übergang zu Mehrheitsentscheidungen im Rat für die Bereiche der Außen- und Steuerpolitik, um als Gemeinschaft handlungsfähig zu bleiben und dessen einzige Alternative nur ein „Dschungel verschiedener Regeln und schwer handhabbarer Opt-ins und Opt-outs" wäre.

Vor dem Hintergrund dieser Debattenlage unterstützte Kommissionspräsidentin Ursula von der Leyen in ihrer „State of the Europe Union"-Rede vor dem EP am 14. September 2022 den Vorschlag, dass die wachsende Zahl von (An-)Fragen bezüglich der Funktionsfähigkeit der EU-Architektur sowie ihrer Verfahren und Kompetenzen im Rahmen eines Konventes zur Vertragsänderung angegangen werden:

> „[D]a wir ernsthaft eine Erweiterung der Union ins Auge fassen, müssen wir uns auch ernsthaft um Reformen bemühen. Daher bin ich der Ansicht, dass – wie von diesem Parlament gefordert – die Zeit für einen Europäischen Konvent gekommen ist."[50]

Jegliche Vertragsänderung erfordert jedoch final die Einstimmigkeit der 27 Mitgliedstaaten. Damit müssten sich – gerade auch im Lichte der Rechtsstaatlichkeitskonflikte mit Polen und Ungarn – im finalen Verhandlungspaket auch energische Vetospieler wiederfinden. Aber schon die Einberufung des Konventes, welcher formal nur eine einfache Mehrheit im Europäischen Rat benötigt (Art. 48(3) EUV), scheint zweifelhaft. Als Reaktion auf die Ergebnisse der Konferenz zur Zukunft Europas im Mai 2022 veröffentlichten 13 Mitgliedstaaten, hauptsächlich zentral-, ost- und nordeuropäische Regierungen, ein sogenanntes Non-paper, welches Vertragsänderungen in der aktuellen Situation prinzipiell ablehnt.[51] Eines der vorgebrachten Argumente ist, dass die EU bewiesen habe, innerhalb des Lissaboner Vertragsrahmens auch im Angesicht unbekannter, immenser Problemlagen nicht nur handlungsfähig bleiben zu können sondern auch gemeinsame, effiziente Lösungen zu entwickeln und zu implementieren.

Die Leistungsfähigkeit des EU-Systems im Lichte einer evolutionären Normalität – auch in Kriegs- und Krisenzeiten – wird in den Folgebeiträgen des Abschnitts „Die Institutionen der Europäischen Union" auch in der Nahsicht auf die verschiedenen Organe deutlich. In der Gesamtperspektive bleibt festzuhalten, dass – entlang der Fusionsthese – intergouvernementale Dynamiken des Krisenmanagements und Problemlösung auf *politics*- und *policy*-Ebene reale Pfade supranationaler Integration eröffnen. Und dies trotz – oder insbesondere wegen – der (vorläufigen) Uneinigkeit, das EU-Primärrecht zu reformieren.

---

50 Ursula von der Leyen: Rede, State of the Union 2022. Eine Union, die fest zusammenhält, Straßburg, 14.9.2022.
51 Schwedische Regierung, Büro des Premierministers: Non-paper by Bulgaria, Croatia, the Czech Republic, Denmark, Estonia, Finland, Latvia, Lithuania, Malta, Poland, Romania, Slovenia, and Sweden on the outcome of and follow-up to the Conference on the Future of Europe, 9.5.2022.

Weiterführende Literatur

Funda Tekin: Die „Zeitenwende" in Europa: Ein Momentum für die Erweiterungspolitik der Europäischen Union? In: integration 2/2022, S. 91–105.

Wolfgang Wessels/Lucas Schramm/Tobias Kunstein: The European Council as a Crisis Manager – The EU's Fiscal Response to the COVID-19-Pandemic, Baden-Baden 2022.

Steven Blockmans (Hg.): A transformational moment? The EU's response to Russia's war in Ukraine, Centre for European Policy Studies, Brüssel 2022.

Europäisches Parlament

Andreas Maurer

Das zurückliegende Jahr nutzte das Europäische Parlament (EP) zunächst zur Reorganisation seiner Arbeitsstrukturen und -prozesse. Zur Halbzeit der 9. Legislaturperiode wurden die Präsidentin und die Vizepräsident:innen des Parlaments sowie die Vorsitzenden der Ausschüsse und interparlamentarischen Delegationen gewählt. Darüber hinaus setzte das Parlament drei Untersuchungs- und Sonderausschüsse ein. Angesichts der Covid-19-Pandemie wurde dabei der Schwerpunkt auf die Bilanzierung der innerparlamentarischen und interinstitutionellen Notstandsverfahren, die damit einhergehenden Gefahren für die demokratische Willensbildung, Kontrolle und Ordnung der EU und ihrer Mitgliedstaaten sowie die sich ergebenden Optionen für Überarbeitungen des europäischen Sekundärrechts und der EU-Verträge gelegt. Die Sitzungen der Fraktionen, Ausschüsse und des Plenums wurden bis Mitte 2021 im Wesentlichen in hybrider Form abgehalten. Im Unterschied zu 2020 wurde allerdings wieder ein „normaler" Sitzungskalender eingehalten, bei dem die Abgeordneten vier- bis fünftägige Sitzungswochen für die Zusammenkünfte der Fraktionen, Ausschüsse und Delegationen, des Plenums sowie der externen parlamentarischen Aktivitäten (Delegationsreisen und Wahlkreisarbeit) absolvierten.

Reaktionen auf den russisch-ukrainischen Krieg

Der russische Angriff auf die Ukraine wurde im Parlament scharf verurteilt. Neben der Unterstützung der seitens des Rats erlassenen Sanktionen forderte das EP in seiner Entschließung vom 1. März 2022 zur russischen Aggression gegen die Ukraine[1] u. a. auch, dass mit den Sanktionen „die Wirtschaft und die industrielle Basis Russlands" strategisch geschwächt wird. Mit Blick auf die Konsequenzen für die EU forderte das EP die Entflechtung der Gasspeicher, um die Abhängigkeit von Russland zu verringern, und forderte Kommission und Mitgliedstaaten auf, schnellstmöglich „einen Koordinierungsmechanismus zu schaffen und alle möglichen Gaslagerstätten zu nutzen, um eine ununterbrochene Gasversorgung in der EU zu gewährleisten." Darüber hinaus forderte die Entschließung, nicht nur die russischen Öl- sondern auch die Gasexporte zu beschränken und die Energieabhängigkeit der EU von Russland deutlich zu verringern. Zwar ist das EP bei der weitgehend von Rat, Europäischem Rat und Kommission organisierten, direkten Reaktion hierauf in Form von Sanktionspaketen und der Freigabe von Haushaltsmitteln aus der sog. Europäischen Friedensfazilität (EPF) ausgeschlossen. Das EP gibt dem Rat jedoch weitgehend freie Hand in der Nutzung der EPF und unterstützt den „historischen Beschluss", erhebliche weitere Mittel für Verteidigungswaffen für die Ukraine bereitzustellen. Außerdem forderte das EP, „dass die Beiträge zur Stärkung der Verteidigungskapazitäten der Ukraine erhöht werden". Die Mitgliedstaaten sollten die Lieferung von Verteidigungswaffen beschleunigen und „die nachrichtendienstliche Zusammenarbeit mit der Ukraine verstärken".

---

1 Europäisches Parlament: Entschließung vom 1. März 2022 zu Russlands Aggression gegen die Ukraine, 2022/2564(RSP).

Mit Blick auf den ukrainischen Mitgliedschaftsantrag erfüllt das EP eine demokratiepolitische Schlüsselrolle, da Beitritte zur EU von der Zustimmung des EP abhängen. In einer ersten, mit großer Mehrheit angenommenen Entschließung[2] nahm das EP Stellung zu den Beitrittsanträgen der Ukraine vom 28. Februar 2022, und jenen Moldaus und Georgiens vom 3. März 2022. Gegenüber jenen Vertreter:innen aus Kommission und Mitgliedstaaten, die „Fast-Track"-Beitrittsverfahren befürworteten, machte das EP eindeutig klar, dass der Beitritt zur EU immer gemäß Art. 49 EUV auf der Grundlage der Einhaltung der einschlägigen Verfahren und unter der Bedingung erfolgen muss, dass die festgelegten Kriterien für die EU-Mitgliedschaft erfüllt werden. Der EU-Beitritt sei ein leistungsorientierter Prozess, der die Annahme und Umsetzung einschlägiger Reformen, insbesondere in den Bereichen Demokratie, Rechtstaatlichkeit, Menschenrechte, Marktwirtschaft und Umsetzung des EU-Besitzstands, erfordere. Schließlich forderte das EP die drei Kandidaten nachdrücklich auf, ihre politische Entschlossenheit zur Verwirklichung ihrer europäischen Ambitionen unmissverständlich unter Beweis zu stellen, indem sie die Fortschritte bei grundlegenden Reformen erheblich steigern.

Organisatorische Neuaufstellung zur Halbzeit des Parlaments

Entsprechend einer gewohnheitsrechtlichen Vereinbarung zwischen den Fraktionen der Europäischen Volkspartei (EVP), der Progressiven Allianz der Sozialdemokraten S&D und Renew Europe war zur Halbzeit der 9. Legislaturperiode für Januar 2022 ein Wechsel an der Spitze des EP vorgesehen. Vor dem Hintergrund zunehmender Konflikte zwischen EVP und S&D lotete der amtierende Präsident David Sassoli (S&D, IT) im Spätherbst 2021 zunächst die Möglichkeiten eines Verbleibs im Amt und der damit einhergehenden Aufkündigung der politischen Vereinbarung aus. Mit ursächlich hierfür war auch der Umstand, dass innerhalb der EVP zunächst keine Klarheit über den bzw. die Kandidatin für den Parlamentsvorsitz bestand. Im Dezember 2021 gab Sassoli jedoch bekannt, für die anstehende Präsidentschaftswahl im Januar 2022 nicht zur Verfügung zu stehen, da das Risiko bestehen würde, das Lager aus S&D, Renew und der Fraktion Die Grünen/Europäische Freie Allianz (Grüne/EFA) zu spalten. Nach Ansicht der S&D wurde die Halbzeitvereinbarung der beiden größten Fraktionen allerdings 2021 gebrochen, als der irische Konservative Paschal Donohoe zum Vorsitzenden der Eurogruppe ernannt wurde und die spanische Sozialistin Nadia Calviño ablöste. Die 2019/20 austarierte Balance zwischen EVP (Ursula von der Leyen, Kommissionpräsidentin, Christine Lagarde, EZB-Präsidentin), S&D (Josep Borrell, Hoher Repräsentant der EU für die Außen- und Sicherheitspolitik, Sassoli, Parlamentspräsident, Nadia Calviño, Eurogruppenpräsidentin) und Renew (Charles Michel, Präsident des Europäischen Rates) wurde damit zugunsten der EVP und zulasten der S&D verschoben. Mit Blick auf die Parlamentspräsidentschaft forderten sowohl die Liberalen als auch die Grünen trotzdem und unter Androhung eigener Kandidaturen die Einhaltung der 2019 geschlossenen Vereinbarung eines Austauschs an der Spitze des Parlaments. Die S&D stellte nach Sassolis Rückzug keine andere Kandidatin auf; somit verblieben die spät ernannte, maltesische Vizepräsidentin Roberta Metsola für die EVP, die Spanierin Sira Rego für die Linke im Europäischen Parlament (LINKE) und der Pole Kosma Złotowski für die Europäischen Konservativen und Reformer (EKR) im Rennen. Sassoli verstarb nach längerer Krankheit am 11. Januar 2022. Zur Wahl des Parlamentspräsidenten an 18. Januar 2022

---

2 Europäisches Parlament: Entschließung vom 23. Juni 2022 zum Status der Ukraine, der Republik Moldau und Georgiens als Bewerberländer, 2022/2716(RSP).

kandidierten daher die zwischenzeitlich von den Grünen aufgestellte Alice Kuhnke, Roberta Metsola, Sira Rego und Kosma Złotowski. Letzter erklärte jedoch vor dem ersten Wahlgang seinen Rückzug und signalisierte damit die Unterstützung Metsolas durch die rechtskonservativ und -extreme Allianz der EKR. Im ersten Wahlgang stimmten 690 MdEP ab, von denen allerdings die ungewöhnlich hohe Zahl von 74 leere oder ungültige Wahlzettel einreichten. Die erforderliche, absolute Mehrheit lag damit bei 309 Stimmen. Für Roberta Metsola wurden hierbei 458, für Alice Kuhnke 101 und für Sira Rego 57 Stimmen abgegeben. Somit wurde Metsola mit der erforderlichen Mehrheit als Parlamentspräsidentin gewählt.[3] Sie führte anschließend durch die Wahl der Vizepräsident:innen. Im Vergleich zur Wahl der Vizepräsident:innen im Spätsommer 2019 büßten die EVP und die Grünen jeweils einen Sitz zugunsten der S&D ein. Insbesondere die Fraktion der Grünen wurde hierbei sichtbar abgestraft, da die auch weit über das Parlament hinaus bekannte und hoch angesehene Finnin Heidi Hautala erst im dritten Wahlgang mit einer vergleichsweise niedrigen Mehrheit gewählt wurde.[4]

Tabelle 1: Vizepräsidenten ab Januar 2022

Eva Kaili (S&D, GR)	454 Stimmen, 1. Wahlgang
Pina Picierno (S&D, IT)	527 Stimmen, 1. Wahlgang
Evelyn Regner (S&D, AT)	434 Stimmen, 1. Wahlgang
Katarina Barley (S&D, DE)	426 Stimmen, 1. Wahlgang
Othmar Karas (EVP, AT)	536 Stimmen, 1. Wahlgang
Ewa Bożena Kopacz (EVP, PL)	467 Stimmen, 1. Wahlgang
Klara Dobrev (S&D, HU)	402 Stimmen, 1. Wahlgang
Pedro Silva Pereira (S&D, PT)	517 Stimmen, 1. Wahlgang
Rainer Wieland (EVP, DE)	432 Stimmen, 1. Wahlgang
Nicola Beer (RE, DE)	410 Stimmen, 2. Wahlgang
Michal Šimečka (RE, SK)	426 Stimmen, 2. Wahlgang
Roberts Zīle (EKR, LT)	403 Stimmen, 2. Wahlgang
Heidi Hautala (Grüne/EFA, SF)	384 Stimmen, 3. Wahlgang
Dimitrios Papadimoulis (KVEL/NGL, GR)	492 Stimmen, 3. Wahlgang

Das EP setzte am 10. März 2022 drei neue Ausschüsse ein: Der 38-köpfige „Untersuchungsausschuss zur Untersuchung des Einsatzes von Pegasus und gleichwertiger Spähsoftware" geht mutmaßlichen Verstöße gegen EU-Recht beim Einsatz der Überwachungssoftware unter anderem in Ungarn und Polen nach. Der Ausschuss befasst sich vor allem mit nationalen Überwachungsgesetzen und prüft, ob z. B. die Pegasus-Spähsoftware zu politischen Zwecken, beispielsweise gegen Journalist:innen, Politiker:innen und Rechtsanwält:innen, eingesetzt wurde. Der „Sonderausschuss über ausländische Einmischung in alle demokratischen Prozesse in der Europäischen Union, einschließlich Desinformation II" baut auf der Arbeit seines gleichnamigen Vorgängers auf, dessen Amtszeit am 23. März 2022 endete. Der neue 33-köpfige Ausschuss untersucht bestehende und geplante EU-Rechtsvorschriften in einer Reihe von Bereichen auf Schlupflöcher und Grauzonen, die von Drittländern für manipulative oder feindliche Zwecke ausgenutzt werden könnten. Der 38-köpfige Sonderausschuss „COVID-19-Pandemie: Lehren und Empfehlungen für die Zukunft" befasst sich mit der europäischen Reaktion auf die Pandemie in den

---

3 Europäisches Parlament: Protokoll der Sitzung vom 18. Januar 2022, PE 704.477.
4 Ebenda.

Bereichen Gesundheit, Demokratie und Grundrechte, Wirtschaft und Gesellschaft sowie den globalen Beziehungen der EU.

Vorschläge zur Weiterentwicklung der Vertragsgrundlagen

Im Wartestand hinsichtlich einer möglichen Vertragsrevision konzentriert das EP seine Systemgestaltungsfunktion auf vertragsinterpretierende Reformschritte über den Hebel legislativer Initiativberichte (INL) und Inter-Institutioneller Vereinbarungen. So nahm das EP am 7. Oktober 2021 eine legislative INL-Entschließung zur Einrichtung eines EU-Mechanismus für Demokratie, Rechtsstaatlichkeit und Grundrechte an[5] und forderte Kommission und Rat zur Aufnahme von Verhandlungen über eine entsprechende Inter-Institutionelle Vereinbarung (IIV) auf. Konkret schlägt das EP vor, dass Kommission, Rat und Parlament gemeinsam eine IIV zur jährlichen Überwachung aller Mitgliedstaaten im Hinblick auf die Einhaltung der Werte der Union schließen. Diese soll Regelungen festlegen, die die Achtung der Werte der Union durch Koordinierung und Zusammenarbeit zwischen Parlament, Rat und Kommission fördern und stärken. Konkret schlägt das EP folgende Elemente vor: Analog zu bereits bestehenden Verfahren der offenen Koordinierung (OMK) soll ein jährlicher Überwachungszyklus über die Einhaltung der Werte in der EU eingerichtet werden. Anders als bei den bestehenden OMK-Verfahren, deren Tätigkeit im Wesentlichen zwischen der Kommission, den Mitgliedstaaten, dem Ministerrat und dem Europäischen Rat organisiert wird, sieht die Parlamentsentschließung beim Überwachungszyklus der EU-Werte eine ständige interinstitutionelle Arbeitsgruppe mit Unterstützung einer Gruppe unabhängiger Sachverständiger und der Europäischen Grundrechteagentur vor. Kulminationspunkt des Überwachungszyklus ist ein Jahresbericht, der die Entwicklungen hinsichtlich des Schutzes und der Förderung der Werte der EU in den Mitgliedstaaten unparteiisch, auf der Grundlage objektiv erhobener Daten und unter strikter Achtung des Gleichheitsgrundsatzes der Mitgliedstaaten festhält. Spätestens zwei Monate nach der Veröffentlichung des Jahresberichts sollten EP und Rat in Form von Entschließungen und Schlussfolgerungen zu dem Jahresbericht Stellung nehmen. Auf deren Grundlage muss die Kommission einen Dialog mit einem oder mehreren Mitgliedstaaten aufnehmen, um die Umsetzung der Empfehlungen zu ermöglichen. Mit Blick auf die 2021 im Rahmen des Mehrjährigen Finanzrahmens angenommene Verordnung über die Konditionalitätsregelung zum Schutz des Haushalts der Union[6] sollen die drei Organe schließlich die Schlussfolgerungen zum Jahresbericht auch bei der Festlegung der Finanzierungsprioritäten in den Jahreshaushaltsplänen berücksichtigen und sich verpflichten, die Jahresberichte als Richtschnur für ihre sonstigen Maßnahmen im Zusammenhang mit den Werten der Union heranzuziehen. Hinsichtlich des Rechtsstaatlichkeitsverfahrens des Art. 7 EUV soll die Kommission autorisiert werden, auf eigene Initiative oder auf Ersuchen des EP oder des Rates einen Dringlichkeitsbericht zu erstellen, wenn die Lage in einem oder mehreren Mitgliedstaaten Anlass zu der Vermutung gibt, dass den Werten der Union unmittelbar ein schwerer Schaden droht. Der Parlamentsentwurf trägt somit ausdrücklich auch den bereits existierenden Mechanismen und Verfahren zum Schutz und zur Förderung der Werte der Union Rechnung. Vor dem Hintergrund der Abschwächung der Auslösekriterien für die Blockierung von Haushaltsmitteln im Rahmen der Konditionalitätsregelung vom Dezember 2020

---

5 Europäisches Parlament: Legislative Entschließung vom 7. Oktober 2020 zu der Einrichtung eines EU-Mechanismus für Demokratie, Rechtsstaatlichkeit und Grundrechte, 2020/2072(INI).

6 Verordnung 2020/2092 über eine allgemeine Konditionalitätsregelung zum Schutz des Haushalts der Union vom 16. Dezember 2020, in: Amtsblatt der EU L 433I, 22.12.2020.

greift das EP schließlich seine ursprünglich weiter gefassten Vorschläge auf und fordert, dass systematische Verstöße gegen die in Art. 2 EUV genannten Werte als mit einer EU-Finanzierung unvereinbar angesehen werden. Es unterstreicht auch die Notwendigkeit, zum Schutz des EU-Haushalts die umgekehrte qualifizierte Mehrheit anzuwenden, ohne die die Wirksamkeit des neuen Mechanismus der haushaltsbezogenen Konditionalität untergraben werden würde.

Parlamentarische Mitwirkung in der energie- und rohstoffpolitischen Krise

Die russische Invasion in der Ukraine hat massive Auswirkungen auf die Verfügbarkeit und die Entwicklung der Weltmarktpreise wichtiger Rohstoffe und die Energieversorgungssicherheit. Die Eilbedürftigkeit der Lage nahmen Kommission und Rat zum Anlass, auf der Grundlage der bereits in der Covid-19-Pandemie exzessiv genutzten Notstands-Vertragsgrundlagen des Art. 122 AEUV zu handeln, ohne das EP in irgendeiner Form zu beteiligen. Eine Ausnahme bildet insofern die Verordnung des Parlaments und des Rates im Hinblick auf die Gasspeicherung. Diese wurde noch auf der Grundlage des ordentlichen Gesetzgebungsverfahrens (OGV) am 24. Juni 2022 verabschiedet. Das EP stimmte hierzu nach den Trilogverhandlungen dem erreichten Kompromisstext zu, der zwei ebenfalls im OGV erlassene Verordnungen zur Erdgasversorgung (2017/1938) und zu den Erdgasfernleitungsnetzen (715/2009) ändert. Seine Ausgangsposition gründete das EP dabei auf zwei Eigeninitiativentschließungen: Erstens die Initiativentschließung vom 25. Oktober 2016[7] zur EU-Strategie für Flüssigerdgas und Gasspeicherung und zweitens die Initiativentschließung vom 10. Juli 2020 zu einem umfassenden europäischen Konzept für Energiespeicherung.[8] Die neue Verordnung zielt darauf ab, vor dem Hintergrund der Einstellung russischer Gaslieferungen an eine immer größere Zahl an Mitgliedstaaten einen obligatorischen Mindestbestand an gespeichertem Erdgas zu gewährleisten, um die Versorgung vor dem Winter 2022/23 und in den darauffolgenden Winterperioden sicherzustellen.[9] Der Kompromisstext umfasst alle Kernpunkte der Kommissionsvorschläge und ergänzt diese um zusätzliche Bestimmungen, die den nationalen Unterschieden und der notwendigen Flexibilität auf dem Gasmarkt Rechnung tragen.

Parlamentarische Mitwirkung unter Notstandsbedingungen

Im Unterschied zu dieser Gasspeicherverordnung erließ der Rat die Verordnung über Notfallmaßnahmen als Reaktion auf die hohen Energiepreise vom 30. September 2022 sowie die Verordnung über die Aussetzung der Anwendung des Abkommens zwischen der EU und Russland über die Erleichterung der Ausstellung von Visa[10] auf der Grundlage der Notstandsbestimmungen der Art. 122 AEUV bzw. 77(2a) AEUV.[11] Das EP wird in beiden Fällen weder ex-ante noch ex-post beteiligt. Eine kritischere Würdigung dieser exekutiven Eilverfahren hat im EP bislang nicht stattgefunden. Die mit überwältigen Mehrheiten

---

7 Europäisches Parlament: Entschließung vom 25. Oktober 2016 zu einer EU-Strategie für Flüssigerdgas und die Speicherung von Gas, 2016/2059(INI), in: Amtsblatt der Europäischen Union C215/133.
8 Europäisches Parlament: Entschließung des vom 10. Juli 2020 zu einem umfassenden europäischen Konzept für die Energiespeicherung, 2019/2189(INI), in: Amtsblatt der Europäischen Union C371/58.
9 Rat der EU: Verordnung über koordinierte Maßnahmen zur Senkung der Gasnachfrage, 11568/22, 4.8.2022.
10 Rat der EU: Beschluss über die vollständige Aussetzung der Anwendung des Abkommens zwischen der Europäischen Gemeinschaft und der Russischen Föderation über die Erleichterung der Ausstellung von Visa, 12039/22, 6.9.2022.
11 Rat der EU: Vorschlag für eine Verordnung über Notfallmaßnahmen als Reaktion auf die hohen Energiepreise, 12999/22, 30.9.2022.

verabschiedeten Entschließungen im Zusammenhang mit dem russisch-ukrainischen Krieg deuten darauf hin, dass die Abgeordneten größtenteils Verständnis für die Notwendigkeit rascher Entscheidungen des Rates aufbringen. Es ist aber davon auszugehen, dass sich das EP mit der Aktivierung der Notstandsklauseln in den Verträgen noch eingehender befassen wird, da diese Wendung auch im Kontext der Covid-19-Pandemie zu erheblichen Verwerfungen im interinstitutionellen Verhältnis geführt hat. Tatsächlich wurden die Politikgestaltungs- und Kontrollfunktionen des EP in den vergangenen Jahren mehrfach im Kontext von Notsituationen massiv eingeschränkt. Das EP musste hierbei auch seine internen Beschlussfassungsverfahren anpassen, um auf seiten der Kommission begründete Dringlichkeiten zu reagieren. Zuletzt wurden vor allem die unmittelbar mit der Covid-19-Pandemie zusammenhängenden Gesetzgebungsmaßnahmen nach Art. 163 (Dringlichkeitsverfahren) der Geschäftsordnung des EP behandelt. Insbesondere bei der Ausübung seiner legislativen Funktionen konnte das EP den Nachweis erbringen, dass es mit Hilfe neuer digitaler Verfahren und Abstimmungsmodalitäten in der Lage ist, auch unter Notstandsbedingungen seine politische Entscheidungsfunktion in allen Phasen des Politikzyklus aufrechtzuerhalten. In der Längsschnittanalyse zeigen sich die Auswirkungen der Covid-19-Pandemie insofern, als dass der Rat eine ungebrochen hohe Rate an verbindlichen Rechtsakten verabschiedete (Abb. 1; Linie mit Skalierung von 0 bis 700), während sich die Mitwirkung des EP an der Gesetzgebung 2020 zunächst zurückentwickelte, um dann ab 2021 wieder langsam anzusteigen (Abb. 1; Säulen mit Skalierung von 0 bis 300).

Abbildung 1: Entwicklung der Rechtssetzungstätigkeit des Ministerrates und Beteiligung des EP 1990–2021

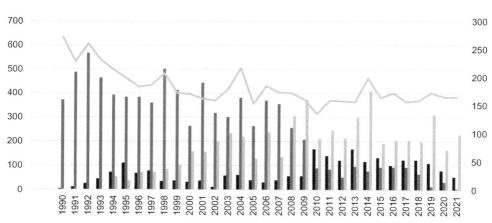

Eigene Berechnung und Darstellung auf der Grundlage der Datenbanken EURLEX und OEIL.

Insbesondere der Anteil, der im Rahmen des OGV angenommenen Verordnungen und Richtlinien fiel in der Pandemie deutlich ab: Während 2019 noch 75 Prozent aller Verordnungen und mehr als 85 Prozent aller Richtlinien gemeinsam mit dem EP verabschiedet wurden, sanken diese Zahlen 2020 auf 62 bzw. 45 Prozent.[12] Man könnte nun den Schluss ziehen, dass das EP aufgrund der Pandemie an Einfluss auf die Gesetzgebung verloren hat. Eine solche Schlussfolgerung greift jedoch zu kurz. Denn der relative Rückgang an OGV-Instrumenten liegt in einem bereits länger anhaltenden Trend der Produktion von verbindlichen Rechtsakten der EU. Dabei darf auch nicht vernachlässigt werden, dass sich hinter der nahezu gleichbleibend hohen Rate an legislativen Akten des Rates (Abb. 1, Linie) eine bislang kaum diskutierte Entwicklung hinsichtlich der zur Wahl stehenden Rechtsnormen verbirgt: Tatsächlich hat sich nämlich das Verhältnis der allein vom Rat verabschiedeten Verordnungen zugunsten der im Rahmen des OGV gemeinsam mit dem EP erlassenen Verordnungen entwickelt (Abb. 2). Die Covid-19-Krise und die damit einhergegangenen Arbeitsbeschränkungen der Organe haben sich hierauf nicht wesentlich ausgewirkt. Auch das Verhältnis zwischen den vom Rat allein verabschiedeten Richtlinien und den im Rahmen des OLP erfolgreich verhandelten Richtlinien ist ähnlich. Auffällig ist dagegen die Entwicklung bei den legislativen Entscheidungen und Beschlüssen (Abb. 2). Der Rat greift auf diesen Normtypus nicht nur wie allgemein angenommen zum Erlass von Verwaltungsakten, sondern immer häufiger auch zur Umsetzung, Anpassung und – impliziten – Änderung von Verordnungen und Richtlinien zurück.[13] Die Zahl der legislativen Ratsentscheidungen und -beschlüsse, an denen das EP in keinem der verfügbaren Verfahren beteiligt ist, ist kontinuierlich gestiegen und erreichte 2019 – vor der Pandemie! – bereits einen Wert von 367 Akten.

Abbildung 2: Entwicklung der Verordnungen 1990–2021

Quelle: Eigene Berechnung auf der Grundlage der Datenbanken EURLEX und OEIL.

---

12 Vgl. zu den Primärdaten und normspezifischen Sekundäranalysen: Andreas Maurer: Improving urgency procedures and crisis preparedness within the European Parliament and EU institutions. Rationales for democratic, efficient and effective governance under emergency rule, European Parliament, 2022, S. 91–111.
13 Maurer: Improving urgency procedures within EU institutions, 2022; sowie die in der Studie vorgelegten Detailanalysen zu den einzelnen Fallkonstellationen, in denen auf primär- oder sekundärrechtlich sanktionierte Notfallklauseln zurückgegriffen wird.

Abbildung 3: Entwicklung der legislativen Entscheidungen und Beschlüsse

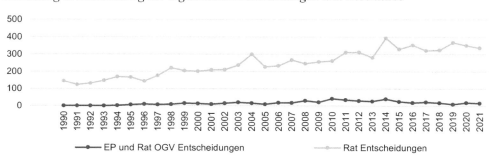

Quelle: Eigene Berechnung auf der Grundlage der Datenbanken EURLEX und OEIL.

Insgesamt ist die Gesetzgebungstätigkeit des Parlaments sowohl im Rahmen des OLP als auch des Konsultationsverfahrens seit Mitte der 2000er Jahre rückläufig, während die Gesetzgebungstätigkeit des Ministerrats relativ stabil geblieben ist. Die Covid-19-Pandemie ist für diese Entwicklung nicht kausal verantwortlich.

Die politischen Kosten der eingeführten Dringlichkeitsverfahren sollten nicht unterschätzt werden: Virtuell organisierte Ausschuss- und Plenardebatten zeichnen sich durch eine erhebliche Sterilität aus, da die im Normalfall beobachtbaren, spontanen oder informellen Rollen- und Funktionsprofile der Abgeordneten auf ein Minimum reduziert werden. Führt bereits die innerparlamentarische Aktivierung eines Dringlichkeitsverfahrens zu erheblichen Einschränkungen hinsichtlich der Möglichkeiten, Änderungsanträge einzubringen und zu verhandeln, so stellt die Umstellung auf virtuelle Beratungs- und Entscheidungsformate eine zusätzliche Einschränkung dar. Normalerweise beraten und diskutieren die Abgeordneten Änderungsvorschläge zu Berichten, Entschließungen und legislativen Maßnahmen in einem freien, parteiübergreifenden Austausch. Im virtuellen Konsultationsformat sind diese Möglichkeiten auch mit Hilfe von kurzfristig anberaumten Videokonferenzen gegeben. Allerdings verhindern die zeitlichen und quantitativen Beschränkungen unter den Bedingungen des Not- oder Ausnahmezustands einen offenen und informellen Austausch. Gerade dieser freie, nicht streng terminierte Austausch stellt einen wesentlichen Aspekt der parlamentarischen Interaktions- und Repräsentationsfunktion dar. Die Arbeiten des COVI-Sonderausschusses sind daher von größtem Interesse für das Parlament, aber auch für die anderen EU-Organe, da es um nicht weniger als die Auslotung des Spannungsfelds zwischen demokratischen Verfahren einerseits und effizienten Problemlösungsinstrumenten im Schatten des politischen Notstands geht. In Ermangelung allgemeingültiger und bereichsübergreifender Notstandsbestimmungen in den Verträgen sollten die Abgeordneten jedenfalls darauf drängen, die Auslösung von Ausnahmeverfahren nicht alleine der unilateralen, überdies unkoordinierten Politik der Mitgliedstaaten zu überlassen.

Europäischer Rat

Lucas Schramm/Wolfgang Wessels

Wie auch in den Jahren zuvor trat der Europäische Rat auch in den vergangenen Monaten, vor allem angesichts des russischen Kriegs in der Ukraine ab Februar 2022, als Krisenmanager hervor. Darüber hinaus bestimmten in ungewohntem Umfang Fragen der Rechtsstaatlichkeit in einzelnen Mitgliedstaaten die Agenda der europäischen Staats- und Regierungschef:innen.

Der Europäische Rat als Krisenmanager
Das Management externer und interner Krisen ist seit jeher eine zentrale Aufgabe der europäischen Staats- und Regierungschef:innen. Spätestens seit seiner Schaffung im Jahr 1974 ist der Europäische Rat immer wieder als Krisenmanager aufgetreten. Diese Funktion hat sich in den vergangenen Jahren angesichts zahlreicher Herausforderungen (Euro-Krise, Migrations-Krise, Brexit, Covid-19-Pandemie) nochmals deutlich verstärkt.

Als die gravierendsten Folgen der Covid-19-Pandemie dank der breiten Bereitstellung von Impfstoffen und der Einigung auf einen milliardenschweren europäischen Aufbaufonds abklangen, trat mit dem russischen Angriffskrieg auf die Ukraine die nächste große Krise auf die Agenda des Europäischen Rats. Erneut haben die Staats- und Regierungschef:innen sowie der Präsident des Europäischen Rats Charles Michel und die Präsidentin der Europäischen Kommission Ursula von der Leyen „ihre" Institution genutzt, um gemeinsam und für die Europäische Union (EU) auf den unerwarteten Schock des ersten groß angelegten Angriffskriegs in Europa seit Ende des Zweiten Weltkriegs zu reagieren (vgl. Tabelle 1 unten).

Den politischen Führungsspitzen der EU gelang es – bei manchen Unterschieden in der Beurteilung der Folgen und unterschiedlichen nationalen Voraussetzungen – von Februar bis Juni 2022 sechs Sanktionspakete gegen Russland inklusive erstmals genutzter Instrumente zu beschließen. Darüber hinaus kamen die Staats- und Regierungschef:innen ihrer Rolle als „Master of Enlargement"[1] nach, indem sie der Ukraine und der Republik Moldau des Status eines Bewerberlandes verliehen. Die Frage nach der (zukünftigen) Größe der Union bestimmte gerade in der ersten Jahreshälfte 2022 die Verhandlungen des Europäischen Rats, während in der europäischen Wissenschaft und Öffentlichkeit verstärkt Diskussionen um institutionelle Reformen und damit eine „Vertiefung" der EU geführt wurden.

Darüber hinaus formulierten die Mitglieder dieser Schlüsselinstitution in ihren Schlussfolgerungen wie üblich Positionen zu einer breiten Themenliste auf der staatsähnlichen Agenda, so zur globalen Rolle der EU einschließlich zu Sicherheits- und Verteidigungspolitik, zur Bekämpfung der Covid-19-Pandemie und zu wirtschaftspolitischen Aufgaben. Gegenüber dramatischen Schritten bei der (unmittelbaren) Erweiterung der Union und gegenüber Forderungen nach einer Vertiefung des politischen Systems durch Vertragsrefor-

---

1 Wolfgang Wessels: The European Council, London 2016, S. 178–186.

men, etwa im Zuge der Konferenz zur Zukunft Europas, waren die Staats- und Regierungschef:innen hingegen zurückhaltend. Im Unterschied zu früheren Perioden seiner Geschichte hat der Europäische Rat damit (zunächst) nicht die Rolle eines konstitutionellen Architekten übernommen. Begründet liegt diese Zurückhaltung sowohl in unterschiedlichen Auffassungen von den Zielvorstellungen der EU – der „Finalität" des Integrationsprozesses – als auch in einer allgemeinen Müdigkeit und Vorbehalten gegenüber europäischen Vertragsreformen inklusive ihrer ungewissen nationalen Ratifikation.

Termine und Themen des Europäischen Rats: ein Spiegel der politischen Agenda

Die Tabellen 1 und 2 zeigen, dass sich die Mitglieder des Europäischen Rats von Juni 2021 bis Juni 2022 regelmäßig – durchschnittlich etwas mehr als einmal pro Monat – in unterschiedlichen Formaten getroffen haben, um zentrale Fragen der nationalen und europäischen Politik gemeinsam anzugehen. Insbesondere der russische Krieg in der Ukraine hat dabei auch zu außerordentlichen und informellen Zusammentreffen geführt. Folglich bestimmte der Ukrainekrieg seit Februar den Inhalt der Sitzungen des Europäischen Rats. Darüber hinaus, und zum Teil als Folge des Ukrainekriegs, dominierten auch die Außen-, Sicherheits- und Erweiterungspolitik die Agenda. In noch stärkerem Maße als in den Jahren zuvor bemühte sich der Europäische Rat um eine Koordination und Stärkung westlicher Bündnisse wie der NATO und den G7. Zugleich wurden interne Spannungen, etwa in Bezug auf die Rechtsstaatlichkeit in Polen und Ungarn sowie ein gestiegenes Misstrauen osteuropäischer Mitgliedstaaten gegenüber dem deutsch-französischen Tandem, deutlich.

Tabelle 1: Das Management des Ukrainekriegs im Europäischen Rat, Juni 2021 bis Juni 2022

12. Oktober 2021	23. EU-Ukraine-Gipfel: politische Annäherung und wirtschaftliche Integration der Ukraine durch Assoziierungsabkommen und Freihandelsabkommen
17. Februar 2022	Informelles Treffen: Diskussion des jüngsten russischen Aufmarschs an der Grenze zur Ukraine
24. Februar 2022	Außerordentliches Treffen: Verurteilung des russischen militärischen Angriffs auf die Ukraine; Verabschiedung von Sanktionspaketen
10.–11. März 2022	Informelles Treffen: Ausbau europäischer Verteidigungskapazitäten und Reduzierung europäischer Energieabhängigkeit von Russland
24.–25. März 2022	Reguläres Treffen: Billigung des „Strategischen Kompasses" (Strategic Compass) zum Ausbau europäischer Verteidigungskapazitäten
30.–31. Mai 2022	Außerordentliches Treffen: 6. Sanktionspaket gegen Russland mit zeitlichen Ausnahmen für Rohölprodukte; Begrüßung der Ausweitung der militärischen Unterstützung für die Ukraine durch die „Europäische Friedensfazilität" (European Peace Facility)
23.–24. Juni 2022	Reguläres Treffen: strategische Diskussion über ein „größeres Europa" (wider Europe); Verleihung des Kandidatenstatus an die Ukraine und die Republik Moldau sowie an Georgien, sobald bestimmte Kriterien erfüllt sind

Quelle: eigene Zusammenstellung.

Tabelle 2: Weitere Themen des Europäischen Rats, Juni 2021 bis Juni 2022 (Auswahl)

Auswärtiges/Rolle der EU in der Welt   Bedeutung und Stärkung einer multilateralen und auf Regeln basierten internationalen Ordnung; Treffen mit Ländern Afrikas, Asiens und Lateinamerikas
Covid-19   Allgemeine und möglichst hohe Impfrate; Kampf gegen Desinformationen; Koordinierung von Reisen innerhalb und in die EU
Energie   Auftrag an die Europäische Kommission, Möglichkeiten zur Drosselung der steigenden Energiepreise auszuloten; Abbau von Abhängigkeiten, v.a. von russischen Rohstoffen
Östliche Partnerschaft   Betonung der europäischen Perspektive für die Länder des westlichen Balkans; Ausbau der Zusammenarbeit in den Bereichen grüne und digitale Transformation und Sicherheit
Rechtsstaatlichkeit   Verabschiedung der „Erklärung von Versailles" (März 2022) über europäische Rechte, Werte und Demokratievorstellungen
Sicherheit und Verteidigung   Mehr Fähigkeit zu autonomem Handeln, aber in Verbund mit und in Ergänzung zur NATO
USA   Gemeinsame Sitzung des Europäischen Rats mit US-Präsident Joe Biden; Koordination der Unterstützung für die Ukraine; Stärkung der transatlantischen Zusammenarbeit

Quelle: eigene Zusammenstellung.

Das Krisenmanagement des Europäischen Rats: Sanktionen gegenüber Russland und Unterstützung der Ukraine

Der russische Angriffskrieg gegen die Ukraine bildete im vergangenen Jahr den Schwerpunkt der Aktivitäten des Europäischen Rats. Markierte die Covid-19-Pandemie mit ihren Folgen die schwerste wirtschaftliche Krise seit dem Zweiten Weltkrieg,[2] so wird der Ukrainekrieg als die schwerste, fundamentale territoriale Bedrohung der europäischen Staaten und des Westens insgesamt gesehen.[3] Die Mitglieder des Europäischen Rats haben auf diversen ordentlichen und informellen Sitzungen (siehe Tabelle 1) in ihren veröffentlichten Schlussfolgerungen umfassende Positionen bezogen und – über allgemeine Leitlinien hinaus, wie in Artikel 15 des Vertrags von Lissabon eigentlich vorgesehen – auch detaillierte Beschlüsse gefasst. Die Stellungnahmen und Leitlinien des Europäischen Rats für die anderen EU-Organe und die Mitgliedstaaten selbst betrafen folgende Themen: den Angriffskrieg und das Verhalten Russlands; die Unterstützung für die Ukraine; die Folgen für die europäische Energieversorgung; globale Fragen, etwa die Versorgung mit Nahrungsmitteln; und die Erweiterung der EU.

Die nationalen und europäischen Spitzenpolitiker:innen haben im Europäischen Rat Entscheidungen getroffen, die sie als „unvermeidbar" erachteten, obwohl diese noch wenige Monate zuvor als „undenkbar" galten. „Heilige Kühe" – so etwa bei den Sanktionen gegen Russland und der Nutzung der Europäischen Friedensfazilität[4] (European Peace Facility) für Waffenkäufe – wurden zur Verfügung gestellt mit weitreichenden, wenn auch noch nicht gänzlich überschaubaren Folgen für die Union.

---

2 Joshua Posaner/Judith Mischke: Angela Merkel: Coronavirus ‚biggest test' yet for EU, in: Politico, 6.4.2020.
3 Josep Borrell: Europa im Interregnum. Unser geopolitisches Erwachen nach der Ukraine-Invasion, in: Le Grand Continent, 24.3.2022.
4 Europäischer Rat: Informelle Tagung der Staats- und Regierungschefs. Erklärung von Versailles, 10./11.3.2022; Rat der EU: Schlussfolgerungen des Europäischen Rats zur Ukraine, 488/22, 31.5.2022.

Wie bei Krisen seit spätestens den 1970er Jahren sind die Staats- und Regierungschef:innen ihrem nun tradierten Muster, ihrem Problemlösungsinstinkt[5], gefolgt: In und durch den Europäischen Rat haben die politischen Führungsspitzen gemeinsam um europäische Lösungen gerungen. Diese Haltung, große und einschneidende Krisen als kollektive Chef:innensache nationaler Spitzenpolitiker:innen anzugehen, dokumentierte sich bei den Reaktionen auf den Ukrainekrieg auch in der engen Abfolge von Gipfelkonferenzen von Europäischem Rat, G7 und NATO im März und Juni 2022.

Der Europäische Rat als außen- und innenpolitischer Akteur

Die Schlussfolgerungen des Europäischen Rats zeigen wie in der Vergangenheit eine breite und differenzierte Themenliste. Für die Zukunft der Union trafen die Staats- und Regierungschef:innen in ihrer Rolle als Master of Enlargement potentiell weitreichende Entscheidungen zur Erweiterung der EU, auch wenn deren Umsetzung in konkreten Schritten noch ungewiss ist. Herausragend in diesem Zusammenhang war die Entscheidung des Europäischen Rats im Juni 2022, der Ukraine und der Republik Moldau den Status als Beitrittskandidaten zu verleihen.[6] Der Europäische Rat folgte dabei sowohl einer vorangegangenen Empfehlung seitens der Europäischen Kommission wie auch Äußerungen mehrerer seiner zentralen Mitglieder: So hatten sich bei ihrer gemeinsamen Reise in die Ukraine Mitte Juni 2022 der deutsche Bundeskanzler Olaf Scholz, der französische Staatspräsident Emmanuel Macron, der damalige italienische Ministerpräsident Mario Draghi und der rumänische Präsident Klaus Iohannis für einen Beitrittsstatus des Landes ausgesprochen.[7]

Durch diese Entscheidung vom Juni 2022 löste der Europäische Rat durchaus Kritik in den eigenen Reihen, bei anderen EU-Institutionen und seitens weiterer Bewerberstaaten aus: Zum einen hatte auch Georgien auf einen sofortigen Beitrittsstatus gehofft. Zum anderen beklagten einige Staaten des westlichen Balkans, insbesondere Nordmazedonien und Albanien, die schnelle Entscheidung zugunsten der Ukraine und der Republik Moldau, während sich ihre eigenen Verhandlungen mit der EU nach Jahren als Beitrittskandidat und nach erwiesenen Reformen noch im Stocken befinden (siehe unten). Darüber hinaus äußerten auch einige Mitgliedstaaten, die einer EU-Erweiterung traditionell kritisch gegenüberstehen – etwa Dänemark und die Niederlande – Bedenken angesichts der raschen Verleihung des Status eines Beitrittskandidaten an weitere Länder im Osten Europas. Neben dem Krieg und seinen ungewissen Folgen wäre die Ukraine nach aktuellem Stand der territorial größte und nach Einwohner:innen fünftgrößte Mitgliedstaat und würde damit das Machtgefüge innerhalb der EU grundlegend verändern.

Angesichts dieser umfassenden und weitreichenden Pläne zur Ausdehnung der Union um neue Mitgliedstaaten ist es erstaunlich, dass der Europäische Rat keine Beschlüsse zum Aus- oder Umbau des politischen Systems der EU getroffen hat. Hatten die nationalen Spitzenpolitiker:innen seit ihren Gipfelkonferenzen in Den Haag 1969 und noch intensiver im ersten Jahrzehnt dieses Jahrhunderts die großen Erweiterungsrunden mit dem Abschluss von Vertragsreformen verknüpft, welche schließlich im Vertrag von Lissabon mündeten, so hat die Generation von 2022 (bisher) keine Schritte zur Vertiefung eingeleitet. Der Aus- oder Umbau des politischen Systems der EU beschränkt sich bisher auf Vorschläge und

---

5 Wessels: The European Council, S. 18–20.
6 Europäischer Rat: Schlussfolgerungen, EUCO 24/22, 24.6.2022.
7 Daniel Brössler/Oliver Meiler/Nadia Pantel: Was sich Scholz, Draghi und Macron von der Reise nach Kiew versprechen, in: Süddeutsche Zeitung, 16.6.2022.

Forderungen einzelner Politiker:innen, etwa des französischen Staatspräsidenten Emmanuel Macron für eine „Europäische Politische Gemeinschaft"[8], welche neben der Ukraine etwa auch das Vereinigte Königreich umfassen und sich durch abgestufte Integrationsgrade auszeichnen könnte, oder der Kommissionspräsidentin Ursula von der Leyen nach mehr Mehrheitsentscheidungen in Fragen der europäischen Außenpolitik[9].

Der Europäische Rat insgesamt aber ging solchen Fragen bisher aus dem Weg. So verwiesen die Staats- und Regierungschef:innen auf ihrem Gipfel im Juni 2022 den Bericht zur Konferenz zur Zukunft Europas lediglich an die zuständigen EU-Organe. Darin und anderswo enthaltene Forderungen nach einer Ausweitung von Mehrheitsentscheidungen sowohl im Rat der EU (Ministerrat) wie auch im Europäischen Rat selbst – neben der Außen- und Sicherheitspolitik möglicherweise auch in Fragen der Erweiterungspolitik – griffen die „konstitutionellen Architekten" nicht auf. Dabei besteht in weiten Teilen von Politik und Wissenschaft Einigkeit darüber, dass eine möglicherweise um mehrere Staaten erweiterte Union an politischer Handlungsfähigkeit zu verlieren droht.

Schon jetzt zeigte sich die Blockadeanfälligkeit der EU aufgrund des geltenden Einstimmigkeitsprinzips in zentralen konstitutionellen Fragen wie der Außen-, Sicherheits- und Verteidigungspolitik. Bulgarien etwa blockiert seit Jahren die Aufnahme konkreter Beitrittsverhandlungen mit Nordmazedonien aufgrund von Forderungen nach einer stärkeren Anerkennung der bulgarischen Tradition und Sprache durch Nordmazedonien. Im Juni 2022 verlor mit Kiril Petkow (erneut) ein bulgarischer Ministerpräsident seine parlamentarische Mehrheit in dieser Frage, was auch den Europäischen Rat lähmte.[10] Ohne Einstimmigkeit der EU-27 wird es keine Erweiterung geben. Eine ähnliche Dynamik zeigte sich in den Sanktionspaketen gegen Russland (siehe oben), welche nach anfänglicher Einigkeit bei weiterreichenden Maßnahmen wie einem Gas- und Ölboykott zeitweise an einem Veto Ungarns zu scheitern drohten. Mittelfristig wird sich der Europäische Rat daher mit der Frage der Einstimmigkeit beschäftigen müssen.

Angesichts der Bedeutung und (möglichen) Folgen des russischen Kriegs in der Ukraine kam einzelnen politischen Themen eine unerwartete Dynamik zu, während andere Themen etwas in den Hintergrund gerieten. Als Teil seiner federführenden politischen Impulsrolle hat der Europäische Rat im März 2022, wie oben bereits angemerkt, den „Strategischen Kompass" zur weiteren Bearbeitung an den zuständigen Rat weitergeleitet. Auch im kommenden Jahr werden die Staats- und Regierungschef:innen wohl wieder Akzente in der europäischen Sicherheits- und Verteidigungspolitik setzen.

In EU-spezifischen Politikbereichen wie der Asyl- und Migrationspolitik und der Eurozonen-Politik hingegen wurden lediglich überschaubare Fortschritte erzielt. Nachdem das Thema lange Zeit im Europäischen Rat blockiert war, haben sich die zuständigen Minister:innen im Juni 2022 auf die freiwillige interne Umverteilung von Asylsuchenden im Rahmen einer „Koalition der Willigen" und damit einer graduellen Umsetzung des von der Kommission im Herbst 2020 vorgeschlagenen Migrationspakts geeinigt.[11] Im Kontext einer Weiterentwicklung des bestehenden Systems billigte der Europäische Rat im Juni 2022

---

8 Thomas Gutschker: EU-Erweiterung. Kommt jetzt die „europäische politische Gemeinschaft"?, in: faz.net, 24.6.2022.
9 David M. Herszenhorn: Commission president calls to end unanimity in EU foreign policy decisions, in: Politico, 20.6.2022.
10 Michael Martens: Bulgarien und Nordmazedonien. Das Veto nach dem Veto, in: faz.net, 25.6.2022.
11 Französische Ratspräsidentschaft: Die erste Etappe der schrittweisen Umsetzung des europäischen Migrations- und Asylpakts: Modus Operandi eines freiwilligen Solidaritätsmechanismus, 22.6.22, abrufbar unter https://presidence-francaise.consilium.europa.eu/de/aktuelles/die-erste-etappe-der-schrittweisen-umsetzung-

die Mitgliedschaft Kroatiens in der Eurozone, während er zugleich und wiederholt weitere Fortschritte bei der Entwicklung einer europäischen Banken- und Kapitalmarktunion forderte.

Intra- und interinstitutionelle Dynamiken

Auf ihrer Sitzung Ende März 2022 haben die Staats- und Regierungschef:innen wie erwartet Charles Michel für eine zweite Amtszeit von weiteren zweieinhalb Jahren als Präsidenten von Europäischem Rat und Euro-Gipfel wiedergewählt. Wie bereits seine beiden Vorgänger wird Michel damit dem Gremium der Staats- und Regierungschef:innen für insgesamt fünf Jahre vorstehen. Der Europäische Rat entschied sich – offenbar ohne allzu viele Diskussionen – für Kontinuität und Stabilität im Amt des Präsidenten.

Die Beziehungen des Europäischen Rats zu anderen EU-Organen waren im vergangenen Jahr durch beachtliche Harmonie und Einklang geprägt. Traditionell gehören kleinere Kompetenzstreitigkeiten und verschiedene Akzente zum Gefüge der europäischen Institutionen und ihrer jeweiligen Präsidenten, etwa im Verhältnis der Präsident:innen von Europäischem Rat und Europäischer Kommission in Fragen der strategischen Ausrichtung der Union oder des Präsidenten des Europäischen Rats und des Hohen Vertreters der EU für Außen- und Sicherheitspolitik in den Beziehungen zu Drittstaaten. Generell aber hat auch hier der Ukrainekrieg die Institutionen und ihre Hauptvertreter:innen dazu veranlasst, mit einer Stimme zu sprechen.

Was für das außenpolitische Auftreten der EU und ihr Verhältnis zu Russland zutrifft, gilt allerdings nicht in gleichem Maße für innenpolitische Angelegenheiten der Union. Neben Fragen von Asyl und Migration könnten insbesondere der europäische Wiederaufbauplan NextGenerationEU und die nationalen Aufbau- und Resilienzpläne zu Konflikten zwischen oder auch innerhalb der Institutionen führen. So war die Genehmigung des polnischen Plans trotz ausbleibender oder nach weit verbreiteter Meinung unzureichender Nachbesserungen bei den umstrittenen Justizreformen des Landes bereits innerhalb der Kommission umstritten.[12] Einige Mitglieder des Europäischen Rats hingegen äußerten wiederholt die positiven Leistungen Polens bei der Aufnahme ukrainischer Flüchtlinge, so dass ein inoffizieller „package deal" naheliegt. Die endgültige Auszahlung der Gelder aus dem Wiederaufbauplan an Polen bedarf der Zustimmung der Mitgliedstaaten im Minister:innenrat. Insbesondere das Europäische Parlament äußerte scharfe Kritik an der Genehmigung durch die Kommission und kündigte Widerstand in anderen Budgetfragen an. Als Schlüsselakteur im Institutionengefüge verfügt der Europäische Rat über eine „Notbremse" (emergency break), wonach jedes Mitglied den Aufbauplan eines anderen Staats auf die Agenda des Europäischen Rats setzen und damit die Auszahlung der Gelder an diesen Staat zumindest verzögern kann.[13] Eine solche Maßnahme würde zweifellos eine Eskalation im europäischen Institutionengefüge darstellen. Auch wenn ein solcher Schritt im Falle Polens unwahrscheinlich erscheint, so ist der Aufbauplan Ungarns, den die Kommission bisher noch nicht genehmigt hat, aufgrund der dortigen Justiz- und Medienreformen auch innerhalb des Europäischen Rats nochmals deutlich umstrittener.

---

des-europaischen-migrations-und-asylpakts-modus-operandi-eines-freiwilligen-solidaritatsmechanismus/ (letzter Zugriff 27.7.22).

12 Jan Strupczewski/Gabriela Baczynska: EU approves Polish recovery plan, but no payouts before judiciary fixed, in: Reuters, 1.6.2022.

13 Wolfgang Wessels/Lucas Schramm/Tobias Kunstein: The European Council as a Crisis Manager: The EU's Fiscal Response to the COVID-19 Pandemic, Baden-Baden 2022, S. 46.

Dazu hat auch die wiederholt destruktive Haltung des ungarischen Premierministers Viktor Orbán beigetragen. Trotz der traditionellen Zurückhaltung und Abneigung der Staats- und Regierungschef:innen, in die nationalen Angelegenheit eines anderen Mitgliedstaats einzugreifen, war das Thema Rechtsstaatlichkeit im vergangenen Jahr immer wieder explizit oder implizit Thema im Europäischen Rat, so etwa auf dem Gipfel am 22. und 23. Oktober 2021.[14] Das Treffen von Versailles im März 2022, zu dem Präsident Macron im Rahmen der französischen EU-Ratspräsidentschaft geladen hatte, beschäftigte sich gar explizit mit europäischen Werten und Demokratiefragen. Im Europäischen Rat blockierte Orbán zeitweise bzw. noch immer weiterreichende Sanktionsmaßnahmen gegen Russland, etwa indem er europäische finanzielle Kompensationen für den Verzicht auf russische Öllieferungen und die Ausnahme des Oberhaupts der russisch-orthodoxen Kirche, Patriarch Kyrill, von europäischen Strafmaßnahmen forderte. Auch die Parlamentswahl in Ungarn von Anfang April 2022, aus der Orbáns Fidesz-Partei mit absoluter Mehrheit hervorging, stieß in anderen Mitgliedstaaten angesichts einer Neugliederung der Wahlkreise und anderer Repressionen gegen die politische Opposition auf Kritik. Andererseits ist Orbán nun nach dem Ausscheiden von Bundeskanzlerin Angela Merkel das dienstälteste Mitglied des Europäischen Rats, genießt innenpolitisch großen Rückhalt und stößt auch in anderen Mitgliedstaaten aufgrund seiner EU-kritischen Haltungen mitunter auf Zuspruch.

Mit dem Ausscheiden Merkels hat sich nicht nur die innenpolitische Landschaft in Deutschland, sondern auch das Machtgefüge auf europäischer Ebene und der (mögliche) Einfluss des deutsch-französischen Tandems, dem traditionell eine Motorenrolle im europäischen Integrationsprozess zugeschrieben wird,[15] verändert. Einerseits stieß die Ankündigung des neuen Bundeskanzlers einer deutschen Zeitenwende angesichts des russischen Angriffskriegs und von mehr Investitionen in die deutsche und europäische Verteidigungsfähigkeit auf viel Zuspruch in Europa. Andererseits muss sich Scholz die Autorität und den Respekt der anderen Staats- und Regierungschef:innen, welche Merkel nach 16 Jahren Kanzlerschaft genoss, erst noch erarbeiten.[16] Während Scholz einer Koalition aus drei Parteien mit zum Teil sehr unterschiedlichen Prioritäten vorsteht, sieht sich auch der französische Staatspräsident Macron nach dem Verlust der eigenen Mehrheit nach den Parlamentswahlen vom Juni 2022 einer erschwerten innenpolitischen Situation und womöglich weniger europapolitischem Spielraum gegenüber. Hinzu kommt, dass sowohl Deutschland (Scholz) als auch Frankreich (Macron) aufgrund von ausbleibenden oder verspäteten Waffenlieferungen an die Ukraine bzw. des Vorschlags einer „Europäischen Politischen Gemeinschaft", welche mancherorts als Absage an eine vollständige EU-Mitgliedschaft der Ukraine interpretiert wurde, von europäischen Partnern kritisiert werden. Insgesamt sehen sich Deutschland und Frankreich wegen ihrer traditionell engen Kontakte zu Russland und ihrer zögerlichen Haltungen im Ukrainekrieg dem gestiegenen Misstrauen vieler mittel- und osteuropäischer Staaten gegenüber. Diese Konstellation kann das Agieren des Europäischen Rats auch im kommenden Jahr maßgeblich mitbestimmen.

---

14 Suzana Anghel/Ralf Drachenberg: Briefing. Outcome of the European Council meeting of 21–22 October 2021, in: European Parliamentary Research Service, PE694.243, 25.10.2021.
15 Ulrich Krotz/Joachim Schild: Shaping Europe: France, Germany, and Embedded Bilateralism from the Elysée Treaty to Twenty-First Century Politics, Oxford 2013.
16 Lucas Schramm/Wolfgang Wessels: Das europapolitische Erbe Angela Merkels: Krisen, Führung, Vorbild, in: Integration, 1/2022, S. 3–19.

Analysen und Anmerkungen zu Rollen des Europäischen Rats

Deutlich erkennbar im vergangenen Jahr war erneut die zentrale Rolle des Europäischen Rats als Krisenmanager mit einigen über die Jahrzehnte entwickelten und erprobten Verfahrensmustern, die die politischen Führungsspitzen aber je nach Herausforderungen anpassen und variieren. Der Europäische Rat bildete so – auch mit der Ausübung anderer tradierter Funktionen – wie in der Vergangenheit regelmäßig die Schlüsselinstitution in der institutionellen Architektur der EU. Für eine längerfristige Entwicklung des EU-Systems ist von nachhaltiger Bedeutung, ob und wie die Formulierungen der Führungsspitzen eine veränderte Erzählung über den europäischen Einigungsprozess geschaffen haben.

Die Staats- und Regierungschef:innen haben immer wieder an wichtigen Jahresdaten des Einigungsprozesses oder bei historischen Einschnitten allgemein gehaltene Grundsatzerklärungen zu Aufgaben und Bedeutung des Einigungswerks verabschiedet – so zum 50. Jahrestag der Unterzeichnung der Römischen Verträge während der deutschen EU-Ratspräsidentschaft 2007 in Berlin. Auch nach dem britischen Referendum zum Austritt des Vereinigten Königreichs aus der EU haben die Mitglieder des Europäischen Rats mehrere Erklärungen abgegeben, etwa die von Bratislava im September 2016. Rückblickend sind diese Erklärungen als teilweise mühsame Kompromissformeln aus dem jeweiligen Zeitgeist und den politischen und persönlichen Konstellationen der Führungsspitzen zu verstehen. Eine besondere Prägewirkung für ein Grundverständnis des europäischen Einigungsprozesses ist nicht zu erkennen; eine „Meister-Erzählung" haben die Staats- und Regierungschef:innen nicht in das europäische Bewusstsein hineingetragen.

Diese Einschätzung wurden teilweise durch Formulierungen unter dem Eindruck des Schocks durch den Ukrainekrieg widerlegt. Die Führungsspitzen konnten eine grundsätzlich veränderte Stimmung in der europäischen Debatte aufgreifen und verstärken. Sie formulierten und konstruierten so ein Narrativ, das geopolitisch die Überlebensfähigkeit ihrer Staaten im Rahmen und auf der Basis der EU thematisierte. Die Erzählung der europäischen Integration als „Rettung der Nationalstaaten"[17] und der Union als „Schicksalsgemeinschaft"[18] bekam so eine tiefgreifende Aktualisierung mit neuem Vorzeichen. Auch wenn die europäische Debatte kontroverser verlief als die Gipfelerklärungen vermuten lassen, so griffen die Mitglieder des Europäischen Rats eine wohl dominierende Strömung auf und verstärkten diese. Wie bereits in der Vergangenheit, so geben auch die Abschlusserklärungen des Europäischen Rats von 2021 und 2022 wichtige Aufschlüsse über die allgemeine Stimmung, die Prioritäten und womöglich die mittelfristige politische Richtung in der Union.

Weiterführende Literatur

European Parliamentary Research Service: fortlaufende Beiträge der European Council Oversight Unit.
Luuk van Middelaar/Uwe Puetter: The European Council: The Union's Supreme Decision-Maker, in: Dermot Hodson et al. (Hg.): The Institutions of the European Union, 5. Aufl., Oxford 2022, S. 51–77.
Wolfgang Wessels: The European Council as a Transformative Force. In: Helen Wallace/Nikos Koutsiaras/George Pagoulatos (Hg.): Europe's Transformations: Essays in Honour of Loukas Tsoukalis, Oxford 2021, S. 117–131.

---

17 Alan S. Milward: The European rescue of the nation-state, London 1999.
18 Zeit Online: Angela Merkel: „Wir sind eine Schicksalsgemeinschaft", 4.7.2018.

Rat der Europäischen Union

Julina Mintel/Nicolai von Ondarza

Die Arbeit des Rates der EU war im Jahr 2021 von vier Faktoren geprägt. Erstens hat sich die Covid-19-Pandemie auch weiterhin auf die Arbeitsweise des Rates ausgewirkt. Allerdings wurde nach dem fast vollständigen Übergang zu Videositzungen in weiten Teilen des Jahres 2020 auch im Rat wieder hauptsächlich in Präsenz verhandelt.

Zweitens hatte die Pandemie Einfluss bei der Abarbeitung eines Rückstaus an Gesetzgebungsinitiativen sowie inhaltlich bei Schwerpunkten wie der Aufbau- und Resilienzfazilität oder der europäischen Koordination bei der Verteilung von Impfstoffen. Aufgrund der Einführung einer eigenen Konditionalität war die Umsetzung der Aufbau- und Resilienzfazilität auch maßgeblich mit dem Thema Rechtsstaatlichkeit verknüpft.

Drittens haben – wie in den Jahren zuvor und besonders 2022 – außenpolitische Krisen die Arbeit in der sich am häufigsten treffenden Ratsformation, dem Rat für Auswärtige Angelegenheiten, bestimmt. Zentrale Themen waren 2021 die Sanktionen gegen Belarus nach dem brutalen Vorgehen gegen die Demokratiebewegung, der Umgang mit Russland sowie der Indo-Pazifik und der Abzug aus Afghanistan.

Viertens hat auch der legislative Kalender die Arbeit des Rates beeinflusst, da 2021 den Abschluss der ersten Hälfte der Legislaturperiode des Europäischen Parlaments (EP) und der Amtsperiode der Kommission Ursula von der Leyens markierte. Dementsprechend standen die ersten großen Legislativvorhaben der Kommission zur Verabschiedung, und die Anzahl an verabschiedeter Gesetzgebung ist deutlich gestiegen. Bei den Abstimmungen zeigte sich die angesichts unsicherer Mehrheitsverhältnisse schwierigere Abstimmung mit dem EP. Bei den Mitgliedstaaten wurde eine zunehmende Ost-West-Spaltung im Rat deutlich. Auch die beiden Ratspräsidentschaften von Portugal und Slowenien waren vornehmlich auf die Koordination von Maßnahmen zur Bewältigung der Pandemiefolgen und die Aufrechterhaltung der Geschlossenheit der EU ausgerichtet.

Thematische Schwerpunkte

2021 hat die Covid-19-Pandemie die Arbeitsweise des Rates nicht mehr so stark dominiert wie im Jahr zuvor. 2020 musste der Rat, wie die restliche Welt, kurzfristig auf Videokonferenzen umstellen. Im zweiten Halbjahr 2020 fanden so nur etwa 25 Prozent der Ratstreffen physisch statt, der Rest via Videokonferenzen. Allerdings wurden deutlich mehr Ratssitzungen durchgeführt als in durchschnittlichen Jahren – 123 gegenüber 75. In keinem Jahr gab es bisher mehr als 82 formelle Sitzungen.[1] 2021 kehrte sich dieser Trend – angesichts der Erfahrungen des Vorjahres und mit Verbreitung der Impfstoffe – vollständig um und es fanden nur 59 formelle Ratssitzungen statt. Dies war der niedrigste Wert seit Inkrafttreten des Lissabonner Vertrags. Formelle Ratssitzungen per Video wurden nicht mehr durchgeführt, dafür aber eine Reihe an informellen Videositzungen. Am häufigsten hat sich auch

---

1 Julina Mintel/Nicolai von Ondarza: Consensus per video? Decision-making in the Council of the EU during the Covid-19 pandemic, SWP Working Paper 5/2021.

2021 der Rat für Auswärtige Angelegenheiten getroffen. Mit 14 Sitzungen fanden aber ebenfalls weniger Treffen als im Vorjahr statt (2020: 27). Deutlich weniger waren auch die Treffen des Rates für Allgemeine Angelegenheiten (7, 2020: 14) sowie des Rates für Wirtschaft und Finanzen, der sich trotz der wirtschaftlichen Auswirkungen der Pandemie nur 6-mal formell getroffen hat.[2]

Verschoben hat sich auch die Art und Weise, wie auf diesen Ratstreffen verhandelt und Entscheidungen getroffen wurden. Schon bei der „normalen" Arbeit des Rates sind die Ratsarbeitsgruppen und insbesondere die beiden Ausschüsse der Ständigen Vertreter (AStV) von zentraler Bedeutung, um Beschlüsse des Rates vorzubereiten. Bei den eigentlichen Ratssitzungen werden in der Regel von den Minister:innen nur die politisch kritischsten Fragen verhandelt. Durch die geringe Zahl an formellen Sitzungen musste innerhalb dieser Sitzungen mehr verabschiedet werden, so dass die Bedeutung der Vorbereitungen durch den AStV, welcher durch die gesamte Pandemie hinweg physisch tagte, noch einmal zugenommen hat und eine noch größere Zahl an Entscheidungen der Minister:innen im AStV vorverhandelt wurden.[3]

Auch inhaltlich waren der Umgang mit den wirtschaftlichen Auswirkungen der Covid-19-Pandemie sowie die europäische Koordination bei der Verteilung von Impfstoffen und nationalen Reisebeschränkungen weiterhin bestimmende Themen. Die Aufbau- und Resilienzfazilität zur Abfederung der wirtschaftlichen Auswirkungen der Pandemie sowie die korrespondierenden nationalen Pläne, waren in den formellen, und auch den informellen Sitzungen des Rates für Wirtschaft und Finanzen das am häufigsten besprochene Thema 2021. Die Pandemie beschäftigte aber auch andere Ratsformationen. So wurde im Rat für Auswärtiges über die Verteilung von Impfstoffen und globale Gesundheit gesprochen, während sich der Rat für Allgemeine Angelegenheiten, auch in vielen informellen Sitzungen, mit der Koordinierung in der Bereitstellung von Impfstoffen, dem europäischen Covid-Impfzertifikat, den Beschränkungen des Personenverkehrs und längerfristigen Perspektiven, wie der Resilienz der EU gegenüber Gesundheitsgefahren beschäftigte.

In Verbindung mit der Aufbau- und Resilienzfazilität nahm die Debatte um den Stand der Rechtsstaatlichkeit in einigen Mitgliedstaaten 2021 an Fahrt auf und beschäftigte den Rat. Die im Verlauf des Jahres 2021 geplanten Auszahlungen aus der Aufbau- und Resilienzfazilität an die Mitgliedstaaten fielen zeitlich zusammen mit weiteren Anhörungen in den Art. 7-Verfahren gegen Polen und Ungarn. Der Rat für Allgemeine Angelegenheiten beschäftigte sich so nicht nur im Rahmen des jährlichen Rechtsstaatlichkeitsdialogs, welcher 2021 regulär für zehn Mitgliedstaaten durchgeführt wurde, sondern auch und vor allem bezogen auf Ungarn und Polen mit dem Thema Rechtsstaatlichkeit.

Ein weiterer Schwerpunkt der Ratsarbeit im Jahr 2021 waren außen- und sicherheitspolitische Herausforderungen. Im Rat für Auswärtige Angelegenheiten dominierten Konflikte und Krisen in Europa, aber auch weiter entfernte Konfliktherde wurden regelmäßig thematisiert. Dabei stachen besonders die Entwicklungen in Russland und Belarus hervor, die jeweils sieben Mal thematisiert wurden. Mit Russland beschäftigte sich der Rat das ganze Jahr über, beginnend mit der Inhaftierung des Oppositionellen Alexej Nawalny, über Desinformation und Cyberangriffe, bis hin zum russischen Truppenaufmarsch an der ukrainischen Grenze und der damit verbundenen Bedrohung ukrainischer, territorialer Integrität.

---

2 Eigene Erhebung auf Grundlage der offiziellen Tagesordnungen der verschiedenen Ratsformationen; informelle Ratssitzungen wurden nicht erfasst.
3 Jacopo Barigazzi: How ambassadors took over the EU. Inside the 'engine room' that kept the European Union running through the pandemic — and gained power as a result, in: Politico, 24.6.2021.

Die durch den belarussischen Machthaber Aljaksandr Lukaschenka ausgelöste Krise der irregulären Migration an der Grenze von Belarus zu Litauen und Polen beschäftigte nicht nur den Rat für Auswärtige Angelegenheiten, sondern auch den für Justiz und Inneres. Dort war der Themenkomplex Migration, Asyl und der Schutz von Grenzen 2021 das am häufigsten besprochene Thema, was auch durch die Fluchtbewegung aus Afghanistan begründet ist. Die Machtübernahme der Taliban beschäftigte auch den Rat für Auswärtige Angelegenheiten ab August regelmäßig, u.a. in einer außerordentlichen Sitzung.

Im ersten Halbjahr 2022 prägte der russische Angriffskrieg gegen die Ukraine nicht nur die Arbeit des Rates für Auswärtige Angelegenheiten, sondern auch die anderer Ratsformationen. Während der Rat für Auswärtige Angelegenheiten im ersten Halbjahr 2022 in allen regulären Sitzungen (6) über den Krieg beriet und es zudem eine informelle Sitzung direkt vor und zwei Sondersitzung in der Woche nach Kriegsbeginn gab, wurde im Rat für Justiz und Inneres über die humanitäre Unterstützung der Ukraine, hybride Bedrohungen und Geflüchtete beraten – in allen regulären Sitzungen (2) und zwei Sondersitzungen, Ende Februar und Ende März. Auch der Rat für Wirtschaft und Finanzen (ECOFIN) beschäftigte sich in fast allen seiner Sitzungen (5) mit den Sanktionen gegen Russland und den wirtschaftlichen Folgen des Krieges. Der Rat für Landwirtschaft und Fischerei beriet direkt nach Kriegsbeginn in einer informellen Videokonferenz und in allen folgenden formellen Sitzungen (4) über die Konsequenzen für die Lebensmittelmärkte und die globale Ernährungssicherheit. Die Energieversorgung der Mitgliedstaaten wurde in beiden regulären und einer Sondersitzung des Rats für Energie beraten. Auch andere Ratsformationen, wie der Rat für Beschäftigung und Soziales oder Bildung, Jugend, Kultur und Sport beschäftigten sich mit dem Krieg, wenn auch nicht so häufig und unmittelbar.

Darüber hinaus gab es einige außen- und sicherheitspolitische Themen, welche zwar nicht durch die gleiche Dringlichkeit gekennzeichnet waren, aber dennoch regelmäßig im Rat besprochen wurden. Dazu gehören der Bürgerkrieg und die humanitäre Lage in Äthiopien, sowie der Westliche Balkan. Der Strategische Kompass, der im November 2021 erstmals vorgestellt und im März 2022 verabschiedet wurde war ebenso ein wiederkehrendes Thema, wie die Sahel-Zone und die Klima- und Energiediplomatie der EU. Das Verhältnis zu den USA war in der Arbeit des Rates ebenfalls sehr präsent und fokussierte sich auf die gemeinsame Arbeit in multilateralen Organisationen, sowie die Wiederbeteiligung der USA in den Verhandlungen über das Atomabkommen mit dem Iran.

Einige Themen beschäftigen nur einzelne Ratsformationen im Verlauf des Jahres, dafür aber sehr regelmäßig. Dazu gehörten im Rat für Allgemeines beispielsweise die Konferenz zur Zukunft Europas und die Beziehungen der EU zum Vereinigten Königreich. Nachdem London eine Neuverhandlung des Nordirlandprotokolls ins Gespräch gebracht hatte, rückte vor allem dessen Umsetzung in den Fokus. Im Rat für Justiz und Inneres wurde wiederkehrend über das Migrations- und Asylpaket sowie den Schengenraum debattiert.

Mehr Dynamik in der Gesetzgebung

Die Rückkehr vom Pandemie-Modus zu einem Stück mehr Normalität zeigte sich auch in der gesetzgeberischen Arbeit des Rates 2021. Zwar hatte die europäische Politik weiter mit pandemiebedingten Einschränkungen zu arbeiten, die reguläre Gremienarbeit des Rates und seiner Arbeitsgruppen hat aber weitgehend wieder stattgefunden. Diese Arbeit folgt in der Gesetzgebung im Rat zumindest beim ordentlichen Gesetzgebungsverfahren dem legislativen Zyklus des EP – so wird zum Ende der Legislaturperiode mehr gemeinsame Gesetzgebung verabschiedet (wie 2018/19), während zur Mitte der Parlamentsarbeit die ersten großen Gesetzgebungspakete verabschiedet werden. Dies hat sich 2021 noch etwas verzögert, aber der Rat und das Parlament haben bereits die Verhandlungen zu den großen Initiativen der Europäischen Kommission von der Leyen begonnen, wie etwa die Legislativvorschläge zum Green Deal, der Internetregulierung (etwa den Digital Services Act, DSA) und der Sozialunion. Zur Verabschiedung gebracht worden sind 2021 insgesamt 129 Richtlinien und Verordnungen. Das sind deutlich mehr als 2020 (85).

Tabelle 1: Sekundärrechtsakte des Rates, von 2014 bis 2021[4]

Jahr	Verordnungen (mit EP)	Richtlinien (mit EP)	Beschlüsse / Empfehlungen (mit EP)	Gesamt
2014	152 (88)	53 (47)	405 (12)	**610**
2015	90 (43)	19 (14)	332 (3)	**441**
2016	94 (51)	26 (18)	355 (3)	**475**
2017	90 (52)	18 (14)	328 (7)	**436**
2018	87 (49)	25 (18)	329 (6)	**441**
2019	119 (90)	38 (33)	370 (3)	**527**
2020	74 (46)	11 (5)	361 (11)	**446**
2021	118 (73)	11 (9)	344 (5)	**473**

Quelle: Eigene Zusammenstellung auf Grundlage von EUR-Lex.

So ist zwar das Muster des legislativen Zyklus erhalten geblieben. Erstmals ist aber mit 129 zu 120 seit dem Inkrafttreten des Vertrags von Lissabon mehr Gesetzgebung verabschiedet worden als im entsprechenden Jahr der vorherigen Legislaturperiode (2016). Zuvor war angesichts der wechselnden Krisen seit 2010 das Volumen an neuer EU-Gesetzgebung kontinuierlich gesunken. Die leichte Trendwende 2021 ist vor allem auf zwei Faktoren zurückzuführen: Zum einen war 2021 auch das Jahr des Inkrafttretens des neuen Mehrjährigen Finanzrahmens (2021–27), in dessen Windschatten mehrere Gesetzgebungsakte verabschiedet wurden. Zum anderen haben Rat und EP zum Teil den Rückstau an Gesetzgebungsinitiativen abgearbeitet, die 2020 auf Grund der Covid-19-Pandemie nicht zum Abschluss gebracht werden konnten. In der ersten Jahreshälfte 2022 folgten dann die politischen Vereinbarungen etwa zu den ersten Gesetzgebungsakten des Green Deals, dem DSA oder zu angemessenen Mindestlöhnen, so dass – wie in den Zyklen zuvor – 2022 deutlich mehr Gesetzgebung zur Verabschiedung gebracht werden dürfte.

Erschwerte Abstimmung mit dem EP

Den Großteil der legislativen Beschlüsse trifft der Rat nach dem ordentlichen Gesetzgebungsverfahren gemeinsam mit dem EP. Seit Inkrafttreten des Lissabonner Vertrags haben sich in der Zusammenarbeit zwischen Rat und EP zwei Trends verfestigt: Zum einen stieg der Anteil an Gesetzgebung, die über Mitentscheidung beschlossen wurde, deutlich. Zum anderen haben EP, Rat und Kommission dabei fast ausschließlich das informelle Trilog-Verfahren genutzt. Dieser zweite Trend ist 2021 deutlich gebrochen.

Eine Pendelbewegung gab es beim Anteil an Verordnungen und Richtlinien, welche der Rat gemeinsam mit dem EP verabschiedet. Am meisten gemeinsame Gesetzgebung gab es

---

[4] Eigene Berechnung auf Grundlage von offiziellen Angaben von Eur-Lex sowie dem Rat der Europäischen Union; EU: Statistiken zu Rechtsakten, abrufbar unter: https://eur-lex.europa.eu/statistics/legal-acts/legisltive-acts-statistics-by-author.html (letzter Zugriff: 3.8.2022); Die veränderte Berechnungsgrundlage zu den Vorjahren wurde rückwirkend mit einbezogen.

im Jahr 2019, als, vor allem vor den Europawahlen, mit 75,6 Prozent der absolute Großteil von Rat und EP zusammen verabschiedet wurde. 2020 hingegen war dieser Anteil auf 60 Prozent gefallen und hat sich auch 2021 mit 63,6 Prozent nur wenig gesteigert. Auf der einen Seite ist diese geringere gemeinsame Quote damit zu begründen, dass zu Beginn einer EP-Legislaturperiode die Verhandlungen zwischen Rat und verändertem EP erst anlaufen müssen, während nur vom Rat zu beschließende Rechtsakte vom EP-Zyklus unberührt weiterlaufen. Auf der anderen Seite hat die Covid-19-Pandemie logistisch die Zusammenarbeit zwischen EP und Rat noch erschwert. Umso bemerkenswerter ist es, dass der Wert an gemeinsamer Gesetzgebung immer noch bei 63 Prozent lag, was höher ist als im vergleichbaren Jahr der letzten Legislaturperiode (2016: 57,5 Prozent).

Änderungen waren auch bei der Art der Zusammenarbeit zwischen Rat und EP im ordentlichen Gesetzgebungsverfahrens sichtbar. Hier hat sich im letzten Jahrzehnt zunehmend das so genannte Trilog-Verfahren zum eigentlichen Standardverfahren der EU-Gesetzgebung entwickelt. Demnach durchlaufen Rat und EP bei der Mitentscheidung nicht alle drei Lesungen, sondern gehen direkt nach einer Kommissionsinitiative in informelle Verhandlungen – den Trilog zwischen EP, Rat und Kommission – um einen Kompromiss auszuhandeln. Dieser Kompromiss wird dann direkt in erster Lesung von Parlament und Rat verabschiedet. Dieses Verfahren ist effektiver, wird aber wegen seiner mangelnden Transparenz kritisiert. Ende der letzten Legislaturperiode war der Anteil an Einigungen in erster Lesung auf sogar 100 Prozent im Jahr 2019 gestiegen:

Tabelle 2: Einigungen in erster Lesung seit 2014

Jahr	Mitentscheidungs-beschlüsse	1. Lesung	2. Lesung	3. Lesung	Anteil 1. Lesung in Prozent
2014	191	182	9	0	95,3%
2015	75	58	17	0	77,3%
2016	76	55	21	0	72,4%
2017	88	82	6	0	93,2%
2018	124	123	1	0	99,2%
2019	203	203	0	0	100%
2020	76	59	17	0	77,6%
2021	108	72	36	0	66,7%

Quelle: Eigene Zusammenstellung auf Grundlage offizieller Angaben des Europäischen Parlaments.

Nach einem bereits deutlichen Rückgang 2021 ist der Anteil an Gesetzgebungsverfahren, welche bereits in der ersten Lesung nach Einigung im Trilog abgeschlossen werden konnten erstmals wieder auf unter 70 Prozent gefallen. Zurückzuführen ist dies auf Effekte sowohl des legislativen Zyklus als auch der Zusammensetzung des Parlaments. Denn auch zu Beginn der letzten Legislaturperiode ist der Anteil an Einigungen in erster Lesung in den ersten beiden Jahren gefallen, weil sich jeweils im EP die Fraktionen und Verhandlungsführer:innen einspielen mussten. Dabei lag beim 2019 neu gewählten EP der Anteil von Abgeordneten, die zum ersten Mal ins EP gewählt wurden, bei 57,9 Prozent. Die beiden großen Fraktionen haben alleine keine Mehrheit mehr, so dass Verhandlungen komplexer geworden sind. So mussten mehr Verfahren in die zweite Lesung gehen. Zuletzt haben aber auch die Pandemieeinschränkungen die Triloge zwischen Rat, EP und Kommission mehr beeinträchtigt als die reguläre Ratsarbeit. Angesichts dieser Einschränkungen ist es weiterhin bemerkenswert, dass auch 2021 kein einziges Verfahren bis zur eigentlich vorgesehenen dritten Lesung mit Vermittlungsausschuss kam.

Eine zunehmende Ost-West-Spaltung im Rat

Bemerkenswerte Erkenntnisse zeigt auch die Auswertung der Abstimmungsergebnisse im Rat, insbesondere mit Blick auf die an Dynamik gewinnende Diskussion über die Ausweitung von Mehrheitsentscheidungen. Grundsätzlich variiert die Beschlussfassung im Rat je nach vertraglicher Grundlage der Entscheidung. Seit dem Vertrag von Lissabon entscheidet der Rat in der Regel mit doppelter qualifizierter Mehrheit, etwa in allen Beschlüssen im Rahmen des ordentlichen Gesetzgebungsverfahrens. Es bleiben aber weiterhin genug Beschlüsse, in welchen der Rat einstimmig beschließt und so jede nationale Regierung ein Veto-Recht innehat. Zudem hat sich im Rat eine Konsenskultur etabliert, so dass die nationalen Regierungen im Rat in der Regel so lange verhandeln, bis sie eine Einigung finden, die möglichst alle Mitgliedstaaten mittragen können. Zwar gab es vereinzelt viel beachtete Abstimmungen wie 2015 über die Verteilung von 160.000 Flüchtlingen in der EU, bei der eine größere Gruppe von Mitgliedstaaten unter großer medialer Aufmerksamkeit überstimmt wurde. In den meisten Abstimmungen erreichen die Mitgliedstaaten im Rat aber weiter Konsens.

Analysiert man die 113 im Jahr 2021 veröffentlichten Abstimmungsprotokolle, so wurden auch 76,2 Prozent der Beschlüsse, die rechtlich mit qualifizierter Mehrheit hätten getroffen werden können, einstimmig gefasst. Bei weiteren 11,4 Prozent gab es nur Enthaltungen, so dass insgesamt 87,6 Prozent der Mehrheitsbeschlüsse im Konsens getroffen wurden. Das ist der höchste Anteil an Konsensbeschlüssen im Rat seit 2016. Gleichzeitig blieben Abstimmungen, bei denen ganze Gruppen von Mitgliedstaaten überstimmt werden, eine Seltenheit. So wurden 2021 in insgesamt 13 Abstimmungen Mitgliedstaaten überstimmt, aber nur in zwei Fällen mehr als zwei Mitgliedstaaten. Es gab dabei nur eine einzige Abstimmung, in der 5 nationale Regierungen mit ‚Nein' gestimmt haben: bei einer Richtlinie zur Regelung von Autobahngebühren für LKWs.

Tabelle 3: Abstimmungsverhalten im Rat der EU seit 2014

Jahr	Einstimmig	Nur Enthaltungen	Abstimmungen mit 1 Gegenstimme	Abstimmungen mit 2 oder mehr Gegenstimmen	Gesamt
2014	115	25	21	12	173
2015	60	14	9	7	90
2016	54	20	4	3	81
2017	59	20	6	4	89
2018	60	20	10	11	101
2019	72	45	10	9	136
2020	49	9	6	5	69
2021	88	12	6	7	113

Quelle: Eigene Zusammenstellung auf Grundlage offizieller Angaben des Rates der EU. Erfasst sind nur die öffentlichen Abstimmungen.

Auf Ebene der einzelnen Mitgliedstaaten gab es zwei bemerkenswerte Entwicklungen. Zunächst fiel das Vereinigte Königreich mit dem im Januar 2020 vollzogenen Brexit erstmals ganz aus der Statistik, nachdem es zuvor seit Veröffentlichung von Abstimmungsergebnissen immer der Mitgliedstaat war, der am häufigsten überstimmt wurde. Gleichzeitig hat sich die Zusammensetzung der Mitgliedstaaten, die überstimmt wurden, deutlich verschoben. Während die ‚Nein'-Stimmen in den 2010er-Jahren außer dem Vereinigten Königreich gleichmäßig verteilt waren, wurde 2021 mit großem Abstand Ungarn (12-mal) am häufigsten überstimmt, dann folgten Bulgarien und die Slowakei (je 5) sowie Österreich, Polen,

Schweden und Tschechien (je 4). Auf der anderen Seite wurden weder Deutschland noch Frankreich oder Italien in den öffentlichen Abstimmungen nur ein einziges Mal überstimmt. Trotz des weiterhin hohen Grades an Konsens zeigte sich damit beim Abstimmungsverhalten eine gewisse Ost-West-Spaltung zwischen den Mitgliedstaaten. So entfielen je etwa 60 Prozent der Nein-Stimmen und Enthaltungen auf die 12 ab 2004 beigetretenen Mitglieder, während die sechs Gründerstaaten der EU fast nie überstimmt wurden. So ausgeprägt wie 2021 war diese Ost-West-Spaltung seit Veröffentlichung der Abstimmungsergebnisse noch nie. Sollte sie sich verfestigen, dürfte die Legitimität der Mehrheitsentscheidungen leiden – und der Widerstand der mittel- und osteuropäischen Länder gegen eine Ausweitung noch stärker werden.

Dabei zeigen die Abstimmungsprotokolle, dass die politischen Debatten über die Abstimmungsmodalitäten im Rat bisher primär akademischer Natur geblieben sind: So war im November 2014 die Änderung des Lissabonner Vertrags in Kraft getreten, dass Beschlüsse im Rat nicht mehr nach politisch festgelegter Gewichtung, sondern nach doppelter Mehrheit der Anzahl an Staaten und der von ihnen repräsentierten Bevölkerung getroffen werden; bis November 2017 wäre noch eine Überprüfung nach alter Stimmenverteilung möglich gewesen. Diese Reform war hoch umstritten: So zählt im neuen System die reale Bevölkerungsgröße, während die Stimmgewichtung mit beispielsweise 29 Stimmen für Deutschland und 27 Stimmen für Polen oder Spanien zuvor mittelgroße und kleine Mitgliedstaaten bevorzugt hat. Doch seit 2014 ist nie ein Beschluss im Rat gefasst worden, der nur nach neuer Mehrheitsregel möglich gewesen wäre.

Ratspräsidentschaften

Während Portugal im ersten Halbjahr 2021 den Vorsitz zum vierten Mal übernahm, folgte darauf Slowenien, welches zuvor erst einmal die Ratspräsidentschaft innehatte. Die portugiesische Präsidentschaft startete mit großen Erwartungen an die Verabschiedung von Impfprogrammen und dem Organisieren von Mehrheiten für das Konjunkturpaket NextGenerationEU zum Abfedern der Folgen der Covid-19-Pandemie. Entsprechend lagen die Prioritäten der Präsidentschaft auf dem möglichst grünen und digitalen wirtschaftlichen Wiederaufbau, aber auch der strategischen Autonomie sowie der Europäischen Säule sozialer Rechte. Mit der Schuldenaufnahme durch die Europäische Kommission im Zuge des Konjunkturpakets ist im Rahmen der portugiesischen Präsidentschaft ein bedeutender Integrationsschritt, ähnlich wie bei Portugals letzter Präsidentschaft 2007 mit dem Vertrag von Lissabon, gelungen, auch wenn dieser wahrscheinlich nur von zeitlich begrenzter Natur ist. Zudem konnte das NextGenerationEU-Paket in den Mitgliedstaaten ratifiziert werden.

Das Thema Digitalisierung wurde während der Präsidentschaft nicht so prominent behandelt wie ursprünglich erwartet. Dennoch gehört die Entscheidung über den digitalen EU-Covid-Pass zu einem der schnellsten Entscheidungsverfahren, die es (laut der Präsidentschaft) in der EU je gegeben hat. Der als Höhepunkt der Präsidentschaft reklamierte Sozialgipfel in Porto konnte die im Vorfeld entstandenen Erwartungen nicht erfüllen, da in dem weitestgehend in nationaler Kompetenz liegenden Politikfeld keine konkreten Maßnahmen beschlossen wurden und sich weiterhin eine starke Nord-Süd-Differenz innerhalb der EU abzeichnet. Unter der portugiesischen Präsidentschaft konnte schließlich auch die Konferenz zur Zukunft Europas beginnen, deren Start sich durch die Pandemie und interinstitutionelle Streitigkeiten verzögert hatte. Außenpolitisch war die portugiesische Präsidentschaft durch die Transition zu einer neuen US-Regierung unter Präsident Joe Biden und dem Wechsel von der Übergangsphase zum neuen Handels- und Kooperationsabkommen mit dem Vereinigten Königreich geprägt. Im Zuge eines EU-Indien-Gipfels wurden die Verhandlungen zu einem Freihandelsabkommen wieder aufgenommen. Andere Vorhaben, wie die Gespräche zum Freihandelsabkommen zwischen der EU und MERCOSUR sind durch die Vorbehalte einzelner Mitgliedstaaten nicht vorangekommen oder wurden verschoben, wie der Gipfel zwischen der EU und der Afrikanischen Union.

Die darauffolgende Ratspräsidentschaft war hingegen geprägt von Bedenken um den Umgang des slowenischen Vorsitzes mit dem Thema Rechtsstaatlichkeit. Die Nähe von Ministerpräsident Janez Janša zu Viktor Orbán, die Verzögerungen bei der Ernennung slowenischer Staatsanwälte für die europäische Staatsanwaltschaft und Unklarheiten zur Unabhängigkeit und Finanzierung der slowenischen Presseagentur Slovenska Tiskovna Agencija (STA) sorgten für anhaltende Bedenken, welche sich auch in einer Resolution des EP äußerten. Da die Ausschüttung von Mitteln aus dem Wiederaufbaufonds wie auch der Zustand der Rechtsstaatlichkeit in Polen und Ungarn auf der Tagesordnung stand, war das Thema Rechtsstaatlichkeit besonders wichtig und sensibel zugleich.

Während der slowenischen Ratspräsidentschaft wurden mit dem Digital Markets Act und dem Digital Services Act zwei wichtige Regulierungsinitiativen auf den Weg gebracht. Die Konferenz zur Zukunft Europas konnte mit dem Beginn der Bürgerforen und weiteren Plenarversammlungen Fahrt aufnehmen, zudem gab es unter slowenischem Vorsitz eine Entscheidung zum kroatischen Beitritt in den Schengenraum. Der Gipfel mit den Staaten des Westlichen Balkans blieb ohne Durchbruch, ebenso wie einige Dossiers im Themenbereich Migration und Asyl. Darüber hinaus stand die slowenische Präsidentschaft unter dem Eindruck verschiedener krisenhafter Entwicklungen, wie dem russischen Truppenaufmarsch an der ukrainischen Grenze, der Machtübernahme der Taliban in Afghanistan, sowie der von Präsident Lukaschenka herbeigeführten Migration von Belarus nach Polen und Litauen.

Ausblick

Im Jahr 2021 ist der Rat en grosso modo trotz fortlaufender Pandemie wieder zu seiner üblichen Arbeitsweise zurückgekehrt. Trotzdem waren die Auswirkungen weiterhin zu spüren, sowohl in Form einer schwereren Abstimmung mit dem EP und weniger formellen Sitzungen als auch durch die Abarbeitung sich angestauter Gesetzgebungsinitiativen. Trotz hohem Konsens bei den meisten Abstimmungen ist dabei im Rat die Spaltung zwischen West- und Osteuropa nachweislich gestiegen. Dies befeuert auch die wachsende Debatte über die Ausweitung von Mehrheitsentscheidungen, wie sie nach der Konferenz zur Zukunft Europas, aber auch mit Blick auf die Aufnahmeperspektive der Ukraine, der Republik Moldau und den Ländern des westlichen Balkans gefordert wird.

Weiterführende Literatur

Tom Delreux/Thomas Laloux: Concluding early agreements in the EU: A double principal-agent analysis of Trilogue negotiations, in: Journal of Common Market Studies 2/2018, S. 300–317.
Sergio Fabbrini/Uwe Puetter: Integration without supranationalisation: studying the lead role of the European Council and the Council of Ministers in post-Lisbon EU politics, in: Journal of European Integration 5/2016, S. 481–495.
Fiona Hayes-Renshaw: The Council of Ministers, in: John Peterson/Michael Shackleton (Hg.): The Institutions of the European Union, Oxford 2012, S. 68–95.
Andreas Warntjen: Do votes matter? Voting weights and the success probability of member states requests in the Council of the European Union, in: Journal of European Integration 6/2017, S. 673–687.

Europäische Kommission

Andreas Hofmann

Nachdem in der zweiten Jahreshälfte 2021 noch die Bekämpfung der durch die Omikron-Variante des Coronavirus ausgelösten neuen Infektionswelle im Mittelpunkt der Aufmerksamkeit der Europäischen Kommission stand, wurde diese in der ersten Hälfte des Jahres 2022 komplett durch die russische Invasion der Ukraine und die dadurch verstärkte Energiepreiskrise überschattet.

Covid-19-Pandemie
Während die Kommission im Frühjahr 2021 noch in der Kritik stand, mit Impfstoffherstellern unzureichende Lieferverträge geschlossen zu haben, die ein zeitnahes Ausrollen der Impfkampagne behinderten, hatten die Impfquoten innerhalb der Europäischen Union (EU) bereits im Sommer 2021 die seinerzeitigen Vorreiter USA und Vereinigtes Königreich eingeholt. Ende Juli 2021 konnte Kommissionspräsidentin Ursula von der Leyen verkünden, die Kommission habe ihr Versprechen vom Januar halten können: 70 Prozent der Erwachsenen in der EU hätten eine Erstimpfung erhalten.[1] Zum Herbst und Winter zeichnete sich eher ab, dass nicht die Verfügbarkeit des Impfstoffes das zentrale Problem in der Pandemiebekämpfung darstellen könnte, sondern eine fehlende Impfbereitschaft in wichtigen Bevölkerungsgruppen.[2] In einer Mitteilung vom April 2022 hob die Kommission eine mögliche Abschwächung der Bereitschaft zu Auffrischungsimpfungen als Problem der Reaktionsfähigkeit der EU auf zukünftige Infektionswellen und mögliche neue Varianten hervor. Zudem wies die Kommission auf die großen Unterschiede in den Auffrischungsimpfquoten der Mitgliedstaaten hin, die von über 80 Prozent der Erwachsenen in Frankreich bis zu weniger als 20 Prozent in Bulgarien und Rumänien reichten.[3]

Das seit Juli 2021 einsetzbare EU-Covid-Zertifikat als Standard zum Nachweis des Impfschutzes hat hingegen dazu beigetragen, dass auch die durch die aufkommende Omikron-Variante im Herbst 2021 stark gestiegenen Infektionszahlen nicht mehr zu innereuropäischen Grenzschließungen führten, die in vorherigen Wellen immer wieder eingesetzt wurden. Im Dezember 2021 hatte die Kommission einen europäischen Ansatz zur Reaktion auf die Omikron-Variante vorgelegt, der jedoch inhaltlich kein Neuland betrat. Die Kommission rief zur Ausweitung der Impf- und Auffrischungskampagne auf und kündigte eine Koordinierung der mitgliedstaatlichen Schutzmaßnahmen sowie der Einreisebestimmungen aus Drittländern an.[4] Zu den national sehr vehement geführten Debatten über mögliche

---

1 Europäische Kommission: Erklärung von Präsidentin von der Leyen zu einem neuen Meilenstein in der EU-Impfstoffstrategie, STATEMENT/21/3921, 27.7.2021.
2 Werner Mussler: Impfversagen und Impferfolg, in: Frankfurter Allgemeine Zeitung, 21.9.2021, S. 15.
3 Europäische Kommission: COVID-19-Sustaining EU Preparedness and Response: Looking ahead, COM(2022) 190 final, 27.4.2022.
4 Europäische Kommission: Pressemitteilung, Kommission fordert erneut größeres Impftempo, schnellere Booster-Impfungen, große Wachsamkeit und rasche Reaktion auf die Omikron-Variante, IP/21/6473, 1.12.2021.

Impfpflichten äußerte sich die Kommission jedoch nur begrenzt. Zwar befürwortete von der Leyen die Diskussion über eine solche Pflicht und betonte, ein gemeinsamer Ansatz der EU sei notwendig.[5] Weitergehende Aussagen oder Unternehmungen der Kommission zu dieser Debatte sind aber nicht bekannt.

Die russische Invasion der Ukraine

Bemühungen der Kommission um eine Bekämpfung der Omikron-Welle und den wirtschaftlichen Wiederaufbau wurden im Februar 2022 jäh unterbrochen durch eine erneute akute Phase russischer Aggression gegen die Ukraine. Die Ballung von Truppen und Material an der ukrainischen Grenze vollzog sich zwar schon seit dem Frühjahr 2021, die Situation spitzte sich aber drastisch zu mit der Entscheidung des russischen Parlaments (Duma) vom 15. Februar 2022, Präsident Wladimir Putin zur Anerkennung der selbsternannten Republiken Donezk und Luhansk aufzurufen. Diese Anerkennung sprach Putin am 21. Februar aus. Am 24. Februar 2022 begann der russische Angriff auf das gesamte Gebiet der Ukraine. Am selben Tag erklärte von der Leyen dazu:

> „Wir verurteilen diesen barbarischen Angriff und die zynischen Argumente zu seiner Rechtfertigung. Präsident Putin hat den Krieg zurück nach Europa gebracht. In diesen dunklen Stunden stehen die Europäische Union und die Menschen in Europa an der Seite der Ukraine und ihrer Bevölkerung. […] Russlands Ziel ist nicht nur der Donbas, das Ziel ist nicht nur die Ukraine, das Ziel ist die Stabilität in Europa und die gesamte internationale Friedensordnung. Dafür werden wir Präsident Putin zur Rechenschaft ziehen."[6]

Sanktionen gegen Russland

In der Folge hat die EU umfangreiche Sanktionen gegen die Russische Föderation verhängt. Die Kommission ist in dieses Verfahren primär über Josep Borrell, den Hohen Vertreter der Union für Außen und Sicherheitspolitik, einbezogen, der einer der Vize-Präsident:innen der Kommission ist. Über ihn hat die Kommission ein Vorschlagsrecht, bei finanziellen Sanktionen sogar ein Vorschlagsmonopol, analog zu anderen Politikbereichen in der EU. Umgesetzt werden Sanktionen von den Mitgliedstaaten, im Falle finanzieller Sanktionen kommt der Kommission aber eine Kontrollfunktion zu. Sie arbeitet dazu eng mit den Behörden der Mitgliedstaaten zusammen.[7]

Frühe Maßnahmen ab dem 21. Februar umfassten persönliche Sanktionen gegen Präsident Putin, Außenminister Sergej Lawrow, Mitglieder des russischen Parlaments und des Nationalen Sicherheitsrats sowie erste wirtschaftliche Sanktionen in den Bereichen Finanzen, Energie, Verkehr und Technologie.[8] Als umfassenderes Maßnahmenpaket kündigte die Kommission am 26. Februar an, russische Banken vom SWIFT-Zahlungssystem auszuschließen, das auswärtige Vermögen der russischen Zentralbank einzufrieren und russischen Oligarch:innen den Zugang auf persönliche Vermögen zu verwehren.[9] Einen Tag

---

5 Frankfurter Allgemeine Zeitung: Von der Leyen für Impfpflicht in der EU, 2.12.2021, S. 1.
6 Europäische Kommission: Presseerklärung von Präsidentin von der Leyen zu Russlands Aggressionen gegenüber der Ukraine, STATEMENT/22/1322, 24.2.2022.
7 Europäische Kommission: Häufig gestellte Fragen zu restriktiven Maßnahmen (Sanktionen), QANDA 22/1401, 26.2.2022.
8 Rat der Europäischen Union: Zeitleiste – restriktive Maßnahmen der EU gegen Russland aufgrund der Krise in der Ukraine, abrufbar unter https://www.consilium.europa.eu/de/policies/sanctions/restrictive-measures-against-russia-over-ukraine/history-restrictive-measures-against-russia-over-ukraine (letzter Zugriff: 30.8.2022).
9 Europäische Kommission: Erklärung von Präsidentin von der Leyen zu weiteren Maßnahmen in Reaktion auf die russische Invasion der Ukraine, STATEMENT/22/1422, 26.2.2022.

später erweiterte die Kommission diese Maßnahmen um eine Sperrung des europäischen Luftraums für russische Flugzeuge und den Entzug von Sendelizenzen für russische Staatsmedien in Europa.[10] Am 4. März kündigte die Kommission an, wissenschaftliche Kooperation mit russischen und belarussischen Einrichtungen im Rahmen der EU-Forschungsförderung einzustellen. Auch Zahlungen aus bestehenden Vereinbarungen wurden gestoppt.[11] Weitere Sanktionen folgten in verschiedenen Paketen über das Frühjahr und den Sommer. Diese umfassten ein Verbot von Transaktionen mit russischen staatseigenen Unternehmen und neuen Investitionen in den russischen Energiesektor (15. März), ein Einfuhrverbot für Kohle, andere feste fossile Brennstoffe, Holz und Zement, ein Einlaufverbot in EU-Häfen für alle russischen Schiffe und ein Einreiseverbot für russische Kraftverkehrsunternehmen (8. April), bis hin zu einem Einfuhrverbot für Rohöl und raffinierte Erdölerzeugnisse über den Seeweg (3. Juni).[12]

Um die Umsetzung der Sanktionen gegen russische Oligarch:innen europaweit besser zu koordinieren, setzte die Kommission im März 2022 eine spezielle Taskforce „Freeze and Seize" ein.[13] Dieses Unterfangen gestaltete sich aber alles andere als hürdenfrei. Mitgliedstaatliche Behörden sind in sehr unterschiedlichem Maße bereit und in der Lage, das Vermögen sanktionierter Individuen und Organisationen aufzuspüren und effektiv festzusetzen. Die Rechtsordnung vieler Mitgliedstaaten verbietet die Konfiskation privaten Eigentums ohne gerichtliche Verurteilung. Bereits im Januar 2021 hatte die Kommission die Uneinheitlichkeit der Umsetzung von Sanktionen in der EU moniert und Maßnahmen zur Abhilfe vorgeschlagen. Das von ihr seinerzeit angekündigte „Register für den Informationsaustausch zu Sanktionen" befand sich aber im Frühjahr 2022 erst im Aufbau.[14] In Kooperation mit der von der G7 einsetzten Taskforce „Russian Elites, Proxies, and Oligarchs (REPO)" hat die Taskforce der Kommission dennoch dazu beigetragen, bis Ende Juni 2022 30 Mrd. Dollar russisches Vermögen einzufrieren.[15]

Zur Stärkung einheitlicher Mindeststandards in der Durchsetzung von Sanktionen schlug die Kommission am 25. Mai vor, Sanktionsverstöße in die Liste der Straftaten mit europäischer Dimension aufzunehmen.[16] Im April berichtete von der Leyen zudem, die Kommission habe mit der Ukraine eine gemeinsame Ermittlungsgruppe eingerichtet, die Beweise für russische Kriegsverbrechen sammelt.[17]

---

10 Europäische Kommission: Erklärung von Präsidentin von der Leyen zu weiteren Maßnahmen als Reaktion auf die russische Invasion der Ukraine, STATEMENT/22/1441, 27.2.2022.
11 Europäische Kommission: Pressemitteilung, Kommission setzt Zusammenarbeit mit Russland im Bereich Forschung und Innovation aus, IP/22/1544, 4.3.2022.
12 Rat der Europäischen Union: Zeitleiste – restriktive Maßnahmen der EU gegen Russland, 2022.
13 Europäische Kommission: Pressemitteilung, Taskforce „Freeze and Seize": Vermögenswerte russischer und belarussischer Oligarchen und Unterhemen in Höhe von bislang knapp 30 Mrd. EUR eingefroren, IP/22/2373, 8.4.2022.
14 Francesco Guarascio: Freeze and seize? EU struggles to target oligarchs' assets, in: Reuters.com, 24.3.2022.
15 Europäische Kommission: Russian Elites, Proxies, and Oligarchs Task Force Joint Statement, STATEMENT/22/4232, 29.6.2022.
16 Europäische Kommission: Pressemitteilung, Ukraine: Kommission schlägt Vorschriften für die Sicherstellung und Einziehung von Vermögenswerten von Oligarchen, die gegen restriktive Maßnahmen verstoßen, und von Straftätern vor, IP/22/3264, 25.5.2022.
17 Europäische Kommission: Erklärung der Präsidentin der Europäischen Kommission Ursula von der Leyen nach ihrem Telefonat mit Präsident Selenskyj zu den Reaktionen der Kommission auf die Gräultaten in Butscha, STATEMENT/22/2268, 4.4.2022.

Finanzhilfen an die Ukraine

Finanzielle Hilfen der EU an die Ukraine haben eine längere Geschichte. Bereits seit der ersten Hälfte der 1990er Jahre unterstützt die EU die Ukraine primär mit „Makro-Finanzhilfen", die die EU Ländern mit Zahlungsbilanzschwierigkeiten in ihrer geografischen Nachbarschaft zusätzlich zu Hilfen des Internationalen Währungsfonds (IWF) zur Verfügung stellen kann. Bei diesen Hilfen handelt es sich um Gelder, die die Kommission im Namen der EU an den Finanzmärkten anleiht und dann mit günstigen Konditionen an die betroffenen Staaten weiterleitet. Die Auszahlung ist an Konditionen geknüpft, die in einem „Memorandum of Understanding" festgehalten werden, dessen Umsetzung von der Kommission kontrolliert wird. Die jüngste Serie an Hilfen geht zurück auf Beschlüsse des Rats und des Europäischen Parlaments aus den Jahren 2002 und 2010, die der Ukraine Finanzhilfen bis zu einer Höhe von 610 Mio. Euro in Aussicht gestellt hatten. Im Frühjahr 2013 unterzeichnete die Kommission und die damalige Regierung der Ukraine dazu ein „Memorandum of Understanding", das insbesondere Maßnahmen zur Korruptionsbekämpfung und makroökonomische Reformen beinhalteten.[18] Die erste Tranche dieser Gelder zahlte die Kommission aber erst im Zuge der Euromaidan-Proteste aus, die über den Jahreswechsel 2013/2014 zum Sturz des pro-russischen Präsidenten Viktor Janukovič geführt hatten und die eine der Wegmarken in den gegenwärtigen Spannungen zwischen der EU und der Russischen Föderation darstellen. Seit März 2014 weitete die EU diese Hilfen grundlegend aus. Bis 2021 überwies die Kommission etwa 5 Mrd. Euro an die Ukraine.[19] Die grundsätzliche Konditionalität, inklusive des Fokus auf Korruptionsbekämpfung, blieb jedoch bestehen.

Bereits im Vorfeld der russischen Invasion hatte die Kommission am 1. Februar 2022 im Angesicht wachsender Spannungen ein weiteres Paket an Makro-Finanzhilfen in Höhe von 1,2 Mrd. Euro vorgeschlagen.[20] Im Angesicht der besonderen Situation verzichtete die Kommission nach Beginn der russischen Invasion auf einen Nachweis von korruptionsbekämpfenden Maßnahmen als Kondition für die Auszahlung. Am 18. Mai 2022 schlug die Kommission vor, zur Deckung des kurzfristigen Finanzierungsbedarfs der Ukraine die Hilfskredite im Jahr 2022 auf bis zu 10 Mrd. Euro auszuweiten.[21] Mittelfristig schlug die Kommission vor, zum Wiederaufbau der Ukraine umfangreichere Hilfen zur Verfügung zu stellen,

> „um das Fundament für ein freies und wohlhabendes Land zu schaffen, das in den europäischen Werten verankert und gut in die europäische und globale Wirtschaft integriert ist, und um dieses Land auf seinem europäischen Weg zu begleiten".[22]

---

18 Beschluss 2002/639/EG über eine weitere Makro-Finanzhilfe für die Ukraine, in: Amtsblatt der EG L 209/22, 6.8.2002; Beschluss 388/2010/EU über eine Makrofinanzhilfe für die Ukraine, in: Amtsblatt der EU L 179/1, 14.7.2010; Europäische Kommission: Memorandum of Understanding between the EU and Ukraine. Macro-Financial Assistance for Ukraine. Loan Facility from the European Union for up to 610 million EUR, 25.2.2013.
19 Europäische Kommission: Memorandum of Understanding. Macro-Financial Assistance for Ukraine. Loan Facility from the European Union for up to 1 billion EUR, 13.4.2014; Memorandum of Understanding. Macro-Financial Assistance for Ukraine. Loan Facility from the European Union for up to 1.8 billion EUR, 22.5.2015; Memorandum of Understanding. Macro-Financial Assistance for Ukraine of up to 1 billion EUR, 14.9.2018; Memorandum of Understanding. Macro-Financial Assistance for Ukraine of up to 1.2 billion EUR, 23.7.2020.
20 Europäische Kommission: Pressemitteilung, Kommission schlägt ein Soforthilfepaket mit Makrofinanzhilfen in Höhe von 1,2 Mrd. EUR für die Ukraine vor, IP/22/674, 1.2.2022.
21 Europäische Kommission: Pressemitteilung, Die Europäische Kommission schlägt die erste Teilauszahlung in Höhe von 1 Mrd. EUR für die neue Makrofinanzhilfe für die Ukraine vor, IP/22/4264, 1.7.2022.
22 Europäische Kommission: Entlastung und Wiederaufbau der Ukraine, COM(2022) 233 final, 18.5.2022.

Dazu präsentierte sie einen „Strategischen Wiederaufbauplan RebuildUkraine", dessen inhaltliche Ausrichtung eng mit der europäischen grünen und digitalen Agenda verknüpft sein soll. Zentraler Bestandteil dessen ist eine „Plattform für den Wiederaufbau", die gemeinsam von der Kommission und der ukrainischen Regierung geleitet werden soll. Die Plattform soll prioritäre Bereiche zur Finanzierung festlegen und die Bemühungen verschiedener unterstützender Partner koordinieren. Für das Europäische Parlament sieht der Kommissionsvorschlag eine Beobachterrolle vor. Ein erheblicher Teil des notwendigen Finanzierungsvolumens soll von der EU erbracht werden. Dazu sieht die Kommission eine neue „Fazilität RebuildUkraine" vor, die in Anlehnung an das Wiederaufbauprogramm NextGenerationEU eine Mischung aus Darlehen und Hilfszahlungen umfassen soll und in den EU-Haushalt eingebettet ist. Da der voraussichtliche finanzielle Bedarf deutlich die Mittel des Mehrjährigen Finanzrahmen übersteigt, hält es die Kommission für denkbar, die nötigen Gelder über gemeinsame Schulden im Namen der EU oder über mitgliedstaatliche Garantien bereitzustellen.[23]

Einmalig in der Geschichte der Gemeinsamen Außen- und Sicherheitspolitik (GASP) war zudem die am 27. Februar von Borrell und von der Leyen angekündigte Entscheidung der EU, Finanzhilfen für den Ankauf und die Lieferung von Waffen an die Ukraine zu gewähren.[24] Diese Mittel, die sich bis zum Sommer auf 2,5 Mrd. Euro beliefen, stammen aus der „Europäischen Friedensfazilität", die der Rat der Europäischen Union erst im März 2021 geschaffen hatte, um Partnerländer zu unterstützen,

> „indem [die EU] entweder deren friedenserhaltende Einsätze unterstützt oder dazu beiträgt, die Fähigkeiten der Streitkräfte dieser Länder zur Wahrung von Frieden und Sicherheit in ihrem Hoheitsgebiet zu stärken".[25]

Umgang mit aus der Ukraine geflüchteten Menschen

Bis zum Sommer flohen etwa 3,5 Mio. Menschen aus der Ukraine in Mitgliedstaaten der EU, vornehmlich nach Polen, Deutschland und die Tschechische Republik.[26] Von Beginn an unternahm die Kommission Maßnahmen, um die Mitgliedstaaten bei der Aufnahme dieser Menschen zu unterstützen und die Konditionen der Einreise zu vereinheitlichen. Am 2. März schlug die Kommission vor, europäische Regelungen zur Gewährung von „vorübergehendem Schutz" für ukrainische Geflüchtete zu aktivieren. Ein solcher Schutz, den eine Richtlinie aus dem Jahr 2001 regelt, ermöglicht Geflüchteten eine Aufenthaltserlaubnis sowie Zugang zum Arbeitsmarkt und zu Bildung, wurde bisher aber nie eingesetzt.[27] Zudem schlug die Kommission Leitlinien für Grenzkontrollen zwischen der EU und der Ukraine vor, die die Einreise für Geflüchtete erleichtern sollten.[28] Am 8. März legte die Kommission dem Rat und dem Europäischen Parlament einen Vorschlag vor, Gelder aus dem Europäischen Fonds für regionale Entwicklung oder aus dem Europäischen Sozialfonds für die

---

23 Europäische Kommission: Entlastung und Wiederaufbau der Ukraine, 2022.
24 Maïa de La Baume/Jacopo Barigazzi: EU agrees to give €500M in arms, aid to Ukrainian military in 'watershed' move, in: Politico, 27.2.2022; vgl. hierzu auch den Beitrag „Gemeinsame Außen- und Sicherheitspolitik" in diesem Jahrbuch.
25 Rat der Europäischen Union: Pressemitteilung, EU richtet Europäische Friedensfazilität ein, 220/21, 22.3.2021.
26 BBC.com: How many Ukrainian refugees are there and where have they gone?, 4.7.2022.
27 Richtlinie 2001/55/EG über Mindestnormen für die Gewährung vorübergehenden Schutzes im Falle eines Massenzustroms von Vertriebenen, in: Amtsblatt der EG L 212, 7.8.2001; Jacopo Barigazzi: EU hails 'historic' deal to protect Ukrainian refugees, in: Politico, 3.3.2022.
28 Europäische Kommission: Pressemitteilung, Kommission schlägt vorübergehenden Schutz für Kriegsflüchtlinge aus der Ukraine und Leitlinien für Grenzkontrollen vor, IP/22/1469, 2.3.2022.

Unterstützung von Geflüchteten verwenden zu können. 10 Mrd. Euro sollten dafür zudem aus dem Wiederaufbauprogramm NextGenerationEU aufgewendet werden.[29] Diese Maßnahmen wurden in der Folge kontinuierlich ausgeweitet. Die Kommission betonte etwa einen besonderen Schutz für geflüchtete Kinder, den sie mit der 2021 verabschiedeten Europäischen Garantie für Kinder verband. Demnach wurden nationale Koordinationsstellen benannt, die die Aufnahme von Kindern erleichtern sollen. Zentral ist dabei der Zugang zu Bildung, den die Kommission mit einer zentralen Anlaufstelle für Lehrmaterialien in ukrainischer Sprache unterstützt.[30] Die Kommission entwickelte zudem Leitlinien zur Anerkennung ukrainischer Berufsqualifikationen, um die Integration von Geflüchteten in den europäischen Arbeitsmarkt zu erleichtern.[31] Teil dieser Bemühungen ist auch eine zentrale Informations- und Unterstützungsstelle speziell für ukrainische Wissenschaftler:innen, die Positionen an europäischen Forschungsinstitutionen vermittelt.[32]

Beitrittsverhandlungen

Am 28. Februar 2022 stellte die Regierung der Ukraine einen Antrag auf Mitgliedschaft in der EU. Am 3. März folgten Beitrittsanträge der Republik Moldau und Georgiens. Nach Artikel 49 EUV richtet sich ein solcher Antrag an den Rat, der wiederum die Kommission beauftragt, sich in einer Stellungnahme für oder gegen die Verleihung eines Kandidatenstatus auszusprechen. In Vorbereitung dieser Stellungnahme reiste von der Leyen am 11. Juni zu Gesprächen mit dem ukrainischen Präsidenten Wolodymyr Selenskyj nach Kyjiw. Am 17. Juni legte die Kommission dem Rat ihre Stellungnahme zur Beitrittsperspektive der Ukraine, Moldaus und Georgiens vor.[33] Darin befürwortet die Kommission einen unmittelbaren Kandidatenstatus für die Ukraine und die Republik Moldau, nicht aber für Georgien. Die Stellungnahme beinhaltete eine Liste von Maßnahmen, die die Ukraine vor der Aufnahme konkreter Beitrittsverhandlungen umsetzen soll. Diese umfassen insbesondere Reformen in der Ernennung von Richter:innen an höchsten Gerichten, vermehrte Anstrengungen in der Bekämpfung von Korruption und Geldwäsche, eine Zurückdrängung des Einflusses von Oligarch:innen im wirtschaftlichen, politischen und öffentlichen Leben und besonders in den Medien, sowie eine Fertigstellung des rechtlichen Rahmens für Minderheitenschutz.[34] Noch im September 2021 hatte der Europäische Rechnungshof in einem Sonderbericht zur Ukraine konstatiert, „Großkorruption und eine Vereinnahmung des Staates im Sinne privater Interessen [seien] in der Ukraine immer noch weit verbreitet" und bisherige „EU-Hilfe für Reformen unwirksam gegen Korruption auf höchster Ebene".[35]

---

29 Europäische Kommission: Pressemitteilung, Kohäsionsmittel zur Unterstützung von Menschen, die vor der Invasion der Ukraine durch Russland fliehen, IP/22/1607, 8.3.2022.
30 Europäische Kommission: Pressemitteilung, EU unterstützt Mitgliedstaaten bei der Deckung des Bedarfs der Flüchtlinge, IP/22/1946, 23.3.2022.
31 Europäische Kommission: Empfehlung (EU) 2022/554 zur Anerkennung der Qualifikationen von Menschen, die vor der Invasion Russlands in der Ukraine fliehen, in: Amtsblatt der Europäischen Union LI 107/01, 5.4.2022.
32 Europäische Kommission: ERA4Ukraine, abrufbar unter https://euraxess.ec.europa.eu/ukraine (letzter Zugriff: 31.8.2022).
33 Europäische Kommission: Pressemitteilung, Die Europäische Kommission empfiehlt dem Rat, die Beitrittsperspektive der Ukraine, Moldaus und Georgiens zu bestätigen, IP/22/3790, 17.6.2022.
34 Europäische Kommission: Commission Opinion on Ukraine's application for membership of the European Union, COM(2022) 407 final, 17.6.2022.
35 Europäischer Rechnungshof: Pressemitteilung, EU-Hilfe für Reformen ist unwirksam gegen Korruption auf höchster Ebene, 23.9.2021; Thomas Gutschker: Streng nach Lehrbuch, in: Frankfurter Allgemeine Zeitung, 18.6.2022, S. 2.

Europäischer Grüner Deal und steigende Energiepreise

Nachdem Rat und Europäisches Parlament im Juni 2021 den Kommissionsvorschlag für ein Europäisches Klimagesetz angenommen hatten, in dem sich die Mitgliedstaaten der EU rechtlich auf eine Reduktion des CO2-Ausstoßes um 55 Prozent gegenüber 1990 verpflichtet hatten, legte die Kommission am 14. Juli 2021 ein als „Fit für 55" betiteltes Paket legislativer Maßnahmen vor, um dieses Ziel umzusetzen.[36] Darin beinhaltet ist ein Vorschlag zur Beendigung des Verkaufs von Autos mit Verbrennungsmotoren bis 2035. Weitere Vorhaben beinhalten höhere Anforderungen an Energieeffizienz, insbesondere für öffentliche Gebäude, und eine Erhöhung der Zielvorgabe für den Anteil erneuerbarer Energien auf 40 Prozent der Stromproduktion bis 2030. Die Kommission schlug zudem die Einrichtung eines mit etwa 72 Mrd. Euro bestückten Sozialfonds zur Absicherung vulnerabler Gruppen gegen hohe Kraftstoff- und Energiekosten vor, der aus Erträgen des europäischen Emissionshandelssystems (ETS) gespeist werden soll. Besonders kontrovers gestaltete sich der Vorschlag, auch den Straßenverkehr in das Emissionshandelssystem einzubeziehen. Einzelne Regierungen fürchteten eine Wiederholung der französischen Gelbwesten-Proteste, die aus einer durch diese Maßnahme bedingten Erhöhung der Benzinpreise resultieren könnte.[37]

Das Problem rapide steigender Energiepreise erwies sich als bestimmend für weitere klima- und energiepolitische Maßnahmen über den Herbst und Winter. Die Kommission stellte dazu am 13. Oktober eine „Energiepreis-Toolbox" vor, die den Handlungsspielraum der Mitgliedstaaten zur Bekämpfung des Preisanstiegs verdeutlichen sollte. Damit skizzierte sie wenig Neues, versuchte aber, allzu große Begehrlichkeiten aus den Mitgliedstaaten nach Abschwächung der Klimaschutzambitionen zu entgegnen.[38] Die russische Invasion der Ukraine verschärfte die Situation auf dem Energiemarkt deutlich, bot der Kommission aber auch eine Chance, ihre Klimaschutzziele in den Rahmen eines Ausstiegs aus der Abhängigkeit von russischem Gas einzubetten. Am 8. März präsentierte die Kommission dazu erste Leitlinien ihres neuen Plans „REPowerEU".[39] Darin betonte sie zunächst die Fortführung der Bemühungen um niedrigere Energiepreise. Konkret kündigte sie Änderungen in Bestimmungen zu staatlichen Beihilfen an, die es Regierungen ermöglichen sollen, Unternehmen von hohen Energiekosten zu entlasten. Preisregulierungen sollten in bestimmen Ausnahmefällen auch möglich sein. Kernstück des Plans ist aber die Ambition, „deutlich vor 2030" unabhängig von russischen fossilen Brennstoffen zu werden. Der Plan konzentriert sich auf Gas, für das es auf dem Weltmarkt weniger Alternativen als im Falle von Öl oder Kohle gibt. Er beinhaltet Bemühungen, alternative, nicht-russische Quellen für fossile Brennstoffe zu finden, erneuerbare Energiequellen zu fördern und Energieverbrauch zu reduzieren. Bereits im laufenden Jahr sollte dadurch die Einfuhr von russischem Gas deutlich reduziert werden. Kommissionspräsidentin von der Leyen sagte dazu: „Wir dürfen uns einfach nicht auf einen Lieferanten verlassen, der uns schlichtweg bedroht".[40] Am

---

36 Europäische Kommission: Pressemitteilung, Europäischer Grüner Deal: Kommission schlägt Neuausrichtung von Wirtschaft und Gesellschaft in der EU vor, um Klimaziele zu erreichen, IP/21/3541, 14.7.2021.
37 Joshua Posaner/Florian Eder/Karl Mathiesen/Kalina Oroschakoff: Germany's fuel-price push divides Brussels as EU sets out climate plans, in: Politico.eu, 14.7.2021.
38 Hendrik Kafsack: Die Kommission werkelt herum, in: Frankfurter Allgemeine Zeitung, 14.10.2021, S. 15.
39 Europäische Kommission: Pressemitteilung, REPowerEU: gemeinsames europäisches Vorgehen für erschwinglichere, sichere und nachhaltige Energie, IP/22/1511, 8.3.2022.
40 Europäische Kommission: Pressemitteilung, REPowerEU, 8.3.2022.

18. Mai 2022 konkretisierte die Kommission diesen Plan.[41] Sie bezifferte die Kosten der notwendigen Maßnahmen auf etwa 210 Mrd. Euro, die von Mitteln der Aufbau- und Resilienzfazilität aus dem Programm NextGenerationEU gedeckt werden können. Die Kommission rief Mitgliedstaaten dazu auf, in ihre jährlichen Aufbau- und Resilienzpläne, in denen die Mitgliedstaaten konkrete Maßnahmen zum post-pandemischen Wiederaufbau und deren Finanzierungsbedarf an die Kommission melden, um ein Kapitel zur Reduktion russischer Gaseinfuhren zu erweitern. Zudem kündigte sie an, solche Maßnahmen auch in ihre länderspezifischen Empfehlungen im Rahmen des Europäischen Semesters zu integrieren.

Ausblick

Die russische Invasion der Ukraine und die davon verstärkte Energiepreiskrise haben die Covid-19-Pandemie als zentrales Arbeitsfeld der Kommission abgelöst. Dabei ist es der Kommission gelungen, die Agenda der grünen und digitalen Wende als roten Faden der Krisenmaßnahmen zu bewahren. Die umfangreichen Mittel, die über NextGenerationEU bereitgestellt wurden, können nun auch als Finanzierungsquelle für die Abkehr von Gaseinfuhren aus Russland dienen. Die Kommission behält damit ein gewisses Maß an Steuerungspotential, nicht zuletzt auch über die Rechtsstaatskonditionalität, der diese Mittel unterworfen sind. Mit Hinweis auf diese Konditionalität hatte die Kommission im Zuge der Auseinandersetzung über die polnische Justizreform die Auszahlung von Wiederaufbauhilfen an Polen über lange Zeit verzögert. Erst im Juni 2022 billige sie den Aufbau- und Resilienzplan der polnischen Regierung, nachdem diese Korrekturen an der Reform angekündigt hatte. Die polnische Regierung solle erst dann Auszahlungen erhalten, wenn sie „Etappenziele" erreicht habe, insbesondere die Abschaffung der umstrittenen Disziplinarkammer und die Wiedereinsetzung der von dieser Kammer entlassenen Richter:innen.[42] Kritiker wiesen darauf hin, dass diese Entscheidung verfrüht sei, da die entsprechenden Gesetze vom polnischen Parlament noch nicht verabschiedet wurden.[43] Polen ist jedoch ein zentraler Partner in der Unterstützung der Ukraine und aus der Ukraine geflüchteter Menschen.[44] Diese Gemengelage hat zur Folge, dass eine Lösung der Rechtsstaatproblematik schließlich noch weiter in die Ferne gerückt ist.

Weiterführende Literatur

Europäische Kommission: Solidarität mit der Ukraine, Zeitleiste, abrufbar unter: https://eu-solidarity-ukraine.ec.europa.eu/index_de (letzter Zugriff 31.8.2022).

Miriam Hartlapp/Julia Metz/Christian Rauh: Which Policy for Europe? Power and Conflict inside the European Commission, Oxford 2014.

Hussein Kassim: The European Commission: From Collegiality to Presidential Leadership, in: Dermot Hodson et al. (Hg.): The Institutions of the European Union, 5. Ausg., Oxford 2021.

---

41 Europäische Kommission: Pressemitteilung, REPowerEU: Ein Plan zur raschen Verringerung der Abhängigkeit von fossilen Brennstoffen aus Russland und zur Beschleunigung des ökologischen Wandels, IP/22/3131, 18.5.2022; Zosia Wanat/America Hernandez: Brussels spells out plan to end dependence on Russian energy, in: Politico, 18.5.2022.
42 Europäische Kommission: Pressemitteilung, Europäische Kommission billigt 35,4 Mrd. EUR schweren Aufbau- und Resilienzplan Polens, IP/22/3375, 1.6.2022.
43 Wojciech Sadurski: The European Commission cedes its crucial leverage vis-à-vis the rule of law in Poland, in: Verfassungsblog, 6.6.2022.
44 Zosia Wanat/Lili Bayer/Paola Tamma: EU gives Poland route to pandemic recovery cash, in: Politico, 1.6.2022.

Gerichtshof

Siegfried Magiera/Matthias Niedobitek

Das Jahr 2021 stand für den Gerichtshof der Europäischen Union (EU), der den Gerichtshof und das Gericht umfasst, erneut im Zeichen der Covid-19-Pandemie. Die von ihm seit dem Ausbruch der Pandemie ergriffenen Maßnahmen, insbesondere die Einführung von Telearbeit und die Nutzung elektronischer Kommunikationsmittel,[1] erlaubten es jedoch, die Rechtsprechungstätigkeit wieder weitgehend normal auszuüben. Dies zeigt sich auch an den statistischen Kennzahlen für das Jahr 2021.[2] Die Anzahl der beim Gerichtshof neu anhängig gemachten Rechtssachen stieg gegenüber 2020, dem ersten Jahr der Pandemie, wieder an – von 737 auf 838. Die Erhöhung beruht vor allem auf einer Zunahme der Rechtsmittel gegen Entscheidungen des Gerichts. Dem Gerichtshof gelang es jedoch nicht, bei den erledigten Rechtssachen die Zahl des Vorjahres zu erreichen (772 gegenüber 792). Dies könnte damit zusammenhängen, dass im Jahr 2021 neun Mitglieder des Gerichtshofs (fünf Richter und vier Generalanwälte) gleichzeitig ausgeschieden sind und ihre Stellen neu besetzt werden mussten. Demgegenüber profitierte das Gericht von der 2019 abgeschlossenen Reform der EU-Gerichtsbarkeit. Diese ermöglichte es ihm, die Zahl der erledigten Rechtssachen im Jahr 2021 gegenüber dem Vorjahr um mehr als 200 zu steigern – von 748 auf 951.

Als Reaktion auf die Covid-19-Pandemie hatte der Gerichtshof der EU ein Videokonferenzsystem eingerichtet, mit dessen Hilfe Vertreter der Parteien aus der Ferne an mündlichen Verhandlungen, die simultan gedolmetscht wurden, teilnehmen konnten. Hierfür wurde ihm im Jahr 2021 im Rahmen der vom Bürgerbeauftragten alle zwei Jahre ausgelobten „Auszeichnung für gute Verwaltungspraxis" in der Kategorie „Transformation/Innovation" ein Preis verliehen.[3]

Am 21. Dezember 2020 hatte der Gerichtshof einen Bericht über die Arbeitsweise des Gerichts nach Durchführung der Reform der EU-Gerichtsbarkeit vorgelegt.[4] Darin schlug er dem Gericht Maßnahmen vor, mit denen die in dem Bericht formulierten Ziele – etwa die Verkürzung der Verfahrensdauer bei allen Arten von Rechtssachen oder die häufigere Zuweisung von Rechtssachen an erweiterte Spruchkörper – erreicht werden könnten.[5] Im Jahresbericht 2021 legte der Präsident des Gerichts, Marc van der Woude, Rechenschaft

---

1 Siegfried Magiera/Matthias Niedobitek: Gerichtshof, in: Werner Weidenfeld/Wolfgang Wessels (Hg.): Jahrbuch der Europäischen Integration 2021, Baden-Baden 2021, S. 109.
2 Gerichtshof der EU: Jahresbericht 2021 – Rechtsprechungstätigkeit. Die angegebenen Zahlen sind Bruttozahlen, das heißt, sie stehen für die Gesamtzahl von Rechtssachen unabhängig von Verbindungen wegen Sachzusammenhangs.
3 Europäische Ombudsstelle: Pressemitteilung, Preis für gute Verwaltungspraxis würdigt Einsatz zur Rückführung von EU-Bürger*innen während der COVID-19-Pandemie, 5/2021, 24.6.2021.
4 Siegfried Magiera/Matthias Niedobitek: Gerichtshof, in: Werner Weidenfeld/Wolfgang Wessels (Hg.), Jahrbuch der Europäischen Integration 2021, Baden-Baden 2021, S. 108, 109.
5 Der Bericht ist zugänglich auf der Website des Gerichtshofs der EU.

über die daraufhin eingeleiteten Initiativen und Maßnahmen ab, deren Wirkung jedoch, so der Präsident, erst mittelfristig zu spüren sein würden.[6]

Am 7. Oktober 2021 trat der neue Verhaltenskodex des Gerichtshofs der EU in Kraft.[7] Er löst den seit dem 1. Januar 2017 geltenden Verhaltenskodex ab und gilt ebenfalls für die Mitglieder und die ehemaligen Mitglieder der Gerichte, die den Gerichtshof der EU bilden oder gebildet haben. Während der Aufbau und die allgemeinen Regelungsgegenstände im Wesentlichen unverändert geblieben sind, widmet sich der neue Verhaltenskodex verstärkt der „Interessenerklärung", die die Mitglieder des Organs abzugeben haben. Ziel der Erklärung ist es, tatsächliche oder vermeintliche Interessenkonflikte im Rahmen der Behandlung von Rechtssachen aufzudecken. In der vorherigen Fassung des Verhaltenskodex ging es nur um die Angabe von direkten finanziellen Beteiligungen, die ein Mitglied des Organs an einem „Rechtssubjekt" hält. Im neuen Verhaltenskodex wurde der Kreis der anzugebenden Tatbestände in persönlicher und gegenständlicher Hinsicht deutlich ausgeweitet. So erstreckt sich die Auskunftspflicht jetzt auch auf finanzielle Beteiligungen des Ehegatten oder Partners sowie der minderjährigen Kinder. Darüber hinaus wurden auch Rechte des Mitglieds und der anderen genannten Personen an Immobilien sowie jede entgeltliche berufliche Tätigkeit des Ehegatten oder Partners des Mitglieds in die Auskunftspflicht einbezogen. Der neue Verhaltenskodex sieht auch vor, dass die Interessenerklärungen unter gebührender Berücksichtigung des Schutzes personenbezogener Daten auf der Website des Organs veröffentlicht werden.[8]

Koen Lenaerts, der seit 2015 Präsident des Gerichtshofs ist, wurde von den Richtern des Gerichtshofs für eine weitere Amtszeit von drei Jahren (2021 bis 2024) gewählt.[9] Ferner wählten die Generalanwälte Maciej Szpunar erneut zum Ersten Generalanwalt des Gerichtshofs,[10] und zwar – infolge einer Änderung der Verfahrensordnung des Gerichtshofs[11] – erstmals für eine dreijährige Amtszeit. Der Kanzler des Gerichtshofs, Alfredo Calot Escobar, der das Amt seit 2010 innehat, wurde von den Richtern und Generalanwälten des Gerichtshofs für eine weitere Amtszeit von sechs Jahren (2022 bis 2028) in seinem Amt bestätigt.[12] Die Generalanwältin aus Deutschland, Juliane Kokott, die das Amt seit 2003 bekleidet, wurde für eine weitere Amtszeit von sechs Jahren (2021 bis 2027) ernannt.[13]

Rechtsstaatlichkeit – Vorrang des Unionsrechts – Art. 7 EUV – EU-Haushalt

In der Einleitung zum Jahresbericht 2021 beklagt der Präsident des Gerichtshofs „eine diffuse Tendenz, die Autorität gerichtlicher Entscheidungen anzuzweifeln, in einigen Mitgliedstaaten gar eine grundlegende Infragestellung des Projekts der europäischen Integration sowie der diesem Projekt zugrunde liegenden Werte und Prinzipien".[14] Damit bezieht sich der Präsident des Gerichtshofs vor allem auf den Grundsatz der Rechtsstaatlichkeit, der in einigen Mitgliedstaaten zunehmend unter Druck geraten ist. Im Jahr 2020 stand das

---

6 Gerichtshof der EU: Jahresbericht 2021 – Rechtsprechungstätigkeit, S. 280–282.
7 Gerichtshof der EU: Verhaltenskodex für die Mitglieder und ehemaligen Mitglieder des Gerichtshofs der Europäischen Union, in: Amtsblatt der EU C 397, 30.9.2021, S. 1.
8 In der Praxis erfolgt dies in der Rubrik „Vorstellung der Mitglieder".
9 Gerichtshof: Wahl des Präsidenten des Gerichtshofs, in: Amtsblatt der EU C 513, 20.12.2021, S. 2.
10 Gerichtshof: Wahl des Ersten Generalanwalts: in: Amtsblatt der EU C 513, 20.12.2021, S. 3.
11 Gerichtshof: Änderungen der Verfahrensordnung des Gerichtshofs: in: Amtsblatt der EU L 316, 6.12.2019, S. 103.
12 Gerichtshof: Wahl des Kanzlers, in: Amtsblatt der EU C 513, 20.12.2021, S. 6.
13 Vertreter der Regierungen der Mitgliedstaaten: Beschluss (EU) 2021/323 vom 19. Februar 2021 zur Ernennung von vier Richtern und einer Generalanwältin beim Gerichtshof, in: Amtsblatt der EU L 64, 24.2.2021, S. 4.
14 Gerichtshof der EU: Jahresbericht 2021 – Rechtsprechungstätigkeit, S. 17.

deutsche Bundesverfassungsgericht im Fokus der Kritik, weil es einem Urteil des Gerichtshofs die Gefolgschaft verweigert hatte.[15] Das von der Kommission daraufhin gegen Deutschland eingeleitete Vertragsverletzungsverfahren hat diese jedoch am 2. Dezember 2021 eingestellt.[16] Deutschland habe die Grundsätze der Autonomie, des Vorrangs, der Wirksamkeit und der einheitlichen Anwendung des Unionsrechts sowie die in Artikel 2 des Vertrags über die Europäische Union (EUV) verankerten Werte, insbesondere die Rechtsstaatlichkeit, bekräftigt und anerkannt. Zudem habe es bestätigt, dass die Rechtmäßigkeit von Handlungen der Unionsorgane nicht von der Prüfung von Verfassungsbeschwerden vor deutschen Gerichten abhängig gemacht, sondern nur vom Gerichtshof der EU überprüft werden könne. Schließlich habe sich die deutsche Regierung unter ausdrücklicher Bezugnahme auf ihre in den Verträgen verankerte Pflicht zur loyalen Zusammenarbeit dazu bekannt, alle ihr zur Verfügung stehenden Mittel zu nutzen, um in Zukunft eine Wiederholung einer Ultra-vires-Feststellung aktiv zu vermeiden. Auch das Bundesverfassungsgericht hat festgestellt, dass Bundesregierung und Bundestag im Zusammenwirken mit der Europäischen Zentralbank in Wahrnehmung ihrer Integrationsverantwortung ausreichend tätig geworden sind.[17]

Das Urteil des Gerichtshofs in der Rechtssache C-430/21[18] – ein Beispiel unter mehreren im vergangenen Jahr[19] – behandelt mit dem Vorrang des Unionsrechts, der nationalen Identität der Mitgliedstaaten und der ausschließlichen Zuständigkeit des Gerichtshofs für die verbindliche Auslegung des Unionsrechts grundlegende Fragen des Unionsrechts. In seinem Vorabentscheidungsersuchen stellte das rumänische Berufungsgericht dem Gerichtshof die Frage, ob es gegen den Grundsatz der richterlichen Unabhängigkeit verstößt, wenn die nationalen Gerichte die Vereinbarkeit einer rumänischen Rechtsvorschrift mit den Bestimmungen des Unionsrechts nicht prüfen dürfen, sofern das rumänische Verfassungsgericht diese Rechtsvorschrift für verfassungsgemäß erklärt hat. Ferner fragte das vorlegende Gericht, ob es mit der richterlichen Unabhängigkeit vereinbar ist, wenn ein Richter wegen der Nichtbeachtung einer solchen verfassungsgerichtlichen Entscheidung, die er als Verstoß gegen das Unionsrecht betrachtet, mit einem Disziplinarverfahren überzogen wird. Grundsätzlich bestätigte der Gerichtshof die Rolle der nationalen Verfassungsgerichte, deren Entscheidungen für die ordentlichen Gerichte bindend sind, wobei allerdings die Unabhängigkeit der Verfassungsgerichte gewährleistet sein muss. Das gilt jedoch nicht, wenn infolge einer verfassungsgerichtlichen Entscheidung die ordentlichen Gerichte daran gehindert sind, die Vereinbarkeit einer Rechtsvorschrift mit dem Unionsrecht selbst zu prüfen und das nationale Recht gegebenenfalls unangewendet zu lassen. Der Gerichtshof verwies auf die wesentlichen Merkmale der Unionsrechtsordnung wie den Vorrang des Unionsrechts, die von den Mitgliedstaaten vorbehaltlos ratifiziert worden sind. Dem Gerichtshof steht zudem die ausschließliche Zuständigkeit für die verbindliche Auslegung des Unionsrechts zu. Schlüsselelement des Gerichtssystems der Union ist das Vorabentscheidungsver-

---

15 Siegfried Magiera/Matthias Niedobitek: Gerichtshof, in: Werner Weidenfeld/Wolfgang Wessels (Hg.): Jahrbuch der Europäischen Integration 2021, Baden-Baden 2021, S. 108.
16 Europäische Kommission: Pressemitteilung, Vertragsverletzungsverfahren im Dezember: wichtigste Beschlüsse, INF/21/6201, 2.12.2021.
17 Bundesverfassungsgericht: Beschluss des Zweiten Senats vom 29.4.2021, Verfahren 2 BvR 1651/15 und 2006/15.
18 Gerichtshof: Urteil vom 22. Februar 2022, ECLI:EU:C:2022:99, RS.
19 Vgl. etwa Gerichtshof: Rechtssache C-83/19, Urteil vom 18. Mai 2021, ECLI:EU:C:2021:393, Asociaţia "Forumul Judecătorilor din România" u.a. gegen Inspecţia Judiciară.

fahren gemäß Art. 267 des Vertrags über die Arbeitsweise der EU (AEUV), das eine Zusammenarbeit zwischen dem Gerichtshof und den Gerichten der Mitgliedstaaten vorsieht. Die Wirksamkeit dieser Zusammenarbeit wäre gefährdet, wenn innerstaatliche Gerichte durch eine Entscheidung des Verfassungsgerichts davon abgeschreckt werden könnten, dem Gerichtshof Fragen vorzulegen. Dies gilt umso mehr, wenn es ein Verfassungsgericht ablehnt, einem Urteil des Gerichtshofs nachzukommen, und sich dabei auf die nationale Verfassungsidentität beruft sowie darauf, dass der Gerichtshof seine Zuständigkeit überschritten habe. Zwar kann der Gerichtshof veranlasst sein zu prüfen, ob eine unionsrechtliche Pflicht der nationalen Identität eines Mitgliedstaats widerspricht, zu deren Achtung die Union gemäß Art. 4 Abs. 2 EUV verpflichtet ist. Jedoch hat diese Bestimmung nicht zum Ziel, die Anwendung einer Norm des Unionsrechts auszuschließen, weil sie die vom Verfassungsgericht definierte nationale Identität missachte. Nationale Richter dürfen auch nicht disziplinarisch dafür belangt werden, dass sie das Unionsrecht im Einklang mit der Rechtsprechung des Gerichtshofs anwenden und dabei von der Rechtsprechung des nationalen Verfassungsgerichts abweichen.

Art. 7 EUV sieht einen Sanktionsmechanismus vor, der bei einer Gefährdung oder Verletzung der Werte der Union durch einen Mitgliedstaat zur Anwendung kommen kann. Dieses „Art. 7-Verfahren" kann bis zur Aussetzung von unionsvertraglich begründeten Rechten des betroffenen Mitgliedstaats, einschließlich seiner Stimmrechte im Rat, führen. Die vorgesehenen Sanktionsmaßnahmen werden vom Europäischen Rat und vom Rat getroffen. In der Rechtssache C-650/18[20] hatte der Gerichtshof erstmals Gelegenheit, den ersten Schritt des Art. 7-Verfahrens einer unionsrechtlichen Bewertung zu unterziehen. Dieser ermächtigt den Rat festzustellen, dass die eindeutige Gefahr einer schwerwiegenden Verletzung der Werte der Union durch einen Mitgliedstaat besteht. Im Jahr 2018 hatte das Europäische Parlament eine Entschließung angenommen, um ein Artikel 7-Verfahren gegen Ungarn einzuleiten.[21] Gegen diese Entschließung erhob Ungarn – unterstützt von Polen – eine Nichtigkeitsklage gemäß Art. 263 AEUV. In der Sache ging es um den unionsrechtlichen Begriff der „abgegebenen Stimmen", genauer, um die Frage, ob bei der Abstimmung über die Entschließung des Parlaments nur die Ja- und die Nein-Stimmen zu zählen waren (wie das Parlament meinte) oder ob die Enthaltungen mitzuzählen waren (wie Ungarn meinte). Im letzteren Fall wäre die Annahme der Entschließung gescheitert. Das Parlament bestritt allerdings schon die Zuständigkeit des Gerichtshofs, über die Klage zu entscheiden. Es war der Meinung, dass seine Entschließung nicht mit einer Nichtigkeitsklage angegriffen werden könne. Dies ergebe sich aus Art. 269 AEUV, der die Zuständigkeit des Gerichtshofs bei Art. 7-Verfahren auf die Rechtsakte des Europäischen Rates und des Rates begrenze. Der Gerichtshof wies demgegenüber darauf hin, dass Art. 269 AEUV die Entschließung des Parlaments nicht erwähnt und diese daher nicht von seiner Zuständigkeit für Nichtigkeitsklagen ausgeschlossen ist. Im Rahmen der Begründetheit der Klage überprüfte der Gerichtshof den unionsrechtlichen Begriff der „abgegebenen Stimmen", der für die Berechnung des Abstimmungsergebnisses und den Erfolg der Klage entscheidend war. In Übereinstimmung mit dem Generalanwalt stellte er fest, dass eine Enthaltung ihrem übli-

---

20 Gerichtshof: Urteil vom 3. Juni 2021, ECLI:EU:C:2021:426, Ungarn/Parlament.
21 Europäisches Parlament: Entschließung vom 12. September 2018 zu einem Vorschlag, mit dem der Rat aufgefordert wird, im Einklang mit Artikel 7 Absatz 1 des Vertrags über die Europäische Union festzustellen, dass die eindeutige Gefahr einer schwerwiegenden Verletzung der Werte, auf die sich die Union gründet, durch Ungarn besteht, in: Amtsblatt der EU 2019 C 433, 23.12.2019, S. 66.

chen Wortsinn nach als Weigerung zu verstehen ist, zu einem Vorschlag Stellung zu nehmen. Enthaltungen können deshalb nicht als „abgegebene Stimmen" angesehen werden und waren damit bei der Berechnung des Ergebnisses der Abstimmung über die Entschließung des Parlaments auch nicht zu berücksichtigen. Somit war die Klage unbegründet.

In den Rechtssachen C-156/21[22] und C-157/21[23] klagten Ungarn und Polen auf Nichtigerklärung der Verordnung 2020/2092 „über eine allgemeine Konditionalitätsregelung zum Schutz des Haushalts der Union".[24] Diese Verordnung regelt ein Verfahren, in dem der Rat auf Vorschlag der Kommission Maßnahmen zum Schutz des EU-Haushalts ergreifen kann. Solche Maßnahmen können ergriffen werden, wenn in einem Mitgliedstaat Verstöße gegen die Grundsätze der Rechtsstaatlichkeit die wirtschaftliche Führung des Haushalts der Union oder den Schutz ihrer finanziellen Interessen beeinträchtigen.[25] Die Verordnung stellt somit einen Zusammenhang (Konditionalität) zwischen der Achtung der Rechtsstaatlichkeit und einer wirtschaftlichen Haushaltsführung sowie der Achtung der finanziellen Interessen der Union her. Zu den Maßnahmen, die der Rat ergreifen kann, zählen beispielsweise die Aussetzung von Zahlungen, das Verbot des Eingehens neuer rechtlicher Verpflichtungen oder eine Reduzierung der Vorfinanzierung. Die Nichtigkeitsklagen stützten sich in erster Linie auf das Fehlen einer geeigneten Rechtsgrundlage für den Erlass der Verordnung. Der Unionsgesetzgeber hat die Verordnung auf Art. 322 Abs. 1 Buchstabe a) AEUV gestützt. Dabei handelt es sich um eine Bestimmung aus dem Titel „Finanzvorschriften", die es dem Unionsgesetzgeber erlaubt, „Haushaltsvorschriften [zu erlassen], in denen insbesondere die Aufstellung und Ausführung des Haushaltsplans sowie die Rechnungslegung und Rechnungsprüfung im Einzelnen geregelt werden". Die Kläger hielten die Bestimmung als Rechtsgrundlage für ungeeignet, weil die Verordnung in Wahrheit darauf abziele, bei Verstößen gegen die Grundsätze der Rechtsstaatlichkeit die Anwendung von Sanktionen mittels des Unionshaushalts zu erlauben. Demgegenüber stellte der Gerichtshof nach Prüfung von Ziel und Inhalt der Verordnung fest, dass die Verordnung nicht darauf abzielt, Verstöße gegen die Rechtsstaatlichkeit finanziell zu sanktionieren. Vielmehr verlangt die Verordnung, dass Verstöße gegen die Rechtsstaatlichkeit die wirtschaftliche Führung des Unionshaushalts oder den Schutz der finanziellen Interessen beeinträchtigen oder zu beeinträchtigen drohen. Sollten Verstöße eines Mitgliedstaats gegen die Rechtsstaatlichkeit keine Auswirkungen auf den Haushaltsvollzug mehr haben, müssten die ergriffenen Maßnahmen aufgehoben werden. Die gewählte Rechtsgrundlage eignet sich auch zur Einführung einer „horizontalen Konditionalität", d. h. zur Verknüpfung von Haushaltsvorschriften mit dem Wert der Rechtsstaatlichkeit, der in allen Tätigkeitsbereichen der Union zu achten ist. Die Wirtschaftlichkeit der Haushaltsführung und die finanziellen Interessen der Union können nämlich durch die in einem Mitgliedstaat begangenen Verstöße gegen die Rechtsstaatlichkeit schwer beeinträchtigt werden. Was die Konkretisierung der Rechtsstaatlichkeit in der Verordnung angeht, wies der Gerichtshof die Bedenken der Kläger zurück, in der Verordnung verwendete Begriffe seien zu unbestimmt, um dem Grundsatz der Rechtssicherheit zu genügen. Die den Wert der Rechtsstaatlichkeit konstituierenden Grundsätze sind Gegenstand einer umfangreichen Rechtsprechung des Gerichtshofs, auf die die Verordnung Be-

---

22 Gerichtshof: Urteil vom 16. Februar 2022, ECLI:EU:C:2022:97, Ungarn/Parlament und Rat.
23 Gerichtshof: Urteil vom 16. Februar 2022, ECLI:EU:C:2022:98, Polen/Parlament und Rat.
24 Europäisches Parlament/Rat: Verordnung (EU, Euratom) 2020/2092 über eine allgemeine Konditionalitätsregelung zum Schutz des Haushalts der Union, in: Amtsblatt der EU L 433 I, 22.12.2020, S. 1.
25 Vgl. hierzu auch den Beitrag „Rechtsstaatlichkeit" in diesem Jahrbuch.

zug nimmt. Die Beachtung dieser Grundsätze stellt für die Mitgliedstaaten eine Ergebnispflicht dar, die sich unmittelbar aus ihrer Zugehörigkeit zur Union ergibt und durch die Verordnung lediglich umgesetzt wird. Im Übrigen kann vom Unionsgesetzgeber nicht verlangt werden, dass er in der Verordnung sämtliche Fälle eines Verstoßes gegen die Grundsätze der Rechtsstaatlichkeit anführt. Auch ist der Unionsgesetzgeber nicht daran gehindert, in einem Rechtsakt abstrakte Rechtsbegriffe zu verwenden, deren Auslegung im Streitfall dem Gerichtshof obliegt. Schließlich wird mit der Verordnung auch nicht das Sanktionsverfahren gemäß Art. 7 EUV umgangen. Zwar wäre es dem Unionsgesetzgeber verwehrt, parallel zu Art. 7 EUV ein Verfahren einzuführen, das im Wesentlichen denselben Gegenstand hat, dasselbe Ziel verfolgt und das Ergreifen identischer Maßnahmen ermöglicht, dabei aber das Tätigwerden anderer Organe oder andere Voraussetzungen als die in Art. 7 EUV genannten vorsieht. Dieser Vorwurf kann dem Unionsgesetzgeber mit dem Erlass der Verordnung 2020/2092 jedoch nicht gemacht werden, wie der Gerichtshof im Einzelnen darlegt. Insbesondere ist es Ziel der Verordnung, den Haushalt zu schützen, während das Art. 7-Verfahren den betreffenden Mitgliedstaat dazu anzuhalten soll, Verstöße gegen die Rechtsstaatlichkeit abzustellen.

Unionsbürgerschaft – Staatenlosigkeit

In der Rechtssache C-118/20[26] hatte eine estnische Staatsangehörige ihre Staatsangehörigkeit abgelegt, um dadurch die Voraussetzung für den Erwerb der österreichischen Staatsangehörigkeit zu schaffen. Diese Voraussetzung war als Bedingung in einer Zusicherung der österreichischen Behörden enthalten, ihr die österreichische Staatsangehörigkeit zuzuerkennen. Gleichwohl widerriefen die österreichischen Behörden nach dem Verlust der estnischen Staatsangehörigkeit die Zusicherung, weil die Antragstellerin nicht mehr die Voraussetzungen für die Verleihung der österreichischen Staatsangehörigkeit erfüllt habe. Sie habe sich nämlich nach der erwähnten Zusicherung zwei schwerwiegende Verwaltungsübertretungen zuschulden kommen lassen. Dabei handelte es sich um die Nichtanbringung der Begutachtungsplakette an ihrem Fahrzeug und das Lenken eines Kraftfahrzeugs in alkoholisiertem Zustand. Darüber hinaus habe sie acht weitere Verwaltungsübertretungen zu verantworten, die vor Erteilung der Zusicherung begangen worden seien. Die mit der Angelegenheit befassten österreichischen Gerichte waren der Meinung, dass die Situation der Klägerin nicht vom Unionsrecht erfasst sei, weil sie – als Staatenlose – keine Unionsbürgerin (mehr) sei. Allerdings hatte der dem Gerichtshof vorlegende österreichische Verwaltungsgerichtshof insoweit Zweifel und fragte diesen nach der Anwendbarkeit des Unionsrechts im vorliegenden Fall sowie nach der Bedeutung des Grundsatzes der Verhältnismäßigkeit. Zur ersten Frage stellte der Gerichtshof fest, dass die Klägerin des Ausgangsverfahrens ihre estnische Staatsangehörigkeit nicht allgemein und aus freien Stücken aufgegeben hatte, sondern lediglich mit dem Ziel des Erwerbs der österreichischen Staatsangehörigkeit. Darüber hinaus hatte sie von ihrer Freizügigkeit als Unionsbürgerin Gebrauch gemacht und sich vor mehreren Jahren in Österreich niedergelassen. Dieses Recht soll die schrittweise Integration der Unionsbürger in die Gesellschaft des Aufnahmestaats fördern. Die Klägerin hat sich mit ihrem Wunsch, die österreichische Staatsangehörigkeit zu erhalten, um eine verstärkte Eingliederung in die österreichische Gesellschaft bemüht. Nach alledem fällt eine Situation wie die der Klägerin in den Anwendungsbereich des Unionsrechts. Was den Verlust der estnischen Staatsangehörigkeit angeht, empfahl der

---

26 Gerichtshof: Urteil vom 18. Januar 2022, ECLI:EU:C:2022:34, JY/Wiener Landesregierung.

Gerichtshof Estland sicherzustellen, dass seine Entscheidungen über den Entzug der Staatsangehörigkeit erst in Kraft treten, wenn die neue Staatsangehörigkeit tatsächlich erworben wurde. Im Übrigen sah der Gerichtshof den Schwerpunkt der Verantwortung für die Einhaltung des Grundsatzes der Verhältnismäßigkeit auf der Seite des Aufnahmemitgliedstaats, hier Österreich. Dabei hielt es der Gerichtshof für unzulässig, bei der Rücknahme der Zusicherung der Verleihung der Staatsangehörigkeit Verwaltungsübertretungen zu berücksichtigen, die zur Zeit der Zusicherung bereits bekannt waren. Die beiden Verwaltungsübertretungen, die nach der Zusicherung der Staatsangehörigkeit erfolgten, waren so geringfügig, dass sie einen Widerruf der Zusicherung der Staatsangehörigkeit nicht rechtfertigen konnten.

Sozialpolitik – Sozialpartner auf Unionsebene – Gleiches Entgelt – „Arbeitszeit"

Die Rolle und der mögliche Einfluss der Sozialpartner auf Unionsebene war Gegenstand der Rechtssache C-928/19 P,[27] einem Rechtsmittel der „European Federation of Public Service Unions" (EPSU) gegen das Urteil des Gerichts in der Rechtssache T-310/18.[28] Zwei Sozialpartner auf Unionsebene – einerseits die u. a. von der Klägerin gegründete „Trade Unions' National and European Administration Delegation" (TUNED) und andererseits die „European Public Administration Employers" (EUPAE) – hatten eine Vereinbarung mit der Bezeichnung „Allgemeiner Rahmen für die Unterrichtung und Anhörung von Beamten und Angestellten der zentralstaatlichen Verwaltungsbehörden" geschlossen. Die beiden Möglichkeiten der Durchführung solcher Vereinbarungen sind in Art. 155 Abs. 2 AEUV geregelt. Danach erfolgt die Durchführung entweder nach den jeweiligen Verfahren und Gepflogenheiten der Sozialpartner und der Mitgliedstaaten oder auf gemeinsamen Antrag der Unterzeichnerparteien durch einen Beschluss des Rates auf Vorschlag der Kommission. Die beiden Sozialpartner beantragten bei der Kommission, die zweite Durchführungsvariante anzuwenden und dem Rat einen Beschluss zur Durchführung der Vereinbarung vorzuschlagen. Die Kommission lehnte dies jedoch ab, insbesondere weil die von der Vereinbarung betroffenen Verwaltungsbehörden hoheitliche Befugnisse ausübten und ihre Struktur, Organisation und Funktionsweise vollständig in die Zuständigkeit der Mitgliedstaaten fielen. Der Gerichtshof attestierte dem Gericht, das die Klage abgewiesen hatte, mit seinem Urteil keinen Rechtsfehler begangen zu haben. Art. 155 Abs. 2 AEUV sieht, anders als der Rechtsmittelführer meint, keine Verpflichtung der Kommission vor, dem Rat einen Vorschlag zur Durchführung der Vereinbarung vorzulegen. Andernfalls wäre das institutionelle Gleichgewicht beeinträchtigt, indem den Interessen der Sozialpartner Vorrang vor der Aufgabe der Kommission, die allgemeinen Interessen der Union zu fördern, eingeräumt würde. Zudem würde eine solche Verpflichtung gegen den Grundsatz der Unabhängigkeit der Kommission bei der Ausübung ihrer Tätigkeit verstoßen. Schließlich haben die europäischen Sozialpartner gemäß Art. 155 Abs. 2 AEUV in jedem Fall die Möglichkeit, die von ihnen geschlossenen Vereinbarungen gemäß der ersten Variante des Art. 155 Abs. 2 AEUV, d. h. nach den jeweiligen Verfahren und Gepflogenheiten der Sozialpartner und der Mitgliedstaaten, durchzuführen. Nach alledem wies der Gerichtshof das Rechtsmittel zurück.

Der Grundsatz des gleichen Entgelts bei gleicher oder gleichwertiger Arbeit, der in Art. 157 Abs. 1 AEUV verankert ist, beschäftigte den Gerichtshof in der Rechtssache C-

---

[27] Gerichtshof: Urteil vom 2. September 2021, ECLI:EU:C:2021:656, European Federation of Public Service Unions/Kommission.
[28] Gericht: Urteil vom 24. Oktober 2019, ECLI:EU:T:2019:757, EPSU, Jan Goudriaan/Kommission.

624/19,[29] einem vom britischen Watford Employment Tribunal vorgelegten Vorabentscheidungsersuchen. Die Zuständigkeit des Gerichtshofs, die Vorlagefragen zu beantworten, ergibt sich nach dem „Brexit" aus Art. 86 Abs. 2 des Austrittsabkommens. Die Klägerinnen des Ausgangsverfahrens, die in den Ladengeschäften der Tesco Stores Ltd arbeiteten, forderten von ihrem Arbeitgeber das gleiche Entgelt wie die männlichen Mitarbeiter in den Vertriebszentren, da ihre Arbeit gleichwertig sei. Tesco hingegen bestritt die Vergleichbarkeit der Arbeit beider Gruppen und war zudem der Meinung, Art. 157 Abs. 1 AEUV entfalte bei Klagen, die auf gleichwertige Arbeit gestützt seien, keine unmittelbare Wirkung. Deshalb könnten sich die Klägerinnen auf diese Bestimmung vor nationalen Gerichten nicht berufen. Der Gerichtshof stellte hierzu fest, dass bereits der Wortlaut des Art. 157 AEUV eine solche Auslegung nicht hergibt. Diese Bestimmung, die nicht nur für staatliche Stellen verbindlich ist, sondern sich auch auf alle Tarifverträge und alle Verträge zwischen Privaten bezieht, erlegt ihren Adressaten eine Ergebnispflicht auf und hat zwingenden Charakter. Sie entfaltet nach ständiger Rechtsprechung unmittelbare Wirkung, indem sie für Einzelne Rechte begründet, die die nationalen Gerichte zu gewährleisten haben. Schon vor der ausdrücklichen Erstreckung des Grundsatzes des gleichen Entgelts auf gleichwertige Arbeit durch den Amsterdamer Vertrag (1997) hatte der Gerichtshof hierzu eine ständige Rechtsprechung entwickelt. Ob jedoch eine Arbeit „gleichwertig" wie eine andere Arbeit ist, obliegt der Tatsachenwürdigung durch das nationale Gericht.

Die Richtlinie 2003/88[30] enthält Mindestvorschriften zur Dauer von Arbeits- und Ruhezeiten, die der Sicherheit und dem Gesundheitsschutz der Arbeitnehmer dienen sollen. Sie definiert den Begriff Arbeitszeit als jede Zeitspanne, während der ein Arbeitnehmer arbeitet, dem Arbeitgeber zur Verfügung steht und seine Tätigkeit ausübt oder Aufgaben wahrnimmt. Als Ruhezeit gilt jede Zeitspanne außerhalb der Arbeitszeit, das heißt, beide Begriffe schließen sich gegenseitig aus. In der Rechtssache C-580/19[31] ging es um die Einordnung von Rufbereitschaft bei der Berufsfeuerwehr der Stadt Offenbach am Main. Der im Ausgangsverfahren klagende Feuerwehrmann hatte neben seinem regulären Dienst jährlich etwa 40 Bereitschaftszeiten, die unter der Woche nachts lagen und sich an Wochenenden von Freitagabend bis Montagmorgen erstreckten. Im Rahmen dieser Rufbereitschaft musste er in Einsatzkleidung mit dem ihm von der Feuerwehr zur Verfügung gestellten Einsatzfahrzeug unter Inanspruchnahme verkehrsrechtlicher Sonderbefugnisse die Stadtgrenze von Offenburg binnen 20 Minuten erreichen können. Mit seiner Klage zielte er darauf ab, die in Form von Rufbereitschaft geleisteten Bereitschaftsdienste als Arbeitszeit berücksichtigt und vergütet zu erhalten. Der Gerichtshof wies darauf hin, dass die Frage der Vergütung von Bereitschaftszeiten grundsätzlich nicht in den Anwendungsbereich der Richtlinie 2003/88 fällt, sondern dem innerstaatlichen Recht unterliegt. Ziel der Richtlinie 2003/88 ist es, Obergrenzen für die Arbeitszeit sowie Mindestruhezeiten festzulegen. Für die Einordnung der streitigen Rufbereitschaft als Arbeitszeit oder Ruhezeit stellte der Gerichtshof entscheidend auf die Intensität der Einschränkungen ab, die sich für die Freizeitgestaltung des Arbeitnehmers und die Pflege seiner persönlichen und sozialen Interessen ergeben. Je kürzer die dem Arbeitnehmer gesetzte Reaktionsfrist ist, umso eher ist die Zeit der Rufbereitschaft als Arbeitszeit zu qualifizieren. Auch die Frage, wie häufig es während der Rufbereitschaft durchschnittlich zu Einsätzen kommt und der Arbeitnehmer daher mit

---

29 Gerichtshof: Urteil vom 3. Juni 2021, ECLI:EU:C:2021:429, K u.a./Tesco Stores.
30 Europäisches Parlament/Rat: Richtlinie 2003/88/EG vom 4. November 2003 über bestimmte Aspekte der Arbeitszeitgestaltung, in: Amtsblatt der EU 2003 L 299, 18.11.2003, S. 9.
31 Gerichtshof: Urteil vom 9. März 2021, ECLI:EU:C:2021:183, RJ/Stadt Offenbach am Main.

einer Unterbrechung seiner anderweitigen Aktivitäten rechnen muss, spielt für die Einordnung als Arbeits- oder Ruhezeit eine Rolle. Einschränkungen, die sich aus der freien Entscheidung des Arbeitnehmers ergeben, etwa eine große Entfernung zwischen dem gewählten Wohnort und dem binnen vorgeschriebener Frist zu erreichenden Tätigkeitsort, sind demgegenüber nicht zu berücksichtigen. Alles in allem kommt es auf eine Gesamtbeurteilung sämtlicher Umstände des Einzelfalls an, in deren Rahmen das vorlegende Gericht die vom Gerichtshof dargelegten Kriterien zu berücksichtigen hat.

Luftverkehr – Begriff „Unfall"

Das Übereinkommen von Montreal zur Vereinheitlichung bestimmter Vorschriften über die Beförderung im internationalen Luftverkehr, das Bestandteil des Unionsrechts ist,[32] regelt in Art. 17 Abs. 1 die Schadensersatzpflicht von Luftfahrtunternehmen, wenn ein Reisender aufgrund eines Unfalls eine Körperverletzung erleidet. In der Rechtssache C-70/20[33] behauptete die Klägerin des Ausgangsverfahrens, sie habe infolge einer harten Landung des Flugzeugs, mit dem sie von Wien nach St. Gallen geflogen war, einen Bandscheibenvorfall erlitten. Dabei habe es sich um einen Unfall im Sinne des Übereinkommens von Montreal gehandelt, so dass die Fluggesellschaft ihr die entstandenen Kosten erstatten müsse. Dabei war unstreitig, dass die Landung in St. Gallen, obwohl sie hart war, nach allen geltenden Parametern noch im Rahmen des normalen Betriebsbereichs des Flugzeugs lag. Der Gerichtshof hat den Begriff des Unfalls gemäß Art. 17 Abs. 1 des Übereinkommens von Montreal in seiner jüngeren Rechtsprechung als ein unvorhergesehenes, unbeabsichtigtes und schädigendes Ereignis definiert.[34] Das vorlegende Gericht wollte vom Gerichtshof wissen, ob es bei der Einordnung eines Ereignisses als „unvorhergesehen" auf die Sicht des betroffenen Fluggastes ankommt oder auf die Einhaltung der Anforderungen an einen normalen Flugbetrieb. Der Gerichtshof stellte klar, dass es nicht vertretbar ist, auf die Sichtweise des Fluggastes abzustellen. Dadurch könnte nämlich der paradoxe Fall eintreten, dass ein Ereignis für einige Fluggäste als Unfall einzustufen wäre, für andere hingegen nicht. Zudem würde der Begriff des Unfalls unverhältnismäßig zum Nachteil des Luftfahrtunternehmens ausgeweitet. Somit liegt kein Unfall vor, wenn die Landung eines Flugzeugs im Einklang mit den geltenden flugtechnischen Standards erfolgt ist.

Währungspolitik – Ausschluss der Barzahlung des Rundfunkbeitrags

Die Beitragssatzung des Hessischen Rundfunks legt fest, dass Rundfunkbeiträge nur bargeldlos entrichtet werden können. Gegen diese Regelung wandten sich in den verbundenen Rechtssachen C-422/19 und C-423/19[35] zwei hessische Beitragsschuldner, nachdem sie dem Hessischen Rundfunk erfolglos angeboten hatten, den geschuldeten Rundfunkbeitrag in bar zu entrichten. Die Vorinstanzen hatten die Anfechtungsklagen gegen die Zahlungsbescheide zurückgewiesen. Das vorlegende Bundesverwaltungsgericht (BVerwG) war jedoch der Auffassung, die Regelung der Beitragssatzung verstoße gegen Art. 14 Abs. 1 S. 2

---

32 Amtsblatt der EG 2001 L 194, 18.7.2001, S. 39; Rat: Beschluss 2001/539/EG vom 5. April 2001 über den Abschluss des Übereinkommens zur Vereinheitlichung bestimmter Vorschriften über die Beförderung im internationalen Luftverkehr (Übereinkommen von Montreal) durch die Europäische Gemeinschaft, in: Amtsblatt der EG L 194, 18.7.2001, S. 38.
33 Gerichtshof: Urteil vom 12. Mai 2021, ECLI:EU:C:2021:379, YL/Altenrhein Luftfahrt GmbH.
34 Gerichtshof: Rechtssache C-532/18, Urteil vom 19. Dezember 2019, ECLI:EU:C:2019:1127, GN/ZU, Rn. 35.
35 Gerichtshof: Urteil vom 26. Januar 2021, ECLI:EU:C:2021:63, Johannes Dietrich, Norbert Häring/Hessischer Rundfunk.

Bundesbankgesetz (BBankG). Diese Vorschrift bestimmt, dass auf Euro lautende Banknoten „das einzige unbeschränkte gesetzliche Zahlungsmittel" sind. Deshalb, so das BVerwG, verpflichte sie öffentliche Stellen zur Annahme von Euro-Banknoten bei der Erfüllung hoheitlich auferlegter Geldleistungspflichten. Dies gelte auch bei Massenverfahren wie dem Einzug des Rundfunkbeitrags. Vor diesem Hintergrund wollte das BVerwG vom Gerichtshof wissen, ob Art. 14 Abs. 1 S. 2 BBankG mit der ausschließlichen Zuständigkeit der Union im Bereich der Währungspolitik vereinbar ist. Ferner wollte es wissen, ob sich ein Verbot für öffentliche Stellen eines Mitgliedstaats, die bare Begleichung einer Schuld abzulehnen, aus Art. 128 Abs. 1 S. 3 AEUV ergibt. Nach dieser Vorschrift sind die von der Europäischen Zentralbank und den nationalen Zentralbanken ausgegebenen Banknoten die einzigen Banknoten, die in der Union als gesetzliches Zahlungsmittel gelten. Einleitend stellte der Gerichtshof fest, dass das Unionsrecht keine genaue Definition des Begriffs „Währungspolitik" enthält, sondern sowohl deren Ziele als auch die Mittel festlegt, über die das Europäische System der Zentralbanken zu ihrer Ausführung verfügt. Dabei ist der Begriff „Währungspolitik" nicht auf die operative Ausführung dieser Politik beschränkt, sondern er hat auch eine normative Dimension mit dem Ziel, den Status des Euro als einheitliche Währung zu gewährleisten. Der Begriff „gesetzliches Zahlungsmittel" in Art. 128 Abs. 1 S. 3 AEUV ist ein autonomer Begriff des Unionsrechts, der in der gesamten Union einheitlich auszulegen ist. Nach seinem üblichen Wortsinn bedeutet dieser Begriff, dass es im Allgemeinen nicht abgelehnt werden kann, dieses Zahlungsmittel zur Begleichung einer Schuld mit befreiender Wirkung zu verwenden. Die rechtliche Ausgestaltung des Status des Euro als gesetzliches Zahlungsmittel fällt in die alleinige Zuständigkeit des Unionsgesetzgebers. Die ausschließliche Zuständigkeit der Union im Bereich der „Währungspolitik" geht aber nicht so weit, den Mitgliedstaaten die Zuständigkeit zu nehmen, die Modalitäten der Erfüllung von Zahlungsverpflichtungen, sowohl im öffentlichen Recht als auch im Privatrecht, zu regeln. Jedoch darf eine nationale Regelung, die die bare Begleichung einer Schuld ausschließt, nicht rechtlich oder faktisch auf die Abschaffung des Euro-Bargelds abzielen, indem sie die Möglichkeit untergräbt, eine Geldleistungspflicht in der Regel bar zu erfüllen. Aus dem 19. Erwägungsgrund der Verordnung über die Einführung des Euro[36] ergibt sich, dass Beschränkungen von Zahlungen mit Euro-Banknoten und -Münzen aus Gründen des öffentlichen Interesses eingeführt werden dürfen. Dies ist grundsätzlich der Fall bei Massenverfahren wie dem Einzug der Rundfunkbeiträge, weil die Gestattung einer baren Entrichtung der Rundfunkbeiträge mit unangemessenen Kosten verbunden wäre. Jedoch muss eine solche Regelung verhältnismäßig sein. Dies setzt voraus, dass für Personen, die keinen Zugang zu den zugelassenen Zahlungsmitteln haben, die Möglichkeit der Barzahlung vorgesehen ist.[37]

Weiterführende Literatur

Jonas Brügmann: Aufgaben und Wahl des Ersten Generalanwalts am Gerichtshof der Europäischen Union, in: Europarecht 56/2021, S. 493–511.
Laura Hering: Der Gerichtshof der Europäischen Union als Verwaltungsgericht, in: Armin von Bogdandy/Peter M. Huber/Lena Marcusson (Hg.): Handbuch Ius Publicum Europaeum, Band IX: Verwaltungsgerichtsbarkeit in Europa: Gemeineuropäische Perspektiven und supranationaler Rechtsschutz, Heidelberg 2021, S. 635–687.

---

36 Rat: Verordnung (EG) Nr. 974/98 vom 3. Mai 1998 über die Einführung des Euro, Amtsblatt der EG 1998 L 139, 11.5.1998, S. 1.
37 Zur abschließenden Entscheidung des BVerwG vgl. dessen Urteil vom 27. April 2022, Az. 6 C 2.21.

Europäische Zentralbank

Martin Selmayr*

Die Zeitenwende nach dem russischen Angriffskrieg auf die Ukraine brachte auch eine historische Zinswende mit sich. Am 21. Juli 2022 erhöhte die Europäische Zentralbank (EZB) zum ersten Mal seit elf Jahren die Leitzinsen. Die Frankfurter Währungshüter reagierten damit – nach langem Zögern – auf die rasant steigende Inflation im Euroraum, die im Juni 2022 8,6 Prozent erreichte und ab Oktober die 10-Prozent-Marke überschritt. Ursache waren die Nachwirkungen der Covid-19-Pandemie, vor allem aber die durch den Krieg Russlands ausgelöste Energiekrise. Explodierende Gas- und Strompreise, Lieferkettenstörungen, Material- und Arbeitskräfteknappheit sowie ein höchst volatiles Marktumfeld stellten Zentralbanken auf der ganzen Welt vor nie gekannte Herausforderungen. Zentralbanken können weder Kriege vorhersehen noch Energiepreise beeinflussen, werden aber doch als Hüter der Preisstabilität für die sich bei den Marktteilnehmern einstellenden längerfristigen Inflationserwartungen verantwortlich gemacht. Zinserhöhungen bremsen zwar nicht nur die Inflation, sondern auch das Wirtschaftswachstum, das gerade in Europa durch die russischen Manipulationen der Gaslieferungen schwer in Mitleidenschaft gezogen ist. Doch wenn die EZB verhindern will, dass sich Unternehmen und Menschen an zweistellige Inflationsraten gewöhnen, muss sie gegensteuern. Dazu zwingt sie auch das Handeln der U.S. Federal Reserve (Fed), die bereits im Dezember 2021 die Drosselung ihrer Anleihekäufe beschlossen und seit März 2022 begonnen hat, ihre Leitzinsen zu erhöhen. Für die EZB und ihre mittlerweile 4.038 Mitarbeiter (Stand: 31.12.2021) besteht die besondere Schwierigkeit, dass sie ihre Geldpolitik auch 20 Jahre nach Einführung des Eurobargeldes in einer nach wie vor unvollkommenen Währungsunion betreiben muss. Gerade in Krisenzeiten macht sich oft schmerzhaft bemerkbar, dass die 19 Eurostaaten trotz einheitlicher Währung unterschiedliche Wirtschafts-, Finanz- und Beschäftigungspolitiken betreiben, ihre Energieversorgung unterschiedlich organisiert haben und unterschiedliche Ausgangsbedingungen bei Wachstumspotential und Staatsverschuldung haben. Eine Fragmentierung der Finanzierungsbedingungen im Euroraum, welche die Wirksamkeit der einheitlichen Geldpolitik beeinträchtigt, stellt daher für die EZB gegenwärtig eine ebenso große Gefahr dar wie die viel zu hohe Preissteigerung. Über die richtige Kalibrierung der EZB-Politik kommt es im EZB-Rat daher immer wieder zu heftigen Auseinandersetzungen zwischen den Befürwortern einer strafferen Geldpolitik (den „Falken") und den Vertretern eines lockeren Kurses (den „Tauben").

Abflauen der Pandemie erlaubt schrittweise Normalisierung der Geldpolitik
Als die EZB am 16. Dezember 2021, wie seit langem erwartet, die Normalisierung ihrer Geldpolitik einleitete und eine Beendigung ihres Pandemie-Notfallankaufprogramms PEPP

---

* Der Beitrag gibt ausschließlich die persönliche Auffassung des Verfassers wieder und entspricht nicht notwendig dem offiziellen Standpunkt der Europäischen Kommission oder der Europäischen Zentralbank.

(Pandemic Emergency Purchase Programme) ab März 2022 ankündigte,[1] sah die makroökonomische Gesamtlage für den Euroraum noch einigermaßen vertraut und beherrschbar aus. Nach dem pandemiebedingten Einbruch 2020 hatte die Konjunktur kräftig an Fahrt gewonnen. Das reale Bruttoinlandsprodukt im Euroraum war 2021 um 5,3 Prozent gestiegen und hatte so wieder das Niveau vor Pandemiebeginn erreicht, obwohl sich das Wachstum zum Jahreswechsel aufgrund der Omikron-Welle etwas abschwächte. Der Arbeitsmarkt verzeichnete Rekordwerte: Anfang 2022 erreichte die Arbeitslosenquote im Euroraum 6,8 Prozent und fiel bis Juli sogar auf 6,6 Prozent, den niedrigsten Wert seit Einführung des Euro.[2]

Besonders wichtig aus Sicht der EZB war, dass erstmals seit vielen Jahren auch die Inflation wieder anzog. Denn mit dem Abflauen der Pandemie belebte sich weltweit die Nachfrage, die zuvor stark gesunkenen Energiepreise stiegen wieder, während sich mit der Pandemie zusammenhängende Lieferengpässe preistreibend auswirkten. Nach nur 0,3 Prozent Inflation im Jahr 2020 und –0,3 Prozent Inflation im Dezember 2020 stieg die Preissteigerung im Jahresdurchschnitt 2021 auf 2,6 Prozent (1,5 Prozent ohne Energie und Nahrungsmittel) und erreichte im Dezember 2021 5 Prozent (2,6 Prozent ohne Energie und Nahrungsmittel). Der EZB-Rat nahm dies überwiegend erleichtert zur Kenntnis und bezeichnete es als „begrüßenswerte Entwicklung"[3]. Schließlich hatte die EZB seit der Finanzkrise damit zu kämpfen, dass die Inflationsrate im Euroraum meist bei Werten weit unter 2 Prozent verharrt hatte (durchschnittliche Preissteigerungsrate seit 2012: 1,1 Prozent), was den Handlungsspielraum der EZB beschränkt und das Wirtschaftswachstum gedämpft hatte. Die EZB sah sich deshalb viele Jahre lang gezwungen, mit außergewöhnlichen (und vor allem im deutschsprachigen Raum umstrittenen) Maßnahmen an der effektiven Untergrenze der Geldpolitik – u. a. mit Negativzinsen und umfangreichen Anleihekaufprogrammen – gegenzusteuern, um zu verhindern, dass sich negative Abweichungen vom Inflationsziel oder gar deflationärer Trends verfestigten. Dennoch unterschritt die EZB ihr selbst gesetztes Preisstabilitätsziel von „unter, aber nahe 2 Prozent" im Jahrzehnt vor der Pandemie meist deutlich. Der EZB-Rat hatte deshalb im Juli 2021 einstimmig eine Anpassung der geldpolitischen Strategie beschlossen. Seither strebt die EZB ein etwas höheres Ziel von 2 Prozent Preissteigerung auf mittlere Sicht an, von dem ein Abweichen nach oben wie nach unten gleichermaßen unerwünscht ist. Um sich endlich von der effektiven Untergrenze der Geldpolitik lösen zu können, ist laut der neuen EZB-Strategie ausnahmsweise ein vorübergehendes moderates Überschreiten der 2 Prozent zulässig, um zu erreichen, dass die Inflationsrate sich mittelfristig wieder bei 2 Prozent einpendelt. Die etwas überhöhte Inflationsrate zum Jahreswechsel 2021/2022 ließ sich zunächst als ein solch tolerierbares vorübergehendes Überschreiten des Inflationsziels ansehen.[4]

Vor diesem Hintergrund beschloss der EZB-Rat am 16. Dezember 2021, die Normalisierung seiner Geldpolitik nicht abrupt, sondern behutsam und graduell durchzuführen und

---

1 Christine Lagarde/Luis de Guindos: Monetary Policy Statement. Press Conference, 16.12.2022a, abrufbar unter https://www.ecb.europa.eu/press/pressconf/2021/html/ecb.is211216~9abaace28e.en.html (letzter Zugriff: 15.10.2022).
2 Martin Arnold: Eurozone jobless number dips under 11mn to hit record low, in: Financial Times, 2.9.2022, S. 2.
3 Europäische Zentralbank: Zusammenfassung der geldpolitischen Sitzung des EZB-Rates am 15.–16.12.2021, S. 16; sowie der geldpolitischen Sitzung des EZB-Rates am 2.–3.2.2022, S. 19 (jeweils abrufbar unter https://www.bundesbank.de/de/publikationen/ezb/accounts (letzter Zugriff: 15.10.2022).
4 Ursel Baumann/Christopher Kamps/Manfred Kremer: The ECB's new inflation target one year on, The ECB Blog, 10.8.2022, abrufbar unter https://www.ecb.europa.eu/press/blog/html/index.en.html (letzter Zugriff: 15.10.2022), insbesondere Chart 1.

Europäische Zentralbank

dabei darauf zu achten, weder das nach der Pandemie gerade erst wieder in Schwung geratene Wachstum noch die seit langem erstmals wieder positive Inflationsdynamik zu beeinträchtigen. Vor allem[5] führte die EZB ihr Pandemie-Notfallankaufprogramm PEPP zurück.[6] Mit dem PEPP hatte die EZB je nach Pandemielage Staats- und Unternehmensanleihen flexibel über den Zeitverlauf, die Anlageklassen und die Länder hinweg am Sekundärmarkt angekauft, um auf die unterschiedliche Betroffenheit der Märkte und Mitgliedstaaten durch die Pandemie jeweils marktstabilisierend zu reagieren. Auf dem Höhepunkt der Pandemie gab die EZB dafür mehr als 100 Mrd. Euro monatlich aus. Ab Januar 2022 erwarb die EZB noch PEPP-Anleihen im Gegenwert von 50 Mrd. Euro, im Februar von 40 Mrd. Euro und im März von 30 Mrd. Euro.[7] Ende März 2022 ließ sie das Programm – nach Anleihekäufen im Gegenwert von insgesamt 1,7 Bio. Euro seit März 2020 – auslaufen, da die Finanzierungsbedingungen in den Eurostaaten mit dem Ausklingen der Pandemie keine zusätzliche Stabilisierung mehr benötigten. Allerdings beschloss die EZB, die gemäß dem PEPP erworbenen Anleihen bis jedenfalls Ende 2024 (statt wie bisher geplant bis Ende 2023) in ihrer Bilanz zu halten und in der Zwischenzeit fällig werdende Beträge erneut in Anleihen zu investieren.

Die Sorge der EZB, durch eine verfrühte Straffung der Geldpolitik Wachstum und Inflationsentwicklung zu beeinträchtigen, zeigte sich an ihrem Beschluss, flankierend zum Auslaufen der PEPP-Neuankäufe ihr seit 2015 bestehendes und im November 2019 wieder aktiviertes allgemeines Programm zum Ankauf von Staats- und Unternehmensanleihen („Asset Purchase Programme", APP)[8] in vorübergehend erhöhtem Umfang fortzusetzen.[9] Gemäß dem APP hatte die EZB 2021 Staats- und Unternehmensanleihen im Gegenwert von insgesamt 120 Mrd. Euro (monatlich: 20 Mrd. Euro) angekauft, um das Zinsniveau im Euroraum langfristig niedrig zu halten. Ab April 2022 sollten – so der Beschluss vom 16. Dezember 2021 – die APP-Käufe von bisher 20 auf 40 Mrd. Euro monatlich erweitert, ab Juli 2022 auf 30 Mrd. Euro reduziert und ab Oktober 2022 im Volumen von 20 Mrd. Euro ohne festes Enddatum so lange wie notwendig fortgeführt werden. Das APP, bei dem sich die Ankäufe anders als beim flexiblen PEPP nach dem Kapitalschlüssel der EZB richteten, sollte ein Sicherheitsnetz sein, um die allgemeinen Marktbedingungen nach dem Auslaufen des PEPP zu glätten und zu stabilisieren.

Wenig Neues hörte man im Dezember 2021 von der EZB zu möglichen Zinserhöhungen. Zur Erinnerung: Der Zinssatz für die Hauptrefinanzierungsgeschäfte der EZB lag seit dem März 2016 bei 0 Prozent, während der Zinssatz der Einlagefazilität seit Juni 2014 negativ war und seit September 2019 –0,5 Prozent betrug. Statt eine Anhebung dieser extrem niedrigen Zinssätze jedenfalls in Aussicht zu stellen, bekräftigte der EZB-Rat im Dezember

---

5 Die EZB ließ außerdem die Sonderkonditionen, die sie im Rahmen der dritten Serie ihrer Gezielten Längerfristigen Refinanzierungsgeschäfte (GLRG, auf Englisch; „Targeted Longer-Term Refinancing Operations", TLTRO; Gesamtvolumen: 2,2 Billionen Euro) eingeführt hatte, am 23.6.2022 auslaufen. Die gelockerten Anforderungen für Sicherheiten, die Kreditinstitute für die Teilnahme an geldpolitischen Geschäften der EZB hinterlegen müssen, normalisierte die EZB in mehreren Schritten zwischen Juli 2022 und März 2024.
6 Martin Arnold/Tommy Stubbington: ECB slows bond buying as inflation soars, in: Financial Times, 17.12.2021, S. 2.
7 Die Volumina der monatlichen Anleihenkäufe gemäß dem PEPP veröffentlicht die EZB unter: https://www.ecb.europa.eu/mopo/pdf/PEPP_purchase_history.csv?40ec1481c25ad9e3813e5efa9caf955e (letzter Zugriff: 15.10.2022).
8 Die Volumina der monatlichen Anleihekäufe gemäß dem APP veröffentlicht die EZB unter: https://www.ecb.europa.eu/mopo/implement/app/html/index.en.html (letzter Zugriff: 15.10.2022).
9 Gerald Braunberger/Philip Plickert: EZB hält an Anleihekäufen fest, in: Frankfurter Allgemeine Zeitung, 17.12.2021, S. 17.

2021 seine geldpolitische Ausrichtung („Forward Guidance"), wonach die Leitzinsen so lange „auf ihrem aktuellen oder einem niedrigeren Niveau bleiben werden", bis sich die mittelfristige Inflationsrate wieder dauerhaft und nachhaltig bei 2 Prozent einpendeln würde. Erst nach Beendigung ihrer Anleihekäufe nach dem APP werde die EZB wieder mit der Erhöhung der Leitzinsen beginnen. Für Beobachtende stand damit fest, dass angesichts des bis weit in den Herbst reichenden Zeitplans für die APP-Käufe eine Zinserhöhung kaum vor 2023 zu erwarten war.[10] EZB-Präsidentin Christine Lagarde selbst machte deutlich, dass sie eine Leitzinserhöhung im Jahr 2022 für „sehr unwahrscheinlich" halte.[11] Den Fehler, den die EZB aus Sicht vieler Experten im April 2011 unter ihrem damaligen Präsident Jean-Claude Trichet gemacht hatte – nämlich bei einem ersten Anstieg der Inflation auf über 2 Prozent (April 2011: 2,8 Prozent) verfrüht die Zinsen zu erhöhen, so das Wachstum im Euroraum abzuwürgen und die Finanzierungsbedingungen mehrerer Eurostaaten unnötig zu verschärfen – wollte die EZB unter Präsidentin Lagarde auf jeden Fall vermeiden. Noch im Januar 2022 wies Lagarde die Forderungen der Falken im EZB-Rat – das waren zu diesem Zeitpunkt vor allem die Notenbankchefs aus Österreich, Deutschland, Belgien und den Niederlanden – nach einer baldigen Erhöhung der Leitzinsen zurück; man dürfe jetzt nicht riskieren, das Wachstum zu bremsen.[12] Ebenso wie Lagarde erwarteten die meisten Mitglieder des EZB-Rats – wie auch die Europäische Kommission[13] und der Internationale Währungsfonds[14] – bis ins Frühjahr 2022 hinein, dass die Preissteigerung nur einen „Inflationsbuckel"[15] darstelle, der vor allem auf die besonderen Umstände der wirtschaftlichen Wiederbelebung und der Nachholeffekte nach der Pandemie zurückzuführen sei und sich im Laufe des Jahres 2022 abschwächen würde.[16] Im Februar veränderte die EZB zwar ihre Kommunikation und betonte auf Drängen der Falken im EZB-Rat stärker die wachsenden Inflationsgefahren.[17] Doch EZB-Präsidentin Lagarde hielt daran fest, dass ein weiterhin ein graduelles Vorgehen geboten sei.

Der Krieg führt zum Regime-Wechsel: von Niedrig- zu Hochinflation

Mit dem Beginn des russischen Angriffskriegs gegen die Ukraine am 24. Februar 2022 änderten sich die Rahmenbedingungen fundamental. Für die EZB markierte der Kriegsbeginn einen Wendepunkt[18], auf den sie ebenso klar wie die übrigen EU-Institutionen reagierte. Am Tag nach Beginn der russischen Invasion erklärte EZB-Präsidentin Lagarde, dass in diesem „dunklen Augenblick für Europa" die Gedanken des EZB-Rats beim Volk

---

10 Gerald Braunberger: Die Zauderer im Frankfurter Ostend, 17.12.2021, S. 1.
11 Lagarde/de Guindos: Monetary Policy Statement, 2022a.
12 Martin Arnold: Lagarde rejects call for swifter rate rises, in: Financial Times, 21.9.2022, S. 2.
13 Werner Mussler: Brüssel sieht Inflationsgefahren entspannt, in: Frankfurter Allgemeine Zeitung, 11.2.2022, S. 19.
14 International Monetary Fund: World Economic Outlook, October 2021, S. xv, 1, 56.
15 Martin Arnold: Lagarde calls EU inflation a passing 'hump', in: Financial Times, 4./5.12.2021, S. 4.
16 Europäische Zentralbank: Jahresbericht 2021, Kasten 1: Welche Faktoren verbergen sich hinter dem steilen Anstieg der HVPI-Inflationsrate?
17 Christian Siedenbiedel: EZB sendet erste Signale, in: Frankfurter Allgemeine Zeitung, 4.2.2022, S. 17.
18 Christine Lagarde/Luis de Guindos: Monetary Policy Statement. Press Conference, 10.3.2022b, abrufbar unter https://www.ecb.europa.eu/press/pressconf/press_conference/html/index.en.html?date=2022-03-10 (letzter Zugriff: 15.10.2022).

der Ukraine seien.[19] Die EZB werde die Liquidität im Euroraum und den Zugang der Bürgerinnen und Bürger zu Bargeld gewährleisten. Die EZB werde außerdem die von EU-Institutionen und EU-Regierungen beschlossenen Sanktionen gegen Russland umsetzen. Schließlich stünde die EZB bereit, um alles Notwendige zu tun („whatever action is needed"), um die Preis- und Finanzstabilität[20] im Euroraum sicherzustellen.

War man sich in der EZB zunächst noch unsicher, ob sich die neue Lage nun (über die Energiepreise und Lieferkettenstörungen) langfristig inflationserhöhend oder (durch den erwarteten starken Rückgang des Wirtschaftswachstums in Europa) doch inflationsdämpfend auswirken werde,[21] setzte sich bald die Einschätzung durch, dass der Krieg nach der Pandemie nun einen zweiten schwerwiegenden Angebots-Schock darstellte, welcher die Öl-, Gas-, Dünger- und Nahrungsmittelpreise drastisch erhöhte und weltweit einen geldpolitischen Regime-Wechsel[22] zur Folge hatte. Bereits im April 2022 erlebten drei Viertel der Länder der Welt eine Inflation von über 5 Prozent, während die Inflationsrate im Euroraum auf 7,4 Prozent (3,5 Prozent ohne Energie und Nahrungsmittel) anstieg. Die europäischen Gas- und Strompreise stiegen in der Zeit nach der Invasion bis September 2022 um 105 Prozent bzw. 75 Prozent,[23] weshalb die Preisentwicklung in Mittel- und Osteuropa auch als „Putinflation"[24] bezeichnet wurde. Die Parameter für die Geldpolitik verschoben sich dadurch grundsätzlich. War es seit mehr als einem Jahrzehnt die zentrale Herausforderung der Geldpolitik gewesen, zu niedrige Inflationsraten mithilfe von Sondermaßnahmen wieder in Richtung des Zielwerts von 2 Prozent zu bringen, um eine Verankerung der Inflationserwartungen auf zu niedrigem Niveau zu verhindern, gilt es seither, übermäßige Inflationsraten entschieden zu bekämpfen, damit die Inflationserwartungen nicht nach oben entankert werden. Dabei fehlte vielen Geldpolitikerinnen und -politikern die praktische Erfahrung, wie man mit überhöhten Preissteigerungsraten umgeht; gerade im Euroraum war die Inflation in den vergangenen Jahrzehnten aus dem Alltag praktisch verschwunden gewesen. Dazu hatte auch die sich seit dem Ende des Kalten Krieges stetig intensivierende Globalisierung beigetragen. Denn immer dichtere weltweite Handelsverflechtungen und die fortschreitende Digitalisierung hatten für eine effiziente internationale Arbeitsteilung gesorgt und so die Preise weltweit niedrig gehalten. Seit dem russischen Angriffskrieg ist nun aber eine teilweise Rückabwicklung der Globalisierung, eine geopolitische Aufteilung der Welt in befreundete und „unfreundliche" Nationen sowie eine Abkopplung Russlands und zunehmend auch Chinas von den westlichen Industrienationen zu verzeichnen, was

---

19 Statement on Ukraine by Christine Lagarde, President of the European Central Bank, 25.2.2022, abrufbar unter https://www.ecb.europa.eu/press/pr/date/2022/html/ecb.pr220225~2b6548f7d9.de.html (letzter Zugriff: 15.10.2022).
20 Als Bankenaufseherin hatte die EZB u.a. die Abwicklung einiger Banken im Euroraum zu überwachen, die direkt oder indirekt von den EU-Sanktionen betroffen waren; vgl. Martin Arnold: ECB to oversee closure of Cyprus lender after collapse of Sberbank Austria unit, in: Financial Times, 25.3.2022, S. 10.
21 Christian Siedenbiedel: Zweifel am Tempo der Zinswende, in: Frankfurter Allgemeine Zeitung, 26.2.2022, S. 29.
22 Bank for International Settlements: Annual Economic Report, Juni 2022, S. x, 13 ff., 41 ff., abrufbar unter https://www.bis.org/publ/arpdf/ar2022e.htm (letzter Zugriff: 15.10.2022).
23 Vgl. Christine Lagarde: Monetary policy in the euro area, Rede vom 20.9.2022 in Frankfurt am Main, abrufbar unter https://www.ecb.europa.eu/press/key/speaker/pres/html/index.en.html (letzter Zugriff: 15.10.2022).
24 Martin Arnold/Valentina Romei/Alan Smith: Europe battles against 'Putinflation', in: Financial Times, 21.–22.5.2022, S. 2.

jedenfalls kurzfristig Effizienzverluste und höhere Kosten mit sich bringt.[25] Die „Great Moderation", welche die Entwicklung der Weltwirtschaft lange Zeit in Gestalt stetig steigender Wachstumsraten, sinkender Preise und niedriger Zinsen geprägt hatte, scheint seit dem 24. Februar 2022 von einem neuen Zeitalter der „Great Volatility" abgelöst zu werden,[26] in dem eine länger andauernde Stagflation[27] – also eine Zeit stagnierenden Wachstums mit steigenden Preisen – möglich erscheint.

Im EZB-Rat verhalf jedenfalls der Schock des Ukraine-Kriegs den Falken dazu, dass ihre Warnungen vor langfristig hohen Inflationsraten und vor dem Verlust der Glaubwürdigkeit der EZB als Verfechterin der Preisstabilität stärker Gehör fanden.[28] Am 10. März 2022 beschloss der EZB-Rat daher, die begonnene Normalisierung der Geldpolitik zu beschleunigen. Die APP-Käufe wurden deutlich schneller als noch im Dezember 2021 geplant heruntergefahren. Das Volumen der Anleihekäufe sollte nun im April 40 Mrd. Euro, im Mai 30 Mrd. Euro und im Juni 20 Mrd. Euro betragen,[29] wobei erstmals ein vollständiges Auslaufen der APP-Käufe für Anfang Juli als Option angekündigt wurde. Zudem strich der EZB-Rat den so genannten „Easing Bias" aus seiner geldpolitischen Ausrichtung, stellte also für die nähere Zukunft nur noch gleichbleibende und nicht mehr wie bisher sogar noch niedrigere Zinsen in Aussicht. Wegen der erheblichen Unsicherheit, zu der auch erneute Covid-Ausbrüche in China beitrugen, erweiterte der EZB-Rat zugleich allerdings auf Drängen der Tauben seinen Handlungsspielraum, indem er die mögliche Zeitfolge zwischen dem Ende der APP-Käufe und der ersten Leitzinserhöhung offener formulierte. Hieß es bisher in der Forward Guidance, dass die APP-Käufe enden würden, „kurz bevor" die erste Leitzinsanhebung stattfinden würde, kündigte die EZB am 10. März 2022 an, dass die Leizinserhöhung „einige Zeit nach" dem Ende der APP-Käufe erfolgen solle, was laut EZB-Präsidentin Lagarde „die Woche darauf" oder aber auch „Monate später" bedeuten könnte.[30]

Angesichts weiter rasant steigender Inflationsraten wurde auf der EZB-Ratssitzung im April und danach in der Öffentlichkeit die Kritik an der zögerlichen Haltung der EZB lauter,[31] zumal die EZB (wie fast alle Zentralbanken und Wirtschaftsforschungsinstitute) die Preissteigerung mehrfach in Folge falsch prognostiziert und deutlich unterschätzt hatte.[32] Die EZB, so hieß es bei vielen (auch internen) Kritikerinnen und Kritikern, dürfe nicht die Fehler der 1970er Jahre wiederholen, als die Zentralbanken auf die wegen des Ölpreisschocks ansteigenden Inflationsraten zu lange nicht reagierten und dann mit verspäteten drastischen Zinsschritten die Inflation nur um den Preis einer schweren Rezession wieder einbremsen konnten. Mitte März hatte bereits die U.S.-Notenbank Fed zum ersten Mal seit

---

25 Christine Lagarde: A new global map: European resilience in a changing world, Rede vom 22.4.2022 in Washington D.C., abrufbar unter https://www.ecb.europa.eu/press/key/speaker/pres/html/index.en.html (letzter Zugriff: 15.10.2022).
26 Isabel Schnabel: Monetary Policy and the Great Volatility, Rede vom 27.9.2022 in Jackson Hole/Wyoming, abrufbar unter https://www.ecb.europa.eu/press/key/speaker/bm/html/index.en.html (letzter Zugriff: 15.10.2022).
27 Chris Giles: Russian export curbs raise risk of stagflation in Europe, in: Financial Times, 9.3.2022, S. 3; Chris Giles/Martin Arnold: The faltering rebound, Financial Times, 19./20.3.2022, S, 7.
28 Martin Arnold/Colby Smith: ECB opens door to rate increases but at a slower pace to the Fed. Lagarde backs 'gradual' approach as markets price in policy shift sooner, in: Financial Times, 28.2.2022, S. 3; Martin Arnold: ECB hawks hold sway as tackling inflation becomes priority, in: Financial Times, 12./13.3.2022, S. 5.
29 Lagarde/de Guindos: Monetary Policy Statement. Press Conference, 2022b.
30 Lagarde/de Guindos: Monetary Policy Statement. Press Conference, 2022b.
31 Christian Siedenbiedel: Zaudern der EZB sorgt für viel Kritik, in: Frankfurter Allgemeine Zeitung, 16.4.2022, S. 27.
32 Mohammed Chahad et al.: Erklärungen für die jüngsten Fehler in den Inflationsprojektionen des Eurosystems und der EZB, in: EZB: Wirtschaftsbericht 3/2022, Kasten 5, S. 60.

2018 ihren Leitzins um 0,25 Prozentpunkte erhöht[33], während US-Notenbankchef Jay Powell die Inflation als „viel zu hoch" bezeichnet und weitere aggressive Zinserhöhungen im laufenden Jahr angekündigt hatte.[34] Auch die meisten anderen wichtigen Zentralbanken (mit Ausnahme der Bank von Japan und der chinesischen Zentralbank) hatten bereits eine Zinswende eingeleitet.[35] Vor diesem Hintergrund begann sich im EZB-Rat eine Mehrheit für eine erste Zinserhöhung noch im Juli 2022 abzuzeichnen.[36] EZB-Präsidentin Lagarde bemühte sich, das Heft des Handelns in der Hand zu behalten. Zum einen versuchte sie, im EZB-Rat eine gewisse Kommunikationsdisziplin durchzusetzen, damit Meinungsunterschiede intern und nicht in der Öffentlichkeit ausgetragen werden.[37] Zum anderen ging sie selbst in die Offensive, als sie am 23. Mai 2022 – in einem Monat, in dem keine Sitzung des EZB-Rats stattfand – einen Beitrag im EZB-Blog veröffentlichte, in dem sie erläuterte, wie die weitere Normalisierung der Geldpolitik ablaufen solle.[38] Dabei folgte Lagarde grundsätzlich den Falken, in dem sie sich für eine erste Leitzinserhöhung bereits im Juli aussprach, also direkt im Anschluss an die nun als sicher geltende Einstellung der APP-Käufe Anfang Juli. Zugleich stellte sie eine Beendigung der Negativzinsen erst bis Ende September in Aussicht. Da der Einlagesatz zum damaligen Zeitpunkt bei –0,5 Prozent lag, war dies als schrittweise Anhebung der Leitzinsen um jeweils 0,25 Prozentpunkte auf den Sitzungen des EZB-Rats im Juli und September zu verstehen. Dies bestätigte kurz darauf EZB-Chefökonom Lane, mit dem sich Lagarde offensichtlich eng abgestimmt hatte.[39]

Am 9. Juni folgte der EZB-Rat – angesichts einer im Mai auf 8,1 Prozent gestiegenen Inflationsrate (3,8 Prozent ohne Energie und Nahrungsmittel) – nach intensiven Diskussionen zwischen Falken und Tauben teilweise grollend,[40] aber doch einstimmig dem von seiner Präsidentin vorgegeben Normalisierungspfad.[41] Er beschloss eine Einstellung der APP-Käufe zum 1. Juli und kündigte eine erste Erhöhung der Leitzinsen um 0,25 Prozentpunkte für die Juli-Sitzung des EZB-Rats an.[42] In der einstimmig verabschiedeten Entscheidung ergänzte der EZB-Rat allerdings zwei wichtige Punkte. Zum einen setzten die Falken durch, dass bei weiter steigender Inflation für die September-Sitzung die Option einer stärkeren Leitzinserhöhung offengehalten wurde. Zum anderen erreichten auch die Tauben ein Zugeständnis: Die EZB machte deutlich, dass für den Fall, dass die Zinserhöhung zu einer Störung der Märkte für Staatsanleihen führen würde, sie diese durch flexible Reinvestitionen aus den PEPP-Beständen sowie erforderlichenfalls auch mithilfe eines neu zu schaffenden

---

33 Colby Smith: Fed raises rates for the first time since 2018 and signals six more increases this year, in: Financial Times, 17.3.2018, S. 1.
34 Colby Smith: Powell signals more aggressive tightening of US monetary policy, in: Financial Times, 22.3.2022, S. 1.
35 Valentina Romei: Global inflation fight spurs widest push to raise rates in two decades, in: Financial Times, 30.5.2022, S. 1.
36 Martin Arnold: Lagarde indicates ECB July rate increase, in: Financial Times, 12.5.2022, S. 2.
37 Frankfurter Allgemeine Zeitung: Maulkorb in der EZB? Informelle Richtlinie soll Kritik zurückhalten, 23.4.2022, S. 18.
38 Lagarde: Monetary policy normalisation in the euro area, 2022.
39 Martin Arnold: ECB official rules out bigger rate increases, in: Financial Times, 31.5.2022, S. 2.
40 Martin Arnold: Plan to seep date rises ruffles ECB doves, in: Financial Times, 11.–12.6.2022, S. 2.
41 Martin Arnold: End of easy money era puts spotlight on Lagarde, in: Financial Times, 9.6.2022, S. 2.
42 Christine Lagarde/Luis de Guindos: Erklärung zur Geldpolitik, 9.6.2022, Punkt 1 und 2, abrufbar unter https://www.ecb.europa.eu/press/pressconf/press_conference/html/index.de.html?date=2022-06-09 (letzter Zugriff: 15.10.2022); Christian Siedenbiedel: Zeitenwende für den Zins, in: Frankfurter Allgemeine Zeitung, 10.6.2022, S. 15.

Instrumentes[43] bekämpfen würde, sofern dadurch die wirksame Transmission ihrer Geldpolitik im Euroraum gefährdet würde. Während die Falken im EZB-Rat also die Inflationsbekämpfung zur Priorität erklärten, sorgten sich die Tauben vor einer neuen Krise der Staatsschulden der stärker verschuldeten Eurostaaten, deren Anleiherenditen sich wegen der schrittweisen Normalisierung der Geldpolitik seit Jahresbeginn bereits spürbar nach oben bewegt hatten.[44]

Die EZB erhöht die Leitzinsen und gibt sich ein neues Instrument

Der Kompromiss des EZB-Rats vom 9. Juni ließ sich nicht lange aufrechterhalten. Zunächst führte die von der EZB angekündigte Zinswende zu erheblichen Markturbulenzen[45] und ließ, wie von den Tauben befürchtet, vor allem die Anleiherenditen der südeuropäischen Staaten nach oben schnellen. In Italien erreichten die Renditen für zehnjährige Staatsanleihen nach der Juni-Sitzung des EZB-Rats 3,7 Prozent und damit das höchste Niveau seit mehr als acht Jahren.[46] Offenbar hatte die Ankündigung der EZB, erforderlichenfalls ein neues Instrument gegen Markfragmentierungen zu erarbeiten, die Anleger eher besorgt als beruhigt. Sie schlossen daraus nicht ganz zu Unrecht, dass die Funktionsweise eines solchen Instruments im Detail noch umstritten war und es deshalb aktuell nicht eingesetzt werden konnte.[47] Um die Anleihemärkte etwas zu beruhigen, musste der EZB-Rat am 15. Juni 2022 eigens eine Notsitzung abhalten, nach der die EZB ankündigte, die Arbeiten an dem neuen Instrument zu beschleunigen.[48]

Zugleich eskalierte der Krieg Russlands gegen die Ukraine weiter und trieb die Energiepreise an. Die Inflation im Euroraum erreichte im Juni 8,6 Prozent (3,7 Prozent ohne Energie und Nahrungsmittel). Vor allem aber überraschte die US-Fed die Märkte Mitte Juni mit ihrer Entscheidung, zum ersten Mal seit 1994 ihre Leitzinsen um 0,75 Prozentpunkte anzuheben,[49] obwohl sie zuvor nur eine Zinserhöhung von 0,5 Prozentpunkten angekündigt hatte. Die wichtigste Notenbank der Welt verschärfte damit den Kampf gegen die hohen Verbraucherpreise, die in den USA im März mit 8 Prozent (6 Prozent ohne Energie und Nahrungsmittel) ihren höchsten Wert seit 1981 erreicht hatte.[50] Zwar unterschied sich die US-Inflation in ihren Ursachen strukturell von der Preissteigerung im Euroraum. Während sich jenseits des Atlantiks vor allem die starke binnenwirtschaftliche Nachfrage und die großzügigen finanziellen Unterstützungspakete der Biden-Administration preissteigernd auswirkten, verzeichnete der Euroraum im Wesentlichen eine über die hohen Energiepreise

---

43 Martin Arnold: ECB to firm up bond market relief plan, in: Financial Times, 7.6.2022, S. 2; Opinon: ECB embraces its responsibility to keep the euro together, in: Financial Times, 7.6.20222, S. 16.
44 Martin Arnold: ECB rate expectations force up Greek and Italian borrowing costs, in: Financial Times, 8.2.2022, S. 1; Tommy Stubbington/Martin Arnold: ECB tightening lifts cost of borrowing for eurozone, in: Financial Times, 4.5.2022, S. 9.
45 Christian Siedenbiedel: Lagardes Zinsentscheid wühlt die Märkte auf, in: Frankfurter Allgemeine Zeitung, 11.6.2022, S. 25.
46 Christian Schubert: Italiens Zinsen springen nach oben, in: Frankfurter Allgemeine Zeitung, 11.6.2022, S. 18.
47 Martin Arnold/Tommy Stubbington: Lagarde vows to prevent repeat of debt crisis but skips details, in: Financial Times, 10.6.2022, S. 2.
48 EZB: Statement after the ad hoc meeting of the ECB Governing Council, 15.6.2022, abrufbar unter https://www.ecb.europa.eu/press/pr/date/2022/html/ecb.pr220615~2aa3900e0a.en.html (letzter Zugriff: 15.10.2022); Martin Sandbu: Central banks find their mettle in inflation fight, in: Financial Times, 17.6.2022, S. 11.
49 Colby Smith/Martin Arnold: Three-quarter point rise as Fed steps up inflation fight, in: Financial Times, 16.6.2022, S. 1.
50 Colby Smith/Eric Platt/Lauren Fedor: US inflation reaches 40-year high as energy and food prices surge, in: Financial Times, 23.4.2022, S. 1.

importierte Inflation, deren Ursachen kaum mit Mitteln der Geldpolitik bekämpft werden konnten. Doch die historische Entscheidung der US-Fed löste bei Zentralbanken weltweit einen regelrechten Zinswettlauf aus[51] und erhöhte den Druck auch auf die EZB.

Die EZB beschloss deshalb am 23. Juli, die Leitzinsen nicht, wie noch im Juni angekündigt, um 0,25 Prozentpunkte, sondern gleich um 0,5 Prozentpunkte zu erhöhen und somit die achtjährige Phase negativer Zinssätze mit einem Schlag zu beenden.[52] „Die Inflation ist zu hoch" erklärte EZB-Präsidentin Lagarde kurz darauf im EZB-Blog[53] und machte damit deutlich, dass die Bekämpfung der hohen Preissteigerung, wie von den Falken im EZB-Rat gefordert, nun Priorität für die EZB habe. Sie kündigte zugleich – als Zugeständnis an die Tauben – die Einzelheiten des neuen EZB-Instruments gegen eine mögliche Fragmentierung der Finanzierungsbedingungen im Euroraum an, das den Namen „Instrument zur Absicherung der Transmission" („Transmission Protection Instrument", TPI) erhielt. Das TPI, so erläutert es eine Pressemitteilung[54], soll es der EZB ermöglichen, ungerechtfertigten, ungeordneten Marktdynamiken entgegenzuwirken, die im Gefolge der fortschreitenden Straffung der Geldpolitik entstehen und eine ernsthafte Bedrohung für die Transmission der Geldpolitik im Euroraum darstellten. Es ermächtigt die EZB, unbegrenzt Staatsanleihen (und erforderlichenfalls auch Unternehmensanleihen) am Sekundärmarkt zu kaufen, die in einem Eurostaat begeben wurden, in dem eine Verschlechterung der Finanzierungsbedingungen nicht durch länderspezifische Fundamentalfaktoren begründet ist. Ob die EZB das TPI aktiviert, liegt allein in ihrem Ermessen. Der EZB-Rat hat dabei allerdings zu prüfen, ob der Eurostaat, dessen Anleihen gekauft werden sollen, eine solide und tragfähige Finanzpolitik verfolgt und zwar insbesondere anhand vier kumulativer Kriterien: 1. der Einhaltung des finanzpolitischen Regelwerks der EU, insbesondere der Regeln gegen übermäßige Defizite; 2. dem Fehlen schwerwiegender makroökonomischer Ungleichgewichte, wie sie im EU-Verfahren bei einem übermäßigen Ungleichgewicht vom Rat der Europäischen Union festgestellt werden können; 3. der Tragfähigkeit der öffentlichen Finanzen, wobei der EZB-Rat neben den internen Analysen der EZB diejenigen der Kommission, des Europäischen Stabilitätsmechanismus sowie des Internationalen Währungsfonds zu berücksichtigen hat; 4. einer soliden und tragfähigen Wirtschaftspolitik, was insbesondere bedeutet, dass sich der betreffende Eurostaat an die im Rahmen der in der Covid-19-Pandemie geschaffenen Aufbau- und Resilienzfazilität (im Rahmen des EU-Programms „NextGenerationEU") vereinbarten Verpflichtungen hält.

Auch wenn die Einzelheiten der Funktionsweise des TPI bislang nur in einer EZB-Pressemitteilung zu entnehmen sind und die Frage seiner Rechtmäßigkeit noch beim Gerichtshof der Europäischen Union landen dürfte, ist das neue Instrument doch als wirksame Ergänzung des Instrumentenkastens der EZB gegen mögliche Fragmentierungsrisiken im

---

51 Zwischen März und Juni 2022 erhöhten 55 Zentralbanken ihre Leitzinsen 62mal um mindestens 0,5 Prozentpunkte; Valentina Romei/Tommy Stubbington: World's central banks follow Fed in rate rise ‚feeding frenzy', in: Financial Times, 18.7.2022, S. 3.
52 Christine Lagarde/Luis de Guindos: Monetary Policy Statement. Press Conference, 21.7.2022c, abrufbar unter: https://www.ecb.europa.eu/press/pressconf/press_conference/html/index.en.html?date=2022-07-21 (letzter Zugriff: 15.10.2022); Martin Arnold/Amy Kazmin/Ian Johnston: ECB vows to avert debt crisis as it lifts rates for the first time since 2011, in: Financial Times, 22.7.2022, S. 1.
53 Christine Lagarde: Preisstabilität gewährleisten, The ECB Blog, 23.7.2022, abrufbar unter https://www.ecb.europa.eu/press/blog/date/2022/html/ecb.blog220723~c2b1d4b654.de.html (letzter Zugriff: 19.10.2022).
54 EZB-Pressemitteilung: The Transmission Protection Instrument, 21.7.2021, abrufbar unter: https://www.ecb.europa.eu/press/pr/date/2022/html/ecb.pr220721~973e6e7273.en.html (letzter Zugriff: 15.10.2022).

Euroraum anzusehen.[55] Die erste Verteidigungslinie der EZB gegen Störungen der Anleihemärkte bleiben auch in Zukunft die flexiblen Reinvestitionen ihrer PEPP-Bestände im Umfang von 1,7 Bio. Euro, welche die EZB bereits im Juni und Juli 2022 dazu nutzte, um die Erweiterung der Spreads vor allem Italiens und Griechenlands einzudämmen.[56] Als letzte Verteidigungslinie bestehen weiter die Outright Monetary Transactions (OMT), welche auf dem Höhepunkt der Finanzkrise vom damaligen EZB-Präsidenten Mario Draghi mit seiner Londoner „Whatever it takes"-Rede ins Leben gerufen worden waren; die (bislang nie aktivierten) OMT-Käufe sind wie das TPI unbegrenzt, erfordern aber, dass der betreffende Eurostaat zuvor ein Programm mit dem Europäischen Stabilitätsmechanismus vereinbart, was vor allem in Italien von den meisten politischen Kräften aktuell abgelehnt wird. Zwischen PEPP-Reinvestitionen und dem letzten Rettungsanker OMT hat die EZB nun das TPI als weiteres Abschreckungsinstrument eingefügt, dass es der EZB ohne mengenmäßige Beschränkung und nach einer weitgehend in ihrem eigenen Ermessen stehenden Konditionalität ermöglicht, eventuell auftretenden Fliehkräften im Euroraum entgegenzutreten. Es entbehrt nicht einer gewissen historischen Ironie, dass die EZB das TPI genau am selben Tag beschloss, als in Italien Draghi (nun als Ministerpräsident) mit seiner proeuropäischen Reformregierung scheiterte und den Weg zu Neuwahlen frei machen musste – die eine rechtspopulistische, weitgehend euroskeptische Regierung an die Macht brachten.[57]

Der Juli-Beschluss des EZB-Rats war insgesamt ein (durchaus salomonischer) Kompromiss zwischen den Falken und den Tauben[58] – starke Zinserhöhung im Gegenzug zum neuen TPI –, ohne dass dadurch alle Meinungsunterschiede ausgeräumt waren. Einigkeit im EZB-Rat bestand im Übrigen darüber, dass die Zukunft unsicher sei und man deshalb ab sofort keine Forward Guidance zur Zinsentwicklung mehr geben werde. Auch die US-Fed hatte im Juni ihre Politik der Forward Guidance aufgegeben. Die Forward Guidance war ein sinnvolles und wirksames Instrument gewesen, um in Zeiten sehr niedriger Inflationsraten den Finanzakteuren die Gewissheit zu geben, dass die Zinsen auf absehbare Zeit niedrig bleiben würden. In Zeiten rasant steigender Inflationsraten und hoher Volatilität war es jedoch angemessener, Entscheidungen nur mehr von Sitzung zu Sitzung zu treffen, anstatt ständig von der Realität überholte Vorausfestlegungen wieder einkassieren zu müssen.[59]

Dies erwies sich als weise Entscheidung. Denn auch wenn viele Beobachtende und sicherlich die Tauben im EZB-Rat geglaubt hatten, dass mit der starken Zinsentscheidung vom Juli die EZB ihre Glaubwürdigkeit in Sachen Inflationsbekämpfung wieder hergestellt hätte und es bei ihrer September-Sitzung nun wieder mit einer normalen Zinserhöhung um 0,25 Prozentpunkte belassen könnte, geriet die EZB im Sommer erneut unter Druck, als

---

55 Martin Sandbu: ECB turns the tables on panicky markets and policymakers, in: Financial Times, 25.7.2022, S. 17; kritisch Luis Garicano: ECB's new backstop ushers in atrocious incentives, in: Financial Times, 22.9.2022, S. 17.
56 Im Juni und Juli reinvestierte die EZB 17 Mrd. Euro aus fällig werdenden PEPP-Anleihen in italienische, spanische und griechische Anleihen, während sie ihre Bestände an deutschen, niederländischen und französischen Anleihen um 18 Mrd. Euro reduzierte; Nikou Asgari: ECB injects billions of euro into weaker eurozone debt markets, in: Financial Times online, 7.8.2022.
57 Martin Arnold: Italian political upheaval tests ECB's resolve to prevent another debt crisis, in: Financial Times, 19.7.2022, S. 4; Michael Holstein: Das Italien-Problem der EZB, in: Frankfurter Allgemeine Zeitung, 1.8.2022, S. 16.
58 Marcel Fratzscher: Die EZB zwischen Falken und Tauben, Frankfurter Allgemeine Zeitung, 23.7.2022, S. 18.
59 Sujata Rao/Dhara Ranasinghe: R.I.P. forward guidance: Inflation forces central banks to ditch messaging tool, Reuters-Analyse, in: Reuters, 21.7.2022.

Reduzierungen der russischen Gaslieferungen die Energiepreise und damit auch die Inflationsrate weiter ansteigen ließen. Im August 2022 erhöhten sich die Energiepreise im Euroraum um 38,3 Prozent und die Inflationsrate um 9,1 Prozent (4,3 Prozent ohne Energie und Nahrungsmittel). Die US-Fed hob ihre Leitzinsen Ende August erneut um 0,75 Prozentpunkte an, was in der EZB die Falken darin bestärkte, nun auch für den Euroraum eine entsprechend eindrucksvolle Zinserhöhung einzufordern.[60] Am 8. September erhöhte der EZB-Rat daraufhin die Leitzinsen einstimmig, und diesmal tatsächlich erstmals um 0,75 Prozentpunkte,[61] obwohl die meisten Beobachtenden nur eine Zinserhöhung um maximal 0,5 Prozentpunkte erwartet hatten. Bei ihrer anschließenden Pressekonferenz erläuterte EZB-Präsidentin Lagarde, dass die EZB sich wegen der „extrem hohen Inflationsrate" dazu entschieden habe, ein „Frontloading" der Zinserhöhung vorzunehmen, und dass noch weiteres „Frontloading" auf einigen weiteren Sitzungen des EZB-Rats („probably more than two […] but […] less than five") notwendig sein würde, um die Preissteigerung im Euroraum wieder dauerhaft auf 2 Prozent zu bringen.[62]

Ob die EZB auf ihren kommenden Sitzungen, wie von EZB-Chefvolkswirt Lane befürwortet,[63] mehrere kleinere Zinserhöhungen beschließen wird, oder, wie von EZB-Direktoriumsmitglied Schnabel gefordert,[64] Entschlossenheit durch einige stärkere Zinserhöhungen demonstrieren wird, ist offen. Ebenso offen ist die Frage, wann die EZB beginnen wird, ihre geldpolitische Straffung auch durch eine „Bilanzschrumpfung" zu unterstützen, also die aufgrund ihrer jahrelangen Lockerungs-Programme in ihrer Bilanz enthaltenen Staats- und Unternehmensanleihen im Gegenwert von rund 4,4 Bio. Euro bei Fälligkeit nicht mehr durch Reinvestitionen zu ersetzen.[65] Die weitere Eskalation des Kriegs in der Ukraine und der Energiekrise im Herbst 2022, die im Oktober auf 10 Prozent gestiegene Inflationsrate im Euroraum[66] und die weiterhin unvermindert aggressive geldpolitische Straffung durch die US-Fed[67] sprechen wohl dafür, dass die EZB bis jedenfalls ins Frühjahr 2023 hinein vor allem der Auffassung der Falken folgen wird.

Der Euro fällt auf ein 20-Jahres-Tief

Die hohe Marktvolatilität im Gefolge des russischen Angriffskriegs und der globale Regime-Wechsel von dauerhaft sehr niedrigen zu rasant steigenden Inflationsraten hatte auch erhebliche Auswirkungen auf die Entwicklungen der Wechselkurse. Der Wechselkurs des US-Dollar gegenüber anderen Währungen zog stark an und verzeichnete bis Mitte Oktober

---

60 Martin Arnold: ECB puts battle against inflation before caution on rate rises, in: Financial Times, 6.9.2022, S. 2.
61 Christian Siedenbiedel: Rekord-Zinserhöhung der EZB, in: Frankfurter Allgemeine Zeitung, 9.9.2022, S. 15.
62 Christine Lagarde/Luis de Guindos: Monetary Policy Statement. Press Conference, 8.9.2022d, abrufbar unter https://www.ecb.europa.eu/press/pressconf/press_conference/html/index.en.html (letzter Zugriff: 15.10.2022).
63 Philip R. Lane: Monetary policy in the euro area: the next phase, Rede vom 29.8.2022 in Barcelona, abrufbar unter https://www.ecb.europa.eu/press/key/speaker/bm/html/index.en.html (letzter Zugriff: 15.10.2022).
64 Schnabel: Monetary Policy and the Great Volatility, 2022; Tim Bartz: Die Falkin, in: Der Spiegel, 8.10.2022, S. 70 ff.
65 Martin Arnold: ECB considers shrinking its balance sheet, Financial Times, 12.9.2022, S. 2. Insgesamt hält die EZB derzeit rund 4,4 Bio. Euro an APP- und PEPP-Anleihen in ihrer Bilanz; Christian Siedenbiedel: Anleihekäufe für unvorstellbare 4,4 Billionen Euro, in: Frankfurter Allgemeine Zeitung, 9.6.2022, S. 27.
66 Christian Siedenbiedel: Höchste Inflation in der Geschichte des Euro, in: Frankfurter Allgemeine Zeitung, 1.10.2022, S. 29.
67 Die Fed erhöhte ihre Leitzinsen im Juli und September erneut um 0,75 Prozentprozentpunkte, eine weitere solche Erhöhung wird für November erwartet; Colby Smith: Fed signals more tightening to come as rates rise 0.75 points third time in row, in: Financial Times, 22.9.2022, S. 1.

2022 im US-Dollar-Index einen Anstieg um 20 Prozent.[68] Dies lag zum einen daran, dass die US-Währung wie stets in Krisenzeiten als „sicherer Hafen" angesehen wurde, zum anderen an der seit Frühjahr 2022 aggressiven Straffung der Geldpolitik durch die US-Fed, die wegen der weiterhin dominanten Rolle des Dollars weltweit die Märkte beeinflusste.[69] Stark schwächte sich dagegen der japanische Yen ab, der im September 2022 gegenüber dem US-Dollar auf ein 24-Jahres-Tief fiel.[70] Grund war die fortgesetzte Niedrigzinspolitik der Bank von Japan, die trotz in Japan leicht steigender Inflationsraten (3 Prozent im September) keinen Anlass zu einer Kursänderung sah. Die Bank von Japan war ab Juli sogar die einzige Zentralbank weltweit, die weiterhin an Negativzinsen festhielt. Auch Devisenmarktinterventionen des japanischen Finanzministeriums, das am 22. September mit rund 20 Mrd. US-Dollar Yen ankaufte,[71] konnten den Kursverfall nicht dauerhaft aufhalten. Das britische Pfund stürzte wegen der Regierungskrise im Herbst 2022 vorübergehend sogar auf seinen tiefsten Stand in 37 Jahren.[72]

Auch der Euro erlebte eine Schwächephase, was zunächst an der langsameren geldpolitischen Straffung im Vergleich zu den USA lag, zunehmend aber auch Bedenken bezüglich der getrübten Wachstumsaussichten des Euroraums widerspiegelte. Der nominale effektive Wechselkurs des Euro (gemessen an den Währungen der 42 wichtigsten Handelspartnern des Euroraums) sank zwischen August 2021 und August 2022 um 5,2 Prozent. Gegenüber dem US-Dollar fiel der Euro im selben Zeitraum sogar um 14 Prozent. Mitte Juli erreichte der Dollar die Parität zum Euro,[73] der im September mit 97,5 Cents seinen bisher tiefsten Stand seit 20 Jahren erreichte.[74] Für die europäischen Energiepreise und Inflationsraten war dies keine gute Nachricht, verteuerten sich dadurch doch die in US-Dollar zu bezahlenden amerikanischen Flüssiggaslieferungen, mit denen die EU wegen des russischen Angriffskriegs die bisherigen russischen Gaslieferungen zu ersetzen versuchte. Gegenüber dem japanischen Yen gewann der Euro dagegen an Wert (5,9 Prozent im August 2022 im Vergleich zum Vorjahr).

Der Euro ist weiterhin nach dem US-Dollar die zweitwichtigste Währung der Welt, in der fast 40 Prozent aller internationalen Zahlungen erfolgen.[75] Die teilweise geäußerte Sorge,[76] dass die Russland-Sanktionen der EU und der USA gegen die Devisenreserven der russischen Zentralbank und das russische Finanzsystem dazu führen könnten, dass der US-Dollar und der Euro an internationaler Bedeutung verlieren könnten, da Drittstaaten aus

---

68 Der US Dollar Index (abrufbar unter https://www.marketwatch.com/investing/index/dxy, letzter Zugriff: 15.10.2022) misst die Wechselkursveränderungen gegenüber einem Korb der gewichteten sechs wichtigsten Partnerwährungen (Euro, Yen, britisches Pfund, kanadischer Dollar, schwedische Krone und Schweizer Franken).
69 Financial Times Editorial Board: A strong dollar is a big headache for other countries, 30.7.2022, S. 8.
70 Leo Lewis: Bank of Japan's low interest rate habit drives yen to 24-year low against dollar, in: Financial Times, 7.9.2022, S. 1; Tommy Stubbington: Negative yielding debt plunges below $2tn as central banks lift interest rates, in: Financial Times, 10.10.2022, S. 6.
71 Martin Arnold et al.: Japan intervenes to shore up yen as 'reverse currency wars' deepen, in: Financial Times, 23.9.2022, S. 15.
72 George Parker/Christ Giles: Pound slumps below $1.09 after UK unveils £45bn of tax cuts, in: Financial Times, 24.–25.9.2022, S. 1.
73 Daniel Mohr: Der Dollar erreicht die Parität zum Euro, in: Frankfurter Allgemeine Zeitung, 13.7.2022, S. 23.
74 Martin Arnold: Survey gloom drags euro to 20-year low, in: Financial Times, 24./25.9.2022, S. 2.
75 EZB: The international role of the euro, June 2022, abrufbar unter https://www.ecb.europa.eu/pub/pdf/ire/ecb.ire202206~6f3ddeab26.en.pdf (letzter Zugriff: 15.10.2022), insbesondere S. 4, Chart 2.
76 Martin Wolf: A new world of currency disorder looms, in: Financial Times, 30.3.2022, S. 19.

Furcht vor Sanktionen in andere Währungen ausweichen würden, hat sich bisher nicht bewahrheitet.[77] Im Osten Europas gewann der Euro sogar an Gewicht. Denn die EZB schloss am 28. März 2022 mit mehreren Zentralbanken außerhalb des Euroraums – darunter die Zentralbanken Polens, Ungarns, Albaniens und Nordmazedoniens – vorsorgliche Swap-Vereinbarungen, um deren durch den Krieg stark unter Druck geratenen Währungen zu stabilisieren.[78] Nach diesen Vereinbarungen können die betreffenden Zentralbanken ihre nationalen Währungen bei der EZB für einen befristeten Zeitraum in Euro umtauschen. Die polnische Zentralbank kann einen solchen befristeten Umtausch sogar bis zum Gegenwert von 10 Mrd. Euro vornehmen. In der Krise dehnt die EZB also ihre stabilisierende Rolle über den Euroraum hinaus aus. Keine Swap-Vereinbarung kam jedoch mit der Zentralbank der Ukraine zustande. In einigen Mitgliedstaaten hatte es Überlegungen gegeben, auf diesem Wege den vielen Tausenden aus der Ukraine flüchtenden Menschen Zugang zu ihren Spareinlagen in Hrywnja zu einem bestimmten Umtauschsatz zu ermöglichen. Die EZB hatte dafür zwar große Sympathie, musste aber darauf hinweisen, dass ihr Mandat es nicht erlaube, eine solche Vereinbarung ohne eine ausreichende Finanzgarantie der EU-Mitgliedstaaten abzuschließen.[79]

Kroatien wird 20. Eurostaat

Seit dem Beitritt Litauens zum Euroraum zum 1. Januar 2015 hat sich dieser nicht mehr erweitert. Zum 1. Januar 2023 erfüllt sich nun aber der langjährige Wunsch Kroatiens, den Euro einzuführen. Im Juni 2022 bescheinigten sowohl die Europäische Kommission als auch die EZB in ihren Konvergenzberichten[80] dem Euro-Anwärter, dass er die notwendigen Voraussetzungen für die Euro-Teilnahme erfüllte, was unter den aktuellen Rahmenbedingungen keine Selbstverständlichkeit war. Kroatien hatte sein Haushaltsdefizit trotz Pandemie und Krieg bei 2,3 Prozent des BIP gehalten und wies mit 75,3 Prozent des BIP einen niedrigeren Schuldenstand als Österreich auf. Die jährliche Inflationsrate in Kroatien war zwar zuletzt auf 4,7 Prozent angestiegen, doch auch dies war im Verhältnis zu den übrigen EU-Staaten ein noch recht guter Wert. Im Juli bestätigte der Rat auf Vorschlag der Kommission, dass sich Kroatien für den Euro qualifiziert hat. Damit wird Kroatien, das bereits heute wirtschaftlich eng mit dem Euroraum vernetzt ist, der 20. Eurostaat. Mitten in einer historischen Krise erweist sich der Euroraum damit weiterhin als attraktiver und trotz aller Schwierigkeiten nach wie vor Stabilität ausstrahlender Währungsraum.

Weiterführende Literatur

EZB: Jahresbericht 2021, Frankfurt a. M. 2022, abrufbar unter https://www.ecb.europa.eu/pub/annual/html/ecb.ar2021~14d7439b2d.de.html (letzter Zugriff: 15.10.2022)

EZB: Jahresbericht zur Aufsichtstätigkeit 2021, Frankfurt a. M. 2022, abrufbar unter www.bankingsupervision.europa.eu/press/publications/annual-report/html/ssm.ar2021~52a7d32451.de.html (letzter Zugriff: 15.10.2022)

Kerstin Bernoth et al.: The ECB's Transmission Protection Instrument: a legal & economic analysis, Monetary Dialogue Papers, September 2022.

---

[77] Maurizio Michael Habib/Arnaud Mehl: The Russian invasion of Ukraine and international currencies, in: EZB: The international role of the euro, June 2022, S. 8 ff.

[78] Martin Arnold/James Shotter: ECB backs Polish effort to defend currency, in: Financial Times, 29.3.2022, S. 2.

[79] Sam Fleming/Martin Arnold/James Shotter: EU struggles to ease refugees' cash crunch, in: Financial Times, 23.3.2022, S. 2.

[80] EZB: Konvergenzbericht, Juni 2022, abrufbar unter https://www.ecb.europa.eu/pub/convergence/html/ecb.cr202206~e0fe4e1874.de.html (letzter Zugriff: 15.10.2022).

Zsolt Darvas/Catarina Martins: The ECB's monetary tightening: a belated start under uncertainty, Monetary Dialogue Papers, September 2022.
Eric Jones: The War in Ukraine and the European Central Bank, in: Survival, 64(4)/2022, S. 111–119.
Jonas Kaiser/Pawel Tokarski: Die Eurozone im Schatten des Ukraine-Kriegs, SWP-Aktuell 56/2022.
Ricardo Reis: The Burst of High Inflation in 2021-22: how and why did we get there?, abrufbar unter https://pesonal.lse.ac.uk/reisr/papers/22-whypi.pdf (letzter Zugriff: 15.10.2022).
Karl Whelan: Should the ECB be tightening faster?, Monetary Dialogue Papers, September 2022.

Rechnungshof

Siegfried Magiera/Matthias Niedobitek

2021 verabschiedete der Europäische Rechnungshof seine Jahresberichte zum Gesamthaushaltsplan der Europäischen Union (EU) wieder – im Rahmen eines zweijährigen Pilotprojekts – in zwei Teilen: über die Ausführung des EU-Haushaltsplans und die Tätigkeiten im Rahmen des Europäischen Entwicklungsfonds sowie zur Leistung des EU-Haushalts, jeweils für das Haushaltsjahr 2020.[1] Für das Jahr 2020 erstellte er zudem besondere Jahresberichte, u. a. zu den Agenturen, den Gemeinsamen Unternehmen und den Europäischen Schulen. 41 Agenturen[2] – bis auf drei Ausnahmen[3] – und die neun Gemeinsamen Unternehmen erhielten uneingeschränkte Prüfungsurteile. Die Jahresabschlüsse der 13 Europäischen Schulen wiesen keine wesentlichen Fehler auf. Der Rechnungshof veröffentlichte ferner 32 Sonderberichte, u. a. zur Ladeinfrastruktur für Elektrofahrzeuge, zu Fluggastrechten, zur Migrantenschleusung und zum Gender-Mainstreaming, sowie fünf Analysen, u. a. zur öffentlichen Gesundheit, zur digitalen Kompetenz und zum Elektronikabfall. In zwei Stellungnahmen äußerte er sich zu Rechtsvorschlägen in den Bereichen Anpassung an den Brexit und Bereitstellung der EU-Eigenmittel durch die Mitgliedstaaten. Im Rahmen der Zusammenarbeit leitete er 15 mutmaßliche Betrugsfälle an das Europäische Amt für Betrugsbekämpfung (OLAF[4]). Im Juni 2021 nahm er die mit der Europäischen Staatsanwaltschaft (EUStA) vereinbarte Zusammenarbeit auf und übermittelte ihr zwei Fälle. Im ersten Jahr seiner neuen Strategie für 2021–2025[5] erzielte er gute Fortschritte u. a. bei der Umgestaltung seines Jahresberichts und bei der Erstellung eines Aktionsplans zur Betrugsbekämpfung. Ferner verabschiedete er einen neuen Verhaltenskodex für seine Mitglieder und ehemaligen Mitglieder.[6] Das Arbeitsprogramm für 2022 und danach umfasst insbesondere die Reaktion auf die Covid-19-Pandemie, die Steigerung der wirtschaftlichen Wettbewerbsfähigkeit, die Sicherheit der EU und die Achtung der europäischen Werte.[7] Die Europäische Zentralbank (EZB) unterliegt der Prüfung des Rechnungshofs nur hinsichtlich ihrer Ver-

---

1 Die Berichte sind nicht mehr im Amtsblatt der EU, sondern auf der Website des Rechnungshofs veröffentlicht; vgl. zu dieser Änderung den Hinweis des Rechnungshofs, in: Amtsblatt der EU C 430, 25.10.2021, S. 7.
2 Zwei weitere Agenturen – Europäische Staatsanwaltschaft (EUStA) und Europäische Arbeitsbehörde (ELA) – waren 2020 noch nicht finanziell autonom und deshalb nicht betroffen.
3 Agentur für die Zusammenarbeit der Energieregulierungsbehörden (ACER), Agentur für das Betriebsmanagement von IT-Großsystemen im Raum der Freiheit, der Sicherheit und des Rechts (eu-LISA) und Agentur für Cybersicherheit (ENISA) (jeweils betreffend Zahlungen).
4 Office Européenne de Lutte Anti-Fraude.
5 Rechnungshof: Strategie des Europäischen Rechnungshofs für 2021–2025, 2021.
6 Amtsblatt der EU L 128, 2.5.2022, S. 102.
7 Rechnungshof: Arbeitsprogramm für 2022 und danach, 2021.

waltungseffizienz, im Übrigen unabhängigen externen Prüfern, die vom EZB-Rat empfohlen und vom Rat anerkannt werden.[8] Auch der Rechnungshof selbst unterwirft sich einer externen Prüfung.[9]

In seinem Jahresbericht über die Ausführung des EU-Haushaltsplans 2020 stellt der Rechnungshof fest, dass die konsolidierte Jahresrechnung die Vermögens- und Finanzlage der EU, die Ergebnisse ihrer Vorgänge und ihre Cashflows sowie die Veränderungen ihres Nettovermögens in allen wesentlichen Belangen sachgerecht darstellt. Während die Einnahmen in allen wesentlichen Belangen rechtmäßig und ordnungsgemäß sind, weisen die Ausgaben eine Gesamtfehlerquote von 2,7 Prozent auf. Hauptsächlich betroffen sind mit 4,0 Prozent erstattungsbasierte – im Unterschied zu anspruchsbasierten – Ausgaben vor allem im Kohäsionsbereich.[10] Wegen der Covid-19-bedingten Reisebeschränkungen erfolgten die Prüfungen vorwiegend durch Akteneinsicht und Fernbefragungen.

Die Einnahmen der EU belaufen sich auf 174,3 Mrd. Euro. Sie bestehen zu 92 Prozent aus Eigenmitteln, ferner u. a. aus Beiträgen und Erstattungen im Rahmen von EU-Programmen, Überschüssen aus dem Vorjahr, Geldbußen und Verzugszinsen. Die traditionellen Eigenmittel (TEM: Zölle und Zuckerabgaben) belaufen sich auf 20 Mrd. Euro (11 Prozent), die Mehrwertsteuer-Eigenmittel auf 17 Mrd. Euro (10 Prozent) und die Eigenmittel gemäß dem Bruttonationaleinkommen (BNE) auf 123 Mrd. Euro (71 Prozent). Die Fehlerquote bei den Einnahmen ist nicht wesentlich und die untersuchten Systeme sind – bis auf Schwachstellen bei der Kontrolle von Zöllen und dem Abschluss des BNE-Überprüfungszyklus – insgesamt wirksam. Der Rechnungshof empfiehlt der Kommission u. a., den Zeitraum, in dem BNE-Daten nach Ende des Zyklus offen bleiben, zu verkürzen.

Die Ausgaben der EU belaufen sich auf 173,3 Mrd. Euro. Dies entspricht 2,4 Prozent der Gesamtausgaben der Mitgliedstaaten[11] und 1,1 Prozent des BNE der EU. Bei einer allgemein angenommenen Wesentlichkeitsschwelle von 2,0 Prozent ist weiterhin noch ein geprüfter MFR (Mehrjähriger Finanzrahmen) -Bereich in wesentlichem Ausmaß mit Fehlern behaftet, nämlich der Bereich „Intelligentes und integratives Wachstum" mit den Teilbereichen „Wettbewerbsfähigkeit für Wachstum und Beschäftigung" (3,9 gegenüber 4,0 Prozent im Vorjahr) sowie „Wirtschaftlicher, sozialer und territorialer Zusammenhalt" (Kohäsion) (3,5 gegenüber 4,4 Prozent im Vorjahr). Der Rechnungshof bemängelt nicht förderfähige Projekte und das Fehlen von Belegen sowie weiterhin einen engen Zusammenhang zwischen Zahlungsweise und Fehlerquoten, die bei Kostenerstattungen höher sind als bei Direktzahlungen.

Der MFR-Teilbereich „Wettbewerbsfähigkeit für Wachstum und Beschäftigung" umfasst 24 Mrd. Euro (14 Prozent der Haushaltsmittel), davon 14 Mrd. Euro für Forschung, 3,1 Mrd. Euro für Bildung, Jugend und Sport, 2,4 Mrd. Euro für Verkehr und Energie, 1,6 Mrd. Euro für Weltraum und 3,4 Mrd. Euro für sonstige Maßnahmen. Die Ausgaben fließen als Finanzhilfen an öffentliche und private Empfänger im Rahmen von Forschungs- und Bildungsprogrammen wie Horizont 2020, Erasmus+ oder Galileo. Sie werden von der Kommission direkt verwaltet, das Erasmus+-Programm zu 80 Prozent im Auftrag der Kommission von den Mitgliedstaaten. Der Rechnungshof empfiehlt der Kommission u. a., im

---

[8] EZB: Art. 27 Protokoll (Nr. 4) über die Satzung des Europäischen Systems der Zentralbanken und der Europäischen Zentralbank, in: Amtsblatt der EU C 202, 7.6.2016, S. 230; vgl. für 2021 den Independent Auditor's Report vom 9. Februar 2022, in: European Central Bank: Annual Accounts of the ECB 2021, 2022, S. 68–70.
[9] Weitere Nachweise zu den vorstehenden Angaben finden sich in: Rechnungshof: Unsere Tätigkeiten im Jahr 2021, Jährlicher Tätigkeitsbericht des Europäischen Rechnungshofs, 2022.
[10] Nähere Angaben dazu finden sich in den folgenden Abschnitten zu den einzelnen Ausgabenbereichen.
[11] Einschließlich des 2020 noch beitragspflichtigen Vereinigten Königreichs.

Rahmen des Programms Horizont 2020 die erforderlichen Bescheinigungen auf Stückkosten zu erweitern, um Fehler bei den Kosten je Einheit zu korrigieren, und die Qualität der Ex-Post-Prüfungen zu verbessern.

Der MFR-Teilbereich „Wirtschaftlicher, sozialer und territorialer Zusammenhalt" (Kohäsion) umfasst Ausgaben in Höhe von 60 Mrd. Euro (34 Prozent der Haushaltsmittel). Davon entfallen 32 Mrd. Euro auf den Europäischen Fonds für regionale Entwicklung (EFRE) und andere regionale Vorhaben, 15 Mrd. Euro auf den Europäischen Sozialfonds (ESF), 10 Mrd. Euro auf den Kohäsionsfonds (KF) und 2,2 Mrd. Euro auf sonstige Maßnahmen. Diese Instrumente dienen der Kofinanzierung von mehrjährigen flexiblen Programmen mit dem Ziel, die Entwicklungsunterschiede zwischen den Mitgliedstaaten und Regionen zu verringern sowie die Wettbewerbsfähigkeit der Regionen zu fördern. Der Rechnungshof empfiehlt der Kommission, die Anwendung ihrer standardisierten Einheitskosten durch die Mitgliedstaaten genau zu verfolgen und das Betrugsrisiko durch Aufforderung an die Prüfbehörden zu vermindern.

Der MFR-Bereich „Natürliche Ressourcen" wird durch den Europäischen Garantiefonds für die Landwirtschaft (EGFL), durch den Europäischen Landwirtschaftsfonds für die Entwicklung des ländlichen Raums (ELER) und durch den Europäischen Meeres- und Fischereifonds (EMFF) finanziert. Von den Ausgaben in Höhe von 61 Mrd. Euro (35 Prozent der Haushaltsmittel) entfallen a) 42 Mrd. Euro auf Direktzahlungen (Betriebs-, Flächen-, Produktionsprämien) und 2,6 Mrd. Euro auf marktbezogene Ausgaben (Einlagerung, Ausfuhrerstattungen, Nahrungsmittelhilfe) im Rahmen des EGFL, b) 15 Mrd. Euro auf die Entwicklung des ländlichen Raums im Rahmen des ELER, c) 0,9 Mrd. Euro auf den Meeres- und Fischereisektor im Rahmen des EMFF und d) 0,9 Mrd. Euro auf sonstige Bereiche (Umwelt, Klimapolitik). Die Maßnahmen aus dem EGFL werden vollständig aus Unionsmitteln, diejenigen aus dem ELER und dem EMFF zusätzlich aus nationalen Mitteln finanziert. Der Rechnungshof stellt fest, dass die Direktzahlungen keine wesentliche Fehlerquote aufweisen, dies bei den übrigen Zahlungen jedoch der Fall ist.

Der MFR-Bereich „Sicherheit und Unionsbürgerschaft" umfasst ein Ausgabenvolumen von 3,3 Mrd. Euro (2,0 Prozent der Haushaltsmittel) und dient der Schaffung eines Raums der Freiheit, der Sicherheit und des Rechts ohne Binnengrenzen. Davon entfallen 2,6 Mrd. Euro auf das Soforthilfeinstrument (ESI) zur Bewältigung der Covid-19-Pandemie im Gesundheitsbereich, 1,6 Mrd. Euro auf Migration und Sicherheit, 1,2 Mrd. Euro auf dezentrale Agenturen in den Bereichen Gesundheit, Inneres und Justiz, 0,2 Mrd. Euro auf Lebens- und Futtermittel zum Gesundheitsschutz von Menschen, Tieren und Pflanzen in der Lebensmittelkette, 0,2 Mrd. Euro auf Kreatives Europa zur Kulturförderung und 0,5 Mrd. Euro auf Sonstiges, u. a. auf Ausgaben für Verbraucher, Katastrophenschutz, Gleichstellung und Unionsbürgerschaft. Der Rechnungshof empfiehlt der Kommission, die Förderfähigkeit der von Begünstigten von ESI-Maßnahmen eingereichten Kosten sorgfältig zu prüfen sowie den Mitgliedstaaten Leitlinien zur Dokumentation bereitzustellen, wenn die Mittelfinanzierung auf standardisierten Einheitskosten beruht.

Im MFR-Bereich „Europa in der Welt" mit einem Volumen von 11 Mrd. Euro (6,6 Prozent der Haushaltsmittel) werden die Maßnahmen im Außenbereich („Außenpolitik") finanziert durch das Finanzierungsinstrument für die Entwicklungszusammenarbeit (DCI) mit 3,0 Mrd. Euro, das Europäische Nachbarschaftsinstrument (ENI) mit 2,7 Mrd. Euro, die Humanitäre Hilfe mit 1,9 Mrd. Euro, das Instrument für Heranführungshilfe (IPA) mit 1,9 Mrd. Euro sowie sonstige Maßnahmen und Programme mit 1,9 Mrd. Euro. Der Rechnungshof empfiehlt der Kommission, dafür zu sorgen, dass internationale Organisationen dem Rechnungshof vollständigen und zeitnahen Zugang zu den prüfungserforderlichen Dokumenten gewähren.

Der MFR-Bereich „Verwaltung" umfasst ein Ausgabenvolumen von 10 Mrd. Euro (6,0 Prozent der Haushaltsmittel), davon 6,3 Mrd. Euro für die Kommission, 1,9 Mrd. Euro für das Parlament, 0,9 Mrd. Euro für den Europäischen Auswärtigen Dienst, 0,5 Mrd. Euro für den Rat, 0,4 Mrd. Euro für den Gerichtshof, 0,1 Mrd. Euro für den Rechnungshof, 0,1 Mrd. Euro für den Europäischen Wirtschafts- und Sozialausschuss sowie 0,1 Mrd. Euro für die anderen Organe und Einrichtungen der EU. Die Mittel verteilen sich zu 68 Prozent auf die Personal- und zu 32 Prozent auf die Sachkosten (Gebäude, Ausstattung, Energie, Kommunikation). Der Rechnungshof empfiehlt dem Parlament, Änderungen bei der Zahlung von Tagesgeldern an die Abgeordneten vorzunehmen, und der Kommission, Erklärungen von Bediensteten zu gezahlten Zulagen verstärkt zu überprüfen.

Zu „Haushaltsführung und Finanzmanagement" stellt der Rechnungshof fest, dass im Haushaltsjahr 2020 die endgültige MFR-Obergrenze der Mittel für Verpflichtungen unter Inanspruchnahme des EU-Solidaritätsfonds bei 173,9 Mrd. Euro und diejenige für Zahlungen bei 164,1 Mrd. Euro lag. Covid-19-bedingte Ausgabenerhöhungen erfolgten durch Berichtigungshaushaltspläne für Verpflichtungen (3,3 Mrd. Euro) und für Zahlungen (9,4 Mrd. Euro). Bewilligt wurden an Mitteln für Verpflichtungen 172,9 Mrd. Euro und für Zahlungen 161,8 Mrd. Euro. Die Verwendungsrate belief sich bei den Mitteln für Verpflichtungen auf 99,5 Prozent und bei den Mitteln für Zahlungen auf 98,6 Prozent. Die Gesamtsumme für Zahlungen (173,3 Mrd. Euro) ergibt sich aus den endgültigen Haushaltsmitteln (161,8 Mrd. Euro), den übertragenen Mitteln (1,6 Mrd. Euro) und den zweckgebundenen Einnahmen (9,9 Mrd. Euro). Die noch abzuwickelnden Mittelbindungen erreichten einen weiter erhöhten Stand von 303 Mrd. Euro, der insbesondere auf die langsame Umsetzung der Europäischen Struktur- und Investitionsfonds (ESI-Fonds) zurückzuführen ist. Probleme sind zudem infolge der Covid-19-Pandemie und der damit verbundenen Umsetzung des Aufbauinstruments NextGenerationEU (NGEU) zu erwarten. Der Rechnungshof empfiehlt der Kommission, die noch abzuwickelnden Mittelbindungen zu verringern, die ordnungsgemäße Verwendung der Finanzmittel zu fördern und über die Verwendung der Covid-19-bezogenen Mittel regelmäßig zu berichten.

Im zweiten Teil seines Jahresberichts überprüfte der Rechnungshof die Leistungs- und Wirtschaftlichkeitsaspekte von Ausgabenprogrammen zulasten des EU-Haushalts 2020 anhand der von der Kommission jährlich vorzulegenden Management- und Leistungsbilanz. In sieben Kapiteln untersucht er, ob die Erkenntnisse aus früheren Planungszeiträumen zur Verbesserung von Konzeption und Leistung des MFR-Zeitraums 2021–2027 genutzt wurden, welche Ergebnisse mit EU-Programmen in Teilbereichen des MFR 2014–2020 erreicht wurden sowie die Ergebnisse der Weiterverfolgung seiner Prüfungsempfehlungen aus dem Jahr 2017. In seinen Schlussfolgerungen stellt er fest, dass sich das Konzept einer besseren Rechtsetzung zur Leistungsverbesserung der Kommission als hilfreich erwiesen hat und die meisten seiner Empfehlungen fristgerecht umgesetzt wurden. Von den 149 an die Kommission gerichteten Empfehlungen wurden bis auf 16 alle zumindest teilweise, von den 12 an den Europäischen Auswärtigen Dienst gerichteten alle vollständig umgesetzt. Die an die Mitgliedstaaten gerichteten Empfehlungen blieben wie zuvor von diesem Verfahren ausgenommen. Der Rechnungshof empfiehlt der Kommission, im Rahmen von Folgenabschätzungen neben verfahrenstechnischen auch inhaltliche Aspekte von Rechtsvorschriften zu untersuchen sowie einen benutzerfreundlichen Zugangspunkt für alle Folgenabschätzungen, Evaluierungen und Studien zu schaffen.

Ausschuss der Regionen

Otto Schmuck

Die Plenartagungen des Ausschusses der Regionen (AdR) und die Sitzungen seiner Fachkommissionen fanden zwischen Mitte 2021 und Mitte 2022 aufgrund der anhaltenden Auswirkungen der Covid-19-Pandemie als Hybrid-Sitzung statt. Wie auch in den Vorjahren nahmen zahlreiche Mitglieder der Europäischen Kommission, Vertreter der jeweiligen EU-Ratspräsidentschaften sowie Berichterstatter und Ausschussvorsitzende des Europäischen Parlaments an den Plenar- und Fachkommissionssitzungen teil und nutzten die Gelegenheit zu politischen Aussprachen.

Am 1. Dezember 2021 erläuterte der französische Staatspräsident Emanuel Macron die Schwerpunkte der französischen Ratspräsidentschaft im ersten Halbjahr 2022. Dabei unterstrich er die wichtige Rolle der lokalen und regionalen Mandatsträger bei der Bewältigung entscheidender Herausforderungen wie der Energiewende, der digitalen Transformation oder dem sozialen Zusammenhalt. Auch zur Bewältigung der Covid-19-Pandemie leisteten sie einen wertvollen Beitrag. Gemeinsam mit den lokalen und regionalen Gebietskörperschaften wolle er einen „europäischen Demos" aufbauen. Sein Ziel sei es, während des französischen Ratsvorsitzes mit dem AdR zusammenzuarbeiten, um die europäischen Grundwerte und -prinzipien zu fördern.[1]

Während der 146. Plenartagung vom 12.–14. Oktober 2021 diskutierten die Mitglieder den zweiten vom AdR in Auftrag gegebenen EU-Jahresbarometer zur Lage der Gemeinden und Regionen. Der Bericht macht deutlich, dass den Regionen und Kommunen aufgrund der Covid-19-Pandemie ein Haushaltsloch von 180 Milliarden Euro entstanden ist.[2]

Einmal mehr war die Themenpalette im AdR breit gefächert und umfasste alle Aspekte des regionalen und kommunalen Handelns der EU. Auch wenn andere Themen ebenfalls einer eingehenderen Befassung bedürften, kann aus Platzgründen nachfolgend lediglich auf zwei besonders wichtige Arbeitsfelder eingegangen werden: Die Zukunft Europas und die Reaktionen auf den Krieg in der Ukraine.

Zukunft Europas

Auch im vergangenen Jahr war die Weiterentwicklung der EU ein Arbeitsschwerpunkt des AdR, das Thema wurde in jeder Plenarsitzung unter verschiedenen Aspekten behandelt. Dabei kam der Konferenz zur Zukunft Europas besondere Bedeutung zu: 18 AdR-Mitglieder waren in der Plenarversammlung vertreten und der AdR-Präsident Apostolos Tzitzikostas wirkte als Mitglied im Exekutivausschuss der Konferenz. Der Einfluss der lokalen und regionalen Ebene wurde zudem dadurch gesteigert, dass zwölf weitere Mitglieder der Plenarversammlung von regionalen und lokalen Verbänden oder aufgrund innerstaatlicher

---

1 Emmanuel Macron: Intervention d'Emmanuel Macron, Président de la République française à l'occasion de la 147e session plénière du Comité européen des Régions, 1.12.2021, abrufbar unter https://cor.europa.eu/en/news/Documents/4644-opening%20speech.pdf (letzter Zugriff: 6.7.2022).
2 Europäischer Ausschuss der Regionen: EU-Jahresbarometer zur Lage der Gemeinden und Regionen: Zusammenfassung 2021, CdR_4517.

Rechtsordnungen – wie im Falle der Deutschsprachigen Gemeinschaft Belgiens – entsandt worden waren.[3]

Tabelle 1: AdR-Sitzungen Juli 2021 bis Mai 2022 im Überblick

Plenartagung	Inhaltliche Schwerpunkte	Wichtige Gesprächspartner
145. am 30.6.–1.7.2021	Zukunft Europas; Bessere Rechtsetzung; Arbeitsprogramm der Kommission 2022, Förderung europäischer Werte durch Bildung und Kultur.	Vertreter des EP in der europäischen Zukunftskonferenz: Guy Verhofstadt, Manfred Weber und Iratxe García Pérez; Kommissionsvizepräsident für Interinstitutionelle Beziehungen Maroš Šefčovič; Kommissionsvizepräsidentin für europäische Lebensweise Margaritis Schinas.
146. am 12.–14.10.2021	Europäische Woche der Regionen und Städte; Regionaler Eurobarometer; Green Deal; Zukunft Europas; Umweltpolitik.	Kommissionsvizepräsident Maroš Šefčovič, Umweltkommissar Virginijus Sinkevičius, Kommissar für Krisenmanagement Janez Lenarčič; Kommissarin für Demokratie und Demoskopie Dubravka Šuica.
147. am 1.–2.12. 2021	Zukunft Europas; Grundrechte und Rechtsstaatlichkeit; Jugendpolitik.	Staatspräsident Emmanuel Macron; Vorsitzender der AdR-High Level Gruppe Herman Van Rompuy; Sozialkommissar Nicolas Schmit; KGRE Präsident Leendert Verbeek.
148. am 26.–27.1.2022	Agrarpolitik; Ländlicher Raum; Kohäsionspolitik; Green Deal; Zukunft Europas.	Kommissionsvizepräsidentin Dubravka Šuica; Agrarkommissar Janusz Wojiechowski; Kommissarin für Kohäsion Elisa Ferreira; EIB-Vizepräsidentin Lilyana Pavlova.
149. am 27.–28.4.2022	Ukraine; Migration, Asyl und Integration von Migranten; Schutz der Außengrenzen; Östliche Partnerschaft; Bildung.	Ukrainische Bürgermeister Vitali Klitschko (Kyjiw), Vadym Boychenko (Mariupol), Andriy Sadovyi (Lviv), Ivan Fedorov (Melitopol), Tetiana Yehorova-Lutsenko; Kommissarin für Kohäsion Elisa Ferreira, Kommissionsvizepräsident Maroš Šefčovič, Kommissionsvizepräsidentin Dubravka Šuica.

Quelle: Eigene Zusammenstellung

In der 148. Plenartagung am 26.–27. Januar 2022 verabschiedete der AdR eine ausführliche Entschließung zum Beitrag der lokalen und regionalen Gebietskörperschaften zur Konferenz zur Zukunft Europas.[4] Darin unterstreicht er, dass die starke Vertretung der regionalen und kommunalen Ebene in der Konferenz dazu beigetragen habe, die Anliegen der Bürger:innen stärker in die Debatten einzubringen und so den Ergebnissen der Konferenz eine territoriale Dimension zu verleihen. Die wichtigsten Vorschläge der lokalen und regionalen Delegierten der Konferenz seien in der Plenarversammlung der Konferenz, den Arbeitsgruppen, den Gremien der politischen Gruppierungen und der mehrsprachigen digitalen Plattform auf allgemeine Zustimmung gestoßen. Die EU müsse das Modell eines „Hauses der europäischen Demokratie" fördern. Dieses gründet sich, entsprechend dem von den Bürger:innen in Wahlen zum Ausdruck gebrachten politischen Willen, auf eine dreidimensionale Legitimierung auf europäischer, nationaler, regionaler und lokaler Ebene. Aufbauend auf den Erfahrungen der Konferenz müsse ein partizipativer Mechanismus in Form eines ständigen ortsbezogenen Dialogs mit den Bürger:innen entwickelt werden. Der

---

3 Europäischer Ausschuss der Regionen: Regional and local delegates to the Conference on the Future of Europe, 2021, abrufbar unter https://cor.europa.eu/en/engage/Documents/4550 CoR delegation at the CoFoE v7 web.pdf (letzter Zugriff: 12.6.2022).
4 Europäischer Ausschuss der Regionen: Resolution on the local and regional authorities to the Conference on the Future of Europe, RESOL-VII/019, 27.1.2022.

Grundsatz der aktiven Subsidiarität müsse durch Änderungen des Protokolls Nr. 2 des Vertrags von Lissabon gestärkt werden. Zudem müsse der AdR schrittweise von einer beratenden Einrichtung zu einem Mitentscheidungsorgan der EU in zentralen Politikbereichen mit territorialen Auswirkungen weiterentwickelt werden. Des Weiteren fordert der AdR Zugang zu Trilogen und damit zusammenhängenden Dokumenten, sofern er eine Stellungnahme zu dem betreffenden Vorschlag gemäß Artikel 307 AEUV abgegeben habe. Der AdR sieht die Konferenz zur Zukunft Europas als Ausgangspunkt für eine umfassende Stärkung der demokratischen Verfahren auf europäischer, nationaler, regionaler und lokaler Ebene und ist bereit, an den Folgemaßnahmen der Konferenz mitzuwirken. Der Erfolg der Konferenz werde davon abhängen, ob sich die Empfehlungen der Bürger:innen am Ende konkret in Ergebnissen widerspiegeln.[5]

Die Forderung nach einer verstärkten institutionellen Rolle des AdR bei Materien mit regionalem und lokalem Bezug fand in den Vorschlägen 39 („EU decision making process") und 40 („Subsidiarity") Eingang in den Abschlussbericht der Zukunftskonferenz.[6] In der abschließenden Plenarversammlung der Konferenz erklärte der AdR-Präsident seine Zustimmung zu den vorgelegten 49 Vorschlägen und forderte, die EU-Entscheidungsverfahren – basierend auf den Prinzipien von Subsidiarität und Multilevel Governance – einfacher und verständlicher zu gestalten. Auch müssten die Institutionen entsprechend der üblichen Gewohnheiten benannt werden. In diesem Sinne regte er an, den Namen des AdR in „Europäische Versammlung der Regionen und Kommunen" umzubenennen.[7]

Reaktionen auf den Ukraine-Krieg

Bereits im April 2020 hatte das AdR-Präsidium eine „Ukraine Arbeitsgruppe" in Fortführung einer seit 2015 bestehenden Task Force beschlossen. Diese besteht aus sechs AdR-Mitgliedern und wird von der Danziger Bürgermeisterin Aleksandra Dulkiewicz geleitet. Ziel dieser Arbeitsgruppe war es zunächst, den ukrainischen Partnern gezielte politische und technische Unterstützung zu bieten, um die Verwaltung auf allen Ebenen und die lokale Demokratie zu stärken sowie die Dezentralisierung voranzutreiben. Angesichts der am 24. Februar 2022 begonnen russischen Militärinvasion in der Ukraine übernahm die Arbeitsgruppe jedoch vorrangig die Aufgabe, die Reaktion des AdR hierauf zu formulieren und die ukrainischen Partner zu unterstützen.

In der Entschließung vom 28. April 2022 zur Unterstützung der Regionen und Städte der EU für die Ukraine verurteilte der AdR die Invasion als grundlos und ungerechtfertigt und forderte einen sofortigen Waffenstillstand.[8] Die Invasion stelle ein Verbrechen gegen die Ukraine und einen brutalen Verstoß gegen demokratische Grundsätze und die Rechtstaatlichkeit dar. Der AdR bekundete seine Solidarität mit dem ukrainischen Volk und bekundete, dass er keine von Russland in der Ukraine etablierte regionale oder lokale Führung anerkennen oder mit ihr zusammenarbeiten werde. Zudem verpflichtete sich der AdR, die Städte und Regionen weiter dafür zu mobilisieren, Flüchtlingen aus der Ukraine Hilfe zu

---

5 Europäischer Ausschuss der Regionen: Help Ukraine: Info Support Hub, abrufbar unter https://cor.europa.eu/en/engage/Pages/Help-Ukraine-Info-Support-Hub-for-Regions-and-Cities.aspx?origin=spotlight (letzter Zugriff: 29.6.2022).
6 Konferenz zur Zukunft Europas: Bericht über das Endergebnis, 9.5.2022, S. 1–239, hier S. 83–84.
7 Europäischer Ausschuss der Regionen: Interventions from delegates of local and regional authorities at the final plenary of Conference on the Future of Europe, 3.5.2022, abrufbar unter https://cor.europa.eu/en/news/Pages/final-plenary-of-Conference-on-the-Future-of-Europe.aspx Zugriff: 12.6.2022).
8 Europäischer Ausschuss der Regionen: Entschließung: Unterstützung der Regionen und Städte für die Ukraine, RESOL-VII/020, 28.4.2022.

leisten; insbesondere in den Grenzregionen bestehe Bedarf an logistischer Unterstützung für die Erstaufnahme und die Weiterbeförderung. Der AdR schloss sich der Forderung der lokalen und regionalen Gebietskörperschaften der Ukraine und der EU an, Partnerschaften einschließlich Städte- und Regionalpartnerschaften im Hinblick auf den Wiederaufbauprozess neu zu beleben bzw. aufzubauen. Der AdR unterstützte zudem die Ukraine bei der Erlangung des Kandidatenstatus entsprechend Artikel 49 des EU-Vertrags, wobei ein Schwerpunkt auf der Rechtsstaatlichkeit und den demokratischen Institutionen liegen sollte.

Praktische Hilfe leistet der AdR bei der Eingliederung ukrainischer Flüchtlinge mit der Einrichtung der Plattform „Help Ukraine". Diese hat die Aufgabe, einen Informationsaustausch sicherzustellen und die lokalen und regionalen Gebietskörperschaften der EU zu unterstützen, die Millionen aufgrund des Krieges vertriebene Flüchtlinge aufgenommen haben. Über diese Plattform können Anforderungen und Hilfeangebote koordiniert werden.[9]

Vernetzung als Aufgabe

Eine wesentliche Aufgabe des AdR ist die Vernetzung und die Förderung der Zusammenarbeit von Regionen und Kommunen. Gemeinsame Projekte werden initiiert, Partnerschaften geschlossen bzw. vertieft. Die Strukturen und Arbeitsweisen des AdR sind entsprechend gestaltet und wirken sich in vielfältiger Weise positiv auf das Entstehen eines „Europa von unten" aus. Die hier etablierten Plattformen und Netze dienen dem Erfahrungsaustausch und der gemeinsamen Interessenvertretung. So gibt es interregionale Gruppen unter anderem zu den Themen Gesundheit, Grenzüberschreitende Zusammenarbeit, Zukunft der Automobilindustrie, Inselregionen und Baltische See (Ostsee). Jeweils im Oktober findet in Brüssel und in den Regionen im Rahmen der „Europäischen Woche der Regionen und Städte" ein intensiver Erfahrungsaustausch statt. Auch wenn persönliche Begegnungen durch die Auswirkungen der Pandemie erschwert wurden, ermöglichte die Nutzung elektronischer Verfahren den Kontakt und vergrößerte zum Teil sogar die Reichweite. So nahmen im Jahr 2021 an den 262 teilweise per Videokonferenz oder hybrid durchgeführten Veranstaltungen der vom AdR initiierten Aktionswoche, die unter dem Motto „Together for recovery" stand, 17.600 Personen teil.[10]

Weiterführende Literatur

Isabelle Büttner: Political Interest vs. Regional Interest in the European Committee of the Regions, in: University of Twente Student Theses, 2.7.2020, S. 1–42.

Salvatore Nicolosi/Lisette Mustert: The European Committee of the Regions as a watchdog of the principle of subsidiarity, in: Maastricht Journal of European and Comparative Law 27(3)/2020, S. 284–301.

Birte Wassenberg: The History of the Committee of the Regions (1994–2015). 25 years of cities and regions furthering European integration, Brüssel 2020.

---

9 Europäischer Ausschuss der Regionen: Help Ukraine refugees, abrufbar unter https://cor.europa.eu/en/engage/Pages/Help-Ukraine-refugees.aspx (letzter Zugriff: 14.6.2022).

10 Europäische Union: European Week of Regions and Citys: Past Editions, abrufbar unter https://europa.eu/regions-and-cities/about/past-editions (letzter Zugriff: 14.6.2022).

Europäischer Wirtschafts- und Sozialausschuss

Doris Dialer/Thomas Walli

Nachdem der Europäische Wirtschafts- und Sozialausschuss (EWSA) 2020 und 2021 wegen Mobbing- und Diskriminierungsvorwürfen[1] negative Schlagzeilen gemacht hatte, reagierte er im Januar 2021 auf die Kritik: Er aktualisierte die Geschäftsordnung (GO) und erarbeitete einen neuen Verhaltenskodex und einen neuen Leitfaden.[2] Dennoch hat das Europäische Parlament (EP) im Mai 2022 erneut die Entlastung des Haushalts wegen mangelnder Umsetzung von Vergleichsvereinbarungen mit den drei Opfern verweigert.[3] Als Reaktion darauf wurde im zweiten Quartal 2022 die Ad-hoc Gruppe Gleichstellung eingerichtet, deren Aufgabe es ist für ein ausgewogeneres Geschlechterverhältnis – momentan hat der EWSA 108 weibliche Mitglieder (32,82 Prozent) – zu sorgen und eine Kultur der Nichtdiskriminierung zu fördern.

Leistungsbilanz

Im vergangenen Jahr hat der EWSA in neun Plenartagungen 195 Stellungnahmen verabschiedet. Das entspricht ca. 22 Stellungnahmen pro Plenartagung. Damit konnte er den Output (gemessen an Stellungnahmen) im Vergleich zum Vorjahr leicht erhöhen (Vorjahr: 20 pro Plenartagung). Den Mammutanteil, nämlich 72 Prozent (Vorjahr: 70 Prozent), machen wiederum Stellungnahmen aus, die aufgrund einer obligatorischen oder fakultativen Befassung durch das EP, den Rat oder die Kommission nach Art. 304 AEUV erarbeitet werden. Der Anteil an Initiativstellungnahmen hat seit dem Vorjahr (15 Prozent) wieder leicht zugenommen (20 Prozent).

Das Recht, Stellungnahmen „in [jenen] Fällen ab[zu]geben, in denen er dies für zweckmäßig erachtet"[4], wurde dem EWSA erst 1972 eingeräumt. Initiativstellungnahmen sind heute in Art. 304 AEUV und in Art. 52 (1.) und (2.) GO rechtlich verankert. Sie dienen dem EWSA dazu, Agenda Setting zu betreiben und sein Profil nach außen zu schärfen.[5] So fordert er beispielsweise in einer Stellungnahme vom März 2022 einen neuen Rahmen für Freihandelsabkommen, der eine „echte" Beteiligung der organisierten Zivilgesellschaft und Sozialpartner sowie die Sicherstellung einer umfassenden Information der Öffentlichkeit.[6]

---

1 Doris Dialer/Thomas Walli: Europäischer Wirtschafts- und Sozialausschuss, in: Werner Weidenfeld/Wolfgang Wessels (Hg.): Jahrbuch der Europäischen Integration 2021, Baden-Baden 2021, S. 139–142.
2 EWSA: Geschäftsordnung und Verhaltenskodex der Mitglieder des Europäischen Wirtschafts- und Sozialausschusses: Mai 2022, EESC-2022-02721-00-00-REGL-TRA; EWSA: Respekt und Würde im EWSA. Angemessenes Verhalten im EWSA – ein praktischer Leitfaden für die Mitglieder, 2021.
3 Europäisches Parlament: Pressemitteilung, Discharge: MEPs delay signing off on accounts of EU border control agency Frontex, 20220429IPR28235, 4.5.2022.
4 EWSA: Geschäftsordnung, 2021, Art. 52 (1.).
5 Thomas Walli: Die Strategie der Vernetzung. Die interinstitutionellen und externen Beziehungen des Europäischen Wirtschafts- und Sozialausschuss, Baden-Baden/Innsbruck 2020, S. 45–51.
6 EWSA: Stellungnahme zu einem neuen Rahmen für Freihandels-, Wirtschaftspartnerschafts- und Investitionsabkommen zur Sicherung einer echten Beteiligung der Organisationen der Zivilgesellschaft und der Sozialpartner und einer umfassenden Information der Öffentlichkeit, REX/536 – EESC-2021-05552-00-00-AC-TRA, 23.3.2022.

In einer anderen Initiativstellungnahme fordert er ein stärkeres Eintreten der EU für Medienfreiheit und -pluralismus.[7] Diese mit übergroßer Mehrheit verabschiedete Stellungnahme entspricht dem Image des EWSA als Stimme einer heterogenen Zivilgesellschaft, die nicht nur Wirtschaft und Soziales sondern auch Demokratie, Öffentlichkeit und Bürgerschaft als ihre Themen sieht.

Mit Sondierungsstellungnahmen (auch explorative Stellungnahmen) soll der EWSA auf Antrag der Ratspräsidentschaft, der Kommission oder des EP im Vorfeld einer Gesetzesinitiative die Meinung der Sozialpartner und organisierten Zivilgesellschaft eruieren. Die Anzahl an Sondierungsstellungnahmen ist mit 14 im Vergleich zum Vorjahr um 7 Prozent gesunken. Auf den slowenischen Ratsvorsitz entfallen fünf, auf den französischen acht und auf die tschechische „incoming presidency" eine Sondierungsstellungnahme. Die Kommission und das Parlament machten im vergangenen Jahr nicht von ihrem Recht Gebrauch. Insgesamt sind derzeit 93 Stellungnahmen in Ausarbeitung (Stand 7.7.2022).

Arena- und Öffentlichkeitsfunktion: Das Plenum

Im vergangenen Jahr fanden insgesamt neun EWSA-Plenardebatten[8] statt. Im Juli-Plenum 2021 wurden die Prioritäten des slowenischen Ratsvorsitz[9] durch Anže Logar, slowenischer Minister für auswärtige Angelegenheiten, erläutert; das Januar-Plenum 2022 erörterte mit Clément Beaune, dem französischen Staatssekretär für EU-Angelegenheiten, das Programm des französischen Vorsitzes.[10] Im Mai-Plenum stellte Ratspräsident Louis Michel die Beitrittsperspektive der Ukraine sowie anderer EU-Beitrittskandidaten dar.

Insgesamt nahmen 11 College-Mitglieder an Plenardebatten teil: Elisa Ferreira, Kommissarin für Kohäsion und Reformen (22./23.9.); Janusz Wojciechowski, Kommissar für Landwirtschaft (20./21.10.); Ursula von der Leyen, Präsidentin der Europäischen Kommission; Maroš Šefčovič, Vizepräsident der Europäischen Kommission für interinstitutionelle Beziehungen; Mairead McGuiness, Kommissarin für Finanzdienstleistungen, Finanzstabilität und Kapitalmarktunion; Kadri Simson, Kommissarin für Energie (8./9.12 – Diskussion des Arbeitsprogramms der Kommission 2022); Věra Jourová, Vizepräsidentin der Kommission für Grundwerte und Transparenz (23./24.2.); Mariya Gabriel, EU-Kommissarin für Innovation, Forschung, Kultur, Bildung und Jugend; Ylfa Johansson, Kommissarin für Inneres (23./24.3.2022); Vladis Dombrovskis, Vizepräsident der Kommission für Handel (18./19.5) und Dubravka Šuica, Vizepresidentin der Kommission für Grundrechte und Transparenz (15./16.6. „Ergebnisse der Konferenz zur Zukunft Europas und ihre Folgemaßnahmen").

Auch die organisierte Zivilgesellschaft, Interessensvertreter:innen, Wissenschaftler:innen und internationale Organisationen waren im Plenum vertreten, so u.a. Jean-Marie Paugam, stellvertretender Generaldirektor der Welthandelsorganisation (20./21.10.) oder Vertreter:innen des Programms European Young Leaders, des Europäischen Jugendforums und des Europäischen Lenkungsausschusses Jugend des Europarates, die auf der Januarplenartagung zum Europäischen Jahr der Jugend diskutierten. Der EWSA betonte

---

7 Christian Moos: Stellungnahme, Freiheit und Vielfalt der Medien in Europa sichern, in: EWSA, SOC/365–EESC-2021-01539-00-00-AC-TRA, 22.9.2021.
8 562. Plenartagung 7.–8.7.2021, 563. Plenartagung 23.–24.9.2021, 564. Plenartagung 20.–21.10.2021, 565. Plenartagung 8.–9.12.2021, 566. Plenartagung 19.–20.1.2022, 567. Plenartagung 23.–24.2.2022, 568. Plenartagung 23.–24.3.2022, 569. Plenartagung 18.–19.5.2022, 570. Plenartagung 15.–16.6.2022.
9 EWSA: Die Tätigkeiten des EWSA während des slowenischen EU-Ratsvorsitzes (Juli–Dezember 2021).
10 EWSA: Die Tätigkeiten des EWSA während des französischen EU-Ratsvorsitzes (Januar–Juni 2022).

Erfahrungswerte und erfolgreiche Initiativen wie „Your Europe, Your Say" – die sich in diesem Jahr (31.3–1.4.2022) dem Gefahrenpotential von Fake News und Desinformation widmete –, die Jugend-Klima- und Nachhaltigkeitsdebatten und den Europäischen Jugend-Klimagipfel.

Institutionelle „Heimat" der ukrainischen Zivilgesellschaft

Der EWSA verabschiedete am 24. März 2022 – im Anschluss an eine Debatte mit der Europäischen Kommissarin für Inneres und mehreren führenden Vertreter:innen der ukrainischen (u.a. Ukrainian Civil Society Platform, Ukrainian Tripartite Social and Economic Council) und der russischen Zivilgesellschaft (Russia Foundation) – eine Entschließung zu den Folgen des Kriegs in der Ukraine.[11] Darin sicherte der EWSA u.a. breite Unterstützung und vertiefte Dialogmechanismen mit ukrainischen zivilgesellschaftlichen Organisationen zu. Bereits am 20. April 2022 schloss sich der EWSA dem „Civil Society Hub", einer Solidaritätsinitiative des Europäischen Parlaments, an und öffnete seine Türen für die organisierte Zivilgesellschaft der Ukraine. Ein Teil seines Gebäudes in der Rue de Trèves 74 in Brüssel, steht seither der Nichtregierungsorganisation (NGO) Promote Ukraine zur freien Nutzung zur Verfügung.[12]

Die Lage in der Ukraine wurde im Rahmen der Plenartagung vom 15. – 16. Juni 2022 mit Botschafter Wsewolod Tschenzow – Leiter der Mission der Ukraine bei der EU – und NGO-Vertreter:innen (Promote Ukraine, Community Organised Relief Effort und Funky Citizens) erörtert und eine Entschließung zur Hilfe und zum Wiederaufbau der Ukraine angenommen.[13] Darin spricht sich der EWSA insbesondere für die Unterstützung von geflüchteten Frauen und Kindern aus und fordert von der Europäischen Arbeitsbehörde geschlechts- und altersspezifische arbeitsmarktpolitische Inklusionsinstrumente. In diesem Zusammenhang betont er das Potenzial der Sozial- und Solidarwirtschaft.

#NextGenerationEU und Rechtsstaatlichkeit

Hervorzuheben sind vor allem zwei Initiativstellungnahmen.[14] In der Stellungnahme „Rechtsstaatlichkeit und Aufbaufonds" betont der EWSA, dass „die Achtung der Menschenwürde, Freiheit, Demokratie, Gleichheit, Rechtsstaatlichkeit und die Wahrung der Menschenrechte einschließlich der Rechte der Personen, die Minderheiten angehören"[15] zu den Grundwerten der EU gehören und deren Einhaltung „von elementarer Bedeutung"[16] sei. Dahingehend schlägt er neben „hohe[n] und abschreckende[n] Strafen"[17] bei Verletzung dieser Werte vor, dass alle Staaten, die an vom EU-Haushalt finanzierten Programmen teilhaben, sich an der neu gegründeten Europäischen Staatsanwaltschaft beteiligen müssen

---

11 EWSA: Entschließung zum Krieg in der Ukraine und seine wirtschaftlichen, sozialen und ökologischen Auswirkungen, EESC-2022-01473-00-00-RES-TRA, 23./24.3.2022.
12 EWSA info: Sonderausgabe – Der EWSA für die Ukraine, April 2022, abrufbar unter: https://www.eesc.europa.eu/de/news-media/eesc-info/052022 (letzter Zugriff: 10.8.20022).
13 Europäischer Wirtschafts- und Sozialausschuss: Entschließung „Ukraine – Hilfe und Wiederaufbau – Vorschläge der europäischen Zivilgesellschaft, EESC-2022-02974-00-03-PRES-TRA, 16.6.2022.
14 Christian Bäumler: Stellungnahme, Rechtsstaatlichkeit und Aufbaufonds, in: EWSA, SOC/692 – EESC-2021-03791-00-00-AC-TRA, 20.1.2022; José A. Moreno Díaz/Cristian Pîrvulescu: Stellungnahme, Auswirkungen von COVID-19 auf Grundrechte und Rechtsstaatlichkeit in der EU und die Zukunft der Demokratie, in: EWSA, SOC/691 – EESC-2021-03684-00-02-AC-TRA, 23.2.2022.
15 Bäumler: Rechtsstaatlichkeit und Aufbaufonds, 20.1.2022, Art. 2.1.
16 Bäumler: Rechtsstaatlichkeit und Aufbaufonds, 20.1.2022, Art. 1.2.
17 Bäumler: Rechtsstaatlichkeit und Aufbaufonds, 20.1.2022, Art. 3.3.

und dass das Europäische Amt für Betrugsbekämpfung (OLAF) zu einer Agentur für Rechtsstaatlichkeit und Verwaltungseffizienz weiterentwickelt werden soll. Für die Zivilgesellschaft fordert er, dass „die EU Nichtregierungsorganisationen, die sich für Menschenrechte und Rechtsstaatlichkeit einsetzen, vor unangemessener Einflussnahme schützt und deren Finanzierung unterstützt"[18].

In der zweiten Stellungnahme „Auswirkungen von COVID-19 auf Grundrechte und Rechtsstaatlichkeit in der EU und die Zukunft der Demokratie" beschäftigt er sich vor allem mit dem Thema der Grundrechte in Krisensituationen. Darin betont er insbesondere die Wichtigkeit von angemessenen demokratischen Debatten, öffentlichen Konsultationen und parlamentarischer Kontrolle.[19] Interessant ist, dass der EWSA im Spannungsfeld Grundrechte – Rechtsstaatlichkeit – Zukunft der Demokratie auch immer wieder die Rolle von sozialen Rechten betont, die ausgebaut und im Rahmen von NextGenerationEU beispielsweise durch eine „Verteilungsfolgenabschätzung"[20] ergänzt werden sollen.[21]

Der stärkeren Ausrichtung von NextGenerationEU auf soziale Rechte bzw. den Abbau von sozialer und territorialer Ungleichheit widmete der EWSA eine eigene Initiativstellungnahme.[22] In einer Entschließung vom 18. und 19. Mai 2022 bemängelt der EWSA die nicht ausreichende Involvierung der Sozialpartner und organisierten Zivilgesellschaft in das Europäische Semester.[23]

Weiterführende Literatur

EWSA: The response of civil society organisations to face the COVID-19 pandemic and the consequent restrictive measures adopted in Europe (Study), 2021, abrufbar unter https://www.eesc.europa.eu/sites/default/files/files/qe-02-21-011-en-n.pdf (letzter Zugriff: 15.8.2022).

EWSA: Europa gestalten: Jüngste Erfolge des EWSA, 2021, abrufbar unter https://data.europa.eu/doi/10.2864/978655 (letzter Zugriff: 15.8.2022).

---

18 Bäumler: Rechtsstaatlichkeit und Aufbaufonds, 20.1.2022, Art. 1.9, Art. 4.6, Art. 4.7.
19 Díaz/Pîrvulescu: Auswirkungen von COVID-19, 23.2.2022, Art. 1.9.
20 Díaz/Pîrvulescu: Auswirkungen von COVID-19, 23.2.2022, Art. 1.10.
21 Díaz/Pîrvulescu: Auswirkungen von COVID-19, 23.2.2022, Art. 1.11.
22 Ioannis Vardakastanis/Judith Vorbach: Stellungnahme, Kohäsionspolitik bei der Bekämpfung von Ungleichheiten – Komplementaritäten/Überschneidungen mit der Aufbau- und Resilienzfazilität, in: EWSA, ECO/550 EESC-2021-02500-00-02-AC-TRA, 23.9.2021.
23 Gonçalo Lobo Xavier/Javier Doz Orbit/Luca Jahier: Entschließung, Einbeziehung der organisierten Zivilgesellschaft in die nationalen Aufbau- und Resilienzpläne – Verbesserungsvorschläge, in: EWSA, ECO/592 – EESC-2022-02158-00-00-RES-TRA, 18./19.5.2022.

Europäische Agenturen

Michael Kaeding

Aktuell gibt es 49 Agenturen der Europäischen Union (EU-Agenturen), deren Standorte in über 23 Mitgliedstaaten verteilt sind.[1] Sie sind unabhängige Organe, die spezielle Aufgaben für die EU oder deren Mitgliedstaaten übernehmen. Die Europäische Kommission unterscheidet zwei Typen von EU-Agenturen. Neben drei Agenturen im Bereich der Gemeinsamen Sicherheits- und Verteidigungspolitik und zwei Euratom-Agenturen[2] sind aktuell sechs Exekutivagenturen für eine begrenzte Zeit eingerichtet und werden durch die Europäische Kommission verwaltet. Daneben gibt es 34 dezentralisierte beziehungsweise regulative EU-Agenturen, die im Gegensatz zu den Exekutivagenturen unabhängige Einrichtungen mit einer eigenen Rechtspersönlichkeit und individueller Rechtsgrundlage sind und die je nach Bedarf zeitlich unbegrenzt gegründet werden. Ihre Aufgaben betreffen rechtliche, verwaltungstechnische, wissenschaftliche oder technische Fragen sowie Regulierungsaufgaben. Sie reichen dabei von schlichter Beobachtung und Beratung bis hin zur eigenständigen Aufsicht, Entscheidung und Kontrolle in unterschiedlichsten Politikfeldern.[3]

EU-Agenturen gibt es seit Beginn des europäischen Integrationsprozesses. Mitte der 1970er Jahre wurden mit dem Europäischen Zentrum für die Förderung der Berufsbildung (Cedefop) und der Europäischen Stiftung zur Verbesserung der Lebens- und Arbeitsbedingungen (Eurofound) die ersten zwei Agenturen geschaffen. Die Vollendung des EU-Binnenmarktes Mitte der 1990er Jahre läutete eine weitere Welle von Neugründungen europäischer Agenturen ein. Zu Beginn des 21. Jahrhunderts wurden dann vermehrt sogenannte regulative EU-Agenturen mit Befugnissen bei der Umsetzungskontrolle von EU-Recht gegründet. Im Zuge der globalen Finanz- und Staatsschuldenkrise kamen 2011 weitere hinzu. Zusätzliche Agenturen sind aktuell in Planung.

Mit Hilfe der EU-Agenturen ist es von Beginn an gelungen, einerseits die europäischen Institutionen zu entlasten, hier insbesondere die Europäische Kommission, und andererseits die Zusammenarbeit zwischen den Regierungen der Mitgliedstaaten und der Kommission in vielen Bereichen der Politik durch die Bündelung des auf europäischer und nationaler Ebene vorhandenen Fach- und Expertenwissens zu stärken. Immer häufiger stehen EU-Agenturen für Lösungen europäischer Probleme: Das Europäische Unterstützungsbüro für Asylfragen und die Europäische Agentur für die Grenz- und Küstenwache erleichterten die Zusammenarbeit in der europäischen Flüchtlingspolitik. Die drei Europäischen Finanzaufsichtsbehörden wurden im Zuge der europäischen Finanz-, Banken- und Staatsschulden-

---

1 Europäische Union: Profile und Institutionen der Organe, abrufbar unter https://european-union.europa.eu/institutions-law-budget/institutions-and-bodies/institutions-and-bodies-profiles_de (letzter Zugriff: 7.7.2022).
2 Euratom = Europäische Atomgemeinschaft, 1957 durch die Römischen Verträge gegründet.
3 Esther Versluis/Erika Tarr: Improving Compliance with European Union Law via Agencies: The Case of the European Railway Agency, in: Journal of Common Market Studies 2/2013, S. 316–333; Berthold Rittberger/Arndt Wonka: Introduction: agency governance in the European Union, in: Journal of European Public Policy 6/2011, S. 780–789; Morten Egeberg/Jarle Trondal: EU-level agencies: new executive centre formation or vehicles for national control, in: Journal of European Public Policy 6/2011, S. 868–887.

krise gegründet. Zur Bewältigung der Covid-19-Pandemie sind nun vier weitere EU-Agenturen in den Mittelpunkt der öffentlichen Aufmerksamkeit gerückt: das Europäische Zentrum für die Prävention und die Kontrolle von Krankheiten im schwedischen Solna, die Europäische Arzneimittel-Agentur in Amsterdam, die Europäische Agentur für Flugsicherheit in Köln und die Agentur der Europäischen Union für Grundrechte in Wien. Eine EU-Agentur zur Prävention und Bekämpfung sexuellen Missbrauchs von Kindern im Internet befindet sich derzeit in Planung.

Abbildung 1: Sitze der EU-Agenturen

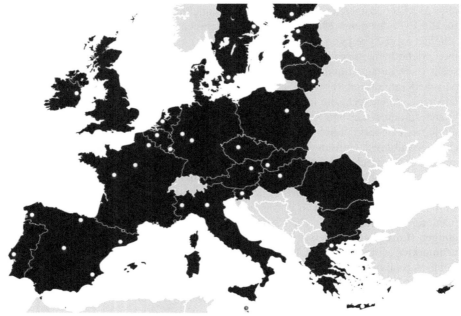

Quelle: www.eipa.eu

Rolle der EU-Agenturen während des russischen Kriegs in der Ukraine

Mit Beginn der russischen Militärinvasion in der Ukraine am 24. Februar 2022 veränderte sich auch die Arbeit vieler EU-Agenturen. Einige waren intensiv in die effektive Umsetzung der EU-Sanktionspakete involviert. Die Agentur der Europäischen Union für Grundrechte (FRA) veröffentlichte angesichts der knapp 5,5 Mio. Menschen aus der Ukraine, die sich in Europäischen Staaten als Flüchtlinge registriert haben, wichtige Daten zu Asyl und Migration. Der FRA-Bulletin Nr.1 über den Krieg in der Ukraine und seine Auswirkungen auf die Grundrechte in der EU, der am 19. Mai 2022 veröffentlicht wurde, konzentriert sich auf die Situation von Personen, die aus der Ukraine in die vier benachbarten Mitgliedstaaten – Ungarn, Polen, die Slowakei und Rumänien – reisen. Er befasst sich mit den ersten Reaktionen der Länder und der Aktivierung der EU-Richtlinie über den vorübergehenden Schutz, die den Zeitraum vom 1. März bis 27. April 2022 abdeckt. Die vorgelegten Daten basieren auf wöchentlichen Länderberichten, die von Franet, dem beauftragten Forschungsnetzwerk der EU Agentur für Grundrechte, zusammengetragen wurden.[4] Der FRA-Bulletin Nr. 2 zum Krieg in der Ukraine wird im September 2022 veröffentlicht.

Die Agentur der Europäischen Union für die Zusammenarbeit der Energieregulierungsbehörden (ACER), und die Europäische Wertpapier- und Marktaufsichtsbehörde (ESMA) nahmen sich der Frage an, warum die Energiepreise so hoch sind und wie lange das so bleiben könnte. Nachdem die Preise für Energierohstoffe in ganz Europa ein noch nie dagewesenes Niveau erreicht haben, die Gaspreise im Oktober 2021 um 400 Prozent höher waren als im April 2021 und die Strompreise um 200 Prozent gestiegen sind, kommen sie in ihrem Bericht vom Oktober 2021 zu dem Schluss, dass diese Entwicklungen nicht das Ergebnis von Preismanipulationen sind.[5]

Rolle der EU-Agenturen in der Covid-19-Pandemie

Das Europäische Zentrum für die Prävention und die Kontrolle von Krankheiten (ECDC) mit Sitz in Solna bei Stockholm ist an der Bereitstellung von Informationen und der Risikobewertung im Rahmen der Covid-19-Pandemie beteiligt.[6]

Die Europäische Arzneimittel-Agentur (EMA) bietet Medizinentwickler:innen und pharmazeutischen Unternehmen eine Anleitung zur Beschleunigung der Entwicklung und Zulassung von Medikamenten und Impfstoffen zur Bekämpfung der Pandemie und zur Herangehensweise an regulatorische Herausforderungen. Für Entwickler:innen potenzieller Covid-19-Behandlungen und relevanter Impfstoffe stehen Leitlinien zu den Schnellprüfverfahren zur Verfügung, die die EMA zur Beschleunigung der Entwicklung und Zulassung eingeführt hat.

Die EU-Agentur für Grundrechte (FRA) informiert in regelmäßigen Abständen über die Einschränkungen der Menschen- und Grundrechte, die sich im Zuge der Covid-19-Pandemie zwangsläufig ergeben haben. Die FRA veröffentlicht hierzu Berichte über die Auswirkungen der Beschränkungen zur Eindämmung der Covid-19-Pandemie auf die Grundrechte.[7]

Die Europäische Flugsicherheitsagentur (EASA) ergreift die erforderlichen Maßnahmen, um zu gewährleisten, dass der Betrieb in der Luftfahrtindustrie so normal wie möglich fortgesetzt werden kann und dennoch für alle Beteiligten – Pilot:innen, Besatzungen und Passagier:innen – durch Hygienestandards in Flugzeugen, Anwendung bestehender Vorschriften für die Lizenzierung und Ausbildung, Instandhaltungsfragen etc. sicher bleibt.

Macrons Idee einer politischen Architektur und Steuerung für den Schengen-Raum

In seiner Rede in Straßburg am 19. Januar 2022 nannte der französische Präsident Emmanuel Macron die Sicherheit als eine der größten Herausforderungen für die EU. Um die EU in dieser Hinsicht zu stärken, setzte sich die französische Ratspräsidentschaft für die Schaffung einer politischen Architektur und Steuerung für den Schengen-Raum ein – ähnlich

---

4 Agentur der Europäischen Union für Grundrechte: The war in Ukraine – Fundamental rights within the EU – Bulletin 1, 19.5.2022.
5 Agentur für die Zusammenarbeit der Energieregulierungsbehörden: High Energy Prices: Oktober 2021.
6 Europäisches Zentrum für die Prävention und die Kontrolle von Krankheiten: Considerations for travel-related measures to reduce spread of COVID-19 in the EU/EEA, 26.5.2020.
7 Agentur der Europäischen Union für Grundrechte: Coronavirus pandemic in the EU - Fundamental Rights Implications - Bulletin 6, 27.11.2020; vgl. hierzu auch den Beitrag „Rechtsstaatlichkeit" in diesem Jahrbuch.

derjenigen, die bereits für die Eurozone besteht. Neben der Schaffung eines Schengen-Rates, der den (passfreien) Schengen-Raum überwacht, soll eine bewaffnete zwischenstaatliche schnelle Eingreiftruppe geschaffen werden, die in einer Notsituation die rasche Mobilisierung europäischer und bilateraler Ressourcen ermöglicht. Diese Truppe sollte die Tätigkeit von Frontex ergänzen. Derzeit kann der Exekutivdirektor der Europäischen Agentur für die Grenz- und Küstenwache (EBCG) Frontex gemäß der Verordnung (EU) 2019/1896 im Falle eines dringenden und außergewöhnlichen Drucks an der Grenze eines Mitgliedstaates sowie auf Ersuchen dieses Mitgliedstaates für einen begrenzten Zeitraum eine schnelle Grenzintervention oder einen Rückführungseinsatz im Hoheitsgebiet des aufnehmenden Mitgliedstaates durchführen. Die EBCG kann auf einen Pool von 1.500 Mitarbeiter:innen aus der Schnellreaktionsreserve zurückgreifen. Der von Macron geplante Notfallmechanismus würde sich auf die Unterstützung von Frontex sowie auf die Verstärkung durch nationale Strafverfolgungsbehörden stützen.[8]

Europäische Finanzaufsichtsbehörden

Neben dem Krieg Russlands gegen die Ukraine, der Covid-19-Pandemie und der fortwährenden Herausforderung des Schengen-Raums stand im vergangenen Jahr weiterhin die europäische Finanz-, Banken- und Staatsschuldenkrise auf der tagespolitischen Agenda der EU. Die zur Sicherstellung eines gemeinschaftlichen Aufsichtshandelns über das europäische Finanzsystem und dessen Stabilität und Widerstandsfähigkeit gegründeten Europäischen Finanzaufsichtsbehörden (ESA) spielten hierbei immer noch eine wichtige Rolle. Die Europäische Bankenaufsichtsbehörde (EBA), die Europäische Wertpapier- und Marktaufsichtsbehörde ESMA und die Europäische Aufsichtsbehörde für das Versicherungswesen und die betriebliche Altersversorgung (EIOPA) koordinierten im letzten Jahr weiterhin die tägliche Arbeit der nationalen Aufsichtsbehörden. Sie entwickelten weitere technische Standards, die von der Europäischen Kommission als delegierte und Durchführungsrechtsakte erlassen wurden. Ferner erstellten sie weitere Leitlinien und Empfehlungen für nationale Aufsichtsbehörden und Finanzinstitute besonders auch im Zuge der Markturbulenzen rundum den russischen Krieg gegen die Ukraine, deckten Risiken beziehungsweise Schwachstellen im Finanzsektor in Form von Stresstests auf und bewerteten diese und untersuchten Verletzungen des europäischen Rechts durch nationale Aufsichtsbehörden.

Sonderbericht des Europäischen Rechnungshofs (EuRH) über die Zukunft der EU-Agenturen

Neben der alljährlichen Prüfung der Rechnungsführung, Einnahmen und Zahlungen aller EU-Agenturen veröffentlichte der EuRH im Oktober 2020 die erste Gesamtbewertung der „Bedingungen, die von der EU geschaffen wurden, um alle EU-Agenturen bei der Umsetzung der Politik zum Wohle der Bürger zu unterstützen".[8] Auf 122 Seiten stellt der EuRH fest, dass die Agenturen immer wichtiger für die Arbeit der EU werden, jedoch die Wirksamkeit ihrer Rolle für das Wohl der Bürger:innen sorgfältiger bewertet werden muss.[9] Weiterhin ergab die Prüfung, dass die Agenturen in ihrer Errichtung, Arbeitsweise und po-

---

8 Französische Präsidentschaft im Rat der EU: Rede von Präsident Emmanuel Macron vor dem Plenum des Europäischen Parlaments – Straßburg, 19.1.2022.
8 Europäische Rechnungshof: Sonderbericht 22/2020: Die Zukunft der EU-Agenturen – Flexibilität und Zusammenarbeit könnten verstärkt werden, 22.10.2020.
9 Michael Kaeding: More important than ever – EU agencies in times of crisis, in: EIPA Briefing 8/2020.

tenzieller Abwicklung flexibler gehandhabt werden müssen. Die Prüfer:innen stellten außerdem fest, dass es Agenturen gibt, die ihre Aufgabe wegen mangelnder Unterstützung der Mitgliedstaaten, der Industrie, der Europäischen Kommission oder anderer EU-Agenturen nicht zufriedenstellend erfüllen können. Der EuRH empfiehlt der Europäischen Kommission und den EU-Agenturen, die Arbeit der Agenturen sorgfältiger aufeinander abzustimmen, um die Effizienz in den Bereichen Ressourcen und Governance zu verbessern. So könne erreicht werden, dass neben ihrer Tätigkeit auch der wichtige Beitrag der Agenturen zur Politikumsetzung Anerkennung erfährt und dass sie Unterstützung dabei erhalten, als Kompetenz- und Netzwerkzentren zusammenzuarbeiten.[10]

Brexit, das Handels- und Kooperationsabkommen und EU-Agenturen:

EU-Agenturen werden auch in den zukünftigen Beziehungen zwischen der EU und dem Vereinigten Königreich (VK) eine Rolle spielen. Das seit Anfang des Jahres 2021 in Kraft getretene Handels- und Kooperationsabkommen spricht sieben EU-Agenturen explizit an, die Politikbereiche von gemeinsamem Interesse abdecken: Energie (ACER), Verkehr (EASA und EMSA), die Bereiche Freiheit, Sicherheit und Recht (eu-Lisa, Eurojust, Europol) und geistiges Eigentum (EUIPO). Allerdings deckt das Abkommen auf Wunsch des Vereinigten Königreichs nicht die Zusammenarbeit in den Bereichen Außenpolitik, äußere Sicherheit und Verteidigung ab, obwohl dies ursprünglich in der politischen Erklärung vorgesehen war. Darüber hinaus deckt es weder Entscheidungen über Äquivalenzen für Finanzdienstleistungen noch mögliche Entscheidungen über die Angemessenheit des britischen Datenschutzregimes oder die Bewertung seines sanitären und phytosanitären Regimes zum Zweck der Auflistung als Drittland, das Lebensmittel in die EU exportieren darf, ab. Aus Sicht der EU betont das Abkommen daher zwei allgemeine EU-Verhandlungs-Leitlinien:

1. Das VK hat sich bewusst für das am wenigsten ehrgeizige Modell entschieden und deshalb sollte die EU nicht defensiv sein oder versuchen, bei der Umsetzung des Abkommens flexibel zu sein.
2. Das Handels- und Kooperationsabkommen stellt ein einheitliches Regelwerk und Abkommen dar, das umgesetzt werden muss. Es ist kein Plug-in-Modell, also mehr als eine Grundlage für jahrelange zukünftige Verhandlungen mit dem Vereinigten Königreich.

Letztendlich werden alle sieben im Abkommen erwähnten EU-Agenturen Arbeitsvereinbarungen mit dem Vereinigten Königreich treffen müssen, da dieses als Drittstaat nicht mehr an den Entscheidungsprozessen der EU teilnimmt. Diese Vereinbarungen müssen insbesondere die Art und Weise der Beteiligung dieser Länder an den Arbeiten der Agentur festlegen, einschließlich Bestimmungen über die Mitwirkung in bestimmten internen Gremien, finanzielle Beiträge und die Beschäftigung von Personal. Diese Verhandlungen stellten sich im letzten Jahr als extrem schwierig heraus. Eurojust und das Innenministerium des Vereinigten Königreichs einigten sich im Dezember 2021 als erste auf eine Arbeitsvereinbarung zur Gewährleistung einer wirksamen grenzüberschreitenden justiziellen Zusammenarbeit in Strafsachen. Sie unterstützt die Umsetzung der Eurojust-bezogenen Bestimmungen des

---

10 Europäischer Rechnungshof: Sonderbericht 22/2020.

Handels- und Kooperationsabkommens (TCA) zwischen der EU und dem Vereinigten Königreich und regelt die praktischen und administrativen Einzelheiten der justiziellen Zusammenarbeit zwischen den beiden Parteien.[11]

Ausblick: Weitere neue EU-Agenturen

Neben der Errichtung der Agentur für das europäische globale Navigationssatellitensystem (EUSPA) in Prag und der Europäischen Staatsanwaltschaft (EPPO) in Luxemburg, einigten sich im Frühjahr 2019 das Europäische Parlament und der Rat der EU auf die Einrichtung einer Europäischen Arbeitsbehörde (ELA) mit Sitz in Bratislava. Sie soll spätestens ab 2024 sicherstellen, dass alle EU-Vorschriften zur Arbeitskräftemobilität auf „gerechte, einfache und wirksame Art und Weise durchgesetzt werden". ELA setzt somit direkt einen Teil der Europäischen Säule der sozialen Rechte um, indem sie den Zugang von Einzelpersonen und Arbeitgebern zu Informationen über ihre Rechte und Pflichten sowie zu relevanten Dienstleistungen vereinfacht, die Zusammenarbeit zwischen den Mitgliedstaaten bei der grenzüberschreitenden Durchsetzung des einschlägigen Unionsrechts, einschließlich der Durchführung gemeinsamer Inspektionen, erleichtert und Lösungen bei grenzüberschreitenden Streitigkeiten zwischen nationalen Behörden oder bei Störungen des Arbeitsmarktes ermöglicht.

Zudem schlug die Kommission am 11.5.2022 die Gründung einer neuen EU-Agentur zur Prävention und Bekämpfung des sexuellen Missbrauchs von Kindern im Internet mit Sitz in Den Haag vor. Sie soll neben Europol arbeiten und mit 26 Mio. Euro ausgestattet werden. Ihre Aufgabe wäre es, die Berichte über illegales Material zu analysieren, Datenbanken mit digitalen Fingerabdrücken von illegalem Material (so genannte Hashes) zu koordinieren und Unternehmen bei der Suche nach zuverlässigen Technologien zu helfen. Sie würde auch als Vermittler zwischen Technologieunternehmen, Strafverfolgungsbehörden und Opfern fungieren.[12]

Weiterführende Literatur

Michelle Everson/Cosimo Monda/Ellen Vos: European Agencies in between Institutions and Member States, Wolters Kluwer 2014.
Morten Egeberg/Jarle Trondal: Researching European Union Agencies: What Have We Learnt (and Where Do We Go from Here)? in: Journal of Common Market Studies 4/2017, S. 675–690.
Michael Kaeding: Europäische Agenturen – ein Forschungsfeld im Werden, in: integration 1/2019.

---

11 Eurojust: Pressemitteilung, Eurojust and UK Home Office sign Working Arrangement, 20.12.2021.
12 Europäische Kommission: Pressemitteilung, Kampf gegen Kindesmissbrauch: Kommission präsentiert Gesetzesvorschlag zum Schutz von Kindern, IP/22/2976, 11.5.2022.

Europäische Investitionsbank

Tobias Kunstein

Für das Jahr 2021 verzeichnete die EIB-Gruppe (bestehend aus Europäischer Investitionsbank, EIB, und Europäischem Investitionsfonds, EIF) erneut einen Rekord bei den bewilligten Finanzierungen. Auf ihrer Jahrespressekonferenz im Januar 2022 berichtete sie über Finanzierungen in Höhe von rund 95 Mrd. Euro (2020: 77 Mrd. Euro).[1] Der Hauptgrund für den starken Anstieg um 23 Prozent im Vergleich zum Vorjahr ist das Engagement im Kampf gegen die wirtschaftlichen Folgen der Covid-19-Pandemie. Dazu gehörten etwa die Forschung und Herstellung von Impfstoffen und die COVAX-Initiative, die Impfstoffe an Entwicklungsländer verteilt.[2]

Die vier inhaltlichen Prioritäten der EIB bildeten (i.) Kleine und Mittlere Unternehmen (KMU), (ii.) Innovation, Digitalisierung und Humankapital, (iii.) Nachhaltige Städte und Regionen und (iv.) Nachhaltige Energie und natürliche Ressourcen. Darüber hinaus prägte auch die Klimakrise die Tätigkeit der EIB. Einen weiteren Schwerpunkt legte der seit 2012 amtierende EIB-Präsident Werner Hoyer, der 2021 als „European Banker of the Year" ausgezeichnet wurde, auf die internationale Entwicklungszusammenarbeit.

Kapital, Struktur und Entwicklung

Die EU-Mitgliedstaaten als Eigentümer der EIB zeichnen das Kapital der Bank. Der Anteil jedes Mitgliedstaats setzt sich aus eingezahltem und abrufbarem Kapital zusammen. Das Kapital der EIB umfasste Ende 2021 unverändert zum Vorjahr 248,8 Mrd. Euro, die sich ebenfalls unverändert in 22,2 Mrd. Euro eingezahltes Kapital und 226,6 Mrd. Euro abrufbares Kapital aufteilten. Hinzu kamen Reserven in Höhe von 51,3 Mrd. Euro (2020: 49,6 Mrd. Euro).[3]

Die Bedeutung der EIB hat weiter zugenommen. Die Bilanzsumme stieg von rund 219 Mrd. Euro zur Jahrtausendwende auf 565,5 Mrd. Euro im Jahr 2021 (2020: 554,3 Mrd. Euro).[4] Auch die Zahl der Mitarbeitenden hat sich in den letzten 20 Jahren auf 3.816 Ende 2021 (Ende 2020: 3.542)[5] mehr als verdreifacht. Um ihr Personal möglichst zentralisiert unterzubringen, wurde im Mai 2022 der Auftrag für den Bau eines dritten Gebäudes am Stammsitz der EIB in Luxemburg vergeben. Das Gebäude mit 1.500 Arbeitsplätzen soll 2025 fertiggestellt sein.

Die Gesamtsumme an Finanzierungen der EIB-Gruppe im Jahr 2021 teilt sich auf EIB und EIF auf. Die EIB sagte Finanzierungen über 65,4 Mrd. Euro zu (2020: 66,1 Mrd. Euro) zu. Die Zusagen des EIF, der Risikofinanzierungen für kleinste sowie kleine und mittlere

---

1 Europäische Investitionsbank: Jahrespressekonferenz, Zusammenfassung der wichtigsten Zahlen, 22.1.2022, S. 1, abrufbar unter https://www.eib.org/attachments/apc-2022-key-data-de.pdf (letzter Zugriff: 22.7.2022).
2 Frankfurter Allgemeine Zeitung: EIB finanziert so viel wie nie, 28.1.2022, S. 22.
3 Europäische Investitionsbank: Financial Report 2021, 5.5.2022, S. 10, abrufbar unter https://www.eib.org/-attachments/publications/eib_financial_report_2021_en.pdf (letzter Zugriff:19.6.2022).
4 Europäische Investitionsbank: Financial Report 2021, S. 9.
5 Europäische Investitionsbank: Financial Report 2021, S. 75.

Unternehmen bereitstellt, stiegen 2021 um mehr als das Doppelte auf 30,5 Mrd. Euro (2020: 12,9 Mrd. Euro).[6] Insgesamt setzte sich bei der Finanzierungstätigkeit der EIB der Trend fort, dass die eigenen Ressourcen der Bank durch weitere Quellen in der EU ergänzt werden, so dass die Bank in größerem Umfang Projekte mit höherem Risiko finanzieren kann.

Trotz des gestiegenen Risikos etwa durch pandemiebedingte Insolvenzen sieht die EIB ihr Kreditportfolio als nach wie vor sehr stabil.[7] Seit ihrer Gründung hat sie jedes Geschäftsjahr mit einem Überschuss beendet. 2021 lag dieser bei 2,6 Mrd. Euro (2020: 1,7 Mrd. Euro) und floss vollständig in die Reserven der Bank.[8] Die EIB finanziert ihre Aktivitäten zum überwiegenden Teil über Anleiheemissionen an den internationalen Kapitalmärkten und profitierte dabei von ihrem sehr guten Kredit-Rating. 2021 nahm sie auf diese Weise 55,3 Mrd. Euro (2020: 70 Mrd. Euro) auf.[9]

Die EIB als „Klima-Bank"?

Ein Teil ihrer Anleihen ist so gestaltet, dass das aufgenommene Kapital in gesellschaftlich erwünschte Verwendungen fließt. Die EIB hat 2007 mit ihren „Klimaschutzanleihen" weltweit die ersten „grünen" Anleihen aufgelegt.[10] 2018 folgten „Nachhaltigkeitsanleihen", die den Grundsätzen für grüne, soziale und nachhaltige Anleihen entsprechen. 2021 hat die Bank mit diesen beiden Typen von Anleihen zehn Mrd. Euro aufgenommen, was 18 Prozent ihres Mittelbeschaffungsprogramms entspricht.[11]

Die EIB hat sich zum Ziel gesetzt, Finanzierungen in den Bereichen Klima- und Umweltschutz bis 2025 auf die Hälfte ihrer Aktivitäten auszubauen und sieht sich als globaler Vorreiter bei der Umsetzung des Pariser Klimaschutzabkommens. Als größter multilateraler Kapitalgeber für Projekte zum Klimaschutz bezeichnet sich die EIB als „Klima-Bank". Wie sie diesen Anspruch in den nächsten fünf Jahren konkret umsetzen will, beschreibt der „Klimabank-Fahrplan".[12] Eine 2019 verabschiedete Strategie im Energiebereich sieht unter anderem vor, bis Ende 2021 die Finanzierung von Projekten mit fossilen Energieträgern ohne CO_2-Minderung einzustellen.[13] Tatsächlich erhöhte die EIB den Anteil ihrer Investitionen in den Bereichen Klimaschutz und ökologische Nachhaltigkeit im vergangenen Jahr auf 43 Prozent (gegenüber 40 Prozent im Jahr 2020) und kam so ihrem Ziel von 50 Prozent näher.

---

6 Im Gesamtvolumen der EIB-Gruppe ist dabei eine geringe Überschneidung von gemeinsamen Finanzierungen von EIB und EIF herausgerechnet. Europäische Investitionsbank: Jahrespressekonferenz, 2022, S. 1.
7 Europäische Investitionsbank: Financial Report 2021, S. 20–21.
8 Europäische Investitionsbank: Financial Report 2021, S. 9.
9 Europäische Investitionsbank: Financial Report 2021, S. 22.
10 Europäische Investitionsbank: Evaluation of the EIB's Climate Awareness Bonds, April 2021, S. 1, abrufbar unter https://www.eib.org/attachments/ev/ev_report_evaluation_eib_climate_awareness_bonds_en.pdf (letzter Zugriff: 22.6.2021).
11 Europäische Investitionsbank: Innovation als Antwort. Tätigkeitsbericht 2021, S. 56, abrufbar unter https://www.eib.org/attachments/publications/eib_activity_report_2021_de.pdf (letzter Zugriff: 1.8.2022).
12 Europäische Investitionsbank: EIB Group Climate Bank Roadmap 2021–2025, November 2020, abrufbar unter https://www.eib.org/attachments/thematic/eib_group_climate_bank_roadmap_en.pdf (letzter Zugriff: 22.6.2021).
13 Europäische Investitionsbank: Finanzierungspolitik der EIB im Energiesektor. Unterstützung der Energiewende, 15.11.2019, abrufbar unter https://www.eib.org/attachments/strategies/eib_energy_lending_policy_de.pdf (letzter Zugriff 3.8.2022).

Wie im Klima-Fahrplan vorgesehen hat die EIB im Oktober 2021 Richtlinien für die Ausrichtung von Geschäftspartnern an den Pariser Klimazielen definiert.[14] Kritiker:innen sehen aber gravierende Schlupflöcher für solche Geschäftspartner, insbesondere wenn sie die EIB-Finanzierung nur indirekt über private Geschäftsbanken oder Fonds erhalten.[15]

Auch wenn die Vorreiterrolle der EIB unter den öffentlichen Banken beim Klimaschutz von zivilgesellschaftlichen Akteuren anerkannt wird, gibt es auch Kritik an der tatsächlichen Umsetzung des offensiv kommunizierten Ausstiegs aus der Förderung fossiler Energiequellen, der als zu langsam und mit zu viel Rücksicht auf die entsprechenden Industrien beurteilt wird.[16] Darüber hinaus wird der EIB vorgehalten, sich im Transport- und Mobilitätsbereich nach wie vor zu stark auf CO_2-intensive Mobilitätsformen zu konzentrieren.[17]

Neuer Geschäftsbereich Entwicklung

Anfang 2022 schuf die EIB mit „EIB Global" einen neuen Geschäftsbereich, der sich auf Projekte außerhalb der Europäischen Union konzentriert. Damit intensiviert die EIB ihre Tätigkeit als Entwicklungsbank. Sie will in diesem Rahmen auch ihre physische Präsenz außerhalb der EU ausbauen und hierzu neben ihren bestehenden rund 30 Auslandsbüros insbesondere auch EU-Auslandsvertretungen nutzen. Ein erstes Regionalzentrum hat sie 2021 in Nairobi, Kenia eröffnet.

Ein Beispiel für die Aktivitäten, die im Bereich EIB Global vereinigt werden, ist der im Herbst 2020 gegründete City Climate Finance Gap Fund. Da Städte aus Sicht der EIB großes Potenzial zur Verringerung von CO_2-Emissionen und Energieverbrauch bieten, hat sie in Kooperation mit der Weltbank den Gap Fund aufgelegt, der die Frühphase von Projekten, mit denen Städte den Klimawandel bekämpfen oder sich an seine negativen Auswirkungen anpassen, unterstützt. Bis Ende 2021 haben die Kooperationspartner Unterstützungen für 44 Städte und Kommunen in 26 Ländern beschlossen.[18]

Die EIB ist auch Teil des Plans der Europäischen Kommission, der Seidenstraßeninitiative der chinesischen Regierung ein eigenes Programm zum Infrastrukturausbau entgegenzusetzen.[19] Im „Global Gateway"-Programm werden Investitionen der EIB durch EU-Haushaltsgarantien abgedeckt, damit die EIB-Projekte, die zwar risikoreicher sind, aber EU-Zielen dienen, finanzieren kann.

Covid-19-Pandemie

Die EIB ist eingebunden in die Krisenmaßnahmen der EU angesichts der Covid-19-Pandemie. Sie stellte Soforthilfen im Gesundheitsbereich bereit und unterstützte bei der Suche nach Medikamenten und Impfstoffen gegen Covid-19. Darüber hinaus hat die EIB den Paneuropäischen Garantiefonds (EGF) aufgelegt, der Teil des EU-Aufbauplans ist. Mit einem

---

14 Europäische Investitionsbank: PATH-Rahmen der EIB-Gruppe. Unterstützung für Geschäftspartner bei der Paris-Ausrichtung, 26.10.2021, abrufbar unter https://www.eib.org/attachments/publications/the_eib_group_path_framework_de.pdf (letzter Zugriff: 27.7.2022).
15 Counter Balance: Flattering to deceive: A reality check for the 'EU Climate Bank', 15.6.2022, S. 24–29, abrufbar unter https://counter-balance.org/uploads/files/EIB-Climate-Report_w.pdf (letzter Zugriff: 4.8.2022).
16 Counter Balance: Flattering to deceive, 2022, S. 10–17.
17 Counter Balance: Flattering to deceive, 2022, S. 18–23.
18 Europäische Investitionsbank: The City Climate Finance Gap Fund. EIB Annual Report 2021, S. 10–12, abrufbar unter https://www.eib.org/attachments/publications/the_city_climate_finance_gap_fund_annual_report_2021_en.pdf (letzter Zugriff: 20.7.2022).
19 Hendrik Kafsack: Antwort auf Seidenstraße: Ein 300-Milliarden-Euro-Hebel gegen China, in: Frankfurter Allgemeine Zeitung, 2.12.2021, S. 17.

Umfang von knapp 25 Mrd. Euro aus Garantien bzw. Beiträgen der teilnehmenden Mitgliedstaaten hat der EGF bis Ende 2021 Investitionsprojekte in Höhe von 23,2 Mrd. Euro bewilligt, die Investitionen von 174 Mrd. Euro zur Bewältigung der Pandemiefolgen vor allem für KMUs mobilisieren sollen. Damit hat der EGF in einem Zeitraum von weniger als einem Jahr 95 Prozent seiner Ressourcen eingesetzt.[20] Das selbstgesteckte Ziel von 200 Mrd. Euro an indirekten Investitionen wurde zumindest annähernd erreicht.

Mit Blick auf die Covid-19-Pandemie gibt es aber auch Kritik an der EIB. Ein Vorwurf lautet, dass sie in Wirklichkeit kaum über ihr reguläres Engagement im Gesundheitssektor hinausgegangen sei.[21]

Ausblick

Außerhalb der EU wird im zweiten Halbjahr 2022 neben der Neuordnung und Intensivierung ihrer Tätigkeit im Rahmen von EIB Global das Engagement in der Ukraine eine wichtige Rolle für die EIB spielen. Nachdem sie Anfang März 2022 bereits 668 Mio. Euro Soforthilfe mobilisiert hatte, stellte die EIB im Juli 2022 mit 1,59 Mrd. Euro den zweiten Teil eines Solidaritätspakets zur Verfügung, um zerstörte Basisinfrastruktur instand zu setzen und kommunale Dienstleistungen wieder aufnehmen zu können.

Innerhalb der EU strebt die EIB in den nächsten Jahren eine erhöhte Kreditvergabe in den Kohäsionsregionen der EU an. Unter anderem will sie ihre Mittelvergabe in Regionen, die die Europäische Kommission als weniger entwickelte oder Übergangsregionen einstuft, bis 2025 von 30 auf 45 Prozent der Gesamtfinanzierungen in der EU steigern.

Weiterführende Literatur

Benedikt Erforth: The Future of European Development Banking. What Role and Place for the European Investment Bank?, in: German Development Institute Discussion Paper 11/2020.
Helen Kavvadia: The European Investment Bank's 'Quantum Leap' to Become the World's First International Climate Bank, in: Politics and Governance, 2/2021, S. 185–195.
Moritz Liebe/David Howarth: The European Investment Bank as Policy Entrepreneur and the Promotion of Public-Private Partnerships, in: New Political Economy, 2/2020, S. 195–212.
Ursula von der Leyen: Laudatio von Präsidentin von der Leyen für Werner Hoyer, ausgezeichnet als „European Banker of the Year", 28.6.2021.

---

20 Europäische Investitionsbank: EIB Group Corporate Governance Report 2021, 26.7.2022, S. 4.
21 Judith Clifton et al.: The Role of the European Investment Bank in Times of Covid-19, in: David A. McDonald/Thomas Marois/Diana Barrowclough (Hg): Public Banks and Covid-19: Combatting the Pandemic With Public Finance, S. 135–148, hier S. 141.

3. Die politische Infrastruktur

Nationale Parlamente

Valentin Kreilinger

Die Parlamente der Mitgliedstaaten der EU übernehmen durch die Kontrolle ihrer eigenen Regierung, als Wächter des Subsidiaritätsprinzips, im Politischen Dialog mit der Europäischen Kommission und in der Zusammenarbeit mit dem Europäischen Parlament wichtige Aufgaben im Mehrebenensystem der EU. Eine besondere Herausforderung für die nationalen Parlamente liegt weiterhin darin, die bestehenden Kontrollmechanismen über Entscheidungen auf EU-Ebene effektiv zu nutzen und sich gleichzeitig neue Möglichkeiten zur Einflussnahme, beispielsweise über die Konferenz zur Zukunft Europas oder im Rahmen von NextGenerationEU (NGEU), zu erschließen.

Kontrolle des Subsidiaritätsprinzips

Der sogenannte Frühwarnmechanismus gibt nationalen Parlamenten bei Subsidiaritätsbedenken zu einem Legislativvorschlag der Europäischen Kommission die Möglichkeit einer „begründeten Stellungnahme". Wenn mehr als ein Drittel der nationalen Parlamente eine solche Subsidiaritätsrüge ausspricht, ist die Hürde für eine gelbe Karte erreicht und die Kommission muss ihren Vorschlag einer erneuten Prüfung unterziehen. Dies war seit Inkrafttreten des Vertrags von Lissabon im Jahr 2009 nur insgesamt drei Mal der Fall. Im Jahr 2021 gingen 16 begründete Stellungnahmen von nationalen Parlamenten ein. Gegenüber dem Vorjahr (9 begründete Stellungnahmen) stieg die Zahl damit. Im Vergleich mit dem langjährigen Durchschnitt (38) stellt dies weiterhin einen deutlichen Rückgang dar.

Abb. 1: Aktivität der nationalen Parlamente im Frühwarnmechanismus (2010–2021)

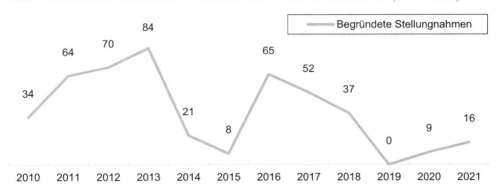

Quelle: Eigene Darstellung, basierend auf den Jahresberichten der Europäischen Kommission über die Anwendung der Grundsätze der Subsidiarität und Verhältnismäßigkeit und die Beziehungen zu den nationalen Parlamenten (2010–2021).

Die politische Infrastruktur

In der langjährigen Debatte über die Weiterentwicklung des Frühwarnmechanismus zur Subsidiaritätskontrolle erscheint eine Verlängerung der Prüffrist als eine konsensfähige Reform. Mit einer längeren Prüffrist könnten die nationalen Parlamente die Einhaltung des Subsidiaritätsprinzips genauer prüfen. Das würde ihnen mehr Zeit geben, um Allianzen für eine mögliche „gelbe Karte" (oder „orangefarbene Karte", falls mehr als die Hälfte der nationalen Parlamente Subsidiaritätsrügen ausspricht) zu schmieden. Grundsätzlich ist aber zu beachten, dass eine tiefgreifende Reform des Frühwarnmechanismus eine Vertragsänderung erfordern würde.

Politische Akteure auf europäischer Ebene

Neben der Subsidiaritätskontrolle können die nationalen Parlamente im Politischen Dialog mit der Europäischen Kommission allgemeine Stellungnahmen zu Kommissionsdokumenten oder Politikbereichen, in denen die Kommission handlungsbefugt ist, abgeben. Im Jahr 2021 lag die Aktivität der nationalen Parlamente mit insgesamt 344 Stellungnahmen unter dem langjährigen Durchschnitt (433), aber über dem Niveau von 2020 (246).

Abb. 2: Aktivität der nationalen Parlamente im politischen Dialog (2010–2021)

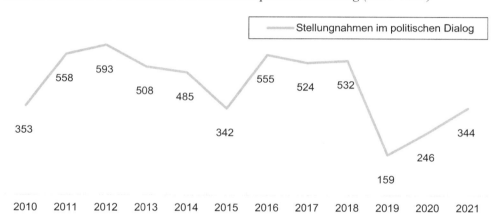

Quelle: Eigene Darstellung, basierend auf den Jahresberichten der Europäischen Kommission über die Anwendung der Grundsätze der Subsidiarität und Verhältnismäßigkeit und die Beziehungen zu den nationalen Parlamenten (2010–2021).

Von Mai 2021 bis Mai 2022 fand zudem die Konferenz zur Zukunft Europas statt. Die nationalen Parlamente stellten insgesamt 108 der 433 Mitglieder des Plenums (vier pro nationales Parlament). Die Vorsitz-Troika der Konferenz der Ausschüsse für europäische Angelegenheiten in den nationalen Parlamenten (COSAC) nahm als ständiger Beobachter an den Beratungen des Exekutivausschusses teil. Dies war eine weitere Möglichkeit, mit der nationale Parlamente als Akteure auf europäischer Ebene tätig und sichtbar werden konnten.

Nationale Parlamentarier:innen stellten somit einen großen Teil des Plenums der Konferenz zur Zukunft Europas, waren aber kein einheitlicher Akteur, da sich die Delegationen in der Regel aus Regierungs- und Oppositionsparteien zusammensetzten sowie im Fall von Zweikammersystemen auch aus Mitgliedern beider Kammern. Deshalb gab es keine gemeinsame Position der nationalen Parlamente, jedoch Koordination im Rahmen der COSAC.

Europäische Wirtschafts- und Finanzpolitik

Nachdem europäische Integration und nationale Haushaltsverfahren in der Vergangenheit mit gelegentlichen Spannungen nebeneinander koexistierten, sind die Haushaltsverfahren auf nationaler und EU-Ebene nun im Rahmen des Wiederaufbaufonds NextGenerationEU eng miteinander verflochten. Die demokratische Legitimität von NGEU könnte durch eine starke Beteiligung der nationalen Parlamente gestärkt werden. Die Aussicht auf EU-Steuern zur Rückzahlung der NGEU-Schulden führt in Zukunft sogar zu einem noch größeren Risiko, dass nationale Parlamente in Budgetangelegenheiten nicht ausreichend beteiligt werden.[1]

Vorläufigen Erkenntnissen über die Beteiligung der nationalen Parlamente zufolge spielten diese nach der Ratifizierung des Eigenmittelbeschlusses[2] zur Einrichtung des Wiederaufbaufonds bei den Aufbau- und Resilienzplänen der Mitgliedstaaten lediglich eine marginale Rolle: Weniger als die Hälfte der nationalen Parlamente/Kammern in der EU gab an, dass ihre Regierung ihnen den Plan vorgelegt hat, und in nur vier von ihnen fand eine Diskussion statt, bevor der Entwurf angenommen wurde. Lediglich drei nationale Parlamente/Kammern (das italienische Abgeordnetenhaus, der italienische Senat und die portugiesische Assembleia da República) waren an der eigentlichen Ausarbeitung der Pläne beteiligt.[3]

Eine Umfrage[4] unter den nationalen Parlamenten ermöglicht eine differenziertere Bewertung ihrer Beteiligung an den Aufbau- und Resilienzplänen:[5] In sieben Mitgliedstaaten (Zypern, die Tschechische Republik, Estland, Deutschland, Italien, Polen und Rumänien) erreichte die Beteiligung der nationalen Parlamente an den Aufbau- und Resilienzplänen ein mittleres Niveau, da die nationalen Regierungen ihren Parlamenten den Entwurf der Pläne vorlegten. In vier dieser Länder (Zypern, Estland, Italien und Polen) erhielten die Parlamente zuvor vorläufige Richtlinien und Prioritäten für den Plan; in den anderen drei Ländern legten die Regierungen auch die endgültige Fassung des Plans vor, nachdem die Parlamente bereits den Entwurf erhalten hatten.

In weiteren zehn Mitgliedstaaten (Österreich, Belgien, Finnland, Frankreich, Griechenland, Lettland, Portugal, Slowenien, Spanien und Schweden) war die Beteiligung der nationalen Parlamente gering, aber vorhanden. Die meisten dieser Länder haben eine Form der ex-ante-Beteiligung des nationalen Parlaments (entweder vorläufige Richtlinien und Prioritäten oder eine Entwurfsfassung des Aufbau- und Resilienzplans). Die nationalen Parlamente Österreichs und Belgiens wurden jedoch nur ex-post einbezogen.

---

1 Valentin Kreilinger: Next Generation EU and national parliaments: Taxation without sufficient representation?, in: Göran von Sydow/Valentin Kreilinger (Hg.): Making EU Representative Democracy Fit For The Future, in: Occasional Paper 2/2022, Swedish Institute for European Policy Studies (SIEPS), S. 45–62.
2 Valentin Kreilinger: Nationale Parlamente, in: Werner Weidenfeld/Wolfgang Wessels (Hg.): Jahrbuch der Europäischen Integration 2021, Baden-Baden 2021, S. 155–158, hier: S. 155–156.
3 COSAC: 35th Bi-annual Report: Developments in European Union Procedures and Practices Relevant to Parliamentary Scrutiny, 31.5.2021, S. 12–13.
4 Houses of the Oireachtas: European parliamentary engagement in Recovery and Resilience Plans, in: PBO Publication 19/2021.
5 Kreilinger: Next Generation EU, 2022, hier: S. 50–52.

Unter allen nationalen Parlamenten passte sich lediglich die portugiesische Assembleia da República institutionell an die NGEU-Prozesse an und richtete ein spezielles Gremium ein, das sich mit NGEU und dem nationalen Plan befasst. Kein anderes nationales Parlament schuf einen parlamentarischen Ad-hoc-Ausschuss oder ein technisches Referat, und keines plante eine entsprechende Änderung seiner Geschäftsordnung.[6]

Interparlamentarische Zusammenarbeit

Ein weiteres Instrument für nationale Parlamente auf europäischer Ebene ist die institutionalisierte Kooperation mit dem Europäischen Parlament. Hierbei spielt das nationale Parlament der rotierenden Ratspräsidentschaft als Co-Vorsitz (zusammen mit dem Europäischen Parlament) eine tragende Rolle. Im Falle der französischen Ratspräsidentschaft in der ersten Jahreshälfte 2022 erschwerte der Wahlkampf die interparlamentarische Zusammenarbeit, da die Zusammenkünfte auf die Monate Januar bis März konzentriert werden mussten.

Neben der Interparlamentarischen Konferenz für Stabilität, wirtschaftspolitische Koordinierung und Steuerung in der EU (SWKS-Konferenz) sowie der Interparlamentarischen Konferenz für die Gemeinsame Außen- und Sicherheitspolitik und die Gemeinsame Sicherheits- und Verteidigungspolitik (GASP/GSVP-Konferenz) tritt seit 2017 zudem der Gemeinsame Parlamentarische Kontrollausschusses für Europol zweimal jährlich zusammen. Die Agentur der Europäischen Union für justizielle Zusammenarbeit in Strafsachen (Eurojust) wird seit 2020 auch durch ein eigenes interparlamentarisches Treffen evaluiert. Für die Frontex-Agentur ist eine solche gemeinschaftliche Kontrolle durch nationale Parlamente und Europäisches Parlament ebenfalls im Gespräch.

Weiterführende Literatur

Katrin Auel: Parliaments and parties in multilevel governance, in: Arthur Benz/Jörg Broschek/Markus Lederer (Hg.): A Research Agenda for Multilevel Governance. Elgar Research Agendas, Cheltenham 2021, S. 135–151.

Thomas Winzen: Does differentiated integration weaken parliamentary involvement? Evidence from the European Union's interparliamentary conferences, in: European Union Politics 2022 (im Erscheinen).

---

6 COSAC: 35th Bi-annual Report, 2021, hier: S. 15.

Europäische Parteien

Jürgen Mittag

Für die europäischen politischen Parteien beginnen bereits zur Mitte einer laufenden Wahlperiode des Europäischen Parlaments (EP) die Vorbereitungen auf die nächsten Europawahlen. In der Vergangenheit wurde dieser Zeitraum in enger Abstimmung mit den EP-Fraktionen für Vorstöße zur Ausweitung des eigenen Aktionspotenzials genutzt. Diese Schwerpunktsetzung spiegelt sich auch in den jüngsten Entschlüssen des EP wider, die weitreichende Folgen für die europäischen Parteien haben können. Forciert wurde die Debatte über die zukünftige Rolle der europäischen Parteien zudem durch die Arbeiten der Konferenz zur Zukunft Europas. Namentlich in der Empfehlung Nr. 16 wurden die europäischen politischen Parteien gesondert hervorgehoben und gefordert, dass „die Bürgerinnen und Bürger Europas ... das Recht haben [sollen], für Parteien auf EU-Ebene zu stimmen, deren Kandidaten aus verschiedenen Mitgliedstaaten kommen. Während einer ausreichenden Übergangszeit könnten die Bürgerinnen und Bürger noch für nationale und transnationale Parteien wählen"[1]. Mit dieser Forderung griff die Zukunftskonferenz jene schwelende Reformdiskussion auf, die 2004 zu einem spezifischen europäischen Rechtsstatus für europäische Parteien und europäische politische Stiftungen geführt hatte und 2014 nochmals grundlegend reformiert wurde (Verordnung 1141/2014). In der Folge waren im Hinblick auf die Eintragungsvoraussetzungen und -anforderungen für europäische Parteien erneut Anpassungen vorgenommen

Das EP war mit dem Status quo jedoch nicht zufrieden und hatte in seiner Entschließung zu den Europawahlen vom 26. Oktober 2020 vorgeschlagen, die bestehende Verordnung zu den europäischen Parteien u. a. im Hinblick auf die Teilnahme der Parteien an den Europawahlen, deren Finanzierung und ihrer Kampagnenmöglichkeiten anzupassen.[2] Unter Federführung der Berichterstatter Charles Goerens aus Luxemburg (Renew) und Rainer Wieland aus Deutschland (EVP) griff das EP in seinem „Bericht über die Anwendung der Verordnung (EU, Euratom) Nr. 1141/2014" sowie der hierauf basierenden Entschließung vom 11. November 2021 entsprechende Überlegungen erneut auf und erstellte einen umfassenden Reformkatalog. Diesem zufolge würde sich die Rolle und Funktion der europäischen Parteien grundlegend verändern: In struktureller Perspektive wird angeregt, die bislang als Netzwerk von nationalen Parteien agierenden europäischen Dachorganisationen, die gleichwohl über keine übergeordneten hierarchischen Kompetenzen verfügen, zu Parteiorganisationen mit Individualmitgliedern auszuweiten. Begründet wird dies mit den begrenzten Teilhabemöglichkeiten der individuellen Mitglieder im Hinblick auf Agenda- und Politikgestaltung, aber auch mit den unverhältnismäßigen Anforderungen an kleinere Parteien. Hinsichtlich der Anerkennungs- und Finanzierungskriterien wird vorgeschlagen, dass die europäischen Parteien künftig nach der Rechtsordnung zumindest eines Mitgliedstaates oder eines Drittlandes anerkannt werden. Die europäischen Parteien sollen sich des

---

1 Konferenz zur Zukunft Europas: Bericht über das endgültige Ergebnis, Mai 2022, S. 140.
2 Europäisches Parlament: Entschließung zur Bestandsaufnahme zu den Wahlen zum Europäischen Parlament, (2020/2088(INI)), 26.11.2020.

Weiteren, so die Entschließung des EP, künftig auch an Kampagnen für Referenden zu EU-Themen finanziell beteiligen können. Die Sichtbarkeit der europäischen Parteien soll zudem dadurch erhöht werden, dass die gemäß der Verordnung bestehende Verpflichtung zur Anzeige des Logos der europäischen Parteien auf den Seiten der nationalen Mitgliedsparteien stärker überprüft und reglementiert wird. Um die Aktivitäten von extremen und Anti-EU-Parteien zu begrenzen, wird weiterhin angeregt, dass die Achtung der Grundwerte der EU nicht nur für die europäischen Parteien, sondern auch für ihre Mitgliedsparteien gelten sollten. Als übergeordnete Zielsetzung der Reformvorschläge wird die Notwendigkeit hervorgehoben, eine stärkere Verbindung der Bürger:innen zu den europäischen Parteien herzustellen, um so letztlich die politische Beteiligung auf EU-Ebene zu verstärken.

Als Reaktion auf die Entschließung des EP veröffentlichte die Kommission ihren Bericht zur künftigen Umsetzung bzw. Anpassung der Verordnung Nr. 1141/2014. In diesem greift die Kommission zahlreiche Anregungen des EP auf und nimmt Änderungen zur Verbesserung der Transparenz bei bezahlter politischer Werbung sowie bei Spenden und Ausgaben vor.[3] Die Kommission folgt dem EP auch im Hinblick auf die Anregung, dass die politischen Parteien sich künftig an Referendumskampagnen beteiligen und Beiträge von Mitgliedsparteien der Länder des Europarats genutzt werden dürfen, obwohl der Europäische Rechnungshof in einem Bericht vom April 2022 hierzu kritisch Stellung genommen hatte. In anderen Bereichen bleibt die Kommission mit ihrem Vorschlag hingegen unbestimmter, so etwa im Hinblick auf die Verpflichtung der Mitgliedsparteien auf europäische Werte, die der Kommission nur bekundet werden müssen. Auch zur internen demokratischen Verfasstheit der europäischen Parteien finden sich in dem Kommissionsdokument keine weitergehenden Ausführungen.

Der Rat hat im März 2022 zum Kommissionsvorschlag Stellung genommen. Während das Gros der Reformüberlegungen zur Transparenz und zu den Finanzierungskategorien mitgetragen wird, stellt sich der Rat anderen Anpassungsvorschlägen entgegen. So begrenzt der Rat die Finanzierung der europäischen Parteien weiterhin auf Beiträge aus Ländern der EU und spricht sich auch gegen die Möglichkeit aus, den europäischen Parteiorganisationen eine Beteiligung an der Finanzierung von Referendumskampagnen zu eröffnen. Gestrichen wird vom Rat auch die Forderung nach der Darstellung der Logos europäischer Parteien auf den Websites ihrer Mitglieder. Die Wertefrage wird vom Rat ebenfalls offener gehalten: die europäischen politischen Parteien und die europäischen politischen Stiftungen sollen sich verpflichten, jedes Jahr eine schriftliche Erklärung über die Einhaltung der europäischen Werte durch sie und ihre Mitglieder abzugeben. Angesichts der widerstreitenden Positionen bleibt abzuwarten, ob bzw. inwieweit sich die EU-Institutionen im Vorfeld der kommenden Wahlen über eine Revision des europäischen Parteienstatuts verständigen.

Noch offener ist indes die Frage der Verständigung auf ein EU-Wahlstatut, das ebenfalls erhebliche Auswirkungen auf die europäischen politischen Parteien haben wird. Grundlegende Bedeutung kommt dabei der Debatte über transnationale Wahllisten zu, die – gestützt auf eine Initiative von Emmanuel Macron – im Frühjahr 2022 ebenfalls einen wichtigen Meilenstein passierte. Während sich das EP 2015 nicht auf eine einheitliche Position hatte einigen können, verständigten sich seine vier größten Fraktionen (EVP, S&D, Renew, Grüne/EFA) nunmehr auf die Eckpunkte einer Reform der Europawahlen. Vorgesehen ist

---

3 Louis Drounau: Assessing the European Commission's proposal for the reform of European political parties, European Democracy Consulting, 11.2.2022, abrufbar unter https://eudemocracy.eu/assessing-commission-reform-eu-parties (letzter Zugriff: 25.10.2022).

in dem von der spanischen Berichterstatterin Domènec Ruiz Devesa (S&D) vorgestellten Entwurf, dass das bisherige EU-Wahlgesetz, das auf den nur geringfügig weiterentwickelten Direktwahlakt von 1976 zurückgeht, durch eine Verordnung ersetzt wird, die in jedem Mitgliedstaat unmittelbar geltenden Rechtscharakter entfaltet. Die Bürger:innen würden dem EP-Vorschlag zufolge bei der Europawahl 2024 eine zweite Stimme erhalten, mit der sie europäische Parteien und auch (Spitzen-)Kandidat:innen in einem EU-weiten Wahlkreis direkt wählen könnten. So sollen 28 EP-Sitze aus zumindest 14 Mitgliedstaaten besetzt werden. Darüber hinaus sieht der EP-Entwurf weitere Regelungen zum Wahlalter vor, das für die Europawahlen auf 16 Jahre reduziert werden soll – sofern die nationalen Bestimmungen dem nicht entgegenstehen – sowie Bestimmungen zur Gleichstellung der Geschlechter und zum Prozess der Aufstellung von Parteilisten. Zudem soll für den gesamten Geltungsbereich der Europawahl eine Briefwahlmöglichkeit eingeführt werden und eine Sperrklausel von 3,5 Prozent verankert werden. Sollten Parteien diese Hürde nicht nehmen, würden sie nur dann in das EP gewählt werden, wenn sie in mehr als sieben Mitgliedstaaten unter der gleichen Bezeichnung antreten und mehr als eine Million Stimmen erreichen.

Nach dem EU-Abgeordnetenstatut von 2005 und dem bereits mehrfach modifizierten Parteienstatut, die zusammen ein strukturelles Korrelat zu den funktionalen Kompetenzgewinnen des EP auf europäischer Ebene bilden, ist das Wahlstatut der dritte wesentliche Baustein zur Ausgestaltung einer stärker über Parteien und Parlamente vermittelten Willensbildung auf EU-Ebene. Mit Blick auf die allen drei Statuten zugrundeliegende Tendenz zur Parlamentarisierung und Politisierung würden die europäischen Parteien durch die geplanten Reformen nicht nur funktional weiter aufgewertet werden, sondern absehbar auch deutlich veränderte Strukturen erhalten.

Jenseits der „großen" Reformdebatten sind für die europäischen Parteien aber auch einige weitere grundlegende Veränderungen auszumachen, die aus den politischen Aktivitäten der einzelnen Parteiorganisationen resultieren. Prägend waren dabei vor allem die Kongresse der europäischen Parteien. So wählten die Delegierten der SPE im Oktober 2022 auf ihrem Berliner Kongress, dem ersten in Präsenz seit vier Jahren, den ehemaligen sozialdemokratischen Ministerpräsidenten Schwedens, Stefan Löfven, zum neuen Vorsitzenden der SPE. Am SPE-Kongress nahmen zahlreiche hochrangige Politiker teil, die – basierend auf einem Impulspapier von PD, PSOE und SPD – eine europapolitische Leitresolution entwickelten, in der die Unterstützung der Ukraine, die Energiesicherheit des Kontinents und der Kampf gegen rechten Extremismus im Mittelpunkt stand. Im Vorfeld des SPE-Kongresses hatte zudem ein Treffen des Netzwerkes „Progressive Alliance" stattgefunden, das als global agierende Alternative zur Sozialistischen Internationale (SI) gegründet worden war und 113 sozialdemokratische, sozialistische und progressive Parteien umfasst. Dabei zeichnete sich eine Annäherung an die SI ab. Einen neuen Vorsitzenden hatte im Mai 2022 auch der EVP-Kongress gewählt. Der EVP-Fraktionsvorsitzende Manfred Weber, der auf den Posten des EP-Präsidenten als Nachfolger von David Sassoli zugunsten von Roberta Metsola aus Malta verzichtete, wurde auf dem Kongress in Rotterdam zum neuen Vorsitzenden der EVP-Partei gewählt, so dass er nunmehr beide Ämter in Personalunion vereint. Auch der EVP-Kongress stand inhaltlich im Zeichen des Kriegs in der Ukraine und des Aufbaus einer neuen europäischen Sicherheitsarchitektur. Stärker als die SPE rang die EVP in den vergangenen Jahren aber um inhaltliche Kohärenz. Während sich die EVP in den Vorjahren vor allem mit dem Vorwurf eines allzu zurückhaltenden Umgangs mit Ungarns Fidesz-Partei konfrontiert gesehen hatte, erntete die EVP im Herbst 2022 Kritik für den Einsatz für Berlusconis konservative Forza Italia im italienischen Wahlkampf.

Die liberale ALDE-Partei richtete ihren Kongress im Juni 2022 in Dublin aus. Zu gemeinsamen Vorsitzenden wurden der Bulgare Ilhan Kyuchyuk (MRF) und der Ire Timmy Dooley (Fianna Fáil) gewählt. Die Europäische Grüne Partei wird ihren Kongress im Dezember 2022 in Kopenhagen durchführen. Geleitet wird die Partei seit dem Treffen des Parteirats in Riga gemeinsam vom Österreicher Thomas Waitz (Grüne) und Mélanie Vogel (Europe Écologie-Les Verts). In ihren Erklärungen thematisiert sowohl die grüne als auch die liberale europäische Parteienfamilie das Spannungsverhältnis von Krieg und Klimakrise. Der Kongress der Europäischen Demokratischen Partei, an deren Spitze weiterhin François Bayrou steht, wurde am 14. Oktober 2022 in Rom durchgeführt. Neben einer Generaldebatte unter dem Motto „Europa erneuern. Ein demokratischer Weg" stand auch hier der Zusammenhang von Energiekrise und Ukraine-Krieg im Blickfeld. Demgegenüber befasste sich die Generalversammlung der „Europäischen Freien Allianz" (EFA) im Mai 2022 in Las Palmas auf Gran Canaria, auf der die Baskin Lorena López de Lacalle (Eusko Alkartasuna) als Vorsitzende bestätigt wurde, stärker mit der Situation der Minderheiten in Europa. Die Partei der Europäischen Linken hat unter Leitung ihres Präsidenten Heinz Bierbaum, ehemaliger Landtagsabgeordneter des Saarlandes, ihr Forum im Oktober 2022 in Athen ausgerichtet. Das Forum versteht sich als Ort der kritischen Auseinandersetzung mit grundlegenden gesellschaftspolitischen und ökonomischen Entwicklungen in Europa.

Derzeitige Präsidentin der Partei Europäische Konservative und Reformer (EKR) ist Giorgia Meloni (Fratelli d'Italia), die im Oktober 2022 zur neuen italienischen Ministerpräsidentin gewählt wurde. Die Partei hielt vom 3. bis 5. November 2022 ihre „Party Conference" in Bukarest ab. Die Identität und Demokratie Partei, die weiterhin vom belgischen Vlaams Belang-Politiker Gerolf Annemans geleitet wird, hat in den vergangenen Monaten nur begrenzte Aktivitäten entwickelt. Wenn transnationale Aktivitäten rechter und rechtsextremer Parteien stattfanden, erfolgte dies in der Regel jenseits der europäischen Partei und mit stärkerer Ausrichtung auf die EP-Fraktion wie das Treffen von rund 15 rechten und rechtsextremen Parteien verschiedener europäischer Länder im Dezember 2021 in Warschau dokumentiert. Die hier erzielten Vereinbarungen reichten bislang aber nicht über Absichtserklärungen hinaus. Schließlich haben auch die Mitglieder der Europäischen Christlichen Politischen Bewegung am 17. Juni 2022 in Madrid eine Generalversammlung durchgeführt. Neben aktuellen politischen Fragen nahm hier unter der Leitung von Valeriu Ghileţchi aus der Republik Moldau auch die Debatte über den aktuellen Status und die zukünftige Entwicklung der Partei breiteren Raum ein.

Die bemerkenswerte Stabilität der gegenwärtig zehn offiziell anerkannten europäischen Parteiorganisationen hielt auch im letzten Jahr an. Dass es zu keinen weiteren Neugründungen gekommen ist, kann sowohl auf die Verschärfung der Anerkennungskriterien und die Arbeit der Behörde für europäische politische Parteien und europäische politische Stiftungen zurückgeführt werden, als auch auf die anhaltende Fragmentierung und Volatilität der Parteiensysteme in den Mitgliedstaaten. Letzte erschwert die grenzüberschreitende Kooperation von Parteien. Die Europawahl 2024 und die jüngsten Reformimpulse könnten jedoch – wie in der Vergangenheit – neue Anreize zur transnationalen Parteieninteraktion setzen.

Weiterführende Literatur

Maria Diaz Crego: Transnational electoral lists. Way to Europeanise elections to the European Parliament, Brüssel 2021.

Manuel Müller: Wahlgleichheit und degressive Proportionalität versöhnen: ein europäischer Verhältnisausgleich durch transnationale Listen, in: integration 2/2022, S. 153–160.

Europa der Kommunen

Andreas Marchetti*

Die „Gleichzeitigkeit dreier transformativer Krisen"[1] – Klimawandel, Covid-19-Pandemie und Krieg in der Ukraine – setzte nicht nur die Europäische Union (EU) als Ganzes, sondern jede einzelne Kommune innerhalb der EU nochmals stärker als bisher unter Druck. Aufgrund ihrer Randstellung im politischen System der EU mussten die Kommunen immer wieder einfordern, dass sie bei zu ergreifenden Maßnahmen und ihrer Umsetzung ausreichend berücksichtigt werden. Gerade im deutschen Föderalismus liegt die Verantwortung zur Umsetzung häufig bei Akteur:innen vor Ort. Dieser Beitrag thematisiert wie bereits in den letzten Jahren zunächst die Covid-19-Pandemie und beleuchtet die Umsetzung der Aufbau- und Resilienzfazilität im Rahmen von NextGenerationEU aus Sicht der Kommunen. Er behandelt weiterhin Aspekte europäischer Innenpolitik sowie, mit Fokus auf den Krieg in der Ukraine, Ansätze kommunaler Außenpolitik.

Covid-19-Pandemie und NextGenerationEU

Lokale und regionale Gebietskörperschaften wurden nur geringfügig in die Vorbereitung der jeweiligen nationalen Aufbau- und Resilienzpläne einbezogen. Bereits während der Verhandlungen über den Aufbauplan NextGenerationEU hatten sie diese Befürchtung artikuliert. In einer gemeinsamen Umfrage kamen der Ausschuss der Regionen (AdR) sowie der Rat der Gemeinden und Regionen Europas (RGRE) zu dem ernüchternden Schluss, dass die von der Europäischen Kommission geprüften und ab Juli 2021 vom Rat angenommenen nationalen Pläne weiterhin einer „top-down"-Logik folgen. Obgleich lokale und regionale Gebietskörperschaften durchaus konsultiert und dialogisch einbezogen worden seien, scheinen sie nur geringen Einfluss auf die finalen Fassungen der nationalen Pläne gehabt zu haben.[2]

Europäische Innenpolitik

Die deutsche Sektion des RGRE hatte konkrete Erwartungen an die Konferenz zur Zukunft Europas. In einer Resolution vom Dezember 2021 forderte sie insbesondere, die Stellung der Kommunen im politischen System der EU zu stärken, indem den „Kommunen bzw. ihren Verbände[n] – über die Verfahren im Ausschuss der Regionen hinaus – ein formales Beteiligungsrecht im europäischen Gesetzgebungsverfahren eingeräumt"[3] werde. Im

---

* Der Autor dankt Johanna Marie Drumann für die Unterstützung bei der Recherche zur Abfassung dieses Beitrags.
1 Wissenschaftszentrum Berlin für Sozialforschung: Verteuerung des Lebens. Diskussion mit Jens Südekum und Assia Elgouacem in der Reihe „(Un)sicherheit in der Zeitenwende", abrufbar unter https://wzb.eu/de/node/73011 (letzter Zugriff: 31.7.2022).
2 Europäischer Ausschuss der Regionen/CCRE/CEMR: Implementation of the Recovery and Resilience Facility: The Perspective of Local and Regional Authorities, 27.4.2022, abrufbar unter https://cor.europa.eu/en/engage/brochures/Documents/RRF-consultation-2022.pdf (letzter Zugriff: 31.7.2022).
3 Rat der Gemeinden und Regionen Europas/Deutsche Sektion (RGRE): Erwartungen an die Konferenz zur Zukunft Europas. Gemeinsam mit den Kommunen die Zukunft Europas gestalten!, 21.12.2021, abrufbar unter

Umfeld der Präsentation der insgesamt 49 Vorschläge zum Abschluss der Konferenz am 9. Mai 2022 wurde vonseiten des RGRE angeregt, aus der Konferenz eine dauerhafte Einrichtung zu machen, um den Dialog zwischen „lokalen Gebietskörperschaften, Bürger:innen und den europäischen Institutionen"[4] zu verstetigen. Unter anderem könnte jährlich zum Europatag „eine Debatte zum europäischen Projekt" stattfinden, auch stellten Partnerschaften ein bedeutendes Element dar, um die Bürger:innen und Europa einander näher zu bringen, wozu die Stärkung europäischer Austauschprogramme beitragen könne.

Ebenfalls im Kontext der Konferenz zur Zukunft Europas hatte die deutsche Sektion des RGRE in der bereits zitierten Resolution gefordert, dass die „europäischen Werte […] in allen Mitgliedstaaten geachtet werden"[5] müssten. Dies wird meist als eine Angelegenheit auf nationaler Ebene betrachtet. Konkreten Ausdruck einer auch kommunalen Verantwortung in dieser Frage stellte im September 2021 der Beitritt von insgesamt 20 Bürgermeister:innen aus Europa und darüber hinaus zum „Pakt freier Städte" dar. Der Pakt war 2019 als informelles Bündnis der Bürgermeister der Hauptstädte der Visegrád-Staaten – Bratislava, Budapest, Prag und Warschau – gegründet worden und versteht sich gemäß der im September 2021 verabschiedeten Erklärung als „werteorientiertes Städtenetzwerk […], um die Demokratie zu erneuern und zu stärken, als Bollwerk gegen die Aushöhlung der Rechtsstaatlichkeit zu stehen und um Korruption, staatliche Vereinnahmung, Rassismus und populistischen Nationalismus zu bekämpfen".[6]

Kommunale Außenpolitik

So wie sich im Pakt der freien Städte kommunale Verantwortungsträger:innen für die Wahrung von Rechtsstaatlichkeit und demokratische Teilhabe einsetzen, so positionierten sich die lokalen und regionalen Gebietskörperschaften einhellig gegen den russischen Angriffskrieg auf die Ukraine.[7] In zahlreichen Städten und Gemeinden wurden zu Beginn des Krieges Gebäude in den ukrainischen Nationalfarben angestrahlt. Jenseits dieser symbolischen Zeichen der Solidarität zeigten sich die kommunalen Gebietskörperschaften willens zur unbürokratischen Aufnahme und Versorgung Geflüchteter. Auch partnerschaftliche Netzwerke in die Ukraine oder in Nachbarstaaten wurden zur konkreten Hilfeleistung genutzt, um vor Ort die Folgen des Krieges zumindest abzuschwächen.

Weiterführende Literatur

Carlos Nunes Silva (Hg.): Local Government and the COVID-19 Pandemic. A Global Perspective, Cham 2022.
Uwe Zimmermann: Gemeinsame Werte auch bei Krieg und in Krisen, in: EUROPA kommunal 3/2022, S. 3–5.

---

 https://www.rgre.de/fileadmin/user_upload/pdf/resolutionen/Erwartungen_RGRE_Konferenz_zur_Zukunft_Europas_Endfassung.pdf (letzter Zugriff: 31.7.2022).
4 CCRE/CEMR: Conference on the future of Europe: What direction should Europe take?, 9.5.2022, Übersetzung des Autors, abrufbar unter https://www.ccre.org/en/actualites/view/4296 (letzter Zugriff: 31.7.2022).
5 Rat der Gemeinden und Regionen Europas/Deutsche Sektion: Erwartungen an die Konferenz zur Zukunft Europas, 2021.
6 Heinrich-Böll-Stiftung: Pakt der Freien Städte in: KommunalWiki, abrufbar unter https://kommunalwiki.boell.de/index.php/Pakt_der_Freien_Städte (letzter Zugriff: 31.7.2022).
7 CCRE/CEMR: European local and regional governments strongly support their peers in Ukraine!, 24.2.2022, abrufbar unter https://ccre.org/img/uploads/piecesjointe/filename/Statement_PDF_Ukraine_VF.pdf (letzter Zugriff: 31.7.2022).

Europäische Bürgerinitiative

Julian Plottka*

Trotz des zehnten Jubiläums der Europäischen Bürgerinitiative (EBI) im Jahr 2022 waren die politische und wissenschaftliche Debatte von einem geringen Interesse an der EBI geprägt. Als Ursachen sind die Covid-19-Pandemie und ein Fokus auf die Konferenz zur Zukunft Europas zu identifizieren. Die Kommission hat im Anschluss an eine erfolgreiche EBI für 2023 einen Gesetzentwurf angekündigt und im Nachgang zur letzten Novellierung der EBI-Verordnung erfolgten Anpassungen nationaler Gesetzgebung.

Die Nutzung der EBI: das Jahr 2020 ein Ausreißer?

Nach Jahren kontinuierlicher Steigerungen war im Jahr 2020 pandemiebedingt ein drastischer Rückgang der Registrierung neuer Initiativen auf nur fünf zu verzeichnen. 2021 stieg die Zahl wieder auf elf. In der ersten Jahreshälfte 2022 gab es jedoch nur vier neue Registrierungen. Deshalb lässt sich derzeit nicht abschätzen, ob sich die Nutzung auf dem Niveau vor der Pandemie stabilisieren oder sich das Nutzungsverhalten ändern wird.

Nach dem Juni 2021 machte die Kommission keinen Gebrauch mehr von der Möglichkeit,[1] die Sammlungsfristen für Initiativen zu verlängern. Die zuvor verlängerten Fristen liefen bis Juni bzw. August 2022.

Tabelle 1: Anzahl der Initiativen von 2012 bis 2022

Status laufender Verfahren	Anzahl	Status abgeschlossener Verfahren	Anzahl
Sammlungsfrist läuft	17	Erfolgreiche Initiativen	6
Vor Sammlungsbeginn	1	Zurückgezogene Initiativen	19
Sammlung beendet, nicht eingereicht	0	Initiativen mit zu wenig Unterstützung	43
Prüfung nach Sammlung	4	Abgelehnte Registrierungsanträge	23
Summe	26	*Summe*	83

Quelle: Eigene Auswertung des EBI-Registers mit Stand 21. Juni 2022.

Die politische Debatte zur EBI

Die Zukunftskonferenz hat zwar die Debatte über einen Ausbau von Instrumenten der Bürgerbeteiligung auf EU-Ebene stimuliert. In deren Zentrum standen jedoch neue Beteiligungsformen. Eine Stärkung des bestehenden Instrumentariums wurde nur am Rande thematisiert. So erwähnt keiner der über 320 Reformvorschläge der Konferenz die EBI.[2] Allein das belgische Bürgerforum hat sich intensiv mit ihr befasst und Reformen angeregt.[3] Zu

---

* Der Autor dankt Maximilian Becker für die Unterstützung bei den Recherchen zu diesem Beitrag.
1 Verordnung (EU) 2020/1042 zur Festlegung befristeter Maßnahmen im Zusammenhang mit den Fristen für die Stadien der Sammlung, der Überprüfung und der Prüfung gemäß der Verordnung (EU) 2019/788 angesichts des COVID-19-Ausbruchs, in: Amtsblatt der EU L 231, 17.7.2020.
2 Konferenz zur Zukunft Europas: Conference on the Future of Europe. Report on the Final Outcome, Mai 2022.
3 Konferenz zur Zukunft Europas: Report on the Final Outcome, 2022, Annex, S. 210–211.

diesen gehören eine Erhöhung des Staatenquorums, die Verpflichtung der Kommission an einer Umsetzung erfolgreicher Initiativen zu arbeiten sowie Maßnahmen zur Unterstützung von Organisator:innen. Umstritten war die Idee, dass eine EU-weite Bürgerkonsultation Ergebnis einer EBI sein könnte bei der alle Unionsbürger:innen aufgerufen werden, ihre Auffassung zur vorgeschlagenen Initiative abzugeben.

Im Juni 2021 antwortete die Kommission auf die erfolgreiche EBI „End the Cage Age". Sie plant 2023 einen Gesetzentwurf zum Verbot bestimmter Formen der Käfighaltung von Nutztieren vorzulegen und geht damit auf deren Forderungen ein.[4] Am 15. Juli 2021 diskutierte Věra Jourová, Vizepräsidentin der Europäischen Kommission, die Folgemaßnahmen der Kommission zu dieser und weiteren Initiativen im Petitionsausschuss des Europäischen Parlaments.[5] Im Juni und Juli 2022 wurde zudem eine Online-Befragung zur EBI durchgeführt, deren Ergebnis in die 2023 anstehende Überprüfung der EBI-Verordnung einfließen wird.

Zuletzt senkte Belgien das Mindestalter zur Teilnahme an der Europawahl[6] und wurde damit neben Estland, Malta und Österreich das vierte Land, in dem die Unterstützung einer EBI mit 16 Jahren möglich ist. In Griechenland ist dies ab 17 Jahren möglich.

Die wissenschaftliche Debatte zur EBI

In der Forschung bleibt die EBI weiterhin ein Nischenthema. Es erschienen einige Analysen zu deren Wirkung besonders mit Blick auf die Politisierung der EU-Politik. Tosun und Varone untersuchen Narrative zur Mobilisierung von Unterstützung.[7] Szabó et al. analysieren die Bedingungen, unter denen es Gewerkschaften mithilfe der EBI gelingt, Themen grenzüberschreitend zu politisieren.[8] Bieler befasst sich mit Debatten zur Privatisierung der Wasserversorgung u. a. am Beispiel der EBI „Wasser ist ein Menschenrecht".[9]

Weiterführende Literatur

Nicolai von Ondarza/Minna Ålander: The European Citizens' Initiative and its reform. Truly unique or the same old story?, in: Steven Blockmans/Sophia Russack (Hg.): Deliberative Democracy in the EU. Countering Populism with Participation and Debate, Brussels/London 2020, S. 281–296.

Julian Plottka: Europäische Bürgerinitiative, in: Werner Weidenfeld/Wolfgang Wessels/Funda Tekin (Hg.): Europa von A bis Z, Wiesbaden 2022, https://doi.org/10.1007/978-3-658-24456-9_43-2.

Julian Plottka/Manuel Müller: Enhancing the EU's Democratic Legitimacy. Short and Long-Term Avenues to Reinforce Parliamentary and Participative Democracy at the EU Level, Friedrich-Ebert-Stiftung: Democracy and Human Rights, November 2020.

---

4 Europäische Kommission: Mitteilung der Kommission zur Europäischen Bürgerinitiative (EBI) „End the Cage Age", C(2021) 4747, 30.6.2021.
5 Europäisches Parlament: Sitzung des Petitionsausschusses am 15. Juli 2022, 11:30 bis 12:30 Uhr.
6 Service Public Federal Interieur: Loi modifiant la loi du 23 mars 1989 relative à l'élection du Parlement européen en vue d'offrir aux citoyens la faculté de voter dès l'âge de 16 ans, 2022032290, 1.6.2021.
7 Jale Tosun/Simon Schaub: Constructing policy narratives for transnational mobilization: Insights from European Citizens' Initiatives, in: European Policy Analysis S2/2021, S. 344–364; Jale Tosun/Simon Schaub: Politicizing the Use of Glyphosate in Europe: Comparing Policy Issue Linkage across Advocacy Organizations and Countries, in: Journal of Comparative Policy Analysis: Research and Practice 5–6/2021, S. 607–624.
8 Imre G. Szabó/Darragh Golden/Roland Erne: Why Do some Labour Alliances Succeed in Politicizing Europe across Borders? A Comparison of the Right2Water and Fair Transport European Citizens' Initiatives, in: Journal of Common Market Studies 3/2022, S. 634–652.
9 Andreas Bieler: Fighting for Water. Resisting Privatization in Europe, London 2021.

Europa in den Medien

Hans-Jörg Trenz

Die Nachrichtenmedien stellen nach wie vor die wichtigste Informationsquelle für die Bürger:innen Europas dar, um das tagespolitische Geschehen in Brüssel verfolgen zu können. Dem Leitbild von Medien in der Demokratie entsprechend soll die EU-Nachrichtenberichterstattung eine differenzierte und plurale Meinungsbildung über Europapolitik und ihre Entscheidungsträger:innen ermöglichen und damit die Grundvoraussetzung für politische Teilhabe, beispielsweise bei den Wahlen des Europäischen Parlaments (EP) schaffen. Allerdings ist diese mediale Vermittlungs- und Kontrollfunktion im differenzierten Mehrebenensystem der EU ungleich schwerer zu erfüllen. Im Gegensatz zu den nationalen Regierungen können sich die europäischen Institutionen nur bedingt dem Sprachrohr einer einheitlichen medialen Öffentlichkeit bedienen und müssen ihre Politikinhalte an die unterschiedlichen Relevanzkriterien nationaler Öffentlichkeiten anpassen. Für die Medienakteure selbst besitzt die Europapolitik wiederum nur einen geringen Vermarktungswert und fällt zumeist durch das Selektionsraster der redaktionellen Nachrichtenauswahl.[1] Das Verhältnis zwischen der EU und den Medien gilt deshalb als gespannt.[2] EU-Entscheidungsakteure klagen über einseitige Negativschlagzeilen oder unvollständige und fehlerhafte Berichterstattung zum Brüsseler Politikgeschehen in den nationalen Medien.[3] Journalist:innen hingegen beklagen sich über die Komplexität und Intransparenz europäischer Entscheidungsprozesse, die sich nur schwer in eine allgemeinverständliche Sprache übersetzen lassen. Die Defizite in der medialen Vermittlung europäischer Politik werden deshalb in der Europaforschung als wichtiger Erklärungsfaktor für die Indifferenz, die Unkenntnis und den wachsenden Euroskeptizismus der Bürger:innen gegenüber der EU herangezogen.[4]

Die europäischen Medien im digitalen Wandel

Die Aufgabe einer medialen Vermittlung Europas stellt sich mit dem digitalen Wandel einer Reihe von neuen Herausforderungen. Die Bürger:innen Europas beziehen ihre Informationen zum tagespolitischen Geschehen zunehmend aus multimedialen Informationskanälen. Während der Covid-19-Pandemie hat sich dieser Trend einer Verlagerung von offline zu online Formaten des Nachrichtenkonsums noch verstärkt.[5] Tageszeitungen und auch das

---

1 Asimina Michailidou/Hans-Jörg Trenz: EU Differentiation, Dominance and the Control Function of Journalism, in: Arena Working Paper 1/2020.
2 Klaus Eder/Kai-Uwe Hellmann/Hans-Jörg Trenz: Regieren in Europa jenseits öffentlicher Legitimation? Eine Untersuchung zur Rolle von politischer Öffentlichkeit in Europa, in: Regieren in entgrenzten Räumen, Wiesbaden 1998, S. 321–343.
3 Charlotte Galpin/Hans-Jörg Trenz: Die Euroskeptizismus Spirale: EU-Berichterstattung und Medien-Negativität, in: Österreichische Zeitschrift für Soziologie 43(1)/2018, S. 147–172.
4 Catherine E. De Vries: Euroscepticism and the future of European integration, Oxford 2018; Simona Guerra/Hans-Jörg Trenz: Citizens and Public Opinion in the European Union, in: Michelle Cini/Nieves Pérez-Solórzano Borragán (Hg): European Union Politics, Oxford 2022, S. 219–231
5 Europäische Kommission: Standard Eurobarometer 94. Die Mediennutzung in der Europäischen Union, 2832/FL011EP 2021.

Fernsehen treten zunehmend in den Hintergrund zugunsten der Verbreitung von Nachrichten über digitale Plattformen und soziale Medien. Vor allem in den neuen Mitgliedsländern haben sich online Nachrichtenportale als wichtigste Informationsquelle etabliert. Der digitale Wandel bedeutet allerdings nicht notwendigerweise eine Vervielfältigung des Nachrichtenangebots, sondern vielmehr die Zerstreuung der ohnehin begrenzten Inhalte. Journalist:innen mit einer Kapazität, über Europa zu berichten, arbeiten meist nach wie vor im Auftrag traditioneller Medienorganisationen, wie beispielsweise die öffentlich-rechtlichen Rundfunkanstalten, die auch das Gros der in Brüssel angesiedelten EU-Korrespondent:innen stellen. Im Internet verbergen sich die EU-Nachrichten allerdings oftmals hinter der Paywall von Zeitungen, und gerade journalistisch aufgearbeitete Hintergrundinformationen zur EU-Politik sind oft nur schwer zugänglich. Neben der nationalen Qualitätspresse können tagespolitische Entscheidungen zum EU-Politikgeschehen aber auch auf spezialisierten, transnationalen Online-Nachrichtenforen wie Euractiv, Politico oder EUobserver nachverfolgt werden.[6] Letztere wenden sich aber nur an einen kleinen Kreis interessierter Leser:innen und können kaum dazu beitragen, den defizitären Wissensstand der breiten Bevölkerung zu Europa aufzubessern.

Die Digitalisierung europapolitsicher Kommunikation kann aber auch als Chance genutzt werden, um Europapolitik populärer zu machen und neue Zielgruppen anzusprechen. In der Presse- und Informationspolitik der EU hat sich dabei ein Trend herauskristallisiert, sich den wandelnden Publikumspräferenzen anzupassen und die Bürger:innen über multimediale Kanäle anzusprechen, statt sich auf die Vermittlungsleistungen des Journalismus zu verlassen. Das Internetportal der EU leistet dabei einen wichtigen Beitrag zur Erhöhung der Transparenz des europäischen Regierens und bietet verschiedene Möglichkeiten einer direkten Beteiligung. Soziale Medien können ferner für den Aufbau von Online Communities genutzt werden. So werden über die Facebook Seiten des Europäischen Parlaments 2,7 Mio., und über die Seiten der Kommission 1,4 Mio. Follower täglich mit Nachrichten zum Brüsseler Geschehen erreicht. Auch die Twitter-Kommunikation wird von politischen Entscheidungsträger:innen gezielt genutzt, um mit politisch interessierten Bürger:innen in Austausch zu treten oder sie in politische Debatten einzubeziehen.[7] Über interaktive, digitale Formate können aktuelle Informationen auch einem breiteren Kreis von Stakeholdern und Multiplikatoren zugänglich gemacht werden. Die während der Pandemie eingeübte neue Praxis von online Pressekonferenzen und digitalen Briefings ermöglicht es der Kommission jetzt auch interessierten Journalist:innen aus den Mitgliedsländern Zugang zu den privilegierten Informationskanälen der EU zu gewähren. EU-Korrespondent:innen sehen hier ihre Monopolstellung gefährdet und warnen vor einer Aufweichung der Professionalität und der Kontrollfunktion des EU-Nachrichtenjournalismus.[8]

Medienpolitische Initiativen im Rahmen der Konferenz zur Zukunft Europas

Mit der Konferenz zur Zukunft Europas sind neue Impulse für eine europäische Medien- und Öffentlichkeitspolitik gesetzt worden. Die Schaffung von Teilnahmemöglichkeiten in der Form des Dialogs mit ausgewählten Bürger:innen hatte dabei Vorrang gegenüber der anonymisierten Publikumseinbindung über die Massenmedien. Für die Teilnahme an den

---

6 Jan Georg Plavec: Babylon oder Blase? Die Brüsseler EU-Kommunikationskultur: Einstellungen von Politikern und Journalisten im Vergleich, Baden-Baden 2020.
7 Max Hänska/Stefan Bauchowitz: Can social media facilitate a European public sphere? Transnational communication and the Europeanization of Twitter during the Eurozone crisis, in: Social Media + Society, 5/2019.
8 Erik Fanta: Brussels Journalists Should Not Resist Sharing Their Access, in: Nieman Reports, 8.12.2021.

Debatten zu den 10 Schwerpunktthemen[9] wurde eine mehrsprachige digitale Plattform bereitgestellt, über welche die Bürger:innen ihre eigenen Vorschläge einbringen, und die anderer unterstützen und kommentieren konnten. Die Plattform funktionierte zugleich als ein Schlüsselelement für die Präsentation der Konferenz und ihrer Ergebnisse für ein breiteres Publikum in der Form von Disseminationsveranstaltungen mit prominenten Vertreter:innen der EU und animierten Präsentationen oder Videoclips, die über soziale Medien geteilt werden konnten.[10]

Medienpolitische Initiativen wurden auch in den verschiedenen Foren der Konferenz aufgegriffen und nach mehreren Debattenrunden und Expertenvalidierung in der Form konkreter Reformvorschläge dem EP, der Kommission und dem Rat am 9.5.2022 vorgelegt. Darunter findet sich der Vorschlag für eine Transparenzinitiative der EU. Sie sieht Maßnahmen zum Ausbau der Medienstrategie europäischer Institutionen vor und fordert eine verbesserte Zugänglichkeit des Internet-Portals der EU. Im Rahmen der Initiative „gesunde Digitalisierung" haben die Bürger:innen ihre Sorgen über Datensicherheit und die Ausbreitung von Falschinformation zum Ausdruck gebracht und u.a. die Einrichtung einer europäischen Agentur zur Überwachung der Freiheit, Unabhängigkeit und Vielfalt der Medien in den Mitgliedstaaten eingefordert. Die Konferenz empfiehlt der EU auch medienregulierend einzugreifen und auf den bereits bestehenden Initiativen wie dem Verhaltenskodex zur Bekämpfung von Desinformation und der Europäischen Beobachtungsstelle für digitale Medien (EDMO) aufzubauen, um Soziale Medien Plattformen zur Offenlegung ihrer Algorithmen zu verpflichten und das Recht der Nutzer:innen auf Privatsphäre zu schützen.

Dennoch kann der Konferenz ein Öffentlichkeitsdefizit vorgehalten werden, da sie es selbst kaum vermochte, die mediale Agenda für ihre Debatten zu setzen. Ein guter Indikator hierzu ist die auffallende Wissenslücke der Bürger:innen Europas, die sich über die laufenden Debatten und Initiativen kaum informiert zeigen. Lediglich ein Drittel der Europäer:innen gibt in einer Eurobarometerumfrage von 2021 an, von der Konferenz aus der Presse, Internet, Fernsehen oder Radio gehört zu haben.[11] Detailliertere Kenntnisse zum Stand der Debatten sind erwartungsgemäß noch beschränkter. Die Bürger:innendialoge zur Zukunft der EU begegnen damit dem gleichen strukturell angelegten Defizit an medialer Öffentlichkeit, das auch die Kommunikationsanstrengungen von EU-Akteuren und Institutionen seit Jahrzehnten blockiert und eine effiziente und inklusive Einbeziehung der Bürger:innen in die europäische Politik verhindert.[12]

Die EU als Schutzschild einer freien und pluralen Presse

Die Herausforderungen des digitalen Wandels sind globaler Natur, weshalb auch Lösungsansätze nur in der Kooperation zwischen den EU-Mitgliedsstaaten erarbeitet werden können. Damit wächst der EU eine neue Aufgabe in der Gestaltung und Regulierung globaler Medienmärkte zu. Die Dringlichkeit von gemeinsamen Initiativen zur Medienkontrolle

---

9 Vgl. hierzu auch den Beitrag „Konferenz zur Zukunft Europas" in diesem Jahrbuch.
10 Konferenz zur Zukunft Europas: Activity Report. March – June 2021.
11 Europäische Kommission: Spezial-Eurobarometer 517 Bericht. Die Zukunft Europas, 2554 / SP517, 2021.
12 Asimina Michailidou/Hans-Jörg Trenz: The Future of Europe debate needs the intermediary power of journalism. In: The Transnational Democracy Blog, 2022.

sind vom EP und der Kommission anerkannt worden, die beide bereits mit wichtigen Initiativen zur Stärkung der freien Presse hervorgetreten sind.[13] Im „Digital Services Act" werden Verpflichtungen digitaler Dienstleistungsanbieter für Transparenz, Meinungsvielfalt und Qualitätssicherung von Inhalten festgelegt. Damit sollen Grundrechte der Nutzer:innen geschützt und Diskriminierung verhindert werden. Neben rechtlich bindenden Vorschriften für die Moderation von Inhalten sollen auch Maßstäbe für die Selbstregulierung im Umgang mit Falschinformationen gesetzt werden.[14] Hierzu ist im Jahr 2022 ein Leitfaden vorgelegt worden, der wirtschafts- und zivilgesellschaftliche Akteure in die Bekämpfung von Falschinformationen einbindet.[15] Als Reaktion auf die militärische Aggression Russlands gegen die Ukraine hat die EU erstmals auch direkte Sanktionen gegen Medieninstitutionen verhängt und die Verbreitung der Sender RT und Sputnik im März 2022 EU-weit verboten. Damit wird zunehmend die externe Gefahrenabwehr als Bestandteil der EU-Medienpolitik in den Blickpunkt gerückt.

Als medienpolitische Antwort auf die Covid-19-Krise formulierte die Kommission ein umfassendes Recht europäischer Bürger:innen auf Informationssicherheit. Es umfasst Datensicherheit und den Schutz der Privatsphäre und sichert durch die Privilegierung der Qualitätspresse den Zugang zu faktengeprüften Informationen. So soll es vor den Auswirkungen einer „Infodemie" schützen.[16] In diesem Zusammenhang steht auch die „News Initiative" für die Verbesserung der Ausbildung und der Arbeitsbedingungen von Journalist:innen.[17] Medienpolitik wird damit auch zu einem bildungspolitischen Auftrag und in Maßnahmen zur Förderung der Medienkompetenzen europäischer Bürger:innen umgesetzt. Im Rahmen des „Shaping Europe's Digital Future"-Programms[18] bemüht sich die Kommission neben der Bekämpfung der Desinformation im Internet zunehmend auch um eine aktive Förderung der digitalen Medienkultur und legt dazu eine Reihe von Förderprogrammen in Kooperation mit Medienschaffenden auf, die sich der kulturellen Vielfalt und grenzüberschreitenden Zusammenarbeit in der Nachrichtenberichterstattung verpflichtet fühlen. Die Zukunft einer gesamteuropäischen medienpolitischen Gestaltung liegt damit in der Bestandssicherung der freien und unabhängigen Presse als Garantie für Nachrichtenvielfalt und Qualität sowie in der Förderung neuer digitaler Foren für einen gezielten Austausch über die Inhalte europäischer Politik.

Weiterführende Literatur

Ann Christine Knodel: Medien und Europa: Regelungspraxis, Kompetenzen und Handlungsmöglichkeiten der Europäischen Union im Bereich der Medien, Baden-Baden 2018.
Asimina Michailidou/Hans-Jörg Trenz/Pieter de Wilde: The Internet and European Integration. Pro- and Anti- EU Debates in Online News Media, Leverkusen 2021.

---

13 Asimina Michailidou/Hans-Jörg Trenz: Rethinking journalism standards in the era of posttruth politics: from truth keepers to truth mediators, in: Media, Culture and Society 43(7)/2021, S. 1340–1349.
14 Europäische Kommission: Vorschlag für eine Verordnung über einen Binnenmarkt für digitale Dienste (Gesetz über digitale Dienste), COM(2020) 825 final, 15.12.2020.
15 Europäische Kommission: The Strengthened Code of Practice on Disinformation 2022, 16.6.2022.
16 Europäische Kommission: Gemeinsame Mitteilung, Bekämpfung von Desinformation im Zusammenhang mit COVID-19 – Fakten statt Fiktion, JOIN(2020) 8 final, 10.6.2020.
17 Europäische Kommission: Mitteilung, Europas Medien in der digitalen Dekade: Ein Aktionsplan zur Unterstützung der Erholung und des Wandels, 3.12.2020, COM(2020) 784 final.
18 Europäische Kommission: Shaping Europe's digital Future. Tackling disinformation, abrufbar unter: https://digital-strategy.ec.europa.eu/en/policies/online-disinformation (letzter Zugriff: 13.7.2022).

Interessenvertretung

Bernd Hüttemann

Das neue Normal nach dem vermeintlichen Ende der Covid-19-Pandemie wartet noch auf seine Definition. Interessensvertretungen versuchen wieder stärker vor Ort in Brüssel Einfluss zu nehmen, aber die Dezentralisierung von Interessen dürfte zugenommen haben. Mit dem russischen Angriffskrieg in der Ukraine werden neue Finanzierungs- und Rettungspakete zur Abmilderung der wirtschaftlichen Kriegsfolgen auf den Weg gebracht. Fehlende Energieversorgungssicherheit verschärft den Konflikt zwischen den Interessengruppen, der ohnehin durch ambitionierte Klimaschutzpakete entsteht. Gleichzeitig schreitet die Regulierung von Interessenvertretung mit dem Beitritt des Rates der EU zum Transparenzregister weiter voran.[1] Ebenso zeigt die Einführung des Lobbyregisters in Deutschland, wie sehr sich im Mehrebenensystem der Europäischen Union die Infrastruktur der Interessenvertretung europäisiert und Mitgliedstaaten etablierte EU-Praktiken, wie das Transparenzregister, zum Vorbild nehmen.

Einfluss auf Gesetzgebung im Krisenmodus

Die Effekte der Covid-19-Pandemie auf Interessenvertretung sind noch immer nicht abzusehen.[2] Im Vordergrund steht, ob es eine Ungleichheit beim Zugang zu politischen Entscheidungen von profitorientiertem bzw. nichtprofitorientiertem Lobbying gegeben hat. Der Trend früherer Jahre, dass „Inside-Lobbying" bei Entscheidungsträger:innen und „Outside-Lobbystrategien" via Öffentlichkeit und Mobilisierung gleichermaßen nutzbar sind, könnte sich wieder relativieren.[3] Jenseits üblicher Gesetzgebung hat die EU im Zuge der Pandemie das 750 Mrd. Euro-Programm „NextGenerationEU" in den ersten Mitgliedstaaten auf den Weg gebracht. Aber auch hier muss die Einbindung von Interessenträger:innen im Mehrebenensystem noch ausgewertet werden.[4] Europäische Interessenvertretungen wie der Europäische Gewerkschaftsbund (EGB) kritisieren durchaus eine unzureichende Einbindung von Sozialpartnern in der EU-Verordnung zur Aufbau- und Resilienzfazilität, dem Herzstück von NextGenerationEU.[5] Der Russische Angriffskrieg in der Ukraine ist schon Jahre zuvor mit intensivem Lobbyismus staatlich gelenkter Energieunternehmen verbunden gewesen. Die Abhängigkeit von russischer Energie war ein Ziel von Kreml-nahen Staatsunternehmen. Umso erstaunlicher ist, dass Restriktionen beim Zugang von russischen

---

1 Adriana Bunea/Raimondas Ibenskas/Florian Weiler: Interest group networks in the European Union, in: European Journal of Political Research 61(3)/2021.
2 Odile Ammann: Le lobbying en temps de pandémie: quelques réflexions sur une pratique en pleine mutation, in: DemocracyNet (Hg.): One Year with COVID-19, Norderstedt 2021, S. 75–80.
3 Gregory Eady/Anne Rasmussen: The Unequal Effect of the COVID-19 Pandemic, abrufbar unter https://gregoryeady.com/Papers/The_Unequal_Effect_of_the_COVID-19_Pandemic.pdf (letzter Zugriff: 23.2.2022).
4 Wolfgang Lehofer/Alexandra Zsitnak: European Parliament, In-depth Analysis, Recovery and Resilience Plans: the involvement of stakeholders and their views, PE 699.530, Juli 2022.
5 Europäischer Gewerkschaftsbund (EGB): ETUC position on the assessment of the Regulation establishing the Recovery and Resilience Facility. A first step toward a People's Recovery (adopted), 2021.

Lobbyist:innen erst sehr spät auf die Agenda kamen und noch immer nicht umgesetzt sind.[6] Die Abhängigkeit von russischer Energie ist aber auch ein Lehrstück für Staatslobbyismus im Mehrebenensystem der EU. Der Druck der EU-Institutionen auf die Bundesregierung bei der Ostsee-Pipeline Nord Stream 2 hatte nur beschränkte Wirkung. Politische Diplomatie geht auch in weniger extremen Beispielen Hand in Hand mit Wirtschaftsinteressen. Die Sanktionsmaßnahmen gegen Russland treffen auf das Gesetzgebungspaket „Fit-for-55", das von der Europäischen Kommission im Juli 2021 vorgelegt wurde. Die große Anzahl von Vorschlägen für Rechtsvorschriften zur Verwirklichung des Europäischen Grünen Deals unterliegen nun kriegsbedingt Neube-wertungen, die auch Interessengruppen vor neue Herausforderungen stellen, etwa im Bereich der Taxonomie.[7]

Die abgeschlossenen Gesetzgebungsverhandlungen über einen Binnenmarkt für digitale Dienste (Digital Services Act, DSA, und Digital Markets Act, DMA) stehen unter Einflussnahme durch EU-externe Interessengruppen, insbesondere der US-amerikanischen „Big Tech", wie Google, Amazon oder Meta. Insofern ergibt sich auch ein politisch motivierter regulatorischer Druck, der über die bloße Vollendung des digitalen Binnenmarkts hinausgeht. Hierbei sind auch Beschränkungen der „Big Tech" über das traditionelle Wettbewerbsrecht hinaus relevant.[8]

Ein starkes Potenzial für breiten Lobbyismus bietet der Kommissionsvorschlag für eine EU-Richtlinie für nachhaltiges und verantwortungsvolles unternehmerisches Verhalten in allen globalen Wertschöpfungsketten – kurz Europäisches Lieferkettengesetz.[9] Ein großes Bündnis von 130 Interessengruppen macht öffentlichen Druck, dem deutschen Lieferkettengesetz zu folgen.

Infrastruktur

Kommission, Parlament und Rat nutzen weiterhin überwiegend den informellen Trilog im EU-Gesetzgebungsprozess. Dadurch ist die pluralistische Einflussnahme von außen eingeschränkt. Doch stattfindende Interaktionen zwischen Gesetzgebung und externer Expertise sind in der Öffentlichkeit wenig erkennbar.[10] Die Wissenschaft hat sich erst spät mit diesem vorherrschenden Gesetzgebungsformat auseinandergesetzt, setzt sich aber nun selbst für mehr Transparenz ein, um ihrem Forschungsauftrag gerecht zu werden.[11]

Inhaltlicher und quantitativer Bezugspunkt für die Regelung von Interessenvertretung bilden weiter das Transparenzregister und seine Verhaltenskodizes. Die Interinstitutionelle Vereinbarung wurde auf den Rat der EU erweitert und trat am 1. Juli 2021 in Kraft. Die EU-Ratspräsidentschaft Sloweniens hat außer der technischen Umsetzung keine inhaltliche Fortentwicklung bewirkt. Die französische Präsidentschaft ließ sich auf keine neue Initiative zur Rechenschaftspflicht des Rates ein.

---

6 Lili Bayer: EU Influence: Summit fudge – Ban Russian lobbying? – ECB inquiry, in: Politico, 11.3.2022.
7 Greenpeace European Unit: 'Russian doll' gas and nuclear lobbying threatens EU energy independence – new research, Greenpeace European Unit, 17.5.2022, abrufbar unter https://www.greenpeace.org/eu-unit/issues/climate-energy/46227/russian-doll-gas-nuclear-lobbying-taxonomy-eu/ (letzter Zugriff: 6.6.2022).
8 Andy Tarrant/Tim Cowen: Big Tech Lobbying in the EU, in: Political Quarterly, 2022.
9 Europäische Kommission: Vorschlag für eine Richtlinie über die Sorgfaltspflichten von Unternehmen im Hinblick auf Nachhaltigkeit. COM/2022/71 final, 23.2.2022.
10 Guri Rosén/Anne Elizabeth Stie: Balancing seclusion and inclusion: EU trilogues and democratic accountability, in: Journal of European Public Policy 29/2022, S. 383–404.
11 Maarten Hillebrandt/Päivi Leino-Sandberg: Challenging the EU Institutions on Transparency – What is the Role of Academics?, in: EU Law Live 51/2021, S. 6–10.

Die Anzahl der Einträge in das EU-Transparenzregister stagniert. Von 12.641 Registrierungen Mitte 2021 fielen die Registrierungen nun auf 12.349. Ob dies an der Covid-19-Pandemie liegt oder bereits ein Sättigungseffekt eingetreten ist, ist eine offene Frage. Im Trend war in den letzten Jahren eine Zunahme an organisierter Wirtschaftslobby, aber auch bei Lobbyorganisationen ohne Gewinnabsichten zu verzeichnen. Die Anzahl registrierter wissenschaftlicher Einrichtungen, Religionsgemeinschaften und substaatlicher Interessengruppen blieb in den letzten Jahren konstant. Abgenommen hat die Registrierung von Beratungsfirmen und -kanzleien.[12]

Die Verfahren der EU-Gesetzgebung bleiben naturgemäß das Handlungsfeld der interessengeleiteten Einflussnahme. Der aus Expert:innen zusammengesetzte „Ausschuss für Regulierungskontrolle" steht seit seiner Einrichtung 2015 in der Kritik: Im Rahmen des Programms zur Gewährleistung der Effizienz und Leistungsfähigkeit der Europäischen Kommission (REFIT) sollte das Gremium Kommissionsvorschläge auf Plausibilität überprüfen und somit einer behaupteten Überregulierung entgegenwirken. Im Zuge des verzögerten Kommissionsvorschlags zum Europäischen Lieferkettengesetz wird nun vor allem aus dem Europäischen Parlament Kritik an der Zusammensetzung und Intransparenz des Gremiums geäußert.[13] Das korporatistische Beratungsgremium, die Plattform „Fit for Future" (F4F), bestehend aus sektoriellen Interessensvertretungen, spielt in der Europäischen Kommission unter Ursula von der Leyen offensichtlich nicht die ausgleichende Rolle, wie noch unter Führung von Jean-Claude Juncker.[14]

Seit ihrer Wiederwahl 2019 konnte die Europäische Bürgerbeauftragte Emily O'Reilly ihre Position zentral für eine Verbesserung von Lobbytransparenz einsetzen. Dies drückt sich auch in der Außenwirkung aus: Anstatt Bürgerbeauftragte heißt sie nun im Deutschen Europäische Ombudsstelle und hat ein neues Logo erhalten. Im Zentrum ihrer Kritik steht weiterhin das Phänomen Seitenwechsel/Drehtüreffekt[15] durch Kommissionsmitarbeiter:innen:[16] In nur zwei von 100 untersuchten Fällen habe die Exekutive ausreichend Fälle untersucht. Derweil bleibt das Versprechen von von der Leyen zur Schaffung eines „unabhängigen Ethikgremiums", das die Verhaltenskodizes und Drehtüreffekte von allen EU-Institutionen untersucht, nur ein Vorschlag des Europäischen Parlaments. Ein Erfolg ist bisher nicht abzusehen.[17]

EU-Agenturen sind zwischen Mitte 2021 und Mitte 2022 durchaus stärker in den Fokus geraten. Das System der Dezentralisierung von technokratischer Entscheidungsfindung

---

12 Europäische Kommission: Transparenzregister. Statistiken, 2021, abrufbar unter https://ec.europa.eu/transparencyregister/public/consultation/statistics.do?action=prepareView&locale=de#de (letzter Zugriff: 23.7.2021).
13 Responsible Business Conduct Working Group (RBC WG): MEPs Call for Transparency and Information over the Independence of the Commission's Regulatory Scrutiny Board, 5.6.2022.
14 Charlotte Wirth: Regulatory Scrutiny Board: Die große Blackbox, in: Europe.Table, 23.5.2022
15 Sharon S. Belli/Peter Bursens: The revolving door in Brussels: a process-oriented approach to employee recruitment by interest organisations, in: Journal of European Public Policy, 2021, S. 1–22.
16 European Ombudsman: Pressemitteilung, Ombudsfrau leitet umfassende Untersuchung zum Umgang der EU-Kommission mit "Seitenwechseln" von Bediensteten ein, 3/2021, 18.5.2021.
17 Europäisches Parlament: Verhandlungsstand zur Initiative einer Europäischen Ethikbehörde, 2020/2133 (INI), 19.5.2021.

steht mittlerweile generell in der Kritik.[18] Im öffentlichen Interesse stand insbesondere die EU-Agentur Frontex, die Lobbytreffen einfach verschwiegen hat.[19]

Das Experiment der bürgerschaftlichen Beteiligung an der Diskussion zur Konferenz zur Zukunft Europas (CoFoE) wurde im Mai 2022 beendet. Wie stark Beteiligungsforen unter Einfluss von Interessengruppen standen, ist offen. Der Abschlusstext der CoFoE mit 49 konkreten Vorschlägen bietet Impulse für außervertragliche und vertragliche Änderung der EU.[20] Doch wie ernsthaft die Institutionen Reformideen umsetzen werden, bleibt abzuwarten. Falls das Europäische Parlament mit seiner Initiative Erfolg hat und es zu einem Konvent kommen sollte, dürfte Interessenvertretung breit auf Abgeordnete und Exekutiven Einfluss nehmen.

Fazit

Eine inhaltliche Fortentwicklung lässt sich auch ein Jahr nach dem Beitritt des Rates zum Transparenzregister und seinen Verhaltenskodizes noch nicht abschätzen. Denn es gibt durch den russischen Angriffskrieg keine normalen Zeiten für EU-Gesetzgebung mehr. Diskussionen zur Erweiterung und Ergebnisse der Zukunftskonferenz hinterlassen sowohl inhaltlich als auch institutionell viele lose Enden, an denen sich auch Interessengruppen abarbeiten müssen. Inwiefern die tschechische EU-Ratspräsidentschaft im zweiten Halbjahr 2022 mit ihrer neuen Regierung Impulse im Bereich der EU-Transparenz setzt, ist offen. Wahrscheinlicher sind dagegen Initiativen der schwedischen Regierung, die zum Jahreswechsel auf Tschechien folgen, bevor der Gesetzgebungszyklus mit der aufkommenden Europawahl 2024 zum Ende kommt.

Weiterführende Literatur

Justin Greenwood: Interest Representation in the European Union (The European Union series), London 2017.
Andrea Polk/Karsten Mause (Hg.): Handbuch Lobbyismus, Wiesbaden 2022.

---

18 Henrike Knappe: Representation as practice: agency and relationality in transnational civil society, in: Journal of international relations and development 24(2)/2021, S. 430–454.
19 Bartholomäus von Laffert/Vera Deleja-Hotko: ZDF-Magazin Royale enthüllt: Wie Frontex Lobby-Treffen verschwiegen hat, 5.2.2022, abrufbar unter https://www.zdf.de/nachrichten/politik/frontex-lobbyismus-100.html (letzter Zugriff: 23.5.2022).
20 Europäisches Parlament: Pressemitteilung, Abschluss der Konferenz zur Zukunft Europas, IPR29102, 9.5.2022.

Die öffentliche Meinung

Thomas Petersen

„Zeitenwende". Mit diesem Stichwort beschrieb Bundeskanzler Olaf Scholz[1] den Einschnitt, den der russische Überfall auf die Ukraine bedeutet – politisch, aber auch in Bezug auf das Lebensgefühl der Menschen in Europa. Bereits vorher, zum Jahreswechsel 2021/22, hatte zumindest in einigen Ländern, mutmaßlich als Folge der jahrelangen Covid-19-Pandemie, eine eher pessimistische Grundstimmung vorgeherrscht. Als das österreichische Umfrageinstitut IMAS International im Dezember 2021 in einer repräsentativen Bevölkerungsumfrage die Frage „Sehen Sie dem kommenden Jahr mit Zuversicht, mit Skepsis oder mit Sorge entgegen?" stellte, antworteten nur 26 Prozent, sie sähen dem kommenden Jahr mit Zuversicht entgegen, der niedrigste Wert, seit die Frage zum ersten Mal 1972 gestellt worden war.[2] Nur wenig optimistischer war die Bevölkerung in Deutschland. Bei der sehr ähnlich formulierten Frage des Instituts für Demoskopie Allensbach „Sehen Sie dem kommenden Jahr mit Hoffnungen oder Befürchtungen entgegen?" wählten ebenfalls im Dezember 2021 40 Prozent der Befragten die Antwortmöglichkeit „Mit Hoffnungen".[3] Der Wert lag am unteren Ende der seit Jahrzehnten bekannten Bandbreite der Antworten zwischen etwa 35 und 60 Prozent.

Mit der russischen Invasion in der Ukraine verschlechterte sich die ohnehin schon sehr gedämpfte Stimmung dann noch einmal drastisch. In Deutschland fiel im März 2022 der Anteil derjenigen, die nach den Umfragen des Instituts für Demoskopie Allensbach den folgenden zwölf Monaten mit Hoffnungen entgegensahen, auf einen historischen Tiefstwert von 19 Prozent, noch einmal deutlich weniger als im Jahr 1950, als unter dem Eindruck des Korea-Krieges mit 27 Prozent der bis dahin niedrigste Anteil ermittelt worden war.[4] Mit dem Schock, den der Krieg auslöste, veränderten sich anscheinend auch der Blick auf die Nachbarländer und die Prioritäten in der internationalen Politik. In Polen hatten in den Umfragen des Instituts CBOS seit 2015 über Jahre hinweg jeweils rund zehn bis etwa 15 Prozent der Befragten der Aussage „sehr" zugestimmt, dass Polen Flüchtlinge aus den Kriegsgebieten in der Ukraine aufnehmen sollte. Im März 2022 sprang dieser Anteil auf 57 Prozent.[5]

---

1 Bundeskanzler Olaf Scholz: Wir erleben eine Zeitenwende, in: Deutscher Bundestag, Textarchiv, 27.2.2022, abrufbar unter https://www.bundestag.de/dokumente/textarchiv/2022/kw08-sondersitzung-882198 (Letzter Zugriff: 13.7.2022).
2 IMAS International: 50. IMAS-Neujahrsumfrage – Grundstimmungsmessung eines halben Jahrhunderts! Dauerschleife Corona setzt negative Stimmung fort – Rückspiegel: 2021 kein gutes Jahr – nur Vorsätze konstant, in: IMAS-Report 12/2021.
3 Institut für Demoskopie Allensbach: IfD-Umfrage Nr. 12047, in: Allensbacher Archiv.
4 Renate Köcher: Erschüttertes Zukunftsvertrauen, in: Frankfurter Allgemeine Zeitung vom 24.3.2022, S. 10.
5 CBOS – Public Opinion Research Center: Opinions about the war in Ukraine, in: Polish Public Opinion 5/2022, S. 1–2, hier S. 1.

Der Ruf nach einem wehrhaften Europa

Angesichts der Tiefe des historischen Einschnittes ist es nicht überraschend, dass sich auch der Blick der Bürger auf die europäische Union und den europäischen Einigungsprozess ändert. Eine treibende Kraft ist dabei anscheinend der Eindruck, das vereinte Europa sei in der aktuellen Krisensituation nicht stark genug. In Deutschland stellte das Institut für Demoskopie Allensbach im Juni 2022 die Frage „Was würden Sie mit Blick auf den Krieg in der Ukraine sagen: Hat sich die EU da bislang eher als stark oder eher als schwach erwiesen?" Nur 28 Prozent antworteten auf die Frage, ihrer Ansicht nach habe sich die Union als stark erwiesen. Eine relative Mehrheit von 38 Prozent widersprach ausdrücklich.[6] Dabei würden sich viele Menschen zumindest gegenüber Russland einen starken, selbstbewussten Auftritt Europas wünschen. Dies zeigen die Antworten auf eine ebenfalls in Deutschland gestellte Frage, bei der zwei Meinungen zu diesem Thema präsentiert wurden. Die erste lautete: „Auch wenn es im Moment nur schwer möglich erscheint, sollte die EU sich so rasch wie möglich bemühen, mit Russland ins Gespräch zu kommen und die Beziehungen zu Russland wieder zu verbessern. Ein Frieden in Europa ist in absehbarer Zeit nur in der Zusammenarbeit mit Russland möglich." Die Gegenposition lautete: „Solange Putin an der Macht ist, wird es keinen Frieden mit Russland geben. Daher sollte sich die EU Putin entschlossen entgegenstellen und ihm klare Grenzen setzen. Nur so gibt es in absehbarer Zeit eine Chance auf Frieden in Europa." Bei der Frage, welcher dieser beiden Meinungen sie eher zustimmen, entschieden sich 31 Prozent der Befragten für die erste Position, eine klare Mehrheit von 58 Prozent für die zweite.[7]

Der Ruf nach einem starken, wehrhaften Europa ist auch eine Folge der Tatsache, dass sich die Bürger kaum Illusionen über das internationale Gewicht der einzelnen europäischen Länder machen. In Frankreich stimmten im März 2022 in einer Repräsentativumfrage des Ifop-Instituts 62 Prozent der Befragten der Aussage „Frankreich kann nur im Rahmen der Europäischen Union wirklich etwas bewegen" zu. Lediglich 38 Prozent entschieden sich für die Gegenposition „Frankreich braucht solche Strukturen wie die Europäische Union nicht, um international Einfluss zu nehmen." Im Juni 2022 legte das Institut für Demoskopie Allensbach seinen Befragten dieselben Aussagen in Deutschland vor, mit fast auf das Prozent genau dem gleichen Ergebnis (Grafik 1).

*Grafik 1: **Deutschland und Frankreich: Internationales Gewicht durch die EU***
Frage: „Welcher der beiden Meinungen würden Sie eher zustimmen?"

Basis: Alle konkreten Angaben ohne „Unentschieden". Quelle: Ifop pour le JDD, Paris Match et Europe 1 (März 2022), Allensbacher Archiv, IfD-Umfrage Nr. 12056 (Juni 2022).

---

6 Institut für Demoskopie Allensbach: IfD-Umfrage Nr. 12056, in: Allensbacher Archiv.
7 Institut für Demoskopie Allensbach: IfD-Umfrage Nr. 12056.

Ein verändertes Europa-Bild

Bereits in den vergangenen Jahren hat sich gezeigt, dass die intensiven öffentlichen Debatten um Krisen in Europa nicht etwa dazu führten, dass sich die Bevölkerung vom Projekt der europäischen Einigung abwandte, sondern dass umgekehrt die tatsächlichen oder auch nur empfundenen Defizite der Europäischen Union den Einigungsprozess umso dringlicher erscheinen ließen.[8] So hatte beispielsweise in Deutschland seit den frühen 90er Jahren rund zwei Jahrzehnte lang bei der Frage „Wie rasch sollte die Entwicklung zu einem vereinigten Europa sein, schneller, langsamer oder weiter wie bisher?" fast immer deutlich die Zahl derjenigen überwogen, die sagten, der Prozess sollte langsamer voranschreiten. Doch in den Jahren danach halbierte sich der Anteil derjenigen, die diese Antwort gaben, von Werten um die 40 Prozent auf Anteile unter 20 Prozent. Im Gegenzug verdoppelte sich die Zahl derer, die sich für eine Beschleunigung der europäischen Einigung aussprachen. Im Juni 2022 sprachen sich 18 Prozent für einen langsameren, 29 Prozent für einen schnelleren Einigungsprozess aus.[9]

So erscheint es nur folgerichtig, dass angesichts der militärischen Bedrohung, die durch den russischen Angriff auf die Ukraine sichtbar geworden ist, auch die Zustimmung zum Aufbau einer gemeinsamen europäischen Armee spürbar gestiegen ist. Im Jahr 2017 hatten sich in einer Umfrage des Instituts für Demoskopie Allensbach in Deutschland noch 34 Prozent für einen solchen Schritt ausgesprochen, praktisch gleich viele, 35 Prozent, dagegen. Im Juni 2022 überwog dagegen die Zahl der Befürworter deutlich mit 43 zu 29 Prozent.[10] Noch deutlicher fielen die Ergebnisse einer vom Europäischen Hochschulinstitut konzipierten und von YouGov administrierten Online-Umfrage aus, die im April 2022 in 16 der 27 Mitgliedstaaten durchgeführt wurde. In allen 16 Ländern überwog die Zahl der Befragten, die sich für den Aufbau einer einheitlichen europäischen Armee aussprachen, in 13 dieser Länder betrug der Abstand zwischen den Befürwortern und Gegnern einer europäischen Streitmacht 20 Prozentpunkte und mehr. Lediglich in Bulgarien, der Slowakei und Dänemark war der Abstand geringer (Grafik 2). Im Falle Dänemarks ist allerdings weniger der geringe Abstand zwischen den Anteilen der Befürworter und Gegner bemerkenswert, als vielmehr die Tatsache, dass sich auch hier eine, wenn auch knappe, Mehrheit für den Aufbau einer europäischen Armee aussprach. Jahrzehntelang hatte sich das Land bewusst nicht an der gemeinsamen EU-Außen- und Sicherheitspolitik beteiligt und erst jüngst unter dem Eindruck des Ukraine-Krieges seine Sonderrolle auf diesem Gebiet aufgegeben.[11] Man erkennt, wie sehr der Krieg lange gehegte Vorstellungen von der geostrategischen Bedeutung des eigenen Landes und der Bedeutung des vereinten Europas ins Wanken gebracht hat.

---

8 Thomas Petersen: Die öffentliche Meinung, in: Werner Weidenfeld, Wolfgang Wessels (Hg.): Jahrbuch der Europäischen Integration 2017. Baden-Baden: Nomos 2017, S. 197–206, hier S. 198–190; Thomas Petersen: Die öffentliche Meinung, in: Werner Weidenfeld, Wolfgang Wessels (Hg.): Jahrbuch der Europäischen Integration 2020. Baden-Baden: Nomos 2020, S. 187–194, hier S. 188–198.
9 Institut für Demoskopie Allensbach: IfD-Umfrage Nr. 12056, in: Allensbacher Archiv.
10 Institut für Demoskopie Allensbach: IfD-Umfragen Nr. 11079, 12056, in: Allensbacher Archiv.
11 Der Spiegel: Dänen wollen künftig militärisch enger mit Nato und EU zusammenarbeiten, 1.6.2020.

Die politische Infrastruktur

Grafik 2: **Gemeinsame europäische Armee?**
Frage: „Würden Sie die Einrichtung einer gemeinsamen europäischen Armee befürworten oder ablehnen?"

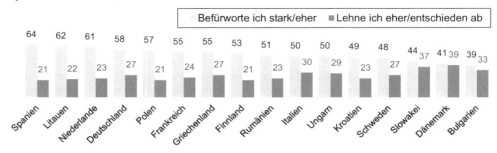

An 100 fehlende Prozent: „Weiß nicht". Quelle: YouGov: European University Institute: SOU and Solidarity 2022, April 2022.

Unter dem Druck der immer neuen Krisen in den letzten eineinhalb Jahrzehnten hat sich auch das allgemeine Europabild zumindest der deutschen Bevölkerung zwar nicht fundamental, aber doch graduell gewandelt. 2014 legte das Institut für Demoskopie Allensbach seinen Befragten zum ersten Mal die Frage vor, ob sie die Europäische Union in erster Linie als Wirtschaftsgemeinschaft verstünden, bei der vor allem wichtig sei, dass die Mitgliedstaaten freien Handel betreiben und daraus wirtschaftlichen Nutzen ziehen könnten, oder ob sie die EU vor allem als politische Gemeinschaft betrachteten, bei der das Wichtigste sei, dass alle Mitgliedstaaten politisch eng miteinander verbunden seien und auf diese Weise der Frieden innerhalb der Union garantiert werde. Damals zeigte sich die Bevölkerung in dieser Frage gespalten: 33 Prozent meinten, die EU sei vor allem als Wirtschaftsgemeinschaft wichtig, 37 Prozent fanden den politischen Aspekt der Einigung wichtiger. 2022 lag der Anteil derer, die die EU vor allem als Wirtschaftsgemeinschaft betrachteten, mit 34 Prozent auf dem gleichen Niveau wie acht Jahre zuvor. Die Zahl derjenigen, die meinten, dass sie vor allem als politische Gemeinschaft wichtig sei, war dagegen deutlich auf 43 Prozent gestiegen (Grafik 3).

Grafik 3: **Deutschland: Die EU – eine wirtschaftliche oder politische Gemeinschaft?**
Frage: „Hier unterhalten sich zwei darüber, warum sie die Europäische Union wichtig finden. Wem würden Sie eher zustimmen?" (Bildblattvorlage)

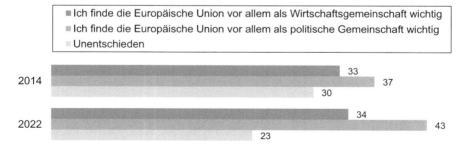

Quelle: Allensbacher Archiv, IfD-Umfragen Nr. 11024, 12056

Zur veränderten Wahrnehmung der Europäischen Union gehört auch eine Veränderung der Meinung darüber, welche Länder dazugehören und welche nicht. Im Jahr 2002 legte das Allensbacher Institut eine Liste mit Ländern vor, die nicht Mitglied der Europäischen Union waren, und stellte dazu die Frage „von welchen dieser Länder würden Sie sagen, die gehören zu Europa, das sind europäische Länder?" Damals sagten 41 Prozent, Russland sei ein europäisches Land, von der Ukraine sagten dies 29 Prozent.[12] Im Juni 2022 stuften bei der gleichen Frage noch 28 Prozent Russland, aber 50 Prozent die Ukraine als europäisches Land ein.[13] Folgerichtig sagten in derselben Umfrage vom Juni 2022 auch 45 Prozent der Befragten, sie seien dafür, dass die Ukraine Mitglied der EU wird, nur 29 Prozent sprachen sich dagegen aus.[14] Mit dieser Ansicht steht die deutsche Bevölkerung in Europa nicht allein. In vielen Ländern wird der Beitritt der Ukraine zur Europäischen Union noch vehementer befürwortet. In der oben bereits zitierten multinationalen Umfrage des Europäischen Hochschulinstituts wurden auch die Reaktionen auf den Vorschlag ermittelt, die Ukraine im Schnellverfahren in die Europäische Union aufzunehmen. In 12 der 16 beteiligten Länder sprachen sich Mehrheiten für den Vorschlag aus, besonders in den an den russischen Machtbereich angrenzenden Ländern Litauen, Finnland, Schweden und Polen, wo jeweils rund zwei Drittel der Befragten ein solches Vorgehen befürworteten. Lediglich in Deutschland, der Slowakei, Ungarn und Bulgarien sagte eine Mehrheit, man sollte die Ukraine nicht im Schnellverfahren in die EU aufnehmen (Grafik 4), wobei diese Antwort, wie das Beispiel Deutschland zeigt, noch nicht mit einer grundsätzlichen Ablehnung eines EU-Beitritts der Ukraine gleichzusetzen ist.

*Grafik 4: **Sollte die Ukraine im Schnellverfahren in die EU aufgenommen werden?***
Reaktionen auf den Vorschlag: „Die Ukraine wird im Schnellverfahren in die Europäische Union aufgenommen."

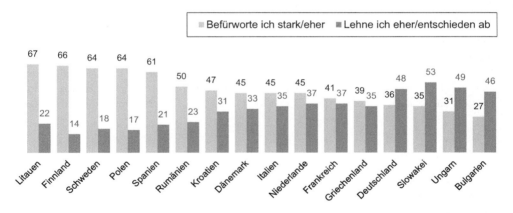

An 100 fehlende Prozent: „Weiß nicht". Quelle: YouGov: European University Institute: SOU and Solidarity 2022, April 2022).

---

12 Institut für Demoskopie Allensbach: IfD-Umfrage Nr. 7021.
13 Institut für Demoskopie Allensbach: IfD-Umfrage Nr. 12056.
14 Institut für Demoskopie Allensbach: IfD-Umfrage Nr. 12056.

Der „Rally around the flag"-Effekt

Man bekommt den Eindruck, dass die europäischen Völker angesichts der russischen Invasion in der Ukraine zusammenrücken. So zeigt beispielsweise das Deutsch-Polnische Barometer 2022, dass die deutsch-polnischen Beziehungen nach wie vor in mancherlei Hinsicht problematisch sind.[15] In der Bewertung der Situation in der Ukraine und bei der Frage, wie die anderen europäischen Länder darauf reagieren sollten, zeigten sich Deutsche und Polen im Frühjahr 2022 jedoch bemerkenswert einig. Allerdings sah die deutsche Bevölkerung Wirtschaftssanktionen gegenüber Russland und die Lieferung von militärischer Ausrüstung an die Ukraine im Februar noch deutlich kritischer, als die polnische. Aber bereits im März hatten die Deutschen sich deutlich an die rigoroseren polnischen Positionen angenähert.[16] Auch die überwältigende Befürwortung der Aufnahme von ukrainischen Flüchtlingen im eigenen Land kann als Zeichen eines starken europäischen Zusammengehörigkeitsgefühls gedeutet werden. Eine Umfrage des European Council of Foreign Relations vom Mai 2022 zeigte, dass zwischen 64 und 91 Prozent der Befragten in den zehn beteiligten Ländern es gut fänden, wenn die eigene Regierung Flüchtlinge aus der Ukraine aufnehmen würde. In keinem Land lag der Anteil derjenigen, die sich dagegen aussprachen, bei mehr als 20 Prozent.[17]

So hat die russische Invasion in der Ukraine anscheinend nicht dazu beigetragen, die Gemeinschaft zu verunsichern und zu spalten, sondern eher dazu, sie zusammenzuführen. Dieser Effekt ist seit langem in der Politikwissenschaft als „Rally around the Flag"-Effekt bekannt, und konnte zuletzt auch im Zusammenhang mit der Covid-19-Pandemie beobachtet werden.[18] Im Deutschen spricht man auch von der „Stunde der Exekutive": Im Angesicht einer äußeren Bedrohung rückt die Bevölkerung zusammen und versammelt sich hinter der Führung: ein Reflex, der anscheinend nicht nur auf nationaler Ebene existiert, sondern zumindest bis zu einem gewissen Grad auch auf europäischer Ebene.

Europäische Werte

Oft war im Jahr 2022 in der öffentlichen Diskussion von den europäischen Werten die Rede. So sagte etwa Bundeskanzler Scholz am 23. März im Bundestag, es sei entscheidend, dass Europa die Ukraine unterstütze, weil es dabei um europäische Werte gehe.[19] Der französische Staatspräsident betonte bei seinem Besuch in Kyjiw am 16. Juni 2022, die Ukraine teile die europäischen Werte.[20] Der SPD-Vorsitzende Lars Klingbeil meinte im Mai gegen-

---

15 Jacek Kucharczyk/Agnieszka Łada-Konefał: Deutsche und Polen – zwischen Nähe und Fremdheit. Deutsch-Polnisches Barometer 2022.
16 Jacek Kucharczyk/Agnieszka Łada-Konefał: Mit einer Stimme. Deutsche und Polen über den russischen Angriff auf die Ukraine. Deutsch-polnisches Barometer 2022, hier S. 25–30.
17 Ivan Krastev/Mark Leonard: Peace versus justice: The coming European split over the war in Ukraine, in: European Council of Foreign Relations, Policy Brief 425, 15.6.2022, S. 22.
18 Thomas Petersen/Jasmin Rath: Corona und der Konflikt zwischen Freiheit und Sicherheit, in: Stefan Mückl (Hg.): Religionsfreiheit in Seuchenzeiten, Berlin 2021, S. 229–241, hier S. 232–237.
19 Die Bundesregierung: Rede von Bundeskanzler Scholz in der Generaldebatte zum Haushalt am 23. März 2022 im Deutschen Bundestag, abrufbar unter https://www.bundesregierung.de/breg-de/suche/rede-von-bundeskanzler-scholz-in-der-generaldebatte-zum-haushalt-am-23-maerz-2022-im-deutschen-bundestag-2019688 (letzter Zugriff: 21.7.2022).
20 Euronews: 113. Kriegstag: Scholz verspricht in Kiew EU-Beitrittsperspektive für die Ukraine, 16.6.2022.

Die öffentliche Meinung

über dem ukrainischen Außenminister Dmytro Kuleba, dass die Ukraine „im Krieg für unsere europäischen Werte kämpft".[21] Sehr ähnlich äußerte sich ebenfalls im Mai die Präsidentin der Europäischen Kommission Ursula von der Leyen.[22]

Doch was sind eigentlich „europäische Werte"? Der Begriff wird ganz selbstverständlich gebraucht, doch es bleibt meist unklar, was sich hinter ihm verbirgt. Gibt es tatsächlich aus Sicht der Bevölkerung so etwas wie ein gemeinsames europäisches Wertesystem? Dieser Frage ist in Deutschland das Institut für Demoskopie Allensbach im Juni 2022 nachgegangen. Es zeigte sich, dass die Deutschen durchaus Zweifel daran haben, dass es die in der Öffentlichkeit so oft beschworenen europäischen Werte tatsächlich gibt. Dies zeigen die Reaktionen auf die Frage: „Würden Sie sagen, es gibt eine gemeinsame europäische Kultur, gemeinsame Werte und Vorstellungen, die die Europäer von anderen unterscheiden, oder würden Sie das nicht sagen, sind die europäischen Länder dafür zu unterschiedlich?" Lediglich 27 Prozent der Befragten antworteten auf die Frage, es gebe ihrer Meinung nach eine solche gemeinsame Kultur, eine klare Mehrheit von 56 Prozent widersprach.[23]

Fragte man jedoch konkret danach, welche Werte man als europäische Werte bezeichnen könne, erhielt man dennoch auffallend klare Antworten: 75 Prozent sagten der Umfrage vom Juni 2022, die Demokratie könne man als europäischen Wert bezeichnen, 71 Prozent nannten die Religionsfreiheit, 66 Prozent die Achtung der Menschenwürde, fast ebenso viele die Meinungs- und Pressefreiheit (65 Prozent), die Freiheit des Einzelnen und die Gleichberechtigung von Frauen (jeweils 64 Prozent). Auch Weltoffenheit, Rechtsstaatlichkeit und Toleranz wurden jeweils von einer absoluten Mehrheit der Befragten als europäische Werte bezeichnet (Grafik 5).

Dafür, dass die meisten Deutschen nicht glauben, dass gemeinsame europäische Werte gibt, sind ihre Vorstellungen von einem solchen europäischen Wertesystem also bemerkenswert deutlich. Dabei gibt es auffällige Unterschiede zwischen den Anhängern der verschiedenen politischen Parteien. So sagten sehr deutliche Mehrheiten der Anhänger der Regierungsparteien (SPD, Bündnis90/Die Grünen und FDP) und der CDU/CSU, sie hielten die Meinungs- und Pressefreiheit für einen europäischen Wert. Anhänger der Linken machten dagegen nur zu 42 Prozent, die der AfD 36 Prozent diese Angabe. Toleranz hielten 51 Prozent der Bevölkerung insgesamt, aber nur 16 Prozent der AfD-Anhänger für einen europäischen Wert. Ein ähnliches Muster ist auch bei den meisten anderen in der Frage zur Auswahl gestellten Punkten zu verzeichnen.[24] Man erkennt, dass die Vorstellung von europäischen Werten vor allem bei den Anhängern der Parteien des traditionellen demokratischen Spektrums verbreitet ist. An den politischen Rändern ist die Skepsis wesentlich größer. Das Ringen um die Anerkennung europäischer Werte findet damit nicht nur in der internationalen Auseinandersetzung mit Russland und anderen undemokratischen Ländern statt, sondern in den europäischen Ländern selbst. Letztlich steht es für das Ringen zwischen autoritären und liberalen Strömungen in jeder einzelnen Gesellschaft.

---

21 SPD Fraktion im Bundestag: „Die Ukraine kämpft für unsere europäischen Werte", 12.5.2022, abrufbar unter https://www.spdfraktion.de/themen/ukraine-kaempft-europaeischen-werte (letzter Zugriff: 21.7.2022).
22 Europäische Kommission: Presseartikel, EU-Kommissionspräsidentin von der Leyen: Ukraine verteidigt beeindruckend unsere Werte, 20.5.2022.
23 Institut für Demoskopie Allensbach: IfD-Umfrage Nr. 12056.
24 Institut für Demoskopie Allensbach: IfD-Umfrage Nr. 12056.

Die politische Infrastruktur

Grafik 5: ***Europäische Werte***
Frage: „Was würden Sie sagen, was von dieser Liste sind europäische Werte, also Werte, die Sie mit Europa verbinden?" (Listenvorlage) – Auszug aus den Angaben

Quelle: Allensbacher Archiv, IfD-Umfrage Nr. 12056

Zusammengefasst lässt sich damit festhalten, dass sich mit der veränderten außenpolitischen Situation auch der Blick der Bürger auf die Europäische Union und speziell nicht zuletzt auf ihre geostrategische Rolle ändert. Nach wie vor wird sie zumindest von der deutschen Bevölkerung nicht so sehr als funktionierende Wertegemeinschaft wahrgenommen. Doch mehr als in früheren Jahren erscheint sie vielen Bürgern Europas als wichtiger politischer Zusammenschluss, der nach Ansicht der Mehrheit stark und wehrhaft sein sollte – und zu dem die Ukraine grundsätzlich dazugehört.

Kirchen und Religionsgemeinschaften

Mariano Barbato

Als Russland am 24. Februar 2022 die Ukraine überfiel, suchte die Europäische Union schnell den interreligiösen Schulterschluss mit den Kirchen und Religionsgemeinschaften, um eine gemeinsame Antwort auf den russischen Angriffskrieg zu finden. Am wichtigsten war es der EU, Geschlossenheit zu demonstrieren und die Kommunikation abzustimmen. Beides gelang weitestgehend. Die oft transnational mit der Ukraine verbundenen Kirchen und Religionsgemeinschaften trugen dabei signifikant zur Hilfsbereitschaft und zum Engagement für Flüchtlinge und die Menschen in den Kriegsgebieten bei.

Während des gesamten vergangenen Jahres stand darüber hinaus ein moralpolitisches Thema mit hoher religionspolitischer Aufmerksamkeit im Fokus, das jedoch nicht zu einem Schulterschluss, sondern eher zur Konfrontation führte: der Einsatz der Mehrheit des Europäischen Parlaments und des französischen Präsidenten für ein europäisches Recht auf Abtreibung und die Aufhebung des Schutzes ungeborener Menschen.

Maßnahmen gegen die Covid-19-Pandemie schränkten teilweise weiter das Grundrecht auf Religionsausübung ein. Die Konferenz der Europäischen Kirchen (KEK) und die Kommission der Bischofskonferenzen der Europäischen Gemeinschaft (COMECE) empfahlen im Herbst 2021 in einer gemeinsamen Erklärung die Impfung aus Nächstenliebe.[1] Der erst vor kurzem ernannte Nuntius des Heiligen Stuhls, Erzbischof Aldo Giordano, verstarb am 2. Dezember 2021 nach einer Coronainfektion.

Am 7. Oktober 2022 war Angela Merkel zum Abschiedsbesuch bei Papst Franziskus.

Schulterschluss: Gemeinsam gegen den russischen Angriffskrieg auf die Ukraine

Auf breiter interreligiöser Basis standen die Kirchen und Religionsgemeinschafen gemeinsam mit den Europäischen Institutionen an der Seite der Ukraine. Am 22. März 2022 veröffentlichten die KEK und der Rat der europäischen Bischofskonferenzen (CCEE) eine gemeinsame Erklärung gegen den Krieg.[2] Die Verurteilung des russischen Angriffskriegs bei gleichzeitiger Unterstützung des ukrainischen Verteidigungskriegs war in Ermangelung einer gemeinsamen Lehre vom gerechten Krieg und einer ansonsten eher pazifistischen Rhetorik eine Gradwanderung. Einfacher war das Eintreten für humanitäre Hilfe. Die Präsidenten von KEK und COMECE, Christian Krieger und Jean-Claude Kardinal Hollerich SJ, besuchten am 8. April die polnisch-ukrainische Grenze.[3] Am 15. Juni kam eine hochrangige

---

1 CEC/COMECE: Joint appeal, European churches urge people to get vaccinated against COVID-19, Press Release 19/21, 14.12.2021.
2 CEC/CCEE: Joint Declaration on the War in Ukraine, Press Release 7/22, 21.3.2022.
3 CEC/COMECE: Presidents at the Polish-Ukrainian border call for peace and reconciliation, Press Release 8/22, 8.4.2022.

interreligiöse Delegation der orthodoxen, katholischen, muslimischen und jüdischen Gemeinschaften aus der Ukraine zur COMECE nach Brüssel.[4]

Ein besonderes Problem stellte die Unterstützung der Russisch-Orthodoxen Kirche unter ihrem Moskauer Patriarchen Kirill für Wladimir Putins Angriffskrieg dar. Krieger rief den Patriarchen am 4. März auf, seine Stimme gegen den Krieg zu erheben. Religion dürfe nie für einen Krieg missbraucht werden. Hollerich schrieb am 8. März ebenfalls einen Mahnbrief, auf den Metropolit Hilarion, der Vertreter Kirills gegenüber dem Ausland, moderat antwortete.[5] Hilarion, der den Kriegskurs des Patriarchen nur eingeschränkt mittrug, verlor Anfang Juni sein Amt und wurde nach Budapest zur Leitung der dortigen Diözese versetzt. Zuvor hatte er in seinem vorherigen Amt Victor Orbán besucht, der verhindert hatte, dass Kirill auf die Sanktionsliste der EU gesetzt worden war.[6]

Die Abstimmung der Position zum russisch-ukrainischen Krieg stand im Mittelpunkt des etwa zeitgleich stattfindenden Besuchs von Kommissionpräsidentin Ursula von der Leyen bei Papst Franziskus. Franziskus hatte den russischen Angriff und die Kriegsverbrechen, insbesondere in Butscha, mit deutlichen Worten und Gesten verurteilt, sich dann aber auch um einen Kontakt nach Moskau bemüht und dafür westlichen Provokationen eine Mitschuld zugeschrieben.[7] Der Papst möchte nach Moskau und Kyjiw reisen, ist aber in Moskau derzeit nicht willkommen.

Fatima: Papst weihte Russland und die Ukraine dem Unbefleckten Herzen Mariens

Papst Franziskus kam am 25. März, dem Hochfest Maria Verkündigung, der Bitte der katholischen Bischöfe der Ukraine nach, zur Beendigung des Krieges eine Marienweihe Russlands gemäß der Botschaft von Fatima vorzunehmen. Eine solche Weihe wurde von den Päpsten Pius XII. und Johannes Paul II. schon mehrmals vollzogen. Allerdings wagte nicht einmal Johannes Paul II. aus diplomatischer Rücksichtnahme auf die russische Orthodoxie Russland beim Namen zu nennen. Die Weihe wurde jedes Mal als Weihe der Welt vollzogen; bei Pius XII. wurde Russland umschrieben.[8] Die deutliche Nennung Russlands unter dem Einschluss der ebenfalls orthodox dominierten Ukraine markierte eine kirchenpolitische Zäsur. Franziskus erkannte die Chance mit einer religiösen Geste ein starkes religionspolitisches und diplomatisches Signal zu senden und zögerte nicht, hundertjährige Bedenken beiseitezuschieben. Die Weihe stieß europaweit auf Resonanz.[9]

---

4 COMECE: High-level Ukrainian interreligious delegation visits COMECE, 17.6.2022, abrufbar unter https://www.comece.eu/high-level-ukrainian-interreligious-delegation-visits-comece/ (letzer Zugriff: 10.8.2022).

5 CEC: CEC president urges Patriarch Kirill to raise his voice against Ukraine war, 4.3.2022, abrufbar unter https://www.ceceurope.org/cec-president-urges-patriarch-kirill-to-raise-his-voice-against-ukraine-war/ (letzter Zugriff: 10.8.2022); Jean-Claude Hollerich: To His Holiness Kirill, 8.3.2022, abrufbar unter https://www.comece.eu/wp-content/uploads/sites/2/2022/03/2022-03-08-LOUT-Patriarch-Kyrill.pdf (letzter Zugriff: 10.8.2022); Hilarion: Your Eminence, 17.3.2022, abrufbar unter https://www.comece.eu/wp-content/uploads/sites/2/2022/03/Ukraine-response-letter-from-Hilarion.pdf (letzter Zugriff: 10.8.2022).

6 Friedrich Schmidt: Patriarch Kirill schickt russischen Kleriker auf Strafmission, in: Frankfurter Allgemeine Zeitung, 8.6.22; Barbara Hallensleben: Metropolit Hilarion im Exil, in: Herder Korrespondenz, 25.7.2022.

7 Vatican News: Franziskus empfängt Ursula von der Leyen, 8.6.2022; Vatican News: Papst küsst Fahne aus Butscha – „Blut schreit zum Himmel", 6.4.2022; Stimmen der Zeit: Papst Franziskus im Gespräch mit den europäischen Kulturzeitschriften der Jesuiten, 19.5.2022.

8 Mariano P. Barbato: "Tamed Mobilization. Marian Messages, Pilgrim Masses and Papal Moderateness in Fatima since Paul VI", in: Religions 12(9)/2021, S. 671.

9 Card. Jean-Claude Hollerich S.J./Gintaras Grušas/Stanislav Zvolenský: Consecration and entrustment of Russia and Ukraine to the Immaculate Heart of Mary. European bishops accept Pope Francis' invitation, 19.3.2022, abrufbar unter https://www.comece.eu/wp-content/uploads/sites/2/2022/03/Statement-19032022-ECSD-joint-

Moralpolitische Kontroverse um Recht auf Abtreibung

Am 24. Juni 2021 nahm das Europäische Parlament den Matic-Report zur reproduktiven Gesundheit an.[10] Moralpolitisch kontrovers bezeichnete der Bericht Abtreibung als Grundrecht und zog die ärztliche Gewissensfreiheit hinsichtlich einer Verweigerung der Mitwirkung bei einer Abtreibung in Zweifel. Die Mitgliedstaaten wurden aufgefordert, Abtreibung zu entkriminalisieren. Rat und Kommission sollen außenpolitisch im Sinne einer Verbreitung eines Rechts auf Abtreibung tätig werden. Zum Auftakt der französischen Ratspräsidentschaft hielt Präsident Emmanuel Macron am 19. Januar 2022 vor dem Europäischen Parlament eine Grundsatzrede und trat für die Aufnahme eines Rechts auf Abtreibung in die Grundrechte-Charta ein.[11]

Vor dem Hintergrund der durchgesickerten Revisionsvorbereitung des Obersten Gerichtshofes der USA zur Abtreibung nahm das Europäische Parlament am 9. Juni 2022 einen Entschließungsantrag mit einer noch größeren Mehrheit als den Matic-Report an, der mit scharfer Kritik an den USA für ein weltweites Recht auf Abtreibung eintrat. Während das abtreibungskritische US-Gericht die Abtreibungsgesetzgebung an die Bundestaaten zurückverweist, möchte die abtreibungsfreundliche Mehrheit im Europäischen Parlament über die Regelungen die Mitgliedsstaaten aushebeln und EU-weit eine Freigabe der Abtreibung durchsetzen. Die COMECE weist in ihrer Kritik darauf hin, dass das Parlament Gefahr läuft, sich zu diskreditieren.[12]

Kommission legte erstmals EU-Strategie zur Bekämpfung von Antisemitismus vor

Am 5. Oktober 2021 legte die Europäische Kommission erstmals eine EU-Strategie zur Bekämpfung von Antisemitismus und zur Förderung jüdischen Lebens vor, die auf eine Dekade bis 2030 angelegt ist. Die Kommission reagierte damit auf den zunehmenden Antisemitismus in Europa. Die Strategie rückte drei Schwerpunkte in den Mittelpunkt: 1.) Verhütung aller Formen von Antisemitismus, 2.) Schutz und Förderung jüdischen Lebens, 3.) Förderung von Forschung, Aufklärung und Gedenken an den Holocaust. Konkret soll die Zusammenarbeit mit Social Media Unternehmen intensiviert, der öffentliche Raum, insbesondere Gebetsstätten, besser geschützt sowie ein europäisches Forschungszentrum zum heutigen Antisemitismus und ein Netzwerk zu Orten des Holocausts aufgebaut werden. Die religionspolitische Strategie verfügt über eine außenpolitische Komponente. Einbezogen werden soll in die Strategie die Zusammenarbeit mit Israel und die weltweite Bekämpfung des Antisemitismus.[13]

---

statement-peace-in-ukraine.pdf (letzter Zugriff: 17.8.2022); Papst Franziskus: Akt der Weihe an das Unbefleckte Herz Mariens, 25.3.2022, abrufbar unter https://www.vatican.va/content/francesco/de/prayers/documents/20220325-atto-consacrazione-cuoredimaria.html (letzter Zugriff: 10.8.2022).

10 Europäisches Parlament: Bericht über die Lage im Hinblick auf die sexuelle und reproduktive Gesundheit und die damit verbundenen Rechte in der EU im Zusammenhang mit der Gesundheit von Frauen, 2020/2215(INI), 21.5.2021.
11 Die Tagespost: EU pro Abtreibung. Klare Mehrheit für „Matic", 24.6.2022; Emmanuel Macron: Rede vor dem Plenum des Europäischen Parlaments, Straßburg, 19.1.2022.
12 Manuel Barrios Prieto: Erklärung des Generalsekretärs der COMECE zur Diskussion im Europäischen Parlament über „Globale Bedrohungen der Abtreibungsrechte: die mögliche Aufhebung der Abtreibungsrechte in den USA durch den Obersten Gerichtshof", 8.6.2022; Europäisches Parlament: Pressemitteilung, Abgeordnete für Aufnahme des Rechts auf Abtreibung in EU-Charta der Grundrechte, 20220701IPR34349, 9.6.2022.
13 Europäische Kommission: Pressemitteilung, Kommission legt erstmals eine EU-Strategie zur Bekämpfung von Antisemitismus und zur Förderung des jüdischen Lebens vor, IP/21/4990, 5.10.2021; Europäische Kommission: Mitteilung zur Strategie der EU zur Bekämpfung von Antisemitismus und zur Förderung jüdischen Lebens (2021–2030), COM(2021) 615 final, 5.10.2021.

Leitfaden zurückgezogen: Von Weihnachtsbezügen wird doch nicht abgeraten

Proteste, nicht zuletzt aus dem Vatikan, gegen einen Leitfaden der Kommission zur inklusiven Sprache in ihren Texten führten dazu, dass dieser zurückgezogen wurde.[14] Der Streit entzündete sich an einer Handreichung des Textes, die darauf abzielte, die christliche Mehrheitsgesellschaft in der EU nicht mehr im Sprachgebrauch der Kommission widerzuspiegeln, sondern die religiöse und weltanschauliche Pluralität Europas zu betonen. Konkret wurde u.a. vorgeschlagen, nicht mehr allein von Weihnachten zu sprechen, sondern weihnachtliche Bezüge interreligiös zu ergänzen oder nur allgemein von Festtagen zu sprechen. Auf einem außerordentlichen Treffen des Vizepräsidenten der Europäischen Kommission Margaritis Schinas mit den Kirchen und Religionsgemeinschaften am 10.12.2021 unterstrich die COMECE ihren Protest und gab zu Protokoll, dass Weihnachten nicht nur Teil der Tradition, sondern der europäischen Realität ist.[15]

Religionsfreiheit: Karski-Bericht abgeschwächt angenommen

Am 3. Mai 2022 verabschiedete das Europäische Parlament eine Resolution auf Grundlage des Berichts des polnischen Abgeordneten Karol Karski aus der Fraktion der Europäischen Konservativen und Reformer zur Verfolgung von religiösen Minderheiten. Das Parlament drückte dabei seinen Protest aus. Allerdings vermied es, anders als vom Berichterstatter vorgesehen, verfolgte Minderheiten zu benennen, die hohe Zahl verfolgter Christen zu thematisieren oder die betroffenen Länder kenntlich zu machen. Stattdessen beklagt die Resolution entgegen der Intention des Berichts, dass aus religiösen Gründen Gesetze gegen Abtreibung und Ehebruch bestehen.[16]

Der erst im Mai 2021 zum Sonderbeauftragten für Religionsfreiheit ernannte Christos Stylianides trat im September zurück. Der Posten blieb vorerst vakant.

Zukunft ohne Religion? Konferenz zur Zukunft Europas zu Ende gegangen

Im Mai 2022 schloss die Konferenz zur Zukunft Europas, bei der sich die Kirchen und Religionsgemeinschaften für Migration und Umwelt starkgemacht hatten. Am 7. Dezember 2021 organisierten KEK, COMECE und Chapel for Europe die Veranstaltung "Our hope for Europe". Schinas und Kommissions-Vizepräsidentin Dubravka Šuica hatten sich am 14. Januar im Rahmen des Dialogs mit den Kirchen und Religionsgemeinschaften nach Art. 17 zu einem Austausch auf höchster Ebene getroffen. Krieger vertrat auch die COMECE auf der dritten Plenartagung der Konferenz am 21. und 22. Januar.[17] Im Abschlussbericht spielte Religion jedoch keine Rolle für die Zukunft Europas.

Weiterführende Literatur

Wolfgang Sanders: Europäische Identität. Die Erneuerung Europas aus dem Geist des Christentums, Leipzig 2021.
Oliver Hidalgo/Philip W. Hildmann: Editorial zur Special Section „Neuer Antisemitismus?", Zeitschrift für Religion, Gesellschaft und Politik 6/2022, S. 103–107.

---

14 Berliner Zeitung: EU-Leitfaden hält Weihnachten und Maria für diskriminierend, 1.12.2021.
15 COMECE: Annual Report 2021, 18.7.2022. hier S. 10 und S. 23.
16 Europäisches Parlament: Entschließung zur Verfolgung von Minderheiten aus Gründen der Weltanschauung oder Religion, 2021/2055(INI), 3.5.2022.
17 COMECE: Annual Report 2021, hier S. 5–6.

Konferenz zur Zukunft Europas

Manuel Müller

Die Konferenz zur Zukunft Europas, die vom 9. Mai 2021 bis zum 9. Mai 2022 tagte, war ein Ad-hoc-Gremium, in dem europäische und nationale Entscheidungsträger:innen sowie Bürgervertreter:innen über die politische Agenda und institutionelle Entwicklung der EU berieten. Die Konferenz war das größte jemals durchgeführte supranationale Bürgerbeteiligungsexperiment und zeitigte auffallend integrationsfreundliche Ergebnisse. In der breiteren Öffentlichkeit wurde sie jedoch kaum beachtet, und auch auf politischer Ebene entwickelte sie nicht das Momentum, um bestehende Reformblockaden zu durchbrechen.

Mandat und Struktur

Die Idee zu der Konferenz war 2019 von dem französischen Präsidenten Emmanuel Macron aufgebracht und von Kommissionspräsidentin Ursula von der Leyen aufgegriffen worden. Maßgeblich vorangetrieben wurde sie durch das Europäische Parlament, das sich davon den Einstieg in umfassende demokratische Reformen der EU erhoffte. Deutlich ambivalenter war hingegen die Reaktion des Rates. Die Regierungen vieler Mitgliedstaaten blieben skeptisch und bemühten sich, das Mandat der Konferenz einzuschränken.

Als Kompromiss betonten alle Institutionen schließlich den partizipativen Aspekt: Im Sinne einer „listening exercise"[1] sollte die Konferenz den Bürger:innen erlauben, selbst ihre Anliegen an die europäische Politik formulieren. Alle Institutionen sicherten vorab eine Weiterverfolgung der Ergebnisse zu, ohne sich aber auf eine genaue Form festzulegen; Vertragsreformen wurden nicht ausgeschlossen, aber auch nicht als Ziel benannt.

Auch thematisch schrieben die EU-Institutionen der Konferenz keine feste Agenda vor. In der Praxis waren aber viele ihrer Bestandteile (etwa die digitale Plattform oder die Plenararbeitsgruppen) entlang von neun Themenfeldern vorstrukturiert: „Werte und Rechte, Rechtsstaatlichkeit, Sicherheit", „Demokratie in Europa", „Klimawandel und Umwelt", „Gesundheit", „Stärkere Wirtschaft, soziale Gerechtigkeit und Beschäftigung", „Bildung, Kultur, Jugend und Sport", „Digitaler Wandel", „EU in der Welt" und „Migration".

Die unterschiedlichen Interessen und das Misstrauen zwischen Parlament, Rat und Kommission schlugen sich in einer komplexen, auf institutionelle Parität ausgerichteten Konferenzstruktur nieder. Die Konferenz wurde formal von den Präsident:innen der drei Organe, faktisch von einem Exekutivausschuss mit neun Mitgliedern und 17 Beobachter:innen geleitet. Als Hauptorgan fungierte eine Plenarversammlung mit knapp 450 Vertreter:innen des Europäischen und der nationalen Parlamente, der nationalen Regierungen, der Kommission und weiterer politischer Institutionen, der europäischen und nationalen

---

[1] So ein verbreitetes, wenn auch nicht unumstrittenes Schlagwort; vgl. z. B. EVP-Fraktion: Pressemitteilung, Broad, open, interactive and inclusive debate on the future of Europe, 15.1.2020; Eleonora Vasquez: Future of Europe conference 'not a listening exercise without consequences', says leading MEP, in: Euractiv, 10.12.2021.

Bürgerforen sowie der Sozialpartner.[2] Von Herbst 2021 bis Frühling 2022 tagte die Plenarversammlung monatlich. Zudem trafen sich ihre Mitglieder mehrfach in Arbeitsgruppen zu den neun Themenfeldern der Konferenz.

Im eigentlichen Mittelpunkt der Konferenz standen vier europäische Bürgerforen, die sich zwischen September 2021 und Januar 2022 zu jeweils drei zweitägigen Sitzungen trafen. Jedes der Foren bestand aus 200 zufällig ausgewählten Bürger:innen, die nach Herkunft, Geschlecht, Alter, sozioökonomischem Hintergrund und Bildungsniveau repräsentativ für die EU-Bevölkerung sein sollten. Die Foren unterschieden sich in der inhaltlichen Ausrichtung; jedes von ihnen behandelte zwei bis drei der neun Themenfelder der Konferenz. Unterstützt wurden die Beratungen der Bürger:innen durch professionelle Moderator:innen sowie den Input von Expert:innen.

Hinzu kamen dezentrale Veranstaltungen, etwa nationale Bürgerforen oder auch Veranstaltungen von Nichtregierungsorganisationen. Die Veranstalter:innen mussten dabei bestimmte Mindeststandards einhalten, die in einer Konferenzcharta festgelegt wurden.[3] Insgesamt fielen die dezentralen Veranstaltungen allerdings recht heterogen aus und hatten teils eher den Charakter klassischer Bürgerdialoge.

Als weiterer zentraler Bestandteil der Konferenz sollte schließlich eine im April 2021 gelaunchte multilinguale digitale Plattform (https://futureu.europa.eu) allen EU-Bürger:innen eine niedrigschwellige Möglichkeit bieten, um europapolitische Vorschläge zu präsentieren und zu diskutieren. Die Aktivitäten auf der Plattform wurden regelmäßig durch ein Meinungsforschungsinstitut ausgewertet und flossen so in die Bürgerforen und die Plenarversammlung ein.[4]

Verlauf und Ergebnisse

Während die Konferenz bei europapolitischen Verbänden und Thinktanks auf großes Interesse stieß, war sie in einer breiteren Öffentlichkeit und den Massenmedien kaum präsent. Nach einer Eurobarometer-Umfrage hatten im Herbst 2021 nur ein Drittel der Befragten von der Konferenz gehört; nur ein Zehntel gab an, zu wissen, worum es dabei ging.[5]

Auch die digitale Plattform wurde nur wenig genutzt. Bis zum Ende der Konferenz im Mai 2022 registrierten sich darauf etwa 53.000 Nutzer:innen, die insgesamt rund 19.000 Reformvorschläge („Ideen") und 23.000 Kommentare verfassten sowie 73.000-mal per Mausklick ihre „Unterstützung" für eine fremde Idee bekundeten. Noch die größte Aktivität zeigten dabei zivilgesellschaftliche Organisationen: So zählten zu den meistunterstützten Ideen auf der Plattform mehrere Vorschläge der Jungen Europäischen Föderalisten sowie des Europäischen Gewerkschaftsbunds.

Im Vergleich dazu wurden die europäischen Bürgerforen den in sie gesetzten Erwartungen besser gerecht. Trotz der eng begrenzten Zeit gelang es den Teilnehmenden, substanzielle Debatten zu führen und sich auf konkrete Empfehlungen zu einigen.[6] Wie die auf der

---

2 Zur genauen Zusammensetzung vgl. Manuel Müller: Konferenz zur Zukunft Europas, in: Werner Weidenfeld/Wolfgang Wessels (Hg.): Jahrbuch der Europäischen Integration 2021, S. 189–192, hier S. 190.
3 Konferenz zur Zukunft Europas: Konferenzcharta, abrufbar unter https://futureu.europa.eu/pages/charter?locale=de (letzter Zugriff: 1.9.2022).
4 Kantar Public: Multilingual Digital Platform of the Conference on the Future of Europe. Final Report, Mai 2022.
5 Europäische Union: Spezial-Eurobarometer 517: Die Zukunft Europas, Befragungszeitraum September–Oktober 2021.
6 Die Empfehlungen der Bürgerforen sind online abrufbar unter: https://futureu.europa.eu/assemblies/citizens-panels (letzter Zugriff: 1.9.2022).

Plattform diskutierten Ideen waren auch die Ergebnisse der Bürgerforen insgesamt integrationsfreundlich und in institutionellen Fragen oft föderalistisch geprägt.

Auf Grundlage dieser Ergebnisse sowie der Diskussionen in den Plenararbeitsgruppen entwickelte die Plenarversammlung schließlich eine Reihe von Vorschlägen, aus denen der Exekutivausschuss den formellen Abschlussbericht formulierte.[7] Dabei blieben die Vertreter:innen des Rats weitgehend passiv und verzichteten auf Versuche, die Konferenzergebnisse abzuschwächen. Die europäischen Rechtsparteien zogen sich hingegen im April 2022 unter Protest über die integrationsfreundliche Linie aus der Konferenz zurück.[8] Öffentlich präsentiert wurde der Abschlussbericht der Konferenz schließlich auf einer Festveranstaltung am 9. Mai 2022. Er umfasste insgesamt 49 Vorschläge aus allen neun Themenfeldern, heruntergebrochen in rund 350 Einzelmaßnahmen.

Im Einzelnen bildeten diese Vorschläge nicht nur thematisch, sondern auch hinsichtlich ihrer Reichweite und Innovativität ein sehr breites Spektrum ab. In vielen Fällen unterstützte die Konferenz lediglich Ideen, die von europapolitischen Akteur:innen ohnehin bereits diskutiert wurden und teilweise schon in der Strategischen Agenda des Europäischen Rates oder den Politischen Leitlinien der Kommission enthalten waren. Vor allem in institutionellen Fragen enthielt der Abschlussbericht jedoch auch einige sehr weitreichende Vorschläge, die Vertragsreformen erforderlich machen würden. So sprach sich die Konferenz unter anderem für eine Allgemeinverbindlichkeit der EU-Grundrechtecharta, ein Initiativ- sowie ein Haushaltsrecht des Europäischen Parlaments, eine Abschaffung nationaler Vetorechte in allen Angelegenheiten (außer Erweiterungen und Änderungen an den Grundprinzipien der EU) und für die Einführung EU-weiter Referenden aus.[9] Ausdrücklich forderte die Konferenz zudem, institutionelle Reformen „erforderlichenfalls auch durch die Einleitung eines Europäischen Konvents" umzusetzen.[10]

Tatsächlich führten diese Forderungen unmittelbar mit Abschluss der Konferenz zu Diskussionen über die Einrichtung eines Konvents zur Änderung der EU-Verträge. Vor allem das Europäische Parlament unterstützte diese Idee und legte einen formellen Entwurf nach Art. 48 Vertrag über die Europäische Union vor.[11] Auch Emmanuel Macron forderte auf der Abschlussveranstaltung der Konferenz einen Konvent.[12] Einige Tage später erklärten sich die fünf übrigen Gründerstaaten der EU sowie Spanien in einem gemeinsamen Non-Paper ebenfalls „offen" für Vertragsreformen.[13]

---

7 Konferenz zur Zukunft Europas: Bericht über das endgültige Ergebnis, Mai 2022, abrufbar unter https://prod-cofe-platform.s3.eu-central-1.amazonaws.com/qpbrm3w63pbx0n4agmwigfl0py3i (letzter Zugriff: 1.9.2022).
8 Leonie Cater: EU conference backs deeper integration, right-wingers pull out, in: Politico.eu, 30.4.2022.
9 Konferenz zur Zukunft Europas: Bericht über das endgültige Ergebnis, Mai 2022, Vorschlag 25 Maßnahme 3, Vorschlag 38 Maßnahme 4, Vorschlag 39 Maßnahme 1, Vorschlag 38 Maßnahme 2.
10 Konferenz zur Zukunft Europas: Bericht über das endgültige Ergebnis, 2022, Vorschlag 40 Maßnahme 6.
11 Europäisches Parlament: Entschließung zu den Folgemaßnahmen zu der Konferenz zur Zukunft Europas, 2022/2648(RSP), 4.5.2022; Europäisches Parlament: Entschließung zur Forderung nach einem Konvent zur Überarbeitung der Verträge, 2022/2705(RSP), 9.6.2022. Zum Konventsverfahren, das bislang nur für den EU-Verfassungsvertrag von 2004 angewandt wurde, vgl. Sonja Puntscher Riekmann/Wolfgang Wessels (Hg.): The Making of a European Constitution. Dynamics and Limits of the Convention Experience, Wiesbaden 2006; Teija Tiilikainen: Der Konvent über die Zukunft der EU als verfassungsgebende Versammlung, in: Elisabeth Alber/Carolin Zwilling (Hg.): Von Government zu Governance. Direkte und deliberative Demokratie in europäischen Mehrebenensystemen, Baden-Baden 2021.
12 Emmanuel Macron: Rede anlässlich der Konferenz zur Zukunft Europas, 9.5.2022.
13 Non-paper submitted by Germany, Belgium, Italy, Luxembourg, the Netherlands, and Spain on implementing the proposals of the Plenary of the "Conference on the Future of Europe", abrufbar unter https://www.tweedekamer.nl/kamerstukken/detail?id=2022D20911 (letzter Zugriff: 1.9.2022).

In einem anderen Non-Paper erklärte hingegen eine Gruppe von 13 hauptsächlich nord- und ostmitteleuropäischen Regierungen, Vertragsänderungen seien „niemals der Zweck der Konferenz" gewesen und wandten sich gegen „voreilige Versuche" in diese Richtung.[14] In den Schlussfolgerungen seiner Sitzung im Juni 2022 behandelte der Europäische Rat die Ergebnisse der Zukunftskonferenz nur sehr summarisch und ging nicht auf die Frage von Vertragsreformen ein.[15]

Bewertung und Ausblick

Insgesamt hinterließ die Konferenz bei vielen Beobachter:innen einen ambivalenten Eindruck.[16] Vor allem die Bürgerforen wurden oft als erfolgreiches Beteiligungsexperiment gelobt, bei dem sich Bürger:innen mit großem Einsatz engagiert und sich Gehör verschafft hätten. Teilweise wurde der starke Fokus der EU auf partizipative und deliberative Formate jedoch auch als Gefahr für die repräsentativ-parlamentarische Demokratie gewertet.[17]

Hauptkritikpunkt an der Konferenz war allerdings das unklare Mandat, das aus der Uneinigkeit sowohl zwischen den Institutionen als auch zwischen den Mitgliedstaaten entstand. Die allzu breit gefasste inhaltliche Agenda sowie die fehlende Verbindlichkeit ihrer Beschlüsse dürften auch wesentliche Gründe dafür sein, dass die Konferenz für die Medienöffentlichkeit keinen Nachrichtenwert besaß. Die fehlende öffentliche Aufmerksamkeit wiederum schwächte das Potenzial der Konferenz, Druck auf politische Akteur:innen auszuüben, um Reformblockaden zu lösen. Reformunwillige Regierungen konnten deshalb leicht einer Strategie des „Aussitzens" folgen – freilich auf Kosten der Glaubwürdigkeit künftiger supranationaler Beteiligungsprozesse.

Bereits im Sommer 2022 spielten die Konferenz und ihre Ergebnisse in der politischen Auseinandersetzung jedenfalls nur noch eine untergeordnete Rolle. Zum Kristallisationspunkt der Debatte über die Zukunft Europas wurden nun vielmehr der russische Angriffskrieg und der ukrainische Beitrittsantrag sowie die sich daraus ergebenden Fragen zum Verhältnis von Vertiefung, Erweiterung und Handlungsfähigkeit der EU.

Weiterführende Literatur

Federico Fabbrini: Die Konferenz über die Zukunft Europas: Ein Aufruf zur Vertragsreform, in: Der (europäische) Föderalist, 10.6.2022.

Karl Magnus Johansson/Tapio Raunio: The partisan dimension of the Conference on the Future of Europe. Agenda-setting, objectives and influence, SIEPS Report 2/2022, März 2022.

Nicolai von Ondarza/Minna Ålander: Von der Zukunftskonferenz zur Reform der EU: Vier Lehren für eine Union, die wieder mit der Balance von Vertiefung und Erweiterung konfrontiert ist, SWP-Aktuell 44/2022.

---

14 Non-paper by Bulgaria, Croatia, the Czech Republic, Denmark, Estonia, Finland, Latvia, Lithuania, Malta, Poland, Romania, Slovenia, and Sweden on the outcome of and follow-up to the Conference on the Future of Europe, abrufbar unter https://www.government.se/information-material/2022/05/non-paper-by-bulgaria-croatia-the-czech-republic-denmark-estonia-finland-latvia-lithuania-malta-poland-romania-slovenia-and-sweden/ (letzter Zugriff: 1.9.2022).

15 Europäischer Rat: Schlussfolgerungen, EUCO 24/22, 24.6.2022.

16 Bertelsmann Stiftung/European Policy Centre (Hg.): Conference on the Future of Europe: What worked, what now, what next?, 22.2.2022; Dominik Hierlemann/Malte Zabel: The Conference on the Future of Europe: a catalyst for change?, in: New Perspectives on Global & European Dynamics, 12.5.2022; Sophia Russack: The good, the bad and the ugly of the Conference on the Future of Europe, Centre for European Policy Studies, 12.5.2022; Max Steuer: The Conference on the Future of Europe as a Constitutional Experiment, in: IACL-IADC Blog, 19.5.2022; Ward Den Dooven: Europatag 2022: Die Zukunftskonferenz endet – aber ein Europa für alle Europäer:innen beginnt?, in: Der (europäische) Föderalist, 7.6.2022.

17 Bernd Hüttemann: Unter schlechten Europasternen: Spannende Ideen aus der Zukunftskonferenz – aber das Format ist heikel, in: Der (europäische) Föderalist, 30.5.2022.

4. Die Innenpolitik der Europäischen Union

Agrar- und Fischereipolitik

Christian Lippert

Im Frühjahr 2022 zeichnete sich eine globale Versorgungskrise mit potenziell verheerenden Auswirkungen insbesondere in einigen Ländern Afrikas ab, weil infolge des Ukraine-Krieges Getreideexporte aus dem Schwarzmeerraum ausblieben. Innerhalb der Europäischen Union (EU) wurde daher eine Rücknahme, oder zumindest eine vorübergehende Aussetzung ertragsmindernder Regelungen, der ab dem Jahr 2023 in Kraft tretenden Reform der Gemeinsamen Agrarpolitik (GAP) kontrovers diskutiert. Im Kern ging es dabei um den Zielkonflikt zwischen einer kurzfristigen Steigerung der Nahrungsmittelproduktion einerseits und Extensivierungsmaßnahmen zur langfristigen Bewahrung der Produktionsgrundlagen in gesunden Agrarökosystemen andererseits. Auch die Fischereipolitik stand unter dem Einfluss des Ukraine-Krieges, da viele Fischereibetriebe wegen der sanktionsbedingt gestiegenen Kraftstoffkosten auf staatliche Hilfen angewiesen waren.

Agrarpolitik

Mit der Zustimmung des Rats der EU zur GAP-Reform ging am 2. Dezember 2021 ein dreieinhalbjähriger Verhandlungs- und Gesetzgebungsmarathon zu Ende. Stärker dem Subsidiaritätsprinzip folgend muss nun jeder Mitgliedstaat im von der EU vorgegebenen Rahmen einen landesspezifischen nationalen Strategieplan ausarbeiten und von der Europäischen Kommission, die später auch die Umsetzung der entsprechenden Politikinstrumente zu kontrollieren hat, genehmigen lassen. Bereits im November 2021 hatten sich die Vertreter des Europäischen Parlaments, des Rats und der Kommission auf den Agrarhaushalt für das Jahr 2022 geeinigt. Wegen der langwierigen Verhandlungen zur nun erst ab dem Jahr 2023 wirksam werdenden GAP-Reform und den im Jahr 2022 andauernden Abstimmungen und Überarbeitungen der nationalen Strategiepläne wurde dieser Haushalt letztmalig für eine GAP nach den bisherigen Regeln aufgestellt. In aktuellen Preisen enthält das Budget Verpflichtungen von 56,2 Mrd. Euro für „Natürliche Ressourcen und Umwelt" (33,2 Prozent des Gesamthaushalts), wovon, wie im letzten Jahr auch, dem Europäischen Garantiefonds für die Landwirtschaft (EGFL) 40,4 Mrd. Euro für marktbezogene Ausgaben und Direktzahlungen zur Verfügung stehen. Auf den Europäischen Landwirtschaftsfonds für die Entwicklung des Ländlichen Raumes (ELER) entfallen Verpflichtungen in Höhe von 12,7 Mrd. Euro (minus 17 Prozent gegenüber dem Vorjahreshaushalt). Die Verpflichtungen für die Gemeinsame Fischereipolitik (GFP) nahmen demgegenüber im Vergleich zum Vorjahr um rund 24 Prozent zu und belaufen sich auf 972 Mio. Euro im Europäischen Meeres-, Fischerei- und Aquakulturfonds (EMFAF) und 159 Mio. Euro für die partnerschaftlichen Abkommen über nachhaltige Fischerei und regionale Fischereiorganisationen.[1]

---

1 Agra-Europe: EU-Nachrichten, 47/2021, S. 2; Agra-Europe: EU-Nachrichten, 49/2021, S. 7; Endgültiger Erlass 2022/182 des Gesamthaushaltsplans der Europäischen Union für das Haushaltsjahr 2022, in: Amtsblatt der EU L 45, 24.2.2022, S. 15–29.

Bis zum Jahresende 2021 hatten alle Mitgliedstaaten der EU die nationalen Strategieplanentwürfe mit ihren agrarpolitischen Maßnahmen, die die GAP-Reform umsetzen, zur Überprüfung an die Europäische Kommission zu übermitteln. Während die meisten Mitgliedstaaten dieser Verpflichtung fristgerecht nachkamen, hatte die neue Bundesregierung ihren Strategieplan erst mit mehrwöchiger Verspätung im Februar 2022 eingereicht. In ihrem Ende Mai veröffentlichten „Beobachtungsschreiben" hat die Kommission den deutschen Entwurf zwar grundsätzlich begrüßt, jedoch auch zahlreiche Kritikpunkte angeführt. Unter anderem ermahnt die Kommission die deutsche Regierung, ehrgeizigere klima- und umweltbezogene Ziele zu verfolgen, die anhand geeigneter Indikatoren nachzuweisen sind. Hinsichtlich der Gewässereutrophierung durch Nährstoffüberschüsse aber auch beim Schutz empfindlicher Lebensräume und des Grünlands wird Deutschland zu größeren, besser aufeinander abgestimmten Anstrengungen aufgefordert. Des Weiteren sollte Deutschland einige Bestimmungen zum „guten landwirtschaftlichen und ökologischen Zustand" (GLÖZ) der Agrarflächen präzisieren, die im Rahmen der erweiterten Konditionalität[2] einzuhalten sind. Dies gilt z. B. für den GLÖZ-Standard 6, der zur Erosionsvermeidung eine Bodenbedeckung auch in Wintermonaten verlangt. Um eine bessere Beurteilung ihrer Wirksamkeit zu ermöglichen, sollten die deutschen Öko-Regelungen eingehender beschrieben werden, wobei die Kommission daran zweifelt, dass die hierfür veranschlagten Mittel ausreichen, um das Ziel der Verwendung von 25 Prozent des Direktzahlungsbudgets für die Öko-Regelungen zu erreichen. Schließlich bedarf es hierbei mindestens kostendeckender Prämien, um die Landwirt:innen zur Teilnahme zu bewegen. Die bisher vorgesehenen Prämien werden diesbezüglich – insbesondere nach dem dramatischen Anstieg der Agrarpreise in der Folge des Kriegs in der Ukraine – seitens des Deutschen Bauernverbands (DBV) als zu niedrig erachtet, um eine Beteiligung der Landwirt:innen im angestrebten Umfang zu erreichen. Auch der Bund für Umwelt und Naturschutz Deutschland (BUND) fordert eine höhere Vergütung der Öko-Regelungen, damit für möglichst viele Landwirt:innen die entsprechenden umweltverbessernden Maßnahmen lohnend erscheinen. Ähnlich wie im Falle Deutschlands sieht die Kommission auch bei vielen anderen Mitgliedstaaten – u. a. in Frankreich und Spanien – die Notwendigkeit, die nationalen Strategiepläne hinsichtlich der umwelt- und klimapolitischen Maßnahmen nachzubessern. In vielen der geprüften Planentwürfe würden zudem die Konditionalitätsanforderungen nicht ausreichend beachtet. Am französischen Entwurf wurde vor allem das neue betriebliche Umweltsiegel HVE („Haute valeur environnementale") kritisiert. Landwirtschaftliche Betriebe, die bestimmte Umweltauflagen erfüllen, sollen das HVE-Siegel erhalten und über eine Öko-Regelung gefördert werden. Die Kommission war hiermit nicht einverstanden, weil das auch in Frankreich umstrittene Siegel trotz geringerer Umweltauflagen zur selben Förderung berechtigen sollte

---

2 Konditionalität bedeutet die Einhaltung bestimmter, auf EU-Ebene vorgegebener und von den Mitgliedstaaten zu präzisierender Umwelt- und Klimaschutzanforderungen (darunter neun GLÖZ-Standards) als Voraussetzung für den Bezug der jährlichen, flächenabhängigen Basisprämie. Darüber hinaus kann ein landwirtschaftlicher Betrieb zusätzliche Prämien erhalten, sofern er freiwillig an einer oder an mehreren Öko-Regelungen („Eco-Schemes") teilnimmt. Letztere sind einjährige aus dem EGFL finanzierte Agrarumweltmaßnahmen, bei denen jeweils bestimmte Bewirtschaftungsauflagen (zum Beispiel der Verzicht auf chemischen Pflanzenschutz oder eine zusätzliche Flächenstilllegung) durch Prämien kompensiert werden. Dabei müssen die Auflagen über die unter die Konditionalität fallenden Anforderungen hinausgehen; Christian Lippert: Agrar- und Fischereipolitik, in: Werner Weidenfeld/Wolfgang Wessels (Hg.): Jahrbuch der Europäischen Integration 2021, Baden-Baden, 2021, S. 195–200, hier: S. 196; Die Basisprämie wird in Deutschland voraussichtlich ca. 150 Euro je Hektar betragen; Konstantin Kockerols: Mehr Auflagen, weniger Prämie – die GAP ab 2023, in: top agrar 1/2022, S. 35.

wie der in Frankreich künftig gleichfalls über die Öko-Regelungen zu honorierende ökologische Landbau. Die Mitgliedstaaten sind angehalten, ihre Strategiepläne zeitnah zu überarbeiten, sodass diese noch im Sommer 2022 von der Kommission genehmigt werden können und Planungssicherheit für die kommende Vegetationsperiode besteht.[3]

Nachdem als Folge des russischen Überfalls auf die Ukraine im Frühjahr 2022 die in einigen bevölkerungsreichen Ländern des Globalen Südens dringend benötigten Getreideexporte eingebrochen waren, wurde in Deutschland und Europa kontrovers diskutiert, inwieweit die ökologisch motivierten Extensivierungsmaßnahmen der neuen GAP, die zwangsläufig zu einer Verringerung der gegenwärtigen Agrarproduktion führen, angesichts der prekären Welternährungssituation noch gerechtfertigt sind. Zahlreiche agrarpolitische Akteure, in Deutschland vor allem Vertreter:innen des DBV und der CDU/CSU aber auch die ernährungs- und agrarpolitische Arbeitsgruppe der Bundestagsfraktion der FDP, stellten in diesem Kontext die „Farm-to-Fork-Strategie" als Teil des „Green Deals" der Kommission in Frage. Stattdessen verlangten sie der globalen Ernährungssicherung höchste Priorität einzuräumen. Sie forderten auf produktionsmindernde Einschränkungen zu verzichten. So erachtete die niedersächsische Agrarministerin Barbara Otte-Kinast (CDU) es als nicht vermittelbar, dass „wir 4 Prozent verpflichtende Stilllegung bekommen, wenn woanders der Weizen knapp und für viele Menschen unbezahlbar wird"[4] und verlangte deshalb – ebenso wie fünf christdemokratische Mitglieder des Landwirtschaftsausschusses des Europäischen Parlaments – ein vorübergehendes Aussetzen der Mindeststilllegungspflicht. Nach dieser müssen basisprämienberechtigte Betriebe mit mehr als zehn Hektar Acker künftig nicht-produktive Flächen im Umfang von mindestens vier Prozent ihrer Ackerfläche bereitstellen (GLÖZ-Standard 8). Die Europäische Kommission lehnte – auch wenn Agrarkommissar Janusz Wojciechowski zunächst eine Überprüfung der „Farm-to-Fork-Strategie" in Aussicht gestellt hatte – einen grundlegenden Strategiewechsel jedoch ab und kündigte an, ihre diesbezüglichen Pläne uneingeschränkt weiterzuverfolgen. Für den Vizepräsidenten der Kommission Frans Timmermanns wäre ein Verzicht auf die Nachhaltigkeitsmaßnahmen des „Green Deal" ein historischer Fehler. In ähnlicher Weise hatten sich zahlreiche europäische und nationale Umweltorganisationen in einem gemeinsamen Schreiben an die Kommission geäußert und gerade im Hinblick auf die Krisenprävention eine ökologischere Landwirtschaft eingefordert. Die Kommission stellte es den Mitgliedstaaten zur Ernte 2022 schließlich frei, ausnahmsweise die Bestellung von Stilllegungsflächen mit Feldfrüchten zu erlauben und toleriert auf diesen ökologischen Vorrangflächen auch den Mineraldünger- und Pflanzenschutzmitteleinsatz, ohne dass dies für die Landwirt:innen zu Prämienkürzungen führt. Während die Mehrheit der Mitgliedstaaten (darunter Frankreich, Italien, Spanien und Österreich) von dieser Möglichkeit Gebrauch macht, wurde diese Option trotz anhaltender massiver Kritik seitens der CDU/CSU-Opposition von der deutschen Bundesregierung abgelehnt. Sie verwies dabei auf die Bedeutung der nicht produktiv genutzten Brachflächen bei der Bekämpfung von Klimawandel und Artensterben. Diese Sichtweise wird von den deutschen Umweltverbänden geteilt, die sich in einem gemeinsamen Brief an Bundeslandwirtschaftsminister Cem Özdemir (Bündnis

---

3 Agra-Europe: EU-Nachrichten, 19/2022, S. 6–7; Agra-Europe: EU-Nachrichten, 20/2022, S. 3; Agra-Europe: Länderberichte, 21/2022, S. 39–40; Agra-Europe: EU-Nachrichten, 22/2022, S. 1–2; Agra-Europe: Länderberichte, 24/2022, S. 25–27; Europäische Kommission: Bemerkungen zum GAP-Strategieplan von Deutschland, Ref. Ares(2022)3823133, 20.5.2022; Mathilde Gérard/Laurence Girard: Bruxelles demande à la France de revoir sa copie sur la PAC, in: Le Monde, 6.4.2022.
4 Agra-Europe: Länderberichte, 10/2022, S. 27.

90/Die Grünen) gegen eine Aussetzung der GAP-Stilllegungsverpflichtung ab 2023 ausgesprochen haben. Stattdessen fordern sie eine Reduzierung der Getreideverwendung in der tierischen Erzeugung und zur Energiegewinnung, umso mehr Agrarflächen für die Lebensmittelproduktion bereitzustellen. Im Agrarausschuss des Bundesrates hatte eine knappe Mehrheit von neun Landesminister:innen für die diesjährige uneingeschränkte Brachflächennutzung plädiert. Die sieben Gegenstimmen kamen dabei von den Landwirtschaftsminister:innen der Grünen. Die Bundesregierung erlaubt 2022 lediglich die Futternutzung des Aufwuchses von als ökologische Vorrangfläche deklarierten Stilllegungs- und Zwischenfruchtflächen.[5]

Bundesminister Özdemir hat sich durchaus überraschend auf EU-Ebene dafür eingesetzt, den GLÖZ-Standard 7 zum jährlichen Fruchtwechsel auf Ackerflächen vorläufig auszusetzen, damit nach der nächsten Weizenernte auf denselben Flächen wiederum Weizen angebaut und so die Gesamtproduktion gesteigert werden kann. Kommissar Wojciechowski versprach sowohl diese Idee, für die es eine Mehrheit unter den Mitgliedstaaten zu geben scheint, als auch eine erneute Aussetzung der Stilllegungsverpflichtung (GLÖZ-Standard 8) in der Kommission zu unterstützen.[6]

Zwar profitierten die europäischen Landwirt:innen von den stark gestiegenen Marktpreisen für Getreide und andere Agrarprodukte, wurden jedoch gleichzeitig durch erhebliche kriegs- und sanktionsbedingte Preissteigerungen insbesondere für Kraftstoff, Futtermittel und Mineraldünger belastet. Im März 2022 hat die Kommission daher beschlossen, die GAP-Krisenreserve in Höhe von 500 Mio. Euro zu aktivieren und den Mitgliedstaaten zudem gestattet, diese Mittel um bis zu 200 Prozent aufzustocken. Deutschland erhielt 60 Mio. Euro, die zusammen mit 120 Mio. Euro an nationalen Mitteln als „schnelle Hilfe" an betroffene Betriebe weitergeleitet werden sollten. Die im Mai von der Kommission zudem eröffnete Möglichkeit, fünf Prozent der ELER-Mittel als weitere Sonderhilfen an die Landwirtschaft einzusetzen, wollte die Bundesregierung hingegen nicht nutzen. Bedingt durch die Covid-19-Pandemie und Exportrestriktionen nach Ausbrüchen der Afrikanischen Schweinepest waren die Preise für Schlachtschweine lange Zeit sehr niedrig, sodass die EU im April schließlich Beihilfen zur Privaten Lagerhaltung gewährte. Die Bundesregierung hielt letztere angesichts der zwischenzeitlichen Markterholung für kontraproduktiv.[7]

Fischereipolitik

Die hohen Kraftstoffpreise haben die europäischen Fischereibetriebe einer zusätzlichen Belastung ausgesetzt, die teilweise – z. B. bei den deutschen Fischereibetrieben in der Ostsee – existenzgefährdend war. Dort stehen die Betriebe ohnehin wegen der ungenügenden Regeneration der Dorsch- und Heringsbestände unter erheblichem Druck. Zum Teil überschritten im Frühjahr 2022 die täglichen Betriebskosten die entsprechenden Erlöse, sodass sich für die Küstenfischer:innen die Fangfahrt nicht mehr lohnte. Angesichts der EU-weit

---

5 Agra-Europe: Länderberichte, 10/2022, S. 26–27; Agra-Europe: EU-Nachrichten, 10/2022, S. 7–8; Agra-Europe: Länderberichte, 11/2022, S. 27-32; Agra-Europe: EU-Nachrichten, 11/2022, S. 2–7; Agra-Europe: Länderberichte, 13/2022, S. 37–38; Agra-Europe: EU-Nachrichten, 13/2022, S. 7–8; Agra-Europe: Länderberichte, 14/2022, S. 40-41; Agra-Europe: Länderberichte, 18/2022, S. 6–7; Agra-Europe: EU-Nachrichten, 18/2022, S. 2; Agra-Europe: EU-Nachrichten, 23/2022, S. 14.
6 Agra-Europe: EU-Nachrichten, 20/2022, S. 24; Agra-Europe: EU-Nachrichten, 22/2022, S. 3; Agra-Europe: EU-Nachrichten, 25/2022, S. 1.
7 Agra-Europe: EU-Nachrichten, 12/2022, S. 1; Agra-Europe: Länderberichte, 13/2022, S. 32; Agra-Europe: EU-Nachrichten, 13/2022, S. 4; Agra-Europe: EU-Nachrichten, 21/2022, S. 4; Agra-Europe: EU-Nachrichten, 24/2022, S. 1.

angespannten Situation hat die Europäische Kommission Ende März den Beihilferahmen geändert, um den Mitgliedstaaten die bis zum Jahresende befristete Möglichkeit einzuräumen, über den Krisenmechanismus des EMFAF eine Kompensation von bis zu 35.000 Euro je Betrieb zu gewähren. Der Deutsche Bundestag hat hierfür im Mai zehn Mio. Euro bewilligt. Darüber hinaus schlug die Kommission dem Europäischen Parlament und dem Rat vor, ungenutzte Fischereifondsmittel aus der Förderperiode 2014 bis 2020 für zusätzliche finanzielle Hilfen bereitzustellen. Bereits Ende Juli 2021 hatte die Kommission der deutschen Bundesregierung die Auszahlung von fünf Mio. Euro an heimische Fischereibetriebe genehmigt, um die wirtschaftlichen Folgen des Brexit-bedingten Verlusts von Fangmöglichkeiten abzufedern.[8]

Die Einigung im Rat über die Fangquoten in der Ostsee im Oktober 2021 kam dieses Mal ohne deutsche Zustimmung zustande. Die Bundesregierung war nicht damit einverstanden, dass die Heringsquoten in der westlichen Ostsee erneut um 50 Prozent gesenkt wurden, während über die Befischung des Herings im zur Nordsee gehörenden Skagerrak und im Kattegat wie üblich erst im Dezember entschieden werde sollte. Das Bundeslandwirtschaftsministerium empfand es als inakzeptabel, dass die Heringsquote in der westlichen Ostsee in den letzten Jahren drastisch verringert worden war, sodass sie inzwischen nur noch sechs Prozent der Quote von 2017 ausmacht, während gleichzeitig die Fangtätigkeit in den nördlich angrenzenden Seegebieten lediglich in geringerem Maße reduziert wurde. Eine Bestandserholung ohne Kürzungen in beiden zusammenhängenden Managementgebieten sei jedoch nicht möglich. Auch die Dorschquote für die westliche Ostsee wurde nach einer leichten Anhebung im Vorjahr erneut wie bereits vor zwei Jahren deutlich – diesmal sogar um 88 Prozent – verringert, während die Fangmengen für Sprotte und Scholle erhöht wurden. Angesichts der prekären Lage wird in der Ostsee die vorübergehende oder endgültige Stilllegung von Fischkuttern mit Geldern aus dem EU-Fischereifonds subventioniert. Dem deutschen Wunsch entsprechend wurden die Heringsquoten für den Skagerrak und das Kattegat bei den Quotenbeschlüssen zur Nordsee im Dezember 2021 schließlich reduziert, während die Heringsfangmengen für die gesamte Nordsee um 22 Prozent angehoben wurden. Die Nordseequoten für Kabeljau (minus 2 Prozent) und Scholle (minus 10 Prozent) wurden leicht, diejenige für Seelachs (minus 25 Prozent) deutlich gekürzt. Bei Kabeljau hatte die Bundesregierung stärkere Kürzungen gewünscht. Im Mittelmeer dürfen um fünf bzw. acht Prozent weniger Sardinen und Sardellen gefangen werden. Die Quotenbeschlüsse für das Jahr 2022 zu den gemeinsam mit dem Vereinigten Königreich bewirtschafteten Fischbeständen hatten zunächst nur vorläufigen Charakter. Eine endgültige Festlegung durch den Rat erfolgte erst Ende März 2022. Dies geschah, nachdem Kommission und britische Regierung kurz vor Weihnachten die jährlichen Gesamtfangmengen und Quoten ausgehandelt hatten, so wie es nach dem Brexit im 2020 abgeschlossenen Handels- und Kooperationsabkommen vorgesehen war. Auch beim in der zweiten Jahreshälfte 2021 nochmals heftig entbrannten Streit zwischen Frankreich und dem Vereinigten Königreich um die Zuteilung von Fanglizenzen an französische Fischer:innen im Ärmelkanal zeichnete sich ein durch die Europäische Kommission vermittelter Kompromiss ab.[9]

---

8 Agra-Europe: EU-Nachrichten, 31/2021, S. 6; Agra-Europe: Länderberichte, 15/2022, S. 36; Agra-Europe: EU-Nachrichten, 16/2022, S. 4; Agra-Europe: Länderberichte, 19/2022, S. 35; Agra-Europe: Länderberichte, 21/2022, S. 30.
9 Agra-Europe: EU-Nachrichten, 42/2021, S. 3; Agra-Europe: Länderberichte, 45/2021, S. 21; Agra-Europe: EU-Nachrichten, 51/2021, S. 9; Tagesschau: EU meldet Annäherung. „Wichtiger Schritt" im Fischereistreit,

Der Zustand der Fischbestände hat sich im Nordostatlantik, wo die Fischbiomasse seit 2007 gegenüber dem Jahr 2000 insgesamt zugenommen hat und inzwischen weniger als 30 Prozent der Bestände übernutzt sind, verbessert. Das bereits für das Jahr 2020 gesetzte Ziel, 100 Prozent ihrer Bestände nachhaltig zu nutzen, hat die EU dennoch nicht erreicht. Dies gilt insbesondere für das Mittelmeer, wo der Fischereidruck trotz leichter Fortschritte weiterhin zu hoch ist und 29 von 34 beobachteten Beständen als übernutzt gelten. Zudem geben die Auswirkungen des Klimawandels auf Bestandszusammensetzung und -wachstum Anlass zur Sorge, u. a., weil mit zunehmenden Wassertemperaturen der Gehalt an verfügbarem Sauerstoff in den Ozeanen und damit auch das Planktonaufkommen, das am Beginn der Nahrungskette steht, zurückgehen. Letzteres führt zu einer Abnahme der tierischen Biomasse in den Weltmeeren.[10]

Am 29. September 2021 hat das Gericht der EU (EuG) ein im Jahr 2019 vom Rat verabschiedetes „partnerschaftliches Abkommen über nachhaltige Fischerei" zwischen der EU und dem Königreich Marokko für ungültig erklärt. Das Abkommen sieht gegen Kompensationen von 208 Mio. Euro Fangmöglichkeiten europäischer (insbesondere spanischer) Fischereibetriebe in nordwestafrikanischen Gewässern vor. Hierbei hätte jedoch nach Auffassung des Gerichts die Zustimmung der Bevölkerung der 1975 von Marokko annektierten und nicht als Teil Marokkos anerkannten Westsahara eingeholt werden müssen. Frühere Urteile des Europäischen Gerichtshofs (EuGH) sind im Abkommen, das auch diverse Agrarprodukte einschließt, nicht korrekt berücksichtigt worden. Um international Rechtssicherheit zu gewährleisten, bleiben Teile der Vereinbarungen jedoch bestehen. Ein endgültiges Urteil obliegt dem EuGH.[11]

Weiterführende Literatur

Stefan Becker/Regina Grajewski/Pia Rehburg: Wohin fließt das Geld? Finanzielle und inhaltliche Schwerpunkte der eingereichten GAP-Strategiepläne 2023 bis 2027, Thünen Working Paper 191, Braunschweig 2022.

Ernährungs- und Landwirtschaftsorganisation der Vereinten Nationen (FAO): The State of World Fisheries and Aquaculture 2022: Towards Blue Transformation, Rom 2022.

Clara Ulrich/Hendrik Doerner (Hg.): Scientific, Technical and Economic Committee for Fisheries (STECF): 69th Plenary Report (PLEN-22-01), EUR 28359 EN, Luxembourg 2022.

11.12.2021; Rat der EU: Pressemitteilung, Rat billigt Fischereivereinbarung von EU und Vereinigtem Königreich, 1015/21, 22.12.2021; Agra-Europe: EU-Nachrichten, 14/2022, S. 5.

10 Französisches Forschungsinstitut für die Nutzung der Meere (Ifremer): Pressemitteilung: Status of fish populations in Europe. Some improvement, threatened by climate change, 24.5.2022.

11 Rat der EU: Pressemitteilung, EU-Marokko: Rat nimmt partnerschaftliches Abkommen über nachhaltige Fischerei an, 4.3.2019; Agra-Europe: EU-Nachrichten, 40/2021, S. 7–8; Tagesschau: Streit um Westsahara. EU-Gericht kippt Übereinkünfte mit Marokko, 29.9.2021.

Asyl-, Einwanderungs- und Visapolitik

Vittoria Meißner

Nach der Veröffentlichung des neuen „Asyl- und Migrationspaketes" im September 2020 musste die Europäische Union (EU) erneut schnelle Antworten auf Krisensituationen an den eigenen Außengrenzen finden. Hierbei handelt es sich um die Migrationsströme aus der Ukraine seit Ausbruch des Krieges im März 2022 sowie aus Afrika und dem Nahen Osten über Belarus seit August 2021.[1] Die daraus folgenden Arbeitsschritte für nationale und europäische Behörden bildeten einen Stress-Test für die Asyl-, Einwanderungs- und Visapolitik allgemein sowie spezifisch für die in die Wege geleiteten Reformvorschläge in diesen Bereichen.[2] Die Herausforderungen an den EU-Außengrenzen zu Belarus waren ein tragisches Déjà-vu der Migrationspolitikkrise von 2015–2016.[3] Gleichzeitig zeigten sich die EU-Mitgliedstaaten unerwartet solidarisch gegenüber den mehr als sechs Millionen Menschen aus der Ukraine, die in andere europäische Länder geflohen sind. Asyl ist einer der Grundwerte, zu denen sich die Mitgliedstaaten der EU international verpflichtet haben. Obwohl sie sich vom Kontext her unterscheiden, verlangten sowohl die Migrationsströme über Belarus sowie die aus der Ukraine dieselbe wertebasierte Reaktion von der EU. Die dysfunktionale Migrations- und Asylpolitik der EU sowie die Doppelmoral der Mitgliedstaaten haben im Fall der Ukraine zu einer beispiellosen Solidarität, im Fall von Belarus jedoch zu einer unmenschlichen Reaktion geführt. Auch die Ereignisse von Juni 2022 in der spanischen Nordafrika-Exklave Melilla, an der Grenze zwischen Spanien und Marokko,[4] sind ein weiteres Armutszeugnis für die Asyl- und Migrationspolitik der EU.

Trotz guter Absichten und vorangebrachter technischer Reformen gibt es für die EU noch viel zu tun, denn die grundsätzlichen politischen Fragen zum Gleichgewicht zwischen Solidarität und Verantwortung bleiben weiter ungelöst.

Bestandsaufnahme der Reformvorschläge der Europäischen Kommission von 2020

Der EU fehlt es noch immer an einer gemeinsamen Haltung zu Fragen von Asyl, Einwanderung und Migration. Die Reformvorschläge des von der Europäischen Kommission im

---

1 Vgl. hierzu auch die Beiträge „Die Europäische Union und der Krieg in der Ukraine", „Die Europäische Union und Russland" und „Östliche Partnerschaft" in diesem Jahrbuch.
2 Vittoria Meißner: How to break the downward spiral and double standards in the EU's migration policy, in: IEP Berlin Perspectives 3/2022.
3 Vgl. hierzu auch den Beitrag „Polen" in diesem Jahrbuch.
4 Als ca. 2.000 Migrant:innen am 24. Juni 2022 versuchten, über den Grenzzaun von Marokko in die EU zu gelangen, griffen sowohl spanische als auch marokkanische Sicherheitskräfte ein. Dabei starben 37 Menschen. Menschenrechtler:innen werfen den marokkanischen Behörden den Tod dieser Menschen vor. Spaniens sozialistischer Ministerpräsident Pedro Sánchez hingegen befürwortete die Arbeit der Sicherheitskräfte, da sie einen „gewaltsamen Angriff auf die territoriale Integrität Spaniens" verhindert hätten; Vittoria Meißner: Ukraine, Belarus, Marokko: Wie sich der Doppelmoral in der EU-Migrationspolitik entgegenwirken lässt, in: Der (europäische) Föderalist, 27.7.2022; vgl. hierzu auch den Beitrag „Spanien" in diesem Jahrbuch.

Jahr 2020 vorgelegten Migrations- und Asylpakts verfehlen ihr Ziel, die Solidarität gegenüber allen Migrant:innen und die Verantwortung der Mitgliedstaaten zu stärken.[5]

Ende Juni 2022 verhandelten noch der Ausschuss für bürgerliche Freiheiten, Justiz und Inneres des Europäischen Parlaments und der Rat der Europäischen Union die Möglichkeit eines beschleunigten Screening-Verfahrens an den EU-Außengrenzen. Zusätzlich wird weiterhin von beiden Institutionen der neue Vorschlag der Europäischen Kommission für eine Verordnung zur Einführung eines schnelleren und effizienteren gemeinsamen Asylverfahrens[6] diskutiert, ohne dass bisher eine offizielle Verhandlungsposition eingenommen wurde. Nachdem es bereits 2016 zu keiner Einigung kam, soll der geänderte Verordnungsvorschlag der Kommission die alte Asylverfahrensrichtlinie ersetzen.

Noch schleppender laufen die Verhandlungen zum neuen Vorschlag für eine Verordnung über Asyl- und Migrationsmanagement.[7] Diese soll das dysfunktionale und anachronistische Dublin-System aufheben, allerdings blockiert die geringe Konvergenz der Positionen zwischen den Mitgliedstaaten weiterhin solch eine Reform. Dabei erscheinen die Rahmenbedingungen, die die Verordnung für einen flexiblen, aber verpflichtenden Solidaritätsmechanismus zwischen den Staaten einführen würde, äußerst problematisch, da sie die Solidarität eher schwächen als stärken.[8] Am 22. Juni 2022 einigten sich die Mitgliedstaaten auf einen freiwilligen Solidaritätsmechanismus, der besonders betroffene Mitgliedstaaten entlasten soll. Um einen Durchbruch bei der Reform der Gemeinsamen Migrations- und Asylpolitik, wie ihn die Europäische Kommission darstellt,[9] handelt es sich hierbei jedoch nicht. Im o. g. Vorschlag wird explizit eine „verpflichtende Solidarität bei Migrationsdruck" vorgesehen. Steht ein Mitgliedstaat unter besonderen Migrationsdruck, leisten alle anderen Mitgliedstaaten ihren Beitrag durch Übernahmen, Rückführungspartnerschaften oder einer Kombination solcher Maßnahmen. Ein freiwilliger Solidaritätsmechanismus würde erneut wie in der Vergangenheit zum Chaos und zur ungleichen Verantwortungsverteilung in der EU Migrations- und Asylpolitik führen.

Vor dem Hintergrund der immer noch vorhandenen Uneinigkeit zwischen den Mitgliedstaaten, wenn es um Asyl und Migration geht, wurden nur vier der im umfangreichen Reformpaket der Kommission von 2020 enthaltenen Vorschläge und Vorsätze im vergangenen Jahr verabschiedet.

Ende 2021 wurde fast unverhofft nach jahrelangen Verhandlungen, die bereits 2016 begonnen hatten, die Verordnung über die EU-Asylagentur verabschiedet. Somit nahm am 19. Januar 2022 die neue Asylagentur der Europäischen Union (EUAA) ihre Arbeit auf.[10] Die vollwertige EU-Agentur ersetzt das Europäische Unterstützungsbüro für Asylfragen (EASO).[11] Die neue Agentur soll den Mitgliedstaaten eine verstärkte operative und techni-

---

5 Vittoria Meißner: Asyl-, Einwanderungs- und Visapolitik, in: Werner Weidenfeld/Wolfgang Wessels (Hg.): Jahrbuch der Europäischen Integration 2021, Baden-Baden 2021.
6 Europäische Kommission: Vorschlag für eine Verordnung zur Einführung eines gemeinsamen Verfahrens zur Gewährung internationalen Schutzes in der Union, COM (2020) 611 final, 23.9.2020.
7 Europäische Kommission: Vorschlag für eine Verordnung über Asyl- und Migrationsmanagement, COM (2020) 610 final, 23.9.2020.
8 Vittoria Meißner: Asyl-, Einwanderungs- und Visapolitik, 2021, S. 2.
9 Europäische Kommission: Pressemitteilung, Migration und Asyl: Kommission begrüßt due heute im Rat erzielten Fortschritte beim neuen Migrations- und Asylpaket, IP/22/3790, 22.6.2022.
10 Vgl. hierzu auch den Beitrag „Europäische Agenturen" in diesem Jahrbuch.
11 Vittoria Meißner: Die Asylagentur der Europäischen Union: neue Agentur, alte Herausforderungen, in: bpb, 13.7.2022, abrufbar unter https://www.bpb.de/themen/migration-integration/kurzdossiers/510568/die-asylagentur-der-europaeischen-union-neue-agentur-alte-herausforderungen/ (letzter Zugriff: 7.10.2022).

sche Unterstützung bereitstellen sowie für mehr Kohärenz bei der Prüfung von Asylanträgen sorgen. Die EUAA soll auch für die Begutachtung und Beobachtung der nationalen Asylsysteme verantwortlich sein. Übergeordnetes Ziel der EUAA ist, zur Umsetzung des Gemeinsamen Europäischen Asylsystems (GEAS) beizutragen und eine einheitliche Anwendung des Asylrechts der Union in den EU-Mitgliedstaaten zu gewährleisten. Somit soll ein Asylantrag immer zum gleichen Ergebnis führen, egal in welchem Mitgliedstaat darüber entschieden wird.

Obwohl das Paket an Reformvorschlägen der Kommission für neue Verordnungen und Richtlinien in seiner Gesamtheit hätte angenommen werden sollen, wurde im Juni 2021 der Vorschlag für die Einrichtung der EUAA aus dem Gesamtpaket herausgenommen, um die Reform des EASO nicht weiter hinauszuzögern. Die Arbeit der neuen EUAA knüpft auch an die vorgesehene verstärkte Bekämpfung derSchleuserkriminalität durch eine verbesserte Zusammenarbeit mit Drittländern und internationalen Partnern der EU an, um auch legale Migrationswege zu verbessern. Außerdem sieht das Mandat der EUAA konkret vor, dass die Agentur Expert:innen zur Schulung von lokalen Behörden in Drittstaaten entsenden kann.

Im Juli 2021 wurde außerdem der Fond für integriertes Grenzmanagement eingerichtet, das aus dem Instrument für Grenzmanagement und Visa (BMVI) und dem Instrument für Zollkontrollausrüstung (CCEI) besteht. Während das BMVI eine stabile und wirksame integrierte europäische Grenzverwaltung an den Außengrenzen für die innere Sicherheit gewährleisten soll, stattet das neue CCEI die Mitgliedstaaten mit modernerer Ausrüstung aus, um Zollkontrollen zu verbessern.

Ein weiterer technischer Fortschritt wurde durch die Verabschiedung zweier Verordnungen erlangt,[12] um das Visa-Informationssystem der EU zu reformieren mit dem Ziel der Digitalisierung des Visumverfahrens bis 2025.

Am aktuellsten ist aber die Verabschiedung der Verordnung des Rates 2022/922 im Juni 2022 zur Stärkung des Schengener Evaluierungs- und Überwachungsmechanismus. Dieses sieht eine regelmäßige Überprüfung der Umsetzung des Schengen-Acquis durch die Mitgliedstaaten vor, inklusive eines entsprechenden Berichts der Kommission und im Falle von unzureichender Umsetzung eines Aktionsplans, wie die Umsetzung verbessert werden kann.

Weiterhin schwierig gestaltet sich der Ausbau eines gemeinsamen EU-Rückkehrsystems durch den Vorschlag für eine neue Rückführungsrichtlinie für eine verbesserte Zusammenarbeit mit Drittländern. Dies gilt insbesondere nach den Skandalen, in denen die EU-Grenzschutzagentur Frontex im vergangenen Jahr wieder einmal involviert war. Der Vorwurf, der durch Videomaterial und Interviews weitestgehend belegt werden konnte: Frontex habe illegale Pushbacks von Geflüchteten in der Ägais durchgeführt.[13] Die griechische Regierung wusste darüber Bescheid, habe aber nichts dagegen unternommen.[14] Nach dem Rücktritt des ehemaligen Frontex Exekutivdirektors Fabrice Leggeri glauben die we-

---

12 Europäisches Parlament/Rat der EU: Verordnung (EU) 2021/1133 hinsichtlich der Festlegung der Voraussetzungen für den Zugang zu anderen Informationssystemen der EU für Zwecke des Visa-Informationssystems, in: Amtsblatt der Europäischen Union L248/1, 13.7.2021; Verordnung (EU) 2021/1134 zur Aufhebung der Entscheidung 2004/512/EG und des Beschlusses 2008/633/JI des Rates zur Reform des Visa-Informationssystems, in: Amtsblatt der Europäischen Union L248/11, 13.7.2021.
13 Vgl. hierzu auch den Beitrag „Griechenland" in diesem Jahrbuch.
14 Erik Marquardt/Isabelle Kolar: Skandal um Frontex. Illegale Pushbacks sind „politisch gewollt", in: Deutschlandfunk Kultur, 22.6.2022.

nigsten an einen Kurswechsel innerhalb der vor kurzem ausgebauten und verstärkten Agentur. Obwohl die Agentur in den eigenen Strukturen seit 2011 einen Grundrechtsbeauftragten sowie ein Konsultationsforum über Grundrechte hat, kommt es immer wieder zu Menschenrechtsverletzungen seitens der Agentur. Dies hängt u. a. mit der schlecht geplanten Rückkehrpolitik der EU zusammen. Laut den Reformvorschlägen der EU soll Frontex zum operativen Arm der EU-Rückkehrpolitik werden, was vor den o. g. Skandalen absurd klingt. Die EU verfolgt außerdem das Ziel der freiwilligen Rückkehr und Reintegration durch spezifische Rückkehrprogramme, die allerdings auch oft in der Kritik stehen.

Frontex soll vor dem Hintergrund der geschilderten Skandale paradoxerweise die Mitgliedstaaten auch bei der Umsetzung des gemeinsamen europäischen Konzepts für Such- und Rettungsdienste durch die Bereitstellung von mariner Ausrüstung unterstützen. Das Ziel dabei sei die Bekämpfung von tödlichen Unglücken im Mittelmeer.

Sehr langsam kommt die neue Strategie zur Stärkung des Schengen-Raums voran – allerdings auch hier nicht ohne Hindernisse. Nach der Covid-19-Pandemie[15] halten einige Mitgliedstaaten, darunter auch Deutschland, immer noch an spezifischen nationalen Grenzkontrollen fest, die somit den grenzenlosen Schengen-Raum existenziell bedrohen. Nach dem Schengener Grenzkodex (SGK) darf ein Mitgliedstaat Grenzkontrollen an seinen Grenzen zu anderen Mitgliedstaaten nur vorübergehend wieder einführen und auch nur dann, wenn eine ernsthaften Bedrohung der öffentlichen Ordnung oder der inneren Sicherheit besteht. Dabei darf jedoch eine Gesamthöchstdauer von sechs Monaten nicht überschritten werden. In Ausnahmefällen dürfen die Grenzkontrollen nur maximal drei Mal verlängert werden. Da sich aber einige Mitgliedstaaten nicht an diese Regelung halten, erklärte der europäische Gerichtshof am 26. April 2022 in einem offiziellen Urteil die fortgesetzte Gewährung solcher kurzfristigen Kontrollen für rechtswidrig.

Zusätzliche hatte die Europäische Kommission bereits 2021 in einer Mitteilung ihre Strategie für einen reibungslos funktionierenden und resilienten Schengen-Raum präsentiert. Im Dezember 2021 hatte sie außerdem speziell einen Vorschlag für die Reform des SGK vorgelegt, der den Schengen-Raum stärken und resilienter machen sollte. Der Vorschlag ist allerdings nicht besonders innovativ, denn er zielt auf zweierlei ab. Erstens sollen die Außengrenzen effizienter geschützt werden, z. B. durch eine verstärkte Überwachung. Zweitens sollen einseitige Entscheidungen zur Wiedereinführung von Kontrollen an den Binnengrenzen der Mitgliedstaaten verringert werden. Um letzteres zu erlangen, fördert die Kommission den Einsatz von „alternativen" Maßnahmen, um den Schengen-Raum zu sichern, ohne auf Kontrollen an den Binnengrenzen zurückgreifen zu müssen. Allerdings werden diese nicht spezifiziert.

Neben diesen Entscheidungen und Vorschlägen zum Schengen-Raum nahmen im letzten Jahr auch institutionelle Entwicklungen Form an. Auf Drängen der französischen Ratspräsidentschaft fanden ein erstes (1. Dezember 2020), zweites (17. Mai 2021) sowie drittes (2. Juni 2022) „Schengen-Forum" statt, um den Dialog zwischen den Mitgliedstaaten zu fördern, und es wurde ein intergouvernementaler Schengen-Rat auf Ministerebene im Rat geschaffen.

Die Verhandlungen zwischen Rat und Europäischem Parlament zur Weiterentwicklung des Eurodac-Systems, das Fingerabdruck-Identifizierungssystem für Asylbewerber:innen und staatenlosen Personen, sowie die zu einem verbesserten System für Krisenvorsorge und -reaktion laufen fort. Bei letzterem handelt es sich spezifisch um die Zusammenführung

---

15 Vgl. hierzu auch den Beitrag „Die Auswirkungen der Covid-19-Pandemie" in diesem Jahrbuch.

von Krisenbewältigungsinstrumenten in der EU. Allerdings würde der von der Kommission 2020 vorgeschlagene neue Krisenmechanismus verpflichtende Solidaritätsleistungen seitens der Mitgliedstaaten voraussetzen. Aufgrund des o. g. grundlegenden Konfliktes zur Lastenteilung zwischen den EU-Mitgliedstaaten ist auch hier eine Einigung eher schwierig.

Krieg in der Ukraine: Doppelstandards und Folgen für die Asylpolitik
Der Krieg Russlands gegen die Ukraine sorgt für die größte Fluchtbewegung in Europa seit Jahrzehnten. Die EU-Mitgliedstaaten und -Institutionen haben unerwartet schnell und unbürokratisch gehandelt, um Menschen auf der Flucht aus der Ukraine zu unterstützen. Einstimmig beschlossen sie am 3. März 2022, die Richtlinie 2001/55/EG des Rates zur Bewältigung eines Massenzustroms von Vertriebenen erstmals zu aktivieren. Bereits seit 2017 konnten Ukrainer:innen für bis zu 90 Tage visumfrei in Länder des Schengen-Raums reisen. Unter dieser Richtlinie genießen nicht nur ukrainische Staatsangehörige, die vor dem 24. Februar 2022 in der Ukraine wohnhaft waren, Schutz sondern auch Drittstaatsangehörige, die vor dem 24. Februar 2022 in der Ukraine (inter-)nationalen Schutz erhielten oder nachweislich (mit unbefristeter Aufenthaltsgenehmigung) rechtmäßig in der Ukraine leben und nicht in ihr Herkunftsland zurückkehren können. Die Anwendung der Richtlinie garantiert ihnen somit einen vorübergehenden Schutz für bis zu drei Jahre ohne individuelle Prüfung. Entsprechend dürfen sie in der EU folgende Rechte wahrnehmen: Aufenthaltsrecht; Zugang zum Arbeitsmarkt, indem sie eine abhängige oder selbstständige Tätigkeit ausüben; angemessene Unterkunft; Sozialleistungen; medizinische Versorgung; Zugang zur Berufsausbildung für Personen unter 18 Jahren und zu Bildungsangeboten für Erwachsene. Die Richtlinie für diesen vorübergehenden Schutz sieht dabei auch einen Solidaritätsmechanismus vor, der eingerichtet werden soll, damit „die Belastungen […] ausgewogen auf die Mitgliedstaaten verteilt werden".[16] Insofern ist es möglich, dass sich durch diese erstmalige Aktivierung der Richtlinie und die neue Verteilung der Verantwortlichkeiten gegenüber Kriegsgeflüchteten aus der Ukraine (die nicht entlang der üblichen Süd-West-vs. Nord-Ost-Konfliktlinie verläuft) neuer politischer Spielraum für den Ausbau der Solidaritätsmechanismen ergibt.

Diese Solidarität in der EU ist richtig und notwendig. Die Tatsache, dass die EU die Richtlinie 2015–2016, als Syrer:innen vor dem Krieg in ihrem Land flohen, nicht aktivierte, zeigt jedoch, dass die EU Doppelstandards in der Asyl- und Migrationspolitik anwendet.

Seit März 2022 sind Millionen von Geflüchteten aus der Ukraine in die EU gekommen, und wurden mit offenen Armen empfangen, auch von Ländern wie Polen, die seit jeher eine starke Anti-Migrationspolitik betreiben. Gleichzeitig zeichnet sich nicht weit nördlich eine entgegengesetzte Realität ab. In einem 3 km langen Gebiet in Polen entlang der Grenze zu Belarus haben seit August 2021 tausende von Frauen, Kindern und Männern versucht, irregulär in die EU zu fliehen. Dies war das Ergebnis eines, wie die EU es nennt, „hybriden Angriffs", den der belarusische Präsident Aljaksandr Lukaschenka im Sommer 2021 mit Migrant:innen aus Afrika und dem Nahen Osten (Hauptherkunftsländer waren der Irak, gefolgt von Afghanistan, Syrien und der Republik Kongo) startete. Er ermutigte Menschen aus diesen beiden Regionen bewusst dazu, nach Belarus zu reisen, indem er ihnen eine einfache Einreise in die EU über die Grenze zu Polen versprach. Diese Instrumentalisierung

---

16 Richtlinie 2001/55/EG über Mindestnormen für die Gewährung vorübergehenden Schutzes im Falle eines Massenzustroms von Vertriebenen und Maßnahmen zur Förderung einer ausgewogenen Verteilung der Belastungen, in: Amtsblatt der Europäischen Union L212, 7.8.2001.

schutzbedürftiger Menschen war eine Vergeltung für die EU-Sanktionen gegen Lukaschenkas Regime wegen massiver Menschenrechtsverletzungen im Land.

Polen betrachtet diese Situation nicht als humanitäre Notlage wie die ukrainische, sondern als „Invasion". Dementsprechend hat das Land die Grenze zu Belarus geschlossen, militärische Truppen eingesetzt – die Wasserwerfer und Tränengas gegen unbewaffnete Menschen einsetzten – und rechtmäßige Asylanträge ignoriert. Sie konnten somit weder nach Minsk zurück- noch in das EU-Gebiet weiterreisen. Mehr als 20 von ihnen sind seit August 2021 ums Leben gekommen.

Um migrationsfeindlichen Stimmungen unter europaskeptischen politischen Akteur:innen und Bürger:innen entgegenzuwirken, sollte die ungenaue und unverhältnismäßige „Kriegs"-Terminologie, die in vielen EU-Ländern während des Grenzkonflikts zwischen der EU und Belarus und anlässlich der Ereignisse in Melilla verwendet wurde, fallen gelassen werden. Die Invasion Russlands der Ukraine hat gezeigt, was „Invasion" tatsächlich bedeutet. Hier werden Begriffe wie Angriff und Invasion zu Recht verwendet. Hingegen sollten schutzbedürftige, unbewaffnete Menschen, die versuchen, die EU-Grenze zu passieren, nicht als ein Fall von „hybrider Kriegsführung" oder „Angriff" bezeichnet werden.

Viele Politiker:innen haben sich dafür ausgesprochen, dass die EU Lukaschenkas Erpressung nicht nachgeben sollte, doch die Reaktion Polens ist nicht zu rechtfertigen. Die Behörden haben sich geweigert, Asylanträge zu bearbeiten und humanitären Organisationen und EU-Beobachter:innen den Zugang zum Grenzgebiet zu gestatten. Dies verstößt gegen EU- und Völkerrecht – insbesondere gegen die Genfer Flüchtlingskonvention, die Europäische Menschenrechtskonvention und das geltende EU-Asylrecht. Anstatt die EU um Unterstützung zu bitten, wie es Lettland und Litauen in der gleichen Notsituation getan haben,[17] hat Polen jegliche Hilfe der beiden Agenturen verweigert, die für die Unterstützung der Mitgliedstaaten in Grenz- und Asylfragen zuständig sind, nämlich die bereits erwähnten Frontex und das ehemalige EASO. Während Polen mehr als zwei Millionen Menschen aus der Ukraine aufnimmt, verstößt die polnische nationalistische Regierungspartei Recht und Gerechtigkeit (PiS), die seit langem eine Anti-EU- und Anti-Migrant:innen-Stimmung verbreitet, gegen EU-Werte, wenn es um andere Geflüchtete geht. Die EU-Institutionen sollten stärker sicherstellen, dass die Mitgliedstaaten sofort die Unterstützung von Frontex und der neuen EUAA sowie von humanitären Organisationen annehmen, wenn sie mit einer Notsituation an ihren nationalen Grenzen, die auch den EU-Außengrenzen entsprechen, konfrontiert werden. Im Falle von Verstößen gegen internationales und EU-Recht wie in Polen müssen außerdem die EU-Institutionen schnell und flexibel reagieren, um dem betroffenen Mitgliedstaat für rechtswidrige Grenzschutzmaßnahmen Haushaltsmittel – zum Beispiel aus dem Asyl- und Migrationsfonds oder der Fonds für integriertes Grenzmanagement – zu entziehen oder zu verweigern.

Vorhaben der neuen deutschen Bundesregierung

Die 2021 neu gewählte Bundesregierung[18] kündigte im Koalitionsvertrag einen „Paradigmenwechsel" in der Asyl- und Migrationspolitik an. Entsprechend soll sich die Ampelkoalition „für eine grundlegende Reform des Europäischen Asylsystems" einsetzen. Dabei adressiert der Koalitionsvertrag im Besonderen das Abschließen weiterer Abkommen mit

---

17 Vgl. hierzu auch die Beiträge „Lettland" und „Litauen" in diesem Jahrbuch.
18 Vgl. hierzu auch den Beitrag „Deutschland" in diesem Jahrbuch.

Herkunftsländern, die einen ganzheitlichen Ansatz verfolgen und somit z. B. auch die wirtschaftliche Zusammenarbeit miteinbeziehen sollen.

Außerdem verfolgt die Koalition eine grundlegende Reform in diesem Bereich. Solch eine Reform beinhaltet speziell eine „faire Verteilung von Verantwortung und Zuständigkeit", die wirksame Bekämpfung von Fluchtursachen und das Beenden von illegalen Zurückweisungen und Pushbacks an den Außengrenzen der EU. Diese Vorsätze gehen auch mit dem Ziel einher, zu überprüfen, ob Asylantragsbeurteilungen rechtlich in Drittstaaten möglich wären. Die Koalition spricht sich im Dokument auch für den weiteren Ausbau von Frontex zu einer echten EU-Grenzschutzagentur aus, unter Wahrung der Rechtsstaatlichkeit und unter parlamentarischer Kontrolle.

Einer der wichtigsten Versprechen im Koalitionsvertrag ist das Vorangehen in einer „Koalition der Aufnahmebereiten", um andere EU-Staaten dazu motivieren, mehr Verantwortung zu übernehmen.[19]

Als die Bundesregierung ihre Arbeit aufnahm, hat Innenministerin Nancy Faeser darauf basierend gleich die Initiative Frankreichs und der Europäischen Kommission unterstützt, ein gemeinsames, funktionierendes EU-Asylsystem anzustreben. Dies würde u. a. bedeuten, dass eine Koalition von Mitgliedstaaten, die sog. „Koalition der Aufnahmebereiten", bereit ist, über Ad-hoc-Vereinbarungen hinaus in Notfällen Geflüchtete aufzunehmen. Insbesondere nach den oben geschilderten Ereignissen an der Grenze zu Belarus wollte die deutsche Innenministerin solch eine Koalition schmieden, die Asylbewerber:innen aufnimmt und somit die Defizite de EU-Asyl- und Migrationspolitik behebt. Obwohl erste Gespräche zwischen Deutschland, Frankreich und Italien zu diesem Thema bereits stattgefunden haben, zeichnen sich noch langwierige und herausfordernde Verhandlungen dazu ab. In der Zwischenzeit scheiterten Bemühungen, eine Lösung für die solidarische Verteilung von Geflüchteten unter den 27 EU-Mitgliedstaaten zu finden weiterhin daran, dass sich vor allem osteuropäische Länder wie Polen oder Ungarn, aber auch Staaten wie Österreich oder Dänemark dagegenstellen. Das Ziel, das Nancy Faeser verfolgt, würde ein pragmatisches und gleichzeitig wertebasiertes, humanes Handeln innerhalb der EU ermöglichen, um auch die Genfer Flüchtlingskonvention in Gänze zu wahren. Ein offenes Bündnis der Humanität und Solidarität könnte somit dazu beitragen, Blockaden innerhalb der EU zu überwinden, um in der Asylpolitik endlich voranzukommen.

Ausblick

Im letzten Jahr gab es in der Asyl- und Migrationspolitik der EU vor allem Fortschritt bei technischer Kooperation und Sicherheitsaspekten. Bei der wichtigen und zentralen politischen Frage der Solidarität und Lastenverteilung kommen die Mitgliedstaaten jedoch immer noch nicht voran. Auch wenn sich die seit 2015 gewachsenen Fronten aktuell scheinbar verschieben, da nicht mehr nur die südlichen Grenzstaaten (Griechenland, Italien, Portugal, Spanien) das Gros der Lasten tragen, sondern auch andere Mitgliedstaaten wie Litauen und Lettland, ist eine politische Einigung in diesem Aspekt – ein verpflichtender auch wenn flexibler Mechanismus zur Lastenteilung und Solidarität – trotzdem noch weit entfernt.

Gleichzeitig gibt es immer wieder Vorfälle, die aufzeigen, dass die EU ihren internationalen rechtlichen Verpflichtungen gegenüber Schutzsuchenden nicht nachkommt – ob Berichte über Pushbacks in der Ägäis oder die aktuellsten Vorfälle in Ceuta und Melilla. Die Gegenüberstellung des ukrainischen und des belarusischen Falles offenbart weiterhin die

---

19 SPD/Bündnis 90/Die Grünen/FDP: Mehr Fortschritt wagen. Koalitionsvertrag 2021, S. 112–113.

Dysfunktionalität der Migrations- und Asylpolitik der EU. Während Einigkeit über die Unterstützung von Geflüchteten aus der Ukraine besteht, ist es unwahrscheinlich, dass es eine EU-weite Einigung über die Bearbeitung von Asylanträgen und die Umverteilung von Geflüchteten aus Afrika oder dem Nahen Osten geben wird

Somit bleibt von den Entwicklungen des letzten Jahres zwar einiger Fortschritt in technischer Kooperation, schlussendlich bestätigen sich aber vor allem die immer noch bestehenden unüberwindlichen Hindernisse der europäischen Asyl- und Migrationspolitik.

Weiterführende Literatur

Raphael Bossong: Maintaining Mobility for Those Fleeing the War in Ukraine - From Short-term Protection to Longer-term Perspectives, SWP Comment 26/2022, 8.4.2022.

Vittoria Meissner: European Union Migration Agencies at the Crossroads – Significant Empowerment after the Schengen Crisis?, Technische Universität München 2019.

Daniele Saracino: Solidarität in der Asylpolitik der Europäischen Union, Wiesbaden 2019.

Beschäftigungs- und Sozialpolitik

Björn Hacker

Die sozialen Auswirkungen der Covid-19-Pandemie in der EU waren im vergangenen Jahr durch das umfassende Krisenmanagement weniger gravierend als zunächst befürchtet. Deutlich wurde jedoch die Notwendigkeit einer stärkeren Konzentration der Politik auf die Unterstützung vulnerabler Gruppen. Dies bleibt auch nach der Covid-19-Krise in der anstehenden doppelten Transformation der europäischen Wirtschaft und angesichts energiepolitischer Herausforderungen durch den Ukraine-Krieg wichtig.

Sozioökonomische Entwicklung

2020 brach die Wachstumsrate des Bruttoinlandsprodukts (BIP) in der EU heftig ein und schrumpfte um −5,9 Prozent (Eurozone: −6,3 Prozent) gegenüber dem Vorjahr. Infolge der Maßnahmen zur Bekämpfung der Covid-19-Pandemie erholte sich die Wirtschaft 2021 trotz weiterer temporärer Lockdowns jedoch deutlich: Das BIP sowohl in der EU als auch der Eurozone wuchs um 5,4 Prozent und holte damit einen Großteil der 2020 weggefallenen Wirtschaftsleistung nach. Die schnell übertragbare Omikron-Variante und anschließende Teil-Lockdowns in einigen Mitgliedstaaten der EU führten allerdings zu einem schwachen Wirtschaftswachstum im letzten Quartal 2021 (EU: 0,5 Prozent; Eurozone: 0,3 Prozent). Entsprechend erwartete die Europäische Kommission für 2022 weitere Nachholeffekte in Höhe von 4 Prozent Wachstumszunahme sowohl für die EU als auch für die Eurozone.[1] Dieser positiven Prognose lag die Annahme zugrunde, dass die Covid-19-Pandemie überwunden wird; sie berücksichtigte noch nicht die geopolitischen und ökonomischen Spannungen infolge des russischen Angriffskriegs auf die Ukraine seit dem 24. Februar 2022. Unter dem Eindruck des Kriegs in Europa, aber auch infolge von Lieferengpässen durch pandemiebedingte Lockdowns in anderen Teilen der Welt – so etwa durch Chinas Null-Covid-Strategie – senkte die Kommission ihre Wachstumsprognose für 2022 auf 2,7 Prozent für die EU wie für die Eurozone. Sie weist darauf hin, dass bis zu 2 Prozent als Übertrag aus dem besonders intensiven Wachstumsanstieg im zweiten und dritten Quartal 2021 interpretiert werden müssen.[2] Damit aber zeigt sich, dass es der EU 2022 nicht gelingen wird, an das Vorkrisenniveau ihres Wirtschaftswachstums anzuknüpfen.

Stattdessen zeichnen sich mit der russischen Invasion neue Probleme ab: Sanktionen des Westens gegen Russland und russische Lieferstopps für Öl und Gas haben im ersten Halbjahr 2022 die Energiepreise explodieren lassen. Der Preisdruck trifft sowohl die Industrie und verteuert Güter und Vorprodukte als auch die Konsumbereitschaft der privaten Haushalte, die neben hohen Energiekosten eine Verteuerung von Lebensmitteln erfahren. Die Inflation wird von der Kommission auf 6,8 Prozent für 2022 (Eurozone: 6,1 Prozent) geschätzt, wobei innerhalb der Gemeinschaft große Unterschiede bestehen. Länder mit großer Abhängigkeit von russischer Energie und/oder kurzfristig beendeter Belieferung aus

---

1 Europäische Kommission: European Economic Forecast. Winter 2022, Institutional Paper 169, Februar 2022.
2 Europäische Kommission: European Economic Forecast. Spring 2022, Institutional Paper 173, Mai 2022.

Russland – Estland, Litauen, Bulgarien, Tschechien, Polen – sehen Preissteigerungen über 11 Prozent auf sich zukommen, während die geschätzte Inflationsrate in Frankreich, Malta, Portugal und Finnland unter 5 Prozent bleibt. Diese Prognosen sind angesichts der rasant ansteigenden Energiepreise allerdings von großer Unsicherheit geprägt: im Juni 2022 wurde der Harmonisierte Verbraucherpreisindex in der Eurozone bereits auf 8,6 Prozent geschätzt. Für die baltischen Staaten wird eine Teuerung rund um die 20 Prozent gegenüber dem Vorjahreswert erwartet.[3]

Zunehmende Sorgen der Finanzierbarkeit des Lebensunterhalts führten 2022 bereits zu einem Wiederanstieg der Sparquote der privaten Haushalte, nachdem die Konsumlaune 2021 deutlich zugenommen hatte. Zusammen mit einem zu erwartenden Investitionsrückgang infolge der angekündigten, zunehmend restriktiven Zinspolitik der Europäischen Zentralbank als Mittel der Inflationsbekämpfung steht eine wirtschaftliche Stagnation in Aussicht. Diese kann aufgrund der Unwägbarkeiten aus den geopolitischen Spannungen im Zuge des Ukraine-Kriegs in eine Rezession münden. Angesichts der Preissteigerungen besteht die Sorge, dass diese auf die Lohnentwicklung überspringen könnten. Dies könnte zu einer sich perpetuierenden Lohn-Preis-Spirale und einer Stagflation führen. Auch wenn die Arbeitskosten in der EU zuletzt gestiegen sind, kann für das erste Quartal 2022 mit einem Anstieg der Löhne und Gehälter in der EU um 3,8 Prozent gegenüber dem Vorjahresquartal (Eurozone: 3,3 Prozent) zunächst nur von Nachholeffekten einer in der Pandemie gegenläufigen Entwicklung gesprochen werden.[4]

Entwicklung des Arbeitsmarktes

Trotz der wirtschaftlichen Unsicherheiten verzeichnete der Arbeitsmarkt der EU im vergangenen Jahr eine sehr positive Entwicklung. Das lag vor allem an den beherzten Reaktionen der EU zu Beginn der Covid-19-Pandemie: Sie setzte den Stabilitäts- und Wachstumspakt temporär aus, um den Mitgliedstaaten umfassende Stützungsmaßnahmen für die gesamtwirtschaftliche Nachfrage zu ermöglichen, und stellte eine gemeinschaftliche Finanzhilfe zum Aufbau von Kurzarbeitsmodellen SURE (Support to mitigate Unemployment Risks in an Emergency) zur Verfügung. Dies trug dazu bei, dass der Arbeitsmarkt nicht die gleiche negative Entwicklung genommen hat wie das BIP. Im vierten Quartal 2021 lag die Arbeitslosenrate in der EU niedriger als vor der Krise (6,5 Prozent im Vergleich zu 6,7 Prozent im 4. Quartal 2019). Bis Mai 2022 sank sie auf 6,1 Prozent (Euroraum: 6,6 Prozent). Dem steht ein Anstieg der Beschäftigungsquote auf 74,5 Prozent bis zum ersten Quartal 2022 gegenüber (Euroraum: 74,1 Prozent. Auch hier konnte die EU den krisenbedingten Einbruch hinter sich lassen. Zudem ist die Jugendarbeitslosigkeit stark zurück gegangen: Während sie in der EU im Mai 2021 noch bei 17,6 Prozent stand, konnte sie binnen Jahresfrist um über vier Prozentpunkte auf 13,3 Prozent reduziert werden (Euroraum: 13,1 Prozent).

Besonders positiv zu verzeichnen ist, dass in ausnahmslos allen Mitgliedstaaten die Quoten der Arbeitslosigkeit und der Jugendarbeitslosigkeit zurückgingen. Besonders signifikant ist dies in jenen Staaten, die noch lange an den Folgen der Eurokrise von 2010 bis 2016 zu leiden hatten. Zwar weisen Griechenland (12,7 Prozent im April 2022) und Spanien (13,1 Prozent im Mai 2022) als einzige Mitgliedstaaten bei der Arbeitslosigkeit zweistellige Werte auf, doch sind diese niedrig im Vergleich zum Vorjahr (minus 4,2 Prozentpunkte in

---

3 Eurostat: Jährliche Inflation im Euroraum auf 8,6% gestiegen, Euroindikatoren 73/2022, 1.7.2022.
4 Eurostat: Anstieg beim jährlichen Wachstum der Arbeitskosten im Euroraum um 3,8%, Euroindikatoren 68/2022, 16.6.2022.

Griechenland; minus 2,3 Prozentpunkte in Spanien). Noch eindrucksvoller ist der Abbau der Jugendarbeitslosigkeit in beiden Ländern: In Griechenland um 10,9 Prozentpunkte auf 36,8 Prozent im April 2022; in Spanien um 10,5 Prozentpunkte auf 27,1 Prozent im Mai 2022. Daneben verfügen nur noch Italien, Rumänien, die Slowakei und Schweden über eine Jugendarbeitslosigkeit, die über 20 Prozent am Anteil der Erwerbspersonen ausmacht.[5]

Insgesamt hat sich der Arbeitsmarkt damit in der Covid-19-Pandemie als äußerst resilient erwiesen. Die Maßnahmen der EU zur Sicherung von Beschäftigung dürften Vorbildcharakter für künftige Wirtschaftskrisen bekommen. Insbesondere das temporäre Instrument der Kurzarbeitsregelung SURE könnte eine Verstetigung im größeren Rahmen einer europäischen Arbeitslosenrückversicherung erfahren.

Gleichwohl hat die Krise bestimmte Gruppen mehr getroffen als andere: Jüngere Menschen, Teilzeitbeschäftigte, Selbständige, Frauen mit Kindern und Arbeitnehmer:innen mit niedrigem Bildungsniveau, darunter viele Migrant:innen, waren überproportional von Arbeitsplatzverlusten betroffen.[6] Mit dem Abbau der Jugendarbeitslosigkeit ist auch die Quote von Jugendlichen, die sich nicht in Beschäftigung, Ausbildung oder Schulung (Not in Employment, Education or Training: NEET) befinden, zurückgegangen, jedoch in einigen Mitgliedstaaten nur zögerlich. Hier zeigt sich nur eine verhaltene Bewegung um minus 1,8 Prozentpunkte auf 12,1 Prozent im 1. Quartal 2022 gegenüber dem Vorjahresquartal. Negativer sieht es in Bezug auf die Langzeitarbeitslosigkeit aus. Hier erreicht die EU im ersten Quartal 2022 mit 2,5 Prozent den gleichen Stand wie zu Pandemiebeginn. Der Abbau der Langzeitarbeitslosigkeit geht jedoch nur äußerst schleppend voran. Die Reduktion gegenüber dem 1. Quartal 2021 beträgt lediglich 0,3 Prozentpunkte. Dies liegt auch an stagnierenden oder sogar steigenden Quoten in mehr als einem Drittel der Mitgliedstaaten.

Trotz der insgesamt positiven Entwicklung am Arbeitsmarkt hat der Anstieg der Inaktivität in der Covid-19-Pandemie in einigen Sektoren und bei einigen Gruppen von Arbeitnehmer:innen zu Problemen des Jobwechsels und Wiedereinstiegs geführt. Dabei wurden bestehende Ungleichheiten verschärft, da die Pandemie die Dichotomie des Arbeitsmarktes beschleunigt hat: Eine Gruppe hat relativ sichere Jobs und war bzw. ist in der Lage von zu Hause aus zu arbeiten, eine andere Gruppe ist prekär beschäftigt und musste in der Krise ein höheres wirtschaftliches und gesundheitliches Risiko tragen. So positiv die Wirkung der Kurzarbeitsregelungen waren: Diese Spaltung haben sie zusätzlich bestärkt, da sie sich in erster Linie an Personen mit einer Beschäftigungskarriere in nicht systemrelevanten Berufen gewandt haben.[7] Die Pandemie hat unter einem Brennglas gezeigt, was auf dem Arbeitsmarkt mit den beiden großen Transformationen des europäischen Wirtschaftssystems – Digitalisierung und Dekarbonisierung – zu erwarten ist. Die EU könnte dabei helfen, Beschäftigte in wissensintensive und „grüne" Branchen einzugliedern und besonders vulnerable Gruppen unterstützen, um die Verfestigung der Arbeitsmarktdichotomie und daraus resultierende Ungleichheiten zu verhindern.

---

5 Eurostat: Arbeitslosenquote im Euroraum bei 6,6%, Euroindikatoren 72/2022, 30.6.2022; Europäische Kommission: Employment and Social Developments in Europe, Quarterly review, März 2022.
6 Europäische Kommission: Labour Market and Wage Developments in Europe. Annual review 2021, Dezember 2021.
7 Wouter Zwysen et al.: Labour market and social developments: crisis further entrenches inequality, in: the European Trade Union Institute/The European Trade Union Confederation: Benchmarking Working Europe 2021. Unequal Europe, 2021: S. 45–78.

Soziale Herausforderungen

Die Coronakrise hat in Teilen die langwierige Überwindung der sozialen Verwerfungen infolge der Weltfinanz- und -wirtschaftskrise sowie der Eurokrise und ihres Managements gestoppt. Bis Anfang 2020 konnten Verbesserungen einer Vielzahl sozialer Indikatoren festgestellt werden. Verantwortlich hierfür war insbesondere die gute Arbeitsmarktsituation, die zu einem höheren verfügbaren Einkommen vieler Haushalte führte. Entsprechend konnten die Einkommensungleichheit, die Deprivationsrate und das Armuts- und Exklusionsrisiko in vielen Mitgliedstaaten ebenso verringert werden, wie der Anteil armutsgefährdeter Kinder und die Arbeitsarmut. Besonders von den Auswirkungen der Austeritätspolitik im Zuge der Eurokrise betroffene Länder wie Griechenland und Portugal konnten signifikante positive Veränderungen ihrer Sozialindikatoren berichten.[8]

Die Kurzarbeitsregeln und die Systeme sozialer Sicherung haben nach einem Einbruch des verfügbaren Haushaltseinkommens im zweiten Quartal 2020 schnell für einen Ausgleich und eine Stabilisierung gesorgt. Dazu trugen auch Sonderprogramme, Aufstockungen und erweiterte Bezugsberechtigungen existierender Sozialleistungen in vielen Mitgliedstaaten bei. Die Relevanz sozialer Sicherungs- und Inklusionspolitiken wurde durch die Krise in besonderem Maße verdeutlicht.

Der nachlaufende Indikator der Gefährdungsrate von Armut oder sozialer Ausgrenzung konnte für die EU nach aktuell veröffentlichten Daten 2020 relativ stabil gehalten werden. Verzeichnet wird ein moderater Anstieg von 0,4 Prozentpunkte auf 21,5 Prozent gegenüber 2019 (Eurozone plus 0,8 Prozentpunkte auf den gleichen Wert), wobei in der Mehrheit der Staaten sogar eine Reduktion stattfand. Weiterhin ist die Gefährdung durch Armut oder soziale Ausgrenzung höchst ungleich über die EU verteilt: Während sie in Tschechien, der Slowakei und Slowenien unter 15 Prozent liegt, befindet sie sich in Rumänien, Bulgarien, Griechenland, Spanien, Italien und den baltischen Staaten über dem EU-Wert von 21,5 Prozent. Insgesamt sind in der EU 94,7 Mio. Menschen durch Armut oder soziale Ausgrenzung gefährdet. Um einen Prozentpunkt zugenommen hat nach aktuell veröffentlichten Daten die pandemiebedingte Gefährdungsrate von Kindern unter 18 Jahren auf 23,8 Prozent in der EU, in der Eurozone sogar um 1,5 Prozentpunkte auf 24,2 Prozent. Über 19 Mio. Kinder sind in der EU von Armut oder sozialer Ausgrenzung bedroht. Höhere Gefährdungswerte im Vergleich zur Gesamtbevölkerung der EU zeigen sich auch bei Menschen mit Behinderungen: Hier sind nach den zuletzt veröffentlichten Daten 2020 28,6 Prozent vom Armuts- und Exklusionsrisiko betroffen.

Ähnlich wie bei der Arbeitsmarktentwicklung hat die Covid-19-Pandemie offensichtlich gemacht, dass die Europäer:innen durch die Systeme sozialer Sicherung ebenso wie durch die schnelle und umfassende Krisenreaktion auf mitgliedstaatlicher und europäischer Ebene mehrheitlich gut geschützt sind. Zugleich ist jedoch deutlich geworden, dass bestimmten Gruppen diese Krisenresilienz nicht oder nur bedingt zuteilwird. Neben Kindern und Menschen mit Behinderungen gehören besonders Migrant:innen aus Nicht-EU-Ländern zu den von Armut oder sozialer Exklusion besonders betroffenen: Mit 40,9 Prozent im Jahr 2020 war die Gefährdungsrate hier fast doppelt so hoch wie für die EU-Bevölkerung.

Der bessere Schutz der genannten und weiterer vulnerabler Gruppen in der EU ist daher von hoher politischer Priorität. Denn durch die doppelte grüne und digitale Transformation

---

8 Europäische Kommission/Ausschuss für Sozialschutz: 2021 SPC annual review of the Social Protection Performance Monitor (SPPM) and developments in social protection policies. Report on key social challenges and key messages, Oktober 2021, S. 23 f.

der Wirtschaft werden diese Gruppen durch Umstrukturierungen weiter unter Druck geraten und benötigen Unterstützung der Aus-, Um- und Weiterbildung. Dies beginnt bei den digitalen Kenntnissen, die in der Pandemie zur Nutzung von Homeoffice-Möglichkeiten nicht in allen Alters- und Gesellschaftsgruppen hinreichend ausgebildet waren. Dies betrifft aber auch die staatliche Fürsorge für Kinder sowie die soziale Absicherung von Alleinerziehenden, Teilzeitbeschäftigten und durch frühe Schulabgänge oder Migrationshintergründe schlecht auf die Teilnahme am Arbeitsmarkt vorbereiteten Menschen, die sich häufig unter den besonders von Wirtschaftskrisen betroffenen Gruppen befinden. Ein Bereich, in dem die Exponiertheit vulnerabler Gruppen besonders deutlich wird, sind die sozialen Kosten der Energiewende, die durch den Ukraine-Krieg potenziert werden: Von Energiearmut sind bereits 34 Mio. Menschen in der EU betroffen,[9] angesichts der 2022 stark anziehenden Preise mit schnell wachsender Tendenz. Es besteht die Gefahr, dass sich Exklusion verstetigt und in bislang gut durch die Krisen gekommene Gruppen hineinreicht.

Sozialpolitische Aktivitäten

Im vergangenen Jahr lag der Fokus europapolitischer Aktivitäten auf der Operationalisierung des 750 Mrd. Euro schweren NextGenerationEU-Fonds, der im Sommer 2020 beschlossen wurde. Sein Herzstück ist die Aufbau- und Resilienzfazilität (ARF), die zwischen 2021 und 2023 finanzielle Zuwendungen und Kredite aus einer gemeinschaftlichen Verschuldung der EU projektbezogen an die Mitgliedstaaten ausgibt. Beim Umfang des Mittelerhalts sind sozioökonomische Indikatoren maßgeblich, außerdem eine detaillierte Antragstellung durch den Mitgliedstaat. In den Projektbeschreibungen, die von den meisten Ländern 2021 bei der Europäischen Kommission eingereicht wurden, ist neben Mindestanteilen für Klimaneutralität und digitalen Wandel auch auf die Umsetzung der 2017 beschlossenen Europäischen Säule sozialer Rechte (ESSR) zu achten. Die Mitgliedstaaten wurden von der Kommission angehalten, Überarbeitungen an ihren nationalen Aufbau- und Resilienzplänen (ARP) vorzunehmen, bevor diesen von Kommission und Rat zugestimmt wurde und ab dem Sommer 2021 die ersten Tranchen ausgezahlt werden konnten. Das Europäische Semester fungiert als Koordinierungs- und Kontrollinstrument, um das Management und Monitoring der ARF zwischen mitgliedstaatlicher und supranationaler Ebene zu gewährleisten.

Es ist noch zu früh, um zu beurteilen, ob die Grundsätze der ESSR im Rahmen der ARP-Projekte ausreichend Berücksichtigung gefunden haben und wie sie im Verhältnis zu den Prioritäten der grünen und digitalen Transformation stehen. Bezüglich des Europäischen Semesters wurde bereits Hoffnung auf eine Neuausrichtung der Governance-Strukturen formuliert. Diese begründet sich zum einen auf einer reduzierten Rolle von Budgetpolitiken in der Koordinierung aufgrund der umfassenden infrastrukturellen Pläne sowie der Aussetzung des Stabilitäts- und Wachstumspaktes bis Ende 2023. Zum anderen fußen diese Hoffnungen auf der Betonung sozialer Ziele durch die Europäische Kommission, wie im Aktionsplan zur Umsetzung der ESSR mit der Erklärung des Sozialgipfels von Porto im Mai 2021.[10] Im Aktionsplan, der im Juni 2021 vom Rat der EU gebilligt wurde, haben sich die Mitgliedstaaten in der Tat auf ambitionierte Zielvorgaben bis zum Jahr 2030 verpflichtet. EU-weit sollen (1.) mindestens 78 Prozent der 20–64-Jährigen in Beschäftigung sein,

---

9 Rat der EU: Joint Employment Report 2022, 7252/22, 15.3.2022, S. 5–24.
10 Jerôme Creel et al.: Embedding the Recovery and Resilience Facility into the European Semester, in: ETUI Policy Brief 14/2021; Bart Vanhercke/Slavina Spasova: Dealing with the pandemic: re-emerging social ambitions as the EU recovers, in: Social policy in the European Union: state of play 2021, S. 145–170.

(2.) mindestens 60 Prozent aller Erwachsenen jährlich an Weiterbildungsmaßnahmen teilnehmen, und (3.) mindestens 15 Mio. Menschen vom Risiko der Armut oder der sozialen Exklusion befreit sein. Auf dem Rat der Arbeits- und Sozialminister:innen im Juni 2022 legten die Mitgliedstaaten ergänzende nationale Ziele zur Umsetzung in den drei Politikfeldern vor, wobei diese in der aggregierten Betrachtung mit Blick auf die Beschäftigungsrate (78,5 Prozent) und die Armutsreduktion (minus 15,6 Mio.) die EU-Vorgaben leicht überschreiten, bezüglich der Weiterbildungsquote (57,6 Prozent) allerdings dahinter zurückbleiben.[11]

Rat und Parlament erzielten am 7. Juni 2022 eine Einigung über den Entwurf einer Richtlinie über angemessene Mindestlöhne in der EU, die in den nächsten zwei Jahren umzusetzen ist. Diese wird einen Rahmen etablieren, der auf die Gewährleistung adäquater Mindestlohnhöhen und deren Anpassungen in den Mitgliedstaaten ebenso achtet wie auf die Existenz kollektiver Lohnverhandlungsforen und einen verbesserten Zugang zum Mindestlohnschutz für Arbeitnehmer:innen. Fällt die Abdeckungsrate durch Tarifverhandlungen unter einen Schwellenwert von 80 Prozent, sind die Mitgliedstaaten künftig aufgefordert, einen Aktionsplan zur Förderung kollektiver Tarifverhandlungen aufzustellen. Dies ist ein großer Erfolg für die Gewerkschaften in der EU, da Mindestlöhnen und Kollektivverhandlungen ein neuer Stellenwert zugeschrieben wird. Formal eingeweiht wurde im November 2021 die Europäische Arbeitsagentur in Bratislava, die in erster Linie zur Unterstützung der Mitgliedstaaten, von Unternehmen und Arbeitnehmer:innen bei der Arbeitsmobilität innerhalb der EU dient. Die Kommission hat im Dezember 2021 einen Richtlinienentwurf für bessere Arbeitsbedingungen in der Plattformarbeit vorgestellt, zudem arbeitet sie 2022 an einer Empfehlung für einen europäischen Rahmen für Mindesteinkommen sowie an der von Spanien und Belgien ventilierten Idee eines sozialen Ungleichgewichtsverfahrens.

Fazit

Mit massiven gemeinsamen Investitionen und Stützungsprogrammen ist es der EU in der Covid-19-Pandemie gelungen, die Krise am Arbeitsmarkt und beim Haushaltseinkommen schnell zu kompensieren und sich damit als recht erfolgreiche Krisenmanagerin zu profilieren – der Unterschied zur Austeritätspolitik der Eurokrise ist groß. Soziale Ungleichheiten zu reduzieren und die besonders von prekären Arbeits- und Lebensverhältnissen betroffenen Menschen in den absehbaren Herausforderungen zu unterstützen ist nun die Aufgabenstellung der regulativen und koordinierenden europäischen Sozialpolitik.

Weiterführende Literatur

Isabel Baptista et al.: Social protection and inclusion policy responses to the COVID-19 crisis. An analysis of policies in 35 countries, European Social Policy Network (ESPN), Luxemburg 2021.
Björn Hacker: Ungleiches Europa. Regionale Disparitäten in der EU überwinden, Friedrich-Ebert-Stiftung, Stockholm 2021.

---

11 Europäische Kommission: Pressemitteilung, Kommission begrüßt Ziele der Mitgliedstaaten für ein sozialeres Europa bis 2030, IP/22/3782, 16.6.2022.

Bildungspolitik

Alina Felder

Der seit Anfang 2021 ausgerollte Aufbauplan NextGenerationEU und die entstandene Routine im Umgang mit der Pandemie wirken sich positiv auf die Umsetzung gemeinsamer und von der Europäischen Kommission unterstützter bildungspolitischer Maßnahmen aus. Gleichzeitig führt der Krieg in der Ukraine zu einem Zustrom auf nationale Bildungssysteme. Dieser Zustrom verlangt angesichts des ungewissen Ausgangs des Krieges Handlungsstrategien, die über kurzfristige Maßnahmen zur Integration ukrainischer Schüler:innen, Studierender und Lehrender hinausgehen werden müssen.

Schwung für EU-Initiativen mit Rückkehr zu Bildung in Präsenz

Mit der Rückkehr zum Lehren und Lernen in Präsenz können sich die vielseitigen Pandemiemaßnahmen der EU im Bereich der Bildungspolitik entfalten. Zwar bemühte sich die EU im ersten Jahr der Pandemie, den Herausforderungen des Social Distancing im Bildungssektor durch Koordination auf EU-Ebene zu begegnen. Allerdings war dennoch eine Rückkehr zu nationalstaatlichen Lösungen zu verzeichnen. Auch wenn sich der Rat der Europäischen Union häufiger als sonst in der Formation der Bildungsminister:innen traf, so waren individuelle nationalstaatliche Entscheidungen über Schulschließungen meist der Weisheit letzter Schluss. Aufgrund der verschiedenen Bildungssysteme der Mitgliedstaaten verwundert dies wenig. Gleichzeitig hat die Pandemie zu einer unvorhergesehenen Dynamik für neue EU-Initiativen im Bildungssektor geführt.

Diese Dynamik steht im engen Zusammenhang mit dem durch das Aufbauprogramm NextGenerationEU erheblich vergrößerten Mehrjährigen Finanzrahmen. In der neuesten Forschung zur EU-Bildungspolitik herrscht so Einigung darüber, dass die Bewältigung der Covid-19-Pandemie Initiativen zum Ausbau des Europäischen Bildungsraumes gestärkt hat.[1] Die beiden zentralen Mitteilungen zur Schaffung des Europäischen Bildungsraumes bis 2025[2] und zum Aktionsplan für Digitale Bildung[3] enthalten eine neue Erzählung des Europäischen Bildungsraumes. Er soll einerseits physische und digitale Mobilität ermöglichen und andererseits zu Lösungen weiterer Transformationsprozesse wie dem nachhaltigen Wandel beitragen. Die G20 bekräftigten zudem im Sommer 2021, dass sich die digitale und grüne Transformation auch im Bildungsbereich niederschlagen soll.[4]

Diese neuen thematischen Prioritäten bedeuten aber keine Abkehr von bestehenden Vorgehensweisen im Bildungssektor auf EU-Ebene. Die EU hat sich lediglich neue Ziele

---

1 Vasileios Symeonidis/Denis Francesconi/Evi Agostini: The EU's education policy response to the Covid-19 pandemic: a discourse and content analysis, in: CEPS Journal Special Issue 11/2021, S. 89–115.
2 Europäische Kommission: Mitteilung über die Vollendung des europäischen Bildungsraums bis 2025, COM (2020) 625 final, 30.9.2020.
3 Europäische Kommission: Mitteilung, Aktionsplan für digitale Bildung 2021–2027. Neuaufstellung des Bildungswesens für das digitale Zeitalter, COM (2020) 624 final, 30.9.2020.
4 Declaration of G20 Ministers on Leveraging Research, Higher Education and Digitalisation for a Strong, Sustainable, Resilient and Inclusive Recovery, 6.8.2022.

bei der Unterstützung der mitgliedstaatlichen Kooperation gesetzt. Sie möchte Bildungsangebote verstärkt digitalisieren und bildungspolitische Maßnahmen besser messen. Die evidenzbasierte Messung bildungspolitischer Maßnahmen ist seit der Lissabon-Strategie eng mit der Offenen Methode der Koordinierung im Bildungsbereich verbunden. Der zentrale Rahmen der Offenen Methode der Koordinierung im Bildungsbereich ist „Education and Training" und legt den Mitgliedstaaten über Benchmarking-Prozesse Zielmarken für einen zehn Jahres Abschnitt vor.

Viele Schlussfolgerungen, gemischte Bilanzen und die Jugend im Fokus

Mit dem Auslaufen der Zielsetzungen im Rahmen von Education and Training 2020 hat bereits ab dem Jahr 2017 ein Reflexionsprozess darüber begonnen, welche Ziele bis zum Jahr 2030 umgesetzt werden sollen. So veröffentlichte die Europäische Kommission insgesamt drei Mitteilungen (2017, 2018 und 2020) und der Europäische Rat verabschiedete im Mai 2021 seine Schlussfolgerungen zum Europäischen Bildungsraum.

Das Europäische Parlament kritisierte bereits zu Beginn vergangenen Jahres in diesem Kontext, dass es keinen einheitlichen Ansatz für den Europäischen Bildungsraum gibt. Vor dem Hintergrund, dass nicht alle der für 2020 gesteckten Ziele erreicht wurden, sei dies bedenklich. In seinem Bericht zum Europäischen Bildungsraum betont das Europäische Parlament die Notwendigkeit von Synergien bestehender Instrumente und von einer besseren Abstimmung der EU-Institutionen untereinander.[5]

Während die Kommission stetig neue Expertengruppen einberuft, um die europäischen Zielsetzungen zu erreichen, bleibt die fortwährende Heterogenität des Europäischen Bildungsraumes die zentrale Herausforderung für eine harmonisierte Herangehensweise. Trotz der gemischten Bilanz etabliert sich das Narrativ einer Schaffung von Räumen im Bildungs- und Forschungsbereich immer weiter und scheint sich nun auch auf Lehrende auszuwirken: Im Kontext des EU-Preises für innovativen Unterricht wurde viel von einem Europäischen Raum der Lehrkräfteausbildung gesprochen.

Von der Leyens Ansprache zur Lage der Union folgend, schlug die Europäische Kommission im Herbst 2021 vor, das Jahr 2022 als „Jahr der Jugend" auszurufen. Der Vorschlag wurde auf EU-Ebene angenommen, sodass das Jahr 2022 „den jungen Menschen gewidmet werden [soll], die für andere auf so vieles verzichtet haben".[6] Sämtliche Initiativen, die die Europäische Kommission im Rahmen des Europäischen Jahres der Jugend zum Beispiel mit dem Europäischen Parlament und Jugendorganisationen durchführt, werden mit 8 Millionen Euro unterstützt. Dafür wurden die Mittel des Erasmus+ Programmes und des Europäischen Solidaritätskorps für das Jahr 2022 aufgestockt.

Erfolge neuester Instrumente und Bewältigung neuer Krisen

Von den Maßnahmen, die in Vorbereitung auf die aktuelle Programmphase des mehrjährigen Finanzrahmens und seiner Programme wie Erasmus+ (2021–2027) getroffen wurden, sind insbesondere im Bereich der Europäischen Hochschulen Erfolge zu verzeichnen. Zum Zeitpunkt dieses Berichtes sind 41 Allianzen aus insgesamt 280 Universitäten aktiv. Das längerfristige Ziel dieser Hochschulallianzen besteht darin, die grenzüberschreitende Zusammenarbeit zwischen Hochschulen in der EU bezüglich gemeinsamer Bildungsangebote

---

5 Europäisches Parlament: Bericht über das Thema "Der Europäische Bildungsraum: ein gemeinsamer, ganzheitlicher Ansatz", 2020/2243(INI), 18.10.2021.
6 Europäische Kommission: Pressemitteilung, Kommission begrüßt politische Einigung über das Europäische Jahr der Jugend, IP/21/6648, 7.12.2021.

und im Bereich der Forschung zu stärken. Hochschulen werden hier in einem weiten Sinn verstanden und schließen alle Arten von Hochschuleinrichtungen ein, d.h. in Deutschland sowohl Universitäten als auch Hochschulen für angewandte Wissenschaften. Die Hochschulallianzen sollen in ihrer Gesamtheit zur Stärkung des europäischen Zusammengehörigkeitsgefühls und zur Lösung gesellschaftlicher Herausforderungen beitragen.

Die Bemühungen im Rahmen des Pilots der Initiative haben zu einem Strategiepapier für Europäische Universitäten[7] und zu einem Vorschlag einer Ratsempfehlung zur effizienten Zusammenarbeit im europäischen Hochschulwesen geführt.[8] Der im März 2022 gestartete Aufruf für neue Allianzen unter dem Erasmus+ Programm ist entlang zweier Stränge organisiert. Es können sich sowohl bestehende Allianzen bewerben, die ihre Kooperation vertiefen wollen, als auch neue Allianzen, die eine Kooperation aufbauen wollen. Das Europäische Institut für Innovation und Technologie scheint den Erfolg der Europäischen Universitäten Initiative nachahmen zu wollen und hat im Juli 2021 einen Teilnahmeaufruf für seine eigene Hochschulinitiative gestartet. Mit dieser möchte es Hochschulen in ihrer Kapazität für Innovation fördern.

Eine weitere Initiative, die in der aktuellen Programmphase Schwung aufgenommen hat, ist der Europäische Studierendenausweis. Pünktlich zum 35-jährigen Jubiläum von Erasmus+ wurde hierfür eine neue in allen EU-Sprachen verfügbare Online-Anwendung eingeführt. Sie wird das zentrale Portal für Erasmus+ Studierende sein und stellt den Europäischen Studierendenausweis über eine App zur Verfügung.

Als Antwort auf den Krieg in der Ukraine hat die Europäische Kommission Ende März 2022 – nach Konsultation mit entsprechenden Ministerien und Stakeholdern – politische Leitlinien zur Unterstützung der Eingliederung ukrainischer Flüchtlinge in das Bildungssystem veröffentlicht.[9] Die unmittelbare Priorität bestehe darin, die Kontinuität der Bildung zu gewährleisten, indem Schüler:innen und Lehrkräfte in das reguläre Bildungssystem integriert werden. Die Leitlinien schlagen drei Dimensionen vor, auf denen die Eingliederung basieren soll: Lernbedürfnisse (z. B. Erlernen der Unterrichtssprache), soziale Bedürfnisse (z. B. Gefühl der Zugehörigkeit) und emotionale Bedürfnisse (z. B. Umgang mit Verlust, Trauer und Trauma). Die für Erasmus+ zur Verfügung stehenden Mittel bis 2023 wurden in diesem Zuge um 200 Mio. Euro aufgestockt.

Als Reaktion auf den Beschluss über den vorübergehenden Schutz ukrainischer Geflüchteter,[10] der ihnen erlaubt in der EU zu arbeiten und zu studieren, veröffentlichte die Europäische Kommission im April 2022 eine Empfehlung. Mit dieser Empfehlung sollen die Qualifikationen von Menschen anerkannt werden, die vor der Invasion Russlands aus

---

7 Europäische Kommission: Mitteilung der Kommission über eine europäische Hochschulstrategie, COM(2022) 16 final, 18.1.2022.
8 Europäische Kommission: Vorschlag für eine Empfehlung des Rates zur Erleichterung einer wirksamen europäischen Hochschulzusammenarbeit, COM(2022) 17 final, 18.1.2022.
9 Europäische Kommission: Politische Leitlinien zur Unterstützung der Inklusion ukrainischer Flüchtlinge in der Bildung, 13.4.2022, abrufbar unter https://www.schooleducationgateway.eu/downloads/files/news/Policy_guidance_Ukraine_schools.pdf (letzter Zugriff: 16.6.2022).
10 Europäische Kommission: Vorschlag für einen Durchführungsbeschluss des Rates zur Feststellung eines Massenzustroms von Vertriebenen aus der Ukraine und zur Einführung eines vorübergehenden Schutzes, COM(2022) 91 final, 2.3.2022.

der Ukraine fliehen.[11] Der Empfehlung folgten im Mai 2022 Leitlinien für die beschleunigte Anerkennung ukrainischer akademischer Qualifikationen.[12] Mit Hilfe von Erasmus+ werden nationale Anerkennungsbehörden dabei unterstützt, Instrumente zu entwickeln, die eine faire, transparente und schnelle Anerkennung von Qualifikationen ermöglichen.

Dynamiken im deutsch-französischen Tandem und bildungspolitische Prioritäten

Die Bildungspolitik hat in den Koalitionsverhandlungen im Nachgang zur deutschen Bundestagswahl sehr wenig Aufmerksamkeit bekommen. Daher erscheint es unwahrscheinlich, dass die Bundesregierung neue Impulse auf europäischer Ebene in diesem Bereich setzen wird. Etwas anders sieht das Bild für den Bereich der Forschungspolitik aus. Hier hatten sich die Ampelparteien bereits im Vorfeld der Wahlen für höhere Ausgaben zur Forschungsförderung sowie stärkere thematische Ausrichtung von Forschung auf Klimafragen ausgesprochen.

In Frankreich, wo die Idee der Europäischen Universitäten in Macrons Rede an der Sorbonne 2019 seinen Ursprung hat, standen im ersten Halbjahr 2022 nicht nur die Europäische Ratspräsidentschaft, sondern auch die Präsidentschaftswahlen auf der Agenda. Im Programm der französischen Ratspräsidentschaft finden sich vorwiegend bestehende Bemühungen der europäischen Kooperation im Bildungsbereich und somit Bekundungen, diese zu unterstützen.[13] Zu letzteren zählen neben einer verstärkten Internationalisierung europäischer Bildung auch erhöhte Synergien zwischen der Bildungs- und Forschungs-mission von Universitäten, die in der Europäischen Strategie für Universitäten festgeschrieben sind. Im Gegensatz zu Ungarn, wo die Wiederwahl Viktor Orbáns die akademische Freiheit weiter in Gefahr zu bringen droht, wird sich Macrons Wiederwahl sicherlich positiv auf die europäische Kooperation im Bildungsbereich auswirken.

Weiterführende Literatur

Maria Cino Pagliarello: Ideas and European Education Policy, 1973-2020, Constructing the Europe of Knowledge?, Cham 2022.

Sotiria Grek/Paolp Landri: Editorial: Education in Europe and the Covid-19 pandemic. European Educational Research Journal 4/2021, S.393–402.

---

[11] Europäische Kommission: Empfehlung zur Anerkennung der Qualifikationen von Menschen, die vor der Invasion Russlands in der Ukraine fliehen, in: Amtsblatt der EU LI 107/1, 6.4.2022.

[12] Europäische Kommission: Leitlinien zur beschleunigten Anerkennung ukrainischer akademischer Qualifikationen, 2.6.2022.

[13] Französische EU-Ratspräsidentschaft: Recovery, Strength and a Sense of Belonging, Programme for the French Presidency of the Council of the European Union, 1.1.2022.

Binnenmarktpolitik

Iris Rehklau/Sebastian Schäffer

In den vergangenen zwei Jahren wurden die Stärken, aber auch die Schwächen des gemeinsamen Binnenmarktes deutlich. Daher hat die Europäische Kommission im Mai 2022 öffentliche Konsultationen zu einem Notfallinstrument "Single Market Emergency Instrument" (SMEI) gestartet. Es soll in Zukunft eine reibungslose Funktionsweise des Binnenmarkts in Krisenzeiten garantieren. Innerhalb von vier Wochen konnten Vorschläge eingebracht werden.[1] Mit dieser Initiative möchte die Kommission auf die Herausforderungen der vergangenen Jahre, insbesondere auf die Covid-19-Pandemie und den Krieg gegen die Ukraine, reagieren. Die Vorschläge, ebenso die eingeführten Instrumente, wie etwa die „green lanes", werden im nächsten Schritt von den Staats- und Regierungschef:innen der Mitgliedstaaten beraten. Im zweiten Halbjahr 2022 will die Europäische Kommission konkrete Ergebnisse präsentieren.

Der Binnenmarkt heute
Nachdem die regelmäßige Berichterstattung im Binnenmarktanzeiger im vergangenen Jahr unterbrochen wurde, liegen seit Ende des Jahres 2021 endlich neue Zahlen vor. Diese beziehen sich allerdings auf den Zeitraum Dezember 2019 bis Dezember 2020.[2]

Das durchschnittliche Umsetzungsdefizit hat sich in diesem Zeitraum von 0,6 Prozent deutlich auf 1 Prozent erhöht. Es misst den Unterschied zwischen der Zahl der von der EU verabschiedeten Binnenmarktrichtlinien und der Zahl der von den Mitgliedstaaten umgesetzten Richtlinien. Die durchschnittliche Umsetzungsfrist hat sich um 36 Prozent im Vergleich zum letzten Untersuchungszeitraum verringert und beträgt nun 7,4 Monate. Obgleich über dem EU-Durchschnitt, gelang Dänemark die größte Reduktion von 32,2 auf 7,9 Monate. Auch Deutschland konnte seine durchschnittliche Umsetzungsverzögerung von 13,8 auf 5,6 Monate und damit unter den EU-Durchschnitt senken. Das Umsetzungsdefizit stagniert jedoch unverändert bei 0,6 Prozent, womit Deutschland weiter das vorgeschlagene Ziel von 0,5 Prozent verfehlt. Seit Dezember 2019 konnten die Tschechische Republik, Dänemark, Deutschland, Estland und Frankreich ihre Gesamtumsetzungsleistung verbessern. Portugal legte eine beeindruckende Entwicklung hin und erreicht mit nunmehr 0,1 Prozent nicht nur das beste Ergebnis des Landes, sondern ist der Mitgliedstaat mit dem niedrigsten Umsetzungsdefizit. Auch mit der durchschnittlichen Umsetzungsverzögerung von 4 Monaten gehört Portugal zu den besten fünf Ländern.

Die Zahl der Vertragsverletzungsverfahren ist seit 2019 erneut gestiegen (plus 5 Prozent, auf 837), insbesondere im Bereich Umwelt, was den höchsten Wert der letzten 10

---

1 Europäische Kommission: Binnenmarkt – neues EU-Instrument zur Gewährleistung des Funktionierens des Binnenmarkts in Notfallsituationen, abrufbar unter https://ec.europa.eu/info/law/better-regulation/have-your-say/initiatives/13181-Binnenmarkt-neues-EU-Instrument-zur-Gewahrleistung-des-Funktionierens-des-Binnenmarkts-in-Notfallsituationen_de (letzter Zugriff: 29.7.2022).
2 Europäische Kommission: Single Market Scoreboard. Performance Overview, abrufbar unter https://single-market-scoreboard.ec.europa.eu/performance-overview_en (letzter Zugriff: 29.7.2022).

Jahre markiert. Spanien hat mit 58 Fällen die meisten Verfahren anhängig (nahezu doppelt so hoch wie der EU-Durchschnitt), gefolgt von Italien mit 50. Auch die durchschnittliche Verfahrensdauer ist gestiegen, von 34,8 auf 37,3 Monate. Deutschland hat im Zusammenhang mit dem Binnenmarkt einen Fall mehr anhängig als im letzten Berichtszeitraum (jetzt 48, vierthöchster Wert aller Mitgliedstaaten) und liegt damit über dem EU-Durchschnitt von 31 Fällen.[3] Problematische Politikbereiche sind Umwelt (9 Fälle), Verkehr (8 Fälle) und Steuern (10 Fälle).

Das von der Kommission ausgegebene 1-Prozent-Ziel wird von Österreich, Belgien, Bulgarien, Kroatien, Zypern, Tschechien, Irland, Luxemburg, Polen, Rumänien, Slowakei, Slowenien und Spanien verfehlt. Darunter haben Bulgarien, Kroatien, Luxemburg, Polen, Slowakei und Slowenien ihr Umsetzungsdefizit innerhalb eines Jahres verdoppelt.

Das Konformitätsdefizit, also die Anzahl nicht korrekt umgesetzter Richtlinien und Verordnungen, befindet sich mit 1,4 Prozent auf einem historischen Höchststand. Um das volle Potential des Binnenmarktes ausschöpfen zu können, werden hier von der Kommission weitere Anstrengungen gefordert und auf den im März 2020 verabschiedeten Langfristigen Aktionsplan zur besseren Umsetzung und Durchsetzung der Binnenmarktvorschriften verwiesen.[4]

Der digitale Binnenmarkt

Die Nutzung von digitalen Diensten ist in den vergangenen Jahren stark angestiegen, daher wurde eine Neuauslegung der Regelungen im digitalen Raum notwendig. Im Frühjahr 2022 wurden wichtige Bausteine für eine digitale Agenda gesetzt, die den Nutzer:innen Vorteile sichert und den europäischen Binnenmarkt durch grenzüberschreitenden Handel und faireren Wettbewerb stärkt.

Digital Markets Act

Am 25. März wurde eine Einigung über die Verordnung[5] durch den Rat und das Europäische Parlament erzielt, welche den digitalen Sektor gerechter und stärker wettbewerbsorientiert machen soll. Diese Verordnung hindert in Zukunft große Online-Plattformen, die aufgrund ihrer Größe als sogenannte Gatekeeper zwischen Unternehmen und Internetnutzer:innen fungieren, daran, den Zugang anderer Unternehmen zu den Nutzer:innen zu versperren. Somit wird ein möglicher Missbrauch ihrer starken Position verhindert. Dadurch haben auch kleinere Unternehmen die Möglichkeit auf den Plattformen sichtbarer zu sein und der Markt wird fairer. Für Verbraucher:innen bedeutet dies neue Möglichkeiten, wie einerseits direkteren Zugang zu Dienstleistungen und gerechtere Preise, andererseits auch die Möglichkeit der Deinstallation vorinstallierter Software und Apps. Dieses Gesetz über digitale Märkte richtet sich unter anderem an die Konzerne Amazon, Google und Apple. Für Verbraucher:innen könnte die Interoperabilität zwischen Messengerdiensten ebenso interessant sein. Die bisherige Notwendigkeit der Registrierung wäre dann nicht mehr notwendig, so dass zum Beispiel zwischen den Messengerdiensten WhatsApp und Signal

---

3 Europäische Kommission: Single Market Scoreboard. Transposition (Germany), abrufbar unter https://single-market-scoreboard.ec.europa.eu/countries/Germany (letzter Zugriff: 29.7.2022).
4 Europäische Kommission: Mitteilung, Langfristiger Aktionsplan zur besseren Umsetzung und Durchsetzung der Binnenmarktvorschriften, COM(2020) 94 final, 10.3.2020.
5 Europäische Kommission: Commission Staff Working Document Impact Assessment Report Accompanying the document Proposal for a Regulation on contestable and fair markets in the digital sector (Digital Markets Act), SWD(2020), 363 final, 15.12.2020.

Nachrichten verschickt werden könnten, auch wenn die Nutzer:innen nur bei einem Anbieter registriert sind. Fraglich ist jedoch, wie die Sicherheit und die Verschlüsselung von eben diesen Nachrichten garantiert werden soll. Bislang sind kleinere Anbieter auch nicht verpflichtet sich zu öffnen, da die Verordnung gezielt auf die großen Firmen mit mindestens 45 Mio. aktiven Nutzer:innen ausgerichtet ist. Gerade diese ziehen weiterhin den internen Versand vor, um die Sicherheit für ihre Kund:innen zu garantieren und dadurch wettbewerbsfähig zu bleiben.

Um zu gewährleisten, dass das Instrument in der sich schnell veränderten Digitalwirtschaft Aktualität behält, kann die Europäische Kommission Marktuntersuchungen durchführen, Unternehmen als „Gatekeeper" einstufen, deren Pflichten, wenn notwendig, aktualisieren sowie bei systematischen Verstößen passende Maßnahmen setzen.

Bei Verstößen kann die Kommission, in enger Zusammenarbeit mit den Behörden in den Mitgliedstaaten Strafen und Geldbußen von bis zu 10 Prozent des weltweiten Umsatzes eines Unternehmens verhängen, bei wiederholten Verstößen bis zu 20 Prozent.

Digital Service Act

Einen Monat später folgte die Einigung zum Gesetz über digitale Dienste. Dieses sieht Regelungen vor, die einen einheitlichen Rechtsrahmen, insbesondere für Online-Marktplätze und soziale Netzwerke schafft. Adressaten sind auch hier vor allem die sehr großen Tech-Firmen mit mehr als 45 Mio. aktiven Nutzer:innen, wie etwa Meta, Amazon und Google. Kleine Unternehmen, ebenso wie Start-ups, können vielfach Ausnahmen nutzen. Mit der neuen Verordnung sollen illegale Inhalte, Hetze und Hass eingedämmt werden. Zudem sollen die Daten der Nutzer:innen sehr viel besser geschützt und etwa die Werbung für Minderjährige ganz verboten werden. Bei Verstößen drohen den Konzernen Strafen von bis zu 6 Prozent des jährlichen Umsatzes.

In den kommenden Monaten werden die beiden Verordnungen noch das Parlament und den Rat der EU passieren. Danach sollen sie zeitnah in den Mitgliedstaaten umgesetzt werden und bereits wenige Monate nach Veröffentlichung für die digitalen Großkonzerne verpflichtend werden. Die Regulierungen sind ein Teil eines ganzen Maßnahmenpakets, das die EU fit für die digitale Zukunft machen soll.

Einheitliche Ladebuchse

Ein für viele Verbraucher:innen bestehendes Ärgernis soll bald enden. Der Vorschlag der Europäischen Kommission von September 2021 eine einheitliche Ladebuchse für Neugeräte einzuführen, wurde durch Unterhändler:innen der Mitgliedstaaten und des Europäischen Parlaments beschlossen. Der EU-Binnenmarktkommissar Thierry Breton präsentierte Anfang Juni die Neuregelung. Mit ihr soll im Herbst 2024 ein langes Ziel der Kommission – bereits 2009 wurde das Problem thematisiert – erreicht werden. U. a. Smartphones, Tablets, Kameras, Kopfhörer und Navigations-Systeme sollen künftig einen einheitlichen USB-C Anschluss haben. Zudem wird die Ladetechnologie harmonisiert, damit die Ladegeschwindigkeit gleich welches Gerät und welches Ladekabel einheitlich ist. Für Laptops gilt eine zwei Jahre längere Frist, um den Umstieg zu erleichtern. Die EU-Länder und das Europäische Parlament müssen noch ihre Zustimmung geben, wovon zum jetzigen Zeitpunkt auszugehen ist. Zusätzlich werden die Hersteller verpflichtet, die Konsument:innen besser über das Ladeverhalten des Gerätes zu informieren und die Möglichkeit einzuräumen ein Gerät auch ohne Ladekabel zu erwerben. Ziel der Regelung ist, den Elektroschrott durch nicht genutzte Ladekabel zu reduzieren und dadurch die Umwelt zu schützen.

Allerdings sehen Kritiker:innen die Gefahr von mehr Abfall, wenn Geräte und Ladekabel mit anderem Anschluss frühzeitig aussortiert würden, sowie eine potenzielle Bremsung technischer Innovationen.

Binnenmarkt und Krieg der Russischen Föderation gegen die Ukraine

Der Krieg gegen die Ukraine zeigte auch die Versäumnisse der Vergangenheit in der europäischen Binnenmarktpolitik. Die große Abhängigkeit von russischen Öl- und Gaslieferungen und der fehlende gemeinsame Markt haben seit dem 24. Februar 2022 zu großen Debatten über mögliche Sanktionen in diesen Sektoren gegenüber Russland geführt. Natürlich liegen unterschiedliche Interdependenzen in den Mitgliedstaaten vor, die allerdings auch durch die unzureichende EU-weite Koordinierung sowie mangelnde Solidarität bedingt sind. Zwar kann der Binnenmarkt die Steigerung der Lebenshaltungskosten nur bedingt abfedern, allerdings ist durch die gemeinsame Agrarpolitik und die weitgehende Autarkie in diesem Bereich nicht von einer Lebens- und Futtermittelknappheit innerhalb der EU auszugehen. Die Resilienz des Binnenmarktes scheint in der Lage zu sein, zumindest hier Schocks weitgehend abfedern zu können.

Ausblick

Im Bereich des digitalen Binnenmarktes sind sicherlich wichtige Meilensteine gesetzt worden. Es bleibt abzuwarten, welche tatsächlichen Ergebnisse die neu eingeführten Verordnungen erzielen werden und wie eine Überprüfung der Einhaltung vonstattengehen soll.

Ein weiterer wichtiger Punkt wurde auch im vergangenen Jahr nicht betrachtet. Die Verbreitung von Fake News in sozialen Netzwerken ist nicht erst durch den Angriffskrieg gegen die Ukraine zu einer Herausforderung geworden. Gerade im Angesicht der Polykrise, die auch in den kommenden Jahren weiter bestehen wird, ist es wichtig die jeweiligen Großkonzerne in die Pflicht zu nehmen. Noch wichtiger wäre allerdings, wenn gerade im Bereich des gemeinsamen Marktes nicht vor allem reaktiv gehandelt werden würde. Hier sollte eine weitere Integration, zum Beispiel im Hinblick auf einen Energiebinnenmarkt, ohne vorherige Krise auch von den Mitgliedstaaten vorangetrieben werden.

Weiterführende Literatur

Hendrik Zimmermann/Caroline Heinzel: Der Digital Markets Act. Plattform-Regulierung für Demokratie und Nachhaltigkeit in der EU – aktueller Stand und Verbesserungspotenziale, Hintergrundpapier, Germanwatch e. V., 13.1.2022.

Hubertus Bardt/Sandra Parthie/Christian Rusche: Europäische Wettbewerbsfähigkeit. Potenziale nutzen, um nachhaltig zu wachsen, in: IW-report 12/2022.

Datenschutzpolitik

Jan-Peter Möhle

Die Diskussionen im Bereich des Datenschutzes befassten sich in der Europäischen Union (EU) im vergangenen Jahr vornehmlich mit Fragen des Umgangs mit Betreibern sozialer Medienplattformen. Wichtige Begriffe aus der Datenschutz-Grundverordnung (DSGVO) und der Richtlinie Justiz und Inneres wurden von Wissenschaft und Gerichten spezifiziert. Bereichsspezifisch spielte vor allem das Beschäftigtendatenschutzrecht eine zentrale Rolle.

Allgemeines Datenschutzrecht

Die Europäische Kommission zeigte die mittelfristige Zukunft des Datenschutzes in zwei Programmen auf: Das Programm „Weg in die digitale Dekade" skizziert den digitalen Wandel bis zum Jahr 2030. Das Programm „Digitales Europa" fasst strategische Investitionen zur Stärkung technologischer Souveränität und Infrastruktur von Verwaltung und privaten Unternehmen zusammen.

Neben den mittelfristigen Planungen, auch zur Frage des gerechten Zugangs zu Daten,[1] dominierten im vergangenen Jahr tagesaktuelle Fragen die Datenschutzpolitik. Die Covid-19-Pandemie bat Anlass, den „Datenschutz in der Katastrophe" zu untersuchen.[2] Schadensersatz- und Auskunftsansprüche in der DSGVO standen im Zentrum anwendungsbezogener Debatten,[3] ebenso wie das neue Whistleblowing-Recht.[4] Deutschland setzte europäische Datenschutzvorschriften im Telekommunikation-Telemedien-Gesetz (TTDSG) um. Die Diskussion um Angemessenheitsbeschlüsse riss angesichts von mit dem Vereinigten Königreich[5] und Südkorea[6] vereinbarten Beschlüssen nicht ab. In diesem Kontext wurde auch das Datenschutzniveau der Schweiz beleuchtet.[7]

Angesichts von Fake-News und Hasskriminalität im Netz wurde zuletzt über die bessere Vereinheitlichung und effektivere rechtliche Regulierung der Standards für soziale Medien und Messenger-Dienste debattiert. Diese Überlegungen hatten insbesondere den Meta-Konzern im Blick, dem der Messenger-Dienst WhatsApp und die sozialen Netzwerke Fa-

---

1 Europäische Kommission: Verordnung über harmonisierte Vorschriften für einen fairen Datenzugang und eine faire Datennutzung (Datengesetz), COM(2022) 68 final, 23.2.2022.
2 Gerrit Hornung/Jan-Philipp Stroscher: Datenschutz in der Katastrophe, in: Zeitschrift für das gesamte Sicherheitsrecht (GSZ) 4/2021, S. 149–154.
3 Kevin Leibold: Schadensersatzansprüche sowie Inhalt und Streitwerte der Auskunftsansprüche nach der DSGVO, in: Zeitschrift für Datenschutz 1/2022, S. 18.
4 Simon Gerdemann: Das neue deutsche Whistleblowing-Recht, in: Neue Juristische Wochenschrift 48/2021, S. 3489–3494.
5 Europäische Kommission: Durchführungsbeschluss zur Angemessenheit des Schutzes personenbezogener Daten durch das Vereinigte Königreich, C(2021) 4800 final, 28.6.2021.
6 Europäische Kommission: Durchführungsbeschluss zur Angemessenheit des Schutzes personenbezogener Daten durch die Republik Korea, C(2021) 9316, 17.12.2021.
7 Jan-Peter Möhle: Totalrevision des Schweizer Datenschutzgesetzes – Ende gut, alles gut?, in: Datenschutz und Datensicherheit 45/2021, S. 598–602.

cebook und Instagram angehören. Der österreichische Datenschutzrechtsanwalt Max Schrems reichte bei der irischen Datenschutzbehörde (DPC) eine Beschwerde[8] und bei der österreichischen Staatsanwaltschaft Strafanzeige gegen Meta ein.[9] Hierbei geht es vor allem um die Frage, ob Facebook die Zustimmung zur Datenverarbeitung zu Werbezwecken an die Nutzungsmöglichkeit der Plattform knüpfen darf.[10] Als Folge des zunächst zurückhaltenden Einschreitens der DPC könnte die EU mehr Entscheidungsgewalt an sich ziehen.[11] Auch der Messenger-Dienst Telegram[12] rückte in den Fokus der Politik. TikTok[13] wurde für rechtlich fragwürdige Datentransfers nach China beobachtet.

Bereichsspezifischer Datenschutz

Der bereichsspezifische Datenschutz befasste sich vor allem mit datenschutzrechtlichen Fragen im Sicherheitsrecht und dem Beschäftigtendatenschutz. Hinsichtlich datenschutzrechtlicher Sicherheitsfragen stand der polizeiliche und behördliche Umgang mit Daten[14] im Fokus der Debatte. Auch der Einsatz Künstlicher Intelligenz bei der Strafverfolgung wurde thematisiert.[15] Im Beschäftigtendatenschutz dominierte die Frage der datenschutzrechtlichen Verantwortlichkeit des Betriebsrats.[16] Wichtige Diskussionsthemen waren des Weiteren die Rolle der Datenschutzbeauftragten im Betrieb und individualarbeitsrechtliche Fragen, etwa zu Videokonferenzen.[17]

Fazit und Ausblick

Der Ausgleich zwischen Datenzugang und Datenschutz hat eine Schlüsselfunktion in der modernen Gesellschaft. Die EU hat diese Schlüsselstellung erkannt. Da immer weitere Teile des Lebens online stattfinden, müssen Politik und Recht diesen Ausgleich zwischen den unterschiedlichen Interessen- und (Grund-)Rechtslagen zunehmend online vornehmen. Soziale Medien sind hierbei ein bedeutender Ort. Der Umgang mit den Betreibern sozialer Medienplattformen wird auch in Zukunft eine herausragende Rolle spielen. Der angekündigte Data Act hat zumindest den Anspruch Grundlagen für Rechte beim Zugang zu Daten und Grundlagen für die (gerechte) Datendistribution zu normieren. Was er von diesen Versprechen einhalten kann, das wird zu evaluieren sein.

Weiterführende Literatur

Judith Klink-Straub/Tobias Straub, Data Act als Rahmen für gemeinsame Datennutzung, in: Zeitschrift für Datenschutz ZD-Aktuell 2022, 01076.
Ulrich Kelber/Ruth Blufarb, Technik braucht Recht – Beschäftigtendatenschutzgesetz notwendig, in: Zeitschrift für Rechtspolitik 2022, S. 97.

---

8 NOYB – Zentrum für digitale Rechte: Beschwerde nach Artikel 77(1) DSGVO, abrufbar unter https://noyb.eu/sites/default/files/2020-05/complaint-facebook.pdf (letzter Zugriff: 15.5.2022).
9 LTO-Online: Schrems geht gegen irische Datenschutzbehörde vor, 23.11.2021.
10 Amelie Mehlan, in: Newsdienst Multimedia und Recht-Aktuell 2021, 444267 (zitiert nach BeckOnline).
11 Vincenct Manancourt: Top EU official warns privacy rules may need to change, in: Politico, 2.12.2022.
12 Jürgen Graf (Hg.): § 100a Telekommunikationsüberwachung, Rn. 78 ff., in: Beck'scher Online-Kommentar 42/2022.
13 Jürgen Taeger: Einwilligung von Kindern gegenüber Diensten der Informationsgesellschaft, in: Zeitschrift für Datenschutz 9/2021, S. 505–508.
14 Reto Mantz: Die Entwicklung des Internetrechts, in: Neue Juristische Wochenschrift 7/2022, S. 446–451.
15 Europäisches Parlament: Pressemitteilung, Einsatz von KI durch die Polizei: Abgeordnete lehnen Massenüberwachung ab, 6.10.2021.
16 Jan-Peter Möhle: Die datenschutzrechtliche Verantwortlichkeit des Betriebsrats, Berlin 2021.
17 Oliver Bühr: Videokonferenzen und Datenschutz, in: Kommunikation & Recht 4/2021, S. 221–225.

Digitale Agenda und Cybersicherheit

Hans-Wilhelm Dünn

Mit dem russischen Angriffskrieg auf die Ukraine[1] sind viele Gewissheiten in der europäischen Sicherheitsordnung ins Wanken geraten. Handlungen, die vor einem Jahr undenkbar schienen, sind heute Realität. Abseits von Waffenlieferungen, Ausbildungseinsätzen und Solidaritätsbekundungen europäischer Staaten an die Ukraine ist Europa jetzt schon real involviert in den Kriegsschauplatz im Cyberraum. Dort zeigt sich, welche Herausforderungen in der Sicherheits- und Digitalpolitik im kommenden Jahrzehnt zu lösen sind.

Hybride Kriegsführung im Rahmen des Ukrainekonflikts
Noch zu Beginn des Jahres 2022 wurde Ransomware als größte Bedrohung im Cyberraum eingeschätzt.[2] Bei dieser Art des Angriffs werden Systeme mit dem Ziel verschlüsselt, Lösegeld von den Inhaberinnen und Inhabern der Daten und Systeme zu erpressen. Der Schaden durch diese Art der Attacken hat sich innerhalb von fünf Jahren um den Faktor 57 erhöht und stellt damit eine reale wirtschaftliche Bedrohung für Unternehmen und Organisationen dar. Gleichzeitig konstatiert Europol, dass auch die Covid-19-Pandemie[3] weiterhin schwere Auswirkungen auf kriminelle Vorgehensweisen im Internet hat und beispielsweise der erhöhte Homeoffice-Anteil und die generell verstärkte Onlinepräsenz vieler Nutzerinnen und Nutzer zu einer Ausweitung gezielter Attacken geführt habe.[4] Diese Probleme sind nicht zu unterschätzen, jedoch steht im Licht des Ukraine-Kriegs aktuell zurecht die Bedrohung durch kriegerische Cyberattacken auf die kritische Infrastruktur im Fokus.

Im Rahmen der Kriegsführung ist der Cyberraum kein Nebenschauplatz, wie sich am Angriff auf das ukrainische Satellitennetzwerk KA-SAT am Vorabend der russischen Invasion zeigte. Der Ausfall der Kommunikationskanäle zwischen staatlichen und nicht-staatlichen Akteuren in der Ukraine sorgte dafür, dass Gegenreaktionen weniger gezielt vorgenommen werden konnten, was den Vormarsch russischer Truppen begünstigte. Der Hohe Vertreter der EU für Außen- und Sicherheitspolitik, Josep Borrell, wies zurecht auf ein Problem hin, das in diesem Fall, aber auch generell bei Cyberangriffen zu beachten ist: in einer vernetzten Welt breitet sich der Schaden schnell auf andere Bereiche und Nutzerinnen und Nutzer aus, beispielsweise auf EU-Mitgliedstaaten und ihre Verbündeten.[5] Auswirkungen habe es dabei beispielsweise in der Steuerung von Kraftwerken und bei privaten Internetanwendungen gegeben. So waren circa 5.800 Windkraftanlagen in Deutschland über

---

1 Vgl. hierzu auch die Beiträge „Die Europäische Union und der Krieg in der Ukraine" und „Die Europäische Union und Russland" in diesem Jahrbuch.
2 Agentur der Europäischen Union für Cybersicherheit: ENISA-Bericht zur Bedrohungslage 2021: April 2020 bis Mitte Juli 2021, 27.10.2021.
3 Vgl. hierzu auch den Beitrag „Die Auswirkungen der Covid-19-Pandemie" in diesem Jahrbuch.
4 Europol: Internet Organised Crime Threat Assessment 2021, 11.11.2021.
5 Rat der EU Pressemitteilung, Russische Cyberoperationen gegen die Ukraine: Erklärung des Hohen Vertreters im Namen der Europäischen Union, 432/22, 10.5.2022.

mehrere Monate nicht vollständig steuerbar.[6] Dieser Kollateralschaden war bedingt durch die Nutzung eines gemeinsamen Satelliten, kann jedoch als Demonstration dafür gesehen werden, was technisch möglich ist und als Vorbote für das, was zukünftig zu befürchten ist.

Kritische Infrastrukturen, insbesondere der Energiesektor, sind dezentral organisiert. Dies hat den Vorteil, dass ausgenutzte Schwachstellen in der Regel nicht zu einem landes- oder europaweiten Blackout führen. Nachteilig wirkt sich jedoch aus, dass kleinteilige Systeme in der Regel weniger akkurat geschützt werden können, weil Ressourcen für Sicherheitsmaßnahmen nicht zur Verfügung stehen und die Zahl potenzieller Schwachstellen ungleich höher ist. Eingedenk dieser Tatsache ist es unwahrscheinlich, dass durch hybride Kriegsführung ein apokalyptisches Ausfallszenario eintritt. Vielmehr dürften gegnerische Akteure gezielte kleine Nadelstiche setzen, um wirtschaftliche Einbußen zu verursachen und Gesellschaften zu verunsichern.

Europäische Organe haben die Bedrohung durch Cyberangriffe zum Teil erkannt und proaktiv gehandelt. Ein Beispiel für einen praktischen Ansatz ist die Krisensimulation EU CyCLES, die im Januar 2022 einen Cyberangriff mit erheblichen Opferzahlen und Auswirkungen simulierte, um die technisch-operativen Maßnahmen der Mitgliedstaaten zu testen.[7] In der Simulation wird die Bedrohung durch quasi-staatliche oder zumindest staatlich geduldete Cyberkrieger sowie kriminelle Hacker skizziert. Auch in der Realität sind Angreiferstrukturen oft unklar. Die Attribution und Zuordnung von Attacken ist, wenn überhaupt, durch langwierige und aufwändige Recherche möglich – ein Faktum das in der politisch-militärischen Handlungslogik schnell durch Mutmaßungen und die Wahrscheinlichkeitsrechnung ersetzt wird. Dies trägt zur Dynamik von Konflikten bei. Zudem können dritte Parteien in Konflikte eingreifen, wie beispielsweise geschehen durch die Hackergruppe Anonymous, die zum Cyberkrieg gegen russische Institutionen aufruft,[8] und dabei ein Schlachtfeld eröffnet, das durch Aktionen und Reaktionen Kollateralschäden bedingt.

Die EU CyCLES-Übung eskaliert das Szenario bis zu einem bewaffneten Konflikt, der die Aktivierung der EU-Beistandsverpflichtung nach sich ziehen kann. Inwiefern dies das Selbstverteidigungsrecht im Sinne der UN-Charta und damit einen Gegenschlag rechtfertigen würde, beantwortet beispielsweise die deutsche Bundesregierung mit einem Vergleich zu konventionellen Angriffen: „Um die Schwelle des bewaffneten Angriffs zu überschreiten, muss der Cyber-Angriff mit Blick auf Umfang bzw. Wirkung dem Einsatz konventioneller Waffen und kriegerischen Handlungen gleichkommen. Inwieweit eine Aktivität diese Voraussetzungen erfüllt, kann nur im Einzelfall bewertet werden."[9]

Die großangelegte Simulation zeigt, dass Cyberangriffe als eine reale Bedrohung für europäische Staaten wahrgenommen werden und bereits vor Beginn des russischen Angriffskrieges auf der digitalen und sicherheitspolitischen Agenda standen. Wünschenswert wäre es, diese Simulationen auszuweiten, um auf neue Angriffsvektoren, Strategien und

---

6 Frankfurter Allgemeine Zeitung: Seit Angriff auf die Ukraine: Fernsteuerung von Tausenden Windkraftanlagen gestört, 2.3.2022.
7 Rat der EU: EU Cyber Crisis Linking Exercise on Solidarity (EU CyCLES), 5131/22, 7.1.2022.
8 Karolin Schäfer: Ukraine-Krieg: Anonymous hackt Russlands Zentralbank – Brisante Daten veröffentlicht, in: Frankfurter Rundschau, 29.3.2022.
9 Deutscher Bundestag: Antwort der Bundesregierung auf die Kleine Anfrage der Abgeordneten Dr. Alexander S. Neu, Andrej Hunko, Wolfgang Gehrcke, weiterer Abgeordneter und der Fraktion DIE LINKE, Krieg im „Cyber-Raum" – offensive und defensive Cyberstrategie des Bundesministeriums der Verteidigung, Drucksache 18/6496, 10.12.2015.

globale Verschiebungen angemessen reagieren zu können. Zudem sollte der vorgeschlagene Notfallfonds für Cybersicherheit der EU-Digitalministerinnen und -minister[10] rasch mit einem angemessenen Betrag ausgestattet werden, um europäische Lösungen für Sicherheitsprobleme sowie die Kapazitäten für entschlossene Krisenreaktionen finanziell sicherzustellen. Dass das Thema bisher unterfinanziert ist, zeigt sich nicht nur im Zuständigkeitsbereich europäischer Gesetzgebung, sondern auch in den EU-Institutionen selbst. Sogar der Europäische Rechnungshof sieht einen finanziell begründeten Mangel an Cybersicherheitsmaßnahmen in den Organen der Europäischen Union.[11] Hier zeigt sich im Kleinen, welche Probleme im großen Feld Cybersicherheit anzugehen sind: enge Verflechtungen unterschiedlichster Systeme, keine einheitlichen Sicherheitsvorschriften, mangelnde Ressourcen, langsame Kommunikationswege und eine Vielzahl von Schwachstellen.

Gründung der Joint Cyber Unit

Im vergangenen Jahr erhielt die EU zudem die zwölfte Behörde, die sich auf die Fahnen geschrieben hat, Europa cybersicher zu machen. Die Joint Cyber Unit soll von der Agentur der Europäischen Union für Cybersicherheit (ENISA) gegründet werden und eine koordinierte Antwort auf Cybervorfälle ermöglichen sowie ganzheitliche Konzepte für Schutzmaßnahmen etablieren.[12] Dieser Ansatz ist richtig und wichtig, denn bisher fehlt es vor allem an zentral gesteuerten Maßnahmen und einheitlichen Vorgehensweisen bei der Prävention und Reaktion im Cyberbereich. Problematisch ist, dass diese Mammutaufgabe nicht mit der Priorität angegangen wird, die ihrer Bedeutung angemessen wäre. Nach einer Initiative der Präsidentin der Europäischen Kommission Ursula von der Leyen 2019 und einer Kommissionsempfehlung vom Juni 2021 ist man über eine Pressemitteilung noch nicht hinausgekommen. So bleibt weiterhin unklar, wie die Joint Cyber Unit mit den Mitgliedstaaten zusammenarbeiten soll, welche Rolle die ENISA dabei einnimmt und welche Expertinnen und Experten im Falle einer Notlage zum Einsatz kommen sollen.[13] Angesichts der Relevanz der Aufgabe, sollten diese offenen Fragen schnell geklärt werden.

Eine Involvierung der EU in den Krieg im Cyberraum ist bereits jetzt Realität. Zum einen werden Kräfte der ukrainischen Armee geschult, um mit dem nötigen Knowhow Angriffe abwehren zu können, zum anderen sind Expertinnen und Experten aus sechs Mitgliedstaaten im Rahmen eines Cyber Rapid Response Teams in der Ukraine, um Bedrohungen zu identifizieren und abzuwehren.[14] Zudem liefern die Mitgliedstaaten Frankreich, Deutschland und Italien im Rahmen der G7-Staaten Hardware zur Verteidigung der Ukraine im Internet.[15]

Angesichts der Tatsache, dass es immer noch keine europäische Armee gibt, bleibt auch die Frage nach gemeinsamen Verteidigungsmaßnahmen im virtuellen Raum unbeantwortet. Eine Chance für eine positive Entwicklung liegt im Europäischen Gesetz zur Cyber-Widerstandsfähigkeit, das Kommissionspräsidentin Ursula von der Leyen im September 2021 in

---

10 Stefan Krempl: Ukraine-Krieg: EU-Staaten schaffen Notfallfonds für Cybersicherheit, in: heise online, 10.3.2022.
11 Zeit Online: Rechnungshof bemängelt Cybersicherheit von EU-Einrichtungen, 29.3.2022.
12 Europäische Kommission: Empfehlung EU 2021/1086 zum Aufbau einer Gemeinsamen Cyber-Einheit, C(2021) 4520 final, 23.6.2022.
13 Monika Ermert: Kooperation statt Konkurrenz: Cybersicherheitspolitik nach der Zeitenwende, in: heise online, 29.4.2022.
14 Laurens Cerulus: EU to mobilize cyber team to help Ukraine fight Russian cyberattacks, in: Politico, 21.2.2022.
15 Friedhelm Greis: Cyberangriffe - G7-Staaten wollen Ukraine mit Hardware helfen, in: golem.de, 11.5.2022.

ihrer Lage zur Rede der Nation angekündigt hatte. Es soll Europa zu einer führenden Kraft im Bereich Cybersicherheit machen und gemeinsame Standards für die europäische Cybersicherheitspolitik definieren.[16] Es ist damit zu rechnen, dass die Mitgliedstaaten zukünftig verstärkt in den Fokus russischer Aggressionen geraten. Eine einheitliche Linie für Reaktionen gibt es bisher nicht, zudem ist die Frage der Verhältnismäßigkeit und Anwendung von Hackbacks offen. Bei dieser Form des Gegenschlags müssen mögliche Risiken abgewogen werden, die einerseits durch die Zerstörung von IT-Infrastruktur in einer vernetzten Welt entstehen, zum anderen durch mögliche Gegenreaktionen begründet sind. Diese strategischen und administrativen Fehlstellen sollten schnellstens geschlossen werden, um die Sicherheit innerhalb der EU zu bewahren.

Ausweitung der Regulatorik für die kritische Infrastruktur

Eine weitreichende Entwicklung des vergangenen Jahres stellt die Überarbeitung der Richtlinie zur Netz- und Informationssicherheit (NIS-Richtlinie) dar, die die seit 2016 bestehende Regelung aktualisiert. NIS 2 hat zum Ziel, die Resilienz der europäischen Cybersicherheitsarchitektur als Ganzes zu erhöhen und nimmt dabei die kritische Infrastruktur in den Blick. Es geht dabei vor allem um eine Erweiterung des Adressatenkreises von Mindestvorschriften sowie eine Vereinheitlichung von Anforderungen an Cybersicherheitsmaßnahmen zwischen den Mitgliedstaaten. So werden einheitliche Schwellenwerte definiert, bei denen mittlere und große Unternehmen zehn festgelegter Sektoren in den Anwendungsbereich der Richtlinie fallen.[17] Dies sorgt dafür, dass sowohl private als auch öffentliche Akteure gleichermaßen Schutzanforderungen unterliegen, wenn eine bestimmte Relevanz vorliegt.

Die Richtlinie stellt ein Umdenken dar. Zum ersten Mal wird hier explizit auf die Lieferkette von Produkten Bezug genommen. In einer komplexen und vernetzten Welt sind Lieferketten oft global und zahlreichen Veränderungen unterworfen. Mit der neuen Richtlinie wird dieser Komplexität Rechnung getragen. Für den Gesundheitsbereich bedeutet dies beispielsweise, dass künftig nicht nur Krankenhäuser als kritische Infrastruktur Mindeststandards erfüllen müssen, sondern auch Medizinproduktehersteller, die als Zulieferer am Anfang der Lieferkette stehen. Dies sorgt für eine deutlich größere Patientensicherheit und Resilienz der bestehenden Systeme.

Die Erweiterung des Anwenderbereichs geht andererseits einher mit der Aufweichung von verpflichtenden Produktzertifizierungen und einer reduzierten Häufigkeit von Audits in IT-Systemen. Angesichts der Notwendigkeit einheitlicher und ganzheitlicher Lösungen ist jedoch die Vereinfachung der Maßstäbe für eine breitere Anwendbarkeit zu begrüßen.

Verbraucherschutz im Cyberraum

Politisch Verantwortlichen ist die Dimension des Themas Cybersicherheit im Verbraucherschutz[18] durchaus bewusst, wie die Einschätzung Thierry Bretons, Kommissar für den Bin-

---

16 Ursula von der Leyen: Rede der Präsidentin von der Leyen zur Lage der Union - 2021, SPEECH/21/4701, 15.9.2021.
17 Rat der EU: Vorschlag für eine Richtlinie des Europäischen Parlaments und des Rates über Maßnahmen für ein hohes gemeinsames Cybersicherheitsniveau in der Union und zur Aufhebung der Richtlinie (EU) 2016/1148, 14337/21, 26.11.2021.
18 Vgl. hierzu auch den Beitrag „Gesundheits- und Verbraucherschutz" in diesem Jahrbuch.

nenmarkt, zeigt: Er geht von einem Investitionsvolumen von 4,5 Mrd. Euro für die Entwicklung von Cybersicherheitslösungen aus.[19] Richtig ist, dass die Sicherheit unserer kritischen Infrastruktur, die Stabilität unserer freien Gesellschaft und die Sicherstellung des Wohlstands diese Aufwendungen wert sind. Doch nicht alle wünschenswerten Maßnahmen erfordern solche immensen monetären Anstrengungen. Viele positive Entwicklungen des vergangenen Jahres beruhen auf einer weitsichtigen und notwendigen Regulation bestehender Systeme.

Bemerkenswert ist in dem Zusammenhang beispielsweise der Rechtsakt zur Funkanlagenrichtlinie, der Sicherheitsvorkehrungen bei der Konzeption und dem Betrieb von drahtlosen Geräten wie Telefonen, Tablets, Smartwatches und Babymonitoren betrifft. Zum einen werden Vorgaben gemacht, die die Störung von Kommunikationsnetzen verhindern sollen, zum anderen werden Verbraucherinnen und Verbraucher durch einen erhöhten Schutz personenbezogener Daten bessergestellt sowie vor Betrug bei elektronischen Zahlungen geschützt.[20] Mit dem Rechtsakt werden Hersteller von entsprechenden Geräten dazu angehalten Lösungen zu erarbeiten, die dem Prinzip Security by Design folgen, also Sicherheitsaspekte bei der Entwicklung von Produkten von Beginn an mitdenken. Die angestrebte Einbettung des delegierten Rechtsakts in ein angekündigtes Gesetz zur Cyber-Widerstandsfähigkeit lässt hoffen, dass Nutzerinnen und Nutzer von modernen Geräten künftig Anwenderfreundlichkeit und Sicherheit miteinander vereint sehen werden.

Ebenfalls nutzerorientiert ist die Erweiterung des Digital Services Act (DSA)[21], der zum Ziel hat, Cybergewalt, insbesondere gegen Frauen, zu verhindern. Dabei wird von der Europäischen Kommission angeregt, die nicht einvernehmliche Weitergabe von intimen Bildern, Cyberstalking, Cybermobbing sowie Hass- und Gewaltaufrufe im Internet mit Mindeststrafen zu belegen und Opfern einen vereinfachten Rechtsweg zu ermöglichen.[22] Mit dem Vorhaben geht die Kommission einen entscheidenden Schritt, um den Cyberraum zu einer sicheren Umgebung für alle Menschen zu machen und so eine gleichwertige digitale Teilhabe zu ermöglichen.

Fazit

Der Ukrainekrieg war nach der Covid-19-Pandemie der zweite Schock für die Digitalpolitik der Europäischen Union. Beide Ereignisse zeigen auf unterschiedliche Weise die Notwendigkeit, den digitalen Raum nach europäischen Maßstäben sicher, zukunftsfähig und resilient zu gestalten. Mit ersten regulatorischen Schritten werden aktuell sowohl öffentliche Institutionen als auch die Privatwirtschaft in die Pflicht genommen, Schutzmaßnahmen zu etablieren. Nun kommt es darauf an, politische Mehrheiten für langfristig erhöhte Ressourcen in der Digital- und Sicherheitspolitik zu sichern, um sowohl die kritische Infrastruktur als auch das Europäische Haus als Ganzes zu schützen.

---

19 Thierry Breton: How a European Cyber Resilience Act will help protect Europe, Blog Post, 16.9.2022, abrufbar unter https://ec.europa.eu/commission/commissioners/2019-2024/breton/blog/how-european-cyber-resilience-act-will-help-protect-europe_en (letzter Zugriff: 27.6.2022).
20 Europäische Kommission: Pressemitteilung, Kommission sorgt für mehr Cybersicherheit bei drahtlosen Geräten und Produkten, IP/21/5634, 29.10.2021.
21 Vgl. hierzu auch den Beitrag „Binnenmarktpolitik" in diesem Jahrbuch.
22 Europäische Kommission: Weltfrauentag 2022: Kommission schlägt EU-weite Vorschriften zur Bekämpfung von Gewalt gegen Frauen und häuslicher Gewalt vor, 8.3.2022.

Weiterführende Literatur

Alexander Paychev: What is the measured response to a cyber attack on critical infrastructures? Methodological, operational and legalistic approach for small states, Sofia 2022.
Elaine Fahey: Developing EU cybercrime and cyberseurity, in: Thomas Hoerber, Gabriel Weber, Ignazio Cabras (Hg.): The Routledge Handbook of European Integrations, London 2021.
Sarah Backman: Risk vs. threat-based cybersecurity: the case of the EU, in: European Security, 9.5.2021.
Stefan Soesanto: The 19th of July: divided or united in cyberspace? From the EU and NATO to Five Eyes and Japan, Working Paper 11/2021, Elcano Royal Institute, 4.10.2021.
William H. Dutton et al.: Next Steps for the EU: Building on the Paris Call and EU Cybersecurity Strategy, Oxford 2022.

Energiepolitik

Johannes Pollak

Der Strategieplan 2020–2024 der Generaldirektion Energie der Europäischen Kommission ist seit der Invasion der Ukraine durch russische Streitkräfte am 24. Februar 2022 Makulatur. Die im Europäischen Grünen Deal formulierte Wachstumsstrategie beinhaltete nichts weniger als die Transformation der europäischen Klima- und Energiepolitik in eine emissionsfreie Zukunft. Bereits die Bewältigung der Folgen der Covid-19-Pandemie hat den ambitionierten Zielen Aufmerksamkeit gestohlen. Milliardensummen zum Wiederaufbau der europäischen Wirtschaft wurden allerdings auch als Chance gesehen, diesen Aufbau mit einer starken ökologischen Dimension zu versehen.

Durch die Invasion der Ukraine bekommt der Umbau der europäischen Energiestruktur nun eine ganz andere Dringlichkeit. Angesichts der kolportieren Summen zur Aufrüstung Europas wirft er zahlreiche Fragen auf: Wie kann der Umbau finanziert werden? Inwiefern können die russischen Lieferausfälle kompensiert werden – ist Europa nun erpressbar? Wie kann die kurzfristige Versorgungssicherheit gewährleistet werden?

Europa steht vor der Herausforderung, eine Balance zwischen dringend notwendigem ökologischem Fortschritt und erhöhter Energieversorgungssicherheit ohne Russland zu gewährleisten. Ohne eine grundlegende Wendung im Krieg zwischen der Ukraine und Russland wird sich Europa auf magere Jahre einstellen müssen.

Aufbau- und Resilienzfazilität, NextGenerationEU, 5. Energiepaket

Sowohl der europäische Aufbauplan NextGenerationEU als auch der Mehrjährige Finanzrahmen 2021–2027 zeigen eine grüne Handschrift und beinhalten Anreize zu einer Reform der Klima- und Energiepolitik der EU. Von den bis zum 31. April 2021 von den Mitgliedstaaten vorzulegenden Projekten waren 31 Prozent für den Klima- und Umweltschutz vorgesehen.[1] Die Taskforce Aufbau und Resilienz (RECOVER) wurde mit der Umsetzung der Aufbau- und Resilienzfazilität beauftragt. In den bisher eingereichten 22 Aufbau- und Resilienzplänen haben die Mitgliedstaaten fast 40 Prozent ihrer veranschlagten Ausgaben für Klimaschutzmaßnahmen verplant. Insgesamt zielen die Klimaschutzmaßnahmen auf CO_2-vermeidende Technologien, die Erhöhung der Energieeffizienz, Investments in grüne Wasserstofftechnologie sowie E-Mobilität. Alle Maßnahmen zusammen sollen eine 55-prozentige Verringerung der Treibhausgasemissionen ermöglichen. War dieses Ziel bereits vor dem Ukrainekrieg äußerst ambitioniert, so geht es heute insbesondere darum etwaige russische Gaslieferausfälle möglichst umweltschonend zu kompensieren.

Das fünfte Energiepaket, „Umsetzung des europäischen Grünen Deals", wurde am 14. Juli 2021 mit dem Ziel veröffentlicht, die Energieziele der EU mit den neuen klimapolitischen Zielvorgaben der EU für 2030 und 2050 in Einklang zu bringen. Sowohl Diskussion unter den Mitgliedstaaten als auch konkrete Pläne zur Implementation stehen noch aus.

---

1 Europäische Kommission: Pressemitteilung, NextGenerationEU: Erster Jahresbericht über die Aufbau- und Resilienzfazilität zeigt gute Fortschritte, IP/22/1198, 1.3.2021.

Krieg in der Ukraine

Der Krieg in der Ukraine hat die 2014 eingeleiteten Vorkehrungen zur Steigerung der Resilienz einem brutalen Praxistest unterzogen. Augenscheinlich ist die hohe Abhängigkeit Europas bei Energieimporten, insbesondere bei Erdgas (83,6 Prozent im Jahr 2020), das in der Energiestruktur des Kontinents eine eminent wichtige Rolle spielt. Der Großteil der Erdgasimporte (45 Prozent) kamen im Jahr 2021 aus Russland, gefolgt von Norwegen (16 Prozent). Insgesamt wurden 2021 fast 155 Mrd. Kubikmeter (bcm) Erdgas importiert – in kalten Wintern und bei guter Konjunktur waren es auch schon 180 bcm pro Jahr. Die Abhängigkeit von russischem Erdgas variiert zwischen den Mitliedstaaten erheblich: Spanien, Belgien und Frankreich sind gänzlich unabhängig, während die baltischen Staaten, Tschechien und Bulgarien über 80 Prozent ihrer Gasimporte aus Russland beziehen.[2]

Als Reaktion auf die russische Invasion schnürten die Mitgliedstaaten bis Juni 2022 sechs Sanktionspakte, die in Teilen auch die Energiebeziehungen zu Russland betreffen. Sie beschlossen ein Importverbot für russische Kohle, was angesichts der europäischen Kohlemengen ein leichtes Unterfangen war. Auf einem Sondergipfel des Europäischen Rates im Mai 2022 wurde zudem ein Embargo für russisches Rohöl verhängt. Dieses betrifft die Einfuhr über den Seeweg (ca. 2/3 der Gesamteinfuhren), erlaubt aber weiterhin die Versorgung über die für Ungarn wichtige Druschba Pipeline. Der Importstopp für Öl wurde medial zwar als Erfolg präsentiert. Sowohl die Unstimmigkeiten zwischen den Mitgliedstaaten, allen voran Ungarn, als auch die praktische Wirkung bleiben allerdings als schaler Beigeschmack. Einigkeit herrschte auf dem Sondergipfel lediglich bei der Aussparung eines Gasembargos. Praktische Auswirkungen auf die Beendigung des Krieges haben die Sanktionspakete wohl keine.

Russland hat auf die Sanktionsmaßnahmen reagiert und beschlossen, Bezahlungen für bestehende Gaslieferverträge nur noch über die Konvertierung in die Landeswährung zuzulassen. Länder, die sich dieser Bedingung widersetzen, wurden mit einem Lieferstopp belegt: Dänemark, das über große Vorräte in der Nordsee verfügt, Bulgarien, das über bestehende Optionen auf aserbaidschanisches Gas über die Trans-Anatolian Natural Gas Pipeline (TANAP) und Flüssigerdgas (LNG) aus Griechenland verfügt und Polen, das schon seit Jahren via „reverse flow" vom deutschen Markt aus versorgt wird, über einen Interkonnektor zu Norwegen verfügt und zur Zeit noch US-gestütztes LNG bezieht. Inwieweit dies Shell Europe, deren Long Term Contract über nur 1,2 bcm pro Jahr lief, ein durchaus willkommenes Vertragsende beschert hat, bleibt Spekulation.

Bereits am 23. März 2022 veröffentlichte die Europäische Kommission einen Änderungsvorschlag für die bestehende Richtlinie 2017/1938 über Maßnahmen zur Gewährleistung der sicheren Gasversorgung.[3] Zur gleichen Zeit lancierte sie den Plan „RePowerEU", der Maßnahmen zur Energieeinsparung, der Produktion erneuerbarer Energie und der Diversifikation von Energiequellen beinhaltet.[4] Ihre damit verbundenen Ziele stellte die Kommission am 18. Mai 2022 vor: Bis 2023 möchte sie den Anteil der erneuerbaren Energiequellen am Stromsektor auf 45 Prozent (1236 Gigawattstunden (GW)[5]) steigern. Dies soll

---

[2] Bruegel: Bruegel datasets, abrufbar unter https://www.bruegel.org/publications/datasets/ (letzter Zugriff: 28.7.2022).

[3] Europäisches Parlament und Rat: Verordnung über Maßnahmen zur Gewährleistung der sicheren Gasversorgung und zur Aufhebung der Verordnung (EU) Nr. 994/2010, (EU) 2017/1938, 28.10.2017.

[4] Europäische Kommission: Pressemitteilung, REPowerEU: gemeinsames europäisches Vorgehen für erschwinglichere, sichere und nachhaltige Energie, IP/22/1511, 8.3.2022.

[5] Das „Fit for 55" Programm sah bereits 1067 GW vor.

Energiepolitik

erreicht werden durch eine Erhöhung der Solarkapazitäten von 150 GW auf 600 GW, durch die Produktion von 10 Mio. Tonnen grünem Wasserstoff und durch Energieeinsparungen von 13 Prozent bereits in diesem Jahr. Die zusätzlich dafür nötigen bis zu 300 Mrd. Euro zur Finanzierung sollen über die Aufbau- und Resilienzfazilität abgewickelt werden. Einmal mehr wird in dem Änderungsvorschlag auch der gemeinsame Einkauf von Erdgas und Wasserstoff angesprochen – angesichts der für die EU fundamentalen Wettbewerbsregeln eine kühne Ansage. Eine wichtige Rolle spielen auch die Speicherkapazitäten für Erdgas in Europa. So sollen Speicheranlagen verpflichtet werden, bis zum 1. November jeden Jahres eine Einlagerung von 80 Prozent (künftig 90 Prozent) zu garantieren. In Krisenzeiten, etwa im Falle eines Stopps der Erdgaslieferungen aus Russland, greift auch der Solidaritätsmechanismus. Dazu sollen bilaterale Abkommen zwischen Nachbarstaaten abgeschlossen werden, um die benötigten „Solidaritäts"-Gasmengen auch liefern zu können.[6]

Kurzfristige Kompensation bei Erdgaslieferstopp

Die vorherrschende Frage, die auch durch den Durchgriff auf Speicheranlagen und Verordnungen zu deren Mindestbefüllung nicht gelöst werden kann, lautet, wie bei einem allfälligen Gaslieferstopp eine Versorgung jenseits der oben genannten Mitgliedstaaten möglich ist. Angesichts fehlender Transportinfrastruktur (seien dies innerdeutsche Pipelines oder LNG Transportkapazität) wird die europäische Energiesolidarität auf eine harte Probe gestellt werden. Die Kommission sowie einzelne Mitgliedstaaten zeigten in den vergangenen Monaten hektische Bemühungen, neues Erdgas und Flüssiggas für den europäischen Markt zu erschließen. Ägypten, Aserbaidschan, Katar, Norwegen und die USA standen auf der Besuchsliste. Die Erfolge können mit Recht bescheiden genannt werden. Weder sind geeignete Gasvolumina ausreichend vorhanden, noch können die LNG-Produktion so schnell ausgebaut und die Transportkapazitäten für den Schiffsweg erhöht werden. Die Aussage von Kommissionspräsidentin Ursula von der Leyen im Februar 2022, dass ein etwaiger Lieferausfall schnell durch LNG aus anderen Quellen kompensiert werden kann, ist Wunsch aber nicht Wirklichkeit: Einzelstaatliche Versuche LNG-Lieferungen zu sichern, waren bisher von erstaunlicher Naivität aber nicht von Erfolg gekrönt. Die Idee, verstärkt US-amerikanisches LNG zu kaufen, wird von den Marktrealitäten sowie den LNG-Produktions- und Transportkapazitäten konterkariert. Zwar wird die amerikanische (und australische) LNG-Produktion angesichts des hohen Gaspreises steigen, die Menge wird jedoch überschaubar bleiben. Fracking-Ideen in Europa werden durch geologische Gegebenheiten weiterhin Utopie bleiben. Hervorzuheben ist das Abkommen zwischen Italien und Algerien: Große Investitionen in erneuerbare Energien sollen Gasmengen, die bisher am heimischen Markt in Algerien verbraucht wurden, für den Export nach Italien freimachen. Auch Frankreich versucht durch Investitionen in Solaranlagen in heißen Regionen wie Ägypten dortige Exportgasmengen zu erhöhen. Dies könnte auch für die geplante Wasserstoffrevolution ein interessantes Modell für eine Übergangsperiode sein.

Gasfunde im Mittelmeer eignen sich nicht zur Kompensation bzw. zur Verringerung der Importabhängigkeit. Die geplante EastMed Pipeline zur Verbindung von Kreta über Zypern zum griechischen Festland ist ein teures und aufwendiges Projekt. Der ungelöste Zypernkonflikt sowie der griechisch-türkische Streit um Seegrenzen verhindern eine realistische

---

6 Europäisches Parlament und Rat: Verordnung über die Risikovorsorge im Elektrizitätssektor und zur Aufhebung der Richtlinie 2005/89/EG, (EU) 2019/941, 14.6.2019.

Entwicklung dieser Funde. Gasmengen im Schwarzen Meer (Neptun-Feld) sind vorhanden aber bis heute gibt es keine Investitionsentscheidung.

Hoffnungen, die bereits seit einiger Zeit in Wasserstoff (H2) gesetzt werden, bieten keine kurz- oder mittelfristige Lösung. Zurzeit existiert weder die Technik, um die Wasserstoffproduktion zu skalieren, noch gibt es ausreichende Möglichkeiten Wasserstoff zu speichern oder gar über größere Entfernungen zu transportieren. Im Mai 2022 hat sich Binnenmarktkommissar Thierry Breton in einer gemeinsamen Erklärung mit den europäischen H2-Produzenten darauf verständigt, künftig pro Jahr 25 GW durch Wasserstoff zu produzieren (zurzeit 1,75 GW).[7] Die Herausforderung, gleichzeitig russisches Erdgas mit erneuerbaren Energieformen zu ersetzen und grünen Wasserstoff (also Wasserstoff dessen für die Elektrolyse benötigter Strom aus erneuerbaren Quellen kommt) zu produzieren, wird sich unmöglich bewältigen lassen, ohne auch auf roten Wasserstoff (dessen Strom aus Atomkraftwerken stammt) zu setzen. Hier geht es nicht nur um zügige Genehmigungs- und Finanzierungsformen, sondern insbesondere auch um die dafür nötigen Rohstoffe.

Ausblick

Das vergangene Jahr war energiepolitisch ohne Zweifel vor allem durch die russische Invasion der Ukraine geprägt. Der Krieg stellt die Union vor gewaltige Aufgaben. Sollte es zu einem Gaslieferstopp kommen, so muss Europa 155 bcm Gas schnell ersetzen. Ein Drittel der Menge könnte durch Einsparungen bzw. Erhöhung der Energieeffizienz ersetzt werden. Maßnahmen dazu sind dringend vorzubereiten. Ein weiteres Drittel kann durch andere Primärenergieträger wie Kohle oder Öl kompensiert werden. Dies kann jedoch angesichts der sich rapide verschärfenden Klimakrise nur eine kurze Übergangslösung sein. Mittelfristig muss Europa verstärkt in Erneuerbare Energie investieren und die Mittel zur Skalierung von Wasserstoff bereitstellen. Das letzte Drittel russischen Gases ist kurzfristig nicht zu ersetzen. Gesamteuropäische Notfallpläne müssen erstellt werden, um Lieferprioritäten für die jeweiligen Industriezweige zu definieren. Letztendlich müssen die europäischen Konsument:innen wohl auch die Möglichkeit in Betracht ziehen, dass im kommenden Winter eine Reduktion der Raumtemperatur ebenso wie eine Verringerung des Angebots im Einzelhandel zur Norm werden. Die Energiebeziehungen zu Russland sind jedenfalls nachhaltig zerrüttet. Die wirtschaftlichen und strategischen Folgen sind unabsehbar.

Weiterführende Literatur

Hanna Brauers/Isabell Braunger/Jessica Jewell: Liquefied natural gas expansion plans in Germany: The risk of gas lock-in under energy transitions, in: Energy Research & Social Science 76/2021, S. 1–18.

Julian Grinschgl/Jacopo Maria Pepe/Kirsten Westphal: Eine neue Wasserstoffwelt: Geotechnologische, geoökonomische und geopolitische Implikationen für Europa, SWP-Aktuell 78/2021, S. 1–8.

Kirsten Westphal: The Energy Politics of the European Union, in: Kathleen Hancock/Juliann Allison: The Oxford Handbook of Energy Politics, Oxford 2021.

---

7 Europäische Kommission: Pressemitteilung, Wasserstoff: Kommission stützt Engagement der Industrie zur Verzehnfachung der Produktionskapazitäten für Elektrolyseure in der EU, IP/22/2829, 5.5.2022.

Forschungs-, Technologie- und Telekommunikationspolitik

Jürgen Turek

Das Jahr 2022 hielt für die Forschungs-, Technologie- und Telekommunikationspolitik vier politische Herausforderungen bereit. Erstens zeigte sich, dass die EU Quantensprünge bei der Entwicklung ihrer Energiesicherheit und der Digitalisierung braucht. Der Ukraine-Krieg brachte zudem das Thema technologisch-militärischer Verteidigungsfähigkeiten in der EU auf den Tisch. Zweitens wurde deutlich, dass die EU in Hightech Bereichen, wie zum Beispiel der Mikroelektronik, der Robotik oder der Fotovoltaik, in bedenklichem Maße von China abhängig ist. Gleichzeitig versucht China bis 2050 führende Weltmacht zu werden und sich exklusives technologisches Herrschaftswissen anzueignen und Technologieführerschaft zu erlangen. Drittens offenbarte der russische Angriffskrieg gegen die Ukraine eine dramatische Energieabhängigkeit der EU von einem diktatorischen Regime, das den Besitz seiner Energieträger Öl, Gas und Uran als Waffe nutzt. Diese Abhängigkeit konnte kurzfristig nicht durch den Einsatz alternativer Energieträger durchbrochen werden. Viertens erzeugte die Covid-19-Pandemie weiterhin massive Störungen in der Aufrechterhaltung von technologierelevanten Produktions- und Wertschöpfungsketten, wie der Lockdown in Shanghai Anfang 2022 illustriert hat.

Diese vier Problemfelder sind eine komplexe Herausforderung für die europäische Innovations-, Wachstums- und Wettbewerbsstrategie, für das neue Weltraumprogramm und für das neue Rahmenprogramm „Horizont Europa". Sie betreffen etwa die technologische Substitution von strategischen Gütern oder fossilen Brennstoffen und damit die Verringerung strategischer Abhängigkeiten. Die EU kann diese Herausforderungen zum Beispiel durch die Entwicklung der Kernfusion oder die energetische Nutzung von Wasserstoff angehen. Sie kann außerdem eigenständige Produktionskapazitäten im Bereich der Mikroelektronik oder Solartechnologie erstellen.

Die vier Herausforderungen sind eklatant. Sie erfordern nationale Anstrengungen und abgestimmte politische Verhaltensweisen der Europäischen Union. Im strategischen Rahmen der europäischen Forschungs- und Technologieentwicklung (FTE) bietet das neue 9. Forschungsrahmenprogramm der Europäischen Kommission einen Hebel zur Entwicklung von Problemlösungen. Obwohl das Programm inhaltlich aktuell, innovativ und finanziell hervorragend ausgestattet ist, gleicht es alleine zunehmende Defizite der europäischen Technologiesouveränität leider nicht aus.

Das 9. Rahmenprogramm für Forschung und Innovation „Horizont Europa"

„Horizont Europa" ist das weltweit größte Förderprogramm für Forschung und Entwicklung. Seine Laufzeit beträgt sieben Jahre (2021–2027). Seine Inhalte orientieren sich an herausragenden sozio-ökonomischen und technologischen Fragestellungen der Modernisierung Europas. Solche prinzipiellen Fragestellungen ergeben sich aus Problemen nachhaltiger Entwicklung, des Klimawandels oder der Digitalisierung. Das Programm basiert auf den Pfeilern „Wissenschaftsexzellenz", „Globale Herausforderungen und industrielle Wettbewerbsfähigkeit Europas" sowie „Innovatives Europa". Die Programmarchitektur dient dazu, eine erhöhte Beteiligung aller Mitgliedstaaten an gemeinsamen Forschungen zu initiieren und somit den Europäischen Forschungsraum zu stärken. Das Gesamtbudget beträgt für die siebenjährige Laufzeit 95,5 Mrd. Euro.[1] Die Kernziele der EU in diesem Bereich sind Autonomie und Wettbewerbsfähigkeit. Sie möchte diese durch folgende Schlüsselfelder der FTE-Politik erreichen: Forschung und Innovation in den Gebieten nachhaltige Industrialisierung, Digitalisierung, Umwelt, Energie und Klima; Kreislaufwirtschaft; Rohstoffe und fortgeschrittene Werkstoffe; sowie Weltraum. Hier spielen Hochtechnologien eine besondere Rolle. Zu ihnen gehören beispielsweise Mikro- und Nanoelektronik, Photonik, Software und Softwaresysteme, Robotik, Künstliche Intelligenz (KI) oder 3D-Werkstoffe. Zur Erzielung effizienter Ergebnisse sollen dabei Überschneidungen zwischen „Horizont Europa" und dem Programm „Digitales Europa" sowie dem „Weltraumprogramm" vermieden und die Programme präzise aufeinander abgestimmt werden.

Telekommunikationspolitik und Digitalisierung

Im Bereich der Telekommunikationspolitik und Digitalisierung sind der weitere Netzausbau, die Technologiestandards im Datenaustausch (5G und 6G) sowie die Cybersicherheit wichtig. Vor dem Hintergrund der neuen Bedrohung Europas durch den russischen Angriffskrieg spielen die EU-weite Cybersicherheit und informations-technologische Resilienz eine besondere Rolle. Die Schwierigkeit besteht darin, eine robuste Abwehrfähigkeit gegen Cyberangriffe und damit mehr digitale Sicherheit innerhalb der europäischen Informationsgesellschaft zu schaffen. Dazu legte der Rat der EU einen Richtlinienentwurf für ein hohes gemeinsames Cybersicherheitsniveau in der EU vor. Er soll die Resilienz gegenüber digitalen Angriffen im öffentlichen und privaten Sektor verbessern.[2] Die neue Richtlinie zur Netz- und Informationssicherheit (NIS2) umfasst das Cybersicherheitsrisikomanagement und die Meldepflichten in den Sektoren, die unter die Richtlinie fallen. Dies sind etwa Energie, Verkehr, Gesundheit und digitale Infrastruktur. Mit der NIS2-Richtlinie sollen Unterschiede bei den Anforderungen an die Cybersicherheit und bei der Umsetzung von Cybersicherheitsmaßnahmen zwischen den Mitgliedstaaten beseitigt werden. Der Anwendungsbereich der Richtlinie bezieht sich auf den privatwirtschaftlichen Bereich und die öffentlichen Verwaltungen in der EU. Sie gilt nicht für Einrichtungen in Bereichen wie Verteidigung oder nationale Sicherheit, öffentliche Sicherheit, Strafverfolgung und Justiz. Auch Parlamente und Zentralbanken sind vom Anwendungsbereich ausgenommen. Der Rat betont mit der neuen Richtlinie die wachsende Bedeutung der informations- und kommunikationstechnologischen Vernetzung und unterstreicht ihre Sensibilität für die Cybersicherheit in Europa.[3]

Die europäische Kommunikationspolitik war darüber hinaus im engeren technischen Sinne weiter mit der Regulierung der Mobilfunknetze in der EU befasst. Hier ist die Verlängerung von Mobilfunk-Roaming ohne zusätzliche Kosten erwähnenswert. Mit der europäischen Regulierung der Roaminggebühren hatte die Europäische Kommission in den 2010er Jahren einen Erfolg gegenüber den europäischen Mobilfunkanbietern erzielt. Ihre

---

[1] Bundesministerium für Forschung und Bildung: Das neue EU-Rahmenprogramm für Forschung und Innovation: Horizont Europa, abrufbar unter https://www.bmbf.de/de/horizont-europa---das-naechste-eu-rahmenprogramm-fuer-forschung-und-innovation-startet-6394.html (letzter Zugriff: 27.4.2022).

[2] Rat der Europäischen Union: Pressemitteilung, Stärkung der EU-weiten Cybersicherheit und Resilienz – Rat legt Standpunkt fest, 909/21, 3.12.2021.

[3] Rat der Europäischen Union: Pressemitteilung, 2021.

Geschäftsmodelle sahen vor, im Ausland getätigte Mobilfunkanrufe mit höheren Auslandstarifen zu belegen und abzurechnen. Die Kommission hatte diese Geschäftspolitik mit der Roaming-Verordnung vom 18. Juni 2009 unterbunden.[4] Dabei bleibt es: Am 4. April 2022 haben das Europäische Parlament und der Rat der Verlängerung für Roaming zu Inlandspreisen bis 2032 zugestimmt.

FTE-Politik im neuen Systemwettbewerb zwischen Demokratie und Autokratie
Die Forschungs-, Telekommunikations- und Digitalisierungspolitik der EU erfährt angesichts des neuen Systemwettbewerbs zwischen Demokratie und Autarkie eine gravierende Politisierung. Im Kontext der Rivalität um Vormachtstellungen und Dominanz zwischen den USA auf der einen Seite und China auf der anderen Seite sowie des entfesselten Imperialismus Russlands ergeben sich dabei Fragen zur Technologie-souveränität Europas. Es geht dabei um solche Technologien, die die EU für sich als kritisch für Wohlstand, Wettbewerbsfähigkeit und staatliche Handlungsfähigkeit definiert und die die Union selbst vorhalten, weiterentwickeln und ohne einseitige strukturelle Abhängigkeiten von anderen Staaten beziehen kann. Im Rahmen des Dogmas „Wandel durch Handel" ließen sich etliche Akteure der westlich-europäischen Hemisphäre gut 50 Jahre gutgläubig auf Abhängigkeiten in ihren Wirtschaftsbeziehungen ein. Dies bezog von Fall zu Fall einen zu arglos betriebenen Technologietransfer mit ein. Das aggressive Verhalten Chinas und Russlands lassen solche Illusionen von einer zunehmenden systemischen Annäherung und allseits guten Handelsbeziehungen nicht mehr zu. Die Verhältnisse sind vielfach unkooperativ und teilweise feindselig;[5] China rüstet zudem militärisch auf.

Auch die FTE-Politik gerät in einen Sog der Militarisierung und Ausspähung. Dies lässt sich beispielhaft illustrieren: 2022 wurde im Rahmen einer investigativen Recherche unter der Leitung der niederländischen Investigativ-Plattform „Follow the Money" mit Unterstützung des gemeinnützigen deutschen Recherchezentrums „CORRECTIV" publik, dass und wie hochbegabter wissenschaftlicher Nachwuchs aus dem Umfeld der chinesischen National University of Defense Technology (NUDT) in europäischen Forschungsinstituten untergebracht und dort in Dual-Use-Forschungsaufträgen involviert wurde. Die NUDT spielt eine entscheidende Rolle bei militärischen Forschungsprojekten. An den Forschungen nahm das chinesische Militär also indirekt teil. Zur Bemessung der Intensität dieser Beteiligung hat der Rechercheverbund einen Datensatz von 350.000 wissenschaftlichen Publikationen ausgewertet. Ein externer Begutachtungsprozess der Doktor- und Habilitationsarbeiten der chinesischen Auslandswissenschaftler:innen lies die Schlussfolgerung zu, dass die zivile und militärische Bedeutung der Arbeit signifikant war. Zwischen 2000 und 2022 gab es dabei mehr als 300.000 solcher Kooperationen[6].

Dieses Beispiel zeigt auf, wie sehr FTE auf Seiten Chinas systempolitisch gedacht und Kooperationen in den internationalen Wissenschaftsbeziehungen gezielt ausgenutzt werden. Die ‚neue Supermacht' schreitet nicht nur wirtschaftlich und militärisch, sondern auch wissenschaftlich-technologisch zügig voran. Europas Technologiesouveränität gerät dann

---

4 Europäisches Parlament und Rat der EU: Verordnung über das Roaming in öffentlichen Mobilfunknetzen in der Gemeinschaft und über einen gemeinsamen Rechtsrahmen für elektronische Kommunikationsnetze und -dienste, 544/2009, in: Amtsblatt der EU L167/ 12, 29.6.2009.
5 Kishore Mahbubani: Hat China schon gewonnen? Chinas Aufstieg zur neuen Supermacht, 2. Aufl., Kulmbach 2021.
6 Deutsche Welle: Helfen europäische Forscher Chinas Militär?, 19.5.2022; Anzumerken ist nach der Quellenlage, dass sich die Leitungsebenen etlicher Forschungseinrichtungen nach eigenen Angaben dieser Problematik oftmals bewusst waren und die entsprechenden Stipendien und Kooperationen sorgfältig geprüft hätten.

in ernsthafte Gefahr, wenn die Sicherheit hoheitlicher Aufgaben, die Erfüllung gesellschaftlicher Bedürfnisse und die Sicherung der Wettbewerbsfähigkeit durch fehlenden Zugang zu kritischen Technologien und zu ihrer wissenschaftlich-technologischen Basis nicht mehr gewährleistet ist. Vor diesem Hintergrund darf die EU die Beherrschung systemrelevanter Zukunftstechnologien nicht im bisherigen Umfang China oder anderen autokratischen Ländern überlassen. Für die EU und ihre Mitgliedstaaten geht es in diesem Systemwettbewerb im weiteren Sinne um ihre sozio-ökonomische Autonomie und freiheitlich-demokratische Identität. Diesen fundamentalen Bezug hat die Europäische Kommission zum Ausdruck gebracht, als sie Autonomie und Wettbewerbsfähigkeit als Kernanliegen der FTE-Politik formuliert hat. Insofern ist technologische Souveränität auch eine Angelegenheit der nationalen und europäischen Identität und Sicherheit. Der neue Systemkonflikt zwischen Demokratie und Autokratie taucht FTE von nun an stärker auch in dieses Licht.

Weiterführende Literatur

Österreichischer Rat für Forschung und Technologieentwicklung: 10 Thesen zur Technologiesouveränität, Wien 2021.
Jürgen, Turek: Forschungs-, Technologie- und Telekommunikationspolitik, in: Werner Weidenfeld/Wolfgang Wessels (Hg.): Europa von A bis Z. Taschenbuch der europäischen Integration, 16. Aufl., i. E.

Gesundheits- und Verbraucherpolitik

Sarah-Lena Böning/Remi Maier-Rigaud

Die Covid-19-Pandemie war von Mitte 2021 bis Mitte 2022 weiter das beherrschende Thema der europäischen Gesundheitspolitik. Allerdings hat sich der Fokus im zweiten Jahr der Pandemie zunehmend von ad hoc-Maßnahmen hin zu einer langfristigen Strategie in Hinblick auf künftige grenzüberschreitende Gesundheitsgefahren verschoben. Im Zentrum steht der Vorschlag einer Gesundheitsunion, die überwiegend zu verbesserter Koordination, aber teilweise auch zu gestärkten europäischen Befugnissen in der Reaktion auf grenzüberschreitende Gesundheitsgefahren führen soll. Zu den gezogenen Lehren aus der Pandemie gehört auch der Vorschlag der Europäischen Kommission, einen europäischen Gesundheitsdatenraum zu schaffen. In der Verbraucherpolitik stand das vergangene Jahr im Zeichen konkreter Vorschläge für Maßnahmen im Rahmen der europäischen Kreislaufwirtschaft für nachhaltigere Produkte.

Europäische Gesundheitsunion

Unter dem Eindruck der Covid-19-Pandemie machte die Europäische Kommission bereits im November 2020 den Vorschlag einer Gesundheitsunion. Damit sollten die Mitgliedstaaten schneller und besser koordiniert auf grenzüberschreitende Gesundheitsnotlagen in Folge von übertragbaren Krankheiten, aber auch Umwelt- und Klimakrisen reagieren können. Der damaligen Mitteilung der Kommission waren drei Legislativvorschläge beigefügt, um insbesondere die Mandate des Europäischen Zentrums für die Prävention und die Kontrolle von Krankheiten (ECDC), der Europäischen Arzneimittelagentur (EMA) und des Gesundheitssicherheitsausschusses zu stärken.[1]

Über die vorgeschlagene Verordnung zu schwerwiegenden grenzüberschreitenden Gesundheitsgefahren wurde im Juni 2022 eine politische Einigung erzielt. Sie soll u. a. die Erklärung eines EU-Notstands und eine engere Koordinierung der nationalen Maßnahmen zur Krisenvorbereitung und -reaktion durch den Gesundheitssicherheitsausschuss ermöglichen.[2] Auch über den Verordnungsvorschlag zur Stärkung des ECDC konnte bereits im November 2021 eine politische Einigung erzielt werden. Mit der Mandatserweiterung des ECDC wird das Ziel verfolgt, das europaweite Frühwarn- und Reaktionssystem zu verbessern. Teil des Vorschlags ist auch die Gründung einer EU-Gesundheits-Taskforce zur Unterstützung der Mitgliedstaaten bei regionalen Gesundheitsnotlagen.[3] Im März 2022 ist wiederum die Verordnung (EU) 2022/123 zur Überarbeitung des Mandates der EMA in Kraft

---

1 Europäische Kommission: Mitteilung zur Schaffung einer europäischen Gesundheitsunion: Die Resilienz der EU gegenüber grenzüberschreitenden Gesundheitsgefahren stärken, COM(2020) 724 final, 11.11.2020.
2 Europäische Kommission: Vorschlag für eine Verordnung zu schwerwiegenden grenzüberschreitenden Gesundheitsgefahren und zur Aufhebung des Beschlusses Nr. 1082/2013/EU, COM(2020) 727 final, 11.11.2020.
3 Europäische Kommission: Vorschlag für eine Verordnung zur Änderung der Verordnung (EG) Nr. 851/2004 zur Errichtung eines europäischen Zentrums für die Prävention und die Kontrolle von Krankheiten, COM(2020) 726, 11.11.2020.

getreten.[4] Die EMA soll damit Versorgungsengpässe bei Arzneimitteln und Medizinprodukten überwachen und verringern, bspw. indem sie die Zulassung von Arzneimitteln für Krankheiten, die zu einer Gesundheitskrise führen könnten, beschleunigt. Begründet wird die Ausweitung des Mandats der EMA mit dem Schutz des Binnenmarkts und der Sicherheit von Arzneimitteln nach Art. 168, Abs. 4 c, also wiederum ein besonderer Fall europäischer Gesundheitskompetenz.[5] Zu diesem Zweck wird eine Europäische Plattform zur Überwachung von Engpässen (EPÜE) etabliert werden, die einen Datenaustausch mit den nationalen Behörden ermöglicht. Die EMA wird damit zu einer zentralen Akteurin für die Versorgungssicherheit in Bezug auf Arzneimittel. Kurzfristig soll dieses Ziel über das Netz an Notfallproduktionskapazitäten erreicht werden, langfristig sieht die Europäische Arzneimittelstrategie international diversifizierte Lieferketten vor.[6]

Im vergangenen Jahr hat die Gesundheitsunion weitere konkrete Züge angenommen: Am 16. September 2021 wurde die Behörde Health Emergency Preparedness and Response Authority (HERA) innerhalb der Dienststellen der Kommission errichtet.[7] HERA nahm Anfang 2022 ihre Arbeit in enger Kooperation mit den Mitgliedstaaten auf. Ihre Aufgaben umfassen drei Bereiche: Sie soll erstens Krisen vorsorgen und Reaktionskapazitäten aufbauen, zweitens Abhängigkeiten und Schwachstellen bei medizinischen Gegenmaßnahmen in der EU identifizieren und adressieren, sowie drittens die globale Gesundheitsarchitektur stärken. Für den Zeitraum 2022 bis 2027 steht der HERA ein Budget in Höhe von 6 Mrd. Euro zur Verfügung. Der Arbeitsplan für 2022 sieht weiterhin die Bewältigung der Covid-19-Pandemie vor. Daneben stehen Bedrohungsanalysen, um künftige Gesundheitsgefahren frühzeitig zu erkennen und zahlreiche präventive Maßnahmen, wie etwa die Beschaffung und Lagerung von medizinischen Gegenmaßnahmen (z. B. Impfstoffe und antivirale Mittel) für über 580 Mio. Euro, die Vergabe von 300 Mio. Euro an Forschungsgeldern für Gesundheitstechnologien und der Aufbau eines Netzes betriebsbereiter Produktionsanlagen für Impfstoffe und Arzneimittel, die bei Gesundheitsnotfällen aktiviert werden können.[8]

HERA ist das Zentrum der Gesundheitsunion und spielt eine wichtige koordinierende Rolle in der Krisenprävention, aber auch in konkreten Krisensituationen. Die von der Kommission in diesem Zusammenhang zusätzlich vorgeschlagene Verordnung über einen Notfallrahmen für medizinische Gegenmaßnahmen etabliert daneben einen weitreichenden Krisenreaktionsmodus. Auch dieser Vorschlag ist eine Lehre aus den vielen Todesfällen und dem wirtschaftlichen Schaden der Covid-19-Pandemie. Um fragmentierte nationale Reaktionen bei grenzüberschreitenden Gesundheitsnotlagen zu vermeiden, erlaubt die geplante Verordnung dem Rat, Maßnahmen wie die Beschaffung und Herstellung krisenrelevanter medizinischer Gegenmaßnahmen zu ergreifen. Am 20. Dezember 2021 hat der Rat

---

4 Verordnung 2022/123 des Europäischen Parlamentes und des Rates vom 25. Januar 2022 zu einer verstärkten Rolle der Europäischen Arzneimittel-Agentur bei der Krisenvorsorge und -bewältigung in Bezug auf Arzneimittel und Medizinprodukte, in: Amtsblatt der EU L 20, 31.1.2022, S. 1–37.
5 Verordnung zu einer verstärkten Rolle der Europäischen Arzneimittel-Agentur, 2022, S. 1–37, hier S. 4.
6 Europäische Kommission: Mitteilung, Eine Arzneimittelstrategie für Europa, COM(2020) 761 final, 25.11.2020.
7 Europäische Kommission: Decision establishing the Health Emergency Preparedness and Response Authority, COM(2021) 6712 final, 16.9.2021.
8 Europäische Kommission: HERA Work Plan 2022, 10.2.2022, abrufbar unter https://ec.europa.eu/health/publications/hera-work-plan-2022_en (letzter Zugriff: 13.5.2022); Europäische Kommission: Pressemitteilung, Europäische Gesundheitsunion: HERA mit ihrem ersten Arbeitsplan und 1,3 Mrd. EUR einsatzbereit für Krisenvorsorge und -reaktion 2022, IP/22/928, 10.2.2022.

eine politische Einigung über den Verordnungsvorschlag erzielt, womit zugleich die Befugnisse von HERA bestätigt wurden.[9] Anders als in den meisten Fällen europäischer Gesundheitspolitik, bei denen die europäische Ebene nur koordinativ aktiv werden darf (Art. 168, Abs. 5 AEUV), stützt sich das Mandat des Rates bei der Abwehr gesundheitlicher Krisen auf Art. 122, Absatz 1 AEUV. Damit kann der Rat der wirtschaftlichen Lage angemessene Maßnahmen ergreifen. Es wird in der Begründung der Verordnung auch betont, dass in Krisenzeiten nationale Maßnahmen der Bereitstellung medizinischer Gegenmaßnahmen „die Gefahr eines zunehmenden internen Wettbewerbs und einer suboptimalen Reaktion auf Unionsebene"[10] bergen.

Europäischer Gesundheitsdatenraum

Im Mai 2022 veröffentlichte die Kommission unter dem Eindruck der Covid-19-Pandemie einen Verordnungsvorschlag zum Aufbau eines europäischen Gesundheitsdatenraums (European Health Data Space, EHDS) bis zum Jahr 2025. Der EHDS soll den Zugang zu in der EU verfügbaren Gesundheitsdaten (z. B. aus elektronischen Patientenakten, Registerdaten etc.) ermöglichen und deren sicheren und effizienten Austausch sowie effektive Verwendung sicherstellen. Dies gilt sowohl für eine qualitativ hochwertige Gesundheitsversorgung innerhalb der EU (Primärnutzung elektronische Gesundheitsdaten), als auch für die Gesundheitsforschung, -politik und Innovation (Sekundärnutzung elektronischer Gesundheitsdaten). Nationale Gesundheitssysteme werden dadurch stärker miteinander vernetzt und die Infrastruktur harmonisiert, sodass nicht nur Daten ausgetauscht werden können, sondern auch Gesundheitsleistungen wie das Einlösen eines Rezeptes künftig europaweit möglich sein sollen.[11]

Die Bürger:innen der EU sollen durch den EHDS – im Sinne der Primärnutzung von Daten für eine bessere Diagnose und Behandlung auf nationaler und grenzüberschreitender Ebene – einen kostenfreien, unmittelbaren und einfachen grenzüberschreitenden, digitalen Zugang zu ihren personenbezogenen Gesundheitsdaten erhalten. Dabei sollen sie stets die vollständige Kontrolle über ihre Daten behalten. Sie sollen Daten an Gesundheitsdienstleister ihrer Wahl in der EU und in anderen Ländern in der jeweiligen Landessprache weitergeben können. Sie würden in die Lage versetzt, Informationen hinzuzufügen, falsche Daten zu berichtigen, den Zugang für andere zu beschränken sowie Informationen darüber zu erhalten, wie und zu welchem Zweck ihre Daten verwendet werden. So sollen die Bürger:innen in ihrer Handlungsfähigkeit und Freizügigkeit unterstützt werden.[12]

Die Covid-19-Pandemie habe, so die Europäische Kommission in ihrer Mitteilung, zudem deutlich gezeigt, wie wichtig digitale Dienste im Gesundheitsbereich bzw. Gesundheitsdaten für eine effiziente Reaktion des Gesundheitswesens auf Krisen sind. Durch den Zugang, z. B. für Forschende, zu großen Mengen an Gesundheitsdaten von hoher Qualität werden u. a. die Entwicklung von lebensrettenden Behandlungen, Impfstoffen oder Medizinprodukten ermöglicht und widerstandsfähigere Gesundheitssysteme gewährleistet. Die

---

9 Europäische Kommission: Europäische Gesundheitsunion: Eine kompetente HERA für künftige Notlagen, STATEMENT/21/7024, 20.12.2021.
10 Europäischen Kommission: Vorschlag für eine Verordnung über einen Rahmen zur Gewährleistung der Bereitstellung von krisenrelevanten medizinischen Gegenmaßnahmen im Falle einer Notlage im Bereich der öffentlichen Gesundheit auf Unionsebene, COM(2021) 577 final, 16.9.2021.
11 Europäische Kommission: Vorschlag für eine Verordnung über den europäischen Raum für Gesundheitsdaten, COM(2022) 197 final, 3.5.2022.
12 Europäische Kommission: Pressemitteilung, Europäische Gesundheitsunion: Ein europäischer Raum für Gesundheitsdaten für Menschen und Wissenschaft, IP/22/2711, 3.5.2022.

Einführung und Nutzung digitaler Instrumente wie elektronische Patientenakten, elektronische Verschreibungen und digitale Gesundheitsanwendungen habe in dieser Zeit erheblich zugenommen. Gleichzeitig habe die Komplexität der Vorschriften, Strukturen und Verfahren in den verschiedenen Mitgliedstaaten insbesondere den grenzüberschreitenden Zugriff auf Gesundheitsdaten und ihren Austausch erschwert.[13] Entsprechend wurden viele europäische politische Entscheidungen in der Pandemie auf Basis ausländischer Studien getroffen, etwa aus Israel und den USA, wo Forschende und Unternehmen einfacher und schneller auf Gesundheitsdaten zugreifen konnten.[14] Diesem Defizit will die Kommission mit dem EHDS begegnen, mit dem ein solider Rechtsrahmen für die Sekundärnutzung von Gesundheitsdaten geschaffen werden soll, durch den die strengen EU-Datenschutz-Regeln ebenso wie der Data Governance Act und die Cybersicherheitsrichtlinie gewahrt werden.[15]

Zur Erreichung der mit dem EHDS verfolgten Ziele bedarf es zunächst einer Standardisierung hinsichtlich der Datenqualität und -sicherheit sowie der Interoperabilität. Durch die vorgeschlagene Verordnung sollen die Mitgliedstaaten verpflichtet werden, ihre Gesundheitsversorgung zu digitalisieren und für Patient:innen elektronische Zugangswege zu ihren Gesundheitsdaten zu schaffen. Sie müssen sicherstellen, dass Patientenkurzakten, elektronische Verschreibungen, Bilddaten und Bildberichte, Laborergebnisse und Entlassungsberichte für eine Primärnutzung der Gesundheitsdaten in einem gemeinsamen europäischen Format erstellt und akzeptiert werden. Um sicherzustellen, dass die Rechte der Bürger:innen gewahrt bleiben, müssen alle Mitgliedstaaten digitale Gesundheitsbehörden benennen, die sich an der grenzüberschreitenden digitalen Infrastruktur für den Austausch von Gesundheitsdaten zur Verbesserung der Gesundheitsversorgung (MyHealth@EU)[16] beteiligen.

Für die Sekundärnutzung von Gesundheitsdaten durch Forschende, Unternehmen oder Einrichtungen müssen alle Mitgliedstaaten wiederum eine Zugangsstelle einrichten, welche den Zugang zu Gesundheitsdaten in Abhängigkeit von der Wahrung bestimmter Anforderungen zur Datennutzung genehmigen muss. Diese Zugangsstellen für Gesundheitsdaten werden an die geplante neue, dezentrale EU-Infrastruktur für die Sekundärnutzung von Gesundheitsdaten (HealthData@EU) angeschlossen werden, um grenzüberschreitende Studien und Projekte zu erleichtern. HealthData@EU wird im Rahmen eines 2022 anlaufenden EU4Health-Projekts erprobt.[17]

Die Kommission hat für die gestellten Anforderungen eine Umsetzungsfrist von zwölf Monaten vorgesehen. Der Kommissionsvorschlag muss aber zunächst noch von Parlament und Rat beschlossen werden. Für Deutschland würde das bedeuten, die im internationalen Vergleich langsam errungenen Digitalisierungsfortschritte, z. B. in Bezug auf die elektro-

---

13 Europäische Kommission: Mitteilung, Ein europäischer Raum für Gesundheitsdaten: Das Potenzial von Gesundheitsdaten für die Allgemeinheit, für Patientinnen und Patienten und für Innovation erschließen, COM(2022) 196 final, 3.5.2022.
14 Maya El-Auwad/Elena Lehrke/Henrik Matthies: European Health Data Space – Bedeutung für Deutschland, EHEALTHCOM, 12.5.2022, abrufbar unter https://e-health-com.de/details-news/european-health-data-space-bedeutung-fuer-deutschland/ (letzter Zugriff: 31.5.2022).
15 Europäische Kommission: Vorschlag für eine Verordnung über den europäischen Raum für Gesundheitsdaten, COM(2022) 197 final, 3.5.2022.
16 Früher als eHealth-Diensteinfrastruktur („eHDSI") bezeichnet.
17 Europäische Kommission: Pressemitteilung, Europäische Gesundheitsunion: Ein europäischer Raum für Gesundheitsdaten für Menschen und Wissenschaft, IP/22/2711, 3.5.2022.

nische Patientenakte (ePA) oder das Elektronische Rezept (eRezept), nunmehr rasant voranzutreiben, um spätestens bis zum Jahr 2025 die Anforderungen des EHDS erfüllen zu können.[18]

Europäische Kreislaufwirtschaft und universeller Ladeanschluss für Elektrogeräte
Im Rahmen der neuen Verbraucheragenda und des Europäischen Grünen Deals hat die Europäische Kommission eine Vielzahl von Vorschlägen gemacht, um den Binnenmarkt grüner und nachhaltiger zu gestalten: Beispielsweise wurden Grenzwerte für sehr giftige Chemikalien in Abfällen, sogenannte persistente organische Schadstoffe, vorgeschlagen.[19] Die meisten neuen Vorschläge zielen auf die Etablierung einer Kreislaufwirtschaft der EU ab, um die Energie- und Ressourcenabhängigkeit des Binnenmarkts zu reduzieren. Hierzu zählen die Ökodesign-Verordnung für nachhaltige Produkte, die Strategie für nachhaltige und kreislauffähige Textilien und eine Überarbeitung der Bauprodukteverordnung. Eine Gemeinsamkeit der Vorschläge ist die Nutzung digitaler Möglichkeiten, beispielsweise der Einführung digitaler Produktpässe, um Produkte entlang der Lieferkette zu verfolgen und leichter zu recyceln.[20] Es besteht aber deutliches Verbesserungspotential bei der europäischen Kreislaufwirtschaftsstrategie, denn bislang wird die Reparaturfähigkeit von Produkten und generell eine längere Produktlebensdauer nicht hinreichend fokussiert.[21]

Über die im September 2021 von der Kommission vorgeschlagene überarbeitete Richtlinie[22] zur Vereinheitlichung von Ladeanschlüssen bei Mobiltelefonen und anderen elektronischen Kleingeräten wurde Anfang Juni eine politische Einigung zwischen Rat und Europäischem Parlament erzielt.[23] Damit wird die Interoperabilität auf Geräteseite über den USB-C-Standard sichergestellt. Um die geschätzten 11.000 Tonnen Elektronikabfall durch Ladegeräte und die Mehrausgeben der Verbrauchenden durch die Vielzahl verwendeter Ladegeräte zu reduzieren, wird der Verkauf von Ladegeräten und elektronischen Geräten entkoppelt. Die Verbraucher:innen sollen immer die Wahl haben, ob sie ein Elektrogerät mit oder ohne Ladekabel kaufen. Ein Piktogramm soll anzeigen, ob ein Ladekabel beigefügt ist und auf einem separaten Etikett soll die Ladeleistung ausgewiesen werden, denn auch die Schnellladetechnologie wird mit Umsetzung des Vorschlags harmonisiert werden. Einheitliche Ladestandards werden von der Kommission seit 2009 unterstützt. Zunächst eingeführte freiwillige Vereinbarungen konnten jedoch keine zufriedenstellenden Ergebnisse zeigen.[24]

---

18 Maya El-Auwad/Elena Lehrke/Henrik Matthies: European Health Data Space, 12.5.2022.
19 Europäische Kommission: Pressemitteilung, Europäischer Grüner Deal: Kommission legt neue Grenzwerte für einige der schädlichsten Chemikalien in Abfällen fest, IP/21/5552, 28.10.2021.
20 Europäische Kommission: Pressemitteilung, Der Grüne Deal: Neue Vorschläge, um nachhaltige Produkte zur Norm zu machen und Europas Ressourcenunabhängigkeit zu stärken, IP/22/2013, 30.3.2022.
21 Roxana Lavinia Pacurariu et al.: A Critical Review of EU Key Indicators for the Transition to the Circular Economy, in: International Journal of Environmental Research and Public Health 18/2021, S. 1–18.
22 Europäische Kommission: Vorschlag für eine Richtlinie zur Änderung der Richtlinie 2014/53/EU über die Harmonisierung der Rechtsvorschriften der Mitgliedstaaten über die Bereitstellung von Funkanlagen auf dem Markt, COM(2021) 547 final, 23.9.2021.
23 Rat der Europäischen Union: Pressemitteilung, Einheitliches Ladegerät: Rat und Europäisches Parlament erzielen vorläufige politische Einigung, Pressemitteilung, IP/516/22, 7.6.2022.
24 Europäische Kommission: Pressemitteilung, Verbraucherfrustration und Elektroabfällen den Stecker ziehen: Kommission schlägt einheitliches Ladegerät für elektronische Geräte vor, IP/21/4613, 23.9.2021.

Ausblick

Die Covid-19-Pandemie hat eine krisengetriebene Integrationsdynamik ausgelöst, wie sie im kleineren Maßstab auch bei früheren Krisen in der Gesundheits- und Verbraucherpolitik zu beobachten war.[25] Mit der Programmatik einer Gesundheitsunion und der Etablierung von HERA sowie dem Vorschlag der Kommission, einen europäischen Gesundheitsdatenraum zu schaffen, scheint dauerhaft ein neuer Pfad verstärkter europäischer Gesundheitspolitik eingeschlagen worden zu sein, wenngleich weiterhin koordinierende Aufgaben dominieren. In der Verbraucherpolitik wird der Umbau des Binnenmarktes in Richtung ökologischer und nachhaltiger Produkte sicher auch bestimmendes Thema der kommenden Jahre sein.

Weiterführende Literatur

Christian Calliess: Divergenzen zwischen Zielen und Kompetenzen in der Europäischen Union: eine Analyse am Beispiel der Gesundheitspolitik in Zeiten der COVID-19-Pandemie, in: integration 1/2022, S. 20–36.

Federico Maria Ferrara/Hanspeter Kriesi: Crisis pressures and European integration, in: Journal of European Public Policy 2021, S. 1–23.

Martin Calisto Friant: Analysing European Union circular economy policies: words versus actions, in: Sustainable Production and Consumption 27/2021, S. 337–353.

---

[25] Remi Maier-Rigaud: Krisengetriebene Integrationsdynamiken. Eine neofunktionalistische Erklärung des zunehmenden Schutzes öffentlicher Gesundheit durch die Europäische Union, in: integration 3/2022, S. 202–218.

Gleichstellungspolitik

Petra Ahrens[*]

Die Umsetzung der Gleichstellungsstrategie „Eine Union der Gleichheit: Strategie für die Gleichstellung der Geschlechter 2020–2025"[1] der Europäischen Kommission prägte im letzten Jahr die Gleichstellungspolitik. Zudem bedeuteten die anhaltende Covid-19-Pandemie und der russische Angriffskrieg in der Ukraine zusätzliche Herausforderungen.

Der Gleichstellungsbericht 2022 der Kommission zeigte, dass geschlechtsspezifische Ungleichheiten in der Europäischen Union (EU) überwiegend stagnieren und nur langsam abgebaut werden.[2] Zudem unterscheiden sich laut Gender Equality Index 2021 des Europäischen Instituts für Gleichstellung (EIGE) die Entwicklungen in den Mitgliedsstaaten erheblich, wobei sich die Covid-19-Pandemie besonders auswirkte.[3]

Fortschritte gab es in den letzten Jahren hinsichtlich der Repräsentation von Frauen in Führungspositionen, wie sich auch an EU-Führungspositionen zeigt. Nach Ursula von der Leyen als erster Kommissionspräsidentin und Christine Lagarde als erster Chefin der Europäischen Zentralbank, hat das Europäische Parlament (EP) mit Roberta Metsola (Europäische Volkspartei) zum zweiten Mal seit den ersten Direktwahlen 1979 eine Parlamentspräsidentin gewählt.

Trotz positiven supranationalen Entwicklungen und einer EU-Bevölkerung deren Unterstützung für Gleichstellung kontinuierlich zugenommen hat,[4] erweist sich Gleichstellungspolitik weiterhin als Konfliktpunkt zwischen EU-Institutionen und Mitgliedsstaaten wie beispielsweise Polen und Ungarn. Konfliktpunkte sind neben der Istanbul-Konvention auch die Rechtsstaatlichkeitsverfahren.

Gesetzesinitiativen

Im Rahmen der „Union der Gleichheit" legte die Kommission verschiedene Richtlinienvorschläge und Gesetzesinitiativen vor, von denen einige in erstaunlichem Tempo vorankamen. Zum Richtlinienvorschlag zu Entgelttransparenz[5] (März 2021) verabschiedete der Rat im Dezember und das EP im März ihre jeweilige Position. Als nächstes folgt die interinstitutionelle Aushandlung.

Auch Gesetzgebung zu geschlechtsbezogener Gewalt entwickelte sich dynamisch. Im September 2021 verabschiedete das EP eine Entschließung, mit der es die Kommission

---

[*] Dieser Beitrag wurde durch die Academy of Finland unter der Projektnummer 338556 gefördert.
[1] Europäische Kommission: Mitteilung, Eine Union der Gleichheit: Strategie für die Gleichstellung der Geschlechter 2020–2025, COM(2020) 152 final, 5.3.2020.
[2] Europäische Kommission: 2022 Report on gender equality in the EU, SWD(2022) 54 final, 8.3.2022.
[3] Europäisches Institut für Gleichstellung: Gender Equality Index 2021, abrufbar unter https://eige.europa.eu/gender-equality-index (letzter Zugriff: 22.7.2022).
[4] Akaliyski Plamen/Christian Welzel/Josef Hien: A community of shared values? Dimensions and dynamics of cultural integration in the European Union, in: Journal of European Integration 44(4)/2022, S. 569–590.
[5] Europäisches Parlament und Rat: Vorschlag für eine Richtlinie zur Stärkung der Anwendung des Grundsatzes des gleichen Entgelts für Männer und Frauen bei gleicher oder gleichwertiger Arbeit durch Lohntransparenz und Durchsetzungsmechanismen, COM(2021) 93 final, 2021/0050(COD).

aufforderte geschlechtsbezogene Gewalt als EU-Straftatbestand (Artikel 83(1) AUEV) zu definieren. Im Oktober urteilte der Gerichtshof der Europäischen Union (EuGH), dass eine Ratifizierung der Istanbul-Konvention durch die EU keine Einstimmigkeit, sondern eine qualifizierte Mehrheit im Rat erfordere. Die Istanbul-Konvention ist weiterhin in vielen Mitgliedstaaten und auch im EP ein Dreh- und Angelpunkt, um Gleichstellungspolitik und LGBTIQ-Rechte zu verunglimpfen.[6] Sieben osteuropäische Mitgliedstaaten (Bulgarien, Lettland, Litauen, Polen[7], Slowakei, Tschechien und Ungarn) lehnen die Ratifizierung der Konvention ab, stellen aber keine Sperrminorität im Rat dar. Die Kommission reagierte auf die EP-Entschließung und das Gerichtsurteil mit zwei Gesetzesinitiativen. Im Dezember schlug sie dem Rat vor, Artikel 83(1) AUEV um Hetze und Hasskriminalität zu erweitern und dabei alle Diskriminierungsgründe nach Artikel 19 AUEV zu berücksichtigen. Im März 2022 legte die Kommission zudem einen Richtlinienvorschlag zur Bekämpfung von Gewalt gegen Frauen und häuslicher Gewalt vor.[8] Ob diese Gesetzesinitiativen den Rat passieren, ist angesichts der deutlichen Ablehnung einiger Mitgliedstaaten fraglich.

Nach zehn Jahren Blockade im Rat wurde zudem überraschenderweise für den Richtlinienvorschlag für die ausgewogene Beteiligung von Frauen und Männern in Unternehmensleitungen im Juni 2022 eine Einigung von Rat und EP verkündet. Zentral für die Einigung im Rat war die Zustimmung der neuen deutschen Regierung, die die Blockade der Merkel-Regierungen aufhob.

Neben diesen Kommissions-Gesetzgebungsverfahren enthält auch der vom EP vorgelegte Wahlrechtsreformvorschlag Gleichstellungsaspekte. So solle zukünftig durch Reißverschlussverfahren bei Wahllisten oder – wo keine Listen existieren – durch Quoten Parität gesichert werden.[9] Da der Vorschlag weitere weitreichende Änderungen vorsieht (z.B. Spitzenkandidatur, Sperrklausel, transnationale Listen) ist eine Zustimmung der Mitgliedstaaten eher unwahrscheinlich.

Covid-19 und Gleichstellung

Negative Auswirkungen auf Geschlechterverhältnisse durch die Covid-19-Pandemie sind in EU-Institutionen frühzeitig wahrgenommen und in der Folge z.B. durch das EIGE systematisch dokumentiert worden.[10] Während Männer und Frauen zu Pandemiebeginn gleichermaßen von Jobverlusten betroffen waren, konnten 2020 deutlich weniger Frauen als Männer auf den Arbeitsmarkt zurückkehren, wobei junge und bildungsferne Frauen sowie Migrantinnen am stärksten betroffen waren. Die durch Schließung von Kindergärten, Schulen und Pflegediensten notwendige zusätzliche unbezahlte Betreuungsarbeit wurde überwiegend von Frauen geleistet. Zudem nahm häusliche Gewalt gegen Frauen zu, während entsprechende Einrichtungen wie Frauenhäuser auf Grund der Pandemiegesetze oft weniger Betroffene aufnehmen durften.

---

6 Valentine Berthet: Norm under fire: Support for and opposition to the EU's ratification of the Istanbul Convention in the European Parliament, in: International Feminist Journal of Politics, 2021.
7 Polen hatte 2021 angekündigt die Ratifizierung aus 2015 zurückzuziehen.
8 Europäische Kommission: Vorschlag für eine Richtlinie zur Bekämpfung von Gewalt gegen Frauen und häuslicher Gewalt, COM(2022) 105 final, 8.3.2022.
9 Europäisches Parlament: Legislative Entschließung zu dem Vorschlag für eine Verordnung des Rates über die allgemeine unmittelbare Wahl der Mitglieder des Europäischen Parlaments sowie zur Aufhebung des Beschlusses (76/787/EGKS, EWG, Euratom) des Rates und des diesem Beschluss beigefügten Akts zur Einführung allgemeiner unmittelbarer Wahlen der Mitglieder des Europäischen Parlaments 2020/2220(INL) – 2022/0902(APP), 3.5.2022.
10 EIGE: Covid-19 and gender equality, abrufbar unter https://eige.europa.eu/topics/health/covid-19-and-gender-equality (letzter Zugriff: 15.6.2022).

Insbesondere das EP thematisierte diese Problematiken kontinuierlich mittels Initiativberichten und Entschließungen. Die durch eine fraktionsübergreifende Mobilisierung von Mitgliedern des Europaparlaments erfolgreich verankerte Anforderung zur Umsetzung von Gleichstellung und Gender Mainstreaming im EU-Wiederaufbaufonds (NextGenerationEU) sorgte dafür, dass die Kommission sich damit auch im Rahmen der Rechtsstaatlichkeitsverfahren befasste.[11]

Rechtsstaatlichkeitsverfahren

Die laufenden Rechtsstaatlichkeitsverfahren gegen Polen und Ungarn fokussieren Korruption, unabhängige Justiz und Medienfreiheit, aber auch Gleichstellungsaspekte spielen zunehmend eine Rolle. Im Juli 2021 leitete die Kommission Vertragsverletzungsverfahren wegen proklamierter „LGBT-freier Zonen" in Polen und dem im Juni 2021 in Ungarn verabschiedeten Gesetz zum Verbot der Verbreitung von LGBTIQ-Inhalten bei Kindern und Jugendlichen ein.[12]

In einem beispiellosen Schritt reichte das EP nach mehrfacher Androhung im Oktober Klage gegen die Kommission ein, um eine Mitteileinfrierung u.a. aus dem Wiederaufbaufonds zu erreichen. In der Begründung wurden auch Frauenrechte und LGBTIQ-Rechte aufgeführt. Nachdem der EuGH Klagen Polens und Ungarns im Februar ablehnte, fror die Kommission beantragte Mittel vorerst ein.

(Feministische) Außenpolitik und Krieg in der Ukraine

Mit dem „Gender Action Plan III 2021–2025" (GAP III) hat die Kommission Gleichstellung weiter einen hohen Stellenwert in der Außenpolitik eingeräumt.[13] GAP III korrespondiert mit dem Stichwort feministische Außenpolitik, die mittlerweile für fünf Mitgliedstaaten leitend ist: Schweden (2014), Frankreich (2018), Luxemburg (2018), Spanien (2021) und Deutschland (2021). Das Europäische Parlament begrüßte in einer Entschließung grundsätzlich den GAP III, kritisierte aber, dass Themen wie z. B. sexuelle Ausbeutung und sexuelle Gewalt oder die Einbeziehung von Frauen bei der Konfliktvermittlung nicht ausreichend berücksichtigt würden. Zudem forderte es, eine feministische Ausrichtung im GAP III zu forcieren und Gleichstellung in der EU-Außenpolitik zu priorisieren.[14]

Die GAP-III-Ziele wären sowohl für den Afghanistan-Abzug als auch den Ukrainekrieg wichtig, doch eine entsprechende Positionierung der Kommission blieb aus. Das EP hingegen verabschiedete frühzeitig eine Entschließung zu Afghanistan, in der auf die sich für Frauen extrem verschlechternde Situation hingewiesen wurde, gefolgt von einer weiteren

---

11 Anna Elomäki/Johanna Kantola: Feminist Governance in the European Parliament: The Political Struggle over the Inclusion of Gender in the EU's Covid-19 Response, in: Politics & Gender 1/2022.
12 Europäische Kommission: Pressemitteilung, Grundwerte der EU: Kommission leitet rechtliche Schritte gegen Ungarn und Polen wegen Verletzung der Grundrechte von LGBTIQ-Personen ein, IP/21/3668, 15.7.2021.
13 Europäische Kommission/Hoher Vertreter der Union für Außen- und Sicherheitspolitik: EU-Aktionsplan für die Gleichstellung (GAP) III – Eine ambitionierte Agenda für die Gleichstellung der Geschlechter und die Stärkung der Rolle der Frau im auswärtigen Handeln der EU, JOIN(2020) 17 final, 25.11.2020.
14 Europäisches Parlament: Entschließung zu dem dritten EU-Aktionsplan für die Gleichstellung, 2021/2003(INI), 10.3.2022.

zu den abgeschafften Frauenrechten.[15] Der Europäische Auswärtige Dienst (EAD) unterstützte seit März 2022 ein „Afghan Women Leaders Forum", durch das Afghaninnen direkt in den internationalen politischen Dialog zu Afghanistan eingebunden werden sollen.

Beim Ukrainekrieg wiesen das EP[16] und die EU-Grundrechte-Agentur[17] zügig auf Gleichstellungsprobleme hin. Beispiele hierfür waren der hohe Frauen- und Kinderanteil unter Geflüchteten, damit verbundene Gefahr sexueller und geschlechtsspezifischer Gewalt sowie Menschenhandel, Vergewaltigung als Kriegswaffe, eingeschränkte reproduktive Rechte in Aufnahmeländern wie Polen, Ungarn und der Slowakei und intersektionale Aspekte wie Diskriminierung z.B. von flüchtenden Roma-Frauen, Frauen afrikanischer Abstammung oder LGBTIQ-Personen. Wie EAD oder Kommission diese Punkte adressieren, bleibt offen.

Weiterführende Literatur

Gabriele Abels/Andrea Krizsan/Heather MacRae/Anna van der Vleuten (Hg.): Routledge Handbook on Gender and EU Politics, London, New York 2021.

Heather MacRae/Roberta Guerrina/Annick Masselot: A Crisis Is a Terrible Thing to Waste: Feminist Reflections on the EU's Crisis Responses, International Studies 58(2)/2021, S. 184–200.

Joyce M. Mushaben: The Politics of Small Steps: Angela Merkel's Transformative Impact on Germany and the European Union, in: Journal of Common Market Studies, 2022.

Henriette Müller/Ingeborg Tömmel (Hg.): Women and Leadership in the European Union, New York 2022.

---

15 Europäisches Parlament: Entschließung zur Lage in Afghanistan 2021/2877(RSP), 16.9.2021, in: Amtsblatt der EU C117/133; Europäisches Parlament: Entschließung zur Lage in Afghanistan, insbesondere zur Lage der Frauenrechte 2022/2571(RSP), 7.4.2021.
16 Europäisches Parlament: Entschließung zu den Auswirkungen des Krieges gegen die Ukraine auf Frauen 2022/2633(RSP), 5.5.2022.
17 Agentur der EU für Grundrechte: The war in Ukraine – Fundamental rights implications within the EU, 19.5.2022.

Haushaltspolitik

Peter Becker

Die Europäische Union verabschiedete einerseits im November 2021 routiniert und ohne größere Konflikte den Jahreshaushalt 2022. Zugleich war die europäische Budgetpolitik von zwei weitreichenden und längerfristigen Entwicklungen gekennzeichnet: die Fortsetzung der Reformen des Budgets auf der Einnahmenseite sowie die neuen Herausforderungen und Erwartungen an die europäische Budgetpolitik ausgelöst von dem russischen Angriffskrieg auf die Ukraine.

Vorschläge zu neuen Eigenmitteln
Zur Finanzierung des europäischen Wiederaufbauplans NextGenerationEU hatte sich die EU bereits bei ihren Verhandlungen über den neuen Mehrjährigen Finanzrahmen 2021–2027 darauf verständigt, neue Eigenmittelkategorien einzuführen und in einer Interinstitutionellen Vereinbarung hierfür einen dreistufigen Zeitplan vereinbart.[1] Danach sollte die Kommission bis Ende Juni 2021 Folgenabschätzungen und Vorschläge zur Einführung eines CO2-Grenzausgleichssystems (CBAM) und für eine Digitalabgabe vorlegen. Zusätzlich wurde die Kommission beauftragt, bis Juni 2021 einen Vorschlag zur Einführung einer neuen Eigenmittelkategorie auf der Grundlage des EU-Emissionshandelssystems (ETS) auszuarbeiten. Ziel dieser Aufträge an die Kommission war es, dass diese neuen Einnahmequellen bis spätestens zum 1. Januar 2023 eingeführt werden könnten. Darüber hinaus wurde in dem Fahrplan festgehalten, dass die Kommission nach einer Folgenabschätzung weitere Eigenmittel – möglichst bis Juni 2024 – vorschlagen wird: eine Finanztransaktionssteuer sowie einen „finanziellen Beitrag im Zusammenhang mit dem Unternehmenssektor oder eine neue gemeinsame Körperschaftsteuer-Bemessungsgrundlage".[2] Die neuen Eigenmittel sollten primär zur Rückzahlung der am Kapitalmarkt aufgenommen Schulden zur Finanzierung des europäischen Wiederaufbauplans verwendet werden und so einen zu starken Anstieg der Eigenmittel aus Bruttonationaleinkommen (BNE) vermeiden.

Die Kommission legte ihre Vorschläge allerdings erst mit Verspätung am 22. Dezember 2021 vor.[3] Sie plädierte für die Einführung eines Korbs neuer Eigenmittel, mit deren Hilfe die Prioritäten der europäischen Politik auch auf der Einnahmenseite des EU-Haushalts stärker verankert werden sollten. Die neuen Eigenmittelkategorien sollten also nicht nur die Funktion haben, die Finanzierung des EU-Haushalts sicher zu stellen und zur Rückzahlung der aufgenommenen Kredite beitragen, sie sollten auch eine politische Lenkungswirkung

---

1 Europäisches Parlament/Rat der EU/Europäische Kommission: Interinstitutionelle Vereinbarung über die Haushaltsdisziplin, die Zusammenarbeit im Haushaltsbereich und die wirtschaftliche Haushaltsführung sowie über neue Eigenmittel, einschließlich eines Fahrplans im Hinblick auf die Einführung neuer Eigenmittel vom 16. Dezember 2020, in: Amtsblatt der EU L 433 I/28, 22.12.2020.
2 Europäisches Parlament/Rat der EU/Europäische Kommission: Interinstitutionelle Vereinbarung, Anhang II, Ziffer 10.
3 Europäische Kommission: Die nächste Generation von Eigenmitteln für den EU-Haushalt, COM(2021) 566 final, 22.12.2021.

entfalten. Die neuen Eigenmittel sollten dem gemeinsamen Ziel dienen, die Emission von Treibhausgasen zu reduzieren und ein CO2-Preissignal setzen.

Ein wichtiges Element des umfassenderen Klimaschutz-Pakets „Fit for 55"[4] vom Juli 2021 war die Reform des EU-Emissionshandelssystems. Sie schlug vor, das bestehende Emissionshandelssystem in der EU auf den Seeverkehr auszuweiten, zusätzliche Zertifikate für den Luftverkehr auszugeben sowie einen neuen Emissionshandel für Gebäude und den Straßenverkehr einzurichten. 25 Prozent der Einnahmen dieser zusätzlichen Quellen sollten dann an den EU-Haushalt abgeführt werden. Die Kommission kalkulierte für den Zeitraum von 2023 bis 2030 aus dieser neuen Eigenmittelkategorie mit Einnahmen in Höhe von etwa 9 Mrd. Euro pro Jahr. Die Ausdehnung des ETS-Systems auf diese zusätzlichen Sektoren würde nach Ansicht der Kommission absehbar zu sozialen Belastungen sowie einem erhöhten Investitionsbedarf bei der Gebäudesanierung und im Straßenverkehr führen. Um diese Auswirkungen abzufedern, schlug die Kommission zugleich die Einführung eines neuen Klima-Sozialfonds vor, mit dem schwächere Haushalte, Kleinstunternehmen und Verkehrsnutzer:innen unterstützt werden sollen.[5] Darüber hinaus sollen die Abführungen aus den Einnahmen der neuen Eigenmittelkategorie mit einem Höchstbetrag für die Mitgliedstaaten gedeckelt werden, deren Pro-Kopf-Bruttonationaleinkommen in Kaufkraftstandards im Jahr 2020 unter 90 Prozent des EU-Durchschnitts lag. Zugleich soll ein Mindestbetrag für Mitgliedstaaten festgelegt werden, wenn ihr Anteil am Aufkommen der ETS-Eigenmittel unter 75 Prozent ihres Anteils am Bruttonationaleinkommen der EU sinkt. Mit der Einführung dieser nationalen Maximal- und Minimalabführungen soll eine Art Belastungsausgleich aus dieser neuen Eigenmittelkategorie zwischen den Mitgliedstaaten etabliert werden.

Aus dem CO2-Grenzausgleichssystem CBAM sollen 75 Prozent der Einnahmen an den EU-Haushalt abgeführt werden. Ziel ist es, eine Verlagerung der Produktion von Gütern, bei der CO2 emittiert wird, zu verhindern. Das System sieht vor, dass die EU für eine Auswahl von Sektoren (Eisen und Stahl, Aluminium, Düngemittel, Strom) einen CO2-Preis fixiert, der anfallen würde, wenn das Produkt in der EU hergestellt worden wäre. Beim Import der Güter in den Binnenmarkt muss der Importeur eine entsprechende Anzahl an ETS-Zertifikaten erwerben. Das Grenzausgleichssystem soll also dafür sorgen, dass der Preis der importierten Güter in den ausgewählten Sektoren dem Preis entspricht, der in der EU unter den bestehenden ETS-Vorgaben anfallen würde. Für diese neue Eigenmittelkategorie kalkuliert die Kommission für den Zeitraum von 2023 bis 2030 mit jährlichen Einnahmen von rund 500 Mio. Euro für das EU-Budget. CBAM soll also zu einer Annäherung der klimaschutzpolitischen Wettbewerbsbedingungen zwischen Produzenten in den ausgewählten Sektoren in der EU und in Drittländern führen und zugleich Anreize für Drittstaaten setzen, ebenfalls eine CO2-Bepreisung einzuführen und damit den Zielen des globalen Klimaschutzes näher zu kommen.

Auf der Grundlage der Einigung im Rahmen der OECD/G20 zur Bekämpfung der Steuervermeidung und der Gewinnverlagerung sowie auf eine globale Mindestbesteuerung im Oktober 2021 schlägt die Kommission zudem vor, 15 Prozent der zu erwartenden Einnahmen aus dieser Besteuerung von multinationalen Unternehmen in den EU-Mitgliedstaaten als neue Eigenmittelkategorie an den EU-Haushalt abzuführen. Nach Abschluss der tech-

---

4 Vgl. hierzu auch den Beitrag „Umwelt- und Klimapolitik" in diesem Jahrbuch.
5 Vgl. hierzu auch den Beitrag „Beschäftigungs- und Sozialpolitik" in diesem Jahrbuch.

nischen Umsetzung des OECD/G20-Übereinkommens will die Kommission eine entsprechende Richtlinie für den europäischen Binnenmarkt vorlegen. Sie rechnet mit jährlichen Einnahmen zwischen 2,5 und 4 Mrd. Euro.

Zur legislativen Umsetzung ihrer Vorschläge hat die Kommission vorgeschlagen, den gerade erst verabschiedeten Eigenmittelbeschluss zu überarbeiten.[6] In dem neuen Eigenmittelbeschluss sollen dann die neuen Eigenmittelkategorien aufgeführt und konkretisiert werden. Zugleich soll auch die Verordnung zur Festlegung des Mehrjährigen Finanzrahmens (MFR) angepasst werden.[7] Mit der Einführung der neuen Eigenmittelkategorien könnte ab 2024 ein kontinuierlicher Abbau der aufgenommenen Kredite für den Wiederaufbauplan der EU möglich werden. Die zusätzlich dem EU-Haushalt zufließenden Eigenmittel sollen mit der Einführung einer automatischen Anpassung der MFR-Obergrenzen abgebildet werden. Die jährliche Erhöhung der Verpflichtungsermächtigungen soll demnach ab dem Jahr 2024 max. 15 Mrd. Euro (in Preisen von 2018) betragen. Darüber hinaus soll auch der vorgeschlagene neue Klima-Sozialfonds zur Abfederung der sozialen Folgen des ausgeweiteten ETS-Systems auf der Ausgabenseite des MFR berücksichtigt werden. Dieser neue Fonds macht eine Änderung der MFR-Verordnung erforderlich, mit der eine Erhöhung der Ausgabenobergrenzen in Rubrik 3 „Natürliche Ressourcen und Umwelt" eingeführt werden soll. Die Finanzausstattung des neuen Fonds soll nach den Vorstellungen der Kommission etwa 25 Prozent der zu erwartenden Einnahmen aus der Einbeziehung von Gebäuden und dem Straßenverkehr in den europäischen Emissionshandel umfassen. Um praktische Modalitäten und die erforderlichen Kontroll- und Monitoringmaßnahmen für die neuen Eigenmittel weiter zu konkretisieren, legte die Europäische Kommission zusätzlich am 14. März 2022 einen Verordnungsvorschlag zur Anpassung der Durchführungsmaßnahmen vor.[8]

Auf der Grundlage dieser Vorschläge der Europäischen Kommission begann der Rat unter französischem Vorsitz im ersten Halbjahr 2022 mit seinen Beratungen. Die Mitgliedstaaten machten allerdings ihre Verhandlungen von Fortschritten und Konkretisierungen zur Sicherung der vorgeschlagenen neuen Eigenmittelkategorien mit den Regeln der Welthandelsorganisation, den Absprachen im OECD/G20-Format sowie den Gesprächen mit Drittländern abhängig.[9] Eine Einigung auf einen gemeinsamen Standpunkt für die anstehenden Legislativverhandlungen mit dem Europäischen Parlament konnte insofern noch nicht gefunden werden.

Die Auswirkungen des Kriegs in der Ukraine auf den Haushalt der EU

Der russische Angriffskrieg auf die Ukraine hatte auch Folgen für die Budgetpolitik der EU. Die EU musste auf die kurzfristigen Herausforderungen der Flüchtlingsbewegung aus der Ukraine in die Union reagieren; sie musste der Ukraine schnell finanzielle und humanitäre Hilfe leisten sowie Finanzhilfen für den Erwerb militärischer Güter zur Verfügung

---

6 Europäische Kommission: Vorschlag für einen Beschluss des Rates zur Änderung des Beschlusses (EU, Euratom) 2020/2053 über das Eigenmittelsystem der Europäischen Union, COM(2021) 570 final, 22.12.2021.
7 Europäische Kommission: Vorschlag für eine Verordnung des Rates zur Änderung der Verordnung (EU, Euratom) 2020/2093 zur Festlegung des mehrjährigen Finanzrahmens für die Jahre 2021 bis 2027, COM(2021) 569 final, 22.12.2021.
8 Europäische Kommission: Vorschlag für eine Verordnung des Rates zur Änderung der Verordnung 2021/768 im Hinblick auf Durchführungsmaßnahmen für neue Eigenmittel der Europäischen Union, COM(2022) 102 final, 14.3.2022.
9 Rat der EU: Bericht des Vorsitzes zum Stand der Beratungen über die neuen Eigenmittel, 9700/22, 10.6.2022.

stellen. Darüber hinaus übernahm sie eine zentrale Rolle für den Anstoß und die Koordinierung der langfristigen Hilfen für den Wiederaufbau der Ukraine.

Unmittelbar nach Ausbruch des Krieges, der sich schnell verschlechternden humanitären Lage in der Ukraine und der sich stetig steigernden Zahl von Menschen, die aus der Ukraine in die Nachbarländer flüchteten, legte die Europäische Kommission ein Soforthilfeprogramm zur Deckung lebenswichtiger Grundbedürfnisse, wie der Versorgung mit Nahrungsmitteln, Wasser und medizinischer Hilfe in Höhe von 90 Mio. Euro auf. Hinzu kamen makrofinanzielle Hilfen in Form von Darlehen in Höhe von zunächst 1,2 Mrd. Euro sowie von direkten Budgethilfen in Höhe von zunächst 120 Mio. Euro.[10] Seit Kriegsbeginn bis Ende Juni 2022 stellte die EU insgesamt mehr als 4 Mrd. Euro aus ihrem Haushalt für humanitäre, wirtschaftliche, soziale und finanzielle Hilfen zur Verfügung.[11]

Um zusätzliche Finanzmittel für humanitäre Hilfen und die Finanzierung von Kapazitäten und Unterstützungsdiensten bei der Aufnahme von Flüchtenden aus der Ukraine schnell zur Verfügung stellen zu können, schlug die Kommission vor, noch nicht verplante Gelder aus dem europäischen Fonds für regionale Entwicklung (EFRE) und dem europäischen Sozialfonds (ESF) flexibler einsetzen zu können. Die neue Flexibilität bei der Verwendung der europäischen Fördergelder sollte es ermöglichen, noch nicht abgeflossene Mittel aus der Förderperiode 2014–2020 der Europäischen Strukturfonds für die Initiative „Kohäsionsmaßnahmen für Flüchtlinge in Europa" (CARE) umzuwidmen. Zusätzlich sollten im Jahr 2022 rund 10 Mrd. Euro aus dem Programm Recovery Assistance for Cohesion and the Territories of Europe (REACT-EU) im Rahmen des europäischen Wiederaufbauplans zur Bewältigung der Pandemiekrise und 23 Mrd. Euro aus den europäischen Investitionsprogrammen zur Bewältigung der Corona-Krise hinzukommen. Teil des Vorschlages war es, den Kofinanzierungssatz für die europäischen Strukturfonds im Geschäftsjahr 2021/22 auf 100 Prozent anzuheben und somit eine komplette Finanzierung von Hilfsmaßnahmen aus dem EU-Budget zu ermöglichen. Die Kommission kalkulierte hierfür einen erhöhten Finanzierungsbedarf von maximal 10 Mrd. Euro für die EU. Dieser Bedarf soll durch Einsparungen im Jahr 2024 ausgeglichen werden.[12] Der Rat verabschiedete die Anpassungen der Verordnungen am 6. April 2022.[13]

Der Bedarf an weiteren und umfassenderen Hilfsleistungen wuchs mit der Dauer des Krieges weiter an und der Europäische Rat beauftragte die Europäische Kommission bei seiner außerordentlichen Tagung am 30. und 31. Mai 2022, „neue Initiativen zur Unterstützung dieser Bemühungen innerhalb des Mehrjährigen Finanzrahmens vorzulegen"[14]. Die Kommission reagierte auf diesen Auftrag mit der Vorlage einer Anpassung des kohäsionspolitischen Hilfsprogramms CARE. Am 30. Juni 2022 legte sie ihren Vorschlag Fast-

---

10 Europäische Kommission: Europäische Solidarität mit Flüchtlingen und den Menschen, die vor dem Krieg in der Ukraine fliehen, COM(2022) 107 final, 8.3.2022.
11 Vgl. hierzu auch den Beitrag „Entwicklungszusammenarbeit und Humanitäre Hilfe" in diesem Jahrbuch.
12 Europäische Kommission: Vorschlag für eine Verordnung zur Änderung der Verordnung (EU) Nr. 1303/2013 und der Verordnung (EU) Nr. 223/2014 in Bezug auf den Einsatz von Kohäsionsmitteln zugunsten von Flüchtlingen in Europa (CARE), COM(2022) 109 final, 8.3.2022.
13 Rat der EU: Verordnung (EU) zur Änderung der Verordnung (EU) Nr. 1303/2013 und (EU) Nr. 223/2014 in Bezug auf den Einsatz von Kohäsionsmitteln zugunsten von Flüchtlingen in Europa (CARE), in: Amtsblatt der EU L 109/1, 8.4.2022.
14 Europäischer Rat: Schlussfolgerungen, EUCO 21/22, 31.5.2022, Ziffer 10.

CARE vor, um den Mitgliedstaaten den Zugang und die Verwendung europäischer Strukturfonds für humanitäre Hilfsmaßnahmen für aus der Ukraine geflüchtete Menschen weiter zu erleichtern.[15]

Zusätzlich wurden schnell aus der europäischen Friedensfazilität Finanzmittel in Höhe von zunächst 500 Mio. Euro freigegeben, die dann in mehreren Schritten auf 2 Mrd. Euro erhöht wurden.[16] Die EU ging mit ihren Finanzzusagen zugunsten der Ukraine somit deutlich über den ursprünglich festgelegten Finanzrahmen der Friedensfazilität hinaus. Als Instrument im Rahmen der Gemeinsamen Außen- und Sicherheitspolitik (GASP) wird die Europäische Friedensfazilität außerhalb des EU-Haushalts geführt. Mit den Geldern aus dieser Fazilität finanzierte die EU erstmals auch den Erwerb letaler militärischer Güter.

Die längerfristigen Folgen des Krieges in der Ukraine für die EU-Haushaltspolitik

Neben diesen eher kurzfristigen Finanzhilfen versuchte die EU auch zügig die finanziellen Grundlagen für den Wiederaufbau der Ukraine und die Beseitigung der Kriegsfolgen vorzubereiten. Der Europäische Rat hatte bereits bei seinem Treffen am 24. und 25. März 2022 angeregt, „einen Solidaritäts-Treuhandfonds für die Ukraine zu entwickeln"[17]. Die Europäische Kommission legte daraufhin am 18. Mai 2022 im Rahmen ihres umfassenderen Vorschlags „RePowerEU" erste Überlegungen für einen Wiederaufbau und die Beseitigung der Kriegsschäden in der Ukraine vor. Sie kalkulierte mit „einem erheblichen Finanzbedarf für den Wiederaufbau"[18] und schlug hierfür eine neue Finanzfazilität „Rebuild Ukraine" vor, die Darlehen und direkte Finanzhilfen ausreichen sollte. Die Fazilität solle aus dem EU-Haushalt finanziert werden, wobei das genaue Finanzvolumen noch nicht abzuschätzen sei. Hinzu kamen Vorschläge, um die Abhängigkeit der Mitgliedstaaten von fossilen russischen Energielieferungen zu reduzieren sowie die Kooperation im Bereich der Verteidigungspolitik zu verbessern. Allein für die vorgeschlagenen energiepolitischen Maßnahmen kalkulierte die Kommission einen zusätzlichen Finanzbedarf von insgesamt rund 210 Mrd. Euro bis 2027. Diese Summe solle durch Umschichtungen aus anderen Haushaltslinien sowie durch Einnahmen aus der Versteigerung zusätzlicher ETS-Zertifikate finanziert werden. Der größte Finanzierungsblock sollen allerdings nicht abgerufene Mittel aus dem europäischen Wiederaufbauplan in Höhe von 225 Mrd. Euro sein. Die Kommission schlägt vor, einen Termin festzulegen, bis zu dem diese Gelder noch abgerufen werden können; danach sollte die Verteilung neu festgelegt werden können.[19]

---

15 Europäische Kommission: Vorschlag für eine Verordnung zur Änderung der Verordnung 1303/2013 und der Verordnung 2021/1060 im Hinblick auf zusätzliche Flexibilität zur Bewältigung der Folgen des militärischen Angriffs durch die Russische Föderation FAST-CARE (Flexible Assistance for Territories – Flexible Unterstützung für Gebiete), COM(2022) 325 final, 29.6.2022.

16 Rat der EU: Beschluss (GASP) 2022/809 des Rates zur Änderung des Beschlusses (GASP) 2022/338 über eine Unterstützungsmaßnahme im Rahmen der Europäischen Friedensfazilität für die Bereitstellung militärischer Ausrüstung und Plattformen, die dazu konzipiert sind, tödliche Gewalt anzuwenden, für die ukrainischen Streitkräfte, in: Amtsblatt der EU L 145/40, 24.5.2022; Rat der EU: Beschluss (GASP) 2022/810 des Rates zur Änderung des Beschlusses (GASP) 2022/339 über eine Unterstützungsmaßnahme im Rahmen der Europäischen Friedensfazilität zur Unterstützung der ukrainischen Streitkräfte, in: Amtsblatt der EU L 145/42, 24.5.2022; Diese Fazilität wurde im Rahmen der MFR-Verhandlungen 2020 neu als Nachfolgeinstrument der früheren, auf spezifische Missionen oder Maßnahmen begrenzten Instrumente Athena und der Friedensfazilität für Afrika neu geschaffen.

17 Europäischer Rat: Schlussfolgerungen, EUCO 1/22, 25.3.2022, Ziffer 8.

18 Europäische Kommission: Mitteilung, Entlastung und Wiederaufbau der Ukraine, COM(2022) 233 final, 18.5.2022, S. 4.

19 Europäische Kommission: Mitteilung, RePowerEU-Plan, COM(2022) 230 final, 18.5.2022.

Ausblick

Eine Anpassung des gerade verabschiedeten neuen MFR 2021–2027 erscheint in der Krise unausweichlich. Der kaum zu kalkulierende zusätzliche Finanzbedarf zum Wiederaufbau der Ukraine sowie zur Erreichung der eigenen energie- und klimapolitischen Ziele löste umgehend eine Debatte über neue haushaltspolitische Instrumente aus. Zugleich wurde eine grundsätzliche Diskussion über die künftige Funktion des europäischen Haushalts und dessen Finanzierung angestoßen. Vorgeschlagen wurden neue Fonds, die ebenso wie der europäische Wiederaufbauplan als Reaktion auf die Pandemie-Krise durch europäische Schulden finanziert werden sollte.[20] Diese Debatte über eine Verstetigung des Instruments der gemeinsamen Schuldenaufnahme durch die Europäische Union sowie die Schaffung neuer Fonds wird die europäische Haushaltspolitik in den nächsten Jahren bestimmen.

Weiterführende Literatur

Margit Schratzenstaller et al.: New EU own resources: possibilities and limitations of steering effects and sectoral policy co-benefits, in: Europäisches Parlament, Haushaltsausschuss, PE 731.895, Brüssel, März 2022.

Iain Begg et al: The next Revision of the Financial Regulation and the EU Budget Galaxy. How to safeguard and strengthen budgetary principles and parliamentary oversight in: Europäisches Parlament, Haushaltsausschuss, PE 721.500, März 2022.

Eulalia Rubio: What the EU budget can and cannot do in response to the war in Ukraine, in: Jacques Delors Institute, Policy Brief, April 2022.

---

20 Thomas Gutschker: Brüssel bringt gemeinsame Schulden für Ukraine-Hilfe ins Gespräch, in: Frankfurter Allgemeine Zeitung, 18.5.2022.

Der Wiederaufbauplan der Europäischen Union

Peter Becker

Die Grundlagen für die gemeinschaftliche Reaktion der EU auf die sozio-ökonomischen Folgen der Covid-19-Pandemie waren bereits im Frühjahr 2021 gelegt worden: Damals verständigten sich die Mitgliedstaaten und die EU auf die Schaffung des Wiederaufbauplans der EU und des Aufbauinstruments NextGenerationEU sowie auf die Einrichtung einer Aufbau- und Resilienzfazilität (ARF).[1] Danach begann die Phase der Implementierung in den Mitgliedstaaten. Die Umsetzung folgt dabei weitgehend den eingespielten Mechanismen und greift auf ein ähnliches Instrumentarium zurück, wie es sich in der europäischen Kohäsionspolitik und zur Umsetzung der europäischen Strukturfonds eingespielt und bewährt hat.

Die prozeduralen Vorarbeiten der EU

Alle europäischen Organe und die Mitgliedstaaten waren sich einig, dass eine vollständige, rasche und effektive Implementierung der ARF für die mittelfristige Überwindung der sozio-ökonomischen Folgen der Pandemie und die langfristige Weiterentwicklung der europäischen Integration von zentraler Bedeutung sei.[2] Die Mitgliedstaaten sollten nachhaltige Reformen und öffentliche Investitionen in Gang setzen und dafür rasch finanzielle Unterstützung der EU erhalten. Zugleich sollten die europäischen Fördergelder oder Kredite möglichst effizient und nachhaltig eingesetzt und die finanziellen Interessen der Union geschützt werden.

Nach dem Abschluss des Legislativverfahrens im Februar 2021 begannen die Mitgliedstaaten umgehend mit der Erarbeitung ihrer nationalen Pläne zur Umsetzung des Wiederaufbauplans. Die Mehrzahl der Mitgliedstaaten legte ihren jeweiligen nationalen Aufbau- und Resilienzplan (NARP) im Frühjahr 2021 vor. Nur Bulgarien hatte seinen Plan deutlich verspätet erst am 15. Oktober 2021 bei der Europäischen Kommission eingereicht und die Niederlande haben bisher überhaupt keinen NARP erstellt und auch keine Fördergelder oder Kredite aus der Fazilität in Anspruch genommen (siehe Tabelle). Die Europäische Kommission legte daraufhin bis zum Sommer 2021 ihre erforderlichen Bewertungen zur Vorbereitung einer Beschlussfassung im Rat der Wirtschafts- und Finanzminister vor. Wie in der ARF-Verordnung[3] vorgesehen, legte sie hierfür elf Kriterien an, um die Relevanz, die Wirksamkeit, die Effizienz und die Kohärenz der nationalen Pläne zu bewerten.

Der Rat folgte in allen Fällen dem Urteil der Kommission und genehmigte die Mehrzahl der Pläne nach der Sommerpause 2021 mit Durchführungsbeschlüssen. Die nationalen Wiederaufbaupläne Schwedens, Bulgariens und Polens wurden erst mit langer Verspätung von der Kommission bewertet und vom Rat angenommen. Die abschließende Bewertung

---

1 Peter Becker: Der Wiederaufbauplan der Europäischen Union, in: Werner Weidenfeld/Wolfgang Wessels (Hg.): Jahrbuch der Europäischen Integration 2021, Baden-Baden 2021, S. 251–254.
2 Europäischer Rat: Schlussfolgerungen, EUCO 7/21, 25.6.2021, hier S. 2, Ziffer 7.
3 Verordnung (EU) 2021/241 zur Einrichtung der Aufbau- und Resilienzfazilität, in: Amtsblatt der EU L 57/17, 18.2.2021, Art. 19, Abs. 3.

des ungarischen NARP durch die Kommission steht aufgrund der nicht ausreichenden Umsetzung rechtsstaatlicher Grundsätze für die Verwaltung europäischer Gelder noch aus. Aus den gleichen Gründen hatte sich auch die Bewertung des polnischen NARP lange verzögert; erst nachdem die polnische Regierung eine umfassende Reform der Disziplinarordnung für polnische Richterinnen und Richter zugesagt hatte, bewertete die Kommission am 1. Juni 2022 den polnischen Aufbau- und Resilienzplan positiv. Der Rat folgte dieser Bewertung mit seinem Durchführungsbeschluss vom 17. Juni 2022.

Nach der formalen Billigung ihrer NARP durch den Rat verständigten sich die einzelnen Mitgliedstaaten auf konkrete Finanzhilfe- und Darlehensvereinbarungen mit der Kommission, die eine Vorfinanzierung von bis zu 13 Prozent der dem jeweiligen Mitgliedstaat insgesamt zustehenden Fördergelder ermöglichte. Insgesamt wurden über 56 Mrd. Euro an Vorauszahlungen aus dem EU-Budget an die Mitgliedstaaten ausgezahlt. Die anschließenden Auszahlungen sind an die Erreichung der vereinbarten Etappenziele und Zielwerte gebunden.

Die Mitgliedstaaten schlossen mit der Kommission daraufhin sogenannte operative Vereinbarungen[4] ab, in denen Modalitäten technischer Art, der Überwachungs- und Durchführungszeitplan, die Indikatoren für die Etappenziele und Fragen der Zusammenarbeit sowie die Teilauszahlungen konkretisiert und fixiert wurden. Die Vereinbarungen können jederzeit an sich verändernde Rahmenbedingungen angepasst werden und sehen hierfür einen regelmäßigen Austausch zwischen den Mitgliedstaaten und der Kommission vor. Bislang wurden elf operationelle Vereinbarungen unterzeichnet.

Als Hilfestellung für die Erstellung der Vereinbarungen und zur Konkretisierung des Monitorings der Implementierung der Wiederaufbaupläne in den Mitgliedstaaten ergänzte die Europäische Kommission die Verordnung zur Einrichtung der ARF um ein gesondertes Aufbau- und Resilienzscoreboard. In einer delegierten Verordnung[5] definierte sie gemeinsame Indikatoren und detaillierte Elemente, um die effiziente Verwendung der europäischen Gelder und die Fortschritte der Mitgliedstaaten bei der Umsetzung ihrer Pläne messen, bewerten und vergleichen zu können. Mit diesem Leistungsberichterstattungssystem soll die Durchführung der NARP in den sechs Anwendungsbereichen der Fazilität (ökologischer Wandel, digitaler Wandel, wirtschaftliches Wachstum und Arbeitsplätze, Kohäsion, Gesundheit und gesellschaftliche Resilienz, Bildung) kontinuierlich evaluiert und gemessen werden. Mit einer zweiten delegierten Verordnung wurde eine zusätzliche Methodik für die Berichterstattung über die Sozialausgaben der ARF festgelegt. Damit hob die Kommission neben den klima- und digitalpolitischen Schwerpunkten auch den sozialpolitischen Fokus der Verwendung der ARF-Gelder in den Mitgliedstaaten hervor.[6]

---

4 Verordnung (EU) 2021/241, Art. 20, Abs. 3.
5 Delegierte Verordnung (EU) 2021/2106 der Kommission zur Ergänzung der Verordnung (EU) 2021/241 zur Einrichtung der Aufbau- und Resilienzfazilität durch die Festlegung der gemeinsamen Indikatoren und detaillierten Elemente des Aufbau- und Resilienzscoreboards, in: Amtsblatt der EU L 429/83, 1.12.2021.
6 Delegierte Verordnung (EU) 2021/2105 der Kommission zur Ergänzung der Verordnung (EU) 2021/241 zur Einrichtung der Aufbau- und Resilienzfazilität durch die Festlegung einer Methodik für die Berichterstattung über Sozialausgaben, in: Amtsblatt der EU L 429/79, 1.12.2021.

Tabelle: Stand der Implementierung (Juni 2022)

Mitgliedstaaten	Vorlage des NARP	Positive Bewertung durch die Kommission	Durchführungsbeschluss des Rates	1. Vorfinanzierung (Datum; Summe)	Operationelle Vereinbarung
Belgien	30. April 2021	23. Juni 2021	13. Juli 2021	3. August 2021; 770 Mio. Euro	–
Bulgarien	15. Oktober 2021	7. April 2022	3. Mai 2022	3. Mai 2022; 6,3 Mrd. Euro	–
Dänemark	30. April 2021	17. Juni 2021	13. Juli 2021	2. September 2021; 201 Mio. Euro	–
Deutschland	28. April 2021	22. Juni 2021	13. Juli 2021	26. August 2021; 2,25 Mrd. Euro	–
Estland	18. Juni 2021	5. Oktober 2021	29. Oktober 2021	17. Dezember 2021; 126 Mio. Euro	22. März 2022
Finnland	27. Mai 2021	4. Oktober 2021	29. Oktober 2021	21. Januar 2022; 271 Mio. Euro	–
Frankreich	28. April 2021	23. Juni 2021	13. Juli 2021	19. August 2021; 5,1 Mrd. Euro	25. November 2021
Griechenland	27. April 2021	17. Juni 2021	13. Juli 2021	9. August 2021; 4 Mrd. Euro	21. Dezember 2021
Irland	28. Mai 2021	16. Juli 2021	8. September 2021	–	–
Italien	30. April 2021	22. Juni 2021	13. Juli 2021	13. August 2021; 24,9 Mrd. Euro	22. Dezember 2021
Kroatien	14. Mai 2021	8. Juli 2021	28. Juli 2021	28. September 2021; 818 Mio. Euro	9. Februar 2022
Lettland	30. April 2021	22. Juni 2021	13. Juli 2021	10. September 2021; 237 Mio. Euro	16. Februar 2022
Litauen	14. Mai 2021	2. Juli 2021	28. Juli 2021	17. August 2021; 289 Mio. Euro	–
Luxemburg	30. April 2021	18. Juni 2021	13. Juli 2021	3. August 2021; 12,1 Mio. Euro	–
Malta	13. Juli 2021	16. September 2021	5. Oktober 2021	17. Dezember 2021; 41,1 Mio. Euro	–
Niederlande	–	–	–	–	–
Österreich	30. April 2021	21. Juni 2021	13. Juli 2021	28. September 2021; 450 Mio. Euro	–
Polen	3. Mai 2021	1. Juni 2022	17. Juni 2022	–	–
Portugal	22. April 2021	16. Juni 2021	13. Juli 2021	3. August 2021; 2,2 Mrd. Euro	18. Januar 2022
Rumänien	31. Mai 2021	28. September 2021	29. Oktober 2021	2. Dezember 2021; 1,8 Mrd. Euro	25. Mai 2022
Schweden	28. Mai 2021	29. März 2022	3. Mai 2022	–	–
Spanien	30. April 2021	16. Juni 2021	13. Juli 2021	17. August 2021; 9 Mrd. Euro	9. November 2021
Slowakei	28. April 2021	21. Juni 2021	13. Juli 2021	13. Dezember 2021; 823 Mio. Euro	16. Dezember 2022
Slowenien	30. April 2021	1. Juli 2021	28. Juli 2021	17. Dezember 2021; 231 Mio. Euro	31. März 2022
Tschechische Republik	1. Juni 2021	19. Juli 2021	8. September 2021	28. September 2021; 915 Mio. Euro	–
Ungarn	11. Mai 2021	–	–	–	–
Zypern	17. Mai 2021	8. Juli 2021	28. Juli 2021	9. September 2021; 157 Mio. Euro	–

Quelle: Aktualisierte Zusammenstellung auf Grundlage von Europäische Kommission: Bericht über die Durchführung der Aufbau und Resilienzfazilität, COM(2022) 75 final, Brüssel, 1.3.2022, S. 76/77.

Die nationalen Aufbau- und Resilienzpläne (NARP)

In der Praxis wird die ARF mit der Festlegung der Förderprioritäten in den NARP der Mitgliedstaaten sowie nach Abstimmung und unter einem kontinuierlichen Monitoring der Europäischen Kommission implementiert. In den Plänen werden die mitgliedstaatlichen Reformen und Investitionen zur Erreichung der klima- und digitalpolitischen Ziele weiter differenziert und konkrete Maßnahmen benannt. Diese Maßnahmen werden den sechs Prioritäten zugeordnet und hierfür in drei Kategorien eingruppiert, also in Maßnahmen, die vollständig, zu einem Teil oder gar nicht zur Erreichung der jeweiligen Ziele in den Arbeitsschwerpunkten beitragen. Darüber hinaus werden die Verteilung der Gelder auf die einzelnen Bereiche und Maßnahmen festgelegt sowie spezifische und angepasste Etappenziele fixiert.

Die Europäische Kommission ermittelt so kontinuierlich den Beitrag der ARF-Gelder zur Erreichung der Ziele in den sechs Arbeitsbereichen.[7] Nach den Erhebungen der Kommission sehen die bislang genehmigten NARP fast 40 Prozent der geplanten Ausgaben für Klimaschutzmaßnahmen vor und mehr als 28 Prozent für Maßnahmen zur digitalen Transformation. Damit werden die vereinbarten Ziele von mindestens 37 Prozent der ARF-Gelder für den Klimaschutz und mindestens 20 Prozent für digitalpolitische Maßnahmen übertroffen.[8] Insgesamt umfassen die Pläne der Mitgliedstaaten mehr als 5.000 Etappenziele und Zielwerte. Eine Studie für die Europäische Kommission kam zu dem Ergebnis, dass die vereinbarten Reformen und Investitionen das Bruttoinlandsprodukt der EU bis 2024 insgesamt um bis zu 1,5 Prozent steigern könnten.[9]

Weiterführende Literatur

Stella Ladi/Sarah Wolff: The EU Institutional Architecture in the Covid-19 Response: Coordinative Europeanization in Times of Permanent Emergency, in: Journal of Common Market Studies 59/2021, Annual Review, S. 32–43.

Sachverständige der Öffentlichen Anhörung des Ausschusses für die Angelegenheiten der Europäischen Union im Deutschen Bundestag: Stellungnahmen, „Aufbau- und Resilienzpläne der EU-Mitgliedstaaten im Rahmen von NextGenerationEU sowie Vorschläge der EU-Kommission für neue EU-Eigenmittel", 20.6.2022, abrufbar unter https://www.bundestag.de/ausschuesse/a21_eu/oeffentliche_anhoerungen#url=L2F1c3NjaH-Vlc3NlL2EyMV9ldS9vZWZmZW50bGGjaGVfYW5ob2VydW5nZW4vODk4NzkwLTg5ODc5MA==&mod=mod898838 (letzter Zugriff: 15.8.2022).

---

[7] Europäische Kommission: Recovery and Resilience Scoreboard, abrufbar unter https://ec.europa.eu/economy_finance/recovery-and-resilience-scoreboard/index.html (letzter Zugriff: 1.8.2022). Da die Ausgaben teilweise mehreren Arbeitsschwerpunkten zugerechnet werden, beträgt die prozentuale Gesamtsumme 200 Prozent und unterscheidet nach primären und sekundären Ausgaben.

[8] Europäische Kommission: Bericht über die Durchführung der Aufbau- und Resilienzfazilität, COM(2022) 75 final, 1.3.2022.

[9] Philipp Pfeiffer/Janos Varga/Jan in 't Veld: Quantifying Spillovers of Next Generation EU Investment, Discussion Paper 144, European Economy, Juli 2021.

Industriepolitik

Jürgen Turek

Die geoökonomische Lage der Europäischen Union und die Konstitution ihrer Industrien bleibt kompliziert. Die europäische Industrie wird permanent mit disruptiven Impulsen konfrontiert. Sie resultieren aus der Komplexität des technologischen und sozio-ökonomischen Wandels. Hinzu kommen Schwierigkeiten in den Wirtschaftsbeziehungen mit den USA und insbesondere zu China. In den vergangenen vier Jahren hat die Europäische Kommission ihre industriepolitische Strategie deshalb dreimal modifiziert. Die letzte Aktualisierung fand am 10. März 2021 statt.[1] Mit der neuen Strategie strebt die EU eine „Offene Strategische Autonomie" (OSA) an. Diese Neujustierung dient dazu, die Resilienz des Binnenmarktes sowie die Wettbewerbsfähigkeit der Union und ihrer Unternehmen zu stärken, ohne den Klimaschutz zu vernachlässigen. Sie zielt zudem darauf ab, Abhängigkeiten von kritischen Rohstoffimporten zu verringern und nicht hilflos bei dem Zusammenbruch wichtiger Lieferketten zu sein. Den Ambitionen der EU hinsichtlich Digitalisierung, Klimaschutz und Wettbewerbsfähigkeit stehen allerdings verschiedene Hemmnisse im Weg:

1. Nationale Unterschiede in der Umsetzung von EU-Regulierungen führen zu einem fragmentierten Binnenmarkt, der – im Vergleich zu China, Südkorea, Taiwan, Japan oder den USA – Innovationsprozesse hemmt.
2. Der Klimawandel zieht umfangreiche und teure Anpassungen nach sich, was Wettbewerbsnachteile gegenüber den weniger klimabewussten Staaten produziert.
3. Der demographische Wandel verursacht eine Verknappung des Angebots an Fachkräften, die nicht ohne weiteres woanders rekrutiert oder durch produktionstechnische Rationalisierungen ersetzt werden können.
4. Die USA, Japan, Taiwan und Südkorea hängen die EU bei der Digitalisierung zunehmend ab. Dies bedroht die Technologiesouveränität mit Blick auf die Verteidigung und Erlangung einer Führungsposition in der Mikroelektronik.
5. Im Rahmen der Handels- und Wirtschaftsbeziehungen mit China ist die Art der Reziprozität der wirtschaftlichen Beziehungen ein Reizthema der Diskussion um fairen Handel und Technologietransfer.
6. Der Angriffskrieg Russlands gegen die Ukraine zeigt die fortwährende Abhängigkeit der europäischen Industrie von fossilen Energieträgern drastisch auf.[2]

Die neue Industriestrategie der EU

Diese Friktionen prägen den Rahmen für die Industriepolitik der EU. Und hier setzt die neue Industriestrategie der EU an. In der europäischen Industriepolitik ist ein größeres Bewusstsein für wirtschaftliche Abhängigkeiten entstanden. Die EU will nach den Worten des

---

1 Europäische Kommission: Pressemitteilung, Aktualisierung der Industriestrategie von 2020 hin zu einem stärkeren Binnenmarkt für die Erholung Europas, IP/21/1884, 5.5.2021.
2 Deutscher Industrie- und Handelskammertag: Empfehlungen für eine europäische Industriepolitik. DIHK-Positionspapier 2021, Dezember 2021.

Präsidenten des Europäischen Rats, Charles Michel, deshalb ihre Industrie weltweit wettbewerbsfähiger machen und ihre Unabhängigkeit mit Blick auf andere Staaten und Widerstandsfähigkeit gegenüber politischen Repressalien im Wirtschaftsbereich stärken. Ihr Leitmotiv dabei ist die Offene Strategische Autonomie. Neben ökonomischer Unabhängigkeit und Wettbewerbsfähigkeit bilden die Digitalisierung und der Klimaschutz die weiteren Kernanliegen der Strategie. Wichtige Eckpunkte dabei sind ein adäquater Finanzrahmen, ein vertiefter Binnenmarkt, die Erhaltung der Basis bei kritischen Industrien, die Unterstützung der Industrie bei der Erreichung von Klimaneutralität, die Schaffung einer Kreislaufwirtschaft, ein Geist der industriellen Innovation sowie die Vermittlung entsprechender Kompetenzen im Kontext der nationalen Bildungssysteme. Innerhalb dieses Bezugssystems möchte die Europäische Kommission in Zukunft alle sozio-ökonomischen Kräfte bündeln. Sie will effektive und robuste Wertschöpfungsketten auch über Sektorengrenzen etablieren. Damit meint sie eine nachhaltige Kooperation der Akteure in technologieintensiven Wertschöpfungsbereichen. Dies sind Forschungsinstitute, große Unternehmen und ihre Zulieferer sowie kleine und mittlere Unternehmen (KMU). Die als Industrieallianzen bekannten Initiativen haben nach Auffassung der Kommission bei der Entwicklung von Ansätzen einer Kreislaufwirtschaft bei Batterien, Kunststoffen und Mikroelektronik bereits gute Ergebnisse erzielt. In den 2020er Jahren sollen Allianzen für sauberen Wasserstoff, für CO_2-arme Industrie, für Industrie-Clouds sowie für Rohstoffe hinzukommen.

Herausforderungen der europäischen Industriepolitik

Bekannte Umsetzungsprobleme stehen einer effizienten Umsetzung der neuen Industriestrategie im Weg. Neue Problemlagen kommen hinzu. Dies hat der Gebrauch fossiler Energieträger als politische Waffe durch Russland 2022 gezeigt. Hartnäckig bestehende Probleme sind Investitions- und Handelshemmnisse zwischen der EU, den USA und China. Mit Blick auf die Arbeitsteilung in der Weltwirtschaft entwickelt sich vor allem die Volksrepublik zu einem Problem, da sie in zunehmender Weise systempolitische Motive ihrer Industriepolitik erkennen lässt.[3] Die intensive europäisch-chinesische Wirtschaftsverflechtung und Abhängigkeiten von Rohstoffen wie Magnesium oder seltenen Erden aus China sind offensichtlich.[4] Eine ehrlichere Diskussion über eine Neuausrichtung der Politik gegenüber dem Reich der Mitte erscheint angebracht. Die Rolle staatlicher oder staatsnaher Unternehmen bleibt für die europäische Industrie oft intransparent; die strikte Null-Covid-Strategie Chinas hemmt das Engagement europäischer Firmen im Land. Die Übernahme strategisch wichtiger Technologiefirmen durch chinesische Unternehmen wird als problematisch für die Technologiesouveränität in der EU angesehen. Ein Beispiel dafür ist die Übernahme aller Unternehmensanteile des deutschen Roboterbauers Kuka durch die chinesische Firma Midea (Squeeze-out) und die komplette Überführung dieser Aktiengesellschaft 2022 in das Eigentum des in der chinesischen Provinz Guangdong residierenden Konzerns.[5] Es herrscht die Sorge, dass sich China nicht nur schrittweise von ausländischen Industrien unabhängig machen, sondern bewusst die Kontrolle über strategische Bausteine

---

3 Markus Becker et. al.: In die Falle gelaufen, in: Der Spiegel, 28.5.2022; vgl. hierzu auch den Beitrag „Die Europäische Union und China" in diesem Jahrbuch.
4 Max J. Zenglein: Abhängig oder aufeinander angewiesen? Eine Neubewertung der Wirtschaftsbeziehungen der EU mit China, in: MERICS China Monitor, 17.11.2020.
5 Thomas Pösl: Augsburger Hersteller Kuka: Roboterbau wird komplett chinesisch, in: Tagesschau, 17.5.2022.

technologischer Lieferketten erlangen und damit den Westen mit Blick auf politische Konflikte potenziell erpressbar machen will.[6]

Darüber hinaus stehen nach wie vor Vorwürfe der Behinderung des Marktzugangs europäischer Firmen in China im Raum. Die EU hat deshalb zwei Instrumente auf den Weg gebracht, die Marktzugangsbeschränkungen seitens der Volksrepublik durchbrechen sollen: ein Investitionsabkommen[7] und das „International Procurement Instrument".[8] Die EU und China hatten sich 2020 auf ein Investitionsabkommen verständigt. Es stand 2021/2022 kurz vor seiner Ratifizierung und galt als zielführend. Die Hoffnungen auf ein Inkrafttreten wurden aufgrund der Kritik der USA an dem Abkommen und der Fragen zu den Ereignissen in Xinjiang[9] und den Sanktionen gegenüber China und ihren Gegensanktionen gedämpft. Der weitere Ratifizierungsprozess liegt derzeit auf Eis. Dabei greift das Abkommen die richtigen Fragen für die europäische Industrie auf. Dazu zählen unter anderem das Verbot von erzwungenem Technologietransfer, Transparenzauflagen für Subventionen im Dienstleistungssektor und die Auflage, dass sich Staatsunternehmen marktkonform zu verhalten haben. Das Investitionsabkommen, so die Kritik, löse strukturelle Ungleichgewichte im Marktzugang allerdings nicht. Das chinesische System der Negativlisten[10] bleibe ebenso bestehen wie zahlreiche Eingriffs- und Blockademöglichkeiten der chinesischen Behörden. Umgekehrt sichere die EU China auf unbestimmte Zeit die Offenheit des eigenen Marktes zu. Deshalb steht China weiter unter Druck. Dies betrifft weitergehende Zugeständnisse mit Blick auf Gegenseitigkeit und Wettbewerbsfähigkeit und die Einhaltung von Menschenrechten.

Das International Procurement Instrument soll dazu beitragen, das Problem der Benachteiligung von EU-Unternehmen auf öffentlichen Beschaffungsmärkten zu lösen, indem es die EU ermächtigt, in Fällen angeblicher Beschränkungen für EU-Unternehmen auf diesen Märkten von Drittländern Untersuchungen einzuleiten, Konsultationen mit dem betreffenden Land über die Öffnung seines Beschaffungsmarktes aufzunehmen und schließlich den Zugang zum EU-Beschaffungsmarkt für ausländische Unternehmen zu beschränken, wenn diese aus einem Land kommen, das weiterhin Beschränkungen für EU-Unternehmen anwendet. Es wurde 2012 erstmals vorgestellt, 2021 dann in den Abstimmungsprozess der EU eingespeist und soll voraussichtlich 2023 in Kraft treten.[11]

Zur Stärkung der Technologiesouveränität und Sicherung von Lieferketten stellte die Europäische Kommission 2022 schließlich den Entwurf eines EU-Chip-Gesetzes vor. Es soll einen Beitrag zum digitalen und ökologischen Wandel leisten und Europas Schwächen in diesem Bereich eliminieren. Die weltweite Halbleiterknappheit hat dazu geführt, dass Unternehmen erhebliche Probleme bei der Endfertigung ihrer Produkte bekommen haben. Dadurch wurde die globale Abhängigkeit von einer begrenzten Zahl von Akteuren in Asien und den USA klar. Das Chip-Gesetz greift diese Probleme auf. Es mobilisiert 43 Mrd. Euro

---

6 Philipp Mattheis: Dominanz. China sitzt auf wertvollen Rohstoffen – und ist sich dieser Macht bewusst, in: Der Standard, 24.6.2021.
7 Europäische Kommission: Pressemitteilung, EU und China erzielen Grundsatzeinigung über Investitionen, IP/20/2541, 30.12.2020.
8 Rat der EU: Pressemitteilung, Handel: Instrument für das Internationale Beschaffungswesen – Rat legt Verhandlungsmandat fest, 433/21, 2.6.2021.
9 Dies bezieht sich auf die massive Beeinträchtigung der Menschenrechte der Volksgruppe der Uiguren in der Provinz Xinjiang.
10 Negativlisten formulieren Beteiligungsgrenzen für ausländische Investoren.
11 Klemens Kober: International Procurement Instrument: Einigung bei Trilogverhandlungen. DIHK Positionspapier, 21.3.2022.

an öffentlichen und privaten Investitionen. Es beinhaltet Maßnahmen, damit sich die Unternehmen in der EU auf künftige Unterbrechungen der Lieferketten einstellen und schnell gegensteuern können. Die Ziele sind der Aufbau einer europäischen Führungsrolle im Halbleiterbereich, der Aufbau von Innovationskapazitäten bei Entwurf und Herstellung von Chips, die Beseitigung des Fachkräftemangels, die Steigerung der Produktionskapazitäten auf 20 Prozent des Weltmarktes bis 2030 sowie die Erlangung eines umfassenden Verständnisses der globalen Halbleiter-Lieferketten.[12]

Industriepolitik und Offene Strategische Autonomie

Die EU hat mit Blick auf die Basis, die Wertigkeit, den Bestand und die Entwicklungsfähigkeit der europäischen Industrie nochmals stärker aufgehorcht. Die Gemeinschaft geht ihre Probleme hinsichtlich Wettbewerbsfähigkeit, Digitalisierung und Klimaschutz mit dem Grundsatz der OSA industriepolitisch differenziert an. Sie signalisiert damit einerseits den unbedingten Willen der Behauptung des Industriestandorts Europa. Das Prinzip der Offenheit meint dabei einen europäischen Konsens darüber, welche Instrumente, Regeln und Allianzen die EU zukünftig braucht, um sich industriell zu behaupten, ohne sich handels- und investitionspolitisch abzuschotten. Diese Dichotomie erscheint wichtig. Die Pandemie, das Entgleiten der Kontrolle über Lieferketten, der restliche amerikanische Protektionismus aus der Ära Trump und die industriepolitische Aggressivität Chinas zeigen einerseits die Dringlichkeit spezifischer industriepolitischer Korrekturen auf. Strategische Autonomie und das Bekenntnis zu Führerschaft auf dem Weltmarkt der Zukunft darf aber kein Signal für ein ‚Europe-First' sein, dass sich wirtschafts- und handelspolitisch überdehnt emanzipieren will. Die OSA soll durch ihre „Offenheit" deshalb – andererseits – Bedenken hinsichtlich eines europäischen Protektionismus' zerstreuen. Dies sichert Europa mit Blick auf Vorwürfe einer gewollten oder gar gelenkten De-Globalisierung ab. Die Vermittlung dieses Sachverhalts sollte zur Kommunikation der Europäischen Kommission zur neuen Strategie auf jeden Fall hinzugehören.

Darüber hinaus sollte sich China mit Blick auf seine weltwirtschaftliche und -politische Rolle erklären. Der systempolitische Bezug der chinesischen Industrie- und Handelspolitik klärt nicht auf, was genau die chinesische Führung meint, wenn sie 2035 autark und 2050 Weltmacht Nummer Eins sein will. Unsicherheit besteht auch mit Blick auf die USA, falls 2024 Donald Trump oder ein ähnlich unberechenbarer und erratisch agierender Präsident gewählt wird, der die heimische Industrie wieder stärker schützen will und mit Blick auf eine multilaterale Welthandelsordnung wenig Sympathien ins Weiße Haus mitbringen könnte.

Weiterführende Literatur

Europäische Kommission: Europäische Industriestrategie, abrufbar unter https://ec.europa.eu/info/strategy/priorities-2019-2024/europe-fit-digital-age/european-industrial-strategy_de (letzter Zugriff: 20.6.2022).
Clemens Fuest/Nina Czernich/Oliver Falck: Nationale und europäische Industriepolitik und der Aufstieg Chinas, in: Industriepolitik in Deutschland und der EU. Jahresheft des Wissenschaftlichen Beirats der Stiftung Familienunternehmen, München 2020, S. 61–97.
Kishore Mahbubani: Hat China schon gewonnen? Chinas Aufstieg zur neuen Supermacht, Kulmbach 2022.

---

12 Europäische Kommission: Europäisches Chip-Gesetz, abrufbar unter https://ec.europa.eu/info/strategy/priorities-2019-2024/europe-fit-digital-age/european-chips-act_de (letzter Zugriff: 15.5.2022).

Jugendpolitik

Eva Feldmann-Wojtachnia

In Zeiten der Krise erwarten junge Menschen von der EU die Bewahrung des Friedens, eine Stärkung der internationalen Sicherheit und die Förderung der Zusammenarbeit sowie das Verfolgen einer umweltfreundlichen Politik und die Bekämpfung des Klimawandels, aber auch soziale Gerechtigkeit und verbesserte Arbeitsmöglichkeiten für die junge Generation.[1] Die Folgen des russischen Angriffs auf die Ukraine, die anhaltenden Auswirkungen der Covid-19-Pandemie wie auch die Klimakrise erschüttern Europa und die Welt. Junge Menschen sind emotional stark betroffen und in ihrer Entwicklung deutlich beeinträchtigt.[2] Um die einschneidenden Entwicklungen zu verarbeiten, brauchen sie Orte und Angebote, damit sie sich mit den Auswirkungen auf ihr Leben auseinandersetzen können. Diese Umstände fordern die Jugendpolitik und die Jugendarbeit enorm heraus und verlangen nach neuen Konzepten und adäquaten Ansätzen.

Das Europäische Jahr der Jugend

Die Europäische Kommission hat das Jahr 2022 zum „Europäischen Jahr der Jugend" erklärt.[3] Damit will sie die Solidarität der jungen Menschen während der Covid-19-Pandemie würdigen. Jugendlichen sollen neue Chancen eröffnet und ihren Anliegen mehr Gehör verschafft werden. Hierzu fanden dezentral Veranstaltungen statt, die über eine Webseite der Europäischen Kommission[4] beworben wurden. Über eine interaktive Landkarte werden europaweit konkrete Beteiligungsmöglichkeiten aufgezeigt und zum Online-Dialog mit EU-Kommissar:innen eingeladen. Teil des Europäischen Jahrs der Jugend ist auch das ungewöhnliche Projekt youthvoices.eu, eine multilinguale Plattform der Kommission, wobei Jugendliche Sprachnachrichten zu verschiedenen Themenfeldern aufnehmen können. Ziel ist es, die Ideen gebündelt als „Stimme der europäischen Jugend" bei der Abschlussveranstaltung am 6. Dezember 2022 im Europäischen Parlament in Brüssel vorzustellen. Angesichts der angespannten Krisenlage in Europa hat das Europäische Jahr der Jugend allerdings kaum eine größere Aufmerksamkeit in der Öffentlichkeit erreicht und ist nur einem kleinen Kreis von Engagierten, vornehmlich aus dem Bereich der europäischen Jugendbildung bekannt. Für das Europäische Jugendforum ist #OurYear daher mit der Forderung verbunden, dass weiterreichende Gesetzgebungsmaßnahmen und ein Politikwechsel nötig

---

1 Europäische Union: Flash-Eurobarometer 502, Jugend und Demokratie im Europäischen Jahr der Jugend, 2282 / FL502, Mai 2022.
2 OECD: Supporting young people´s mental health throughout the Covid-19 crisis, in: OECD Working Papers Tackling Coronavirus (Covid-19): Contributing to a global effort, 12.5.2021.
3 Beschluss (EU) 2021/2316 des Europäischen Parlaments und des Rates über ein Europäisches Jahr der Jugend (2022), in: Amtsblatt der EU L 462/1, 28.12.2021.
4 Europäische Union: Europäisches Jahr der Jugend 2022, abrufbar unter https://europa.eu/youth/year-of-youth_de (letzter Zugriff: 14.9.2022); Eurodesk: Europäisches Jahr der Jugend, abrufbar unter https://ejj2022.de (letzter Zugriff: 14.9.2022).

sind, um das Leben junger Menschen in Europa langfristig zu verbessern. Unter anderem wird ein verbindlicher „EU Jugend Test" für alle Gesetzesvorhaben der EU angestrebt.[5]

EU-Jugenddialog und EU-Jugendkonferenzen

Die EU-Jugendstrategie (2019–2027)[6] benennt den EU-Jugenddialog und die EU-Jugendkonferenzen als zentrale und verbindliche Konsultations- und Partizipationsinstrumente. Der 18-monatige, mittlerweile neunte Konsultationszyklus steht unter dem Motto „Gemeinsam engagieren für ein nachhaltiges und inklusives Europa" und bezieht sich auf die Jugendziele #3 Inklusive Gesellschaften und #10 Ein nachhaltiges, grünes Europa.[7] Er startete zum Auftakt der aktuellen Trioratspräsidentschaft unter französischer Ratspräsidentschaft mit der EU-Jugendkonferenz im Januar 2022 pandemiebedingt im Online-Format, gefolgt von der EU-Jugendkonferenz in Prag im Juli 2022. Hier kamen jugendliche Delegierte in Präsenz zusammen, um sich auf Forderungen für eine inklusive und nachhaltige Gesellschaft zu verständigen und Einfluss auf die Politik zu nehmen. Nachdem in den ersten Monaten des Jahres europaweit Ideen junger Menschen gesammelt wurden, leiteten sie nun konkrete „Youth Actions" und nötige Unterstützungsmechanismen ab.[8]

Konferenz zur Zukunft Europas - Jugend findet Gehör

Im Mai 2022 wurde der Abschlussbericht zu den Ergebnissen der Konferenz zur Zukunft Europas (CoFoE) veröffentlicht. Für den Bereich „Bildung, Kultur, Jugend und Sport" werden die Europäische Union und die Mitgliedstaaten ersucht, bis 2025 einen „inklusiven Europäischen Bildungsraum" zu schaffen, der allen Bürger:innen gleichen Zugang zu qualitativer Bildung und lebenslangem Lernen bietet. Auch wird gefordert, eine Unterrichtseinheit der politischen Bildung zu den demokratischen Prozessen und Werten der EU sowie der europäischen Geschichte zu entwickeln, die in allen Mitgliedstaaten gleichermaßen etabliert wird.[9]

Auf der Plattform youthideas.eu wurden mehr als 1.500 Ideen und Vorschläge junger Europäer:innen zusammengetragen, welche beim European Youth Event (EYE) diskutiert, weiterentwickelt und in einem Bericht zusammengefasst wurden. Verantwortung, Transparenz, soziale Gerechtigkeit, Solidarität und Nachhaltigkeit sind die Leitbegriffe, die nachdrücklich für die Gestaltung aller Politikbereiche der Europäischen Union eingefordert werden. Aus Sicht der Jugendlichen spielen nicht-formale Bildungsangebote dabei eine entscheidende Rolle, die es deutlich in der EU zu stärken gilt.[10] Das Event, bei dem über 10.000 junge Menschen online zugeschaltet waren, fungierte auch als offizieller hybrider Veranstaltungsbaustein für die Konferenz zur Zukunft Europas.

Der explizite Einbezug jugendlicher Perspektiven und Forderungen in die Ergebnisse der Konferenz zur Zukunft Europas ist grundsätzlich positiv zu bewerten. Allerdings bleibt

---

5 European Youth Forum: Representing Europe's youth, abrufbar unter www.youthforum.org (letzter Zugriff: 14.9.2022) und European Youth Forum: EU Youth Test, abrufbar unter www.youthforum.org/files/YFJ_EU_Youth_Test.pdf (letzter Zugriff: 14.9.2022).
6 Rat der EU: Entwurf einer Entschließung zu einem Rahmen für die jugendpolitische Zusammenarbeit in Europa: die EU-Jugendstrategie 2019–2027, in: Amtsblatt der EU C 456/1, 18.12.2018.
7 Rat der EU: EU-Jugendstrategie 2019–2027, Erläuterungen zu den Jugendzielen siehe Anlage 3, S. 12, S. 16.
8 Ondřej Bárta/Dan Moxon: EUYD9 EU Youth Conference in Prague, Czech Republic. Final Conference Report: Deliberations on Sustainability and Inclusion, Prag 2022.
9 Europäische Union: Conference of the Future of Europe. Report on the final outcome, Brüssel 2022, S. 88.
10 European Youth Event: Bericht über die Ideen der Jugend für die Konferenz zur Zukunft Europas. Luxemburg 2021, S. 18.

offen, mit welchen Mechanismen künftig Jugendpartizipation divers und bedeutungsreich in die EU-Entscheidungsverfahren eingebunden werden soll und wie sie breiter als der primär auf jugendpolitische Fragen ausgerichtete EU-Jugenddialog aufgestellt werden kann.[11]

Jugendarbeit in Europa unter Druck

Zur Umsetzung der „European Youth Work Agenda" (EYWA)[12] wurde 2020 der sogenannte „Bonn-Prozess" ins Leben gerufen. Dieser zielt auf die Stärkung und Weiterentwicklung der Jugendarbeit in Europa. Zur besseren Vernetzung der Akteure wurde 2022 von der Nationalen Agentur JUGEND für Europa die europaweite Plattform bonn-process.net eingerichtet. Angesichts der angespannten Lage gerät die Jugendarbeit stark in Bedrängnis, bedingt durch schwindende und sich verändernde Räume für Jugendliche, zunehmende Kompetenzanforderungen an die Fachkräfte, eine systematische Unterfinanzierung des Jugendbereichs und eine unzureichende strukturelle Absicherung. Als notwendig erweist sich eine bessere vertikale Verankerung der Jugendarbeit von der europäischen zur lokalen Ebene sowie eine horizontale Harmonisierung bezüglich der unterschiedlichen Qualitätsanforderungen in den Mitgliedstaaten und mit anderen Politikbereichen.[13] Forderungen dieser Art sind nicht neu. In Anbetracht der zu überwindenden Folgen der Covid-19-Pandemie haben sie sich in ihrer Dringlichkeit jedoch deutlich verschärft. Es ist an der Zeit, „über die Debatte hinaus eine politische Zusage und damit Entschlusskraft zu erlangen"[14], um in der EU gemeinsam definierte, verbindliche Standards von „European Youth Work" mit entsprechender Anerkennung und politischer Relevanz zu erreichen.

Aufnahme von Kindern und Jugendlichen aus der Ukraine

Zu Beginn des Krieges gegen die Ukraine lebten dort ca. 7,5 Mio. Kinder und Jugendliche. Einen Monat nach Kriegsbeginn wurde bereits über die Hälfte von ihnen vertrieben, mittlerweile wird von über zwei Dritteln ausgegangen. Gemäß einer Umfrage vom Juni 2022 hatten knapp 80 Prozent der befragten Ukrainer:innen Kinder und Jugendliche im Alter von 0-17 Jahren bei sich, davon etwa die Hälfte im schulpflichtigen Alter.[15] Die Europäische Kommission hatte bereits Anfang März 2022 eine Reihe von Maßnahmen auf den Weg gebracht und eine Solidaritätsplattform eingerichtet. In Bezug auf eine möglichst schnelle Integration der Kinder und Jugendlichen ins Bildungssystem bietet sie den Mitgliedstaaten Finanzhilfen für Schulen, berufliche Bildung und Freiwilligentätigkeit durch den EU-Kohäsionsfonds, Erasmus+ und das Europäische Solidaritätskorps sowie über das eTwinning-Programm an. Bei der Aufnahme der Kinder und Jugendlichen kommt insbesondere den Fachkräften der Schulsozialarbeit sowie der internationalen Jugendarbeit und Jugendbildungsstätten eine wichtige Funktion zu, allerdings benötigen diese eine rasche Qualifizierung im Hinblick auf die psychosozialen Belastungen der Geflüchteten sowie spezifische Fortbildungen für die neuen Aufgaben. Hierfür sind die Verantwortlichen der Jugendpolitik zu sensibilisieren.

---

11 European Youth Forum: Conference of the Future of Europe: European Youth Forum Position Paper, 14.9.2021, S. 2–3.
12 Rat der EU: Entschließung zu dem Rahmen für die Festlegung einer Europäischen Jugendarbeitsagenda, in: Amtsblatt der EU C415/1, 1.12.2020.
13 Howard Williamson: Grundsätzliche Herausforderungen für europäisches Youth Work und Youth Work in Europa. Verbindungslinien ziehen und Lücken schließen, Bonn 2020.
14 Howard Williamson: Grundsätzliche Herausforderungen für europäisches Youth Work, S. 10.
15 European Parliamentary Research Sevice: Russia's war on Ukraine: The situation of Ukraine's children, PE 729.332, 24.3.2022.

Fazit

Das Krisenlage in Europa fordert die Jugendpolitik der EU mit ihren eher schwachen Instrumenten, der fehlenden Eigenständigkeit und den begrenzten Kompetenzen unmissverständlich heraus. Die Auswirkungen der Covid-19-Pandemie auf die Jugendarbeit sind tiefgreifend, was zahlreiche Studien eindrücklich belegen. Nur 17 Prozent der Befragten einer Umfrage unter Beschäftigten der Jugendarbeit erhielten nach eigener Einschätzung eine zufriedenstellende erforderliche Hilfe.[16] Auch 2022 ist noch keine Erholung des Sektors erreicht. Über die Aufbau- und Resilienzfazilität stehen europaweit 723,8 Mrd. Euro zur Bewältigung der Corona-Krise bereit.[17] Eine ihrer sechs Säulen umfasst Maßnahmen und Reformen für die nächste Generation, allerdings ist dieser Bereich mit 11 Prozent der vereinbarten Mittel am schwächsten finanziell ausgestattet und vorrangig dem Schwerpunkt schulische Bildung, Aus- und Hochschulbildung gewidmet.[18] Es wird einmal mehr deutlich, dass jugendpolitische Aufgabenbereiche wie die nicht-formale politische Bildung, die Vermittlung der europäischen Werte oder die Förderung aktiver Bürgerschaft als nachrangig eingestuft werden. Die Folgen der Pandemie haben jedoch den Bedarf an Ressourcen im Bereich der Jugendarbeit deutlich erhöht und erhebliche „Politiklücken" auf nationaler wie europäischer Ebene sichtbar werden lassen. Für den Wiederaufbau bedarf es einer strategischen Neuausrichtung der Jugendpolitik, verbunden mit einer umfassenden und nachhaltigen Förderung von Qualität, Innovation, Digitalisierung und Inklusion in der Jugendarbeit.[19]

Die Jugendpolitik steht angesichts der multiplen Herausforderungen mehr denn je auf dem Prüfstand. Mit dem Europäischen Jahr der Jugend „sollte ein Reflexionsprozess über die Zukunft der Jugend und ihre aktive Beteiligung an der Gestaltung der Zukunft Europas ausgelöst werden. Aus diesem Grund sollte Jugendpolitik in alle Politikbereiche der Union entsprechend Eingang finden."[20] Die in der EU-Jugendstrategie formulierten Ziele bieten ausreichend Anhaltspunkte für eine wirkungsvolle Gestaltung der Jugendpolitik, die allerdings mit beherzter Handlungsbereitschaft der Akteure einher gehen und zu klaren Vorhaben in der Praxis führen muss. Die Jugendarbeit rückt hierbei in den Fokus, denn sie kann junge Menschen in Zeiten der Krise adäquat begleiten sowie Orte zum Austausch und Möglichkeiten zum Engagement bieten. Dafür muss aber ihr Wert in der Politik sichtbarer und neben der Projektförderung auch ein belastbarer institutioneller Rahmen zur Verfügung gestellt werden.

Weiterführende Literatur

Mathias Albert: Politik und Jugend: ein belastetes Verhältnis, in: Der lange Weg aus der Pandemie. Wie sich die Coronakrise auf Jugendliche auswirkt und welche Unterstützung sie benötigen, DJI Impulse 2/2022, S. 53–55.

TUI Stiftung (Hg.): Junges Europa 2022. So denken Menschen zwischen 16 und 26 Jahren, Hannover 2022.

---

16 Johanna Böhler/Andreas Karsten/Ashley Pitschmann: Youth Work and the Corona Pandemic in Europe, in: research-based Analysis of European RAY Policy Brief 9/2020, Juni 2020, S. 16.
17 Europäische Kommission: Aufbau- und Resilienzfazilität, abrufbar unter https://ec.europa.eu/info/business-economy-euro/recovery-coronavirus/recovery-and-resilience-facility_de (letzter Zugriff: 26.9.2022).
18 Europäische Kommission: Policies for the next generation, children and the youth, such as education and skills, abrufbar unter https://ec.europa.eu/economy_finance/recovery-and-resilience-scoreboard/policies.html (letzter Zugriff: 19.9.2022).
19 Europäische Kommission: Study on Youth work in the EU. Final report. Luxemburg 2021.
20 Beschluss (EU) 2021/2316 des Europäischen Parlaments und des Rates über ein Europäisches Jahr der Jugend (2022), in: Amtsblatt der EU L 462/1, 22.12.2021, S. 3, siehe Abschnitt (7).

Kulturpolitik

Otto W. Singer

Nach Schätzungen der UNESCO sind 2020 weltweit etwa zehn Millionen Arbeitsplätze in der Kultur- und Kreativwirtschaft der Pandemie zum Opfer gefallen.[1] Die Mitgliedstaaten und die Europäische Union haben daher vielfältige Maßnahmen ergriffen, um die Erholung des Kultursektors zu ermöglichen. So hat zum Beispiel das Europäische Parlament in einer Entschließung gefordert, dass die Kommission und die Mitgliedstaaten die Kulturförderung weiter ausbauen und die Kultur- und Kreativwirtschaft und ihre Sparten in alle finanziellen Förderinstrumente einbeziehen müssen.[2]

In diesem Sinn sind Kultur und Medien auch zu einem wichtigen Thema der Konferenz zur Zukunft Europas geworden.[3] Betont wurden Kultur und Kreativität auch in den Programmen der slowenischen und französischen Ratsvorsitze. Zu den kulturpolitischen Prioritäten des slowenischen Vorsitzes im zweiten Halbjahr 2021 zählte vor allem die Pflege des europäischen Kulturerbes unter dem Blickwinkel der ökologischen Nachhaltigkeit.[4]

Anfang 2022 folgte mit Frankreich der Auftakt einer neuen Trio-Präsidentschaft (zusammen mit der Tschechischen Republik und Schweden),[5] die die Wiederbelebung der von der Corona-Krise stark betroffenen Kultur- und Kreativwirtschaft in den Mittelpunkt stellte.[6] Im Frühjahr 2022 verschob sich der Fokus auf die kulturpolitischen Folgen des russischen Angriffskrieges gegen die Ukraine. Nach einem informellen Treffen der EU-Kultur- und Medienministerinnen und -minister im März 2022, das sich ausführlich mit der Lage von Kultur und Medien in der Ukraine befasste,[7] ging es auf der formellen Ratstagung im April 2022 vor allem um Hilfs- und Unterstützungsmaßnahmen zugunsten des ukrainischen Kultursektors. Weitere Themen der Tagung waren die Steigerung der Mobilität von Kultur- und Kreativschaffenden sowie die künftige Strategie für die Kultur- und Kreativwirtschaft.[8]

---

1 Naylor et al.: Cultural and Creative Industries in the Face of COVID-19: an Economic Impact Outlook, UNESCO, CLT/CEE/2021/RP, Juni 2021.
2 Europäisches Parlament: Die Situation von Künstlern und die kulturelle Erholung in der EU. Entschließung des Europäischen Parlaments vom 20. Oktober 2021 zu der Situation von Künstlern und die kulturelle Erholung in der EU, 2020/2261(INI), 5.5.2022, S.88–98.
3 Konferenz zur Zukunft Europas: Bericht über das endgültige Ergebnis, Mai 2022, S. 100.
4 Slowenischer Vorsitz im Rat der EU: Programm der slowenischen Ratspräsidentschaft (1. Juli–31. Dezember 2021), 2021, S. 39.
5 Die drei Vorsitze sehen Kultur und Medien als ein wesentliches Fundament des europäischen Modells; Rat der EU: Die Strategische Agenda voranbringen. Achtzehnmonatsprogramm des Rates (1. Januar 2022 bis 30. Juni 2023), 14441/21, 10.12.2021, S. 14.
6 Französischer Vorsitz im Rat der EU: Aufschwung, Stärke, Zugehörigkeit. Das Programm der französischen EU-Ratspräsidentschaft (1. Januar–30. Juni 2022), 2021, S. 74.
7 Die Ministerinnen und Minister verabschiedeten einstimmig eine Erklärung zur Unterstützung ukrainischer Kultur- und Medienschaffender; Rat der EU: Pressemitteilung, Informelles Treffen der Ministerinnen und Minister für Kultur, Medien und Audiovisuelles, 7./8. März 2022.
8 Rat der EU: Tagung des Rates „Bildung, Jugend, Kultur und Sport", 4./5. April, abrufbar unter https://www.consilium.europa.eu/de/meetings/eycs/2022/04/04-05/ (letzter Zugriff: 22.6.2022).

Aktionen und Förderprogramme

Die Kommission hat im Sommer 2021 Leitlinien veröffentlicht, die eine sichere und umfassende Wiederaufnahme der Aktivitäten im Kultur- und Kreativsektor in der EU gewährleisten sollen.[9] Sie möchte so ein koordiniertes Vorgehen ermöglichen, das die jeweiligen nationalen Gegebenheiten berücksichtigt.[10] Dazu gehört auch die Aufforderung an die Mitgliedstaaten, die im Februar 2021 in Kraft getretene Aufbau- und Resilienzfazilität[11] in möglichst vollem Umfang für den Kultursektor zu nutzen.[12]

Die Kommission hat zugleich eigene Maßnahmen ergriffen, die die Aktivitäten der Mitgliedstaaten zur Überwindung der Folgen der Pandemie auf dem Gebiet der Kultur ergänzen und unterstützen sollen. Sie reichen von zusätzlicher Flexibilität bei der Durchführung laufender Programme über Erleichterungen bei staatlichen Beihilfen bis hin zur Ausweitung des Finanzvolumens bei den Förderprogrammen.[13]

Im Zuge dieser Maßnahmen wurde auch das Finanzvolumen des Kulturförderprogramms Kreatives Europa (2021–2027) aufgestockt.[14] Das Jahresarbeitsprogramm 2022 zur Durchführung des Programms verweist zusätzlich auf eine Reihe von Neuerungen für die Förderpraxis. So enthält der Aktionsbereich KULTUR neue Initiativen für die Bereiche Musik, Kulturerbe, darstellende Kunst und Literatur; ein Mobilitätsprogramm soll überdies verbesserte Möglichkeiten für internationale Kooperationen bieten. Im MEDIA-Programmteil stehen vor allem die europäische Zusammenarbeit und die Digitalisierung des Mediensektors im Mittelpunkt. Im sektorübergreifenden Aktionsbereich geht es vor allem um Innovationsprojekte, an denen mehrere Kreativbranchen beteiligt sind. Stärker betont werden nunmehr die Kriterien der Nachhaltigkeit, Geschlechtergerechtigkeit und Inklusion. Berücksichtigt werden außerdem Projekte im Rahmen der EU-Strategie zur Bekämpfung von Antisemitismus und zur Förderung jüdischen Lebens sowie zum Europäischen Jahr der Jugend 2022.[15] Gefördert wurden 2021/2022 auch europäische Filmfestivals, der Musiksektor, Projekte zur Erhaltung des Kulturerbes sowie der Architektur und spezielle Maßnahmen wie das Europäische Kulturerbe-Siegel und die Kulturpreise der EU.[16]

---

9 Europäische Kommission: Mitteilung, EU-Leitlinien für die sichere Wiederaufnahme von Aktivitäten im Kultur- und Kreativsektor – COVID-19, C(2021) 4838, 29.6.2021.
10 Länderberichte finden sich im Compendium of Cultural Policies & Trends, abrufbar unter www.culturalpolicies.net/covid-19 (letzter Zugriff: 12.6.2022).
11 Europäisches Parlament und Rat: Verordnung zur Einrichtung der Aufbau- und Resilienzfazilität, in: Amtsblatt der EU, L57, EU 2021/241.
12 Europäische Kommission: Recovery and Resilience Scoreboard – Thematic analysis on Culture and Creative industries, April 2022; Culture Action Europe: Culture in the EU´s National Recovery and Resilience Plans, 2021; Ausschuss für Kultur und Bildung: Stellungnahme zum Umsetzungsbericht über die Aufbau- und Resilienzfazilität (2021/2251(INI)), PE703.247v02-00, 26.4.2022.
13 Europäische Kommission: Coronavirus response: How the EU responds to the coronavirus outbreak in support of the cultural and creative sectors, abrufbar unter https://ec.europa.eu/culture/resources/coronavirus-response (letzter Zugriff: 12.6.2022).
14 Europäisches Parlament und Rat: Verordnung zur Einrichtung des Programms Kreatives Europa (2021 bis 2027), in: Amtsblatt der EU L 189, 28.5.2021, S. 34–60.
15 Europäische Kommission: 2022 Annual Work Programme for the implementation of the Creative Europe Programme, 2021.
16 Europäische Kommission: Culture and Creativity, abrufbar unter https://culture.ec.europa.eu/de/funding-creative-europe/ueber-das-programm-kreatives-europa (letzter Zugriff: 12.6.2022).

Das Kulturförderprogramm steht auch den Beitritts- und Kandidatenländern, den Ländern des Europäischen Wirtschaftsraums sowie den Ländern der Europäischen Nachbarschaftspolitik unter bestimmten Voraussetzungen offen.[17] Das Vereinigte Königreich hingegen verlor nach vollzogenem Austritt aus der EU den Zugang zu den laufenden EU-Programmen einschließlich deren Finanzierung und Austauschmöglichkeiten.[18]

Neben den großen Förderprogrammen wie etwa Horizon Europe, Digital Europe oder InvestEU haben zahlreiche weitere Programme einen kulturellen oder kreativwirtschaftlichen Bezug.[19] Hinzu kommt die Initiative Neues Europäisches Bauhaus (NEB), die den europäischen Green Deal um eine kulturelle Dimension erweitert. Vom historischen Bauhaus inspiriert, möchte NEB Nachhaltigkeit, Funktionalität und Ästhetik miteinander verbinden. Dazu sollen transdisziplinäre Innovationen im Rahmen einer Vielzahl von EU-Programmen unter Beteiligung der Mitgliedstaaten und ihren Zivilgesellschaften gefördert werden.[20]

Zur kulturpolitischen Kooperation der Mitgliedstaaten

Hintergrund für die Zusammenarbeit der Mitgliedstaaten im Bereich der Kultur ist die 2018 aktualisierte Fassung der Europäischen Agenda für Kultur. Sie bildet mit der offenen Koordinierungsmethode (OMK) und dem Strukturierten Dialog mit der Zivilgesellschaft den Rahmen für die kulturelle Kooperation.[21] Im Rahmen des aktuellen EU-Arbeitsplans für Kultur 2019–2022 wurden thematische Expertengruppen eingesetzt, die sich über nationale Initiativen austauschen und gemeinsame Empfehlungen ausarbeiten sollten. Veröffentlicht

---

17 Europäische Kommission: Eligibility for funding, abrufbar unter https://culture.ec.europa.eu/creative-europe/about-the-creative-europe-programme (letzter Zugriff: 12.6.2022); auch Kultureinrichtungen aus der Ukraine können am Programm Kreatives Europa teilnehmen, hinzu kommen weitere Maßnahmen zur Unterstützung von Kulturschaffenden und zum Schutz des ukrainischen Kulturerbes; Europäische Kommission: EU supports Ukraine through culture, 21.4.2022, abrufbar unter https://culture.ec.europa.eu/ news/eu-supports-ukraine-through-culture (letzter Zugriff: 12.6.2022).
18 Europäische Kommission: Bericht über die Durchführung und die Anwendung des Abkommens über Handel und Zusammenarbeit zwischen der Europäischen Union und dem Vereinigten Königreich, Großbritannien und Nordirland, 1. Januar bis 31. Dezember 2021, COM(2022) 126 final, 24.3.2022, S. 21; Klaus-Dieter Lehmann: Großbritannien nach dem Brexit. Auswirkungen auf Kultur und Wissenschaft, in: Politik & Kultur, 3/2022, S. 13; Charlotte Faucher: Resilience and adaptation of the UK's arts sector during the process of the UK's withdrawal from the EU, in: International Journal of Cultural Policy, 11.2.2022, im Erscheinen.
19 Eine neue Informationsplattform erfasst die Kulturförderung aus 21 EU-Programmen: Europäische Kommission: Pressemitteilung, CulturEU - Kommission verstärkt Unterstützung für den Kultursektor durch Online-Leitfaden zur EU-Finanzierung, IP/21/6292, 29.11.2021.
20 Europäische Kommission: Mitteilung der Kommission: Neues Europäisches Bauhaus: attraktiv – nachhaltig – gemeinsam, COM(2021) 573 final, 15.9.2021.
21 Europäische Kommission: Strategischer Rahmen für die Kulturpolitik in der EU, abrufbar unter https://culture.ec.europa.eu/de/policies/strategic-framework-for-the-eus-cultural-policy (letzter Zugriff: 15.6.2022).

wurden zuletzt Berichte zu den Themen Architektur[22], Mehrsprachigkeit und Übersetzungen[23] sowie audiovisuelle Ko-Produktionen[24]. Mit der Evaluierung des laufenden Arbeitsplans haben außerdem die Vorbereitungen für die nächste Planperiode begonnen. Die Kommission hat dazu im Juni 2022 einen Bericht über die Umsetzung des laufenden Arbeitsplans vorgelegt. Geprüft werden Prioritäten, Arbeitsmethoden und ausgeführte Maßnahmen, hinzu kommen Überlegungen zur thematischen Ausrichtung des künftigen Arbeitsplans für die Jahre nach 2022.[25] Auch zivilgesellschaftliche Organisationen sind an der Debatte beteiligt: So forderte etwa Culture Action Europe, ein interdisziplinäres Forum für den nicht-staatlichen Kultursektor, bei einer informellen Tagung des Rats-Ausschusses für Kulturfragen eine stärkere Beachtung gesellschaftlicher Diversität. Erforderlich sei zudem eine bessere Verschränkung privater und öffentlicher Akteure.[26] Das Europäische Parlament hingegen forderte die Mitgliedstaaten auf, für den neuen Arbeitsplan eine OMK-Arbeitsgruppe zur Bekämpfung von Rassismus durch Kunst und Kultur vorzusehen.[27] Außerdem soll nach Auffassung des Ausschusses für Kultur und Bildung das Thema Aufbau und Resilienz der Kultur- und Kreativbranche im künftigen Arbeitsplan strategisch berücksichtigt werden.[28]

Weiterführende Literatur

Tuuli Lähdesmäki et al.: Europe from Below: Notions of Europe and the European among Participants in EU Cultural Initiatives, Leiden 2021.
UNESCO: ReShaping Policies for Creativity. Addressing culture as a global public good, Paris 2022.
Otto W. Singer: Kulturpolitik, in: Werner Weidenfeld/Wolfgang Wessels: Europa von A bis Z, Wiesbaden 2022.

---

[22] Europäische Kommission: Towards a shared Culture of Architecture. Investing in a High-Quality Living Environment for Everyone. Report of the Open Method of Coordination (OMC) Group of EU Member States´ Experts, 2021; Rat der EU: Kultur, hochwertige Architektur und gebaute Umwelt als Schlüsselelemente der Initiative Neus Europäisches Bauen, in: Amtsblatt der EU C 501 I, 13.12.2021, S. 13–18.
[23] Europäische Kommission: Translators on the Cover. Multilingualism & Translation: Report of the Open Method of Coordination (OMC) Group of EU Member States´ Experts, 2021; Rat der EU: Schlussfolgerungen zur Stärkung des kulturellen Austauschs im Wege der Mobilität von Künstlerinnen und Künstlern sowie Kultur- und Kreativschaffenden und durch Mehrsprachigkeit im digitalen Zeitalter, in: Amtsblatt der EU C160/07, 13.4.2022, S. 20–25.
[24] Europäische Kommission: Co-productions that shine: Open Method of Coordination (OMC) group of Member states' experts on co-productions, Luxemburg 2022.
[25] Europäische Kommission: Bericht über den Arbeitsplan für Kultur 2019-2022, COM(2022) 317 final, 29.6.2022.
[26] Tere Badia: Rede beim Committee on Cultural Affairs of the Council, We need an ambitious Work Plan for Culture, 31.5.2022, abrufbar unter https://cultureactioneurope.org (letzter Zugriff: 15.6.2022).
[27] Europäisches Parlament: Entschließung zur Bedeutung von Kultur, Bildung, Medien und Sport für die Bekämpfung von Rassismus (2021/2057(INI)), Dok. P9 TA(2022)0057, Nr. 23, 8.3.2022.
[28] Ausschuss für Kultur und Bildung: Stellungnahme des Ausschusses für Kultur und Bildung für den Haushaltsausschuss und den Ausschuss für Wirtschaft und Währung zum Umsetzungsbericht über die Aufbau- und Resilienzfazilität (2021/2251(INI)), PE703.247v02-00, 26.4.2022, S. 4.

Menschenrechtspolitik

Gabriel N. Toggenburg[*]

Der Europäische Grundrechteschutz blieb geprägt von Krisen. Einerseits ist die Covid-19-Pandemie nur vordergründig abgeflaut und die juristische Bearbeitung der relevanten Fragestellungen ist nach wie vor aktuell. Andererseits wirft die Zeit nach der Pandemie, der sogenannte Wiederaufbau, auch Fragen grundrechtlicher Natur auf.[1] Und damit nicht genug. Der Einmarsch Putins in der Ukraine hat Europa vor ungeahnte Herausforderungen auch grundrechtlicher Natur gestellt, insbesondere im Bereich der Migration und Integration.[2] Neben diesen systemischen Umständen, gab es im vergangenen Jahr Entwicklungen in den verschiedensten Grundrechtsbereichen. Im Folgenden werden Elemente teils horizontaler, teils thematischer Natur herausgegriffen. Von horizontaler Bedeutung ist die Verwendung von EU-Geldern. Neuerungen gab es auch bezüglich des Mandates der EU-Grundrechteagentur. Wichtige thematische Entwicklungen betrafen den Antisemitismus, die Geschlechtergerechtigkeit oder die Kinderrechte.

Neue EU-Förderkulisse für Werte und Rechte

Zur Umsetzung kam ein neues EU-Programm, welches bereits im Frühjahr 2021 angenommen worden war und den Namen „Bürgerinnen und Bürger, Gleichstellung, Rechte und Werte" trägt (im Englischen geläufig als CERV-Programm). In der Präambel zum Programm heißt es: „In einer Zeit, in der die europäischen Gesellschaften mit Extremismus, Radikalisierung und Spaltung konfrontiert sind und der Handlungsspielraum der unabhängigen Zivilgesellschaft kleiner wird, ist es wichtiger denn je, die Justiz, die Rechte und die Werte der Union – Achtung der Menschenwürde, Freiheit, Demokratie, Gleichheit, Rechtsstaatlichkeit und die Wahrung der Menschenrechte – zu fördern, zu stärken und zu verteidigen."[3]

Das neue Programm stellt beträchtliche EU-Gelder für grundrechtsrelevante Projekte in vier Aktionsbereichen zur Verfügung: 1. Schutz und Förderung der Werte der Union; 2. Förderung der Geschlechtergleichstellung, der Rechte und des Diskriminierungsverbots; 3. Belebung der Bürgerbeteiligung und der Teilhabe am demokratischen Leben der Union, inklusive der Sensibilisierung für die gemeinsame europäische Geschichte der Europäer:innen und; 4. die Bekämpfung von Gewalt, einschließlich geschlechtsspezifischer Gewalt. Innerhalb des zweiten Aktionsbereiches geht es um die Förderung von sechs Grundrechtsschwerpunkten: Diskriminierungsbekämpfung; Geschlechtergleichstellung; Bekämpfung

---

[*] Alles hier Gesagte widerspiegelt die persönliche Meinung des Autors und kann in keiner Weise seiner Arbeitgeberin zugerechnet werden.
[1] FRA: Social rights and equality in the light of the recovery from the COVID-19 pandemic, Luxemburg 2022.
[2] FRA: The war in Ukraine - Fundamental rights implications within the EU - Bulletin 1, Luxemburg 2022.
[3] Verordnung (EU) 2021/692 zur Einrichtung des Programms „Bürgerinnen und Bürger, Gleichstellung, Rechte und Werte" und zur Aufhebung der Verordnung (EU) Nr. 1381/2013 des Europäischen Parlaments und des Rates und der Verordnung (EU) Nr. 390/2014 des Rates, in: Amtsblatt der EU L 156/1, 5.5.2021.

von Rassismus, Fremdenfeindlichkeit und jeglicher Form von Intoleranz; Schutz und Förderung der Rechte des Kindes sowie der Rechte von Menschen mit Behinderungen; Schutz und Förderung der Unionsbürgerschaftsrechte und des Rechts auf den Schutz personenbezogener Daten.

Die Finanzausstattung des Gesamtprogrammes beträgt zwischen 2021 und Ende 2027 etwa 1,55 Mrd. Euro. Ursprünglich mit 640 Mio. bestückt, wurde es im Laufe der Verhandlungen mit dem Parlament fast verdoppelt und somit zum größten bisherigen Programm der EU im Bereich des Grundrechteschutzes. In den nächsten 5 Jahren werden nun regelmäßig Aufrufe ("Calls") zur Einreichung von Projektvorschlägen innerhalb der vier Aktionsbereiche stattfinden.

Neue Grundrechtekonditionalität für die großen EU-Fonds

Ebenso neu aber potentiell – wenn ordentlich umgesetzt – in seiner Tragweite noch weitreichender, ist die Einführung einer umfassenden horizontalen Grundrechtekonditionalität für alle großen EU-Fonds[4]: der Europäische Fonds für regionale Entwicklung, der Europäische Sozialfonds Plus, der EU-Kohäsionsfonds, der Fonds für einen gerechten Übergang und der Europäische Meeres-, Fischerei- und Aquakulturfonds sowie (teils) der Asyl-, Migrations- und Integrationsfonds, der Fonds für die innere Sicherheit und das Instrument für finanzielle Hilfe im Bereich Grenzverwaltung und Visumpolitik unterliegen sogenannten „Gemeinsamen Bestimmungen".[5] Diese gelten jeweils für die gesamte Förderperiode und wurden nun neu angenommen. Was den Grundrechteschutz anbelangt, werden sie neue Wege beschreiten. Artikel 9 der Verordnung zu den gemeinsamen Bestimmungen stellt als Prinzip fest, dass die „Mitgliedstaaten und die Kommission ... die Achtung der Grundrechte und die Einhaltung der Charta der Grundrechte der Europäischen Union beim Einsatz der Fonds" sicherstellen müssen. Und in Artikel 73 wird die Verwaltungsbehörde, welche die Projekte auswählt, verpflichtet, Kriterien und Verfahren festzulegen, die „die Zugänglichkeit für Menschen mit Behinderungen und die Gleichstellung der Geschlechter sicherstellen sowie der Charta der Grundrechte der Europäischen Union ... Rechnung tragen". Gemäß Artikel 15 sind die „zielübergreifenden grundlegenden Voraussetzungen" einzuhalten. Dazu zählt gemäß Annex III die „wirksame Anwendung und Umsetzung" der EU-Charter aber auch der Behindertenrechtskonvention der Vereinten Nationen. Der Annex verpflichtet die Mitgliedstaaten hierfür „wirksame Mechanismen" zu errichten.

Was hier in abstrakt-technischer Sprache etwas vage verankert wird, ist nicht weniger als ein echter Systemwechsel. Es wird ernst mit der Grundrechtsbindung von EU-Geldern. In der alten Förderperiode 2014–2020 war es nur notwendig, am Anfang des Projektzyklus sicherzustellen, dass ein Projekt keine diskriminierende Wirkung hatte. Von den punktuellen ex-ante Konditionalitäten ist man nun zu „grundlegenden Voraussetzungen" (im Englischen: „enabling conditionalities")" übergegangen. Das bedeutet, dass in der neuen Förderperiode bis 2027 die Staaten aber auch die Europäische Kommission über den gesamten

---

[4] Vgl. hierzu auch den Beitrag „Regional- und Kohäsionspolitik in diesem Jahrbuch.
[5] Verordnung (EU) 2021/1060 mit gemeinsamen Bestimmungen für den Europäischen Fonds für regionale Entwicklung, den Europäischen Sozialfonds Plus, den Kohäsionsfonds, den Fonds für einen gerechten Übergang und den Europäischen Meeres-, Fischerei- und Aquakulturfonds sowie mit Haushaltsvorschriften für diese Fonds und für den Asyl-, Migrations- und Integrationsfonds, den Fonds für die innere Sicherheit und das Instrument für finanzielle Hilfe im Bereich Grenzverwaltung und Visumpolitik, in: Amtsblatt der EU L 231/159, 30.6.2021.

Projektzyklus permanent sicherstellen müssen, dass mit EU-Mitteln (ko)finanzierte Tätigkeiten weder EU-Charter noch UN-Behindertenrechtskonvention verletzten. So erfreulich das für den Grundrechtsschutz ist, so offen blieb vorerst, welch juristische und praktische Schritte dies den staatlichen Verwaltungen abverlangt. Offen ist z. B. ob und auf welche Weise die Mitgliedstaaten hier Grundrechtsexpert:innen, Nationale Menschenrechtsinstitutionen, Gleichbehandlungsstellen, Ombudsinstitutionen etc. miteinbeziehen werden.[6] Zu diesem Aspekt führt die EU-Grundrechteagentur gegenwärtig ein Projekt durch.

EU-Grundrechteagentur: nach 15 Jahren erstmals eine Mandatsänderung

Das Mandat der EU-Behörde, die auf Grundrechteschutz spezialisiert ist (Agentur der Europäischen Union für Grundrechte, FRA) war anfangs ein Politikum. Es hatte lange gebraucht bis man sich in den politischen Verhandlungen auf die Konturen des Mandates einigen konnte – die Gründungsverordnung konnte erst 2007 in Kraft treten.[7] Bald kamen aber juristische Unklarheiten auf. Als nämlich der Vertrag von Lissabon in Kraft trat, war unklar, ob dies bedeutete, dass die Agentur nun automatisch auch für die zweite (Gemeinsame Außen- und Sicherheitspolitik[8]) und dritte (polizeiliche und justizielle Zusammenarbeit in Strafsachen[9]) vormalige „Säulen" des EU-Vertragswerkes zuständig war. Die Meinungen der juristischen Dienste von Rat (nein!) und Europäischer Kommission (ja!) liefen diametral auseinander. Und das Parlament war soundso der Ansicht, dass das Mandat der Agentur ganz allgemein ausgedehnt werden sollte, was wiederum weder bei Kommission, noch beim Rat auf großen Anklang stieß. Dennoch war es 2022 möglich, sich auf eine Überarbeitung des Agenturmandates zu einigen. Dies, obwohl es dazu nicht nur eine Einigung zwischen den drei EU-Institutionen bedarf, sondern auch der Einstimmigkeit im Rat.[10] Im Frühjahr 2022 wurde eine Verordnung zur Änderung der bisherigen Gründungsverordnung (EG) Nr. 168/2007 angenommen.[11] Die Änderungen sind von bescheidenem Umfang aber doch von einiger Wichtigkeit. Sehr positiv ist, dass die Zuständig der Agentur im Bereich des Strafrechts nun explizit bestätigt wurde. Ebenso ist es eine zentrale prozedurale Erleichterung, dass die Notwendigkeit eines „Mehrjahresrahmens" beseitigt wurde. Dieses Ratsdokument musste trotz geringer Praxisrelevanz stets im Rat alle fünf Jahre neu verhandelt werden. Wichtig ist, dass die Unabhängigkeit der Agentur nicht beschnitten wurde. Optisch unschön ist das Detail, dass die regelmäßige Fünf-Jahresevaluierung der Agentur in Hinkunft von der Europäischen Kommission in Auftrag gegeben wird.[12] Die Änderungen umfassen weiters eine lange Reihe kleinerer technischer Änderungen, inklusive auch einer leichten Stärkung des Exekutivausschusses sowie einer Verlängerung des Mandates des

---

6 Verodnung (EU) 2021/1060, Art 8(1) lit. c).
7 Gabriel N. Toggenburg: Die Grundrechteagentur der Europäischen Union: Perspektiven, Aufgaben, Strukturen und Umfeld einer neuen Einrichtung im Europäischen Menschenrechtsraum, in MenschenRechtsMagazin 1/2007, S. 86–104.
8 Vgl. hierzu auch den Beitrag „Gemeinsame Außen- und Sicherheitspolitik" in diesem Jahrbuch.
9 Vgl. hierzu auch den Beitrag „Polizeiliche und justizielle Zusammenarbeit" in diesem Jahrbuch.
10 Die Gründungsverordnung fußt auf Art. 352 VAEU der diese Einstimmigkeit verlangt.
11 Verordnung (EU) 2022/555 zur Änderung der Verordnung (EG) Nr. 168/2007 zur Errichtung einer Agentur der Europäischen Union für Grundrechte, in: Amtsblatt der EU L 108/1, 7.4.2022.
12 Anstatt wie bisher von der Agentur selbst (oder, alternativ, einem unpolitischen Akteur wie dem Rechnungshof).

Direktors auf fünf plus fünf Jahre statt der bisherigen fünf plus drei Jahre.[13] Einen Wermutstropfen stellt die Tatsache dar, dass die vormalige zweite Säule großteils vom Mandat der Agentur ausgeschlossen wurde.

Antisemitismus: Strategie für ein neues Momentum

Zusätzlich zu den neun thematischen, mehrjährigen EU-Strategien, welche letztes Jahr an dieser Stelle vorgestellt wurden, nahm die EU eine zehnte Strategie im Grundrechtsbereich an. Die Europäische Kommission will mit der „Strategie der EU zur Bekämpfung von Antisemitismus und zur Förderung jüdischen Lebens (2021–2030)" eine „entschlossenere Reaktion auf EU-Ebene" setzen.[14]

Auf der Grundlage der Daten der Agentur der Europäischen Union für Grundrechte, beschreibt die Strategie eine beunruhigende Situation. Für jeden zweiten Europäer/jede zweite Europäerin stellt Antisemitismus ein Problem dar. Neun von zehn in Europa lebenden Personen jüdischen Glaubens sind der Ansicht, dass der Antisemitismus in ihrem Land zugenommen hat. 85 Prozent der Personen jüdischen Glaubens halten Antisemitismus für ein ernstzunehmendes Problem. Ein Drittel der jüdischen Menschen entscheiden zumindest gelegentlich, jüdische Veranstaltungen oder Stätten nicht zu besuchen, weil sie sich dort oder auf dem Weg dorthin nicht sicher fühlen.

Die Strategie umfasst drei Säulen: 1. Die Verhütung und Bekämpfung aller Formen von Antisemitismus, 2. Schutz und Förderung jüdischen Lebens in der EU und 3. Bildung, Forschung und das Gedenken an den Holocaust. Die EU verpflichtet sich, verschiedenste Maßnahmen zu setzen. Dazu gehören zum Beispiel die Errichtung eines jährlichen Forums der Zivilgesellschaft zur Bekämpfung von Antisemitismus; die Unterstützung der Mitgliedstaaten in verschiedensten Belangen; neue Zusammenarbeit mit der Privatwirtschaft und IT-Unternehmen, um zu verhindern, dass im Internet Nazi-Symbole, -Sammlerstücke und -Literatur illegal angeboten und verkauft werden; Maßnahmen zum Schutz der jüdischen Friedhöfe in Europa; Ermunterung der Jugend im Rahmen von DiscoverEU, jüdisches Kulturerbe zu besuchen; Finanzierung einer EU-weiten Erhebung zu antisemitischen Vorurteilen; Schaffung eines Netzes von Stätten, an denen sich der Holocaust ereignet hat, etc.

Die Mitgliedstaaten werden aufgerufen, bis Ende 2022 nationale Strategien zur Bekämpfung des Antisemitismus zu entwickeln; Kapazitäten der nationalen Strafverfolgungs- und Justizbehörden zur Verfolgung von Hetze im Internet zu stärken; Gleichbehandlungsstellen besser auszustatten; Maßnahmen zur Gewährleistung der Sicherheit jüdischer Einrichtungen anzunehmen, etc.

Geschlechtergerechtigkeit, Jahr der Jugend und Kinderrechte

Wie berichtet, wurde 2020 die Strategie für die Gleichstellung der Geschlechter (2020–2025) angenommen. Geschlechtergerechtigkeit im weitesten Sinne war auch dieses Jahr ein wichtiges Thema. Das sieht man bereits an der Arbeit des Europäischen Parlaments. Es

---

13 Jede statutarisch vorgesehene Mandatsverlängerung schafft einen Moment der Empfänglichkeit für Einflussnahme. Nicht umsonst empfiehlt die Venedig Kommission, dass für Verfassungsrichter:innen lange aber gleichzeitig nicht verlängerbare Mandate vorgesehen werden sollen. Vor diesem Hintergrund erstaunt genauso (oder noch mehr), dass die EU-Verträge die Verlängerung des Mandates von EuGH Richter:innen erlauben.
14 Europäische Kommission: Mitteilung, Strategie der EU zur Bekämpfung von Antisemitismus und zur Förderung jüdischen Lebens (2021–2020), COM(2021) 615 final, 5.10.2021.

beschäftigte sich mit der Förderung der Gleichstellung von Frauen und Männern in Ausbildung und Beruf[15]; der Lage im Hinblick auf die sexuelle und reproduktive Gesundheit und die damit verbundenen Rechte in der EU[16]; der geschlechtsspezifischen Dimension in der Kohäsionspolitik[17]; den Auswirkungen von Gewalt in Paarbeziehungen und von Sorgerechtsregelungen auf Frauen und Kinder[18]; der Bekämpfung von geschlechtsspezifischer Gewalt im Internet[19]; den Auswirkungen der MeToo Debatte auf die EU-Organe[20]; der Gleichstellung von Frauen und Männern in der Europäischen Union 2018–2020[21] oder der Frauenarmut in Europa[22].

Die EU hat bereits seit 2018 eine EU-Jugendstrategie (2019–2027)[23] und, wie berichtet, wurde 2021 eine EU-Kinderechtstrategie angenommen.[24] Das Jahr 2022 wurde nun zum Europäischen Jahr der Jugend zu erklärt.[25] Es zielt insbesondere darauf ab, Jugendlichen Chancen für die Zeit nach der Covid-19-Pandemie zu eröffnen. Zum einen will man jungen Menschen erneut positive Perspektiven schaffen und sie dabei unterstützen, die Möglichkeiten und Instrumente der Union optimal zu nutzen. Insbesondere junge Menschen aus benachteiligten Verhältnissen, aus besonders schutzbedürftigen Gruppen oder aus ländlichen, abgelegenen und weniger entwickelten Regionen sollen gestärkt werden.

Wie die Entschließung des Europäischen Parlaments zu dem Schutz der Rechte des Kindes in zivil-, verwaltungs- und familienrechtlichen Verfahren zeigt,[26] standen verschiedenste juristische Fragestellungen im Raum. Einen Aspekt hat der Gerichtshof im Falle V.M.A. geklärt.[27] Es ging um die Weigerung der Gemeinde Sofia in Bulgarien, die Geburt eines bulgarischen Kindes einzutragen, weil diese in einem anderen Mitgliedstaat stattgefunden hat und dieser Staat (Spanien) es ermöglicht hatte, dass zwei Mütter als Eltern in die Urkunde eingetragen wurden. Der Gerichtshof erklärte, dass Bulgarien verpflichtet sei, dem Kind einen Personalausweis oder Reisepass auszustellen, ohne

---

15 Europäisches Parlament: Entschließung zur Förderung der Gleichstellung von Frauen und Männern in Ausbildung und Beruf im Bereich Mathematik, Informatik, Naturwissenschaften und Technik (MINT) (2019/2164(INI)), in: Amtsblatt der EU C 67/137, 8.2.2022.
16 Europäisches Parlament: Entschließung zu der Lage im Hinblick auf die sexuelle und reproduktive Gesundheit und die damit verbundenen Rechte in der EU im Zusammenhang mit der Gesundheit von Frauen 2020/2215(INI), in: Amtsblatt der EU C 81/43, 18.2.2022.
17 Europäisches Parlament: Entschließung zur Lage im Schengen-Raum nach dem COVID-19-Ausbruch 2020/2040(INI), in: Amtsblatt der EU C 362/77, 8.9.2021.
18 Europäisches Parlament: Entschließung zu den Auswirkungen von Gewalt in Paarbeziehungen und von Sorgerechtsregelungen auf Frauen und Kinder 2019/2166(INI), in: Amtsblatt der EU C132/27, 24.3.2022.
19 Europäisches Parlament: Entschließung mit Empfehlungen an die Kommission zur Bekämpfung von geschlechtsspezifischer Gewalt: Gewalt im Internet 2020/2035(INL), 14.12.2021.
20 Europäisches Parlament: Entschließung zur Umsetzung der EU-Anforderungen für den Austausch von Steuerinformationen: Fortschritte, Erkenntnisse und zu überwindende Hindernisse 2021/2986(RSP), in: Amtsblatt der EU C 117/120, 11.3.2022.
21 Europäisches Parlament: Entschließung zu dem Vorschlag für eine Verordnung zur Änderung der Verordnung (EU) 2017/746 hinsichtlich der Übergangsbestimmungen für bestimmte In-vitro-Diagnostika und des späteren Geltungsbeginns der Anforderungen an hausinterne Produkte 2021/2020(INI), 15.12.2021.
22 Europäisches Parlament: Entschließung zu der Frauenarmut in Europa 2021/2170(INI), 5.7.2022.
23 Rat der EU: Entschließung zu einem Rahmen für die jugendpolitische Zusammenarbeit in Europa: die EU-Jugendstrategie 2019-2027, in: Amtsblatt der EU C 456/1, 18.12.2018, S. 1.
24 Europäische Kommission: Mitteilung, EU-Kinderrechtsstrategie COM(2021) 142 final., 24.3.2021.
25 Beschluss (EU) 2021/2316 über ein Europäisches Jahr der Jugend (2022), in: Amtsblatt der EU L 462/1, 28.12.2021; vgl. hierzu auch den Beitrag „Jugendpolitik" in diesem Jahrbuch.
26 Europäisches Parlament: Entschließung zu dem Schutz der Rechte des Kindes in zivil-, verwaltungs- und familienrechtlichen Verfahren 2021/2060(INI), 5.4.2022.
27 EuGH: Urteil vom 14.12.2021, ECLI:EU:C:2021:1008, C-490/20.

die vorherige Ausstellung einer Geburtsurkunde durch seine nationalen Behörden zu verlangen. Bulgarien hätte wie jeder andere Mitgliedstaat das aus dem Aufnahmemitgliedstaat stammende Dokument anerkennen müssen, da es dem Kind ermöglicht, mit jeder seiner Mütter seine Freizügigkeitsrechte als Unionsbürger auszuüben.

Auch die EU-Grundrechteagentur hat sich dem Thema der Kinderrechte in diesem Jahr verstärkt gewidmet, wie sich an der Neuauflage des mit dem Europäischen Gerichtshof für Menschenrechte herausgegeben Handbuchs zu Kinderrechten zeigt.[28] Darüber hinaus erschienen Berichte zu unbegleiteten Minderjährigen,[29] zum System der Vormundschaft,[30] und zu Verfahrensrechten von Kindern, die eines Deliktes beschuldigt oder verdächtigt werden.[31] Und natürlich, was uns an den Beginn zurückbringt, stellte sich die Frage, wie es mit dem Schutz von Kinderrechten im Rahmen des Ukraine-Kriegs steht.[32]

Weiterführende Literatur
Agentur der Europäischen Union für Grundrechte (FRA): Fundamental Rights Report 2022, 8.6.2022.
FRA: Coronavirus pandemic in the EU - Fundamental Rights Implications: Vaccine rollout and equality of access in the EU-Bulletin 7, 16.6.2022.

---

28 FRA: Handbook on European law relating to the rights of the child – 2022 Edition, Luxemburg 2022.
29 FRA: Unaccompanied children outside the child protection system – Case study: Pakistani children in Greece, Luxemburg 2021.
30 FRA: Guardianship systems for unaccompanied children in the European Union: developments since 2014, Luxemburg 2022.
31 FRA: Children as suspects or accused persons in criminal proceedings — procedural safeguards, Luxemburg 2022.
32 Europäisches Parlament: Entschließung zu dem Schutz von Kindern und jungen Menschen, die aufgrund des Krieges in der Ukraine fliehen, durch die EU 2022/2618(RSP), 7.4.2022.

Rechtsstaatlichkeit

Gabriel N. Toggenburg[*]

Das Gesamtbild der Rechtsstaatlichkeit innerhalb der EU hat sich im Vergleich zu letztem Jahr nicht verbessert. Die internationale Entwicklung, allen voran der Angriffskrieg seitens Russlands in der unmittelbaren Nachbarschaft der Union lässt allenfalls die Hoffnung zu, dass es zunehmend klar wird, wie wichtig es ist, die Rechtsstaatlichkeit als essenziellen Bestand und Basis der gemeinsamen Grundwerte Europas zu verteidigen.

Verschiedenste Verfahren beschäftigten sich im Laufe des Jahres mit rechtsstaatlichen Problemen. Die an dieser Stelle letztes Jahr diskutierte Verordnung über eine „allgemeine Konditionalitätsregelung zum Schutz des Haushalts der Union"[1] wurde vom Europäischen Gerichtshof (EuGH) am 16. Februar 2022 als rechtmäßig befunden.[2] Im April 2022 leitete die Europäische Kommission das Verfahren erstmals ein und zwar gegen Ungarn. Anhängig blieben auch die Artikel 7-Verfahren gegen Ungarn und Polen mit Aussprachen im Rat (im Februar 2022 zu Polen und im Mai 2022 zu Ungarn). Der Gerichtshof der Europäischen Union fuhr fort, in seinen Urteilen Klärungen zu rechtsstaatlichen Fragen, etwa zur Rolle des Vorabentscheidungsverfahrens für nationale Gerichte, abzugeben.[3] Da Polen sich weigerte die einstweilige Anordnung des Gerichtshofes vom Juli 2021, – insbesondere im Hinblick auf die Disziplinarkammer des Obersten Gerichts – vollständig umzusetzen, verhängte der EuGH am 27. Oktober 2021 ein tägliches Zwangsgeld in Höhe von 1 Mio. Euro.

Medien und Zivilgesellschaft

Im September 2021 legte die Europäische Kommission eine Empfehlung zur Gewährleistung des Schutzes, der Sicherheit und der Handlungskompetenz von Journalist:innen vor.[4] Sie betrifft 19 für Journalist:innen wesentliche Bereiche. Auch das Europäische Parlament widmete sich dem Thema.[5] Im April 2022 folgte schließlich der Kommissionsvorschlag für

---

[*] Alles hier Gesagte widerspiegelt die persönliche Meinung des Autors und kann in keiner Weise seiner Arbeitgeberin zugerechnet werden.
[1] Verordnung 2020/2092 über eine allgemeine Konditionalitätsregelung zum Schutz des Haushalts der Union, in: Amtsblatt der EU L433 I/1, 22.12.2020.
[2] EuGH: Urteil vom 16.2.2022, ECLI:EU:C:2022:97 und ECLI:EU:C:2022:98.
[3] EuGH: Urteil vom 23.11.21, ECLI:EU:C:2021:949; EuGH: Urteil vom 6.10.2021, ECLI:EU:C:2021:799.
[4] Europäische Kommission: Empfehlung zur Gewährleistung des Schutzes, der Sicherheit und der Handlungskompetenz von Journalisten und anderen Medienschaffenden in der Europäischen Union, C(2021) 6650 final, 16.9.2021.
[5] Europäisches Parlament: Entschließung zur Stärkung der Demokratie, der Medienfreiheit und des Medienpluralismus in der EU in Anbetracht des unrechtmäßigen Rückgriffs auf zivil- und strafrechtliche Verfahren zur Einschüchterung von Journalisten, nichtstaatlichen Organisationen und der Zivilgesellschaft 2021/2036(INI), 11.11.2021; Europäisches Parlament: Entschließung zur Medienfreiheit und der weiteren Verschlechterung der Lage der Rechtsstaatlichkeit in Polen 2021/2880(RSP), 16.9.2021, in: Amtsblatt der EU, C117/151, 11.3.2022.

eine neue EU-Richtlinie zum Schutz vor offenkundig unbegründeten oder missbräuchlichen Gerichtsverfahren, so genannte „strategische Klagen gegen öffentliche Beteiligung" (SLAPP).[6]

Ein Thema, das auch zunehmend Beachtung fand, ist jenes der zivilgesellschaftlichen Organisationen als relevante Akteure für die Rechtsstaatlichkeit.[7] Dem Europäischen Parlament geht die Aufmerksamkeit aber noch nicht weit genug und es fordert deshalb eine umfassende EU-Strategie „zur Zivilgesellschaft und insbesondere zum Schutz und zur Entwicklung des zivilgesellschaftlichen Raums in der Union".[8]

Kommissionsbericht zur Rechtsstaatlichkeit: erstmals mit Empfehlungen

Im Sommer 2022 stellte die Europäische Kommission den dritten Jahresbericht zur Rechtsstaatlichkeit vor. Struktur und Länge blieben fast unverändert. Kleine Schwerpunktverschiebungen finden sich dennoch. Einige Themen finden neue Beachtung: Im Kapitel Justiz betrifft dies die Rolle der Rechtsanwälte, im Kapitel Korruptionsbekämpfung die Integrität im öffentlichen Leben und im Kapitel Medienfreiheit die Klagen gegen die Beteiligung der Öffentlichkeit (SLAPP). Neu ist schließlich die Behandlung von Staatsbürgerschafts- und Aufenthaltsregelungen für Investoren im Kapitel zur Korruption sowie der (Nicht)Umsetzung von EGMR Urteilen im Kapitel zur Gewaltenteilung.[9]

Die große Weiterentwicklung des Berichts liegt aber woanders: Erstmals gibt die Kommission für jeden Mitgliedstaat konkrete Handlungsempfehlungen. Die Umsetzung dieser Empfehlungen soll im Jahresbericht 2023 überprüft werden. Für jeden Mitgliedstaat finden sich rund sechs[10] solcher Empfehlungen im Annex zum Rechtsstaatsbericht, und zwar in den vier von dem Bericht wie letztes Jahr abgedeckten Gebieten: Justizsysteme; Korruptionsbekämpfung; Medienfreiheit und Medienpluralismus; institutionelle Fragen im Zusammenhang mit der Gewaltenteilung. Die meisten der 145 Empfehlungen betreffen den Bereich der Korruption (50), gefolgt von dem Bereich der Justiz (42), Medienfreiheit (32) und mit deutlichem Abstand die Gewaltenteilung mit nur 20 Empfehlungen (tatsächlich gibt es für fast ein Drittel der Mitgliedstaaten gar keine Empfehlungen in diesem Bereich).[11] Das erstaunt allerdings wenig da der Schwerpunkt hier auf „institutionellen Fragen" gelegt wird. Aufgrund der Autonomie der Mitgliedstaaten in diesem Bereich, liegt die Aufgriffsschwelle hier entsprechend hoch.

Die Empfehlungen haben unterschiedliche Natur. Manche beziehen sich auf bereits vorangehende Reformprojekte, zu denen die Kommission konkrete Vorschläge macht.[12] Ähnlich effizient dürften jene wenigen Empfehlungen sein, in denen die Kommission empfiehlt,

---

6 Europäische Kommission: Vorschlag für eine Richtlinie zum Schutz von Personen, die sich öffentlich beteiligen, vor offenkundig unbegründeten oder missbräuchlichen Gerichtsverfahren, COM(2022) 177 final, 27.4.2022.
7 Europäisches Parlament: Entschließung zum schrumpfenden Handlungsspielraum für die Zivilgesellschaft in der EU (2021/2103(INI)), 8.3.2022.
8 Europäisches Parlament: Entschließung zum schrumpfenden Handlungsspielraum.
9 Europäische Kommission: Bericht über die Rechtsstaatlichkeit 2022, Die Lage der Rechtsstaatlichkeit in der Europäischen Union, COM(2022) 500 final, 13.7.2022, S. 11, 16, 19, 25.
10 Nur vier Empfehlungen sind es für Belgien, Dänemark, Estland, Luxemburg, Niederlande und Finnland. Fünf Empfehlungen sind es für Deutschland, Irland, Frankreich, Kroatien, Griechenland, Portugal. Polen bekommt sieben und Ungarn acht Empfehlungen was nicht einer gewissen Symbolik entbehrt – immerhin handelt es sich um die einzigen beiden Länder gegen die ein Verfahren nach Artikel 7 anhängig ist.
11 Belgien, Bulgarien, Dänemark, Spanien, Frankreich, Austria, Slowakei, Finnland.
12 Siehe etwa die Empfehlung an Dänemark im Bereich des Zugangs zu Dokumenten.

von einem konkreten Projekt Abstand zu nehmen.[13] Es finden sich auch Aufforderungen zur Herstellung eines konkreten Ergebnisses wie etwa die Empfehlung an Litauen, die Position des Präsidenten des Obersten Gerichtshofs zu besetzen. Andere Empfehlungen wiederum lassen mehr Spielraum, etwa wo im Generellen eine Reform eingefordert wird oder wo eine „angemessene" Resourcenausstattung von kontrollierenden Behörden angemahnt wird.[14] Allen Abwägungsprozessen zum Trotz liefern die neuen Empfehlungen jedenfalls ein solides Fundament, um die Rechtsstaatsdebatte innerhalb der EU auf ein neues Niveau an Konkretheit und Effizienz zu heben.

Justizsysteme

Aus dem Kommissionsbericht ergeben sich folgende zentrale Faktoren für jedes Justizsystem: Unabhängigkeit der Justiz in der Wahrnehmung der Bevölkerung; Rolle der Justizräte und die Verfahren zur Ernennung von Richter:innen; Eigenständigkeit und Unabhängigkeit von Staatsanwaltschaften; Disziplinarrechtlicher Rahmen und Rechenschaftspflicht für Richter:innen und Staatsanwält:innen; Investitionen in Qualität und Effizienz der Justiz.[15]

Die Daten des Justizbarometers 2022 zeigen, dass das Vertrauen in die Justiz zwar bei Unternehmen in zwei Drittel der Mitgliedstaaten gestiegen ist, aber auch, dass in der breiten Bevölkerung eher ein gegenteiliger Trend stattgefunden hat: in mehr als der Hälfte der Mitgliedstaaten hat dieses Vertrauen abgenommen. Deutschland und Österreich befinden sich bei beiden Zielgruppen unter den „besten" sechs Mitgliedstaaten.[16]

Im Zusammenhang mit der Ernennung von Richter:innen erinnert die Europäische Kommission an die jüngsten Urteile des EuGH und unterstreicht, dass das Verfahren für die Ernennung von Richter:innen „entscheidenden Einfluss auf die Unabhängigkeit der Justiz und die öffentliche Wahrnehmung ihrer Unabhängigkeit" haben kann. Die Beteiligung der Justiz selbst sei hier wichtig. Die Kommission verweist hier unter anderem auf Österreich und fordert die Republik auf, „der Notwendigkeit Rechnung zu tragen, die Justiz an den Ernennungen des Präsidenten und Vizepräsidenten des Obersten Gerichtshofs sowie der Präsidenten und Vizepräsidenten von Verwaltungsgerichten zu beteiligen, und dabei europäische Standards für die Ernennung von Richtern und die Auswahl von Gerichtspräsidenten zu berücksichtigen". In einer zweiten Empfehlung wird eingefordert, die Reform zur Schaffung einer unabhängigen Bundesstaatsanwaltschaft unter Berücksichtigung europäischer Standards zur Unabhängigkeit und Eigenständigkeit der Staatsanwaltschaft fortzusetzen, auch um die unabhängige Arbeit der Wirtschafts- und Korruptionsstaatsanwaltschaft sicherzustellen".

Deutschland fordert die Kommission in den Empfehlungen auf, „seine Bemühungen im Rahmen des neuen Pakts für den Rechtsstaat fortzusetzen, angemessene Ressourcen für das Justizsystem bereitzustellen, auch in Bezug auf die Besoldung von Richter:innen, und dabei europäische Standards für die Ressourcen und die Vergütung im Justizsystem zu berücksichtigen".

---

13 Siehe etwa die Empfehlung an Kroatien, die neu eingeführten Sicherheitsüberprüfungen von Richter:innen und Staatsanwält:innen zu überdenken.
14 Zum Beispiel jene für das Büros des parlamentarischen Bürgerbeauftragten in Litauen oder das Justizsystem in Dänemark.
15 Europäisches Parlament: Entschließung zu den Grundrechten und der Rechtsstaatlichkeit in Slowenien, insbesondere die verzögerte Ernennung von Staatsanwälten der EUStA 2021/2978(RSP), 16.12.2021; Entschließung zu der Krise im Zusammenhang mit der Rechtsstaatlichkeit in Polen und dem Vorrang des Unionsrechts 2021/2935(RSP), in: Amtsblatt der EU C 184/154, 21.10.2021.
16 Europäische Kommission: The 2022 EU Justice Scoreboard, COM(2022) 234, Luxemburg 2022.

Korruptionsbekämpfung

Für die Korruptionsbekämpfung zeigt der Rechtsstaatsbericht neun Elemente als zentrale Faktoren auf: Korruptionswahrnehmung seitens der Bevölkerung; Strategien zur Korruptionsbekämpfung und deren Umsetzung; Kapazitäten und Rechtsrahmen für die Korruptionsbekämpfung; Hindernisse für strafrechtliche Ermittlungen, Verfolgung und Bestrafung; Korruptionsprävention und Integritätsrahmen, inklusive der Vermeidung von Interessenskonflikten; Lobbying und Drehtüreffekte; Offenlegung von Vermögenswerten und Interessen; Schutz von Hinweisgeber:innen (whistleblower); Finanzierung von politischen Parteien; Staatsbürgerschafts- und Aufenthaltsregelungen für Investoren (golden passports etc.).

Was die Korruptionswahrnehmung in den Bevölkerungen der Mitgliedstaaten angeht, so stammen die jüngsten Zahlen aus der Eurobarometer Umfrage des Sommers 2022. Bei der Frage wie weit verbreitet Korruption im jeweiligen Land sei, antworten im EU-Schnitt 68 Prozent mit „total weit verbreitet" (28 Prozent mit „total selten"). Deutschland liegt mit 53 Prozent (bzw. 42 Prozent) nach Dänemark, Finnland, Schweden, Luxemburg, Estland und den Niederlanden an siebter Stelle. In Österreich beantworten 57 Prozent die Frage mit „total weit verbreitet" was das Land drei Plätze hinter Deutschland einreiht. Bei der Frage, ob man selbst persönlich von Korruption betroffen sei, fallen die beiden Länder aber weiter auseinander: Deutschland schiebt sich hinauf auf Platz vier und Österreich fällt ab auf Platz zwölf.[17]

Was die Überarbeitung der nationalen Strategien zur Korruptionsbekämpfung anbelangt, so weist der Rechtsstaatsbericht für Deutschland darauf hin, dass der Plan bestehe, die strafrechtlichen Sanktionen für Bestechung durch Parlamentsmitglieder zu verschärfen. Auch wird darauf verwiesen, dass 2022 das neue Lobbyregister auf Bundesebene in Kraft getreten ist und die Einführung eines „legislativen Fußabdrucks" angekündigt wurde. Im Zusammenhang mit der Bekämpfung von „Drehtüreffekten", also der unangemessenen Nutzung des in der Politik erworbenen Hintergrundwissens in der Privatwirtschaft unmittelbar nach der Beendigung einer politischen Karriere, führt der Bericht aus, dass in Deutschland die Vorschriften über Beschäftigungsbeschränkungen und Karenzzeiten nach wie vor fragmentiert seien.

Was Lobbying angeht, so unterstreicht die Kommission, dass dies ein „rechtmäßiger Akt der politischen Teilhabe" sei der allerdings „von hohen Anforderungen an Transparenz und Integrität begleitet sein" muss. Der Bericht verweist auf Österreich, wo eine Arbeitsgruppe, die vor über zwei Jahren mit dem Mandat ausgestattet wurde, einen Vorschlag für eine Reform des Lobbywesens auszuarbeiten, „noch zu keiner Einigung gelangt" sei. Im Zusammenhang mit der notwendigen Offenlegung von Vermögenswerten und Interessen wird darauf verwiesen, dass in Österreich Parlamentsabgeordnete nicht zur Offenlegung ihrer Vermögenswerte, Interessen, Schulden und Verbindlichkeiten verpflichtet sind. Österreich findet auch Erwähnung im Zusammenhang mit der Finanzierung politischer Parteien als ein Bereich „mit hohem Korruptionsrisiko". In Österreich laufe zurzeit eine entsprechende Reform „zur Behebung der seit Langem (insbesondere in Bezug auf die Befugnisse des Rechnungshofs) bestehenden Probleme des gegenwärtigen Systems". Für Österreich unterstreicht der Kommissionsbericht auch die „erhöhten Korruptionsrisiken im

---

17 Europäische Kommission: Special Eurobarometer 523: Corruption, 2658 SP523, 2022, S. 18 und 28.

Zusammenhang mit COVID-19" und den verstärkten Rückgriff auf beschleunigte, vereinfachte, potenziell intransparente Vergabeverfahren: ein Thema, dass im Sommer 2022 auch Gegenstand eines Politskandals in Wien wurde.

Deutschland wird in den Empfehlungen angehalten, die „Pläne zur Einführung eines ‚Fußabdrucks' im Gesetzgebungsverfahren weiterzuverfolgen, um die Überwachung und Rückverfolgung aller Interessenvertreter, die Einfluss auf bestimmte Legislativtexte nehmen und dazu beitragen wollen, zu ermöglichen". Eine zweite Empfehlung zu diesem Themenbereich fordert von Deutschland, die bestehenden Vorschriften zum Drehtüreffekt zu verbessern.

Medienpluralismus und Medienfreiheit

Der Rechtsstaatsbericht 2022 unterstreicht, das unabhängige und freie Medien zentrale Kontrollinstanzen der Demokratie sind und somit die Rechtsstaatlichkeit verteidigen. Einschränkungen der Medien behindern darüber hinaus sowohl die Rede- und die Meinungsfreiheit als auch das Recht, Informationen zu beschaffen, zu empfangen und weiterzugeben. Und: Die „Mitgliedstaaten der EU haben die positive Pflicht, für ein förderliches Umfeld für Journalisten zu sorgen, ihre Sicherheit zu schützen sowie Medienpluralismus und Medienfreiheit zu fördern".

Der Bericht zeigt neun Faktoren, die zentral für Medienpluralismus und Medienfreiheit sind: Überwachung von Medienpluralismus; Stärkung der Unabhängigkeit der Medienaufsicht; Transparenz der Eigentumsverhältnisse im Medienbereich; Transparenz und Fairness bei der Zuweisung staatlicher Werbemittel; Schutz der Unabhängigkeit der öffentlich-rechtlichen Medien; keine Einflussnahme durch Lizenzbeschränkungen und staatliche Entscheidungen; Zugang zu Informationen; Sicherheit von Journalistinnen und Journalisten; Schutz gegen strategische Klagen gegen Öffentlichkeitsbeteiligung (SLAPP).

In Sachen staatlicher Werbemittel sendet der Bericht das klare Signal, dass Zahlungen des Staates (oder von staatlich kontrollierten Unternehmen) für Werbezwecke und Kampagnen transparent sein müssen und klarer fairer Kriterien bedürfen da ansonsten solche Zahlungen, versteckte Mittel der politischen Einflussnahme sein können. Österreich findet Erwähnung im Zusammenhang mit dem Zugang zu Informationen. Solch ein Zugang ist unerlässliche Voraussetzung für die Medien, die Zivilgesellschaft und auch wichtig für das Vertrauen der Öffentlichkeit. In Österreich fehle aber ein umfassender und durchsetzbarer Rechtsrahmen für den Zugang zu Dokumenten und öffentlichen Informationen und „die entsprechenden Gesetzesentwürfe stocken". Die Empfehlungen für Österreich regen entsprechend an, „die Reform im Bereich des Zugangs zu amtlichen Informationen unter Berücksichtigung europäischer Standards für den Zugang zu amtlichen Dokumenten voranzubringen." Auch soll Österreich den Rahmen für die Zuweisung staatlicher Werbung durch Behörden aller Ebenen reformieren.

Deutschland wird in seinen länderspezifischen Empfehlungen angehalten „den Plan zur Schaffung einer Rechtsgrundlage für ein Informationsrecht der Presse in Bezug auf Bundesbehörden unter Berücksichtigung europäischer Standards für den Zugang zu Dokumenten weiterzuverfolgen".

Gewaltenteilung (Kontrolle und Gegenkontrolle)

Was das „System von Kontrolle und Gegenkontrolle" angeht, so räumt die Europäische Kommission ein, dass sich die jeweiligen Modelle je nach Rechts- und Verfassungstradition von Mitgliedstaat zu Mitgliedstaat unterscheiden. Wichtig sei aber, dass „alle einem solchen System unterliegen". Der Bericht widmet sich vier zentralen Faktoren der Gewaltenkontrolle: die Qualität und Inklusivität des Gesetzgebungsverfahrens; die Rolle der Verfassungsgerichte; Nationale Menschenrechtsinstitutionen, Bürgerbeauftragte, Gleichstellungsstellen, einschließlich (der Umsetzung der Urteile des) Europäischen Gerichtshofs für Menschenrechte; Organisationen der Zivilgesellschaft. Zusätzlich beschäftigt sich der Bericht in diesem Kapitel auch mit zwei aktuellen Themen, nämlich der Anwendung von Sofortmaßnahmen während der Covid-19-Pandemie sowie dem Einsatz von Spähsoftware (Pegasus).

Im Zusammenhang mit der Rolle von Verfassungsgerichten bezüglich der Covid-19-Pandemie wird auf Frankreich, Deutschland und Italien verwiesen. Zur Sprache kommt allerdings auch die Sorge, dass Verfassungsgerichte bedenkliche Entscheidungen bezüglich des Vorrangs des EU-Rechts fällen können. Für Deutschland wird berichtet, dass die Regierung „förmlich zugesagt habe, den Vorrang des Unionsrechts eindeutig anzuerkennen, woraufhin die Kommission das Vertragsverletzungsverfahren, das wegen eines Urteils des Bundesverfassungsgerichts eingeleitet worden war, einstellte". Auch auf das Urteil des polnischen Verfassungsgerichts zum (Nicht)Vorrang des EU-Rechts wird verwiesen sowie auf das deshalb anhängige Vertragsverletzungsverfahren.

Deutschland kommt auch in Zusammenhang mit Organisationen der Zivilgesellschaft zur Sprache. Diese Organisationen sieht der Bericht als „wesentliche Akteure der Rechtsstaatlichkeit", die als Kontrollinstanz bei Verstößen gegen die Rechtsstaatlichkeit unerlässlich sind. In Deutschland gäben allerdings die Unsicherheiten im Zusammenhang mit der Steuerbefreiung von zivilgesellschaftlichen Organisationen „nach wie vor Anlass zu Bedenken, auch wenn dies bei bevorstehenden Reformen angegangen werden könnte". Dies findet sich auch entsprechend in den landesspezifischen Empfehlungen an Deutschland wieder.

Weiterführende Literatur

Europäische Kommission: Bericht über die Rechtsstaatlichkeit 2022, Die Lage der Rechtsstaatlichkeit in der Europäischen Union, COM(2022) 500 final, 13.7.2022.
Agentur der Europäischen Union für Grundrechte: Europe's civil society: still under pressure – 2022 update, Luxemburg 2022.

Polizeiliche und justizielle Zusammenarbeit

Christoph Gusy/Jan-Peter Möhle

Im Bereich der polizeilichen und justiziellen Zusammenarbeit diskutierte und verabschiedete die Europäische Union (EU) im vergangenen Jahr vielfältige Neuregelungen. Als Teilbereich eines neuen Kodex für die polizeiliche Zusammenarbeit geriet das Thema Cybersicherheit zunehmend in den Fokus europäischer Politik und Rechtsetzung. Weiterhin bleibt die Bekämpfung der organisierten Kriminalität auf der Tagesordnung. Zudem beeinflussen u.a. die Auswirkungen und Eingrenzungsversuche der Covid-19-Pandemie, eine erste Bestandsaufnahme zur Europäischen Staatsanwaltschaft und der Rechtsstaatsmechanismus den Diskurs über die europäische Sicherheitszusammenarbeit.

Polizeiliche Zusammenarbeit

Als Teil der Strategie für die Sicherheitsunion ist die polizeiliche Zusammenarbeit geprägt durch den von der Europäischen Kommission vorgeschlagenen „Kodex für die polizeiliche Zusammenarbeit"[1]. Hackerangriffe in Mitgliedstaaten, auch im Vorfeld der deutschen Bundestagswahl, rückten die Cybersicherheit in den Fokus von Politik und Recht – sowohl auf europäischer Ebene als auch in Deutschland.[2] Sicherheitsfragen im Internet der Dinge betreffen heute vor allem auch die Sicherheit (kritischer) IT-Infrastruktur. Konsequenterweise benannte Ursula von der Leyen, als Präsidentin der Europäischen Kommission, in ihrer Ansprache zur State of the Union 2021 das Thema Cybersicherheit als eines der drängendsten aktuellen Themen der EU.[3]

Die EU hat bereits 2004 die Agentur für Cyber-Sicherheit (ENISA) ins Leben gerufen, deren rechtliches Fundament, die ENISA-Verordnung[4], 2019 novelliert wurde. Die Novelle ist Ende Juni 2021 vollständig in Kraft getreten (Art. 69 ENISA-VO). ENISA ist eine unabhängige Behörde, die die EU-Organe und Einrichtungen beim Aufbau von Kapazitäten zur Abwehr von und der Abwehrbereitschaft vor Cyberangriffen unterstützt (Art. 4). Das Ziel ist eine operative Zusammenarbeit zwischen den Mitgliedstaaten bei Berücksichtigung höchster wissenschaftlicher und technischer Qualitätsstandards (Art. 7). Im November 2021 veröffentlichte ENISA zuletzt eine Bestandsaufnahme über Entwicklungen von Cyber-Sicherheit in den Mitgliedstaaten mit vier künftigen Handlungsschwerpunkten: Aufbau

---

1 Europäische Kommission: Pressemitteilung, Kodex für die polizeiliche Zusammenarbeit: Mehr Sicherheit durch intensivere grenzüberschreitende polizeiliche Zusammenarbeit, IP/21/6645, 8.12.2021.
2 Bundesministerium des Innern, für Bau und Heimat: Cybersicherheitsstrategie für Deutschland 8/2021, 8.9.2021; Koalitionsvertrag zwischen SPD, Bündnis 90/Die Grünen und FDP: Mehr Fortschritt wagen: Bündnis für Freiheit, Gerechtigkeit und Nachhaltigkeit, 24.11.2021, S. 149.
3 Ursula von der Leyen: Rede zur Lage der Union, SPEECH/21/4701, 15.9.2021.
4 Europäische Union: Verordnung über die ENISA und über die Zertifizierung der Cybersicherheit von Informations- und Kommunikationstechnik, PE/86/2018/REV/1, 17.4.2019.

von Kapazitäten zur Stärkung des Bewusstseins von Cyber-Sicherheit, regelmäßiges Monitoring, Modelle von Cyber-Sicherheitsverhalten und Planung einer Sensibilisierungskampagne.[5]

Im Rahmen der EU-Cybersicherheitsstrategie[6], die Teil der allgemeinen Sicherheitsstrategie der EU ist,[7] sind vor allem drei schon länger diskutierte Gesetzgebungsvorhaben mittlerweile weit fortgeschritten.[8] Erstens die Richtlinie zur Gewährleistung einer hohen Netzwerk- und Informationssicherheit (NIS-2),[9] die zuletzt an den Rat übergeben wurde und den Informationsaustausch zwischen den Mitgliedstaaten verbessern soll. Zweitens der Entwurf einer Verordnung, die die Rechtsgrundlagen der Cyber-Sicherheit in Finanzunternehmen der EU neu ordnen und stärken will (Digital Operational Resilience Act, DORA)[10]. Und drittens die Richtlinie über die Resilienz kritischer Einrichtungen,[11] mit der die Grundlagen zur Funktionsfähigkeit von Cybersicherheit im Falle physischer Gefahren, z. B. Naturkatastrophen und Terrorismus, geregelt werden.

Die EU hat diese Projekte durch Einbeziehung neuer Themenbereiche ergänzt und wird dies – laut der Ankündigung der französischen Ratspräsidentschaft – auch weiter tun.[12] Das Europäische Parlament veröffentlichte Überlegungen zur Gründung einer gemeinsamen Cybereinheit, möglicherweise unter Einbeziehung der NATO, um koordiniert auf Cyberangriffe von außerhalb der EU reagieren und effektiv Sanktionen verhängen zu können.[13] Die Europäische Kommission hat am 29.10.2021 einen delegierten Rechtsakt zu Sicherheitsstandards für drahtlose Technik erlassen, der mangels Widerspruchs aus Rat und Parlament zwei Monate später in Kraft getreten ist. Hier geht es insbesondere um den Schutz von Smartphones und Tablets, sowie um eine Erhöhung der Sicherheitsstandards bei „smarten" Spielzeugen und Kinderbetreuungsgeräten. Die Hersteller werden verpflichtet, technisch sicherzustellen, dass ein Zugriff Dritter auf personenbezogene und auf diesen Medien gespeicherte oder über diese Medien transportierte Daten und deren Weiterleitung unterbunden wird.[14]

Zentrale Themen im Kodex für die polizeiliche Zusammenarbeit sind insbesondere die verbesserte operative Zusammenarbeit zwischen Polizeibehörden der Mitgliedstaaten, eine Novelle der Bestimmungen für den Informationsaustausch zwischen den Strafverfolgungsbehörden in den Mitgliedstaaten und die Überarbeitung von Rechtsvorschriften für den automatisierten Datenaustausch. Zwei Vorschläge der Europäischen Kommission setzen

---

5 Agentur der Europäischen Union für Cybersicherheit: Raising Awareness on Cybersecurity, 29.11.2021, S. 29 ff.
6 Europäische Kommission: Mitteilung, Die Cybersicherheitsstrategie der EU für die digitale Dekade, JOIN(2020) 18 final, 16.12.2020.
7 Europäische Kommission: Mitteilung, Dritter Fortschrittsbericht über die Umsetzung der EU-Strategie für eine Sicherheitsunion, COM(2021) 799 final, 8.12.2021.
8 Till Schaller: Neuigkeiten aus der EU für die IT-Sicherheit von kritischen Infrastrukturen, in: MultiMedia und Recht-Aktuell 2022, 445349.
9 Europäische Kommission: Vorschlag für eine Richtlinie über die Maßnahmen für ein hohes gemeinsames Sicherheitsniveau in der Union, COM(2020) 823 final, 16.12.2020.
10 Europäische Kommission: Vorschlag für eine Verordnung über die Beriebsstabilität digitaler Systeme des Finanzsektors, COM(2020) 595 final, 24.9.2020.
11 Europäische Kommission: Vorschlag für eine Richtlinie über die Resilienz kritischer Einrichtungen, COM(2020) 829 final, 16.12.2020.
12 Französischer Vorsitz im Rat der Europäischen Union: Aufschwung, Stärke, Zugehörigkeit: Das Programm der Französischen EU-Ratspräsidentschaft, 1.1.2022, S. 8.
13 Europäisches Parlament: Pressemitteilung, Parlament fordert gemeinsame Cyberabwehr-Kapazitäten, IPR13930, 7.10.2021.
14 Europäische Kommission: Delegierte Verordnung, C(2021) 7672 final, 29.10.2021.

diese Vorhaben um. Ein Vorschlag betrifft den Erlass einer Verordnung über den automatisierten Datenaustausch für die polizeiliche Zusammenarbeit (PRÜM-II).[15] Der andere Vorschlag betrifft den Erlass einer Empfehlung des Rates zur operativen polizeilichen Zusammenarbeit.[16] Zur Begründung führt die Europäische Kommission die Anfälligkeit des Schengen-Raums für grenzüberschreitende Kriminalität aus. Der auf Basis des Prüm-I-Beschlusses aus dem Jahr 2008 ermöglichte Austausch bestimmter Daten habe zwar die grenzüberschreitende Polizeiarbeit deutlich verbessert, was wegen der offenen Binnengrenzen auch erforderlich sei, reiche aber nach heutigem Sicherheitsverständnis nicht mehr aus. Hintergrund des Vorschlags ist auch, dass die Mitgliedstaaten in der jüngeren Vergangenheit, etwa angesichts der Covid-19-Pandemie oder aktueller Flucht- bzw. Migrationsbewegungen, vereinzelt Kontrollen an den Binnengrenzen eingeführt hatten. Diese stellen auf längere Sicht die Existenzberechtigung des Schengen-Raumes in Frage. Als Alternative zu und Vorbeugung vor neuen Binnengrenzkontrollen schlägt der Rat folgende Maßnahmen vor: weiterreichende Befugnisse der Behörden, die Schaffung gemeinsamer Polizei- und Zolldienststellen an den Binnengrenzen, bessere Planung, Koordination und Unterstützung gemeinsamer Einsatzformen in der EU, wirksame Verfügbarkeit von Kommunikationsmitteln und Übergang zu einer gemeinsamen Polizeikultur.[17]

Über den Kodex hinaus verabschiedete die Europäische Kommission eine Strategie zur Bekämpfung organisierter Kriminalität.[18] Dazu erhöht sie die finanziellen Mittel der europäischen multidisziplinären Plattform gegen kriminelle Bedrohung (EMPACT). Die Kommission möchte, dass Straftaten priorisiert werden und grenzübergreifende Strafverfolgung sich zuallererst den hoch-priorisierten Straftaten widmet. Da sich die meisten Vorbereitungshandlungen und Straftaten online abspielen, möchte die Kommission außerdem die Möglichkeiten polizeilicher Online-Ermittlung verbessern. Dazu denkt sie erneut über die (rechtmäßige) Einführung der Vorratsdatenspeicherung in den Katalog von Strafverfolgungs- und Aufklärungsmaßnahmen nach. Allerdings ließ der Rat – angesichts der engen Zulässigkeitsvoraussetzungen in der Rechtsprechung des Europäischen Gerichtshofs (EuGH) – von den Mitgliedstaaten zunächst die jeweils dort implementierten Modalitäten der Vorratsdatenspeicherung ermitteln, um verbleibende (rechtmäßige) Regelungsmöglichkeiten zu ermitteln.[19] Auch der Umgang der Mitgliedstaaten mit den aus „Enchro-Chats" gewonnenen Erkenntnissen von Behörden anderer Mitgliedstaaten fällt in den Bereich der Online-Ermittlungsmethoden. Dies betrifft insbesondere etwaige Beweisverwertungsverbote vor deutschen Gerichten wegen Verfahrensfehlern anderer Mitgliedstaaten.[20]

Darüber hinaus sind die neuen Regelungen zum Visa-Informationssystem (VIS) in Kraft getreten.[21] Während manche sicherheitsrechtlichen Kontroversen durch die Datenschutz-Grundverordnung und die Datenschutz-Richtlinie im Bereich von Justiz und Inneres

---

15 Europäische Kommission: Vorschlag für eine Verordnung über den automatisierten Datenaustausch für die polizeiliche Zusammenarbeit („Prüm II"), COM(2021) 784 final, 8.12.2021.
16 Europäische Kommission: Vorschlag zur operativen polizeilichen Zusammenarbeit, COM(2021) 780 final, 8.12.2021.
17 Europäische Kommission: Vorschlag zur operativen polizeilichen Zusammenarbeit, 2021, S. 15 ff.
18 Europäische Kommission: Mitteilung über eine EU-Strategie zu Bekämpfung der Organisierten Kriminalität 2021-2025, COM(2021) 170 final, 14.4.2021, S. 1 ff.
19 Europäische Kommission: Mitteilung über eine EU-Strategie, 2021, S. 28; Council of the EU, Working Paper, 10.6.2021.
20 Alexander Roth: EnchroChat und kein Ende, in: Zeitschrift für das Gesamte Sicherheitsrecht 2021, S. 238.
21 Europäische Union: Verordnung hinsichtlich der Festlegung der Voraussetzungen für den Zugang zu anderen Informationssystemen der EU für Zwecke des Visa-Informationssystems, 2018/0152(COD), 7.7.2021.

geklärt scheinen, sind neue Fragen entstanden. Sie betreffen Datenschutz im Polizeieinsatz[22] und die Frage nach der Zulässigkeit polizeilichen Einschreitens bei Filmaufnahmen von Polizeibeamten im Einsatz.[23] Das Europäische Parlament hat – als Ausnahmetatbestand von der geltenden E-Privacy-Richtlinie – vorübergehend beschlossen, dass Dienstanbieter für den Austausch persönlicher Nachrichten, wie etwa Facebook oder Google, auch die privaten Nachrichten ihrer Kunden flächendeckend nach kinderpornografischen Inhalten scannen dürfen.[24]

Nach den letztjährigen Berichten über zunehmende Angriffe auf Journalisten hat die Europäische Kommission außerdem eine Empfehlung zur Gewährleistung ihres Schutzes, ihrer Sicherheit und der Stärkung ihrer Handlungskompetenz veröffentlicht.[25] Hierbei wird neben der Verpflichtung der Mitgliedstaaten, Unterstützungs-, Kontakt- und Beratungsstellen sowie Rechts- und psychologischen Beistand zu gewährleisten, auf Kompetenzvermittlung gesetzt: Alle Akteure, die für den Schutz von Journalisten zuständig sind, sollen speziell geschult werden.[26]

Sicherheitsfragen im Bereich der Außengrenzen

Die herkömmliche Perspektive auf die Sicherung der Außengrenzen der Europäischen Union steht nach wie vor im Schatten der sogenannten Flüchtlingskrise. Die Europäische Kommission hat einen Vorschlag zur Änderung der Verordnung (EU) 2016/399 über das Überschreiten der Außengrenzen durch Personen veröffentlicht. Wegen der fehlenden Binnengrenzkontrollen im Schengen-Raum möchte sie die EU-Außengrenzen so stärker kontrollierten.[27] Zeitgleich verabschiedete sie einen Verordnungsentwurf gegen eine Instrumentalisierung von Migranten an den EU-Außengrenzen[28], unter anderem als Reaktion auf die Situation an der Grenze zwischen Polen und Belarus seit Herbst 2021, in der der belarussische Präsident versuchte, durch gezielte Flüchtlingszuströme politischen Druck auf die EU auszuüben.[29] Zum Schutz der Außengrenzen und zur Identifizierung von Personen, die die Außengrenzen bereits übertreten haben, durchsuchten die europäische Grenzschutzagentur Frontex und Europol soziale Medien auf Hinweise nach Menschenschmuggel. Ein Bericht der beiden Institutionen legt offen, dass Handydaten zur Identifikation der Migranten genutzt werden könnten.[30] Die Zulässigkeit einer solchen Maßnahme ist in Deutschland

---

22 Vgl. hierzu auch den Beitrag „Datenschutzrecht" in diesem Jahrbuch.
23 Jan Rennicke: Polizeiliches Einschreiten gegen Filmaufnahmen unter Berücksichtigung der DS-GVO, in: Neue Juristische Wochenschrift 1/2022, S. 8.
24 Europäische Union: Verordnung über eine vorübergehende Ausnahme von bestimmten Vorschriften der Richtlinie 2002/58/EG, PE/38/2021/REV/1, 6.7.2021.
25 Europäische Kommission: Empfehlung zur Gewährleistung des Schutzes, der Sicherheit und der Handlungskompetenz von Journalisten und anderen Medienschaffenden in der in der Europäischen Union, C(2021) 6650 final, 16.9.2021.
26 Mirjam Kaiser: EU-Kommission: Empfehlungen zur Sicherheit von Journalisten veröffentlicht, in: MultiMedia und Recht-Aktuell 2021, 442436.
27 Europäische Kommission: Vorschlag zur Änderung der Verordnung (EU) 2016/399 über einen Unionskodex für das Überschreiten der Grenzen durch Personen, COM(2021) 891 final, 14.12.2021.
28 Europäische Kommission: Vorschlag für eine Verordnung zur Bewältigung von Situationen der Instrumentalisierung im Bereich Migration und Asyl, COM(2021) 890 final, 14.12.2021.
29 Deutschlandfunk: Lukaschenko gegen die EU: Wie Belarus Geflüchtete als Druckmittel einsetzt, 17.11.2021.
30 Frontex/Europol: Digitalisation of migrant smuggling, 12353/21, 29.9.2021.

umstritten.[31] Gegen Frontex wird vom Europäischen Amt für Betrugsbekämpfung (OLAF) u.a. wegen des Verdachts illegaler Pushbacks an der EU-Außengrenze ermittelt.[32]

Mit der völkerrechtswidrigen militärischen Invasion Russlands in die Ukraine im Februar 2022 tritt eine neue Sichtweise auf die Außengrenzen der EU und die Notwendigkeit ihrer Sicherung hinzu, deren Bedeutung und Umfang bisher noch nicht abzuschätzen sind. Die EU hat mit der Ukraine erstmalig die militärische Gegenwehr eines anderen Staates (offen) mitfinanziert. Sie hat der Ukraine den Status eines Beitrittskandidaten verliehen. Flüchtlingsströme aus der Ukraine erreichen Polen und andere Mitgliedstaaten.[33] Im kommenden Jahr dürfte diese Entwicklung die Diskussion über die Sicherheit der europäischen Außengrenzen maßgeblich prägen.

Justizielle Zusammenarbeit

Im Bereich justizieller Zusammenarbeit spielten vor allem zwei Themen eine Rolle: die Europäische Staatsanwaltschaft und der Rechtsstaatsmechanismus. Daneben wird im Zusammenhang mit dem Austritt des Vereinigten Königreichs aus der EU (Brexit) nach wie vor über den europäischen Justizraum post-Brexit diskutiert.[34] Das Europäische Parlament nimmt zudem potenzielle Einflüsse von Künstlicher Intelligenz (KI) auf Strafverfahren in den Blick.[35] Außerdem hat die Europäische Kommission die Straftatbestände der Hetze und Hasskriminalität in Art. 83 Abs. 1 AEUV aufgenommen.[36]

Nach dem Arbeitsbeginn der Europäischen Staatsanwaltschaft im vergangenen Jahr und der Schaffung mitgliedstaatlicher Infrastrukturen sind vor allem zwei Fragen offen: Wie arbeitet die Staatsanwaltschaft mit anderen europäischen Behörden zusammen?[37] Und wie steht es um eine mit der Institution „Staatsanwaltschaft" korrespondierende europäische Strafverteidigung?[38] Die zweite Frage betrifft zentral die Strafverteidigung als Rechtsstaatsanforderung. Bisher gibt es in der EU keine Erfahrungen mit multinationaler Strafverteidigung. Multinationale Strafverteidigungen, die durch die schnelle Implementierung der Europäischen Staatsanwaltschaft entstanden sind, können möglicherweise Ungleichgewichte zwischen Ermittlungstätigkeit und Strafverteidigungsmöglichkeiten kreieren, welche beobachtet und gegebenenfalls korrigiert werden müssen. Jedenfalls fehlen bislang weithin spezialisierte Strafverteidiger. Die Europäische Staatsanwaltschaft ist in Zeiten erodierender Rechtsstaatlichkeit in einigen Mitgliedstaaten ein symbolisch hoch aufgeladener Akteur des Zusammenhalts.

---

31 Andrea Voßhoff: Entwurf eines Gesetzes zur besseren Durchsetzung der Ausreisepflicht, in: Deutscher Bundestag Innenausschuss, Ausschussdrucksache 18(4)831), 23.3.2017; grundsätzlich. zulässig, insoweit die Maßnahme insgesamt verhältnismäßig ist, d.h. einem legitimen Zweck dient, geeignet, erforderlich und angemessen ist, vgl. Urteil des Verwaltungsgerichts Berlin vom 1.9.2021 (Aktenzeichen: 9 K 135/20 A).
32 Giorgos Christides et al.: Pushback Skandal: EU-Antibetrugsbehörde erhebt schwere Vorwürfe gegen Frontex, Der Spiegel, 1.3.2022; vgl. hierzu auch den Beitrag „Griechenland" in diesem Jahrbuch.
33 Europäisches Parlament: Die Reaktion der EU auf die Flüchtlingskrise in der Ukraine, STO26151, 29.3.2022.
34 Christian Kohler: Ein europäischer Justizraum in Zivilsachen ohne das Vereinigte Königreich?, in: Zeitschrift für Europäisches Privatrecht 4/2021, S. 781.
35 Europäisches Parlament: Entschließung vom 6. Oktober 2021 zu dem Thema: Künstliche Intelligenz im Strafrecht und ihre Verwendung durch Polizei und Justizbehörden in Strafsachen, (2020/2016(INI), 6.10.2021.
36 Europäische Kommission: Mitteilung, Ein inklusiveres und besser schützendes Europa: Erweiterung der Liste der EU-Straftatbestände um Hetze und Hasskriminalität, COM(2021) 777 final, 9.12.2021.
37 Martin Petrasch: Europäische Staatsanwaltschaft ante portas, in: Corporate Compliance Zeitschrift 14/2021, S. 126–132.
38 Erik Duesberg: Europäische Strafverteidigung, in: Neue Juristische Wochenschrift 9/2022, S. 596–599.

Im Kontext dieser erodierenden Rechtsstaatlichkeit hat der EuGH jüngst wegweisend geurteilt. Er hat die von Polen und Ungarn gegen den Rechtsstaatsmechanismus anhängigen Nichtigkeitsklagen abgewiesen.[39] Der EuGH begründet seine Entscheidung damit, dass Rechtsstaatlichkeit ein tragendes Prinzip der europäischen Solidargemeinschaft sei, zu deren zentralen Elementen die Vergabe gemeinsamer Haushaltsmittel zähle. Nicht nur beim Eintritt in die EU, sondern auch fortlaufend könne die Lenkung der Mittelvergabe als Ausdruck des Solidarprinzips genutzt werden, Rechtsstaatlichkeit zu forcieren, wo immer diese in Frage gestellt werde.[40] Das Urteil stärkt die Möglichkeiten der EU, einem Ausbrechen einzelner Mitgliedstaaten aus deren Wertekanon entgegenzutreten.

Fazit und Ausblick

Durch das kriegerische Vorgehen Russlands in der Ukraine muss die EU gängige sicherheitspolitische Grundannahmen überprüfen – sowohl im Hinblick auf äußere als auch auf davon zum Teil mitgeprägte innere Bedrohungen. Sie muss diese Bedrohungen differenziert analysieren und beantworten, um passende Präventions- und Reaktionsformen zu finden. Die Cybersicherheit könnte dabei in Zukunft noch bedeutsamer werden.

Während die durch die Covid-19-Pandemie bedingten Herausforderungen der Schengen-Architektur inzwischen gelassener reguliert werden, erfordert die neue Lage neue Tätigkeitsfelder für die sicherheitsrechtliche Zusammenarbeit. Neben den neuen Bedrohungen der Außengrenzen werden auch Migrations- und Fluchtbewegungen sowie die Sicherheit von Lieferketten und Kritischer Infrastrukturen neue Fragen an die „Grenzen in der digitalen Welt" stellen.

Weiterführende Literatur

Haverkamp, Rita: The rule of law and the European Union in Challenging Times, in: Slawomir Redo (Hg.): The Rule of Law in Retreat. Challenges to Justice in the United Nations World, Lexington Books 2022.
Gerdemann, Simon: Das neue deutsche Whistleblowing-Recht, in: Neue Juristische Wochenschau 2021, S. 3489.

---

39 EuGH: Rechtssachen vom 16.2.2022, C-156/21 und C-157/21; vgl. hierzu auch die Beiträge „Rechtsstaatlichkeit" und „Polen" in diesem Jahrbuch.
40 EuGH: Pressemitteilung Nr. 28/22, Urteile in den Rechtssachen C-156/21 und C-157/21, 16.2.2022.

Regional- und Kohäsionspolitik

Julian Dörr

Wie wohl wenig andere EU-Politikfelder durchlief die Kohäsionspolitik seit ihrem Bestehen einen erheblichen Wandel, der durch die Reaktion auf die Covid-19-Pandemie noch einmal verstärkt wurde. Seit ihrer Schaffung in den 1970er Jahren erfuhr die Regional- und Strukturpolitik eine zunehmende Aufwertung – die jedoch bis heute im paradoxen Gegensatz zu ihrer öffentlichen Bekanntheit steht.[1]

Der Bedeutungszuwachs der Kohäsionspolitik zeigt sich erstens an ihrer steigenden quantitativen Ausstattung. So entfallen im gegenwärtigen Mehrjährigen Finanzrahmen (MFR) der EU 2021–2027, rund 31 Prozent (330 Mrd. Euro) der gesamten Haushaltsmittel auf dieses Politikfeld – ähnlich viel, wie auf die europäische Agrarpolitik.[2] Hierbei wuchs der Etat für die Kohäsionspolitik stetig an: Im Jahr 1976 betrug der Anteil der Kohäsionsmittel an den Gesamtausgaben lediglich rund 8 Prozent und verzeichnete v. a. in den letzten Finanzperioden einen deutlichen Zuwachs.[3] Zweitens zeigt sich ihr Stellenwert in qualitativer Hinsicht. Denn der politische Anspruch und Gestaltungswille der Europäischen Kommission schlägt sich insbesondere in der Regional- und Strukturpolitik nieder. Der Aufgaben- und Anwendungsbereich des Politikfeldes nahm in einem Maße zu, dass von einer Hinwendung zu einer europäischen „informellen Wirtschaftspolitik" gesprochen werden kann.

Will man die heutige Ausrichtung der Kohäsionspolitik und ihre dynamische Anpassungsfähigkeit an Krisen und politische Agenden verstehen, sollte zunächst der Blick auf die vergangenen Phasen gerichtet werden.

Die Entwicklung einer Nischenpolitik und eines zentralen EU-Instruments

Die Bedeutung der Regional- und Strukturpolitik als Instrument zur Verwirklichung des „wirtschaftlichen, sozialen und territorialen Zusammenhaltes" (EUV, Art. 3 Abs. 3) zeigt sich in ihrer primärrechtlichen Verankerung. Der Europäische Fonds für regionale Entwicklung (EFRE) als Kerninstrument dieses Politikfeldes soll „durch Beteiligung an der Entwicklung und an der strukturellen Anpassung der rückständigen Gebiete und an der Umstellung der Industriegebiete mit rückläufiger Entwicklung zum Ausgleich der wichtigsten regionalen Ungleichgewichte in der Union" (AEUV, Art. 176) beitragen. Das Grundprinzip der Kohäsionspolitik ist es somit, aus ökonomischen und sozialen Motiven in den Markt zu

---

1 Die europäische Kohäsionspolitik wird in großen Teilen der Öffentlichkeit wenig wahrgenommen. So geben nur 41 Prozent der EU-Bevölkerung an, dass sie durch die Kohäsionspolitik mitfinanzierte Projekte in ihrer Nachbarschaft kennen. Insbesondere hängt die Sichtbarkeit mit dem Umfang der geförderten Projekte in einem Land zusammen: Während in den Hauptempfängerregionen die Kohäsionspolitik relativ bekannt ist, so nimmt der Wert in den vergleichsweise wohlhabenden EU-Mitgliedstaaten rapide ab; Europäische Kommission: Flash Eurobarometer 497: Citizens' awareness and perception of EU regional policy, 2021.
2 Margit Schratzenstaller: Stagnierender Mehrjähriger Finanzrahmen trotz zunehmender Herausforderungen, in: Wirtschaftsdienst 2/2021, S. 82–87.
3 Julian Dörr: Die Bedeutung der Kohäsionspolitik für die europäische Integration: Aktuelle Bestandsaufnahme eines unbekannten Politikfeldes, in: ZFAS Zeitschrift für Außen- und Sicherheitspolitik 1/2016, S. 27–37.

intervenieren, um räumliche wirtschaftliche Disparitäten zu verringern. Sie soll Entwicklungsrückstände vorrangig wirtschaftsschwacher Regionen über eine mittelbare oder unmittelbare Beeinflussung des Regionalgefüges, auch im Hinblick auf eine bessere Durchsetzung gesamtwirtschaftlicher und gesamtgesellschaftlicher Anliegen, vermindern.

Der offizielle Beginn der europäischen Kohäsionspolitik ist auf das Jahr 1975 zu datieren, in dem der EFRE begründet wurde. Der Zeitraum vorher, der durch den 1957 geschaffenen Europäischen Sozialfonds (ESF) und den 1961 begründeten Europäischen Ausrichtungs- und Garantiefonds für Landwirtschaft (EAGFL) geprägt waren, kann aufgrund der höchstens indirekten räumlichen Wirkungen als kein genuin regionalpolitisches Instrumentarium gewertet werden – auch wenn der ESF später in die Kohäsionspolitik eingegangen ist.[4]

Verfolgte die Kohäsionspolitik anfangs nur dieses Ausgleichsziel, so entgrenzte sich der Förderumfang zunehmend und erweiterte sich der Zielkanon der Gemeinschaftspolitik. Waren zu Beginn lediglich Regionen förderberechtigt, die objektiv als am stärksten benachteiligte Gebiete galten – unter der Ägide von Jaques Delors fortan mit der 75 Prozent-Regel quantifiziert[5] – oder die, als vom Strukturwandel betroffen zählten, wurde diese Konzentration auf wirtschaftsschwache Gebiete nach und nach aufgeweicht. Die Zäsur erfolgte schließlich endgültig ab 2007 als sowohl die Förderziele verändert als auch das Fördergebiet massiv ausgeweitet wurde.[6] So kam es erstmals dazu, dass das gesamte Gebiet der EU in die Förderung einbezogen wurde und seitdem auch per se relativ wohlhabende Gebiete Fördermittel erhalten.[7] Ein Zustand, der auch in der gegenwärtigen Situation andauert. Anders als in den Vorperioden, bei denen Regionen also entweder gewisse Bedingungen erfüllen mussten oder es Gegenstand der Verhandlungen zwischen Europäischer Kommission und Mitgliedstaaten war, wann sich Regionen auf den Status Strukturwandel berufen konnten, hatten nun per se jede Gebietskörperschaft Anspruch auf die Bezugsmöglichkeit von Kohäsionsmitteln. Zum Beispiel erhielten weite Gebiete Bayerns, Hessens und Baden-Württembergs in der Periode 1988-1994 keine Kapitalhilfen, in den letzten beiden Perioden hingegen schon. Nach Oberbayern und damit etwa auch München flossen in der Periode 2007–2013 rund 886 Mio. Euro an Strukturmitteln. Und das, obwohl Bayern als Ganzes mit 137,9 Prozent des durchschnittlichen EU-Bruttoinlandsprodukts pro Kopf als überdurchschnittlich wohlhabend gelten muss und mittelbar einen wichtigen finanziellen Beitrag zum EU-Haushalt leistet.

Dies stellt eine Durchbrechung des Subsidiaritätsprinzips dar, also jenem wichtigen Baustein der EU, nachdem ein Eingriff europäischer Institutionen erst dann gerechtfertigt ist, wenn die jeweiligen unteren Ebenen nicht selbst zu einer vernünftigen Lösung in der Lage sind bzw. nicht dazu in die Lage versetzt werden können. Denn es werden eben auch wirtschaftsschwache Gebiete gefördert, deren übergeordnete Instanzen wirtschaftsstark sind und durchaus leistungsfähig genug wären, diese subsidiäre Hilfe allein zu übernehmen.

---

4 Ernst Haas: The Uniting of Europe: Political, Social and Economic Forces 1950–57, Notre Dame 1958/2004.
5 Gebietskörperschaften gelten dann als „arm", wenn sie ein geringeres Bruttoinlandsprodukt (BIP) pro Kopf aufweisen als 75 Prozent des EU-Durchschnitts.
6 Für einen detaillierten Nachweis: Julian Dörr: Die europäische Kohäsionspolitik auf dem Weg zu einer „informellen Wirtschaftspolitik"?, in: ORDO Jahrbuch für die Ordnung von Wirtschaft und Gesellschaft 67/2016, S. 193–221.
7 Neben dem EFRE und dem ESF kam 1994 der Kohäsionsfonds (KF) zum Portfolio hinzu. Mittels dieses Fonds werden Länder mit einem BIP unter 90 Prozent des EU-27-Durchschnitts gefördert. Der KF grenzt sich von der bisherigen Logik der Kohäsionspolitik jedoch dadurch ab, dass er keine regionale, sondern eine nationale Bezugsebene besitzt.

Subsidiarität im Politikfeld der Kohäsionspolitik würde bedeuten, dass die EU erst dann tätig werden sollte, wenn Regionen und deren übergeordnete Staatsstrukturen nicht die nötigen Mittel haben, die wirtschaftliche Entwicklung selbst zu fördern. Aus dieser Sicht erscheint eine Strukturförderung in weitgehend wirtschaftsschwachen Ländern wie Rumänien oder aber bei grenzüberschreitenden Problemen, die eine Koordinierung der betroffenen Länder erfordern, sinnvoll. Angesichts der derzeitigen Praxis sind allerdings Zweifel angebracht, ob es sich tatsächlich um eine bedarfsgerechte Förderung handelt.

Normativ legitimiert wurde diese Umwidmung nicht durch eine demokratisch getroffene Grundsatzentscheidung oder eines von der Mehrheit der Mitgliedstaaten explizit intendierten Policywandels, sondern durch das Narrativ der Notwendigkeit der Herstellung einer zukunfts- und wettbewerbsfähigen Wirtschaftsstruktur als wesentliche Determinante für Wachstum und Lebensqualität. Entsprechend wird die Kohäsionspolitik als zentrales Instrument zur Umsetzung der Lissabon-Agenda bzw. der Nachfolge-Strategie „Europa 2020" gesehen und erhebt faktisch den Anspruch einer generellen Wirtschaftspolitik für alle Gebiete und Bürger:innen der EU zu sein. Nun ist nicht mehr allein davon die Rede, das Wohlstandsgefälle zu verringern, sondern neue Ziele wie die Innovationsfähigkeit und die Förderung von Schlüsseltechnologien sowie der Umwelt- und Klimaschutz rücken in den Vordergrund.

Der Einfluss der Bekämpfung der Covid-19-Pandemie

Der Trend zur „Generalförderung" wurde durch die Reaktion auf die Covid-19-Pandemie weiter verstärkt.[8] Nach dem Ausbruch der SARS-Cov-2-Krise wurden finanzielle Mittel mobilisiert, um sowohl kurzfristig die akute Krise zu bekämpfen (etwa durch Investitionen in die Gesundheitssysteme) als auch die Krisenfolgen abzumildern.[9] Dazu wurde auch die Kohäsionspolitik eingesetzt, indem schnell Maßnahmen zur Anpassung der bestehenden Programme mit dem Ziel einer flexibleren Zurverfügungstellung von Fördermitteln eingeleitet wurden. Die Investitionsinitiativen CRII und CRII+ (Corona Response Investment Initiatives) sehen u. a. eine flexible Umschichtung von regional- und strukturpolitischen Mitteln sowie deren rasche Verausgabung vor. Ebenso wurde im Juni 2020 beschlossen die bestehenden Förderinstrumente durch das REACT-EU-Paket („Aufbauhilfe für den Zusammenhalt und die Gebiete Europas") aufzustocken. Das rund 55 Mrd. Euro umfassende Paket wurde über den EFRE, den ESF und den europäischen Hilfsfonds für am stärksten benachteiligte Personen (FEAD) für 2020 und 2021 bereitgestellt.

REACT ist Teil des Aufbauinstruments „Next Generation EU" (NGEU), das wiederum im Rahmen des Wiederaufbaufonds (Recovery Fund) errichtet wurde. NGEU ermächtigt die Europäische Kommission, an den Kapitalmärkten im Namen der EU Mittel von bis zu 750 Mrd. Euro aufzunehmen.[10] Bei der Verteilung der REACT-EU-Mittel auf die Mitgliedstaaten werden ihr relativer Wohlstand und das Ausmaß der Auswirkungen der Corona-Krise auf ihre Volkswirtschaft und Gesellschaft berücksichtigt.

Durch die Schaffung dieser neuen Finanzierungsinstrumente entstehen nicht nur Überschneidungen mit der Kohäsionspolitik, sondern auch Nebenfinanzierungslinien, die außerhalb der bisherigen Förderlogik der Strukturpolitik angesiedelt sind, jedoch dieselbe Zielsetzung haben. So unterstützt die Aufbau- und Resilienzfazilität Investitionen mittels

---

8 Vgl. hierzu auch den Beitrag „Die Auswirkungen der Covid-19-Pandemie" in diesem Jahrbuch.
9 Vgl. hierzu auch die Beiträge „Der Wiederaufbauplan der Europäischen Union" und „Gesundheits- und Verbraucherpolitik" in diesem Jahrbuch.
10 Vgl. hierzu auch den Beitrag „Haushaltspolitik" in diesem Jahrbuch.

Darlehen (360 Mrd. Euro) und Zuschüssen (313 Mrd. Euro) beispielsweise in den Feldern Breitbandausbau, erneuerbare Energien, Energieeffizienz, Elektromobilität, digitale Bildung und Digitalisierung der Verwaltung.[11]

Die Regional- und Kohäsionspolitik ab 2021

Mit dem MFR 2021–2027 und den im Juni 2021 verabschiedeten Regelungen zur Umsetzung der Kohäsionspolitik beginnt die aktuelle Förderperiode. Das Förderinstrument der europäischen Struktur- und Investitionsfonds (ESIF) besteht aus den folgenden Einzelfonds: EFRE, Kohäsionsfonds (KF), europäischer Landwirtschaftsfonds für die Entwicklung des ländlichen Raums (ELER), europäischer Meeres- und Fischereifonds (EMFF), Fonds für einen gerechten Übergang (JTF), Asyl-, Migrations- und Integrationsfonds (AMIF), Instrument für Grenzmanagement und Visa (BMVI), Fonds für die innere Sicherheit (ISF) sowie den ESF+, der nunmehr neben dem ESF u. a. auch die Youth Employment Initative (YEI) und den FEAD beinhaltet.[12]

Wie bereits seit 2014 verfolgt die Kohäsionspolitik die beiden Ziele „Investitionen in Wachstum und Beschäftigung" sowie „Europäische Territoriale Zusammenarbeit". Lediglich innerhalb des ersten Förderzwecks findet eine Binnendifferenzierung aufgrund der Bedürftigkeit statt: Als „stärker entwickelte Regionen" gelten Gebiete mit mehr als 100 Prozent (2014–2020 noch 90 Prozent) des EU-27-Durchschnitts-BIP-pro-Kopf. Die „Übergangsregionen" müssen ein BIP-pro-Kopf zwischen 75 Prozent und 100 Prozent des EU-27-Durchschnitts aufweisen (bislang zwischen 75 Prozent und 90 Prozent). Die „weniger entwickelten Regionen" sind weiterhin Regionen mit einem BIP-pro-Kopf von unter 75 Prozent des EU-27-Durchschnitts.[13] Damit fallen plötzlich mehr Gebiete in die Kategorie der Übergangsregionen, die vorher noch als „stärker entwickelt" galten. Je nach Regioneneinstufung variieren die Kofinanzierungssätze zwischen 40 und 85 Prozent.

Neu im Vergleich zur Vorperiode sind neben der Einbeziehung des Klimaschutzes in alle Politikbereiche fünf politische Ziele, die bei der Mittelzuteilung Anwendung finden: ein wettbewerbsfähigeres und intelligenteres Europa, ein grüneres, kohlenstoffarmes Europa (das in einer Netto-Null-Emissionen-Wirtschaft und einem widerstandsfähigen Europa münden soll), ein stärker vernetztes Europa, ein sozialeres und integratives Europa sowie ein bürgernäheres Europa.[14] Darauf aufbauend sind die Empfänger in den Regionen und Ländern an konkrete Vorgaben zur thematischen Konzentration der Mittel gebunden. So müssen beispielsweise mindestens 30 Prozent der EFRE-Mittel dem Ziel einer grüneren EU gewidmet sein.

Ausblick und Reformdiskussion

Insgesamt betrachtet zeichnet sich die Kohäsionspolitik durch einen Paradigmenwechsel der Förderung aus. Sie verwandelt sich schleichend von einer Unterstützungspolitik, ur-

---

11 Europäische Kommission: Aufbau- und Resilienzfazilität, abrufbar unter https://ec.europa.eu/info/business-economy-euro/recovery-coronavirus/recovery-and-resilience-facility_de (letzter Zugriff: 26.8.2022).
12 Europäisches Parlament/Rat der EU: Verordnung (EU) 2021/1060 des Europäischen Parlaments und des Rates vom 24.6.2021, in: Amtsblatt der EU L 231/159, 30.6.2021, S. 159–706.
13 Europäisches Parlament/Rat der EU: Verordnung (EU) Nr. 1303/2013 des Europäischen Parlaments und des Rates vom 17.12.2013, in: Amtsblatt der EU L 347/320, 20.12.2013, Art. 90.
14 Europäisches Parlament/Rat der EU: Verordnung (EU) Nr. 2021/1058 des Europäischen Parlaments und des Rates vom 24.6.2021, in: Amtsblatt der EU L 231/60, 30.6.2021.

sprünglich für vorwiegend wirtschaftsschwache Regionen, zu einer „Quasi-Wirtschaftspolitik" für die gesamte EU. Da die Kohäsionspolitik weder sämtliche Instrumente einer genuinen Wirtschaftspolitik besitzt noch die Europäische Kommission sie alleine gestaltet, kann von einem Ersatzinstrument, einer „Ersatzwirtschaftspolitik" gesprochen werden. Eine Entwicklung, die sich durch die ambitionierten Maßnahmen zum Klimaschutz (Green New Deal[15]), der Sicherung ökonomischer und geopolitischer Souveränität (Industriepolitik[16]) sowie die anhaltende Bekämpfung der Covid-19-Krise noch verstärkt. Diese Entwicklung ist das Ergebnis der politökonomischen Logik von Spillover-Effekten.[17]

Entscheidender Treiber dürfte damit das Eigeninteresse der Europäischen Kommission sein: Eine Kohäsionspolitik, die sich auf die Förderung der wirtschaftsschwächsten Gebietskörperschaften konzentriert, wäre eine Politik, die darauf hinarbeitet, sich langfristig selbst abzuschaffen. Denn je erfolgreicher die Kohäsionspolitik wirkt, desto schneller würden ceteris paribus die Aufholprozesse verlaufen und desto schneller wäre eine Gemeinschaftspolitik überflüssig. Die Beispiele Irlands und der neuen deutschen Bundesländer, die aufgrund ihrer ökonomischen Aufholprozesse zu den wohlhabenden Regionen aufgeschlossen haben, deuten die Dimension eines solchen Rückzugs an.[18] Damit gilt: Will die Europäische Kommission auf lange Sicht das Politikfeld der Kohäsionspolitik mit seinen Haushaltsmitteln behalten, so muss sie alternative Betätigungsfelder erschließen. Dies gilt selbst vor dem Hintergrund möglicher, angesichts jüngster geopolitischer Entwicklungen wahrscheinlicher gewordener, Erweiterungsrunden mit sozioökonomisch schwachen Regionen. So weisen etwa die Beitrittskandidaten-Länder Mazedonien, Montenegro, Albanien und Serbien zusammen lediglich rund 12,5 Mio. Einwohner auf.

Genauso alt wie die Kohäsionspolitik ist die Frage nach der Wirksamkeit der Kapitalhilfen. Neben Beispielen in denen die Unterstützungsleistungen tatsächlich zum Aufbau einer nachhaltigen Wirtschaftsstruktur geführt haben, gibt es zahlreiche Fälle, in denen diese entweder geringe Multiplikatoreffekte hatten oder aufgrund mangelnder Rechtsstaatlichkeit zu Fehllenkungen und sogar Missbrauch geführt haben.[19] In diesem Zusammenhang wird ebenfalls die Absorptionskapazität diskutiert, inwiefern also in den Regionen überhaupt ausreichend Projekte vorliegen und zudem eine leistungsfähige Verwaltung existiert, die zur Begleitung und Umsetzung der kohäsionspolitischen Maßnahmen nötig ist.[20] So ist oft festzustellen, dass Mittel nicht abgerufen werden können. Deshalb erscheint es ratsam mehr Fokus auf das Institution- und Capacity-Building zu legen.[21] Dem liegt die – mittlerweile auch von Internationalem Währungsfonds und Weltbank im Kontext der Entwicklungspolitik akzeptierte – Erkenntnis zu Grunde, dass es aufgrund unterschiedlicher Institutionen, Verwaltungstraditionen und kultureller Prägungen keine einheitlichen Blaupausen zur wirtschaftlichen Entwicklung gibt. So erfordern verschiedene Problemlagen

---

15 Vgl. hierzu auch den Beitrag „Umwelt- und Klimapolitik" in diesem Jahrbuch.
16 Vgl. hierzu auch den Beitrag „Industriepolitik" in diesem Jahrbuch.
17 Ingeborg Tömmel: EU Governance of Governance: Political Steering in a Non-Hierarchical Multilevel System, in: Journal of Contemporary European Research 1/2016, S. 406–423; John Bachtler/Carlos Mendez: Who Governs EU Cohesion Policy? Deconstructing the Reforms of the Structural Funds, in: Journal of Common Market Studies 3/2007, S. 535–564.
18 Europäische Kommission: Kohäsion in Europa bis 2050. Achter Bericht über den wirtschaftlichen, sozialen und territorialen Zusammenhalt, Luxemburg 2022.
19 Julian Dörr: EU-Strukturpolitik auf Abwegen, in: Frankfurter Allgemeine Zeitung, 7.4.2017.
20 Europäische Kommission: European Structural and Investment Funds, 2014-2020 ESIF Overview, abrufbar unter https://cohesiondata.ec.europa.eu/overview# (letzter Zugriff: 26.8.2022).
21 Europäische Kommission: Leitlinien für Regionalbeihilfen 2014–2020, in: Amtsblatt der EU C 209, 23.7.2013.

auch verschiedene Herangehensweisen. Die neuen Mitgliedstaaten in Ost- und Mitteleuropa benötigen beispielsweise mehr Hilfen für den Ausbau von Verwaltungskapazitäten und für die Sicherung demokratischer und rechtsstaatlicher Strukturen als die Altmitglieder. Ferner gilt es auch die Form der Kapitalhilfen in den Blick zu nehmen. Die Zahlung von gebundenen, mit Konditionalitäten versehenen Kohäsionsmitteln ist angesichts der Rechtsverstöße in Mitgliedstaaten nicht nur eine technische, sondern vor allem eine politische Frage.[22]

All diese Problemkreise sollten aufgrund des quantitativen und qualitativen Gewichts der Kohäsionspolitik diskutiert werden. Denn als sicher kann gelten, dass die europäische Regional- und Strukturpolitik weiter an Bedeutung gewinnen wird, um dem Anspruch des Vertrages von Lissabon gerecht zu werden, eine „in hohe[m] Maße wettbewerbsfähige soziale Marktwirtschaft" zu verwirklichen.[23]

Weiterführende Literatur

John Bachtler et al.: EU Cohesion Policy: Reassessing Performance and Direction, London 2020.
Julian Dörr: Die europäische Kohäsionspolitik. Eine ordnungsökonomische Perspektive, Berlin 2017.
Marjorie Jouen: La politique européenne de cohésion, Paris 2011.
Robert Leonardi: Cohesion Policy in the European Union: The Building of Europe, Basingstoke 2005.
Willem Molle: European Cohesion Policy, London 2007.

---

22 Vgl. hierzu auch die Beiträge „Rechtsstaatlichkeit", „Ungarn" und „Polen" in diesem Jahrbuch.
23 Julian Dörr/Nils Goldschmidt/Alexander Lenger: Toward a European social market economy? The normative legacy of Walter Eucken, Alexander Rüstow, and beyond, in: Malte Dold/Tim Krieger (Hg.): Ordoliberalism and European Economic Policy: Between Realpolitik and Economic Utopia, London 2019, S. 207–222.

Sportpolitik

Jürgen Mittag

Die europäische Sportpolitik stand in den vergangenen Monaten im Zeichen von zwei prägenden Grundsatzthemen: Auf der einen Seite war man bestrebt, hinreichende Unterstützungsaktivitäten für den Breiten- und Freizeitsport in die Wege zu leiten, die dem organisierten Sport nach den belastenden Einschränkungen der Pandemie wieder auf die Beine helfen und die körperliche Aktivität der Bevölkerung fördern sollten. Zum anderen wurde mit Blick auf die Herausforderungen im Profisport eingehender das europäische Sportmodell verhandelt. Insbesondere durch den Vorstoß zu einer Europäischen Super League im April 2021 sahen sich die UEFA-Vertreter mit ihrem Wettbewerbsmonopol für den europäischen Fußball und perspektivisch damit auch die weiteren Sportverbände in ihrer zentralen Rolle grundsätzlich herausgefordert.

Diese beiden Schwerpunktsetzungen spiegelten sich auch in den Aktivitäten der weiterhin die Agenda prägenden Ratspräsidentschaften wider. Zum Kernthema der slowenischen Ratspräsidentschaft im zweiten Halbjahr 2021 avancierte unter Ägide der zuständigen Ministerin Simona Kustec – von Hause aus Politikwissenschaftlerin mit dem Spezialgebiet Sportpolitik – die Zukunft des europäischen Sportmodells. Nach langwierigen Debatten verständigte sich der Rat auf eine Entschließung zu den Schlüsselmerkmalen des europäischen Sportmodells. Zu diesen Merkmalen wurden der pyramidale Aufbau der Sportstrukturen, die Offenheit von Wettbewerben, die Regulierung durch einen Verband für jede Sportart und die Einheitlichkeit des Regelwerks gezählt, aber auch die Vereinigungsfreiheit, die finanzielle Solidarität, die Verbindung zwischen Amateur- und Spitzensport sowie die Werteorientierung des Sports.[1] Es steht zu erwarten, dass diese Entschließung des Rats angesichts der immer stärkeren Kommerzialisierung und Pluralisierung des Sports absehbar ein wichtiges Referenzdokument bilden wird. Ebenfalls unter slowenischer Ratspräsidentschaft wurden die Schlussfolgerungen des Rates zu lebenslanger körperlicher Aktivität verabschiedet.[2]

Seitens des Europäischen Parlaments wurde im November 2021 mit dem von Tomasz Frankowski (EVP), einem ehemaligen Profi-Fußballspieler, vorgelegten Bericht zur Zukunft des Sports das zentrale Parlamentsdokument der laufenden Wahlperiode präsentiert.[3] Das Bekenntnis zum europäischen Sportmodell stand hier – neben der Betonung der Werte und Integrität des Sports – ebenfalls an prominenter Stelle. Weitere Forderungen des Berichts waren u. a. eine stärkere intersektorale Koordination der sportbezogenen Aktivitäten und eine umfassendere Berücksichtigung des Sports in aktuellen und künftigen Förderpro-

---

1 Rat der Europäischen Union: Entschließung des Rates und der im Rat vereinigten Vertreter der Regierungen der Mitgliedstaaten zu den Schlüsselmerkmalen des europäischen Sportmodells, 13711/21, 30.11.2021.
2 Rat der Europäischen Union: Schlussfolgerungen des Rates und der im Rat vereinigten Vertreter der Regierungen der Mitgliedstaaten zu lebenslanger körperlicher Aktivität, 13713/21, 30.11.2021.
3 Europäisches Parlament: Sportpolitik der EU: Bewertung und mögliches weiteres Vorgehen, 2021/2058(INI), 23.11.2021.

grammen. Angenommen wurde vom Ausschuss für Kultur und Bildung (CULT) des Europäischen Parlaments im September 2022 des Weiteren eine Entschließung zu den „Auswirkungen COVID-19 bedingter Schließungen von Bildungs-, Kultur-, Jugend- und Sporteinrichtungen auf Kinder und Jugendliche in der EU".[4]

Welche Sprengkraft die Debatte über das europäische Sportmodell besitzt, zeigte sich auch bei dem vom EuGH im Juli 2022 anberaumten Hearing zum Rechtsstreit European Super League gegen UEFA/FIFA. Während die Anwälte der geplanten European Super League (ESL), angeführt von Real Madrid, dem FC Barcelona und Juventus Turin betonten, dass namentlich die UEFA als Wettbewerbshüterin ihre Monopolstellung ausnutze, hielt diese entgegen, dass mit der Gründung der ESL die erprobte Form offener Sportwettbewerbe im europäischen Fußball abgeschafft würde. Ein spanisches Gericht hatte zuvor geurteilt, dass die UEFA die Gründervereine der Super League nicht sanktionieren dürfe. In der Anhörung gaben hingegen insgesamt 21 Vertretungen der EU-Mitgliedstaaten Stellungnahmen ab und sprachen sich dabei mehrheitlich für die Beibehaltung des europäischen Sportmodells aus. Vorausgegangen war dieser Stellungnahme im Rahmen des vom EOC EU Office ausgerichteten Abend des Europäischen Sports im Juni 2022 die Unterzeichnung eines Kooperationsabkommens zwischen Europäischer Kommission und dem EOC,[5] das den Brückenschlag zwischen staatlichen und verbandlichen Akteuren bei der Ausgestaltung der künftigen europäischen Sportpolitik untermauerte. Wie komplex die Gemengelage der europäischen Sportpolitik ist, zeigt auch die Stellungnahme des Europäischen Parlaments gegen die von der FIFA forcierte Durchführung der Fußballweltmeisterschaft im Zweijahresturnus.

Im Mittelpunkt der französischen Ratspräsidentschaft standen im ersten Halbjahr 2022 die beiden Themen Umwelt und Kinder. Die im Pariser UNESCO-Hauptquartier ausgerichtete Tagung „Sport und nachhaltige Entwicklungsziele im Kindesalter" markierte den ersten sportbezogenen Höhepunkt der Ratspräsidentschaft, die Tagung im März zum Thema „Ein grüner und nachhaltiger Pakt für den Sport" den zweiten. Überlagert wurden die Aktivitäten der französischen Ratspräsidentschaft zunehmend vom Krieg Russlands gegen die Ukraine und der Debatte um einen Ausschluss Russlands vom Sport. Den ersten Sanktionsschritt unternahm das Internationale Paralympische Komitee, das Russland und Belarus unmittelbar im Nachgang zum Kriegsbeginn von den Paralympischen Winterspielen in Peking ausschloss. Sowohl die EU-Staaten als auch die europäischen und internationalen Sportverbände haben sich in der Folge zeitnah und weitgehend geschlossen für einen Ausschluss von russischen und belarusischen Mannschaften sowie deren Sportler:innen aus den laufenden und kommenden Sportwettbewerben ausgesprochen. Eine erste Erklärung der EU-Mitgliedstaaten und weiterer Staaten vom 8. März 2022 wurde nur von Bulgarien nicht mitgezeichnet und auch im organisierten Sport gab es nur wenige Ausnahmen, so etwa im Judo, Tennis, Radsport und Boxen.

Dass die Politisierung des internationalen Sports im Jahr 2022 einen neuerlichen Höhepunkt erreicht hat, dokumentieren auch weitere Aktivitäten auf europäischer Ebene. So wurde seitens des Europäischen Parlaments wiederholt die Ausrichtung von Sportereignissen in autoritären Staaten thematisiert; Behörden und Sportverbände wurden aufgefordert,

---

4 Europäisches Parlament: Die Auswirkungen COVID-19-bedingter Schließungen von Bildungs-, Kultur-, Jugend- und Sporteinrichtungen auf Kinder und Jugendliche in der EU, 2022/2004(INI), 13.9.2022.

5 Europäische Kommission: Commission Decision adopting the Arrangement for Cooperation between the European Commission and the Union of European Olympic Committees (EOC), Annex, C(2022) 257 final, 20.1.2022.

bei der Vergabe von Großveranstaltungen und der Wahl von Sponsoren die Menschenrechte und demokratischen Grundsätze zu achten. Im Januar 2022 forderte das EP in einem „Gemeinsamen Entschließungsantrag zu Verletzungen der Grundfreiheiten in Hongkong" EU-Vertreter:innen und Diplomat:innen aus den Mitgliedstaaten im Sinne eines diplomatischen Boykotts auf, auf die Teilnahme an den Olympischen Winterspielen 2022 in Peking angesichts der Menschenrechtslage in China zu verzichten. Mit Blick auf die Fußballweltmeisterschaft Katar wurde von den Mitgliedern der EP-Sports Group jenseits aller Kritik aber auch der Fortschritt Katars bei Menschenrechtsfragen betont.

Neben den großen Debattenthemen der europäischen Sportpolitik wurde auch den weniger kontroversen Feldern der Alltagsarbeit Aufmerksamkeit gewidmet, dabei kehrte vor allem die Europäische Kommission zu den etablierten Koordinationsmechanismen der Vorpandemiezeit zurück, die Pandemie selbst markierte aber weiterhin einen wichtigen Bezugspunkt. So wurde im September 2021 die siebte Ausgabe der Europäischen Woche des Sports von der zuständigen EU-Kommissarin Mariya Gabriel vor Ort in slowenischen Bled eröffnet. Die Kommission nutzte dieses Ereignis nicht nur, um für den Sport als Motor eines gesunden Lebensstils zu werben, sondern auch um die Initiative „HealthyLifestyle4All" vorzustellen. Das von der Kommission koordinierte Europäische Sportforum fand während der französischen Ratspräsidentschaft am 16. und 17. Juni 2022 in Lille erstmals wieder in Präsenz statt. Die von EU-Kommissarin eingesetzte „High Level Group on Gender Equality in Sport" legte im März 2022 ihre abschließenden Empfehlungen vor und die Expertengruppe der Kommission zu Covid-19 erörterte die mittel- und langfristigen Auswirkungen auf den Sport.

Wie in den vergangenen Jahren wurden erneut grundlegende Studien zum Sport auf europäischer Ebene vorgestellt. Hierzu zählen u. a. eine Hintergrundanalyse des Europäischen Parlaments zum E-Sport, ein EP-Bericht über die Rolle von Kultur, Bildung, Medien und Sport im Kampf gegen Rassismus sowie eine Studie des Parlaments über die Besteuerung des Profifußballs in der EU. Seitens der Europäischen Kommission wurde im September 2021 die Studie „Mapping sport statistics and data in the EU" veröffentlicht und im September 2022 das mittlerweile fünfte Special-Eurobarometer zu Sport und körperlicher Aktivität. Die im Mai 2022 von der Kommission publizierte Studie über das Europäische Sportmodell (ESM) dokumentiert erneut die Relevanz dieses Themas, eröffnete jedoch nur begrenzt neue Perspektiven gegenüber dem schon 1999 von der Kommission selbst vorgelegten „Diskussionspapier" zum Thema.

Wichtige Impulse gingen hingegen vom Europarat aus, der seine sportpolitischen Aktivitäten in drei Themenfeldern gebündelt hat: Sportethik, Inklusion und „Safe Sport". Ausgerichtet wurde vom Europarat u. a. im Rahmen des Enlarged Partial Agreement on Sport im September 2021 eine „Diversity Conference". Im Oktober 2021 nahm das Ministerkomitee des Europarats eine Empfehlung zur überarbeiteten Europäischen Sportcharta an, die dieses bis heute maßgebliche Dokument erneut weiterentwickelte. Eine zentrale Innovation stellt u. a. Art. 10 der Charta dar, in dem der Zugang zum Sport zum Grundrecht erhoben wird.

In wissenschaftlichen Betrachtungen finden die europapolitischen Grundsatzdebatten des Sports ihren Niederschlag, ungleich größere Aufmerksamkeit wird aber den Sportgroßereignissen gewidmet. Vor diesem Hintergrund wurde jüngst vor allem Konzepten wie Sportdiplomatie und Sportswashing Beachtung geschenkt, die zunehmend als analytische

Kategorien Berücksichtigung finden. Letzteres bezeichnet dabei die strategische Inanspruchnahme des Sports zur positiven Selbstdarstellung verbunden mit dem Ziel, eigene Missstände mit der Strahlkraft des Sports zu überdecken.

Weiterführende Literatur

Bjaerne Ibsen et al: What Can Explain the Differences Between European Countries' Public Policies for Sports Clubs? in: International Journal of Sport Policy and Politics 14(3)/2022, S. 435–451.

Rahela Jurković/Ramón Spaaij: The "Integrative Potential" and Socio-Political Constraints of Football in Southeast Europe: A Critical Exploration of Lived Experiences of People Seeking Asylum, in: Sport in Society 25(3)/2022, S. 636–653.

Jacob Kornbeck (Hg.): Sport and Brexit: Regulatory Challenges and Legacies, London 2022.

Henk-Erik Meier et al.: The Short Life of the European Super League: A Case Study on Institutional Tensions in Sport Industries, in: Managing Sport and Leisure 1/2022, S. 1–22.

Richard Parrish: EU Sport Diplomacy: An Idea Whose Time Has Nearly Come, in: Journal of Common Market Studies 60/2021, S. 1511–1528.

Tourismuspolitik

Anna-Lena Kirch/Pauline Hoffmann

Zwischen Juni 2021 und Juni 2022 trug der Wiederaufbau der europäischen Tourismusindustrie erste Früchte. In der Folge war auch die tourismuspolitische Agenda im Vergleich zum Vorjahr weniger krisengetrieben und stärker zukunftsgerichtet. Sowohl die slowenische als auch die französische Ratspräsidentschaft legten einen Fokus auf die Herausforderung, den Wandel hin zu einer digitalisierten, nachhaltigen und resilienten Tourismusbranche zu gestalten. Darüber hinaus lieferte der ko-kreative Prozess zur Formulierung eines „Transition Pathway" für den europäischen Tourismussektor wichtige Impulse zur Erarbeitung einer Agenda 2030/2050 für Tourismuspolitik.

Wiederöffnung und Wiederaufbau des Europäischen Tourismussektors

Der europäische Tourismussektor gehörte zu den am schwersten von der Covid-19-Pandemie getroffenen Wirtschaftszweigen. Ab dem frühen Sommer 2021 erholte sich die Tourismusbranche sichtbar. Umsatz- und Übernachtungszahlen näherten sich dem Vorkrisenniveau an. Neben der EU-weiten Impfkampagne und finanzieller Förderung durch den Wiederaufbauplan NextGenerationEU und weitere EU-Finanztöpfe[1] entfaltete insbesondere die fortschreitende Implementierung des ab Juli 2021 gültigen digitalen Covid-Zertifikats seine Wirkung. Zusätzlich trieben die Mitgliedstaaten der EU die Öffnung des Tourismus voran, indem sie die Quarantäne- und Testpflicht für vollständig geimpfte und genesene Personen aufhoben und die Einreisebedingungen aus Drittstaaten lockerten.

Impulse zur Transformation der Tourismusbranche

Um erste positive Entwicklungen bei Wiederöffnung und Wiederaufbau zu verstärken und die Tourismusbranche zukunftsfähig zu machen, richtete sich der Blick im vergangenen Jahr zunehmend auf konkrete Maßnahmenpakete zur Transformation des europäischen Tourismussektors. Die Europäische Kommission knüpfte an die Aktualisierung der Industriestrategie von 2020 an, die für verschiedene Industriezweige im Rahmen eines inklusiven Beteiligungsprozesses die Erarbeitung sogenannter „Wege für den Übergang" („Transition Pathways") vorsieht. Ziel des Prozesses ist es, gemeinsam mit Stakeholdern den Wandel hin zu einer grünen und digitalen Wirtschaft zu gestalten und gleichzeitig Europas strategische Autonomie zu stärken. Als am härtesten von der Covid-19-Pandemie getroffene Branche bildete der Tourismussektor den Auftakt des ko-kreativen Prozesses. Gemeinsam mit den Mitgliedstaaten und tourismuspolitischen Stakeholdern aus der ganzen EU erarbeitete die Europäische Kommission einen „Transition Pathway for Tourism". Zu Beginn des Prozesses veröffentlichte die Kommission am 21. Juni 2021 ein Arbeitspapier, das Szenarien formuliert, nach denen die europäische Tourismusbranche im Jahr 2030 unter anderem krisenfester, nachhaltiger und innovativer sein wird als heute. Zusätzlich zu diesen Zielmarken

---

1 Europäische Kommission: Guide on EU Funding for tourism, abrufbar unter https://ec.europa.eu/growth/sectors/tourism/funding-guide_en (letzter Zugriff: 22.6.2021).

identifiziert das Papier eine Reihe nötiger Reformen und Maßnahmen, um die positiven Szenarien in die Tat umzusetzen. Auf Grundlage dieser Vorarbeit fand in der zweiten Jahreshälfte 2021 die eigentliche Stakeholder-Konsultation statt. Die erste Stufe bildete eine Online-Konsultation, an der sich beinahe 200 Stakeholder aus 24 Mitgliedstaaten plus Norwegen und dem Vereinigten Königreich beteiligten. Die Ergebnisse wurden im Anschluss innerhalb verschiedener Workshops diskutiert.

Ziel des Prozesses ist es, dass Stakeholder im gegenseitigen Austausch Prioritäten und Maßnahmenpakete identifizieren und sich zu einer gemeinsamen Umsetzung verpflichten. Der Kommission kommt entsprechend der begrenzten EU-Kompetenz im Wesentlichen eine moderierende Rolle zu. Sie präsentierte den Abschlussbericht am 4. Februar 2022.[2] Vorgeschlagene Maßnahmen umfassen beispielsweise eine Verbesserung der Daten- und Forschungslage, die Förderung nachhaltiger Mobilität und datengestützter Tourismusdienstleistungen und eine bessere Vernetzung von kleinen und mittleren Unternehmen (KMU) und touristischen Regionen. Wie bereits die Erarbeitungsphase sollen auch Implementierung und Monitoring der Vorschläge inklusiv und ko-kreativ umgesetzt werden. Mittelfristig soll der identifizierte Transition Pathway in die Agenda 2030/2050 für Tourismuspolitik einfließen, deren Erarbeitung in den Schlussfolgerungen des Europäischen Rates vom 27. Mai 2021 beschlossen wurde.

Empfehlungen im Rahmen der Konferenz zur Zukunft Europas

Zusätzliche Impulse kamen von Seiten der europäischen Bürger:innen im Rahmen der Konferenz zur Zukunft Europas. Die Plenarversammlung der Konferenz identifizierte den europäischen Tourismus und Kulturbereich als einen von drei zentralen Sektoren, auf die sich die europäische Wirtschaft der Zukunft stützen sollte. Davon ausgehend enthält der Abschlussbericht der Konferenz den konkreten Vorschlag, stärker in den europäischen Tourismus und insbesondere in „kleine" Reiseziele zu investieren. Die Fokussierung auf eine grüne und nachhaltige Tourismuspolitik wird zudem von der öffentlichen Meinung innerhalb der EU gestützt. In einer Eurobarometer-Umfrage von Oktober 2021 bekundeten 82 Prozent der Befragten die Bereitschaft, ihr Reiseverhalten im Sinne eines nachhaltigeren Tourismus zu ändern.[3]

Weiterführende Literatur

Europäisches Parlament: Relaunching transport and tourism in the EU after COVID-19: Part IV: Tourism sector, PE 690.884, 24.11.2021.
Europäisches Parlament: Re-starting tourism in the EU amid the pandemic, Briefing, PE 696.166, 6.7.2021.
Europäischer Rechnungshof: Sonderbericht 27/2021: EU-Unterstützung für den Tourismus: Neue strategische Ausrichtung und besseres Finanzierungskonzept erforderlich, 14.12.2021.
Mireia Guix/Xavier Font: Consulting on the European Union's 2050 tourism policies: An appreciative inquiry materiality assessment, in: Annals of Tourism Research 93/2022, S. 1–13.
Paula Almeida et al.: Implementation Measures of EU Strategy for Sustainable Tourism, in: Journal of Tourism Research 26/2021, S. 163–169.

---

2 Europäische Kommission: Transition Pathway for Tourism, 4.2.2022, S. 1–57.
3 Europäische Kommission: Flash Eurobarometer 499: Attitudes of Europeans Towards Tourism, 2021.

Umwelt- und Klimapolitik

Klaus Jacob

Das Fit für 55 Paket (Fit for 55) war 2021/2022 das Flaggschiffprojekt der europäischen Klimapolitik. Es ist ein Paket von Richtlinien und Verordnungen mit dem Ziel den europäischen Ausstoß von Treibhausgasen bis zum Jahr 2030 um 55 Prozent zu reduzieren und dann bis 2050 die Treibhausgasneutralität zu erreichen. Im Rahmen des Pakets werden sowohl neue Instrumente geschaffen als auch bisherige novelliert. Zu den Novellen gehören:

- Emissionshandel: Der Emissionshandel wird über den bisher abgedeckten Energiesektor und die Herstellung energieintensiver Grundstoffe hinaus auf die Sektoren Gebäude, Verkehr und Seefahrt ausgeweitet, bzw. ein separater Emissionshandel eingeführt (etwa entsprechend dem deutschen nationalen Emissionshandel). Das Ziel ist es, bis 2030 die Emissionen aus den betroffenen Sektoren um 61 Prozent gegenüber 2005 zu reduzieren.[1]
- Energieeffizienzrichtlinie:[2] Bis 2030 soll der Energieverbrauch um 36 Prozent und der Primärenergieverbrauch sogar um 39 Prozent reduziert werden. Die Mitgliedstaaten müssen entsprechende Pläne vorlegen, die stetig ansteigende Reduktionen vorsehen. Der öffentliche Sektor (außer öffentlichem Transport und Militär) soll zu einem jährlichen Reduktionsziel um 1,9 Prozent verpflichtet werden.
- Erneuerbare Energien Richtlinie:[3] Die Ziele für Energie aus Erneuerbaren Quellen werden von bisher 32 Prozent auf 40 Prozent für das Jahr 2030 angehoben. Die Mitgliedstaaten werden verpflichtet, ihre nationalen Ausbaupläne entsprechend anzupassen. Neu hinzu kommen Sektorziele für Verkehr (hier können die Mitgliedstaaten wählen zwischen einem Ziel der Reduktion von Energienachfrage oder der Reduktion der Energieintensität des Sektors). Weitere Ziele sind vorgesehen für die Nutzung von Kraftstoffen auf der Basis von Agrarprodukten, Wasserstoff und erneuerbaren Energien im Gebäudebereich.
- LULUCF Richtlinie: diese betrifft Bereiche Landnutzung, Landnutzungsänderungen und Forstwirtschaft (Land Use, Land-Use Change, Forestry – LULUCF).[4] Das

---

1 Europäische Kommission: Vorschlag zur Änderung der Richtlinie 2003/87/EG über ein System für den Handel mit Treibhausgasemissionszertifikaten in der Union, des Beschlusses (EU) 2015/1814 über die Einrichtung und Anwendung einer Marktstabilitätsreserve für das System für den Handel mit Treibhausgasemissionszertifikaten in der Union und der Verordnung (EU) 2015/757, COM(2021) 551 final, 14.7.2021.
2 Europäische Kommission: Vorschlag für eine Richtlinie zur Energieeffizienz (Neufassung), COM(2021) 558 final, 14.7.2021.
3 Europäische Kommission: Vorschlag zur Änderung der Richtlinie (EU) 2018/2001, der Verordnung (EU) 2018/1999 und der Richtlinie 98/70/EG im Hinblick auf die Förderung von Energie aus erneuerbaren Quellen und zur Aufhebung der Richtlinie (EU) 2015/652, COM(2021) 557 final, 14.7.2021.
4 Europäische Kommission: Vorschlag zur Änderung der Verordnung (EU) 2018/841 hinsichtlich des Geltungsbereichs, der Vereinfachung der Compliance-Vorschriften, der Festlegung der Zielwerte der Mitgliedstaaten für 2030 und der Verpflichtung, bis 2035 gemeinsam Klimaneutralität im Sektor Landnutzung, Forstwirtschaft

Ziel ist es, dass 2030 310 Mio. Tonnen CO2 gebunden werden, also Land- und Forstwirtschaft nicht mehr – wie bisher – zu Emissionen beitragen (v. a. durch Landnutzungsänderungen und Eintrag von Düngemitteln), sondern umgekehrt CO2 aus der Atmosphäre entziehen.
- Lastenteilungsverordnung:[5] das Reduktionsziel wird für die Union insgesamt von bisher 29 Prozent auf 40 Prozent für das Jahr 2030 angehoben (gegenüber dem Referenzjahr 2005). Die Verteilung der Lasten orientiert sich weiterhin an der Wirtschaftsleistung der Mitgliedstaaten und liegt zwischen einer Reduktion um 10 Prozent für Bulgarien und 50 Prozent für Deutschland, Luxemburg und die skandinavischen Länder.
- Vorschriften zur Besteuerung von Strom und Energieerzeugnissen:[6] Das Ziel des Vorschlags der Europäischen Kommission ist es, die Unterschiede der Besteuerung in den Mitgliedstaaten zu begrenzen. Bisher variiert beispielsweise die Besteuerung von Strom für Haushalte zwischen ca. 20 Euro/MWh in Ungarn oder Kroatien und 200 Euro in Dänemark. Im Durchschnitt über alle Mitgliedstaaten liegt die Besteuerung bei 80 Euro. Ausnahmen bei der Besteuerung (und damit umweltschädliche Subventionen) sollen abgeschafft werden. Mit den Vorschlägen soll insbesondere die Höhe der Steuern an den externen Effekten der Energienutzung orientiert werden.
- Ausstoß von CO2 durch Pkw:[7] der Ausstoß von CO2 durch neue Pkw und kleine Transporter soll bis 2030 um 55 Prozent (bzw. 50 Prozent für Transporter) und bis 2035 um 100 Prozent reduziert werden. Der Vorschlag wurde im Parlament kontrovers diskutiert, Parlamentarier:innen der Renew Europe Fraktion forderten eine Reduktion um 75 Prozent bzw. 70 Prozent bis 2030.[8]

Neu hinzu kommen die folgenden Regulationen:
- Einführung eines Grenzausgleich Mechanismus (Carbon Border Adjustment Mechanism, CBAM):[9] Wenn der Mechanismus rechtswirksam wird, müssen für den Import von energieintensiven Grundstoffen (Zement, Stahl, Düngemittel, Aluminium) sowie für Strom Zertifikate gekauft werden, deren Preis dem der Emissionshandelszertifikate entspricht. Damit sollen Wettbewerbsnachteile für die europäischen Hersteller vermieden werden. Der bisherige Mechanismus einer kostenlosen Zuteilung von Emissionshandelszertifikate für die Grundstoffindustrien soll in der Folge beendet werden. Importierte Produkte, bei denen diese

---

und Landwirtschaft zu erreichen, und zur Änderung der Verordnung (EU) 2018/1999 hinsichtlich der Verbesserung der Überwachung, der Berichterstattung, der Verfolgung der Fortschritte und der Überprüfung, COM(2021) 554 final/2, 14.7.2021.
5 Europäische Kommission: Vorschlag zur Änderung der Verordnung (EU) 2018/842 zur Festlegung verbindlicher nationaler Jahresziele für die Reduzierung der Treibhausgasemissionen im Zeitraum 2021 bis 2030 als Beitrag zu Klimaschutzmaßnahmen zwecks Erfüllung der Verpflichtungen aus dem Übereinkommen von Paris, COM(2021) 555 final, 14.7.2021.
6 Europäische Kommission: Vorschlag zur Restrukturierung der Rahmenvorschriften der Union zur Besteuerung von Energieerzeugnissen und elektrischem Strom (Neufassung), COM(2021) 563 final, 14.7.2021.
7 Europäische Kommission: Vorschlag zur Änderung der Verordnung (EU) 2019/631 im Hinblick auf eine Verschärfung der CO2-Emissionsnormen für neue Personenkraftwagen und für neue leichte Nutzfahrzeuge im Einklang mit den ehrgeizigeren Klimazielen der Union, COM(2021) 556 final, 14.7.2021.
8 Robert Hodgson: Parliament's lead negotiator seeks even tougher car and van CO2 limits, in: ENDS Europe, 16.12.2021.
9 Europäische Kommission: Vorschlag zur Schaffung eines CO2-Grenzausgleichssystems, COM(2021) 564 final, 14.7.2021.

Grundstoffe Bestandteil sind (z. B. Autos), oder Produktionsmittel (z. B. Düngemittel für Lebensmittel) werden davon aber nicht betroffen sein. Ein Wirkmechanismus könnte allerdings sein, dass nicht-EU-Staaten sich zu einer Einführung von Emissionshandelssystemen oder CO2-Steuern entschließen um ihre Hersteller von der EU Grenzabgabe zu verschonen. Dann wären allerdings auch dort hergestellte Produkte betroffen. Der Grenzausgleich soll aber in jedem Fall ermöglichen, dass die bisherige Praxis der kostenfreien Zuteilung von Emissionszertifikaten für die energieintensiven europäischen Grundstoffindustrien, die dem Emissionshandel unterliegen, beendet wird. Dann müssen diese Industrien ihre Zertifikate ebenfalls erwerben. Ab wann das der Fall sein soll, ist insbesondere im Europäischen Parlament umstritten.[10]

- Eine europäische Waldstrategie:[11] In der Strategie kündigt die Europäische Kommission eine Reihe von Maßnahmen an, um Schutz von Biodiversität und eine verstärkte Nutzung von Holz und Wäldern in Einklang zu bringen.
- Verordnungen zu alternativen Kraftstoffen:[12] Für den Flugverkehr wird stufenweise eine steigende Beimischung synthetischer Kraftstoffe vorgeschrieben, bis 2030 auf 6 Prozent, bis 2050 dann auf 63 Prozent. Für große Schiffe (>5.000 Tonnen) wird eine Reduktion der CO2 Intensität vorgeschrieben. Von 2030 an sollen zudem Schiffe in Häfen von Land aus mit Energie versorgt werden. Weitere Ziele werden für den Aufbau einer Infrastruktur für alternative Kraftstoffe verordnet, diese betreffen auch den Straßenverkehr. Es wird ein Netz an Ladestationen sowie Tankstellen für Wasserstoff und für flüssiges Methan angestrebt. Die entsprechende Verordnung beinhaltet auch Vorschriften zu einfacher und transparenter Bezahlung.
- Einrichtung eines Sozialfonds:[13] zur Abfederung von Härten bei Haushalten mit niedrigen Einkommen, bei Kleinstunternehmen und Nutzer:innen des öffentlichen Verkehrs wird ein Sozialfonds eingerichtet. Dafür werden für 2027–2032 59 Mrd. Euro bereitgehalten. Das Ziel ist es, die zusätzlichen Kosten des ausgeweiteten Emissionshandel abzufedern. Die Mitgliedstaaten können „social climate plans" entwickeln und vorlegen, in denen Maßnahmen und Investitionen entwickelt werden. Bis zu 35 Prozent der Ausgaben im Rahmen dieser Pläne können für direkte Zahlungen zur Kompensation von Einkommensverlusten verwendet werden.

Ein weiterer Meilenstein ist das Europäische Klimagesetz, das den wesentlichen Governance-Rahmen für die europäische Klimapolitik setzt:[14] Hier werden die Reduktionsziele bis 2050 (mit Zwischenzielen für 2030 und einem Prozess für die Festlegung von Zielen

---

10 Simon Pickstone: Analysis: How will MEPs resolve their differences over carbon pricing?, in: ENDS Europe, 3.2.2022.
11 Europäische Kommission: Mitteilung, Eine neue EU-Waldstrategie: für Wälder und den forstbasierten Sektor, COM(2013) 659 final/2, 22.5.2014.
12 Europäische Kommission: Vorschlag über den Aufbau der Infrastruktur für alternative Kraftstoffe und zur Aufhebung der Richtlinie 2014/94/EU, COM(2021) 559 final, 14.7.2021.
13 Europäische Kommission: Vorschlag zur Einrichtung eines Klima-Sozialfonds, COM(2021) 568 final, 14.7.2021.
14 Europäisches Parlament/Rat der EU: Verordnung (EU) 2021/1119 zur Schaffung des Rahmens für die Verwirklichung der Klimaneutralität und zur Änderung der Verordnungen (EG) Nr. 401/2009 und (EU) 2018/1999 („Europäisches Klimagesetz"), in: Amtsblatt der EU L 243, 9.7.2021.

für das Jahr 2040) rechtlich verbindlich gemacht und ein regelmäßiger Prozess zur Begutachtung der Fortschritte durch ein wissenschaftliches Gremium festgeschrieben. Das europäische Gesetz nimmt damit Elemente des deutschen Klimaschutzgesetzes auf.

Das legislative Verfahren für das Maßnahmenpaket ist weit vorangeschritten, die Vorschläge der Kommission wurden bzw. werden zum Zeitpunkt dieses Berichts in Rat und Parlament beraten und es gibt für weite Teile entweder grundsätzliche Beschlüsse oder konkrete Beschlussfassungen. Die Vorschläge haben Mehrheiten im Europäischen Parlament gefunden, trotz teils kontroverser Diskussionen.[15] Eine Analyse der Abstimmungen nach Fraktionen und nach Mitgliedstaaten zeigt, dass Mitglieder des Europäischen Parlaments (MEP), die in der Europäischen Volkspartei (EVP) organisiert sind ein gemischtes Verhalten gezeigt haben. Mitglieder aus Spanien und aus Rumänien votierten zumeist gegen die Vorschläge, während EVP-Mitglieder aus Irland, Luxemburg, Malta, Niederlanden und Schweden durchgängig für die Vorschläge stimmten. In Bezug auf Abgasstandards für Automobile wurde der Vorschlag durch die EVP-Mitglieder überwiegend abgelehnt, insbesondere auch durch die deutschen MEPs. Demgegenüber haben sich Parlamentarier:innen, die in der Gruppe der Grüne/Europäische Freie Allianz (EFA) organisiert sind, durchgängig für die Vorschläge ausgesprochen, unabhängig von ihrer nationalen Herkunft. Fast durchgängig wurden die Vorschläge auch von Sozialdemokraten (S&D) und Liberalen (Renew) unterstützt. Gegen einzelne Vorschläge haben sich u. a. Mitglieder der FDP/Freie Wähler ausgesprochen. Die Fraktionen der Konservativen (ECR) und der rechtsextremen Parteien (ID) waren nahezu durchgängig und kaum unterscheidbar in ihrer Ablehnung gegenüber den Vorschlägen. Einzig der Vorschlag für „Offsetting" und Reduktion von Emissionen aus internationaler Luftfahrt fand die Zustimmung der ECR. Wenige weitere zustimmende Stimmen kamen zu einzelnen Vorhaben von der polnischen PiS-Partei und der italienischen Fratelli d'Italia. Aus der Gruppe der ID kam dagegen keine Zustimmung für irgendeinen der Vorschläge.

Ein wichtiger Treiber für das Fit for 55 Paket war zunächst der Klimagipfel in Glasgow: Es ist maßgeblich für die Umsetzung und Erreichung der dort gemachten Zusagen. Das globale Klimaabkommen sieht als einen wesentlichen Mechanismus vor, dass alle fünf Jahre die Selbstverpflichtungen der Vertragspartner überprüft werden und dann ambitioniertere Ziele vorgelegt werden. Die EU hatte im Vorfeld des Gipfels Zusagen für eine Dekarbonisierung bis 2050 und entsprechende Zwischenziele gemacht. Damit verband sie sowohl den Anspruch der gegenwärtigen Kommission unter der Präsidentin Ursula von der Leyen ihren internationalen Einfluss zu stärken und dafür u. a. das Thema Klima zu nutzen. Zudem ist Klimapolitik ein gemeinsames Projekt der die Kommission stützenden Parteien insbesondere gegenüber EU-kritischen Kräften im Parlament.[16]

Umwelt und Klima waren und sind zudem eng mit den Investitionsprogrammen zur Bewältigung der wirtschaftlichen Folgen aus der Covid-19-Pandemie verbunden. Für die Klimapolitik stellte die Gesundheitskrise und ihre Bewältigung durch ein 750 Mrd. Euro

---

15 Die im Absatz folgenden Daten stammen aus Simon Pickstone: Analysis: How national differences shaped Parliament's Fit for 55 votes, in: ENDS Europe, 9.8.2022.
16 Klaus Jacob: Umwelt- und Klimapolitik, in: Werner Weidenfeld/Wolfgang Wessels (Hg.): Jahrbuch der Europäischen Integration 2020, Baden-Baden 2020, S. 307–314.

schweres Konjunkturpaket ein Möglichkeitsfenster dar. Mit den ausgearbeiteten Vorschlägen für eine anspruchsvolle Transformation der europäischen Industrie liefert die Klimapolitik eine zusätzliche Legitimation für das umfangreiche Finanzierungspaket.[17]

Mit dem russischen Angriffskrieg auf die Ukraine[18] und der daraus folgenden Energiekrise[19] änderte sich das Motiv: Seitdem stehen Energiesicherheit, die Unabhängigkeit von Energieimporten aus Russland und die sozialen Folgen steigender Energiekosten im Vordergrund. Für den Ausbau von Erneuerbaren Energien und die Verbesserung von Energieeffizienz bedeutete diese neue Lage eher eine günstige Rahmensetzung, weil damit die Hoffnung verbunden ist Energiepreisanstiege zu dämpfen. Die Internalisierung von Umweltkosten aus der Energieerzeugung durch eine Angleichung und Anhebung von Energiesteuern wie von der Kommission vorgeschlagen, erscheint dagegen in der neuen Situation unrealistisch. Im Gegenteil haben zahlreiche Mitgliedstaaten mit einer Senkung oder einem Verzicht auf Energiesteuern auf die steigenden Preise reagiert. Zusätzlich bietet die Neufassung der Mehrwertsteuersystemrichtlinie[20] zusätzlichen Handlungsspielraum für die Mitgliedstaaten im Bereich Energie – so wird in Deutschland der Mehrwertsteuersatz auf Gas zeitweilig auf den reduzierten Satz gesenkt. Allerdings werden die neuen Spielräume aus der Mehrwertsteuersystemrichtlinie auch für die weitere Förderung von Erneuerbaren Energien genutzt – für die Installation von Photovoltaikanlagen werden in Zukunft in Deutschland gar keine Mehrwertsteuern mehr fällig, dies wäre vor der Reform der Richtlinie im europarechtlichen Rahmen nicht möglich gewesen.[21]

Im Bereich des Schutzes von Biodiversität gab es 2021 eine Lage, die mit der Klimaschutzpolitik vergleichbar war: Auch hier gab es eine internationale Konferenz in deren Rahmen Ziele der Konvention zum Schutz der Biodiversität (CBD) fortgeschrieben werden sollen. Die Schwellen- und Entwicklungsländer pochten hier vor allem auf die Etablierung eines fairen Mechanismus zur Aufteilung von Wertschöpfung aus der Nutzung von genetischem Material, das aus ihren Ländern stammt. Die EU und die USA drängten vor allem auf ein verbindliches Ziel zur Ausweisung von Schutzgebieten: 30 Prozent der Landflächen und 30 Prozent maritimer Gebiete sollten unter Schutz gestellt werden. Dieses Ziel hat es auch in den Entwurf der Post-2020 Biodiversitätskonvention geschafft und wird von einer großen Zahl von Ländern unterstützt. Die vorgeschlagenen Ziele der neugefassten CBD sehen eine Verbindung zu weiteren Umweltthemen vor: So gibt es ein Ziel zur Beendigung des Eintrags von Plastikmüll oder das Ziel durch naturbasierten Klimaschutz mindestens 10 Gigatonnen Treibhausgas-Emissionen einzusparen. Allerdings wurde im Vorfeld der Konferenz von Umweltverbänden das vergleichsweise geringe Ambitionsniveau der EU auf der internationalen Ebene kritisiert.[22] Tatsächlich ist der Schutz von Biodiversität zwar Teil des European Green Deal, aber unterliegt nicht einer vergleichbaren Dynamik wie der Klimaschutz.

---

17 Claudia Delpero: Von der Leyen Commission reflects on green progress on second anniversary, in: ENDS Europe, 3.12.2021.
18 Vgl. hierzu auch den Beitrag „Die Europäische Union und der Krieg in der Ukraine" in diesem Jahrbuch.
19 Vgl. hierzu auch den Beitrag „Energiepolitik" in diesem Jahrbuch.
20 Rat der Europäischen Union: Richtlinie (EU) 2022/542 zur Änderung der Richtlinien 2006/112/EG und (EU) 2020/285 in Bezug auf die Mehrwertsteuersätze, in: Amtsblatt der EU L 107, 6.4.2022.
21 Rafael Postpischil et. al.: Abschlussbericht, Ökologische Finanzreform: Produktbezogene Anreize als Treiber umweltfreundlicher Produktions- und Konsumweisen. Reformvorschläge für die Mehrwertsteuer, Umweltbundesamt (Hg.): Texte 38/2022, Juni 2022.
22 Robert Hodgson: EU nature law back on agenda as UN schedules extra round of biodiversity talks, in: ENDS Europe, 31.3.2022.

Die Umsetzung beträfe in Europa vor allem die Vogel- und Habitatrichtlinie. Hier sind wiederum die Zuständigkeiten und Freiräume der Mitgliedstaaten besonders groß und die Richtlinie ist mit weitreichender Flexibilität verbunden. Zudem sind insbesondere Interessen der Landwirtschaft betroffen: Für einen wirksamen Schutz von Biodiversität müssten bisher landwirtschaftlich genutzte Flächen aufgegeben werden (sei es als Schutzgebiete oder als Brachflächen) oder Anbaupraktiken verändert werden. Auch hier haben die Folgen des Ukraine-Kriegs und die steigenden Preise für Lebensmittel eine Debatte zur Versorgungssicherheit nach sich gezogen. Die Schlussfolgerungen waren aber grundsätzlich andere als bei den Erneuerbaren Energien: Eine weitere Ausweitung von ökologischen Vorrangflächen findet nicht mehr statt, im Gegenteil, solche Flächen, die aus ökologischen Gründen als Brachen festgelegt waren, wurden kurzfristig für Umbruch und Anbau freigegeben.

Die beiden Beispiele zeigen also die unterschiedlichen Wirkungen des Ukraine-Kriegs auf die Weiterentwicklung von Umwelt- und Klimapolitik: Bei ökologisch motivierter Besteuerung und bei der Regulation von Landwirtschaft eher hemmend, beim Ausbau von Erneuerbaren Energien eher begünstigend. Neben den situativen Gründen dafür sind insbesondere auch die unterschiedlich ausgeprägten Zuständigkeiten und Akteurseigenschaften der EU eine Erklärung: Während im Feld der Klimapolitik über die Zeit die „actorness" zugenommen hat,[23] ist dies in der Finanzpolitik bisher noch nicht der Fall. Bei der für den Schutz von Biodiversität zentralen gemeinsamen Landwirtschaftspolitik kann mit der Neufassung der gemeinsamen Agrarpolitik und der darin vorgesehenen Stärkung der Rolle der Mitgliedstaaten sogar ein Verlust von „actorness" vermutet werden.[24]

Ein weiteres zentrales Vorhaben war im vergangenen Jahr die Arbeit an der Sustainable Finance Strategie.[25] Mit der Strategie sollen private Investitionen zugunsten von Nachhaltigkeitszielen und insbesondere den Klimaschutz mobilisiert werden. Dafür wurden erstens Kriterien für die Nachhaltigkeit unternehmerischer Tätigkeiten erarbeitet und beschlossen („Taxonomy"). Auf der Basis der Taxonomie werden weiterhin Kriterien für „Grüne Anleihen" abgeleitet. Zweitens wurden in einer Reihe von Rechtsvorschriften Vorgaben zur Herstellung von Transparenz über das Verhalten von Unternehmen entwickelt. Dazu gehört z. B. die Neufassung der CSR Richtline mit der Pflicht zur Berichterstattung über nichtfinanzielle Aspekte, die Sorgfaltspflichten von Unternehmen im Hinblick auf Nachhaltigkeit[26] oder der Vorschlag zur Etablierung eines einzelnen Zugangspunktes für Informationen zu nachhaltigkeitsrelevanten Informationen über europäische Unternehmen.[27]

In diesem Paket ist besonders kontrovers die Klassifikation bestimmter Tätigkeiten im Bereich von Atomkraft und von Gas als nachhaltige Energieträger kontrovers diskutiert worden. Diese Klassifikation wurde von der Europäischen Kommission vorgeschlagen, geht aber wohl auf die Interessen von Frankreich (Atomkraft) und Deutschland (Gas) zu-

---

23 Klaus Jacob/Julia Teebken: Die Höhen und Tiefen der Europäischen Union als Akteur in der internationalen Klimapolitik, in: integration 3/2022, S. 219–236.
24 Christian Ernhede: CAP deal: 7 things you need to know, in: ENDS Europe, 1.7.2021.
25 Europäische Kommission: Sustainable finance package, 21.4.2021, abrufbar unter https://finance.ec.europa.eu/publications/sustainable-finance-package_en (letzter Zugriff: 18.10.2022).
26 Europäische Kommission: Vorschlag für eine Richtlinie über die Sorgfaltspflichten von Unternehmen im Hinblick auf Nachhaltigkeit und zur Änderung der Richtlinie (EU) 2019/1937, COM(2022), 23.2.2022.
27 Europäische Kommission: Vorschlag zur Einrichtung eines zentralen europäischen Zugangsportals für den zentralisierten Zugriff auf öffentlich verfügbare, für Finanzdienstleistungen, Kapitalmärkte und Nachhaltigkeit relevante Informationen, COM(2021) 723 final, 25.11.2021.

rück, die diese Technologien erforderlich für den Übergang zu einer dekarbonisierten Energiewirtschaft halten und auch dafür Investitionen mobilisieren wollen. Kritisch eingewendet wurde, dass die Glaubwürdigkeit der Taxonomie insgesamt in Frage gestellt wird. Zudem würde die Abhängigkeit von Gas verlängert und dadurch zusätzliche Emissionen verursacht werden. In Deutschland wurde die Aufnahme von Atomkraft besonders kritisch gesehen. Allerdings konnte die erforderliche qualifizierte Mehrheit nicht versammelt werden, die die Klassifizierung von Atomkraft und Gas als nachhaltige Energieträger verhindern hätte können.[28] Die Taxonomie befähigt öffentliche Kreditgeber (z.B. EIB, KfW etc.) und private Kreditgeber Finanzierungen mit günstigeren Konditionen auszustatten. Darüber hinaus sind weitere Anwendungen denkbar: So könnten Subventionen oder Regulationen an die Taxonomie gebunden werden oder die geldpolitisch motivierten Anleihekäufe der EZB könnten diesen Rahmen nutzen (was sich mit der Einstellung der Anleihekäufe aber nicht mehr stellt – umstritten war aber auch die Frage, ob die EZB mit der Aufgabe der finanzpolitischen Neutralität ihr hauptsächliches Ziel von Geldmarktstabilität nicht untergraben würde).[29]

Neben den Strategieprozessen zum Klimaschutz und zum Schutz von Biodiversität ist nicht zuletzt auch der Null-Schadstoff-Aktionsplan ein zentrales Vorhaben aus dem Jahr 2021.[30] Darin wird die Vision für 2050 beschrieben, in der es keine für Mensch oder Natur schädlichen Emissionen mehr gibt. Für 2030 werden davon ausgehend konkrete Ziele abgeleitet: Die Reduktion von vorzeitigen Todesfällen durch Luftverschmutzung um 55 Prozent, die Reduktion von Plastikmüll in Gewässern um 50 Prozent und Mikroplastik um 30 Prozent, Reduktion von Nährstoffüberschüssen und Pestiziden um 50 Prozent, Reduktion des Anteils durch von Verkehrslärm beeinträchtigten Personen um 30 Prozent und Reduktion von Haushaltsabfällen um 50 Prozent. Der Aktionsplan umfasst nicht nur eine Reihe von weiteren Strategieprozessen und legislativen Vorhaben, sondern schafft auch einen Prozess, der ein regelmäßiges Beteiligungsformat vorsieht. Es bleibt hier abzuwarten, wie sich die aktuellen Krisen auf die Umsetzung der Strategie auswirken, aber die Institutionalisierung des Prozesses dürfte ein günstiger Ausgangspunkt sein.

Insgesamt zeichnet sich ein gemischtes Bild in Bezug auf die klima- und umweltpolitischen Leistungen der EU: Aus der Perspektive der Handlungserfordernisse des Klimaschutzes, der Anpassung an den Klimawandel, der Reduktion von Emissionen und Abfällen sowie dem Schutz von Biodiversität scheinen die Maßnahmen noch nicht hinreichend zu sein. Teilweise werden die Vorschläge auch durch die aktuellen Krisen des Krieges und der Covid-19-Pandemie[31] abgeschwächt und herausgezögert. Andererseits ergeben sich gerade aus diesen Krisen auch Möglichkeitsfenster, die zumindest für Teile der Agenda genutzt werden können. Die Institutionalisierung der Governance von Umwelt- und Klimapolitik und die Europäisierung relevanter Zuständigkeiten ist hier eine günstige Bedingung. Ob und wie dies auch unter ökonomisch schwierigen Bedingungen gelingt, ist eine offene Frage: Die EU-weite Inflation wird sich nicht nur auf Kaufkraft und wirtschaftliche Leistungsfähigkeit, sondern auch auf die öffentlichen Haushalte auswirken und deren Hand-

---

28 Claudia Delpero: Analysis: Can the controversy over the EU taxonomy be solved?, in: ENDS Europe, 21.1.2022.
29 Vgl. hierzu auch die Beiträge „Europäische Zentralbank" und „Währungspolitik" in diesem Jahrbuch.
30 Europäische Kommission: Null-Schadstoff-Aktionsplan, abrufbar unter https://environment.ec.europa.eu/strategy/zero-pollution-action-plan_de (letzter Zugriff: 18.10.2022).
31 Vgl. hierzu auch den Beitrag „Die Auswirkungen der Covid-19-Pandemie" in diesem Jahrbuch.

lungsmöglichkeiten zur Finanzierung von Investitionen und zur Kompensation unerwünschter sozialer Folgen einschränken. Eine Erzählung und Konzeption einer Nachhaltigkeitspolitik unter wirtschaftlich schwierigen Bedingungen steht noch aus.

Weiterführende Literatur

Andrew Jordan/Vivien Gravey (Hg.): Environmental Policy in the EU: Actors, Institutions and Processes, London 2021.

Sebastian Oberthür/Ingmar von Homeyer: From emissions trading to the European Green Deal: the evolution of the climate policy mix and climate policy integration in the EU, Journal of European Public Policy Special Isslue: Climate Policy, 9.9.2022.

Colette S. Vogeler: The integration of environmental objectives in the common agricultural policy—partisan politics in the European Parliament, in: Zeitschrift für Vergleichende Politikwissenschaften 15/2022, S. 551–569.

Verkehrspolitik

Daniel Martínek/Sebastian Schäffer

Wie andere Politikbereiche der Europäischen Union (EU) erlebte auch die Verkehrspolitik in den letzten 12 Monaten eine turbulente Kombination aus mehreren Krisen. Die sich von der Covid-19-Pandemie noch erholenden Verkehrsbetriebe und -routen, die auch durch einen gewissen Druck maßgeblich in Richtung einer nachhaltigen, umweltfreundlichen und sicheren Zukunft geprägt sind, wurden zusätzlich von den Auswirkungen des Kriegs in der Ukraine betroffen. Es ist unbestreitbar, dass Treibstoffknappheit, Versorgungsunterbrechung und die beginnende Energiekrise im Zuge des russischen Angriffskrieges tiefgreifende Auswirkungen auf den Transport auf dem gesamten Kontinent haben werden. Doch veränderte Energiemixe und das Ende der Abhängigkeit der EU von Lieferungen aus der Russischen Föderation, also das Ende der Abhängigkeit Europas von nicht erneuerbaren, umweltbelastenden Rohstoffen wie Kohle oder Gas, bringen nicht nur große Herausforderungen für den Verkehrssektor mit sich. Sie bergen auch Chancen, die mit den Zielen des Grünen Deals der EU einhergehen.

Andauernde Auswirkungen der Covid-19-Pandemie

Die Maßnahmen zur Einschränkung der Bewegungsfreiheit wurden im Frühjahr 2022 in allen Mitgliedstaaten der EU aufgehoben, sodass der Verkehr innerhalb Europas langsam wieder auflebt. Die Europäische Kommission hat jedoch eine Fortführung von unterstützenden Maßnahmen beschlossen, die bestimmten, durch die Pandemie besonders betroffenen Gebieten helfen sollen. So konnten die Bahnbetreiber beispielsweise bis Ende Juni 2022 die Entrichtung von Infrastrukturgebühren reduzieren, erlassen oder stunden. Außerdem mussten Fluggesellschaften bis März 2022 nur noch 50 Prozent der Slots an den Flughäfen nutzen statt der üblichen Nutzungspflicht von mindestens 80 Prozent.[1]

Trotz Impfung und hoher Zahl von Genesenen in der Bevölkerung war auch in diesem Jahr die Mobilität auf den Straßen deutlich begrenzt. So zeigen Daten zur Straßenverkehrssicherheit, dass die Zahl der Verkehrstoten im Jahr 2021 deutlich unter dem Niveau vor der Pandemie bleibt. Im Jahr 2021 wurden auf den europäischen Straßen rund 13 Prozent weniger Verkehrstote im Vergleich zu 2019 verzeichnet.[2]

Umweltfreundlicher, smarter und nachhaltiger Verkehr

Das Hauptziel der EU – Europa bis 2050 zu einem klimaneutralen Kontinent zu machen – beinhaltet Vorgaben wie die Reduzierung der Emissionen von Verbrennungsmotoren um 55 Prozent bis 2030 oder auch die Beschränkung der Produktion auf emissionsfreie Autos

---

1 Europäische Kommission/Generaldirektion Mobilität und Verkehr: Presseartikel, Rail Transport: EU extends COVID-19 support measure, 24.2.2022; Europäische Kommission/Generaldirektion Mobilität und Verkehr: Presseartikel, Aviation: slot relief rules for airlines amended and extended, 26.6.2022.
2 Europäische Kommission/Generaldirektion Mobilität und Verkehr: Presseartikel, Road safety in the EU: fatalities in 2021 remain well below pre-pandemic level, 28.3.2022.

ab 2035. Letztere setzen nicht nur die Automobilbranche unter enormen Druck, sondern auch die Anbieter der Infrastruktur. Auch Fahrer:innen selbst spüren die Konsequenzen dieser Vorgaben in Form von weiteren finanziellen Belastungen. Ungeachtet dessen verfolgt die EU die genannten Ziele zur grünen Verkehrswende und unterstützt deshalb weiterhin Förderprojekte, welche die Vernetzung der Verkehrswege in Europa vorantreiben und stärken sollen. Im Juli 2021 wurden weitere 242 Mio. Euro aus dem Programm Connecting Europe Facility (CEF) für die Erforschung smarter und sicherer Lösungen in der Verkehrsinfrastruktur der Zukunft bereitgestellt.[3]

Alle aktuellen Studien und Prognosen betonen den enormen Bedarf an Aufbau und Verbesserung der Verkehrsinfrastruktur innerhalb der EU und darüber hinaus. Insbesondere das im Juni 2021 durch das Europäische Parlament genehmigte Verbot der Produktion von Autos mit Verbrennungsmotor ab 2035 unterstreicht die Notwendigkeit, eine Ladeinfrastruktur für emissionsfreie Fahrzeuge zügig voranzutreiben.[4]

In ihren Bemühungen um Klimaneutralität legt die Europäische Kommission großen Wert auf den Schienenverkehr und machte 2021 zum Jahr der Schiene. Im Zuge dessen wurde auch der „European Woman in Rail Award" vergeben, den unter anderem die Deutsche Bahn als bester Arbeitgeber erhielt. Die diversen Maßnahmen und daraus resultierende Analysen zeigten aber auch die Mängel im Schienenverkehr auf. Insbesondere unzureichende grenzüberschreitende Verbindungen, die nur 7 Prozent der derzeit betriebenen Zugverbindungen ausmachen, genügen dem Anspruch der Europäischen Kommission nicht. Die Schaffung von länderübergreifenden Fernverbindungen ist daher ein wichtiges Ziel der EU im Rahmen des Ausbaus eines gut vernetzten europäischen Schienennetzwerks.[5] Neben dem Schienenverkehr wird künftig auch die Binnenschifffahrt eine Schlüsselrolle im Güterverkehr einnehmen. Auch hier sind umfangreiche Investitionen in die Infrastruktur notwendig, da nach aktuellen Prognosen die derzeitigen Kapazitäten im Jahr 2030 nicht ausreichen werden, wenn die vorgesehene Transformation des europäischen Güterverkehrs planmäßig voranschreitet.[6]

Die EU fördert nachhaltige und ökologische Mobilität auch in Großstädten und Ballungsgebieten, die zu den größten Verursachern von Treibhausgasen auf dem Kontinent gehören. Der umweltfreundliche öffentliche Stadtverkehr stand erneut im Mittelpunkt der Europäischen Mobilitätswoche, die jedes Jahr Mitte November stattfindet und lokale Projekte unterstützt, die einen emissionsfreien Stadtverkehr anstreben.[7] Der European Urban Mobility Framework ist zu einem wichtigen Instrument in diesem Bereich geworden. In dessen Rahmen sollen mehr als 400 der größten EU-Städte bis 2025 eine Strategie entwickeln, um die Mobilität ihrer Stadt so umweltfreundlich, innovativ und sicher wie möglich zu gestalten.[8]

---

3 Europäische Kommission/Generaldirektion Mobilität und Verkehr: Presseartikel, Green, safe and smart transport networks: Additional €242 million for transport infrastructure studies, 15.7.2021.
4 Europäisches Parlament/Legislative Observatory: CO2 emission standards for cars and vans, (2021/0197(COD)).
5 Europäische Kommission/Generaldirektion Mobilität und Verkehr: Presseartikel, End of the European Year of Rail – beginning of a new journey, 21.2.2022.
6 Europäische Kommission/Generaldirektion Mobilität und Verkehr: Presseartikel, Study analyses transhipment options for more competitive intermodal transport and terminal capacity on TEN-T network, 5.5.2022.
7 Europäische Kommission/Generaldirektion Mobilität und Verkehr: Presseartikel, Kassel, Rethymno, Tampere and Valongo win the European sustainable urban mobility awards, 28.3.2022.
8 Europäische Kommission: Mitteilung, Der neue Europäische Rahmen für urbane Mobilität, COM(2021) 811 final, 14.12.2021.

Der Krieg in der Ukraine und seine Folgen

Der Krieg in der Ukraine hatte enorme Auswirkungen sowohl auf den Transport innerhalb, als auch außerhalb der EU. Nach dem russischen Angriff auf die Ukraine am 24. Februar 2022 haben die EU-Mitgliedstaaten nicht nur mehrere Sanktionspakete verabschiedet (einschließlich des Verkaufsverbots für Flugzeuge an russische Unternehmen), die im Laufe des Krieges regelmäßig erweitert und verschärft wurden. Sie schlossen auch die Luftverkehrsverbindungen zwischen der EU und Russland.[9] Als Reaktion darauf verbot Russland allen EU-Fluggesellschaften den Eintritt in den russischen Luftraum. Die vollständige Sperrung des Luftraums über der Ukraine machte den Flugverkehr zwischen den europäischen Ländern und der Ukraine unmöglich, die Konflikte am Boden behinderten maßgeblich den Schienen- und Straßenverkehr. Rund 12.000 Lkw-Fahrer:innen saßen zu Beginn des Krieges Ende Februar 2022 in der Ukraine fest.[10]

Die Sperrung der Lufträume und die daraus resultierenden Umwegflüge sorgten neben dem durch die Pandemie ohnehin existierenden Mangel an Personal für zusätzliche Verspätungen und Ausfälle. Dabei war erst im Oktober 2021 ein Luftverkehrsabkommen zwischen der EU und der Ukraine unterzeichnet worden, das eine Marktintegration in den Europäischen Gemeinsamen Luftfahrtbereich basierend auf hohen Sicherheitsstandards vorsieht. Der Krieg verursachte auch Transportengpässe im Schienen- und Straßenverkehr, die letztendlich zu Unterbrechungen der Lieferketten führten. Von Beginn des Konflikts an hat die EU der Ukraine ihre volle Unterstützung zugesagt und versucht, diese Engpässe abzumildern. Auf der Grundlage der im April begonnenen Verhandlungen zwischen der EU einerseits und der Ukraine und der Republik Moldau andererseits wurden die sogenannten Solidarity Lanes eingerichtet. Als Reaktion auf die russische Blockade ukrainischer Seehäfen hat die EU dabei eine Strategie entwickelt, wie Lebensmittelexporte aus der Ukraine über verschiedene Landwege und EU-Häfen erleichtert und damit die Versorgungssicherheit Europas und der ganzen Welt gesichert werden kann.[11] Zu den Vorschlägen der Europäischen Kommission gehörten beispielsweise zusätzliche Frachtfahrzeuge, Schiffe und Lastwagen, oder die vorübergehende Lagerung ukrainischer Güter auf dem Gebiet der EU. Um die besten Lösungen zu finden, hat die Europäische Kommission im Juni 2022 die Business-Matchmaking-Plattform EU-Ukraine ins Leben gerufen.[12]

Ausblick

Der Krieg in der Ukraine wird auch weiterhin massive Auswirkungen auf den Verkehrssektor haben. Der pandemiebedingte Rückgang der Passagierzahlen im Luftfahrtbereich hatte gerade begonnen sich zu erholen, wird aber nun erneut vor massive Herausforderungen gestellt. Die drastische Teuerung des Gas- und Ölpreises wird sich nicht nur auf die

---

9 Rat der EU: Pressemitteilung, EU verabschiedet neues Maßnahmenpaket als Reaktion auf die militärische Aggression Russlands gegen die Ukraine, 189/22, 28.2.2022; Europäische Kommission/Generaldirektion Mobilität und Verkehr: Presseartikel, Aviation safety: 20 Russian airlines added to EU Air Safety List, 11.4.2022.
10 Marketa Pape: Russia's war on Ukraine: Implications for EU transport, in: European Parliament, At A Glance, PE 729.307, 14.3.2022.
11 Europäische Kommission/Generaldirektion Mobilität und Verkehr: Presseartikel, Ukraine: Commission requests Council mandate for negotiating road transport agreements with Ukraine and Moldova, 6.4.2022; Europäische Kommission/Generaldirektion Mobilität und Verkehr: Presseartikel, European Commission to establish Solidarity Lanes to help Ukraine export agricultural goods, 12.5.2022.
12 Europäische Kommission/Generaldirektion Mobilität und Verkehr: Presseartikel, Solidarity Lanes: European Commission launches EU-Ukraine business matchmaking platform, 3.6.2022.

Nutzung des Individualverkehrs auswirken. Gegenmaßnahmen wie die extreme Vergünstigung des öffentlichen Nah- und Schienenverkehrs lassen strukturelle Schwächen noch deutlicher in den Vordergrund treten. Hier werden weitere europäische Lösungen notwendig sein. Ein Bündnis zwischen Industrievertreter:innen und der Europäischen Kommission mit der Aufgabe die Versorgung mit erneuerbaren und kohlenstoffarmen Kraftstoffen für den Luft- und Wasserverkehr schnell auszubauen, wurde dazu im April 2022 in die Wege geleitet. Letztendlich bietet diese erneute massive Disruption Chancen, Maßnahmen für die Umsetzung der „Fit für 55"-Klimaziele zu setzen. Allerdings dürfte es deutlich herausfordernder werden den Übergang im Europäischen Grünen Deal wie vorgesehen sozialverträglich zu gestalten.[13]

Weiterführende Literatur

Adrienn Boldizsár/Ferenc Meszaros/Erika Torok: Social and Economic Analysis of the EU Road Freight Transport Fleet, in: Cognitive Sustainability 1(2)/2022.
Herbert Dorfmann: Europäische Verkehrspolitik, in: Simon Laimer/Christoph Perathoner (Hg.): Mobilitäts- und Transportrecht in Europa, Berlin/Heidelberg 2022, S. 263–277.
Alexander Eisenkopf/Andreas Knorr: Emissionshandel als Leitinstrument für eine effektive und effiziente EU-Klimapolitik im Verkehr, Wirtschaftsdienst 101, 2021, S. 795–803.

---

13 Europäische Kommission: Pressemitteilung, Europäischer Grüner Deal: Kommission schlägt Neuausrichtung von Wirtschaft und Gesellschaft in der EU vor, um Klimaziele zu erreichen, IP/21/3541, 14.7.2021.

Währungspolitik

Gabriel Glöckler

Die Covid-19-Pandemie, Russlands Krieg in der Ukraine und ein historischer Inflationsanstieg haben das abgelaufene Jahr zu einem besonders herausfordernden für die Europäische Zentralbank (EZB) gemacht. In diesem Kontext von multiplen Krisen und eines von extremer Unsicherheit geprägten Umfeldes waren die geldpolitischen Entscheidungen alles andere als „business as usual". Die Geldpolitik unterstützte die wirtschaftliche Erholung so lange wie nötig und begann die akkommodativen Maßnahmen zurückzufahren, sobald sich die Inflationsaussichten dauerhaft erhöhten. In das vergangene Jahr fiel auch die Verabschiedung der neuen geldpolitischen Strategie der EZB, die die Notenbank angesichts struktureller Veränderungen besser für die Zukunft rüsten soll.

Covid-19-Pandemie und Ukraine-Krieg bestimmten Wirtschafts- und Inflationsentwicklung

Die zweite Jahreshälfte 2021 war von den wirtschaftlichen Auswirkungen der andauernden Covid-19-Pandemie[1] geprägt. Dank zunehmender Impfungen und umfangreicher geld- und finanzpolitischer Maßnahmen setzte sich die wirtschaftliche Erholung im Euroraum fort. Das Wachstum des Bruttoinlandsprodukts (BIP) verlief dynamisch und erreichte 5,3 Prozent im Jahr 2021. Trotzdem lag das BIP des Euroraums am Jahresende noch 0,2 Prozent unter dem vorpandemischen Niveau des letzten Quartals 2019.[2]

Der Aufschwung wurde im zweiten Halbjahr von einem starken Inflationsanstieg begleitet. Während die Teuerung im Euroraum im Juni 2021 noch bei 1,9 Prozent lag, stieg sie binnen sechs Monaten auf 5,0 Prozent im Dezember 2021 an.[3] Dies lag vor allem an einer hohen gesamtwirtschaftlichen Nachfrage und steigenden Energiepreisen.[4] Das Jahr 2021 markiert damit das Ende einer mehr als zehn Jahre langen Phase niedriger Inflation, die seit der Finanzkrise anhielt. Der EZB-Rat ging jedoch davon aus, dass dieser Inflationsschub nur vorübergehend wäre. Dieser Einschätzung lagen drei Argumente zu Grunde: erstens statistische, sogenannte Basiseffekte wie die besonders niedrige Inflation des Vorjahres und die zeitlich begrenzte Mehrwertsteuersenkung in Deutschland; d.h. der Preisanstieg war auch deshalb höher, weil er im Vergleichszeitraum im Jahr 2020 so niedrig war. Zweitens wurde erwartet, dass die Angebotsengpässe durch eine zeitnahe Ausweitung des Angebots ihre Wirkung verlieren. Drittens wurde angenommen, dass der Energiepreisschock

---

1 Vgl. hierzu auch den Beitrag „Die Auswirkungen der Covid-19-Pandemie" in diesem Jahrbuch.
2 Europäische Zentralbank: Jahresbericht 2021, 28.4.2022; vgl. hierzu auch den Beitrag „Wirtschaftspolitik" in diesem Jahrbuch.
3 Eurosystem: Preissteigerungsraten - Verbraucherpreisindex, Statistik des Euro-Währungsgebiets, abrufbar unter https://www.euro-area-statistics.org/inflation-rates?cr=eur&lg=de (letzter Zugriff: 19.7.2022).
4 Christine Lagarde: Speech, Commitment and persistence: monetary policy in the economic recovery, Europäische Zentralbank, 19.11.2021, abrufbar unter https://www.ecb.europa.eu/press/key/date/2021/html/ecb.sp211119~3749d3556c.en.html (letzter Zugriff: 19.7.2022); vgl. hierzu auch den Beitrag „Energiepolitik" in diesem Jahrbuch.

nur kurzfristig einen preistreibenden Effekt haben würde.[5] Mit dieser – im Nachhinein zu optimistischen – Einschätzung des Inflationsausblicks, die der EZB Vorwürfe einer zu späten geldpolitischen Kehrtwende („too little, too late") einbrachten, war die EZB keinesfalls allein. Prognosen internationaler Finanzorganisationen und privater Akteure sagten ein ähnliches Bild voraus.

Die Erwartungen für ein weiterhin dynamisches Wirtschaftswachstum im Jahr 2022, auch dank zurückgehender Risiken durch die Covid-19-Pandemie, wurden durch die Unsicherheiten und Risiken aufgrund des russischen Überfalls auf die Ukraine deutlich eingetrübt. Aufgrund dieser Lage waren auch Prognosen mit extremer Unsicherheit behaftet, weshalb die EZB drei Szenarien für die Entwicklung von BIP und Inflation erarbeitete.[6] Im Basisszenario wurde ein Wachstum von 3,7 Prozent für 2022 vorhergesagt, während im ungünstigen und im schwerwiegenden Szenario jeweils 2,5 bzw. 2,3 Prozent prognostiziert wurden.[7] Diese Entwicklungen reflektieren höhere Energie- und Rohstoffpreise sowie zusätzliche Beeinträchtigungen von Handel und Wirtschaft.[8] Gleichzeitig war die Situation am Arbeitsmarkt positiv, da die Erwerbslosigkeit im Euroraum im Mai auf ein historisches Tief von 6,6 Prozent fiel.[9] Eine sogenannte Stagflation – also eine stagnierende Wirtschaft bei gleichzeitig hoher Inflation – war also zu keinem Zeitpunkt wahrscheinlich, auch wenn dies nach Kriegsbeginn breit in den Medien als mögliches Schreckensszenario thematisiert wurde.

Insbesondere wegen des Krieges und seiner Auswirkungen stieg die Inflation weiter an. Dies war vornehmlich auf Energiepreise zurückzuführen, wobei diese auch die Preise in zahlreichen anderen Wirtschaftszweigen, wie z. B. für Düngemittel, Transport oder Lebensmittel, massiv ansteigen ließen.[10] Schließlich erreichte die Teuerungsrate im Juni mit 8,6 Prozent den höchsten Wert in der Geschichte des Euro. Bei den Komponenten des Harmonisierten Verbraucherpreisindex (HVPI) für diesen Monat stach die Energiepreisinflation mit einem Wert von 41,9 Prozent hervor. Hinzu kamen sehr große Inflationsunterschiede innerhalb des Euroraums: im Juni 2022 hatte Malta beispielsweise mit 6,1 Prozent eine vergleichsweise moderate Inflationsrate, während Estland mit einer Teuerung von 22,0 Prozent konfrontiert war.[11] Wegen der stetigen Zunahme der Inflation wurde die Politik der EZB zunehmend kontrovers debattiert.[12] Aber auch die EZB hinterfragte kritisch die Fehlerquellen ihrer eigenen Prognosen angesichts einer Vervierfachung der projizierten Inflationsraten für 2022 innerhalb eines Jahres, mit dem Ergebnis, dass etwa drei Viertel des

---

5 Philip R. Lane: Speech, Inflation in the short term and in the medium term, Europäische Zentralbank, 8.11.2021, abrufbar unter https://www.ecb.europa.eu/press/key/date/2021/html/ecb.sp211108~c915d47d4c.en.html (letzter Zugriff: 29.7.2022).
6 Europäische Zentralbank: Pressekonferenz, Erklärung zur Geldpolitik, 10.3.2022; vgl. hierzu auch den Beitrag „Die Europäische Union und der Krieg in der Ukraine" in diesem Jahrbuch.
7 Europäische Zentralbank: Past macroeconomic projections, abrufbar unter https://www.ecb.europa.eu/mopo/strategy/ecana/html/table.en.html (letzter Zugriff: 28.7.2022).
8 Europäische Zentralbank: Pressekonferenz: Erklärung zur Geldpolitik, 10.3.2022.
9 Eurostat: Arbeitslosenquote im Euroraum bei 6.6%, in: Euroindikatoren 88/2022, 30.6.2022; vgl. hierzu auch den Beitrag „Beschäftigungs- und Sozialpolitik" in diesem Jahrbuch.
10 Europäische Zentralbank: Pressekonferenz, Erklärung zur Geldpolitik, 14.4.2022.
11 Eurostat: Jährliche Inflation im Euroraum auf 8,6% gestiegen, in: Euroindikatoren 73/2022, 1.7.2022.
12 Benedikt Weimer: Oberste Euro-Hüterin will nichts gegen Inflation tun, in: Bild.de, 16.1.2022; Editorial Expansión: Los precios aprietan a la economía y al BCE, in: Expansión.com, 14.4.2022; Florentin Collomp: La stratégie de la BCE mise à mal par une inflation record, lefigaro.fr, 2.2.2022; Henrik Böhme: Opinion: Europe's monetary policy shift comes (too) late, in: DW.de, 9.6.2022; Michael Höfling: „Die EZB müsste gegensteuern, kann es aber mit Rücksicht auf die Südländer nicht", in: welt.de, 11.6.2022.

gesamten Prognosefehlers auf den Fehleinschätzungen der Marktpreise für Öl und Gas zurückzuführen waren.[13]

Geldpolitischer Kurs der EZB

War die EZB in den vergangenen Jahren mit niedrigen Preissteigerungen und teils deflationären Tendenzen konfrontiert, musste sie aufgrund der hohen Inflation einen neuen Kurs einschlagen. Als Reaktion auf diese Umkehrung der Inflationsdynamik passte die Notenbank ihren geldpolitischen Kurs und die notwendigen Instrumente an.

Angesichts der Auswirkungen der Pandemie auf die Wirtschaft behielt die EZB im Sommer 2021 zunächst ihre expansive Geldpolitik bei, um Banken und Wirtschaft mit ausreichend Liquidität zu versorgen.[14] Zudem wurde der Inflationsanstieg, aus den oben genannten Gründen, als temporär eingeschätzt.[15] Folglich ließ der EZB-Rat die Leitzinsen unverändert und führte die Ankaufprogramme von Vermögenswerten sowie die Refinanzierungsgeschäfte fort.

Der Kurswechsel der EZB begann im Dezember 2021, indem ein Pfad der sukzessiven Normalisierung der Geldpolitik eingeschlagen wurde. Dies war aufgrund der guten wirtschaftlichen Entwicklung und der Annäherung auch des mittelfristigen Inflationsausblicks an die 2-Prozent-Marke möglich. Der EZB-Rat beschloss daher die Nettoankäufe von Vermögenswerten in den ersten Quartalen des Jahres 2022 zu verringern.[16] Dies beinhaltete die Beendigung des Pandemie-Notfallankaufprogramms (PEPP) im März 2022. Außerdem wurden die Nettoankäufe im Rahmen des Ankaufprogramms von Vermögenswerten (APP) reduziert.[17] Der Normalisierungspfad wurde im März bestätigt, als der EZB-Rat beschloss, die Ankäufe schneller zurückzufahren.[18]

In der Inflationsprognose vom Juni 2022 korrigierte die EZB die erwarteten Teuerungsraten erneut nach oben, weshalb der EZB-Rat weitere Schritte zur geldpolitischen Normalisierung ankündigte. Da die Projektionen mittelfristig das Erreichen des 2-Prozent-Ziels ermittelten und die EZB von einer robusten wirtschaftlichen Entwicklung ausging, wurde die Zinswende eingeleitet. Das APP wurde im dritten Quartal eingestellt und der EZB-Rat kündigte seine Absicht an, die Leitzinsen im Juli um 0,25 Prozentpunkte anzuheben, und, darüber hinaus, die Zinsen als Teil eines nachhaltigen und graduellen Pfades sukzessive weiter zu erhöhen.[19]

Im Nachgang der regulären Ratssitzung am 8. Juni 2022 kam es zu Volatilität an den Märkten für europäische Staatsanleihen. Aus Sicht von Investoren stellte ein Umfeld steigender Zinsen die Schuldentragfähigkeit in einigen Ländern des Euroraums in Frage. Die damit einhergehenden Risikoaufschläge ließen die Zinsen für einige südeuropäische Staatsanleihen deutlich steigen.[20] Um der daraus resultierenden Fragmentierung und uneinheitli-

---

13 Mohammed Chahad et al.: What explains recent errors in the inflation projections of Eurosystem and ECB staff?, ECB Economic Bulletin 3/2022, 28.04.2022.
14 Europäische Zentralbank: Jahresbericht 2021.
15 Europäische Zentralbank: Pressekonferenz, Erklärung zur Geldpolitik, 22.7.2021; Europäische Zentralbank: Pressekonferenz, Erklärung zur Geldpolitik, 9.9.2021.
16 Europäische Zentralbank: Jahresbericht 2021.
17 Europäische Zentralbank: Pressekonferenz, Erklärung zur Geldpolitik, 16.12.2021.
18 Europäische Zentralbank: Pressekonferenz, Erklärung zur Geldpolitik, 10.3.2022.
19 Europäische Zentralbank: Pressekonferenz, Erklärung zur Geldpolitik, 9.6.2022.
20 Tommy Stubbington/Nikou Asgari: Italian and Greek borrowing costs jump on eurozone rate fears, in: ft.com, 10.6.2022.

chen Transmission der Normalisierung der Geldpolitik in den einzelnen Ländern entgegenzuwirken, wurde für den 15. Juni eine Ad Hoc Sitzung des EZB-Rats einberufen. Auf der Sitzung wurde beschlossen die Wertpapiere aus dem PEPP flexibel zu reinvestieren und Pläne für ein sogenanntes Anti-Fragmentierungsinstrument vorzubereiten, das einen funktionierenden geldpolitischen Transmissionsmechanismus sicherstellen soll, damit der geldpolitische Impuls in allen Staaten des Euroraums gleichmäßig ankommt.[21] Diese Ankündigung wurde in Teilen der europäischen Öffentlichkeit kritisch aufgenommen, da ein derartiges Instrument als Staatsfinanzierung, inflationär und potenziell juristisch anfechtbar eingeschätzt wurde.[22]

Verabschiedung der neuen geldpolitischen Strategie

Kurz nach ihrer Amtsübernahme im November 2019 kündigte EZB-Präsidentin Christine Lagarde eine Überprüfung der geldpolitischen Strategie an. Diese war notwendig, um auf die strukturellen Veränderungen der Wirtschaft seit der letzten Überprüfung im Jahr 2003 zu reagieren.[23] Der Prozess konnte im Juli 2021 mit der einstimmigen Verabschiedung der neuen Strategie durch den EZB-Rat abgeschlossen werden.[24] Die Revision umfasste 14 zentrale Themen von der Inflationsmessung, über Digitalisierung und Globalisierung bis hin zur geldpolitischen Kommunikation. Während einige Aspekte der bisherigen EZB-Strategie durch die Überprüfung bestätigt wurden, ergaben sich auch einige Innovationen. Unberührt blieb das vom EU-Vertrag vorgegebene Mandat der Preisstabilität, welches das Leitziel der Notenbank bleibt. Im Folgenden werden einige zentrale Neuerungen angerissen.

Im Jahr 2003 hatte der EZB-Rat Preisstabilität für den Euroraum als eine mittelfristige Inflationsrate von „unter, aber nahe 2 Prozent" definiert. Dieses Ziel wurde jedoch häufig als unklar empfunden und somit von verschiedenen Akteuren unterschiedlich interpretiert. Im Zuge der Überprüfung der Strategie wählte der EZB-Rat eine präzisere Formulierung und strebt nun mittelfristig eine Inflationsrate von 2 Prozent an, was als ein symmetrisches Ziel ausgelegt wird.[25] Dieses Ziel bietet einen Puffer gegenüber deflationären Tendenzen und trägt zu einer langfristigen Stabilisierung der Preisentwicklung bei. Zudem drückt die neue Definition mit dem Verweis auf die Symmetrie klar aus, dass höhere und niedrigere Inflationsraten nicht erwünscht sind.[26] Erste Studien bestätigen das neue Ziel, da Haushalte und Experten ihre Inflationserwartungen entsprechend anpassen.[27]

---

21 Europäische Zentralbank: Pressemitteilung: Erklärung nach der Ad-hoc-Sitzung des EZB-Rats, 15.6.2022, abrufbar unter https://www.ecb.europa.eu/press/pr/date/2022/html/ecb.pr220615~2aa3900e0a.de.html (letzter Zugriff: 19.7.2022).
22 Johannes Bockenheimer: Krisensitzung bei der EZB!, in: Bild.de, 15.6.2022; Michael Persson: Door staatsobligaties te blijven kopen, heeft de ECB haar eerdere beloftes gebroken, in: volkskrant.nl, 16.6.2022; Thomas Straubhaar: Der Hochrisiko-Kurs der EZB ist nicht mehr vermittelbar, in: welt.de, 21.6.2022.
23 Europäische Zentralbank: Erklärung zur geldpolitischen Strategie der EZB, 8.7.2021, abrufbar unter https://www.ecb.europa.eu/home/search/review/html/ecb.strategyreview_monpol_strategy_statement.de.html (letzter Zugriff: 22.8.2022).
24 Christine Lagarde: Opening remarks, Press conference, Europäische Zentralbank, 8.7.2022, abrufbar unter https://www.ecb.europa.eu/press/pressconf/2021/html/ecb.sp210708~ab68c3bd9d.en.html (letzter Zugriff: 19.7.2022).
25 Europäische Zentralbank: Erklärung zur geldpolitischen Strategie der EZB, 8.7.2021.
26 Europäische Zentralbank: An overview of the ECB's monetary policy strategy, ECB Economic Bulletin 5/2021, 5.8.2021.
27 Aidan Meyler et al.: Results of a special survey of professional forecasters on the ECB's new monetary policy strategy, in: ECB Economic Bulletin 7/2021, 11.11.2021; Mathias Hoffmann et al.: Die Auswirkungen des

Währungspolitik

Wie genau das Preisstabilitätsziel zu messen ist, war ein weiteres Thema der Strategieüberprüfung. Auch wenn der HVPI diese Funktion zunächst erfüllt, kann der Index die Ausgaben der Verbraucher:innen noch repräsentativer darstellen, indem künftig die Kosten für selbst genutztes Wohneigentum integriert werden.[28] Die vollständige Aufnahme dieser Kosten in den monatlichen HVPI wird jedoch mehrere Jahre dauern. Bis dahin bleibt der bisherige Index der Referenzwert für die Beurteilung des Inflationsgeschehens, obschon der EZB-Rat in der Übergangsphase Daten über selbst genutztes Wohneigentum in seine Beurteilungen einfließen lassen wird.[29]

Zur Umsetzung des Inflationsziels kann die EZB auf verschiedene Instrumente zurückgreifen, wobei der Leitzins weiterhin das wichtigste ist.[30] Die EZB hat jedoch die Möglichkeit auch in Zukunft auf weitere geldpolitische Werkzeuge zurückzugreifen, um insbesondere auf niedrige Inflation reagieren zu können. Hierzu können „Forward Guidance" – eine explizit kommunizierte Orientierung zur zukünftigen Ausrichtung der Geldpolitik –, Wertpapierkäufe und langfristige Refinanzierungsgeschäfte eingesetzt werden.[31] Mit dieser Strategie überführte die EZB die bisher als unkonventionell bezeichneten Maßnahmen in den regulären Instrumentenkasten, und erweiterte damit ihren Handlungsspielraum.

Eine Innovation der Strategie ist die Anerkennung des Klimawandels als geldpolitisch relevantes Phänomen. Der EZB-Rat stellte fest, dass dessen „strukturelle und konjunkturelle Auswirkungen auf die Wirtschaft und das Finanzsystem" auch die Preisstabilität beeinflussen. Daher wird die EZB innerhalb ihres Mandats klimabezogene Erwägungen bei ihren geldpolitischen Entscheidungen bedenken[32] und einen Klima-Aktionsplan umsetzen. Dieser beinhaltet z. B. den Ausbau der klimabezogenen Analysefähigkeiten der EZB oder die Einführung von Klimakriterien beim Kauf von Vermögenswerten des privaten Sektors.[33]

Auch die Kommunikation der EZB, sowohl mit Finanzmärkten und Experten, also auch mit der allgemeinen Öffentlichkeit, wurde auf den Prüfstand gestellt. In der Folge wurde beschlossen, die geldpolitische Kommunikation zu modernisieren und neue Formate zu entwickeln, die es der Zentralbank ermöglichen, die Bevölkerung des Euroraums besser zur erreichen.[34] Diese Veränderungen helfen der EZB dabei, ihr Mandat zu erfüllen, und die Entscheidungen des EZB-Rates und deren Auswirkungen für die Menschen effektiv zu kommunizieren. Instrumente hierfür sind beispielsweise eine kürzere und zugänglichere Erklärung zur Geldpolitik und begleitende visuelle und leichter verständliche Formate.[35]

Schließlich beschloss der EZB-Rat, die Strategie künftig regelmäßig zu überprüfen – das nächste Mal soll dies im Jahr 2025 geschehen.[36] Aufgrund des überraschenden und

---

neuen Inflationsziels der EZB auf die Inflationserwartungen der privaten Haushalte, Bundesbank Research Brief 43/2021, 30.11.2021.
28 Europäische Zentralbank: Erklärung zur geldpolitischen Strategie der EZB, 8.7.2021.
29 Europäische Zentralbank: Erklärung zur geldpolitischen Strategie der EZB, 8.7.2021.
30 Europäische Zentralbank: Erklärung zur geldpolitischen Strategie der EZB, 8.7.2021.
31 Europäische Zentralbank: An overview of the ECB's monetary policy strategy, 2021.
32 Europäische Zentralbank: Erklärung zur geldpolitischen Strategie der EZB, 8.7.2021.
33 Europäische Zentralbank: Pressemitteilung, EZB präsentiert Maßnahmenplan zur Berücksichtigung von Klimaschutzaspekten in ihrer geldpolitischen Strategie, 8.7.2021.
34 Europäische Zentralbank: Erklärung zur geldpolitischen Strategie der EZB, 8.7.2021.
35 Europäische Zentralbank: "Unsere Erklärung zur Geldpolitik auf einen Blick", abrufbar unter https://www.ecb.europa.eu/press/pressconf/visual-mps/html/index.de.html (letzter Zugriff: 7.8.2022).
36 Europäische Zentralbank: An overview of the ECB's monetary policy strategy, 2021.

schnellen Übergangs von einer chronisch niedrigen Inflation hin zu historisch hohen Teuerungsraten wird es ausreichend Anlass geben, diese Situation in einer künftigen Strategieüberprüfung zu analysieren.

Weiterführende Literatur

Fabio Panetta: Rede, Normalisierung der Geldpolitik in unnormalen Zeiten, Europäische Zentralbank, 25.5.2022, abrufbar unter https://www.ecb.europa.eu/press/key/date/2022/html/ecb.sp220525~eef274e856.de.html (letzter Zugriff: 29.7.2022).

Isabel Schnabel: Speech, A new strategy for a changing world, Europäische Zentralbank, 14.7.2021, abrufbar unter https://www.ecb.europa.eu/press/key/date/2021/html/ecb.sp210714~0d62f657bc.en.html (letzter Zugriff: 19.7.2022).

Frank Elderson/Isabel Schnabel: Katalysator für ein grüneres Finanzsystem, Der EZB-Blog, 8.7.2022, abrufbar unter https://www.ecb.europa.eu/press/blog/date/2022/html/ecb.blog220708~1c7076c7b1.de.html (letzter Zugriff: 19.7.2022).

Philip R. Lane: Speech, The monetary policy strategy of the ECB: the playbook for monetary policy decisions, Europäische Zentralbank, 2.3.2022, abrufbar unter https://www.ecb.europa.eu/press/key/date/2022/html/ecb.sp220302~8031458eab.en.html (letzter Zugriff: 29.7.2022).

Weltraumpolitik

Jürgen Turek

Im Weltraum herrscht ein harter, prestigeträchtiger Wettbewerb. Staaten ringen um wirtschaftliche, wissenschaftliche und militärische Vorteile und Unternehmen konkurrieren um seine kommerzielle Erschließung. Der Krieg Russlands gegen die Ukraine hat die strategische Bedeutung präziser militärischer Aufklärung durch Satelliten gezeigt. Die erheblichen Anstrengungen Chinas, eine Weltraumfahrt von internationaler Bedeutung zu betreiben, deuten auf das Prestige des Weltraums hin. Darüber hinaus ist das All privatwirtschaftlich attraktiv. Die Unternehmen von Elon Musk, Jeff Bezos oder Richard Branson erschließen den Weltraum für exquisiten Weltraumtourismus und eine orbital gestützte Internet- und Breitbandkommunikation. Amazon stieg 2022 massiv in das Weltraumgeschäft ein und kaufte 68 europäische Raketen des Typs Ariane 6. Der Konzern will damit sein Projekt Kuiper auf den Weg bringen: 3236 Satelliten, die abgelegene Gebiete mit Breitbandinternet versorgen sollen und mit den Starlink-Satelliten von Musks Unternehmen Space-X konkurrieren, das mit der Falcon 9 bereits ein eigenes Trägerraketensystem besitzt. Wirtschaftlich und militärisch nimmt der Wert des Weltraums ebenfalls stetig zu. Die Ambitionen und Rivalitäten seitens der USA, Russlands, Chinas oder Indiens zeigen die beachtliche politische Bedeutung weltraumgestützter Navigation, Kommunikation und Aufklärung. Die Unterstützung der Ukraine durch Space-X im Krieg Russlands gegen die Ukraine hat bewiesen, dass ein privater Konzern durch weltraumgestützte Breitbandkommunikation ein zerstörtes terrestrisches Kommunikationsnetz ersetzen und in ein Kriegsgeschehen eingreifen kann.

Obwohl vertraglich und intentional nicht-militärisch ausgerichtet, ist die EU angesichts dieser Entwicklungsdynamik mit ihrer komplexen Weltraumpolitik gut aufgestellt. Der Kern ihrer Weltraumpolitik ist die Erhaltung europäischer Autonomie, die Steigerung von Europas Gewicht in der ziviltechnischen Raumfahrt und die Wahrung der internationalen Wettbewerbsfähigkeit. Der Krieg in der Ukraine und die russische Aggressivität gegenüber Europa und der westlichen Welt stellen die zivile Beschränkung der Welltraumpolitik allerdings infrage.

Das Weltraumprogramm der EU 2021 bis 2027

Die Weltraumpolitik ist Teil der europäischen Forschungs- und Technologiepolitik und des 9. Forschungsrahmenprogramms „Horizont Europa". Das neue Weltraumprogramm der EU 2021 bis 2027 wurde im April 2021 beschlossen und trat am 1. Januar 2022 in Kraft. Es ist mit 95,5 Mrd. Euro besser ausgestattet als sein Vorläuferprogramm. Es sieht vor, die Investitionen für den Weltraumsektor zu erhöhen und passt die Weltraumpolitik an neue Erfordernisse der orbitalen Logistik, Erdbeobachtung und globalen Kommunikation an.[1]

---

[1] Europäische Kommission: Die EU im Jahr 2018: Gesamtbericht über die Tätigkeit der Europäischen Union, S. 18.

Seine programmatischen Einzelpunkte und Zielsetzungen sind eine hochwertigere Weltraumdatenerfassung, ein größerer ökonomischer Nutzen, die Schaffung von Arbeitsplätzen, mehr Sicherheit und Autonomie der EU sowie die Erlangung einer wichtigeren Rolle als Akteurin im All. Mit dem neuen Programm werden der bestehende Rechts- und Sicherheitsrahmen und das Governance-System der EU vereinfacht und vereinheitlicht. Es führt die bestehenden Weltraumprogramme Galileo (Navigation), Copernicus und EGNOS (Erdbeobachtung) unter einem Dach zusammen. Anhand des Programms werden auch neue Sicherheitskomponenten eingeführt, wie das SSA-Programm (Weltraumlageerfassung) oder die Initiative GOVSATCOM (staatliche Satellitenkommunikation), um weltraumbezogene Gefahrenquellen zu überwachen und den nationalen Behörden Zugang zu sicherer Satellitenkommunikation zu garantieren. Aufgrund der programmatischen Verankerung und der zivil-technologischen Ausrichtung ist eine militärische Komponente im Programm bisher nicht vorgesehen. Hier wird mit dem geplanten Secure Connectivity System der EU allerdings umgedacht. Demnach möchte die EU für 6 Mrd. Euro ein unabhängiges, sicheres und globales Satelliten-Internet aufbauen, dessen Signale mit Quantentechnologie verschlüsselt sein sollen. Das Hochgeschwindigkeitsnetz soll Regierungen und dem Militär zur Verfügung stehen, aber auch über kommerzielle Anbieter für Unternehmen und Bürger:innen zugänglich sein.[2]

Der Ukraine-Schock als Herausforderung der europäischen Weltraumpolitik

Der Angriffskrieg Russlands gegen die Ukraine wird auch Auswirkungen auf die europäische Weltraumpolitik haben. Sie umfasst ein ausdifferenziertes System von Funknavigationssatelliten, Trägerraketen und europäischen Leit- und Kommunikationsstellen, welches bisher ausschließlich der zivilen Sicherheit dient. Sie eignet sich aber prinzipiell auch für militärische Aufgaben der Aufklärung, der Navigation von militärischen Bewegungen sowie der Planung und Führung militärischer Operationen. Obwohl die zivil-militärische „dual-use"-Eignung der Weltraumsysteme evident ist, ist die militärische Nutzung dieses Systems europavertraglich bisher nicht erlaubt. Die Aggressivität Russlands fordert die europäische Sicherheitspolitik allerdings in starkem Maße heraus. Insofern ist das geplante Secure Connectivity System richtig. Im vitalen Interesse muss die EU die militärischen Potenziale ihrer Raumfahrt überdenken. Vordringlich ist, die Raumfahrtpolitik in die Verteidigungspolitik zu integrieren und in die Streitkräfteplanung der NATO einzubeziehen, die den Weltraum 2018 offiziell als relevante Domäne für ihre Sicherheitspolitik anerkannt hat. Mittel- und langfristig kommt die EU an der Idee und Konzeption einer europäischen Armee nicht vorbei. Diese muss im Kern über eine eigenständige nukleare Abschreckung verfügen und sich auf eine volatile Sicherheitspolitik in den USA einstellen. Der Weltraumpolitik kommt in diesem Zusammenhang eine entsprechende Bedeutung zu.

Weiterführende Literatur

Christian Mölling: Die Zukunft der deutschen militärischen Luft- und Raumfahrt: Herausforderungen und Handlungsoptionen, Hanns Seidel Stiftung (Hg.): Aktuelle Analysen 91/2022.

Jürgen Turek: Weltraumpolitik, in: Werner Weidenfeld/Wolfgang Wessels (Hg.), Europa von A bis Z, 15. Aufl., Wiesbaden 2021, S. 613–616.

Daniel Voelsen: Internet aus dem Weltraum: Wie neuartige Satellitenverbindungen die globale Internet-Governance verändern könnten, SWP-Studie 2/2021.

---

2 Björn Finke/Dieter Sürig: EU will eigenes Satelliten-Internet aufbauen, in: Süddeutsche Zeitung, 15.2.2022.

Wettbewerbspolitik

Henning Klodt

Die Wettbewerbspolitik der Europäischen Union steht möglicherweise vor einem grundlegenden Paradigmenwechsel: Bislang konnte man feststellen, dass die Politik der Europäischen Union insgesamt stark beeinflusst ist von etatistischen Vorstellungen darüber, wie die Rollenverteilung von Wirtschaft und Politik ausgestaltet sein sollte. Die Wettbewerbspolitik stellte dazu bislang ein gewisses Korrektiv dar, weil sie mit ihrer starken ordnungspolitischen Ausrichtung die Bedeutung von unbehindertem Wettbewerb in den Vordergrund stellte. Dabei gebot sie wettbewerbsverfälschenden Eingriffen in die Märkte immer wieder Einhalt, und zwar ungeachtet dessen, ob die Wettbewerbsverfälschungen in unternehmerischen oder in staatlichen Aktivitäten begründet lagen. Damit unterschied sich die Wettbewerbspolitik deutlich von anderen Gemeinschaftspolitiken, die ordnungspolitischen Grundsätzen weniger zugeneigt erscheinen.

Mittlerweile engagiert sich allerdings die Europäische Kommission selbst immer häufiger in der Strukturpolitik, wobei ihre Aktivitäten zuweilen Ausprägungen aufweisen, die möglicherweise als wettbewerbswidrig eingestuft würden, wenn sie von nationalen Regierungen ausgegangen und von der europäischen Wettbewerbspolitik überprüft worden wären. Ein Beispiel dafür bietet der Klima-Sozialfonds im Rahmen des European Green Deal, aus dem unter anderem Maßnahmen zur Dekarbonisierung von Gebäuden subventioniert werden. Entsprechende nationale Subventionsprogramme unterliegen der Beihilfenkontrolle durch die EU-Wettbewerbspolitik – bei den von der Kommission gewährten Subventionen gibt es eine solche Kontrolle nicht. Die (wenig überzeugende) Logik dahinter lautet, dass Gemeinschaftsbeihilfen per se als EU-rechtskonform anzusehen sind, weil sie ja von der EU selbst initiiert werden.

Besonders ins Auge fällt dieser innere Widerspruch bei den Beihilfen für Forschung und Entwicklung, die nach den Regeln des Rahmens für staatliche Beihilfen zur Förderung von Forschung, Entwicklung und Innovation[1] mit maximal 20 Prozent gefördert werden dürfen, wenn sie nicht der marktfernen Grundlagenforschung, sondern der angewandten Forschung dienen. Die von der EU geförderten Forschungsprojekte dagegen (die regelmäßig mit 50 Prozent gefördert werden) dienen fast ausschließlich der angewandten Forschung. Sie gelten nur deshalb als mit dem Gemeinsamen Markt und dem entsprechenden Beihilferahmen vereinbar, weil sie nicht von nationalen Regierungen, sondern von der EU selbst gewährt werden.[2]

Grundsätzlich ähnlich zu beurteilen ist der Sonderfonds zur Abschwächung der Brexit-Folgen, aus dem im Jahr 2021 eine Summe von 1,6 Mrd. Euro an Subventionsmitteln bereitgestellt wurden, davon rund 590 Mio. Euro für Deutschland. Ein Schwerpunkt der Förderungen liegt bei der kleinen Küstenfischerei. Entsprechende nationale Förder-

---

1 Europäische Kommission: Unionsrahmen für staatliche Beihilfen zur Förderung von Forschung, Entwicklung und Innovation, in: Amtsblatt der EU C 198/1, 27.6.2014.
2 Henning Klodt et al.: Forschungspolitik unter EG-Kontrolle. Kieler Studien 220, Tübingen 1988.

programme unterliegen der gemeinschaftlichen Beihilfenaufsicht, während deren Regeln für Gemeinschaftsbeihilfen nicht zur Anwendung kommen.

Gleiches gilt für den im Februar 2021 gegründeten Wiederaufbaufonds, der unter anderem über das temporäre Aufbauinstrument NextGenerationEU (NGEU) finanziert wird. Im Rahmen des NGEU ist die Kommission ermächtigt, an den Kapitalmärkten bis zu 750 Mrd. Euro aufzunehmen.[3] Das Geld soll zwischen 2021 und 2023 an Regionen und Wirtschaftsbereiche, die besonders durch die Wirtschaftskrise seit 2020 geschädigt wurden, in Form von Krediten und nicht zurückzahlbaren Zuschüssen ausgezahlt werden. All diese Maßnahmen sind der Wettbewerbsaufsicht entzogen, weil es sich ja nicht um nationale, sondern um gemeinschaftliche Subventionen handelt.

Für jede einzelne dieser Maßnahmen mag es gute Gründe geben. Wenn sich allerdings die Fälle häufen, in denen Wettbewerbsaspekte zurückstehen müssen, weil die Kommission insgesamt übergeordnete Ziele verfolgt, dann wird peu à peu auch der Kontrolle wettbewerbsverfälschender nationaler Beihilfen der Boden entzogen. Die Kommission würde sich sonst zunehmend dem Vorwurf aussetzen, mit zweierlei Maß zu messen.[4]

Vielleicht ist diese Entwicklung Ausdruck dessen, was Bundeskanzler Olaf Scholz angesichts des Ukrainekriegs als „Zeitenwende" tituliert hat. Die traditionelle Wettbewerbspolitik versteht sich als Teil eines Ordnungsrahmens, in der die marktwirtschaftlichen Kräfte zwar durchaus der staatlichen Kontrolle unterliegen, in der aber jeder staatliche Markteingriff begründungsbedürftig ist. Es mehren sich die Zeichen, dass dieser regelbasierte Ordnungsrahmen auf globaler Ebene zunehmend durch einen machtbasierten Ordnungsrahmen verdrängt wird. Russland und China sind sicherlich die Haupttreiber dieser Zeitenwende, aber auch mache westlichen Regierungen wollen dabei nicht zurückstehen (sehr ausgeprägt beim ehemaligen US-Präsidenten Donald Trump, dessen Politik des „America first" von seinem Amtsnachfolger Joe Biden zwar mit deutlich angenehmerer Rhetorik, aber inhaltlich mit ähnlicher Härte weiterverfolgt wird). Offenbar will auch die Europäische Kommission in diesem neuen Konzert der Großmächte nicht zurückstehen. Dabei wird eine vornehmlich ordoliberal motivierte Wettbewerbspolitik im eigenen Hause eher als antiquiert und als Klotz am Bein wahrgenommen.

Bislang steckt in den hier angestellten Überlegungen ein Gutteil Interpretation und Spekulation. Die zentrale Hypothese dahinter, dass die Wettbewerbspolitik der EU in Zukunft einen immer schwereren Stand haben könnte, wird jedoch im Auge behalten, wenn in den folgenden Abschnitten ein näherer Blick geworfen wird auf die konkreten Maßnahmen, die im vergangenen Jahr die Wettbewerbspolitik der EU geprägt haben.

Eine Wettbewerbspolitik für neue Herausforderungen

Die Kommission bringt selbst zum Ausdruck, dass für die Wettbewerbspolitik offenbar ein neues Zeitalter angebrochen ist. Im November 2021 legte sie eine Mitteilung vor, der sie den bezeichnenden Titel „Eine Wettbewerbspolitik für neue Herausforderungen" gab.[5] Darin führt sie aus, das wettbewerbspolitische Regelwerk der EU einer grundlegenden

---

3 Vgl. hierzu auch den Beitrag „Der Wiederaufbauplan der Europäischen Union" in diesem Jahrbuch.
4 An dieser Stelle erscheint der Hinweis angebracht, dass wettbewerbspolitische Entscheidungen der Kommission zwar vom Wettbewerbsressort vorbereitet, aber von allen Kommissionsmitgliedern mit einfacher Mehrheit beschlossen werden. Dabei hat die Wettbewerbskommissarin nur eine Stimme wie alle anderen Kommissionsmitglieder auch.
5 Europäische Kommission: Mitteilung, Eine Wettbewerbspolitik für neue Herausforderungen, COM (2021) 713, 18.11.2021.

Überprüfung und Überarbeitung unterwerfen zu wollen. Ziel sei es unter anderem, die wettbewerbspolitischen Instrumente zukunftssicher zu machen und den Binnenmarkt zu stärken und widerstandsfähiger zu gestalten. Das klingt nicht gerade nach einer Stärkung des marktwirtschaftlichen Wettbewerbs und einer Begrenzung staatlicher Einflussnahme auf die Wirtschaftsstrukturen, sondern eher danach, mehr Freiräume für staatliche Marktinterventionen zu schaffen.

Deutlich wird dieser Ansatz beispielsweise in der Neufassung der Beihilfenaufsicht für „wichtige Vorhaben von gemeinsamem europäischem Interesse", die entsprechende Subventionen der Mitgliedstaaten einer weniger strengen Kontrolle als früher unterwirft.[6] Auch der oben erwähnte Gemeinschaftsrahmen für Forschung, Entwicklung und Innovation soll angepasst werden, um Subventionen weniger streng kontrollieren zu können, wenn sie den grünen und digitalen Wandel in der EU zu fördern versprechen.

Insgesamt hat die Kommission mehr als zwanzig wettbewerbspolitische Regelwerke auf den Prüfstand gestellt, darunter

- die Verordnung zur allgemeinen Gruppenfreistellung (AGVO), bei der die Mitgliedstaaten unter bestimmten Voraussetzungen vollständig auf die Notifikation ihrer Beihilfen verzichten können,
- die Vorschriften über horizontale Vereinbarungen von Unternehmen, die erleichtert werden sollen, wenn sie an Nachhaltigkeitszielen orientiert sind,
- die Vorschriften über vertikale Vereinbarungen von Unternehmen, die erleichtert werden sollen, wenn es im Online-Handel notwendig erscheint sowie
- die Gruppenfreistellungsverordnung für den Kraftfahrzeugsektor, die Unternehmensabsprachen erleichtern soll, wenn sie der Verbreitung neuer Technologien dienen.

All diesen noch laufenden oder bereits abgeschlossenen Überarbeitungen ist gemeinsam, dass sie staatliche Marktinterventionen und wettbewerbsbeschränkende Vereinbarungen zwischen Unternehmen erleichtern, was den Grundprinzipien des marktorientierten Wettbewerbs eher zuwiderläuft.

Wettbewerb auf digitalen Märkten

Einen weiteren Schwerpunkt der wettbewerbspolitischen Aktivitäten stellt seit Jahren schon die bessere Erfassung der Wettbewerbsprozesse auf digitalen Märkten dar. In diesem Zusammenhang überarbeitet die Kommission derzeit ihre Kriterien zur Fusionskontrolle, die sich bislang im Wesentlichen auf den sogenannten SSNIP-Test („small significant non-transitory increase in price") gestützt hat. Dieser Test läuft weitgehend ins Leere, wenn es um Bereiche geht, in denen sich Marktmacht nicht über Preissetzungsspielräume, sondern auch und gerade über die Verfügbarkeit von Daten manifestiert.

Dabei wird auch überprüft, ob die Aufgreifschwellen in der Fusionskontrolle für digitale Märkte möglicherweise zu hoch angesetzt sind, da Fusionen auf diese Weise erst dann kontrolliert werden können, wenn durch den Aufkauf kleinerer Anbieter die Grundlagen für einen funktionsfähigen Wettbewerb bereits irreparabel geschädigt worden sind.

---

6 Europäische Kommission: Mitteilung, Kriterien für die Würdigung der Vereinbarkeit von staatlichen Beihilfen zur Förderung wichtiger Vorhaben von Gemeinsamem europäischem Interesse mit dem Binnenmarkt, C(2021) 8481 final, 25.11.2021.

Wettbewerbspolitisches Neuland: Drittstaatliche Subventionen

Künftig möchte die Kommission ihre Wettbewerbspolitik in einen Bereich hinein ausdehnen, den sie bislang gar nicht im Blick hatte: Subventionen von Drittstaaten für deren Unternehmen, die sich im globalen Wettbewerb zu Lasten europäischer Unternehmen auswirken können. Sie legte dazu im Mai 2021 den Entwurf einer entsprechenden Verordnung vor, den sie jetzt mit dem Europäischen Parlament dem Rat und verschiedenen Ausschüssen berät.[7] Dabei sorgt sich die Kommission nicht nur um die Auswirkungen drittstaatlicher Subventionen auf den Preiswettbewerb, sondern nicht zuletzt um die zunehmende Anzahl von drittstaatlichen Subventionen, mit denen Unternehmen aus Drittländern der Aufkauf von EU-Unternehmen erleichtert wird.

Gegenwärtig fällt der Umgang der EU mit drittstaatlichen Subventionen ausschließlich in den Bereich der Außenwirtschaftspolitik[8]. Überall dort, wo wettbewerbsschädigende Auswirkungen solcher Subventionen auf den Binnenmarkt befürchtet werden, hat die EU derzeit nur die Möglichkeit, im Rahmen der Welthandelsorganisation (WTO) in Genf ein Anti-Dumping-Verfahren anzustrengen. Kommt die WTO zum Schluss, dass dieser Tatbestand erfüllt ist, erhält die EU die WTO-konforme Berechtigung, Abwehrzölle zu erheben.

Davon hat die EU in der Vergangenheit durchaus reichlich Gebrauch gemacht. Viele der von ihr initiierten Anti-Dumping-Verfahren richten sich gegen China, wobei die Produktpalette vom Marderhaarpinsel bis zu den Solarpanelen reicht. Dabei war die EU allerdings stets abhängig von einer entsprechenden Entscheidung der WTO. Nach der jetzt vorgeschlagenen Verordnung würde die Entscheidung darüber, ob und inwieweit es sich um wettbewerbsverfälschende Subventionen handelt, nicht mehr in Genf, sondern in Brüssel liegen. Außerdem bieten die Anti-Dumping-Regeln der EU keine Handhabe gegen staatlich subventionierte Unternehmensübernahmen, wobei auch hier wiederum China im Blickpunkt steht.

Insgesamt kommt in dieser geplanten Ausweitung der Anwendungsbereiche des gemeinschaftlichen Wettbewerbsrechts nicht zuletzt ein schwindendes Vertrauen in die Durchsetzungskraft der WTO und in die Verlässlichkeit einer multilateralen Weltwirtschaftsordnung zum Ausdruck. Es bleibt zu hoffen, dass dabei die Orientierung am Leitbild des wohlstandsfördernden marktwirtschaftlichen Wettbewerbs nicht unter die Räder gerät.

Weiterführende Literatur

Europäische Kommission: Bericht über die Wettbewerbspolitik 2021, COM(2022) 188 final, Brüssel, 14.7.2022.
Ingo Schmidt/Justus Haucap: Wettbewerbspolitik und Kartellrecht – Eine interdisziplinäre Einführung, München 2013.
Helmut Schröter/Thienam Jakob/Robert Klotz/Wolfgang Mederer (Hg.): Europäisches Wettbewerbsrecht, Baden-Baden 2014.

---

7 Europäische Kommission: Vorschlag für eine Verordnung des Europäischen Parlaments und des Rates über den Binnenmarkt verzerrende drittstaatliche Subventionen, COM (2021) 223 final, 5.5.2021.
8 Vgl. hierzu auch den Beitrag „Außenwirtschaftsbeziehungen" in diesem Jahrbuch.

Wirtschaftspolitik

Roland Döhrn/Wim Kösters

Die Wirtschaft der EU erholte sich im Verlauf des Jahres 2021 zunehmend von dem Einbruch, den sie im Zusammenhang mit den Maßnahmen zur Eindämmung der Covid-19-Pandemie[1] erlitten hatte. Allerdings erreichte das Bruttoinlandsprodukt (BIP) nur in wenigen Ländern bereits wieder das Niveau des Jahres 2019. Insbesondere in Italien und Spanien verlief die Erholung nur zögerlich. Zum einen, weil diese Länder von der Pandemie besonders stark getroffen waren, zum anderen, weil sich der Tourismus, dort ein wichtiger Wirtschaftsfaktor, langsamer als andere Branchen erholte. Zudem litten fast alle Länder unter der Störung internationaler Wertschöpfungsketten, u.a. hervorgerufen durch die Null-Covid-Strategie Chinas, die immer wieder zu temporären Lockdowns führte, sowie durch knappe Frachtkapazitäten. Besonders spürbar war dies aufgrund seines großen Exportsektors in Deutschland.

Ukraine-Krieg stellt Wirtschaft der EU vor neuerliche Belastungen
Zu Beginn des Jahres 2022 setzte sich die wirtschaftliche Erholung zunächst fort. Allerdings stellte der Beginn des Krieges Russlands gegen die Ukraine eine Zäsur dar.[2] Bereits im Vorfeld des Krieges hatten sich Energie und Rohstoffe an den Weltmärkten aufgrund der zunehmenden Spannungen in der Region verteuert. Nach Ausbruch des Krieges verstärkte sich der Preisauftrieb weiter, da Russland seine Lieferungen kürzte, während die EU versuchte, ihre Abhängigkeit von russischen Importen zu verringern, und fossile Energieträger und Rohstoffe in ihre Sanktionspakete einbezog. Folglich stiegen die Erzeuger- und die Verbraucherpreise weiter, mit negativen Folgen für die Kaufkraft der Konsument:innen und die Gewinne der Unternehmen. Angesichts drohender Engpässe in der Energieversorgung zeigten sich die Unternehmen zudem zunehmend verunsichert, was negative Wirkungen auf deren Investitionsbereitschaft haben dürfte. Außerdem wurde die Produktion weiterhin durch gestörte Lieferketten und Materialengpässe behindert.

In ihrer im April 2022 veröffentlichten Frühjahrsprognose hatte die Europäische Kommission einen Anstieg des BIP im Jahr 2022 von 2,7 Prozent erwartet. Im ersten Quartal 2022, dessen Wachstumszahlen noch vor der Frühjahrsprognose veröffentlicht wurden, stieg das BIP (saison- und kalenderbereinigt) überraschend stark. Die Ende Juli 2022 von Eurostat veröffentlichte Schnellschätzung für das zweite Quartal zeigt für dieses ebenfalls eine unerwartet kräftige Zunahme des BIP, allerdings bei erheblichen Unterschieden zwischen den Ländern. So zeigt sie für Deutschland ein Nullwachstum, während das spanische BIP um 1,1 Prozent gegenüber dem Vorquartal zunahm. Die Europäische Kommission beließ in ihrer Sommerprognose ihre Erwartungen für 2022 unverändert, verminderte aber ihre Prognose für die Zunahme des BIP im Jahr 2023 deutlich von 2,3 auf 1,5 Prozent.

---

1 Vgl. hierzu auch den Beitrag „Die Auswirkungen der Covid-19-Pandemie" in diesem Jahrbuch.
2 Vgl. hierzu auch die Beiträge „Die Europäische Union und der Krieg in der Ukraine" und „Die Europäische Union und Russland" in diesem Jahrbuch.

Die Risiken für die Konjunktur sind ungewöhnlich hoch. Niemand kann vorhersagen, wie sich der Krieg in der Ukraine entwickeln wird und was seine Folgen für die Versorgung mit fossilen Energieträgern sein werden. Auch die wirtschaftliche Entwicklung Chinas birgt Risiken. Im zweiten Quartal nahm das BIP dort nur um 0,4 Prozent gegenüber dem Vorjahr zu, ein Wert, der bisher nur im ersten Quartal 2020 während des Corona-Lockdowns unterschritten worden war. Hier macht sich die Null-Covid-Strategie der chinesischen Regierung bemerkbar, die immer wieder zu einem Stillstand der Wirtschaft in einzelnen Regionen führt. Eine Folge davon ist, dass Lieferungen chinesischer Vorprodukte ausbleiben, was die Produktion in den Partnerländern behindert.

Arbeitslosigkeit sinkt weiter

Ungeachtet der schwächeren Konjunktur entwickelt sich der Arbeitsmarkt weiterhin günstig.[3] Im Mai 2022 sank die Arbeitslosenquote in der EU auf 6,1 Prozent und im Euroraum auf 6,3 Prozent. Das ist der jeweils niedrigste bisher beobachtete Wert. Leicht gestiegen ist zuletzt in einigen Ländern die Arbeitslosenquote unter Frauen, was damit zusammenhängen dürfte, dass die überwiegend weiblichen Kriegsflüchtlinge aus der Ukraine zunehmend als arbeitslos registriert werden. Dass die Arbeitslosigkeit sinkt, dürfte zum Teil auch demografisch bedingt sein. In vielen Ländern und auch in der EU insgesamt geht das Erwerbspersonenpotential zurück, weshalb Arbeitskräfte knapper und Unternehmen vorsichtiger bei Entlassungen werden. Hinzu kommt, dass einige während der Covid-19-Pandemie eingeführten Maßnahmen zur Stabilisierung der Beschäftigung, etwa die verbesserten Möglichkeiten zum Bezug von Kurzarbeitergeld, weitergelten oder im Zuge des Ukraine-Kriegs wiederbelebt wurden.

Inflation in der EU erreicht Rekordwerte

Der Preisauftrieb beschleunigte sich parallel zum beschleunigten Anstieg der Energiepreise bereits seit Mitte 2021. Am Ende des Jahres lag die Inflationsrate in der EU insgesamt bei 5,3 Prozent. Darin kam vor allem die Verteuerung von Energie zum Ausdruck. Im Laufe des Jahres 2022 erfasste der Preisauftrieb mehr und mehr Produkte, da auch einige Nahrungsmittel aufgrund des Krieges in der Ukraine knapp wurden und die Unternehmen ihre gestiegenen Produktionskosten in den Preisen weitergaben.

Im Juni 2022 lag die Inflationsrate im Euroraum bei 8,6 Prozent, dem höchsten seit Beginn der Währungsunion gemessenen Wert. Am stärksten verteuerten sich weiterhin Energieträger, die im Juni 42 Prozent teurer waren als im Vorjahr. Dabei ist zu beachten, dass 20 EU-Länder[4], u.a. Deutschland und Frankreich, ihre Bürger:innen durch eine temporäre Senkung der Steuer auf Mineralölprodukte oder der Mehrwertsteuer entlasteten. Ohne diese die Preise senkenden Eingriffe wäre die Inflation noch höher gewesen. Nahrungsmittel verteuerten sich binnen Jahresfrist um 8,2 Prozent. Bei Industriegütern erhöhte sich die Teuerung von 1,2 Prozent im Juni 2021 auf 4,3 Prozent im Juni 2022 und bei Dienstleistungen von 0,7 auf 3,4 Prozent. Die Spannweite zwischen den EU-Ländern ist dabei groß und reicht von 22 Prozent in Estland und 20,5 Prozent in Litauen bis 6,5 Prozent in Frankreich bzw. 6,1 Prozent in Malta.

---

3 Vgl. hierzu auch den Beitrag „Beschäftigungs- und Sozialpolitik" in diesem Jahrbuch.
4 Giovanni Sgaravatti/Simone Tagliapietra/Georg Zachmann: National policies to shield consumers from rising energy prices, in: Bruegel Datasets, 7.7.2022.

Wirtschaftspolitik

Ausgewählte Wirtschaftsindikatoren der EU-Länder

	Reales Wirtschaftswachstum[1]			Anstieg der Verbraucherpreise[2]			Arbeitslosenquote[3]			Finanzierungssaldo des öffentlichen Haushalts[4]		
	2019	2020	2021	2019	2020	2021	2019	2020	2021	2019	2020	2021
Belgien	2,1	-5,7	6,2	0,9	0,4	6,6	5,3	6,1	5,6	-2,0	-9,0	-5,5
Deutschland	1,1	-4,6	2,9	1,5	-0,7	5,7	2,9	3,5	3,0	1,5	-4,3	-3,7
Estland	4,1	-3,0	8,3	1,8	-0,9	12,0	4,5	7,1	5,5	0,1	-5,6	-2,4
Finnland	1,2	-2,2	3,0	1,1	0,2	3,2	6,0	7,6	6,7	-0,9	-5,5	-2,6
Frankreich	1,8	-7,8	6,8	1,6	0,0	3,4	8,4	8,1	7,6	-3,1	-8,9	-6,5
Griechenland	1,8	-9,0	8,3	1,1	-2,4	4,4	17,4	17,5	13,0	1,1	-10,2	-7,4
Irland	5,4	6,2	13,6	1,1	-1,0	5,7	4,6	6,0	4,9	0,5	-5,1	-1,9
Italien	0,5	-9,0	6,6	0,5	-0,3	4,2	9,8	9,6	8,8	-1,5	-9,6	-7,2
Lettland	2,5	-3,8	4,5	2,1	-0,5	7,9	6,5	7,9	7,4	-0,6	-4,5	-7,3
Litauen	4,6	-0,1	5,0	2,7	-0,1	10,7	6,9	9,5	7,2	0,5	-7,3	-1,0
Luxemburg	3,3	-1,8	6,9	1,8	-0,3	5,4	6,0	6,8	5,0	2,3	-3,4	0,9
Malta	5,9	-8,3	10,4	1,3	0,2	2,6	3,4	4,3	3,2	0,6	-9,5	-8,0
Niederlande	2,0	-3,9	4,9	2,8	0,9	6,4	4,0	4,7	3,6	1,7	-3,7	-2,5
Österreich	1,5	-6,7	4,8	1,8	1,0	3,8	4,6	6,6	4,7	0,6	-8,0	-5,9
Portugal	2,7	-8,4	4,9	0,4	-0,3	2,8	7,1	7,1	6,0	0,1	-5,8	-2,8
Slowakei	2,6	-4,4	3,0	3,2	1,6	5,1	5,6	7,0	6,5	-1,3	-5,5	-6,2
Slowenien	3,3	-4,2	8,1	2,0	-1,2	5,1	3,9	5,4	4,5	0,4	-7,8	-5,2
Spanien	2,1	-10,8	5,1	0,8	-0,6	6,6	13,6	16,0	13,0	-3,1	-10,3	-6,9
Zypern	5,3	-5,0	5,5	0,7	-0,8	4,8	7,0	8,3	6,9	1,3	-5,8	-1,7
Euro-Raum	**1,6**	**-6,3**	**5,4**	**1,3**	**-0,3**	**5,0**	**7,4**	**8,1**	**6,9**	**-0,7**	**-7,1**	**-5,1**
Bulgarien	4,0	-4,4	4,2	3,1	0,0	6,6	5,3	6,3	4,7	2,1	-4,0	-4,1
Dänemark	1,5	-2,0	4,9	0,8	0,4	3,4	4,9	6,1	4,5	4,1	-0,2	2,3
Kroatien	3,5	-8,1	10,2	1,3	-0,3	5,2	6,6	9,0	6,9	0,2	-7,3	-2,9
Polen	4,7	-2,2	5,9	3,0	3,4	8,0	2,9	3,3	2,9	-0,7	-6,9	-1,9
Rumänien	4,2	-3,7	5,9	4,0	1,8	6,7	5,1	6,5	6,2	-4,3	-9,3	-7,1
Schweden	2,0	-2,2	5,1	1,7	0,6	4,5	6,3	8,6	7,3	0,6	-2,7	-0,2
Tschechien	3,0	-5,5	3,5	3,2	2,4	5,4	1,9	3,1	2,1	0,3	-5,8	-5,9
Ungarn	4,6	-4,5	7,1	4,1	2,8	7,4	2,9	4,1	3,5	-2,1	-7,8	-6,8
EU insgesamt[5]	**1,8**	**-5,9**	**5,4**	**1,6**	**0,2**	**5,3**	**6,6**	**7,4**	**6,3**	**-0,6**	**-6,8**	**-4,7**

Eigene Berechnungen nach Angaben von EUROSTAT. – [1]Jahresdurchschnittliche Veränderungsrate des realen BIP. – [2]EU: Harmonisierter Verbraucherpreisindex (HVPI). – [3]Standardisierte Arbeitslosenquote, Jahresdurchschnitt. – [4]In % des BIP. – [5]2019 ohne das Vereinigte Königreich.

Im Juli stieg die Inflationsrate im Euroraum auf 8,9 Prozent. Damit dürfte allerdings der Höhepunkt der Preissteigerungen noch nicht erreicht sein. Zum einen sind wohl noch Preissteigerungen „in der Pipeline", da der Anstieg der Erzeugerpreise von zuletzt 16 Prozent (Preise ohne Energie) noch nicht in vollem Umfang an die Kund:innen weitergegeben wurde. Zum anderen schlägt sich die höhere Inflation mittlerweile auch in höheren Lohnforderungen und -abschlüssen nieder, so dass eine Lohn-Preisspirale droht. Hinzu kommt die Abwertung des Euro, die Importe verteuert. Im Juli 2022 erreichte der Euro seine niedrigste Notierung gegenüber dem Dollar seit 2003. Schließlich sind die Steuersenkungen zur Entlastung der Bürger:innen bei den Kraftstoffkosten zeitlich begrenzt und laufen zumeist im Herbst 2022 aus.

EZB reagiert zögerlich auf die steigende Inflation

Obwohl die Inflationsrate im Euroraum bereits im Verlauf von 2021 deutlich stieg, reagierte die EZB zögerlich. Sie versuchte zunächst, dies als eine vorübergehende Entwicklung zu erklären. Selbst der weitere Anstieg der Inflation auf 8,1 Prozent im Mai 2022 veranlasste sie nicht, umgehend entschlossen Gegenmaßnahmen einzuleiten. Andere Notenbanken wie die amerikanische Federal Reserve und die Bank of England hatten schon früher zum Teil deutlichere Zinserhöhungen beschlossen und weitere annonciert. Dagegen kündigte die EZB erst im Juni 2022 an, sie werde ihre seit 2015 im großen Stil getätigten Anleihekäufe Ende des Monats beenden und im Juli 2022 eine moderate Zinserhöhung um 0,25 Prozentpunkte vornehmen. Darüber hinaus stellte sie weitere Zinserhöhungen in Aussicht. Allerdings setzte der anhaltende Anstieg der Inflation die EZB allem Anschein nach unter Zugzwang. Jedenfalls erhöhte sie ihren Leitzins entgegen ihrer Ankündigung am 21. Juli 2022 um 0,5 Prozentpunkte. Dies war die erste Leitzinserhöhung seit elf Jahren, mit der auch die Zeit negativer Einlagezinsen endete.

Dass die EZB bei der Inflationsbekämpfung so zögerlich war, hat offensichtlich damit zu tun, dass sie sich seit der „Whatever it takes"-Rede des damaligen EZB-Präsidenten Mario Draghi 2012 auch für den Zusammenhalt der Europäischen Wirtschafts- und Währungsunion (EWWU) zuständig sieht. Sie steht damit vor dem Dilemma, dass eine im Interesse der Inflationsbekämpfung gebotene Zinserhöhung zu einer ungewünschten Fragmentierung des Euroraums führen kann. Mit einer Erhöhung der Notenbankzinsen können nämlich die Renditen der Staatsanleihen hoch verschuldeter EWWU-Mitgliedsländer stark ansteigen. Dies könnte die Transmission der Geldpolitik und damit deren Wirksamkeit beeinträchtigen.

Die EZB hat daher zeitgleich mit der Zinserhöhung ein neues Instrument zur Absicherung der geldpolitischen Transmission (Transmission Protection Instrument (TPI)) geschaffen. Dieses erlaubt es ihr, Staatsanleihen solcher Mitgliedsländer zu kaufen, deren Renditen gemessen an denen deutscher Bundesanleihen aus spekulativen Gründen zu stark ansteigen. Kritiker:innen des TPI bezweifeln, dass es in Echtzeit möglich ist, zwischen spekulativ und fundamental verursachten Zinsentwicklungen zu unterscheiden, zumal sich in den vergangenen Jahren neue Länderrisiken aufgebaut haben. So ist die Nachhaltigkeit der Staatsfinanzen einiger Länder durch die während der Pandemie stark gestiegenen Staatsschulden gefährdet, und oft gab es nur geringe Fortschritte bei der Überwindung struktureller Probleme, weil diese durch die Politik des billigen Geldes überdeckt wurden.

Kritiker:innen des TPI sehen daher die Gefahr, dass Zinserhöhungen fälschlicherweise als spekulativ deklariert werden, und der Aufkauf von Staatsanleihen in solchen Fällen in eine vertraglich verbotene Finanzierung der Staatsverschuldung durch die EZB mündet.

Dieses Risiko ist umso höher einzuschätzen, weil der Einsatz des TPI anders als beim Anleihekaufprogramm OMT nicht an Beschlüsse anderer europäischer Institutionen (z. B den ESM) gebunden, sondern allein von der EZB zu verantworten ist. Die Frage ist daher, ob die EZB ihre Unabhängigkeit wahren kann, wenn sie unter massiven politischen Druck gerät. Die Regierungskrise in Italien und die dortigen Neuwahlen im Herbst 2022 sowie eine von vielen Ökonom:innen befürchtete Stagflation in der EWWU könnten einen solchen Druck auf die EZB aufbauen. Die Gefahr besteht, dass sie ihre Politik nicht auf die Bekämpfung der hohen Inflation fokussiert, sondern sie auch an den Problemen hoch verschuldeter EWWU-Länder orientiert. Die europäische Geldpolitik geriete damit noch stärker ins Schlepptau verfehlter nationaler Wirtschaftspolitik. Damit würde sie ihre Unabhängigkeit aufs Spiel setzen und weitere Klagen vor dem deutschen Bundesverfassungsgericht riskieren. Dies könnte zu einem anhaltenden Streit über die europäische Geldordnung führen.

Ukraine-Krieg belastet öffentliche Finanzen

In den Jahren 2020 und 2021 hatte die öffentliche Verschuldung der Länder des Euroraums deutlich zugenommen. Ursache waren zum einen zahlreiche fiskalische Programme zur Milderung der Folgen der Covid-19-Pandemie, zum anderen der kräftige Einbruch des BIP, der zu geringeren Steuereinnahmen führte. Die Netto-Neuverschuldung erreichte im Jahr 2020 im Durchschnitt des Euroraums 7,1 Prozent und im Jahr 2021 5,1 Prozent in Relation zum BIP. Sie überschritt also deutlich die im Vertrag von Maastricht festgelegte Grenze. Die Schuldenstandsquote stieg zwischen 2019 und 2020 von 85,7 Prozent auf 99,2 Prozent in Relation zum BIP. Im Jahr 2021 sank sie leicht auf 97,4 Prozent. Die Verschlechterung des staatlichen Finanzierungssaldos war dabei 2020 überwiegend konjunkturbedingt und 2021 überwiegend strukturell bedingt.

Für das Jahr 2022 sah die im April 2022 veröffentlichte Projektion der Europäischen Kommission einen Rückgang der Nettoneuverschuldung auf 3,7 Prozent und der Schuldenstandsquote auf 94,7 Prozent jeweils in Relation zum BIP vor. Allerdings waren darin nur in geringem Umfang Ausgaben berücksichtigt, die unmittelbar oder mittelbar durch den Krieg in der Ukraine verursacht werden. Mittlerweile zeichnen sich sowohl höhere Ausgaben für die humanitäre Hilfe und die Kosten für Unterbringung und Versorgung der Kriegsflüchtlinge als auch höhere Militärausgaben ab. Vor allem aber haben fast alle Mitgliedstaaten der EU Maßnahmen beschlossen, um die heimische Bevölkerung für die infolge des Ukrainekriegs gestiegenen Energiekosten zu kompensieren. So wurde in einigen Ländern die Mineralöl-, in anderen die Mehrwertsteuer temporär gesenkt, und es wurden erhöhte Transferzahlungen beschlossen. Das Volumen der Programme schwankt nach Berechnungen des Bruegel-Instituts[5] von Mitgliedstaat zu Mitgliedstaat: In Griechenland und Litauen beträgt es mehr als 3 Prozent in Relation zum BIP, in Italien und Spanien sind es 2 Prozent. Deutschland und Frankreich stellen Hilfen im Umfang von gut 1 Prozent in Relation zum BIP zur Verfügung und in Irland sind es nur 0,2 Prozent. Alles in allem dürfte sich das Volumen der bisher beschlossenen Programme der EWU-Länder auf rund 180 Mrd. Euro belaufen, was knapp 1,5 Prozent in Relation zum BIP entspricht. Damit zeichnet sich eine stärkere Zunahme der öffentlichen Verschuldung ab als die Planungen zu Jahresbeginn dies vorsahen.

---

5 Sgaravatti/Tagliapietra/Zachmann: National policies to shield consumers from rising energy prices, 2022.

Neuerliche Diskussion über eine Reform des Stabilitätspakts

Vor diesem Hintergrund machte die Europäische Kommission im Mai 2022 den Vorschlag, die seit Beginn der Corona-Pandemie ausgesetzten Regeln des Stabilitäts- und Wachstumspaktes bis Ende 2023 außer Kraft zu lassen. Sie begründete dies mit der wegen des andauernden Ukraine-Krieges unsicheren wirtschaftlichen Lage. Bundesfinanzminister Christian Lindner erklärte zwar kein Veto einlegen zu wollen, dass Deutschland aber die Regeln des Paktes im Jahr 2023 wieder einhalten werde und zur Schuldenbremse zurückkehre.

Schon vorher gab es eine Diskussion über die Notwendigkeit einer Reform des Stabilitäts- und Wachstumspaktes. Wirtschaftskommissar Paolo Gentiloni kündigte im Frühjahr 2022 einen Vorschlag für eine grundlegende Überarbeitung des Paktes an. Darin solle für jeden Mitgliedstaat eine auf seine Haushaltslage zugeschnittene Finanzpolitik entworfen werden. In eine ähnliche Richtung zielt ein von den Finanzministerinnen Spaniens und der Niederlande im April 2022 vorgelegter Reformvorschlag.

Es ist allerdings sehr fraglich, ob die Glaubwürdigkeit und Wirksamkeit des Stabilitätspakts durch solche Reformen wiederhergestellt werden kann: In der Vergangenheit wurden seine Regeln mehrfach verändert, in der Regel kompliziert, und dann doch nicht durchgesetzt. Zudem kommen aus Italien Vorschläge für einen „Wiederaufbaufond 2.0" zur Linderung der Folgen des Ukraine-Krieges, der über eine erneute gemeinschaftliche Kreditaufnahme finanziert werden soll.[6] Bislang traf dieser Vorschlag nicht auf allgemeine Zustimmung. Dies kann sich jedoch noch ändern angesichts der Schwierigkeiten, Kompromisse bezüglich der gemeinsamen Haltung der EU gegenüber Russland zu finden.

Ukraine-Krieg stellt neue Anforderungen an die Wirtschaftspolitik in der EU

Der russische Angriffskrieg gegen die Ukraine hat nicht nur tiefgreifende Konsequenzen für die weltweite Sicherheitspolitik, sondern auch für die Wirtschaftspolitik der EU und ihrer Mitgliedstaaten. Er verursacht voraussichtlich nach der internationalen Finanzkrise, der Eurokrise und der noch nicht überwundenen Corona-Pandemie die vierte große Wirtschaftskrise innerhalb der letzten anderthalb Jahrzehnte.

Zum einen bringt er gravierende Wohlfahrtsverluste mit sich, da für die Landesverteidigung und die militärische und ökonomische Unterstützung der Ukraine größere Ressourcen aufgewendet werden müssen und es zu einem Einkommenstransfer von den Energieverbrauchern zu den Energieproduzenten kommt. Zum anderen erfordert er eine Neustrukturierung der internationalen Arbeitsteilung, hat der Krieg doch die Risiken einer einseitigen Abhängigkeit in der Energieversorgung von einem autoritär regierten Land offengelegt. Dies hat auch das Bewusstsein für die hohe wirtschaftliche Abhängigkeit einiger Branchen in der EU von China geweckt. Damit steht die europäische Wirtschaft vor einer zweifachen Herausforderung: Sie muss ihre Abhängigkeit von den Importen fossiler Energieträger aus Russland verringern und zugleich ihre Lieferketten so umbauen, dass sie weniger anfällig für Störungen sind. Ein solcher Strukturwandel verläuft typischerweise nicht ohne Anpassungskosten, die umso höher sein dürften, je rascher er sich vollzieht.

Weiterführende Literatur

Europäische Kommission: European Economic Forecast Spring 2022, Institutional Paper 173, Mai 2022.
Europäische Kommission: European Economic Forecast Summer 2022, Institutional Paper 183, Juli 2022.

---

6 Die Vereinbarkeit des ebenfalls durch gemeinschaftliche Kreditaufnahme finanzierten Pandemie-Hilfsfonds „NextGenerationEU" mit dem deutschen Grundgesetzt wird derzeit vom Bundesverfassungsgericht geprüft.

5. Die Außenpolitik der Europäischen Union

Außenwirtschaftsbeziehungen

Wolfgang Weiß

Die Handelspolitik der Europäischen Union (EU) befasste sich im vergangenen Jahr vor allem mit drei Themen: (1.) den Auseinandersetzungen mit dem Vereinigten Königreich wegen der im Nordirland-Protokoll zum Austrittsabkommen angelegten Warenkontrollen in der Irischen See, (2.) der Umsetzung neuer Legislativvorhaben, die die Europäische Kommission in ihrer neuen handelspolitischen Mitteilung[1] angekündigt hatte und (3.) dem weiteren Bemühen der EU, bei multilateralen und bilateralen Handelsabkommen weiterzukommen. Am 24. Februar 2022 kam der russische Krieg gegen die Ukraine hinzu, auf den die EU mit mehreren Sanktionspaketen reagierte, die sich gegen Einzelpersonen, aber auch gegen den Handel mit bestimmten Produkten und Geschäfte mit russischen Banken richteten.[2] Der Krieg beschwor eine Rezessionsgefahr in der EU herauf und führte zu einem Rückgang des Außenhandels. Dies lag zum einen am verstärkten Inflationsauftrieb insbesondere für Lebensmittel und Energiepreise, zum anderen an zurückgehenden Energielieferungen aus Russland. Die chinesische Null-Covid-Politik mit ihren strikten Lockdowns verstärkt die globalen Lieferkettenprobleme erheblich. Diese Entwicklungen verdeutlichen den Wert gesicherter Handelsbeziehungen durch bilaterale Abkommen und machen die Notwendigkeit für den Abschluss neuer Abkommen leichter begründbar. Auch veranschaulicht der Krieg in der Ukraine die Schwierigkeiten, die mit China angesichts der Taiwan- und Menschenrechtsproblematik noch bevorstehen können.

Im Verhältnis zu den USA kam es im vergangenen Jahr zu keinen wesentlichen neuen Initiativen, abgesehen von der Aussetzung der von Präsident Donald Trump eingeführten Zusatzzölle auf Stahl und Aluminium gegen die EU (jene gegen China blieben weiterhin in Kraft). Die EU und die USA vereinbarten zugleich, die diesbezüglichen wechselseitigen Streitigkeiten im Rahmen der Welthandelsorganisation (WTO; Dispute Settlement (DS), DS548, DS559) auszusetzen und durch einstweilen ruhende Schiedsinstanzen abzulösen. Ferner einigten sie sich, Gespräche über ein „Global Arrangement on Sustainable Steel and Aluminium" zu initiieren,[3] die auch gegen die chinesische Überproduktion im Stahlbereich gerichtet sind. In der WTO blieben die USA weiterhin zögerlich, auch wenn sie sich zuletzt wieder auf gewisse Weise zum Wert multilateraler Institutionen bekannten.[4] Der im Juni 2021 eingerichtete „Trade and Technology Council" mit der EU traf sich im September 2021 erstmals. Dort verständigte man sich auf weitere Zusammenarbeit in einigen Bereichen wie etwa den Herausforderungen durch nichtmarktwirtschaftliche Länder, der Vermeidung unnötiger Handelshemmnisse für neue Technologieprodukte und -dienstleistungen, Arbeitnehmerrechte und menschenwürdige Arbeit, Ausbau widerstandsfähiger und

---

1 Europäische Kommission: Mitteilung, Überprüfung der Handelspolitik – Eine offene, nachhaltige und entschlossene Handelspolitik, COM(2021) 66 final, 18.2.2021.
2 Gerd Schwendinger/Katja Göcke: Die Russland-Sanktionen der EU, in: EuZW 11/2022, hier S. 499.
3 EU-US Joint Statement: Steel & Aluminium, 31.10.2021, abrufbar unter https://trade.ec.europa.eu/doclib/docs/2021/october/tradoc_159890.pdf (letzter Zugriff: 28.7.2022).
4 Executive Office of the President of the United States: 2022 Trade Policy Agenda and 2021 Annual Report, S. 11.

Die Handelsbeziehungen mit dem Vereinigten Königreich

Auch nach dem Inkrafttreten des Handels- und Kooperationsabkommens mit dem Vereinigten Königreich, das bereits anfängt, die Gerichte und auch den Gerichtshof der Europäischen Union (EuGH) zu beschäftigen,[5] sind die Handelsbeziehungen nicht in ein ruhigeres Fahrwasser gekommen. Zankapfel bleiben insbesondere die im Nordirland-Protokoll vorgesehenen britischen Grenzkontrollen für alle für die irische Insel vorgesehenen Waren. Das Protokoll verzichtet auf Grenzkontrollen zwischen Nordirland und der Republik Irland, weil Nordirland weiterhin Teil des EU-Binnenmarktes ist. Zugleich ist es allerdings Teil des britischen Zollgebietes. Britische Waren, die die irische Insel erreichen und für die Republik Irland bestimmt sind, werden daher vom britischen Zoll beim Ankommen in Nordirland kontrolliert. Denn nur so kann der EU-Binnenmarkt gewahrt werden. Dies erzeugt einen hohen bürokratischen Aufwand auch für den Handel britischer Produkte mit Nordirland.[6] Die britische Regierung heizte die Konflikte darüber weiter an, indem sie die für die Übergangsphase vorgesehenen Anmelde- und Einfuhrerleichterungen einseitig verlängerte und damit drohte, das Nordirland-Protokoll aufzukündigen. Im Juni 2022 legte London zudem einen Gesetzentwurf vor („Northern Ireland Protocol Bill")[7], den viele als eine einseitige Umschreibung der im Nordirlandprotokoll vorgesehenen Grenzkontrollen in der Irischen See, und damit als einseitige Vertragsänderung, ansehen. Der Gesetzentwurf schließt für zahlreiche Regeln des Protokolls ihre innerbritische Anwendung aus und erlaubt es der britischen Regierung stattdessen einseitig Regeln über Zollkontrollen, Steuern und Schiedsverfahren (statt der im Protokoll vorgesehenen EuGH-Zuständigkeit) einzuführen. Allerdings lässt Art. 16 des Nordirland-Protokolls einseitige Schutzmaßnahmen im Falle schwerwiegender und voraussichtlich anhaltender wirtschaftlicher Schwierigkeiten zu. Die Europäische Kommission hatte zuvor im Oktober 2021 neue Regelungen vorgeschlagen, um die Schwierigkeiten zu lösen. Vorgesehen waren weitere Flexibilitäten in den Bereichen Lebensmittel, Pflanzen- und Tiergesundheit, Zoll, Arzneimittel und Zusammenarbeit mit nordirischen Stellen wie auch eine modifizierte Umsetzung des Protokolls, um den Warenverkehr von Großbritannien nach Nordirland zu erleichtern, gleichzeitig aber den EU-Binnenmarkt durch Schutzmaßnahmen zu schützen.[8] Die britische Regierung scheint über diese Vorschläge nicht gesprächsbereit zu sein. Der Konflikt über die Anwendung der Grenzkontrollen gefährdet auch das im Handels- und Kooperationsabkommen Erreichte, da jede Seite dieses Abkommen jederzeit ganz oder teilweise beenden kann und eine solche Reaktion als Folge eines Streits um die Handhabung des Nordirland-Protokolls nicht auszuschließen ist.

---

5 EuGH: Urteil vom 16.11.2021, ECLI:EU:C:2021:929, C-479/21 PPU - Governor of Cloverhill Prison u. a.
6 Michael Hördt/Leander Hornung/Killian O´Brien: Ist das Ende nah? Das Brexit-Abkommen ist gefährdet wie nie, in: EuZW 13/2022, S. 589–595, hier S. 592 f.
7 The House of Commons: Northern Ireland Protocol Bill to make provision about the effect in domestic law of the Protocol on Ireland/ Northern Ireland in the EU withdrawal agreement, about other domestic law in subject areas dealt with by the Protocol and for connected purposes., Bill 12 58/3, 21.7.2022.
8 Europäische Kommission: Protocol on Ireland and Northern Ireland, October 2021 package, abrufbar unter https://ec.europa.eu/info/strategy/relations-non-eu-countries/relations-united-kingdom/eu-uk-withdrawal-agreement/protocol-ireland-and-northern-ireland_en#october-2021-package (letzter Zugriff: 28.7.2022).

Fortschreitende Umsetzung der neuen EU-Handelspolitik

In den vergangenen Monaten wurde die Handelspolitik der EU neu ausgerichtet. Dies geschah entlang des Mottos einer offenen strategischen Autonomie durch die schrittweise Umsetzung der im Februar 2021 vorgelegten Mitteilung über eine offene, nachhaltige und entschlossene Handelspolitik.[9] Die EU versucht bei der Umsetzung der Mitteilung zügig voranzukommen, um dem schwieriger werdenden geopolitischen Umfeld gerade auch in den Beziehungen mit China zu begegnen. Neue Gesetzgebungsvorschläge wurden von der Kommission vorgelegt, um ihre handelspolitischen Handlungsspielräume deutlich zu erweitern und mehr Autonomie zu erlangen. Dadurch soll die Durchsetzung der im WTO-Recht oder in bilateralen Abkommen vorgesehenen Handelsrechte der EU vorangebracht werden. Nachdem Anfang 2021 die Änderung der Handelsdurchsetzungsverordnung 654/2014 abgeschlossen werden konnte,[10] sind kürzlich die Trilogverhandlungen über die Verordnung über den Binnenmarkt verzerrende drittstaatliche Subventionen beendet worden.[11] Diese erlaubt es der Kommission, Gegenmaßnahmen zu ergreifen, falls Unternehmen auf dem Binnenmarkt infolge von Beihilfen von Drittstaaten Vorteile erlangten, die zu Wettbewerbsverzerrungen bei ihrer wirtschaftlichen Betätigung auf dem Binnenmarkt führen. Das gilt insbesondere, aber nicht nur, bei öffentlichen Ausschreibungen oder bei Fusionen. Ein anderer Gesetzgebungsvorschlag zielt auf die Abwehr wirtschaftlichen Zwanges ab, der von Drittstaaten ausgeht.[12] Ein jüngstes Beispiel ist das Vorgehen Chinas gegen Litauen: China hat die Handelsbeziehungen mit Litauen wegen der Aufnahme von Kontakten mit Taiwan eingeschränkt; dagegen geht die EU bereits im Rahmen eines WTO-Streitbeilegungsverfahrens vor (siehe unten). Im Gesetzgebungsverfahren befindet sich auch der Vorschlag für einen Grenzausgleichsmechanismus, der eine Abgabe auf bestimmte eingeführte Waren (zunächst Eisen, Stahl, Aluminium, Düngemittel, Energieerzeugung) vorsieht. Er soll die in der EU infolge der CO_2-Bepreisung durch das Emissionshandelssystem entstehenden Kostennachteile ausgleichen.[13] Beraten wird derzeit auch über die seit längerem diskutierte Verordnung über den Zugang von Waren und Dienstleistungen aus Drittländern zum EU-Binnenmarkt für öffentliche Aufträge,[14] das sogenannte „international Procurement instrument" (IPI). Es soll mehr Gegenseitigkeit zwischen EU und Drittländern in den wechselseitigen Zugängen zu den Beschaffungsmärkten herbeiführen. Diese neuen Gesetzgebungsprojekte bringen drei Gefahren: Erstens könnte die EU-Praktiken entwickeln und Maßnahmen ergreifen, die mit internationalen Verpflichtungen, insbesondere aus dem WTO-Recht, unvereinbar sind. Die Kommission hat in ihren Vorschlägen zwar Best-

---

9 Wolfgang Weiß: Außenwirtschaftsbeziehungen, in: Werner Weidenfeld/Wolfgang Wessels (Hg.): Jahrbuch der Europäischen Integration 2021, Baden-Baden 2021, S. 325–330, hier S. 327–328.
10 Verordnung (EU) 2021/167 zur Änderung der Verordnung (EU) 654/2014 über die Ausübung der Rechte der Union in Bezug auf die Anwendung und Durchsetzung internationaler Handelsregeln, in: Amtsblatt der EU L49/1, 12.2.2021.
11 Europäische Kommission: Vorschlag für eine Verordnung über den Binnenmarkt verzerrende drittstaatliche Subventionen, COM(2021) 223 final, 5.5.2021.
12 Europäische Kommission: Vorschlag für eine Verordnung über den Schutz der Union und ihrer Mitgliedstaaten vor wirtschaftlichem Zwang durch Drittländer, COM(2021) 775 final, 8.12.2021.
13 Europäische Kommission: Vorschlag für eine Verordnung zur Schaffung eines CO2-Grenzausgleichssystems, COM(2021) 564 final, 14.7.2021.
14 Europäische Kommission: Geänderter Vorschlag für eine Verordnung über den Zugang von Waren und Dienstleistungen aus Drittländern zum EU-Binnenmarkt für öffentliche Aufträge und über die Verfahren zur Unterstützung von Verhandlungen über den Zugang von Waren und Dienstleistungen aus der Union zu den Märkten für öffentliche Aufträge von Drittländern, COM(2016) 34 final, 29.1.2016.

immungen aufgenommen, die eine Konformität der Maßnahmen mit den WTO-Regeln sicherstellen sollen, doch muss sie dies bei jeder Maßnahme prüfen. Die grundsätzliche Vereinbarkeit mit WTO-Recht ist bei manchen der Instrumente jedenfalls in Teilen überaus fragwürdig. Zweitens können solche einseitigen Maßnahmen, die Glaubwürdigkeit der EU in ihrem Bekenntnis zum Multilateralismus beeinträchtigen. Drittens führen die neuen Instrumente zu einer erheblichen Ausweitung der Macht der Europäischen Kommission, die mit ihren Maßnahmen den weiteren Verlauf bilateraler Handelsbeziehungen wesentlich prägen kann. Das erfordert – auch aufgrund des stellenweise sehr großen Ermessensspielraum der Kommission bei der Anwendung der neuen Instrumente – mehr demokratische Kontrolle über die Umsetzung der neuen Gesetzgebung durch das Europäische Parlament und den Ministerrat.

Ein weiteres Thema ist die bessere Verankerung und Durchsetzung von Nachhaltigkeitsverpflichtungen in Handelsabkommen.[15] Das Europäische Parlament hatte dies immer wieder eingefordert. Die Kommission hat im Juni 2022 ihr neues Konzept dazu vorgelegt.[16] Dieses beruht auf intensiviertem Dialog mit den Partnern, um maßgeschneiderte Ziele und Kriterien für die Einhaltung von Umwelt- und Arbeitsstandards festzulegen und sie dabei zu unterstützen. Die Zivilgesellschaft und die in den Abkommen vorgesehenen „Domestic Advisory Groups" (DAG werden durch neue Mechanismen für Beschwerden über Verstöße gegen die Nachhaltigkeitsverpflichtungen intensiver einbezogen. Die „Trade and Sustainable Development" (TSD) Kapitel sollen anders als bisher unter die allgemeinen Streitbeilegungsregeln in den Abkommen fallen, so dass die Durchsetzung einer festgestellten Verletzung verschärft wird. Der Handelspartner muss unverzüglich mitteilen, wie ein Panelbericht umgesetzt wird und hat dafür einen bestimmten Zeitraum. Als letztes Mittel können Handelssanktionen für wesentliche Verstöße gegen das Pariser Klimaabkommen oder grundlegende Arbeitsnormen der Internationalen Arbeitsorganisation (ILO) verhängt werden.

Die Europäische Union in der WTO: 12. Ministerkonferenz und Streitbeilegung

Die neue handelspolitische Strategie der EU setzt auch auf eine umfangreiche Reform der WTO. Auf der 12. Ministerkonferenz in Genf, die im Juni 2022 stattfand, trug die EU erheblich dazu bei, doch noch gemeinsame Ergebnisse zu erreichen. So konnten die Verhandlungen zur Anpassung der WTO-Regeln an die Erfordernisse der Pandemiebekämpfung erfolgreich abgeschlossen werden: Schon seit einigen Jahren gelten für Arzneimittel gewisse Lockerungen im Patentschutz im WTO-Abkommen über Handelsaspekte geistiger Eigentumsrechte. Diese zählen nun auch für Impfstoffe. Außerdem konnte die Aussetzung von Zöllen für digitale Dienste verlängert werden. Auch in dem Bemühen um die völlige Abschaffung von Fischereisubventionen gab es Fortschritte. Die EU arbeitet weiter an ihrer klimaschutzpolitischen Agenda für Handelsfragen in der WTO. Diese zielt auf die Liberalisierung bestimmter Waren und Dienstleistungen, auf stärkere Transparenz und Informationsaustausch, eine ökologischere Ausrichtung der Handelshilfe und verbesserte Institutionen in der WTO zur Befassung mit der Thematik Handel und Klima.

Trotz der Lähmung des „Appellate Body" in der WTO gab und gibt es weiterhin Streitbeilegungsverfahren auf Ebene der Panels. Hier war die EU weiterhin sehr aktiv, auch wenn

---

15 Garcia Marín Durán: Sustainable Development Chapters in EU Free Trade Agreements: Emerging Compliance Issues, in: Common Market Law Review 57(4)/2020, S. 1031–1068.
16 Europäische Kommission: Mitteilung, Die Macht von Handelspartnerschaften: gemeinsam für ein grünes und gerechtes Wirtschaftswachstum, COM(2022) 409 final, 22.6.2022.

Außenwirtschaftsbeziehungen

zuletzt die wechselseitigen Klagen von EU und USA wegen der US-Zusatzzölle gegen Stahl- und Aluminiumeinfuhren aus der EU (DS548) und der Schutzmaßnahmen der EU hiergegen (DS559) beendet wurden. Im Dezember 2021 legte das Panel seinen Bericht in dem Verfahren der EU gegen die USA wegen Ausgleichsmaßnahmen gegen spanische Oliven (DS577) vor. Die US-Maßnahmen sollten die Beihilfen der EU aus ihrer Gemeinsamen Agrarpolitik für Oliven ausgleichen. Das Panel erkannte eine Reihe von vor allem prozeduralen Verstößen der USA in ihrem Verfahren und auch materielle Verletzungen des WTO-Rechts. Da keine der Parteien Rechtsmittel erhob, wurde der Panelbericht verbindlich. Gleichfalls zum Jahresende 2021 wurde die Beschwerde der EU gegen türkische Maßnahmen in Bezug auf Produktion, Einfuhr und Marketing pharmazeutischer Produkte (DS583) entschieden, die für die Herstellung bestimmter Arzneimittel eine Niederlassung in der Türkei fordern. Das Panel in diesem Verfahren sah in dem Niederlassungserfordernis eine Benachteiligung ausländischer Erzeugnisse und stellte eine nicht gerechtfertigte Verletzung von Art. III:4 GATT fest. Hiergegen läuft ein Rechtsmittel im Schiedsverfahren.

In der Beschwerde der EU gegen Beschränkungen Indonesiens im Handel mit Vorprodukten für die Stahlerzeugung ist seit Mai 2021 ein Panel tätig (DS592); dort geht es um Exportbeschränkungen für Nickel und Handelsschranken für Eisenerz und ähnliches. Im Februar 2022 wurde im neuen Streit der EU um russische Vorzugsbehandlungen für nationale Waren und Dienstleistungen ein Panel eingesetzt (DS604). Konsultationen hat die EU gegen russische Ausfuhrbeschränkungen von Holz (DS608) wie auch gegen ägyptische Registrierungsanforderungen für Einfuhren (DS609). Auch im Handel mit China forderte die EU Konsultationen wegen Handelsschranken bei Waren und Dienstleistungen aus Litauen – die China in Reaktion auf die Aufnahme von direkten Beziehungen mit Taiwan durch die litauische Regierung verhängt hatte – und wegen Verletzungen des geistigen Eigentums (DS610, DS611). Auch in den Handelsbeziehungen mit Vereinigten Königreich setzt die EU auf WTO-Streitbeilegung und nicht nur auf Streitbeilegung nach dem Handels- und Kooperationsabkommen mit dem Vereinigten Königreich. Konkret geht es um die britische Anforderung von lokal erzeugten Anteilen bei der Vergabe von Differenzverträgen für die kohlenstoffarme Energieerzeugung (DS612); die EU sieht darin – in Übereinstimmung mit der beständigen Bewertung des Einforderns lokaler Produktanteile im Lichte des Allgemeinen Zoll- und Handelsabkommens (GATT) durch die WTO-Judikatur – eine unzulässige Bevorzugung heimischer Erzeugnisse im Vergleich zu ausländischen.

In den Verfahren gegen die EU wurde das wegen der unionalen Antidumpingmaßnahmen gegen bestimmte Stahlerzeugnisse aus Russland eingesetzte Panel auf Russlands Antrag hin einstweilen ausgesetzt. In der Beschwerde der Türkei gegen die EU-Schutzmaßnahmen gegen türkische Stahleinfuhren (DS595) hat das Panel mittlerweile seine Entscheidung vorgelegt, die nunmehr auch verbindlich ist. Keine der Parteien legte Rechtsmittel ein. Die EU hatte die Maßnahmen mit der Begründung eingeführt, dass drei unvorhergesehene Entwicklungen (nämlich die gestiegenen weltweiten Überkapazitäten im Bereich Stahl, die Zunahme von Schutzmaßnahmen gegen Stahl und schließlich die US-Zusatzzölle gegen Stahl) zu einem Anschwellen der Einfuhren bestimmter Stahlerzeugnisse in die EU geführt hätten, deren Industrie dadurch eine bedeutende Schädigung drohe. Bei den Schutzmaßnahmen handelte es sich um zollfreie Zollkontingente, nach deren Ausschöpfung Schutzzölle von 25 Prozent eingreifen. Das Panel erkannte die Maßnahmen als nicht vereinbar mit Art. XIX GATT über Schutzmaßnahmen. So sei die Kausalität zwischen den Entwicklungen und dem Anstieg der Einfuhren nicht dargetan, ebenso wenig wie die GATT-Verpflichtungen, deren Einhaltung die behaupteten Schäden verursachten. Auch hat die EU die drohenden Schäden nicht hinreichend auf Fakten gestützt. Die Beschwerden Indonesiens und Malaysias gegen die EU-Einfuhrbeschränkungen gegen Biodiesel aus Palmöl (DS593, DS600) sind noch nicht entschieden. Konsultationen mit der EU laufen mit Saudi-Arabien wegen der EU-Antidumpingmaßnahmen gegen Monoethylenglykol (DS606) und mit Brasilien wegen EU-Importmaßnahmen gegen bestimmte Geflügelprodukte (DS607).

Erste Aktivitäten gab es im Rahmen des von der EU initiierten „Multi-Party Interim Appeal Arbitration Mechanismus" (MPIAA), der für die Zeit der Appellate Body-Lähmung einen vorübergehenden Schiedsmechanismus für Rechtsmittel vorsieht, der für jeden Streitfall individuell aktiviert werden muss. Das ist in Verfahren zwischen China und Kanada bzw. Australien erfolgt, in den Verfahren der EU bislang erst einmal im Verfahren gegen Kolumbien wegen dessen Antidumpingzöllen auf Gefrierpommes (DS591).[17] In dem Streit um die türkischen Handelshemmnisse für Pharmazeutika (DS583) ist auf Antrag der Türkei[18] erstmals ein Rechtsmittelschiedsverfahren gegen einen Panelbericht angelaufen, technisch indes nicht auf der Basis des MPIAA, sondern einer bilateralen Verständigung.[19]

Die Europäische Union in bilateralen Verhandlungen

Seit dem Handelsabkommen mit dem Vereinigten Königreich kam es zu keinem neuen Verhandlungsabschluss. Die Abkommen mit dem Mercosur und China werden auf absehbare Zeit nicht geschlossen werden. Die Verhandlungen mit Indien und Indonesien laufen zäh, während jene mit Neuseeland und Australien vorangehen, die mit Mexiko und Chile sind abgeschlossen.[20] Neu sind Bemühungen um einen „Digital Partnership Dialogue" mit Japan, Singapur und der Republik Korea.

Weiterführende Literatur

Jan Orbie: EU Trade Policy Meets Geopolitics: What about Trade Justice?, in: European Foreign Affairs Review 26(2)/2021, S. 197–202.

Frank Hoffmeister: Do Ut Des oder Tit For Tat? – Die europäische Handelspolitik angesichts neuer Herausforderungen aus den USA und China, in: Christoph Herrmann (Hg.): Die gemeinsame Handelspolitik im Europäischen Verfassungsverbund, Baden-Baden 2020, S. 77–94.

---

17 WTO: Colombia – Anti-Dumping Duties on Frozen Fries from Belgium, Germany and the Netherlands. Agreed Procedures for Arbitration under Article 25 of the DSU, WT/DS591/3/Rev.1, 22.4.2021.
18 WTO: Turkey – Certain Measures Concerning the Production, Importation and Marketing of Pharmaceutical Products. Notification of an Appeal by Turkey under Article 25 of the Understanding on Rules and Procedures Governing the Settlement of Disputes (DSU), WT/DS583/12, 28.4.2022.
19 WTO: Turkey – Certain Measures Concerning the Production, Importation and Marketing of Pharmaceutical Products. Agreed Procedures for Arbitration under Article 25 of the DSU, WT/DS583/10, 25.3.2022.
20 Europäische Kommission: Overview of FTA and other Trade Negotiations, 2022; Europäische Kommission: Overview of Economic Partnership Agreements, 2022.

Entwicklungszusammenarbeit und Humanitäre Hilfe

Niels Keijzer/Julian Bergmann*

Am 14. Juni 2021 begann für die Entwicklungszusammenarbeit der EU eine neue Ära, denn an diesem Tag trat die Verordnung über das EU-Instrument für Nachbarschaft, Entwicklung und internationale Zusammenarbeit in Kraft (NDICI – Global Europe). Damit hat die EU ein mehrjähriges Versprechen für mehr Einheitlichkeit und Kohärenz in Bezug auf die Finanzierung ihres auswärtigen Handelns eingelöst (mit Ausnahme der Humanitären Hilfe, die weiterhin separat finanziert wird). Das vergangene Jahr war daher vor allem davon geprägt, neue Verfahren und Prozesse für NDICI – Global Europe auf den Weg zu bringen und die Mittelverteilung für die geographischen und thematischen Prioritäten von NDICI – Global Europe auszuhandeln. Daneben stand die globale Bewältigung der Covid-19-Pandemie und insbesondere die Debatte zur globalen Impfstoffversorgung und Patentrechten im Fokus des Politikfelds. Der Gipfel der Afrikanischen Union (AU) und der Europäischen Union im Februar 2022 drehte sich auch um die von der EU frisch lancierte Global Gateway-Initiative, mit der vor allem Infrastrukturprojekte gefördert werden sollen. Die nur wenige Tage später begonnene russische Invasion in der Ukraine bedeutet auch für die Entwicklungszusammenarbeit und humanitäre Hilfe der EU eine Zäsur und stellt die Frage nach der Notwendigkeit neuer Prioritätensetzungen und Mittelallokationen.

AU-EU Beziehungen und die Post-Cotonou Verhandlungen

Die Stärkung der Beziehungen zum afrikanischen Kontinent ist seit 2019 eine der wichtigsten strategischen Prioritäten, sowohl der Kommissionspräsidentin Ursula von der Leyen als auch des Rates. Doch während der Covid-19-Pandemie erwies es sich als schwierig, dieses Ziel zu erreichen. Zu den Herausforderungen in den Beziehungen gehörten Europas Reaktion auf die Pandemie, einschließlich eines umstrittenen Reiseverbots für die Staaten des südlichen Afrikas, und die europäische politische Haltung in Bezug auf die Entwicklung und den Austausch von Impfstofftechnologie. Ein zweiter Faktor war das Fehlen einer einheitlichen europäischen Position zu Investitionen in fossile Brennstoffe. Im Vorfeld der UN-Klimakonferenz in Glasgow (COP26) schlossen sich mehrere EU-Mitgliedstaaten einer Gruppe von Ländern und Organisationen an, welche forderten, die öffentliche Finanzierung von Projekten mit fossilen Brennstoffen im Ausland bis Ende 2022 einzustellen.[1] Zu den Befürwortern gehörte auch die Europäische Investitionsbank (EIB), die eine solche Verpflichtung bereits 2019 eingegangen war. Diese Unterstützung steht im Gegensatz zur EU-eigenen Taxonomie für Energieinvestitionen, die Gas als „Übergangskraftstoff" einschließt, während die EU nach dem Beginn des russischen Krieges in der Ukraine aktiv nach neuen Erdgasquellen sucht – inklusive in West-Afrika.

---

* Die Autoren danken Lennart Diepmans und Laureen Migacz für ihre redaktionelle Unterstützung.
1 UN Climate Change Conference UK 2021: Statement on International Public Support for the Clean Energy Transition, abrufbar unter https://ukcop26.org/statement-on-international-public-support-for-the-clean-energy-transition/ (letzter Zugriff: 27.6.2022).

Unter diesen Umständen gelang es EU und AU, am 26. Oktober 2021 ein Ministertreffen in Kigali einzuberufen. Das bei diesem Treffen verabschiedete ausführliche Kommuniqué orientiert sich an den wichtigsten Prioritäten, die auf dem AU-EU-Gipfel in Abidjan im Dezember 2017 beschlossen wurden.[2] In dem Kommuniqué wurde die Bereitschaft zum Ausdruck gebracht, 2022 ein physisches Gipfeltreffen der Staats- und Regierungschef:innen in Brüssel zu veranstalten, das jedoch erst zu Beginn des Jahres bestätigt wurde, unter anderem wegen der schwierig einzuschätzenden Covid-19-Lage in Brüssel. In der Zwischenzeit wurde ein plötzliches Reiseverbot der EU für sieben Staaten im südlichen Afrika nach der Identifizierung der Omikron Covid-19-Variante von vielen afrikanischen Staaten stark kritisiert.

Trotz dieser Herausforderungen fand der Gipfel am 17. und 18. Februar statt. Allein das Stattfinden des Zusammentreffens war ein Erfolg, da es seit Oktober 2020 mehrfach verschoben worden und seither in der Schwebe war. Im Vorfeld des Gipfels konzentrierte sich die EU auf den gemeinsamen Wunsch nach einer stärkeren Konzentration auf Investitionen. Zu diesem Zweck betonte die Gipfelerklärung das Ziel, bis 2030 mindestens 150 Mrd. Euro in Afrika zu investieren – ein ambitioniertes Ziel, das Kommissionspräsidentin von der Leyen erstmals eine Woche vor dem Gipfel bei einem Besuch im Senegal bekannt gab.[3] Senegal hält 2022 den Vorsitz der Afrikanischen Union. Eine weitere wichtige Neuerung des Treffens der Staats- und Regierungschef:innen, das erstmalig im Jahr 2000 in Kairo stattgefunden hatte, war eine konzeptionelle: Anstelle einer Plenarsitzung richtete die EU als Gastgeberin sieben thematische Runde Tische ein, an denen jeweils mehrere europäische und afrikanische Staatsoberhäupter als Ko-Vorsitzende teilnahmen, um so eine dynamischere Diskussion zu erreichen.[4] Obwohl dies wichtig und lobenswert ist, gab es seither leider kaum Folgemaßnahmen, auch nicht nach dem Ausbruch des Kriegs in der Ukraine eine Woche nach dem Gipfel.

Neben der Partnerschaft der AU mit der EU haben die afrikanischen Staaten südlich der Sahara noch eine weitere EU-Partnerschaft, die sie mit den Ländern der Karibik und des Pazifiks teilen. In der seit 2018 verhandelten Reform dieser Beziehungen zwischen der EU und der Gruppe der Staaten in Afrika, im Karibischen Raum und im Pazifischen Ozean (OACPS) wurden das letzte Jahr nur geringe Fortschritte erzielt. Am 15. April 2022 war ein ganzes Jahr vergangen, seit die beiden Hauptverhandlungsführer die Paraphierung des neuen Abkommens abgeschlossen und damit den Weg für seine Unterzeichnung und Ratifizierung freigemacht hatten.

Der Grund für die Verzögerung waren in erster Linie die laufenden internen Verhandlungen zwischen der EU und ihren Mitgliedstaaten über die Rechtsnatur des neuen Abkommens (reine EU-Zuständigkeit oder gemischte Zuständigkeit für das Abkommen). Ein zweiter Faktor war die für die Unterzeichnung des Abkommens erforderliche Einstimmigkeit im Rat, die während des in diesem Jahrbuch behandelten Zeitraums von Ungarn aufgrund seiner Vorbehalte zum Migrationskapitel des Abkommens blockiert wurde. Aus diesem Grund wurde das aktuelle Cotonou-Abkommen am 26. November 2021 bis zum 30.

---

2 AU/EU: The Second African Union – European Union Foreign Affairs Ministerial Meeting Kigali, Rwanda, 25–26 October 2021, Joint Communiqué, 27.10.2021.
3 AU/EU: Sixth European Union - African Union Summit: A Joint Vision for 2030, 18.2.2022.
4 AU/EU: Format des Gipfeltreffens. Liste der Gesprächsrunden, abrufbar unter https://www.consilium.europa.eu/media/54396/eu-au-summit-roundtables-feb20222.pdf (letzter Zugriff: 27.6.2022).

Juni 2022 nochmal verlängert.⁵ Unter anderem aufgrund der Wahlen in Ungarn im April 2022 wurden insgesamt kaum Fortschritte erzielt, so dass die EU zum Zeitpunkt der Erstellung dieses Kapitels eine weitere Verlängerung des Cotonou-Abkommens um mindestens sechs Monate plante. Die Verlängerung des bestehenden Cotonou-Abkommens bis zum Inkrafttreten des neuen Abkommens ist wichtig, da dieses Abkommen die Rechtsgrundlage für die Tätigkeit der Europäischen Investitionsbank in den betreffenden Ländern bildet.

EU-Unterstützung für die Ukraine

Die EU hat entschlossen auf die russische Invasion in der Ukraine reagiert – von umfangreichen Wirtschafts- und Finanzsanktionen und zielgerichteten Maßnahmen gegen den Führungszirkel im Kreml und unterstützende Oligarch:innen hin zur militärischen Unterstützung der Ukraine in Form von Waffenlieferungen, finanziert durch die Europäische Friedensfazilität (EPF). Letztere war erst im März 2021 eingerichtet worden und folgte auf die Afrikanische Friedensfazilität, die seit ihrer Einrichtung 2003 aus dem Europäischen Entwicklungsfonds finanziert worden war. Eine wichtige Säule der EU-Unterstützung für die Ukraine bilden auch die Entwicklungszusammenarbeit und Humanitäre Hilfe.

Bereits vor der russischen Invasion war die Ukraine ein wichtiges Partnerland der EU-Entwicklungszusammenarbeit. Im vergangenen Mehrjährigen Finanzrahmen 2014–2020 hatte die EU die Ukraine mit mehr als 1,7 Mrd. Euro über das Europäische Nachbarschaftsinstrument, mit Darlehen von 5,6 Mrd. Euro zur makroökonomischen Stabilisierung und in Form von Humanitärer Hilfe in Höhe von 194 Mio. Euro unterstützt. Im Dezember 2021 hatte die EU ihre langfristige Planung zur Unterstützung der Ukraine im Rahmen des NDICI – Global Europe Instruments im aktuellen Mehrjährigen Finanzrahmen 2021–2027 vorgelegt, die für die Jahre 2021–2024 Mittel der Entwicklungszusammenarbeit (EZ) in Höhe von 640 Mio. Euro vorsieht. Diese zugesagte Höhe an Mitteln für einen Zeitraum von vier Jahren ist innerhalb weniger Monate deutlich übertroffen worden.

Seit dem Beginn der russischen Invasion hat die EU im Bereich der Entwicklungszusammenarbeit und humanitären Hilfe insgesamt mehr als 4,4 Mrd. Euro (Stand 15. Juni 2022) an Unterstützung für die Ukraine zur Verfügung gestellt. Die humanitäre Hilfe für die Ukraine belief sich in den ersten vier Monaten des Krieges auf über 700 Mio. Euro, wobei allein durch die größte je dagewesene Mobilisierung des EU-Katastrophenschutzverfahrens Nahrungsmittel und andere Hilfsgüter sowie strategische Ausrüstung wie Feuerwehrwagen und mobile Krankenhäuser im Gegenwert von 373 Mio. Euro bereitgestellt wurden. Durch die EU-Notfallreserve rescEU wurde zudem medizinische Ausrüstung besorgt und ukrainische Patient:innen in europäische Krankenhäuser zur medizinischen Versorgung überführt.⁶ In der Entwicklungszusammenarbeit stellte die EU 1,2 Mrd. Euro zur makro-ökonomischen Stabilisierung, 450 Mio. Euro Budgethilfe im Rahmen eines State and Resilience Building Contract (SRBC) sowie 1 Mrd. Euro im Kontext der „Stand up for Ukraine"-Initiative zur Verfügung. Die Europäische Bank für Wiederaufbau und Entwicklung (EBWE) hat zudem Darlehen in Höhe von 1 Mrd. Euro bereitgestellt.

Zusätzlich zur geleisteten Hilfe hat sich die EU politisch auf eine langfristige Unterstützung der Ukraine verpflichtet. In ihrer Mitteilung vom 18. Mai 2022 hat die Kommission

---

5 Das Partnerschaftsabkommen von Cotonou regelt die Zusammenarbeit zwischen der EU und den OACPS-Staaten und verbindet die entwicklungspolitische Zusammenarbeit und die Bekämpfung der Armut mit wirtschafts- und handelspolitischer Kooperation sowie einem breit angelegten politischen Dialog.
6 Europäische Kommission: Pressemitteilung, Ukraine: EU stellt anlässlich des Besuchs von Kommissar Lenarčič weitere 205 Mio. EUR an humanitärer Hilfe in Aussicht, IP/22/3549, 9.6.2022.

eine Führungsrolle der EU beim Wiederaufbau der Ukraine angekündigt und den Aufbau einer „Plattform für den Wiederaufbau der Ukraine" vorgeschlagen. Sie soll von der EU und der ukrainischen Regierung gemeinsam geleitet werden und die Implementierung der vereinbarten Maßnahmen koordinieren. Kernstück des Vorschlags der Kommission ist zudem eine Finanzfazilität für den Wiederaufbau der Ukraine, die aus dem EU-Haushalt und bilateralen Beiträgen der Mitgliedstaaten gespeist werden soll und sowohl Kredite als auch Zuschüsse bereitstellen soll.[7]

Ein einheitliches Instrument für die EU-Außenbeziehungen

Am 14. Juni 2021 trat das EU-Instrument für Nachbarschaft, Entwicklung und internationale Zusammenarbeit in Kraft (NDICI – Global Europe).[8] Diese EU-Verordnung bietet einen einheitlichen Rechtsrahmen für das auswärtige Handeln der EU und stellt somit eine wichtige institutionelle Reform dar. Neben der Verringerung der institutionellen Zersplitterung, indem beispielsweise die Nachbarschaftspolitik und der zuvor zwischenstaatliche Europäische Entwicklungsfonds unter einem rechtlichen Dach zusammengefasst wurden, enthielt die Verordnung auch Komponenten zur Investitionsförderung und flexible Reserven, um auf unvorhergesehene Ereignisse reagieren zu können. Nach den seit 2020 laufenden Vorbereitungen konzentrierte sich die EU für den Rest des Jahres 2021 auf die Fertigstellung der Entwürfe der Mehrjahrespläne für die geografische und thematische Zusammenarbeit im Rahmen dieses Instruments für den Zeitraum 2021–2024. Das Ende dieses Zeitraums stellt die Halbzeit des derzeitigen Mehrjährigen Finanzrahmens der EU dar, in dem weitere Änderungen und Ergänzungen für den Zeitraum bis einschließlich 2027 vorgenommen werden können.

Die Mehrjahrespläne, die von den Mitgliedstaaten im Rahmen des Komitologieverfahrens Ende 2021 gebilligt wurden, wurden durch frühere Diskussionen über die Vorbereitung von Team-Europe-Initiativen beeinflusst, mit denen die EU, die Mitgliedstaaten, die EIB und die EBWE ihre individuellen Anstrengungen in den Entwicklungsländern in Form ausgewählter Vorzeigeprojekte bündeln würden. Die politischen Entscheidungsträger:innen der EU hoffen, dass dieser Team-Europe-Prozess einen stärker partizipativen und integrativen Ansatz für gemeinsame Maßnahmen dieser verschiedenen Akteure fördern wird.

Ein vielleicht manchmal übersehenes Mitglied Team Europas ist das Europäische Parlament (EP). Eine der Errungenschaften, die es in den Trilog-Verhandlungen zu NDICI – Global Europe erzielte, war die Einführung eines regelmäßigen „geopolitischen Dialogs" zwischen dem EP-Ausschuss für Entwicklung und auswärtige Angelegenheiten und der Hohen Vertreter:in/Vizepräsident:in und den zuständigen Kommissar:innen auf der anderen Seite. In der Erklärung der Kommission zum geopolitischen Dialog wird klargestellt, dass dieser mindestens zweimal pro Jahr stattfinden wird und dazu dient, allgemeine Orientierungen zu den Prioritäten der Zusammenarbeit sowie zur Nutzung der flexiblen Haushaltsreserven des Instruments durch die EU oder zur Anwendung der Hebelwirkung zu erörtern. Vor allem aus dem letztgenannten Grund bedeutet die Erörterung von Details zu bestimmten Ländern, dass der geopolitische Dialog inoffiziell stattfindet. Es ist jedoch zu

---

7 Europäische Kommission: Communication. Ukraine Relief and Reconstruction, COM (2022) 233 final, 18.5.2022.
8 Europäisches Parlament/Europäischer Rat: Verordnung (EU) 2021/947 vom 9. Juni 2021 zur Schaffung des Instruments für Nachbarschaft, Entwicklungszusammenarbeit und internationale Zusammenarbeit — Europa in der Welt, in: Amtsblatt der EU L209/1, 14.6.2021.

erwarten, dass unter anderem diese Reform die Rolle des EP in der Entwicklungspolitik der EU und in der Außenpolitik im Allgemeinen stärken wird.

Parallel zu diesem strukturierten „Programmierungsprozess" der internationalen Kooperationsprogramme der EU nutzte Kommissionspräsidentin von der Leyen im September ihre jährliche Rede zur Lage der Union, um ihren Global-Gateway-Vorschlag zur Stärkung des EU-Konzepts zur Förderung externer Infrastrukturinvestitionen anzukündigen. Mit einiger Verspätung wurde die Mitteilung am 1. Dezember 2021 veröffentlicht und kündigte an, dass ein spezielles Global Gateway durch Team Europe Initiatives entwickelt und umgesetzt werden würde. Zusammenfassend lässt sich sagen, dass die EU nun zwar über einen einheitlichen Rahmen für die Durchführung ihrer internationalen Zusammenarbeit verfügt, dies jedoch nicht bedeutet, dass die tägliche Praxis im Vergleich zum vorherigen institutionellen Rahmen notwendigerweise rationaler und weniger fragmentiert sein wird.

Humanitäre Hilfe

2021 stellte die Europäische Kommission Mittel für Humanitäre Hilfe in Höhe von über 2 Mrd. Euro in über 80 Ländern für die nächsten Jahre bereit. Einen zentralen Schwerpunkt bildete dabei erneut die Bekämpfung der unmittelbaren gesundheitlichen Folgen der Covid-19-Pandemie und der daraus resultierenden humanitären Bedürfnisse. So stellte die Kommission im Rahmen von Team Europe 203 Mio. Euro an humanitärer Hilfe bereit.[9] Das EU-Katastrophenschutzverfahren wurde 2021 114 Mal aktiviert, wobei 84 Länder und UNICEF EU-Unterstützung anforderten. In fast zwei Drittel der Fälle handelte es sich dabei um Aktivierungen im Zusammenhang mit der Bewältigung der Covid-19-Pandemie.[10]

Neben der bereits genannten humanitären Unterstützung für die Ukraine lag ein Schwerpunkt der Humanitären Hilfe der EU auf der Bewältigung der humanitären Folgen von zahlreichen weiteren Krisen und Konflikten. Mehr als 300 Mio. Euro sagte die Europäische Union 2021 für humanitäre Bedürfnisse wie zum Beispiel Nahrungsmittel und primäre Gesundheitsversorgung in den Staaten am Horn von Afrika und dem Nildelta zu, etwa für Äthiopien, Sudan oder Somalia. Das Bürgerkriegsland Syrien sowie seine Nachbarstaaten blieben ein weiterer Schwerpunkt der Humanitären Hilfe der EU, auch wenn das finanzielle Volumen der Unterstützung mit 212 Mio. Euro im Vergleich zum Vorjahr (2020: 290 Mio. Euro) etwas zurückging.

Neben der Bereitstellung Humanitärer Hilfe lag auch im vergangenen Jahr ein Fokus auf inhaltlichen Debatten zur zukünftigen Ausrichtung des Politikfelds. Im März 2022 richtete die Europäische Kommission gemeinsam mit der französischen Ratspräsidentschaft erstmals das Europäische Humanitäre Forum aus, an dem zahlreiche Vertreter:innen von EU-Institutionen, Mitgliedstaaten und internationalen Organisationen teilnahmen. Neben der global immer größer werdenden Finanzierungslücke in der Humanitären Hilfe standen auf dem Forum unter anderem der Nexus Humanitäre Hilfe, Entwicklung und Frieden sowie die Herausforderungen des Klimawandels und die Potenziale der Digitalisierung auf der Agenda. Während diese Themen und ihre Bedeutung für die Humanitäre Hilfe nicht neu sind, lag der Mehrwert des Forums vor allem darin, eine große Bandbreite von europäischen und internationalen Akteuren zusammenzubringen, um die Zukunft des Politikfelds

---

9 Europäischer Rat/Rat der EU: Global solidarity during the the COVID-19 pandemic, 18.3.2022, abrufbar unter https://www.consilium.europa.eu/en/policies/coronavirus/global-solidarity/ (letzter Zugriff: 27.6.2022).
10 Europäischer Rat/Rat der EU: Infographic – The EU civil protection mechanism in numbers, 2.3.2022, abrufbar unter https://www.consilium.europa.eu/en/infographics/civil-protection/ (letzter Zugriff: 27.6.2022).

zu diskutieren.[11] Zudem veröffentlichte die Generaldirektion Europäischer Katastrophenschutz und humanitäre Hilfe (DG ECHO) im Kontext der Diskussion zu Klimawandel und Humanitärer Hilfe einen Leitfaden, der Minimalkriterien für die Berücksichtigung umwelt- und klimapolitischer Aspekte in der Humanitären Hilfe definiert.[12] Der Leitfaden ist erst ein wichtiger Schritt hin zu einem „greening" der Humanitären Hilfe, das die Kommission in ihrer Mitteilung „New Challenges, Same Principles" im März 2021 als Ziel ausgerufen hatte.

Schlussfolgerungen

Insgesamt war das vergangene Jahr von zwei unterschiedlichen inhaltlichen Debatten geprägt: einerseits der Debatte über die Verteilung der Mittel der EU in der Entwicklungszusammenarbeit und andererseits der Debatte, wie die EU in ihrer Entwicklungszusammenarbeit und Humanitären Hilfe auf den russischen Krieg in der Ukraine und seine globalen Folgen reagieren sollte. Diese Herausforderungen bestanden bereits vor der Invasion der Ukraine, da die Bekämpfung der Covid-19-Pandemie und die Bewältigung ihrer sozioökonomischen Folgen Gegenstand zahlreicher Gespräche mit EU-Partnerländern und -Organisationen waren. Die beiden Debatten stellen ein Spannungsfeld zwischen zwei Realitäten in der Entwicklungspolitik und der Humanitären Hilfe der EU dar: erstens das Bestreben der EU, durch ein interessengesteuertes auswärtiges Handeln ein proaktiverer, sichtbarerer und geopolitischerer Akteur zu werden. Zweitens die Herausforderung für eine Union mit 27 Staaten, eine solche Agenda in einer zunehmend unbeständigen Welt umzusetzen. Die Herausforderung für die EU im kommenden Jahr wird darin bestehen, ein Gleichgewicht zwischen diesen beiden Realitäten zu finden, so dass die festgelegten thematischen Prioritäten beibehalten und gleichzeitig auf die verschiedenen unvorhergesehenen Herausforderungen reagiert werden kann. Ein unbekannter Faktor bleibt das Ausmaß, in dem die EU ihre internationalen Partnerschaften, einschließlich der AU und des OACPS, in diesem Bemühen nutzen kann.

Weiterführende Literatur

Aline Burni/Benedikt Erforth/Niels Keijzer: Global Europe? The new EU external action instrument and the European Parliament, in: Global Affairs 7(4)/2021/, S. 471–485.
Svea Koch/Ina Friesen/Niels Keijzer: EU development policy as a crisis-response tool? Prospects and challenges for linking the EU's COVID-19 response to the green transition, Deutsches Institut für Entwicklungspolitik, Discussion Paper 27/2021.

---

[11] European Think Tanks Group: Blog, The First Humanitarian Forum: talk shop or game changer?, 29.4.2022, abrufbar unter https://ettg.eu/blog-posts/the-first-european-humanitarian-forum-talk-shop-or-game-changer/ (letzter Zugriff: 27.6.2022).
[12] Europäische Kommission: DG ECHO's Minimum Environmental Requirements and Recommendations, 2022.

Gemeinsame Außen- und Sicherheitspolitik

Annegret Bendiek/Moritz Wiesenthal

In kaum einem anderen Jahr stand die Gemeinsame Außen- und Sicherheitspolitik der Europäischen Union (GASP) so zentral im Fokus europapolitischer Entwicklungen. Der überstürzte Abzug aus Afghanistan und der Überfall Russlands auf die Ukraine zeigten dabei sowohl zentrale Schwachstellen als auch eine bisher selten klare Einigkeit in der europäischen Außenpolitik. Der holprige transatlantische Neuanfang, die Betonung der strategischen Rivalität zu China und stagnierende Seitwärtsbewegungen in der institutionellen Vertiefung der GASP im Innern lassen dennoch Zweifel daran aufkommen, ob die EU ihre strategische Handlungsfähigkeit aufrechterhalten kann – insbesondere in der Sanktionspolitik.

Von Afghanistan zur Ukraine: Externe Schocks in der GASP

Im überstürzten Abzug aus Afghanistan offenbarten sich die elementaren Schwächen der GASP wie unter einem Brennglas. Dies zeigte sich zunächst in einer mangelnden Konsolidierung geheimdienstlicher Informationen über die Lage vor Ort. Obwohl der Abzug mit dem unilateralen Vorstoß der USA im Jahr 2020 bereits einen konkreten zeitlichen Rahmen erhalten hatte und die neue US-Administration unter Joe Biden diesen von Ende Mai 2021 auf Ende August 2021 verschoben hatte, divergierte die Lageeinschätzung innerhalb der EU zu Beginn des Abzuges beträchtlich. Frankreich hatte im Juni 2021 auf die Schwächen der afghanischen Sicherheitskräfte hingewiesen, andere Mitgliedstaaten, darunter Deutschland, verließen sich auf die Lagebeurteilung durch die USA. Die Mitgliedstaaten teilten weder ein gemeinsames Lagebild, noch stimmten sie sich bei den Evakuierungsoperationen aus Afghanistan ab. Die defizitäre Koordination der EU-Partner bei der Evakuierung verzögerte zudem die Flucht vieler Afghan:innen. Nur wenige Mitgliedstaaten zeigten sich bereit, Ortskräfte anderer Mitgliedstaaten auszufliegen und zahlreiche Rettungsflüge waren in der Folge nicht ausgelastet.[1] Die operativen Misserfolge konnte die GASP in der politischen Aufarbeitung der Situation zumindest abfedern. Bereits Anfang September 2021 gelang es, einen Konsens zu einem Katalog von Bedingungen für etwaige selektive Kooperationen mit dem Taliban-Regime zu finden. Im Oktober 2021 verkündete die Europäische Kommission eine Aufstockung der Mittel für humanitäre Hilfe in Afghanistan auf 1 Mrd. Euro für die nächsten sieben Jahre, ebenfalls geknüpft an menschenrechtsbasierte Bedingungen. Mit dem verstärkten Aufmarsch russischer Truppen an der ukrainischen Grenze Ende Dezember 2021 verlagerte sich die außen- und sicherheitspolitische Debatte weg von Afghanistan hin zu Russland.

Der russische Überfall auf die Ukraine am 24. Februar 2022 verlangte klare Bekenntnisse zur NATO als dem zentralen verteidigungspolitischen Bündnis der EU. In den Wochen vor der russischen Invasion waren noch die klassischen Trennlinien in der GASP

---

1 Ronja Kempin: EU-Sicherheitspolitik: Lehren aus dem Afghanistan-Desaster, SWP Kurz gesagt, 14.9.2021.

sichtbar. Konkret hielt die neue deutsche Bundesregierung unter Kanzler Scholz trotz massiver Kritik aus dem In- und Ausland weiterhin am umstrittenen Energieprojekt Nord-Stream 2 fest und am 1. Februar flog der ungarische Premierminister Viktor Orbán zu Regierungskonsultationen nach Moskau. Im Oktober 2021 hatte Budapest einen fünfzehn-Jahres Plan mit dem russischen Staatskonzern Gazprom vereinbart, bei dem Gas unter Umgehung der Ukraine durch eine Pipeline im Schwarzen Meer nach Ungarn geliefert wird.

Dieser mangelnden Kohärenz der Mitgliedstaaten zum Trotz verfestigte sich mit zunehmender Konflikteskalation eine gemeinsame Linie in der GASP. Beim Gipfeltreffen im Juni 2021 verständigten sich die Staats- und Regierungschef:innen auf einen einheitlichen europäischen Ansatz gegenüber Russland und einen Monat später wurden die seit 2014 bestehenden Wirtschaftssanktionen gegen Moskau verlängert. Im Dezember 2021 erließ der Rat für Auswärtige Angelegenheiten ein Sanktionspaket gegen die russische Söldnertruppe Wagner und die Staats- und Regierungschef:innen verdeutlichten in ihrer Gipfelerklärung, dass jedwede Aggression Russlands gegenüber der Ukraine scharfe Konsequenzen nach sich ziehen würde. Im Januar 2022 absolvierte der Hohe Vertreter für die Außen- und Sicherheitspolitik der EU (HV) Josep Borrell demonstrativ einen mehrtägigen Besuch in der Ukraine und sicherte dem Land die Unterstützung der EU zu. Mit einer gemeinsamen Antwort auf verschiedene Briefe, die Moskau an alle Mitgliedstaaten gesandt hatte, gelang dem HV im Februar 2022 eine medienwirksame Demonstration europäischer Geschlossenheit. In Reaktion auf die Anerkennung der Separatistengebiete Donezk und Luhansk durch Moskau verabschiedete der Rat für Auswärtige Angelegenheiten ein erstes Sanktionspaket, das u.a. individuelle Sanktionen gegen Mitglieder der russischen Staatsduma enthielt.

Mit Beginn des Überfalls Russlands auf die Ukraine am 24. Februar 2022 folgten zunächst vier weitere Sanktionspakete, die angesichts der schnellen und umfangreichen Verabschiedung bisher einmalig für die GASP sind.[2] Sie enthalten u.a. individuelle Sanktionen gegen den russischen Staatspräsidenten und den russischen Außenminister, eine Schließung des EU-Luftraums für russischen Flugzeuge sowie aller EU-Häfen für russische Schiffe, Ex- und Importverbote für verschiedene Güter und Technologien, ein Verbot von Transaktionen mit der russischen Zentralbank und den Ausschluss von sieben russischen Banken vom internationalen Zahlungssystem SWIFT sowie ein Sendeverbot für die russischen Staatsmedien Sputnik und Russia Today in der EU. Überraschend schnell gelang Anfang April 2022 auch die Einigung auf ein EU-weites Einfuhrverbot für Kohle und andere fossile Brennstoffe aus der russischen Föderation. Erste Risse in der europäischen Geschlossenheit zeigten sich erst in der Diskussion um ein Öl-Embargo gegen Russland, das den zentralen Aspekt des sechsten Sanktionspaketes gegen Moskau darstellte. Ende Mai 2022 konnten sich die Staats- und Regierungschef:innen jedoch auf einen Kompromiss verständigen, der alle Ölimporte aus Russland auf dem Seeweg verbietet, eine Einfuhr über die Druschba-Pipeline aber weiterhin gestattet. Das Streichen der Individualsanktionen gegen den Patriarchen Kyrill I. auf Druck Ungarns, zeigte zwar einmal mehr, dass die GASP weiterhin am Einstimmigkeitsprinzip leidet. Zeitgleich war die Isolation Ungarns derart offensichtlich, dass auch die temporäre Blockade durch Budapest der Einigkeit im Umgang mit Russland keinen zentralen Schaden zufügen konnte.

Ein geschlossenes Auftreten kennzeichnete auch die flankierenden Maßnahmen der EU rund um den Krieg in der Ukraine. Als Reaktion auf die belarussische Beteiligung am russischen Angriff verabschiedete die EU Anfang März 2022 ein zusätzliches Sanktionspaket

---

2 Vgl. hierzu auch den Beitrag „Die Europäische Union und Russland" in diesem Jahrbuch.

Gemeinsame Außen- und Sicherheitspolitik

gegen Minsk, das neben individuellen Sanktionen einen Ausschluss mehrerer Banken vom Zahlungssystem SWIFT, ein Verbot von Transaktionen mit der belarussischen Zentralbank sowie Handelsbeschränkungen enthielt. Gleichzeitig erfolgten mehrere Beschlüsse zur direkten und indirekten Unterstützung der Ukraine. Die Kommission stellte 230 Mio. Euro für direkte humanitäre Hilfe der ukrainischen Zivilbevölkerung bereit3 und im April 2022 wurden Mittel in Höhe von 20 Mrd. Euro beschlossen, mit denen die Mitgliedstaaten bei der Aufnahme ukrainischer Geflüchteter unterstützt werden sollen. Einen Monat später beschloss das Europäische Parlament (EP) eine einjährige Aussetzung aller Zölle auf ukrainische Exporte.

In der Reaktion auf externe Schocks zeigt sich, dass die EU im Falle einer unmittelbaren Bedrohung zu innerer Geschlossenheit in der GASP fähig ist. Zwar reichte der unkoordinierte Abzug aus Afghanistan nicht aus, um schwerwiegende operative und grundlegende Koordinierungsmängel der GASP nachhaltig zu überwinden. Der russische Überfall auf die Ukraine aber zog nicht nur unmittelbare finanzielle und materielle Hilfen für Kyjiw nach sich, sondern entwickelte auch das EU-Sanktionsregime durch die Anwendung der Brückenklausel zur Beschlagnahmung von Vermögen weiter.

Der Blick nach Innen: Frühwarnung und Analysefähigkeiten der GASP

Der Versuch einer Vertiefung der GASP und der Gemeinsamen Sicherheits- und Verteidigungspolitik (GSVP) sollte mit dem Strategischen Kompass zur Sicherheit und Verteidigung vom März 2022 unter französischer Ratspräsidentschaft erfolgen. Das 49-seitige GASP-Dokument fasst zentrale außen- und sicherheitspolitische Herausforderungen zusammen und formuliert Handlungsschritte zu ihrer Bearbeitung. Die Konsequenzen des Angriffskriegs analysiert der strategische Kompass dabei nur unzureichend und greift sie durch Strukturveränderungen in der GASP/GSVP auf. Kritiker:innen sehen in dem Dokument eine außenpolitische Analyse, aber weniger ein ernstzunehmendes Strategiedokument der Sicherheit und Verteidigung. Über einzelne Maßnahmen hinaus sind keine nennenswerten Reformen festgehalten, um die EU strategisch handlungsfähiger zu machen. Der Abzug der USA aus Afghanistan hatte bspw. die militärisch-operative Abhängigkeit von Washington plakativ vor Augen geführt, weshalb die Entwicklung einer bereits in der Vergangenheit beschlossenen EU-Schnelleingreiftruppe nun bereits bis zum Jahr 2025 eingerichtet werden soll.

Zur Umsetzung des Strategischen Kompasses soll die EU künftig auf die „Europäische Friedensfazilität" zurückgreifen, die bereits im März 2021 eingerichtet wurde. Sie ist ein haushaltsexternes Instrument, das es der EU ermöglicht, Maßnahmen im Rahmen der GASP zu finanzieren, die militärische oder verteidigungspolitische Bezüge haben.[4] Mittels der Europäischen Friedensfazilität finanziert die EU die ukrainischen Streitkräfte mit 2 Mrd. Euro und stellt rund 31 Mio. Euro für medizinisches Gerät, die operative Minenräumung, militärische Logistik sowie Cyberabwehrfähigkeiten zur Verfügung. Georgien erhält eine Förderung in der Höhe von 12,75 Mio. Euro für medizinische Produkte und Transportlogistik. Der Republik Moldau wurde eine Unterstützung in der Höhe von 7 Mio. Euro gewährt. Der Strategische Kompass greift zudem neue Herausforderungen, wie u.a. niederschwellige militärische Operationen, Cyberangriffe oder Desinformationen auf. Konkret sollen die nachrichtendienstlichen Auswertungskapazitäten im Europäischen Auswärtigen

---

3　Vgl. hierzu auch den Beitrag „Entwicklungszusammenarbeit und Humanitäre Hilfe" in diesem Jahrbuch.
4　Europäischer Rat/Rat der EU: Europäische Friedensfazilität, abrufbar unter https://www.consilium.europa.eu/de/policies/european-peace-facility/ (letzter Zugriff: 11.8.2022).

Dienst (EAD) gestärkt sowie Rechtsakte und Maßnahmen in zwei „Werkzeugkästen" zu „hybriden Bedrohungen" und zur „ausländischen Einmischung" zusammengefügt werden. Nach wie vor liefern die Regierungen aber keine nennenswerten nachrichtendienstlichen Erkenntnisse und Informationen aus den Hauptstädten zum EU Intelligence Analysis Center im EAD.

Die vorangegangenen Reformüberlegungen zur Neuaufstellung des EAD aus dem Jahr 2020/21 wurden weder finanziell noch personell ernsthaft weiterverfolgt. Die Einführung von Qualifizierten Mehrheitsentscheidungen in der GASP sowie die Schaffung einer EU-Cyberabwehr kommen wegen der mitgliedstaatlichen Souveränitätsvorbehalte nicht voran. Im Rahmen der Konferenz zur Zukunft Europas wird daher auch nur eine „Reform der kleinen Schritte" in der GASP möglich werden.

Trotz des von Russland induzierten Bruchs der europäischen Sicherheitsordnung verzichtet das Vereinigte Königreich (VK) auch weiterhin auf jedwede Form strukturierter Zusammenarbeit mit der EU in Fragen der Außen- und Sicherheitspolitik. Die einzige Ausnahme hierzu stellt die Cybersicherheit dar, bei der London als Five-Eye Mitglied weiterhin am Informationsaustausch mit der EU interessiert ist. Als einziges großes NATO-Mitglied verweigerte das VK jedoch eine Beteiligung am EU-Projekt zur militärischen Mobilität. Stattdessen bilateralisierte der neue Drittstaat seine Beziehungen zu EU-Mitgliedstaaten, u.a. in Abkommen mit Estland, Deutschland, Belgien und Griechenland.[5] Gleichzeitig bleiben die Beziehungen zwischen Brüssel und London angespannt, insbesondere rund um die strittige Frage des Nordirland-Protokolls.[6]

Die ambivalente Rolle der EU für den Zusammenhalt der Demokratien

Die tektonischen Verschiebungen, die der russische Angriffskrieg in der europäischen Außenpolitik auslöste, blieben nicht ohne Auswirkungen auf die globale und regionale Ausgestaltung der GASP.

Das Verhältnis der EU zu China, das spätestens seit der Blockade des EU-China Investitionsabkommens durch das Europäische Parlament (EP) Zermürbungserscheinungen aufwies, verschlechterte sich zusehends.[7] Beim EU-China Gipfeltreffen im April 2022 konnte auch die Absprache über einen gemeinsamen hochrangigen Dialog über Klima und Umwelt nicht über die erheblichen Differenzen in den Bereichen Handel, Marktzugang und Menschenrechte hinwegtäuschen. Zugleich weigert sich Peking, die Sanktionen gegen Russland zu unterstützen. Auch sucht es keine Vermittlerrolle zwischen Russland und der Ukraine, um ein Waffenstillstandsabkommen zu erzwingen. Kommissionspräsidentin Ursula von der Leyen warnte sogar explizit vor einer Eskalation in der indopazifischen Region durch den engen Schulterschluss zwischen Moskau und Peking.

Im Gegensatz dazu verfestigten sich die Kooperationstendenzen im transatlantischen Verhältnis, wenn auch mit Rückschlägen. So erhielt der Enthusiasmus über die neue US-Administration, der mit dem EU-US Gipfel im Juni 2021 begonnen hatte,[8] einen Dämpfer, als die USA ohne Konsultation Frankreichs und der EU die Unterzeichnung des trilateralen Sicherheitsabkommens AUKUS mit dem Vereinigten Königreich und Australien verkündete. Auch die ersten beiden Treffen des neu gegründeten EU-US Trade and Technology

---

5   Julina Mintel/Nicolai von Ondarza: Die Bilateralisierung der britischen Außenpolitik, SWP-Aktuell 16/2022.
6   Vgl. hierzu auch den Beitrag „Die Europäische Union und das Vereinigte Königreich" in diesem Jahrbuch.
7   Vgl. hierzu auch den Beitrag „Die Europäische Union und China" in diesem Jahrbuch.
8   Annegret Bendiek/Moritz Wiesenthal: Gemeinsame Außen- und Sicherheitspolitik, in: Werner Weidenfeld/Wolfgang Wessels (Hg.): Jahrbuch der Europäischen Integration 2021, Baden-Baden 2021, S. 337–342.

Councils (TTC) blieben ohne greifbare Ergebnisse. Gleichzeitig begrüßte die EU das klare Bekenntnis der US-Administration zum regelbasierten Multilateralismus und verdeutlichte in ihrer Mitteilung zur neuen EU-Kooperationsstrategie für den Indo-Pazifik den Wunsch zur Zusammenarbeit mit den USA. Die deutlichsten Anzeichen einer neuen transatlantischen Einheit stellten sich mit dem Kriegsbeginn in der Ukraine heraus. Seither findet eine enge Verständigung über gemeinsame Maßnahmen gegen Russland und zur Unterstützung der Ukraine statt. Zur langfristigen Abstimmung initiierten die beiden Seiten ein neues Format zum strategischen Dialog über den Umgang mit Russland, das Ende März 2022 zum ersten Mal tagte. Im Zusammenspiel mit NATO und den G7 katalysierte der Krieg eine neue Allianz der Demokratien auch in Bezug auf Afrika.

Afrika

Die Auseinandersetzungen mit Moskau tangierten auch die europäischen Beziehungen zu Afrika. Als bekannt wurde, dass die mit dem Kreml verbundene Söldnergruppe Wagner lokale Militärkräfte in der Zentralafrikanischen Republik (CAF) kontrollierte, suspendierte die EU ihre Ausbildungsmission in dem Land. Eine ähnliche Entwicklung vollzog sich in Mali. Nachdem die malische Militärjunta keine ausreichenden Garantien abgegeben hatte, dass keine Zusammenarbeit mit Wagner erfolge, verlegte die EU ihre Trainingsmission in den benachbarten Niger. Mitte Februar 2022 verkündeten Frankreich und seine militärischen Partner einen Komplettabzug ihrer Truppen aus Mali. Damit wird die EU sowohl in Zentralafrika als auch in der strategisch wichtigen Sahel-Zone de-facto von Russland verdrängt.[9] Ob die Ende Mai 2022 durch den EAD vorgeschlagenen Alternativoperationen in Niger, Burkina Faso und im Golf von Guinea hierbei zumindest ausgleichend wirken können, muss sich erst noch zeigen.

Im Gegensatz zum operativen Rückzug konnte die EU in den Beziehungen zu Afrika diplomatische Erfolge verzeichnen. So einigten sich die Staats- und Regierungschef:innen der EU und der Afrikanischen Union (AU) Anfang Juni 2022 auf eine gemeinsame Stellungnahme, in der sie den russischen Angriffskrieg für die erheblichen Störungen der Lebensmittelversorgung in Afrika verantwortlich machten. Darüber hinaus fand nach mehrjähriger Verschiebung im Februar 2022 der gemeinsame EU-AU-Gipfel statt, bei dem die Staats- und Regierungschef:innen eine neue Partnerschaft vereinbarten. Zentraler Bestandteil ist ein Investitionspaket in Höhe von 150 Mrd. Euro bis 2030, dass öffentliche und private Investitionen in den Bereichen Energie, Verkehr und digitale Infrastruktur fördern soll und gezielte Instrumente in den Bereichen Bildung und Gesundheit beinhaltet.[10] Diese Ambitionen sind auf dem G7-Gipfel im Juni 2022 mit einer großen Infrastrukturinitiative untermauert worden.

Die europäische Nachbarschaft

In regionaler Nachbarschaft war das zurückliegende Jahr von zunehmenden Spannungen gekennzeichnet, die in der Berichterstattung aber weitestgehend im Schatten des Krieges in der Ukraine verblieben.

Im Verhältnis zur Türkei verschärfte sich der Ton zusehends. Im Juni 2022 attestierte das EP dem Mittelmeerstaat eine zunehmende Verschlechterung der Menschenrechtslage

---

9   Vgl. hierzu auch den Beitrag „Gemeinsame Sicherheits- und Verteidigungspolitik" in diesem Jahrbuch.
10 Vgl. hierzu auch den Beitrag „Afrikapolitik" in diesem Jahrbuch.

und sah trotz Dialoge auf hoher Ebene keinen Anlass, seine ablehnende Haltung zur Fortsetzung der EU-Beitrittsgespräche zu revidieren. Hatten zuvor insbesondere die Territorialstreitigkeiten um Zypern und die illegalen Gasbohrungen Ankaras im Mittelmeer dominiert,[11] verschob sich der Fokus ab Mai 2022 auf die bilateralen Beziehungen zwischen Griechenland und der Türkei. Während der griechische Premierminister Kyriakos Mitsotakis vor dem Kongress in Washington indirekt vor Rüstungslieferungen an die Türkei warnte, forderte der türkische Außenminister eine Entmilitarisierung mehrerer Inseln in der Ost-Ägäis. Die Situation spitzte sich zu, als der türkische Staatspräsident Recep Tayyip Erdoğan im Juni 2022 anwies, alle bilateralen Gespräche mit Athen unverzüglich zu beenden.

Zeitgleich versuchte Ankara, seinen Einfluss im Westbalkan auszuweiten. Neben bildungspolitischen Initiativen gehörte dazu auch das Angebot, sich im Konflikt in Bosnien-Herzegowina als Vermittler einzubringen. Mit diesem Vorstoß trifft die Türkei einen wunden Punkt in der europäischen Westbalkanpolitik: einerseits bauen konkurrierende internationale Akteure wie China, Russland und die Türkei zunehmend ihren Einfluss in der Region aus. So verweigerte der wiedergewählte serbische Präsident Aleksandar Vučić eine Beteiligung seines Landes an den Sanktionen gegen Russland und Belgrad verkündete stattdessen die Verlängerung eines Gasvertrages mit Moskau. Andererseits scheiterten Fortschritte im Erweiterungsprozess an den Partikularinteressen einzelner Mitgliedstaaten: seit 2020 blockiert Bulgarien den Beginn der Beitrittsverhandlungen mit Nordmazedonien und damit indirekt auch den Albaniens. Damit verliert die EU bei ihren vielversprechendsten Beitrittskandidaten zusehends an Glaubwürdigkeit, ein Umstand, über den auch die Bekräftigung einer europäischen Perspektive beim Westbalkangipfel im Oktober 2021 nicht hinwegtäuschen konnte.

Fazit

Die Glaubwürdigkeit der GASP leidet weiterhin an zu hohen Erwartungen und zu geringen Fähigkeiten zur Reform. Während der Abzug aus Afghanistan, die Stagnation in der institutionellen Weiterentwicklung und die Blockaden einzelner Mitgliedstaaten in der Sanktions- und Erweiterungspolitik die mangelnde Einigkeit der EU verdeutlichten, ließ die schnelle und vehemente Reaktion auf die russische Invasion der Ukraine bisher ungeahntes Handlungspotenzial in der GASP erkennen. Vereinfacht lässt sich in dieser Entwicklung eine Verwestlichung im Rahmen der G7 und unter verteidigungspolitischer Rückendeckung durch die NATO erkennen: Die Mitgliedstaaten sind vor dem Hintergrund externer Sicherheitsbedrohungen schnell einigungsfähig, bleiben bei anderen außenpolitischen Konfliktthemen aber weiter gespalten.

Weiterführende Literatur

Annegret Bendiek/Raphael Bossong: »Hybride Bedrohungen«: Vom Strategischen Kompass zur Nationalen Sicherheitsstrategie, SWP-Aktuell 40/2022.
Annegret Bendiek/Isabella Stürzer: Die digitale Souveränität der EU ist umstritten, SWP-Aktuell 30/2022.

---

11 Annegret Bendiek/Moritz Wiesenthal: Gemeinsame Außen- und Sicherheitspolitik, in: Werner Weidenfeld/Wolfgang Wessels (Hg.): Jahrbuch der Europäischen Integration 2021, Baden-Baden 2021, S. 337–342.

Gemeinsame Sicherheits- und Verteidigungspolitik

Florence Ertel/Daniel Göler

Die Debatten über die Gemeinsame Sicherheits- und Verteidigungspolitik der EU (GSVP) wurden im zweiten Halbjahr 2021 und im ersten Halbjahr 2022 stark von externen Krisen bestimmt: Das Ende des Afghanistaneinsatzes hat den Mitgliedstaaten ihre begrenzten Fähigkeiten und ihre Abhängigkeit sowohl von den militärischen Ressourcen als auch von den politischen Entscheidungen der USA vor Augen geführt. Dies gab der Diskussion über eine (zum damaligen Zeitpunkt primär in Bezug auf die USA gedachte) strategische Autonomie neuen Auftrieb. Die zunehmende Unterminierung der EU-Politik im nördlichen Afrika und in der Sahelzone durch Russland mit dem Einsatz der sogenannten Wagner-Gruppe machte deutlich, dass die EU einem systemischen Rivalen gegenübersteht, der nicht nur auf politischer und wirtschaftlicher, sondern auch auf militärischer Ebene als offener Konkurrent auftritt. Der russische Angriffskrieg gegen die Ukraine hat gezeigt, dass die EU Antworten auf zwischenstaatliche Kriege, die offene Anwendung militärischer Gewalt und militärische Drohungen auch gegenüber der EU bzw. einzelnen Mitgliedstaaten finden muss.

In Bezug auf den russischen Krieg gegen die Ukraine spricht der Europäische Rat dabei von einer „tektonische[n] Verschiebung in der Geschichte Europas" und einer „neuen Wirklichkeit" und fordert „weitere entscheidende Schritte zum Aufbau unserer europäischen Souveränität" bzw. die Steigerung der „Fähigkeit zum autonomen Handeln".[1] Dabei hat sich im Vergleich zur Afghanistan-Debatte das Verständnis von Autonomie ein Stück weit verschoben: weg von einer größeren „Autonomie [der EU] gegenüber den USA [… hin] zum Schutz ihrer Mitgliedstaaten […] in einer von Großmächterivalitäten geprägten globalen Politik".[2]

Der Strategische Kompass als neue EU-Sicherheitsstrategie

Der tiefe Einschnitt, den der russische Überfall auf die Ukraine für die Sicherheitspolitik der EU bedeutet, zeigt sich deutlich an der neuen EU-Sicherheitsstrategie, dem sogenannten Strategischen Kompass. Der im November 2021 dem Rat vorgelegte Entwurf war nach dem 24. Februar 2022 wieder überholt, was zu einer grundlegenden Überarbeitung des schließlich Ende März beschlossenen Dokuments führte. Statt eines allgemeinen Resümees der Herausforderungen beziehen sich schon zu Beginn der finalen Version zwei neue Absätze auf die veränderte sicherheitspolitische Lage. Es wird von der „Rückkehr des Krieges nach Europa" gesprochen und der russische Überfall auf die Ukraine „ungerechtfertigte Aggression" genannt, was zusammen mit den daraus resultierenden geopolitischen Veränderungen

---

1 Europäischer Rat: Informelle Tagung der Staats- und Regierungschefs. Erklärung von Versailles 10. und 11. März 2022, S. 3.
2 Nicolai von Ondarza/Marco Overhaus: Strategische Souveränität neu denken. Narrative und Prioritäten für Europa nach dem Angriff Russlands auf die Ukraine, SWP-Aktuell 29/2022, S. 1.

sehr große Herausforderungen für die EU darstellt.³ Im strategischen Kompass wird durch die neue Bedrohungslage aber auch eine Chance für die GSVP deutlich, da die EU als „geeinter denn je" beschrieben wird, eine große Entschlossenheit in der Verteidigung ihrer Sicherheitsordnung nach außen zeige und die Ukraine in ihrem Widerstand gegen die militärische Aggression unterstütze.⁴ Deutliche Worte findet der Strategische Kompass auch in Bezug auf die Achtung von Souveränität, territorialer Unversehrtheit und Unabhängigkeit innerhalb international anerkannter Grenzen.

Die Rolle Russlands als Aggressor bildet im gesamten Dokument ein Leitmotiv. Im Kapitel zur Bedrohungsanalyse wurde ein neues Unterkapitel eingefügt, das den Titel „Die Rückkehr der Machtpolitik in einer umstrittenen multipolaren Welt"⁵ trägt, wobei die militärischen Aktionen Russlands im Vordergrund stehen. Die russische Regierung strebe es an, Einflussgebiete zu schaffen und nutze „Krisen auf opportunistische Weise"⁶ – sei es in Georgien 2008, bei der Annexion der Krim und der militärischen Intervention in der Ostukraine 2014, mit Desinformationskampagnen oder mit dem Einsatz von Söldnern wie der Wagner-Gruppe in Nordafrika. Neben der akuten Bedrohung durch Russland sieht der Strategische Kompass eine weitere zentrale Herausforderung in China, das als „Kooperationspartner, wirtschaftlicher Wettbewerber und systemischer Rivale"⁷ bezeichnet wird. Die EU will deshalb in Bezug auf China sicherstellen, dass die globale Sicherheit gewahrt bleibt.

Der strategische Kompass definiert eine „stärkere und fähigere EU im Bereich Sicherheit und Verteidigung" dabei ergänzend zur NATO, die für „ihre Mitglieder das Fundament der kollektiven Verteidigung" bleibe.⁸ Dies wird in dem Kapitel, das sich explizit auf Partner bezieht, nochmals bekräftigt. So sei mit Blick auf die Handlungen Russlands, die strategische Partnerschaft mit der NATO für die „euro-atlantische Sicherheit von entscheidender Bedeutung".⁹ Dazu kommt das Ziel, in einem feindlicheren Sicherheitsumfeld die Handlungsfähigkeit zu erhöhen und die Resilienz zu stärken.

Insgesamt baut die Strategie auf vier Säulen auf: Handeln, Sichern, Investieren und mit Partnern zusammenarbeiten. Ziel ist es, einen Aktionsplan zu schaffen, der dazu beiträgt bis 2030 die Handlungsfähigkeit der EU in der GSVP zu fördern, die Sicherheitsinteressen vor dem Hintergrund von Bedrohungen und Herausforderungen zu wahren, die Ausgaben für Verteidigung zu erhöhen und die Zusammenarbeit mit Partnern wie der NATO und den Vereinten Nationen (VN) zu stärken.¹⁰ Insgesamt deutet das Dokument darauf hin, dass die GSVP in Zukunft stärker aus robusten und militärischen Elementen bestehen könnte. So wird explizit angestrebt, die zivilen und militärischen Missionen mit „robusteren und flexibleren Mandaten aus[zu]statten".¹¹ Besonders hervorzuheben ist das Ziel, bis „spätestens 2025"¹² eine modular organisierte EU-Schnelleingreifkapazität zu schaffen. Diese soll aus

---

3 Rat der EU: Ein Strategischer Kompass für Sicherheit und Verteidigung – Für eine Europäische Union, die ihre Bürgerinnen und Bürger, Werte und Interessen schützt und zu Weltfrieden und internationaler Sicherheit beiträgt, 7371/22, 21.3.2022, S. 2.
4 Rat der EU: Ein Strategischer Kompass für Sicherheit und Verteidigung, 2022, S. 2.
5 Rat der EU: Ein Strategischer Kompass für Sicherheit und Verteidigung, 2022, S. 7.
6 Rat der EU: Ein Strategischer Kompass für Sicherheit und Verteidigung, 2022, S. 7.
7 Rat der EU: Ein Strategischer Kompass für Sicherheit und Verteidigung, 2022, S. 8.
8 Rat der EU: Ein Strategischer Kompass für Sicherheit und Verteidigung, 2022, S. 2; vgl. hierzu auch den Beitrag „Die Europäische Union und die NATO" in diesem Jahrbuch.
9 Rat der EU: Ein Strategischer Kompass für Sicherheit und Verteidigung, 2022, S. 39.
10 Rat der EU: Pressemitteilung, Ein strategischer Kompass für mehr Sicherheit und Verteidigung der EU im nächsten Jahrzehnt, 301/22, 21.3.2022.
11 Rat der EU: Ein Strategischer Kompass für Sicherheit und Verteidigung, 2022, S. 3.
12 Rat der EU: Ein Strategischer Kompass für Sicherheit und Verteidigung, 2022, S. 19.

bis zu 5.000 Einsatzkräften aus Heer, Marine und Luftwaffe bestehen. Schwerpunktmäßig soll diese für Rettungs-, Evakuierungs- und Stabilisierungseinsätze verwendet werden. Wie sich diese Eingreiftruppe tatsächlich zusammensetzt und wie die Logistik abläuft, bleibt im Dokument unklar. So soll „der Aufbau […] auf der Grundlage operativer Szenarien erfolgen" und „aus grundlegend veränderten EU-Gefechtsverbänden und vorab festgelegten militärischen Kräften und Fähigkeiten der Mitgliedstaaten bestehen". Dabei wird auch die Verpflichtung genannt, „den Bereitschaftsgrad und die Verfügbarkeit [der] Streitkräfte zu erhöhen"[13], was auf eine Verschiebung zum Einsatz robuster Mittel hindeuten kann. Hinzu kommt das klare Bekenntnis zu einem flexibleren Beschlussfassungsprozess – insbesondere geht es dabei um die Umsetzung von Art. 44 EUV, was Missionen einer Gruppe von Mitgliedstaaten unter der Aufsicht des Rates erlauben würde. Ein Stück weit offengelassen ist allerdings, inwiefern die GSVP sich künftig auch auf Fragen der Landes- und Bündnisverteidigung erstrecken soll. Zwar wird die Solidaritätsklausel in Art. 42 (7) EUV hervorgehoben, ohne diese allerdings – wie zunächst von Finnland und Schweden nach dem russischen Überfall auf die Ukraine angeregt – zu konkretisieren.

Im Bereich der zivilen GSVP soll ein neuer Pakt bis Mitte 2023 dafür sorgen, Missionen innerhalb von 30 Tagen zu entsenden und die Ausrüstung durch ein strategisches Vorratslager und eine Unterstützungsplattform zu gewährleisten.[14] Ein weiteres ehrgeiziges Ziel beinhaltet die Entwicklung eines Instrumentariums gegen hybride Bedrohungen, für Cyberdiplomatie und gegen ausländische Informationsmanipulation und Einmischung und somit die Weiterentwicklung der Politik im Bereich Cyberabwehr für das Jahr 2022.[15]

Alles in allem erweckt der strategische Kompass als neue EU-Sicherheitsstrategie den klaren Eindruck, die EU im sicherheits- und verteidigungspolitischen Bereich handlungsfähiger zu machen und dafür auch konkrete Maßnahmen – auch und besonders in finanzieller Form – vorzunehmen. Inwiefern die Umsetzung dieser ehrgeizigen Sicherheitsstrategie gelingt, bleibt in den kommenden Jahren abzuwarten.

Unitarisierung der europäischen Sicherheitsarchitektur
Bereits in den letzten Jahren ließen sich in der Sicherheits- und Verteidigungspolitik Entwicklungen erkennen, die auf eine „Stärkung der Rolle gemeinsamer Institutionen" bzw. eine „partielle […] Supranationalisierung"[16] in der GSVP abzielten. Diese Tendenz, die auch als Unitarisierung bezeichnet werden kann, zeigte sich vor allem in der Einrichtung des dem normalen Haushaltsverfahren unterworfenen Europäischen Verteidigungsfonds, in der Schaffung einer neuen Generaldirektion der Europäischen Kommission DEFIS (Defence Industry and Space) und in der Bereitstellung von EU-Haushaltsmitteln im Rahmen des Aktionsplans zur Förderung militärischer Mobilität.[17] Gleichzeitig war in den letzten Jahren auch ein Rückgriff auf Modelle der Differenzierten Integration zu beobachten, etwa in Form der Initiierung der Ständigen Strukturierten Zusammenarbeit (SSZ), der Gründung der Europäischen Interventionsinitiative und verschiedener Kooperationsprojekte zwischen

---

13 Rat der EU: Ein Strategischer Kompass für Sicherheit und Verteidigung, 2022, S. 14.
14 Rat der EU: Ein Strategischer Kompass für Sicherheit und Verteidigung, 2022, S. 16.
15 Rat der EU: Ein strategischer Kompass für Sicherheit und Verteidigung, 2022, S. 26 f.
16 Daniel Göler/Florence Reiter: Gemeinsame Sicherheits- und Verteidigungspolitik, in: Werner Weidenfeld/Wolfgang Wesels (Hg.): Jahrbuch der Europäischen Integration 2021, Baden-Baden 2021, S. 344; Daniel Göler/Florence Reiter: Gemeinsame Sicherheits- und Verteidigungspolitik, in: Werner Weidenfeld/Wolfgang Wesels (Hg.): Jahrbuch der Europäischen Integration 2020, Baden-Baden 2020, S. 362.
17 Calle Håkansson: The European Commission's new role in EU security and defence cooperation: The case of the European Defence Fund, in: European Security 30(4)/2021, S. 589.

einzelnen Mitgliedstaaten. Diese Gleichzeitigkeit unterschiedlicher Entwicklungen hat sich auch im letzten Jahr fortgesetzt: Einerseits wurde die SSZ als Kern der Differenzierung innerhalb der GSVP mit einer vierten Welle von 14 neuen SSZ-Projekten weiter ausgebaut.[18] Andererseits gab es aber auch einen Trend zu einer stärkeren Vereinheitlichung und Unitarisierung, der in der Gesamtschau sogar ein Übergewicht gegenüber der weiteren Differenzierung hatte.

Augenfälligster Ausdruck dieser Entwicklungen war die Aufgabe des dänischen Opt-Outs für die GSVP, womit dieser künftig alle 27 Mitgliedstaaten angehören werden. Ebenfalls zu nennen ist die weitere Stärkung der Rolle der Europäischen Kommission in der GSVP. So wird die Kommission in dem im März 2022 verabschiedeten strategischen Kompass insgesamt 19-mal genannt, während sie in der ersten Europäischen Sicherheitsstrategie (ESS) aus dem Jahr 2003 keinmal und in der Global Strategy aus dem Jahr 2016 nur neunmal erwähnt wurde.[19] Wichtiger als die reine Häufigkeit der Nennung ist, dass die Kommission im strategischen Kompass auch in die strategische Planung und konzeptionelle Weiterentwicklung der GSVP eingebunden ist, insbesondere in Bezug auf die Fähigkeitsentwicklung. Diese gewachsene Rolle der Kommission zeigt sich auch in der sogenannten Erklärung von Versailles, in welcher der Europäische Rat sich auf ein umfassendes Maßnahmenbündel als Reaktion auf die neue sicherheitspolitische Situation nach dem russischen Angriff auf die Ukraine geeinigt und eine gemeinsame Situationsbewertung vorgenommen hat.[20] Auch die stärkere Nutzung der Binnenmarktkompetenzen der Kommission für die rüstungspolitischen Ziele der GSVP liegt auf dieser Linie. Zu nennen ist hier insbesondere der im strategischen Kompass verankerte Vorschlag grenzüberschreitende Rüstungsprojekte durch eine Mehrwertsteuerbefreiung zu fördern.[21]

Ebenfalls im Kontext einer Unitarisierung bzw. Zentralisierung kann die Europäische Friedensfazilität gesehen werden, die im März 2021 geschaffen wurde und sich im Ukraine-Krieg zu einem wichtigen Instrument der Sicherheitspolitik der EU entwickelt hat. In diesem außerhalb des EU-Haushalts stehenden neuen gemeinsamen Finanzierungsinstrument nimmt nicht nur der Hohe Vertreter der Union für Außen- und Sicherheitspolitik, der zugleich Vizepräsident der Kommission ist, eine zentrale Rolle ein. Auch der Kommission als Ganzes wird eine – wenn auch begrenzte – formale Rolle zugewiesen; das Europäische Parlament hingegen wird nicht beteiligt. Während die Friedensfazilität bei ihrer Einrichtung noch primär als Instrument gesehen wurde, „um die gemeinsamen Kosten militärischer GSVP-Operationen und -Missionen zu finanzieren"[22] sowie begrenzte Maßnahmen zum Kapazitätsaufbau im Rahmen von Sicherheits-Sektor-Reform (SSR) Missionen zu fördern, hat sie sich nach dem russischen Überfall auf die Ukraine zum Instrument einer umfassenden Militärhilfe (inklusive der Finanzierung letaler Waffen für die Ukraine) in einem geostrategischen Großkonflikt entwickelt.[23]

---

18 Rat der EU: Pressemitteilung, EU-Zusammenarbeit im Verteidigungsbereich. Rat leitet 4. Welle neuer SSZ-Projekte ein, 866/21, 16.11.2021.
19 Europäischer Rat: Ein sicheres Europa in einer besseren Welt. Europäische Sicherheitsstrategie, Brüssel 2003; Europäischer Auswärtiger Dienst: Gemeinsame Vision, gemeinsames Handeln: Ein stärkeres Europa. Eine Globale Strategie für die Außen- und Sicherheitspolitik der Europäischen Union, Brüssel 2016.
20 Europäischer Rat: Erklärung von Versailles, 11.3.2022.
21 Rat der EU: Ein Strategischer Kompass für Sicherheit und Verteidigung, 2022, S. 33 und 38.
22 Rat der EU: Beschluss (GASP) 2021/509 zur Einrichtung einer Europäischen Friedensfazilität und zur Aufhebung des Beschlusses (GASP) 2015/528, in: Amtsblatt der Europäischen Union L 102/15, 24.3.2021.
23 Rat der EU: Pressemitteilung, EU support to Ukraine: Council agrees on further increase of support under the European Peace Facility, 483/22, 24.5.2022.

In Richtung Vereinheitlichung der europäischen Sicherheitsarchitektur wirkt schließlich auch der Beitrittsantrag Schwedens und Finnlands zur NATO. Gemeinsam mit dem GSVP-Beitritt Dänemarks wird die europäische Sicherheitsarchitektur hierdurch deutlich homogener, da nun – bis auf Österreich und die drei militärisch wenig bedeutsamen Inselstaaten Malta, Zypern und Irland alle EU-Mitgliedstaaten sowohl der NATO als auch der GSVP angehören. Interessant ist in diesem Zusammenhang auch die förmliche Unterstützung der beiden NATO-Beitrittsanträge durch die EU.[24]

Deutschlands und Frankreichs Perspektiven auf die GSVP nach den Wahlen
Auf deutscher Seite hat sich bereits vor dem russischen Überfall auf die Ukraine und der anschließend proklamierten Zeitenwende eine Veränderung in Bezug auf die GSVP abgezeichnet. So setzt der Koalitionsvertrag vom Dezember 2021 neben dem Ziel des Ausbaus des zivilen Krisenmanagements im Rahmen der GSVP auch eindeutige Schwerpunkte im militärischen Bereich: Die Koalitionspartner haben sich darin auf „eine verstärkte Zusammenarbeit nationaler Armeen […] bei Ausbildung, Fähigkeiten, Einsätzen und Ausrüstung" geeinigt und das Ziel formuliert „gemeinsame Kommandostrukturen und ein gemeinsames zivil-militärisches Hauptquartier [zu] schaffen."[25] Hintergrund sind hierbei die Erfahrungen des Endes des Afghanistan-Krieges, das den Mitgliedstaaten ihre Handlungsbeschränkungen vor Augen geführt hat. Entsprechend wird im Koalitionsvertrag das Ziel einer strategisch souveränen EU mehrfach genannt, welches an entsprechende französische Initiativen der letzten Jahre anknüpft. Der russische Überfall auf die Ukraine hat diese Tendenzen nochmals verstärkt und die Bereitschaft der Bundesregierung zu einer Weiterentwicklung der GSVP auch im militärischen Bereich weiter erhöht.

Diese Veränderungen auf deutscher Seite waren für die französische Ratspräsidentschaft im ersten Halbjahr 2022 eine günstige Voraussetzung für die Verfolgung ihrer sicherheitspolitischen Agenda. Das Ratspräsidentschaftsprogramm deklarierte dabei bereits vor dem russischen Angriff auf die Ukraine „ein souveränes Europa" und die Weiterentwicklung der GSVP als übergeordnete Ziele.[26] Nach dem 24. Februar 2022 gelang es der französischen Ratspräsidentschaft mit deutscher Unterstützung auf dem Gipfeltreffen von Versailles am 10. und 11. März 2022 eine Einigung auf „neuartige Verpflichtungen"[27] zu erzielen, wie die Erhöhung von Ausgaben für Verteidigung, die Förderung von Projekten in diesem Bereich sowie die Verstärkung der gemeinsamen Verteidigungsgüterbeschaffung. Das Gipfeltreffen fiel zeitlich in den französischen Präsidentschaftswahlkampf und bot dem französischen Präsidenten Emmanuel Macron, der für eine zweite Amtszeit kandidierte, eine Bühne, um sich als Anführer in Europa zu stilisieren. Dies hatte auch unmittelbare Auswirkungen auf die französische Perspektive zur Weiterentwicklung der GSVP. Mehr denn je erhielten Macrons Bemühungen für eine stärkere strategische Autonomie Europas und eine Zusammenarbeit der europäischen Armeen Aufmerksamkeit. Auch für die Verabschiedung des strategischen Kompasses bildete die neue sicherheitspolitische Landschaft und der veränderte Diskurs in Deutschland nach der sogenannten „Zeitenwende" ein

---

24 Rat der EU: Pressemitteilung, Remarks by President Charles Michel before the NATO summit in Madrid, 645/22, 29.6.2022.
25 SPD/Bündnis 90/Die Grünen/FDP: Mehr Fortschritt Wagen. Bündnis für Freiheit, Gerechtigkeit und Nachhaltigkeit, Berlin 2021.
26 Französischer Vorsitz im Rat der EU: Aufschwung, Stärke, Zugehörigkeit. Das Programm der französischen EU-Ratspräsidentschaft, 1. Januar – 30. Juni 2022, S. 23.
27 Französischer Vorsitz im Rat der EU: Pressemitteilung, Bilanz der französischen Präsidentschaft im Rat der Europäischen Union, 30.6.2022.

günstiges Umfeld. Dass sich das Ziel der Ratspräsidentschaft auch durch die zweite Amtszeit als französischer Präsident ziehen könnte, machte Macron in seiner Rede anlässlich seiner Wiederwahl am 24. April 2022 deutlich. Darin sprach er von seinem Projekt für ein unabhängigeres Frankreich und ein stärkeres Europa,[28] das sich mit der von Seiten des deutschen Bundeskanzlers Olaf Scholz erhobenen Forderung trifft, „jetzt einen großen Schritt Richtung Zukunft zu gehen zu einer gemeinsamen europäischen Verteidigung".[29] Vor diesem Hintergrund kann davon ausgegangen werden, dass Deutschland und Frankreich auch künftig als Motor der GSVP agieren werden – allerdings bleibt zunächst unklar, welcher Partner stärkeren Einfluss auf die Entwicklungen haben wird.

Ausblick

Zusammenfassend kann festgehalten werden, dass die GSVP im zweiten Halbjahr 2021 und im ersten Halbjahr 2022 eine neue Dynamik entfaltet hat. Vor dem Hintergrund externer Krisen und der starken Veränderung der sicherheitspolitischen Lage durch den russischen Angriffskrieg auf die Ukraine kann von einem deutlichen Trend zur Vertiefung der GSVP gesprochen werden. Es bleibt jedoch abzuwarten, inwieweit beispielsweise der Strategische Kompass tatsächlich als Aktionsplan und Strategie für die Weiterentwicklung und Stärkung der GSVP eine Rolle spielen wird und wie sich die darin festgelegten ehrgeizigen Ziele in einer Verschiebung hin zum vermehrten Einsatz robuster Mittel äußern könnten. Insbesondere mit Blick auf das deutsch-französische Tandem bleibt auch die Frage nach der Ausgestaltung und den Grenzen strategischer Souveränität oder Autonomie der EU mehr als aktuell. Dazu gehört neben der Rollenverteilung zwischen der EU und den USA auch die Zusammenarbeit von EU und NATO.

Weiterführende Literatur

European Foreign Affairs Review: Special Issue, 27/2022.
Marianne Riddervold/Jarle Trondal/Akasemi Newsome (Hg.): The Palgrave Handbook of EU Crises, Cham 2021, S. 525–618.
George Voskopoulos (Hg.): European Union Security and Defence: Policies, Operations and Transatlantic Challenges, Wiesbaden 2021.
Calle Håkansson: Where does the Compass point? The European Commission's role in the development of EU security and defence policy, in: European View 21(1)/2022, S. 5–12.

---

28 Emmanuel Macron: Déclaration d'Emmanuel Macron, 25.4.2022, abrufbar unter https://avecvous.fr/publications/declaration-emmanuel-macron (letzter Zugriff: 12.7.2022).
29 Olaf Scholz: Regierungserklärung vom 19.5.2022, in: Bulletin der Bundesregierung 65–1, 19.5.2022.

Afrikapolitik

Aljoscha Albrecht

Das durch die Covid-19-Pandemie ins Stocken geratene Vorhaben der Erneuerung der Beziehungen zwischen der Europäischen Union (EU) und der Afrikanischen Union (AU) hat spätestens im Februar 2022 wieder an Fahrt aufgenommen. Bei ihrem sechsten Gipfeltreffen konnten sich die „Schwester-Kontinente" auf eine „gemeinsame Vision für 2030" einigen, die schon kurz darauf von Russlands Angriffskrieg gegen die Ukraine auf die Probe gestellt wurde. Gleichzeitig festigte Russland seinen sicherheitspolitischen und China seinen wirtschaftlichen Einfluss in Afrika, was die EU nicht nur weiterhin vor große Zukunftsfragen, sondern zunehmend vor akute Herausforderungen stellt.

Sicherheitspolitik
Wenngleich Afrika im vergangenen Jahr ein regionaler Schwerpunkt der Gemeinsamen Sicherheits- und Verteidigungspolitik (GSVP) blieb, konnte die EU erneut keine nennenswerten Stabilisierungserfolge vorweisen. Im Gegenteil: Frieden und Sicherheit in Afrika bereiteten der EU große Schwierigkeiten. Bei elf der 18 laufenden militärischen und zivilen Missionen und Operationen im Rahmen der GSVP lag das Einsatzgebiet auf dem afrikanischen Kontinent oder vor seiner Küste. EU-Seestreitkräfte (EU Naval Force, kurz: NAVFOR) bestritten Einsätze im zentralen Mittelmeer (EU NAVFOR MED IRINI) und vor der Küste Somalias (EU NAVFOR Somalia – Operation Atalanta). Seit November 2021 engagiert sich die EU mit einer „Training Mission" in Mosambik (EUTM Mosambik). Darüber hinaus wurden die EUTM und die „EU Capacity Building Mission" (EUCAP) in Somalia, die EUTM und EUCAP Sahel in Mali, die EUCAP Sahel in Niger, die EUTM und die „EU Advisory Mission" (EUAM) in der Zentralafrikanischen Republik (ZAR) sowie die „EU Border Assistance Mission" (EUBAM) in Libyen weitergeführt. Im Juni 2021 ernannte der Rat der EU Emanuela Claudia del Re zur EU-Sonderbeauftragten (EUSR) für die Sahelzone und Annette Weber zur EUSR für das Horn von Afrika.

Allen voran im Sahel musste die EU herbe Rückschläge einstecken. Während die antifranzösische Stimmung in der Region zunahm, ging die Nachfrage nach französischer und europäischer Unterstützung zurück. Nachdem die malisch-französischen Beziehungen mit dem Rauswurf des französischen Botschafters im Januar 2022 einen neuen Tiefpunkt erlangt hatten, kündigten Frankreich und seine internationalen Partner im Februar an, ihren Antiterroreinsatz in Mali in Form der Operation Barkhane und der „Task Force Takuba" zu beenden. Für die EU bedeutete der französische Rückzug einen Verlust an militärischen Kapazitäten, die bei einer Fortsetzung des Engagements im Sahel kompensiert werden müssten. Parallel dazu baute die malische Übergangsregierung ihre Kooperation mit der dem Kreml nahestehenden Wagner-Gruppe aus, bei der es zu schweren Menschenrechtsverletzungen kam. Der gravierendste Vorfall ereignete sich im März, als die russische Söldnergruppe an einem Massaker in Moura beteiligt gewesen sein soll, bei dem innerhalb von vier Tagen zwischen 300 und 400 Menschen getötet wurden.[1] Damit stand die EU vor einem Dilemma: Ob sie ihre Friedensbemühungen aufrechterhalten kann, war ebenso fraglich, wie dass die Wagner-Gruppe für mehr Stabilität sorgen würde. Im April kündigte der Hohe Vertreter der Union für Außen- und Sicherheitspolitik Josep Borrell die Aussetzung der EUCAP SAHEL und EUTM in Mali an. Auch in anderen afrikanischen Ländern, darunter Libyen, Mosambik, Sudan und die ZAR, soll die Wagner-Gruppe präsent gewesen sein.

Ebenfalls im April genehmigte der Rat der EU eine Maßnahme, wonach der AU Mittel in Höhe von 600 Mio. Euro zur Verfügung gestellt werden sollen und vollzog damit den Übergang von der Afrikanischen Friedensfazilität (APF) zu der im März 2021 eingerichteten Europäischen Friedensfazilität (EPF). Mit der auf drei Jahre (2022–2024) angelegten Maßnahme soll auch die Stärkung von Friedensmissionen unter afrikanischer Führung fortgesetzt und die „Schlüsselrolle der AU für Frieden und Sicherheit auf dem afrikanischen Kontinent" gefestigt werden.[2] Kritische Stimmen weisen aber auch darauf hin, dass die EPF es der EU ermögliche, die AU zu umgehen, da mit ihr regionale und nationale Initiativen direkt finanziert werden können.[3] Mit der EPF können zudem tödliche Waffen für nationale Armeen bereitgestellt werden, die – wie die jüngsten Militärputsche in Burkina Faso, Guinea, Mali und im Tschad gezeigt haben – selbst zu einer Gefahr für die Stabilität werden können.

Eine „gemeinsame Vision für eine erneuerte Partnerschaft"

Vom 17. bis 18. Februar 2022 fand in Brüssel der im Herbst 2020 offiziell wegen der Covid-19-Pandemie verschobene sechste EU-AU-Gipfel statt. Dabei gelang es den Führungsspitzen der Unionen, sich auf eine „gemeinsame Vision für eine erneuerte Partnerschaft" zu einigen, deren Ziele „Solidarität, Sicherheit, Frieden, Wohlstand und eine nachhaltige und kontinuierliche wirtschaftliche Entwicklung" sind.[4] Schon wenige Tage vor dem ersten Gipfeltreffen seit fast fünf Jahren traf Kommissionspräsidentin Ursula von der Leyen in Dakar ein, um persönlich letzte Details mit dem senegalesischen Präsidenten und AU-Vorsitzenden Macky Sall zu klären. Nach dem Treffen gab von der Leyen bekannt, dass die EU im Rahmen von „Global Gateway", der Anfang Dezember 2021 vorgestellten Investitionsstrategie der EU, einen Betrag von über 150 Mrd. Euro (2021–2027) für den Ausbau der afrikanischen Infrastruktur mobilisieren werde. Ferner wurden in der gemeinsamen Abschlusserklärung die Bereitstellung von 450 Mio. Impfstoffdosen für Afrika bis Mitte 2022, eine erneuerte und verstärkte Zusammenarbeit im Bereich Frieden und Sicherheit, eine verstärkte und wechselseitige Partnerschaft im Bereich Migration und Mobilität sowie ein Bekenntnis zum Multilateralismus festgehalten.

In vielerlei Hinsicht stellte der Gipfel jedoch auch eine verpasste Gelegenheit dar: Die Energiewendepläne der EU stießen bei afrikanischen Staaten, vor allem bei Nigeria, Mosambik und Senegal, die über große Erdgasvorkommen verfügen, auf wenig Enthusiasmus. Afrikanische Staaten forderten indes weiterhin einen besseren Zugang zu Covid-19-

---

1 Elian Peltier/Mady Camara/Christiaan Triebert: 'The Killings Didn't Stop.' In Mali, a Massacre With a Russian Footprint, in: The New York Times, 31.5.2022.
2 Rat der EU: Pressemitteilung, Europäische Friedensfazilität: 600 Mio. € zur Unterstützung der Afrikanischen Union, 385/22, 21.4.2022.
3 Shewit Woldemichael: Africa should be better prepared for Europe's security funding shift, in: ISS Today, Institute for Security Studies, 12.4.2022.
4 Europäischer Rat: Pressemitteilung, Final Declaration, Sixth European Union – African Union Summit: A Joint Vision for 2030, 126/22, 18.2.2022.

Impfstoffen und eine Ausnahmeregelung für das Übereinkommen über handelsbezogene Aspekte der Rechte des geistigen Eigentums (TRIPS-Abkommen). Doch allen voran Deutschland sprach sich gegen eine Freigabe von Patenten aus, während sich die Europäische Kommission in Zurückhaltung übte.

Am 24. Februar, eine Woche nach dem EU-AU-Gipfel, fiel Russland in die Ukraine ein, was die gemeinsame Vision der Unionen auf eine weitere Bewährungsprobe stellte. Wenngleich die AU und die Westafrikanische Wirtschaftsgemeinschaft (ECOWAS) Russlands andauernden Angriffskrieg rasch verurteilten, sahen die meisten afrikanischen Regierungen sich seither gezwungen, einen Balanceakt zu vollziehen. Bei der Abstimmung der UN-Generalversammlung am 2. März 2022 stimmte nur eine knappe Mehrheit der afrikanischen Staaten (28 von 54) für die UN-Resolution und damit gegen Russlands Einmarsch in die Ukraine – 17 enthielten sich, acht stimmten nicht ab und nur Eritrea stimmte dagegen. Doch auch Frankreich und Deutschland sahen sich gezwungen, Prioritäten zu setzen: Während es kurzzeitig so schien, als ließe der französische Präsident Emmanuel Macron Afrika hinter anderen Prioritäten zurückstehen, besuchte Bundeskanzler Olaf Scholz im Rahmen einer dreitägigen Afrika-Reise Ende Mai den Senegal, Niger und Südafrika – noch bevor er im Juni nach Kyjiw reiste.

Migration und Mobilität

Migration und Mobilität brachten erneut Spannungen in die afrikanisch-europäischen Beziehungen. Dabei hinterließen vor allem zwei Vorfälle einen bitteren Nachgeschmack: Nachdem Südafrika im November 2021 die neue Covid-19-Variante Omikron an die Weltgesundheitsorganisation (WHO) gemeldet hatte, empfahl die Europäische Kommission Einreiseverbote. Daraufhin legten einige europäische Staaten den Flugverkehr aus dem südlichen Afrika still, was für viel Kritik sorgte. Erst im Januar, als sich bereits herausgestellt hatte, dass der Virus schon vor der Entdeckung im südlichen Afrika in anderen Staaten der Welt aufgetaucht war, wurden die Reisebeschränkungen aufgehoben. Auch mit Blick auf den Umgang mit afrikanischen Geflüchteten aus der Ukraine musste sich die EU – auch von der AU – Doppelmoral vorwerfen lassen.[5] Tatsächlich stand die Art und Weise, wie ukrainische Geflüchtete von der EU aufgenommen wurden, im starken Kontrast zur Behandlung von afrikanischen Geflüchteten. Ereignisse wie diese zeigten nicht nur, dass die restriktive Migrationspolitik der EU Spuren hinterlassen hat, sondern auch, dass die Verwirklichung der gemeinsamen Vision noch Arbeit bedarf. Auf die Frage nach legalen Migrationswegen aus Afrika nach Europa konnte die EU nach wie vor keine beide Seiten zufriedenstellende Antwort finden.

Der „Emergency Trust Fund for Africa" (EUTF), das bis dahin wohl wichtigste Instrument der Migrationskooperation der EU mit afrikanischen Staaten, nahm mit Ende 2021 keine neuen Projekte mehr an. Mit dem Instrument für Nachbarschaftsentwicklung und Internationale Zusammenarbeit (NDICI) wurden mehrere Finanzinstrumente und Programme, darunter der EUTF, in einem großen Fonds zusammengefasst. Das NDICI umfasst 79,5 Mrd. Euro (2021–2027), wovon zehn Prozent für migrationspolitische Projekte eingesetzt werden sollen. Die EU-Nachbarstaaten (gen Osten und Süden) und die afrikanischen Staaten südlich der Sahara blieben mit 19,3 Mrd. Euro und 29,2 Mrd. Euro die wichtigsten

---

5 Afrikanische Union: Press Release, Statement of the African Union on the reported ill treatment of Africans trying to leave Ukraine, 28.2.2022.

Regionen. Im Dezember 2021 nahm die Europäische Kommission auch die Mehrjahresrichtprogramme (MIP), in denen die Schwerpunkte für die Zusammenarbeit mit Partnerländern (2021–2024) und -regionen (2021–2027) festgelegt wurden, an. Für die länderspezifischen und regionalen Programme stehen insgesamt 26,3 Mrd. Euro zur Verfügung. Der Großteil davon (19,3 Mrd. Euro) für Subsahara-Afrika. Mehr als die Hälfte der MIP soll zur Verwirklichung migrationspolitischer Ziele der EU beitragen. Die länderspezifischen und regionalen Programme werden durch vier thematische Programme ergänzt: Menschenrechte und Demokratie (1,5 Mrd. Euro), Organisationen der Zivilgesellschaft (1,5 Mrd. Euro), Frieden, Stabilität und Konfliktprävention (871 Mio. Euro) und globale Herausforderungen (3,6 Mrd. Euro).

Wirtschaftliche Kooperation

Ende 2021 stellten von der Leyen und Borrell die neue europäische Strategie „Global Gateway" vor, mit der bis zu 300 Mrd. Euro (2021–2027) an öffentlichen und privaten Infrastrukturinvestitionen mobilisiert werden sollen. Das darin enthaltene Investitionspaket Afrika-Europa sieht Zuschüsse und Darlehen für Afrika im Wert von 150 Mrd. Euro vor. Der Investitionsplan wird weithin als Antwort auf die 2013 gestartete „Belt and Road Initiative" Chinas gesehen. In beiden Fällen gaben skeptische Stimmen zu bedenken, dass die Initiativen die bestehende Schuldenproblematik Afrikas weiter verschärfen könnten.

Mit Blick auf den Ausbau der wirtschaftlichen Kooperation zwischen der EU und der African Continental Free Trade Area (AfCFTA) – und damit auch auf die langfristige Perspektive eines Freihandelsabkommens zwischen den beiden Kontinenten – konnten nur mäßige Fortschritte erzielt werden. Im Juni 2021 vereinbarten die EU und Kenia die Aufnahme eines strategischen Dialogs und die Stärkung der multilateralen Partnerschaft zwischen der EU und der Ostafrikanischen Gemeinschaft (EAC). Im Juli begann die Umsetzung des Interims-Wirtschaftspartnerschaftsabkommens (iEPA) zwischen der EU und Ghana und im Februar 2022 vereinbarten die EU und Kenia, die Verhandlungen über ein iEPA zu forcieren. Auch wurden die Verhandlungen zur Vertiefung des bestehenden Wirtschaftspartnerschaftsabkommens (EPA) mit fünf Partnern im östlichen und südlichen Afrika (ESA5: Komoren, Madagaskar, Mauritius, Seychellen und Simbabwe) vorangetrieben. Obwohl die Handelsbeziehungen zwischen der EU und Afrika sehr eng blieben gab es weiterhin Meinungsverschiedenheiten und Frustration, etwa mit Blick auf die anhaltende Asymmetrie des Handels. Diese trugen dazu bei, dass afrikanische Staaten ihre wirtschaftliche Kooperation mit nicht-europäischen Partnern, wie China, der Türkei und den Golfstaaten, ausbauten.

Zu der Ratifizierung des im April 2021 paraphierten Post-Cotonou-Abkommens, die für das zweite Halbjahr 2021 unter der slowenischen Ratspräsidentschaft erwartet wurde, kam es bislang nicht. Anschließend war die Unterzeichnung eine der Prioritäten der französischen Ratspräsidentschaft (erstes Halbjahr 2022). Das Abkommen von Cotonou wurde bis zum Inkrafttreten oder zur vorläufigen Anwendung des neuen Abkommens, längstens aber bis Ende Juni 2023 verlängert.

Weiterführende Literatur

Wolfram Lacher: African Conflicts amid Multipolarity: Implications of a Changing Actor Landscape, in: Policy Brief 03, Megatrends Afrika, 27.4.2022.
Melanie Müller: Vor dem EU-AU-Gipfel: schlechte Stimmung zwischen den Kontinenten, in: Kommentar, Heinrich-Böll-Stiftung, 14.2.2022.
Denis M. Tull: Mali: Gibt es (noch) Zukunftsperspektiven für die Intervention?, in: Kurzanalyse 01, Megatrends Afrika, 23.2.2022.

Asienpolitik

Thomas Christiansen*

Die Asienpolitik der EU wurde im Jahr 2022 vor allem durch den russischen Angriffskrieg auf die Ukraine überschattet. Während ein Ende des Krieges in der Ukraine und den damit verbundenen regionalen und weltpolitischen Verschiebungen noch nicht abzusehen ist, sind einige bedeutende Konsequenzen bereits erkennbar: das Hauptaugenmerk der EU-Außenpolitik ist nun noch stärker auf Osteuropa gerichtet, und politische und wirtschaftliche Beziehungen zu Drittstaaten werden jetzt auch gezielt auf der Basis der Sicherheitsinteressen der Union verfolgt. Die durch den russischen Angriff auf die Ukraine hervorgerufenen „Zeitenwende" impliziert daher auch, dass für die EU sowohl Beziehungen zu Asien wie auch der Fokus auf Freihandel nun nicht mehr die wichtige Stellung einnehmen, wie dies noch vor einigen Jahren der Fall war.

Verstärkte Konzentration auf den Indo-Pazifik

Die EU verfolgt zwar weiterhin den Abschluss von Freihandelsabkommen mit einer Reihe von asiatischen Partnern, aber die weitergehende Asienpolitik hat zunehmend auch sicherheitspolitische Komponenten. Von besonderer Bedeutung ist in diesem Zusammenhang die indo-pazifische Strategie, die die EU Ende 2021 verabschiedet hat,[1] und mit der sie sich in eine wachsende Zahl von globalen und regionalen Mächten einreiht, die ihren strategischen Augenmerk auf diesen Raum gelegt haben. Konzeptionell bedeutet der Fokus auf den Indopazifik – von Josep Borrell, dem Hohen Repräsentanten der EU für Außen- und Sicherheitspolitik, als „das wirtschaftliche und strategische Gravitationszentrum der Welt" bezeichnet[2] – eine geographische Erweiterung gegenüber dem früher vorherrschenden Blick auf den asiatisch-pazifischen Raum. Machtpolitisch stellt es eine Reaktion auf China dar, das mit seiner „Belt and Road Initiative" schon länger strategische Interessen in dieser Region verfolgt hat. Westliche Mächte, allen voran die USA, Japan und Australien, sowie die Association of South East Asian Nations (ASEAN) haben im Gegenzug ihre Interessen in der Region definiert, und zunehmend haben auch europäische Staaten wie das Vereinigte Königreich, Frankreich und Deutschland entsprechend reagiert.

Die indo-pazifische Strategie der EU muss in diesem Zusammenhang gesehen werden und unterscheidet sich hier von denen anderer Akteure durch ihre eher inklusivere Natur: Sie ist eine „Strategie für *Kooperation* im Indo-Pazifik" und schließt nicht grundsätzlich auch weitere Zusammenarbeit mit China aus. Der Schwerpunkt der Strategie liegt wie zu

---

* Der Autor ist dankbar für die Forschungsassistenz von Alessandra Carraro, (Luiss University).
1 Europäische Kommission/Hoher Vertreter der EU für Außen- und Sicherheitspolitik: Joint Communication to the European Parliament And The Council: The EU Strategy For Cooperation In The Indo-Pacific, JOIN(2021) 24 Final, 16.9.2021.
2 Europäischer Auswärtiger Dienst: The EU needs a strategic approach fort he Indo-Pacific, 21.3.2021, abrufbar unter https://www.eeas.europa.eu/eeas/eu-needs-strategic-approach-indo-pacific_en (letzter Zugriff: 2.11.2022).

erwarten auf wirtschaftlicher Kooperation und Konnektivität, aber betont auch die Notwendigkeit von Umweltschutz, maritimer Sicherheit und der Verteidigung liberaler Werte. Hier stellt die EU auch einen Bezug zum Global Gateway Project her, dass die Förderung von Infrastrukturprojekten durch eine Kombination von EU-Mitteln und privat finanzierten Darlehen ermöglichen soll.[3]

Gratwanderungen in den Beziehungen zu China und Taiwan

Die indo-pazifische Strategie, wie auch die Asienpolitik der EU allgemein, ist demnach eine Weiterführung des bestehenden Balanceakts: einerseits von den Vorteilen eines wirtschaftlichen Engagements in der Region mit möglichst vielen Partnern, einschließlich China, zu profitieren, aber andererseits auch zusammen mit anderen westlich orientierten Partnern einen Gegenpol zu den Machtinteressen Chinas aufzubauen. Gerade auch vor dem Hintergrund der Erfahrung mit Russland, wo die Politik nach dem Prinzip „Wandel durch Handel" offensichtlich gescheitert ist, ist dieser Balanceakt eine immer größere Herausforderung. Es wird sich zeigen, ob die „inklusive" Position der EU zum Indo-Pazifik im Hinblick auf die bestehenden und wahrscheinlich größer werdenden Konfrontationen in der Region Bestand haben wird.

Im Rahmen der Lehren, die der Westen aus der Erfahrung mit Russland und dem Angriff auf die Ukraine ziehen muss, ist auch die europäische Positionierung zu Taiwan zu sehen. Hier ist 2022 der Status Quo – die Anerkennung der „One-China Policy" in Kombination mit der Tolerierung der de facto Unabhängigkeit Taiwans – immer mehr in Frage gestellt worden. Bemühungen von Kräften innerhalb Taiwans wie auch westlichen Akteuren, die formale Anerkennung von Taiwan als Staat voranzutreiben, werden von immer deutlicheren Drohungen Chinas konfrontiert, gegebenenfalls die „Wiedervereinigung" auch mit militärischen Mitteln herzustellen. Eine Invasion Taiwans durch China wird dadurch immer öfter als realistisches Szenario diskutiert, was vor dem Hintergrund der gescheiterten westlichen Diplomatie vis-a-vis Russlands Rufe nach einer stärkeren Unterstützung Taiwans gegenüber der chinesischen Aggression befeuert. In diesem Zusammenhang betont die EU – die hier im Vergleich zu den USA und anderen regionalen Akteuren nur eine zweitrangige Rolle spielt – die Notwendigkeit zur Deeskalation und der Suche nach friedlichen Lösungen. Bemerkenswert ist aber die diplomatische Aktivität von Europaabgeordneten – mehrmals haben 2022 Delegationen des EPs Taiwan besucht und damit auch versucht, die Solidarität der EU mit Taiwan zu bekunden.[4] Auch wenn diese Besuche nichts an der offiziellen Position der EU ändern, so haben doch diese Beispiele von parlamentarischer Diplomatie eine große symbolische Bedeutung.

Weiterführung von Handelsliberalisierung unter erschwerten Bedingungen

Die Dilemmata der EU-Asienpolitik drehen sich hauptsächlich um China, dessen Beziehungen zur EU in einem gesonderten Kapitel dieses Jahrbuchs behandelt werden.[5] Aber natürlich gibt es eine Reihe bilateraler Beziehungen zu anderen Staaten im asiatischen

---

3 Europäische Kommission: Commissioner Urpilainen highlights 'Global Gateway opportunities' at EU-Indo-Pacific Forum, 22.2.2022, abrufbar unter https://international-partnerships.ec.europa.eu/news-and-events/news/commissioner-urpilainen-highlights-global-gateway-opportunities-eu-indo-pacific-forum-2022-02-22_de (letzter Zugriff: 2.11.2022).

4 EUobserver: MEPs in Taiwan: 'You are not alone' against China, 4.11.2021, abrufbar unter https://euobserver.com/world/153418 (letzter Zugriff: 2.11.2022).

5 Vgl. hierzu auch den Beitrag „Die Europäische Union und China" in diesem Jahrbuch.

Raum, deren Pflege deswegen umso wichtiger für die EU ist. In erster Linie geht es hier oft um die Verhandlung von Freihandelsabkommen, die auch 2022 weiterbetrieben wurde. Ein besonderer Erfolg war für die Kommission die Unterzeichnung des Abkommens mit Neuseeland im Juni 2022, das nun von Rat, EP und Neuseeland selbst ratifiziert werden muss.[6] Wenngleich umfassend, so wurde in diesem Fall vermieden, einen „gemischten" Vertrag auszuhandeln, der die Ratifikation auch in allen Mitgliedstaaten erforderlich gemacht hätte.

Das Abkommen mit Neuseeland folgt bereits abgeschlossenen Verträgen mit der Republik Korea (Südkorea), Japan, Singapur und Vietnam, während Verhandlungen mit Australien und Indonesien weiterlaufen. Andererseits sind die Gespräche mit Thailand, Malaysien und den Philippinen ausgesetzt – was auch ein Zeichen dafür ist, dass die ursprüngliche Strategie, ein Abkommen mit der gesamten ASEAN-Mitgliedschaft abzuschließen, in weite Ferne gerückt ist. Ein besonderes Problem in den Beziehungen zu Indonesien und Malaysien ist die dortige Palmöl-Produktion, die von der EU als nicht nachhaltig angesehen und deshalb von Handelspräferenzen ausgeschlossen wird. Da wiederum der Export gerade für Indonesien wirtschaftlich bedeutend ist, belastet dieser Disput die beiderseitigen Beziehungen[7] und ist auch symptomatisch für die Konflikte, die zwischen einer werteorientierten EU-Außenpolitik und der Verfolgung geo-strategischer Ziele entstehen können.

Gerade Indonesien ist für die EU im Rahmen seiner Asienpolitik von strategischer Bedeutung: Es ist der bevölkerungsreichste Mitgliedstaat der ASEAN, und das Land mit der größten muslimischen Gesellschaft der Welt. 2022 hatte Indonesien den Vorsitz der G20 inne und war damit auch Gastgeber des Gipfeltreffens auf Bali im November. Als Veranstalter hielt Indonesien dem westlichen Druck stand, Wladimir Putin von dem Treffen auszuschließen und verfolgt grundsätzlich, wie viele andere Entwicklungsländer in Asien, eine Politik der Neutralität zwischen Russland und dem Westen.[8]

Auch die Beziehungen der EU zu Indien haben durch den Ukraine-Krieg und das Bedürfnis, einen Gegenpol zu chinesischem Machtstreben im indopazifischen Raum aufzubauen, eine neue Dringlichkeit erfahren. Allerdings sieht sich die EU hier mit signifikanten Hindernissen konfrontiert: Indien ist, was seine Ausstattung mit militärischem Gerät angeht, traditionell mit Russland verbunden, und hat es auch nach dem Angriff auf die Ukraine vermieden, klar Position zu ergreifen. Dies hat westliche Befürchtungen gefördert, Indien könnte Russland dabei helfen, westliche Sanktionen zu umgehen. Im Gegenzug haben die EU und ihre Mitgliedstaaten versucht, Indien enger an die westliche Staatengemeinschaft zu binden. Im Bewusstsein, dass in diesem Zusammenhang Handel und Marktzugang die stärksten Trümpfe Europas sind, wurden 2022 die Verhandlungen zwischen beiden Seiten über ein Freihandelsabkommen wieder aufgenommen, die vorher seit einem Jahrzehnt geruht hatten. Dazu kamen weitere diplomatische Initiativen: die Kommissionspräsidentin Ursula von der Leyen besuchte New Delhi im April 2022, ein neuer „Handels- und Technologierat" wurde einberufen und es gab ein Bekenntnis zur Stärkung der strategischen Partnerschaft zwischen beiden Seiten.[9] Allerdings bleibt es fraglich, ob diese Schritte einen grundsätzlichen Wandel der indischen Außenpolitik bewegen können und auch ob lange

---

6 Europäische Kommission: EU-New Zealand Trade Agreement, 30.6.2022, abrufbar unter https://policy.trade.ec.europa.eu/eu-trade-relationships-country-and-region/countries-and-regions/new-zealand/eu-new-zealand-agreement_en (letzter Zugriff: 2.11.2022).
7 Andi Sparringa: Overcoming the EU-Indonesia Palm Oil Challenge, in: The Diplomat, 30.9.2018.
8 Brendan Cole: Calls for Russia's G20 Expulsion Likely Doomed to Fail, in: Newsweek, 1.11.2022.
9 Stefania Benaglia: The EU and India agree to disagree on Ukraine… and that's ok, in: CEPS, 11.7.2022.

bestehende europäische Kritik an der protektionistischen Haltung Indiens im Rahmen von Handel und Investitionen ausräumen können.

Ausbau bestehender Multilateraler Kooperation

Zentralasien ist eine weitere Region, die im vergangenen Jahr an Bedeutung für die EU gewann.[10] Die 2019 verabschiedete „Neue EU-Strategie für Zentralasien"[11] hat über die Verbesserung der bilateralen Beziehungen mit diesen fünf Ländern hinaus auch das Ziel, regionale Kooperation zu fördern und eine europäische Alternative zu Russland und China aufzuzeigen. Diplomatische Initiativen wie der Besuch des Präsidenten des Europäischen Rates Charles Michel in Astana im Oktober 2022 und die Ausrichtung des ersten EU-Zentralasien Gipfeltreffens dort sind in diesem Zusammenhang zu sehen.

Unter den multilateralen Partnern der EU in Asien behält ASEAN weiterhin seine Sonderrolle. Die seit 2019 als Strategische Partnerschaft aufgewertete Beziehung zwischen den beiden bedeutendsten Regionalorganisationen der Welt ist inzwischen nicht nur von Handel, Investitionen und Technologieaustausch, sondern auch von Kooperation zu Sicherheitsfragen, geprägt. Für ASEAN, zu dessen Mitgliedschaft sowohl pro-chinesische wie auch pro-westliche Länder zählen, ist die EU ein willkommener Partner, in dem Bestreben, die immer größer werdenden Spannungen zwischen China und den USA in der Region zu navigieren und seine selbsternannte „Zentralität" in der Region zu wahren. Für die EU stellt ASEAN gerade in diesem Kontext ein Erfolgsmodell dar, das es weiter zu fördern gilt, auch im Angesicht der bereits erwähnten Irritationen im Hinblick auf Handels- und Umweltpolitik. Das erste Gipfeltreffen aller Staatschefs der beiden Organisationen anlässlich des 45-jährigen Bestehens des beiderseitigen Dialogs im Dezember 2022 soll der bestehenden Kooperation neue Impulse liefern.[12]

Zusammenfassung

Abschließend kann man festhalten, dass die EU-Asienpolitik nach zwei schwierigen Jahren, in denen der für beide Seiten – und die Weltwirtschaft allgemein – so wichtige Handel durch die Covid-19-Pandemie beeinträchtigt wurde, immer stärker von Sicherheitsbedenken und geo-strategischem Kalkül beeinflusst wird. Während die Europäische Kommission weiterhin die Agenda von Freihandelsabkommen vorantreibt, muss sich die EU auf diplomatischer Ebene auf eine neue Realität von Machtpolitik und Systemrivalität einstellen, in der in Asien vor allem die USA und China den Ton angeben. Dies verlangt von der EU die Entwicklung von Konzepten und Handelsweisen, die über das gewohnte Instrumentarium von wirtschaftlicher Kooperation und Normprojektion hinausgehen. Vor dem Hintergrund der direkten Konfrontation mit Russland in Osteuropa, die sicherheitspolitisch Vorrang hat, stellt diese Notwendigkeit einer Neuausrichtung der EU-Asienpolitik eine bedeutsame Herausforderung dar.

Weiterführende Literatur

Thomas Christiansen/Emil Kirchner/Tan See Seng (Hg.): The European Union's Security Relations with Asian Partners, Cham 2021.

---

10 Vgl. hierzu auch den Beitrag „Zentralasienpolitik" in diesem Jahrbuch.
11 Rat der Europäischen Union: Council Conclusions on the New Strategy on Central Asia, 10221/19, 17.6.2019.
12 Sebastian Strangio: EU, ASEAN to Hold First Inter-Bloc Summit in December: Report, in: The Diplomat, 20.7.2022.

Die Europäische Union und China

Franco Algieri

Die Spannungsfelder in den Beziehungen EU-China sind größer geworden. Vor dem Hintergrund politischer und wirtschaftlicher Entwicklungen in der Volksrepublik China, der Taiwanfrage wie auch Chinas Positionierung im Kontext des Kriegs in der Ukraine hat sich auf europäischer Seite das Überdenken der Chinapolitik intensiviert.

Dialoge im Licht des Kriegs in der Ukraine
Am Rande der Eröffnung der 24. Olympischen Winterspiele 2022 in Peking trafen der russische Präsident Wladimir Putin und der chinesische Präsident Xi Jinping zu bilateralen Gesprächen zusammen. Aus ihrer am 4. Februar 2022 veröffentlichen Gemeinsamen Erklärung wird ersichtlich, wie sich die sino-russischen Beziehungen künftig gestalten können und wie sich beide Staaten als Akteure in den internationalen Beziehungen verstehen.[1] So war es nicht verwunderlich, dass sich China nach Beginn des russischen Angriffs auf die Ukraine am 24. Februar nicht in den Kreis der Kritiker Russlands einreihte. Der Hohe Vertreter der Union für die Außen- und Sicherheitspolitik Josep Borrell bezeichnete die Erklärung als revisionistisches Manifest. Seiner Auffassung nach gelte es, dem russisch-chinesischen „revisionist drive" zu widerstehen.[2]

Während die EU und der Großteil ihrer Mitgliedstaaten sich deutlich gegen Russlands militärische Aggression in der Ukraine stellten, distanzierte sich China von einer russlandkritischen Haltung. Ohne die EU direkt beim Namen zu nennen, lehnte China Sanktionen gegen Russland ab.[3] Die Argumentationslinie offizieller chinesischer Medien und Regierungsvertreterinnen und -vertreter folgt der Ablehnung eines Hegemoniestrebens der USA und einer damit verbundenen „Cold War mentality". In diesem Zusammenhang wird die Aufnahme mittel- und osteuropäischer Staaten in die NATO[4] im Sinne einer potenziellen Bedrohung Russlands kritisiert.[5] Seltener findet sich eine entsprechende Argumentation in Hinblick auf die EU-Osterweiterung.[6]

---

1 Russische Föderation/Volksrepublik China: Joint Statement of the Russian Federation and the People's Republic of China on the International Relations Entering a New Era and the Global Sustainable Development, abrufbar unter en.kremlin.ru/supplement/5770 (letzter Zugriff: 11.2.2022).
2 Josep Borell: Opening statement, Munich Security Conference, 20.2.2022, abrufbar unter https://www.eeas.europa.eu/eeas/munich-security-conference-20-february-2022-opening-statement-hrvp-josep-borrell_en (letzter Zugriff: 21.6.2022).
3 People's Daily: Sanctions cannot solve problems FM says, 26.2.2022.
4 Vgl. hierzu auch den Beitrag „Die Europäische Union und die NATO" in diesem Jahrbuch.
5 Um dies zu stützen, orientieren sich chinesische Kommentatorinnen und Kommentatoren unter anderem an Argumenten von John Mearsheimer, die dieser mit Blick auf die Ukraine bereits 2014 vorgebracht hatte und die er im Verlauf des Kriegs entsprechend wiederholte; John J. Mearsheimer: Why the Ukraine Crisis is the West's Fault, in: Foreign Affairs, September/October 2014; Alexander Marguier: „Der Westen ist an diesem Krieg schuld", in: Cicero, 29.6.2022; Zhong Sheng: U.S. has inescapable responsibilities for Ukraine crisis, in: People's Daily Online, 30.6.2022; der Autorenname Zhong Sheng ist ein Pseudonym, unter dem Meinungen der politischen Führung Chinas veröffentlicht werden.
6 Vgl. hierzu auch den Beitrag „Die Erweiterungspolitik der Europäischen Union" in diesem Jahrbuch.

Insgesamt betrachtet ist die Positionierung der Volksrepublik in dieser internationalen Krise zu einer Belastungsprobe für die EU-China-Beziehungen geworden, wobei die bilateralen Treffen und Dialogstrukturen hiervon nicht unberührt blieben. Borrell beschrieb den Meinungsaustausch beim 23. EU-China Gipfeltreffen am 1. April 2022, das wie schon in den vergangenen Covid-Jahren im Videoformat stattfand, als „dialogue of the deaf".[7] Appelle der europäischen Seite an China, als ständiges Mitglied des UN-Sicherheitsrats seine besondere Verantwortung für die Einhaltung internationalen Rechts zu übernehmen, blieben ohne Wirkung.

Auch bei anderen Themenbereichen zeigten sich nach wie vor verhärtete Standpunkte. Die europäische Kritik an der Menschenrechtslage in Xinjiang wie auch hinsichtlich der Entwicklung Hongkongs fand seitens China keine Resonanz. Wenngleich mehr gegenseitiges Interesse den Themenbereichen Handel und Investitionen entgegengebracht wurde, so missfallen der EU die auf chinesischer Seite errichteten Hürden bezüglich des Marktzugangs für europäische Unternehmen und Investitionen. Ebenso bleibt der Ratifizierungsprozess des umfassenden Investitionsabkommen (EU-China Comprehensive Agreement on Investment, CAI) innerhalb der Union auf Eis gelegt, solange China die Sanktionen gegen Personen aus EU-Institutionen, nationalen Institutionen und Einzelpersonen nicht aufhebt.[8]

Nicht nur auf der supranationalen Ebene, sondern auch in den bilateralen Beziehungen einzelner EU-Mitgliedstaaten zu China bildete der Krieg in der Ukraine ein zentrales Gesprächsthema. Wie schon in den vergangenen Jahren kam es am 8. März 2022 zu einem deutsch-französischen Treffen mit dem chinesischen Präsidenten, in dessen Rahmen neben der Ukraine auch die EU-China-Beziehungen thematisiert wurden.[9] Spezifisch deutsche Interessen standen auf der Agenda des Videotreffens zwischen Bundeskanzler Olaf Scholz und Präsident Xi am 9. Mai 2022.

Taiwan

Die Beziehungen der EU zu Taiwan erfuhren durch die im September 2021 veröffentlichte Strategie der Union für die Zusammenarbeit mit dem indopazifischen Raum eine deutliche Aufwertung. Dies betrifft sowohl die handels- und wirtschaftspolitische als auch die sicherheitspolitische Dimension. In der Strategie wird festgehalten, dass Chinas militärische Aufrüstung und regionale Machtdemonstration, unter anderem in der Straße von Taiwan, „sich unmittelbar auf die Sicherheit und den Wohlstand Europas auswirken" können.[10]

---

7   Josep Borell: Speech by High Representative/Vice-President Josep Borrell at the EP Plenary, 6.4.2022, abrufbar unter https://www.eeas.europa.eu/eeas/eu-china-summit-speech-high-representativevice-president-josep-borrell-ep-plenary_en (letzter Zugriff: 21.6.2022).
8   Europäischer Rat/Rat der EU: Pressemitteilung, EU-China summit: Restoring peace and stability in Ukraine is a shared responsibility, 350/22, 1.4.2022; bei dem Gipfeltreffen sprachen EUCON Präsident Charles Michel, Kommissionspräsidentin Ursula von der Leyen und der Hohe Vertreter für Außen- und Sicherheitspolitik Josep Borrell mit Chinas Ministerpräsident Li Keqiang und Präsident Xi Jinping; vgl. hierzu auch den Beitrag „Außenwirtschaftsbeziehungen" in diesem Jahrbuch.
9   Franco Algieri/Joachim Honeck: Gruppenbildung in der Chinapolitik der EU: Implikationen für die Kohärenz europäischer Außenpolitik, in: integration 1/2022, S. 51–66.
10 Europäische Kommission/Hoher Vertreter der Union für Außen- und Sicherheitspolitik: EU-Strategie für die Zusammenarbeit mit dem indopazifischen Raum, JOIN(2021) 24 final, Brüssel, 16.9.2021, S. 2.

Die EU-27 und China waren 2021 die jeweils gegenseitig größten Handelspartner. Taiwan wiederum lag an 12. Stelle der europäischen Handelspartner und die EU war der fünftgrößte Handelspartner Taiwans.[11] Dessen Halbleiterindustrie nimmt weltweit eine führende Stellung ein und somit haben die EU und ihre Mitgliedstaaten ein wirtschaftsstrategisches Interesse an stabilen Beziehungen zu Taiwan und an sicherheitspolitischer Stabilität in der Taiwanstraße.[12] Diese Themen waren unter anderem Teil des jährlichen EU-Taiwan Handels- und Investitionsdialogs am 2. Juni 2022. Künftig wollen beide Seiten beim Monitoring der Versorgungsketten, im Kontext des European Chips Act, zusammenarbeiten.[13]

Ein weiterer wichtiger Aspekt der EU-Taiwan Beziehungen ist die europäische Unterstützung Taiwans als demokratisches System. Erstmals wurde vom Europäischen Parlament (EP) im Oktober 2021 ein Bericht zu Taiwan angenommen, in dem eine „umfassende und verstärkte Partnerschaft" mit Taiwan als einem „wichtigen Partner und demokratischen Verbündeten im indopazifischen Raum" gefordert wird, verbunden mit einem Maßnahmenkatalog zur Vertiefung bestehender und Förderung neuer Kooperationsmaßnahmen.[14] Die EU-Kommissarin für Wettbewerb, Margarethe Vestager, bezeichnete Taiwan vor dem Parlament als „like-minded partner".[15]

Im November 2021 kam es zum ersten offiziellen Besuch einer Delegation des Europäischen Parlaments in Taiwan. Mitglieder des Sonderausschusses zu Einflussnahme aus dem Ausland auf alle demokratischen Prozesse in der EU, einschließlich Desinformation, trafen dabei mit der taiwanesischen Präsidentin Tsai Ing-wen zu einem Meinungsaustausch zusammen. Unter Leitung der EP-Vizepräsidentin Nicola Beer besuchte im Juli 2022 eine weitere Parlamentsdelegation Taiwan. Von Vertreterinnen und Vertretern der Regierung in Peking wird jegliche Kritik an Chinas Taiwanpolitik strikt zurückgewiesen und als Einmischung in innere Angelegenheiten sowie als Bedrohung chinesischer Interessen bewertet.[16]

In direktem Zusammenhang zu den Beziehungen EU-Taiwan stehend hat sich der europäisch-chinesische Disput um die Taiwanpolitik Litauens verstärkt.[17] Litauen hatte sich bereits von der von China geförderten 17+1-Initiative ab- und Taiwan zugewandt. Doch nachdem im November 2021 in Vilnius das Taiwanese Representative Office eröffnet wor-

---

11 Europäische Kommission, Generaldirektion Handel: China. EU trade relations with China. Facts, figures and latests developments, abrufbar unter https://policy.trade.ec.europa.eu/eu-trade-relationships-country-and-region/countries-and-regions/china_en (letzter Zugriff: 2.9.2022); European Union, Trade in goods with Taiwan, 2.8.2022, abrufbar unter https://webgate.ec.europa.eu/isdb_results/factsheets/country/details_taiwan_en.pdf (letzter Zugriff 2.9.2022).
12 Hanns Günther Hilpert: Handels- und Technologiepartner Taiwan, in: Hanns Günter Hilpert/Alexandra Sakaki/Gudrun Wacker (Hg.): Vom Umgang mit Taiwan, SWP-Studie 4/2022, S. 19–29.
13 Europäische Kommission: EU and Taiwan hold trade and investment dialogue, 2.6.2022, abrufbar unter https://policy.trade.ec.europa.eu/news/eu-and-taiwan-hold-trade-and-investment-dialogue-2022-06-02_en (letzter Zugriff: 21.6.2022).
14 Europäisches Parlament: Politische Beziehungen und Zusammenarbeit zwischen der EU und Taiwan, 2021/2041(INI), 21.10.2021; der Bericht wurde mit 580 Stimmen bei 26 Gegenstimmen und 66 Enthaltungen angenommen.
15 Margarethe Vestager: EU-Taiwan political relations and cooperation: Speech on behalf of High Representative/Vice President Josep Borrell at the EP plenary, 19.10.2021, abrufbar unter https://www.eeas.europa.eu/eeas/eu-taiwan-political-relations-and-cooperation-speech-behalf-high-representativevice-president_en (letzter Zugriff: 20.11.2021).
16 Wang Lutong: China works hard with it's neighbors..., Twitter, 8.6.2022, https://twitter.com/WangLutongMFA/status/1534426702515822592 (letzter Zugriff: 9.6.2022).
17 Vgl. hierzu auch den Beitrag „Litauen" in diesem Jahrbuch.

den war, wurde dies von der Volksrepublik vehement kritisiert, verbunden mit der Forderung nach einer Namensänderung der Vertretung.[18] Darüber hinaus reagierte China mit handelsrelevanten Restriktionen gegenüber Litauen. Auch wenn angenommen wird, dass dies für die europäisch-chinesischen Handelsbeziehungen insgesamt keine weitreichenden Auswirkungen habe, können Negativeffekte für einzelne Firmen in EU-Mitgliedstaaten nicht ausgeschlossen werden.[19] In einer gemeinsamen Erklärung von Borrell und dem EU-Handelskommissars Valdis Dombrovski wurden die chinesischen Maßnahmen verurteilt, verbunden mit dem Hinweis, dass Chinas bilaterale Beziehungen zu einzelnen EU-Mitgliedstaaten Auswirkungen auf die Gesamtbeziehungen EU-China haben.[20] Als eine weitere Erwiderung auf die diskriminierenden Maßnahmen gegenüber Litauen leitete die EU im Januar 2022 bei der WTO ein Verfahren gegen China ein.[21]

Selbst die Tatsache, dass Taiwan in den EU-Außenbeziehungen nun einen höheren Stellenwert erhalten hat, ändert nichts daran, dass die EU und die Mitgliedstaaten weiterhin an der Ein-China-Politik und der Anerkennung der Volksrepublik als alleinige Regierung Chinas festhalten. In Hinblick auf die zukünftige Entwicklung der chinesisch-taiwanesischen Beziehungen wird aus europäischer Interessenlage heraus auf die Beibehaltung des Status quo in der Taiwanfrage verwiesen.[22]

Überdenken der Chinapolitik

Sowohl auf EU-Ebene wie auch in einigen Mitgliedstaaten ist ein Umdenken bezüglich der jeweiligen Chinapolitiken zu beobachten. Dies betrifft drei miteinander verwobene Bereiche. Erstens geht es hierbei um die Glaubwürdigkeit der EU-Außenpolitik, die sich an Werten wie Freiheit, Demokratie, Rechtsstaatlichkeit und Wahrung der Menschenrechte orientiert. Folglich muss die Union auf Entwicklungen in China reagieren, die diesen Werten entgegenlaufen. Beispielsweise wurde die Veröffentlichung der Xinjiang Police Files[23] als Anlass genommen, um die Bedeutung der Thematisierung von Menschenrechen in multilateralen und bilateralen Dialogen zu unterstreichen.[24] In Deutschland, dem in der EU bedeutendsten Handelspartner Chinas, wurden aufgrund der Menschenrechtslage in Xinjiang

---

18 Die Benennung als taiwanesische Vertretung wird deshalb abgelehnt, da dies als Anerkennung einer Staatlichkeit Taiwans interpretiert werden kann.
19 Jürgen Matthes/Manuel Fritsch: Auswirkungen der Sanktionen Chinas gegen Litauen auf die EU, Institut der Deutschen Wirtschaft, IW-Kurzbericht 4/2022.
20 Josep Borrell/Valdis Dombrovskis: Statement on China's measures against Lithuania, 9.12.2021, abrufbar unter https://www.eeas.europa.eu/delegations/china/joint-statement-high-representativevice-president-josep-borrell-and-executive_en?s=166 (letzter Zugriff: 27.1.2022).
21 World Trade Organization: China – Enforcement of intellectual property rights. Request for consultation by the European Union, WT/DS611/1, 22.2.2022.
22 Volker Stanzel: Europäisch-taiwanesische Beziehungen (EU, ausgewählte Mitliedstaaten und Großbritannien), in: Hanns Günther Hilpert/Alexandra Sakaki/Gudrun Wacker (Hg.): Vom Umgang mit Taiwan, 4.2022, S. 77–88; Hilpert/Sakaki/Wacker: Schlussfolgerungen und Empfehlungen, in: Vom Umgang mit Taiwan, 4.2022, S. 89–95.
23 The Xinjiang Police Files, abrufbar unter https://www.xinjiangpolicefiles.org/ (letzter Zugriff: 2.9.2022); Adrian Zenz: The Xinjiang Police Files. Re-Education Camp Security and Political Paranoia in the Xinjiang Uyghur Autonomous Region, in: Journal of the European Association for Chinese Studies, 3/2022, 24.5.2022, S. 1–56.
24 Josep Borrell: Xinjiang: Speech at the EP debate on the human rights situation, 8.6.2022, abrufbar unter www.eeas.europa.eu/eeas/xinjiang-speech-high-representativevice-president-josep-borrell-ep-debate-human-rights_en (letzter Zugriff: 10.6.2022).

erstmals Hermes-Bürgschaften für ein in China tätiges Unternehmen verweigert.[25] Im Weiteren forderte der Deutsche Bundestag die Bundesregierung im April 2022 auf, gegenüber China zu kommunizieren, dass ein Unterlaufen der westlichen Sanktionen gegen Russland oder Waffenlieferungen an Russland durch China „wirtschaftliche und personenbezogene Sanktionen nach sich ziehen" werde.[26] Die deutsche Außenministerin Annalena Baerbock verlangte hinsichtlich der Erarbeitung einer Chinastrategie „mehr Distanz zu schaffen und wirtschaftliche Abhängigkeiten zu reduzieren".[27] Inwieweit dies aber umsetzbar erscheint, bleibt unter Berücksichtigung ambivalenter Positionen in der Regierungskoalition zweifelhaft.

Zum Zweiten ist die ökonomische Dimension zu berücksichtigen. Angesichts ausbleibender Reformen, Marktzugangsbeschränkungen, der Auswirkungen Chinas restriktiver Covid-Maßnahmen wie auch der sicherheitspolitischen Fragilität der Region Ostasien sehen europäische Unternehmen den Wirtschaftsstandort China zunehmend kritischer. Dies wird zwar keinen weitreichenden Rückzug europäischer Unternehmens- und Investitionstätigkeiten aus China zur Folge haben, doch gleichzeitig ist ein Abwägen alternativer Standorte, insbesondere in Südostasien, bemerkbar.[28]

Und schließlich sind drittens die sicherheitspolitischen und geostrategischen Interessen der EU von Relevanz. In dem im März 2022 veröffentlichten Strategischen Kompass finden sich einige beachtenswerte Hinweise auf die Positionierung der EU gegenüber China.[29] Im Sinne der Stärkung von Resilienz und strategischer Autonomie sollen beispielsweise die „Anfälligkeit" von „Wertschöpfungsketten" verringert oder die „Lücken bei kritischen Fähigkeiten" geschlossen werden. Darüber hinaus soll es zu einer Stärkung der europäischen „Präsenz in der indopazifischen Region" kommen, mit „LIVEX-Übungen"[30] als „gängige Praxis". Konsequenterweise wird die Zusammenarbeit mit regionalen Partnern in Asien, insbesondere Japan, Südkorea, Indien und dem Verband südostasiatischer Staaten (ASEAN), noch wichtiger werden.

Mit Blick auf die Entwicklung Chinas als regionaler und globaler Akteur steht die im Strategischen Kompass genutzte Formulierung, dass diese „unseren Interessen und Werten nicht zuwiderläuft", in einem argumentativen Zusammenhang zu der Begrifflichkeit „Systemrivale" des Strategiedokuments von 2019.[31] Wenn die europäische Chinapolitik also dahingehend verstanden wird, dass sie die „zentrale strategische, geopolitische Herausforderung für die EU ist und bleibt"[32], dann verlangt dies ein Überdenken bislang geübter Handlungsmuster. Das Achtzehnmonatsprogramm der Trio-Präsidentschaft (1. Januar 2022 bis 30. Juni 2023) Frankreich, Tschechische Republik und Schweden weist in Hinblick auf

---

25 Jan Dams et al.: Robert Habeck verweigert VW Garantien: Was der China-Bann für deutsche Firmen bedeutet, in: welt.de, 9.6.2022.
26 Deutscher Bundestag: Antrag der Fraktionen SPD, CDU/CSU, Bündnis90/Die Grünen und FDP. Frieden und Freiheit in Europa verteidigen – Umfassende Unterstützung für die Ukraine, Drucksache 20/1550, 27.4.2022; Der Antrag wurde mit 586 Ja-Stimmen bei 100 Nein-Stimmen und 7 Enthaltungen angenommen.
27 Deutscher Bundestag, Menschenrechte/Ausschuss: Baerbock: China-Strategie erarbeiten, hib 281/2022, 2.6.2022.
28 Economist Intelligence Unit: What does „zero-covid" mean for foreign investments in China?, 8.6.2022.
29 Rat der Europäischen Union: Ein Strategischer Kompass für Sicherheit und Verteidigung. 7371/22, 21.3.2022.
30 Die EU hat bereits entsprechende gemeinsame Marineübungen und Hafenaufenthalte mit Japan, der Republik Korea und Indien durchgeführt.
31 Europäische Kommission/Hohe Vertreterin der Union für Außen- und Sicherheitspolitik: EU-China. Strategische Perspektiven, JOIN(2019) 5 final, 12.3.2019.
32 Daniela Schwarzer: Final Call. Wie sich Europa zwischen China und den USA behaupten kann, Frankfurt a.M. /New York 15.9.2021, S. 153.

das europäische Chinakonzept darauf hin, „die Einheit der EU zu wahren".[33] Im Strategischen Kompass wird „eine starke Einigkeit unter uns" gefordert. Dies lässt im Umkehrschluss die Annahme zu, dass die Wahrung der Einheit keineswegs selbstverständlich ist. Angesichts der bislang wiederkehrenden Inkohärenz in der EU-Chinapolitik kann davon ausgegangen werden, dass gegenläufige Interessen innerhalb der EU auch weiterhin den Weg zu einer einheitlichen Chinapolitik verstellen.

Weiterführende Literatur

Ian Bond et al.: Rebooting Europe`s China Strategy. Stiftung Wissenschaft und Politik, Berlin 2022.
Jörg Wuttke: A Roadmap to Bolstering EU-China Relations, in: Huiyao Wang/Lu Miao (Hg.): Transition and Opportunity, Springer 2022, S. 9–19.

---

33 Rat der EU: Die strategische Agenda voranbringen. Achtzehnmonatsprogramm des Rates, POLGEN 191, 10.12.2021, S. 24.

Lateinamerikapolitik

Daniel Schade

Mit Ausnahme der Verschärfung der bestehenden EU-Sanktionen gegenüber Nicaragua, in der technologischen Zusammenarbeit und der Umsetzung von Unterstützungsmaßnahmen im Kampf gegen die Covid-19-Pandemie, war das letzte Jahr der Lateinamerikapolitik der EU von Kontinuität geprägt. Dies liegt zum einen an der relativ ruhigen politischen Lage in der Region, und zum anderen daran, dass es bei keiner der bestehenden Verhandlungen zu Assoziierungs- und Handelsabkommen mit Regionalorganisationen und Ländern in Lateinamerika zu signifikanten Entwicklungen kam. So wurden keine Fortschritte bei der Ratifizierung der Abkommen mit dem Gemeinsamen Südamerikanischen Markt (Mercosur) oder der Organisation Afrikanischer, Karibischer und Pazifischer Staaten (AKP-Gruppe) gemacht. Es konnte weiterhin kein vollständiger Vertragstext für das Abkommen mit Mexiko ausgehandelt werden, und in den Verhandlungen über ein modernisiertes Assoziierungsabkommen mit Chile fand keine weitere Verhandlungsrunde statt.

Politische Beziehungen

Nach ungewöhnlich langer Pause fand in Form eines Videogipfels am 2. Dezember 2021 wieder ein hochrangiges politisches Treffen zwischen der EU, den Staaten Lateinamerikas und der Karibik statt. Dies hatte es seit dem Gipfeltreffen zwischen der EU und der Gemeinschaft der Lateinamerikanischen und karibischen Staaten (CELAC) seit 2015 nicht gegeben. Dabei kamen nicht wie bei vorherigen Treffen alle Staats- und Regierungschef:innen der EU, der CELAC-Staaten, sowie die höchsten institutionellen Repräsentant:innen der EU zusammen. Stattdessen nahmen auf Seiten der EU lediglich der Vorsitzende des Europäischen Rates Charles Michel, die Präsidentin der Europäischen Kommission Ursula Von der Leyen, sowie der Hohe Vertreter der EU für Außen- und Sicherheitspolitik Josep Borrell teil. Auf lateinamerikanischer Seite waren hingegen die sieben Staatschefs von Ländern vertreten, die 2021 den Vorsitz verschiedener lateinamerikanischer Regionalorganisationen innehatten. Das ungewöhnliche Format sowie der Zeitpunkt des Treffens waren nicht zuletzt den weiteren Auswirkungen der Covid-19-Pandemie geschuldet. Davor wurden die beidseitigen Beziehungen zuletzt durch eine Rede Michels beim 6. Gipfeltreffen der CELAC-Staaten im September 2021, sowie durch ein digitales Treffen aller EU- und CELAC-Außenminister:innen im Dezember 2020 gepflegt.

Angesichts des Formats und im Gegensatz zu vorherigen Gipfeln diente der Videogipfel eher dazu, den Stand der beidseitigen Beziehungen zu bilanzieren und einen möglichen weiteren EU-CELAC-Gipfel vorzubereiten, und nicht etwa neue Initiativen zu beschließen oder Vertragsverhandlungen der EU mit einzelnen lateinamerikanischen Organisationen und Staaten zu besiegeln. So wurde auch kein gemeinsames Communiqué verabschiedet, sondern die Inhalte des Gipfels auf europäischer Seite lediglich in einer Pressemitteilung offiziell vorgestellt.

Von Seiten der EU wurde dabei insbesondere die Unterstützung im Kampf gegen die Covid-19-Pandemie hervorgehoben. Die finanzielle Unterstützung für die Region durch das

Instrument für Nachbarschaft, Entwicklungszusammenarbeit und internationale Zusammenarbeit von 3,4 Mrd. Euro bis 2027, als auch Europäische Mittel und Programme gegen die Abholzung des Amazonas fanden dabei ebenso Erwähnung.[1] In Zukunft soll neben bestehenden Vertragsverhandlungen die Zusammenarbeit in technologischen, digitalen und Konnektivitätsfragen weiter ausgebaut werden.[2]

Angesichts der neben der Pandemiepolitik relativ ruhigen politischen Lage in der lateinamerikanischen Region waren die beidseitigen politischen Beziehungen im letzten Jahr – mit Ausnahme der Beziehungen zu Nicaragua – von weitgehender Kontinuität geprägt. Dabei spielte der für Europa so zentrale Russland-Ukraine Krieg insbesondere aufgrund der Distanz der Region zum Konfliktherd keine besondere Rolle. Die unterschiedliche Reaktion verschiedener lateinamerikanischer Länder unterstreicht jedoch deren politische Unterschiede. Sekundäreffekte des Konfliktes etwa im Hinblick auf Ölpreise haben im weiteren Verlauf das Potenzial das politische Gefüge der Region zu beeinflussen.[3]

Wie auch in anderen Jahren weist die EU als Teil ihrer Lateinamerikapolitik regelmäßig auf die problematische menschenrechtliche Lage in vielen Ländern Lateinamerikas hin. Neben den im weiteren Verlauf besprochenen mit EU-Sanktionen belegten Ländern ist hier die sich erneut verschlechternde menschenrechtliche Lage auf Kuba negativ hervorzuheben. In der für das Land seit den frühen 1990er Jahren schwersten Wirtschaftskrise setzt Kuba noch stärker als sonst auf die Unterdrückung der politischen Opposition, was durch die EU scharf kritisiert wird.[4] Die EU-Politik dem Land gegenüber beruht jedoch weiterhin ausschließlich auf Dialog, um die durch das 2016 besiegelte EU-Kuba-Abkommen (PDCA) eingeleitete Normalisierung der beidseitigen Beziehungen nicht zu gefährden.

Sanktionspolitik

Nach der Krise in den EU-Venezuela-Beziehungen in der ersten Jahreshälfte 2021[5] hat sich der beidseitige politische Konflikt weder entschärft, noch vertieft. Auch innerhalb des Landes blieb die politische Lage unverändert problematisch. Somit wurden die bestehenden EU-Sanktionen gegen Venezuela durch die EU im November 2021 um ein weiteres Jahr verlängert[6] ohne das von venezolanischer Seite weitere Eskalationsschritte unternommen wurden.

Im zweiten derzeit durch EU-Sanktionen belegten lateinamerikanischen Land, Nicaragua, hat sich die politische Lage auch nicht zum besseren entwickelt. So werden unter der Regierung von Daniel Ortega weiter regelmäßig fundamentale Menschenrechte verletzt. Auch wurde die Repression gegen die politische Opposition weiter intensiviert. Dies diente dem Ziel, politische Wettbewerber:innen von den im November 2021 abgehaltenen Präsidentschafts- und Parlamentswahlen auszuschließen. Als Reaktion darauf hat sich die EU

---

1 Agence Europe: Europeans and Latin Americans renew dialogue at highest level, Europe Daily Bulletin, No. 12846, 4.12.2021.
2 Europäischer Rat: Pressemitteilung, EU-Latin America & Caribbean Leaders' Meeting: Joining forces for a sustainable post-COVID recovery - Press release by Presidents Michel and von der Leyen, 926/21, 2.12.2021.
3 Victor Mijares: The War in Ukraine and Latin America: Reluctant Support, GIGA Focus Lateinamerika 2/2022.
4 Rat der EU: Pressemitteilung, Kuba: Erklärung des Hohen Vertreters im Namen der EU zu den Gerichtsverfahren und Verurteilungen im Zusammenhang mit den Demonstrationen vom 11. und 12. Juli 2021, 338/22, 30.3.2022.
5 Daniel Schade: Lateinamerikapolitik, in: Werner Weidenfeld/Wolfgang Wessels (Hg.): Jahrbuch der Europäischen Integration 2021, Baden-Baden 2021, S. 361–364.
6 Rat der EU: Beschluss (GASP) über restriktive Maßnahmen angesichts der Lage in Venezuela, in: Amtsblatt der EU L 400/148, 11.11.2021.

im Vorlauf der Wahlen im August 2021 dazu entschieden, ihre Sanktionsliste um acht Individuen auf nun insgesamt 14 Personen zu erweitern.[7] Zwar findet sich nun auch Rosario Murillo, die Gattin von Präsident Ortega und Vizepräsidentin des Landes auf der Sanktionsliste, jedoch entschied sich die EU zu diesem Zeitpunkt dazu, die Sanktionen nur moderat zu verschärfen, um auch weiter Dialogmöglichkeiten aufrecht zu erhalten. Dieser vorsichtige Ansatz war im Vorfeld der Sanktionsverschärfung im Europäischen Parlament durch alle Fraktionen außer der Linken kritisiert worden.[8] Die so erweiterten Sanktionen wurden dann durch die EU im Oktober 2021 um ein weiteres Jahr bis Oktober 2022 verlängert.[9]

Aus den schließlich am 7. November 2021 abgehaltenen Wahlen ging Daniel Ortega und seine Partei mit etwa 75 Prozent der Stimmen offiziell als Sieger hervor. Jedoch wurden diese in einer Erklärung Josep Borrells im Namen der EU am darauffolgenden Tag als „illegitim" bezeichnet, da sie „ohne demokratische Garantien abgehalten" wurden und Ortega „jeden glaubwürdigen Wahlwettbewerb unterdrückt" habe.[10] Als weitere Reaktion auf das Wahlergebnis verschärfte die EU am 10. Januar 2022 ihre Nicaragua-Sanktionen. Unter den sieben weiteren Individuen befinden sich insbesondere Familienmitglieder Ortegas in offiziellen Funktionen, sowie zum ersten Mal ganze Institutionen wie die Nationale Polizeibehörde des Landes, oder die oberste Wahlbehörde.[11]

Der Kampf gegen die Covid-19-Pandemie
Nachdem die EU der Region im vergangenen Jahr Unterstützung bei der Covid-19-Impfstoffversorgung sowie finanzielle Unterstützung im Kampf gegen die Pandemie zugesagt hatte, nutzte sie die seitdem vergangene Zeit maßgeblich dafür viele dieser Maßnahmen umzusetzen. Eine zum Zeitpunkt des Videogipfels im Dezember 2021 zusammengestellte Bilanz zeigt das Ausmaß der Unterstützung durch die EU.[12] So hatten die Mitgliedstaaten zu jenem Zeitpunkt 10 Mio. Impfdosen an lateinamerikanische Staaten gespendet. Letztere erhielten auch über die internationale COVAX-Initiative, welche die EU maßgeblich mitfinanziert, zudem mehr als 50 Mio. Impfdosen. Unabhängig von der Finanzierungsweise wurden zudem insgesamt mehr als 130 Mio. Impfdosen aus der EU in die lateinamerikanische Region exportiert. Trotz des einseitigen Abhängigkeitsverhältnisses bei den Impfstofflieferungen ist es der Lateinamerikanischen Region letztlich gelungen, eine höhere Covid-19-Impfquote als die EU zu erreichen.

Neben der Versorgung mit Impfstoffen hat die EU die Region auch finanziell bei der Pandemiebekämpfung und bei der Abfederung der humanitären und sozioökonomischen Folgen unterstützt. So wurden als Teil der sogenannten Team Europe Initiative durch die EU und ihre Mitgliedsstaaten mit insgesamt 3 Mrd. Euro noch einmal mehr Mittel als zunächst angekündigt kurzfristig mobilisiert.

---

7 Rat der Europäischen Union: Pressemitteilung, Nicaragua: EU verhängt Sanktionen gegen acht weitere Personen, 636/21, 2.8.2021.
8 Agence Europe: MEPs support new sanctions against Ortega regime, Europe Daily Bulletin, No. 12756 7.7.2021.
9 Rat der EU: Pressemitteilung, Nicaragua: EU sanctions prolonged for one year, 753/21, 11.10.2021.
10 Rat der EU: Pressemitteilung, Nicaragua: Erklärung des Hohen Vertreters im Namen der Europäischen Union, 826/21, 8.11.2021.
11 Rat der EU: Pressemitteilung, Nicaragua: Rat verhängt Sanktionen gegen sieben weitere Personen und drei Organisationen mit Verbindungen zum Regime, 9/22, 10.1.2022.
12 Europäische Kommission: EU and the fight against Covid-19 in Latin America and the Caribbean, 26.11.2021.

Technologische Zusammenarbeit

Auch wenn Reisen und direkte Kontakte zwischen Lateinamerika und der Europäischen Union durch die Auswirkungen der Covid-19-Pandemie weiter eingeschränkt blieben, so wurde durch die Einweihung eines neuen Unterseekabels zwischen beiden Kontinenten die digitale Konnektivität dennoch enorm verbessert. Die im Juni 2021 eingeweihte und seitdem sukzessiv offiziell genutzte Verbindung EllaLink[13] zwischen Portugal und Brasilien sorgt dafür, dass der Internetverkehr zwischen beiden Regionen zum ersten Mal direkt verlaufen kann. Damit können größere Datenvolumen mit geringerer Latenzzeit übertragen werden, was insbesondere für Forschungsanwendungen und Finanztransaktionen wichtig ist.

Der öffentliche Teil des Projekts dient vornehmlich der besseren Verbindung der europäischen und lateinamerikanischen Forschungsnetzwerke GÉANT und RedCLARA. Hierzu werden neben dem eigentlichen Transatlantikkabel (welches auch einige afrikanische Länder und europäische Überseeterritorien anbinden wird) auch weitere terrestrische Kabel für die bessere Verbindung zwischen lateinamerikanischen Staaten gelegt. Das Projekt wurde nach dem EU-CELAC Gipfel 2015 unter dem Titel „Building the Europe Link to Latin America" (BELLA) neben privaten Geldern maßgeblich durch europäische und lateinamerikanische Forschungsförderung ermöglicht. Die Europäische Union ist bei dem Projekt mit einem Beitrag von 26,5 Mio. Euro der größte alleinigte Geldgeber,[14] wobei der Verbund der lateinamerikanischen Forschungsnetzwerke weitere 15 Mio. beiträgt, und einzelne Forschungsnetzwerke insgesamt zusätzliche Infrastrukturinvestitionen von etwa 25 Mio. Euro unternehmen.[15]

Als ein weiterer Schritt hin zu der geplanten sogenannten Digitalallianz zwischen der EU und Lateinamerika wurde im Mai 2022 nach längerer Vorbereitungszeit offiziell beschlossen, ein lokales Datenzentrum für COPERNICUS, den europäischen Dienst für Katastrophen- und Krisenmanagement, einzurichten. Das Datenzentrum soll die Region besser mit aufgearbeiteten Daten des europäischen Erdbeobachtungssatellitennetzwerks versorgen. Es könnte zum Beispiel Umweltdaten sammeln, etwa zu den langfristigen Auswirkungen des Klimawandels oder der Waldrodung, und diese für die politische Entscheidungsfindung nutzbar machen.[16] In Notfallsituationen kann es auch dazu genutzt werden Überflutungs- und Waldbrandgebiete für Einsatzkräfte zu kartieren.

Weiterführende Literatur

María García/Arantza Arana (Hg.): Latin America-European Union relations in the twenty-first century, Manchester 2022.

Ernesto Jeger/Diego Cruz/Bruno Luciano (Hg.): Multilateralism and Regionalism in Challenging Times: Relations between Europe and Latin America and the Caribbean, Hamburg 2022.

---

13 Luiz Alberto Rasseli: BELLA sees first traffic carried on EllaLink submarine cable, in: BELLA, 31.8.2021.
14 Europäische Kommission: BELLA - Building the Europe Link to Latin America, abrufbar unter https://international-partnerships.ec.europa.eu/policies/programming/projects/bella-building-europe-link-latin-america_en (letzter Zugriff: 22.6.2022).
15 BELLA: Bella Funding, abrufbar unter https://bella-programme.redclara.net/index.php/en/about-bella/bella-funding (letzter Zugriff: 15.6.2022).
16 EAD: Panamá: comunicado conjunto sobre un centro regional de Copernicus, 4.5.2022.

Nahostpolitik

Michael L. Bauer/Simon C. Hartmann

Der Nahe Osten ist weiterhin mit politischen und wirtschaftlichen Krisen konfrontiert, deren Ursprünge in der Region selbst, aber auch im internationalen Kontext liegen. Der Libanon etwa befindet sich seit nunmehr drei Jahren in einer wirtschaftlichen Abwärtsspirale, ohne dass die libanesische Regierung sich ernsthaft bemühen würde, dringend benötigte Reformen durchzuführen. In Israel stehen im November dieses Jahres die fünften Neuwahlen seit April 2019 an. Im Irak wurden Fortschritte bei der politischen Konsolidierung des Landes konterkariert durch die gescheiterte Regierungsbildung im Nachgang der Wahlen vom Oktober 2021 und einem innerschiitischen Machtkampf, der das Land destabilisiert. In Libyen ist der politische Einigungsprozess – wieder einmal – gescheitert und die Teilung des Landes in Ost und West besteht fort. Auf der Haben-Seite ist für die Region immerhin zu verbuchen, dass eine zum April 2022 vereinbarte Waffenruhe im Jemen zumindest bis Anfang Oktober 2022 verlängert wurde und auch die Gespräche zum iranischen Atomprogramm sowie zwischen Iran und Saudi-Arabien fortgeführt werden.

Wirkte in den vergangenen Jahren vor allem die Covid-19-Pandemie konflikt- und krisenverschärfend, so sind viele Länder in der Region jetzt durch die Folgen des russischen Angriffskriegs auf die Ukraine betroffen.[1] Spürbar ist dies insbesondere mit Blick auf die stark steigenden Preise für Nahrungsmittel und Energie. Länder wie Tunesien, der Libanon, Jemen oder Ägypten sind in ganz erheblichem Maße von Getreideimporten aus der Ukraine und Russland abhängig, um die Versorgung der Bevölkerung sicherzustellen.[2] Diese Abhängigkeit trifft zwar auch auf die Erdöl und Erdgas exportierenden arabischen Golfstaaten zu; diese profitieren aber immerhin von der den weltweit steigenden Energiepreisen und können zudem ihr internationales politisches Ansehen und Renommee stärken.

Trotz der formulierten eigenen Ansprüche gelingt es der Europäischen Union weiterhin nur sehr bedingt, als Gestaltungsakteur in ihrer südöstlichen Nachbarschaft aufzutreten und Konflikte einzuhegen bzw. politische Prozesse zu begleiten. Dies liegt einerseits an innereuropäischen Dissonanzen zwischen den Mitgliedstaaten sowie zwischen mitgliedsstaatlicher und europäischer Ebene. Andererseits finden der Nahe Osten sowie die Golfregion auch auf der strategischen Landkarte anderer Mächte zunehmende größere Beachtung, die bei der Verfolgung ihrer Ziele wenig Rücksicht auf europäische Befindlichkeiten nehmen.

Der russische Angriffskrieg gegen die Ukraine stellte einen „Game Changer" für die europäische Sicherheitsarchitektur und die europäische Außen- und Sicherheitspolitik[3] dar, die auch Auswirkungen auf die europäische Nahostpolitik haben. Es ist damit zu rechnen, dass im Sinne einer strategischen Priorisierung die beschränkten europäischen Ressourcen vermehrt für die östliche Nachbarschaft aufgewendet werden. Zudem wurde aber auch

---

1 Vgl. hierzu auch den Beitrag „Die Europäische Union und der Krieg in der Ukraine" in diesem Jahrbuch.
2 Veronika Movchan: Ukraine's Role in Global Food Supply: Individual Countries' Vulnerability, Bertelsmann Stiftung (Hg): Global & European Dynamics, 2022.
3 Vgl. hierzu auch den Beitrag „Gemeinsame Außen- und Sicherheitspolitik" in diesem Jahrbuch.

deutlich, dass der Nahe Osten und die Golfregion eine wichtige Rolle für Europas Energiesicherheit[4] spielen könnten und zudem ein weiterer Schauplatz westlich-russischen Wettbewerbs sind. Darüber hinaus wäre Europa von einer humanitären Krise – etwa durch eine weitere Verschlechterung der Versorgungslage mit Lebensmitteln – in seiner unmittelbaren Nachbarschaft in unter Umständen erheblichem Maße betroffen.

Schon in dem neuen „Strategischen Kompass" der Europäischen Union, der als militärische Grundlage der angestrebten geopolitischen Union gedeutet werden kann, wird der Nahe Osten als eine wichtige Region benannt. Die dortige Nichtverbreitung von Atomwaffen sei für die EU von größter Bedeutung. Als zentrale Akteure, die die prekäre Sicherheitslage entscheidend prägen, werden einerseits der Iran genannt. Dessen verschiedenen, auch informellen Aktivitäten zur Unterstützung von Milizen und politischen Stellvertreter:innen seien eine relevante Quelle für die örtlichen Risiken. Andererseits verweist der „Strategische Kompass" auf Gefahren von Terrororganisationen und benennt Al-Qaida und Daesh.[5]

Mit US-Präsident Joe Biden hat die EU zwar wieder einen Verbündeten im Weißen Haus, mit dem in Hinblick auf viele Schauplätze der Region grundsätzliche Übereinkunft über Interessen und Ziele besteht. Aber auch die US-Politik entwickelt in der Region nur bedingte Zugkraft. Der US-Fokus ist – genauso wie der europäische – dominiert vom sicherheitspolitischen Umgang mit der russischen Aggression in der Ukraine.

Israel: Brüssel und Tel Aviv nähern sich wieder an

Die Beziehungen zwischen Israel und der EU haben sich im vergangenen Jahr spürbar verbessert. Ein wichtiges Zeichen dafür ist etwa die Vertiefung des wissenschaftlichen und kulturellen Austauschs, da sich Israel an der Neuauflage des europäischen Horizont-Programms für Forschung und Entwicklung beteiligen kann. Zudem hoffen beide Seiten darauf, auch ihre wirtschaftlichen Beziehungen zu vertiefen: Schon ein Besuch von Kommissionspräsidentin Ursula von der Leyen in Israel, der mögliche Gaslieferungen an die Europäische Union betraf, hatte einen wichtigen Impuls gesetzt. Im Juni 2022 entschied dann der Rat der Europäischen Union den „Assoziierungsrat" mit Israel wieder aufleben zu lassen. Dieses Gremium, in dem Brüssel und Tel Aviv über wirtschaftliche und technologische Kooperationen verhandeln wollen, war 2013 aufgekündigt worden, weil die europäische Seite auf dem Unterschied zwischen Gütern aus Israel und den israelischen Siedlungen in den palästinensischen Gebieten bestand. Der neue Assoziierungsrat soll erstmals nach den israelischen Nationalwahlen zusammentreten und laut dem Hohen Vertreter der EU für Außen- und Sicherheitspolitik Josep Borrell auch die Zwei-Staaten-Lösung thematisieren.[6]

Von US-amerikanischer Seite darf dabei vorerst keine große Unterstützung erwartet werden. Bei seinem Besuch in Israel vermied Joe Biden das Thema und legte den Fokus darauf, Israel zu ermutigen, im Rahmen der „Abraham Accords" Beziehungen mit den arabischen Nachbarstaaten zu normalisieren bzw. zu vertiefen. Dabei war besonders jener Vorschlag überraschend, eine Gemeinsame Luftverteidigung mit den Golfstaaten, Irak, Jordanien und Ägypten einzurichten, die unterstützt von US-Basen und ausgerüstet mit israelischer IT den Druck auf den Iran erhöhen soll.[7] Insgesamt wird der Besuch des US-

---

4 Vgl. hierzu auch den Beitrag „Energiepolitik" in diesem Jahrbuch.
5 Europäischer Auswärtiger Dienst: A Strategic Compass for Security and Defence, Brüssel 2022, S. 20.
6 Rina Bassist: Israel-EU talks to resume for first time in decade, in: Al-Monitor, 19.6.2022.
7 Aziz El Yaakoubi/Andrew Mills/Matt Spetalnick: US, Israel push Arab allies for joint defence pact amid Iran tensions, in: Reuters, 7.7.2022.

Präsidenten eher als direkte Reaktion auf russische und chinesische Einflussversuche in der Region gewertet, denn als Beginn einer neuen strategischen Initiative.[8]

Diplomatische Bewegungen am Golf und im Mittelmeer
Internationale Bemühungen das iranische Atomprogramm zu drosseln, wurden im Berichtszeitraum intensiv geführt. Im E3+3 Format haben Unterhändler:innen von dem Vereinigtem Königreich, Frankreich und Deutschland sowie den USA, China und Russland gemeinsam mit dem Iran um einen neuen Vertragstext gerungen. Als vorläufiges Arbeitsergebnis der Gespräche in Wien, die von der Europäischen Kommission moderiert werden, hat Außenbeauftragter Borrell den Verhandlungsparteien einen Textentwurf übermittelt. Im Allgemeinen sollen darin die zentralen Punkte des früheren „Joint Comprehensive Plan of Action" (JCPoA) aufgeführt sein: Der Iran solle seine Uran-Anreicherung drastisch reduzieren, dafür würden die Handelssanktionen fallen. Internationale Beobachter:innen würden vor Ort die fraglichen Kraftwerke kontrollieren. Im Sommer 2022 forderte der Iran allerdings Nachverhandlungen.

Parallel zu den Verhandlungen um das Atomprogramm finden auch bilaterale Gespräche zwischen Saudi-Arabien und dem Iran statt, die ihre diplomatischen Beziehungen im Jahr 2016 abgebrochen hatten. Beide Seiten scheinen bemüht, einen Modus Vivendi zu finden, der es ihnen erlaubt, die Spannungen in ihrem bilateralen Verhältnis zu reduzieren, was sich auch positiv auf die regionale sicherheitspolitische Ausgangslage auswirken würde. Die bereits erwähnte Waffenruhe im Jemen kann als Beispiel hierfür gesehen werden.

Positiv zu bewerten sind ebenfalls die Fortschritte in den von den USA vermittelten Verhandlungen zwischen Israel und dem Libanon um eine Festlegung ihrer Seegrenze, die im Sommer 2022 kurz vor einem erfolgreichen Abschluss zu stehen scheinen. Für beide Länder böte eine Einigung die Chance, mit der Ausbeutung der Erdgasvorkommen vor ihrer Küste voranzuschreiten; darüber hinaus besäße eine solche Einigung auch hohe politische Symbolkraft, da beide Staaten sich zumindest formal im Krieg miteinander befinden.

Die syrische Misere
Auch ohne große Verschiebungen des militärischen Status Quo zeigen aktualisierte Zahlen, wie dramatisch die Auswirkungen des jahrelangen Bürgerkriegs in Syrien sind: Laut einer Schätzung der Hohen Menschenrechtsbeauftragten der UN sind mittlerweile 14,6 Mio. Menschen in Syrien direkt von humanitärer Hilfe abhängig, 90 Prozent leben unterhalb der Armutsgrenze. Erstmals seit Jahren veröffentlichte die UN auch Schätzungen zu den Opferzahlen und meldete, dass seit Kriegsbeginn 306.000 Zivilisten als direkte Folge von Kampfhandlungen getötet worden sind.[9]

Besonders die Türkei[10] versuchte für weitere Militäroperationen in Nordsyrien internationale Zustimmung zu erhalten. Ankara sieht in den örtlichen kurdischen YPG-Milizen eine Gefahr für die türkische Sicherheit und will daher den von ihr bereits kontrollierten 30 km tiefen Landstreifen im Norden Syriens ausdehnen. Während die Europäische Union dieses Vorhaben scharf verurteilte, suchte Recep Tayyip Erdoğan Unterstützung bei den

---

8 Ali Harb: Israel-Palestine US policy: What changed under Biden, what didn't, in: Aljazeera, 12.7.2022.
9 Zeit Online: Mehr als 306.000 tote Zivilisten in Krieg in Syrien, 28.6.2022.
10 Vgl. hierzu auch den Beitrag „Türkei" in diesem Jahrbuch.

anderen Garantiemächten des „Astana-Prozesses", in dessen Format die drei teils rivalisierenden Staaten Russland, Türkei und Iran bereits in der Vergangenheit ihre Syrienpolitik abstimmten. Bei einem Meeting zwischen Erdogan, Wladimir Putin und Ebrahim Raisi Ende Juli in Teheran gab es jedoch keine Neuerungen mit Bezug auf Syrien.[11]

Im Rahmen des „Brüssel-Prozesses" richtete die Europäische Union Mitte Mai 2022 die sechste Geberkonferenz für Syrien aus, um Hilfsgelder für die Unterstützung der Anrainerstaaten bei der humanitären Hilfe zu mobilisieren. Die Position der EU orientiert sich dabei nach wie vor an der UN-Sicherheitsratsresolution 2254. Neben den Spendenzusagen in Höhe von 6,4 Mrd. Euro für 2022 bot die Konferenz mit dem „Tag des Dialogs" eine neuartige Plattform für syrische Organisationen, um sich und ihre Forderungen selbst zu artikulieren.[12]

Weiterführende Literatur

Michael Bauer/Edmund Ratka: Auf der Suche nach Ordnung im Nahen Osten und Nordafrika: Subregionaler und sektoraler Multilateralismus als Chance, in: KAS Auslandsinformationen, 5.10.2020, S. 60–72.

Canan Atilgan: Neue Abhängigkeiten. Europäische Verwundbarkeit im Nahen Osten und Nordafrika, in: KAS Auslandsinformationen, Sonderausgabe September 2021, 28.9.2021, S. 32–34.

---

[11] Das Astana-Format war einst in der kasachischen Hauptstadt gestartet worden, mittlerweile wurde der Name Astanas jedoch in Nur-Sultan geändert; Thielko Grieß: Politologe: Europäer spielen keine Rolle im Astana-Prozess, in: Deutschlandfunk, 19.7.2022.

[12] Europäischer Auswärtiger Dienst: Brussels VI Conference. Supporting the future of Syria and the region, 9.–10.5.2022, abrufbar unter https://www.eeas.europa.eu/eeas/brussels-vi-conference-supporting-future-syria-and-region_en (letzter Zugriff: 12.8.2022).

Die Europäische Union und die USA

Niklas Helwig

Der Angriffskrieg Russlands auf die Ukraine war der bestimmende Faktor in den Beziehungen zwischen der EU und den USA im vergangenen Jahr. Noch Ende 2021 befeuerte der chaotische Afghanistanrückzug und ein neues Militärbündnis zwischen den USA, Australien und dem Vereinigtem Königreich die Debatte über ein sicherheitspolitisch eigenständigeres Europa. Der 24. Februar 2022 führte jedoch zu einer militärischen Reorientierung der USA nach Europa und einer Wiederbelebung der NATO. Trotz der eng koordinierten Reaktion der EU und der USA auf den russischen Angriffskrieg, setzten sich weiterhin gewisse Trends in der Wirtschafts- und Innenpolitik der USA fort. Diese führten im vergangenen Jahr zu einer eher durchwachsenen Bilanz der Handelspolitik. Die Nachwehen der Coronapandemie und der Inflationsschock in Folge des Ukrainekrieges führten zu billionenschweren Ausgabenprogrammen in den USA, um einheimische Unternehmen und Verbraucher:innen zu unterstützen. Dabei setzte US-Präsident Joe Biden jedoch auf Protektionismus und trieb den globalen Trend zu wirtschaftlicher Fragmentierung und Isolation weiter an.

Afghanistan und AUKUS: der schwache und geteilte Westen

Mit dem Abzug westlicher Truppen aus Afghanistan im Sommer 2021 und dem russischen Angriffskrieg auf die Ukraine bewegten zwei tiefgreifende Ereignisse die transatlantischen Beziehungen im vergangenen Jahr. Der chaotische Rückzug aus Kabul wurde zu einem Sinnbild für die Herausforderungen und das weitläufige Versagen der militärischen Interventionspolitik des Westens und der Streitkräfte der EU-Mitgliedstaaten. Der russische Angriffskrieg stellte vollends die europäische Nachkriegs-Sicherheitsarchitektur in Frage. Er generierte jedoch auch einen neuen Willen und Einigkeit zwischen den westlichen Bündnispartnern der Bedrohung entgegenzutreten.

Im April 2021 kündigte Biden den Rückzug des US-Militärs aus Afghanistan bis zum 11. September an. Bereits sein Vorgänger Donald Trump hatte den Rückzug der Truppen in Aussicht gestellt, der nun zeitlich präzisiert wurde. Die Entscheidung zeigte, dass auch unter Biden die Tendenz, sich aus den langjährigen Kriegen im Nahen Osten zurückzuziehen, anhielt und spiegelte eine generelle Müdigkeit der USA zu militärischen Eskapaden wider. Für die europäischen NATO-Partner bedeutete dies, dass auch ihre Truppen das Land verlassen mussten. Ende Juni verließen die letzte deutschen Soldat:innen der Bundeswehrmission das Land in dem zuletzt regelmäßig 1.300 Bundeswehrsoldat:innen stationiert waren.

Nach Abzug der Truppen kam es zu einer schneller als erwarteten Machtübernahme der Taliban. Hatten US-Geheimdienste zur Zeit des Abzugs noch erwartet, dass die Regierung in Kabul bis zu einem halben Jahr Widerstand leisten könnte, spitzte sich die Lage bereits im August dramatisch zu. In Folge musste das US-Militär zusammen mit Verbündeten – u. a. Deutschland, Frankreich und dem Vereinigten Königreich – Evakuierungsflüge vom Kabuler Flughafen durchführen, um westliche Staatsbürger:innen und lokales Hilfspersonal aus dem Land herauszuholen. Dabei wurde deutlich, dass die europäischen Staaten für die Sicherung des Flughafens und die Durchführung der Flüge vollständig auf die US-Streitkräfte angewiesen waren. US-Präsident Joe Biden hielt jedoch am Abzugsdatum Ende August fest.

Der chaotische Rückzug aus Afghanistan führte zu einer Debatte in der EU zu den eigenen militärischen Fähigkeiten und der Koordination mit den USA. So war eine der Fragen, inwieweit die europäischen Geheimdienste ein besseres Lagebild über die tatsächlichen Fähigkeiten der afghanischen Truppen hätten haben können. Zudem gab es Schwierigkeiten in der Koordination der Rettungsflüge zwischen EU-Ländern, was zu unausgelasteten Maschinen führte. In der Konsequenz schafften die europäischen Staaten „nur" 24.000 Menschen auszufliegen im Vergleich zu den 120.000 westlichen Staatsbürger:innen und Ortskräften, die die USA außer Landes brachte.

Auch die Tatsache, dass ohne die USA die Sicherung des Flughafens kaum möglich gewesen wäre, sorgte unter den EU-Staaten für Unmut. Obwohl sich die EU seit einiger Zeit den Anspruch einer „strategischen Autonomie" durch den Erwerb militärischer Fähigkeiten als Ziel gesetzt hatte, zeigte diese akute Krise wieder die realen Limitierungen. Sie beschleunigte die Debatte zur Reform der EU-Battlegroups und der Einrichtung einer Schnelleingreifkapazität, um den Mitgliedstaaten die Fähigkeit zu geben auch ohne die Hilfe der USA militärische Kriseninterventionen oder Evakuierungseinsätze zu bewerkstelligen. Als einer der zentralen militärischen Initiativen floss diese bis zu 5.000 Soldat:innen starke Eingreiftruppe in die Pläne des strategischen Kompasses ein, der zeitgleich von der EU entwickelt wurde.[1]

Nicht nur der verheerende Afghanistan-Abzug sorgte für Probleme im transatlantischen Verhältnis. Die überraschende Unterzeichnung eines trilateralen Verteidigungsbündnisses zwischen Australien, dem Vereinigten Königreich und den USA (kurz AUKUS) stellte das Vertrauen in die Zusammenarbeit mit Washington in einigen europäischen Hauptstädten vorübergehend in Frage. Insbesondere Frankreich fühlte sich deputiert, da es nach eigenen Aussagen über die Verhandlungen zum Pakt nicht informiert wurde, obwohl dadurch ein 56 Mrd. Euro schwerer U-Boot Deal mit Australien hinfällig wurde. Sinnbildlich fiel die Bekanntgabe von AUKUS zudem auf den Tag der Veröffentlichung der EU-Indopazifikstrategie. Die Art wie der Pakt zustande kam und kommuniziert wurde, zeigte somit tiefgreifende Probleme in der transatlantischen Koordination der Sicherheitspolitik.

Folgenschwerer war jedoch die mögliche strategische Folge von AUKUS, welches bewusst die EU-Mitgliedstaaten im Sicherheitspakt außen vorließ und stattdessen auf das frisch ausgetretene Vereinigte Königreich setzte. Ohnehin war die Haltung der EU zu China im Vergleich zu der Haltung der USA und des Vereinigten Königreichs nuancierter und auf einen Mittelweg anstatt auf Konfrontation eingestellt. So wurde diese Episode erneut als ein Weckruf an die EU interpretiert, sich sicherheitspolitisch eigenständiger aufzustellen und eine Haltung zu dem zunehmend antagonistischen Verhältnis zwischen den USA und China zu finden.[2] Während Pläne in Brüssel die Runde machten, die nächste Runde des Transatlantischen Handels- und Technologierats (TTC, Trade and Tech Council) zu ver-

---

1 Vgl. hierzu auch den Beitrag „Gemeinsame Sicherheits- und Verteidigungspolitik" in diesem Jahrbuch.
2 Claudia Major/Nicolai von Ondarza: Afghanistan, AUKUS, and Albion, in: Internationale Politik Quarterly 4/2021, 30.9.2021.

schieben, blieben greifbare Konsequenzen in den EU-US Beziehungen aus. Trotz Solidarität mit Paris wollten die Regierungen in vielen anderen EU-Hauptstädten keine negativen Spillover-Effekte auf weitere Aspekte der transatlantischen Beziehungen riskieren.[3]

Ukrainekrieg: eine transatlantische Zeitenwende?
Der Beginn des russischen Angriffskriegs auf die Ukraine am 24. Februar spiegelt auch einen Wendepunkt im transatlantischen Verhältnis und in den EU-USA Beziehungen wider. Der Versuch Russlands, die Ukraine mit Gewalt einzuverleiben, wurde auch als ein Angriff auf die europäische Sicherheitsordnung, wie sie sich nach dem zweiten Weltkrieg und dem Ende Sowjetunion entwickelt hatte, gewertet. Insbesondere kristallisierte sich eine klar antagonistische Konstellation zwischen Russland und dem Westen aus mit der auf absehbare Zeit die Sicherheit auf dem Kontinent garantiert werden muss.

Die einschneidenden Änderungen betreffen die Rolle der USA in der europäischen Sicherheit. Wie zuletzt die Diskussion zu AUKUS zeigte, war der generelle Kurs der USA im letzten Jahrzehnt von einem „Pivot to Asia" (Schwenk nach Asien) und der Pazifikregion geprägt, mit China als dem ernstzunehmenden Rivalen in einer aufkommenden G2-Welt. Russlands Angriff auf die Ukraine lenkte das Augenmerk nun wieder nach Europa. Dies gilt im militärischen Sinne, wie die Aufstockung von US-Soldat:innen in Europa um 2.000 Kräfte noch kurz vor der Invasion und um weitere 20.000 Kräfte im Juni zeigte. Insgesamt dienen nun mehr als 100.000 US-Kräfte in Europa.[4] Aber auch im Bereich der Sanktionen und der Energiepolitik wurde die Reaktion des Westens transatlantisch eng koordiniert. Während vor dem russischen Angriff noch diskutiert wurde, inwieweit europäische Sicherheit auch ohne die USA organisiert werden kann und sollte, waren sich die transatlantischen EU-Mitglieder (insbesondere Polen und die baltischen Länder) und Befürwortende einer strategische Autonomie Europas (allen voran Frankreich) nun einig um die wichtige Rolle der USA. Offen und abhängig von dem Kriegsverlauf blieb jedoch, wie nachhaltig die Reorientierung der USA auf Europa sein wird und wie stark innenpolitische Faktoren und der schwelende Konflikt mit China Washington in Haftung nehmen werden.[5]

Somit stellten sich auch für die EU wichtige Fragen zu ihrem Beitrag zur Euro-Atlantischen Sicherheit. Die EU antwortete durchaus stark mit den ihr zur Verfügung stehenden Instrumenten. In mehreren Runden wurden präzedenzlose Sanktionen gegen Russland beschlossen, welche zum ersten Mal auch den Finanzsektor (Zahlungsverkehr über SWIFT), Energiesektor (Ausfuhr von Kohle und Verschiffung von Erdöl) und die Luftfahrtbranche (Sperrung des EU-Luftraumes und Export/Wartungsstopp für Flugzeuge) betrafen. Eine weitere Schranke der EU-Sicherheitspolitik fiel, als der Rat der EU die Finanzierung von Waffenlieferungen an die Ukraine über die Europäische Friedensfazilität beschloss. Insgesamt wurden so 2 Mrd. Euro bis Juni bereitgestellt. Auch im Bereich der Energie- und Industriepolitik war die EU ein wichtiger Handlungsrahmen, um auf die Verwerfungen des Krieges zu reagieren und sich transatlantisch abzustimmen. Mit Blick auf die EU als Verteidigungs- und Sicherheitsakteurin trübt sich das Bild allerdings ein. Der Fokus der EU in den vergangenen Jahren insbesondere Fähigkeiten im Bereich des militärischen und zivilen

---

3 Barbara Moens: EU holds fire on delaying Trade and Tech Council, in: Politico, 22.9.2021.
4 US Department of Defence: Biden Announces Changes in U.S. Force Posture in Europe, 29.6.2022, abrufbar unter https://www.defense.gov/News/News-Stories/Article/Article/3078087/biden-announces-changes-in-us-force-posture-in-europe/ (letzter Zugriff: 7.10.2022).
5 Niklas Helwig: Die Europäische Union und die USA, in: Werner Weidenfeld/Wolfgang Wessels (Hg.): Jahrbuch der Europäischen Integration 2021, Baden-Baden 2021.

Krisenmanagements aufzubauen, setzte sich zwar mit dem Strategischen Kompass der EU fort, welcher kurz nach dem Angriff veröffentlicht wurde. Fragen der territorialen Verteidigung oder die Entwicklung von darauf abgestimmten militärischen Fähigkeiten, blieben jedoch ausgeklammert. Während eine militärische Rolle der EU in der euroatlantischen Sicherheit weiterhin ausgeschlossen blieb, gab es wichtige Ansätze in den erweiterten Sicherheitsfragen, wie zum Beispiel Cybersicherheit, Desinformation und Infrastruktur. Der Angriffskrieg unterstrich somit erneut das wichtige EU-Ziel einer engen Zusammenarbeit und Arbeitsteilung mit der NATO.

Die Bedeutung der NATO als Allianz und Handlungsrahmen wuchs hingegen. Entlang der Ostflanke wurden neue multinationale Gefechtsverbände in Ungarn, Rumänien, Bulgarien und Slowenien stationiert. Die bestehenden Truppen im Baltikum und in Polen wurden verstärkt. Zudem wurde beim NATO- Gipfel im Juni die NATO-Reaktionsstreitmacht auf von 40.000 auf 300.000 Truppen aufgestockt. Die größte politische Änderung bestand jedoch im Beitrittsgesuch Schwedens und Finnlands zur NATO. Die beiden nordischen Länder hatten bisher einen Weg der militärischen Bündnisfreiheit gewählt, obwohl sie bereits Teil der Gemeinsamen Sicherheits- und Verteidigungspolitik (GSVP) der EU waren und auch eng mit der NATO und den USA zusammen kooperierten. Das NATO-Mitglied Dänemark hingegen verzichtete nach einer Volksabstimmung auf den Opt-out in der GSVP. Somit wurde der ehemals durch militärische-strategische Fragmentierung geprägte Ostseeraum infolge des russischen Angriffs ein einheitliches Bündnisgebiet. Es war anzunehmen, dass dies auch Auswirkungen auf die GSVP haben wird. Insbesondere Finnland strebte traditionell eine engagierte EU-Verteidigungspolitik an, muss aber als zukünftiges NATO-Mitglied die Bündnisverpflichtungen neu ausbalancieren.

Letztendlich hatte der Angriffskrieg auf die Ukraine Auswirkungen auf die Debatte über die europäische strategische Autonomie – oder auch strategische Souveränität[6] – die seit einigen Jahren der Fixpunkt in der transatlantischen Debatte darstellte. In militärischen Fragen rückte das Ziel autonomer Handlungsfähigkeit und strategischer Zielsetzung der EU weiter in die Ferne. Die Abhängigkeit von amerikanischen konventionellen Fähigkeiten und nuklearer Abschreckung wurde unterstrichen. Die Beistandsklausel Artikel 42(7) der EU-Verträge bietet wenig Schutz und Abschreckung vor territorialen Angriffen, weshalb Finnland und Schweden den Schritt der NATO-Mitgliedschaft suchten. Auch der Versuch über Rüstungsprojekte gezielt die europäische Rüstungsforschung und Industrie zu fördern, erhielt einen Dämpfer. Um fehlende militärische Fähigkeiten schnell nachzurüsten, setzten Mitgliedsländer – wie zum Beispiel Deutschland beim Kauf des amerikanischen F35 Kampfjets – auf bestehende amerikanische Waffensysteme. Militärische Autonomie und Souveränität kann somit auf absehbar Zeit nur in enger Kooperation mit den USA erreicht werden.

Im Bereich der Wirtschaft jedoch erhöhte sich der Druck auf europäische Selbstbehauptung. Handels- und Finanzsanktionen betreffen zwei wichtige Kompetenzbereiche der europäischen Ebene. Trotz nationaler Reaktionen auf die Verwerfungen am Energiemarkt, wurden auch europäische Lösungen angedacht, um die Energieversorgung sicherzustellen und die finanziellen Auswirkungen auf Verbraucher:innen sowie Unternehmen zu begrenzen. Mit der EU als wirtschaftlich wichtige Akteurin in der Krise ergeben sich auch in der Zukunft wichtige Kooperationsfelder zwischen der EU und den USA, um zum Beispiel die Energieversorgung, Sanktionen oder den Wiederaufbau der Ukraine zu organisieren.

---

6 Nicolai von Ondarza/Marco Overhaus: Strategische Souveränität neu denken. Narrative und Proritäten für Europa nach dem Angriff Russlands auf die Ukraine, SWP-Aktuell 29/2022, 29.4.2022.

Wirtschaft

Bereits im ersten Jahr der Amtszeit von US-Präsident Joe Biden zeichnete sich ab, dass auch er eine Wirtschafts- und Handelspolitik verfolgen würde, die sehr stark von amerikanischen Interessen und Protektionismus geleitet ist.[7] Zwar vermied er die scharfe „America First"-Rethorik seines Vorgängers Donald Trump, in der Sache jedoch war er bemüht das Wohlergehen der amerikanischen Industrie und der Arbeiter:innen sicherzustellen. Nicht nur wegen der anhaltenden politischen Spannungen zwischen Republikanern und Demokraten vor den Midterm-Wahlen im November, setzte sich dieser Trend auch in das Jahr 2022 fort. Die steigende Inflation in den USA erhöhte den Druck auf Präsident Biden amerikanische Haushalte durch Staatsausgaben zu entlasten.

Herauszustellen sind die massiven Industrie-, Infrastruktur- und Sozialpakete, die die Biden-Administration auf den Weg brachte und welche auch international für Konsequenzen sorgen könnten. Im November 2021 verabschiedete das US-Repräsentantenhaus ein 1,7 Bio. US-Dollar schweres Finanzpaket („Build Back Better Act") mit dem insbesondere Klima- und Sozialinvestitionen gefördert werden sollten. In den weiteren legislativen Verhandlungen mit der Senatskammer wurde das Finanzpaket in mehrere Gesetze geteilt. Umgetauft als „Inflation Reduction Act" wurden wichtige Bestandsteile des Ausgabenpaketes, welches auch den Effekt von Preissteigerungen auf die US-Bürger:innen dämpfen sollte, im Sommer 2022 auf den Weg gebracht. Schon vor der Verabschiedung sahen die Europäische Kommission und einige Mitgliedstaaten, wie z. B. Deutschland, das Ausgabenprogramm kritisch. So enthielten einige von den Fördermittelprogrammen, wie zum Beispiel zur Förderung der E-Mobilität, Klauseln die gezielt in den USA produzierte Güter und Produkte begünstigen. Eine Benachteiligung europäischer Unternehmen und Standorte war abzusehen. Zudem zweifelte die Kommission daran, dass die entstehenden Handelsbeschränkungen einer möglichen WTO-Klage standhalten würden.

Auch der noch junge „Trade and Technologie Council" zwischen den EU und der USA verlief schleppend. War er noch kurz nach Bidens Amtsübernahme mit der Hoffnung auf Fortschritte in der Handelsliberalisierung und vertiefter technologischer Kooperation gestartet, so gab es in das Jahr 2022 herein nur wenig Fortschritte. Das Treffen im Mai 2022 stand zum größten Teil im Schatten des Ukrainekrieges. Es bot den transatlantischen Partnern die Möglichkeit sich eng abzustimmen, die technologischen Fähigkeiten Russlands einzudämmen und den Zugang zu kritischen Technologien, wie zum Beispiel Halbleitern, weiter zu erschweren.[8] Im weiteren Verlauf des Jahres machte sich jedoch Ernüchterung auf der Seite der EU breit, was den Fortschritt der eigentlichen Gespräche zu gemeinsamen Standards und den Abbau von nichttarifären Handelshemmnissen anging. Zwar wurde zum Beispiel ein gemeinsamer Fahrplan zum Umgang mit Künstlichen Intelligenz und Empfehlungen zu Ladeinfrastruktur vorbereitet, konkrete und substanzielle Ergebnisse zeichneten sich jedoch nicht ab.

Insgesamt haben sich die Handelsbeziehungen unter der Biden-Administration zum Positiven gewendet. Ein wichtiger Schritt war im Oktober 2021 das Aussetzen des Handelsstreits zwischen EU und USA im Bereich der Stahlimporte. Die USA setzen daraufhin die von Präsident Trump eingesetzten Zölle bis auf das vorherig geltende Handelsvolumen aus. Auch die EU kündigte an, schrittweise die Schutzzölle auf US-Waren zurückzunehmen.

---

7 Niklas Helwig: Die Europäische Union und die USA, 2021.
8 Tyson Barker: Russlands Krieg fördert die Tech-Allianz zwischen Europa und den USA, DGAP online Kommentar, 16.5.2022.

Während sich die EU-USA Handelsbeziehungen entspannten, konnte man nicht eine Rückkehr zu einer aktiven Handelsliberalisierungspolitik, wie sie noch unter Präsident Barack Obama verfolgt wurde, erwarten.

Fazit

Die Beziehungen zwischen der EU und den USA wurden in diesem Jahr vor allem durch internationale Ereignisse geprägt. Während die USA politisch ein gespaltenes Land blieben, so standen zumindest keine nationalen Wahlen im Kalender, die einen Schatten auf das transatlantische Verhältnis hätten werfen können. Die innenpolitische Kontroverse entlud sich zudem an Kultur- und Identitätsfragen („culture wars"), wie zum Beispiel nach der Aufhebung des Abtreibungsrechts auf Bundesebene durch den Obersten Gerichtshof der USA. Die vorübergehende „Ruhe" sollte jedoch nicht darüber hinwegtäuschen, dass es mit den anstehenden Midterms und der Präsidentschaftswahl 2024 wieder zu einer politischen Zuspitzung kommen kann. Die reservierte Handelspolitik der Biden-Administration und der zunehmend rhetorisch- und wirtschaftlich aggressive Kurs gegen China zeigen, dass die US-Demokraten wahrscheinlich nicht als Verfechter des Multilateralismus und freien Handels in die nationale Wahlarena steigen wollen. Die EU steht somit mit ihrem multilateralen und kooperativen Weltbild zunehmend allein da, wobei auch hier die Covid-19-Pandemie und der Ukrainekrieg ein Umlenken auf wirtschaftliche Selbstständigkeit gestärkt haben.

Weiterführende Literatur

Garret Martin/Ville Sinkkonen: Past as Prologue? The United States and European Strategic Autonomy in the Biden Era, in: European Foreign Affairs Review 27/2022, S. 99–120.

Ville Sinkkonen/Niklas Helwig/ Marco Siddi/Elina Sinkkonen: Exploring the Transatlantic Meaning of China and Russia: Divergence, Convergence and Future Prospects in the Biden Era, in: l'Europe en formation, 2022 (im Erscheinen).

Zentralasienpolitik

Anna Gussarova*

Die Zentralasienpolitik der EU sowie ihre bilateralen Beziehungen in der Region wurden im vergangenen Jahr maßgeblich geprägt vom wirtschaftlichen Wiederaufbau nach der Covid-19-Pandemie, der Machtübernahme der Taliban-Regierung in Afghanistan, den politischen Umwälzungen in Kasachstan im Januar 2022 und dem russischen Krieg gegen die Ukraine. Mit dem Abklingen der Pandemie wurden auch die hochrangigen politischen Gespräche und Zusammenkünfte in allen Hauptstädten und in Brüssel wieder aufgenommen, um mit der Umsetzung der EU-Strategie für Zentralasien zu beginnen. So hatten die Ereignisse in Kasachstan im Januar und der russische Angriffskrieg Einfluss auf die Form und Notwendigkeit der vertieften Zusammenarbeit zwischen der EU und Zentralasien.

Das bedeutendste Ereignis bis Anfang 2022 in der Region waren die offiziellen Antrittsbesuche von Tehri Hakala, der neu ernannten EU-Sonderbeauftragten für Zentralasien, bei denen sie die Bedeutung nachhaltiger gegenseitiger Beziehungen zum Ausdruck brachte, weitere Investitionen anregte und so auch zur Entwicklung eines guten Geschäftsklimas beitrug.[1] Hakala begann die Reise in Usbekistan, wo sie mit Regierungsvertreter:innen und zivilgesellschaftlichen Organisationen zusammentraf und anschließend das Grenzgebiet zu Afghanistan besuchte. Einen Monat nach den blutigen Ereignissen im Januar 2022 in Kasachstan (auf die die EU mit Schweigen reagiert hatte), besuchte Hakala die Städte Astana und Almaty, um sich dort mit kasachischen Regierungsvertreter:innen, internationalen Geldgebern und lokalen NGOs über die Einhaltung von Menschenrechten, die politischen Entwicklungen nach den Januar-Aufständen und weitere Perspektiven der Zusammenarbeit auszutauschen. Dem folgten Besuche in Kirgisistan, Tadschikistan und Turkmenistan.

Ein weiteres Ereignis von Bedeutung war das 17. EU-Zentralasien-Ministertreffen in Duschanbe im November 2021, bei dem die Vertreter:innen der EU und Zentralasiens nochmals die gesetzten Ziele und Prioritäten der EU-Zentralasien-Strategie 2019 zur Stärkung der regionalen Zusammenarbeit bekräftigten. Dies beinhaltet eine grundlegende Neuausrichtung in den Bereichen Wasser-Energie-Klima hin zu einer grünen Wirtschaft. Dies soll durch einen regionalen zentralasiatischen Strommarkt erreicht werden, wie auch durch eine grenzüberschreitende Wasserwirtschaft und Initiativen den Aralsee betreffend und weiterhin Investitionen aus der „Team Europa"-Initiative zur Unterstützung des Privatsektors,[2] einschließlich der Förderung der Beteiligung von Frauen im Wassermanagement. Auch Kirgisistan war im November 2021 Gastgeber eines EU-Zentralasien-Wirtschaftsforums[3], bei dem der Austausch zu Reformen mit gut 15 EU-Mitgliedstaaten in den Bereichen Umwelt, Digitalisierung und den Geschäftsbeziehungen im Vordergrund stand.

---

* Übersetzt aus dem Englischen von Thomas Traguth.
1 Roxana Chiriac: A new EU Special Representative for Central Asia: Towards Enhanced Cooperation, EIAS, 21.10.2021.
2 Prague Process: The 17th EU-Central Asia Ministerial Meeting, 6.12.2021.
3 Pravesh Kumar Gupta: EU-Central Asia Relations: An Emerging Partnership, Vivekananda International Foundation, 29.11.2021.

Ein weiteres Treffen Mitte Mai 2022 war der neunte politische und sicherheitspolitische Dialog zwischen Zentralasien und der EU in Brüssel.[4] Die teilnehmenden Parteien befassten sich dort mit aktuellen und zu erwartenden Herausforderungen für die regionale und globale Sicherheit und mit der Lebensmittelknappheit infolge der politischen und militärischen Verwerfungen in Eurasien. Sie suchten Gemeinsamkeiten für die Stärkung der Sicherheitszusammenarbeit im Lichte der Entwicklungen in Afghanistan. Aufgrund der Sanktionen gegen Russland stand die wirtschaftliche Zusammenarbeit und die mögliche Verlagerung von EU-Unternehmen nach Zentralasien, insbesondere auf Betreiben Kasachstans, im Vordergrund. Eine engere Koordinierung ist erforderlich, um mögliche negative Auswirkungen der Sanktionen gegen Russland zu vermeiden, die hohe wirtschaftliche Risiken und damit verbundene Preissteigerungen in Zentralasien mit sich bringen.

Auf der jährlich stattfindenden EU-Zentralasien-Konferenz bekräftigte die EU ihr Engagement in der Region und verwies auf die bevorstehende hochrangige Konferenz über nachhaltige Energiezusammenarbeit und die Duschanbe-Konferenz zu Wasser. Trotz der politischen Entwicklungen in den zentralasiatischen Hauptstädten wie auch in Brüssel gelang es, sich auf die traditionell wichtigsten Aspekte der Zusammenarbeit zu fokussieren, so auf die nationale und regionale soziale und wirtschaftliche Entwicklung, die Verbesserung der politischen Beziehungen und die Schaffung neuer wirtschaftlicher Verbindungen.

Im Juni 2021 startete in Kirgisistan offiziell das von der EU unterstützte Regionalprogramm zur Förderung der Rechtsstaatlichkeit in Zentralasien.[5] Ziel des Projekts ist die Verbesserung der Lebensbedingungen der Menschen durch Stärkung der Menschenrechte, der Demokratie und der Rechtsstaatlichkeit im Einklang mit europäischen und internationalen Standards – eine dringend benötigte und in der gesamten Region lange ersehnte Veränderung. Usbekistan und die EU haben im Juni 2022 die Verhandlungen über das erweiterte Partnerschafts- und Kooperationsabkommen (EPCA) abgeschlossen und somit einen belastbaren Mechanismus für eine umfassende Zusammenarbeit geschaffen, der zusätzlich zu Handel und Wirtschaftszusammenarbeit neue Bereiche wie die Außen- und Sicherheitspolitik, Konfliktvermeidung, den Schutz personenbezogener Daten, organisierte Kriminalität, Terrorismusbekämpfung und illegale Migration beinhaltet.

Der kasachische Präsident Qassym-Schomart Toqajew reiste zu seinem Antrittsbesuch im November 2021 nach Belgien und im Dezember 2021 nach Deutschland, wo er die strategische Zusammenarbeit beider Länder sowie die Bedeutung der deutschen Wirtschaft und Investitionen für die Entwicklungsziele Kasachstans betonte. Toqajew traf mit dem EU-Ratspräsidenten Charles Michel zusammen und sicherte ihm die Fortführung der guten Zusammenarbeit im Rahmen der EPCA und mit der gesamten Region zu.

Zusammenfassend lässt sich dieser Zeitraum als ein hektischer und ereignisreicher bezeichnen und dies vor dem Hintergrund des langwierigen Wiederaufbaus nach der Covid-19-Pandemie, innenpolitischer Verwerfungen in zentralasiatischen Ländern und der weiteren Region, wie auch des russischen Krieges gegen die Ukraine. Die EU verfolgte dabei weiterhin einen differenzierten Ansatz in ihrer regionalen Strategie, in dem sie zwar den hochrangigen Dialog zu Wirtschafts- und Umweltthemen weiter ausbaute, die Volkswirtschaften und Gesellschaften der zentralasiatischen Länder jedoch mit den destruktiven sanktions- und kriegsbedingten Risiken allein lässt.

---

4 Europäischer Auswärtiger Dienst: EU-Central Asia: Annual high-level Political and Security Dialogue held in Brussels, 18.5.2022.
5 Europarat: Newsroom, First Regional Steering Committee Meeting of the Central Asia Rule of Law Programme, 4.6.2021.

6. Die Europäische Union und ihre Nachbarn

Europäische Nachbarschaftspolitik

Barbara Lippert

Der 24. Februar 2022 ist eine Zäsur in den Beziehungen der Europäischen Union (EU) zu den östlichen Nachbarn. An diesem Tag griff Russland auf breiter Front die Ukraine an und überzieht seitdem das Land mit Krieg, um es dauerhaft seiner Souveränität zu berauben.[1] Der Krieg hat in der EU Änderungen auf vielen Feldern – z.B. Energiepolitik, Sanktionen, Sicherheits- und Verteidigungspolitik – ausgelöst oder beschleunigt. In den Beziehungen zu drei Ländern der Östlichen Partnerschaft (ÖP) vollzog die EU schnell einen Spurwechsel von der Europäischen Nachbarschaftspolitik (ENP) zur Erweiterungspolitik. Die Mitgliedschaftsperspektive für die Ukraine, Moldau und Georgien und der Kandidatenstatus für Kyjiw und Chișinău stellen zwar die Weichen für eine Intensivierung der Westbindung.[2] Aber offen ist, wie und durch wen künftig Sicherheit und Zusammenarbeit im „Größeren Europa"[3] organisiert und gewährleistet werden kann. Die Länder der südlichen Nachbarschaft haben einerseits unter den Vorzeichen des Ukraine-Kriegs an politischer Aufmerksamkeit eingebüßt und leiden unter den Folgen der durch Russland gestoppten Getreide- und Nahrungsmittelexporte aus der Ukraine. Andererseits sind die Mittelmeerländer für EU-Staaten als Energielieferanten und Partner in der Klimapolitik noch attraktiver geworden.

Die wirtschaftlichen und sozialen Probleme in Folge der Corona-Pandemie wurden noch nicht überwunden, aber durch die geopolitischen Konflikte in den Hintergrund gedrängt. Die EU führte ihre Covid-19-Makrofinanzhilfsprogramme fort.[4] Das „Instrument für Nachbarschaft, Entwicklungszusammenarbeit und internationale Zusammenarbeit – Europa in der Welt" (NDICI), das unter dem Mehrjährigen Finanzrahmen 2021–2027 das bisherige „Europäische Nachbarschaftsinstrument" (ENI) ersetzt, trat am 14. Juni 2021 in Kraft. Mit einigen ENP-Ländern vereinbarte die EU dazu sogenannte Multi-annual Indicative Programmes (MIP). Für sieben Jahre stehen insgesamt 19,3 Mrd. Euro für die 16 ENP-Länder zur Verfügung. Insgesamt verliert der gemeinsame Politikrahmen der ENP für Länder der östlichen und südlichen Nachbarschaft kontinuierlich an praktischer Bedeutung sowie konzeptioneller Klarheit.[5]

Hauptthemen in der östlichen Nachbarschaft und Stand der Vertragsbeziehungen
Der Aufmarsch russischer Truppen an der Grenze zur Ukraine seit März 2021 und die permanente Politik der Einschüchterung und Bedrohung des Nachbarn hatten das

---

1 Vgl. hierzu auch den Beitrag „Die Europäische Union und der Krieg in der Ukraine" in diesem Jahrbuch.
2 Europäischer Rat: Schlussfolgerungen, EUCO 24/22, 24.6.2022.
3 Europäischer Rat: Schlussfolgerungen, 2022, I.
4 Europäische Kommission: Bericht über die Durchführung der Makrofinanzhilfen für Drittländer im Jahr 2021, COM(2022) 341 final, 19.7.2022.
5 Es handelt sich um die sechs osteuropäischen Länder Armenien, Aserbaidschan, Belarus, Georgien, Moldau und die Ukraine sowie die zehn aus dem Mittelmeerraum Ägypten, Algerien, Israel, Jordanien, Libanon, Libyen, Marokko, Palästinensische Gebiete, Syrien und Tunesien, für die die EU den einheitlichen Politikrahmen der ENP geschaffen hat.

Kriegsszenario vorbereitet. Seit dem 24. Februar 2022 ist das Kriegsgeschehen in der Ukraine das Hauptthema der europäischen Außen- und Sicherheitspolitik und wird zum Dreh- und Angelpunkt für die Beziehungen der EU zu den östlichen Partnern. Russland ist nicht länger nur der Elefant im Raum der ENP, sondern der Aggressor, den die Ukraine mit massiver nordamerikanisch-europäischer Waffenhilfe aus dem Land zurückdrängen will und, so EU-Ratspräsident Charles Michel, besiegen soll.[6] Um Russland wirtschaftlich zu schwächen sowie politisch zu brandmarken und zu isolieren, hat die EU zwischen Februar 2021 und Juli 2022 sieben Sanktionspakete verabschiedet.[7] Sie enthalten die Listung von Personen und Organisationen, deren Einreise verboten ist bzw. deren Vermögenswerte im Ausland eingefroren werden, des Weiteren Finanz- und Wirtschaftssanktionen, mit denen der Handel von Gütern und Öl- und Rohstoffen gestoppt wird, sowie Restriktionen im Straßen-, Luft- und Seeverkehr sowie von russischen Medien. Belarus hat, auch vor dem Hintergrund der EU-Sanktionen,[8] die Brüssel im Kontext der gefälschten Wahlen vom August 2020 forciert hat, seine ÖP-Teilnahme im Juni 2021 ausgesetzt.[9] Minsk steht an der Seite Russlands gegen die Ukraine und duldet die Anwesenheit russischer Truppen auf seinem eigenen Territorium, die von dort aus Angriffe auf die Ukraine starten. Die EU hat seit Beginn des russischen Angriffskrieges 2,5 Mrd. Euro im Rahmen der Europäischen Friedensfazilität (EFF) bewilligt, um EU-Mitgliedstaaten Ausgaben für Rüstungslieferungen an die Ukraine zu erstatten.[10] Für das angrenzende Moldau, das außerdem eine große Zahl von Geflüchteten aus der Ukraine aufgenommen hat, hat die EU im Dezember 2021 und Juni 2022 insgesamt 47 Mio. Euro als Unterstützungsmaßnahmen aus der EFF bereitgestellt[11] und für Georgien 12,75 Mio. Euro.[12]

Selbst vor diesem Hintergrund bleiben durchaus wichtige Bausteine der ÖP erhalten. Vor allem die bilateralen Assoziierungs- und Kooperationsabkommen und das Finanzierungsinstrument NDICI. Das Gewicht der multilateralen Plattformen und Aktivitäten wird möglicherweise abnehmen, weil sich das Assoziierte Trio[13] aus Ukraine, Moldau und Georgien von den übrigen ÖP-Ländern abgesetzt hat. Zudem hat Präsident Emmanuel Macron mit seinem Vorschlag einer Europäischen Politische Gemeinschaft (EPG) den Anstoß für ein neues multilaterales Format gegeben, das alle europäischen Staaten einschließen soll, mit denen die EU enge Verbindungen unterhält.[14] Die EPG

---

6 Charles Michel: Remarks at the press conference following his meeting with President Volodymyr Zelenskyy in Kyiv, 382/22, 20.4.2022: „We want Victory for Ukraine".
7 Europäische Kommission: Russische Invasion in die Ukraine: Reaktion der EU, 26.7.2022, abrufbar unter https://www.consilium.europa.eu/de/policies/eu-response-ukraine-invasion/ (letzter Zugriff: 1.8.2022).
8 Rat der Europäischen Union: Zeitleiste – restriktive Maßnahmen der EU gegen Belarus, 3.6.2022, abrufbar unter https://www.consilium.europa.eu/de/policies/sanctions/restrictive-measures-against-belarus/belarus-timeline/ (letzter Zugriff: 1.8.2022).
9 Alexandra Brzozowski: EU rügt Belarus' Austritt aus der Östlichen Partnerschaft, in: Euractiv, 29.6.2021.
10 Rat der Europäischen Union: Pressemitteilung, Europäische Friedensfazilität: Aufstockung der EU-Unterstützung für die Ukraine auf 2,5 Mrd. €, 708/22, 22.7.2022. Außerdem erhielt die Ukraine 31 Mio. Euro an EFF-Unterstützung im Dezember 2021, s. Rat der Europäischen Union: Pressemitteilung, Europäische Friedensfazilität: Rat nimmt Unterstützungsmaßnahmen für Georgien, Republik Moldau, Ukraine und Republik Mali an, 927/21, 2.12.2021.
11 Rat der Europäischen Union: Pressemitteilung, Europäische Friedensfazilität: Rat genehmigt Unterstützungsmaßnahme zugunsten der moldauischen Streitkräfte, 648/22, 30.6.2022.
12 Rat der Europäischen Union: Pressemitteilung, Unterstützungsmaßnahmen für Georgien, Republik Moldau, Ukraine und Republik Mali, 927/21, 2.12.2021.
13 Vlad Makszimov: Georgia, Moldova, Ukraine formalise their higher EU ambition, in: Euractiv, 18.5.2021.
14 Emmanuel Macron: Rede anlässlich der Konferenz über die Zukunft Europas, Straßburg, 9.5.2022, abrufbar unter https://presidence-francaise.consilium.europa.eu/de/aktuelles/speech-by-emmanuel-macron-at-the-closing-ceremony-of-the-conference-on-the-future-of-europe/ (letzter Zugriff: 1.8.2022).

fungiert gewissermaßen als ein Platzhalter für ein „Größeres Europa". Aber diese Initiative kann nicht darüber hinwegtäuschen, dass die EU noch keine Vorstellung von der künftigen Sicherheitsarchitektur im größeren Europa entwickelt hat. Es existiert kein Bauplan, um die einzelnen Bausteine zusammenzufügen. Während also die strategischen Fragen unbeantwortet sind, entwickelten sich – der Not gehorchend – die praktischen Beziehungen zwischen der EU und den östlichen Nachbarn recht dynamisch.

Das sechste Gipfeltreffen der ÖP fand am 15.12.2021 ohne Belarus statt.[15] Allerdings unterstützt die EU weiter die Zivilgesellschaft in Belarus, so mit einem Hilfspaket in Höhe von 30 Mio. Euro.[16] Der Gipfel endete mit einer Gemeinsamen Erklärung mit dem programmatischen Titel „Aufbau, Resilienz und Reformen".[17] Politisch bemerkenswerte Punkte sind neben solchen, die sich auf die Unterstützung von Wirtschaft, Forschung und Investitionen beziehen, folgende: Die EU begrüßt die Initiative des Trios sich untereinander abzustimmen, etwa hinsichtlich der Erfahrungen und Wege zur Umsetzung der Assoziierungs- und Freihandelsabkommen (AA/DCFTA). Angesichts der „kontinuierliche[n] Destabilisierung" und wegen anhaltender „Verstöße gegen die Prinzipien des Völkerrechts in vielen Teilen der Region der Östlichen Partnerschaft"[18] haben Fragen der Sicherheit und Konfliktverhütung, Konfliktbeilegung und Vertrauensbildung relativ großen Raum in der Erklärung eingenommen. Aserbaidschan, das im Herbst 2020 im Krieg mit Armenien um Berg-Karabach stand, distanzierte sich von dem auf Operationen in Konfliktregionen sowie auf Belarus bezogenen Abschnitt der Erklärung bzw. ihres Anhangs.[19] Ratspräsident Michel drohte Russland (ohne es explizit zu nennen) im Namen der EU und ihrer Partner in NATO und G7, dass es im Falle einer militärischen Aggression gegen die Ukraine einen hohen Preis zahlen müsse.[20]

Die Beziehungen der EU zu den Ländern des Trios verliefen bis zum 24.2.2022 und den nachfolgend im Februar und März gestellten Beitrittsanträgen[21] in gewohnten Bahnen. Im Oktober 2021 fand das 23. EU-Ukraine-Gipfeltreffen statt, bei dem beide Seiten drei neue Abkommen zu Luftverkehr, „Horizont Europa" und „Kreatives Europa" vereinbarten.[22] Der europäische Rechnungshof hat in seinem Sonderbericht festgestellt, dass in der Ukraine Großkorruption ein weit verbreitetes Phänomen ist.[23] Ähnlich hat es die Kommission in ihrer Stellungnahme vom Juni 2022 zum Beitrittsantrag ebenso wie im

---

15 Rat der Europäischen Union: Gipfeltreffen der Östlichen Partnerschaft. Wichtigste Ergebnisse, Brüssel, 15.12.2021, abrufbar unter https://www.consilium.europa.eu/de/meetings/international-summit/2021/12/15/ (letzter Zugriff: 1.8.2022).
16 Europäische Kommission: Pressemitteilung, Die EU verstärkt ihre Unterstützung für die Bevölkerung von Belarus, IP/21/6794, 12.12.2021.
17 Rat der Europäischen Union: Aufbau und Reformen. Gemeinsame Erklärung des Gipfeltreffens zur Östlichen Partnerschaft, 14964/21, 15.12.2021.
18 Beide: Rat der Europäischen Union: Gemeinsame Erklärung, 2021, S. 3.
19 Republik Aserbaidschan: National Declaration, 15.12.2021, abrufbar unter https://www.consilium.europa.eu/media/53528/20211512-national-declaration-of-azerbaijan.pdf (letzter Zugriff: 1.8.2022).
20 Charles Michel: Remarks at the press conference after the 6th Eastern Partnership Summit, 996/21, 15.12.2021.
21 Ukraine am 28.2.2022, Moldau und Georgien am 3.3.2022.
22 Rat der Europäischen Union: Gipfeltreffen EU-Ukraine, Wichtigste Ergebnisse, Kyjiw, 12.10.2021, abrufbar unter https://www.consilium.europa.eu/de/meetings/international-summit/2021/10/12/ (letzter Zugriff: 1.8.2022).
23 Europäischer Rechnungshof: Bekämpfung der Großkorruption in der Ukraine, Sonderbericht 23/2021, 23.9.2021.

Implementierungsbericht zum AA formuliert.[24] Damit könnte sich der turnusgemäße Assoziierungsrat im September 2022 befassen.

Der Sieg der pro-europäischen Partei der Aktion und Solidarität (PAS) unter Maia Sandu bei den moldauischen Parlamentswahlen im Juli 2021 hat die Beziehungen zur EU deutlich verbessert.[25] Die EU hat am Rande des ÖP-Gipfels im Dezember 2021 ein neues Budgethilfeprogramm über 60 Mio. Euro an Zuschüssen zur Unterstützung der Republik Moldau abgeschlossen, nachdem Russland seine Gaslieferungen drosselte und die Preise mehr als verdoppelte.[26] Im Oktober 2021 tagte der sechste Assoziationsrat EU-Moldau und vereinbarte die Assoziierung mit dem Programm Horizon Europe (2021–2027).[27] Er befasste sich ferner mit dem Association Implementation Report[28], mit dem sich das Europäische Parlament im Mai 2022 in einer Resolution auseinandersetzte.[29] Außerdem schlossen beide Seiten ein Abkommen über operative Unterstützung durch Frontex.[30]

Auch mit Georgien wurde die Assoziierung zu Horizon Europe im Dezember 2021 vereinbart.[31] Die Auseinandersetzungen zwischen Regierung und Opposition und die ohnehin defizitäre Qualität der öffentlichen Verwaltung bremsen den Reformprozess erheblich. Brüssel sieht in der politischen Polarisierung, der schleppenden Justizreform und Implementierung der Verfassungsreformen hohe Hürden für die Heranführung Georgiens an den EU-Acquis.[32]

Mit Armenien verbindet die EU seit März 2021 ein „Abkommen über eine umfassende und verstärkte Partnerschaft" (CEPA).[33] Im April 2022 kam der Partnerschaftsausschuss[34] zum dritten Mal zusammen, der Partnerschaftsrat EU-Armenien tagte im Mai 2022 zum vierten Mal.[35] Dazu konnte sich die EU-Seite auf den „Partnership Implementation Report" der Kommission stützen.[36] Zwischen Juni 2021 und Juli 2022 wurde wie auch im Falle des Trios die Assoziierung zu Horizon Europe sowie ein Abkommen über den gemeinsamen

---

24 Europäische Kommission: Stellungnahme zum Antrag der Ukraine auf Beitritt zur Europäischen Union, COM(2022) 407 final, 17.6.2022; Europäische Kommission: Association Implementation Report on Ukraine, SWD(2022) 202 final, 22.7.2022.
25 Matei Rosca: Moldova on pro-EU course after elections, in: Politico, 12.7.2021.
26 Henry Foy/Max Seddon/James Shotter: Gazprom offered Moldova new gas deal in exchange for weaker EU ties, in: Financial Times, 26.10.2021.
27 Rat der Europäischen Union: Joint press statement following the sixth Association Council meeting between the European Union and the Republic of Moldova, 807/21, 28.10.2021.
28 Europäische Kommission: Association Implementation Report on the Republic of Moldova, SWD(2021) 295 final, 13.10.2021.
29 Europäisches Parlament: Resolution on the implementation of the EU Association Agreement with the Republic of Moldova, 2021/2237(INI), 19.5.2022.
30 Rat der Europäischen Union: Pressemitteilung, Moldau: Rat beschließt Abkommen über operative Unterstützung durch Frontex angesichts der Invasion Russlands in die Ukraine, 279/22, 17.3.2022.
31 Europäische Kommission: Georgia joins Horizon Europe, EU's research and innovative programme, 7.12.2021, abrufbar unter https://ec.europa.eu/info/news/georgia-joins-horizon-europe-eus-research-and-innovation-programme-2021-dec-07_en (letzter Zugriff: 1.8.2022).
32 Europäische Kommission: Stellungnahme zum Antrag Georgiens auf Beitritt zur Europäischen Union, COM(2022) 405 final, 17.6.2022.
33 Europäische Kommission: Pressemitteilung, Abkommen über umfassende und verstärkte Partnerschaft zwischen EU und Armenien tritt in Kraft, IP/21/782, 28.2.2021.
34 Europäischer Auswärtiger Dienst: Pressemitteilung, EU-Armenia: Partnership Committee, 28.4.2022, abrufbar unter https://www.eeas.europa.eu/eeas/eu-armenia-partnership-committee_en (letzter Zugriff: 28.4.2022).
35 Rat der Europäischen Union: Gemeinsame Presserklärung im Anschluss an die vierte Tagung des Partnerschaftsrats EU-Armenien, 18.5.2022, abrufbar unter https://www.consilium.europa.eu/de/meetings/international-ministerial-meetings/2022/05/18/ (letzter Zugriff: 1.8.2022).
36 Europäische Kommission: Partnership Implementation Report on Armenia, SWD(2022) 154 final, 17.5.2022.

Europäische Nachbarschaftspolitik

Luftverkehrsraum vereinbart.[37] Im Konflikt zwischen Armenien und Aserbaidschan, der sich im November 2021 erneut zuspitzte,[38] vermittelte die EU in mehreren trilateralen Treffen und unterstützte eine Einigung auf Friedensgespräche im April 2022.[39]

Im Juli 2022 tagte der 18. Kooperationsrat EU-Aserbaidschan.[40] Das Land wird von der EU als strategischer Partner im Energiesektor eingestuft. Im Juli 2022 wurde eine neue Vereinbarung über eine strategische Partnerschaft im Energiebereich unterzeichnet.[41] Allerdings strebt die EU weiterhin den Abschluss eines umfassenden Kooperationsabkommens mit Aserbaidschan an. Dies vor allem, weil es bei Fragen zur Menschenrechtslage, der politischen Verfassung und der Rolle Aserbaidschans in der Konfliktregion Südkaukasus große Differenzen zwischen Brüssel und Baku gibt. Deshalb würde die EU gerne über die enge transaktionale Politik hinausgehen und zu einem umfassenderen Ansatz kommen.

Komplementär zu den bilateralen Mittelzuweisungen (siehe Tabelle) wurden im MIP für die regionale Komponente des NDICI in der Östlichen Partnerschaft 632,24 Mio. Euro für den Zeitraum 2021–2024 veranschlagt.[42]

Tabelle: Vorläufige NDICI-Mittelzuweisungen für die ÖP (2021–2024, Stand:1.8.2022)

Aserbaidschan	Armenien	Ukraine	Moldau	Regional
60 Mio. Euro	180 Mio. Euro	640 Mio. Euro	260 Mio. Euro	632,24 Mio. Euro

Quellen: Europäische Kommission: Multi-annual Indicative Programmes (MIP) 2021–2027.[43]

Hauptthemen in der südlichen Nachbarschaft und Stand der Vertragsbeziehungen

Formal basieren die Beziehungen zu den Ländern der südlichen Nachbarschaft größtenteils auf den im Barcelona-Prozess entstandenen Freihandels- und Assoziierungsabkommen,[44] ergänzt um Sektoralabkommen und in einigen Fällen auch durch regelmäßig ausgehandelte Partnerschaftsprioritäten. Die EU ist in ihrer südlichen Nachbarschaft kein Ordnungsfaktor,

---

37 Europäische Kommission: Armenia joins Horizon Europe, the EU research and innovation programme, 12.11.2021, abrufbar unter https://ec.europa.eu/info/news/armenia-joins-horizon-europe-eu-research-and-innovation-programme-2021-nov-12_en (letzter Zugriff: 1.8.2021); Europäische Kommission: Pressemitteilung, Luftfahrt: EU und Armenien unterzeichnen Luftverkehrsabkommen, IP/21/5981, 15.11.2021.
38 Reuters: Armenia and Azerbaijan agree ceasefire after border clash, 16.11.2021.
39 Rat der Europäischen Union: Statement of European Council President Charles Michel following the Second Trilateral Meeting with President Ilham Aliyev and Prime Minister Nikol Pashinyan, 364/22, 6.4.2022.
40 Rat der Europäischen Union: Kooperationsrat EU-Aserbaidschan. Wichtigste Ergebnisse, 19.7.2022, abrufbar unter https://www.consilium.europa.eu/de/meetings/international-ministerial-meetings/2022/07/19/ (letzter Zugriff: 1.8.2022); Europäische Kommission: Cooperation Implementation Report on Azerbaijan, SWD(2022) 197 final, 14.7.2022.
41 Europäische Kommission: Pressemitteilung, Ausbau der bilateralen Beziehungen zwischen der EU und Aserbaidschan, einschließlich der Zusammenarbeit im Energiebereich, IP/22/4550, 18.7.2022.
42 Europäische Kommission: NDICI Multi-Annual Indicative Programme for the Eastern Neighbourhood (2021–2027), abrufbar unter https://ec.europa.eu/neighbourhood-enlargement/system/files/202201/C_2021_9370_F1_ANNEX_EN_V2_P1_1609850.PDF (letzter Zugriff: 1.8.2022), S. 28.
43 Europäische Kommission: Multi-annual Indicative Programme (2021–2027) for Armenia; Multi-annual Indicative Programme (2021–2027) for Azerbaijan; Multi-annual Indicative Programme (2021-2027) for Ukraine; Multi-annual Indicative Programme (2021–2027) Republic of Moldova; Regional Multi-annual Indicative Programme (2021–2027) for the Eastern neighbourhood; MIP für Georgien noch nicht veröffentlicht.
44 Europäische Kommission: Negotiations and agreements, 22.1.2021, abrufbar unter http://ec.europa.eu/trade/policy/countries-and-regions/negotiations-and-agreements/#_in-place (letzter Zugriff: 19.7.2021).

der maßgeblich die Konflikte in und zwischen den Ländern bearbeitet. Die Krisen-Diplomatie betreiben vor allem jene EU-Mitgliedstaaten, die wie Frankreich, Italien und Spanien traditionell enge Verbindungen zu den Ländern des Mittleren Ostens und Nordafrikas (MENA-Länder) haben. Sie verfolgen ihre Ziele primär unilateral. Das erschwert ein koordiniertes Vorgehen der EU, sowohl was strategische Fragen als auch Implementierungsprobleme, etwa bei Wiederaufbauhilfe oder humanitärer Hilfe, angeht. Das gilt weiterhin für die internationalisierten Bürgerkriege in Libyen und Syrien[45] und auch für die Spannungen zwischen Algerien und Marokko im Streit um die Westsahara. Im August 2021 stellte Algier die diplomatischen Beziehungen zu Rabat ein, kündigte im Juni 2022 den Freundschaftsvertrag mit Spanien aus dem Jahr 2002, weil Madrid neuerdings den marokkanischen Plan für eine Autonomie der Westsahara unterstützt.[46] Der Europäische Gerichtshof annullierte im September 2021 das Landwirtschafts- und Fischereiabkommen mit Marokko, weil darin auch die Westsahara einbezogen wurde.[47]

Besorgnis erregten die Entwicklungen in Tunesien, das als privilegierter Partner der EU firmiert. Dort baute Präsident Kais Saied, der im September 2021 in einer Lage des nationalen Notstands an die Macht gelangt war, seine autokratische Herrschaft aus, indem er die Gewaltenteilung schrittweise aushebelte und diese Änderungen in einem Verfassungsreferendum im Juli 2022 bestätigen ließ. Das Europäische Parlament forderte im Oktober 2021 in einer Entschließung zur aktuellen Lage „die Rückkehr zu einer parlamentarischen Demokratie ohne Wenn und Aber".[48] Mit Tunesien wurde im März 2022 ein Abkommen über die Assoziierung zu Horizon Europe unterzeichnet.[49]

Anders als der ägyptische Diktator Abdel Fatah El-Sisi verfügt Saied jedoch nicht über die Rückendeckung des Militärs. Ägypten ist für die EU trotz der systematischen Menschenrechtsverletzungen und seiner Abwendung vom Westen ein Schlüsselpartner in der Region. Im Juni 2022 nahm der Assoziationsrat auf seiner neunten Tagung die Neuen Partnerschaftsprioritäten für 2021–2027 an.[50] Ebenso vereinbarten beide Seiten eine Zusammenarbeit beim Grenzschutz, in dessen Rahmen die EU für 2022 und 2023 insgesamt 80 Mio. Euro für die Ausrüstung der Küstenwache verspricht.[51] Außerdem unterzeichnete EU-Energiekommissarin Kadri Simson eine dreiseitige Absichtserklärung mit Ägypten und Israel über Flüssiggasexporte nach Europa. Auch mit Jordanien wurden im Juni 2022 auf der 14. Tagung des Assoziationsrats neue Partnerschaftsprioritäten für 2021–2027 vereinbart.[52]

---

45 Zuletzt hat der Rat die erstmals 2011 verhängten Sanktionen gegen Syrien im Mai 2022 um ein weiteres Jahr verlängert. Im Mai 2022 fand die sechste Geberkonferenz zur Unterstützung Syriens unter EU-Ägide statt.
46 Vgl. hierzu auch den Beitrag „Spanien" in diesem Jahrbuch.
47 EuG: Urteile vom 29.9.2021 in den Rechtssachen T-279/19, T-344/19 und T-356/19, Front Polisario/Rat.
48 Europäisches Parlament: Lage in Tunesien. Entschließung des Europäischen Parlaments vom 21. Oktober 2021 zur Lage in Tunesien, 2021/2903(RSP), 21.10.2021.
49 Europäische Kommission: Pressearticle, The Republic of Tunisia joins Horizon Europe, the world's largest research and innovation programme, 29.3.2022. Ebenso wurde Israel im Dezember 2021 an Horizon Europe assoziiert, s. Europäische Kommission: Pressearticle, Israel joins Horizon Europe research and innovation programme, 6.12.2021.
50 Assoziationsrat EU-Ägypten: Partnerschaftsprioritäten EU-Ägypten (2021–2027), UE-EG 2803/22, 16.6.2022.
51 Nikolaj Nielsen: Egypt coast guard to get EU cash to stop fleeing Egyptians, in: EUobserver, 17.6.2022.
52 Assoziationsrat EU-Jordanien: Partnerschaftsprioritäten EU-Jordanien (2021–2027), UE-RHJ 3304/22, 25.5.2022.

Für Ägypten hält die EU eine Tranche von 240 Mio. Euro unter dem MIP für die Jahre 2021–2024 bereit, für Jordanien 364 Mio. Euro.[53] Komplementär zu den meist noch nicht festgelegten bilateralen Mittelzuweisungen in der südlichen Nachbarschaft wurden für die regionale Komponente des NDICI in der südlichen Nachbarschaft 474 Mio. Euro für den Zeitraum 2021–2024 veranschlagt.[54]

Im Rahmen der Union für das Mittelmeer[55] und in den bilateralen Beziehungen der EU zu den Mittelmeerländern gewinnen bei allen Unterschieden im Einzelnen generell die Themen Energiesicherheit, grüne Transformation und Kreislaufwirtschaft an Bedeutung, weil die EU die Kooperation intensivieren will, um zügig ihre Rohstoff- und Energieabhängigkeit von Russland zu mindern. Die EU ist weiterhin an der Zusammenarbeit bei der Abwehr irregulärer Migration und der kontrollierten Öffnung für reguläre Arbeitsmigration interessiert. 2021 hat die EU die „neue Agenda für den Mittelmeerraum"[56] verabschiedet und fünf zentrale Politikbereiche ausgewiesen und mit einem Wirtschafts- und Investitionsplan unterlegt[57]:

> „1) menschliche Entwicklung, gute Regierungsführung und Rechtsstaatlichkeit 2) Stärkung der Resilienz, Aufbau von Wohlstand und Nutzung der Möglichkeiten des digitalen Wandels 3) Frieden und Sicherheit 4) Migration und Mobilität 5) ökologischer Wandel: Klimaresilienz, Energie und Umwelt".

Um auf gute Regierungsführung hinzuwirken und insbesondere auf die Achtung der Menschenrechte, setzt die EU traditionell auf ihre wirtschaftliche und finanzielle Hebelkraft und die anderer externer Geber, aber auch auf die Zusammenarbeit mit zivilgesellschaftlichen Akteure, die jedoch massiver Unterdrückung und Gewalt ausgesetzt sind. Je mehr die EU selbst zum fordernden Teil in den Beziehungen wird – siehe Energie, Klimapolitik (Ägypten richtet im November 2022 die COP27 in Scharm El-Schaich aus), Migration oder Sanktionspolitik gegen Russland –, desto schwieriger werden die Aushandlungsprozesse, insbesondere mit autokratischen Ländern der Region.

Von den 16 ENP-Ländern[58] haben nur Belarus und Syrien in den Vereinten Nationen gegen die Verurteilung der russischen Aggression gestimmt, Algerien und Armenien enthielten sich; Aserbaidschan und Marokko blieben der Abstimmung fern.[59] Differenzierter ist das Bild bei der Frage der Aussetzung der Mitgliedschaftsrechte Russlands im Menschenrechtsrat: Algerien, Belarus und Syrien stimmten dagegen, Ägypten, Jordanien und Tunesien enthielten sich; Aserbaidschan, Armenien, Libanon und

---

53 Europäische Kommission: Multi-Annual Indicative Programme EU – Egypt 2021–2027; Multi-Annual Indicative Programme EU – Jordan 2021–2027.
54 Europäische Kommission: NDICI Multi-Annual Indicative Programme for the Southern Neighbourhood (2021–2027), S. 32.
55 Parlamentarische Versammlung der Union für den Mittelmeerraum:. Joint Declaration of the Speakers of the Parliaments of the Union for the Mediterranean (UfM), 3.12.2021, abrufbar unter https://www.europarl.europa.eu/cmsdata/243246/Joint_declaration_English_version_final.pdf (letzter Zugriff: 1.8.2022).
56 Europäische Kommission: Eine neue Agenda für den Mittelmeerraum, JOIN(2021) 2 final, 9.2.2021.
57 Rat der Europäischen Union: Schlussfolgerungen, 7931/21, 19.4.2021; Europäische Kommission: Renewed Partnership with the Southern Neighbourhood Economic and Investment Plan for the Southern Neighbours, SWD(2021) 23 final, 9.2.2021.
58 Da die Palästinensischen Gebiete in den Vereinten Nationen nur einen Beobachterstatus ohne Stimmrechte innehaben, werden sie im Folgenden nicht mitgezählt.
59 Vereinte Nationen: Resolution der Generalversammlung. Aggression gegen die Ukraine, A/RES/ES-11/1, 2.3.2022.

Marokko gaben keine Stimme ab.[60] Die übrigen neun bzw. fünf Länder stimmten jeweils dafür.

Weiterführende Literatur

Panagiotis Delimatsis: A Partnership of Equals? "Deeper" Economic Integration between the EU and Northern Africa, in: European Foreign Affairs Review, 26(4)/2021, S. 507–530.

Michael Emerson/Steven Blockmans: The new agenda for the EU's enlargement and neighbourhood policies, June 2022 (CEPS Policy Insight).

Andreas Umland: Auf dem Weg zur EU-Mitgliedschaft: Alte und neue ukrainische Wege zur europäischen Integration, in: Ukraine-Analysen, 271, 13.7.2022, S. 13–14.

---

60 Vereinte Nationen: Resolution der Generalversammlung. Aussetzung der Mitgliedschaftsrechte der Russischen Föderation im Menschenrechtsrat, A/RES/ES-11/3, 7.4.2022.

Östliche Partnerschaft

Dominic Maugeais/Laura Worsch

Das vergangene Jahr war schicksalsträchtig für die Länder der Östlichen Partnerschaft (ÖP) (Armenien, Aserbaidschan, Belarus, Georgien, Republik Moldau und Ukraine) sowie für die Europäische Union (EU). Der russische Angriffskrieg auf die Ukraine bedroht nicht nur das Leben der ukrainischen Bevölkerung, sondern ganz grundsätzlich die Existenz des ukrainischen Staates.[1] Über die Grenzen der Ukraine hinaus sind auch die anderen ÖP-Mitglieder direkt und indirekt vom russischen Aggressionskrieg betroffen: Die Republik Moldau (fortführend auch Moldau genannt) sieht sich als Nachbarland zur Ukraine und durch das seit 1992 von Russland unterstützte Gebiet Transnistrien als potenzielles nächstes Ziel der russischen Aggression. Ähnliche Befürchtungen hegt auch Georgien, das durch Abchasien und Südossetien ebenfalls schon länger „eingefrorene" Konflikte mit Russland auf dem eigenen Staatsgebiet hat. Das belarusische Regime unter Präsident Aljaksandr Lukaschenko macht sich als Kollaborateur am russischen Angriffskrieg mitschuldig.

Auch unabhängig vom Krieg in der Ukraine war es ein einschneidendes Jahr für die ÖP. Die Spaltung der Mitglieder in ihren Beziehungen gegenüber der EU verdeutlichte sich schon in der zweiten Jahreshälfte 2021: Während Belarus seine Mitgliedschaft als Reaktion auf die EU-Sanktionen auf unbestimmte Zeit aussetzte, leisteten die Ukraine, Moldau und Georgien als „Assoziiertes Trio" erfolgreiche Lobby-Arbeit für die Anerkennung ihrer EU-Ambitionen, sodass anlässlich des sechsten Gipfeltreffens der ÖP am 15. Dezember 2021 die Initiative von Seite der EU offiziell anerkannt wurde. Nur Tage nach der Invasion reichten die Ukraine, Moldau und Georgien nacheinander ihre Beitrittsgesuche zur EU ein.[2] Beim Gipfeltreffen am 23.–24. Juni 2022 gewährte der Europäische Rat der Ukraine und der Republik Moldau den Beitrittskandidatenstatus; Georgien wurde er in Aussicht gestellt, sobald es eine Reihe von Prioritäten im Land umsetzt.[3] Armenien und Aserbaidschan hingegen sind weiterhin in ihrem Territorialkonflikt um Bergkarabach gebunden, was eine weitere EU-Annäherung verhindert. Das sechste Gipfeltreffen in Brüssel endete mit einer gemeinsamen Erklärung der ÖP-Länder (außer Belarus). In dieser bestätigten die Staats- und Regierungschef:innen der EU und ÖP ihre Zusammenarbeit auf Grundlage der ÖP über 2020 hinaus. Der Fokus der ÖP liegt, dem Beschluss des Europäischen Rats vom Mai 2020 folgend, auf Resilienz, Aufbau und Reformen. Die fünf Hauptziele umfassen 1) eine nachhaltige Entwicklung resilienter Volkswirtschaften, 2) die Entwicklung von Rechtsstaatlichkeit und Sicherheit, 3) ökologische und Klimaresilienz, 4) Unterstützung des digitalen Wandels sowie 5) die Entwicklung inklusiver, geschlechtergerechter und resilienter Gesellschaften.[4]

---

1 Vgl. hierzu auch die Beiträge „Die Europäische Union und Russland" sowie „Die Europäische Union und der Krieg in der Ukraine" in diesem Jahrbuch.
2 Vgl. hierzu auch den Beitrag „Die Erweiterungspolitik der Europäischen Union" in diesem Jahrbuch.
3 Europäischer Rat: Schlussfolgerungen, EUCO 27/22, 23./24. Juni 2022.
4 Europäische Kommission: Eastern Partnership, abrufbar unter https://ec.europa.eu/neighbourhood-enlargement/european-neighbourhood-policy/eastern-partnership_de (letzter Zugriff: 27.7.2022).

Für die Bekämpfung der Covid-19-Pandemie und ihrer sozioökonomischen Langzeitfolgen stellt die EU stellte ein Paket von 2,5 Mrd. Euro für die ÖP-Länder in Aussicht. Ein großer Teil davon (1,5 Mrd. Euro) steht als Makrofinanzhilfe Georgien, Moldau und der Ukraine zur Verfügung. Einzelne EU-Mitgliedstaaten unterstützen die ÖP-Länder weiterhin mit Impfdosen.[5] Die Anerkennung der Impfzertifikate aus Georgien, Moldau und Ukraine im November 2021 erleichtert Reisen zwischen der EU und diesen Ländern.

Armenien

Die Beziehungen zwischen Armenien und der EU haben sich im vergangenen Jahr positiv entwickelt. Aus den vorzeitigen Parlamentswahlen, die am 20. Juni 2021 stattfanden, ging das Wahlbündnis „Zivilvertrag" des vorzeitig zurückgetretenen Premierminister Nikol Pashinyan mit 54 Prozent der Stimmen als Gewinner hervor. Premierminister Pashinyan stand in Folge der militärischen Niederlage im Bergkarabach-Krieg Ende 2020 unter starkem innenpolitischem Druck. Seine Wiederwahl galt als Überraschung und wird als Signal für die Fortsetzung Pashinyans Demokratisierungskurses verstanden, der mit der Samtenen Revolution 2018 eingeleitet wurde. Die EU hat im Juli 2021 Armenien 2,6 Mrd. Euro, und damit eine Mrd. mehr Mittel als geplant, an Unterstützung für einen Wirtschafts- und Investitionsplan im Rahmen der Östlichen Partnerschaft zugesagt. Die Leitinitiative fördert u. a. die „Verkehrsanbindung, Stabilität und Erholung der südlichen Provinzen, Energieeffizienz und erneuerbare Energien, die digitale Transformation und die Unterstützung kleiner und mittlerer Unternehmen".[6] Die politische und wirtschaftliche Zusammenarbeit basiert auf dem im März 2017 unterschrieben und im März 2021 in Kraft getretenen Abkommen über eine umfassende und verstärkte Partnerschaft (CEPA). Armenien ist seit 2015 Mitglied der von Russland gegründeten Eurasischen Wirtschaftsunion, und hat daher kein vertieftes und umfassendes Freihandelsabkommen (DCFTA) mit der EU. Trotzdem ist die EU mit ca. 22 Prozent der wichtigste Handelspartner Armeniens.[7]

Armenien ist weitgehend auf Russland als Sicherheitsgarant gegenüber Aserbaidschan angewiesen und bat im vergangen Jahr mehrfach um Unterstützung, als aserbaidschanische Truppen in Bergkarabach weitere Gebiete besetzen.[8] Die EU hat ihre Vermittlungsanstrengungen im vergangenen Jahr intensiviert und auf eine Festlegung der Grenzziehung und einen Friedensvertag hingearbeitet.[9] Aufgrund der engen Partnerschaft mit Russland hat sich Armenien in Bezug auf den Krieg gegen die Ukraine zurückhaltend gezeigt. Gleichzeitig sieht sich Armenien mit einer Migrationswelle aus Russland und der Ukraine konfrontiert, die für ihren Aufenthalt im Land kein Visum benötigen. Dies sorgt für Sicherheitsbedenken, sollte sich Russland mit Blick auf die russischen Bürger:innen noch stärker in Armenien involvieren. Für Armenien sind die Beziehungen ein geopolitischer Balance-Akt, auch wenn die Bevölkerung klar positiv zu einer weiteren EU-Annäherung steht. Offen bleibt, wie ernst es die Regierung von Pashinyan mit der Umsetzung der Justizreform und der nationalen Strategie zur Korruptionsbekämpfung meint, auch wenn der am 18. Mai

---

5 Europäische Kommission: EU support to Eastern Partnership countries in tackling COVID-19, Dezember 2021.
6 Europäische Kommission: Pressemitteilung, Östliche Partnerschaft: eine erneuerte Aufbau-, Resilienz- und Reformagenda auf der Grundlage eines Wirtschafts- und Investitionsplans, IP/21/3367, 2.7.2021.
7 Eastern Partnership: Facts and Figures About EU-Armenia Relations, 1.3.2021.
8 Silvia Stöber: Armenien und Aserbaidschan. Schwere Gefechte im Südkaukasus, in: Tagesschau.de, 16.11.2021.
9 Rat der EU: Statement of President Charles Michel following the trilateral meeting with President Ilham Aliyev and Prime Minister Nikol Pashinyan, 986/21, 14.12.2021.

2022 abgehaltene Partnerschaftsrat EU-Armenien die bisherigen Erfolge begrüßte. Noch ausstehend ist die von Pashinyan angekündigte Verfassungsreform, die eine ausgeglichenere Matchverteilung und damit die Rechtsstaatlichkeit im politischen System Armeniens fördern sollte.[10]

Aserbaidschan

Die Beziehungen zwischen der EU und Aserbaidschan haben sich im letzten Jahr verstärkt, nicht zuletzt auch durch den Krieg in der Ukraine. Auch wenn das Land seine Neutralität betont, hat Präsident Ilham Aliyev der EU erhöhte Gaslieferungen angeboten. Das verstärkt die Bedeutung des Landes für die Energiesicherheit der EU. Im Juli 2022 unterzeichneten die EU und Aserbaidschan eine neue „Vereinbarung über eine strategische Partnerschaft im Energiebereich"[11], die eine Verdopplung der Gaslieferungen über den südlichen Korridor vorsieht.

Die EU und Aserbaidschan verhandeln seit 2017 über ein neues umfassendes Abkommen, welches das Abkommen über Partnerschaft und Zusammenarbeit von 1996 ablösen soll. Die Verhandlungen seien zu 90 Prozent abgeschlossen, betonte Präsident Aliyev auf dem sechsten ÖP-Gipfeltreffen.[12] Im Zentrum steht vor allem die fehlende Mitgliedschaft Aserbaidschans in der Welthandelsorganisation (WHO), welche Voraussetzung für den Abschluss eines DCFTA ist. Sollte die EU, wie von der Regierung in Baku gefordert, hier einen Aufschub gewähren, könnte das neue Abkommen noch 2022 unterschrieben werden.[13] Teile des Abkommens, wie Einhaltung der Menschenrechte und demokratische Wahlen, wurden bereits 2018 vereinbart, aber bislang von Aserbaidschan nicht umgesetzt. Menschenrechtsverletzungen sind weiterhin Routine: Im Juni 2022 traten mehrere muslimische Inhaftierte in den Hungerstreik mit dem Vorwurf der religiösen Diskriminierung und Misshandlung.[14] Im Nachklang des Krieges mit Armenien sind außerdem hunderte Fälle der Folter an Soldaten ans Licht gekommen, die angeblich mit Armenien kollaborierten.[15] Die Gewalt gegenüber queeren Menschen ist nach wie vor hoch, wie die Morde einer Transfrau in Baku 2021 und eines LGBTQIA-Aktivisten im Februar 2022 zeigen.[16] Die Strafverfolgung von Fällen dieser Art bleibt unzureichend.

Priorität der EU ist nach wie vor auch die Normalisierung der Beziehungen zwischen Aserbaidschan und Armenien. Während des Krieges wurde die EU mehrfach für ihre Passivität kritisiert. Russland verhandelte federführend den Waffenstillstand im November 2020 und auch weitere Treffen, wie im November 2021 in Sotschi. Seit Kriegsbeginn in der Ukraine übernahm die EU jedoch zunehmend die Initiative in den Verhandlungen. Trilaterale Treffen fanden auf Einladung vom Präsidenten des Europäischen Rates Charles Michel im Dezember 2021, im Februar 2022 sowie im April in Brüssel statt. Zuletzt gelang

---

10 Nikol Pashinyan: Statements and Messages, Prime Minister Nikol Pashinyan's message on Constitution Day, 5.7.2022.
11 Europäische Kommission: Pressemitteilung, Ausbau der bilateralen Beziehungen zwischen der EU und Aserbaidschan, einschließlich der Zusammenarbeit im Energiebereich, IP/22/4550, 18.7.2022.
12 Shabnam Hasanova: EU-Azerbaijan relations are developing in context of new geopolitical realities, in: Eurasia Review, 21.12.2021.
13 Caucasuswatch: Aserbaidschan will 2022 umfassendes Abkommen mit der EU unterzeichnen, 8.2.2022.
14 Heydar Isayev: Azerbaijan's religious prisoners start hunger strike, in: eurasianet, 21.6.2022.
15 Heydar Isayev: Even with prosecutions, victims in Azerbaijani torture case remain dissatisfied, in: eurasianet, 26.5.2022.
16 Heydar Isayev: Azerbaijan's embattled queer community holds "Pride event", in: eurasianet, 10.6.2022.

die Etablierung einer gemeinsamen Grenzkommission, die eine stabile Sicherheitslage entlang der aserbaidschanisch-armenischen Grenze garantieren soll.[17]

Belarus

Die Beziehungen zwischen Belarus und der EU im letzten Jahr waren geprägt von Sanktionspaketen und Restriktionen. Die mittlerweile sechs Sanktionspakete und zahlreichen Ergänzungen richten sich gegen eine Vielzahl von Mitgliedern des belarusischen Regimes sowie gegen Unternehmen und Organisationen, die das Regime unterstützen.[18] Mit diesen reagierte die EU im November 2021 auf die Instrumentalisierung von Geflüchteten an der belarusischen Grenze zu Litauen, Lettland und Polen für politische Zwecke. Seit November ist das Visaerleichterungsabkommen zwischen der EU und Belarus für Amtsträger:innen des belarusischen Regimes teilweise ausgesetzt. Im März 2022 reagierte die EU mit weiteren Sanktionen auf die belarusische Beteiligung am russischen Angriffskrieg auf die Ukraine.[19] Von besonderer Bedeutung sind die umfassenden Maßnahmen gegen den Finanzsektor und den teilweisen Ausschluss dreier belarusischer Banken aus dem internationalen Zahlungssystem SWIFT. Zudem sind Transaktionen mit der belarusischen Zentralbank verboten und Kapitalflüsse von Belarus in die EU massiv eingeschränkt.[20]

Zu der Außenministertagung der ÖP 2021 wurde Belarus nicht eingeladen, aber man habe „einen symbolischen leeren Platz für das belarusische Volk freigehalten"[21], so der Hohe Vertreter der Union für Außen- und Sicherheitspolitik Josep Borrell. Die EU unterstützt demokratische belarusische Kräfte im Land und in der Diaspora mit einem Wirtschaftsplan von drei Mrd. Euro. Derweil verurteilten belarusische Gerichte im vergangenen Jahr hunderte von Aktivist:innen in Schauprozessen wegen Vorwürfen des Verrats zu hohen Haftstrafen von bis zu 20 Jahren. Stand April 2022 befinden sich 1.118 politische Gefangene in belarusischen Gefängnissen, die nachweislich regelmäßig Opfer von Misshandlung und Folter werden.[22]

Am 27. Februar 2022 fand in Belarus ein Referendum über eine Verfassungsänderung statt, die von den belarusischen Behörden mit 65 Prozent als angenommen erklärt wurde. Damit sicherte sich Präsident Lukaschenko weitere Regierungszeit bis 2023 sowie lebenslange Straffreiheit.[23] Er ist zudem nun Mitglied der oberen Parlamentskammer in Belarus. Zuletzt erlaubt die Annahme des Referendums Russland nun Truppen und nukleare Waffen dauerhaft in Belarus zu stationieren.[24] Die EU hat das Ergebnis des Referendums nicht anerkannt.

---

17 Rat der EU: Statement of European Council President Charles Michel following the Second Trilateral Meeting with President Ilham Aliyev and Prime Minister Nikol Pashinyan, 364/22, 6.4.2021.
18 Europäischer Rat/Rat der EU: Zeitleiste – restriktive Maßnahmen der EU gegen Belarus, 3.6.2022, abrufbar unter https://www.consilium.europa.eu/de/policies/sanctions/restrictive-measures-against-belarus/belarus-timeline/ (letzter Zugriff: 26.9.2022).
19 Europäischer Rat/Rat der EU: Beziehungen EU-Belarus, 29.6.2022, abrufbar unter https://www.consilium. Europa.eu/de/policies/eastern-partnership/belarus/ (letzter Zugriff: 26.9.2022).
20 Rat der EU: Pressemitteilung, Militärische Aggression Russlands gegen die Ukraine: EU vereinbart neue sektorspezifische Maßnahmen gegen Belarus und Russland, 242/22, 9.3.2022.
21 Rat der EU: Tagungen – wichtigste Ergebnisse, Außenministertagung der Östlichen Partnerschaft, 15.11.2021.
22 Lizaveta Kasmach: Rising costs of defiance: Number of political prisoners in Belarus hits a record, in: BelarusDigest, 13.4.2022.
23 Tagesschau: Referendum in Belarus: Lukaschenko sichert seine Macht, 28.2.2022.
24 Deutsche Welle: Belarus' Lukashenko tightens grip in referendum, 28.2.2022.

Georgien

Georgien war im letzten Jahr durch die anhaltende Krise zwischen Regierung und Opposition und vielfache Protestwellen geprägt. Nachdem das von Charles Michel verhandelte Abkommen zwischen Regierungs- und Oppositionsparteien scheiterte, gelang es auch durch die Kommunalwahlen im Oktober nicht, Georgiens Politik endlich in „konstruktiveres Fahrwasser"[25] zu lenken.

Ein zweiter Grund, der die politische Polarisierung im Land verstärkte, war die Rückkehr und Inhaftierung des georgischen Expräsidenten Mikheil Saakaschwili (Amtszeit 2004–2013). Dessen 50-tägiger Hungerstreik gegen seine Haftbedingungen löste im November 2021 Massenproteste aus, verstärkt durch die anfängliche Verweigerung medizinischer Hilfe vonseiten der Regierung.[26] Die Opposition verurteilte den Prozess gegen den Ex-Präsidenten wegen Amtsmissbrauch als politisch motiviert.

Der Krieg in der Ukraine löste im Frühjahr 2022 eine neue Protestwelle im Land aus: Während die georgische Bevölkerung starke Solidarität mit der Ukraine zeigte, schloss sich die Regierung den internationalen Sanktionen gegen Russland nicht an. Aufsehen erregte auch das Landungsverbot eines ukrainischen Flugzeugs in Tiflis, das georgische Freiwillige in die Ukraine an die Front bringen wollte.[27]

Der fehlende Rückhalt der Regierung in einem Teil der georgischen Gesellschaft zeigte sich auch während der Massendemonstrationen Mitte Juni: Über Wochen forderten zehntausende Protestierende vor dem georgischen Parlament den Rücktritt der Regierung sowie einen klaren pro-europäischen Kurs.[28] Grund war die Entscheidung der Europäischen Kommission, Georgien erst dann den Beitrittsstatus zu gewähren, wenn es eine Reihe von Reformen durchführt, die zum Beispiel Menschenrechte, Gewaltenteilung und Unabhängigkeit der Justiz betreffen. Ende des Jahres 2022 will die Kommission prüfen, ob die Forderungen erfüllt wurden. Es ist fraglich, ob die Regierung es in so kurzer Zeit schaffen wird, Reformen in allen genannten Bereichen anzustoßen. Vor allem die EU-Forderung der ‚De-Oligarchisierung' kreiert Zweifel: Es ist nicht klar, wie der tiefgreifende Einfluss des ehemaligen Premierministers Bidsina Iwanischwili gebrochen werden kann.

Während Georgien in den ersten Jahren nach Entstehung der ÖP eine Vorreiterrolle einnahm, gerieten demokratische Reformen in den letzten Jahren zunehmend ins Stocken.[29] Insbesondere das Umfeld für Zivilgesellschaft verschlechterte sich. Beim Ausfüllen des Antrags auf EU-Mitgliedschaft hat die georgische Regierung als einzige der Trio-Länder keine zivilgesellschaftliche Konsultierung durchgeführt.

Republik Moldau

Für die Republik Moldau war das vergangene Jahr von großen Erwartungen an die pro-europäische Regierung von Premierministerin Natalia Gavrilita geprägt. Dabei musste sich die Regierung in mehreren aufeinanderfolgenden Krisen bewähren und das ambitionierte Ziel einer De-Oligarchisierung des Landes weiter verfolgen. Die Beziehungen zur EU

---

25 Franziska Smolnik/Mikheil Sarjveladze: Politische Krise ohne Ende? Konsequenzen für die EU-Georgien-Beziehungen, SWP-Kurz gesagt, 1.10.2021.
26 Euractiv: Georgia moves hunger-striking ex-leader Saakashvili to military hospital, 22.11.2021.
27 RFE/RL's Georgia Sevice: Protesters in Tbilisi decry Georgian Government's inadequate support for Ukraine, in: Radio Free Europe, 1.3.2022.
28 Aljazeera: Thousands rally in Georgia in support of EU membership bid, 20.6.2022.
29 Sonja Katharina Schiffers/Vano Chkhikvadze: Kommentar, Georgiens Antrag auf EU-Mitgliedschaft: wie der historischen Chance gerecht werden?, Heinrich Böll Stiftung, 30.5.2022.

haben sich positiv entwickelt und vertieft. Am 23. Juni 2022 erhielt die Republik Moldau den Status als EU-Beitrittskandidat und ist damit Teil der Erweiterungspolitik der EU.[30]

Nach den Parlamentswahlen vom Juli 2021, aus der die pro-europäische Partei „Aktion und Solidarität" (PAS) mit einer absoluten Mehrheit hervorging, bildete sich im August die neue Regierung unter der ehem. Finanzministerin Natalia Gavrilita als neuer Premierministerin. Sie gilt als erste Regierung, die nicht unter dem Einfluss von Oligarchen steht.[31] Eine der ersten und andauernden Herausforderungen bestand darin, ausreichend qualifiziertes Personal für die neuen Aufgaben in den Behörden zu rekrutieren, da sich eine große Zahl insbesondere junger gut ausgebildeter Moldauer:innen in der Diaspora befinden. Die EU hat ihrerseits Unterstützung bei der Umsetzung von Reformen in Aussicht gestellt, insbesondere im Bereich der Justizreform und Antikorruption. Zunächst sah sich Moldau jedoch mit einer von Russland ausgelösten Gasversorgungskrise im Herbst 2021 konfrontiert. Die Lieferverträge mit Gazprom waren Ende September ausgelaufen. Schon zuvor lieferte Gazprom eine geringere Menge als vertraglich vereinbart, sodass die Regierung für den Oktober 2021 einen Notstand ausrufen musste, um anderweitig Gas beziehen zu können. Nach zähen Verhandlungen wurde ein neuer Gasvertrag abgeschlossen, jedoch mit deutlich höheren Preisen als unter der Vorgängerregierung.

Mit dem Angriff Russlands auf die Ukraine hat sich auch die Sicherheitslage in der Republik Moldau erheblich verschlechtert. Insbesondere in der abtrünnigen Region Transnistrien, in der russische Truppen stationiert sind, ist mit der Grenzschließung zur Ukraine und durch Anschläge auf Gebäude und Radiosendemasten für Verunsicherung gesorgt worden.[32] Gleichzeitig zählt Moldau zu den Ländern, die pro Kopf die größte Anzahl ukrainischer Kriegsgeflüchteter aufnahmen. Die finanzielle Herausforderung der Versorgung der Geflüchteten und die Tatsache, dass der Handelsweg über die ukrainische Hafenstadt Odessa geschlossen ist, stellen Moldau vor erhebliche wirtschaftliche Herausforderungen. Als größte Sorge innerhalb der Bevölkerung wird die Inflation noch vor der Kriegsgefahr durch Russland genannt. Von Seiten der deutschen Bundesregierung wurde Anfang April 2022 unter dem gemeinsamen Vorsitz mit Frankreich und Rumänien eine Geberkonferenz für Moldau in Berlin abgehalten, um die Resilienz der Republik Moldau zu stärken.[33] Abgesehen von den Krisen-induzierten Herausforderungen stellen sich die Fundamentaldaten der moldauischen Wirtschaft als solide dar. Mit dem positiven Votum der EU zur Anerkennung der Republik Moldau als EU-Beitrittskandidat öffnet sich ein neues Kapitel in den EU-Moldau Beziehungen.

Ukraine

Die EU-Ukraine Beziehungen haben sich im vergangenen Jahr und in der Folge des russischen Angriffskriegs auf die Ukraine am 24. Februar 2022 in Umfang und Tiefe intensiviert. Den Höhepunkt bildete am 23. Juni 2022 die Verleihung des Status als EU-Beitrittskandidat und damit die Verankerung einer konkreten Beitrittsperspektive in den Beziehungen.[34] Die Ukraine hatte am 28. Februar 2022, wenige Tage nach dem Angriff

---

30 Europäischer Rat: Schlussfolgerungen, EUCO 24/22, 24.6.2022.
31 Andrei Avram/Martin Sieg: Moldau wählt den Weg der Reformen. Historischer Sieg pro-europäischer Kräfte, in: Konrad-Adenauer- Stiftung Länderberichte, 12.7.2021.
32 Nikolai Kuzmin: Isolated Transnistria Shaken by Tremors of War in Nearby Ukraine Tiraspol BIRN, in: BalkanInsight, 28.6.2022.
33 Christian Overhoff: Geberkonferenz hilft Moldau mit 660 Millionen Euro, in: GTAI Germany Trade and Invest, 20.4.2022.
34 Europäischer Rat: Schlussfolgerungen, EUCO 24/22.

Russlands, einen offiziellen EU-Beitrittsantrag eingereicht. Die Grundlage der EU-Ukraine Beziehungen stellt weiterhin das 2014 unterzeichnete und 2017 in Kraft getretene Assoziierungsabkommen und das DCFTA dar, dessen Umsetzungsstand in jährlichen Sitzungen des Assoziierungsrats EU-Ukraine besprochen wird.[35] Die Ukraine hat sich hinsichtlich der Umsetzung des Abkommens ambitioniert gezeigt und eine Aktualisierung des handelsbezogenen Teils sowie den Abschluss eines ergänzenden Abkommens über den Handel mit industriellen Gütern (ACAA) gefordert. Auch bezüglich des politischen Teils des Abkommens gibt es Reformwillen: Ein im September 2021 verabschiedetes Gesetz zielte darauf ab, die politische Macht von Oligarch:innen einzuschränken. Die Justizreform ergab bis dato gemischte Ergebnisse. Im Zuge des EU-Ukraine Gipfels im Oktober 2021 wurden Abkommen zur Zivilluftfahrt, über den Beitritt der Ukraine zum Programm „Horizont Europa" und zum Euratom-Programm für Forschung und Ausbildung sowie zum Programm „Kreatives Europa" geschlossen.[36] Darüber hinaus wurde eine Annäherung der Rechtvorschriften an den europäischen Grünen Deal, den digitalen Binnenmarkt sowie eine Integration der Energiemärkte beschlossen. Im März 2022 sind die Stromnetze der Ukraine und der Republik Moldau erfolgreich mit dem kontinentaleuropäischen Stromnetz verbunden worden.[37]

Im Dezember 2021 verstärkten sich die Drohungen Russlands gegenüber der Ukraine und der russische Truppenaufzug an der ukrainisch-russischen und ukrainisch-belarusischen Grenze nahm zu. Die Entscheidung Russlands, die einzelnen Bezirke der Gebiete Donezk und Luhansk als unabhängig anzuerkennen, sowie anschließend russische Truppen in diese Gebiete zu entsenden, führten am 23. Februar 2022 zum ersten von sechs Sanktionspaketen der EU gegen Russland (und Belarus).[38] Seit der Invasion am 24. Februar 2022 hat die Ukraine mit Unterstützung der westlichen Partner erfolgreich Widerstand geleistet und von Russland zeitweise besetzte Gebiete zurückerobert. Für 2022 hat die EU 2,2 Mrd. Euro zur Förderung der Stabilität bereitgestellt, weitere neun Mrd. Euro Makrofinanzhilfe könnten 2022 noch folgen.[39] Im Rahmen der Europäischen Friedensfazilität (EFF) will die EU mit 2,5 Mrd. Euro die Fähigkeiten und Resilienz der ukrainischen Streitkräfte stärken.[40] Im März 2022 wurde die EU-Richtlinie zum vorübergehenden Schutz für Vertriebene aktiviert, um ukrainischen Kriegsflüchtlingen einen unbürokratischen Aufenthalt und

---

35 In ihrer Rede vom 23. Juni 2022 betonte Kommissionspräsidentin Ursula von der Leyen, dass die Ukraine dank des Assoziierungsabkommens bereits rund 70 Prozent der EU-Normen und -Standards umgesetzt habe; Europäische Kommission, Vertretung in Deutschland: Pressemitteilung, Von der Leyen: Ukraine verdient eine europäische Perspektive, 23.6.2022.
36 Europäischer Rat/Rat der EU: Internationales Gipfeltreffen – wichtigste Ergebnisse, Gipfeltreffen EU-Ukraine, Kyjiw (Ukraine), 12.10.2021.
37 Deutsche Bundesregierung: Ukraine und Republik Moldau: Gemeinsam im europäischen Stromnetz, 17.3.2022, abrufbar unter https://www.bundesregierung.de/breg-de/themen/krieg-in-der-ukraine/ukraine-moldau-eu-stromnetz-2016702 (letzter Zugriff: 15.9.2022).
38 Europäischer Rat/Rat der EU: Zeitleiste – restriktive Maßnahmen der EU gegen Russland aufgrund der Krise in der Ukraine, abrufbar unter https://www.consilium.europa.eu/de/policies/sanctions/restrictive-measures-against-russia-over-ukraine/history-restrictive-measures-against-russia-over-ukraine/ (letzter Zugriff: 15.9.2022).
39 Europäischer Rat/Rat der EU: Solidarität der EU mit der Ukraine, abrufbar unter https://www.consilium.europa.eu/de/policies/eu-response-ukraine-invasion/eu-solidarity-ukraine/ (letzter Zugriff: 15.9.2022).
40 Europäischer Rat/Rat der EU: Solidarität der EU mit der Ukraine, 2022.

Versorgung in der EU zu ermöglichen.[41] Zudem unterstützt die EU ihre Mitgliedstaaten mit 20 Mrd. Euro bei der Aufnahme ukrainischer Geflüchteter.

Fazit und Ausblick

Der russische Angriffskrieg auf die Ukraine sorgte für einen Paradigmenwechsel der EU-Politik in der Östlichen Partnerschaft. Der Beitrittsstatus für die Ukraine und Moldau und perspektivisch auch Georgien sind ein starkes politisches Signal der EU an die drei Länder, sie auf ihrem Demokratisierungskurs und bei der Wiederherstellung der territorialen Integrität gegen Russland zu unterstützen. Zuvor wäre der EU-Kandidatenstatus für die ÖP-Länder undenkbar gewesen, da die ÖP eine Beitrittsperspektive stets ausschloss.

Die Gleichzeitigkeit von Mitgliedschaft in der ÖP und EU-Beitrittskandidatenstatus von drei der sechs ÖP-Länder erfordert neue Strategien und regionale Kooperationsansätze für die gesamte ÖP. Dabei gilt es die Sicherheitsdimension der ÖP zu stärken und sich auf die Unterstützung von Demokratisierungsprozessen in der Region zu konzentrieren.

Weiterführende Literatur

Pavel Havlicek: The Future of the EU's Eastern Partnership Policy. Back to the Basics and Value Origins, in: SCEEUS Guest Platform for Eastern Europe Policy 3/2022.
Barbara Lippert: Beitrittsgesuch der Ukraine setzt EU unter Druck, SWP-Aktuell 23/2022.

---

41 Europäischer Rat/Rat der EU: Infografik – Vorübergehender Schutz für Vertriebene in der EU, abrufbar unter https://www.consilium.europa.eu/de/infographics/temporary-protection-displaced-persons/ (letzter Zugriff: 15.9.2022).

Mittelmeerpolitik

Tobias Schumacher

Auch mehr als zehn Jahre nach dem Ausbruch des viel beschriebenen, gleichwohl kurzlebigen arabischen Frühlings in Europas südlicher Nachbarschaft, sucht die Europäische Union noch immer nach einer unmissverständlich formulierten und zielgerichteten Mittelmeerstrategie. Die EU braucht eine solche Strategie, die sowohl die lokalen als auch regionalen Entwicklungen in nahezu allen Politikbereichen thematisiert und sowohl der EU als auch den Gesellschaften und Herrschaftseliten der südlichen Nachbarschaft konkrete Handlungsschritte hin zu einer effektiveren Kooperation aufzeigt. Dies ist nicht zuletzt angesichts des Ausbruchs des russischen Angriffskrieges auf die Ukraine besonders deutlich geworden. Der Krieg hat schonungslos die faktisch bereits seit langem bestehenden Divergenzen in Bezug auf lokale und globale Herrschafts- und Wertesysteme zum Vorschein gebracht – und zwar trotz der vielschichtigen, über Jahrzehnte hinweg gewachsenen Interdependenzen, Kooperationskanäle und privilegierten Partnerschaften zwischen der EU und einzelnen südlichen Mittelmeeranrainern.

Der EU und ihren 27 Mitgliedstaaten ist es seit dem Ausbruch des Ukrainekrieges nicht gelungen, die überwiegend autokratischen Herrschaftseliten im südlichen Mittelmeerraum dazu zu bewegen, sich den auf Unionsebene verabschiedeten Russlandsanktionen anzuschließen. Sie konnte dazu weder ihre Europäische Nachbarschaftspolitik, noch die im April 2021 vom Ministerrat angenommene „Neue Agenda für das Mittelmeer" oder bilaterale Dialogstrukturen nutzbar machen. Gravierende Meinungsverschiedenheiten bestehen hinsichtlich der politischen und völkerrechtlichen Bewertung des russischen Angriffskrieges und in Bezug auf die künftige Rolle Russlands in der sich rapide verändernden globalen, aber auch regionalen Sicherheits- und Kooperationsarchitektur. Diese Meinungsverschiedenheiten können im Hinblick auf die künftige Ausgestaltung der euro-mediterranen Beziehungen in ihrer Dramatik und Tragweite nicht überschätzt werden. Besonders deutlich machen dies die bestehenden Territorial- und Herrschaftskonflikte, systematische Menschenrechtsverletzungen, der sich weiter vollziehende Einflussverlust der EU im gesamten südlichen Mittelmeerraum und die sich durch den Krieg massiv verschärfenden makroökonomischen Verwerfungen auf globaler Ebene.

Die EU und Libyen: (k)ein Schritt vor, zwei zurück

Der EU, die Teil des von den Vereinten Nationen initiierten Berliner Prozesses ist, wurden zwischen Mitte 2021 und Mitte 2022 abermals die Grenzen ihrer Handlungsmacht im Hinblick auf die innerlibyschen Entwicklungen deutlich aufgezeigt. Obgleich sie sich über Jahre hinweg aktiv und finanziell für die Abhaltung freier und fairer Parlaments- und Präsidentschaftswahlen eingesetzt hat und Ende 2021 gar Wahlexperten nach Libyen entsandt hat, musste sie im Dezember 2021 tatenlos mit ansehen, wie die für den 24. Dezember terminierten Wahlen auf unbestimmte Zeit verschoben wurden. Bereits im Vorfeld war deutlich zu erkennen, dass es den sich antagonistisch gegenüberstehenden libyschen Volksstämmen nicht fristgerecht gelingen würde, sich auf eine verbindliche Wahlliste poten–

zieller Parlaments- und Präsidentschaftskandidat:innen zu verständigen. Das von Brüsseler Seite zur Schau gestellte Festhalten an dem Wahltermin muss daher ebenso überraschen, wie die im Januar 2022 getätigte Aussage eines hochrangigen, für den Nahen Osten verantwortlichen Diplomaten im Europäischen Auswärtigen Dienst, wonach „positive Signale" hinsichtlich einer innerlibyschen Verständigung zu vernehmen seien.[1]

Dass dies abermals eine vorschnelle und realitätsferne Einschätzung war, wurde nur wenige Wochen später allzu offensichtlich: Das im ostlibyschen Tobruk angesiedelte Parlament setzte ein Kabinett unter Führung des ehemaligen Innenministers Fathi Baschagha ein und entzog so der international anerkannten Regierung von Ministerpräsident Abdul Hamid Dbeiba das Vertrauen. Damit zeichnet sich eine neuerliche Spaltung in dem vom Bürgerkrieg gezeichneten Libyen ab, die nicht zuletzt von der unentwegten Präsenz machtvoller in- und ausländischer Milizen wie beispielsweise der russischen Wagner-Gruppe befeuert wird. Der EU-Außenministerrat hat in seiner Sitzung vom 11. April 2022 daraufhin lediglich mit dem lapidaren Hinweis reagiert, dass dies die Legitimierung libyscher Institutionen durch Wahlen verzögere.[2]

Die EU und die autokratische Zeitenwende in Tunesien

Noch problematischer war im vergangenen Jahr die Haltung der EU gegenüber Tunesiens Staatspräsident Kais Saied. Saied regiert seit seiner Amtsübernahme im Oktober 2019 zunehmend autoritär und mit Unterstützung des tunesischen Sicherheitsapparates. Er hat neben dem demokratisch gewählten Parlament auch die Gewaltenteilung sowie die 2014 verabschiedete Verfassung außer Kraft gesetzt und Oppositionelle drangsalieren und gar inhaftieren lassen.[3] Zwar haben sich diverse EU-Akteure in der jüngsten Vergangenheit gelegentlich vorsichtig besorgt über diese Entwicklungen geäußert. Gleichwohl hat es die EU bislang vermieden, sich eindeutig zu positionieren und die dringend benötigte Vergabe von Finanzhilfen sowie die Aufrechterhaltung von Handelspräferenzen an eine Rückkehr zum 2011 eingeleiteten demokratischen Prozess zu knüpfen. Im Mai 2022 hat sie nicht zuletzt auf Drängen des ungarischen Nachbarschaftskommissars Olivér Várhelyi Budgethilfen in Höhe von 300 Mio. Euro ausgezahlt. Sie hat sich damit faktisch gegen Akteure wie beispielsweise die USA gestellt, die angesichts der sich rapide vollziehenden Erosion demokratischer Errungenschaften in Tunesien bereits eine Kürzung der Militärhilfen angekündigt haben. Die EU begründet die Unterstützung Saieds weitestgehend damit, dass sein Agieren von weiten Teilen der tunesischen Bevölkerung – und hier insbesondere vom rasch anwachsenden tunesischen Prekariat – unterstützt wird. Einstweilen müsse sie an ihm als Kooperationspartner festhalten, nicht zuletzt aufgrund seiner Pläne für die Abhaltung eines Verfassungsreferendums im Juli 2022 sowie von Parlamentswahlen im Dezember 2022. Dies ist jedoch angesichts Saieds autoritärer Praktiken, seiner offen zur Schau getragenen Abneigung gegenüber politischen Parteien sowie seiner bereits angekündigten Ablehnung, im Juli und Dezember 2022 westliche Wahlbeobachter:innen zuzulassen, naiv. Die EU gibt dem Präsidenten so neuerlich wertvolle Zeit, sein zunehmend autokratisches

---

1 Benjamin Fox: EU reports 'positive signs' in Libya despite poll delay, in: Euractiv, 25.1.2022.
2 Rat der Europäischen Union: Rat „Auswärtige Angelegenheiten", Wichtigste Ergebnisse, Militärische Aggression Russlands gegen die Ukraine, 11.4.2022, abrufbar unter https://www.consilium.europa.eu/de/meetings/fac/2022/04/11/ (letzter Zugriff: 26.6.2022).
3 Isabelle Werenfels: Die Zeit drängt: Der tunesische Präsident konsolidiert seine autoritäre Herrschaft, SWP-Aktuell 35/2022, S. 1–6.

Herrschaftssystem sowie entsprechende internationale Netzwerke mit anderen nicht-demokratischen Akteuren zu konsolidieren.

Die EU und der Zusammenbruch libanesischer Staatlichkeit

Der Libanon rückte nach der Bombenexplosion vom 4. August 2020 im Beiruter Hafen und der damit verbundenen Zerstörung weiter Teile der libanesischen Hauptstadt in das internationale und damit auch das Blickfeld der EU. Durch die daraus folgende dramatische politische und wirtschaftliche Krise haben die Beziehungen der EU zum Libanon eine nie dagewesene Dringlichkeit erhalten. In den Jahren vor der Explosion hatte die EU ihr Hauptaugenmerk auf Reformen im Sicherheitssektor sowie auf die Aufrechterhaltung der fragilen öffentlichen Verwaltung gelegt und im Jahr 2018 vergeblich versucht, die Bereitstellung finanzieller Hilfen an politische Reformen zu koppeln. Seither konzentriert sich die EU – insbesondere im vergangenen Jahr – auf humanitäre Unterstützung, nicht zuletzt im Rahmen des von den Vereinten Nationen geleiteten Aktionsplans für Reform und Wiederaufbau.

Zwischenzeitlich versuchte der Ministerrat im Juli 2021 durch die Androhung von Sanktionen alle relevanten lokalen Akteure zusammenzuführen. Er wollte so die Bildung einer stabilen Regierung und einen Konsens im Hinblick auf zentrale Reformvorhaben herbeiführen und den Abfluss libanesischen Kapitals verhindern. Dieses Vorhaben wurde jedoch schnell wieder aufgegeben und durch eine Fokussierung auf die ordnungsgemäße Abhaltung von Parlamentswahlen im Mai 2022 ersetzt. Entsprechend wurden bereits Anfang April mehr als 160 Wahlbeobachter:innen aus den 27 Mitgliedstaaten sowie Norwegen und der Schweiz in den Libanon entsandt. Am Wahltag mussten sie ernüchternd festzustellen, dass auch bei dieser Wahl fundamentale Unregelmäßigkeiten auftraten.[4] Die Wahl hat die politische Elite des Landes noch stärker delegitimiert, als dies ohnehin schon der Fall war und die wirtschaftliche Krise des Landes zählt mittlerweile zu den schwersten Wirtschaftskrisen weltweit seit Mitte des 19. Jahrhunderts.[5] Dennoch hat es die EU versäumt, die gegenwärtige Krise als Chance zu begreifen, um sich als handlungsstarker und geeinter außenpolitischer Akteur zu positionieren. Die seit wenigen Jahren geltende Schwerpunktsetzung auf humanitäre Hilfe und logistische Unterstützung wurde auch in der Jahresperiode 2021–2022 nicht in einen weiterreichenden Rahmenplan zur Rettung der libanesischen Staatlichkeit eingebettet; ferner hat die EU abermals lediglich kurzfristigen ad-hoc-Maßnahmen Priorität eingeräumt.

Die EU, der südliche Mittelmeerraum und die Suche nach alternativen Energielieferanten

Im Zuge des russischen Angriffskrieges auf die Ukraine und der damit verbundenen Erkenntnis der EU, sich zeitnah von russischen Energielieferungen unabhängig machen zu müssen, haben die EU und zahlreiche Regierungen einzelner Mitgliedstaaten insbesondere seit Ende Februar 2022 die Suche nach alternativen Energielieferanten dramatisch beschleunigt. Dazu haben sie sich geradezu zwangsläufig auch verstärkt potenziellen Anbietern im südlichen Mittelmeerraum zugewandt. So hat Italien bereits im April 2022 ein Abkommen mit Ägypten und Algerien über die Lieferung von Flüssiggas bzw. Pipelinegas in

---

4   Shona Murray: Scores of EU election observers were sent to Lebanon. Here's how they witnessed 'irregularities', in: Euronews, 20.5.2022.
5   France 24: Lebanon crisis among the world's worst since 1850's: World Bank, 1.6.2021.

Höhe von 9 Mrd. Kubikmetern abgeschlossen. Spanien und Algerien haben – ungeachtet ihres Konfliktes über die veränderte spanische Haltung gegenüber Marokkos Westsaharapolitik – Anfang 2022 die bereits bestehenden Gasverträge verlängert. Dies wurde begleitet von einem an die 27 EU-Mitgliedstaaten gerichteten Vorschlag der Europäischen Kommission, ebenfalls Abkommen mit Israel und Ägypten zur Lieferung von Gas aus Vorkommen im östlichen Mittelmeer zu schließen. Dass diese Maßnahmen jedoch nur von marginaler Bedeutung sind, zeigt sich beispielsweise darin, dass die existierenden Reserven in der Levante lediglich vier Prozent des gesamten Energiebedarfs der EU decken würden. Hinzu kommt, dass eine verstärkte Hinwendung zu Gaslieferungen aus dem Mittelmeerraum mit nicht unerheblichen sicherheitspolitischen Risiken einhergeht. Zahlreiche Auseinandersetzungen in der Region haben das Potenzial, relativ schnell in militärischen Auseinandersetzungen zu münden. Dazu zählen die ungelösten Konflikte zwischen Marokko und Algerien, zwischen Israel und Palästina, zwischen Israel und dem Libanon, zwischen der Türkei und Zypern sowie zwischen der Türkei und Griechenland.

Schlussfolgerungen

In der zweiten Hälfte des Jahres 2021 stand die Eindämmung der Covid-19-Pandemie im Vordergrund des euro-mediterranen Beziehungsgeflechts. In der ersten Hälfte des Jahres 2022 wurden die Beziehungen jedoch vom Ausbruch des russischen Angriffskrieges auf die Ukraine überschattet. Zwar ist es den 27 Mitgliedstaaten erstaunlich rasch gelungen, sich auf eine gemeinsame Linie sowie fünf Sanktionspakete zu verständigen. Die Auseinandersetzung mit der sich neu darstellenden sicherheitspolitischen Bedrohungslage sowie der sich rapide vollziehenden Neuordnung der europäischen Sicherheitsarchitektur hat allerdings dazu geführt, dass der südliche Mittelmeerraum noch stärker als in der jüngeren Vergangenheit in die Peripherie gemeinschaftlicher Interessen gerückt ist. Abgesehen von den aktiven Bemühungen der Europäischen Kommission sowie einzelner Mitgliedstaaten, die in der Großregion befindlichen Gasreserven als energiepolitisches Diversifizierungsinstrument zu nutzen, war die EU aufgrund des Ukrainekrieges als transformative Gestaltungsmacht in ihrer südlichen Nachbarschaft nahezu inexistent. Für den eigenen Anspruch, als Globalmacht wahrgenommen zu werden, ist dies abermals ein ernüchternder Befund. Das gilt besonders für die ohnehin bereits weitestgehend entrechteten und wirtschaftlich perspektivlosen Gesellschaften der Region, die bislang vermeintlich hoffnungsvoll in Richtung Europa geblickt haben.

Weiterführende Literatur

Emile Badarin/Tobias Schumacher: The Eastern Mediterranean Energy Bonanza: A Piece in the Regional and Global Geopolitical Puzzle, and the Role of the EU, in: Comparative Southeast European Studies, im Erscheinen.
Dimitris Bouris/Daniela Huber/Michele Pace: Routledge Handbook of EU-Middle East Relations, London 2022.
Katarzyna Sidło/Emmanuel Cohen-Hadria: A new agenda for the Mediterranean: Are the EU tools and means of action up to its ambitions? Policy Department for External Relations, Directorate General for External Policies of the Union, European Parliament, Mai 2022.

Die EFTA-Staaten, der EWR und die Schweiz

Burkard Steppacher

Erst der Brexit, dann Corona und nun 2022 der russische Angriffskrieg auf die Ukraine: Statt der erhofften Rückkehr zum europapolitischen Courant normal steht die Politik in Brüssel und den nationalen Hauptstädten auch weiterhin in einem permanenten Ausnahmezustand. Sowohl für die EU-Akteure als auch für die Regierungen und Parlamente der vier assoziierten Staaten der Europäischen Freihandelsassoziation (EFTA) heißt das, dass die bilateralen und multilateralen Beziehungen unter besonderen externen Herausforderungen stehen, so dass eine substantielle Reflexion über eine Optimierung des europapolitischen Status quo weiter aussteht.

Aktuelle EFTA-Entwicklungen

Die Europäische Freihandelsassoziation (EFTA) hat sich im Jahr 2021 neben dem Meistern der Auswirkungen der Corona-/Covid-19-Pandemie und den Folgen der britischen Brexit-Entscheidung vor allem den in der EFTA-Konvention festgelegten vertraglichen Kernaufgaben gewidmet, speziell der Erweiterung, Aktualisierung und Weiterentwicklung des weltweiten Netzwerks der EFTA-Freihandelsabkommen. Hauptthemenfelder der EFTA sind unverändert a) die Zusammenarbeit der vier EFTA-Mitglieder (Norwegen, Island, Liechtenstein und Schweiz) untereinander, b) die Kooperation mit dem großen Nachbarn EU im Rahmen des Europäischen Wirtschaftsraums (EWR) – wobei die Schweiz daran nicht teilnimmt, sondern eigenständige, bilaterale Beziehungen zur EU unterhält – und c) die Pflege eines weltweiten Netzwerks der EFTA-Staaten im Rahmen von Freihandels- und Partnerschaftsbeziehungen.[1]

Vom EFTA-Sekretariat mit Sitz in Genf (Headquarters) und Brüssel wird die Arbeit der Freihandelsassoziation operativ gesteuert: In Genf am Sitz des Generalsekretärs fokussiert sich die Arbeit auf die internen Aspekte sowie die Aushandlung von Freihandelsabkommen mit Nicht-EU-Ländern; in Brüssel, wo mittlerweile deutlich mehr Personal als in Genf im Einsatz ist, stehen die Beziehungen der EFTA-Mitglieder zur EU im Mittelpunkt der Arbeit; hinzu kommt das EFTA-Statistikamt (EFTA Statistical Office, ESO) in Luxemburg, welches die Zusammenarbeit zwischen den nationalen Statistikbehörden der EFTA-Staaten und dem Statistischen Amt der Europäischen Union (Eurostat) koordiniert und das im Jahr 2021 sein 30-jähriges Bestehen feiern konnte.[2]

In Brüssel konnte das EFTA-Sekretariat im Jahr 2021 ein neu errichtetes Bürogebäude im Brüsseler Europaviertel beziehen. Das „EFTA House", so der offizielle Name, wird mit zwei Schwesterorganisationen geteilt, die am EWR-Abkommen arbeiten: der EFTA-Überwachungsbehörde (ESA) und dem Finanzmechanismus-Büro (FMO). Die Einweihungsfeier konnte pandemiebedingt erst im Mai 2022 durchgeführt werden.

---

1 EFTA: 61st Annual Report of the European Free Trade Association 2021, Juli 2022, S. 4, abrufbar unter https://www.efta.int/publications/annual-report (letzter Zugriff 30.9.2022).
2 Volker Täube et al.: The EFTA Statistical Office: 30 Years of Statistical Cooperation, November 2021, S. 4.

Den Vorsitz im EFTA-Rat hatte im Juli 2021 Island übernommen, erstmals für zwölf statt sechs Monate, ab Juli 2022 wechselte der Vorsitz in diesem neuen Turnus zu Liechtenstein. Als politisches Gremium tagt der EFTA-Rat regelmäßig auf Botschafter- und Ministerebene und trifft die grundlegenden Entscheidungen. Das EFTA-Ministertreffen am 20. Juni 2022 im isländischen Borgarnes stand bereits im Schatten des russischen Angriffskriegs auf die Ukraine und dessen wirtschaftspolitischen Auswirkungen auf die EFTA-Staaten. Im Rahmen der Drittstaatsbeziehungen konnte das Inkrafttreten des Freihandelsabkommens mit Indonesien im Jahr 2021 gefeiert werden. Ebenso konnten Freihandelsverhandlungen mit Thailand und dem Kosovo aufgenommen werden, die Verhandlungen mit der Republik Moldau stehen kurz vor dem Abschluss.[3]

Parlamentarisch begleitet wird die Arbeit der EFTA durch folgende Gremien: Im Parlamentarierkomitee der EFTA-Länder (CMP)[4] sind Abgeordnete aus Island, Liechtenstein, Norwegen und der Schweiz vertreten. Das Komitee befasst sich mit Fragen, welche die EFTA als Ganzes sowie Drittstaatsbeziehungen der EFTA betreffen. Hierfür nehmen die Delegierten auch an Treffen mit Parlamentariern anderer Staaten teil, insbesondere mit Delegierten von EFTA-Vertragsstaaten sowie mit Vertretern aus Ländern, mit denen sich die EFTA in Vertragsverhandlungen oder die EU in Beitrittsverhandlungen befindet. Das Parlamentarierkomitee der EFTA kommt mehrmals jährlich zusammen. Dabei trifft es jährlich auch den EFTA-Ministerrat sowie den Beratenden Ausschuss der EFTA (EFTA Consultative Committee), dessen Mitglieder Vertreter und Vertreterinnen der Gewerkschaften und Arbeitgeberverbände aus sämtlichen EFTA-Mitgliedsländer sind, vergleichbar dem Europäischen Wirtschafts- und Sozialausschuss (EWSA) in der EU. Sowohl das Parlamentarierkomitee wie auch der Beratende Ausschuss der EFTA sind Beratungsgremien der Freihandelsassoziation.

Mit dem Inkrafttreten des EWR wurde 1994 zusätzlich das Komitee der Parlamentarier aus den EWR/EFTA-Staaten (MPS) gebildet, dessen zentrale Aufgabe die parlamentarische Flankierung des EWR ist.[5] Die Schweiz hat bei diesen Treffen Beobachterstatus.

Zweimal pro Jahr trifft zudem sich das Gemeinsame EWR- und EU-Parlamentarierkomitee (EEA JPC), das sowohl aus Mitgliedern der nationalen Parlamente der EWR/EFTA-Staaten wie auch aus einer Delegation des Europäischen Parlaments besteht.[6] Die Schweiz verfügt in diesem Gremium ebenfalls über einen Beobachterstatus.

Der EWR im Schatten von Brexit, Corona und Ukrainekrieg

Ende Mai 2022 wurden sowohl das halbjährlich in Brüssel stattfindende Treffen des EWR-Rats als auch anschließend in Oslo das Treffen des Gemeinsamen EWR- und EU-Parlamentarierkomitees (EEA JPC) durchgeführt. Der EWR-Rat am 23. Mai 2022 diskutierte bei seinem regelmäßigen Austausch das Funktionieren des Binnenmarkts und andere zentrale EU-Agenden mit EWR-Relevanz, speziell im Rahmen einer Orientierungsaussprache über die Verringerung strategischer Abhängigkeiten in den Bereichen Rohstoffe und Energie; ebenso fand der übliche Dialog mit dem Auswärtigen Dienst der EU über aktuelle außenpolitische Themen statt, unter anderem mit dem Hohen Vertreter der EU für Außen-

---

3 EFTA: Communiqué EFTA Ministerial meeting, Borgarnes, Iceland, 20 June 2022, Ref. 22-232.
4 Committee of Members of Parliament of the EFTA Countries (CMP / EFTA-4). Vorsitzender ist aktuell der Schweizer Nationalrat Eric Nussbaumer.
5 Committee of Members of Parliament of the EFTA States (MPS / EFTA-3). Vorsitzender ist seit 2021 das Mitglied des Liechtensteiner Landtags Günter Vogt.
6 EEA Joint Parliamentary Committee (JPC).

und Sicherheitspolitik, Josep Borrell. Bei der Kommission ist für die Zusammenarbeit im EWR neu Vizepräsident Maroš Šefčovič federführend zuständig. Im Rahmen des politischen Dialogs diskutierten die Minister und die Vertreter der EU schwerpunktmäßig die Situation in der Ukraine. Die EWR-Vertreter unterstrichen dabei ihren Beitrag zu einer gemeinsamen europäischen Antwort auf den Krieg in der Ukraine, etwa durch den autonomen Nachvollzug der EU-Sanktionen gegen Russland.[7]

Am 24. und 25. Mai 2022 fand das 57. Treffen des Gemeinsamen EWR- und EU-Parlamentarierkomitees (EEA JPC) auf Einladung des norwegischen Parlaments in Oslo statt. Teilnehmende der Konferenz waren Parlamentarier aus den EWR-Staaten Norwegen, Island und Liechtenstein, Abgeordnete des Europäischen Parlaments und der Schweiz sowie hochrangige Vertreter von diversen Institutionen. Auch hier standen neben den klassischen EWR-Themen (Stand der Umsetzung des EWR-Abkommens, CO_2-Grenzausgleichssystem (Carbon Border Adjustment Mechanism, CBAM), Überarbeitung der Erneuerbare-Energien-Richtlinie (RED II), EU-Gesundheitsdaten und EU-Fahrplan für Künstliche Intelligenz im digitalen Zeitalter sowie die Beziehungen zum Vereinigten Königreich) der Krieg in der Ukraine, die eng abgestimmten geschlossenen Reaktionen der EU- und EFTA-Staaten und die möglichen Auswirkungen der Krise auf den EWR im Mittelpunkt der Diskussionen.

Aktuelle EU-Position gegenüber den EFTA-Staaten

Zum siebten Mal seit 2008 hat der Rat der EU (Allgemeine Angelegenheiten) im Juni 2022 „Schlussfolgerungen" (Schlussfolgerungen des Rates zu einem homogenen erweiterten Binnenmarkt und den Beziehungen der EU zu nicht der EU angehörenden westeuropäischen Ländern) verabschiedet, diesmal auch zu den Färöern, allerdings wird die Stellungnahme zum „allgemeinen Stand der Beziehungen der EU zur Schweizerischen Eidgenossenschaft" erneut, wie schon 2018, auf einen späteren Zeitpunkt verlegt.[8] Grund dafür dürfte die unklare Situation nach dem Abbruch der Verhandlungen über ein Rahmenabkommen durch die Schweiz sein.

Island – Bestätigung des „Rechts-Links-Bündnisses"

Bei der Parlamentswahl vom 25. September 2021 konnte die amtierende Regierung von Ministerpräsidentin Katrín Jakobsdóttir ihre Mehrheit verteidigen. Trotz deutlicher Verluste ihrer Links-Grünen Bewegung und starker Zugewinne der Fortschrittspartei wird auch die neugebildete Regierung von Katrín Jakobsdóttir geführt. Im 63 Mitglieder zählenden Parlament Althing hat die Links-Grüne Bewegung (Vinstrihreyfingin – grænt framboð, V) mit 12,6 Prozent der Wählerstimmen diesmal nur mehr 8 statt bisher 11 Sitze errungen. Die liberal-konservative Unabhängigkeitspartei (Sjálfstæðisflokkurinn, D) ist mit ihrem Vorsitzenden Bjarni Benediktsson mit 24,4 Prozent der Wählerstimmen erneut stärkste Partei geworden und hat ihre 16 Sitze im Parlament verteidigt. Starke Zugewinne verzeichnete

---

7 Rat der EU: Rat des Europäischen Wirtschaftsraums, 23. Mai 2022, abrufbar unter https://www.consilium.europa.eu/de/meetings/international-ministerial-meetings/2022/05/23/ (letzter Zugriff: 30.9.2022).

8 Rat der Europäischen Union: Schlussfolgerungen des Rates zu einem homogenen erweiterten Binnenmarkt und den Beziehungen der EU zu nicht der EU angehörenden westeuropäischen Ländern und den Färöern, 10514/22, 21.6.2022; abrufbar unter https://data.consilium.europa.eu/doc/document/ST-10514-2022-INIT/de/pdf (letzter Zugriff: 30.9.2022). Zu den vorherigen Schlussfolgerungen vom 11.12.2018: Burkard Steppacher: Die EFTA-Staaten, der EWR und die Schweiz, in: Jahrbuch der Europäischen Integration 2019, Baden-Baden 2019, S. 379.

die agrarisch-liberale Fortschrittspartei (Framsóknarflokkurinn, B) unter Vorsitz von Sigurður Ingi Jóhannsson (17,3 nach zuvor 10,7 Prozent der Stimmen) und errang damit 13 Sitze (plus 5).

Die beiden Vorsitzenden der bürgerlichen Parteien, die beide schon 2016 bzw. 2017 kurzfristig Premierminister gewesen waren, hatten jeweils auf eine eigene Regierungsmehrheit gehofft, das Wahlergebnis 2021 erlaubte allerdings mangels anderer Koalitionspartner letztlich nur eine Fortsetzung der bisherigen „Rechts-Links-Koalition". Die neue Regierung, die am 28. November 2021 vereidigt wurde, ist personell und organisatorisch deutlich verändert, etliche Ministerien wurden umbenannt und umstrukturiert, und stellt mit 12 Ministern nun einen neuerlichen Rekord für das kleine Land auf.[9]

Kern der umfangreichen und in ihren Zielen sehr detaillierten Koalitionsvereinbarung ist die Stärkung der Wohlfahrt; außen- und europapolitische Fragen werden erst auf den drei letzten Seiten thematisiert. Eine EU-Mitgliedschaft wird weiterhin als nicht zielführend angesehen, vorrangig ist die Anbindung durch das EWR-Abkommen, ergänzt durch die EFTA-Kooperation und die Nordische Zusammenarbeit.[10] Die Dimension der Sicherheitspolitik wird in lediglich zwei kurzen Absätzen angesprochen, allerdings hat das NATO-Mitglied Island am 6. Juli 2022 dem NATO-Beitritt von Schweden und Finnland zugestimmt und das NATO-Beitrittsprotokoll ratifiziert, ebenso wie die anderen nordischen NATO-Mitglieder Dänemark und Norwegen.

Norwegen – Regierungswechsel: Støre löst Solberg ab

In Demokratien untersteht Herrschaft üblicherweise dem Wechsel. So brachten die Parlamentswahlen vom 13. September 2021 der bürgerlichen Høyre-Partei (H) unter Ministerpräsidentin Erna Solberg deutliche Verluste, Gewinner war Jonas Gahr Støre von der sozialdemokratischen Arbeiterpartei (Arbeiderpartiet, Ap), welche mit 26,3 Prozent stärkste Partei im norwegischen Storting wurde. Da es Støre aber lediglich gelang, mit der agrarischen Zentrumspartei (Senterpartiet, SP) eine Koalitionsvereinbarung zu treffen, ist die am 14. Oktober 2021 ernannte Regierung Støre erneut eine Minderheitsregierung. Die ursprünglich erwogene Linkskoalition kam nicht zustande, da die rot-grüne Sozialistische Linkspartei (Sosialistisk Venstreparti, SV) nach ersten Sondierungsgesprächen eine Regierungsbeteiligung ablehnte. Ebenso nichtbeteiligt sind die marxistische Partei Rødt (R) und die Umweltpartei Die Grünen (Miljøpartiet De Grønne, MDG).

Europapolitisch setzt die Regierung Støre die norwegische EU-Politik in großer Kontinuität fort.[11] Im Zentrum steht dabei die norwegische Beteiligung am EWR sowie die außen- und sicherheitspolitische Zusammenarbeit mit der EU. Von besonderer Bedeutung ist auch die Energiekooperation, insofern rund 90 Prozent der norwegischen Erdölförderung in die EU gehen und Norwegen nach Russland der zweitgrößte Erdgaslieferant der Europäischen Union ist. Als Ergebnis eines Treffens von EU-Kommissionsvizepräsident Frans Timmermans und dem norwegischen Energieminister Terje Aasland im Juni 2022

---

9 Isländische Regierung: Second Government of Katrín Jakobsdóttir Takes Office, 28.11.2021, abrufbar unter https://www.government.is/news/article/2021/11/28/Second-Government-of-Katrin-Jakobsdottir-Takes-Office/ (letzter Zugriff: 30.9.2022); Jelena Ćirić: Never More Ministers than in New Government, in: Iceland Review, 29.11.2021.

10 Isländische Regierung: Agreement on the Platform for the Coalition Government, 28.11.2011, abrufbar unter https://www.government.is/library/05-Rikisstjorn/Agreement2021.pdf. (letzter Zugriff: 30.9.2022).

11 Norwegisches Außenministerium: European policy, abrufbar unter https://www.regjeringen.no/en/topics/european-policy/id1151/ (letzter Zugriff: 30.9.2022); Vertretung Norwegens bei der EU: Areas of Cooperation, abrufbar unter https://www.norway.no/en/missions/eu/areas-of-cooperation/ (letzter Zugriff: 30.9.2022).

sollen die Gaslieferungen Norwegens in die EU weiter gesteigert werden.[12] Strittig ist derzeit allerdings der Umfang des Exports von norwegischem Strom in die EU, der aus Wasserkraft gewonnen wird und in Norwegen selbst als umweltfreundliche Energie eingesetzt wird.

Liechtenstein – „...andauernde hervorragende Zusammenarbeit"

In seinen „Schlussfolgerungen" vom Juni 2022 würdigt der Rat der Europäischen Union die Beziehungen zwischen der EU und Liechtenstein als „sehr gut und dynamisch" und unterstreicht, dass diese seit dem vorherigen Bericht vom Jahr 2018 nochmals intensiver und vielfältiger geworden seien. Aus Sicht der EU besteht mit Liechtenstein, das durch die EWR-Mitgliedschaft (seit 1995) und die seit 1923 bestehende Zoll- und Währungsunion mit der Schweiz gleichzeitig zwei Wirtschaftsräumen angehört, eine „andauernde hervorragende Zusammenarbeit" in den Bereichen EWR und Schengen/Dublin sowie auf einer Vielzahl anderer Gebiete.[13]

Schweiz – Weiter voran im Kreis

Seit dem Verhandlungsabbruch über das Institutionelle Abkommen Schweiz-EU durch die Schweiz am 26. Mai 2021 ist mittlerweile über ein weiteres Jahr verstrichen, in dem sich de facto keine Fortschritte ergeben haben. Im Februar 2022 positionierte sich die Schweizer Regierung als Ergebnis einer europapolitischen Klausur des Bundesrats auf eine neue Linie, mit der die Eidgenossenschaft erneut Sondierungsgespräche mit der EU aufnehmen will.[14] In der Erklärung des Bundesrats versucht dieser erneut, der EU den bilateralen Weg schmackhaft zu machen. Verschiedene Interviews und Briefwechsel zwischen Bern und Brüssel, die in der Folge direkt oder indirekt an die Öffentlichkeit gelangten, machen allerdings deutlich, dass die Positionen unverändert weit auseinanderliegen und dass mögliche Erwartungen auf ein „Rahmenabkommen 2.0" vermutlich recht hochgesteckt sind.

Die wirtschaftsnahe „Denkfabrik" Avenir Suisse untersucht mit einem „Erosionsmonitor" seit August 2021 regelmässig Veränderungen und Risiken in den Beziehungen zwischen der Schweiz und der EU.[15] Die Sorge der Wirtschaft geht dahin, dass die bestehenden bilateralen Verträge ohne institutionellen Rahmen nicht mehr aktualisiert werden, so dass letzten Endes die Beziehungen der Schweiz zur EU erodieren. In den mehrmals pro Jahr vorgelegten Erosionsmonitoren werden die Beziehungen daraufhin untersucht, wo die Zusammenarbeit bereits erkennbar erodiert ist, wo das Risiko einer bilateralen Erosion besteht und wo ungenutzte Potentiale der Zusammenarbeit liegen. Gemäss dieser Analysen ist die Zusammenarbeit zwischen Schweiz und EU in folgenden Bereichen bereits deutlich erodiert: Finanzmarktregulierung (keine Verlängerung der Börsenäquivalenz), Forschung (Einstufung der Schweiz als Drittstaat beim 9. EU-Forschungsrahmenprogramm 2021–2027 „Horizon Europe"), technische Handelshemmnisse (fehlende gegenseitige Anerkennung der Zertifizierung von Medizinprodukten), Landwirtschaft (u. a. fehlende

---

12 Europäische Kommission: Gemeinsame Erklärung EU-Norwegen zur Stärkung der Zusammenarbeit im Energiebereich, Statement/22/3975, 23.6.2022.
13 Rat der Europäischen Union: Schlussfolgerungen des Rates zu einem homogenen erweiterten Binnenmarkt, 2022, Ziffer 20.
14 Schweizerische Eidgenossenschaft: Medienmitteilung, Beziehungen zur EU: Der Bundesrat legt Stossrichtung für Verhandlungspaket fest, 25.02.2022, abrufbar unter https://www.eda.admin.ch/europa/de/home/aktuell/medienmitteilungen.html/content/eda/de/meta/news/2022/2/25/87349 (letzter Zugriff: 30.9.2022).
15 Avenir Suisse: Erosionsmonitor. Report zum Stand des bilateralen Verhältnisses Schweiz–EU, abrufbar unter https://www.avenir-suisse.ch/publikationen/ (letzter Zugriff: 15.11.2022).

Äquivalenz im Bereich Lebens- und Futtermittel sowie Pflanzengesundheit), Kultur und Medien (keine Beteiligung am EU-Programm Kreatives Europa), Bildung (Drittstaat-Status der Schweiz bei Erasmus+).[16] Im Anschluss an die erste systematische Erhebung zum Stand des bilateralen Verhältnisses Schweiz-EU wurde in den weiteren Erosionsmonitoren zudem schwerpunktmässig das Themenfeld Bildung und Forschung im Rahmen einer Umfrage bei den Schweizer Hochschulen untersucht, weiterhin die Auswirkungen auf die Region Nordwestschweiz. Speziell die Nordwestschweizer Kantone sind von der Erosion der Beziehungen überdurchschnittlich stark betroffen. Kritisiert werden zudem die zu schwachen Beteiligungsmöglichkeiten der Kantone an der Aussenwirtschaftspolitik im föderalistischen System der Schweiz.[17]

In einzelnen Bereichen hat die Schweiz 2022 allerdings klar die Beziehungen zur und mit der Europäischen Union gestärkt: Bei einer Volksabstimmung am 15. Mai 2022 haben die Schweizer Stimmberechtigten der Übernahme der EU-Verordnung über die Europäische Grenz- und Küstenwache (Ausbau der Grenzschutzagentur Frontex im Rahmen des Schengen-Besitzstands) mit deutlicher Mehrheit (71,5 Prozent) zugestimmt.[18] Doch in anderen zentralen Themen sind die aussenpolitischen Positionen schweizintern unklar und umstritten: Der Versuch von Bundesrat Ignazio Cassis, Aussenminister und im Jahr 2022 zudem Schweizer Bundespräsident, die neutralitätspolitische Position des Landes weiterzuentwickeln, scheiterte in der Kollegialregierung.[19]

Die aktuelle Lage in den bilateralen Beziehungen Schweiz-EU ist angesichts der diametral entgegengesetzten Grundannahmen eine Kombination von Stillstand, Unübersichtlichkeit und vergeblichem Bemühen: Auf der einen Seite versucht die EU, die Schweiz stärker in das multilaterale Beziehungsgeflecht einzubinden, auf der anderen Seite beharrt die Schweiz in ihrem europapolitischen Vorgehen unverändert auf einer bilateralen Vorgehensweise.

Mit Blick auf die im Herbst 2023 anstehenden Parlamentswahlen in der Schweiz und den bereits beginnenden Vorwahlkampf dürfte ein rascher Fortschritt bei den festgefahrenen Beziehungen Schweiz-EU in der nächsten Zeit eher unwahrscheinlich sein.

Weiterführende Literatur

Luzi Bernet: Das Schweiz-Dilemma, 30 Jahre Europapolitik, Zürich 2022.
EFTA: European Economic Area (EEA)/Relations with the EU, abrufbar unter http://www.efta.int/eea (letzter Zugriff: 15.11.2022).

---

16 Als Ersatz für die seit 2014 nicht mehr bestehende Teilnahmemöglichkeit an den EU-Erasmus-Programmen hat die Schweiz inzwischen mit „Movetia" eine nationale Agentur zur Förderung von Austausch und Mobilität im Bildungssystem geschaffen; Movetia: Schweizer Programm zu Erasmus+, abrufbar unter https://www.movetia.ch/programme/europa/schweizer-programm-zu-erasmus (letzter Zugriff 30.9.2022).
17 Avenir Suisse: Erosionsmonitor Nr. 3. Report zum Stand des bilateralen Verhältnisses Schweiz-EU – Schwerpunkt Nordwestschweiz, 17.6.2022, abrufbar unter https://cdn.avenir-suisse.ch/production/uploads/2023/06/2022-06_Analyse-Erosionsmonitor-III_de_online.pdf (letzter Zugriff: 30.9.2022)
18 Georg Häsler: Die Schweiz steht zur Mitverantwortung für die Sicherheit in Europa, in: Neue Zürcher Zeitung, 15.5.2022.
19 Georg Häsler: Kopflose Schweizer Aussen- und Sicherheitspolitik: Der Bundesrat verwirft die kooperative Neutralität, in: Neue Zürcher Zeitung, 8.9.2022.

Die Europäische Union und Russland

Sabine Fischer

In der Nacht vom 23. auf den 24. Februar 2022 marschierten russische Truppen in die Ukraine ein.[1] Die erneute Invasion verwandelte die russische Aggression gegen die Ukraine, die 2014 mit der Annexion der Krim und dem von Russland angezettelten Krieg im Donbas begonnen hatte, in einen breit angelegten Vernichtungskrieg. Moskaus Ziel, umschrieben u.a. mit Begriffen wie „Denazifizierung", „Entmilitarisierung" und „ukrainische Neutralität", ist die Vernichtung des seit 1992 unabhängigen ukrainischen Staates. Die Ambitionen der russischen politischen Führung reichen jedoch weit über die Kontrolle der Ukraine hinaus – Moskau strebt nach einer Neuordnung Europas in Einflusszonen und nach der Schwächung des Westens auf globaler Ebene. Die Entscheidung Wladimir Putins zum Angriff auf das Nachbarland beendete eine 30-jährige Phase, in der die EU und Russland, wenn auch unter immer größeren Schwierigkeiten, nach einem Modus Vivendi in Europa suchten.

Dem offenen Krieg war eine lange Periode wachsender Spannungen vorausgegangen. Bereits im Frühjahr 2021 verlegte Moskau signifikante Truppenanteile an die ukrainische Grenze. Kyjiw und die Hauptstädte der EU verstanden diese Maßnahme einerseits als Drohgebärde gegenüber der Ukraine. Sie galt aber auch als Signal an die neue US-Administration, Verhandlungen auf Augenhöhe aufzunehmen. US-Präsident Joe Biden begegnete seinem russischen Amtskollegen zunächst mit einer Mischung aus Härte und Angeboten. Beide Seiten verständigten sich noch im Januar auf die Verlängerung des New Start Vertrages bis 2026. Auf Bidens Einladung kam am 16. Juni 2021 in Genf ein Gipfeltreffen mit Wladimir Putin zustande. In den Wochen zuvor zog Moskau einen Teil seiner Truppen von der ukrainischen Grenze ab. Die zweistündige Gipfelbegegnung brachte bescheidene Fortschritte: die diplomatischen Beziehungen intensivierten sich und im Juli 2021 startete ein neuer Dialog über strategische Stabilität zwischen den beiden größten Nuklearmächten der Welt. Auch in der EU hoffte man, die Spannungen würden nun erst einmal abflauen.

Im Rückblick handelte es sich dabei aber nur um eine kurze Zwischenphase, bevor die Situation im Herbst 2021 zu eskalieren begann. Ab Oktober marschierten erneut russische Truppen an der ukrainischen Grenze auf. Mitte Dezember 2021 veröffentlichte das russische Außenministerium Vertragsentwürfe für künftige Abkommen über „Sicherheitsgarantien" mit den USA und der NATO.[2] Sie legten die russische Vorstellung von einem Europa der Einflusszonen mit aller Deutlichkeit offen. Die NATO sollte sich verpflichten, keine neuen Mitglieder mehr aufzunehmen. Die militärische Infrastruktur des Bündnisses sollte auf den Stand von 1997 zurückgesetzt werden. Außerdem sollten die USA ihre Atomwaffen aus Europa abziehen. Mit diesen Maximalforderungen gingen moderatere Vorschläge in den Bereichen Rüstungskontrolle und Vertrauensbildung einher. Die intensiven diplomatischen Bemühungen Washingtons und seiner europäischen Verbündeten im Januar und Feb-

---

1 Vgl. hierzu auch den Beitrag „Die Europäische Union und der Krieg in der Ukraine" in diesem Jahrbuch.
2 Sabine Fischer: Moskaus Verhandlungsoffensive, SWP Kurz gesagt, 22.12.2021.

ruar 2022 waren deshalb darauf ausgerichtet, die russischen Forderungspakete „aufzuschnüren" und die Verhandlungen auf die akzeptablen Punkte zu konzentrieren. Neben Telefonaten zwischen Joe Biden und Wladimir Putin besuchten in diesen Wochen zahlreiche westliche Regierungschef:innen und Außenminister:innen Moskau – darunter Außenministerin Annalena Baerbock und Bundeskanzler Olaf Scholz. Ende Januar 2022 antworteten die NATO und die USA in getrennten Schreiben auf die russischen Vertragsentwürfe. Eine Einigung konnte jedoch nicht erzielt werden. Das russische Außenministerium veröffentlichte am 17. Februar 2022 eine scharfe Stellungnahme zu den Antworten Washingtons und Brüssels. Am 21. Februar erkannte Russland die „Volksrepubliken Donezk und Luhansk" als unabhängige Staaten an. Zwei Tage später erfolgte der Einmarsch.

Die offene Aggression gegen die Ukraine setzte eine beispiellose Abwärtsspirale in den Beziehungen zwischen der Europäischen Union und Russland in Gang. Bereits am 23. Februar reagierte der Europäische Rat auf die staatliche Anerkennung der „Volksrepubliken" mit einem Sanktionspaket, das u.a. alle 351 Abgeordneten der russischen Staatsduma mit restriktiven Maßnahmen belegte. Bis Ende Juni 2022 folgten fünf weitere Sanktionspakete (am 25. Februar, 2. März, 15. März, 8. April und 3. Juni), die sich folgendermaßen zusammensetzen:[3]

1. Insgesamt befinden sich nun 1.158 Personen und Organisationen auf den Sanktionslisten der EU. Unter ihnen sind der russische Staatspräsident Putin, eine Reihe wichtiger Regierungsvertreter:innen, alle Mitglieder des russischen Sicherheitsrates, alle Mitglieder der Staatsduma, Geschäftsleute, die wichtigsten Vertreter:innen der russischen Staats- und Propagandamedien und Beamte und Militärs, die für Gräueltaten in der Ukraine verantwortlich sind.
2. Die EU hat weitreichende Handelsbeschränkungen beschlossen. Sie betreffen die Ausfuhr von Spitzentechnologien, Maschinen und Fahrzeugen, Ausrüstung und Technologie für die Energiewirtschaft, die Luft- und Raumfahrtindustrie, die Seeschifffahrt, von sogenannten Dual-Use-Gütern und Luxusgütern. Russische Produkte wie u.a. Stahl und Eisen, Holz, Zement, Düngemittel, Meeresfrüchte und Spirituosen dürfen nicht mehr in die EU importiert werden. Die schwerwiegendsten Entscheidungen bei den Einfuhrverboten betreffen russische Energieträger. Das fünfte Sanktionspaket beinhaltet ein Embargo für russische Kohle und andere feste fossile Brennstoffe aus Russland. Mit dem sechsten Sanktionspaket folgte das prinzipielle Verbot der Einfuhr von Rohöl (innerhalb von sechs Monaten) und raffinierten Erdölerzeugnissen (innerhalb von acht Monaten). Für letzteres mussten in einem mühsamen internen Aushandlungsprozess bis Ende 2022 befristete Ausnahmeregelungen für Mitgliedstaaten wie Bulgarien, Kroatien und Ungarn gefunden werden, die besonders von russischem Öl abhängig sind. Ein vollständiges Energieembargo, das auch Gasimporte aus Russland einschließen würde, steht weiterhin aus.
3. Die EU hat den russischen Transportsektor und den Luftfahrtsektor mit Sanktionen belegt und so für eine weitreichende Unterbrechung der Verbindungen über Straße, Schiene, Luft- und Seewege gesorgt.

---

3 Europäischer Rat/Rat der EU: Restriktive Maßnahmen der EU gegen Russland aufgrund der Krise in der Ukraine (seit 2014), abrufbar unter https://www.consilium.europa.eu/de/policies/sanctions/restrictive-measures-against-russia-over-ukraine/ (letzter Zugriff: 3.8.2022).

4. Die EU hat zehn russische Banken, darunter die russische Zentralbank, vom SWIFT-System ausgeschlossen und dadurch Russlands Möglichkeiten im internationalen Finanzverkehr und seinen Zugang zu den internationalen Finanzmärkten empfindlich eingeschränkt.
5. Die EU hat außerdem die Sendetätigkeit von fünf staatlich kontrollierten russischen Medien innerhalb der EU ausgesetzt.

Ausdrücklich ausgenommen von den EU-Sanktionen in den Bereichen Handel und Verkehr sind beispielsweise pharmazeutische, medizinische und landwirtschaftliche Erzeugnisse sowie Lebensmittel, humanitäre Hilfslieferungen oder auch Kulturgüter. Die vom Europäischen Rat beschlossenen Sanktionen werden flankiert durch Maßnahmen von Unternehmen und Organisationen, die sich nach dem 24. Februar 2022 aus Russland zurückzogen oder die Zusammenarbeit mit russischen Partnern abbrachen. Über 1.000 westliche Unternehmen haben ihr Russlandgeschäft eingestellt. Organisationen in den Bereichen Wissenschaft, Kultur, Städtepartnerschaften etc. haben ihre Austauschbeziehungen mit Russland eingeschränkt oder eingestellt. Russland trat seinerseits Ende Mai aus dem Bologna Prozess und damit aus dem europäischen Raum der Hochschulkooperation aus. 2021 und 2022 kam es wiederholt zu diplomatischen Zerwürfnissen zwischen Moskau und einzelnen EU-Hauptstädten bzw. Brüssel, in deren Gefolge alle Seiten diplomatisches Personal auswiesen. Viele diplomatische Vertretungen, etwa die EU-Delegation in Moskau sowie die Vertretung der Russischen Föderation bei der EU sind mittlerweile stark ausgedünnt. Nach den USA und der Tschechischen Republik im Mai 2021 wurde die gesamte EU in die russische „Liste unfreundlicher Staaten" aufgenommen. Sie enthält mittlerweile 48 Einträge.

Die Entflechtungsprozesse in den politischen, wirtschaftlichen und gesellschaftlichen Beziehungen zwischen der EU und Russland setzten spätestens mit der Annexion der Krim und dem Krieg im Donbas 2014 ein. Russlands erneute Invasion hat sie exponentiell beschleunigt.

Die EU-Politik Russlands

Russland hat keine EU-Politik mehr. Die Politik Moskaus gegenüber der EU ergibt sich aus der negativen Gesamtperspektive auf den sogenannten kollektiven Westen unter der Führung der USA, der in den Augen der russischen politischen Elite schon seit Langem eine aggressive Politik gegenüber Russland betreibt.[4] Die Fähigkeit der EU zu eigenständigem Handeln wird in Moskau schon seit Langem bezweifelt. Die russische Politik zielte schon in den vergangenen anderthalb Dekaden immer mehr darauf ab, die europäischen Institutionen in Brüssel zu marginalisieren und aus den Beziehungen zu den Mitgliedstaaten zu verdrängen. Nach dem durch die Annexion der Krim ausgelösten politischen Bruch mit der EU und der überwiegenden Mehrheit der Mitgliedstaaten verlegte sich Moskau darauf, europa- und sanktionsskeptische sowie russlandfreundliche politische Kräfte in den Mitgliedstaaten zu unterstützen, um so die europäische Integration und die EU als Ganzes auszuhöhlen. Der Fokus russischer Westpolitik lag und liegt jedoch auf den Beziehungen mit den

---

4 Siehe z.B. Putins Ausführungen zur Anerkennung der „Volksrepubliken Donezk und Luhansk" am 21. Februar 2022 sowie seine Rede im Rahmen des St. Petersburger Wirtschaftsforum; Wladimir Putin: Address by the President of the Russian Federation, 21.2.2022, abrufbar unter http://en.kremlin.ru/events/president/news/67828 (letzter Zugriff: 9.8.2022); Wladimir Putin: St Petersburg International Economic Forum Plenary session, 17.6.2022, abrufbar unter http://en.kremlin.ru/events/president/news/68669 (letzter Zugriff: 9.8.2022).

USA (und der NATO), die schon sehr lange als strukturell und damit unveränderlich antagonistisch betrachtet werden. Andere westliche Akteure werden nicht ernst genommen, sie gelten als bestenfalls teilsouveräne Anhängsel Washingtons.

Die Vorstellung, Washington betreibe eine aggressive Politik gegenüber Russland, der seine europäischen Verbündeten nolens volens folgen müssten, unterfüttert das russische Defensivnarrativ zur Legitimation des Angriffs auf die Ukraine. Moskau sei durch die aggressive Erweiterungspolitik der NATO über Jahre bedrängt und schließlich zu der „Spezialoperation" in der Ukraine gezwungen worden. Es gehe nicht nur um die Rettung der Menschen in der Ukraine vor der vom Westen instrumentalisierten „Junta"[5] in Kyjiw, sondern auch um den Schutz Russlands vor einem westlichen Angriff. Die EU-Sanktionen sind Teil eines von den USA gesteuerten Wirtschaftskrieges, der die geopolitische Aggression flankiert. Im russischen Diskurs werden die Sanktionen denn auch losgelöst vom Krieg in der Ukraine behandelt und als grundlose Strafaktion des Westens dargestellt.

Die Zerrüttung der Beziehungen mit dem Westen gilt in Russland nach vier Monaten Krieg als unumstößliche Tatsache. Sie wird von der Mehrheit der außenpolitischen Community als logische Fortsetzung zweier miteinander verwobener Entwicklungen der vergangenen beiden Jahrzehnte betrachtet. Zum einen wandelt sich von Moskau aus gesehen die internationale Ordnung weg von der US-dominierten Unipolarität der 1990er Jahre hin zu einer multipolaren Ordnung bzw. einer neuen Bipolarität zwischen Beijing und Washington. Der Westen, verkörpert durch die USA, die NATO und die EU, gleitet immer weiter in eine gesellschaftliche, politische und wirtschaftliche Krise und verliert an internationalem Gewicht. Westliche Versuche, Russland und andere aufstrebende Großmächte trotzdem weiter einzudämmen, führen zum anderen unausweichlich zu geopolitischen Spannungen, die sich im Falle Europas nun in der Ukraine entladen. Am Ende dieser Entwicklung wird eine neue Weltordnung stehen, in der Russland sich näher bei China und weitgehend isoliert von einem deutlich weniger relevanten Westen befindet. Darin spiegelt sich ein außenpolitischer Isolationismus, der bereits während der Covid-19-Pandemie ab 2020 immer mehr um sich griff.

Die so wahrgenommene Schwäche des Westens war auch entscheidend für den Zeitpunkt des Angriffs. Der Abzug der NATO aus Afghanistan hinterließ in Russland einen tiefen Eindruck und den Glauben, der Westen werde nach diesem Debakel nicht zu einer kohärenten Reaktion fähig sein. Hinzu kam die Erwartung, dass die beiden größten EU-Mitgliedsstaaten und Verhandlungspartner im Normandie-Format wegen anstehender nationaler Wahlen vor allem mit Innenpolitik beschäftigt sein würden.

Die Abnabelung von Europa geht einher mit der immer drastischeren Verhärtung der russischen Autokratie. Schon zwischen 2020 und 2022 hatte sich diese Entwicklung in Gestalt der Verfassungsreform, der russischen Unterstützung für die Niederschlagung der demokratischen Revolution in Belarus und der Vergiftung und Festnahme des Oppositionspolitikers Alexey Nawalny rasant beschleunigt. Nach dem 24. Februar führte das russische Regime Kriegszensur ein, verstärkte die staatliche Propaganda und zerstörte die letzten unabhängigen Medien. Protest gegen die „Spezialoperation" wurde brutal niedergeschlagen, jede weitere kritische Meinungsäußerung mit hohen Strafandrohungen bewehrt. Die Staatsduma verabschiedete über ein Dutzend hochgradig repressiver Gesetze, die auch noch die

---

5 Wladimir Putin: Address by the President of the Russian Federation, 21.2.2022, abrufbar unter http://en.kremlin.ru/events/president/news/67828 (letzter Zugriff: 9.8.2022).

letzte Nische für oppositionelle und zivilgesellschaftliche Aktivitäten schließen. Der russische Staat ist mit dem Krieg zu einer Diktatur geworden. Der Austritt aus dem Europarat Mitte Mai unterstreicht diese Entwicklung und die russische Isolation von Europa.

Die Russland-Politik der EU

Auch die Russland-Politik der EU liegt in Trümmern. Sie ist im Lichte des Krieges fast ausschließlich auf Sanktionen reduziert. Der letzte hochrangige Versuch, mit Moskau ins Gespräch zu kommen, scheiterte mit dem Besuchs-Debakel des Hohen Vertreters der Union für Außen- und Sicherheitspolitik Josep Borrell im Februar 2021.[6] Ein EU-interner Reflexionsprozess über die „Fünf Leitprinzipien der EU für den Umgang mit Russland" von 2016[7] mündete in einem Report des Außenbeauftragten, der dem Gipfel der Staats- und Regierungschef:innen im Juni 2021 vorgelegt wurde.[8] Russland sei eine strategische Herausforderung, argumentierte Borrell, die man zwar einbinden (engage), vor allem aber zurückdrängen und eingrenzen (push back and constrain) müsse. Die Sitzung des Europäischen Rats am 24./25. Juni 2021 war weniger von der Diskussion über den Borrell-Report geprägt als von dem überraschenden Vorschlag der scheidenden deutschen Bundeskanzlerin Angela Merkel (unterstützt von Emanuel Macron), ein Gipfeltreffen mit dem russischen Präsidenten Putin in Erwägung zu ziehen. Dies rief bei vielen Mitgliedstaaten heftige Ablehnung hervor. In der Gipfelerklärung fand sich von Merkels Idee nichts wieder.[9] Die Staats- und Regierungschef:innen beauftragten den Außenbeauftragten stattdessen, Vorschläge für weitere Sanktionen im Falle russischer „böswilliger, illegaler oder disruptiver Aktivitäten" vorzulegen. Selektives Engagement blieb zwar weiterhin auf der EU-Agenda. Am Beispiel der Covid-19-Pandemie hatte sich aber 2020 schon gezeigt, dass Kooperation weitgehend unmöglich geworden war. 2021 gab es noch kleine gemeinsame Schritte im Bereich Klimaschutz. Mit den wachsenden Spannungen im Herbst 2021 und der russischen Invasion im Februar 2022 wurden auch diese zunichte gemacht. Die meisten Programme und Projekte in Bereichen wie Zivilgesellschaft, Menschenrechte, Klimaschutz und Umwelt mussten zwischenzeitlich eingestellt werden. Russische Partner:innen gehen ein hohes Risiko ein, wenn sie weiter mit der EU-Delegation in Moskau oder staatlichen und nichtstaatlichen Partner:innen in der EU kooperieren.

Die westlichen Sanktionen haben trotz erheblicher Auswirkungen auf die russische Wirtschaft Moskau nicht zur Beendigung des Krieges bewegt. Dies hat mit der russischen Weltsicht und auch damit zu tun, dass Präsident Putins außenpolitische Entscheidungen stärker von geopolitischen als von wirtschaftlichen Erwägungen geleitet sind. Es ist dem Westen außerdem nicht gelungen, Russland international zu isolieren. Zahlreiche Staaten in Asien und im globalen Süden hüten sich, Partei zu ergreifen. Vor allem China und Indien, aber auch der NATO-Partner Türkei, profitieren im Lichte des Krieges von günstigen Energieimporten aus Russland. Wie sich die nicht-westliche internationale Gemeinschaft zu Russlands Krieg gegen die Ukraine positioniert, wird von Aushandlungsprozessen abhän-

---

6 Matthias Kolb: Konflikt mit Russland. Der unglückliche Herr Borrell, in: SZ.de, 7.2.2021.
7 Rat der EU: Outcome of the Council Meeting. Foreign Affairs, 14.3.2016, abrufbar unter https://www.consilium.europa.eu/en/meetings/fac/2016/03/14/ (letzter Zugriff: 9.8.2022).
8 European Commission/European External Action Service: Joint Communication on EU-Russia relations, 16.6.2021, abrufbar unter https://ec.europa.eu/info/files/joint-communication-eu-russia-relations_en (letzter Zugriff: 25.8.2022).
9 Europäischer Rat: Schlussfolgerungen, EUCO 7/21, 25.6.2021.

gen, in die auch die EU und ihre Mitgliedstaaten involviert sein werden. Ein weiteres Hindernis für eine noch härtere Sanktionspolitik ist die Abhängigkeit einiger Mitgliedstaaten, allen voran Deutschland, von russischem Erdgas. Sie zwingt die EU, mit ihrem schärfsten Sanktionsschwert, einem umfassenden Energieembargo, vorsichtig umzugehen, um die Folgen für die eigenen Volkswirtschaften in einem verkraftbaren Rahmen zu halten. Dies wiederum eröffnet Moskau die Möglichkeit, Energieexporte als Hebel gegen die EU einzusetzen.

Mit dem russischen Angriffskrieg ist das Verhältnis zur Ukraine endgültig zu einem bestimmenden Faktor für die Russland-Politik der EU geworden. Ohne die russische Aggression hätte die EU sich im Juni 2022 nicht durchgerungen, der Ukraine und der Republik Moldau den EU-Kandidatenstatus und Georgien eine klare EU-Perspektive zu gewähren.[10] Perspektivisch wird der Beitritt dieser Länder, die den russlandkritischen und transatlantisch orientierten mittelosteuropäischen Mitgliedsstaaten nahestehen, wesentlichen Einfluss auf die Formulierung von EU-Politik haben. Wegen ihres vergleichsweise schwach ausgeprägten sicherheitspolitischen Profils spielt die EU bei der Unterstützung der ukrainischen Verteidigungsbemühungen eine untergeordnete Rolle. Bis Ende Mai stellte sie über die Europäische Friedensfazilität 2 Mrd. Euro zur Verfügung, um die Mitgliedstaaten bei der Lieferung militärischer Ausrüstung an die ukrainischen Streitkräfte zu unterstützen.

Mit seiner Entscheidung, einen Vernichtungskrieg gegen die Ukraine zu führen, hat sich Wladimir Putin über die seit dem Ende des Kalten Krieges geltenden Regeln der europäischen Sicherheitsordnung hinweggesetzt und den bisherigen Verhandlungsrahmen im russisch-ukrainischen Konflikt zunichte gemacht. Anders als in Moskau angenommen, hat das die Kohäsion von EU, NATO und des transatlantischen Bündnisses gestärkt – wie sich an den Sanktionen, der engen Koordination mit den USA und dem Vereinigten Königreich, dem Beitritt Finnlands und Schwedens zur NATO[11] und der EU-Beitrittsperspektive für die Ukraine, die Republik Moldau und Georgien zeigt. Gleichzeitig muss von einem längeren Krieg ausgegangen werden, der auch den westlichen Unterstützern der Ukraine viel abverlangen wird. Die große Herausforderung besteht deshalb darin, die Sanktionspolitik und die militärische Unterstützung der Ukraine auf lange Sicht aufrecht zu erhalten und zu verstärken. Die Zukunft der europäischen Sicherheitsordnung, die zukünftige Ausgestaltung der Beziehungen zwischen der EU und Russland – all das hängt vom Ausgang des Krieges ab. Gelingt es Moskau, seine Ziele in der Ukraine, in Europa und auf der globalen Ebene durchzusetzen, so stehen auch der EU düstere Zeiten bevor.

Weiterführende Literatur

Fabienne Bossuyt/Peter Van Elsuwege (Hg.): Principled pragmatism in practice: the EU's policy towards Russia after Crimea, Brill 2021.
Sabine Fischer: Russland auf dem Weg in die Diktatur. Innenpolitische Auswirkungen des Angriffs auf die Ukraine, SWP-Aktuell 31/2022, 19.4.2022.
Tatiana Romanova/Maxine David (Hg.): The Routledge Handbook of EU-Russia Relations, Routledge 2021.

---

10 Vgl. hierzu auch den Beitrag „Erweiterungspolitik" in diesem Jahrbuch.
11 Vgl. hierzu auch die Beiträge „Finnland", „Schweden" und „Die Europäische Union und die NATO" in diesem Jahrbuch.

Die Europäische Union und das Vereinigte Königreich

Birgit Bujard

Das vergangene Jahr (Juni 2021 bis Juli 2022) sah weiterhin ein schwieriges und wenig vertrauensvolles Verhältnis zwischen der Europäischen Union (EU) und dem Vereinigten Königreich (VK). Der größte Konfliktpunkt war unverändert die Umsetzung des Nordirland-Protokolls des Austrittsabkommens von 2019 und bleibt damit ein Problem, dass das EU-britische Verhältnis massiv belastet. Während die Auswirkungen des EU-Austritts im Königreich – vermischt mit denen der Covid-19-Pandemie – zunehmend sichtbar wurden, wurde die Europapolitik der britischen konservativen Regierung weiterhin ausschließlich von innenpolitischen und vor allem innerparteilichen Beweggründen bestimmt. Daran änderte auch die veränderte geopolitische Lage in Europa infolge der russischen Invasion in die Ukraine zunächst nichts. Ob es zu einer Veränderung des EU-britischen Verhältnisses kommen würde, blieb unmittelbar nach der Ernennung von Liz Truss als neue Premierministerin, nachdem Boris Johnson im Juli 2022 auf Druck seiner Fraktion zurücktreten musste, unklar.

Streit über das Nordirland-Protokoll

Die Umsetzung des Nordirland-Protokolls des 2019er Austrittsvertrags blieb auch weiterhin der größte Stolperstein bei der Normalisierung der Beziehungen zwischen beiden Seiten nach dem Abschluss des Handels- und Kooperationsabkommens (TCA) im Jahr 2020. Ziel des Protokolls war die Vermeidung einer harten Grenze zwischen Nordirland und der Republik Irland gewesen. De facto bedeutete es, dass Nordirland Teil des Europäischen Binnenmarkts für Waren und der Zollunion blieb. Das Resultat war eine regulative Grenze zwischen Nordirland und Großbritannien, die infolge zu Störungen der Handelsströme und zu Knappheit einiger Güter in Nordirland führte. Dies verärgerte die nordirischen Unionisten, die dies als Zeichen einer Schwächung der britischen Identität und der Verbindungen Nordirlands zur britischen Union betrachteten. In der Folge gab es Unruhen auf den Straßen in Nordirland und die Ministerpräsidentin und Vorsitzende der unionistischen Democratic Unionist Party (DUP), Arlene Foster, wurde durch ihre eigene Partei des Amtes enthoben.[1]

Am 30. Juni 2021 einigten sich die EU und das VK auf eine weitere dreimonatige Schonfrist für den Einfuhrstopp gekühlter Fleischwaren von Großbritannien nach Nordirland und trafen weitere Vereinbarungen, die die Bewegung unter anderem von Medizin und Tieren zwischen Großbritannien und Nordirland permanent erleichtern sollten.[2] Die Einigkeit der Verhandlungspartner währte kurz, da die britische Regierung im Juli 2021 ein Papier zur Regelung der Nordirland-Frage veröffentlichte, dass das bestehende Protokoll umfassend umschreiben und auch die darin vorgesehene Rolle für den Gerichtshof der Europäischen Union (EuGH) beenden würde. Der für die Beziehungen zum Königreich

---

1 Financial Times: A Northern Ireland deal needs realism on all sides, 8.6.2021.
2 Tony Connelly: UK and EU agree extension of grace period for chilled meats entering Northern Ireland, in: RTE News, 30.6.2021.

verantwortliche Vizepräsident der Europäischen Kommission Maroš Šefčovič erklärte daraufhin, dass die Union zwar zu Gesprächen über Verbesserungen, nicht aber zu einer Neuverhandlung des Protokolls bereit sei.[3] Anfang September verlängerte die britische Regierung einseitig die Übergangsfristen, die nach der Einigung im Juni im Oktober 2021 ausgelaufen wären.[4] Die Europäische Kommission reagierte zurückhaltend und erklärte, sie nehme die Entscheidung zur Kenntnis und sei weiterhin an einer langfristigen Lösung der Umsetzungsprobleme interessiert. Sie nahm keine der pausierten Vertragsverletzungsverfahren gegen das VK wieder auf und begann auch keine neuen.[5] Im Oktober 2021 verschärfte die britische Regierung ihre Rhetorik. Beim konservativen Parteitag sagte Brexit-Minister David Frost, dass die in Vorbereitung befindlichen Vorschläge der Europäischen Kommission zur Verbesserung der Funktionsweise des Protokolls vermutlich nicht ausreichen würden, um zu verhindern, dass sein Land Artikel 16 des Protokolls – eine Notfallklausel – anwenden würde, um es teilweise außer Kraft zu setzen.[6] Kurz darauf veröffentlichte die Kommission vier Non-Papers. Diese enthielten Vorschläge für Maßnahmen zur Reduzierung der physischen Kontrollen von Pflanzen und Fleischwaren an der Grenze, was EU-Vertreter:innen zufolge zu einer Reduktion der Kontrollen um etwa 80 Prozent führen würde. Des Weiteren sollte Nordirland weiterhin gekühlte Fleischprodukte aus Großbritannien einführen dürfen. Zudem schlug die Kommission Erleichterungen bei den Zollerklärungen vor. Auch sollte die Einfuhr von Medikamenten aus Großbritannien nach Nordirland erleichtert werden. Zuletzt schlug die Kommission Maßnahmen vor, um Vertreter:innen der nordirischen Politik und Wirtschaft stärker zu konsultieren.[7] Bereits vor der Veröffentlichung der Vorschläge hielt Minister Frost eine Rede in Lissabon, in der er erneut eine umfassende Neuformulierung des Protokolls forderte sowie die Streichung des EuGH aus dem Protokoll – was die EU unverändert ablehnte. Über den Herbst drohte die britische Regierung kontinuierlich mit der Auslösung von Artikel 16. Vor allem Frankreich und Deutschland forderten in solch einem Fall eine robuste Reaktion der EU.[8] Ende November fuhr London die konfrontative Rhetorik zurück. Trotz des veränderten Tons der Gespräche blieb die EU-Seite skeptisch, dass es zu einem umfangreichen „Reset" der EU-britischen Beziehungen kommen würde, was vor allem an mangelndem Vertrauen lag.[9] Im Dezember 2021 trat Frost von seinem Amt zurück und begründete dies mit seiner Ablehnung der Covid-19-Politik sowie der Steuerpolitik der Regierung. Für die weiteren Verhandlungen mit der EU war nun Außenministerin Liz Truss zuständig.[10] Bis zu Frosts Rücktritt war es zwischen EU und VK nicht zu einer Einigung zum Protokoll gekommen. Nach ihrem ersten Telefonat mit Šefčovič erklärte Truss, ihr Land strebe eine „konstruktive

---

3 Annabelle Dickinson/Shawn Pogatchnik: UK Brexit minister pushes EU to overhaul trade rules in Northern Ireland, in: Politico, 21.7.2021.
4 Peter Foster: Northern Ireland 'grace periods' extended for third time, in: Financial Times, 7.9.2021.
5 Europäische Kommission: Erklärung der Europäischen Kommission zur Ankündigung des Vereinigten Königreichs über die Durchführung des Protokolls zu Irland/Nordirland, STATEMENT/21/4586, 6.9.2021.
6 Peter Foster et al: Frost threatens to suspend parts of N Ireland deal struck with EU, in: Financial Times, 5.10.2021.
7 Thomas Gutschker: Brüssel kommt London entgegen, in: Frankfurter Allgemeine Zeitung, 14.10.2021.
8 Financial Times: Downing St's ECJ stance puts strain on protocol talks, 12.10.2021; Tony Connelly: Protocol has clear link to EU-UK trade deal – Šefčovič, in: RTE News, 26.11.2021.
9 George Parker/Peter Foster/Sam Fleming: The Christmas truce over Brexit, in: Financial Times, 19.11.2021.
10 Lisa O'Carroll: Liz Truss to take on Brexit brief after David Frost resignation, in: The Guardian, 19.12.2021.

Beziehung" zur EU an. Zugleich sagte sie, dass sich die britische Position weder zum Protokoll noch zur Möglichkeit Artikel 16 auszulösen, geändert habe.[11]

Mit Beginn der russischen Invasion in die Ukraine nahm die britische Regierung Abstand vom Plan, Artikel 16 auszulösen. Vor dem Hintergrund der anstehenden Wahlen in Nordirland im Mai 2022 beschlossen beide Seiten, dass die Verhandlungen mit Beginn des Wahlkampfs im März pausiert würden.[12] Im Mai lehnte Außenministerin Truss die Änderungsvorschläge der Kommission von Oktober 2021 ab und erläuterte im Unterhaus ein geplantes Gesetz, das Teile des Protokolls einseitig außer Kraft setzen würde. Regierungsvertreter:innen erklärten mit dem Gesetz werde kein internationales Recht gebrochen. Das sah die EU anders und Kommissar Šefčovič sagte, ein solches unilaterales Vorgehen sei nicht akzeptabel.[13] Innerhalb des britischen Kabinetts war der Plan umstritten. Während Truss das Vorhaben vorantrieb, war etwa Schatzkanzler Rishi Sunak besorgt über die Auswirkungen auf die Beziehungen zur EU sowie möglicher EU-Gegenmaßnahmen beim Handel.[14] Das Gesetz sollte dem Land die unilaterale Änderung des Protokolls ermöglichen, falls die EU-britischen Verhandlungen kein Ergebnis brächten. Zum einen sollte es keine Kontrollen bei Warenlieferungen von Großbritannien nach Nordirland geben, wenn die Güter dort verbleiben. Zum anderen sollte es für Nordirland keine Einschränkungen bei Staatsbeihilfen und Mehrwertsteuersätzen geben. Ebenso sollte die Rolle des EuGH in Bezug auf das Protokoll abgeschafft werden.[15] Nachdem das Unterhaus Ende Juli 2022 für das Gesetz gestimmt hatte, leitete die Kommission vier Vertragsverletzungsverfahren gegen das Königreich ein mit Verweis auf Verstoß gegen Vereinbarungen des Protokolls.[16]

Auch in Nordirland sorgte das Protokoll weiter für Konflikte. Die DUP, seit Ende Juni 2021 geführt von Sir Jeffrey Donaldson, sprach sich unverändert gegen das Protokoll aus. Mit Umfragewerten im Sommer 2021 um die 16 Prozent fürchtete die Partei um ihren Status als stärkste Kraft im nordirischen Parlament (Stormont). Donaldson versuchte seine Partei auf eine aggressive Politik einzuschwören: Mit dieser wollte er London drängen das Handelsverhältnis mit der EU in Nordirland zu ändern und zugleich seine Partei hinter sich einen.[17] Die Haltung zum Protokoll war zu einem weiteren „Cleavage" zwischen Unionisten und Nationalisten geworden: Die DUP lehnte es ab, Sinn Féin unterstützte es.[18] Im Februar 2022 verkomplizierte die DUP die EU-britischen Verhandlungen zum Protokoll als DUP-Landwirtschaftsminister Edwin Poots ankündigte, es werde keine sanitären und phytosanitären Kontrollen, wie im Protokoll vorgesehen, bei landwirtschaftlichen Produkten geben. Die mitregierende Sinn Féin-Partei kritisierte dies massiv.[19] Am 3. Februar 2022 trat DUP-Ministerpräsident Paul Givan aus Protest gegen das Protokoll aus der Regierung

---

11 Cristina Gallardo/Shawn Pogatchnik: UK to EU: Our position on Northern Ireland is unchanged, in: Politico, 21.12.2021.
12 Sebastian Payne/George Parker: Northern Ireland trade deal in limbo, in: Financial Times, 4.3.2022; Benjamin Fox: EU and UK set end February deadline for NI protocol deal, in: Euractiv, 20.1.2022.
13 Die Zeit: Großbritannien lehnt EU-Vorschläge zu Brexit-Regeln weiter ab, 11.5.2022; Heather Stewart/Lisa O'Carroll/Jennifer Rankin: UK to table bill to scrap Northern Ireland Brexit protocol, Liz Truss says, in: The Guardian, 17.5.2022.
14 Emilio Casalicchio et al.: UK backs down from Brexit protocol law threat for now, in: Politico, 10.5.2022.
15 Jochen Buchsteiner/Thomas Gutschker: „Triviale Anpassung" oder „Rechtsbruch"?, in: Frankfurter Allgemeine Zeitung, 13.6.2022.
16 Welt am Sonntag: Vier neue Verfahren gegen London, 24.7.2022.
17 Laura Noonan: Donaldson arrives with plan to apply balm to DUP's self-inflicted wound, in: Financial Times, 24.6.2021.
18 Jude Webber: Northern Ireland protocol to cast shadow over region's poll campaign, in: Financial Times, 5.1.2022.
19 Cristina Gallardo: Northern Irish Minister orders halt to post-Brexit checks, in: Politico, 2.2.2022.

zurück. Gemäß Karfreitagsabkommen musste damit auch die stellvertretende Ministerpräsidentin Michelle O'Neill (Sinn Féin) zurücktreten. Kritiker:innen der DUP sahen dies als eine ausschließlich wahltaktisch begründete Entscheidung.[20] Bei der Wahl am 5. Mai 2022 wurde die nationalistische Sinn Féin mit unverändert 27 Sitzen erstmals stärkste Kraft, da die unionistische DUP drei Sitze verlor und nur 25 erreichte. Die Alliance Party, die keine der beiden Konfliktparteien repräsentiert, konnte ihre Sitze mit 17 mehr als verdoppeln.[21] Nach der Wahl blockierte die DUP nicht nur die Wiederaufnahme der Arbeit der Exekutive, sondern auch die von Stormont, indem sie der Wahl eines neuen Parlamentssprechers nicht zustimmte. Die Partei erklärte gegenüber der Johnson-Regierung, sie sei nur zu einer Rückkehr in die vom Karfreitagsabkommen vorgesehene Power-Sharing-Exekutive bereit, wenn London ein Gesetz zur Aufhebung des Protokolls verabschiedete – nicht, wenn es nur mit einem solchen Gesetz drohte. Ende Mai blockierte die DUP ein weiteres Mal die Wahl eines Parlamentssprechers.[22] Zwar hatte Londons Gesetzesentwurf zur Aufhebung des Protokolls im Juni 2022 keine Auswirkungen auf das Verhalten der DUP, doch führte es zu Protesten an anderer Stelle: So wiesen 52 der 90 Stormont-Abgeordneten in einem Schreiben an Premierminister Johnson darauf hin, dass das geplante Gesetz nicht den Wünschen der nordirischen Wirtschaft und Bürger:innen entspreche.[23]

EU-britische Zusammenarbeit in anderen Bereichen

Mit der russischen Invasion in die Ukraine sahen sich EU und VK genötigt, ihren Umgang in Fragen der Außen-, Sicherheits- und Verteidigungspolitik anzupassen. Eine größere Koordination wurde zu Beginn des Krieges sichtbar und auf beiden Seiten war erkennbar, dass die eigenen Aktivitäten in der Ukraine-Krise wenig zur politischen Profilierung gegenüber der anderen Seite genutzt wurden. Die erstmalige Teilnahme von Außenministerin Truss an einer Sondersitzung des Rats am 4. März 2022 schien einen möglichen Wandel in der Zusammenarbeit zu signalisieren.[24] Doch zu einem langfristigen Neustart der Beziehungen kam es nicht. Ende März traf sich der Europäische Rat in Brüssel. US-Präsident Joe Biden wurde zur Sitzung eingeladen, an Premierminister Johnson erging keine Einladung. Dies hing zumindest teilweise mit dessen Entscheidung zusammen bei der Frühjahrskonferenz der konservativen Partei, den Kampf der ukrainischen Bürger:innen gegen Russland mit den „freiheitsliebenden", britischen Brexitwähler:innen zu vergleichen.[25]

Die Differenzen über das Nordirland-Protokoll wirkten sich auch auf die Zusammenarbeit in anderen Bereichen aus. So war das VK immer noch nicht zum Horizont Europa-Programm, dem Erdbeobachtungsprogramm Copernicus und dem Euratom-Programm für Forschung und Ausbildung assoziiert, obwohl dies 2020 im Handels- und Kooperationsabkommen vereinbart worden war. Mitte August 2022 begann die britische Regierung den im TCA vorgesehenen formellen Konsultationsprozess im Streitfall bezüglich der Beteiligung an den EU-Programmen. Aus Sicht des VK war dies ein Bruch des TCAs. Ein

---

20 Jude Webber/Laura Hughes/Andy Bounds: DUP brings down Northern Ireland executive, in: Financial Times, 4.2.2022.
21 BBC News: NI election results 2022: Sinn Féin wins most seats in historic election, 8.5.2022.
22 Frankfurter Allgemeine Zeitung: Politische Blockade in Belfast, 14.5.2022; Jude Webber/George Parker: PM warned by unionists to enact legislation, in: Financial Times, 17.5.2022; Caroline Davies: DUP blocks attempt to appoint Northern Ireland assembly speaker, in: The Guardian, 30.5.2022.
23 Die Zeit: Britische Regierung plant bei Nordirland-Protokoll Alleingang ohne EU, 13.6.2022.
24 Financial Times: Ukraine crisis shifts focus beyond Brexit strains, 7.3.2022.
25 George Parker/Andy Bounds: Johnson hopes Czech EU presidency will ease NI trade talks, in: Financial Times, 26.3.2022.

Kommissionssprecher verwies auf die Probleme bei der Umsetzung der EU-britischen Verträge und dass der TCA weder eine Verpflichtung noch einen Zeitplan dafür enthalte, das VK zum aktuellen Zeitpunkt mit den Programmen zu assoziieren.[26]

Die Frage der „Channel migrants" – Personen, die versuchten per Boot von Frankreich aus England zu erreichen – führte wiederum zwischen Paris und London zu Streit. Bis Ende November 2021 hatte sich die Flüchtlingszahl mit circa 26.000 seit Jahresbeginn gegenüber dem Vorjahr verdreifacht. Dies lag auch daran, dass andere Fluchtrouten abgeschnitten worden waren und es keinen legalen Weg für Menschen gab, die im VK Asyl beantragen wollten, aber noch nicht dort waren.[27] Nach einem Bootsunfall, bei dem Ende November 2021 27 Menschen starben, lud die französische Regierung Minister:innen aus Deutschland, Belgien, den Niederlanden und dem VK sowie Vertreter:innen der Kommission, Frontex und Europol zu einem Gespräch darüber ein, wie man Menschenschmuggel effektiv bekämpfen könne. Nachdem Premier Johnson allerdings einen Brief an Präsident Emmanuel Macron öffentlich twitterte, in dem er von Frankreich die zügige Rücknahme abgelehnter Flüchtlinge im Rahmen eines größeren Abkommens forderte, lud Paris aus Ärger über das Vorgehen die britische Innenministerin Priti Patel wieder aus.[28] Infolge des EU-Austritts konnte sich London nicht mehr auf die Dublin Regularien in der Asylpolitik berufen. Die Regierung bemühte sich erfolglos um den Abschluss bilateraler Verträge mit EU-Staaten über die Rückführung von Asylsuchenden. Länder wie Belgien, Frankreich, Deutschland und die Niederlande stellten derartige Verhandlungen infrage und von französischer Seite war etwa zu hören, die Regelung der Rückführung abgelehnter Asylbewerber:innen sei Aufgabe der Europäischen Kommission, nicht einzelner Mitglieder.[29] Die zuständige EU-Kommissarin für Inneres, Ylva Johansson, wies jedoch im Dezember 2021 darauf hin, dass es von Seiten der Mitgliedstaaten nur begrenztes Interesse an einem Migrationsabkommen mit dem Königreich gebe. Als Grund nannte sie Bedenken wegen der Probleme bei der Implementierung der bereits existierenden EU-britischen Verträge.[30]

Auch in der Fischereipolitik zeigten sich die Konsequenzen der Regelungen des Handels- und Kooperationsabkommens, die zu Diskussionen zwischen der EU und dem VK und vor allem zwischen Paris und London führten. Während es zu Beginn des Jahres 2021 massive Probleme bei der Auslieferung britischer Fischereiprodukte in die EU gegeben hatte, so hatten sich diese bis Mitte des Jahres gelöst. Allerdings konnten britische Fischer:innen bestimmte Schalentiere aufgrund von EU-Regeln nicht mehr in die EU ausführen.[31] Mit Blick auf Frankreich und das VK ging es um Lizenzen für französische Fischerboote, die in britischen Gewässern um die Kanalinseln fischten. Paris war der Ansicht, London sei bei der Lizenzvergabe zu restriktiv und entspreche nicht dem TCA.[32] Die anderen Mitgliedstaaten und die Kommission bemühten sich, nicht in die bilaterale Auseinandersetzung hineingezogen zu werden. Der Abschluss des AUKUS-Verteidigungsdeals zwischen den USA, Australien und dem VK im Herbst 2021 belastete das französisch-britische

---

26 Leonie Kijewski/Cristina Gallardo: Brexit tensions mean Brits won't get EU science cash, Brussels warns, in: Politico, 19.5.2022; Rowena Mason: UK starts dispute proceedings, claiming exclusion from EU scientific research, in: The Guardian, 16.8.2022.
27 Financial Times: A preventable tragedy in the Waters of the Channel, 26.11.2021.
28 Pietro Lombardi: France wants to work with UK on migration but won't be 'hostage' to British politics, in: Politico, 28.11.2021.
29 Robert Wright: Patel urged to explain details of EU talks on asylum policy, in: Financial Times, 9.8.2021.
30 Jennifer Rankin: EU has 'limited' appetite for post-Brexit migration deal with UK, in: The Guardian, 20.12.2021.
31 Peter Foster: Fishing industry warns of decades of 'toxic' quota disputes, in: Financial Times, 15.7.2021.
32 Cristina Gallardo: France threatens UK with retaliation over fishing permits, in: Politico, 29.9.2021.

Verhältnis zusätzlich, da dieser zu Lasten eines geplanten Verkaufs französischer U-Boote an Australien ging.³³ Im Spätherbst eskalierte der Fischereistreit weiter, als Frankreich mit Gegenmaßnahmen drohte. Schließlich schaltete sich die Europäische Kommission als Vermittlerin in den Streit ein. Im April 2022 gelang es London und Paris, den Streit über die Fischereilizenzen unter Vermittlung des EU-Kommissars für Umwelt, Ozeane und Fischerei, Virginijus Sinkevičius, beizulegen.³⁴

Auswirkungen des Brexits im Vereinigten Königreich

Die Auswirkungen des Austritts aus dem Europäischen Binnenmarkt wurden nach dem Ende der im Austrittsvertrag vereinbarten Übergangsphase im VK zunehmend sichtbar. So machten sich die Implikationen des Endes der Personenfreizügigkeit im Verlaufe des Jahres 2021 bemerkbar. Logistikverbände schätzten, dass etwa 25.000 Lastwagenfahrer:innen aus der EU nach dem Ende der Übergangsphase und während der Pandemie dem Königreich den Rücken gekehrt hatten. Insgesamt sprachen sie von etwa 90.000 LKW-Fahrer:innen, die im Land fehlten. Im Sommer 2021 forderten sie daher von der Regierung die Einrichtung kurzzeitiger Visa für Schwerlastwagenfahrer:innen aus der EU, was diese jedoch ablehnte mit der Begründung, die Wähler:innen hätten für ein Ende der Personenfreizügigkeit gestimmt und Unternehmen sollten sich stattdessen auf die Ausbildung heimischer Arbeitnehmer:innen konzentrieren.³⁵ Im September machte die Regierung eine Kehrtwende und kündigte 5.000 kurzfristige Visa für ausländische LKW-Fahrer:innen sowie 5.500 für ausländische Arbeitnehmer:innen im Geflügelsektor an. Wirtschaftsverbände zeigten sich skeptisch, dass die bis Weihnachten befristeten Visa kurzfristig die Lieferkettenschwierigkeiten – insbesondere mit Blick auf das Weihnachtsgeschäft – lösen könnten.³⁶ Auch an anderen Stellen zeigten sich Konsequenzen. So war vor allem für kleinere britische Unternehmen der Handel mit Kund:innen im Binnenmarkt, aufgrund zusätzlicher notwendiger Unterlagen und damit verbundener höherer Kosten, nicht mehr wirtschaftlich.³⁷

Im September 2021 kündigte London zum dritten Mal einen neuen Zeitplan für die vollständige Einführung der Einfuhrkontrollen für Güterlieferungen aus der EU an. Die britische Regierung begründete dies damit, Unternehmen nach der Pandemie mehr Zeit zur Anpassung geben zu wollen. Laut Regierung würden nun ab dem 1. Juli 2022 alle Einfuhrregeln gelten. Britische Unternehmen im Nahrungsmittelbereich waren verärgert über die kurzfristige Ankündigung, da sie zur Vorbereitung auf die Einführung der Kontrollen im Oktober 2021 bereits Ausgaben getätigt hatten.³⁸ Ende April 2022 entschied die Regierung erneut die Frist zur Einführung der Importkontrollen zu verschieben – nun bis Ende des Jahres 2023. Diesmal war die Verärgerung bei Hafenbetreibern groß, da diese den

---

33 Victor Mallet/George Parker: Aukus accord makes bigger waves between UK and France, in: Financial Times, 7.10.2021.
34 Andy Bounds: Truce to end fishing licence row with France takes shape, in: Financial Times, 11.4.2022.
35 George Parker/Sylvia Pfeifer: EU visa plea to solve haulier shortage rejected, in: Financial Times, 23.8.2021.
36 Die Zeit: Großbritannien bietet ausländischen LKW-Fahrern Arbeitsvisa an, 26.9.2021; Peter Foster/George Parker/Oliver Barnes: Britain's winter blues, in: Financial Times, 2.10.2021.
37 Daniel Thomas/Peter Foster: Small businesses count the cost of lost trade with Europe after Brexit, in: Financial Times, 28.6.2021.
38 Britische Regierung: Pressemitteilung, Government sets out pragmatic new timetable for introducing border controls, 14.9.2021; George Parker/Peter Foster: Johnson forced to delay Brexit border checks on EU goods, in: Financial Times, 15.9.2021.

Bau entsprechender Grenzkontrollinfrastruktur, die nun nicht genutzt würde, schon vorgenommen hatten.[39]

Zu Beginn der britischen Sommerferien kam es Ende Juli 2022 zu kilometerlangen Staus in Dover von Reisenden auf dem Weg in den Urlaub in die EU, da Einreisekontrollen für britische Reisende in die EU nun aufwändiger waren als vor dem Brexit. Wenngleich die britische Regierung Frankreich dafür verantwortlich machte, zeigte dieses Beispiel, dass „taking back control" der eigenen Grenzen dennoch die Zusammenarbeit mit den Nachbarländern erforderte.[40]

Premierministerwechsel

Boris Johnsons dreijährige Amtszeit als Premier war von Beginn an durch Skandale geprägt. Doch lange waren diese wenig ins Gewicht gefallen, nicht zuletzt da die Konservativen (Tories) erfolgreich bei Wahlen abschnitten. Aber im Dezember 2021 lagen Johnsons Beliebtheitswerte laut Meinungsforschungsinstitut YouGov bei –42 – ein neuer Rekord für den Premier. Seine inkompetente Handhabung der Skandale, wie Partys in seinem Dienstsitz No. 10 Downing Street im Vorjahr, die gemäß damals geltender Covid-Regeln nicht hätten stattfinden dürfen („Partygate"), sorgten bei den Wähler:innen für Kritik an ihm.[41] Seit Jahresbeginn 2022 mehrten sich Medienberichte über Unzufriedenheit in der Fraktion und eine mögliche innerparteiliche Herausforderung von Johnson.[42] Im Mai 2022 verloren die Tories bei den Kommunalwahlen in England, Wales und Schottland etwa 400 Sitze, was zu weiterer innerparteilicher Kritik an Johnson führte.[43] Die Veröffentlichung des Gray Reports – einer von Johnson anberaumten regierungsinternen Ermittlung über die Vorgänge in No. 10 Downing Street – verbesserte die Situation nicht. Bis Anfang Juni 2022 hatten etwa 30 konservative Abgeordnete öffentlich Johnsons Rücktritt gefordert.[44] Gemäß der Parteiregeln erfolgt eine Vertrauensabstimmung innerhalb der Fraktion, wenn dem Parteivorsitzenden mindestens 15 Prozent der Abgeordneten – in diesem Fall 54 – schriftlich beim „1922 Committee" der Tory-Hinterbänkler das Misstrauen aussprechen.[45] Am 6. Juni kündigte der Ausschussvorsitzende, Sir Graham Brady, ein Misstrauensvotum für den gleichen Tag an. 211 Abgeordnete sprachen Johnson das Vertrauen aus, 148 (41 Prozent der Fraktion) nicht. Die Gründe für den Vertrauensentzug waren unterschiedlich, doch einige Abgeordnete führten den Gesetzesentwurf zur Aushebelung des Nordirland-Protokolls an.[46] Am 23. Juni verloren die Tories bei Nachwahlen zwei Parlamentssitze. Zunehmend zeigte sich, dass die Unzufriedenheit der Wähler:innen mit der Regierung und Johnson vor allem in der immer schwieriger werdenden wirtschaftlichen Lage begründet war. Auf die

---

39 Muvjia M/William Schomberg: Britain delays full post-Brexit import checks until late 2023, in: Reuters, 29.4.2022.
40 Lisa O'Carroll: Jacob Rees-Mogg: I was wrong to say Brexit would not cause Dover delays, in: The Guardian, 2.8.2022; Katy Hayward/Tony Smith: Dover disruption – is this the new normal for Britain's border? In: The UK in a changing Europe, 1.8.2022.
41 George Parker/Sebastian Payne: Potential successors jostle for position if PM falls, in: Financial Times, 22.12.2021.
42 Iain Watson: Downing Street Parties: Will two Tory tribes go to war with the PM?, in: BBC News, 14.1.2022.
43 Rowena Mason/Heather Stewart/Aubrey Allegretti: Boris Johnson under renewed pressure after damaging local election losses, in: The Guardian, 6.5.2022.
44 George Parker/Jasmine Cameron-Chileshe: By-elections pose a threat to Johnson, in: Financial Times, 6.6.2022.
45 Jan Ross: Dem Ende entgegen?, in: Die Zeit, 20.1.2022.
46 Jochen Buchsteiner: Fahrig nach vorn, in: Frankfurter Allgemeine Zeitung, 8.6.2022; Oliver Wright/Steven Swinford: Tough line on Northern Ireland protocol will stir up new anger, in: The Times, 8.6.2022.

massiv steigenden Lebenshaltungskosten, die auch das Königreich trafen, schien der Premierminister keine Antwort zu haben.[47] Dies und das erneut ausweichende Verhalten Johnsons, der sich dafür entschuldigen musste, einen Abgeordneten innerhalb der Fraktion befördert zu haben im Wissen, dass es gegen diesen sexuelle Belästigungsvorwürfe gab, führten schließlich dazu, dass am 5. Juli 2022 mit Gesundheitsminister Sajid Javid und Schatzkanzler Rishi Sunak die ersten Minister mit Verweis auf Johnsons Charakter und die mangelnde Integrität der Regierung zurücktraten. Johnson wehrte sich zunächst, trat aber am 7. Juli zurück, nachdem zuvor mehr als 50 weitere Personen seine Regierung verlassen hatten. Die Wahl des neuen Parteivorsitzes erfolgte durch die Fraktion, die zwei Kandidat:innen auswählte, über die die Parteibasis dann entschied.[48] Die Fraktion wählte Rishi Sunak und Liz Truss, die sich über den Sommer einen scharfen Wettkampf um die Mehrheit der Stimmen der etwa 160.000 Tory-Mitglieder lieferten. Beim Nordirland-Protokoll waren sich beide einig, dass das Gesetz zur unilateralen Aushebelung verabschiedet werden müsse.[49] Am 5. September wurde schließlich Liz Truss als neue Parteivorsitzende bekannt gegeben und am Folgetag von der Königin zur Premierministerin ernannt. Sunak hatte zwar im ersten Teil des Wahlprozesses mehr Stimmen unter den Abgeordneten als Truss erreicht. Doch von der Parteibasis erhielt die Außenministerin 57,4 Prozent der Stimmen, während 42,6 Prozent der Mitglieder für den vormaligen Schatzkanzler gestimmt hatten.[50]

Schlussbemerkungen

Wie in den Vorjahren blieb die Beziehung zwischen der EU und dem Vereinigten Königreich angespannt. Die Obsession der Tories mit dem Brexit und dem Verhältnis zur EU führte dazu, dass eine pragmatische Europapolitik der britischen Regierung zumindest unter Boris Johnsons Führung nicht möglich war. Es wird sich zeigen, ob die veränderte Lage in Europa aufgrund des Krieges in der Ukraine sowie die zunehmend schwierige innenpolitische Situation im Vereinigten Königreich mit Blick auf die wirtschaftliche Entwicklung und vor allem die Lebenshaltungskosten dafür sorgt, dass die neue Regierung gezwungenermaßen von einem Konfrontationskurs gegenüber der Europäischen Union (etwas) Abstand nimmt.

Weiterführende Literatur

Jonathan Portes (Hg.): The Economics of Brexit: What have we learned, in: Centre for Economic Policy Research/UK in a Changing Europe, London 2022.
Fabian Zuleeg/Emily Fitzpatrick: Kommentar, Time for a reset: Could a new prime minister repair the EU-UK relationship?, in: European Policy Centre, 29.7.2022.
Julina Mintel/Nicolai von Ondarza: Die Bilateralisierung der britischen Außenpolitik. Stand und Folgen für Deutschland und die EU nach einem Jahr Brexit, SWP-Aktuell 16/2022, 23.2.2022.

---

47 Peter Sturm: Lautstarkes Schweigen, in: Frankfurter Allgemeine Zeitung, 25.6.2022.
48 Jan Ross: Ein Ende in Zeitlupe, in: Die Zeit, 7.7.2022; Bettina Schulz: Wer wird ihm nachfolgen?, in: Die Zeit, 7.7.2022.
49 Heather Stewart/Peter Walker/Jessica Elgot: Tories brace for 'blue on blue dogfight' in last round of leadership race, in: The Guardian, 20.07.2022; Reuters: UK's Truss says she is determined to deliver N. Ireland bill in full, 17.8.2022.
50 Pippa Crerar: Liz Truss wins Tory leadership race to become Britain's next PM, in: The Guardian, 5.9.2022.

7. Die Erweiterung der Europäischen Union

Die Erweiterungspolitik der Europäischen Union

Barbara Lippert

Russlands Krieg gegen die Ukraine[1] hat die Erweiterungspolitik wieder zur Chefsache in der EU werden lassen. Der Europäische Rat stellte unter dem Eindruck der russischen Invasion, die am 24. Februar 2022 auf breiter Front begann, die Weichen für eine nächste Ost-Erweiterung der EU in den vormals postsowjetischen Raum hinein. Dadurch wird sich „das Gesicht Europas für immer verändern".[2] Im Zuge des Kriegs in Europa sind die USA wieder zum zentralen Akteur geworden, mit dem die EU- und NATO-Staaten den Erweiterungskurs beider Organisationen in der Perspektive einer robusten europäischen Sicherheitsordnung festlegen müssen.

Die schnelle und einmütige Zuerkennung der europäischen Perspektive an Kyjiw, Chişinău und Tbilissi sowie des Kandidatenstatus an die Ukraine und Moldau im Juni 2022[3] können jedoch nicht darüber hinwegtäuschen, dass die EU dringend die Zielkonflikte zwischen geo- und integrationspolitischen Aspekten lösen und handlungsfähiger werden muss, um die Auseinandersetzung mit dem Rivalen Russland über die Gestaltung der europäischen Ordnung auf allen Ebenen und mit allen Mitteln führen zu können.[4] Für die EU ist der westliche Balkan schon seit längerem auch in dieser Hinsicht zu einer Problemregion geworden, in der ihre materiellen Angebote selbst in Kombination mit der Mitgliedschaftsperspektive in den sechs Ländern nicht zu einer dynamischen Konvergenz mit dem EU-Acquis führen. Zwar wurden im Juli 2022 endlich Beitrittsverhandlungen mit Nordmazedonien und Albanien eröffnet.[5] Damit konnte aber kaum der negative Eindruck wettgemacht werden, den der an der bulgarischen Blockadepolitik gescheiterte Westbalkan-Gipfel hinterlassen hatte. Der Vorschlag von Präsident Emmanuel Macron, die bestehenden gesamteuropäischen Organisationen durch die Gründung einer Europäischen Politischen Gemeinschaft zu ergänzen,[6] signalisiert, dass die EU neue multilaterale Strukturen zur Interaktion mit und zur Einbindung von gleichgesinnten europäischen Ländern schaffen will.

Im Kontext des Kriegs in der Ukraine und der anhaltenden Konflikte in Libyen und Syrien agierte die Türkei aus EU-Sicht nicht wie ein befreundeter EU-Anwärter, sondern als agiler „swing state" und teils auch als Gegenspieler, der statt Integration umfassende

---

1 Vgl. hierzu auch den Beitrag „Die Europäische Union und der Krieg in der Ukraine" in diesem Jahrbuch.
2 Olaf Scholz: Die EU muss zu einem geopolitischen Akteur werden, in: Frankfurter Allgemeine Zeitung, 17.7.2022.
3 Europäischer Rat: Schlussfolgerungen, EUCO 24/22, 24.6.2022.
4 Vgl. hierzu auch den Beitrag „Die Europäische Union und Russland" in diesem Jahrbuch.
5 Rat der Europäischen Union: Pressemitteilung, Regierungskonferenz auf Ministerebene über den Beitritt Albaniens, 699/22, 19.7.2022; Rat der Europäischen Union: Pressemitteilung, Regierungskonferenz auf Ministerebene über den Beitritt Nordmazedoniens, 698/22, 19.7.2022.
6 Emmanuel Macron: Rede anlässlich der Konferenz über die Zukunft Europas, 9.5.2022, Straßburg.

Autonomie und Handlungsspielräume zwischen Russland und dem Westen sucht. Die Beitrittsverhandlungen sind für die Gestaltung der zunehmend transaktionalen Beziehungen der EU zum „wichtige[n] Partner"[7] Türkei kein relevanter Rahmen mehr.

Neue Kandidaten und die gemeinsame Zukunft der EU-37

Wenige Tage nach der Militäroffensive Russlands gegen die Ukraine vom 24. Februar 2022 stellten die Regierungen in Kyjiw (28. Februar 2022) sowie Chișinău und Tbilissi (am 3. März 2022) ihre Anträge auf (sofortige[8]) Mitgliedschaft in der EU.[9] Die 27 EU-Außenministerinnen und -Außenminister trafen sich informell unter französischer Ratspräsidentschaft, um ihre unterschiedlichen Positionen vor der Zusammenkunft des Europäischen Rats in Versailles am 10./11. März 2022 abzustimmen.[10] Dort erklärten die 27 Staats- und Regierungschefs, die Ukraine sei „Teil unserer europäischen Familie"[11] und anerkannten deren europäischen Bestrebungen. Sie folgten aber nicht den sogleich kursierenden Forderungen auch innerhalb der EU – hier vor allem die nordischen und ostmitteleuropäischen Regierungen – nach einem Schnellverfahren und der Minimalforderung nach einem sofortigen Kandidatenstatus für Kyjiw.[12] Allerdings beauftragten sie die Europäische Kommission, „im Einklang mit den einschlägigen Bestimmungen der Verträge", also Art. 49 EUV, Stellungnahmen zu den drei vorliegenden Aufnahmeanträgen auszuarbeiten.[13] Diese veröffentlichte die Kommission am 17. Juni 2022,[14] nachdem im üblichen, aber einzigartig zügigen Verfahren die drei Länder ihren Fragenkatalog beantwortet hatten.[15]

Die Kommission beurteilt die politische Reife der drei Länder fein abgestuft: die Ukraine ist „weit fortgeschritten"[16], Moldau hat eine „solide Grundlage"[17], Georgien nur „Grundlagen"[18], um die notwendige institutionelle Stabilität zu erreichen. In der Vergan-

---

7 Rat der Europäischen Union: Schlussfolgerungen zur Erweiterung sowie zum Stabilisierungs- und Assoziierungsprozess, 15033/21, 14.12.2021.
8 Alexandra Brzozowski: Moldova applies for fast-track EU membership, joining Ukraine and Georgia, in: Euractiv, 4.3.2022.
9 Vgl. hierzu auch den Beitrag „Östliche Partnerschaft" in diesem Jahrbuch.
10 Rat der Europäischen Union: Außerordentliche Tagung des Rates „Auswärtige Angelegenheiten", 4.3.2022, abrufbar unter https://www.consilium.europa.eu/de/meetings/fac/2022/03/04/ (letzter Zugriff: 21.9.2022).
11 Europäischer Rat: Erklärung der Staats- und Regierungschefs zur militärischen Aggression Russlands gegen die Ukraine (Erklärung von Versailles), 232/22, 11.3.2022.
12 Miloš Zeman et al.: Open letter by Presidents of EU member countries in support of Ukraine's swift candidacy to the European Union, 28.2.2022, abrufbar unter https://www.hrad.cz/en/for-media/press-releases/open-letter-by-presidents-in-support-of-ukraines-swift-candidacy-to-the-european-union-16316 (letzter Zugriff: 8.8.2022).
13 Europäischer Rat: Erklärung von Versailles, 2022.
14 Europäische Kommission: Pressemitteilung, Die Europäische Kommission empfiehlt dem Rat, die Beitrittsperspektive der Ukraine, Moldaus und Georgiens zu bestätigen, und legt ihre Stellungnahmen zur Zuerkennung des Kandidatenstatus vor, IP/22/3790, 17.6.2022.
15 Camille-Cerise Gessant: European Commission has submitted questionnaires for EU membership to Ukraine, Georgia and Moldova, in: Bulletin Quotidien Europe, 12.4.2022.
16 Europäische Kommission: Stellungnahme zum Antrag der Ukraine auf Beitritt zur Europäischen Union, COM(2022) 407 final, 17.6.2022, S. 23.
17 Europäische Kommission: Stellungnahme zum Antrag der Republik Moldau auf Beitritt zur Europäischen Union, COM(2022) 406 final, 17.6.2022, S. 18.
18 Europäische Kommission: Stellungnahme zum Antrag Georgiens auf Beitritt zur Europäischen Union, COM(2022) 405 final, 17.6.2022, S. 19.

genheit hat der Rat dem Bewerberstatus und der Eröffnung von Beitrittsverhandlungen bereits zugestimmt, wenn die politischen Kriterien wie bei der Türkei oder Serbien nur „in ausreichendem Maß"[19] oder „hinreichend"[20] erfüllt waren.

Einer funktionierenden Marktwirtschaft stehen bei den drei Ländern die strukturelle Stärke von Oligarchen und deren Netzwerke entgegen. Ebenso fehlt ein unabhängiges und effektives Justizsystem. Immerhin attestiert die Kommission den drei Ländern, dass die makro-ökonomische Erfolgsbilanz solide und bemerkenswert resilient sei (Ukraine) bzw. ein solides (Moldau) oder ein hohes Maß (Georgien) an makroökonomischer Stabilität vorweise. Die Kommission geht der Frage, wie weit sich die drei Länder schon an den Besitzstand der EU angenähert haben, noch recht kursorisch nach. Sie kommt dennoch zu Gesamteinschätzungen zur Acquis-Übernahme, die erwartungsgemäß überall ein gemischtes Bild ergeben und sich zwischen „insgesamt zufriedenstellend" (Ukraine), „zufriedenstellend" (Moldau) und „insgesamt positiv" (Georgien) bewegen.[21]

Der Europäische Rat folgte den Empfehlungen der Kommission insoweit, als er allen drei Ländern eine Beitrittsperspektive zubilligte und ihnen ähnlich wie mit der Thessaloniki-Formel[22] von 2003 eine Zukunft in der EU bescheinigte. Kyjiw und Chişinău wurde zudem der Kandidatenstatus zuerkannt. Damit sind kein Fahrplan und keine Entscheidung über die Eröffnung von Verhandlungen verbunden. Vielmehr erwartet der Europäische Rat zunächst von der Kommission einen Bericht darüber, inwieweit die beiden Länder die in den Stellungnahmen formulierten Bedingungen erfüllt haben. Es handelt sich im Fall der Ukraine um sieben, bei Moldau um neun Maßnahmen. Diese betreffen konkrete wie allgemeine Forderungen nach Rechtsstaatlichkeit, Unabhängigkeit der Justiz, Korruptionsbekämpfung und Minderheitenschutz. Grundsätzlich ist der Europäische Rat bereit, auch Georgien den Kandidatenstatus zuzuerkennen, jedoch müssen dazu erst die in der Stellungnahme der Kommission genannten zwölf Prioritäten angegangen werden.[23]

Mit diesen Weichenstellungen hebt die EU die Konsolidierung auf, also die erste Komponente der Begrenzung der Beitrittsversprechen auf die sechs Länder des Westbalkans und die Türkei, wie sie im Erweiterungskompromiss von 2006 festgeschrieben worden war.[24] Damit überschreitet sie den Erweiterungsraum, den sie in den 1990er-Jahren mit ihrem Hilfsprogramm PHARE für die Länder Ostmittel- und Südosteuropas abgesteckt hatte. Unter den postsowjetischen Staaten hatte sie nur die drei baltischen Staaten in das Unterstützungsprogramm einbezogen, wie später auch in die doppelte Erweiterung von NATO und EU. Nun bindet sich die EU gegenüber dem Trio mit einem politischen Versprechen. Nimmt man die EU beim Wort, dann geht sie in Richtung von 37 Mitgliedern (s. Tabelle 1).

---

19 Europäische Kommission: Empfehlung zu den Fortschritten der Türkei auf dem Weg zum Beitritt, KOM(2004) 656 endgültig, 6.10.2004, S. 4.
20 Europäische Kommission: Gemeinsamer Bericht über die Fortschritte Serbiens bei der Erreichung des notwendigen Maßes an Erfüllung der Beitrittskriterien und insbesondere des prioritären Ziels von Schritten im Hinblick auf eine spürbare und nachhaltige Verbesserung der Beziehungen zum Kosovo*, JOIN(2013) 7 final, 22.4.2013, S. 14.
21 Europäische Kommission: Stellungnahmen zu den Anträgen der Ukraine, der Republik Moldau und Georgiens, 2022.
22 Europäischer Rat: Erklärung, Gipfeltreffen EU – westliche Balkanstaaten, 10229/03 (Presse 163), 21.6.2003.
23 Europäische Kommission: Stellungnahme zum Antrag Georgiens, 2022, S. 19–21.
24 Europäische Kommission: Mitteilung, Erweiterungsstrategie und wichtigste Herausforderungen für den Zeitraum 2006–2007 mit Sonderbericht über die Fähigkeit der EU zur Integration neuer Mitglieder, KOM(2006) 649 endgültig, 8.11.2006.

Die Erweiterung der Europäischen Union

Tabelle 1: Prozessstand der Länder mit EU-Beitrittsperspektive

Länder und Bevölkerungszahl in Mio. (2021)[25]		Chronologie			Kapitel eröffnet (davon vorl. geschlossen)
		Beitrittsantrag	Kandidatenstatus	Beitrittskonferenz	
Montenegro	0,62	15.12.2008	17.12.2010	29.06.2012	30 von 35 (3)
Serbien	6,84	22.12.2009	01.03.2012	21.01.2014	20 von 35 (2)
Türkei	85,04	14.04.1987	11.12.1999	03.10.2005	15 von 35 (1)
Albanien	2,81	24.04.2009	27.06.2014	19.07.2022	–
Nordmazedonien	2,07	22.03.2004	17.12.2005	19.07.2022	–
Ukraine	43,81	28.02.2022	24.06.2022	–	–
Moldau	2,57	03.03.2022	24.06.2022	–	–
Georgien	3,71	03.03.2022	–	–	–
BiH	3,26	15.02.2016	–	–	–
Kosovo	1,81	–	–	–	–

Legende: BiH: Bosnien und Herzegowina. Zum Vergleich: EU-27 mit Bevölkerung von 446,95 Mio. (2021).

Die EU will jedoch an der strikten Konditionalität, der zweiten Komponente des Erweiterungskonsenses, festhalten. Die Aufnahmefähigkeit der EU wollen die 27 ebenfalls nicht zur Disposition stellen, worauf die Europäische Kommission aber erst zu einem späteren Zeitpunkt zurückkommen will. So zeigten die Stellungnahmen von Regierungsvertreterinnen und -vertretern beim und rund um das historische Treffen des Europäischen Rats im Juni 2022 die bekannten Differenzen um die Grundspannung zwischen Erweiterung und Reform bzw. Aufnahmefähigkeit der EU. Die dritte Komponente des Erweiterungskonsenses von 2006 betrifft die Kommunikation gegenüber den Bürgerinnen und Bürgern der EU sowie der Kandidatenländer. In der EU hat der Krieg dazu geführt, dass sich eine Mehrheit der Unionsbürgerinnen und -bürger für eine schnellere Aufnahme neuer Mitglieder ausspricht. Die Zustimmung der Bevölkerung in den traditionell erweiterungsskeptischen Ländern wie Österreich (45 Prozent), Frankreich (47 Prozent), den Niederlanden (46 Prozent) und Deutschland (53 Prozent) liegt weiterhin unter dem EU-Durchschnitt (58 Prozent), aber z. B. in Dänemark neuerdings darüber (62 Prozent).[26] Die öffentliche Meinung zur Erweiterung in den Mitgliedstaaten war schon zuvor tendenziell positiver geworden. Im Winter 2021 sprachen sich 47 Prozent der Befragten für und 42 Prozent gegen eine EU-Erweiterung in den nächsten Jahren aus.[27]

Der Europäische Rat erörterte auch den vagen Vorschlag des französischen Präsidenten Macron, eine Europäische Politische Gemeinschaft zu gründen.[28] Allerdings gab es unter den 27 auch viele Vorbehalte, weshalb vereinbart wurde, dass dieser nicht als Ersatz für die Erweiterung gedacht sei und auch die Beschlussfassungsautonomie der EU nicht beeinträchtigen dürfe. Vielmehr ist an eine zusätzliche gesamteuropäische Plattform für politische Koordinierung, für Dialog und die Zusammenarbeit mit Ländern gedacht, mit denen

---

[25] World Bank Group: World Development Indicators 2022, Population, abrufbar unter https://data.worldbank.org/indicator/SP.POP.TOTL (letzter Zugriff: 8.8.2022).
[26] Europäisches Parlament: Eurobarometer. EP Spring 2022 Survey: Rallying around the European flag - Democracy as anchor point in times of crisis, 2792 / EB041EP, Juni 2022, S. 88.
[27] Europäische Kommission: Standard-Eurobarometer 96, Winter 2021–2022, 2553 / STD96, April 2022, S. 23; vgl. hierzu auch den Beitrag „Die Öffentliche Meinung" in diesem Jahrbuch.
[28] Peter Ludlow: European Council Studies, Post-Summit Briefing 5/2022.

die EU enge Beziehungen unterhält.[29] Damit sind Belarus und Russland ausgeschlossen. Die tschechische Ratspräsidentschaft soll das erste Treffen organisieren. Mit der Aussicht auf eine EU im kontinentalen Maßstab hat die Diskussion über Modelle abgestufter Integration und Mitgliedschaft in Politik und Wissenschaft neue Impulse erhalten.[30]

Das alljährliche Erweiterungspaket

Während der slowenischen Ratspräsidentschaft befassten sich die EU-Organe noch überwiegend im üblichen Rhythmus und mit einem besonderen Fokus auf den Westbalkan mit Erweiterungsfragen.[31] Angesichts des Kriegs in der Ukraine und seiner Dynamik widmete sich die EU intensiv den Fragen, ob und wie das Beitrittsverfahren auf die existentiell bedrohte Ukraine und die beiden assoziierten Länder Moldau und Georgien ausgedehnt werden soll.

Zunächst veröffentlichte die Europäische Kommission im Oktober 2021 turnusgemäß das alljährliche Erweiterungspaket. Es besteht aus den sieben ausführlichen Fortschrittsberichten zu einzelnen Bewerberländern und der Mitteilung über die Erweiterungspolitik.[32] In dieser gibt die Kommission einen Überblick über die wichtigsten Entwicklungen in den sieben Ländern einschließlich der regionalen Kooperation und im Hinblick auf wesentliche Elemente des Beitrittsprozesses. Sie fasst zudem ihre Einschätzungen zusammen, inwieweit die Länder fähig sind, die Verpflichtungen der Mitgliedschaft zu übernehmen (Acquis-Kriterium), und welche Schlussfolgerungen und Empfehlungen sie ableitet. Die Länderberichte geben Aufschluss über den jeweiligen Stand der Vorbereitung auf die Mitgliedschaft im Lichte der Kopenhagener Kriterien, wobei die Darstellung den Schwerpunkten und Themen- bzw. Kapitelclustern der überarbeiteten Methodologie folgt.[33] Im Vergleich zum Vorjahr waren bei den Westbalkan-Ländern kaum Fortschritte zu verzeichnen.[34]

Das Europäische Parlament legte seine Stellungnahmen zum Berichtszyklus 2021 im Frühjahr und Sommer 2022 vor und debattierte sie im Plenum.[35]

Der Rat nahm im November 2021 eine Bestandsaufnahme vor und führte einen Gedankenaustausch über die Erweiterung und den Stabilisierungs- und Assoziierungsprozess.[36] Dort machten Bulgarien und Griechenland (hinsichtlich der Sprache Mazedonisch bzw. des Prespa-Abkommens), Kroatien (hinsichtlich Bosnien und Herzegowina) sowie Zypern und

---

29 Europäischer Rat: Schlussfolgerungen, 2022, Abschnitt I.
30 Barbara Lippert: Die Richtung stimmt – Macrons Idee einer „europäischen politischen Gemeinschaft" mit der Ukraine, SWP-Kurz gesagt, 13.5.2022.
31 Vgl. hierzu auch den Beitrag „Westbalkan" in diesem Jahrbuch.
32 Europäische Kommission: Mitteilung 2021 über die Erweiterungspolitik der EU, COM(2021) 644 final, 19.10.2021; Europäische Kommission: Commission Staff Working Documents. 2021 Country Reports: Albania, Bosnia and Herzegovina, Kosovo*, Montenegro, North Macedonia, Serbia, Turkey, SWD(2021) 288–294 final, 19.10.2021.
33 Barbara Lippert: Die Erweiterungspolitik der Europäischen Union, in: Werner Weidenfeld/Wolfgang Wessels (Hg.): Jahrbuch der Europäischen Integration 2021, Baden-Baden 2021, S. 379–388.
34 European Stability Initiative: The Balkan Turtle Race. A warning for Ukraine, ESI Report, 13.7.2022.
35 Europäisches Parlament: Entschließungen des Europäischen Parlaments vom 19.5.2022 zu den Berichten der Kommission 2021 über Albanien (2021/2244(INI)) und Nordmazedonien (2021/2248(INI)), 7.6.2022 über die Türkei 2021/2250(INI), vom 6.7.2022 über Bosnien-Herzegowina 2021/2245(INI), Serbien 2021/2249(INI) und Kosovo 2021/2246(INI) und vom 23.6.2022 über Montenegro 2021/2247(INI).
36 Rat der Europäischen Union: Tagung des Rates „Allgemeine Angelegenheiten", Wichtigste Ergebnisse, 23.11.2021.

Griechenland (Hinweis auf militärische Bedrohung durch die Türkei) ihre bilateralen Streitpunkte mit Beitrittskandidaten und ihre teils spezifischen Interessen und Perzeptionen geltend, so dass sich die Einigung auf die Schlussfolgerungen bis Dezember 2021 hinzog.[37]

Der Rat nahm dieses Erweiterungspaket dann im Dezember 2021 wohlwollend zur Kenntnis.[38] Kommission und Rat sehen in der Region Westbalkan eine strategische Priorität der EU. Die EU ist bestrebt, die Länder enger in die EU-Außenpolitik einzubinden und deren Resilienz auch angesichts der geostrategischen Konkurrenz mit Russland und China in der Region umfassend zu stärken.[39]

Der Rat bekräftigt in seinen Schlussfolgerungen sein Engagement und den hohen Stellenwert der Erweiterung für die EU und verweist dazu auf den 2006 erneuerten Erweiterungskonsens[40] und die neue Methodologie[41]. Letztere legt den Fokus auf grundlegende Reformen. Sie betreffen die strukturellen Defizite im Bereich der Rechtsstaatlichkeit und Grundrechte, der demokratischen Institutionen und öffentlichen Verwaltung sowie die marktwirtschaftliche Ordnung. Ersteres hält auch der Europäische Rechnungshof für dringend geboten. Er hat in einem Sonderbericht zur EU-Unterstützung für die Rechtsstaatlichkeit in den Staaten des westlichen Balkans den Mangel an Eigenverantwortung und politischem Willen, die Reformen in ihren Ländern voranzutreiben, als grundlegendes Problem bezeichnet.[42] Er attestiert, anders als die Europäische Kommission, wenig Fortschritte in den letzten 20 Jahren und empfiehlt u. a. die Mittelvergabe strikter zu konditionieren, das Projekt-Monitoring zu verbessern sowie Organisationen der Zivilgesellschaft und unabhängige Medien stärker zu fördern.[43]

Mit Blick auf den Stabilisierungs- und Assoziierungsprozess im Westbalkan betont der Rat die Bedeutung guter nachbarschaftlicher Beziehungen und der regionalen Kooperation als wesentliche Elemente des Erweiterungsprozesses und folgt in den länderspezifischen Aussagen im Wesentlichen der Kommission. Die regionale Zusammenarbeit sollte auch mit Hilfe des Wirtschafts- und Investitionsplans für den Westbalkan[44] zu einem gemeinsamen regionalen Markt, basierend auf den Normen und Standards des Binnenmarkts, realisiert werden.[45] Diese Fragen standen im Zentrum des Treffens der Führungsspitzen der EU

---

37 Rat der Europäischen Union: Schlussfolgerungen, 2021; vgl. hierzu auch die Beiträge „Bulgarien", „Griechenland", „Kroatien" und „Zypern" in diesem Jahrbuch.
38 Rat der Europäischen Union: Schlussfolgerungen, 2021.
39 Vgl. hierzu auch die Beiträge „Die Europäische Union und Russland" sowie „Die Europäische Union und China" in diesem Jahrbuch.
40 Europäische Kommission: Erweiterungsstrategie, 2006.
41 Europäische Kommission: Mitteilung, Stärkung des Beitrittsprozesses – Eine glaubwürdige EU-Perspektive für den westlichen Balkan, COM(2020) 57 final, 5.2.2020.
42 Europäischer Rechnungshof: EU-Unterstützung für die Rechtsstaatlichkeit in den Staaten des westlichen Balkans, Sonderbericht 1/2022, S. 4–5.
43 Siehe auch die Antwort der Kommission auf den Sonderbericht, Europäische Kommission: Antworten der Europäischen Kommission auf den Sonderbericht des Europäischen Rechnungshofes: „EU-Unterstützung für die Rechtsstaatlichkeit in den Staaten des westlichen Balkans: Trotz Bemühungen bestehen nach wie vor grundlegende Probleme", abrufbar unter: https://www.eca.europa.eu/Lists/ECAReplies/COM-Replies-SR-22-01/COM-Replies-SR-22-01_DE.pdf (letzter Zugriff: 8.8.2022). Unter IPA III werden die Mittel zur Förderung der Rechtsstaatlichkeit um 5 Prozent erhöht.
44 Europäische Kommission: Mitteilung, An Economic and Investment Plan for the Western Balkans, COM(2020) 641 final, 6.10.2020.
45 Europäische Kommission: Western Balkans Summit in Sofia: Important steps taken to advance regional cooperation to boost socio economic recovery and convergence in the EU, 10.11.2020, abrufbar unter https://neighbourhood-enlargement.ec.europa.eu/news/western-balkans-summit-sofia-important-steps-taken-advance-regional-cooperation-boost-socio-economic-2020-11-10_en (letzter Zugriff: 8.8.2022); Alice Taylor: Westbalkanstaaten unterzeichnen Abkommen für Handels- und Reisefreiheit, in: Euractiv, 22.12.2021.

und der Mitgliedstaaten mit denen der sechs Westbalkanländer in Brdo im Oktober 2021. Zur Vorbereitung hatte die Kommissionspräsidentin Ursula von der Leyen in bzw. mit allen sechs Ländern politische Gespräche geführt.[46] Der in der Erklärung von Brdo[47] und den Ratsschlussfolgerungen u. a. angesprochene bilaterale Streitpunkt zwischen Nordmazedonien und Bulgarien konnte erst im Juli 2022 auf der Grundlage eines französischen Kompromissvorschlags beigelegt und damit der Weg für die Eröffnung von Beitrittsverhandlungen freigemacht werden. 2021/22 hielten Spannungen um die konstitutionelle Ordnung und Wahlrechtsreform in Bosnien und Herzegowina an, und der EU-Sonderbeauftragte Miroslav Lajčák setzte den Belgrad-Pristina-Dialog zur Normalisierung der Beziehungen fort, ohne dass eine entsprechende Vereinbarung in Sicht wäre.[48]

Das Hilfsprogramm IPA III ist für sieben Länder mit 14,162 Mrd. Euro (2021–2027) ausgestattet.[49] Jedoch werden die Mittel nicht länderspezifisch festgeschrieben, sondern thematisch ausgewiesen (siehe Tabelle 2). Das soll einen flexibleren Einsatz der Mittel ermöglichen und unterstreichen, dass die EU die Mittelvergabe an Konditionen knüpft.

Tabelle 2: Vorläufige IPA-III-Mittelzuweisungen nach thematischen Prioritäten[50]

Thematische Fenster		Fördermittel (2021–2027)
Window 1:	Rule of law, fundamental rights and democracy	2,089 Mrd. Euro
Window 2:	Good governance, EU acquis alignment, good neighbourly relations and strategic communication	2,291 Mrd. Euro
Window 3:	Green agenda and sustainable connectivity	5,86 Mrd. Euro
Window 4:	Competitiveness and inclusive growth	3,08 Mrd. Euro
Window 5:	Territorial and cross border cooperation	485 Mio. Euro

Anmerkung: Weitere 357 Mio. Euro sind für Verwaltungsausgaben vorgesehen.

Stand der Beitrittsverhandlungen mit Montenegro, Serbien und der Türkei

Die EU setzte die Beitrittsverhandlungen mit Montenegro und Serbien fort. Dabei wendet die EU die überarbeitete Erweiterungsmethodik an, von der sie eine bessere politische Steuerung des Beitrittsprozesses erwartet. Die Beitrittskonferenzen werden nun gelegentlich auch als politische Regierungskonferenzen bezeichnet. Die beiden ersten fanden im Juni und Dezember 2021 mit Montenegro und Serbien statt.[51] Demgegenüber sind sie mit der

---

46 Europäische Kommission: President von der Leyen visits the Western Balkans, 27.9.2021, abrufbar unter https://neighbourhood-enlargement.ec.europa.eu/news/president-von-der-leyen-visits-western-balkans-2021-09-27_de (letzter Zugriff 8.8.2022).
47 Europäischer Rat: Erklärung von Brdo, 6.10.2021, abrufbar unter https://www.consilium.europa.eu/media/52294/brdo-declaration-6-october-2021-de.pdf (letzter Zugriff: 8.8.2022).
48 Sasa Dragojlo: Serbia's Vucic: 'No Agreement Yet' over Kosovo Licence Plate Dispute, in: Balkan Insight, 26.8.2022.
49 Die IPA-III-Durchführungsverordnung trat am 16. Dezember 2021 in Kraft: Durchführungsverordnung (EU) 2021/2236 der Kommission mit spezifischen Bestimmungen für die Durchführung der Verordnung EU 2021/1529 zur Schaffung eines Instruments für Heranführungshilfe (IPA III), in: Amtsblatt der EU L450/10, 16.12.2021.
50 Europäische Kommission: Commission Implementing Decision adopting the Instrument for Pre-Accession Assistance (IPA III) Programming Framework for the period 2021–2027, C(2021) 8914 final, 10.12.2021.
51 Rat der Europäischen Union: Pressemitteilung, Erweiterung: neue Verfahrensweise wird auf Montenegro und Serbien angewandt, 350/21, 11.5.2021; Rat der Europäischen Union: Pressemitteilung, Dreizehnte Tagung der Beitrittskonferenz auf Ministerebene mit Montenegro, 541/21, 22.6.2021; Rat der Europäischen Union: Pressemitteilung, Vierzehnte Tagung der Beitrittskonferenz auf Ministerebene mit Montenegro, 980/21,

Türkei faktisch zum Stillstand gekommen, wie es diplomatisch heißt.[52] Die Verhandlungen sind jedoch weder offiziell und gemäß dem Verhandlungsrahmen suspendiert noch beendet worden. Demgegenüber fordert das Europäische Parlament, die Beitrittsverhandlungen mit der Türkei auch formell auszusetzen.[53] Es kommt für die EU nicht in Betracht, Kapitel zu eröffnen oder zu schließen, weil sich die Türkei kontinuierlich von der EU entfernt. So beklagte der Rat im Dezember 2021, dass sich die Türkei teils sogar auf Kollisionskurs mit der EU-Außenpolitik befindet, Verpflichtungen aus dem Zollunion-Abkommen nicht umsetzt und ernsthafte Rückschritte im Bereich der Demokratie, Rechtsstaatlichkeit und bei den Grundrechten vorliegen.[54] Andererseits ist die Türkei bei der Migrations- und Asylpolitik und in der NATO ein wichtiger Partner.[55] Die EU befasste sich – zumeist außerhalb des Rahmens der Beitrittsgespräche – laufend mit der repressiven Innenpolitik Recep Tayyip Erdoğans und der türkischen Politik in der Region. Trotz der Mitgliedschaft in der NATO und der Verflechtung mit dem EU-Binnenmarkt geht die Türkei auch nach dem 24. Februar 2022 eigene Wege in der Politik gegenüber Russland und positioniert sich als Vermittlerin im militärischen Konflikt. So trägt die Türkei die Sanktionen der EU und der G7 nicht mit. Sie liefert einerseits Drohnen an die Ukraine und kooperiert im Rüstungssektor mit Kyjiw, schließt aber zugleich Abkommen über den Kauf von S-400-Luftabwehrraketensystemen von Russland und ist in der Shanghai-Kooperation aktiv.[56] Die Türkei ist damit aus der internationalen Isolation herausgetreten. Wenn es auch nicht so sehr ins Gewicht fällt, ist doch zu registrieren, dass Serbien im Mai 2022 eine neue Vereinbarung über Gaslieferungen mit Russland geschlossen hat. Serbien und Montenegro tragen die EU-Sanktionen gegenüber Russland nicht oder nur teilweise mit, haben jedoch in der VN-Generalversammlung die russische Aggression verurteilt.[57]

Bei den Präsidentschaftswahlen und vorgezogenen Neuwahlen für die Nationalversammlung in Serbien am 3. April 2022 erzielte Präsident Aleksandar Vučić 59 Prozent der Stimmen und verbleibt im Amt; seine Partei SNS erhielt rund 43 Prozent und verlor die absolute Mehrheit im Parlament.[58] Am taktischen Verhalten und Interessenkalkül der serbischen Führung in der EU- und Russlandpolitik dürfte sich wenig ändern. Der sechste Stabilisierungs- und Assoziierungsrat für Serbien tagte am 25. Januar 2022 und diente der Bestandsaufnahme der Beziehungen.[59] Auf der 13. Beitrittskonferenz (in herkömmlicher Zählung) mit Serbien auf Ministerebene am 14. Dezember 2021 wurde Cluster 4 (Grüne

---

13.12.2021; Rat der Europäischen Union: Pressemitteilung, Zwölfte Tagung der Beitrittskonferenz auf Ministerebene mit Serbien, 542/21, 22.6.2021; Rat der Europäischen Union: Pressemitteilung, Dreizehnte Tagung der Beitrittskonferenz auf Ministerebene mit Serbien, 981/21, 14.12.2021.
52 Vgl. hierzu auch den Beitrag „Türkei" in diesem Jahrbuch.
53 Europäisches Parlament: Bericht 2021 über die Türkei, Entschließung des Europäischen Parlaments vom 7. Juni 2022 zu dem Bericht 2021 der Kommission über die Türkei 2021/2250(INI), 7.6.2022, Punkt 48.
54 Rat der Europäischen Union: Schlussfolgerungen, 2021.
55 Vgl. hierzu auch die Beiträge „Asyl-, Einwanderungs- und Visapolitik" und „Die Europäische Union und die NATO" in diesem Jahrbuch.
56 Günter Seufert: Erdoğans Drahtseilakt: Im Konflikt um die Ukraine geht die Türkei vorsichtig auf den Westen zu, SWP-Kurz gesagt, 4.3.2022.
57 Vereinte Nationen: Resolution der Generalversammlung, Aggression gegen die Ukraine, A/RES/ES-11/1, 2.3.2022; United Nations Digital Library: Voting Summary. Aggression against Ukraine, abrufbar unter https://digitallibrary.un.org/record/3959039?ln=en (letzter Zugriff: 8.8.2022).
58 Bundeszentrale für politische Bildung: Parlaments- und Präsidentschaftswahlen in Serbien 2022, 5.4.2022, abrufbar unter https://www.bpb.de/kurz-knapp/hintergrund-aktuell/506842/parlaments-und-praesidentschaftswahlen-in-serbien-2022/ (letzter Zugriff: 8.8.2022).
59 Rat der Europäischen Union: Pressemitteilung, Joint press statement following the meeting of the EU-Serbia Stabilisation and Association Council, 53/22, 25.1.2022.

Agenda und nachhaltige Konnektivität) eröffnet, das die Verhandlungskapitel Verkehrspolitik (14), Energie (15), Transeuropäische Netze (21) sowie Umwelt und Klimawandel (27) enthält.[60] Aus Sicht der EU waren die Voraussetzungen weiterhin nicht gegeben, um die Cluster 3 (Wettbewerbsfähigkeit und integratives Wachstum) und 5 (Ressourcen, Landwirtschaft und Kohäsion) zu eröffnen, weil die Fortschritte u. a. im Bereich der Rechtsstaatlichkeit nicht ausreichen. Fortschritte in den entsprechenden Kapiteln sowie bei der Normalisierung der Beziehungen zum Kosovo bleiben entscheidend über das Gesamttempo.[61] Serbien hat jetzt nach mehr als acht Jahren Verhandlungen 22 von 35 Kapiteln eröffnet und zwei davon vorläufig geschlossen.

Auf der 14. Beitrittskonferenz mit Montenegro im Dezember 2021 wurde kein weiteres Kapitel eröffnet oder geschlossen.[62] Das Land müsse sich auf die Erfüllung der Benchmarks für die Rechtsstaatlichkeit konzentrieren. Montenegro hat bis Mitte 2022 und nach zehn Jahren Verhandlungen 33 Kapitel eröffnet und davon drei (24 Wissenschaft und Forschung, 25 Bildung und Kultur und 36 Außenbeziehungen) vorläufig geschlossen. Im Juli 2022 fand der 11. Stabilitäts- und Assoziationsrat statt.[63] Die pro-europäische Minderheitsregierung unter Premierminister Dritan Abazović, die im April 2022 ihre Arbeit aufnahm, könnte, wenn sie Bestand hat, die Reformprozesse wieder anschieben und die Beziehungen zu Serbien verbessern.[64]

Albanien und Nordmazedonien, Bosnien und Herzegowina sowie Kosovo

Der Rat hatte die Eröffnung von Beitrittsverhandlungen mit Albanien daran gekoppelt, dass zugleich auch die Verhandlungen mit Nordmazedonien starten können. Bulgarien ließ jedoch auch auf dem Westbalkan-Gipfel am 23. Juni 2022 nicht von seinen Forderungen ab, dass Skopje verbindliche Zugeständnisse macht, die der bulgarischen Auffassung in der strittigen Bezeichnung der Landessprache in Nordmazedonien entgegenkommt. Dafür legte der französische Vorsitz einen Kompromissentwurf vor. Die Kommissionspräsidentin warb im Parlament in Skopje mit Erfolg dafür, dass die Abgeordneten am 16. Juli 2022 den Kompromiss als Element der Verhandlungen billigen. Am Tag darauf unterzeichneten Bulgarien und Nordmazedonien ein entsprechendes bilaterales Protokoll.[65] Möglicherweise wird diese Frage aber wieder zum Streit führen, wenn das Mazedonische im Zuge des Beitritts zur Amtssprache in der EU werden soll, wie jetzt von der Kommission zugesichert. Der Rat konnte erst am 18. Juli 2022 den Verhandlungsrahmen für die Verhandlungen mit Albanien und Nordmazedonien, deren Eröffnung der Rat aneinanderkoppelte, gemäß der neuen Methodologie beschließen und tags darauf die ersten Regierungskonferenzen auf Ministerebene über den Beitritt mit Tirana und Skopje abhalten.[66] Zwischen der ersten Empfehlung

---

60 Rat der Europäischen Union: Dreizehnte Tagung der Beitrittskonferenz auf Ministerebene mit Serbien, 2021.
61 Rat der Europäischen Union: Dreizehnte Tagung der Beitrittskonferenz auf Ministerebene mit Serbien, 2021.
62 Rat der Europäischen Union: Vierzehnte Tagung der Beitrittskonferenz auf Ministerebene mit Montenegro, 2021.
63 Rat der Europäischen Union: Pressemitteilung, Joint press statement following the 11th meeting of the Stabilisation and Association Council between the EU and Montenegro, 677/22, 14.7.2022.
64 Deutsche Welle: Montenegro hat pro-westliche Minderheitsregierung, 29.4.2022.
65 Europäische Kommission: Ansprache von Präsidentin von der Leyen zur feierlichen Parlamentssitzung von Nordmazedonien, SPEECH/22/4523, 14.7.2022; Frankfurter Allgemeine Zeitung: Nordmazedonien nimmt Hürde auf Weg in EU, 16.7.2022; Alice Taylor/Krassen Nikolov: Sofia and Skopje sign bilateral protocol but the road to the EU is far from clear, in: Euractiv, 18.7.2022.
66 Rat der Europäischen Union: Regierungskonferenz über den Beitritt Albaniens, 2022; Rat der Europäischen Union: Regierungskonferenz über den Beitritt Nordmazedoniens, 2022.

der Kommission und der tatsächlichen Eröffnung lagen im Fall von Nordmazedonien zwölf und Albanien fünf Jahre.

Bosnien und Herzegowina sowie Kosovo gehören zum Kreis der Länder, denen die EU seit Thessaloniki 2003 kontinuierlich eine europäische Perspektive und Zukunft in der EU verspricht.[67] Beide Länder sind noch in einem sehr frühen Stadium der Heranführung an die EU. Bosnien und Herzegowina wies laut Bericht der Kommission vom Herbst 2021 überwiegend keine oder begrenzte Fortschritte bei den 14 Schlüsselkriterien auf. Aus Sicht der Kommission erfüllt Kosovo weiterhin die Voraussetzungen für eine Visa-Liberalisierung, aber im Rat gibt es dafür keinen Konsens.

Weiterführende Literatur

International Crisis Group: Managing the Risks of Instability in the Western Balkans, Europe Report N°265, 7.7.2022, abrufbar unter https://www.crisisgroup.org/europe-central-asia/balkans/managing-risks-instability-western-balkans (letzter Zugriff: 8.8.2022).

Barbara Lippert: Die nächste EU-Osterweiterung wird kompliziert und teuer, SWP-Aktuell A48/2022.

Funda Tekin: Die „Zeitenwende" in Europa: Ein Momentum für die Erweiterungspolitik der Europäischen Union?, in: integration 2/2022, S. 91–105.

---

[67] Europäischer Rat: Schlussfolgerungen, 2022, Punkt 15. Allerdings erkennen gegenwärtig fünf Mitgliedstaaten – Griechenland, Rumänien, die Slowakei, Spanien und Zypern – sowie Serbien und Bosnien und Herzegowina das Kosovo nicht als unabhängigen Staat an.

Westbalkan

Tobias Flessenkemper*

Der 24. Februar 2022 war auch für die sechs Länder des westlichen Balkans - Albanien, Bosnien und Herzegowina, Kosovo, Montenegro, Nordmazedonien und Serbien - ein einschneidendes Datum. Der erneute Angriff Russlands gegen die Ukraine hat ungeklärte Fragen in der Region verschärft. Wie nach dem Angriff 2014 und der illegalen Annexion der Krim, scheint ihre Verankerung in den euro-atlantischen Strukturen dringender denn je. Denn die russische Regierung unterhält enge Verbindungen zu politischen Akteuren in der Region und nutzt diese gezielt zur Schwächung der Länder. Die neue Bundesregierung ernannte auch deshalb am 2. März 2022 den Grünen-Politiker Manuel Sarrazin zum Sondergesandten für die Länder des westlichen Balkans. Noch unter anderen Vorzeichen, verabschiedete der EU-Westbalkan-Gipfel am 6. Oktober 2021 in Brdo, Slowenien, eine gemeinsame Erklärung, mit den Schwerpunkten Covid-19, Wirtschaft und Inventionen, Politische und Sicherheits-Zusammenarbeit.[1] Der Trend zu Intergouvernementalismus und Gipfeldiplomatie mit und zwischen den Ländern hat sich weiter verfestigt. Außerhalb des EU-Rahmens besteht seit 2014 der „Berlin Prozess" und am 29. Juli 2021 formalisierten in Skopje der mazedonische Ministerpräsident Zoran Zaev (Sozialdemokratische Partei Europas (PES)), der serbische Präsident Aleksandar Vučić (Europäische Volkspartei (EVP)), und der albanische Ministerpräsident Edi Rama (PES) das regionale Kooperationsprojekt „Open Balkan". Diese Gipfeldiplomatie bleibt nicht folgenlos, denn sie dient nationalistisch agierenden Akteuren als Plattform und verfestigt autokratische Tendenzen. Durch die Aufmerksamkeit der EU-Institutionen für „Leader" werden diese zudem gestärkt, worunter plurale parlamentarische und europäische gesellschaftliche Dynamiken ausgeblendet und im Ergebnis ausgebremst werden. Alleingänge und Veto-Politik einzelner EU-Mitgliedstaaten sind Teil dieser Entwicklung. Ein weiteres bulgarisches Veto gegen die Aufnahme von Beitrittsverhandlungen wurde vom französischen Ratsvorsitz im Juni 2022, für den Preis einer weiteren Verfassungsreform in Nordmazedonien, scheinbar abgefangen. Am 19. Juli 2022 wurden die Beitrittsverhandlungen mit Nordmazedonien und Albanien formal eröffnet. Daneben verhandeln auch Montenegro und Serbien über die Aufnahme. Bosnien und Herzegowina und Kosovo haben bislang noch keinen EU-Kandidatenstatus. Die sechs Länder des Westbalkans bilden also keine homogene Gruppe. Zusätzlich belastet eine als unausgewogen empfundene EU-Integrationspolitik die Einigkeit und den Zusammenhalt der Länder und die Glaubwürdig- und Handlungsfähigkeit der EU.

Die Nationalisierung des Erweiterungsverfahrens schreitet weiter voran und marginalisiert vor allem die Europäische Kommission.[2] Zur strukturellen Schwächung der

---

* Der Beitrag gibt ausschließlich die persönliche Meinung des Autors wieder.
1 Europäischer Rat/Rat der EU: Erklärung von Brdo des EU-Westbalkangipfels, 6.10.2021, abrufbar unter https://www.consilium.europa.eu/media/52294/brdo-declaration-6-october-2021-de.pdf (letzter Zugriff 19.10.2022).
2 Christophe Hillion: The creeping nationalisation of the EU enlargement policy, Swedish Institute for European Policy Studies Report 6/2010.

Jahrbuch der Europäischen Integration 2022

Kommission tritt die Amtsführung des Erweiterungskommissars Olivér Várhelyi. Dem Vertrauten des ungarischen Ministerpräsidenten Viktor Orbán (EVP) wurde auf der einen Seite vorgeworfen, Berichte zu Serbien zur Unterstützung der politischen Partnerschaft zwischen Vučić und Orbán zu schönen. Auf der anderen Seite wurde er beschuldigt Nordmazedonien nicht entschieden zu unterstützen, da dem für Korruption und andere Vergehen verurteilten ehemaligen Ministerpräsidenten Nikola Gruevski (VRMO-DPMNE/EVP) seit November 2018 von Orbán in Ungarn politisches Asyl gewährt wird.[3] Darüber hinaus kann der Fall Nordmazedonien als symptomatisch für die Krise der EU-Erweiterung betrachtet werden. Denn trotz jahrelanger Empfehlungen der Kommission (seit 2009), unterstützt vom Europäischen Parlament und einigen Mitgliedstaaten, wurden keine Beitrittsverhandlungen eröffnet. Sie wurden von einzelnen Mitgliedstaaten blockiert: erst von Griechenland wegen der Namensfrage, ab 2019 von Frankreich aus grundsätzlichen Überlegungen zur EU-Erweiterung, und zuletzt seit 2021 von Bulgarien wegen seines Anspruchs, über Sprache und Geschichte Nordmazedoniens mitzubestimmen.[4] Die Probleme des Beitrittsverfahrens zeigen sich auch an der Vermehrung von neuen Ansätzen und methodischen Anpassungen, die zunehmend für die Widersprüche, Orientierungslosigkeit und Risiken der EU-Politik stehen und nicht zu Klarheit und Einfachheit beitragen.

Am 24. Juni 2022 erklärte der Europäische Rat die Ukraine und die Republik Moldau zu EU-Beitrittskandidaten. Dies geschah, obwohl im Rahmen der 2009 lancierten Östlichen Partnerschaft die Perspektive eines Beitritts von der EU wiederholt ausgeschlossen worden war. Georgien wurde eine europäische Perspektive zugestanden. Dieser Politikwechsel wurde von außen durch die Aggression Russlands gegen die Ukraine erzwungen. Die „Verleihung" des Kandidatenstatus ohne Konditionalität, also anders als im Fall der Westbalkanstaaten, wurde von einigen Regierungen politisch ausdrücklich begrüßt, aber gleichzeitig auch konsterniert als weitere formale Ungleichbehandlung wahrgenommen. Denn auch der Europäische Rat in Thessaloniki im Juni 2003 hatte den Staaten des „Westlichen Balkans" eine EU-Perspektive in Aussicht gestellt. Seit 1997 hatte der Rat eine immer umfassendere Politik der Konditionalität für den Westbalkan entwickelt.[5] Zum 20-jährigen Jahrestag der Erklärung von Thessaloniki im Juni 2023 wird allerdings abgesehen von Kroatien, das am 1. Juli 2013 beitrat, kein weiterer Staat der Region in die Union aufgenommen worden sein. So wurde die Entscheidung vom 24. Juni 2022 in der Region auch als Absage an jegliche ernsthafte Erweiterungsabsicht gedeutet. Auch weil der als erweiterungskritisch gesehene Emmanuel Macron für den französischen EU-Ratsvorsitz am 9. Mai 2022 im Europäischen Parlament noch zusätzlich eine neue Form der europäischen Zusammenarbeit im Rahmen einer Europäischen Politischen Gemeinschaft (EPG) angekündigt hatte. Zum ersten Treffen in Prag während des tschechischen Ratsvorsitzes im Oktober 2022 wurden zwar alle sechs Westbalkanstaaten als gleichberechtigte Teilnehmer eingeladen. Dennoch verfestigte die EU nach außen das Bild es gehe eher um eine Erweiterung der EU-Erweiterung als politisches Instrument der EU-Außenpolitik und längst nicht um die reale Aufnahme weiterer Staaten in die Union.

---

3 Zosia Wanat/Lili Bayer: Olivér Várhelyi: Europe's under-fire gatekeeper, in: Politico, 5.10.2021.
4 Michael Martens: EU-Beitritt Nordmazedoniens auf Jahre blockiert?, in: Frankfurter Allgemein Zeitung, 14.12.2021.
5 Rat der EU: 2003. Tagung des Rates für Allgemeine Angelegenheiten, Schlußfolgerungen über die Anwendung der Konditionalität im Hinblick auf die Entwicklung einer kohärenten Strategie der EU für die Beziehungen zu den Ländern in der Region (Anlage III), 7738/97 (Presse 129), C/97/129, 29./30.4.1997.

Euro-atlantische Entwicklungen

Die erklärte geopolitische Ausrichtung der Europäischen Kommission von Präsidentin Ursula von der Leyen (EVP) wird damit beim Versuch der Eindämmung russischen und chinesischen Einflusses in der Region ihres wichtigsten Instruments, einer glaubwürdigen Mitgliedschaftsperspektive, beraubt. Die Folgen können vor allem in Serbien beobachtet werden, wo die EU-Mitgliedschaft nur noch von einer Minderheit unterstützt wird. Die Autorität und damit die transformatorische Kraft der EU ist damit in den Ländern zu großen Teilen aufgezehrt. So steht die EU-Politik gegenüber der Region 2022 vor Herausforderungen, die in der derzeitigen Verfassung und angesichts des Kriegs gegen die Ukraine und seiner weitreichenden Folgen für Wirtschaft und Gesellschaft durch den zurzeit praktizierten Ansatz nicht mehr lösbar scheinen und zusätzliche Risiken für die Region und in der Folge für die EU selbst zu schaffen drohen.

Auch die neue Bundesregierung bleibt dem Ansatz des Ende 2014 von Angela Merkel eingesetzten Berlin Prozesses verpflichtet. Aufgrund regionaler und EU-interner Uneinigkeit über seine Ziele, Mittel und Reichweite ist er hinter den in ihn gesetzten Erwartungen zurückgeblieben. Das Stocken von EU-Beitrittsverhandlungen und Berlin Prozess wurde als Grund für die Initiative „Open Balkan" genannt, die von den Staats- und Regierungschefs Albaniens, Nordmazedoniens und Serbiens lanciert wurde. Open Balkan bleibt vage und scheint vor allem Bedingungen für (grenzüberschreitende) Investitions–projekte, außerhalb des rechtlichen Rahmens der Stabilisierungs- und Assoziierungsabkommen mit der EU, bereiten zu wollen. Bislang liegen nur gemeinsame Regierungserklärungen, aber keine belastbaren zwischenstaatlichen Abkommen oder rechtlich bindende Vereinbarungen vor. Allerdings bindet Open Balkan Aufmerksamkeit, die für die Umsetzung bestehender Verträge mit der EU bzw. der Umsetzung von bestehenden regionalen Vereinbarungen, wie der Europäischen Energiegemeinschaft oder dem 2017 in Triest getroffenen Abkommen zum gemeinsamen Markt, dringend benötigt werden. Die kritische Haltung Bosnien und Herzegowinas, Kosovos und Montenegros beruht auf dem Eindruck von Open Balkan als Instrument serbischer Einflusspolitik, im Sinne der „Srpski Svet" (Serbische Welt), ehemals bekannt als „Großserbien".[6]

Im Gegensatz zur regionalen Integration haben die militärisch-politischen Aspekte der euro-atlantischen Integration der NATO mehr Erfolge in der Region aufzuweisen. 2009 sind Albanien und Kroatien, 2017 Montenegro und 2020 Nordmazedonien dem Bündnis beigetreten. In Bosnien und Herzegowina und der Republik Kosovo bestehen NATO-Hauptquartiere und die Mehrheit der Bevölkerung unterstützt einen Betritt. Serbien lehnt eine Mitgliedschaft und Unterstützung des westlichen Bündnisses ab. Die Absicherung der Ostküste der Adria, die von den Westbalkanländern gebildet wird, bleibt eine strategische Notwendigkeit für die westliche Allianz. Die NATO-Mitglieder in der Region unterstützen dabei auch die Ziele der Gemeinsamen Außen- und Sicherheitspolitik (GASP), während Serbien weder GASP noch NATO-Maßnahmen unterstützt und über Kräfte in der Republika Srpska (RS) die von der Mehrheit der Bevölkerung gewollte euro-atlantische Ausrichtung Bosnien und Herzegowina hintertreibt.

Nach dem Ende von Russlands Mitgliedschaft im Europarat am 16. März 2022 aufgrund des illegalen Angriffskriegs auf die Ukraine, entschloss sich die Republik Kosovo am 12. Mai 2022 die Aufnahme zu beantragen. Kosovo zählt dabei auch auf die Unterstützung Deutschlands. Die Mitgliedschaft im Europarat bedarf dabei keiner einstimmigen

---

6 Elona Elezi: 'Open Balkan' could worsen political problems in region, in: DW.com, 18.8.2022.

Entscheidung. Dieses Verfahren wird damit zu einem weiteren Test der Entschlossenheit der EU, eine führende Rolle bei der Gestaltung der Ordnung des Kontinents, auch innerhalb internationaler Organisationen, zu spielen.

Die Glaubwürdigkeit erklärter Absichten der Länder des Westlichen Balkans und der Mitglieder der Europäischen Union zur euro-atlantischen Integration lassen sich so anhand konkreter politischer Handlungen darstellen und einordnen: die Übernahme der EU-Positionen der GASP insbesondere im Hinblick auf die restriktiven Maßnahmen gegenüber Russland,[7] die Haltung zur NATO, das Abstimmungsverhalten im Ministerkomitee des Europarats am 16. März 2022 zum Ausschluss Russlands und ergänzend die Entschließung der UN-Generalversammlung vom 2. März 2022 zur Aggression gegen die Ukraine.

Tabelle 1: Haltung zu aktuellen politischen Fragen (Stand 1. September 2022)

	Übernahme der restriktiven Maßnahmen ggü. Russland im Rahmen der GASP	NATO-Mitgliedschaft	Ausschluss Russlands aus dem Europarat (Abstimmung vom 16.3.2022)	VN-GV Entschließung ES 11/1 – Aggression against Ukraine (Abstimmung vom 2.3.2022)
Albanien	Ja	Mitglied seit 2009	Ja	Ja
Bosnien und Herzegowina	Ja, nicht vollständig von RS umgesetzt	Mitgliedschaftsaktionsplan seit 2010	Ja	Ja
Kosovo	Ja	Mitgliedschaft erwünscht, NATO Mission seit 1999	n/a	n/a
Montenegro	Ja	Mitglied seit 2017	Ja	Ja
Nordmazedonien	Ja	Mitglied seit 2020	Ja	Ja
Serbien	Nein	Ausdrücklich abgelehnt, Mitglied der Bewegung der Blockfreien Staaten	Abwesend	Ja

Quelle: Eigene Darstellung.

Entwicklungen in den Ländern

Albanien

Nach den Wahlen vom 25. April 2021 konnte Ministerpräsident Edi Rama (PES), ausgestattet mit einer Mehrheit von 74 von 140 Sitzen im Parlament Mitte 2021 sein drittes Mandat antreten. Die vorgezogenen Wahlen wurden auf Vermittlung der EU und der USA angesetzt, nachdem die Opposition 2019 die Wahlen boykottiert hatte. Nach den Wahlen steht Ramas Sozialisten im Parlament die Demokratische Partei/Allianz für Veränderung (EVP) mit 59 Sitzen als Opposition gegenüber. Die Verbesserung des Wahlprozesses und ein repräsentativeres Parlament wurden von der EU als Bedingungen für die Aufnahme von Beitrittsverhandlungen gestellt. Dies war jedoch nicht ohne das Ende der Blockade des EU-Integrationsprozesses von Nordmazedoniens zu erreichen, der durch das Veto Bulgariens blockiert wurde. So nutzte Rama das Vorhaben Open Balkan auch um seinen politischen Spielraum regional zu erweitern. Außerdem stärkte er damit die Verbindung zum serbischen Präsidenten Vučić, auf Kosten der Beziehungen zu Kosovo. Der gelingende Ansatz eines neuen und transparenten Regierungshandelns von Premierminister Albin Kurti in

---
7 Iryna Stasiukevych/Michal Malovec: In-Depth Analysis, EU sanctions against Russia: alignment of the EU enlargement countries, European Parliament PE639.327, Juli 2022.

Kosovo steht in einem Spannungsverhältnis zum teilweise autokratischen Regierungsgebaren Ramas in Albanien. Gleichwohl unterstützt Albanien die Unabhängigkeit Kosovos und fördert auch die wirtschaftliche, kulturelle und gesellschaftliche Zusammenarbeit und damit auch den Zugang Kosovos zum europäischen Markt über den Hafen in Durrës an der albanischen Adriaküste.[8]

Das Ziel des EU-Beitritts bleibt in Albanien unumstritten. Aufgrund der Distanz zu den post-jugoslawischen Staatsbildungsprozessen und -schwierigkeiten ist er auch relativ unbelastet von der Einflussnahme individueller EU-Mitgliedstaaten. Neben dem Wiederaufbau nach dem schweren Erdbeben von Ende 2019, den Folgen der Covid-19-Pandemie und der Auseinandersetzungen zu Medienfreiheit, Rechtsstaatlichkeit und Justizreform, war die Innenpolitik weiterhin von der Kampagne der Sozialistischen Partei Ramas gegen den Staatspräsidenten Ilir Meta dominiert. Auch der letzte Versuch der vorzeitigen Absetzung scheiterte am Verfassungsgericht, das keinen Amtsmissbrauchs Metas feststellen konnte. So endete Metas Amtszeit turnusgemäß. Am 4. Juni 2022 wurde Bajram Begaj, parteilos und bis 2022 Generalstabschef der albanischen Streitkräfte, mit 78 von 140 Stimmen von der Sozialistischen Partei und ihren Verbündeten im Parlament zum Präsidenten gewählt. Die Rolle des Staatspräsidenten ist vor allem zeremoniell und trotzdem konnte auch diese Wahl die politische Polarisierung nicht aufheben. Die meisten oppositionellen Parlamentarier*innen boykottierten die Abstimmung. Nicht zuletzt im Hinblick auf die angestrebte Eröffnung der Beitrittsverhandlungen im Juli 2022 begrüßte der Beauftrage der Union für Außen- und Sicherheitspolitik Josep Borrell die Wahl Begajs. Als NATO-Mitglied spielt Albanien auch eine wichtige Rolle bei der Sicherung der Adria. Die innenpolitische Polarisierung bleibt jedoch Grund und Ergebnis der Krise demokratischer Institutionen. Die Verfestigung dieser Krise wird mit der Regierungsführung Ramas in Verbindung gebracht. Es bleibt daher abzuwarten, ob mit dem Beginn substantieller EU-Beitrittsverhandlungen seit dem 19. Juli 2022 auch eine neue innenpolitische Transparenz-, Demokratie- und Reformdynamik entfacht werden kann.

Bosnien und Herzegowina

Die europäischen Entwicklungen fanden besonderen Widerhall in der Innenpolitik des Landes, das eine entscheidende Rolle für die Zukunft der europäischen Integration der Region spielt. Die staatstragenden politischen Kräfte, mit den bosniakischen und kroatischen Präsidiumsmitgliedern Šefik Džaferović und Željko Komšić, sahen sich 2021 weiterhin der zerstörerischen Haltung des serbischen Präsidiumsmitgliedes Milorad Dodik gegenüber. Unterstützt wurde Dodik dabei von Dragan Čović, der als Vorsitzender der nationalistischen Kroatischen Demokratischen Union BuH (HDZ BiH/EVP) Ansprüche auf Ämter erhebt, obwohl seine Partei dafür keinen ausreichenden Erfolg bei den Wahlen erringen konnte. Beide wollen die Friedensordnung des Landes durch Obstruktion und Erpressung mit dem Ziel einer nationalistisch-völkischen Segregation der Staatsbürger*innen unterlaufen. Bosnien und Herzegowina sah sich dabei auch der Parteinahme Kroatiens für die Positionen der HDZ BiH in den EU-Organen gegenüber. Vergleichbar mit der Lage in Nordmazedonien wird die EU-Politik zur Geisel der Haltung eines einzelnen Mitgliedstaats mit Interessen in einem nicht-EU-Nachbarland. Von der EU und den USA geführte Vermittlungen zu einer Verfassungsreform scheiterten wegen eines Mangels an Glaubwürdigkeit

---

8 Xhorxhina Bami: Kosovo Businesses Welcome Expected Customs Office in Albanian Port, in: BalkanInsight, 27. 1.2022.

aufgrund von Parteilichkeit für kroatische und serbische Interessen der Vermittler.[9] Das Vertrauen in die Haltung der EU gegenüber Bosnien und Herzegowina hatte 2021 einen Einbruch erlebt, nach dem der scheidende Hohe Repräsentant (HR) Valentin Inzko die Änderung des Strafgesetzbuches verordnete, um die Leugnung von Genozid und anderen Verbrechen unter Strafe zu stellen. Denn die EU konnte sich danach zu keiner eindeutigen unterstützenden Haltung durchringen, obschon die Leugnung von Kriegsverbrechen und die Ablehnung und Unterminierung der internationalen Strafjustiz durch Milorad Dodik und andere rechtsextremistische Kräfte im Widerspruch zu den Werten der EU stehen. Aufgrund seiner „korrupten Aktivitäten und fortdauernder Bedrohung der Stabilität und territorialen Integrität von Bosnien und Herzegowina" stellte die US-Regierung Dodik am 5. Januar 2022 unter Sanktionen. Eine entsprechende Maßnahme der EU scheiterte im Rat am Veto Ungarns, da Ministerpräsident Orbán sich als Verbündeter der RS und Serbiens begreift. Das Europäische Parlament bedauerte die Untätigkeit des Rats im März 2022 und forderte erneut „insbesondere gezielte Sanktionen und die Aussetzung von Mitteln, gegen destabilisierende Akteure im Land, einschließlich derjenigen, die die territoriale Ordnung von Bosnien und Herzegowina bedrohen, insbesondere Milorad Dodik, einzusetzen." Das EP begrüsste ausdrücklich die Aussetzung von EU-Fördermitteln in Höhe von 600 Mio. Euro für Projekte in der Republika Srpska (RS) und dass diese Subventionen erst „nachdem Vertreter der RS vollständig zu staatlichen Organen zurückgekehrt sind" freigegeben werden können.[10] Die deutsche Regierung setzte in diesem Zusammenhang vier Infrastrukturprojekte in der Republika Srpska im Wert von 105 Mio. Euro aus. Dennoch gelang es weder dem von Partikularinteressen Kroatiens und Ungarns blockierten Rat noch der Kommission, dem EAD, oder dem EU-Sonderbeauftragten und Leiter der EU-Delegation in Sarajevo, Johann Sattler, die europäische Integration des Landes als eine einigende Dynamik zu gestalten. Weitere innenpolitische Spannungen entstanden mit der Ernennung des ehemaligen deutschen Ministers Christian Schmidt (CSU/EVP) zum Nachfolger Inzkos als Hoher Repräsentant.[11] Russland stimmte der Ernennung Christian Schmidts nicht zu und auch Milorad Dodik stellte seine Autorität in Frage, da er die Institution des Hohen Repräsentanten grundsätzlich als illegitim und redundant ansieht. Am 3. November 2021 verlängerte der UN-Sicherheitsrat das Mandat der militärischen Friedensmission EUFOR-Althea, nachdem allerdings jeglicher Bezug zum HR und euro-atlantischer Integration aus dem Text der Resolution entfernt worden waren, um ein Veto Russlands und Chinas zu vermeiden.

Mit der russischen Aggression gegen die Ukraine verschärfte sich denn erneut die innenpolitische Lage, da die Vertreter der Republika Srpska in den Staatsorganen unter Einfluss der russischen und serbischen Politik stehen. Außerdem scheinen auch einige der Vertreter der HDZ BiH unter dem Einfluss Moskaus zu stehen.[12] Dank eindeutiger Beschlusslage konnte die Außenministerin Biserka Turković den Ausschluss Russlands aus dem Europarat mitbeschließen. Aufgrund eines Vetos von Milorad Dodik konnte das

---

9 Adelheid Wölfl: Versuch zur Einigung auf Verfassungsreform in Bosnien gescheitert, in: Der Standard, 31.1.2022.
10 Europäisches Parlament: Entschließung zu dem Bericht 2021 der Kommission über Bosnien und Herzegowina, 2021/2245(INI), 6.7.2022.
11 Das sui generis Amt, das durch das allgemeine Rahmenabkommen für Frieden in Bosnien und Herzegowina im Dezember 1995 geschaffen wurde, soll die zivilen Aspekte des Abkommens überwachen und durchsetzen. Bei seiner Arbeit ist der Amtsträger auf die Unterstützung des Friedensimplementierungsrats (PIC) angewiesen. Dem PIC gehören neben Deutschland, Frankreich, Italien, dem Vereinigten Königreich und den USA, auch die Türkei und Russland an.
12 Adelheid Wölfl: Angst vor steigendem russischen Einfluss in Bosnien-Herzegowina, in: Der Standard, 16.8.2022.

Staatspräsidium sich nicht den restriktiven Maßnahmen der EU gegenüber Russland anschließen. Allerdings war Außenministerin Turković im Rahmen der Umsetzung des SAA in der Lage entsprechend handeln.

Im Frühjahr unterminierte der Finanzminister Vjekoslav Bevanda (HDZ BiH/EVP) den Haushalt für die Vorbereitung und Durchführung der allgemeinen Wahlen im Oktober 2022, was wiederum ein Eingreifen des Hohen Repräsentanten erforderte. In dieser Lage vermittelte Charles Michel, als Präsident des Europäischen Rats, am 12. Juni 2022 eine Vereinbarung zwischen Vertretern des Staatspräsidiums und neun politischen Parteien.[13] Die Vereinbarung ruft zu einer Zusammenarbeit auf, damit die Bedingungen für den Kandidatenstatus BiHs im Nachgang zu den Wahlen im Oktober 2022 bald erreicht werden können. Angesichts dieser Entwicklungen stimmte am 7. Juli 2022 auch der Deutsche Bundestag für ein verstärktes Engagement für Bosnien und Herzegowina, einschließlich der erneuten Beteiligung Deutschlands an EUFOR-Althea und stellte fest, dass „insbesondere das politische Agieren völkisch-nationalistischer Politiker wie Milorad Dodik, gegenwärtig Mitglied des Staatspräsidiums, und Dragan Čović, Vorsitzender der Partei HDZ, ... darauf angelegt [ist], Bosnien und Herzegowina als Staat und Heimat einer vielfältigen Bevölkerung zu zerstören."[14] Die Europäische Einheit bleibt für Bosnien und Herzegowina somit weiterhin dringend.

Kosovo

Kosovo bleibt das einzige Westbalkanland mit Visumpflicht für die EU und den Schengenraum. Obwohl die Europäische Kommission seit 2018 wiederholt feststellte, dass alle Bedingungen erfüllt sind, hat der Rat vor allem aufgrund des Widerstands von Frankreich keine Visaliberalisierung beschlossen. Zur Uneinigkeit des Rates kommt hinzu, dass fünf der 27 Mitgliedstaaten Kosovo nicht anerkennen.[15] Die EU-Beziehungen zu Kosovo werden durch das seit 2016 geltende Stabilisierungs- und Assoziierungsabkommen geprägt. Zudem hat der von der EU seit März 2011 vermittelte Dialog zwischen Kosovo und Serbien große Bedeutung. Nach jahrelanger Unterbrechung wurde der Dialog mit der seit März 2021 neuen kosovarischen Regierung von Albin Kurti und Präsident Aleksandar Vučić am 2. Juli 2021 unter Vermittlung des EU-Sonderbeauftragten (EUSB) Miroslav Lajčák wieder aufgenommen. Am 7. September 2021 kündigte der für EU-Integration zuständige stellvertretende Ministerpräsident Besnik Bislimi an, dass Kosovo wegen der Weigerung Serbiens zur Erfüllung der 2011 unterzeichneten Garantie freien Reisens und der Diskriminierung von Fahrzeugen mit kosovarischen Kennzeichen den zehn Jahre andauernden einseitigen Verzicht auf Gegenseitigkeit ab 1. Oktober 2021 nicht fortführen werde. Der serbische Präsident Aleksandar Vučić und serbische Extremisten im Norden Kosovos eskalierten nach dieser Ankündigung mit der Androhung von Gewalt und Straßenblockaden. Präsident Vučić ließ Truppen an die Grenze zu Kosovo verlegen, Kampfbomber aufsteigen und in den von der Regierung kontrollierten Medien wurde ein Krieg heraufbeschworen. Nach ergebnislosen Appellen der EU führte eine Intervention von NATO-Generalsekretär Jens Stoltenberg beim serbischen Präsidenten zur Beruhigung der Lage. Die Straßenblockaden wurden unter Kontrolle der NATO (KFOR) und der kosovarischen Polizei geräumt. Es

---

13 Rat der EU: Erklärung, Political agreement on principles for ensuring a functional Bosnia and Herzegovina that advances on the European path, 562/22, 12.6.2022.
14 SPD/Bündnis 90/Die Grünen/FDP: Antrag, Bosnien und Herzegowina beim Aufbruch in eine bessere Zukunft unterstützen, Deutscher Bundestag Drucksache 20/2035, 30.5.2022.
15 Zoran Nechev/Donika Emini: Visa Liberalization: Kosovo's Saga on the EU Path, Kosovo Foundation for Open Society, Pristina 2022.

wurde vereinbart, unter Vermittlung der EU innerhalb von sechs Monaten bis zum 21. April 2022 eine Lösung zu suchen. Als erstes Ergebnis wurde vereinbart, dass beide Seiten auf den Fahrzeugkennzeichen ihre Hoheitszeichen bei der Einreise in das andere Land durch Aufkleber verdecken. Die von Serbien 2011 zugesicherte und von Kosovo erneut vorgeschlagene internationale Praxis für freie Fahrt, wie etwa auch zwischen Kosovo und Griechenland, lehnte Serbien ab. Schritte zur Angleichung an internationale Praxis vollzog Kosovo auch beim serbischen Verfassungsreferendum vom 16. Januar 2022 sowie bei den serbischen Wahlen vom 3. April 2022. In beiden Fällen bot Kosovo eine international übliche Vereinbarung über die Nutzung diplomatischer Vertretungen für die Wahlen an. Dies wurde von Serbien abgelehnt, womit es für serbische Staatsbürger*innen in Kosovo keine rechtliche Möglichkeit zur Teilnahme an der serbischen Wahl gab.

Die Regierung Kurti und Präsidentin Vjosa Osmani intensivierten Kontakte zur Administration des neuen amerikanischen Präsidenten Joe Biden. Kosovo entsprach der Bitte der USA, für eine Übergangszeit bis zu 4.000 afghanische Flüchtlinge auf dem US-Stützpunkt in Kosovo zu beherbergen. Ein ähnliches Abkommen wurde mit der NATO geschlossen. Nach der erneuten Invasion Russlands in die Ukraine am 24. Februar 2022 übernahm Kosovo unmittelbar die restriktiven Maßnahmen der EU und der USA. Nach Suspendierung und dem Austritt Russlands aus dem Europarat am 16. März 2022 reichte Kosovo durch Außenministerin Donika Gërvalla-Schwarz am 12. Mai 2022 offiziell den Antrag auf Aufnahme in den Europarat ein. Am 18. Juli 2021 verlängerte der Rat das Mandat von EUSB Lajčák bis zum 31. August 2024. Das Mandat für den EUSB für Kosovo Tomáš Szunyog läuft bis 31. August 2023. Schon im Juni 2021 war das Mandat der EU-Rechtsstaatsmission EULEX Kosovo auf Grundlage des Einladungsschreibens der Präsidentin Osmani vom Rat bis zum 14. Juni 2023 verlängert worden. Mehr als 80 Prozent der Befragten in Kosovo stimmen der euro-atlantischen Integration in NATO und EU zu. Dies ist mit Abstand die größte Unterstützung im Westbalkan. Allerdings steigt auch hier das Misstrauen, ob die EU trotz gegenteiliger Erklärungen die EU-Perspektive wirklich unterstützt. Der mangelnde Fortschritt bei der Visaliberalisierung droht das Ansehen langfristig zu beschädigen. So verwundert es nicht, dass Kosovo zunehmend auf Kooperation mit Einzelstaaten der EU und den USA setzt und die EU GASP/Gemeinsame Sicherheits- und Verteidigungspolitik (GSVP) nicht mehr als alleiniges Erfolgsmodell für euro-atlantische Integration betrachtet.

Montenegro

Ende 2020 gelang es einer Koalition unter Premierminister Zdravko Krivokapić, die seit der Unabhängigkeit 2006 dominierende Demokratische Partei der Sozialisten Montenegros (PES) des Staatspräsidenten Milo Đukanović abzulösen. Die vor allem durch ihre Opposition gegen Đukanović geeinte Regierung geriet in der zweiten Hälfte des Jahres 2021 in eine schwere Krise. Auslöser war die Einsetzung eines neuen serbisch-orthodoxen Metropoliten in der historischen Hauptstadt des Landes Cetinje am 5. September. Der Hintergrund der Kontroverse ist die Frage der Staatlichkeit Montenegros und der Beziehungen zu Serbien, dessen Präsident einen Anspruch auf Mitsprache in inneren Angelegenheiten Montenegros erhebt. Krivokapić galt dabei als Parteigänger der serbisch-orthodoxen Kirche und Verfechter einer engen Anbindung an Serbien, auch weil er erklärtermaßen 2006 gegen die Unabhängigkeit Montenegros gestimmt hatte. Der stellvertretende Ministerpräsident Dritan Abazović von der neuen grünen Partei URA (EGP), ohne die keine Regierung zu bilden war, führte aufgrund von Krivokapićs Zaudern und unklarer Haltung zu Montenegros Selbständigkeit in nationalen Fragen den Bruch herbei. Nach einem Misstrauensvotum Ende

Februar 2022 beauftragte Präsident Đukanović dann Abazović mit der Regierungsbildung. Als erster grüner Politiker in Südosteuropa führte dieser seit dem 28. April eine Regierungskoalition aus montenegrinisch-europäischen und serbisch-nationalen Parteien. Ziel Abozovićs war die Beschleunigung der europäischen Integration nach der erneuten russischen Aggression gegen die Ukraine. Dafür präsentierte er ein Reformprogramm gegen organisierte Kriminalität und Korruption, für wirtschaftliche Entwicklung, Umweltschutz und Verstärkung der Kinder- und Jugendhilfe. Der Regierung gelangen einige Schläge gegen den Drogenhandel, so z. B. der Beschlagnahmung von 1,4 Tonnen Kokain im August 2021 und weiteren 400 Kilogramm Anfang 2022. Ein heikleres Ziel war die Verabschiedung eines Konkordats mit der serbisch-orthodoxen Kirche mit Sitz in Belgrad, getragen von der Idee die Beziehungen zu Serbien und den Serb*innen in Montenegro zu beruhigen. Die Unterzeichnung dieses Abkommens und die fortdauernd ambivalente Haltung der serbisch-orthodoxen Kirche gegenüber dem serbischen Nationalismus führe dann allerdings zum Scheitern der Regierung Abozović im August 2022 aufgrund mangelnden politischen Rückhalts für das Konkordat. Damit wurde Montenegros Handlungsfähigkeit im Hinblick auf die Verhandlungen mit der EU erneut durch nationale Fragen, die Selbstüberschätzung der Regierung Abozović und das Einwirken Belgrads ausgebremst. Dies ist beachtlich, da Montenegro alle Verhandlungskapitel geöffnet hat und aufgrund seiner mehrheitlich euroatlantischen Orientierung und kompakten Größe mit gut 600.000 Einwohnenden allgemein als zügig in die EU integrierbar angesehen wird. Allerdings besteht wegen Immobilien- und Tourismusinvestitionen, und den Zuzug serbischer und russischer Akteure, auch aggressiver Widerstand gegen eine weitere Europäisierung des Landes. Auch die NATO-Mitgliedschaft wird von diesen Akteuren aktiv hintertrieben, schließlich bietet Montenegros direkter Zugang zum Mittelmeer auch strategische Chancen für Russland in seinem Kampf gegen die europäische Integration.[16]

Nordmazedonien

Der Beginn der EU-Beitrittsverhandlungen mit Nordmazedonien wurde seit November 2020 von Bulgarien wegen Sprach- und Identitätsfragen blockiert. Ähnlich wie in Bosnien und Herzegowina, übernimmt die aktuelle EU nun partikulare Positionen eines ihrer Mitgliedstaaten und wird so zum Akteur der Innenpolitik der Partnerländer. Dies hat die Glaubwürdigkeit der EU in der Bevölkerung beschädigt, aber vor allem das Vertrauen der politischen Eliten in die europäischen Institutionen erodiert. So verwundert es nicht, dass Ministerpräsident Zoran Zaev (PES) zu den Begründern der Open Balkan-Initiative im Sommer 2021 gehörte, um der blockierten EU-Politik eine Alternative entgegenzusetzen. Im Herbst, angesichts der verfahrenen Lage und nach den für seine Partei verlustreichen Kommunalwahlen im Oktober 2021, trat er, von der EU enttäuscht, zum zweiten Mal zurück. Zaev gelang es ein Misstrauensvotum gegen seine Regierungskoalition der nationalkonservativen VMRO-DPMNE (EVP) abzuwehren, die sich als Sachwalterin der nationalmazedonischen Sache auch in der Auseinandersetzung mit Bulgarien sieht. So konnte dennoch die europäisch-orientierte Koalition gestärkt aus der Krise herausgehen und Zaevs sozialdemokratischer Parteifreund Dimitar Kovačevski wurde am 16. Januar 2022 neuer Premierminister.

Die Position Bulgariens in der Sprachen- und Identitätsfrage verhärtete sich Anfang 2022, auch im Schatten des Angriffskrieges gegen die Ukraine, der die strategische Bedeutung des Schwarzmeer-Anrainers Bulgarien in der NATO stärkte. Gleichzeitig stand die

---

16 Balša Božović: Starkes Signal. Putin verfolgt auf dem Balkan eine klare Agenda, in: IPG Journal, 11.3.2022.

französische Ratspräsidentschaft unter Druck, die Verhandlungen mit Albanien und Nordmazedonien zu beginnen, nicht zuletzt um die Handlungsfähigkeit der EU unter Beweis zu stellen. Der Vorschlag der Ratspräsidentschaft sah vor, die mazedonische Verfassung zu ändern und um die bulgarische Volksgruppe zu erweitern. Am 16. Juni stimmte die Mehrheit des mazedonischen Parlaments für dieses Vorgehen, wobei allerdings die VRMO-DPMNE der Abstimmung fernblieb. Ihre Zustimmung wird aber erforderlich für eine Änderung der Verfassung, um die 2/3-Mehrheit der Parlamentsstimmen zu erreichen. Am 19. Juli 2022 wurden dann 18 Jahre nach dem Beitrittsantrag von 2004 mit einer Regierungskonferenz die Beitrittsverhandlungen in Brüssel eröffnet, die bis zur Verabschiedung der geforderten Verfassungsreform allerdings nicht voranschreiten werden.

> "De facto bedeuten sie jedoch nur, dass Albanien nun tatsächlich zu verhandeln beginnen kann, Nordmazedonien aber weiter vom Wohlwollen Bulgariens abhängig ist und die EU-Kommission den bulgarischen Forderungen, bilaterale Fragen in den Verhandlungsprozess aufzunehmen, nachkommt. Entscheidend ist auch die Rolle Frankreichs, das gegen jede EU-Erweiterung ist und sich offenbar hinter dem bulgarischen Veto 'versteckt'."[17]

Ob die Verfassungsänderung zu erreichen ist, scheint unwahrscheinlich, da sie den Zusammenhalt im Land belasten könnte. Ausländische Mächte wie Russland haben dabei ein Interesse an der Destabilisierung des NATO-Landes und der Region. So bleibt es fraglich, ob die EU 2022 die richtigen Schritte für den EU-Beitritt des Landes in absehbarer Zukunft gemacht hat.

Serbien

Die serbische Regierung verfolgte bis Anfang 2022 eine Politik der rhetorischen EU-Annäherung, ohne jedoch aktiv für die europäische Integration bei der nationalistisch eingestellten Bevölkerung zu werben. Im Gegenteil bedienten Regierungsmitglieder oft anti-westliche Ressentiments und verbreiteten anti-europäische Desinformation. Im Rahmen der revidierten Erweiterungs-Methodologie fand am 14. Dezember 2021 die 13. Regierungskonferenz der EU-Beitrittsverhandlungen statt und das neue Cluster 4, mit den Kapiteln Verkehrspolitik, Energie, Transeuropäische Netze, Umwelt und Klimawandel wurde eröffnet. Die Regierung von Ana Brnabić (EVP) konnte dies als Anerkennung ihrer Reformanstrengungen werten. Die Fortsetzung wurde auch möglich, weil die Arbeiten für eine Justizreform vorangetrieben wurden. Auf Grundlage von Gutachten der Venedigkommission des Europarats wurden Vorschläge für entsprechende Verfassungsänderungen erarbeitet, die die Unabhängigkeit der Richter*innen und Staatsanwaltschaft langfristig stärken sollen. Das notwendige Referendum zur Änderung der Verfassung fand am 16. Januar 2022 statt. Damit wurde die Grundlage für die Umsetzung der Pläne gelegt. Allerdings wird die Reform erst ab 2026 greifen, bis dahin gelten Übergangsfristen, die die derzeitige politische Kontrolle über die Justiz weitgehend fortbestehen lassen.

Das Referendum warf allerdings Fragen im Hinblick auf das Funktionieren demokratischer Institutionen auf. So wurde das entsprechende Gesetz über Abstimmungen und Referenden nur kurz vorher verabschiedet. Es wurde von Einschüchterungen und Unregelmäßigkeiten berichtet. Die Wahlbeteiligung war äußerst gering (knapp 30 Prozent), was angesichts der Bedeutung der Verfassungsreform für die EU-Integration erstaunlich ist. Die problematische Entwicklung überraschte jedoch nicht, da die Parlamentswahlen im Juni 2020 schon von der Opposition boykottiert worden waren, weil sie keine Bedingungen für eine faire Wahl sahen. Der immer offener autokratisch, außerhalb seiner

---

17 Adelheid Wölfl: Nordmazedonien beugt sich dem bulgarischen Druck, in: Der Standard, 17.7.2022.

Verfassungsvollmachten, agierende Präsident Aleksandar Vučić kündigte dann schon Ende 2020 vorgezogene Parlamentswahlen, zusammen mit Präsidentschaftswahlen an. Mitglieder des Europäischen Parlaments führten schon seit 2019 einen strukturierten „Interparty Dialogue" zur Verbesserung des Funktionierens demokratischer Institutionen.[18] Dieser wurde nun zur Verbesserung der Bedingungen der Wahlen am 3. April 2022 fortgesetzt und am 28./29. Januar 2022 beendet. Für die serbische Regierung waren mit Justizreform und Verbesserung des Wahlumfelds wichtige EU-Themen eingehegt worden. Parallel wurden jedoch auch Spannungen in Kosovo angeheizt, was den Belgrad-Pristina Dialog zum Erliegen brachte.

Der 24. Februar 2022 änderte die Situation schlagartig. Denn nun verlangten die EU-Mitgliedstaaten ein klares Bekenntnis des Präsidenten und Solidarität der Regierung mit den politischen Zielen der EU. Durch den Wahlkampf gelang es der serbischen Seite erstmal Zeit zu gewinnen. Am 3. April wurde Präsident Vučić und seine Politik mit klarer Mehrheit für eine zweite und gemäß der geltenden Verfassung letzte Amtszeit bis 2026 bestätigt. Sein Wahlbündnis und Koalitionspartner behielten die Kontrolle über das Parlament, wobei auch wieder gemäßigte und europäisch orientierte Kräfte in Parlament einzogen. Auch als Folge von breiten Protesten und Mobilisierung gegen umweltschädliche Investitionsvorhaben, einschließlich einer intransparenten Lizenzierung für eine Lithium-Mine, gelang es erstmals einer „grünen" Liste Mandate zu erringen. Die internationale Wahlbeobachtermission stellte allerdings fest, dass zwar verschiedene politische Optionen zur Wahl standen, aber dass auch zahlreiche Unzulänglichkeiten zu ungleichen Bedingungen führten und die Amtsinhaber, also den Präsidenten und die von ihm geführte Liste „Aleksandar Vučić - Gemeinsam schaffen wir alles" begünstigten.[19] Im Nachgang der Wahlen kam es wegen der ebenfalls kurzfristig geänderten Regeln zu Verzögerungen bei der Auszählung und zu Nachwahlen. Das endgültige Ergebnis der Parlamentswahl wurde erst drei Monate später, am 5. Juli 2022, verkündet. Somit bestand seit Anfang 2022 ein politisches Vakuum, das der Präsident für sich innen- und außenpolitisch zu nutzen wusste, indem er jegliche rechtlich-bindende Festlegung gegen Russland vermied.[20] Damit stehen Mitte 2022 die politischen Grundlagen, wie die Übernahme der Positionen der GASP, und damit einer weiteren EU-Integration Serbiens, in Frage.

Ausblick

Die europäische Integration bleibt für die Länder des Westbalkans eine Herausforderung. Die „Zeitenwende" seit dem 24. Februar hat den Blick für die Widersprüche innerhalb der Region und die offenen Fragen der europäischen öffentlichen Ordnung, wie die der Stellung der Republik Kosovo und generell der post-jugoslawischen Nachkriegsordnung wieder neue Aktualität und Brisanz gegeben. Gleichzeitig zeigt sich, dass zwischen Zustimmung zur EU und dem Stand der Beziehungen keine Kongruenz mehr besteht. 20 Jahre nach Thessaloniki entsteht der Eindruck einer fahrlässigen Unfertigkeit des europäischen

---

18 Europäisches Parlament /Global democracy support: Inter-Party Dialogue with the Serbian National Assembly, Narodna Skupštin", abrufbar unter https://www.europarl.europa.eu/globaldemocracysupport/en/mediation-and-dialogue/jean-monnet-dialogues (letzter Zugriff: 19.10.2022).
19 OSCE et al.: International Election Observation Mission Republic of Serbia - Presidential an Early Parliamentary Elections, 3 April 2022: Statement of preliminary findings and conclusions, abrufbar unter https://www.osce.org/files/f/documents/f/1/515177.pdf (letzter Zugriff: 19.10.2022).
20 Vedran Džihić: Serbien nach den Wahlen 2022 – Wie Zeitkaufen und Taktieren zum dominanten politischen Muster wurden, in: Südosteuropa-Mitteilungen 3/2022, S. 25–48.

Einigungsprojekts in der Region und mehr als jede vierte Person glaubt, dass die Länder des Westbalkans niemals der EU beitreten werden.[21]

Tabelle 2: Stand und Zustimmung zur europäischen Einheit (Stand 1. September 2022)

	Zustimmung EU-Mitgliedschaft	*Status EU-Mitgliedschaft*	*Europarat Aufnahmedatum*
Albanien	89 Prozent	Kandidat, Verhandlung seit 2022	13. Juli 1995
Bosnien und Herzegowina	50 Prozent	Antrag 2016, potentieller Kandidat	24. April 2002
Kosovo	73 Prozent	n/a, potentieller Kandidat	Antrag, 12. Mai 2022
Montenegro	57 Prozent	Kandidat, Verhandlung seit 2012	11. Mai 2007
Nordmazedonien	56 Prozent	Kandidat, Verhandlung seit 2022	9. November 1995
Serbien	38 Prozent	Kandidat, Verhandlung seit 2014	3. April 2003

Quelle: Eigene Darstellung.

Es bleibt abzuwarten, ob im Rahmen der von Präsident Emmanuel Macron am 9. Mai verkündeten Europäischen Politischen Gemeinschaft neue Ansätze gefunden werden oder ob es bis zum Ende des derzeitigen institutionellen Zyklus 2024 bei einem graduellen Weiterwursteln bleiben wird. Für die Länder des Westbalkans bedeuten jedoch fahrige Unklarheit und verfestigte Perspektivlosigkeit in der europäischen Integration mehr als einen Zeitverlust, denn ihre sichere Zukunft hängt bei aller Interdependenz mehr von der EU ab als umgekehrt.

Weiterführende Literatur

Vedran Džihić: Der Westen am Westbalkan – die EU und die USA zwischen neuen geopolitischen Herausforderungen und der Frage nach der Zukunftsvision für die Region, Österreichisches Institut für Internationale Politik, Kurzanalyse 6/2021.
John R. Lampe/Ulf Brunnbauer: The Routledge Handbook of Balkan and Southeast European History, London 2021
Christian Hagemann: Ernten was man sät. Perspektiven der EU in Südosteuropa jenseits der Stabilokratie, in: Südosteuropa Mitteilungen 1/2022, S. 51–64.

---

21 Regional Cooperation Council: Balkan Barometer 2022. Public Opinion. Analytical Report, 24.6.2022.

Türkei

Funda Tekin[*]

Die Türkei ist weiterhin ein Land von wichtiger strategisch-politischer, wirtschaftlicher und außenpolitischer Relevanz für die EU sowie für die Stabilität der gesamten Region.[1] Der russische Angriffskrieg gegen die Ukraine hat dies und insbesondere die Bedeutung der Türkei innerhalb der NATO verstärkt. Gleichzeitig bleibt die Türkei ein schwieriger Partner. Die Hoffnung der westlichen Verbündeten, dass die Türkei in der neuen Krise „vorsichtig auf den Westen zugehen werde"[2], hat sich aufgrund der türkischen „strategischen Ambiguität"[3] oder „Schaukelpolitik"[4] nur bedingt bestätigt. Darüber hinaus bleibt die Situation mit Blick auf Rechtsstaatlichkeit, Demokratie und Menschenrechte[5] sowie die wirtschaftliche Entwicklung des Landes besorgniserregend. Als positiv mit möglichen Anknüpfungspunkten für die EU-Türkei Beziehungen kann die Ratifizierung des Pariser Klimaabkommens im Herbst 2021 hervorgehoben werden.

Innenpolitischer Druck: Eine Wahl wirft ihre Schatten voraus

Der innenpolitische Druck auf Präsident Recep Tayyip Erdoğan und seine Partei für Gerechtigkeit und Entwicklung (AKP) wird immer größer – vor allem wegen der prekären wirtschaftlichen Lage. Auch das Krisenmanagement Erdoğans während der verheerenden Waldbrände im Sommer 2021 hat nicht dazu beigetragen, das Vertrauen der türkischen Bevölkerung zu stärken. Während die türkische Wirtschaft im Jahr 2021 noch ein starkes Wachstum aufweisen konnte (11 Prozent), fällt die Prognose für 2022 weitaus schwächer aus (2,7 Prozent).[6] Ansteigende Inflation und die starke Abhängigkeit von ausländischen Direktinvestitionen sind weiterhin die „Achillesverse" der Türkei.[7] Offiziell lag die Inflation im April 2022 bei 70 Prozent. Darüber hinaus ist der Abwertungsdruck auf die Türkische Lira sehr groß. Sie hat im Jahr 2021 40 Prozent an Wert verloren und bis zum Sommer 2022 weitere 27 Prozent. Diese Entwicklungen sind bereits seit längerem deutlich in den

---

[*] Die Autorin dankt Christina Goßner für die Hintergrundrecherchen zu diesem Beitrag.
[1] Europäisches Parlament: Report on the 2021 Commission Report on Turkey, 2021/2250(INI), 7.2.2021.
[2] Günter Seufert: Erdoğans Drahtseilakt: Im Konflikt um die Ukraine geht die Türkei vorsichtig auf den Westen zu, SWP Kurz gesagt, 4.3.2022.
[3] Ilke Toygür: Why is there no place for strategic ambiguity this time around on the European continent?, SWP Point of View, 2.3.2022.
[4] Tomas Avenarius: Erdoğan, der "Friedenspräsident"? Unfug, in: Süddeutsche Zeitung, 7.8.2022.
[5] Freedom House: Turkey, Freedom in the World 2022, abrufbar unter https://freedomhouse.org/country/turkey/freedom-world/2022 (letzter Zugriff: 18.10.2022).
[6] Katrin Pasvantis: Die Risiken für die türkische Wirtschaft nehmen zu, Germany Trade and Invest, 1.6.2022, abrufbar unter https://www.gtai.de/de/trade/tuerkei/wirtschaftsumfeld/die-risiken-fuer-die-tuerkische-wirtschaft-nehmen-zu-247908 (letzter Zugriff: 18.10.2022).
[7] TÜSIAD: Some Thoughts on Turkey's 2022 Macroeconomic Outlook, März 2022, S. 2, abrufbar unter https://tusiad.org/en/reports/item/10965-report-turkey-s-2022-macroeconomic-outlook (letzter Zugriff: 12.10.2022).

Jahrbuch der Europäischen Integration 2022

Portemonnaies der Bürger:innen angekommen. Zusätzlich liegt die Arbeitslosenquote bei fast 12 Prozent.[8]

So ist es nicht verwunderlich, dass die Umfragewerte für die AKP und Präsident Erdoğan kontinuierlich sinken. Im Mai 2022 lag die AKP bei 31 Prozent, was im Vergleich zu den Parlamentswahlen von 2018 einen Rückgang von über 10 Prozent darstellt. Einen vergleichbaren Einbruch zeigen die Werte für Präsident Erdoğan, die von 52,6 Prozent Stimmenanteil in 2018 auf 41,5 Prozent in den Umfragen vom Juli 2022 abgefallen sind.[9]

Die aktuelle Lage in der Türkei hat somit viel Potenzial, die Weichen auf Wandel zu stellen – insbesondere, weil 2023 planmäßig die nächsten Parlaments- und Präsidentschaftswahlen anstehen. Es wäre verfrüht, eine verlässliche Prognose für die Durchführung oder den Ausgang dieser Wahlen zu geben. Es lohnt sich aber, verschiedene Faktoren und Szenarien zu bedenken. Sechs Oppositionsparteien – das Nationen-Bündnis[10] sowie die von der AKP abgespalteten Parteien Zukunftspartei (GP) und die Partei für Demokratie und Fortschritt (DEVA) – haben sich im Februar 2022 zusammengeschlossen und auf wichtige Eckpunkte einer gemeinsamen politischen Ausrichtung verständigt. Besondere Aufmerksamkeit erzeugte dabei der Entschluss zur Rückkehr zu einer parlamentarischen Demokratie mit lediglich repräsentativer Funktion des Präsidenten. Die Chancen für ein solches transformatives Vorhaben stehen nicht ungünstig, da die Wähler:innen die schlechte wirtschaftliche Situation auf das Präsidialsystem zurückführen und Erdoğan zum ersten Mal seit langer Zeit nicht als klarer Favorit in den Wahlkampf startet. Dennoch ist es kein Selbstläufer und wird viel politischen Willen und Zeit für den nötigen administrativen Wandel erfordern.[11] Erdoğan hat seine Kandidatur bereits verkündet. Das Oppositionsbündnis hat sich bisher noch auf keinen Kandidaten oder Kandidatin festgelegt. Es hat sich aber darauf verständigt, dass die entsprechende Person „versöhnlich, liberal und verdienstvoll" sein und „demokratischen Werte verinnerlicht haben, das ganze Volk umfassen und politische Moral übernehmen" müsse.[12] Auch strukturelle Faktoren werden Einfluss auf die Wahlen nehmen können: Eine Änderung des Wahlgesetzes vom März 2022 hat die Parlamentshürde von 10 Prozent auf 7 Prozent gesenkt. Dies kommt vor allem der Partei der Nationalistischen Bewegung (MHP) entgegen, deren Umfragewerte im Mai 2022 bei 7 Prozent lagen.[13] Sie dürfte so auch ohne ein Wahlbündnis mit der AKP eine Chance auf den Einzug ins Parlament haben. Darüber hinaus haben sich die Konditionen für die Teilnahme von Parteien an den Wahlen und für die Umrechnung der Stimmenanteile auf die Sitzverteilung im Parlament geändert. Letzteres ist zu Lasten kleinerer Parteien ausgestaltet und könnte der AKP und MHP zu einer eigenen Mehrheit im Parlament verhelfen.[14] Die pro-kurdische Demokratische Partei der Völker (HDP) muss sogar gänzlich um ihre Teilnahme an den Wahlen

---

8 Zu den Zahlen vgl. Pasvantis: Die Risiken für die türkische Wirtschaft nehmen zu, 2022; Katrin Pasvantis: Arbeitsmarkt, 14.7.2022, abrufbar unter https://www.gtai.de/de/trade/tuerkei/wirtschaftsumfeld/arbeitsmarkt-686154 (letzter Zugriff: 14.10.2022).
9 Politpro: Election trends and latest election polls for Turkey, abrufbar unter https://politpro.eu/en/turkey (letzter Zugriff: 25.10.2022).
10 Bestehend aus der Republikanischen Volkspartei (CHP), der Demokratischen Partei (DP), der Guten Partei (IYI) und der Partei der Glückseligkeit (SP).
11 Für eine detaillierte Analyse siehe Berk Esen: Post-2023 Election Scenarios in Turkey, SWP-Comment 55/2022.
12 Hürriyet Daily News: Opposition alliance identifies their presidential candidate profile, 25.4.2022.
13 Politpro: Election trends and latest election polls for Turkey.
14 Für eine ausführliche Bewertung der Gesetzesänderung siehe European Commission for Democracy through Law (Venedig Kommission)/OSZE: Türkiye. Joint Opinion on the Amendments to the electoral legislation by law No. 7393, CDL-AD(2022)016, 20.6.2022.

bangen, da seit Juni 2021 Verfahren zum Parteiverbot sowie Politikverbot für 500 Parteimitglieder anhängig sind.[15]

Eine altbewährte Strategie Erdoğans, um innenpolitischen Druck abzumildern, ist ein starkes außenpolitisches Auftreten, bei dem er für die Nation eintritt und der Türkei zu ihrem Recht verhilft. Dies sollte im Folgenden mitgedacht werden.

Außenpolitische Entwicklungen: Die Strategie der Schaukelpolitik

Die türkische Außenpolitik hat in den vergangenen Monaten einen vorrangigen Aspekt in der Betrachtung des Landes eingenommen. Drei Gründe hierfür sollen beleuchtet werden:

Erstens hat Russlands Angriffskrieg auf die Ukraine die geopolitische Rolle der Türkei stärker auf die internationale Agenda gesetzt. Die Türkei war bestrebt, einen Beitrag zur Krisenbewältigung zu leisten, ohne ihre Beziehungen zu den involvierten Parteien maßgeblich zu belasten. Kurz vor der russischen Invasion sollten die ökonomischen Beziehungen der Türkei zur Ukraine durch ein Freihandelsabkommen ein solides Fundament erhalten. Die Beziehungen zu den westlichen Verbündeten waren nicht zuletzt aufgrund des Kaufs des russischen S-400 Luftwaffenabwehrsystem sehr belastet. Die USA verhängte sogar Sanktionen gegen den NATO-Verbündeten im Rahmen des Countering America's Adversaries Through Sanctions Act (CAATSA).[16] Der Krieg in der Ukraine eröffnet die Möglichkeit für eine Wiederannäherung. Gleichzeitig sind die Beziehungen zu Russland für die Türkei nicht zuletzt aus wirtschaftlichen Aspekten wichtig. Auch die energiepolitischen Beziehungen sind ein relevanter Faktor. Die Türkei bezieht mehr als 30 Prozent ihres Gases aus Russland und ist somit weltweit der zweitgrößte Abnehmer – nach Deutschland.[17] Zusätzlich bauen Russland und die Türkei gemeinsam das Atomkraftwerk Akkuyu. Die Türkei beteiligt sich nicht an Sanktionen gegen Russland. Gleichzeitig hat sie aber im März 2022 basierend auf Artikel 19 der Montreux Konvention von 1936 den Bosporus und die Dardanellen für russische Kriegsschiffe geschlossen. Hauptsächlich sieht die Türkei sich als Mediator zwischen Russland und der Ukraine sowie dem Westen. Die türkische Regierung konnte maßgeblich zur Auflösung der Blockade von Getreidelieferungen aus der Ukraine beitragen. Darüber hinaus hat Erdoğan wiederholt zu Gesprächen und Verhandlungen auf türkischem Boden eingeladen. Diese Mediationsversuche waren jedoch außer im Fall der Getreideverhandlungen nicht von Erfolg gekrönt. Insbesondere das erste Treffen zwischen dem russischen und ukrainischen Außenminister in Antalya am 10. März 2022 geriet zur Farce, weil schnell deutlich wurde, dass Sergei Lawrow nicht bereit war, sich überhaupt auf Gespräche einzulassen. Erdoğan hat sich seit Beginn des Krieges öfter mit Wladimir Putin getroffen, als der Ukraine einen Besuch abzustatten. Er versucht darüber hinaus seine geopolitische (Macht)Position mit Blick auf die NATO auszuspielen. So blockierte er zunächst die Beitrittsaspirationen von Finnland und Schweden zur NATO durch ein Veto. Erst nach langen Verhandlungen und durch ein gemeinsames Memorandum, in dem Finnland und Schweden die Aufhebung von Waffenembargos zusagten, die USA sich bereiterklärte, F16 Kampfjets zu liefern und Schweden eine Verschärfung des Antiterrorgesetzes und somit die Überprüfung von möglichen Ausweisungen von mehr als 70 kurdischen Personen zusagte, konnte die Entscheidung zur Aufnahme der beiden Länder getroffen werden.

---

15 Siehe zur Relevanz für die Wahlen Mesut Yeğen: Erdoğan and the Turkish Opposition Revisit the Kurdish Question, SWP Comment 28/2022.
16 Vgl. Ilke Toygur et.al.: Turkey's foreign policy and its consequences for the EU, Europäisches Parlament In-Depth Analysis, PE 653.662, Februar 2022, S. 26.
17 Rafic Latta: Ukraine War Complicates Turkey's Gas Challenge, Energy Intelligence, 9.3.2022.

Allerdings hat das türkische Parlament die Beitritte noch nicht ratifiziert, und es scheint unwahrscheinlich, dass sich die Türkei in diesem Punkt vor den anstehenden Wahlen noch bewegen wird.

Zweitens müssen die Pläne der Türkei für eine mögliche fünfte Intervention im Nordsyrien im Blick behalten werden. Allerdings scheint die Türkei, nachdem sie entsprechende Spekulationen genährt hat, seit Herbst 2022 einen Strategiewechsel zu vollziehen und einen versöhnlicheren Ton in der Syrienpolitik anzuschlagen.

Drittens ist der Konflikt um Zypern wieder verstärkt in den Fokus getreten. Nach einer Phase der angespannten Ruhe Anfang 2021 verfolgt die Türkei und die international nicht anerkannte Türkische Republik Nordzypern offensiv eine Zwei-Staaten-Lösung. Im Sommer 2022 hat die Türkei erneut Explorationsschiffe ins östliche Mittelmeer entsendet und ein Abkommen zur Erkundung von Kohlenwasserstoff unterzeichnet, welches die Exklusiven Wirtschaftszonen im östlichen Mittelmeer missachtet. Dieser Krisenherd, der 2020 im Fokus gestanden hatte, ist demnach noch lange nicht beruhigt und sorgt weiterhin für Spannungen zwischen der Türkei, Zypern und Griechenland sowie auch der EU.

EU-Türkei Beziehungen: Was nun? Eine bestätigte Leerstelle

Für die EU-Türkei Beziehungen ist die Verurteilung Osman Kavalas, seit 2017 inhaftierter türkischer Unternehmer und Kulturförderer, im April 2022 an Relevanz nicht zu unterschätzen. Der Europarat hat im Dezember 2021 ein Vertragsverletzungsverfahren eingeleitet und die Forderung von zehn westlichen Botschafter:innen Kavala freizulassen, führte zu einem diplomatischen Eklat. Der Kavala-Fall gilt als Sinnbild der Missachtung von Rechtsstaatlichkeit, Menschenrechten und demokratischen Werten in der Türkei.

Das angespannte Verhältnis zwischen der EU und auch Deutschland einerseits und der Türkei andererseits zeigte sich in einer Pressekonferenz während eines Treffens der deutschen Außenministerin Annalena Baerbock und ihrem türkischen Counterpart Mevlüt Çavuşoğlu. Zwei Dinge wurden deutlich: Es gibt noch immer zahlreiche Konfliktpunkte in den Beziehungen und beide Seiten sind aktuell nicht bereit, ihre gegenläufigen Positionen diplomatisch zu verhüllen. Ausschlaggebend hierfür sind unter anderem die Spannungen zwischen Griechenland und der Türkei.

Dies führt auch dazu, dass die Türkei in der aktuell neu belebten Debatte um die Erweiterung der EU[18] eine Leerstelle darstellt. Sollte Erdoğan die Wahlen 2023 verlieren, ist davon auszugehen, dass Brüssel und die Mitgliedstaaten einen kooperativeren Ton gegenüber der Türkei anschlagen werden. Allerdings ist es unsicher, ob die anstehenden Wahlen die Türkei zurück auf den Pfad der Demokratie bringen und die Probleme in den Beziehungen lösen können. Daher ist es dringend notwendig, zu überlegen, wie und wo man die Beziehungen für beide Seiten vorteilhaft am Leben erhalten kann. Die Europäische Politische Gemeinschaft, die am 6. Oktober 2022 ihre konstituierende Sitzung hatte, könnte hierfür einen Rahmen darstellen.

Weiterführende Literatur

Defne Gönenç: Turkey-Asia Relations in a Changing Global Political and Economic Order, Yaşar University Centre for Mediterranean Studies Policy Paper I, 2022.
Wulf Reiners/Ebru Turhan (Hg.): EU-Turkey Relations – Theories, Institutions, Policies, Cham 2021.
Funda Tekin/Anke Schönlau (Hg.): The EU-German-Turkish Triangle. Narratives, Perceptions and Discourse of a Unique Relationship, Baden-Baden 2023 (im Erscheinen).

---

18 Vgl. hierzu auch den Beitrag „Die Erweiterungspolitik der Europäischen Union" in diesem Jahrbuch.

8. Die Europäische Union und andere Organisationen

Die Europäische Union und der Europarat

Klaus Brummer

Die russische Invasion in der Ukraine stellte auch für den Europarat eine „Zeitenwende" dar. Bereits in den Jahrzehnten zuvor gab es wiederholt Spannungen zwischen dem Europarat und Russland, das 1996 der Organisation beigetreten war. Die Spannungen ergaben sich aus teilweise eklatanten Verstößen des Landes gegen die Grundprinzipien der Organisation, etwa mit Blick auf den Krieg in Tschetschenien oder die Annexion der Krim. Weitreichendere Konsequenzen als die Suspendierung der russischen Delegation in der Parlamentarischen Versammlung des Europarats, der nur eine beratende Funktion zukommt, folgten bis dato allerdings nicht. Das änderte sich mit dem 24. Februar 2022. Nunmehr sahen die anderen Mitgliedstaaten des Europarats keine andere Option mehr als Russland aus der Organisation auszuschließen. Ein entsprechender Beschluss wurde am 16. März gefasst. Das Band zwischen dem Europarat, der nunmehr 46 Mitgliedstaaten umfasst, und Russland ist damit bis auf Weiteres zerschnitten.[1]

Auch für die Beziehungen zwischen der EU und dem Europarat blieb die russische Invasion in der Ukraine nicht ohne Folgen. Diese hielten sich jedoch insofern in Grenzen als dass Russland beim Zusammenspiel der beiden Organisationen in den gewohnten Bereichen Gemeinsame Programme, Zusammenarbeit in Rechtsfragen und politischer Dialog schon vorher kein zentraler Bezugspunkt war. Abgesehen von kleineren Anpassungen entwickelte sich zwischen Mitte 2021 und Mitte 2022 die Zusammenarbeit zwischen der EU und dem Europarat in den drei angeführten „Pfeilern"[2] in den gewohnten Bahnen. Diese beinhalten im Kern die Grundlegung und Festigung von Demokratie, Menschenrechten und Rechtsstaatlichkeit in den Mitgliedstaaten der beiden Organisationen und teilweise auch darüber hinaus.

Gemeinsame Programme

Beim ersten Pfeiler, der operativen Zusammenarbeit zwischen der EU und dem Europarat, standen unvermindert die Gemeinsamen Programme („Joint Programmes") im Mittelpunkt. Diese sind teils regional, teils länderspezifisch angelegt. Die Maßnahmen werden zudem ausdrücklich in einen globalen Kontext eingebettet, indem sie zur Umsetzung der Nachhaltigen Entwicklungsziele der Vereinten Nationen beitragen sollen.[3]

Inhaltlich stehen die für die EU wie auch für den Europarat zentralen Wertetrias aus Demokratie, Rechtsstaatlichkeit und Menschenrechten im Zentrum der Aktivitäten. Diese beziehen sich entweder auf spezifische Sachfragen oder auf grundlegende strukturelle Aspekte in den vorgenannten Handlungsfeldern. Für die Gemeinsamen Programme hatte die russische Invasion in der Ukraine insofern Auswirkungen, als dass auf die Ukraine

---

1 Europarat: 132 Session of the Committee of Ministers: Priority adjustments to the Council of Europe Action Plan for Ukraine 2018–2022, CM(2022)89-final, 20.5.2022.
2 Europarat: 132nd Session of the Committee of Ministers: Summary Report on co-operation between the Council of Europe and the European Union, CM(2022)62-final, 16.5.2022, S. 5.
3 Europarat: Committee of Ministers: 132nd Session, Summary Report, S. 5.

bezogene Maßnahmen angepasst bzw. ausgesetzt werden mussten sowie ein auf Russland bezogenes Projekt vorzeitig beendet wurde. Weiterhin wurden die Gemeinsamen Programme durch die anhaltende Covid-19-Pandemie beeinträchtigt. Diese führte zu Anpassungen von Projektplänen und Einzelmaßnahmen im Lichte der jeweiligen nationalen Vorgaben zur Bekämpfung der Pandemie. Verstärkt wurde auf online-basierte oder hybride Formate gesetzt, wie beispielsweise eine Regionalkonferenz zum Schutz von Kindern vor Menschenhandel und Ausbeutung im Westbalkan, die im Juni 2021 online durchgeführt wurde und die rund 130 Teilnehmer:innen zusammenbrachte.[4] Gerade bei Schulungsaktivitäten oder beim Austausch in politisch sensiblen Bereichen stießen diese Formate laut Aussage des Europarats jedoch an ihre Grenzen. Außerdem kam es infolge der pandemiebedingten Anpassung oder Streichung von Maßnahmen auch zu insgesamt geringen Abflüssen von Projektmitteln.[5]

In finanzieller Hinsicht wiesen die traditionell kofinanzierten Gemeinsamen Programme die bekannte „Schlagseite" auf. Die deutlich finanzkräftigere EU übernahm weiterhin den Großteil der Kosten in Form von rund 179,9 Mio. Euro, was rund 87 Prozent der Gesamtmittel entsprach. Der Europarat stellte 27,5 Mio. Euro und damit rund 13 Prozent der Mittel zur Verfügung.[6] Während damit die jeweiligen Anteile der beiden Organisationen im Vergleich zum Vorjahr weitgehend konstant blieben, stieg das Gesamtvolumen der Maßnahmen um knapp 10 Mio. Euro auf das Rekordniveau von 207,4 Mio. Euro.[7]

Im Jahr 2021 wurden insgesamt 57 Projekte durchgeführt. Inhaltlich bezogen sich diese in der Mehrzahl auf den Bereich der Rechtsstaatlichkeit (54,7 Prozent). Hinzu kamen Maßnahmen in den Bereichen Menschenrechte (33,6 Prozent) und Demokratie (11,6 Prozent).[8] Die folgenden Projekte, die während des vergangenen Jahres neu aufgelegt wurden, veranschaulichen die geographische wie auch inhaltliche Vielfalt der von den beiden Organisationen ergriffenen Maßnahmen. Hierzu zählten Programme zur besseren Umsetzung von Urteilen des türkischen Verfassungsgerichts im Bereich der Menschenrechte, zu den Europäischen Tagen des Kulturerbes 2021–2022, zur Unterstützung von EU-Staaten bei der Umsetzung von Reformen im Rahmen des EU-Instruments zur technischen Unterstützung (TSI) im Bereich „Governance, Public Administration, Financial Sector and Access to Finance" sowie zur lokalen Integration von Roma.[9] Im September 2021 wurde auch ein Projekt zur Umsetzung von besten Praktiken bei der Implementierung des nationalen Aktionsplans für Frauen in Russland gestartet. Im Zuge des Ausschlusses Russlands aus dem Europarat wurde das bis März 2023 angelegte Projekt allerdings im März 2022 abgebrochen.[10]

---

4 Europarat: Regional conference "Acting together in the face of crisis: Protecting children from trafficking and exploitation in the Western Balkans", 22.6.2022, abrufbar unter: https://www.coe.int/en/web/anti-human-trafficking/-/regional-conference-acting-together-in-face-of-crisis-protecting-children-from-trafficking-and-exploitation-in-the-western-balkans- (letzter Zugriff: 23.6.2022).
5 Europarat: 132nd Session of the Committee of Ministers: Joint Programmes between the Council of Europe and the European Union in 2021 – Information document. CM(2022)62-addfinal, 16.5.2022, S. 1.
6 Europarat: 132nd Session of the Committee of Ministers: Joint Programmes, 2022, S. 2.
7 Europarat: 132nd Session of the Committee of Ministers: Joint Programmes, 2022, S. 3, 5.
8 Europarat: 132nd Session of the Committee of Ministers: Joint Programmes, 2022, S. 8.
9 Europarat: 132nd Session of the Committee of Ministers: Joint Programmes, 2022, S. 17–22.
10 Europarat: Cooperation for the implementation of the Russian Federation National Action Strategy for Women: applying best practices, abrufbar unter https://www.coe.int/en/web/genderequality/cooperation-for-the-implementation-of-the-russian-federation-national-action-strategy-for-women-2017-2022-applying-best-practices-2021-2023- (letzter Zugriff: 22.6.2022).

Die genannten Maßnahmen illustrieren, dass die Gemeinsamen Programme in geographischer Hinsicht unvermindert breit angelegt sind. Im Zentrum stehen weiterhin diejenigen Staaten, die nur dem Europarat angehören, nicht aber der EU. Für Projekte, die sich auf EUMitgliedstaaten beziehen, entfielen aber dennoch rund 13 Prozent der aufgewendeten Mittel. Hierzu gehörten beispielsweise Projekte zur guten Regierungsführung in Griechenland, zur Bekämpfung von Geldwäsche sowie zur interkulturellen Integration auf Zypern. Darüber hinaus entfielen rund 15 Prozent der Mittel auf Staaten im südlichen Mittelmeer sowie in Zentralasien, die keiner der beiden Organisationen angehören.[11] Hier bezogen sich Maßnahmen beispielsweise auf die Verbesserung des tunesischen Justizsystems oder auf die Stärkung von Rechtsstaatlichkeit in Zentralasien.

Zusammenarbeit in Rechtsfragen

Die Interaktion zwischen EU und Europarat im zweiten Pfeiler, der Kooperation in Rechtsfragen, vollzog sich ebenfalls in den etablierten Bahnen. Einerseits arbeiteten die beiden Organisationen bei der Festlegung und Weiterentwicklung gemeinsamer Standards und damit perspektivisch für einen gemeinsamen europäischen Rechtsraum zusammen. Andererseits zielte die Zusammenarbeit darauf ab, die etablierten Standards in die Praxis umzusetzen.

Der zentrale Mechanismus zur Etablierung eines gemeinsamen europäischen Rechtsraums besteht unvermindert im Beitritt der EU zu den Konventionen und Abkommen des Europarats. Nachdem die EU mit dem Vertrag von Lissabon Rechtspersönlichkeit erhalten hat, sind derlei Beitritte grundsätzlich möglich. Formale Voraussetzung hierfür ist, dass der Europarat seine Konventionen und Abkommen für den Beitritt der EU öffnet. Hinzu kommt die politische Voraussetzung dahingehend, dass die EU von diesen Möglichkeiten dann auch Gebrauch macht. Beide Voraussetzungen sind nicht durchweg gegeben.

Das Vertragsbüro des Europarats führt 226 Konventionen und Abkommen auf, die im Rahmen der Organisation ausgearbeitet wurden.[12] Von diesen stehen 53 für einen Beitritt der EU offen. Dies entspricht der Zahl des Vorjahrs, sodass es hier im vergangenen Jahr keine Neuerungen gab. Grundsätzlich bietet sich der EU somit nicht durchweg die Möglichkeit, Verträgen des Europarats beizutreten. Hinzu kommt, dass die bestehenden Möglichkeiten auch nur selektiv genutzt werden. Bislang setzte die EU erst zwölf Verträge in Kraft, was ebenfalls dem Stand des Vorjahrs entspricht. Zuletzt geschah dies im Jahr 2018, als das Übereinkommen des Europarats zur Verhütung des Terrorismus sowie dessen Zusatzprotokoll in Kraft traten.

Die unvermindert zentrale Herausforderung besteht im Beitritt der EU zur Konvention zum Schutz der Menschenrechte und Grundfreiheiten (Europäische Menschenrechtskonvention). Dieser Schritt wurde im Vertrag von Lissabon festgeschrieben, jedoch bis heute nicht vollzogen. Auch wenn die Diskussionen in den letzten Jahren wieder an Fahrt aufnahmen, zeichnet sich der Beitritt, in dessen Folge dann auch die Organe der EU an die Menschenrechtskonvention gebunden wären, weiterhin

---

11 Europarat: 132nd Session of the Committee of Ministers: Joint Programmes, 2022, S. 7.
12 Europarat: Vertragsbüro, abrufbar unter https://www.coe.int/de/web/conventions/home (letzter Zugriff: 23.6.2022).

nicht ab.[13] An entsprechenden Absichtserklärungen mangelte es freilich auch im vergangenen Jahr nicht. So betonte der italienische Vorsitz im Ministerkomitee des Europarats (November 2021 bis Mai 2022), dass der Beitritt eine Angelegenheit von höchster Wichtigkeit sei.[14] Der nachfolgende irische Vorsitz (Mai bis November 2022) versprach, sich weiterhin für einen frühzeitigen Beitritt der Europäischen Union zur Europäischen Menschenrechtskonvention einzusetzen, wobei der Hinweis auf „frühzeitig" ein wenig seltsam erscheint.[15] Seitens der EU wiederum betonte etwa der französische Vorsitz im Rat der Europäischen Union die Absicht, die laufenden Beitrittsverhandlungen zu unterstützen.[16] Vor diesem Hintergrund werden sich die beiden Organisationen auch in den folgenden Monaten mit den „Beitrittsverhandlungen" beschäftigen müssen. Selbiges gilt für den ebenfalls noch nicht vollzogenen Beitritt der EU zu dem von ihr bereits 2017 unterzeichneten Übereinkommen zur Verhütung und Bekämpfung von Gewalt gegen Frauen und häuslicher Gewalt („Istanbul-Konvention").

In operativer Hinsicht verlief die Zusammenarbeit in Rechtsfragen deutlich reibungsfreier. Ein Beispiel hierfür ist der jüngste Bericht der Europäischen Kommission zur „Lage der Rechtsstaatlichkeit in der Europäischen Union". Für dessen Erstellung erwiesen sich nicht nur die im Europarat entwickelten Standards als wichtige allgemeine Referenzpunkte für die Beurteilungen der Kommission. Darüber hinaus brachte sich der Europarat auch aktiv in die Erstellung des Berichts ein, in dem er länderspezifische Informationen an die Kommission übermittelte, die im Rahmen der zahlreichen Expertengremien der Organisation erarbeitet wurden.[17] Entsprechend heißt es dann auch im Bericht: „Auf technischer Ebene haben sich Kontakte zwischen den Kommissionsdienststellen und den verschiedenen Stellen des Europarats zu einem regulären Element bei der Erstellung des Berichts entwickelt."[18] Ein ähnliches Beispiel bietet die Einbringung der im Europarat angesiedelten Europäischen Kommission für die Wirksamkeit der Justiz (CEPEJ) in die Arbeiten der EU. Auch dieses Expertengremium des Europarats stellt Informationen bereit, die von der Europäischen Kommission etwa für die Ausarbeitung des jährlichen „Justizbarometers" genutzt werden.

Daneben führten EU und Europarat ihre Zusammenarbeit im Rahmen der Agentur der Europäischen Union für Grundrechte (FRA) fort, wobei es hier sowohl um Fragen der Standardsetzung als auch um operative Maßnahmen ging. Hierzu gehörten die Konzipierung und Aktualisierung von Handbüchern in diversen Themenbereichen (Asyl, Nichtdiskriminierung, Kinderrechte etc.) in Fragen der Standardsetzung ebenso wie operative Maßnahmen beispielsweise zur Unterstützung von Schutzsystemen für Menschenrechte, zur besseren Kommunikation und Vermittlung von Rechten sowie zu den Folgen der Covid-19-Pandemie für Grundrechte.[19] Die Aktivitäten verdeutlichen einmal

---

13 Klaus Brummer: Die Europäische Union und der Europarat, in: Werner Weidenfeld/Wolfgang Wessels (Hg.): Jahrbuch der Europäische Integration 2020, Baden-Baden 2020, S. 471–476.
14 Europarat: Priorities of the Italian Presidency of the Committee of Ministers of the Council of Europe (17 November 2021 – 20 May 2022). CM/Inf(2021)21-rev, 23.2.2022, S. 1.
15 Europarat: Priorities of the Irish Presidency of the Committee of Ministers of the Council of Europe (20 May – November 2022). CM/Inf(2022)14-rev, 23.5.2022, S. 1.
16 Französische Ratspräsidentschaft im Rat der Europäischen Union: Aufschwung, Stärke, Zugehörigkeit, 1.12022, S. 9.
17 Europäische Kommission: 2021 Rule of law report - stakeholder contribution - Council of Europe, 20.7.2021.
18 Europäische Kommission: Bericht über die Rechtsstaatlichkeit 2021. Die Lage der Rechtsstaatlichkeit in der Europäischen Union. COM(2021) 700 final, 20.7.2021, S. 34.
19 Agentur der Europäischen Union für Grundrechte/Europarat: Overview of the cooperation between the European Union Agency for Fundamental Rights and the Council of Europe, 17.12.2021, S. 8–13.

mehr die vielfältigen Verflechtungen, die es zwischen der FRA und dem Europarat gibt, von dessen Seite sich unter anderem verschiedene Abteilungen des Sekretariats (Menschenrechte und Rechtsstaatlichkeit; Demokratie), die Menschenrechtskommissarin, die Parlamentarische Versammlung, die Europäische Kommission gegen Rassismus und Intoleranz (ECRI) und der Ausschuss zur Verhütung von Folter (CPT) einbrachten.[20] Umgekehrt spielen die Arbeiten und Berichte der FRA auch eine Rolle im Rahmen des Europarats, was sich beispielsweise an entsprechenden Bezügen in der Rechtsprechung des Europäischen Gerichtshofs für Menschenrechte zeigt.[21]

Weiterhin beschäftigte sich die Europäische Kommission für Demokratie durch Recht („Venedig-Kommission") gezielt mit einzelnen EU-Mitgliedstaaten. Während in den letzten Jahren mehrfach Reformen im polnischen Justizwesen von diesem Expertengremium untersucht wurden, stand im vergangenen Jahr insbesondere Ungarn im Blickpunkt. So wurden in der zweiten Jahreshälfte 2021 eine ganze Reihe von Stellungnahmen veröffentlicht, die sich mit Anpassungen des ungarischen Wahlrechts, Rechten zum Schutz von Kindern, Fragen der Gleichbehandlung sowie mit Änderungen der ungarischen Verfassung beschäftigten.[22] Die Einschätzungen des Europaratsgremiums flossen anschließend in Stellungnahmen und Berichte der EU ein.

Politischer Dialog

Im dritten Pfeiler der Zusammenarbeit zwischen den beiden Organisationen, dem politischen Dialog, setzten EU und Europarat ihren Austausch in den etablierten Foren und Formaten fort.[23] Dies bezog sich insbesondere auf Gespräche zwischen den Spitzen der beiden Organisationen, die wiederum auf der Arbeitsebene vor- und nachbereitet wurden. Die aufgrund der anhaltenden Covid-19-Pandemie teilweise virtuell durchgeführten Gespräche brachten beispielsweise führende Vertreter:innen der Europäischen Kommission, zu denen der Hohe Repräsentant der EU für Außen- und Sicherheitspolitik und weitere Vize-Präsident:innen gehörten, mit der Generalsekretärin des Europarats zusammen. Mitglieder der Europäischen Kommission nahmen ferner auch an den Plenardebatten der Parlamentarischen Versammlung teil. Exemplarisch hierfür steht die Rede der EU-Kommissarin für Inneres, Ylva Johansson, vor der Versammlung Ende Januar 2022, in der sie über menschenrechtliche Aspekte des Europäischen Pakts für Migration und Asyl referierte.[24] Umgekehrt nahm die Generalsekretärin des Europarats an der Eröffnungssitzung der Konferenz zur Zukunft Europas teil. Im Abschlussbericht der Konferenz spielte der Europarat dann jedoch keine weitere Rolle, abgesehen von einem Verweis auf eine seiner Konventionen bei Vorschlag 48 zu Fragen von Kultur und Austausch.[25] Weiterhin organisierten der italienische Vorsitz im Ministerkomitee des Europarats und der französische Vorsitz im Rat der EU im April 2022 einen online

---

20 Agentur der Europäischen Union für Grundrechte/Europarat: Overview of the cooperation, S. 3.
21 Agentur der Europäischen Union für Grundrechte/Europarat: Overview of the cooperation, S. 3–4.
22 Europarat/Venedig-Kommission: Opinions for „Hungary", abrufbar unter https://www.venice.coe.int/webforms/documents/?country=17&year=all (letzter Zugriff: 24.6.2022).
23 Europarat: 132nd Session of the Committee of Ministers: Summary Report, S. 1–2.
24 Ylva Johansson: Commissioner Johansson's speech before the Parliamentary Assembly of the Council of Europe, 24.1.2022, abrufbar unter https://ec.europa.eu/commission/commissioners/2019-2024/johansson/announcements/commissioner-johanssons-speech-parliamentary-assembly-council-europe_en (letzter Zugriff: 24.6.2022).
25 Europäische Kommission: Zukunft Europas: Pressemitteilung, Konferenzplenum billigt endgültige Vorschläge, IP/22/2763, 2.5.2022.

durchgeführten Roundtable zum Übereinkommen des Europarats zum Schutz von Kindern vor sexueller Ausbeutung und sexuellem Missbrauch („Lanzarote Konvention").[26]

Fazit

Inwieweit es tatsächlich eine „strategische Partnerschaft"[27] zwischen den nicht zuletzt in politischer und ökonomischer Hinsicht deutlich ungleichgewichtigen Organisationen EU und Europarat gibt, sei dahingestellt. Nicht von ungefähr listete die Parlamentarische Versammlung des Europarats in einer Resolution vom April 2022 zahlreiche Handlungsbereiche auf, in denen die EU zur Anpassung ihrer Aktivitäten „eingeladen" wird, um die Beziehungen weiter zu verbessern.[28] Andererseits zeigten sich im vergangenen Jahr aber auch keine Anzeichen für eine Schwächung im Verhältnis zwischen den beiden Organisationen, die weiterhin gemeinsam wertvolle Grundlagenarbeit zur Förderung und Festigung von Demokratie, Menschenrechten und Rechtsstaatlichkeit auf dem europäischen Kontinent und teilweise sogar darüber hinaus leisten. In jedem Fall stellt die russische Invasion in der Ukraine beide Organisationen vor neue Herausforderungen, die nicht ohne Folgen für die Zusammenarbeit bleiben können. Das bezieht sich zum einen auf operative Maßnahmen und zum anderen auf grundsätzliche Überlegungen zur Ausgestaltung Europas, perspektivisch auch mit Blick auf die Zeit nach der Beendigung der Kampfhandlungen in der Ukraine. Insofern ist dem Europarat zuzustimmen, wenn er sagt, dass die beispiellosen Herausforderungen, vor denen Europa jetzt steht und der Ausschluss der Russischen Föderation aus dem Europarat eine noch engere Zusammenarbeit mit der EU erfordern.[29] Ob die Beziehungen dabei, wie von der Parlamentarischen Versammlung des Europarats angemerkt, tatsächlich entlang „geopolitischer Perspektiven"[30] neu ausgerichtet werden, bleibt jedoch abzuwarten.

Weiterführende Literatur

Zoë Jay: A tale of two Europes: How conflating the European Court of Human Rights with the European Union exacerbates Euroscepticism, in: British Journal of Politics and International Relations 2021 (online first), S. 1–19.

Digdem Soyaltin-Colella: (Un)Democratic change and use of social sanctions for domestic politics: Council of Europe monitoring in Turkey, in: International Political Science Review 4/2021, S. 484–500.

---

26 Europarat: Stocktaking of the Italian Presidency of the Committee of Ministers of the Council of Europe (17 November 2021 – 20 May 2022), CM/Inf(2022)13, 17.5.2022, S. 6.
27 Parlamentarische Versammlung des Europarates: Beyond the Lisbon Treaty: strengthening the strategic partnership between the Council of Europe and the European Union, Resolution 2430 (2022), 26.4.2022.
28 Parlamentarische Versammlung des Europarates: Resolution 2430 (2022).
29 Europarat: 132nd Session of the Committee of Ministers: Summary Report, S. 5.
30 Parlamentarische Versammlung des Europarates: Beyond the Lisbon Treaty: strengthening the strategic partnership between the Council of Europe and the European Union. Recommendation 2226 (2022), 26.4.2022.

Die Europäische Union und die NATO

Ulrich Schlie/Philip Pauen

Der Befehl von Präsident Wladimir Putin an die russischen Streitkräfte vom 24. Februar 2022, in die Ukraine einzumarschieren, hat den Staatenkrieg im 21. Jahrhundert auf eine nicht für möglich gehaltene Weise nach Europa zurückgebracht. Der russische Einfall in das seit 1991 unabhängige Nachbarland bedeutet einen flagranten Bruch des Völkerrechts, der die europäische Sicherheitsarchitektur nachhaltig erschüttert und auf grundlegende Weise verändert hat. Die dadurch ausgelösten Veränderungen betreffen das Staatensystem als Ganzes und erfordern eine Neujustierung der Bündnisse und supranationalen Organisationen ebenso wie der grundlegenden individuellen außenpolitischen Orientierungen ihrer Mitgliedstaaten.

Die Nordatlantische Allianz (NATO) hat im Juni 2022 ein neues Strategisches Konzept verabschiedet: Es stellt die Landesverteidigung als Bündnisverteidigung als zentrale Kernaufgabe der NATO heraus und stärkt diese damit nachhaltig.[1] Außerdem bekräftigt das neue Konzept die Einheit der strategischen Analyse und der darauf aufbauenden Folgerungen für ihre Mitglieder, die gegenwärtig eine Renaissance erlebt. Auch die Europäische Union hat im zurückliegenden Jahr ihr sicherheitspolitisches Profil weiter geschärft und in dem am 21. März 2022 veröffentlichten „Strategischen Kompass" ihren Anspruch auf eine noch engere Partnerschaft mit der NATO bekräftigt.[2] Die in den letzten Jahren erkennbaren Fortschritte in der Kooperation zwischen der NATO und der EU sind in ihrer politischen Bedeutung bestätigt worden. Besonders die globalen sicherheitspolitischen Veränderungen, insbesondere die signifikant gewachsene Bedrohung Russlands und der auch weithin als eine sicherheitspolitische Herausforderung wahrgenommene Aufstieg Chinas spielen hierbei eine wichtige Rolle. Die neue strategische Lage bildet zugleich einen Ansporn, das Verhältnis zwischen NATO und EU weiter konsequent zu verbessern und operationelle Folgerungen für die weitere Vertiefung der Zusammenarbeit beider Institutionen zu ziehen.

Institutionelle Kooperation und politischer Dialog

Mit Blick auf die Umsetzung der 74 gemeinsamen Vorhaben,[3] die NATO und EU 2016 und 2017 beschlossen hatten, wurden auch 2021/22 Fortschritte erzielt.[4] Insbesondere hat sich ein formeller Mechanismus zwischen den jeweiligen Mitarbeiterstäben bewährt, der sich aus drei ineinandergreifenden Prozessen zusammensetzt. Die operative Ebene bilden dabei regelmäßig zusammentretende Expertengruppen zu jeweils spezifischen Vorhaben.

---

1 NATO: NATO 2022 Strategic Concept, 29.6.2022, S.1.
2 Rat der EU: Ein Strategischer Kompass für Sicherheit und Verteidigung, 7371/22, 21.3.2022, S. 18.
3 NATO: Common set of new proposals on the implementation of the Joint Declaration signed by the President of the European Council, the President of the European Commission and the Secretary General of the North Atlantic Treaty Organization, Press Release (2017) 174, 5.12.2017.
4 Europäischer Rat/Rat der EU: Seventh progress report on the implementation of the common set of proposals endorsed by EU und NATO councils on 6 December 2016 and 5 December 2017, 20.6.2022, S. 2.

Über ihre Arbeit wacht eine NATO-EU Core Group mit Monitoring- und Koordinierungsfunktion, die die konsistente Umsetzung der vorgeschlagenen Maßnahmen sicherstellt. Auf der Ebene der leitenden Beamt:innen sorgt schließlich eine NATO-EU Steering Group für den politisch-strategischen Ratschlag.

Der jährlich erscheinende gemeinsame Fortschrittsbericht, den der Rat der Europäischen Union und der Nordatlantikrat über das Vorschlagspaket publizieren, verzeichnet bis Mai 2022 über 150 „cross-briefings" zwischen EU und NATO-Komitees und Arbeitsgruppen.[5] Auch auf der politischen Führungsebene wurde die Zusammenarbeit weiter intensiviert. So nahm Josep Borrell, der Hohe Vertreter der EU für Außen- und Sicherheitspolitik, zwischen Dezember 2021 und April 2022 an insgesamt fünf Treffen der NATO-Außen- oder Verteidigungsminister:innen teil. NATO-Generalsekretär Jens Stoltenberg wiederum war im November 2021 und im Januar 2022 bei Treffen des Rates für Auswärtige Angelegenheiten der EU zugegen.[6]

Unmittelbare gemeinsame Reaktionen auf den Krieg gegen die Ukraine

Im Vorfeld des NATO-Außenministertreffens in Riga am 30. November 2021 besuchten die Präsidentin der Europäischen Kommission, Ursula von der Leyen, und Stoltenberg gemeinsam Litauen und Lettland und sprachen dort auch über den Aufmarsch russischer Truppen an der Grenze zwischen Russland und der Ukraine. In einer anschließenden gemeinsamen Pressekonferenz äußerte Stoltenberg, die Kooperation zwischen NATO und EU habe schon jetzt „ein bis dahin nicht gekanntes Ausmaß" erreicht und würde in Zukunft noch weiter ausgebaut werden.[7] Von der Leyen kündigte insbesondere eine verstärkte Zusammenarbeit bei der Bekämpfung hybrider Bedrohungen an, wie sie bereits in der Warschauer Erklärung aus dem Jahr 2016 vereinbart worden war: „Unser Ziel ist es, diese gemeinsame Erklärung zu erneuern und fortzuschreiben."[8]

Wie eng der Schulterschluss zwischen NATO und EU heute ist wird auch daran ersichtlich, dass unmittelbar nach Beginn des russischen Angriffes auf die Ukraine Ursula von der Leyen, EU-Ratspräsident Charles Michel und Jens Stoltenberg am 24. Februar 2022 im NATO-Hauptquartier in Brüssel gemeinsam vor die Presse traten. Dieser Auftritt war ein Zeichen der Geschlossenheit und der Entschlossenheit zum gemeinsamen Handeln zugleich. In der Erklärung wurde insbesondere die Absicht bekräftigt, künftig noch enger zusammenzuarbeiten und der russischen Aggression entschieden entgegen treten zu wollen. Von der Leyen bezeichnete dabei den Angriff Russlands auf die Ukraine als „Wegscheide". Die russische Aggression sei darauf ausgerichtet gewesen, einen Keil zwischen die NATO und die EU zu schlagen und habe im Resultat indes genau das Gegenteil erreicht: „Wir sind geeinter und entschlossener denn je".[9] Stoltenberg begrüßte insbesondere die koordinierte Reaktion von Nordatlantischer Allianz, Europäischer Union und NATO-Partnern auf den Angriff als Beweis für die internationale Isolation Russlands: „Dies ist ein starkes Signal der Einigkeit [...] Die NATO und die Europäische Uni-

---

5 Europäischer Rat/Rat der EU: Seventh progress report, 2022, S. 12 f.
6 Europäischer Rat/Rat der EU: Seventh progress report, 2022, S. 11 f.
7 NATO: Joint press conference with NATO Secretary General Jens Stoltenberg, the President of the European Commission, Ursula Von der Leyen and the Prime Minister of Latvia, Krišjānis Kariņš, 28.11.2021.
8 Ursula von der Leyen: Erklärung auf der gemeinsamen Pressekonferenz mit NATO-Generalsekretär Stoltenberg und dem litauischen Präsidenten Nausėda zur Lage in Belarus und seiner Grenze zur EU, STATEMENT/21/6401, 28.11.2021.
9 Ursula von der Leyen: Erklärung auf der gemeinsamen Pressekonferenz mit NATO-Generalsekratär Jens Stoltenberg und Präsident Michel, STATEMENT/22/1332, 24.2.2022.

on sind vereint. Um unsere Werte zu verteidigen."[10] Insbesondere erläuterte er den Umfang der Kooperation zwischen beiden Organisationen und kündigte für den nächsten Tag einen virtuellen NATO-Gipfel an, an dem Kommissionspräsidentin von der Leyen und Ratspräsident Michel sowie die Regierungschefinnen von Schweden und Finnland als „geschätzte Partner" teilnehmen sollten. Noch am selben Tag kamen die Spitzen von NATO und EU zudem im Rahmen eines G7-Treffens zusammen.[11]

Bei ihrem Gipfeltreffen in Brüssel im Juni 2022 bekräftigten die Staats- und Regierungschef:innen der NATO ihr Einvernehmen über die „schärfstmögliche" Verurteilung des russischen Angriffes und bekannten sich einmal mehr – unter namentlicher Nennung der EU – zur transatlantischen Koordinierung.[12]

Mit der neuen Frontstellung gegen Russland war zugleich ein politisches Globalthema vorgegeben, das von da an auch in der Kooperation zwischen NATO und EU die Agenda bestimmte und die Bedingungen der Zusammenarbeit prägen sollte. Diese waren durch die umfassenden Herausforderungen der Covid-19-Pandemie ohnehin erschwert. Die Pandemie – sowohl für die einzelnen Staaten als auch für die internationale Staatengemeinschaft und ihre multilateralen Institutionen – hat jedoch gleichwohl im zurückliegenden Jahr die Bereitschaft zur Zusammenarbeit zwischen beiden Organisationen weiterwachsen lassen. Insgesamt hat sich dabei mit den Veränderungen der geopolitischen Lage in der EU die Einsicht vertieft, dass Vorstellungen von einer strategischen Autonomie Europas illusionär waren und die NATO auch zukünftig die Grundlage der kollektiven Verteidigung in Europa bilden wird. Keine andere Organisation kann diese Kernaufgabe auf absehbare Zeit wahrnehmen. Mit Blick auf komplexe militärische Operationen zur Krisenbeherrschung verfügt die NATO – vor allem aufgrund der von den Vereinigten Staaten zur Verfügung gestellten operativen Fähigkeiten und Ressourcen – über ein einzigartiges politisches und militärisches Dispositiv.

Der „Strategische Kompass" der Europäischen Union

In dem im März 2022 verabschiedeten neuen strategischen Grundsatzdokument der Europäischen Union, dem Strategischen Kompass[13], wird diese politische Einschätzung der neuen Lage grosso modo anerkannt. Der Hohe Vertreter der EU für Außen- und Sicherheitspolitik, Borrell, bezeichnete den „Kompass" in seinem Vorwort als Ausdruck von „Europas geopolitischem Aufwachen".[14] Er soll die Sicherheits- und Verteidigungsagenda der EU des kommenden Jahrzehnts und einen damit verbundenen strategischen Zugriff prägen.

Der Strategische Kompass betont die komplementäre Beziehung einer gemeinsamen europäischen Verteidigungspolitik zur NATO. Es wird darin ausdrücklich anerkannt, dass eine in Sicherheits- und Verteidigungsfragen stärkere Europäische Union einen größeren

---

10 Übersetzung der Autoren, im englischen Original: „This sends a strong message of unity [...] NATO and the European Union are united. To defend our values", Jens Stoltenberg: Press Point by NATO Secretary General Jens Stoltenberg with the President of the European Commission, Ursula von der Leyen and the President of the European Council, Charles Michel, 24.2.2022.
11 Europäischer Rat/Rat der EU: Erklärungen und Bemerkungen, G7 Leaders' Statement of 24 February 2022, 164/22, 24.2.2022.
12 NATO: Madrid Summit Declaration, Press Release (2022) 095, 29.6.2022.
13 Der "Kompass" wurde zunächst am 21. März 2022 auf einem Ratstreffen der Außen- und Verteidigungsminister angenommen und am 25. März auf dem Europäischen Rat gebilligt.
14 A strategic compass for security and defence – For a European Union that protects its citizens, values and interests and contributes to international peace and security, abrufbar unter https://www.eeas.europa.eu/sites/default/files/documents/strategic_compass_en3_web.pdf (letzter Zugriff: 6.10.2022), S. 4.

Beitrag zur globalen und transatlantischen Sicherheit im Rahmen der NATO leisten könne:

> „Jeden Tag sehen wir mehr Mitgliedstaaten, die bereit sind, mehr in Sicherheit und Verteidigung zu investieren. Wir müssen den neuen Schwung nutzen, um sicherzustellen, dass wir uns endlich mit der Einstellung, den Mitteln und den Mechanismen ausstatten, um unsere Union, unsere Bürger und unsere Partner zu verteidigen. Auf diese Weise wird die EU auch zur Stärkung der NATO beitragen."[15]

Gleichzeitig sieht der "Kompass" eine Intensivierung des politischen Dialoges zwischen NATO und EU vor. Die Zahl hochrangiger Treffen soll erhöht, die strategische Kommunikation intensiviert und der Austausch vertraulicher Informationen erleichtert werden.[16]

Das neue Strategische Konzept der NATO

So sehr die mit dem Strategischen Kompass verbundenen geopolitischen Anstrengungen der Europäischen Union begrüßt und der signifikante qualitative Fortschritt gegenüber den Europäischen Sicherheitsstrategien früherer Jahre[17] herausgehoben wurde, so verhalten blieb das internationale Echo auf den Strategischen Kompass insgesamt.[18]

Aus der inneren Logik der Beziehungen zwischen EU und NATO heraus scheint es unglücklich, dass die NATO zeitlich nach der EU ihr strategisches Grundsatzdokument erlassen hat. Denn dies hätte durchaus auch als Richtschnur für den strategischen Rahmen der Europäischen Union gelten können. Das neue Strategische Konzept der NATO wurde von den Staats- und Regierungschef:innen nach einem eingehenden Konsultationsprozess und der Vorlage des Berichts einer Reflexionsgruppe[19] auf dem NATO-Gipfel in Madrid am 29. Juni 2022 verabschiedet. Es soll das für absehbare Zeit grundlegende Dokument der sich herausbildenden neuen Sicherheitsarchitektur sein.[20] Es bekräftigt auf eine weithin sichtbare Weise die strategische Relevanz der NATO und bestätigt die Landesverteidigung als Grundlage der Bündnisverteidigung und damit als maßgebliche Kernaufgabe der NATO.[21] Das Strategische Konzept von Madrid setzt dabei die bereits im vorausgegangenen Strategischen Konzept von Lissabon vorgezeichnete Linie der gebührenden Würdigung der Zusammenarbeit zwischen NATO und EU fort. Damit verstärkt es den in den letzten Jahren praktizierten Kurs einer vertieften Zusammenarbeit zwischen beiden Organisationen. Die Europäische Union wird im strategischen Konzept von Madrid als ein einzigartiger Partner[22] bezeichnet, der mit der NATO durch gemeinsame Wertvorstellungen verbunden ist: „Die NATO und die EU spielen komplementäre, kohärente und sich gegenseitig verstärkende Rollen bei der Unterstützung des internationalen Friedens

---

15 Übersetzung der Autoren, im englischen Original: „Every day we are seeing more member states ready to invest more in security and defense we must use the new momentum to ensure that we, finally, equip ourselves with the mind-set, the means and the mechanisms to defend our Union, our citizens and our partners. In doing so, the EU will also help to strengthen NATO", A strategic compass for security and defence, S. 5.
16 A strategic compass for security and defence, S. 53 f.
17 Sven Biscop: Eine Verteidigungsstrategie für die Europäische Union, in: Bundesministerium Landesverteidigung: Der Strategische Kompass der Europäischen Union: Ziele, Perspektiven und Chancen für Österreich, Wien 2021, S. 24–30.
18 Der Kompass wurde in der öffentlichen Diskussion nicht als der Durchbruch zu einer europäischen Strategie wahrgenommen, als den ihn Josep Borrell skizziert hat; Nick Witney: The EU's Strategic Compass: Brand new and already obsolete, in: European Council on Foreign Relations, 31.3.2022.
19 NATO: NATO 2030: United for a New Era, 25.11.2020.
20 NATO: NATO leaders approve new Strategic Concept, 29.6.2022, abrufbar unter https://www.nato.int/cps/en/natohq/news_197281.htm (letzter Zugriff: 7.7.2022).
21 NATO: Strategic Concept, 29.6.2022, S. 1.
22 NATO: Strategic Concept, 2022, S. 10.

und der Sicherheit".[23] Diese Partnerschaft umfasst insbesondere Kooperationen im Rahmen der „Women, Peace and Security Agenda" der Vereinten Nationen, gemeinsame Beiträge zur militärischen Mobilität, Klimasicherheit, Resilienz und menschlichen Sicherheit und soll Antworten auf die Herausforderungen für die euro-atlantische Sicherheit durch die Volksrepublik China und den technologischen Wandel liefern.[24]

Skandinavische Beitritte zu kollektiven Verteidigungsmechanismen

Mit Finnland und Schweden stellten im Mai 2022 zwei Mitgliedstaaten der Europäischen Union einen Antrag auf Aufnahme in die Nordatlantische Allianz,[25] am 5. Juli wurden die Beitrittsprotokolle unterzeichnet.[26] Vor dem Hintergrund der tief in der Geschichte beider Länder verwurzelten außenpolitischen Neutralitätsnormen[27] stellt dieser Vorgang, der der NATO im Norden Europas eine ganze neue sicherheitspolitische Perspektive eröffnet, einen besonders tiefen strategischen Einschnitt dar. NATO-Generalsekretär Jens Stoltenberg hat anlässlich des Madrider Gipfels der Allianz ausdrücklich die Bereitschaft des Bündnisses betont, Finnland und Schweden als neue Mitglieder aufzunehmen. Dabei bekräftigte er das Recht Finnlands und Schwedens, als souveräne Staaten ihren eigenen Weg zu gehen und eine Mitgliedschaft im Bündnis anzustreben. Die von Moskau an die Adresse Finnlands und Schwedens gerichteten Drohungen erwähnte er dabei ausdrücklich, jedoch nicht ohne hinzuzufügen, dass dies nichts daran ändern werde, dass Finnland und Schweden der Allianz beiträten und man auf jede mögliche Wendung gefasst sei: „Wir sind da, um alle Alliierten zu schützen, und natürlich auch Finnland und Schweden."[28] Es liegt in der Konsequenz des Beitritts Schwedens und Finnlands zur Nordatlantischen Allianz, dass dadurch auch die Zusammenarbeit zwischen der Europäischen Union und dem Bündnis gestärkt wird. EU-Ratspräsident Charles Michel hat bei seinen Besuchen in Stockholm und Helsinki bereits am 25. Mai 2022 die vollumfängliche Unterstützung der Europäischen Union für den Beitritt beider Länder zur NATO ausgedrückt: „Die NATO-Mitgliedschaft wird sowohl für die EU als auch für die NATO von gegenseitigem Nutzen sein. Sie wird Europa sicherer machen".[29] Auch Dänemark hat aus der veränderten Sicherheitslage außenpolitische Konsequenzen gezogen und nach einem positiven Referendum am 1. Juni 2022 den Beitritt zur Gemeinsamen Sicherheits- und

---

23 Übersetzung der Autoren, im englischen Original: "NATO and the EU play complementary, coherent and mutually reinforcing roles in supporting international peace and security", NATO: Strategic Concept, S. 10.
24 NATO: Strategic Concept, 2022.
25 NATO: Finland and Sweden submit applications to join NATO, 18.5.2022, abrufbar unter https://www.nato.int/cps/en/natohq/news_195468.htm (letzter Zugriff: 25.7.2022).
26 NATO: Finland and Sweden complete NATO accession talks, 4.7.2022, abrufbar unter https://www.nato.int/cps/en/natohq/news_197737.htm (letzter Zugriff: 25.7.2022).
27 Hans Lödén: Reaching a vanishing point? Reflections on the future of neutrality norms in Sweden and Finland, in: Cooperation and Conflict 47(2)/2012, S. 271–284.
28 Übersetzung der Autoren, im englischen Original: „We are there to protect all Allies, and of course also Finland and Sweden", Jens Stoltenberg: Press conference by NATO Secretary General Jens Stoltenberg following the meeting of the North Atlantic Council at the level of Heads of State and Government, NATO, 30.6.2022.
29 Übersetzung der Autoren, im englischen Original: „NATO membership will be mutually beneficial for both the EU and for NATO. It will make Europe safer", Charles Michel: Erklärungen und Bemerkungen, Remarks after his meeting in Stockholm with Prime Minister of Sweden Magdalena Andersson, 493/22, 25.5.2022.

Verteidigungspolitik der EU vollzogen und die bis dahin gültige Zusatzvereinbarung zum Vertrag von Maastricht von 1992[30] außer Kraft gesetzt.[31]

Ausblick

Mit dem neuen Strategischen Konzept der NATO und dem Strategischen Kompass der EU haben sich beide Organisationen in den vergangenen Monaten neue sicherheitspolitische Grundsatzdokumente gegeben und eine weitere Vertiefung ihrer Zusammenarbeit markiert. Die veränderte sicherheitspolitische Lage und das zunehmende Bewusstsein der EU, künftig einen größeren Beitrag zur Sicherheit Europas leisten zu müssen, haben in Dänemark, Schweden und Finnland zu grundlegenden sicherheitspolitischen Kursanpassungen geführt, die Europas strategische Lage maßgeblich beeinflussen und – durch den Beitritt Schwedens und Finnlands – der NATO neue Perspektiven eröffnen. In Österreich regt sich zumindest zaghaft eine Debatte über die eigene sicherheitspolitische Rolle, auch wenn das Land noch weit von einer echten Diskussion über die Grundlagen der Neutralität und die Perspektiven der Zusammenarbeit mit der Nordatlantischen Allianz entfernt ist. In den vergangenen Monaten ist unter dem Eindruck grundstürzender Veränderungen der Sicherheitslage und der Einsicht in die von Russland ausgehende militärische Bedrohung in der Europäischen Union ein neuer Konsens entstanden: Damit EU und NATO zu einer echten Einheit gelangen und eine sicherheitspolitische Neupositionierung gelingt, muss die EU ihre eigene weltpolitische Verantwortung an der Seite der Vereinigten Staaten noch wesentlich konsequenter wahrnehmen. Erst wenn dies verwirklicht wird, kann die Zusammenarbeit zwischen beiden Organisationen jene Qualität annehmen, die deklamatorisch von beiden Seiten schon lange reklamiert wird.

Weiterführende Literatur

Nele Marianne Ewers-Peters: Understanding EU–NATO Cooperation: How Member States Matter, London 2022.

Bjørn Olav Knutsen: A Weakening Transatlantic Relationship? Redefining the EU–US Security and Defence Cooperation, in: Politics and Governance 10(2)/2022, S. 165–175.

Sara Bjerg Moller/Sten Rynning: Revitalizing Transatlantic Relations: NATO 2030 and Beyond, in: The Washington Quarterly 44(1)/2021, S. 177–97.

Kolja Raube/Raquel Vega Rubio: Coherence at Last? Transatlantic Cooperation in Response to the Geostrategic Challenge of China, in: Politics and Governance 10(2)/2022, S. 176–185.

---

30 Dänemark und der Vertrag über die Europäische Union, in: Amtsblatt der Europäischen Gemeinschaften, C 348, 31.12.1992.
31 Eline Schaart: Denmark votes to scrap EU defense opt-out, in: Politico, 1.6.2022; vgl. hierzu auch den Beitrag „Dänemark" in diesem Jahrbuch.

Die Europäische Union und die OSZE

Wolfgang Zellner

Mehr als je zuvor bestimmte der Ukrainekrieg[1] im vergangenen Jahr die Agenda der Organisation für Sicherheit und Zusammenarbeit in Europa (OSZE). Die OSZE, die Nachfolgeorganisation der 1975 in Helsinki begründeten Konferenz über Sicherheit und Zusammenarbeit in Europa (KSZE), ist die umfassendste Sicherheitsorganisation in Europa, der alle europäischen und zentralasiatischen Staaten sowie die Mongolei angehören. Die OSZE fasst ihre Beschlüsse im Konsens. Vor der russischen Invasion der Ukraine beobachtete die OSZE-Sonderbeobachtungsmission (Special Monitoring Mission, SMM) die Einhaltung des Waffenstillstands in der Ostukraine. Die Trilaterale Kontaktgruppe (Trilateral Contact Group, TCG, Mitglieder: Ukraine, Russland, OSZE) bemühte sich um örtliche Waffenstillstände und versuchte, die humanitären Folgen des Konflikts abzumildern. Von der sogenannten Normandie-Gruppe (Ukraine, Russland, Deutschland, Frankreich) war im vergangenen Jahr kaum noch etwas zu hören. Sie hatte im September 2014 und Februar 2015 die beiden Minsker Abkommen ausgehandelt, die einen Waffenstillstand und einen groben Fahrplan zur Lösung des Konflikts vorsahen. Der 24. Februar 2022 veränderte alles. Die SMM wurde evakuiert und nach Nichtverlängerung des Mandats aufgelöst. Die Diskussion innerhalb der OSZE fokussierte sich darauf, wie es mit der Organisation mit und ohne Russland weitergehen könnte. Auf den schwedischen OSZE-Vorsitz 2021 folgte 2022 Polen. 2023 wird Nordmazedonien den Vorsitz übernehmen.

Die Aktivitäten der OSZE im Krieg in der Ukraine

Die Erklärungen der OSZE-Sonderbeauftragten zeichnen das Bild einer stetigen Verschlechterung der Waffenstillstandssituation mit wenigen gegenläufigen Bewegungen. Am 23. Juni 2021 beobachtete Botschafterin Heidi Grau eine „Verschlechterung der Sicherheitssituation". Am 7. Juli stellte sie eine „wachsende Zahl von Waffenstillstandsverletzungen" fest.[2] Zum 1. August löste der finnische Botschafter Kikko Kinnunen Botschafterin Grau als OSZE-Sonderbeauftragte ab. Mitte September konstatierte Kinnunen einen 30-prozentigen Anstieg der Waffenstillstandsverletzungen im Vergleich zum Vorjahr.[3] Eben-

---

1 Vgl. hierzu auch den Beitrag „Die Europäische Union und der Krieg in der Ukraine" in diesem Jahrbuch.
2 OSZE: Pressemitteilung, Press Statement of Special Representative Grau after the regular Meeting of Trilateral Contact Group on 23 June 2021, abrufbar unter https://www.osce.org/chairmanship/490799 (letzter Zugriff: 27.7.2022); OSZE: Pressemitteilung, Press Statement of Special Representative Grau after the regular Meeting of Trilateral Contact Group on 7 July 2021, abrufbar unter https://www.osce.org/chairmanship/491962, (letzter Zugriff: 27.7.2022).
3 OSZE: Pressemitteilung, Press Statement of Special Representative Kinnunen after the regular Meeting of Trilateral Contact Group on 15 September 2021, abrufbar unter https://www.osce.org/chairmanship/498147 (letzter Zugriff: 27.7.2022).

falls im September 2021 verhinderte die russische Delegation die Verlängerung des Mandats der OSZE-Beobachtermission der Grenzübergänge Gukowo und Donezk.[4] Während der ganzen Periode war die Bewegungsfreiheit der SMM eingeschränkt. Kinnunen sagte Ende September 2021, dass es 39 Vorfälle gegeben habe, davon 37 in den beiden Rebellengebieten.[5] Am 22. Dezember 2021 sprach der finnische Botschafter von fünfmal so vielen Verletzungen des Waffenstillstands wie im Dezember 2020.[6] Der in früheren Jahren übliche Waffenstillstand anlässlich der Weihnachtsfeiertage kam diesmal nicht zustande.

Am 14. Februar 2022 sprach die OSZE-Generalsekretärin vor dem Ständigen Rat eine offizielle Frühwarnung aus. Eine gute Woche später verurteilten die allermeisten OSZE-Staaten die Anerkennung der Unabhängigkeit von Teilen der Regionen Donezk und Luhansk durch Russland.[7] Zwei Tage später marschierten russische Streitkräfte in die Ukraine ein. Die Generalsekretärin entschied, die SMM zu evakuieren.[8] Am 7. März war die Evakuierung der rund 500 internationalen Missionsmitglieder abgeschlossen. Die Mission unterstützte auch die Umsiedlung der nationalen Missionsmitglieder, wo immer dies möglich war.[9]

Am 3. März 2022 setzen 45 OSZE-Staaten – alle außer Russland, Belarus, Armenien, Aserbaidschan und den zentralasiatischen Staaten – den sogenannten Moskauer Mechanismus in Gang, um „die Wirkung der Invasion und der Kriegshandlungen der Russischen Föderation auf die Menschenrechte und die humanitäre Situation" zu erhellen.[10] Am 13. April 2022 legten die Berichterstatter Wolfgang Benedek, Veronika Bílková und Marco Sassóli ihren Bericht vor, in dem es heißt:

> „[D]ie Mission fand klare Muster von IHL [International Humanitarian Law] Verletzungen seitens der russischen Streitkräfte im Zuge ihrer Kampfhandlungen vor. Wenn sie ihre IHL-Verpflichtungen […] eingehalten hätten, wäre die Zahl getöteter und verwundeter Zivilisten viel niedriger geblieben."[11]

Die SMM musste bereits zum 31. März 2022 beendet werden, da Russland eine Verlängerung des Mandats verweigerte.[12]

---

4 OSZE: Pressemitteilung, Chairperson-in-Office expresses regret that no consensus could be reached on extension of mandate of Observer Mission, 16. September 2021, abrufbar unter https://www.osce.org/chairmanship/498219 (letzter Zugriff: 27.7.2022).
5 OSZE: Pressemitteilung, Press Statement of Special Representative Kinnunen after the regular Meeting of Trilateral Contact Group on 29 September 2021, abrufbar unter https://www.osce.org/chairmanship/499248 (letzter Zugriff: 27.7.2022).
6 OSZE: Pressemitteilung, Press Statement of Special Representative Kinnunen, after the regular Meeting of Trilateral Contact Group on 22 December 2021, abrufbar unter https://www.osce.org/chairmanship/509006 (letzter Zugriff: 27.07.2022).
7 OSZE: Pressemitteilung, Special OSCE Permanent Council meeting held following Russian decision to recognize parts of Donetsk and Luhansk regions of Ukraine as independent, 23.2.2022, abrufbar unter https://www.osce.org/chairmanship/512857 (letzter Zugriff: 27.7.2022).
8 OSZE: Pressemitteilung, Statement of the Secretary General on the temporary evacuation of the OSCE staff from Ukraine, 24.2.2022, abrufbar unter https://www.osce.org/secretary-general/512953 (letzter Zugriff: 27.7.2022).
9 OSCE Special Monitoring Mission to Ukraine (SMM): Daily Report 54/2022, 7.8.2022.
10 OSZE: Ukraine appoints mission of experts following invocation of the OSCE's Moscow Mechanism, 15.3.2022, abrufbar unter https://www.osce.org/odihr/513973 (letzter Zugriff: 27.7.2022).
11 Wolfgang Benedek/Veronika Wolfgang Bílková/Marco Sassóli: Report on Violations of International Humanitarian and Human Rights Law, War Crimes and Crimes Against Humanity, Committed in Ukraine since 24 February 2022, ODIHR.GAL/26/22/Rev.1, 13.4.2022.
12 OSZE: Pressemitteilung, Chairman-in-Office and Secretary General expressed regret that no consensus reached on extension of mandate of Special Monitoring Mission to Ukraine, 31.3.2022, abrufbar unter https://www.osce.org/chairmanship/514958 (letzter Zugriff: 27.7.2022).

Insgesamt hatte die OSZE in der Phase vor dem 24. Februar 2022 keinen Einfluss mehr auf den Konfliktverlauf. Während die SMM-Beobachter ohnmächtig den eskalierenden Feindseligkeiten zusehen mussten, war die politische Konfliktregulierung zum Erliegen gekommen bzw. hatte sich Russland entschlossen, seine militärischen Machtmittel einzusetzen.

Andere Regionalkonflikte

Der Konflikt zwischen der Republik Moldau und deren sezessionistischer Entität Transnistrien ist der „mildeste" Regionalkonflikt im OSZE-Gebiet.[13] So konnten sich die Parteien in den vergangenen Jahren auf eine Reihe vertrauensbildender Maßnahmen von neutralen Nummernschildern bis zum Zugang zu Ackerland einigen. Der Transnistrien-Konflikt ist auch der einzige Regionalkonflikt, zu dem sich die OSZE-Staaten auf ihrem Ministerratstreffen in Stockholm im Dezember 2021 auf eine gemeinsame Erklärung einigen konnten, die die erreichten Fortschritte lobt und weitere Schritte im 5+2-Verhandlungsformat (Moldau, Transnistrien, OSZE, Russland, Ukraine + EU, USA) einfordert.[14] In diesem Sinne planten die Seiten ein 5+2-Treffen im Mai und die schon übliche informelle Konferenz in Bayern im Herbst 2022. Doch die russische Aggression gegen die Ukraine veränderte alles. Der 5+2-Prozess wurde unterbrochen, die Parteien konzentrierten sich auf die Bewältigung der unmittelbaren Herausforderungen, darunter falsche Bombendrohungen und die vorübergehende Sperrung der Grenze durch die transnistrischen Behörden. Die Kontakte zwischen den beiden Seiten wurden jedoch aufrechterhalten mit dem Ergebnis, dass man den neuen Herausforderungen im Wesentlichen gewachsen war.[15]

Im Rahmen der Genfer Internationalen Diskussionen (GID) finden Gespräche zwischen Georgien und seinen sezessionistischen Landesteilen statt, an denen unter dem Ko-Vorsitz der Vereinten Nationen (VN), der OSZE und der EU Vertreter:innen Georgiens, Abchasiens, Südossetiens, Russlands und der USA teilnehmen. Das Format ist inklusiv, aber mit Statusfragen beladen: So nehmen die Teilnehmer:innen nicht als Vertreter:innen ihrer Staaten bzw. Entitäten, sondern lediglich unter ihrem Namen teil. GID-Sitzungen fanden im Juni, Oktober und Dezember 2021 statt. Gegenstand waren verschiedene Sicherheitsfragen. Die Kernfrage einer Rückkehr der Flüchtlinge, die die ethnische Zusammensetzung in den Entitäten verändern würde, konnte jedoch niemals angesprochen werden. Mit der russischen Aggression gegen die Ukraine brach der Sitzungszyklus ab, lediglich die Ko-Chairs konsultierten die Teilnehmer:innen.[16] Praktische Fragen vor Ort werden in den beiden Incident Prevention and Response Mechanisms (IPRM) besprochen, die unter dem Vorsitz der VN für Abchasien in Gali und der OSZE für Ossetien in Ergneti tagen. Im Unterschied

---

13 Vgl. hierzu auch den Beitrag „Östliche Partnerschaft" in diesem Jahrbuch.
14 OSZE/Ministerrat: Ministerial Statement on the Negotiations on the Transdniestrian Settlement Process in the "5+2" Process, MC.DOC/1/21, 3.12.2021.
15 Delegation der Republik Moldau: Statement by the Delegation of Moldova, in: OSZE/Ständiger Rat: 1371st Plenary Meeting of the Council, 28.4.2022, PC.JOUR/1371, 28.4.2022, Annex 13.
16 OSZE: Pressemitteilung, Press Communiqué of the Co-Chairs of the Geneva International Discussions, 30.6.2021, abrufbar unter https://www.osce.org/chairmanship/491371 (letzter Zugriff: 27.7.2022); OSZE: Pressemitteilung, Press Communiqué of the Co-Chairs of the Geneva International Discussions, 13.10.2021, abrufbar unter https://www.osce.org/chairmanship/500770 (letzter Zugriff: 27.7.2022); OSZE: Pressemitteilung, Press Communiqué of the Co-Chairs of the Geneva International Discussions, 8.12.2021, abrufbar unter https://www.osce.org/chairmanship/507485 (letzter Zugriff: 27.7.2022); OSZE: Pressemitteilung, Press Communiqué of the Co-Chairs of the Geneva International Discussions, 30.5.2022, abrufbar unter https://www.osce.org/chairmanship/519246 (letzter Zugriff: 27.7.2022).

zu den GID-Sitzungen tagten die IPRM in Ergneti regelmäßig von Juli 2021 bis Juni 2022.[17] Damit zeigte die untere, basisnähere Ebene der Konfliktregulierung eine höhere Resilienz gegenüber dem Schock des Ukrainekriegs.

Über den Konflikt zwischen Armenien und Aserbaidschan über Berg-Karabach verhandeln diese beiden Staaten unter der Vermittlung der drei Ko-Vorsitzenden (Frankreich, Russland, USA) der sogenannten Minsk-Gruppe und des langjährigen OSZE-Sonderbeauftragten Andrzej Kasprzyk. Die Entität Berg-Karabach ist nicht Teil dieses wenig inklusiven Formats, wird aber konsultiert. Die Tatsache, dass sich die Ko-Vorsitzenden im September und November 2021 mit den Außenministern Armeniens und Aserbaidschans trafen, konnte nicht verhindern, dass es ungeachtet des Waffenstillstandsabkommens vom November 2020 im November 2021 und im Januar 2022 zu erneuten militärischen Konflikten kam, die weitere Treffen der Ko-Chairs mit den Außenministern im vergangenen Jahr verhinderten. Es ist nicht zu erkennen, dass das Minsk-Format noch eine konfliktmindernde Wirkung ausübt.[18]

Konventionelle Rüstungskontrolle in Europa

Nachdem Russland die Implementierung des Vertrags über konventionelle Streitkräfte in Europa (KSE) 2007 eingestellt hat, die USA und Russland den Vertrag über den Offenen Himmel (OH) 2020 bzw. 2021 verlassen haben und das Wiener Dokument über Vertrauens- und Sicherheitsbildende Maßnahmen (WD) trotz aller Bemühungen nicht reformiert werden konnte,[19] hat die russische Aggression gegen die Ukraine der auf Vertrauen und Kooperation fußenden europäischen Rüstungskontrolle den Todesstoß versetzt. Über einen neuen, die Abschreckung flankierenden Rüstungskontrollansatz wird nachzudenken sein.

Wahlbeobachtung und menschliche Dimension

Ungeachtet des Konflikts mit Russland führte die OSZE im vergangenen Jahr 25 wahlbezogene Aktivitäten durch, davon neun volle Wahlbeobachtungsmissionen (Armenien, Bulgarien, Georgien, Kirgisistan, Nordmazedonien, Republik Moldau, Serbien, Ungarn, Usbekistan) und kleinere Aktivitäten in 16 Staaten. Dies war möglich, weil das Büro für Demokratische Institutionen und Menschenrechte (BDIMR) allein über Wahlbeobachtungen entscheidet und es keiner Mitwirkung des Ständigen Rates bedarf.

Dies ist nicht der Fall bei den Human Dimension Implementation Meetings (HDIM). Bei diesen handelt es sich um Konferenzen mit etwa 1.000 Teilnehmer:innen, die vom Ständigen Rat mandatiert werden müssen. Das letzte HDIM fand 2019 statt, 2020 fiel es wegen der Covid-19-Pandemie, 2021 wegen fehlendem Konsens aus, ein HDIM-Beschluss 2022 ist bisher nicht gefasst worden. Dasselbe gilt für die Human Dimension Seminars, die jedoch bis 2021 stattfanden. Weiterhin stattfinden die Supplementary Human Dimension

---

17 OSZE: Pressemitteilung, 101st Incident Prevention and Response Mechanism meeting takes place in Ergneti, 13.7.2021, abrufbar unter https://www.osce.org/chairmanship/492736 (letzter Zugriff: 27.7.2022); OSZE: Pressemitteilung, 107th Incident Prevention and Response Mechanism meeting takes place in Ergneti, 7.6.2022, abrufbar unter https://www.osce.org/chairmanship/519831 (letzter Zugriff: 27.7.2022).
18 OSZE: Pressemitteilung, Statement by the Co-Chairs of the OSCE Minsk Group, 24.9.2021, abrufbar unter https://www.osce.org/minsk-group/498948 (letzter Zugriff: 27.7.2022); OSZE: Pressemitteilung, Statement by the Co-Chairs of the OSCE Minsk Group, 11.11.2021, abrufbar unter https://www.osce.org/minsk-group/504007 (letzter Zugriff: 27.7.2022).
19 Auswärtiges Amt: Jahresabrüstungsbericht 2021. Bericht der Bundesregierung zum Stand der Bemühungen der Rüstungskontrolle, Abrüstung und Nichtverbreitung sowie über die Entwicklung der Streitkräftepotenziale für das Jahr 2021, Berlin 2022, S. 59–63.

Meetings, die vom Chair veranstaltet werden. Insgesamt ist wichtig festzuhalten, dass die Arbeit des BDIMR zwar durch Mangel an Konsens eingeschränkt, aber letztlich nicht verhindert werden kann.

Zukunft und Perspektiven der OSZE

Die russische Invasion der Ukraine wirft die Frage auf, ob und in welcher Weise die OSZE weitergeführt werden kann.

Nach dem 24. Februar 2022 begann jede Sitzung ungeachtet des Protests der russischen Delegation mit dem Tagesordnungspunkt „The Russian Federation's Ongoing Aggression Against Ukraine". Mit Ausnahme des Vorsitzes sprach niemand mehr mit Russland; wenn Russlands Vertreter sprachen, verließen die meisten Delegationen den Saal. Ab Juni 2022 kam es wieder zu einem gewissen Verkehr auf Arbeitsebene, bezeugt durch einen Beschluss über die Durchführung der Annual Review Security Conference am 28./29. Juni 2022.[20]

Bezüglich der längerfristigen Perspektiven begann in Wien ein kreatives Suchen. Nicht oder kaum diskutiert wurde eine Suspendierung der Mitgliedschaft Russlands nach der Konsens-minus-eins-Regel, auf deren Grundlage man im Juli 1992 die Mitgliedschaft Serbiens (bis zur Wiederaufnahme im November 2000) suspendiert hatte. Zu offensichtlich war, dass „minus-eins" angesichts des Stimmverhaltens von Belarus und möglicherweise weiterer Staaten nicht funktionieren würde.

So blieben zwei Möglichkeiten: Entweder Russland verlässt die OSZE selbst oder es bleibt und blockiert das Funktionieren der Organisation. Es gibt kaum Hinweise darauf, wie sich Russland mittelfristig entscheiden wird. Klar hingegen ist, dass die allermeisten westlichen Staaten die OSZE auch ohne Russland weiterführen wollen. Es gäbe auch jenseits von Russland genügend Sicherheitsprobleme im OSZE-Raum, um die Organisation sinnvoll einzusetzen. Für die USA (und Kanada), die nicht Mitglied im Europarat[21] sind, ist die OSZE zudem die einzige subregionale Plattform zur Adressierung russischer Menschenrechtsverletzungen.

Bleibt Russland, kann es in folgenden Feldern blockieren: Bei der Wahl des Vorsitzes und der vier Exekutivfunktionen – Generalsekretär:in, Direktor:in BDIMR, Hohe:r Kommissar:in für nationale Minderheiten und Beauftragte:r für die Medienfreiheit. Am schwierigsten ist die Vorsitzfrage, die Vorsitze 2023 (Nordmazedonien) und 2025 (Finnland) sind benannt, der Vorsitz 2024 fehlt. Für dieses Problem gibt es – außer einem Konsens – noch keine wirkliche Lösung.

Die vier Exekutivpositionen müssen Ende 2023 nachbesetzt werden. Geschieht dies nicht, werden die Funktionen kommissarisch besetzt, wie dies bereits 2020 der Fall war, als sie ein halbes Jahr vakant waren.

Einen Budgetbeschluss für 2022 gibt es nicht, das Budget wird monatlich auf der Basis von 2021 im Rahmen vorhandener Programme aufgestellt. Ist dies nicht weiter möglich, könnte auf freiwillige Beiträge umgestellt werden.

Die Mandate der meisten Feldoperationen der OSZE – die SMM musste bereits eingestellt werden – müssen zum Jahresende 2022 verlängert werden. Geschieht dies nicht, könnten die Feldoperationen dem Vorsitz übertragen werden, vorausgesetzt die Gastländer stimmen zu und es stehen (freiwillige) Mittel zur Verfügung.

---

20 OSZE/Ständiger Rat: Dates, Agenda and Organizational Modalities of the 2022 Annual Security Review Conference, in: 1376th Plenary Meeting of the Council, PC.DEC/1439, 2.6.2022.
21 Vgl. hierzu auch den Beitrag „Die Europäische Union und der Europarat" in diesem Jahrbuch.

Insgesamt wird die Fortführung der OSZE ohne russische Kooperation schwieriger werden, bleibt aber möglich. Derzeit geht in Wien unter den westlichen Delegationen niemand vom Ableben der Organisation aus. Im Gegenteil könnte die OSZE gerade unter den geltenden Bedingungen eine Plattform zur Behandlung einer Reihe von Fragen bieten, die sonst schwieriger zu adressieren wären.

Weiterführende Literatur

OSZE: OSCE Annual Report 2021, Wien, 21.6.2022.
Institut für Friedensforschung und Sicherheitspolitik an der Universität Hamburg (Hg.): OSCE Insights 2021, Baden-Baden 2022.

Die Europäische Union und die Vereinten Nationen

Günther Unser

Seit dem Zweiten Weltkrieg hat die internationale Gemeinschaft nicht mehr vor so großen Herausforderungen gestanden wie heute. Eine Kette von weltweiten Krisen wie die Covid-19-Pandemie, der Klimawandel, Armut und zunehmende Regionalkonflikte veranlassten UN-Generalsekretär António Guterres im September 2021 zu der aufrüttelnden Feststellung: „Wir befinden uns an einem Wendepunkt der Geschichte"[1]. Diese Besorgnis erregende weltpolitische Lagebeurteilung erfolgte bereits fünf Monate vor Beginn des russischen Angriffs auf die Ukraine am 24. Februar 2022 – einem Ereignis, das in seinen tiefgreifenden Auswirkungen die internationalen Krisen nochmals verschärfte.

Zuvor, am 10. September 2021, hatte Guterres in der Generalversammlung der Vereinten Nationen sein zukunftsweisendes Aktions- und Reformprogramm „Unsere gemeinsame Agenda" vorgelegt. Die in dieser Agenda vorgeschlagenen 90 Maßnahmen zielen auf einen „inklusiven, effektiven und vernetzten Multilateralismus" ab,[2] in dessen Mittelpunkt die Vereinten Nationen stehen. In einem ausführlichen und auf substanzielle Punkte eingehenden Statement wies EU-Delegationsleiter Olof Skoog im UN-Plenum im Januar 2022 auf das nachdrücklich resultatsorientierte EU-Engagement im Follow-up-Prozess der Agenda hin.[3]

EU-Prioritäten

Im Vorfeld der im September 2021 beginnenden 76. Sitzungsperiode der UN-Generalversammlung hatte der Rat der Europäischen Union traditionsgemäß bereits im Juli 2021 die „Prioritäten der EU" für das Agieren der Europäischen Union im UN-System festgelegt.[4]

Die Vereinten Nationen als Eckpfeiler des multilateralen Systems sind für die EU das unverzichtbare Forum der internationalen Zusammenarbeit. Um den neuen globalen Herausforderungen des 21. Jahrhunderts gerecht zu werden, sind jedoch weitgehende Reformen des UN-Systems notwendig. Die EU setzt sich für die entsprechende Reformierung der Institutionen und Organe, einschließlich einer „umfassenden" Reform des Sicherheitsrats, ein. Sie ist außerdem bestrebt, eine verbesserte „nachhaltige und angemessene" Finanzierung sicherzustellen, insbesondere durch eine Steigerung der freiwilligen Finanzbeiträge zu den wichtigsten Fonds und Programmen sowie für die UN-Sonderorganisationen.

In den folgenden Abschnitten werden die Ziel- und Handlungsschwerpunkte in einzelnen Politikfeldern skizziert, in denen EU und UN zusammenarbeiten. Im Mittelpunkt ist

---

1 Generalversammlung der Vereinten Nationen: Unsere gemeinsame Agenda, A/75/982, 5.8.2021
2 Rat für Nachhaltige Entwicklung: Stellungnahme, Our Common Agenda – Momentum für einen inklusiven und vernetzten Multilateralismus für nachhaltige Entwicklung, 20.1.2022, S. 1.
3 Olof Skoog: EU Statement – UN General Assembly: the priorities of the Secretary-General for 2022, 21.1.2022, abrufbar unter https://eeas.europa.eu/delegatios/un-new-york/109942/eu-statement (letzter Zugriff: 31.8.2022).
4 Rat der EU: Schlussfolgerungen, Prioritäten der EU bei den Vereinten Nationen während der 76. Tagung der Generalversammlung der Vereinten Nationen (September 2021 bis September 2022), 10393/21, 12.7.2021.

und bleibt dabei das Postulat „Die Welt sicherer machen" – durch die Förderung von Frieden, Sicherheit und Menschenrechten. „Frieden und Sicherheit" möchten die EU und die UN vor allem durch die Koordinierung mit anderen regionalen und internationalen Organisationen stärken.

Anknüpfend an entsprechende vorherige Partnerschaftsvereinbarungen legten die EU und die UN im Dezember 2021 gemeinsame künftige Prioritäten für Friedenseinsätze und Krisenbewältigung für den Zeitraum 2022–2024 fest.[5] Mit konkreten Handlungsanweisungen wurden acht Prioritätsbereiche benannt (beispielsweise Modifizierung der Strategie der Friedensmissionen, Stärkung der Zusammenarbeit vor Ort, Ausbau der Kooperation mit der Afrikanischen Union – AU). Deren Umsetzung soll mittels eines robusten Follow-up-Mechanismus in den nächsten drei Jahren erfolgen. Der Rat der Europäischen Union billigte die neuen Prioritäten im Rahmen der Strategischen Partnerschaft zwischen EU und UN am 24. Januar 2022.[6] Er spricht sich für eine Stärkung der politischen Dimension der Partnerschaft aus und begrüßt den erweiterten Umfang der Prioritäten, die das Ziel haben, wirksamer auch auf die bereichsübergreifenden Herausforderungen wie Klimawandel, Menschenrechte sowie die Folgen der globalen Covid-19-Pandemie zu reagieren. Ausdrücklich wird auf die politische, fachliche und finanzielle Unterstützung der EU bei der Umsetzung der friedenssichernden UN-Mandate verwiesen, wobei eine enge Zusammenarbeit dazu beiträgt, dass Missionen der UN und der EU eine stärkere Wirkung vor Ort erzielen.

Im zentralen UN-Politikfeld Menschenrechte verweist die EU auf ihre „weiterhin weltweite Führungsrolle" bei der Förderung und dem Schutz der Menschenrechte. Sie fordert die Stärkung der UN-Menschenrechtsgremien und -mechanismen und eine „nachhaltige und angemessene Finanzierung der UN-Menschenrechtssäule". Einen Monat vor Beginn des russischen Angriffs auf die Ukraine verabschiedete der Rat der Europäischen Union traditionsgemäß die alljährlichen „Prioritäten der EU in den VN-Menschenrechtsgremien im Jahr 2022".[7] Als „Eckpfeiler ihres auswärtigen Handelns" in allen Bereichen ist die EU bestrebt, weiterhin „gemeinsame einheitliche Standpunkte der EU" in den Menschenrechtsforen zu vertreten. Folgerichtig umfasst der Menschenrechtsschutz auch Politikfelder wie Klimawandel und Umwelt. Zudem wird die EU einen „menschenrechtsbasierten Ansatz in der Entwicklungszusammenarbeit" fördern.

Um den „Wettlauf gegen den Klimawandel zu gewinnen", verweist die EU auch in diesem Politikfeld auf ihre Rolle als „Vorbild hinsichtlich ihrer Vorgaben" und empfiehlt den Europäischen Grünen Deal als Modell für nachhaltiges und integratives Wachstum. Auch in der Gestaltung einer globalen digitalen Agenda will sich die EU engagieren. Zur Umsetzung des entsprechenden Fahrplans des UN-Generalsekretärs will sie sich um strategische Partnerschaften bemühen. Da der Rat der EU bereits kurz zuvor ein „Umfassendes Konzept zur Beschleunigung der Umsetzung der UN-Agenda"[8] verabschiedet hatte, beschränkte sich das Prioritätenpapier auf die Zusage, die Partnerländer bei der Umsetzung der Agenda 2030 zu unterstützen.

---

5 Rat der EU: Taking the UN-EU strategic partnership on peace operations and crisis management to the next level: Priorities 2022-2024, 14196/1/21 REV 1, 10.12.2021.
6 Rat der EU: Taking the UN-EU strategic partnership on peace operations and crisis management to the next level: Priorities 2022-2024, 5451/22, 24.1.2022.
7 Rat der EU: Schlussfolgerungen des Rates zu den Prioritäten in den VN-Menschenrechtsgremien im Jahr 2022, 5277/22, 24.1.2022.
8 Rat der EU: Schlussfolgerungen, Ein umfassendes Konzept zur Beschleunigung der Umsetzung der UN-Agenda 2030 für nachhaltige Entwicklung. Ein besserer Wiederaufbau nach der Covid-19-Krise, 9850/21, 22.6.2021.

Abschließend betont der Rat der EU, dass eine „starke und dynamische Partnerschaft" zwischen der EU und den UN wichtiger denn je ist und durch die Einrichtung eines regelmäßigen EU-UN-Gipfels intensiviert werden soll.

Der offensichtliche Kompromisscharakter der stets einstimmig gebilligten jährlichen Prioritätenpapiere kennzeichnet auch die aktuelle Fassung. Durchweg bleibt es in der Regel bei wiederkehrenden Absichtserklärungen ohne konkrete Festlegungen, aber die fortschreitende Verdichtung der Beziehungsebenen zwischen der EU und den UN wird im rückblickenden Vergleich der Papiere offensichtlich. Auffallend ist auch das zunehmend selbstbewusstere Auftreten der EU im Verhältnis zu den Vereinten Nationen.

Da die anstehende Empfehlung des Europäischen Parlaments (EP) für die im September 2020 begonnene 75. Sitzungsperiode der UN-Generalversammlung erst im Juni 2021 verabschiedet wurde,[9] sollten sich die Vorschläge auch auf das Agieren der EU in den UN im Verlauf der 76. Periode beziehen. Substanziell spricht das EP Positionen und Handlungsstrategien an, die die EU und ihre Mitgliedstaaten mit einer Stimme vertreten sollten. Im Bereich der Friedenssicherung sollten etwa die Fähigkeit und Kapazität des UN-Systems zur Konfliktverhütung und Schutzverantwortung ausgebaut und die friedenssichernde trilaterale Zusammenarbeit auf dem afrikanischen Kontinent zwischen EU–AU–UN intensiviert werden. Zur Verbesserung des Menschenrechtsschutzes sind „größere Synergien" zwischen Menschenrechtsrat, Generalversammlung und Sicherheitsrat von Nöten. Beim Klimaschutz fordert das EP von der EU eine „aktive, starke und ehrgeizige Führungsrolle" in den Vorbereitungen für die 26. UN-Klimakonferenz (COP26).

Die Relevanz der EU-UN-Zusammenarbeit

Traditionsgemäß nahm das Führungspersonal der EU an der Eröffnung der nunmehr 76. UN-Generalversammlung Ende September 2021 in New York teil. Bereits zu Beginn trafen sich Ratspräsident Präsident Charles Michel, Kommissionspräsidentin Ursula von der Leyen und der Hohe Vertreter der Union für Außen- und Sicherheitspolitik Josep Borell mit UN-Generalsekretär António Guterres. Gemeinsam vereinbarten sie – um die strategische Partnerschaft zwischen EU und UN weiter zu stärken – regelmäßige EU-UN-Spitzentreffen. Die Eröffnungswoche war gekennzeichnet durch intensive bilaterale und multilaterale Aktivitäten der EU-Repräsentantinnen und -Repräsentanten sowie durch zahlreiche Gipfeltreffen (High-level meetings), so zu den Themen rassistische Diskriminierung, Ernährung und Energie.[10] In der pandemiebedingt im hybriden Format staatfindenden Generaldebatte der Staats- und Regierungschefinnen und -chefs rief EU-Präsident Charles Michel in einer bemerkenswert emotionalen Rede[11] dazu auf, die Welt zu verändern und „eine gerechtere und sicherere Welt zu schaffen": eine Welt in Frieden, geschützt vor Covid-19 und Klimabedrohung. Die Welt kann dabei, so Michel, auf die EU „als den wichtigsten Beitragszahler für Frieden und nachhaltige Entwicklung" zählen.

Während die Europäische Union 2020 ein Drittel (fünf) der Sicherheitsratssitze innehatte, war und ist sie nach dem EU-Austritt des Vereinigten Königreichs 2021 sowie 2022 nur mit jeweils zwei Sitzen (Frankreich als ständigem Mitglied, Estland 2021 sowie Irland 2022 als nichtständigen Mitgliedern) im UN-Zentrum für die Friedenssicherung vertreten.

---

9 Europäisches Parlament: Empfehlung vom 9. Juni 2021 an den Rat zu der 75. und 76. Tagung der Generalversammlung der Vereinten Nationen 2020/2128(INI), 9.6.2021.
10 Marianne Beisheim: UN-Generalversammlung der „Hoffnung", SWP-Aktuell 64/2021.
11 Charles Michel: Rede vor der Generalversammlung der Vereinten Nationen, 703/21, 24.9.2021.

Peacekeeping, d.h. friedenssichernde, inzwischen meist multidimensionale Operationen sind für den Rat das wichtigste Instrumentarium zum Handeln in Konflikten. Die gewachsene Partnerschaft zwischen der EU und den UN ist in diesem Bereich besonders ausgeprägt und nachhaltig: Die EU-Mitgliedstaaten finanzierten wiederum mit ihren Pflichtbeiträgen als zweitgrößter Geber rund 25 Prozent des UN-Peacekeeping-Budgets. Und nahezu alle derzeitigen elf zivilen und sieben militärischen, z.T. vom Sicherheitsrat mandatierten GSVP-Operationen kooperieren vor Ort mit Einrichtungen des UN-Systems. Besonders ausgeprägt ist die EU-UN-Verzahnung in Konfliktgebieten wie Mali, der Zentralafrikanischen Republik oder Libyen, wo sowohl die EU als auch die UN Missionen unterhalten.

Vor dem russischen Angriff auf die Ukraine vertrat der Leiter der Delegation der EU bei den Vereinten Nationen, Botschafter Olof Skoog, in öffentlichen Ratssitzungen mehrfach ausführlich die abgestimmten EU-Positionen zu neueren Themenfeldern wie Klima und Sicherheit, Frauen, Frieden und Sicherheit oder auch zu Einzelkonflikten wie dem in Bosnien-Herzegowina.

Der Ukraine-Krieg

Mit dem militärischen Überfall Russlands auf die Ukraine am 24. Februar 2022 stand wieder einmal die Handlungsfähigkeit des UN-Sicherheitsrats auf dem Prüfstand. Wenige Tage vor dem Einmarsch war im Sicherheitsrat am Veto Russlands ein Versuch gescheitert, der sich abzeichnenden Eskalation Einhalt zu gebieten. In einer anschließenden Pressekonferenz sicherte EU-Botschafter Skoog im Namen der europäischen Sicherheitsratsmitglieder der Ukraine die volle Unterstützung bei der Aufrechterhaltung ihrer Souveränität und ihrer territorialen Integrität zu.[12]

In der vom Rat am 27. Februar beschlossenen Notstandssondertagung der Generalversammlung[13] bezog Skoog im Namen der EU und ihrer Mitgliedstaaten eindeutig Stellung[14]: Er verurteilte „auf das Schärfste" die grundlose und ungerechtfertigte Invasion, forderte einen sofortigen Waffenstillstand und den „sofortigen Rückzug" aller militärischen Kräfte aus dem gesamten Territorium der Ukraine; er sicherte dem Land entschiedenen Beistand und der „ukrainischen Bevölkerung" humanitäre Hilfe zu. Nach dreitägiger Beratung verabschiedete die Generalversammlung am 2. März 2022 mit 141 Ja-Stimmen, auch denen aller EU-Mitgliedstaaten, mit fünf Nein-Stimmen und 35 Enthaltungen die entsprechende Resolution, in der der Angriff auf die Ukraine scharf verurteilt wird, und forderte von Russland die sofortige Einstellung der Kampfhandlungen und den Rückzug seiner Truppen.[15] In einer unter der Federführung der Ukraine eingebrachten zweiten Resolution der Generalversammlung[16] wurden angesichts der von Russland verursachten humanitären Notlage der

---

12 Olof Skoog: Ukraine: EU Ambassador joins European and other UN Security Council members urging diplomacy to de-escalate the tensions, 17.2.2022, abrufbar unter https://www.eeas.europa.eu/delegations/un-new-york/ukraine-eu-ambassador-joins-european-and-other-un-security-council-members_fr (letzter Zugriff: 26.8.2022).
13 Sicherheitsrat der Vereinten Nationen: Resolution 2623 (2022), S/RES/2623, 27.2.2022.
14 Olof Skoog: EU Statement – UN General Assembly: 11th Emergency Special Session (Ukraine), 28.2.2022, abrufbar unter https://eeas.europa.eu/delegations/un-new-york/111820/eu-statement (letzter Zugriff: 26.8.2022).
15 Generalversammlung der Vereinten Nationen: Resolution der Generalversammlung: Aggression gegen die Ukraine, A/RES/ES-11/1, 2.3.2022; Deutsche Gesellschaft für die Vereinten Nationen: Die Möglichkeiten der UN im Ukraine-Krieg, 31.3.2022, abrufbar unter https://dgvn.de/meldung/die-moeglichkeiten-der-un-im-ukraine-krieg (letzter Zugriff: 26.8.2022).
16 Generalversammlung der Vereinten Nationen: Resolution der Generalversammlung: Humanitäre Folgen der Aggression gegen die Ukraine, A/RES/ES-11/2, 28.3.2022.

ukrainischen Zivilbevölkerung konkrete Maßnahmen gefordert. Den von einer überwältigenden Mehrheit angenommenen Text würdigte der französische UN-Vertreter im Namen der EU und ihrer Mitgliedstaaten als starkes Signal der einheitlichen Unterstützung.[17]

Während hinter den Kulissen die Bemühungen um eine Stellungnahme des Sicherheitsrats zum Ukraine-Krieg weiterliefen, bekräftigte der EU-Delegationsleiter in einer offenen Sitzung des Rats am 5. April 2022 sehr entschieden die europäische Position.[18] Er wies ausführlich auf die verhängten Sanktionen, die in Gang gesetzten Unterstützungsmaßnahmen der EU und die große Bereitschaft zur Aufnahme ukrainischer Flüchtlinge hin. Die EU leiste bereits Humanitäre Hilfe und werde mit konkreten Zahlenvorgaben weitere humanitäre Unterstützung, vor allem auch im Rahmen der UN-Hilfsprogramme, sicherstellen.

Politisch bemerkenswert und völkerrechtlich interessant ist, dass sowohl in diesem Statement wie auch in EU-Redebeiträgen vor anderen UN-Gremien die Militärhilfe der EU und ihrer Mitgliedstaaten völlig ausgeblendet bleibt.

Sechs Wochen nach dem russischen Einmarsch setzte die Sondergeneralversammlung eine weitere Gegenmaßnahme. Als Reaktion auf Berichte über schwerwiegende russische Menschenrechtsverletzungen beschloss das Plenum im April 2022 mit großer Mehrheit, die derzeitige Mitgliedschaft Russlands im wichtigsten UN-Gremium zum Schutz der Menschenrechte, dem Menschenrechtsrat, zu „suspendieren",[19] d.h. Russland bleibt zwar bis zum Ende seiner dreijährigen Amtszeit (bis 2023) Mitglied des Rats, verliert aber alle Rechte seiner Zugehörigkeit. EU-Botschafter Skoog betonte in einem Statement nach der Abstimmung[20] die geschlossene Vorgehensweise der EU in dieser Frage. Im Menschenrechtsrat in Genf, dessen 49. Sitzung ganz im Zeichen der militärischen Aggression Russlands stand, hatte die EU bereits kurz nach Beginn der Invasion das russische Vorgehen scharf verurteilt.[21]

Die erste Stellungnahme des Sicherheitsrats zum Ukraine-Krieg erfolgte schließlich nach zahlreichen Fehlversuchen am 6. Mai 2022:[22] allerdings nicht in Form einer Resolution, sondern nur in einer knappen, vom Präsidenten des Rats abgegebenen förmlichen Erklärung über die Konsensentscheidung (d.h. mit Zustimmung Russlands und der beiden EU-Ratsmitglieder), in der sich der Rat lediglich „tief besorgt" über den Erhalt von Frieden und Sicherheit in der Ukraine zeigt.

---

17 EU-Delegation bei den Vereinten Nationen: EU Intervention – UN General Assembly 11th Emergency Special Session: Humanitarian consequences of the aggression against Ukraine, 24.3.2022, abrufbar unter https://www.eeas.europa.eu/delegations/un-new-york/eu-intervention-%E2%80%93-un-general-assembly-11th-emergency-special-session_en?s=307 (letzter Zugriff: 26.8.2022).
18 Olof Skoog: EU-Statement – UN Security Council: Open briefing on Ukraine, 5.4.2022, abrufbar unter https://www.eeas.europa.eu/delegations/un-new-york/eu-statement-%E2%80%93-un-security-council-open-briefing-ukraine_en?s=63 (letzter Zugriff: 26.8.2022).
19 Vereinte Nationen: Pressemitteilung, General Assembly Adopts Text to Suspend Russian Federation from Human Rights Council, Continuing Emergency Special Session on Humanitarian Crisis in Ukraine, GA/12414, 7.4.2022.
20 Olof Skoog: EU Statement – UN General Assembly: After the vote on the resolution on Suspending of the rights of membership of the Russian Federation in the Human Rights Council, 7.4.2022, abrufbar unter https://www.eeas.europa.eu/delegations/un-new-york/eu-statement-%E2%80%93-un-general-assembly-after-vote-resolution-suspension-rights_en?s=63 (letzter Zugriff: 26.8.2022).
21 EEAS: Ukraine high on agenda of United Nations Human Rights Council, 1.3.2022, abrufbar unter https://www.eeas.europa.eu/eeas/ukraine-high-agenda-united-nations-human-rights-council_hy (letzter Zugriff: 26.8.2022).
22 Sicherheitsrat der Vereinten Nationen: Erklärung der Präsidentschaft des Sicherheitsrats, S/PRST/2022/3, 6.5.2022.

Der Kampf gegen die Covid-19-Pandemie hatte den Sicherheitsrat in der vorhergegangenen 75. UN-Sitzungsperiode mehrfach beschäftigt. Unmittelbar nach Beginn der russischen Aggression wurde in der Generalversammlung von Frankreich und weiteren Staaten der Entwurf einer Resolution[23] zum Tagesordnungspunkt 129, Globale Gesundheit und Außenpolitik, eingebracht. Die Staaten forderten darin eine erhöhte Bereitschaft „auf höchster Ebene der politischen Führung" zur Reaktion auf Pandemien, vor allem zur Prävention. In der nachfolgenden Aussprache über den Entwurf verwies der Vertreter der EU-Delegation[24] auf die auch im dritten Jahr bestehende große Bedrohung durch die Pandemie in vielfältigen Lebensbereichen. Die EU begrüßt und unterstützt die zahlreich aufgeführten, wichtigen Elemente und Verpflichtungen, um in Zukunft Pandemien wirkungsvoller entgegentreten zu können. Zur Pandemie-Prävention sollte eine umfassende Strategie geschaffen, die internationale Zusammenarbeit verbessert und eine entsprechende WHO-Konvention entwickelt werden. Die EU und ihre Mitgliedstaaten waren auch 2021 wiederum der größte Geldgeber der WHO.

Auf die negativen Auswirkungen des Ukraine-Kriegs für die UN-Entwicklungszusammenarbeit wies EU-Botschafter Skoog in einer Generaldebatte im April 2022 hin. Die mühsamen Fortschritte in der Umsetzung der Agenda 2030 würden zudem durch störende wirtschaftliche und finanzielle Engpässe gefährdet. Die EU und ihre Mitgliedstaaten sind weiterhin die bedeutendste entwicklungspolitische Finanzquelle der UN: 2021 steuerte sie im Rahmen der Agenda 2030 über 70 Mrd. US-Dollar bei.

Fazit

Der russische Einmarsch in die Ukraine wirkte sich auf die Handlungsfähigkeit der UN in nahezu allen Politikbereichen aus. Die EU hat entsprechend entschlossen und geschlossen reagiert. Nicht zu übersehen ist jedoch: Russlands Krieg, so der ehemalige deutsche UN-Botschafter Peter Wittig, „ist für die multilaterale Kooperation in internationalen Organisationen der härteste Test seit dem Ende des Kalten Kriegs"[25]. Liegt der krankende Multilateralismus (schon) auf dem Sterbebett?

Weiterführende Literatur

Sebastian Borchmeyer/Wasim Mir: Increasing the impact of the European Union at the United Nations in New York, Konrad Adenauer Stiftung, New York, Dezember 2020.
Madeleine O. Hosli: The European Union and the United Nations in Global Governance, Bristol 2022.
Cornelia Klocker: The UN Security Council and EU CSDP operations: exploring EU military operations from an outside perspective, in: Europe and the World: A law review, 18.8.2021.

---

23 Generalversammlung der Vereinten Nationen: A/76/L.43, 14.3.2022.
24 EU General Statement – UN General Assembly: Draft resolution on Global Health and Foreign Policy, 29.3.2022, abrufbar unter https://www.eeas.europa.eu/delegations/un-new-york/eu-general-statement-%E2%80%93-un-general-assembly-draft-resolution-global-health_en?s=63 (letzter Zugriff: 31.8.2022).
25 Peter Wittig: Der Multilateralismus auf dem Sterbebett?, in: Frankfurter Allgemeine Zeitung, 24.3.2022.

9. Die Europapolitik in den Mitgliedstaaten der Europäischen Union

Belgien

Christian Franck*

Am 24. Februar, dem ersten Tag des russischen Angriffskriegs gegen die Ukraine, erklärte der belgische Premierminister Alexander de Croo vor dem Bundesparlament: „Heute erleben wir einen der düstersten Momente seit dem Zweiten Weltkrieg… Was heute in der Ukraine geschieht, betrifft nicht nur unser Land selbst, sondern auch die europäische Sicherheit, unser Europa". Der Regierungschef bekräftigte: „Die Zeit der graduellen Sanktionen ist vorbei. Wenn wir nicht handeln, wird Putin weitermachen, wenn er die Ukraine unter seinem Joch hat. Unser Handeln zielt darauf ab, den industriellen sowie militärischen Komplex Russlands zu schwächen."[1] Er wolle Sanktionen beschließen, die „auf die Banken und Staatsbetriebe abzielen sowie auf die russischen Oligarchen und auf solche Technologien, die von Russland benötigt werden, um seine Wirtschaft am Laufen zu halten und seine militärische Handlungsfähigkeit zu gewährleisten". Belgien regelte daraufhin zügig die Aufnahme ukrainischer Flüchtlinge, verringerte seine Energieabhängigkeit von Russland und leitete Waffenlieferungen an die Ukraine ein.

Am 31. März wandte sich der ukrainische Präsident in einer Videokonferenz mit einer pathetischen Botschaft an das belgische Parlament. Wolodymyr Selenskyj bat die NATO um eine Flugverbotszone und plädierte sowohl für eine Lieferung schwerer Waffen als auch für eine Verschärfung der Sanktionen.[2] Der belgische Premierminister erwiderte, dass eine derartige Flugverbotszone den möglichen Abschuss russischer Flugzeuge bedeuten würde, was eine Eskalation loszutreten würde, die ganz Europa aus den Fugen geraten lassen könnte. Aber er kündigte auch an, dass die belgische Armee neue Waffen für die Ukraine bestellt hat. Bezogen auf die Aufnahme in die EU erinnerte De Croo daran, dass es sich dabei um „einen langen und anstrengenden Prozess" handele und dass „eine schnellere und direktere Lösung" eingesetzt werden solle: „eine beschleunigte wirtschaftliche Integration der Ukraine und Europas".[3] Aber die belgische Position entwickelte sich schnell weiter: Am 22. Juni bestätigte der belgische Premierminister in einem Telefonat mit dem ukrainischen Präsidenten, dass „Belgien morgen den Kandidatenstatus der Ukraine beim Europäischen Rat unterstützen würde" und fügte hinzu, dass „beachtliche Anstrengungen nötig sein werden, vor allem auf dem Gebiet der Korruptionsbekämpfung und der Bildung eines effizienten Rechtsstaats". De Croo verknüpft den Beitrittsprozess auch an den Wiederaufbau des Landes und zeigt sich überzeugt, „dass ganz besonders der Wiederaufbau der Ukraine viele Möglichkeiten bieten wird für die Ergreifung wichtiger Maßnahmen".[4]

---

* Übersetzt aus dem Französischen von Friederike Nonhoff.
1 Alexander De Croo: Déclaration du Premier ministre sur l'invasion russe de l'Ukraine, in: news.belgium.be, 24.2.2022.
2 Antoine Clevers: Zelensky aux Belges: „Aidez-nous. Faites-le", in: La Libre Belgique, 1.4.2022.
3 Alexander De Croo: Réplique du Premier ministre au discours de Volodymyr Zelensky, Président de l'Ukraine, in: news.belgium.be, 31.3.2022.
4 Alexander De Croo: Le Premier ministre De Croo s'entretient avec le président ukrainien Zelensky, in: news.belgium.be, 22.6.2022

Seit Februar 2022 dominieren die Reaktionen auf die russische Aggression in der Ukraine die europäische Agenda Belgiens. Die Aufnahme der Flüchtlinge wird sehr schnell geregelt. Auch in der Frage eines Reduzierens der Energieabhängigkeit von Russland schreitet die belgische Haltung voran.

Erdöl und Gas

Russland steht an 17. Stelle der Zielländer für belgische Exporte (1 Prozent der belgischen Exporte), die Ukraine an 55. Position. In Folge des Krieges wirkte sich der Importstopp russischen und ukrainischen Getreides auf die Produktion von Brot und Bier in Belgien aus. Es bleibt anzumerken, dass der Import russischer Rohdiamanten, die an das Diamantenzentrum von Anvers geliefert werden, nicht auf der Sanktionsliste der Europäischen Union russischer Produkte steht. Präsident Selenskyj bedauert dies, wie er in der Videobotschaft vom 31. März betonte. Jedoch ist es vor allem der Energiesektor, der bei den europäischen Sanktionen gegen Russland zur Debatte steht.

Die belgische Abhängigkeit vom Erdgas ist kleiner als die der anderen Mitgliedstaaten, wie Deutschland oder Italien. Sie beläuft sich auf nur 6 Prozent. Der international gestiegene Gaspreis, der sowohl Unternehmen als auch Verbraucher:innen betrifft, beunruhigte jedoch die belgische Regierung dermaßen, dass sie am 18. März ein Weiterlaufen zweier der fünf belgischen Atommeiler beschloss. Diese sollten eigentlich bis 2025 vom Netz gehen und damit das Ende der belgischen Atomnutzung darstellen.

Beim Erdöl ist Russland der größte Lieferant Belgiens (29 Prozent) vor Norwegen (17 Prozent) und dem Vereinten Königreich (10 Prozent)[5]. Zunächst verhielt die belgische Regierung sich aufgrund der Energieimporte zurückhaltend zu Sanktionen – aus Sorge vor einem negativen Effekt auf die europäischen Volkswirtschaften. Aber Ende Mai schloss sie sich dem Boykott von auf dem Seeweg geliefertem russischen Erdöl an, wie es das sechste Paket der europäischen Sanktionen vorsieht: Bis Ende 2022 wird die EU auf 90 Prozent des russischen Erdöls verzichten. Daraufhin empfahl der belgische Premierminister eine Unterbrechung der Energiesanktionen, da ein schneller Verzicht auf russisches Gas kompliziert sei. Er unterstrich, dass die EU Russland mit Erdölsanktionen stärker treffen würde als mit Erdgassanktionen, da die russischen Einnahmen aus dem Erdöl höher seien.[6]

Es bleibt anzumerken, dass die belgische Position nahe der von Frankreich, Italien und Spanien liegt. Ebenso wie diese Länder spricht Belgien sich für einen gemeinsamen Ankauf mit Preisobergrenze (price cap) durch die Union aus (wie bei den Covid-19-Impfstoffen). Aber Deutschland, die Niederlande, Österreich und einige weitere Mitgliedstaaten teilen diese Sichtweise nicht, die den Marktmechanismen zuwiderläuft. Dies war im Übrigen die einzige Meinungsverschiedenheit zwischen dem deutschen Bundeskanzler und dem belgischen Premierminister bei dessen Besuch in Berlin am 10. Mai.

Waffenlieferungen und Erhöhung der Militärausgaben

Zunächst zeigte sich die belgische Regierung zögerlich bei der Frage nach militärischer Unterstützung für die Ukraine. Am 23. Februar beschloss sie eine humanitäre Hilfe für die ukrainische Bevölkerung sowie eine Lieferung „nicht-tödlichen" militärischen Materials: u.a. Helme, kugelsichere Schutzwesten und Ferngläser. Einige Tage später ging sie mit der

---

5 Laurent Lambrecht: Pourquoi la Belgique ne craint pas de pénurie même avec un embargo sur le pétrole russe, in: La Libre Belgique, 5.5.2022.
6 Philippe Régnier: Sus au pétrole russe! Et basta avec les sanctions?, in: Le Soir, 31.5.2022.

Lieferung von Kampfwaffen einen Schritt weiter und lieferte kostenlos 2000 Sturmgewehre, produziert von der Nationalen Fabrik (Fabrique Nationale – FN-Herstal), und 200 Panzerabwehrraketen sowie Maschinengewehre. Zudem wurden 300 belgische Soldat:innen nach Constanza, Rumänien, geschickt, um in ein französisches NATO-Bataillon der Schnellen Eingreiftruppe integriert zu werden. Ebenso wurde die Mission der vier YF-16 Flugzeuge der Luftwaffe in Estland verlängert und ihr Wirkungsfeld auf den Schutz des Himmels aller drei baltischen Staaten ausgeweitet.

In dem durch die russische Aggression entstandenen neuen geopolitischen Kontext entschied die Regierung ebenfalls eine spürbare Erhöhung der Militärausgaben. Auch wenn sie 2014 die Verpflichtung unterschrieben hatte, bis zum Jahr 2024 das NATO-Ziel von 2 Prozent des Bruttoinlandsprodukts (BIP) für Militärausgaben zur Verfügung zu stellen, hinkte Belgien hinterher: 0,9 Prozent 2019, 1,2 Prozent 2022. Im März 2022 wurde jedoch entschieden, bis zum Jahr 2030 die militärischen Anstrengungen auf 1,54 Prozent des BIP anzuheben. Dies ist bemerkenswert, da pazifistische Gruppen Teil der Regierung sind und ein sozialistischer Flügel der Regierung einer Erhöhung militärischer Ausgaben wenig zugewandt ist.[7] In Hinblick auf den NATO- Gipfel Ende Juni in Madrid konnte De Croo sogar ankündigen das 2 Prozent-Ziel des BIP bereits im Jahre 2035 zu erreichen. Aber seine ökologischen Koalitionspartner (Ecolo und Groen) schaffen es mit einer simplen Absichtserklärung diese Ambitionen zu begrenzen: Belgien komme 2035 an die 2 Prozent heran, wenn eine Reihe von Bedingungen auf den Weg gebracht würden. Diese beziehen soch vor allem auf eine bessere Integration in die europäische Waffenproduktion sowie bessere ökonomische Effekte für die belgischen Unternehmen.

Aufnahme ukrainischer Flüchtlinge

Seit dem 11. März setzt Belgien die EU-Richtlinie zum vorübergehenden Schutz für ukrainische Staatsangehörige um. Dieser Status, der vom klassischen Prozedere eines Asylverfahrens abweicht, genehmigt das Aufenthaltsrecht, den Zugang zum Arbeitsmarkt, zum Wohnungsmarkt und zu medizinischer Hilfe. Eine Stelle für Empfang und Registrierung wurde dafür seit Mitte März in Brüssel auf dem Heysel-Plateau eingerichtet. Mitte Mai sagten Schätzungen, dass bisher erst 78.000 Flüchtlinge in Belgien aufgenommen worden sein. Die Zahl von 200.000 möglichen Aufnahmen wurde daher noch nicht erreicht.[8] Tatsächlich wurden bis Ende Juni ungefähr 48.000 Flüchtlinge registriert. Ihre Beherbergung wird zum Teil von Privatpersonen übernommen, erfordert aber ebenso den Aufbau von Gemeinschaftsunterkünften der öffentlichen Hand.

Rechtsstaatlichkeit, europäischer Aufbauplan und Konferenz zur Zukunft Europas

Neben dem Krieg in der Ukraine gab es im vergangenen Jahr noch weitere Themen auf der europäischen Agenda Belgiens. Bestrebt, den Rechtsstaat zu verteidigen, hat die Regierung lautstark dem Urteil des polnischen Verfassungsgerichts vom Oktober 2021 widersprochen. In dem Urteil focht das polnische Verfassungsgericht die Vorrangstellung des europäischen Rechts in Bezug auf die Gerichtsverfassung und die Begrenzung der Unabhängigkeit der Richter an. Die belgische Regierung erwog, den neuen Konditionalitätsmechanismus zu aktivieren, der den Zugang zu europäischen Geldern an die Rechtsstaatlichkeit koppelt

---

7 Olivier Gosset: La Belgique tourne le dos à trois décennies de désarmement, in: L'Echo, 16.3.2022. Interessant ist hier, dass die Verteidigungsministerin Ludivine Dedonder selbst Sozialistin ist.
8 Tom Guillaume: La Belgique s'attend désormais accueillir 78 000 exilés ukrainiens d'ici la fin juillet, in: La Libre Belgique, 12.5.2022.

(EU-Verordnung 2020/2092), um die Zahlung von 36 Mrd. Euro aus dem Europäischen Aufbauplan zu blockieren. Aber die enorm starke Aufnahme von ukrainischen Flüchtlingen durch Polen hat die belgische Strenge gemäßigt. Bei seinem Besuch in Warschau hatte De Croo „die starken Verbindungen zwischen Belgien und Polen"[9] unterstrichen. Zum Europäischen Aufbauplan bleibt noch festzuhalten, dass die Belgien im Juni 2021 versprochenen 5,9 Mrd. Euro auf 4,5 Mrd. gekürzt wurden, da der Wachstumseinbruch 2020-21 weniger stark war als in anderen Ländern.[10]

Schlussendlich hat sich Belgien gemeinsam mit Deutschland, Italien, Spanien, den Niederlanden und Luxemburg am Ende der Konferenz zur Zukunft Europas im Mai für eine Debatte über eine Reform der EU-Verträge ausgesprochen, die 13 andere Mitgliedstaaten als verfrüht betrachteten.[11]

Weiterführende Literatur

Estelle Hooricks: La Belgique, l'OTAN et la guerre froide, Brüssel 2022.
Ward Den Dooren: Conference on the Future of Europe: a glimpse into the future of participatory democracy?, European Policy Brief 75/2022, Royal Institute for International Relations.

---

9 Paule Hofmann: Guerre en Ukraine: trois jours de visites en Europe de l'Est pour Alexander De Croo, in: Le Soir, 13.4.2022.
10 Christine Scharff: 1,4 milliard de fonds européens en moins pour la relance belge, in: L'Echo, 30.6.2022.
11 Par Belga: Benelux, Allemagne, Italie et Espagne ne ferment pas la porte à une révision des Traités européens, in: rtbf.be, 18.5.2022; anzumerken bleibt, dass 18 belgische Bürger:innen an den vier Podiumsdiskussionen im Rahmen der Konferenz zur demokratischen Partizipation teilgenommen haben.

Bulgarien

Johanna Deimel

Bulgarien hat im vergangenen Jahr für Schlagzeilen gesorgt, die dem Land nicht unbedingt Sympathien eingebracht haben. Politische Dauerkrisen, Blockade der Erweiterung der EU durch den Streit mit dem Nachbarstaat Nordmazedonien und der Verdacht einer russlandfreundlichen Durchsetzung von Wirtschaft, Gesellschaft und Politik im Zeichen von Energiekrise und Ukrainekrieg sind die einschlägigen Themenfelder, die für den Zeitraum Mitte 2021 bis Mitte 2022 mit dem Balkanland in Verbindung gebracht werden.

Neben diesen Problemen kämpfte auch Bulgarien mit der Covid-19-Pandemie. Insgesamt haben sich bisher 1,24 Mio. Menschen mit dem Virus infiziert; 1,19 Mio. davon sind genesen, für über 37.600 verlief die Infektion tödlich. Das Land hat mit etwas mehr als 31 Prozent die EU-weit niedrigste Impfrate und die weltweit zweithöchste Zahl der Todesfälle pro Kopf der Bevölkerung (nach Peru).[1] Covid-19 wirkt sich gravierend auf die ohnehin schwierige sozio-ökonomische Situation im Land aus. Anti-Corona Maßnahmen führten zu weiteren Belastungen für den Arbeitsmarkt und für die soziale Lage. 22,1 Prozent der Bevölkerung lebten laut der vom Nationalem Statistischem Institut (NSI) für 2021 erfassten Zahlen unterhalb der Armutsgrenze. Schließlich erlebte Bulgarien in den letzten zehn Jahren einen massiven Bevölkerungsrückgang. Laut der vom NSI Anfang Januar 2022 veröffentlichten Daten leben heute nur noch 6,5 Mio. Menschen in Bulgarien (7,5 Mio. 2012).[2]

Zurück auf Los: Politische Instabilitäten in Krisenzeiten
Die politische Krise gepaart mit einem volatilen Parteiensystem blieb ein beständiges Merkmal bulgarischer Verhältnisse. Die Trennlinien zwischen den Parteien bzw. Parteiblöcken haben zunehmend den ideologischen Raum verlassen und bewegen sich heute zwischen Status Quo und Wandel. Auf der einen Seite steht die „alte" politische Elite um Boiko Borissovs „Bürger für eine europäische Entwicklung Bulgariens" (GERB) und die Partei der türkischen Minderheit „Bewegung für Rechte und Freiheit" (DPS) mit dem höchst umstrittenen und dubiosen Delyan Peevski. Auf der einen Seite befinden sich die sog. Protestparteien um „Es gibt so ein Volk" (ITN) des populistischen Showmasters Slavi Trifonov, die im Sommer 2021 vom ehemaligen Minister der Übergangsregierung und politischen Newcomer Kiril Petkov gegründete pro-europäische Partei „Wir setzen den Wandel fort" (PP) und Hirsto Ivanovs „Demokratisches Bulgarien" (DB). Die „Bulgarische Sozialistische Partei" (BSP) als einzig ideologisch fundierte Partei stellt sich zwar gegen GERB, gilt aber als Partei des Status quo und verliert immer mehr an Boden.

Nach zwei Übergangsregierungen konnte endlich im Ergebnis der dritten Parlamentswahlen innerhalb eines Jahres am 14. November 2021 eine Viererkoalition 134 Sitze der

---

1 Krassen Nikolov: Bulgarien will Corona wie Grippe behandeln, in: Euractiv, 24.8.2022.
2 RFE/RL's Bulgarian Service: Bulgaria's Population Falls 11.5 Percent In Decade, in: RadioFreeEurope, 7.1.2022.

insgesamt 240 Abgeordnete zählenden Bulgarischen Nationalversammlung für sich erreichen und Kiril Petkov im Dezember 2021 die Regierungsgeschäfte übernehmen. Die von Anbeginn an reine Vernunftkoalition bestehend aus PP, DB, ITN und BSP hatte als gemeinsame Klammer, dass sie gegen Boiko Borissov und – bis auf die BSP – gegen die DPS war. Während Manolovas „Steh auf Bulgarien!" (ISMV) als eine dem Protest 2020 erwachsen geltende Formation die Vier-Prozenthürde klar verfehlte, konnte mit „Vazrazhdane" (Wiedergeburt) wieder eine russlandfreundliche, anti-europäische und rechtsradikale Partei in die Nationalversammlung einziehen.

Wahlergebnisse Parlamentswahlen 2021 (Ergebnisse in %)

Partei	Wahlen 4. April 2021	Wahlen 11. Juli 2021	Wahlen 14. November 2021
GERB	25,7	23,5	22,8
PP	–	–	25,7
ITN	17,4	24,1	9,5
DB	9,3	12,6	6,4
DPS	10,3	10,7	13,0
BSP	14,8	13,4	10,2
ISMV	4,6	5,0	2,3
Wiedergeburt	–	–	4,9

Quelle: Bulgarische Wahlkommission, abrufbar unter https://results.cik.bg (letzter Zugriff: 26.9.2022).

Gleichzeitig mit den Parlamentswahlen stellte sich der amtierende Staatspräsident Rumen Radev am 14. November zur regulär stattfindenden Wiederwahl. Offiziell als unabhängiger Kandidat, der von der BSP, aber auch von der PP und ITN unterstützt wurde, gewann Radev das Mandat für die zweite Amtszeit im zweiten Wahlgang deutlich. Rumen Radev erhielt in der ersten Runde 49,42 Prozent und ging mit dieser komfortablen Mehrheit gegenüber Atanas Gerdzhikov (22,83 Prozent) eine Woche später in die Stichwahl, die er mit 66,72 (Gerdzhikov: 31,80) Prozent klar für sich entscheiden konnte.

Am 22. Juni 2022 dann der nächste Knall: Der Reform-Ministerpräsident Kiril Petkov wurde durch ein Misstrauensvotum gestürzt, nachdem Slavi Trifonovs ITN mit fadenscheinigen Gründen die Regierungskoalition verlassen hatte. Gemeinsam mit den Oppositionsparteien und der rechtsradikalen ‚Wiedergeburt' wurde die Reformregierung nach nur sechs Monaten aus dem Amt gejagt. Nicht nur Daniel Smilov vom Centre for Liberal Strategies in Sofia vermutet, dass Präsident Radev ebenfalls seine Fäden gezogen hat. Der als prorussisch geltende Radev ist definitiv der Gewinner der Dauerkrise in Bulgarien. Dem Präsidenten gaben und geben die von ihm eingesetzten Übergangsregierungen große politische Gestaltungsmöglichkeiten; die parlamentarische Demokratie wird zeitweise ausgesetzt und durch eine präsidentielle ersetzt.

Trotz der politischen Turbulenzen genehmigte die Europäische Kommission am 6. Juli 2022 mit der Partnerschaftsvereinbarung kohäsionspolitische Mittel im Umfang von 11 Mrd. Euro für den Zeitraum 2021–2027. Dass sich das Füllhorn Brüssels so groß ausschütten wird, ist mutig angesichts der Einschätzung des Rechtsstaatsberichts der Europäischen

Kommission[3] von Mitte Juli 2022, wonach Korruption auf höchster Machtebene in Bulgarien nach wie vor nur mangelhaft strafrechtlich verfolgt und geahndet wird. Der Rechtsstaatsbericht erinnert Bulgarien, für die Rechenschaftspflicht und strafrechtliche Verantwortlichkeit des Generalstaatsanwalts einen wirksamen Mechanismus zu schaffen. Den Generalstaatsanwalt Ivan Geschev abzulösen war eine zentrale Forderung der Proteste gegen die Regierung Borissov. Seit Juni ist die Regierung Petkov gestürzt, Geschev aber nach wie vor im Amt.

Nach drei gescheiterten Versuchen, eine Regierung zu bilden, führt der von Präsident Radev eingesetzte Galab Donev die Amtsgeschäfte bis zu den Wahlen am 2. Oktober 2022. Sieben Parteien, so eine Umfrage[4] vom August, würden in die Nationalversammlung einziehen, wobei Borissovs GERB mit 24,4 noch vor PP mit 19,6 Prozent liegt.

Bulgarien und Russland: Zwischen Abgrenzung und (Wieder-)Annäherung

Seit dem russischen Angriffskrieg gegen die Ukraine sind die bilateralen Beziehungen zwischen Moskau und Sofia verstärkt im Fokus internationaler Aufmerksamkeit. Die pro-europäische Regierung Petkov wurde von Präsident Radev durch eine eher russlandfreundliche Übergangsregierung ersetzt, die eine „Rolle rückwärts in Richtung Russland" macht, so die Süddeutsche Zeitung.[5] Für 57 Prozent der Bulgar:innen stellt Russland trotz der Invasion in die Ukraine kein Sicherheitsrisiko dar und ist der strategisch wichtigste Partner.[6]

Russische Interessen manifestieren sich nicht allein im Energiesektor. Es gehe darum, das gesamte institutionelle System für bestimmte Interessen zu beeinflussen, konstatierte Martin Vladimirov im Februar für die bulgarische Nachrichtenagentur BGNES. „Russland hat hier viele sogenannte Freunde und Verbündete. In der russischen Botschaft in Sofia waren 118 Mitarbeiter registriert – in unserem kleinen Land!" sagte Premier Petkov Anfang Mai in einem Interview mit der „Welt".[7] Allein im März 2022 wurden zehn und im Juli sogar 70 russische Diplomat:innen und Botschaftsmitarbeiter:innen des Landes verwiesen. Russland drohte mit dem Abbruch der diplomatischen Beziehungen.

Nach dem Sturz seiner Regierung hatte Petkov die russische Botschafterin Eleonora Mitrofanova als eine der Hauptverantwortlichen für die Destabilisierung Bulgariens bezeichnet. Anfang Juli ging die bulgarische Regierungssprecherin Lena Borislavova in die Offensive und erklärte, der bulgarische Geheimdienst verfüge über Erkenntnisse, wonach Russland monatlich 2.000 Euro an bulgarische Persönlichkeiten des öffentlichen Lebens, Journalist:innen und Politiker:innen zahle, um seine Propaganda in Bulgarien zu verbreiten.[8]

Energie

Bulgarien, das mehr als 90 Prozent seines Gasbedarfs aus Russland deckte, wurde gemeinsam mit Polen am 27. April 2022 von Gazprom der Gashahn abgedreht, nachdem sich Sofia

---

3 Europäische Kommission: 2022 Rule of Law Report Country Chapter on the rule of law situation in Bulgaria, SWD(2022) 502 final, 13.7.2022.
4 "Trend" Survey: GERB Wins the Elections in Bulgaria with 5% Lead, in: Novinite.com, 1.9.2022.
5 Cathrin Kahlweit: Bulgarien – Rolle rückwärts in Richtung Russland, in: Süddeutsche Zeitung, 2.9.22.
6 Dominika Hajdu et al.: GLOBSEC Trends 2022: Central and Eastern Europe amid the War in Ukraine, Bratislava 2022.
7 Melanie Loos/Philip Volkmann-Schluck: Wie Putin seinen größten Widersacher stark macht, in: welt.de, 9.5.2022.
8 Krassen Nikolov: Bulgarische Geheimdienste: Russland bezahlt Prominente für Propaganda-Arbeit, in: Euractiv, 4.7.2022.

weigerte, die EU-Sanktionen gegen Russland zu verlassen und die Gasimporte in Rubel zu bezahlen. Zugleich begann das Land mit einer radikalen Transformation des Energiesektors. Petkov verhandelte über alternative Gaslieferungen mit Griechenland und über Gas aus Aserbaidschan. Außerdem kommen wieder Pläne auf den Tisch, die auf 500 Mrd. Kubikmeter geschätzten vorwiegend Schiefergasvorkommen durch Fracking zu schürfen.[9] Am 7. April 2022 bewertete die Europäische Kommission den von Bulgarien vorgelegten Aufbau- und Resilienzplan positiv.[10] Es geht um die gewaltige Summe von 6,3 Mrd. Euro, mit denen die EU Bulgarien bezuschussen wird, damit es gestärkt aus der Covid-19-Pandemie hervorgehen kann. Im Zentrum dabei stehen Digitalisierung, ökologischer Wandel und umfassende Korruptionsbekämpfung. Inwieweit Bulgarien mit der Dekarbonisierung der Wirtschaft angesichts der Energiekrise kommen und sukzessive aus der Kohleindustrie aussteigen wird, ist nicht zuletzt angesichts der politischen Umstände fraglich. Auch Atomkraft wurde wieder Thema. Bulgarien gehört zu den EU-Ländern, die Atomkraft als grüne Energie eingestuft haben möchten, um Mittel im Rahmen des European Green Deal zur Verfügung gestellt zu bekommen. Während die Parteien PP und DB beim Nein zum Bau neuer Reaktoren bleiben wollten, setzten die pro-russische BSP und Präsident Radev das Atombauprojekt Belene wieder auf die Agenda und erreichten, dass sich Petkov im April 2022 für eine neue Machbarkeitsstudie bereiterklärte. Seitdem die Übergangsregierung Donev plant, mit Gazprom wieder Verhandlungen aufzunehmen, geht ein Sturm des Protestes durch die bulgarische und europäische Öffentlichkeit.

Bulgariens Veto gegen Nordmazedonien
Petkov hat das seit 2020 bestehende Veto gegenüber dem Beginn von EU-Beitrittsverhandlungen für Nordmazedonien von Borissov geerbt. Die bulgarische Position besagt, dass die Existenz der mazedonischen Nation auf einem falschen Narrativ und letztlich einem Diebstahl der bulgarischen Geschichte beruht. Das Unverständnis in den EU-Institutionen gegenüber Bulgariens Veto wuchs. Das bulgarische Veto drohte die EU-Erweiterung auf dem Westbalkan und in der EU insgesamt zu diskreditieren. Besonders brisant wurde es aus geopolitischer Sicht seit dem Ukrainekrieg, weil es sich um einen Disput zwischen zwei NATO-Staaten handelte. Letztlich erreichte die französische Ratspräsidentschaft eine Kompromissformel, bei der die bulgarischen Interessen deutlich besser gewahrt sind als die der mazedonischen Seite.[11] Zwar hatte die Bulgarische Nationalversammlung am 24. Juni 2022 das Veto aufgehoben, dies aber an Bedingungen geknüpft, die einem fortgesetzten Veto gleichkommen und den Kern der nationalen Identität Nordmazedoniens berühren. Allein die Forderung Sofias, dass Nordmazedonien die ca. 3.500 im Land lebenden Bulgar:innen als eigene ethnische Gruppe in die Verfassung aufnehmen muss, droht das Ganze zu torpedieren. Denn die für die Verfassungsänderung notwendige Zweidrittelmehrheit ist in Skopje in weiter Ferne.

Weiterführende Literatur
Boris Popivanov: Polit-Barometer Year 22 Issue 7 July-August 2022, Friedrich Ebert Stiftung Bulgarien.

---

9 Krassen Nikolov: Bulgaria has potential to become European energy hub, says US's Pompeo, in: Euractiv, 1.9.2022.
10 Europäische Kommission: Aufbau- und Resilienzplan Bulgariens, abrufbar unter https://ec.europa.eu/info/business-economy-euro/recovery-coronavirus/recovery-and-resilience-facility/recovery-and-resilience-plan-bulgaria_de (letzter Zugriff: 19.9.2022).
11 Michael Martens: EU-Erweiterung: Das Veto nach dem Veto, in: faz.net, 27.6.2022.

Dänemark

Ditte Brasso Sørensen/Lykke Friis*

Die dänische Politik wurde im vergangenen Jahr von Krieg, Klimathemen und der Covid-19-Pandemie bestimmt. Insbesondere galt die politische Aufmerksamkeit dem russischen Überfall auf die Ukraine und, damit einhergehend, der Rolle Dänemarks innerhalb der europäischen Verteidigungsarchitektur wie auch dem Bestreben nach Unabhängigkeit von russischen Energielieferungen. Trotz alledem ist die Covid-19-Pandemie noch nicht überwunden: Die Anstrengungen zur Eindämmung der Pandemie und die Kritik an den bisherigen Maßnahmen zu ihrer Bekämpfung erhielten, insbesondere im Hinblick auf die vorgezogenen Parlamentswahlen, weitreichende politische Berichterstattung.

Krieg in der Ukraine: vertiefte Beziehungen zwischen Dänemark und der EU
Wladimir Putins Invasion der Ukraine war ein böses Erwachen für europäische Regierungen und eine Erinnerung an die Notwendigkeit sicherheitspolitischer Prioritäten in Zeiten geopolitischer Umwälzungen. Als Reaktion auf den russischen Angriffskrieg veröffentlichte die dänische Regierung im Zusammenschluss mit einer breiten Koalition einen „Nationalen Kompromiss über die dänische Verteidigungspolitik"[1].

Die Übereinkunft, die am 6. März bekanntgegeben wurde, umfasst drei Kernaspekte. Zum einen verpflichten sich die unterzeichnenden Parteien, den Verteidigungshaushalt bis spätestens 2033 auf die von der NATO ausgegebene 2-Prozent-Marke zu erhöhen. Zum anderen betont die Vereinbarung die Notwendigkeit zur Beschleunigung des Ausstiegs aus Erdgas als fossilem Brennstoff sowie das Ziel der vollständigen Unabhängigkeit von Energieträgern aus Russland. Drittens sprach sich der Kompromiss dafür aus, dass Dänemark sein „Opt-out" aus der europäischen Sicherheits- und Verteidigungspolitik aufgeben sollte, und forderte hierzu ein Referendum, das für Juni 2022 angesetzt wurde.

In ihrer Ankündigung des Referendums betonte die dänische Premierministerin Mette Frederiksen, dass „historische Ereignisse auch historische Entscheidungen erfordern"[2]. Der russische Angriffskrieg war sicherlich ursächlich für die dänische Entscheidung, mehr in die Landesverteidigung zu investieren und durch die Abschaffung der ESVP-„Opt-out"-Klausel die Zusammenarbeit mit Europa zu vertiefen. Es war aber auch die „Zeitenwende"-Rede des deutschen Bundeskanzlers Olaf Scholz, die diesen Schritt vorantrieb. Die deutsche Entscheidung, den Verteidigungshaushalt so deutlich zu erhöhen, wurde weithin als Ausdruck einer sich nun schnell verändernden Verteidigungs- und Sicherheitspolitik in ganz Europa gewertet. Dänemark leistet durch seine Mehrausgaben für Verteidigung und die Ausrichtung eines Referendums einen Beitrag zur Weiterentwicklung der europäischen

---

* Übersetzt aus dem Englischen von Thomas Traguth.
1 Büro der Ministerpräsidentin: Nationalt kompromis om dansk sikkerhed, 6.3.2022, abrufbar unter https://www.stm.dk/statsministeriet/publikationer/nationalt-kompromis-om-dansk-sikkerhedspolitik/ (letzter Zugriff: 10.8.2022).
2 Morten Skærebæk/Carl Emil Arnfred/Martin Juhl: »Historiske tider kalder på historiske beslutninger«: Danmark investerer massivt i Forsvaret og sender forbehold til folkeafstemning 1. juni, in: Politiken, 6.3.2022.

Verteidigungsgemeinschaft. Darüber hinaus unterstützt Dänemark mit aller Klarheit die Sanktionen gegen Russland sowie Waffenlieferungen an die Ukraine.

Am 1. Juni 2022 stimmte die Mehrheit der Dän:innen bei einer Wahlbeteiligung von 66 Prozent für die Rücknahme des dänischen Verteidigungsvorbehalts von 1993. Zum ersten Mal in der dänischen Geschichte führte eine Volksabstimmung zur Umkehr einer Ausnahmeregelung und somit zu einer vertieften Integration Dänemarks in die EU.[3]

Die dänische Debatte schreckt seit jeher vor der Idee einer europäischen Armee und der Übertragung von Souveränität zurück. Die Gegner:innen des Referendums sahen daher in den Reden des französischen Präsidenten Emmanuel Macron und der Kommissionspräsidentin Ursula von der Leyen, die die Notwendigkeit einer neuen europäischen Verteidigungsarchitektur angekündigt hatten, einen schrittweisen Souveränitätsverlust auf dem Weg zu einer allumfassenden Verteidigungsunion.

Angesichts der Tatsache, dass diese befürchtete europäische Armee noch in weiter Ferne liegt, und in Verbindung mit der Zusage der Befürwortenden des Referendums, dass ein Transfer von Hoheitsrechten ein neuerliches zweites Referendum erfordern würde, konnten die Wähler:innen schließlich überzeugt werden. Die außergewöhnlich ernste Gesamtlage zum Zeitpunkt des Referendums unterstrich dabei auch die Notwendigkeit europäischer Verbündeter in Krisenzeiten. Dass zur gleichen Zeit sowohl Schweden als auch Finnland einen Antrag auf NATO-Mitgliedschaft stellen wollten, wirkte noch einmal rückversichernd. Das Votum vom 1. Juni ist auch Indiz für die zunehmende Befürwortung der EU-Mitgliedschaft unter der dänischen Bevölkerung.[4]

Obwohl der Ausgang des Referendums ein wegweisender Schritt war, ist er nicht als eine grundlegende Umkehr der dänischen EU-Politik zu deuten. Frederiksen versprach in diesem Zusammenhang, die verbleibenden „Opt-outs" nicht in weiteren Abstimmungen zur Disposition zu stellen. Sie hält ebenfalls an der sparsamen Haushaltspolitik sowie an Positionen zu Mindestlohn und Asyl fest, selbst wenn diese im Widerspruch zu den Prioritäten der EU stehen. Im Lichte der veränderten geopolitischen Lage hat sich Dänemark im Europäischen Rat im Juni 2022 dann, trotz einiger Skepsis, offiziell doch dafür entschieden, den Kandidatenstatus der Ukraine und der Republik Moldau zu unterstützen.

Klima: ein grünes Team Europa

Dänemark verfügt über eine lange Tradition fortschrittlicher Klimapolitik sowie einen hochentwickelten und global wettbewerbsfähigen grünen Technologiesektor. Die Kombination aus politischem Ehrgeiz und technologischem Know-how macht Dänemarks selbstgestecktes Ziel, Vorreiter in Sachen Klimaschutz zu werden, glaubhaft. Dänemark erkennt zunehmend, dass seine eigene starke Klimabilanz in der EU auf große politische Resonanz für weitergehendes Klimaengagement trifft. Welche Bedeutung der EU als Arena für die dänische Klimapolitik dabei zukommen wird, zeigt sich sowohl im „Fit for 55"-Paket[5] wie auch in der entschlossenen politischen Haltung Europas, die russische Energieabhängigkeit zu überwinden und auf die Entwicklung von erneuerbaren Energien zu setzen.

---

3 In 2000 a referendum was held on the Euro opt-out and in 2015 the Danes voted on the justice- and home affairs opt-out. In both cases a majority of Danes voted to maintain the status quo.
4 Lizaveta Dubinka-Hushcha: Denmark's relationship with Europe since 2000, in: Nordics.Info, 14.2.2020.
5 Europäischer Rat/Rat der EU: „Fit für 55", abrufbar unter https://www.consilium.europa.eu/de/policies/green-deal/fit-for-55-the-eu-plan-for-a-green-transition/ (letzter Zugriff: 10.8.2022).

In ihrer Neujahrsansprache 2022 betonte Frederiksen, dass die EU eine „Klima-Union" werden müsse.[6] Dänemark ist besonders daran gelegen, dass die EU ihre ehrgeizigen Klimapläne auch umsetzt. Es ist zu erwarten, dass während der dänischen EU-Ratspräsidentschaft, in der zweiten Hälfte des Jahres 2025, die Klimapolitik im Mittelpunkt stehen wird. Das dänische Selbstverständnis als EU-Klimawächter äußerte sich ebenfalls in der Position, als einziger Mitgliedstaat gegen die Entscheidung gestimmt zu haben, die Landwirt:innen erlauben sollte, Saat auf vormaligen Brachflächen auszubringen.[7] In gleicher Weise lehnte Dänemark den Kommissionsvorschlag ab, Gas- und Kernenergieprojekte im Rahmen der EU-Taxonomie als nachhaltig einzustufen.[8] Auch die Entscheidung für den Nordseegipfel 2022 in Esbjerg,[9] zu dem die Regierungschef:innen Deutschlands, Belgiens, der Niederlande und Dänemarks sowie Kommissionspräsidentin von der Leyen eingeladen sind, zeigt die Bedeutung, die man der EU als gemeinschaftliche Plattform für die Erreichung nationaler, regionaler und globaler Ziele der grünen Transformation beimisst.

Wie effektiv Dänemark die europäische Arena für die Erreichung seiner Klimaziele zu nutzen vermag, wird nicht zuletzt davon abhängen, wie sehr es bereit ist, seine finanzpolitisch sparsame Haltung politisch neu zu überdenken. Dänemark gehört zusammen mit Schweden, den Niederlanden, Österreich und – zeitweise auch – Finnland zu der Gruppe von Mitgliedstaaten, die eine restriktive Haushaltspolitik verfolgen. Traditionell fordert Dänemark, die nationalen Beiträge zum EU-Haushalt nicht zu erhöhen und tritt für eine strenge Auslegung der EU-Finanzvorschriften ein. Gerade kürzlich unterzeichnete Dänemark ein gemeinsames Positionspapier, in dem es sich gegen eine Aufweichung fiskalpolitischer Prinzipien im Rahmen der laufenden Überarbeitung des Stabilitäts- und Wachstumspakts stemmte.[10] Dieses dänische Spargebot wirkt sich auch spürbar auf die Entwicklung der EU-Klimapolitik aus. Zum Beispiel steht die dänische Regierung der Einrichtung des geplanten Sozial- und Klimafonds kritisch gegenüber. Dänemark verhindert mit dieser Sparpolitik einerseits also grüne Entwicklungsziele, andererseits aber auch seine eigene ehrgeizige Klimapolitik auf EU-Ebene. Weiterhin verhindert Dänemark dadurch auch eine effektive Unterstützung für die Ukraine, die beachtliche Mittel aus Europa benötigen wird. Gespräche zur Auflage eines EU-finanzierten Wiederaufbaufonds, der ähnlich dem Covid-19-Fonds (NextGenerationEU) gestaltet werden soll, haben bereits begonnen.

Covid-19: die politischen Kontroversen der Pandemie

Die Bekämpfung der Covid-19-Pandemie steht weiterhin hoch auf der politischen Agenda, auch wenn die Berichterstattung darüber hinter den Krieg in der Ukraine und das Referendum zurücktreten musste. Im Laufe des Sommers 2021 begann die dänische Regierung die Beschränkungen im Zusammenhang mit Covid-19 schrittweise zu lockern und nahm am 10. September 2021 schließlich auch die Einstufung als schwerwiegende Bedrohung für die Bevölkerung zurück, wodurch alle Schutzmaßnahmen aufgehoben wurden.

---

6 Altinget: Mette Frederiksens nytårstale: EU skal være en klimaunion med Danmark som foregangsland, in: Altinget.dk, 2.1.2022.
7 Mie Olsen: Denmark decries EU decision to till fallow lands in face of food shortages, in: Courthouse News Service, 8.4.2022.
8 Global Times: Denmark and Spain oppose EU green lable for gas, nuclear, 22.2.2022.
9 Magnus Højberg Mernild: EU leaders convene in Esbjerg to harness the North Sea's green energy potential, in: State of Green, 11.5.2022.
10 Bjarke Smith-Meyer: Hopes of EU fiscal reform on the rocks after pushback from eight capitals, in: Politico, 9.9.2021.

Infolge der raschen Ausbreitung der Omikron-Variante und der Befürchtung einer Überlastung des Gesundheitssystems wurde Covid-19 allerdings am 11. November 2021 erneut als kritische Bedrohung eingestuft, und eine Reihe von Schutzmaßnahmen wurden wieder eingeführt. Da jedoch eine Entkopplung von Infektionsrate und Krankenhauseinlieferungen zu beobachten war, beschloss die Regierung kurzerhand, Beschränkungen wieder zurückzunehmen und auch die Gesundheitsbehörden bauten Testkapazitäten schrittweise ab.[11] Am 1. Februar 2022 wurde die kritische Gefahrenstufe ganz aufgehoben und ist seitdem auch nicht mehr ausgerufen worden. Im Vergleich zu anderen europäischen Ländern verfolgte Dänemark während dieser Zeit also eine recht agile Strategie – es führte Beschränkungen schnell ein, hob sie aber auch genauso schnell wieder auf.

Während die Regierung über den gesamten Zeitraum der Pandemie Anerkennung für ihr Management erhalten hatte, häufte sich nun die Kritik an ihren Entscheidungen und Fehltritten, sowohl unter den Koalitionspartnern als auch von Seiten der Opposition. Im Juni 2021 trat das dänische Pflegepersonal in den Streik, nachdem die Tarifverhandlungen zwischen ihrer Gewerkschaft und der Regierung keine Einigung erzielt hatten. Der Streik führte dazu, dass immer mehr Operationen verschoben werden mussten und erst ein Notstandsgesetz vom August 2021, das von einer Parlamentsmehrheit bestehend aus den regierenden Sozialdemokraten und der Opposition verabschiedet worden war, konnte diesen Zustand beenden. Sowohl die Pflegeberufe als auch die linken Koalitionspartner der Regierung kritisierten diesen Schritt heftig. Der Regierung war ebenfalls vorgeworfen worden, ihr Pandemiemanagement auf unvollständige Daten zu stützen, z. B. weil Statistiken diejenigen Patient:innen nicht separat ausgewiesen hatten, die eigentlich aus anderen Gründen ins Krankenhaus eingeliefert worden waren.

Den größten Zündstoff boten die zwar unbeabsichtigt aber doch grob irreführenden Aussagen der Premierministerin dazu, ob es rechtens gewesen sei, die gesamte dänische Nerzpopulation keulen zu lassen und die Nerzzucht für zwei weitere Jahre komplett zu verbieten. Dieser Beschluss war gefasst worden, weil befürchtet wurde, die Tiere könnten neue Virusvarianten verbreiten und somit die Wirksamkeit der Covid-19-Impfstoffe gefährden. Der veröffentlichte Bericht der eigens vom Parlament eingesetzten Nerzkommission vom Juni 2022 stellte dann fest, dass es keine Rechtsgrundlage für die Entscheidung gab. Die Kommission empfahl aber keine strafrechtlichen Konsequenzen, da sie hierzu keine Ermächtigung hatte.[12] Der Bericht veranlasste die Opposition, ein Amtsenthebungsverfahren gegen Frederiksen einzuleiten. Auch wenn es keine Mehrheit dafür gab, forderte eine der Regierungsparteien nachdrücklich Neuwahlen und drohte mit einem Misstrauensvotum, sollte die Regierung dem nicht nachkommen, sobald das Parlament nach der Sommerpause im Oktober wieder zusammentreten würde. Diese jüngsten politischen Turbulenzen in Dänemark verdeutlichen, welch schwerwiegende politische Konsequenzen die Pandemie mit sich bringen kann, selbst wenn sie wirksam bekämpft wird.

Weiterführende Literatur

Christine Nissen et al: European Defence Cooperation and the Danish Defence Opt-Out, DIIS Danish Institute for International Studies, Kopenhagen, 23.4.2020.
Lykke Friis and Iben Tybjærg Schacke-Barfoed: Denmark's Zeitenwende, in: European Council on Foreign Relations, 7.6.2022.

---

11 Anders Reinholdt Jonssen: Ny strategi offentliggjort: „I behøver ikke længere at lade jer teste", in: TV2 Lorry, 10.3.2022.
12 Dänisches Parlament: Granskningsudvalget (GRA) Alm. Del., abrufbar unter https://www.ft.dk/samling/20211/almdel/GRA/bilag/46/index.htm (letzter Zugriff: 19.8.2022).

Deutschland

Funda Tekin*

2022 kann man als ein Epochenjahr für Deutschland, Europa und die deutsche Europapolitik bezeichnen. Begriffe wie „Zeitenwende"[1] oder „Doppelwumms" in der Energiepolitik[2] stehen nur exemplarisch für die grundlegenden Neuorientierungen, die in der nationalen, europäischen und internationalen Politik nach der russischen Invasion in die Ukraine am 24. Februar 2022 notwendig geworden sind.[3] Bereits vor diesem noch immer andauernden Angriffskrieg hatte sich eine Neuaufstellung und -orientierung in der deutschen Europapolitik abgezeichnet. Seit Dezember 2021 – nach 16-jähriger Amtszeit Angela Merkels als Bundeskanzlerin und acht Jahren großer Koalition – stellt die sogenannte Ampel-Koalition aus Sozialdemokraten (SPD), Bündnis 90/Die Grünen und Freien Demokraten (FDP) die Regierung. Diese beiden Faktoren sowie deren Zusammenspiel stellen die Referenzpunkte für die Analyse und Bewertung der deutschen Europapolitik in diesem Beitrag dar.

Bundestagswahlen 2021: ein Aufbruch in eine neue Ära deutscher Europapolitik?
Am 26. September 2021 hat Deutschland mit einer Wahlbeteiligung von 76,6 Prozent den 20. Bundestag gewählt. Dabei konnte die SPD zulegen und mit 25,7 Prozent die meisten Stimmen auf sich vereinen. Die Christdemokraten (CDU/CSU) mussten hingegen substanzielle Verluste hinnehmen und wurden mit lediglich 24,1 Prozent zweitstärkste Kraft. Das Bündnis 90/Die Grünen erreichte 14,8 Prozent und die FDP 11,5 Prozent der Stimmen. Auch die Alternative für Deutschland (AfD) musste Stimmenverluste hinnehmen, blieb mit 10,3 Prozent aber zweistellig. Die Partei DIE LINKE rettete lediglich mit Hilfe von drei Direktmandaten den Einzug in den Bundestag.[4] Auch wenn damit eine rot-rot-grüne Koalition rechnerisch keine Option mehr war, lagen andere Koalitionsformationen, wie die sogenannte Jamaika- [CDU/CSU, die Grünen, FDP] und Ampel-Koalition oder auch eine erneute große Koalition [SPD, CDU/CSU], im Bereich des Möglichen. Schlussendlich nahmen die Parteispitzen von SPD, Grünen und FDP am 21. Oktober 2021 Koalitionsgespräche auf und übernahmen am 8. Dezember 2021 die Regierungsgeschäfte.

Erwartungen im In- und Ausland an diese neue Bundesregierung und ihre Europapolitik waren groß. Im vergangenen Jahrzehnt waren nur wenige aktive Impulse aus Berlin für den europäischen Integrationsprozess zu erwarten gewesen. Angela Merkel, deren Verdienste

---

* Die Autorin dankt Antonia Labitzky für ausführliche Recherchen.
1 Olaf Scholz: Regierungserklärung von Bundeskanzler Olaf Scholz, 27.2.2022, abrufbar unter https://www.bundesregierung.de/breg-de/suche/regierungserklaerung-von-bundeskanzler-olaf-scholz-am-27-februar-2022-2008356 (letzter Zugriff 3.11.2022).
2 SPD: Der „Doppelwumms" für bezahlbare Energie, 29.9.2022, abrufbar unter https://www.spd.de/aktuelles/detail/news/doppel-wumms-fuer-bezahlbare-energie/29/09/2022/ (letzter Zugriff: 3.11.2022).
3 Vgl. hierzu auch den Beitrag „Die Europäische Union und der Krieg in der Ukraine" in diesem Jahrbuch.
4 Der Bundeswahlleiter: Bundestagswahl 2021, abrufbar unter https://www.bundeswahlleiter.de/bundestagswahlen/2021/ergebnisse/bund-99.html (letzter Zugriff: 31.10.2022).

für die Europäische Union (EU) unbenommen sind,[5] hatte sich insbesondere im letzten Jahrzehnt ihrer Amtszeit als Krisenmanagerin mit einem realpolitischen und eher reaktiven Ansatz, die Europa eher verwalten als gestalten möchte, einen Namen gemacht. Merkel war bei ihrem Ausscheiden aus dem Kanzleramt bei Weitem die dienstälteste Regierungschefin im Europäischen Rat.[6] Sie galt jedoch als eher reformavers und insbesondere nach dem Verzicht auf eine europapolitische Antwortrede zur Sorbonne-Rede des französischen Präsidenten Emmanuel Macron aus dem Jahr 2017 weitestgehend (zu Unrecht) als visionslos. Somit wurde in der neuen Bundesregierung die Chance auf einen neuen „Reformmotor" gesehen.[7]

Der Koalitionsvertrag setzte nicht nur durch seinen Titel „Mehr Fortschritt wagen" entsprechende Zeichen. Auch inhaltlich hat sich die Ampel-Koalition viel vorgenommen. Die vorherige Bundesregierung hatte sich im Verlauf des Jahres 2021 bundestagswahlkampfbedingt relativ verhalten mit Blick auf die Ergebnisverwertung der Konferenz zur Zukunft Europas gezeigt. Umso deutlicher fällt die Positionierung im Koalitionsvertrag aus. Die Zukunftskonferenz wird klar als Grundlage für Reformen definiert. Sie soll nicht nur in einen verfassungsgebenden Konvent münden, sondern auch zur „Weiterentwicklung zu einem föderalen europäischen Bundesstaat führen".[8] Somit bricht der Koalitionsvertrag nicht nur mit dem ergebnisoffenen Prozess der Zukunftskonferenz, bei dem die Frage eines Konvents bewusst ausgeklammert worden war, sondern auch mit dem Prinzip der offenen „finalité" des europäischen Integrationsprozesses. Auch im Bereich der europäischen Außenpolitik definiert die Ampel-Koalition institutionelle Reformvorhaben, wie die Einführung qualifizierter Mehrheitsentscheidungen im Rat oder die Aufwertung des Amtes des/der Hohen Vertreter:in der EU für Außen- und Sicherheitspolitik zu einem/einer EU-Außenminister:in. Diese Reformen sollen die strategische Souveränität der EU stärken.[9] In der Klimapolitik setzt sich die Koalition ambitionierte Ziele in enger Zusammenarbeit mit der EU und den anderen Mitgliedstaaten. So wird das „Fit for 55"-Programm der Europäischen Kommission unterstützt und eine Ausrichtung der Klima-, Energie- und Wirtschaftspolitik auf den „1,5-Grad-Pfad" anvisiert.[10]

Die Klimapolitik stellt nicht nur einen wichtigen Referenzpunkt für die Programmatik der neuen Bundesregierung dar. Sie wird auch als ressortübergreifender Politikbereich prominent in verschiedenen Ministerien verankert. So im Bundesministerium für Wirtschaft und Klimaschutz unter Minister Robert Habeck von den Grünen. Außenministerin Annalena Baerbock (ebenfalls von den Grünen) propagiert eine grüne Außenpolitik[11] und hat den Posten der Sonderbeauftragten für internationale Klimapolitik in ihrem Haus geschaffen. Die Europapolitik des Auswärtigen Amtes selbst wird deutlich mit der Klimapolitik verlinkt, indem die Staatsministerin für Europa auch für Klimafragen zuständig ist. Komplettiert wird das Bild dadurch, dass der Vorsitz im Europa-Ausschuss im Bundestag ebenfalls durch die Grünen besetzt wird.

---

5 Vgl. Lucas Schramm/Wolfgang Wessels: Das europapolitische Erbe Angela Merkels: Krisen, Führung, Vorbild, in: integration 1/2022, S. 3–19.
6 Ebd., S. 3.
7 Ronja Kempin/Nicolai von Ondarza: Von der Status-Quo Macht zum Reformmotor. Deutschlands künftige Rolle in der Europäischen Union, SWP-Aktuell 7, 27.1.2022.
8 SPD/Bündnis 90/Die Grünen/FDP: Mehr Fortschritt wagen. Bündnis für Freiheit, Gerechtigkeit und Nachhaltigkeit, Koalitionsvertrag 2021–2025 zwischen der Sozialdemokratischen Partei Deutschlands (SPD), Bündnis 90/Die Grünen und den Freien Demokraten (FDP), 21.12.2021, S. 104.
9 Ebd., S. 108.
10 Ebd., S. 43.
11 Hans Monath: Werte und Widersprüche grüner Außenpolitik, in: Internationale Politik 5/2021, S. 38–43.

Das Bundesministerium der Finanzen wird unter der Leitung der FDP geführt. Die Schuldenbremse ist ein Kernanliegen des Finanzministers Christian Lindner in der nationalen Politik. Der Koalitionsvertrag möchte den Stabilitäts- und Wachstumspakt einfacher und transparenter gestalten. Dabei sollen keine roten Linien definiert, sondern eine Weiterentwicklung des Regelwerkes angestrebt werden, um Wachstum und klimafreundliche Investitionen sicherzustellen, ohne zu hohe Schulden zu generieren.[12]

Eine ambitionierte Programmatik für die deutsche Europapolitik allein ist jedoch noch keine Garantie für einen tatsächlichen Wandel. Strukturelle und politische Rahmenbedingungen sind für die Umsetzung entscheidend. Frankreich hatte die EU-Ratspräsidentschaft in der ersten Jahreshälfte 2022 inne. Dies eröffnete die Möglichkeit, für eine Wiederbelebung des deutsch-französischen Motors der europäischen Integration. Aus diesem Grund hatte der französische Präsident Emmanuel Macron auf eine schnelle Regierungsbildung in Deutschland gehofft und forderte nun klare Positionierungen seitens der Bundesregierung ein.[13] Allerdings gibt es in einigen Politikbereichen nach wie vor fundamentale Unterschiede in den deutschen und französischen Interessen. Dies fand gleich Anfang 2022 in der Kompromisslösung für die europäische Taxonomie in der Energiepolitik ihren Ausdruck. Deutschland lehnte eine Einstufung von Atomkraft als nachhaltige Energiequelle ab und forderte eine entsprechende Einstufung von Gas als Brückenlösung. Die französische Position war genau andersherum, was dazu führte, das am Ende beide Energiequellen als nachhaltig und grün eingestuft wurden.[14] Zunächst schienen auch die Konstellationen für das institutionelle Reformprogramm günstig zu stehen, da sich einige Mitgliedstaaten als integrationsfreudig bzw. -unterstützend zeigten. Dies ließ die Erwartungen für die Ergebnisverwertung der Zukunftskonferenz steigen. Gleichzeitig etablieren sich jedoch die Regierungen in Polen und Ungarn, die sich in der Rechtsstaatlichkeitspolitik der EU nicht gerecht behandelt fühlen, in vielen Fragen als Vetospieler. Darüber hinaus ist die Ampel-Koalition auch mit einer innenpolitischen Herausforderung konfrontiert. Eine Koalition aus drei Parteien muss ein sorgfältig ausgehandeltes Kompromisspaket zwischen den Koalitionspartnern managen. Außen- und innenpolitische Entwicklungen und Ereignisse können dieses Gleichgewicht verschieben und im Extremfall sogar zu einem Bruch der Koalition führen. Letztlich ist nicht zu vergessen, dass die Ampel-Koalition ihr Amt angetreten hat, als Deutschland und Europa mit den wirtschaftlichen, gesellschaftlichen und politischen Folgen der Covid-19-Pandemie umgehen musste und gleichzeitig die Pandemie bei weitem noch nicht überwunden ist.

Erstens kommt alles anders und zweitens als man denkt: Auswirkungen des Krieges in Europa

Die größte und einschneidendste Herausforderung, für die EU und die deutsche Europapolitik stellt Russlands Angriffskrieg auf die Ukraine dar. Weniger als 100 Tage nach der Übernahme der Regierungsgeschäfte ist die Bundesregierung und Europa „in einer anderen

---

12 SPD/Bündnis 90/Die Grünen/FDP: Mehr Fortschritt wagen, 2021, S. 106.
13 Vgl. Corentin Gorin: Germany in the EU after Merkel. A view from France, Commentary, European Policy Center, 17.2.2022, abrufbar unter https://www.epc.eu/en/publications/Germany-in-the-EU-after-Merkel-A-view-from-France~45e688 (letzter Zugriff: 1.11.2022).
14 Europäisches Parlament: Taxonomie: Keine Einwände gegen Einstufung von Gas und Atomkraft als nachhaltig, Pressemitteilung, 6.7.2022, abrufbar unter https://www.europarl.europa.eu/news/de/press-room/20220701IPR34365/taxonomie-keine-einwande-gegen-einstufung-von-gas-und-atomkraft-als-nachhaltig (letzter Zugriff: 2.11.2022).

Welt aufgewacht".[15] Einige bewerten dies als die „schwierigste Startposition einer Regierung in der Geschichte der Bundesrepublik".[16] Die EU hat sich bereits vor dem 24. Februar 2022 in einer Polykrise von ungeregelter Zuwanderung, Sicherheitskrise, Erosion gemeinsamer Werte und dem Austritt des Vereinigten Königreichs, dem Brexit, befunden.[17] Der Krieg in Europa bedeutet nun nicht nur eine sicherheitspolitische Krise, sondern eine „Zeitenwende"[18] mit einer grundlegenden geopolitischen Neuordnung auf dem Kontinent, die sich in verschiedensten Politikbereichen niederschlägt. Die Polykrise dauert daher nicht nur an sondern hat sich verstärkt, und die deutsche Europapolitik muss entsprechende Antworten finden. Die Herausforderungen, die sich dabei stellen, sollen anhand der Handlungsfelder Unterstützung für die Ukraine, Deutschlands Russlandpolitik und die Energiesicherheit skizziert werden.

Deutschland hat sich ohne zu zögern an die Seite der Ukraine gestellt. Am 27. Februar 2022 hat Bundeskanzler Olaf Scholz in einer Regierungserklärung die Zeitenwende ausgerufen und fünf Handlungsfelder identifiziert, in denen Deutschland aktiv die Herausforderung auf dem europäischen Kontinent angehen wird.[19] Dabei sind in vielen dieser Bereiche grundlegende Änderungen in den Prinzipien deutscher Außenpolitik festzustellen. Lange Zeit waren Waffenlieferungen an die Ukraine keine Option in der deutschen Außenpolitik. Deutschland setzte auf Sanktionen gegen Russland als das schärfste Mittel gegen Russland.[20] In seiner Regierungserklärung traf Scholz die Entscheidung, dass Waffenlieferungen nun ein notwendiges Mittel sind. Dieser Richtungswechsel hat in Deutschland unter Akademiker:innen, Politiker:innen und Vertreter:innen der Zivilgesellschaft heftige Debatten ausgelöst.[21] In der EU und anderen Mitgliedstaaten wurde dies als ein Zögern der deutschen Politik interpretiert und kritisiert. Allerdings hat Deutschland bis zum Herbst 2022 Panzerabwehrwaffen, Flugabwehrraketen, Maschinengewehre, Munition, Fahrzeuge und andere militärische Güter in die Ukraine geliefert.[22] Darüber hinaus setzt Scholz weiterhin auf Sanktionen gegen Russland, um Putins Regime von seinem Kriegskurs abzubringen. Deutschland beteiligt sich an allen acht Sanktionspaketen der EU gegen Russland sowie an den Sanktionen gegen Belarus. Der Bundeskanzler definiert klar die EU als Handlungsrahmen, um vor den Herausforderungen in der neuen Zeit bestehen zu können, und bekennt sich eindeutig zur Beistandspflicht der NATO.[23] Für das größte Aufsehen sorgten Scholzes Pläne zur Sicherung des Friedens in Europa durch eine Stärkung der Fähigkeiten der

---

15 Euronews: Baerbock zu Russland-Ukraine: „Wir sind in einer anderen Welt aufgewacht", 24.2.2022.
16 Benjamin Lamoureux: 100 Tage Ampel: Ist der Koalitionsvertrag schon Makulatur? Erkenntnisse aus der Diskussion – mit Wolfgang Schroeder & Tina Hildebrandt, Das Progressive Zentrum, 31.3.2022, abrufbar unter https://www.progressives-zentrum.org/100-tage-ampel-ist-der-koalitionsvertrag-schon-makulatur/ (letzter Zugriff 3.11.2022).
17 Dennis Yücel: Interview mit Professor Christian Calliess. Die Europäische Union in der Polykrise, in: Tagsesspiegel, 29.4.2022.
18 Scholz: Regierungserklärung, 27.2.2022.
19 Vgl. ebd.
20 Vgl. Katrin Böttger: Deutschland, die EU-Russland-Beziehungen und die Östliche Partnerschaft, in: Katrin Böttger/Mathias Jopp (Hg.): Handbuch zur deutschen Europapolitik, Baden-Baden, 2021, S. 463-480, S. 473.
21 Siehe Emma: Der offene Brief an Kanzler Scholz, 29.4.2022, abrufbar unter https://www.emma.de/artikel/offener-brief-bundeskanzler-scholz-339463 (letzter Zugriff 2.11.2022); Ralf Fücks (ViSdP): Die Sache der Ukraine ist auch unsere Sache! Ein anderer offener Brief an Bundeskanzler Olaf Scholz, 4.5.2022, abrufbar unter https://libmod.de/ein-anderer-offener-brief-an-bundeskanzler-olaf-scholz-pressemitteilung/ (letzter Zugriff 2.11.2022).
22 Vgl. Die Bundesregierung: Militärische Unterstützungsleistungen für die Ukraine, 1.11.2022, abrufbar unter https://www.bundesregierung.de/breg-de/themen/krieg-in-der-ukraine/lieferungen-ukraine-2054514 (letzter Zugriff 02.11.2022).
23 Scholz: Regierungserklärung, 27.2.2022.

Bundeswehr. Er verkündete die Einrichtung eines „Sondervermögens Bundeswehr" in Höhe von 100 Mrd. Euro sowie jährliche Investitionen in Verteidigung in Höhe von mehr als 2 Prozent des Bruttoinlandproduktes.[24] Damit antwortet der Bundeskanzler auf die „Zeitenwende in der Geschichte unseres Kontinents"[25] mit einer Zeitenwende in der deutschen Verteidigungspolitik.

Der Krieg in Europa verdeutlichte darüber hinaus jedoch auch die Notwendigkeit einer Zeitenwende in Deutschlands Russlandpolitik. Diese war lange Zeit von der Annahme getrieben, dass bessere Kooperationen mit einem transformierten Russland möglich seien. Daher hat Deutschland insbesondere vor 2014 immer wieder Impulse für eine europäisch-russische Kooperation gegeben. Nach der Annexion der Krim durch Russland hat Deutschland stärker auf Sanktionen gegen Russland gesetzt.[26] Von dem Grundprinzip des „Wandels durch Handel" wurde jedoch nie gänzlich abgerückt, und insbesondere nach 2019 war dieses wieder leitgebend für die deutsche Russlandpolitik. Auch der Koalitionsvertrag der Ampel-Regierung strebt „substanzielle und stabile" Beziehungen zu Russland an und sieht hierfür insbesondere vertiefte Kooperationen in Bereichen der sogenannten Zukunftsthemen und globalen Herausforderungen als besonders geeignet an.[27] Es ist interessant zu sehen, dass die deutschen Politiker:innen sich sehr schwer damit tun, ihre bisherige Politik öffentlich zu reflektieren und Fehler einzugestehen. Altkanzler Gerhard Schröder, der schon immer für seine Nähe zu Putin bekannt gewesen ist, zeigt sich besonders uneinsichtig. Aber auch seine Nachfolgerin Angela Merkel sieht keine Notwendigkeit, Entscheidungen von früher heute in Frage zu stellen.[28] Lediglich Bundespräsident Frank-Walter Steinmeier hat über die Irrtümer seiner Politik als Außenminister Deutschlands öffentlich reflektiert.[29] Deutschlands westliche Verbündete erwarten jedoch nichts weniger als eine Zeitenwende in der deutschen Russlandpolitik.

Deutschlands Russlandpolitik zeigt vor allem Konsequenzen in der Energiepolitik. Russland spielt eine wichtige Rolle in der Energieversorgung Deutschlands. Die Erdgaspipelines Nord Stream 1 und Nord Stream 2 stehen exemplarisch dafür. Letztere, die Anfang 2022 ihren Betrieb aufnehmen sollte, war in der EU hoch umstritten, und ist nun aufgrund des russischen Angriffskrieges gegen die Ukraine auf Eis gelegt worden. Nicht nur aufgrund des Atomkraftausstiegs und des im Koalitionsvertrag bereits für 2030 geplanten Kohlekraftausstiegs stellt Erdgas mit 27 Prozent einen der größten Anteile am Primärenergieverbrauch in Deutschland dar. Davon werden lediglich 5 Prozent durch einheimische Produktion gedeckt und Russland ist mit einem Anteil von 55 Prozent an den Gasimporten im Jahr 2020 der wichtigste Partner für Deutschlands Gasimporte.[30] Somit hat sich Deutschland bisher in Fragen der Energiesicherheit von Russland abhängig gemacht. Darüber hinaus waren deutsche Gasspeicher im Frühjahr 2022 nur zu 27 Prozent gefüllt.[31] Nach dem 24. Februar 2022 wurde demzufolge auch eine Zeitenwende in der deutschen

---

24 Scholz: Regierungserklärung, 27.2.2022.
25 Ebd.
26 Vgl. Böttger: Deutschland, die EU-Russland-Beziehungen und die Östliche Partnerschaft, 2021.
27 SPD/Bündnis 90/Die Grünen/FDP: Mehr Fortschritt wagen, 2021, S. 122.
28 Melanie Amann: Ein Wohlfühltermin voller Widersprüche, in: Spiegel Online, 08.06.2022, abrufbar unter https://www.spiegel.de/politik/angela-merkel-im-gespraech-mit-spiegel-autor-alexander-osang-altkanzlerin-spricht-ueber-russland-a-997e295b-6987-4987-9c45-e681b9d87ff4 (letzter Zugriff 9.11.2022).
29 ZeitOnline: Frank-Walter Steinmeier räumt Fehler in seiner Russland-Politik ein, 4.4.2022.
30 Für die Zahlen siehe Bundeszentrale für politische Bildung: Deutschlands Abhängigkeit von russischem Gas, kurz&knapp, Hintergrund aktuell, 13.4.2022, abrufbar unter https://www.bpb.de/kurz-knapp/hintergrund-aktuell/507243/deutschlands-abhaengigkeit-von-russischem-gas (letzter Zugriff 3.11.2022).
31 Ebd.

Energiepolitik notwendig. Die Bundesregierung verlor keine Zeit, um nach Alternativlösungen zu suchen. Hierzu zählten auch Verhandlungen um Liquified Natural Gas (LNG)-Lieferungen aus Katar und die Planung des Baus von LNG-Terminals in der Nordsee. Bundeswirtschaftsminister Robert Habeck und seine Partei die Grünen waren gezwungen, energiepolitische Notwendigkeiten mit ihren klimapolitischen Überzeugungen abzuwägen. Besonders deutlich wurde diese Herausforderung mit der Entscheidung, den für Anfang 2023 beschlossenen Atomkraftausstieg durch den Beschluss aufzuweichen, drei Atomkraftwerke bis April 2023 weiterlaufen zu lassen.

Ausblick – Deutschlands Rolle in der EU

Am 29. August 2022 hat Bundeskanzler Olaf Scholz an der Karlsuniversität in Prag mit seiner europapolitischen Grundsatzrede „Europa ist unsere Zukunft" ein Zeichen deutscher Europapolitik gesetzt. Man kann sie als verspätete Replik auf Macrons Rede an der Sorbonne Universität aus dem Jahr 2017 interpretieren. Wichtiger sind jedoch die inhaltlichen Schwerpunkte, die Scholz in Anbetracht der aktuellen Herausforderungen für die Zukunft Europas setzt. Er skizziert seine Ideen im Spannungsfeld der Notwendigkeiten, Europa zu einen und diesem geeinten Europa mehr Gewicht in der Welt zu geben. Dabei verdeutlicht Scholz die altbekannte Skepsis Deutschlands gegenüber Formen differenzierter Integration in der EU, in dem er betont, dass alle Mitglieder der EU gleichberechtigt seien und eine EU der exklusiven Clubs oder Direktorien nicht das Ziel deutscher Europapolitik sei. Darüber hinaus setzt er auf das Prinzip „form follows function" für Reformen auf dem Kontinent. Dieses Prinzip richtet sich auch an die auf eine Initiative Macrons zurückzuführende Europäische Politische Gemeinschaft. Sie ist als solidarischer Zusammenschluss europäischer Staaten zu verstehen, dessen Form noch genauer zu definieren sei. Im Detail skizziert Scholz vier Handlungsfelder, die er für die Zukunft der EU als essenziell erachtet. Er fordert ein entschiedenes Vorgehen in der Erweiterung der EU und dies insbesondere mit Blick auf die Staaten des Westbalkans. Gleichzeitig sieht er die Notwendigkeit institutioneller Reformen, um eine EU mit weit mehr als 30 Mitgliedstaaten funktionsfähig zu halten. Er fordert unter anderem die Einführung der qualifizierten Mehrheitsentscheidung in der Außen- und Sicherheitspolitik der EU. Scholz möchte die europäische Souveränität insbesondere im Technologiebereich und in der Verteidigungspolitik stärken. Er plädiert auch für den europäischen Zusammenhalt und die Überwindung alter Konfliktlinien, insbesondere in der Migrations- und Fiskalpolitik. Letztlich hält er es für essenziell die Demokratie und Rechtsstaatlichkeit als Grundwerte der europäischen Einigung zu verteidigen.[32]

Auch wenn der Bundeskanzler mit seiner Grundsatzrede anders als seine Vorgängerin größere Leitlinien der deutschen Europapolitik öffentlich skizziert hat, so steht Deutschland dennoch innerhalb der EU in der Kritik. Das Krisenmanagement der Bundesregierung wird dafür kritisiert, dass nationale Interessen im Vordergrund stünden. Exemplarisch dafür gilt das 200 Mrd. Euro-Paket zur Entlastung hoher Energiepreise in Deutschland. Dieser „Doppelwumms"[33] in der größten Wirtschaft innerhalb des Binnenmarktes habe Auswirkungen auf andere Mitgliedstaaten. Darüber hinaus sperrte sich die deutsche Bundesregierung

---

32 Olaf Scholz: Rede an der Karls-Universität am 29.8.2022, abrufbar unter https://www.bundesregierung.de/breg-de/suche/rede-von-bundeskanzler-scholz-an-der-karls-universitaet-am-29-august-2022-in-prag-2079534 (letzter Zugriff 3.11.2022); für eine detaillierte Einschätzung siehe auch Julian Rappold: Zwischen Anspruch und Wirklichkeit: Eine Einordnung der europapolitischen Grundsatzrede des Bundeskanzlers, in: integration 4/22, im Erscheinen.
33 SPD: Der „Doppelwumms" für bezahlbare Energie, 2022.

gegen eine Preisobergrenze auf dem Energiemarkt. Der Europäische Rat im Oktober 2022 war daher von Spannungen geprägt, bei denen Macron Deutschland seine Isolierung vorwarf und am Ende ein Minimalkompromiss mit einem befristeten dynamischen Preiskorridor sowie einer freiwilligen gemeinsamen Beschaffung von Gas unter anderen Maßnahmen herausgekommen ist.[34] Auch in Bezug auf die Reformen des Stabilitäts- und Wachstumspaktes geht die Bundesregierung Wege, die nicht in allen Mitgliedstaaten populär sind. Deutschlands harter Kurs der Austeritätspolitik nach der globalen Finanzkrise von 2008 ist noch zu gut im Gedächtnis. Die Linie der Bundesregierung setzt auf nachhaltige Schuldenpolitik und drängt auf Regeln, die die Schulden in den Mitgliedstaaten sukzessive wieder senken, um Stabilität und Wachstum zu gewährleisten. Ein solcher Prozess muss von einer besseren Einhaltung Fiskalregeln und Defizitverfahren begleitet werden.[35] Die Kommission hat allerdings gerade erst die Verlängerung der Aussetzung der Regeln des Stabilitäts- und Wachstumspaktes bis Ende 2023 vorgeschlagen.[36] Einige sehen auch dies als Indiz dafür, dass Deutschlands Einfluss in der EU abnimmt.[37]

Die aktuelle Kritik steht im Kontrast zum Führungsanspruch der Bundesregierung, der insbesondere durch die ambitionierten und klaren europapolitischen Ziele im Koalitionsvertrag oder auch der europapolitischen Grundsatzrede untermauert wird. In der Geschichte des europäischen Integrationsprozesses hat Deutschland immer wieder mit einer Führungsrolle eher gehadert. Analysen zu Deutschland als ein „zögerlicher Hegemon"[38] zeigen dies deutlich. Andere sehen die Herausforderung eher im Realitätstest des deutschen Führungsanspruches.[39] Klar ist, dass die Bundesregierung auf die Stärkung des deutsch-französischen Verhältnisses setzt. Darüber hinaus ist der Zusammenhalt in Europa das übergeordnete Ziel, wofür sie Verbündete unter den Mitgliedstaaten sucht. Dabei ist aber klar, dass Gruppierungen von Mitgliedstaaten zu keiner Differenzierung in der europäischen Integration führen, sondern die Einheit in Vielfalt gewährleisten sollen.

Die Ampel-Koalition wurde schneller als erwartet von der Realität eingeholt und war dabei herausgefordert, einige grundlegende Prinzipien neu auszurichten. Die oberste Maxime deutscher Europapolitik bleibt der Zusammenhalt in Europa und der EU. Um dies zu erreichen, muss die Bundesregierung ihre europapolitische Kommunikation im Aus- und Inland verbessern. Die Krise ist aufgrund einer steigenden Inflation (im August lag diese bei 7,9 Prozent) und geringer Wachstumserwartungen für die deutsche Wirtschaft in den

---

34 Europäischer Rat: Ausführungen von Präsident Charles Michel nach der zweiten Arbeitssitzung des Europäischen Rates, 21. Oktober 2022, 885/22.
35 Für Details der Position der Bundesregierung siehe Bundesministerium für Wirtschaft und Klimaschutz: Prinzipien der Bundesregierung für die Reformdiskussion zu den Fiskalregeln, 05.08.2022, abrufbar unter: https://www.bmwk.de/Redaktion/DE/Downloads/P-R/prinzipien-der-bundesregierung-fur-die-reformdiskussion-zu-den-eu-fiskalregeln.html (letzter Zugriff 9.11.2022).
36 Europäische Kommission Vertretung in Deutschland: Europäisches Semester: Stabilitäts- und Wachstmuspakt soll weiterhin ausgesetzt bleiben, Pressemitteilung, 23.05.2022, abrufbar unter https://germany.representation.ec.europa.eu/news/europaisches-semester-stabilitats-und-wachstumspakt-soll-weiterhin-ausgesetzt-bleiben-2022-05-23_de (letzter Zugriff 9.11.2022).
37 The Economist: Europe's plans for laxer spending rules shows Germany's influence is waning, 29.9.2022, abrufbar unter https://www.economist.com/europe/2022/09/29/europes-plans-for-laxer-spending-rules-shows-german-influence-is-waning (letzter Zugriff 09.11.2022).
38 William E. Paterson: The Reluctant Hegemon? Germany Moves Center Stage in the European Union, in: Journal of Common Market Studies, Special Issue: The JCMS Annual Review of the European Union in 2010, September 2011, S. 57-75.
39 Siefgfried Schieder: Zwischen Führungsanspruch und Wirklichkeit: Deutschlands Rolle in der Eurozone, in: Leviathan, 3/2014, S. 363-397.

Portemonnaies der Bürger:innen angekommen.[40] Zusätzlich steigen die Migrationszahlen wieder stark an. Deutschland muss sich auch Verbündete in der EU suchen und vor allem das deutsch-französische Verhältnis auf eine solide Grundlage stellen.

Weiterführende Literatur

Gisela Müller-Brandeck-Bouquet: Deutsche Europapolitik. Von Adenauer bis Merkel, Springer 2021.
Tobias Berner/Roderick Parkes: Kein Grund zur Panik! Eine strategische Basis für Deutschlands Krisenmanagement, DGAP Policy Brief, 28.7.2022.
Nicole Koenig: The Zeitenwende: Germany's Reluctant Revolution, American Institute for Contemporary German Studies, 6.7.2022.

---

40 Statistisches Bundesamt: Inflationsrate im August 2022 bei +7,9%, Pressemitteilung 383, 13.9.2022, abrufbar unter https://www.destatis.de/DE/Presse/Pressemitteilungen/2022/09/PD22_383_611.html (letzter Zugriff 3.11.2022); J. Rudnicka: Entwicklung des realen Bruttoinlandsprodukts (BIP) in Deutschland von 2008 bis 2021 und Prognose des DIW bis 2023, statista, abrufbar unter https://de.statista.com/statistik/daten/studie/74644/umfrage/prognose-zur-entwicklung-des-bip-in-deutschland/ (letzter Zugriff 3.11.2022).

Estland

Tobias Etzold

Als kleines Land mit Grenze zu Russland fühlt sich Estland durch Russlands Angriffskrieg in der Ukraine in seinem alten Misstrauen gegenüber Russland bestätigt. Estland unterstützt die Ukraine, wo es nur kann. Innenpolitisch gab es einige Turbulenzen, europapolitisch keine signifikanten Richtungsänderungen.

Ukraine und Sicherheitspolitik

Die estnische Regierung verurteilte den russischen Angriff auf die Ukraine am selben Tag auf das Schärfste und forderte sofort die härtesten Sanktionen gegen Russland. Bereits im Januar kündigte Estland aufgrund der schon dann angespannten sicherheitspolitischen Lage an, seine Verteidigungsfähigkeit weiter verbessern zu wollen. Dazu plante das Land, im Jahr 2023 seine Verteidigungsausgaben auf 2,44 Prozent des Bruttoinlandsprodukts (BIP) zu erhöhen. Zunächst einmal sollten zusätzliche 380 Mio. Euro in die nationale Sicherheit investiert werden.[1] Estland gehörte zudem zu den ersten Ländern, die bereits im Dezember 2021 direkte militärische Hilfe in die Ukraine entsandten. Anfang Juni 2022 betrug der Umfang der militärischen und humanitären Hilfe Estlands 230 Mio. Euro.[2] Pro Kopf gibt kein anderes Land mehr für die Ukraine aus.[3]

Momentan erachtet Estland die direkte militärische Bedrohung an seinen Grenzen aufgrund Russlands Problemen in der Ukraine als nicht groß, hält eine Ausweitung des Krieges aber für möglich. Es vertraut im Ernstfall auf die unmittelbare Unterstützung der NATO. Andererseits forderte Estland auch mehr Unterstützung und die Stationierung von wesentlich mehr NATO-Truppen in Form von Kampfbrigaden im Land. Die bisherige Truppenstärke der „Enhanced Forward Presence" von 1.000 Soldat:innen sei nicht ausreichend, um Russland effektiv abzuschrecken bzw. zu bekämpfen. Die NATO müsse ihre Strategie ändern. Die Anträge seiner nordischen Nachbarn Finnland und Schweden, der NATO beizutreten, begrüßte Estland, das die Sicherheitslücke in Nordeuropa aufgrund der Nichtmitgliedschaft der beiden Länder bemängelt hatte. Es erhofft sich dadurch eine Erhöhung seiner Sicherheit, da Russland einiger bisheriger Vorteile beraubt würde, wenn die Ostsee ein NATO-Binnenmeer wird. Estland unterstützt die Politik der „offenen Tür" der NATO auch in der Zukunft.[4]

---

1 Estnisches Verteidigungsministerium: Government to invest additional 380 million euros in national security, 20.1.2022, abrufbar unter https://kaitseministeerium.ee/en/news/government-invest-additional-380-million-euros-national-security (letzter Zugriff: 8.7.2022).
2 Linas Jegelevicius: Estonian PM Kaja Kallas:"Seven out of eight ethnic Russians – either as citizens or loyal permanent residents – are successfully integrated, in: Baltic Times, 2.6.2022.
3 Richard Milne: Estonian coalition collapses after tension over 'core values' escalates, in: Financial Times, 4.6.2022.
4 Estnisches Außenministerium: Comment by Foreign Minister Eva-Maia Liimets on the potential accession of Finland and Sweden to NATO, 19.5.2022, abrufbar unter https://vm.ee/en/news/comment-foreign-minister-eva-maria-liimets-potential-accession-finland-and-sweden-nato (letzter Zugriff: 8.7.2022).

Europapolitik

In einer Grundsatzrede über die Europapolitik der Regierung vor dem estnischen Parlament im November 2021 betonte Ministerpräsidentin Kaja Kallas von der konservativ-liberalen Reformpartei, dass die Entwicklungen Estlands und der EU direkt miteinander verknüpft sind. Estland unterstütze die europäischen Werte und setzte sich dafür ein, dass die EU auf der Weltbühne mit einer Stimme spricht.[5] Bis zu Beginn des Ukrainekriegs stand besonders die EU-Klimapolitik im Mittelpunkt des estnischen Interesses. Die drei baltischen Länder beschlossen einen verstärkten Austausch und mehr Zusammenarbeit, um die EU-Klimaziele gemeinsam zu erreichen. Auch in anderen Bereichen wie der Bekämpfung von Covid-19 unterstützten sie einen einheitlichen Ansatz.

Innenpolitik

Ministerpräsidentin Kallas beendete am 3. Juni 2022 die Regierungszusammenarbeit mit der Zentrumspartei, die der russischsprachigen Bevölkerung Estlands nahesteht. Der Grund war, dass diese gemeinsam mit der rechtsradikalen estnischen konservativen Volkspartei (EKRE) im Parlament eine von der Regierung eigentlich einstimmig beschlossene Gesetzesvorlage über Vorschulbildung in estnischer Sprache ablehnte. Laut Kallas ist das Beherrschen der estnischen Sprache durch alle Einwohner:innen eine wichtige Voraussetzung und Grundlage für die Einheit und Unabhängigkeit Estlands. Die Zentrumspartei habe ihre eigenen Interessen in einer schwierigen Situation über die gemeinsamen Werte des Landes gestellt, weswegen eine weitere Zusammenarbeit nicht möglich sei. Sie verhandelt seitdem mit der konservativen Partei Isamaa und den Sozialdemokraten über die Bildung einer neuen stabilen Regierung, die auf gemeinsamen Werten basiere und mit den großen gegenwärtigen Herausforderungen umgehen könne.[6]

Eine Herausforderung ist für Estland auch die Energiepolitik. Das Land arbeitete mit Hochdruck daran, sich so schnell wie möglich von russischem Gas und Öl unabhängig zu machen, aus dem gemeinsamen Stromnetz auszusteigen und Alternativen zu russischer Energie zu finden. Bei Gas und Öl ist dies bereits gelungen. Immer wieder gab es zudem Befürchtungen, dass Russland die Situation der russischsprachigen Bevölkerung in Estland als Vorwand nehmen könnte, militärisch einzugreifen. Doch laut Kallas sind sieben von acht ethnischen Russ:innen erfolgreich in die estnische Gesellschaft integriert, weshalb sie die Möglichkeit, dass diese möglichen russischen Avancen anheimfallen, für gering erachtet.[7] Dennoch bleibt die Gefahr einer Spaltung des Lands latent und die Integration der Russischsprachigen eine große Herausforderung.

Weiterführende Literatur

Toms Rostoks: Baltic States' Expectations Regarding Germany's Role in Baltic Security, in: Germany and Baltic Security Series No. 1, Brief, International Centre for Defence and Security Estonia, 24.1.2022.
Dalia Bankauskaite: The Baltic States' Response to War against Ukraine, Centre for European Policy Analysis, 28.3.2022.

---

5 Estnische Regierung: Prime Minister Kallas addressing the Riikikogu: Our EU policy priorities serve Estonia's development, 23.11.2021, abrufbar unter https://www.valitsus.ee/en/news/prime-minister-kallas-addressing-riigikogu-our-eu-policy-priorities-serve-estonias-development (letzter Zugriff: 8.7.2022).
6 The Guardian: Estonia's PM calls for new government talks as coalition collapses, 3.6.2022, abrufbar unter https://www.theguardian.com/world/2022/jun/03/estonias-pm-calls-for-new-government-talks-as-coalition-collapses (letzter Zugriff: 5.10.2022).
7 Jegelevicius: Estonian PM Kaja Kallas, 2022.

Finnland

Tuomas Iso-Markku

Nachdem das finnische Parlament dem europäischen Covid-19-Wiederaufbauplan NextGenerationEU (NGEU) im Mai 2021 – nach hitzigen politischen Auseinander-setzungen – grünes Licht gab, wandte sich die europapolitische Debatte in Finnland anderen Themen zu. Dazu gehörten unter anderem die EU-Klimapolitik sowie die mögliche Reform der europäischen Fiskalregeln. Im Kontext des westlichen Abzugs aus Afghanistan nahmen auch sicherheitspolitische Fragen einen hohen Stellenwert ein. Der Beginn des russischen Angriffskriegs gegen die Ukraine am 24. Februar markierte auch für Finnland eine Zeitenwende. Als Folge der Invasion fuhr Finnland seine Kontakte mit Russland herunter, sprach sich für umfassende EU-Sanktionen gegen seinen östlichen Nachbarn aus, lieferte Waffen an die Ukraine und führte eine Neuauswertung seiner Sicherheitspolitik durch, die zu einem klaren Ergebnis kam: Am 18. Mai 2022 reichte Finnland gemeinsam mit Schweden einen Beitrittsantrag bei der NATO ein.

Streitthemen Klima, Wälder und Wirtschaft
Nach der Aufregung um NGEU richteten die finnischen Politiker:innen und Medien ihren Blick auf ein anderes Großprojekt der EU: die Klimapolitik, die in der Form des European Green Deals und des Klimapakets „Fit for 55" vorangetrieben wurde. Finnlands Mitte-links-Regierung hat sich mit der angestrebten Klimaneutralität bis 2035 sehr ehrgeizige Klimaziele gesetzt, weshalb sie eine anspruchsvolle europäische Klimapolitik grundsätzlich begrüßt. Innerhalb der Regierung gibt es jedoch unterschiedliche klimapolitische Ansätze, die immer wieder zu Konflikten führen. Eine besonders markante Trennlinie verläuft zwischen den Grünen, die Finnland gern als klimapolitischen Vorreiter sehen möchten, und der Zentrumspartei, die sich als Vertreterin der finnischen Land- und Forstwirtschaft versteht.[1]

Eine der bedeutsamsten und zugleich umstrittensten Fragen der Klimapolitik in Finnland gilt dem Umgang mit Wäldern. Schätzungen zufolge ist über 73 Prozent der Fläche Finnlands mit Wäldern bedeckt, die damit eine signifikante Kohlenstoffsenke darstellen. Gleichzeitig zählt die Forstindustrie zu den wichtigsten Branchen der finnischen Industrie, deren Produkte etwa 18 Prozent aller finnischen Exporte ausmachen.[2] Es war daher wenig überraschend, dass die Erstellung der EU-Waldstrategie, die die Europäische Kommission im Juli 2021 veröffentlichte, in Finnland mit großem Interesse verfolgt wurde. Bereits der im Juni geleakte Entwurf der Strategie verursachte einen Aufschrei, weil er Kahlschläge – eine weitverbreitete Form der Holzernte in Finnland – nur noch aus ökologischen Gründen erlaubt hätte, sich kritisch zur Herstellung kurzlebiger holzbasierter Produkte wie Zellstoff, Papier und Karton äußerte und insgesamt die ökologische Nachhaltigkeit der Forstpolitik

---

1 Tuomas Iso-Markku: Finnland, in Werner Weidenfeld/Wolfgang Wessels (Hg.): Jahrbuch der Europäischen Integration 2019, Baden-Baden 2019, S. 471–475.
2 Anni Keski-Heikkilä: Metsäkiista selitettynä: Tästä on kyse hiilinieluissa, riidassa hakkuista ja EU:n tällä viikolla julkaistavissa suunnitelmissa Suomenkin metsänkäytöstä, in: Helsingin Sanomat, 12.7.2021.

betonte.³ Land- und Forstwirtschaftsminister Jari Leppä von der Zentrumspartei kritisierte den Entwurf scharf und warf der Kommission vor, sich in einen Politikbereich einzumischen, in dem sie keine Kompetenzen habe. Leppä bestätigte auch, dass mehrere Mitgliedstaaten einen kritischen Brief an die Kommission vorbereiteten, den auch er unterschreiben wollte.⁴ Daraufhin entbrannte ein Streit mit Umweltministerin Krista Mikkonen von den Grünen, die beklagte, dass sich Finnland zu sehr auf die Forstindustrie fokussiert habe und fortan auch Klima- und Biodiversitätsaspekte berücksichtigen solle. Ähnlich äußerte sich das ebenfalls regierende Linksbündnis.⁵

Die gleichen Konfliktlinien waren sichtbar, als Finnland seine Position zur Delegierten Verordnung 2021/2139 der EU-Taxonomie im November definierte, die unter anderem Nachhaltigkeitskriterien für die Forstwirtschaft aufstellte und deshalb in Finnland nur als „Waldverordnung" bekannt ist. Die Grünen und das Linksbündnis befürworteten die Verordnung, während die übrigen Regierungsparteien – darunter auch die Sozialdemokratische Partei (SDP) von Ministerpräsidentin Sanna Marin – sie ablehnten, weshalb Finnland im Rat gegen die Verordnung stimmte.⁶

Einheitlicher trat die Regierung in einer anderen Frage auf, die ebenfalls die EU-Taxonomie betraf: Sie sprach sich für die Einstufung der Kernenergie als nachhaltige Energiequelle ein. Dies entspricht dem generellen Konsens in Finnland, wo Atomenergie weithin als klimafreundliche und versorgungssichere Alternative zu fossilen Energieträgern gilt. Dass die Kommission auch Erdgas der gleichen Kategorie zurechnete, stieß in Finnland dagegen auf Unverständnis: Wirtschaftsminister Mika Lintilä sprach abwertend von einer „politischen" Entscheidung.⁷

Die Spannungen innerhalb Finnlands Regierung kamen erneut zum Vorschein, als die Debatte über die Zukunft der europäischen Fiskalregeln im Herbst 2021 begann. Finanzministerin Annika Saarikko von der Zentrumspartei bezog früh Stellung, als sie einen gemeinsamen Brief von acht fiskalkonservativen Mitgliedstaaten unterschrieb, der tragfähige staatliche Finanzen als oberstes Ziel der Fiskalregeln betonte. Mitglieder der SDP warfen Saarikko daraufhin vor, sie nicht informiert und vorschnell gehandelt zu haben.⁸ Trotz dieser Differenzen dürfte Finnland weiterhin zu den Mitgliedstaaten gehören, die alle Euro-Länder zu einer sparsamen Finanzpolitik verpflichten möchten.

Eine schlagkräftigere EU?

Der teils chaotische Abzug der westlichen Truppen aus Afghanistan brachte sicherheitspolitische Fragen zurück auf die politische Tagesordnung. Am 20. August traf Finnland, das als EU-Mitglied sowie enger Partner der NATO eine vielfältige Präsenz in Afghanistan hatte, auf Anfrage der NATO und des Europäischen Auswärtigen Dienstes die gewichtige Entscheidung, Dutzende Soldaten auf den Flughafen in Kabul zu entsenden, um die dort

---

3 Hanna Eskonen: Metsäteollisuuden avohakkuille tyrmäys EU-komissiolta: niitä pitäisi "välttää", linjataan uudessa, julki vuodetussa metsästrategiassa, in: YLE Uutiset, 22.6.2021.
4 Hanna Eskonen: Avohakkuut tyrmänneestä EU:n metsästrategiasta alkoi vääntö – Suomi ja joukko muita maita vetoaa komissioon: metsiä ei saisi "alistaa" ympäristönäkökohdille, in: YLE Uutiset, 30.6.2021.
5 Ilkka Luukkonen: Ministerit riitelevät siitä, mikä on Suomen metsälinja, in: Verkkouutiset 30.6.2021.
6 Katja Boxberg/Teppo Ovaskainen: Hallitus asettui vastustamaan EU:n metsäasetusta, in: Kauppalehti, 18.11.2021.
7 Olli Tiihonen: Ydinvoima: Suomen kanta voittamassa EU:ssa – ministeri Lintilä kummeksuu yhtä asiaa, in: mtv Uutiset, 2.1.2022.
8 Teppo Ovaskainen: Annika Saarikon yllätysveto paljasti tulkintaeron hallituksen sisällä – Mikä on sdp:n kanta EU:n velkasääntöihin, Matias Mäkynen?, in: Uusi Suomi, 16.9.2021.

laufende Evakuierungsoperation zu unterstützen. Die rechtliche Grundlage für den Entschluss lieferte ein erst 2017 in Kraft getretenes Gesetz, das es Finnland erlaubt, militärischen Beistand zu leisten und anzunehmen. Das Gesetz wurde nicht zuletzt deshalb erlassen, weil Finnland signalisieren wollte, dass es die Beistandsklausel der EU, Artikel 42 Absatz 7 EUV, ernst nimmt.[9]

Als Nicht-NATO-Mitglied gehört Finnland seit Jahren zu den eifrigsten Befürwortern der EU-Zusammenarbeit in Sicherheits- und Verteidigungsfragen. Allerdings wird in Finnland auch immer wieder die Schwäche der EU in diesem Bereich thematisiert. Die Geschehnisse in Afghanistan belebten erneut die Diskussionen über die Rolle der EU. Einige finnische Politiker:innen fragten kritisch, warum die Union nicht in der Lage war, ihre Battlegroups nach Afghanistan zu schicken, um die Evakuierungen zu sichern.[10] Auch Finnlands Präsident, Sauli Niinistö, beklagte die Unsichtbarkeit der EU in Afghanistan. Im Hinblick auf den von der EU vorbereiteten Strategischen Kompass merkte er an, dass ein Kompass allein nicht helfe, wenn man nicht mal auf der Karte sei. Um sich in einer Welt der Großmachtpolitik zu behaupten, brauche Europa eigene militärische Kraft, so Niinistö.[11] Auch Ministerpräsidentin Marin sprach sich dafür aus, Sicherheits- und Verteidigungszusammenarbeit innerhalb der EU zu intensivieren.[12]

Eine neue Außen- und Sicherheitspolitik für ein neues Sicherheitsumfeld

Mit den russischen Truppenbewegungen an den ukrainischen Grenzen sowie Russlands Forderungen bezüglich der europäischen Sicherheitsarchitektur nahm die Ernsthaftigkeit der sicherheitspolitischen Debatten im Winter weiter zu.

Die Beziehung zu Russland zu managen ist ein Kernanliegen der finnischen Außen- und Sicherheitspolitik. Traditionell betrachtet Finnland Russland mit einer Mischung aus Besorgnis, die aus historischen Erfahrungen speist, und Pragmatismus, der den geostrategischen Realitäten Rechnung trägt. Dies spiegelt sich in den vier Säulen wider, auf denen Finnlands Außen- und Sicherheitspolitik zwischen der Annexion der Krim im Jahr 2014 und dem Beginn des russischen Angriffskriegs in der Ukraine im Februar 2022 beruhte. Diese waren erstens eine glaubwürdige nationale Verteidigung und zweitens enge militärische Zusammenarbeit mit westlichen Partnern, inklusive Schweden, den USA und der NATO. Die dritte Säule umfasste den regelmäßigen Austausch mit Russland und die vierte die Förderung multilateraler Institutionen und der regelbasierten Ordnung.[13] Dieser sorgfältig austarierte Kurs bedeutete, dass Finnland Moskau wegen der Annexion der Krim und des Kriegs in der Ostukraine offen kritisierte, die Russland-Sanktionen der EU mittrug, neue Verteidigungspartnerschaften aufbaute, aber einen NATO-Beitritt – vor allem aus

---

9 Tuomas Iso-Markku/Matti Pesu: From neutrality to activism: Finland and EU defence, in: Clara Sophie Cramer/Ulrike Franke (Hg.): Neutrality, opt-outs, and European defence, European Council on Foreign Relations.
10 Teppo Ovaskainen: Ihmetys EU-joukoista nousi eduskunnan Afganistan-keskustelussa – "Herää kysymys mihin niitä tarvitaan", in: Uusi Suomi, 20.8.2021.
11 Sauli Niinistö: Speech by President of the Republic of Finland Sauli Niinistö at the Ambassadors' Conference on 24 August 2021, abrufbar unter https://www.presidentti.fi/en/speeches/speech-by-president-of-the-republic-of-finland-sauli-niinisto-at-the-ambassadors-conference-on-24-august-2021/ (letzter Zugriff 10.7.2022).
12 Ilkka Luukkonen: Sanna Marin haluaa vahvistaa EU-puolustusta, in: Verkkouutiset, 24.8.2021.
13 Matti Pesu/Harri Mikkola/Tuomas Iso-Markku: Suomi ja Venäjän hyökkäys Ukrainaan: Turvallisuusympäristön muutoksen vaikutukset Suomen ulko- ja turvallisuuspolitiikalle, Finnish Foreign Policy Paper 8, 28.4.2022.

Rücksicht auf Moskau – ablehnte. Stattdessen pflegte Finnland die sogenannte NATO-Option, die einen innenpolitischen Kompromiss zwischen den Gegner:innen und den Befürworter:innen eines finnischen NATO-Beitritts darstellte, gleichzeitig jedoch auch als Signal an Moskau gedacht war: Würde Russland etwas tun, was Finnlands Sicherheit beeinträchtigen würde, könnte man die Option einlösen.[14]

Als Russlands Präsident Wladimir Putin im Dezember 2021 forderte, dass sich die NATO nicht mehr in Richtung Osten erweitern dürfe, horchte man auch in Finnland auf, da dies auch Finnlands NATO-Option betraf. In ihren Neujahresansprachen betonten sowohl Präsident Niinistö als auch Ministerpräsidentin Marin, dass Finnland selbst entscheiden würde, ob es sich um einen NATO-Beitritt bewerben möchte.[15]

Es war aber Russlands brutaler Angriff auf die Ukraine am 24. Februar, der alte Gewissheiten in der finnischen Außen- und Sicherheitspolitik endgültig über Bord warf. Am 28. Februar kündigte die Regierung an, Waffen an die Ukraine zu liefern und gab damit den Grundsatz auf, kriegsführenden Ländern keine Waffen zur Verfügung zu stellen. Die EU-Sanktionen gegen Russland befürwortete Finnland vollumfänglich – und wäre wohl zu weiteren Strafmaßnahmen, einschließlich eines Stopps sämtlicher Gas- und Ölimporte aus Russland, bereit gewesen.[16]

Der größte Schritt folgte jedoch in der Sicherheits- und Verteidigungspolitik. Auch wenn Finnlands politische Führung nach dem russischen Angriff auf die Ukraine stets betonte, dass Russland keine unmittelbare militärische Bedrohung für Finnland darstelle, änderte Russlands Verhalten Finnlands Sicherheitsumfeld, was sich auch auf die öffentliche Meinung auswirkte. Bereits am 28. Februar zeigte eine Umfrage zum ersten Mal an, dass eine Mehrheit der Bevölkerung einen NATO-Beitritt Finnlands befürworten würde, was einen radikalen Umbruch darstellte.[17] In den Wochen darauf stieg die Popularität eines finnischen NATO-Beitritts weiter an. Damit erhöhte sich der Druck auf Finnlands politische Führung, tätig zu werden. Auf Grundlage eines schnell erfassten Regierungsberichts diskutierte das Parlament im April über Finnlands sicherheitspolitische Optionen – und es zeigte sich, dass die Idee eines NATO-Beitritts auch dort breiten Rückhalt genoss.

Am 12. Mai veröffentlichten Präsident Niinistö und Ministerpräsidentin Marin eine gemeinsame Stellungnahme, in der sie sich für einen unverzüglichen NATO-Beitrittsantrag aussprachen. Am 17. Mai stimmte das Parlament mit überwältigender Mehrheit zu und am 18. Mai wurde der finnische Mitgliedsantrag bei der NATO eingereicht. Der Prozess wurde eng mit Finnlands wichtigstem Partner Schweden koordiniert, das sich zeitgleich um einen Beitritt bewarb. Auch NATO-Generalsekretär Jens Stoltenberg und viele NATO-Mitglieder – allen voran die USA – waren eng eingebunden. Es bleibt abzuwarten, wann Finnland der NATO offiziell beitreten kann, was für eine Rolle es in der Allianz einnimmt und ob – oder wie – sich die Mitgliedschaft auf Finnlands EU-Politik auswirkt.

Weiterführende Literatur

Ministry for Foreign Relations of Finland: Government report on changes in the security environment, Publications of the Finnish Government 20/2022, Helsinki 2022.
Henri Vanhanen: Finland and NATO: When Push Came to Shove, RUSI, 24.5.2022, abrufbar unter https://www.rusi.org/explore-our-research/publications/commentary/finland-and-nato-when-push-came-shove (letzter Zugriff 11.7.2022).

---

14 Minna Ålander: Finnland will die „Nato-Option" einlösen, SWP Kurz gesagt, 25.4.2022.
15 Richard Milne: Finland insists on its right to join Nato in defiance of Russia, in: Financial Times, 2.1.2022.
16 Katariina Taleva: Sanna Marin Ylellä: "Suomi tukee kovempaa pakotepolitiikkaa", in: Iltalehti, 9.4.2022.
17 Matti Koivisto: Ylen kysely: Enemmistö suomalaisista kannattaa Nato-jäsenyyttä, in: Yle Uutiset, 28.2.2022.

Frankreich

Joachim Schild

Die französische Europapolitik stand im vergangenen Jahr ganz im Zeichen zweier Ereignisse: der französischen Ratspräsidentschaft im ersten Halbjahr 2022 und der Doppelwahlen – Präsidentschafts- und Parlamentswahlen im April und Juni 2022. Die Ratspräsidentschaft war stark von einer innenpolitischen Logik geprägt. Staatspräsident Emmanuel Macron wusste diese Bühne geschickt zu nutzen, um sich vor den Wählern in Szene zu setzen. Gleichzeitig bot ihm die Ratspräsidentschaft eine willkommene Gelegenheit zur Verfolgung seiner europapolitischen Agenda, die er in seiner Sorbonne-Rede vom 26. September 2017 skizziert hatte.

Ukrainekrieg

Der externe Schock des russischen Aggressionskrieges gegen die Ukraine akzentuierte die Rolle der französischen Ratspräsidentschaft als Repräsentant der Europäischen Union (EU) nach außen.[1] Der Krieg hat die Kohäsion der Union im Innern gestärkt, zumindest in der Anfangsphase. Frankreich fiel die Aufgabe der Koordinierung unionaler Antworten auf die geopolitische Zeitenwende zu, nicht zuletzt im Schnüren der sechs im ersten Halbjahr angenommenen Sanktionspakete.[2] Diese richteten sich gegen Einzelpersonen, gegen Institutionen aus dem Energie-, Verteidigungs-, Transport und Finanzsektor und gegen die meisten russischen Banken, die vom SWIFT-Zahlungssystem ausgeschlossen wurden. Hinzu kam das Verbot von Geschäften mit der russischen Zentralbank, die die Verwaltung von deren Reserven und Vermögenswerten betreffen. Darüber hinaus hat die EU ein Kohle- und Ölembargo beschlossen sowie die weitgehende Verbannung russischer Handelsschiffe aus Häfen von EU-Staaten, von russischen (und belarussischen) Gütertransporten aus dem EU-Territorium und von russischen Fluggesellschaften aus dem Luftraum der EU.[3] Frankreich hatte sich nach dem Bekanntwerden russischer Gräueltaten in Butscha für ein Öl- und Kohleembargo stark gemacht.[4]

Mit einer Zahlung in Höhe von 2,5 Mrd. Euro (Stand: September 2022) an die Ukraine leistete die Union erstmals Militärhilfe aus der Europäischen Friedensfazilität an einen Drittstaat. Darüber hinaus gewährte sie der Ukraine außerordentliche Finanzhilfen in Höhe von fast 2 Mrd. Euro und stellte weitere 9 Mrd. Euro in Aussicht gestellt. Zudem wurde humanitäre Hilfe in Höhe von 335 Mio. Euro ausgezahlt.[5] Frankreich selbst hatte schon vor Kriegsbeginn Waffen an die Ukraine geliefert und sah diese nach dem Überfall Russlands

---

1 Vgl. hierzu auch den Beitrag „Die Europäische Union und der Krieg in der Ukraine" in diesem Jahrbuch.
2 Vgl. hierzu auch den Beitrag „Die Europäische Union und Russland" in diesem Jahrbuch.
3 Europäischer Rat/Rat der EU: EU-Sanktionen gegen Russland: ein Überblick, abrufbar unter https://www.consilium.europa.eu/de/policies/sanctions/restrictive-measures-against-russia-over-ukraine/sanctions-against-russia-explained/ (letzter Zugriff: 29.8.2022).
4 FT.com: Macron calls for Russian oil and coal ban as Biden condemns 'brutal' Putin, 5.4.2022.
5 Französischer Ratsvorsitz: Pressemitteilung, Bilanz der französischen Präsidentschaft im Rat der Europäischen Union, 30.6.2022, abrufbar unter https://presidence-francaise.consilium.europa.eu/media/5qodwxps/all_pfue_dp_072022.pdf (letzter Abruf: 29.8.2022).

als kurzfristig wirksamstes Mittel, so Clément Beaune, Staatssekretär für europäische Angelegenheiten. Präsident Macron zog aber zugleich im März die rote Linie, keine Kriegspartei werden zu wollen, und schloss die Lieferung von Panzern und Flugzeugen aus.[6]

Gegenüber Russland versuchte Macron Gesprächskanäle offenzuhalten. Neben zahlreichen Telefonaten mit Präsident Wladimir Putin diente seine Moskaureise zu einem fünfstündigen Gespräch im Kreml am 7. Februar 2022, kurz vor Beginn der russischen Invasion, diesem Zweck. Macron war sichtlich bemüht, den Dialog mit Putin, dem ukrainischen Präsidenten Wolodymyr Selenskyj, dem US-Präsidenten Joe Biden und auch mit Bundeskanzler Olaf Scholz eng abzustimmen. Es ist Macron gelungen, den Elysée-Palast zur „diplomatischen Krisenzelle in einem Post-Merkel Europa"[7] zu machen, nachdem Putin vor Kriegsbeginn zunächst nur mit US-Präsident Biden verhandeln wollte.

Seine intensive bilaterale Diplomatie stieß jedoch auch auf Kritik, vor allem in Polen[8] und im Baltikum[9]. Mit Alleingängen in seiner Russlandpolitik während der ersten Jahre seiner Amtszeit hatte er Vertrauenskapital verspielt. Letztlich ist seine Krisendiplomatie auf Spitzenebene weitgehend ergebnislos geblieben. Die Kritik an Macrons Russlandpolitik nahm zu, als er davor warnte, Russland zu demütigen, „damit wir an dem Tag, an dem die Kämpfe aufhören werden, gemeinsam einen diplomatischen Weg finden". Er sei „überzeugt, dass die Rolle Frankreichs diejenige einer vermittelnden Macht" sei.[10] Die dadurch ausgelösten Wogen in den Beziehungen zur Ukraine konnten dank der gemeinsamen Reise von Macron, Scholz und dem damaligen italienischen Ministerpräsidenten Mario Draghi am 16. Juni nach Kyjiw geglättet werden. Dazu trug auch der – nach anfänglicher Zurückhaltung – aktive Einsatz Frankreichs für einen Beitrittskandidatenstatus der Ukraine bei. Macron betonte jedoch, dass deren Beitritt zur EU noch „mehrere Jahre, tatsächlich wohl mehrere Jahrzehnte" dauern werde.[11]

Europäische Souveränitätsagenda und Außenbeziehungen

Der externe Schock des Ukrainekriegs bot Frankreich Gelegenheit, seine Ziele einer europäischen Souveränität und strategischen Autonomie zu verfolgen. So nutzte Macron das Gipfeltreffen in Versailles vom 10.–11. März 2022, um neue Ziele für eine Verbesserung der europäischen Verteidigungsfähigkeit, eine Stärkung der rüstungsindustriellen Basis, der Energieunabhängigkeit und der Resilienz der wirtschaftlichen Basis zu formulieren.[12]

Auch schloss der Rat seine Arbeit am Strategischen Kompass der EU, eine Art europäisches Verteidigungsweißbuch, am 21. März 2022 erfolgreich ab.[13] Damit konnte Frankreich ein zentrales Anliegen realisieren. Der Kompass sieht unter anderem die Schaffung

---

6 Virginie Malingre/Philippe Ricard/Jean-Pierre Stroobants: Comment arrêter la guerre sans la faire, le dilemme des Occidentaux, in: Le Monde, 25.3.2022.
7 Leo Klimm/Britta Sandberg: Macrons riskantes Doppelspiel, in: Spiegel Online, 2.2.2022.
8 Vgl. hierzu auch den Beitrag „Polen" in diesem Jahrbuch.
9 Vgl. hierzu auch die Beiträge „Estland", „Lettland" und „Litauen" in diesem Jahrbuch.
10 Philippe Ricard: Emmanuel Macron se met à dos une partie des pays alliés de l'Ukraine en ne voulant « pas humilier la Russie », in: Le Monde, 7.6.2022, Übersetzung: Joachim Schild.
11 Thomas Gutschker: Ein Parkplatz für die Ukraine, in: Frankfurter Allgemeine Zeitung, 25.5.2022; vgl. hierzu auch den Beitrag „Die Erweiterungspolitik der Europäischen Union" in diesem Jahrbuch.
12 Europäischer Rat/Rat der EU: Informelle Tagung der Staats- und Regierungschefs. Erklärung von Versailles 10. und 11. März 2022, 11.3.2022.
13 Rat der EU: Beratungsergebnisse, Ein Strategischer Kompass für Sicherheit und Verteidigung – Für eine Europäische Union, die ihre Bürgerinnen und Bürger, Werte und Interessen schützt und zu Weltfrieden und internationaler Sicherheit beiträgt, 7371/22, 21.3.2022.

einer schnellen Eingreiftruppe mit bis zu 5.000 Einsatzkräften bis 2025 vor.[14] Der Ukrainekrieg hat aber auch die unverzichtbare Rolle der NATO im Kernbereich der kollektiven Landes- und Bündnisverteidigung gestärkt.[15] Solange die Bündnisvormacht USA ihre Sicherheitsgarantie zugunsten der NATO-Partner nicht in Frage stellt, dürfte eine europäische Souveränität im Bereich der Verteidigung in weiter Ferne bleiben.

In seiner Rede vor dem Europäischen Parlament (EP) am 9. Mai lancierte Macron die Idee einer europäischen politischen Gemeinschaft.[16] Diese solle als neue Organisation demokratischer europäischer Nationen auf der Basis eines gemeinsamen Wertefundaments einen Raum der politischen Zusammenarbeit in Bereichen wie Sicherheit, Energie, und Verkehr und eine Option der Kooperationsverdichtung ohne EU-Beitritt bieten. Auch könnte sie als Auffangbecken für Staaten dienen, die die Union verlassen. Diese Initiative stieß zunächst auf Skepsis. Paris betonte in der Folge jedoch, dass die Beteiligung an einem solchen Kooperationsverbund eine zukünftige Mitgliedschaft in der Union keineswegs ausschließe.[17] Es gelang der Ratspräsidentschaft, einen Austausch über diese Idee auf die Tagesordnung des Treffens des Europäischen Rates am 23.–24. Juni zu setzen und eine Diskussion anzustoßen.

Auf dem Gebiet der Außenhandelspolitik war es Frankreich wichtiger, das Arsenal von Schutzinstrumenten auszubauen, als Verhandlungen und die Ratifizierung von Verhandlungsergebnissen voranzubringen. Fünfzehn Mitgliedstaaten, darunter Deutschland und Italien, hatten am 20. Juni einen gemeinsamen Brief an Handelskommissar Valdis Dombrovskis gerichtet und den Abschluss weiterer Handelsverträge verlangt.[18] Unter französischem Vorsitz konnten Rat und Parlament eine Einigung über das Instrument für das internationale Beschaffungswesen finden, für das sich Paris seit einem Jahrzehnt stark gemacht hatte. Auch über das Instrument gegen wettbewerbsverfälschende Subventionen aus Drittstaaten konnten Rat und EP am letzten Tag der Ratspräsidentschaft noch eine politische Einigung erzielen. Ersteres gibt der EU Druckmittel an die Hand, um eine der EU vergleichbare Öffnung öffentlicher Beschaffungsmärkte in Drittstaaten einzufordern, vor allem in China.[19] Letzteres erlaubt der Union Gegenmaßnahmen gegen subventionierte Unternehmensübernahmen und Angebote durch Unternehmen aus Drittstaaten im Rahmen von öffentlichen Ausschreibungsverfahren.

Fortschritte im Ratifizierungsverfahren der Handelsverträge mit Chile, Mexiko und dem Mercosur blieben dagegen aus.[20] In Bezug auf Letzteres gehört Paris, unter dem doppelten Druck der Agrarlobby und von Umweltschützern, zu den Blockierern. Auch das neue Instrument zum Schutz vor Entwaldung bedient protektionistische Schutzinteressen und kommt den Anliegen von Umweltschützern entgegen. Die Verhandlungen über ein Handelsabkommen mit Australien wurden von Paris aufgrund des Konflikts mit Canberra wegen des geplatzten U-Boot-Geschäfts in die Länge gezogen. Am letzten Tag der französischen EU-Ratspräsidentschaft konnte jedoch noch die Einigung auf ein Handelsabkommen mit Neuseeland erreicht werden, das erste der EU seit drei Jahren.

---

14 Sven Arnold: Sicherheitspolitische Bilanz der französischen EU-Ratspräsidentschaft, SWP-Aktuell 52/2022.
15 Vgl. Hierzu auch den Beitrag „Die Europäische Union und die NATO" in diesem Jahrbuch.
16 Emmanuel Macron: Discours du Président de la République à Strasbourg, 9.5.2022, abrufbar unter https://jp.ambafrance.org/IMG/pdf/elysee-module-19590-fr.pdf?29185/60baee54dd8ee1914a575899a641cff8b54059ba (letzter Zugriff: 26.8.2022).
17 Thomas Gutschker: Nicht im selben Haus, in: Frankfurter Allgemeine Zeitung, 25.6.2022.
18 Valentina Pop: Energy crisis on leaders' minds at EU summit, in: Financial Times, 22.6.2022.
19 Vgl. hierzu auch den Beitrag „Die Europäische Union und China" in diesem Jahrbuch.
20 Vgl. hierzu auch den Beitrag „Außenwirtschaftsbeziehungen" in diesem Jahrbuch.

Europäische Sichtbarkeit nach innen

Das Ziel, die Sichtbarkeit der Europäischen Union in Frankreich selbst zu erhöhen, besaß einen hohen Stellenwert für die französische Ratspräsidentschaft. Sie wollte zum einen die gesellschaftliche Unterstützung für die ambitionierte Integrationsagenda von Präsident Macron erhöhen. Die französische Bevölkerung ist in den letzten 20 Jahren deutlich europaskeptischer geworden, und Frankreich gehört heute zu der Gruppe von Mitgliedstaaten mit den negativsten Einstellungen zur Europäischen Union. Das zweite zentrale, nach innen gerichtete Ziel der Ratspräsidentschaft bestand darin, dem amtierenden Präsidenten in Zeiten des Präsidentschaftswahlkampf eine Bühne zu bieten, auf der er mit seiner europäischen Diplomatie glänzen konnte. Eine Vielzahl (informeller) Ratstreffen von Brest bis Toulouse in insgesamt 29 Städten sorgten in der Tat für eine hohe Sichtbarkeit der Ratspräsidentschaft im ganzen Land.

Auch die Auswahl der prioritären Projekte diente dem Präsidenten dazu, die Wähler vom Nutzen der Unionspolitik zu überzeugen. Das Engagement der Ratspräsidentschaft ermöglichte es, am 7. Juni 2022 eine politische Einigung zwischen Ratsvorsitz und den Verhandlungsführern des Europäischen Parlaments über den Vorschlag einer Richtlinie über angemessene Mindestlöhne in der EU zu erreichen. Neben der Mindestlohnrichtlinie strich die französische Regierung auch die politische Einigung auf das Digitaldienstleistungs- und das Digitalmarktgesetz, beide erst im Dezember 2020 von der Europäischen Kommission vorgeschlagen, als zentrale Erfolge ihrer Ratspräsidentschaft heraus.[21] Eine politische Einigung konnte im Trilogverfahren erreicht werden. Mit dem Gesetz über digitale Märkte soll die wettbewerbsrechtliche Regulierung großer Online-Plattformen, und die Gatekeeper-Funktionen, die sie gegenüber ihren Nutzern wahrnehmen, verbessert werden. Dadurch soll der Missbrauch ihrer Marktmacht zu Lasten von Konkurrenten und Verbrauchern schon ex ante verhindert und nicht erst in langwierigen Wettbewerbsverfahren ex post geahndet werden. Das Gesetz über digitale Dienste dient unter anderem dem Zweck, die Verbreitung illegaler Inhalte in Internet (z.B. Hassrede, Beleidigungen, Aufrufe zur Gewalt) zu verhindern, Grundrechte der Nutzer und Verbraucherrechte zu schützen und den Schutz Minderjähriger zu verbessern. Alles, was offline illegal ist, soll künftig auch online illegal sein.

Diese beiden Gesetze über digitale Märkte und Dienste dienten der französischen Ratspräsidentschaft als Beispiele für die Behauptung und Ausgestaltung einer europäischen Souveränität. Viele Beobachter hatten nicht mit einer Einigung auf diese umstrittenen Gesetzgebungsakte im Rahmen dieser Präsidentschaft gerechnet. Die politische Einigung zwischen Rat und Parlament war jedoch im März (Gesetz über digitale Märkte) und April 2022 (Gesetz über digitale Dienste) schon erreicht.

Das dritte Prestigeprojekt, das die globalisierungsskeptische französische Öffentlichkeit mit der Unionspolitik versöhnen sollte, war die CO2-Grenzausgleichssteuer als Bestandteil des „Fit-for 55"-Paktes von Klimaschutzmaßnahmen. Auch in dieser Materie konnte die französische Regierung ihrer Öffentlichkeit mit der Einigung des Rates auf seine Verhandlungspositionen Ergebnisse präsentieren. Ein weiteres Prestigeprojekt konnte hingegen nicht realisiert werden. Aufgrund einer ungarischen Blockade (nachdem Polen seine Blockade aufgegeben hatte) gelang es noch nicht, die auf OECD-Ebene ausgehandelten Regelungen zur Mindestbesteuerung multinationaler Konzerne in EU-Recht umzusetzen.

---

21 Vgl. hierzu auch den Beitrag „Digitale Agenda und Cybersicherheit" in diesem Jahrbuch.

Zur Sichtbarkeit der Union in Frankreich (und anderen Mitgliedstaaten) sollte auch die Konferenz zur Zukunft der Europäischen Union beitragen.[22] Dieser von Macron angestoßene Konferenzprozess, der den Bürgerdialog zu Europafragen stärken und Leitlinien für die Zukunft Europas ausarbeiten sollte, fand im Rahmen der Ratspräsidentschaft seinen Abschluss. In seiner Rede vor dem EP setzte sich Macron, ganz im Sinne des Parlaments, für die Einsetzung eines Konvents zur Vorbereitung von Vertragsreformen ein. Allerdings haben nur die Gründungsstaaten der 6er-Gemeinschaft bisher ihre Bereitschaft zu einem solchen Vertragsreformprozess gezeigt, während 13 Mitgliedstaaten in einem Brief vor einem „übereilten Vorgehen" warnten.[23]

Französische Doppelwahlen: Ergebnisse und Folgen

Die Präsidentschafts- und nachfolgenden Parlamentswahlen haben erneut gezeigt, wie stark die gesellschaftliche Unterstützung von europaskeptischen Kandidaten und Parteien ist. Europaskeptiker und -gegner erzielten im ersten Wahlgang der Präsidentschaftswahlen zusammengerechnet eine klare Mehrheit von 56 Prozent der gültigen Stimmen, im zweiten Wahlgang errang die Rechtspopulistin Marine Le Pen satte 41,5 Prozent der Stimmen.[24] Eine europaskeptische Positionierung von Parteien und Kandidaten ist für eine Mehrheit der französischen Bevölkerung kein Hinderungsgrund bei ihrer Wahlentscheidung.

Le Pen und der Linkspopulist Jean-Luc Mélenchon stellen schon lange den Vorrang des Unionsrechts vor nationalem Recht in Frage. Im Vorwahlkampf waren solche Töne auch von prominenten Vertretern der Republikaner zu hören, sowohl von Ex-Kommissar und Brexit-Verhandlungsführer Michel Barnier als auch von der Präsidentschaftskandidatin der Republikaner, Valérie Pécresse.[25] Gleiches gilt für die Sozialisten, denen ihre europapolitischen Überzeugungen weniger wichtig waren als die Rettung von Parlamentsmandaten durch Beteiligung am linken Wahlbündnis NUPES (Nouvelle union populaire écologique et sociale) mit der euroskeptischen Partei „Unbeugsames Frankreich" (LFI) als dominanter Kraft. Die gemeinsame Wahlplattform betonte die Bereitschaft, zur Durchsetzung des eigenen Programms auch europäische Regeln zu missachten.[26]

In den Parlamentswahlen konnte das Präsidentenlager keine sichere Machtbasis für die Politik Macrons erreichen. Das Wahlbündnis „Ensemble" erreichte mit 245 von 577 Sitzen nur eine relative Mehrheit, das Linksbündnis NUPES kam auf 131 Sitze, die gemäßigten Republikaner lediglich auf 61 Abgeordnete, während Le Pens Rassemblement National mit nunmehr 89 Sitzen als Hauptgewinner der Wahl gelten kann.

Das Präsidentenlager muss in der laufenden Legislaturperiode fallweise Mehrheiten suchen, schmerzhafte Kompromisse schließen oder andernfalls Blockaden riskieren. Dringend notwendige Sozialreformen und Haushaltskonsolidierungsbemühungen können dabei auf der Strecke bleiben, zumal wenn zur Sicherung parlamentarischer Mehrheiten das Schmiermittel von defizitfinanzierten Mehrausgaben eingesetzt wird. Angesichts von Inflation und Energiekrise kann dies als wahrscheinlich gelten.

---

22 Vgl. hierzu auch den Beitrag „Konferenz zur Zukunft Europas" in diesem Jahrbuch.
23 Thomas Gutschker: Mit Wagemut zur Reform?, in: Frankfurter Allgemeine Zeitung, 10.5.2022; EU-Parlament fordert Konvent. Paris will Debatte der Mitgliedstaaten anstoßen, in: Frankfurter Allgemeine Zeitung, 10.6.2022.
24 Alle Wahlergebnisse finden sich auf der Webseite des Innenministeriums: https://www.elections.interieur.gouv.fr/ (letzter Zugriff: 15.11.2022).
25 Le Monde: Election présidentielle 2022: Valérie Pécresse conteste également la primauté du droit européen, après la décision prise par la Pologne, 13.10.2021.
26 Die Wahlplattform ist abrufbar unter: https://nupes-2022.fr/le-programme/ (letzter Zugriff: 14.9.2022).

Die im Juni 2022 gebildete Minderheitsregierung aus dem Präsidentenlager plant eine Einhaltung der Defizitobergrenze von 3 Prozent des Bruttoinlandsproduktes (BIP) erst zum Ende der Legislaturperiode im Jahr 2027. In den letzten Legislaturperioden wurden ähnliche Versprechen der Verteilung von Wahlgeschenken geopfert. Eine Absenkung der Schuldenquote unter das für 2022 erwartete Niveau von 112 Prozent des BIP ist für diese Legislaturperiode erst gar nicht geplant.[27]

Präsident Macron und sein Wirtschaftsminister Bruno Le Maire machten sich schon vor der französischen Ratspräsidentschaft für eine Reform – sprich: Aufweichung – der Fiskalregeln des Stabilitäts- und Wachstumspaktes stark. Macron und Draghi plädierten gemeinsam in einem Meinungsartikel für eine Reform der Fiskalregeln, um mehr fiskalischen Handlungsspielraum für Zukunftsinvestitionen zu erlauben.[28]

Weiterführende Literatur

Bruno Cautrès/Thierry Chopin/Emmanuel Rivière: Un Euroscepticisme à la française. Entre défiance et ambivalence le nécessaire «Retoure de L'Europe en France», in: Institut Jacques Delors Report 119/2, Dezember 2021.

Eric Maurice/Justine Ducretet-Pajot/Monica Amaouche Recchia: France at the head of the Council: A positive record despite the war, Fondation Robert Schuman, European Issues No 637, 28.6.2022.

Olivier Rozenberg: A Political Presidency: the 2022 French Presidency of the Council of the European Union, Swedish Institute for European Policy Studies, European Policy Analysis 2/2022.

Joachim Schild: Ein Fenster der Gelegenheit. Die französische Ratspräsidentschaft im ersten Halbjahr 2022, in: integration 3/2022.

Georgina Wright: Overall, the French Council Presidency was a success... but not everyone agrees, CEPS, 20.7.2022, abrufbar unter https://www.ceps.eu/overall-the-french-eu-council-presidency-was-a-success-but-not-everyone-agrees/ (letzter Zugriff: 2.10.2022).

---

27 Frankfurter Allgemeine Zeitung: Le Maire verspricht Rückkehr zu Defizit von 3 Prozent, 22.7.2022.
28 Mario Draghi/Emmanuel Macron: The EU's fiscal rules must be reformed, in: Financial Times, 23.12.2021.

Griechenland

Heinz-Jürgen Axt

Zwei Themen haben im vergangenen Jahr die griechische Politik dominiert: die Covid-19-Pandemie und der Krieg Russlands gegen die Ukraine. Letzterer beeinträchtigte die Energieversorgung und verlangte eine eindeutige Haltung gegenüber den vom Westen verhängten Sanktionen gegen Russland. Der Dauerkonflikt mit der Türkei verstärkte in Griechenland das Streben, den Schulterschluss mit der EU und den USA zu suchen.

Covid-19-Pandemie

Am 5. Januar 2022 erreichte Griechenland im 7-Tage-Durchschnitt mit 36.228 Infektionen den höchsten Infektionsstand seit Beginn der Pandemie.[1] Die Zahl der mit Corona Verstorbenen erreichte am 2. Februar 2022 mit 108 Personen im 7-Tage-Durchschnitt den Höchststand. Die Erstimpfungen kamen im Vergleich zum EU-Durchschnitt nur schleppend voran.[2] Ende Mai 2022 hatten 76,3 Prozent der Griechen eine vollständige Impfdosis erhalten. Um die Impfquoten zu erhöhen, übte die Regierung Druck auf Nichtgeimpfte aus. Ihnen wurde im November 2021 der Zugang zu Veranstaltungen in Innenräumen verwehrt. Bei Personen über 60 Jahre wurde festgelegt, dass das Impfzertifikat 6 Monate nach der Zweitimpfung verfällt, um sie zu einer Boosterimpfung zu veranlassen. Im Dezember 2021 wurden Personen über 60 Jahre sogar mit einer Strafe von 100 Euro für jeden Monat, in dem sie nicht geimpft waren, belegt.

Griechenlands Regierung hat die Pandemiezeit genutzt, um die Digitalisierung voranzutreiben. So gibt es mittlerweile ein Krisenwarnsystem, 112 genannt, um in Katastrophenfällen auf im griechischen Mobilfunksystem eingeloggte Telefone Warnmeldungen verschicken zu können.[3]

Wirtschafts-Entwicklung im Zeichen von Pandemie und Überschuldung

Wie in anderen EU-Ländern haben die Infektionen, aber auch die entsprechenden Schutzmaßnahmen das wirtschaftliche Wachstum in Griechenland beeinträchtigt. Die Europäische Kommission kam dennoch im November 2021, dank gestiegener heimischer Nachfrage und einer guten Tourismussaison, auf eine positive Einschätzung zum griechischen Wirtschaftswachstum. Die Schutzmaßnahmen der Regierung, wie Subventionen, Aussetzung von Steuerzahlungen und Sozialversicherungsbeiträgen für Unternehmen sowie Sozialleistungen für einkommensschwache Haushalte, aber auch die finanziellen Unterstützungen der Aufbau- und Resilienzfazilität der EU haben ebenfalls dazu beigetragen.[4]

---

[1] Our World in Data: Greece: Coronavirus Pandemic Country Profile, abrufbar unter https://ourworldindata.org/coronavirus/country/greece (letzter Zugriff: 31.5.2022).
[2] Werner Mussler: Nur jeder fünfte Bulgare ist geimpft, in: Frankfurter Allgemeine Zeitung, 9.8.2021, S. 17.
[3] Wasilis Aswestopoulos: Gedanken zur Flut, in: Telepolis, 22.7.2021.
[4] Ekathimerini.com: European Commission sees Greek economic growth at 7.1 pct in 2021, 11.11.2021.

Griechenlands Wirtschaft wuchs 2021 um 8,3 Prozent. Für 2022 wird allerdings ein geringeres Wachstum in Höhe von 3,5 Prozent vorhergesagt. Das Wachstum von 2021 wird auch auf den Anstieg der Exporte zurückgeführt, die in den ersten sieben Monaten des Jahres 2021 um 24,7 Prozent anstiegen.[5] Die Regierung führte das auf die wegen der vollzogenen Strukturreformen gesteigerte Wettbewerbsfähigkeit, aber auch auf die wirtschaftliche Erholung in den Partnerländern zurück. Die Arbeitslosigkeit ist unvermindert ein ernstes Problem: Zwar verringerte sich 2021 die Zahl der Arbeitslosen auf 14,7 Prozent, sie liegt aber weiter deutlich über dem EU-Durchschnitt von 6,5 Prozent. Für 2022 wird nur eine geringe Verbesserung der Lage prognostiziert (13,7 Prozent). Auch die Jugendarbeitslosigkeit war mit 39,1 Prozent im November 2021 in Griechenland höher als in allen übrigen EU-Staaten. Im Januar 2022 wurde eine moderate Erhöhung der Mindestlöhne um 2 Prozent vorgenommen, im Mai 2022 erfolgte eine Erhöhung um 7,5 Prozent. In Griechenland erhält fast ein Drittel aller Beschäftigten den Mindestlohn. Die in der Vergangenheit niedrige Inflationsrate erreichte im Mai 2022 10,7 Prozent.[6]

Ungeachtet partieller Lichtblicke ist die hohe Verschuldung weiterhin ein gravierendes Problem für Griechenland. Zwar konnte das Haushaltsdefizit weiter reduziert werden (2020: 10,2 Prozent; 2021: 7,4 Prozent; Prognose 2022: 4,3 Prozent). Das ändert aber nichts an der außerordentlich hohen öffentlichen Schuld (2021: 193,3 Prozent; Prognose 2022: 185,7 Prozent).[7] Immerhin hat Griechenland im März 2022 einen Kredit in Höhe von 1,9 Milliarden Euro an den Internationalen Währungsfonds (IWF) zurückgezahlt, der eigentlich erst 2024 fällig gewesen wäre, und damit seine gesamten Schulden beim IWF beglichen. Griechenlands Kredite haben einen günstigen durchschnittlichen Zinssatz (1,4 Prozent) und lange Laufzeiten. Obendrein sind drei Viertel der Kredite bei öffentlichen Gläubigern festgezurrt. Die Zinssteigerungen auf den Märkten haben daher bislang Griechenland nicht beunruhigt.[8] Die Europäische Zentralbank (EZB) hat sich zwar geweigert, Griechenland in sein „Quantitaive Easing Program" aufzunehmen, aber bereit erklärt, weiterhin griechische Anleihen zu kaufen. Im August 2022 soll das Überwachungsprogramm („enhanced surveillance") beendet werden, mit dem Reformfortschritte von der EU kontrolliert werden. Griechenland wird dann einem „post-bailout-monitoring" unterliegen.

Europapolitik

Am 29. Dezember 2021 beantragte Griechenland die Freigabe von 3,56 Milliarden Euro aus der Aufbau- und Resilienzfazilität für die Umsetzung des nationalen Plans „Greece 2.0". Von der Tranche werden 2,72 Mrd. Euro als Subventionen und 1,84 Mrd. Euro als Kredite überwiesen.

Die hohen Energiepreise haben das Verlangen nach dämpfenden Maßnahmen verstärkt. Griechenland, Spanien, Italien und Rumänien plädierten Ende 2021 in einer gemeinsamen Stellungnahme für Maßnahmen, mit denen Konsumenten geschützt werden sollten. Auf ein gemeinsames längerfristiges Vorgehen konnten sich die zuständigen Minister allerdings nicht verständigen. Der Vorschlag, dass die EU-Staaten gemeinsam Energie einkaufen sollten, wurde ebenfalls abgelehnt. Die EU zeigte sich in Nord und Süd gespalten. Während

---

[5] Ekathimerini.com: Mitsotakis: Rise in exports is good indicator of competitive economy, 21.9.2021.
[6] Svea Junge: Europas Wirtschaft steht am Rande der Rezession, in: Frankfurter Allgemeine Zeitung, 3.6.2022, S. 17.
[7] Europäische Kommission: Spring 2022 Economic Forecast: Russian invasion tests EU economic resilience, Institutional Paper 173, 16.5.2022.
[8] Christian Schubert: Griechenland auf Erholungskurs, in: Frankfurter Allgemeine Zeitung, 21.2.2022, S. 17.

südeuropäische Staaten Eingriffe in die Märkte für notwendig hielten, wurden im Norden kurzfristige Maßnahmen für ausreichend erachtet und die möglichst rasche Verabschiedung von fossilen Energieträgern befürwortet.[9]

Obwohl die griechische Regierung bislang die meisten Vorschläge der Konferenz zur Zukunft Europas, wie etwa eine schuldenfinanzierte gemeinsame Coronapolitik, befürwortet hat, hat sie sich zu den Reformvorschlägen noch nicht eindeutig positioniert. Erst recht kann keine landesweite Diskussion zu diesem Thema beobachtet werden.

Pushbacks von Flüchtlingen?

Auch wenn die Zahl der in Griechenland ankommenden Flüchtlinge seit 2015 stark nachgelassen hat (2015 wurden für die Inseln der östlichen Ägäis 856.723 Flüchtlinge gemeldet, 2021 war die Zahl auf 4.109 gesunken), so ist dieses Thema unverändert von hoher Relevanz.[10] Die rückläufige Entwicklung hat Griechenland freilich nicht davon abgehalten, gemeinsam mit neun weiteren EU-Staaten am 7. Oktober 2021 die Europäische Kommission aufzufordern, Geldmittel für den Bau von Grenzsicherungsanlagen zur Verfügung zu stellen. Bislang ist die Kommission dieser Forderung jedoch nicht nachgekommen. Das Interesse der Öffentlichkeit hat sich in jüngster Vergangenheit auf das Thema der Pushbacks, der gewaltsamen Rückführung von Flüchtlingen in die Türkei, konzentriert. Auch wenn die griechische Seite leugnet, solche Aktivitäten zu betreiben, so finden sich reichlich Hinweise von Nichtregierungsorganisationen und Medien.[11] Die zuständige Behörde hat diese Berichte untersucht und als haltlos deklariert. Verlässliche statistische Zahlen liegen nicht vor. Anfang 2022 stellte der griechische Immigrationsminister Notis Mitarachi jedoch fest, dass es tausende „verschwundene Flüchtlinge" geben müsse. Gut 20.000 Menschen seien von der griechischen Marine in Seenot gerettet, dann aber nicht vom Immigrationsministerium als Ankünfte registriert worden.[12] Seit November 2020 werden auch gegen die Europäische Agentur für die Grenz- und Küstenwache (Frontex) Vorwürfe erhoben, gemeinsam mit der griechischen Küstenwache Pushbacks vorgenommen zu haben, zumindest aber bei derartigen Aktionen weggeschaut zu haben. Frontex hat darauf mit dem Hinweis reagiert, dass die Behörde keine Befugnis habe, die nationalen Polizeibehörden zu kontrollieren. Als der Leiter von Frontex Fabrice Leggeri sein Amt im April 2022 aufgab, wurde dies auch mit den Vorgängen in der Ägäis in Verbindung gebracht.[13]

Russland und Türkei – Sicherheit in Gefahr

Dass sich Griechenland in jüngerer Vergangenheit vorbehaltlos zu den westlichen Bündnispartnern bekannte, hat mit der Wahrnehmung einer doppelten Gefährdungslage zu tun. Zum traditionellen Gegner, der Türkei, gesellte sich ab Februar 2022 Russland, das mit seinem Krieg gegen die Ukraine ganz Europa einer massiven Unsicherheit aussetzt. Schon vor dem Überfall Russlands bekräftigte der griechische Ministerpräsident am 22. Februar 2022, dass die Anerkennung der Separatistengebiete im Osten der Ukraine durch Russland sowie die Mobilisierung russischer Truppen die territoriale Integrität der Ukraine und das internationale Recht verletzten.[14] Drei Wochen nach Kriegsbeginn waren 10.700 Bürger

---

9 Jakob Mayr: Treffen in Brüssel. EU uneins bei Maßnahmen gegen Energiepreise, tagesschau.de, 26.10.2021.
10 Frankfurter Allgemeine Zeitung: Weniger Migranten auf griechischen Inseln, 7.1.2022, S. 4.
11 AP News: Greek independent authority rejects migrant pushback claims, 29.3.2022.
12 Wasislis Aswestopoulos: Griechenland: Indizien für Pushbacks von Geflüchteten?, Telepolis, 9.1.2022.
13 Thomas Gutschker: Warum der Frontex-Chef aufgab, in: Frankfurter Allgemeine Zeitung, 30.4.2022, S. 4.
14 Ekathimerini.com: Greece 'in full coordination' with EU, NATO over Ukraine, 22.2.2022.

aus der Ukraine nach Griechenland geflohen, darunter 3.478 Kinder. Es ist dabei daran zu erinnern, dass Mariupol und Odessa einst mit griechischer Beteiligung gegründet worden waren und lange die größten Auslandsgemeinden Griechenlands beherbergten. Griechenland unterstützte die von der EU beschlossenen Sanktionen und fror die Vermögen russischer Bürger ein, die auf der Sanktionsliste der EU standen. Das traf ohne Vorwarnung auch einfache Bürger Russlands, was die russische Botschaft in Athen monierte.[15] Die Kontrollen von Geldwäschen wurden verschärft. Allerdings beschäftigte man sich in Griechenland nicht mit der weit verbreiteten Praxis der „Golden Visas", die gerade auch Bürgerinnen und Bürgern Russlands eine Staatsbürgerschaft der EU verschafft haben.[16] Trotz einer gewissen Russlandfreundlichkeit der griechischen Bevölkerung[17] unterstützte Griechenland die Ukraine mit Rüstungsgütern.[18] Als der ukrainische Präsident am 7. April 2022 in einer Videoansprache vor dem griechischen Parlament für die Unterstützung seines Landes warb, schlug das innenpolitisch hohe Wellen, weil Wolodymyr Selenskyj von einem Kämpfer des ultranationalistischen Asow-Regiments begleitet wurde.

Die anlässlich eines gemeinsamen Lunchs am 13. März 2022 zwischen dem griechischen Ministerpräsidenten und dem türkischen Präsidenten in Istanbul aufgekommene Hoffnung, dass der Dauerstreit zwischen beiden Staaten zumindest während des Kriegs gegen die Ukraine ausgesetzt und die Einheit der transatlantischen Allianz bewahrt werden könnte, erfüllte sich nicht. Im Mai 2022 registrierte Griechenland 126 Fälle, in denen türkische Kampfjets in den griechischen Luftraum eindrangen. Der türkische Außenminister drohte, die Souveränität der griechischen Inseln in der Ägäis in Frage zu stellen, falls die Inseln nicht demilitarisiert würden. Der türkische Präsident verkündete am 23. Mai 2022, er werde nie wieder den griechischen Ministerpräsidenten treffen.[19] Die Fronten sind verhärtet. Mittlerweile besteht die Wahrnehmung in Griechenland, dass sich Deutschland nicht mehr in der Rolle des Vermittlers zwischen der Türkei und Griechenland verortet, sondern eindeutig – so wie Frankreich – Position für Griechenland bezieht.[20] Auch die USA und die Europäische Kommission erklärten, die Souveränität der griechischen Inseln sei unantastbar.[21]

Weiterführende Literatur

Dimitris Katsikas, (Hg.): Public Discourses and Attitudes in Greece during the Crisis. Framing the Role of the European Union, Germany and National Governments, Abingdon, New York 2020.

Jutta Lauth Bacas: Griechenland und der Hotspot Lesbos im Corona-März 2020. Aktuelle Probleme europäischer Flüchtlingspolitik, in: Südosteuropa-Mitteilungen, 1–2/2020, S. 51–66.

Moritz Rau/Günter Seufert/Kirsten Westphal: Der östliche Mittelmeerraum im Fokus der europäischen Energiewende, SWP Aktuell 4/2022.

---

15 Ekathimerini.com: Russian embassy says bank accounts of citizens frozen, 23.3.2022.
16 Ekathimerini.com: Greece also puts Russian assets on ice, 13.3.2022; Vgl. hierzu auch den Beitrag „Zypern" in: Werner Weidenfeld/Wolfgang Wessels: Jahrbuch der Europäischen Integration 2019, Baden-Baden.
17 Cornelius Hirsch: Europeans support Ukraine joining the EU – but not yet, in: Politico, 16.3.2022.
18 Ekathimerini.com: Greek role within NATO is upgraded, 15.3.2022.
19 Ekathimerini.com: Erdogan vows never to meet Mitsotakis again, 23.5.2022.
20 Ekathimerini.com: After initially keeping a distance, Scholz calls on Ankara to refrain from provoking Greece, 2.6.2022.
21 Ekathimerini.com: EU and US say sovereignty must be respected, 3.6.2022.

Irland

Anthony Costello*

Die zweite Jahreshälfte 2021 gab der irischen Gesellschaft und Wirtschaft wieder Anlass zu vorsichtiger Hoffnung, nachdem in weiten Teilen der EU wegen der Covid-19-Pandemie mehr als ein Jahr lang landesweite Lockdowns verhängt worden waren. Mit EU-Fördermitteln und einer erfolgreichen Impfkampagne im Hintergrund begann die irische Wirtschaft einen Prozess der stufenweisen Öffnung. Irland gelang dabei die Steigerung der Beschäftigungsquote bei gleichzeitigem Rückgang pandemiebedingter Todesfälle. Alle kurz- und mittelfristigen Wirtschaftsprognosen bleiben jedoch seit dem Ausbruch des russischen Angriffskrieges, der die bereits bestehenden Folgeschäden der Lockdowns noch einmal verschlimmert hat, mit Unsicherheit behaftet. Wie andere EU-Länder auch, steuert die irische Wirtschaft auf eine Krise der allgemeinen Lebenshaltungskosten zu, die eine ohnehin angespannte Haushaltslage noch weiter verschärfen wird. Zusätzlich zu den Auswirkungen des Krieges riskiert das Vereinigte Königreich folgenschwere Konsequenzen für den Handel zwischen den Inseln durch seine einseitige Aufkündigung des Nordirland-Protokolls, begleitet von entsprechenden Vergeltungsmaßnahmen der EU in Form eines Handelskriegs. Trotz all dieser Herausforderungen bleibt Irland nach wie vor der Förderung des europäischen Projektes und der Verteidigung seiner Grundwerte verpflichtet.

Covid-19-Pandemie

Die landesweiten Lockdowns hatten schwerwiegende Konsequenzen für den Arbeitsmarkt, das Wirtschaftswachstum und die haushaltspolitischen Ziele Irlands. Die Regierung subventionierte kleine und mittlere Unternehmen mit ca. 2,5 Mrd. Euro EU-Fördermitteln aus dem Programm SURE (Europäisches Instrument zur vorübergehenden Unterstützung bei der Minderung von Arbeitslosigkeitsrisiken in einer Notlage) und erleichterte Lohnkostenzuschüsse und Kurzarbeitsregelungen.[1] Im Juli 2021, während der schrittweisen Öffnung der Wirtschaft, schätzte Irland seine um Covid-19 bereinigte Arbeitslosenquote auf 13,5 Prozent. Diese Zahl beinhaltet dabei auch bereits den Rückgang der Arbeitslosigkeit um 2,7 Prozent im Vormonat Juni 2021.[2] Diese Erholung des Arbeitsmarktes setzte sich dank der Mittel aus dem SURE-Programm, der Bemühungen um den Erhalt von Arbeitsplätzen und der schrittweisen Öffnung der Wirtschaft kontinuierlich fort. Dabei war Irlands Staatsdefizit im Jahr 2021 mit durchschnittlich 9,4 Prozent des Bruttonationaleinkommens (BNE) eines der höchsten in der EU, bei gleichzeitiger Staatsverschuldung von ca. 60 Prozent des Bruttoinlandsproduktes (BIP).[3] Trotz der schrittweisen Öffnung der Wirtschaft machten

---

* Übersetzt aus dem Englischen von Thomas Traguth.
1 Europäische Kommission: SURE at 18 months: third bi-annual report, COM(2022) 128 final, 24.3.2022.
2 Central Statistics Office: Monthly Unemployment July 2021, 9.8.2021, abrufbar unter https://www.cso.ie/en/releasesandpublications/er/mue/monthlyunemploymentjuly2021/ (letzter Zugriff: 15.7.2022)
3 Department of Finance/Department of Public Expenditure and Reform: Summer Economic Statement 2021, 14.7.2021.

weitere Verwerfungen in anderen Wirtschaftszweigen (z. B. Gastgewerbe/Tourismus) einen Rückgang dieser Zahlen unwahrscheinlich.

Die irische Regierung stellte für die Wiederbelebung der Wirtschaft 313 Mio. Euro über die Aufbau- und Resilienzfazilität (Teil von NextGenerationEU) bereit, aus der bis zum Jahr 2026 Zuschüsse in Höhe von 915 Mio. Euro zu erwarten sind, die im Rahmen der Verpflichtungen von NextGenerationEU und den Zielsetzungen des Green Deals, der Digitalisierungsreform, des nationalen Wiederaufbauplans sowie der Schaffung von Arbeitsplätzen verausgabt werden sollen.[4]

Aufgrund des Erfolgs der irischen Impfkampagne konnten die meisten Beschränkungen dort bereits am 22. Januar 2022 aufgehoben werden.[5] Zu diesem Zeitpunkt waren der Bevölkerung insgesamt 2.677.156 Auffrischungsimpfungen verabreicht worden.[6] Auch die Anzahl der Todesfälle im Zusammenhang mit Covid-19 war von 61 Todesfällen am gleichen Tag des Vorjahres auf nun nur noch neun registrierte Fälle gesunken.[7]

Der russische Angriffskrieg gegen die Ukraine

Der Krieg in der Ukraine übt spürbaren Einfluss auf die Wirtschaft Irlands aus: Die öffentliche Aufmerksamkeit richtet sich zunehmend auf die steigenden Lebenshaltungskosten, die auch von den wirtschaftlichen Folgen der verminderten russischen Gaslieferungen an den europäischen Kontinent getrieben werden. Der Krieg und seine Kosten verschärfen dazu noch, kurz- bis mittelfristig, die bereits unsichere irische Haushaltslage. Obwohl Irland selbst kein Gas aus Russland importiert, kommen 97 Prozent seiner Gasimporte aus dem oder durch das Vereinigte Königreich, auch mit Ursprung in Norwegen, Belgien oder den Niederlanden.[8] Die geringere Energieversorgung auf den Märkten des Kontinents wirkt sich somit auch ganz unmittelbar auf die Preisentwicklung in Irland aus.

Der Krieg in der Ukraine hat weitreichende Folgen für die internationalen Beziehungen im 21. Jahrhundert. Er stellt einen Angriff auf die Sicherheit der ganzen Region dar und fordert die Verteidigungsfähigkeit der EU heraus. Zum Zeitpunkt des Verfassens hatte die EU sechs Sanktionspakete gegen Russland verhängt, mit Konsequenzen für Einzelpersonen (Oligarch:innen, Politiker:innen und Diplomat:innen), Russlands Zugang zum EU-Binnenmarkt und für die Einfuhr russischer Waren (Rohstoffe, fossile Brennstoffe, Technologie) oder Dienstleistungen (Finanz- und Bankwesen).[9] Die Mitgliedstaaten reagierten auch proaktiv auf die humanitären und sicherheitspolitischen Krisen in der Ukraine.

Irland beteiligte sich über die Europäische Friedensfazilität zunächst mit 22 Mio. Euro für „nicht-tödliche Hilfeleistungen". Dieser Beitrag wurde in der Folge auf 33 Mio. Euro erhöht.[10] Darüber hinaus spendete Irland humanitäre Hilfsgüter im Wert von 20 Mio. Euro,

---

4 Department of Public Expenditure and Reform: Budget 2022. Expenditure Report, 12.10.2021.
5 Jack Horgan-Jones/Cormac McQuinn/Vivienne Clarke: 'Time to be ourselves again': Taoiseach confirms end to almost all Covid-19 restrictions, in: The Irish Times, 21.1.2022.
6 Government of Ireland: Detailed profile of total cases: Deaths by date of death. Ireland's Covid-19 Data Hub, abrufbar unter https://covid19ireland-geohive.hub.arcgis.com/pages/detailed-profile-of-cases (letzter Zugriff: 15.7.2022).
7 Government of Ireland: Detailed profile of total cases, 2022.
8 Sustainable Energy Authority of Ireland: Energy Security in Ireland. 2020 Report, September 2020.
9 Europäischer Rat/Rat der EU: EU response to Russia's invasion of Ukraine, abrufbar unter https://www.consilium.europa.eu/en/policies/eu-response-ukraine-invasion/ (letzter Zugriff: 1.8.2022).
10 Cormac O'Keeffe: Ireland will 'pay its share' of the EU's growing fund for Ukraine, in: Irish Examiner, 10.4.2022.

darunter Blutkonserven, Bioschutzanzüge und medizinische Masken.[11] Bis zum 22. Mai 2022 hatte Irland auch 33.151 Geflüchteten aus der Ukraine Asyl gewährt.[12] Bei allem humanitären Engagement wurde doch die Frage nach der militärischen Neutralität Irlands wieder aufgeworfen, begleitet von den NATO-Beitrittsbekundungen Schwedens und Finnlands wie einer nie da gewesenen Aufrüstung Deutschlands. Irland ist kein Mitglied der NATO und macht nur verhaltene Zusagen im Rahmen der Ständigen Strukturierten Zusammenarbeit (PESCO). Gemäß der Klausel über die gegenseitige Verteidigung des Vertrags von Lissabon würde sich die Unterstützung Irlands im Falle von EU-Offensiven auf nichtmilitärische Maßnahmen beschränken. In seiner Rede vor dem irischen Parlament am 6. April 2022 lobte Präsident Wolodymyr Selenskyj die Bemühungen des Landes zur Unterstützung der Ukraine.[13] Zuvor hatte es während einiger Wochen Spekulationen darüber gegeben, ob der Präsident Irland vorgeworfen haben soll, die geplante EU-Kandidatur der Ukraine nicht vollumfänglich unterstützen zu wollen.[14] Was jedoch auf absehbare Zeit nicht zur Debatte stehen wird, ist die Neutralität Irlands. Gerade das Thema der Sicherheit spielte für die irische Öffentlichkeit immer eine entscheidende Rolle in EU-Referenden, so z. B. schon bei Nizza II. Jüngste Umfragedaten zeigen erneut, dass 66 Prozent der irischen Öffentlichkeit die Neutralität befürworten.[15] Es gibt aber auch eine überwältigende Mehrheit für eine Zusammenarbeit in Verteidigungsfragen auf EU-Ebene (83 Prozent) sowie für eine gemeinsame Verteidigungs- und Sicherheitspolitik in Europa (73 Prozent).[16]

Das Nordirland-Protokoll und das Vereinigte Königreich

Am 13. Juni 2022 brachte die britische Regierung im Unterhaus einen Gesetzentwurf zum Nordirland-Protokoll ein.[17] Das Gesetz soll grundsätzliche Probleme des Protokolls lösen, wie z. B. aufwändige Zollverfahren, rigide Vorschriften, Diskrepanzen bei Steuern und Ausgaben sowie Fragen demokratischer Strukturen. Die Regierung rechtfertigt den Gesetzentwurf mit Art. 16 des Nordirland-Protokolls.[18] Kritiker:innen entgegnen, der Entwurf verstoße gegen die Verpflichtungen des Austrittsabkommens, gegen internationales Recht, das Karfreitagsabkommen und die Regeln des EU-Binnenmarktes.

Der irische Premierminister bezeichnete den Gesetzentwurf, unter Verweis auf das nordirische Wirtschaftswachstum seit Einführung des Protokolls, als einen „Akt der wirtschaftlichen Zerstörungswut".[19] Im Vergleich ist das nordirische BIP zwischen Juli und September 2021 stärker gewachsen als das von England, Schottland und Wales. Dies wird

---

11 Department of Health: Press release, Government Ministers announce Irish support for Ukrainian health service, 14.3.2022.
12 Central Statistics Office: Arrivals from Ukraine in Ireland Series 1, 27.5.2022.
13 Houses of the Oireachtas: Address by H.E. Volodymyr Zelenskyy, President of Ukraine, Dáil Eireann debate, 1020/6, 6.4.2022.
14 Shona Murray/Paul Hosford/Pavel Polityuk: Zelensky accuses Ireland of not fully supporting Ukraine's entry to the EU, in: Irish Examiner, 25.3.2022.
15 Pat Leahy/Dan McLaughlin: Overwhelming support for retention of Ireland's military neutrality, in: The Irish Times, 15.4.2022.
16 Europäische Kommission: Eurobarometer. Key Challenges of our Times - The EU in 2022: Country Factsheet Ireland, Special Eurobarometer 526, 2694/SP526, Juni 2022.
17 Foreign, Commonwealth/Development Office UK: Press release, Government introduces bill to fix the Northern Ireland protocol, 13.6.2022.
18 Abkommen über den Austritt des Vereinigten Königreichs Großbritannien und Nordirland aus der Europäischen Union und der Europäischen Atomgemeinschaft, in: Amtsblatt der EU L29/7, 31.1.2020.
19 Olivia Kelleher: UK protocol policy an act of 'economic vandalism' against North, says Taoiseach, in: The Irish Times, 19.6.2022.

auf die wirtschaftliche Angleichung der Region an den EU-Binnenmarkt und die verstärkten Handelsbeziehungen mit der Republik Irland im Jahr 2021 zurückgeführt.[20] Angesichts des unilateralen Handelns des Vereinigten Königreichs zur Untergrabung der Bestimmungen des Protokolls, mit all seinen vielschichtigen Auswirkungen, hat die EU Gegenmaßnahmen eingeleitet. Es ist anzunehmen, dass die EU mit einem Verfahren vor dem Europäischen Gerichtshof oder einer Rüge des Vereinigten Königreichs in Verbindung mit einem möglichen Handelskrieg reagieren würde. Letzteres hätte angesichts der aktuellen Lebenshaltungskostenkrise, dem Krieg in der Ukraine und den wirtschaftlichen Spätfolgen der Covid-19-Pandemie, eine außerordentlich schwierige Lage zur Folge.[21]

Die Zukunft Europas

88 Prozent der irischen Bürger:innen befürworten Irlands Mitgliedschaft in der EU und 79 Prozent sind der Meinung, dass sich die EU-Mitgliedschaft für sie positiv ausgewirkt hat. Die Konferenz zur Zukunft Europas wurde in mehreren koordinierten regions- und sektionsübergreifenden Veranstaltungen landesweit ausgerollt. Es wurden verschiedene Sektionen gebildet, um dort zentrale Prioritäten und Interessen für die Zukunft Europas zu erfassen.[22] Darüber hinaus reisten Ir:innen nach Straßburg, um an europäischen Bürgerforen teilzunehmen, deren Beratungen über Kernpunkte in den Plenarbericht der Konferenz einfließen würden. Der Abschlussbericht der Konferenz wurde schließlich zum Europatag 2022 veröffentlicht.[23] Ungeachtet aller Krisen und Widrigkeiten steht Irland klar und beständig zum europäischen Projekt. Selbst mit Blick auf die steigenden Lebenshaltungskosten geben 62 Prozent der Ir:innen an, dass die Verteidigung der europäischen Werte Vorrang haben solle, und sie sind der Ansicht, dass der Schutz von Menschenrechten, Demokratie, der Gleichstellung der Geschlechter und der Niederlassungsfreiheit in der ganzen EU auch in Zukunft die Tagesordnung des Europäischen Parlaments bestimmen solle.[24]

Schlussfolgerungen

Die Covid-19-Todesfälle sind in Irland deutlich gesunken, und die Beschäftigungs- wie auch die Wirtschaftslage haben sich kontinuierlich verbessert. Der Krieg in der Ukraine und der unilaterale Angriff des Vereinigten Königreichs auf das Nordirland-Protokoll stehen einer kurz- bis mittelfristigen Rückkehr Irlands zu wirtschaftlicher und finanzieller Stabilität jedoch weiterhin im Weg. Irland trotzt mit aller Widerstandskraft dem Risiko sich verschlechternder Wirtschaftsdaten infolge der Auswirkungen von Covid-19 und ist entschlossen, das europäische Projekt weiter voranzubringen. Die EU-Mitgliedschaft erfährt weiterhin große Unterstützung und den höchsten Stellenwert in der irischen Bevölkerung nimmt nun, angesichts der russischen Aggression, die Verteidigung europäischer Werte ein.

Weiterführende Literatur

Mary C. Murphy/Jonathan Evershed: A Troubled Constitutional Future: Northern Ireland after Brexit, Newcastle 2022.

20 Shawn Pogatchnik: Northern Ireland economy outpacing post-Brexit Britain, in: Politico, 1.6.2022.
21 Jennifer Rankin: Northern Ireland protocol: how might EU respond to UK plans?, in: The Guardian, 13.6.2022.
22 Konferenz zur Zukunft Europas: Nationale Foren und Veranstaltungen, Irland, abrufbar unter https://futureu.europa.eu/pages/ireland (letzter Zugriff: 15.7.2022).
23 Konferenz zur Zukunft Europas: Conference on the Future of Europe, Report on the Final Outcome, Mai 2022.
24 Europäisches Parlament: Special Eurobarometer of the European Parliament Spring 2022, 97.3 EB041EP, Ireland 2022.

Italien

Alexander Grasse/Silvia Bolgherini

Italien hat im letzten Jahr sehr gute Fortschritte bei der Bewältigung der Covid-19-Krise und ihrer ökonomischen Folgen gemacht. Ende 2021 starteten Italien und Deutschland auf höchster politischer Ebene einen Prozess für eine vertiefte bilaterale Zusammenarbeit, nachdem Italien mit dem Quirinale-Vertrag sein Verhältnis zu Frankreich bereits neu begründet hatte. Innenpolitische Brisanz erlangte die Wahl des Staatspräsidenten im Januar 2022, als die politische Stabilität des Landes auf eine harte Probe gestellt wurde. Mit dem Angriffskrieg Russlands auf die Ukraine im Februar 2022 erfolgte eine intensive Diskussion um die Neuausrichtung italienischer Außen- und Europa- sowie Energiepolitik. Im Juli zerbrach die Regierung Draghi, weil zunächst der MoVimento 5 Stelle und dann auch die Lega und Forza Italia dem Ministerpräsidenten im Parlament das Vertrauen verweigerten.

Sozioökonomische Entwicklungen

Obzwar auch Italien Ende 2021 stark von der Omikron-Welle erfasst wurde, kam das Land durch entschiedene Maßnahmen der Regierung Mario Draghis gesundheits- wie auch wirtschaftspolitisch insgesamt gut durch die Pandemie. Nach einem Wirtschaftseinbruch um 9,2 Prozent im Krisenjahr 2020, was einen der höchsten Rückgänge des Bruttoinlandprodukts (BIP) in ganz Europa bedeutete, erholte sich die italienische Wirtschaft 2021 mit einem Wachstum von 6,6 Prozent auch besonders rasch in Form eines V-förmigen Konjunkturverlaufs. Die ohnehin guten Erwartungen der Regierungen und Wirtschaftsforschungsinstitute wurden damit nochmals übertroffen. Ursächlich waren weniger Exportsteigerungen als vielmehr eine starke Binnennachfrage. Dementsprechend sank 2021 der Bruttoschuldenstand Italiens von 155,3 Prozent des BIP (2020) auf 150,4 Prozent – und zwar trotz der massiven Ausgaben, die zur Bekämpfung der Pandemie und ihrer ökonomischen und sozialen Folgen getätigt werden mussten und eine Neuverschuldung von 7,2 Prozent erforderlich machten (gegenüber 9,6 Prozent 2020).[1] Durch den Krieg in der Ukraine kam es im ersten Quartal 2022 jedoch zu einem realen Rückgang des BIP um 0,2 Prozent gegenüber dem letzten Quartal 2021, die Wachstumsaussichten für 2022 wurden entsprechend nach unten korrigiert, auf 1,9 bis 2,4 Prozent. Vor Kriegsbeginn war die Europäische Kommission für Italien noch von 4,1 Prozent ausgegangen.[2]

Nach neun Monaten durchgängig starken Preisauftriebs verlangsamte sich die Inflation im April 2022 etwas, betrug auf Jahresbasis jedoch noch immer sehr hohe 6,2 Prozent[3], womit sich Italien in den EU-Trend einreihte. Die Entwicklung auf dem Arbeitsmarkt zeigt ein gemischtes Bild: Während die Erwerbstätigenzahl 2021 gegenüber 2020 um 169.000 anwuchs, stieg die Arbeitslosenquote im Durchschnitt des Jahres 2021 auf 9,5 Prozent an

---

1 Ilsole24ore: Istat: nel 2021 crescita Pil +6,6%, deficit e debito in discesa. Sale la pressione fiscale, 1.2.2022.
2 Ilsole24ore: Dall'1,9 di Confindustria al 2,4 della Commissione Ue, ecco le (ultime) stime di crescita per quest'anno, 17.5.2022.
3 Nicola Barone: Istat: Pil torna a diminuire dello 0,2% nel primo trimestre, crescita zero in Francia, in Ilsole24ore, 29.4.2022.

(2020: 9,3 Prozent).[4] Weiterhin lebten 2021 9,5 Prozent der italienischen Bevölkerung in absoluter Armut. Einer verbesserten Situation im Norden (8,2 Prozent) steht dabei jedoch eine weitere Verschlechterung im Süden gegenüber (12,1 Prozent).[5]

Innenpolitische Entwicklungen und die Regierung Draghi

Ende 2021 erklärte Mario Draghi die Hauptziele seiner Regierung für erfüllt. Dazu zählte neben der konsequenten Pandemiebekämpfung (im Mai 2022 waren über 90 Prozent der über Zwölfjährigen vollständig geimpft) insbesondere die erfolgreiche Umsetzung des nationalen Wiederaufbauplans (PNRR) mit der Erreichung der 51 EU-Zielvorgaben aus der europäischen Aufbau- und Resilienzfazilität. Realisiert bzw. auf den Weg gebracht wurden u.a. Justizreformen, Reformen in der Renten- und Familienpolitik sowie eine kleinere Steuerreform zugunsten mittlerer Einkommen.

Trotz alledem wurden Risse in der Regierungskoalition bereits Ende 2021 unübersehbar. Die die Regierung tragenden Parteien, allen voran Lega und MoVimento 5 Stelle (M5S), setzten auf stärkere Sichtbarkeit und nötigten den Ministerpräsidenten zunehmend zu Kompromissen. Sein häufiger Gebrauch der Vertrauensfrage unterstrich die Notwendigkeit der Disziplinierung des Parlaments, was wiederum zunehmend auf Kritik stieß, ebenso wie sein eher hierarchischer, wenig erklärender, allerdings auch sehr effizienter Regierungsstil. Letztlich durchkreuzten die Parteien Draghis Ansinnen, bei der Wahl des Staatspräsidenten im Januar 2022 die Nachfolge von Sergio Mattarella anzutreten,[6] nur vom Partito Democratico (PD) kam Unterstützung. Das politische System erwies sich angesichts der sensiblen Gleichgewichtssituation und unklaren Mehrheitsverhältnissen in der Wahlversammlung als unfähig, eine geeignete Nachfolge für Mattarella zu finden. Die Angst vieler vor einem zu mächtigen Staatspräsidenten Draghi einerseits und die Unmöglichkeit, angesichts fein austarierter Machtverhältnisse eine Person gleicher Autorität als Ministerpräsident:in zu berufen andererseits, erzeugten eine Blockadesituation. Diese mündete nach einer Woche fehlgeschlagener Urnengänge (mit Kampfabstimmungen, leeren Wahlzetteln und wachsendem politischen Flurschaden) darin, dass die Wahlversammlung mit breiter Mehrheit Mattarella kniefällig am 29. Januar 2022 darum bat, sich – entgegen dessen erklärter Absicht – für eine zweite Amtszeit zur Verfügung zu stellen. Mit Erfolg: Mattarella stimmte zu und wurde mit Dreiviertelmehrheit gewählt. Er und Draghi blieben mithin – zumindest vorläufig – in ihren Ämtern als Staats- beziehungsweise Regierungschef. Neuwahlen waren damit zunächst abgewendet, die Parteien in sich (M5S) wie auch untereinander (Lega und Fratelli d'Italia) allerdings tief zerstritten.

Die Außen- und Europapolitik Italiens

Reaktionen auf den Krieg in der Ukraine

Der Krieg in der Ukraine stellte die Regierungskoalition dann auf eine weitere schwere Belastungsprobe. In der Frage der Waffenlieferungen gab es ebenso wie in der Frage der Energieembargos erhebliche Auffassungsunterschiede. Allein der PD – wenn man von den Reformist:innen von +Europa, Italia Viva und Azione absieht, die jedoch in dieser Debatte

---

4 Ansa.it: Economia, Istat: nel 2021 +169 mila occupati sul 2020, 11.3.2022.
5 Istat: Nel 2021 stabile la povertà assoluta (dati provvisori), 8.3.2022.
6 Die Art, wie Draghi seine Regierungsarbeit bilanzierte und sein Ausspruch anlässlich der Pressekonferenz zum Jahresende, ein „Großvater der Institutionen zu sein", wurden als klare Bewerbung um das Amt gedeutet.

kaum eine Rolle spielten– vertrat eine konsequente Position, die mit der des Ministerpräsidenten übereinstimmte. So war Draghi für den EU-Beitritt der Ukraine und wollte das Land größtmöglich unterstützen, auch durch die Lieferung sogenannter schwerer Waffen. Damit wurden anfängliche Widerstände des linken Parteiflügels des PD überwunden, welcher jedoch weiterhin mit dem Bruch des Tabus einer von Draghi gewollten Erhöhung der Militärausgaben auf zwei Prozent des BIP ringt. Sowohl auf der extremen Linken als auch Rechten gab und gibt es sehr unterschiedliche Positionen: von der Befürwortung einer Kapitulation der Ukraine, über die Unterstützung ohne Entsendung von Waffen, bis hin zu offenen Sympathiebekundungen für Wladimir Putins Krieg. Innerhalb der Fratelli d'Italia führte die überraschende Entscheidung der unangefochtenen Vorsitzenden Giorgia Meloni, sich gegen Putin zu stellen, zu Unstimmigkeiten, da ihr plötzlich zur Schau gestellter Atlantizismus doch mit den langjährigen prorussischen Einlassungen Melonis kollidierte. Auch Silvio Berlusconi und seine Forza Italia verurteilten (nach anfänglichem Zögern) den russischen Angriffskrieg. Im Mai 2022 stellte Berlusconi jedoch die Entsendung von Waffen infrage, da Italien zur Kriegspartei und die eigene Wirtschaft geschädigt werde, was ihm deutliche Kritik (auch aus seiner eigenen Partei) eintrug, ebenso wie seine kurz darauf zurückgenommene Forderung, die Ukraine müsse Forderungen Russlands entsprechen.[7]

Letztlich waren es aber vor allem Lega und M5S, die nicht nur in der Frage der Waffenlieferungen, sondern auch in Bezug auf ihre generelle Haltung zu den beiden Kriegsparteien mehrdeutig auftraten. Beide Parteien schufen eine Achse, die darauf abzielte, nur „defensive" Waffen bereitzustellen, um eine Eskalation zu vermeiden. Für den M5S gipfelte die Auseinandersetzung um den richtigen Kurs im Ukraine-Krieg vor dem Hintergrund einer Parlamentsresolution am 21. Juni 2022 schließlich in einer Spaltung der Partei. Außenminister Luigi Di Maio, Unterstützer der Politik des Ministerpräsidenten Draghi, verließ die Partei mit etwa 60 Abgeordneten und Senator:innen im Streit mit dem ehemaligen Ministerpräsidenten und amtierenden M5S-Parteichef Giuseppe Conte, der weitere Waffenlieferungen infrage gestellt hatte. In der Folge verlor der M5S seinen Status als stärkste Kraft im Parlament und ging auf Konfrontationskurs zu seinen Koalitionspartnern und insbesondere Mario Draghi. Anlässlich der Verabschiedung eines Hilfspakets zur Abfederung der sozialen Folgen der Inflation erklärte Contes Partei dieses für unzureichend und verweigerte dem Regierungschef am 14. Juli im Parlament die Gefolgschaft. Als Draghi daraufhin am 20. Juli 2022 erneut die Vertrauensfrage stellte, blieben außer dem M5S auch die Lega und Forza Italia der Abstimmung fern. Daraus resultierten der Rücktritt Draghis vom Amt des Ministerpräsidenten, die Auflösung des Parlaments und vorgezogene Neuwahlen.

Bereits in der Energiepolitik hatte sich die Regierungskoalition zerstritten. Nach dem Entsetzen über die Gräueltaten russischer Soldaten an der Zivilbevölkerung in Butscha, forderte der PD ein Embargo für Energieimporte aus Russland. Die übrigen Parteien äußerten sich wegen der befürchteten negativen wirtschaftlichen Auswirkungen für das eigene Land jedoch skeptisch. Italien gehört neben Deutschland zu den europäischen Ländern, die am stärksten von russischen Energiequellen abhängig sind. Beim Europäischen Rat Ende März 2022 schlug Ministerpräsident Draghi als Alternative zum Totalembargo einen „europäischen Preisdeckel" auf russische Gasimporte vor. Der von Spanien, Portugal und Griechenland mitgetragene Vorschlag[8] wurde allerdings u.a. von Deutschland und den Niederlanden abgelehnt. Italien selbst hatte im März als einer der ersten Staaten eine

---

7 Beim Parteitreffen in Neapel am 20. Mai 2022; Rai News: L'intervento alla convention di FI, 21.5.2022.
8 Tagesschau.de: EU-Gipfel beendet. Scholz gegen gedeckelte Energiepreise, 25.3.2022.

Übergewinnsteuer im Energiesektor eingeführt, um Maßnahmen zur Unterstützung von Unternehmen und privaten Haushalten in Höhe von 4,4 Milliarden Euro zu finanzieren, was breite Akzeptanz fand.[9] Am 18. Mai 2022 ergriff die Regierung eine viel beachtete politische Initiative und unterbreitete dem UN-Generalsekretär Antonio Guterres einen vierstufigen Friedensplan.[10]

Deutsch-italienischer „Aktionsplan"

Nach Jahren eines wechselvollen, mitunter von Konflikten (etwa in den Bereichen Migration, EU-Fiskalregeln, Pandemie) geprägten und hinter seinen Möglichkeiten zurückbleibenden bilateralen Verhältnisses, setzten die Regierungen in Berlin und Rom mit der Ankündigung eines „Aktionsplans" beim Antrittsbesuch von Bundeskanzler Olaf Scholz am 20. Dezember 2021 ein klares Signal für eine neue Phase in den deutsch-italienischen Beziehungen. Nachdem Italien mit der Regierung Draghi als Kooperationspartner an Attraktivität zugelegt hatte und mit der seit dem 7. Dezember 2021 in Berlin regierenden Ampelkoalition ebenfalls eine neue politische Konstellation entstanden war, bot sich Raum für Veränderungen in den Beziehungen. Selbst die mediale Berichterstattung in Deutschland erklärte Italien plötzlich zum europapolitischen Aktivposten. Italien wünscht sich fraglos seit geraumer Zeit die nach dem Mauerfall 1989 verlorene Augenhöhe zu Deutschland zurück. Nach den Worten Draghis war die Idee des Aktionsplans keineswegs Ergebnis längerfristiger Abstimmungsprozesse, sondern wurde kurzfristig aus der Taufe gehoben, wobei Italien allerdings schon länger auf ein engeres Verhältnis zu Berlin gedrängt hatte.

Ihren Antrittsbesuch in Rom am 10. Januar 2022 erklärte Bundesaußenministerin Annalena Baerbock zum „Startschuss, um unsere Partnerschaft auf eine neue Stufe zu heben". Ihr Amtskollege Luigi Di Maio erachtete die Zeit „reif für eine ehrgeizige Zusammenarbeit mit Deutschland". Neben der Bekämpfung der Pandemie wurden als prioritäre Kooperationsfelder zum einen die Migrations- und Asylpolitik ausgegeben, bei denen man in der EU vorangehen will, und zum anderen die Bekämpfung des Klimawandels. Weitere Handlungsfelder sollen die Wirtschafts- und Industriepolitik sein. Auch außen- und sicherheitspolitisch will man sich enger abstimmen. Zudem sollen die bilateralen Beziehungen in den Bereichen Zivilgesellschaft, Jugend, Bildung und Kultur stärker erfahrbar werden.[11] Es geht bei dem Vorhaben augenscheinlich darum, die bilateralen Beziehungen zu strukturieren, um Krisen und politische oder mediale Dissonanzen besser bearbeiten zu können.[12] Die institutionelle Verzahnung könnte dort administrativ Stabilität schaffen, wo häufiger politischer Wechsel längerfristigem, strategischem Handeln hinderlich ist. Auch eine etwaige Rechts-Regierung in Italien könnte so womöglich stärker (ein)gebunden werden. Nach den Ankündigungen von Rom wurde es jedoch öffentlich recht still um den Aktionsplan. Bekannt wurden die Abstimmungsprozesse zwischen Bundeswirtschaftsminister Robert Habeck und seinem Amtskollegen Giancarlo Giorgetti am 12. April 2022 in Berlin im Zusammenhang mit dem Krieg in der Ukraine und den wirtschafts- und energiepolitischen

---

9 Deutscher Bundestag, wissenschaftliche Dienste: Neue Übergewinnsteuer in Italien, WD 4–3000–049/22, 13.4.2022.
10 Tommaso Ciriaco: La pace in 4 tappe. Sul tavolo dell'Onu arriva il piano del governo italiano, in: La Repubblica, 19.5.2022.
11 Phoenix: Baerbock in Italien: „Gleichgesinnte und Verbündete", Pressekonferenz zum Antrittsbesuch der Bundesaußenministerin Annalena Baerbock (Grüne) mit ihrem italienischen Amtskollegen Luigi Di Maio, 10.1.2022.
12 Ein gutes Beispiel ist die rasche Beilegung des neuerlichen Konfliktes um seitens italienischer Gerichte gebilligte Entschädigungsforderungen an den deutschen Staat für Nazi-Verbrechen in Italien; Matthias Rüb: Konflikt um Entschädigung. Der Streit mit Rom geht in die nächste Runde, in: faz.net, 1.5.2022.

Folgen für beide Länder, die bislang gleichermaßen abhängig von russischem Gas sind. Der Aktionsplan soll helfen, die industriellen Wertschöpfungsketten und Wettbewerbsfähigkeit beider Volkswirtschaften zu sichern und die Zusammenarbeit in der Rüstungs- und Automobilindustrie zu intensivieren.[13] Am 16. Mai 2022 verabredete Renato Brunetta als Minister für öffentliche Verwaltung mit seinem Pendant, Staatssekretär Markus Richter, gemeinsame Reformen zur Modernisierung der öffentlichen Verwaltungen.[14] Größere Regierungskonsultationen lassen allerdings weiter auf sich warten, die letzten datieren von 2016. Zumindest entstand auf parlamentarischer Ebene zuletzt ein reger Austausch, auch auf regionaler Ebene wurden neue Partnerschaften begründet und bestehende vertieft.

Neue Akzente und Allianzen in der italienischen Europapolitik

Der deutsch-italienische Aktionsplan ordnet sich ein in den Kontext einer Neukonturierung italienischer Europapolitik, bei der man auf intensivere bilaterale Beziehungen zu ausgewählten Staaten im Sinne eines „embedded bilateralism"[15] setzt. Am 26. November 2021 unterzeichneten der französische Staatspräsident Emmanuel Macron und Draghi in Rom einen umfangreichen Freundschaftsvertrag zum Zwecke der vertieften Zusammenarbeit (Quirinale-Vertrag)[16]. Darin dokumentieren Rom und Paris, dass sie ein weiteres Kraftfeld für die europäische Integration bilden und auch geopolitisch Politiken entwickeln wollen, auch mit Blick auf den Mittelmeerraum und das nördliche Afrika. Dabei will Italien die Koordinierung mit Paris nicht als Konkurrenz zur deutsch-französischen Achse verstanden wissen, sondern als zusätzliches Instrument, wiewohl man in Berlin diese Zusammenarbeit sehr genau in den Blick nehmen dürfte. Für Italien bedeutet der ambitionierte Vertrag, der deutliche Anleihen beim Élysée-Vertrag bzw. Aachener Vertrag nimmt, nichts weniger als die Anerkennung der Augenhöhe zu Frankreich. Frankreich positioniert sich nach der Wiederwahl Macrons am 24. April 2022 nun europapolitisch im Zentrum zwischen Deutschland und Italien. Italien seinerseits strebt jedoch auch mit Spanien ein bilaterales Abkommen an und möchte damit seine Beziehungen zu den großen EU-Mitgliedsstaaten auf ein neues Niveau heben.[17]

Dies ist mit Blick auf die Finanzarchitektur und andere zentrale Fragen der europäischen Integration durchaus relevant. Denn Italien, Frankreich und auch Spanien drängen auf entsprechende Reformen. Draghi äußerte sich anlässlich der Unterzeichnung des Quirinale-Vertrags unmissverständlich: „Die Haushaltsregeln, wie sie bis zur Pandemie gegolten haben, waren ungenügend, es waren prozyklische Regeln und sie haben in mancherlei Hinsicht die vorhandenen Probleme eher verschärft als sie zu lösen. Eine Überarbeitung wäre damals schon nötig gewesen, heute ist sie unumgänglich".[18] Beide Staaten wollten, so Draghi weiter, vorangehen, wenn es darum geht, mit und in der EU „die Vergangenheit zu

---

13 Ministero dello sviluppo economico: Italia-Germania, Giorgetti incontra Habeck, 12.4.2022.
14 Etwa Vereinfachung von Verfahren, Digitalisierung sowie Kooperation im Bereich von Ausbildung und Personalaustausch; Ministero per la Pubblica Amministrazione: Incontro Brunetta-Richter a Berlino: Cinque cantieri di collaborazione tra Italia e Germania sulla Pa, 16.5.2022.
15 Ulrich Krotz/Joachim Schild: Shaping Europe. France, Germany, and Embedded Bilateralism from the Elysée Treaty to Twenty-First Century Politics, Oxford 2012.
16 Alexander Grasse/Jan Labitzke: From Zero to Hero? Italiens Rolle in der Europäischen Union und die Regierung Draghi, in: Deutsch-Französisches Institut (Hg.): Frankreich-Jahrbuch 2021, Baden-Baden 2022, S. 149–184.
17 Im Mai 2022 plädierte der italienische Verteidigungsminister Lorenzo Guerini im Rahmen des Ratifizierungsprozesses zum Quirinale-Vertrag erneut für ein entsprechendes Abkommen zwischen Rom und Madrid; formiche: Difesa e spazio nel Trattato del Quirinale. L'audizione di Guerini, 3.5.2022.
18 Ilsole24ore: Draghi e Macron firmano il Trattato del Quirinale: Italia e Francia più vicine, 26.11.2021.

korrigieren" und die „Zukunft mit neuen Regeln zu gestalten". Dabei schreckt auch die Europäische Kommission vor einer raschen Rückkehr zu den bisherigen Regelungen zurück, um den infolge des Ukraine-Krieges bedrohten wirtschaftlichen Aufschwung nicht zu gefährden. Dies gilt umso mehr, als die inflationsbedingte Zinswende der Europäischen Zentralbank das Investitionsklima gerade in Südeuropa eintrüben könnte und auch der Stopp neuer Anleihekäufe durch die EZB die Refinanzierung der Schulden teurer macht.[19]

Die Niederlande und Spanien legten als Nord-Süd-Allianz zur Überbrückung der bisherigen Fronten Anfang April 2022 ein erstes Kompromisspapier im Sinne flexibler, individueller Entschuldungspfade für die Mitgliedstaaten vor. Vor dem Hintergrund der wirtschaftlichen Folgen des Krieges und seiner sicherheits- und verteidigungspolitischen Implikationen bekräftigten Italien und Frankreich ihren Wunsch nach zusätzlichen Investitionsoffensiven als eine Art NextGenerationEU 2.0: „Italien und Frankreich sind auch in dieser Frage vollständig auf einer Linie", erklärte Draghi am 10. März 2022.[20] In einer Rede am 3. Mai 2022 erneuerte er seine Forderung, schuldenfinanzierte EU-Hilfen in den Bereichen Verteidigung, Energie und Ernährungssicherheit zu schaffen, denn die Mitgliedstaaten könnten die nötigen Ausgaben nicht allein stemmen. Das im Rahmen von NextGenerationEU angewandte Prinzip gestaffelter Auszahlungen, gebunden an die Erfüllung zuvor definierter Ziele, habe sich als Garantiemechanismus bewährt. Zudem schlug Draghi vor, das in der Pandemie eingesetzte Instrument „Sure" auszuweiten, um die steigenden Energiepreise abzufedern.[21] Tatsächlich lancierte die Europäische Kommission am 18. Mai 2022 einen ersten Vorschlag kreditfinanzierter Investitionshilfen von 300 Mrd. Euro bis zum Jahr 2030, um klimaneutral und vor allem unabhängig von fossiler Energie aus Russland zu werden. Dazu wie auch zu einer engeren Zusammenarbeit und einem Dreiecks- bzw. Vierecksverbund zwischen Rom, Paris, Berlin und Madrid, wird sich Deutschland positionieren müssen – ein Verbund, der wichtige Impulse für die europäische Integration liefern könnte.[22] Bislang hatte man in Berlin solchen Initiativen stets Absagen erteilt, um nicht den Anschein eines „Kerneuropas" zu erwecken.[23] Die gemeinsame Reise des deutschen Bundeskanzlers Scholz, des italienischen Ministerpräsidenten Draghi und des französischen Staatspräsidenten Macron am 16. Juni 2022 nach Kyjiw, dokumentierte in jedem Falle bereits ein stärker konzertiertes Vorgehen der drei großen europäischen Gründerstaaten.

Weiterführende Literatur

Alexander Grasse: Deutschland und Italien. Eine vernachlässigte Beziehung im Aufbruch? Friedrich-Ebert-Stiftung Italien (Hg.), Reihe „Politik für Europa", Rom, November 2021.

---

19 Allein die Ankündigung der EZB trieb den Spread Italiens und Frankreichs im Vergleich zu deutschen Anleihen in die Höhe. Immerhin konnte sich Italien die historisch niedrigen Zinsen bereits für längere Zeit sichern.
20 Presidenza del Consiglio dei Ministri: Versailles, punto stampa del Presidente Draghi, 10.3.2022.
21 Zeit Online: Italiens Premier Draghi für Aufnahme neuer Schulden, 3.5.2022.
22 Der Vorsitzende des Auswärtigen Ausschusses der Abgeordnetenkammer, Piero Fassino (PD), macht sich seit geraumer Zeit für eine solche Konstellation stark; Vincenzo Nigro: Italia-Spagna, intesa sulla politica estera tra i due parlamenti: Ora cabina di regia anche con Parigi e Berlino, in: La Repubblica, 14.1.2022. Die deutsche Bundesregierung arbeitet derzeit mit Spanien zunächst an einer Intensivierung der bilateralen Beziehungen im Rahmen eines weiteren „Aktionsplans".
23 Zumindest Außenministerin Baerbock hat sich in einem Interview bereits für eine sehr enge Zusammenarbeit zwischen Deutschland, Italien und Frankreich ausgesprochen; Uski Autino: La ministra degli Esteri tedesca: "Berlino pronta a bloccare Nord Stream 2, l'Ue punti sull'indipendenza energetica", in: La Stampa, 10.1.2022.

Kroatien

Hrvoje Butkovic*

Die Politik Kroatiens wurde im vergangenen Jahr von drei wichtigen Ereignissen beeinflusst: Erstens, die letzten Vorbereitungen zur Einführung des Euro als kroatische Landeswährung zum 1. Januar 2023. Die Gegner:innen der Euro-Einführung hatten zuvor versucht, diese durch ein nationales Referendum zu verhindern, scheiterten jedoch am Quorum der dafür notwendigen Unterschriften. Zweitens, der massive Bevölkerungsschwund in Kroatien, der in einer Volkszählung dieses Jahres festgestellt wurde. Drittens, die wirtschaftlichen und politischen Konsequenzen für Kroatien infolge der russischen Invasion der Ukraine.

Nur noch Monate bis zur Euro-Mitgliedschaft

Kroatien soll am 1. Januar 2023 der Eurozone beitreten. Diese Entwicklung geht auf das Jahr 2017 zurück, in dem die (bis heute) regierende Mitte-Rechts-Regierung „Hrvatska demokratska zajednica" (HDZ) beschloss, Kroatien sei bereit, mit der Einführung des Euro als Landeswährung zu beginnen. Befürworter:innen argumentieren seither, dass die Währungsunion für kleine und offene Volkswirtschaften mit grenzüberschreitender Arbeitsmobilität einen logischen letzten Schritt hin zur wirtschaftlichen Integration darstelle.[1] Kritiker:innen argumentieren hingegen, dass Kroatien für die Einführung des Euro strukturell nicht bereit sei, da es an Konvergenz zwischen der kroatischen und anderen Volkswirtschaften der Eurozone mangele.[2] Eine Mitgliedschaft in der Eurozone hat dabei zunehmend an Unterstützung in der Öffentlichkeit gewonnen und noch im Jahr 2021 sprachen sich 61 Prozent der Bürger:innen für die Einführung des Euro aus.[3] Dementgegen sprach eine Koalition von Souveränist:innen und einiger anderer kleinerer Parteien davon, dass der Meinungswandel lediglich die Folge einer von der Regierung einseitig geführten Kampagne zur Euro-Einführung sei, die die potenziellen Vorteile hervorgehoben und zugleich mögliche Risiken heruntergespielt habe. Ende 2021 sammelte diese Koalition Unterschriften für ein Referendum, es gelang ihr aber nicht, die notwendige Mindestanzahl zu erreichen.[4] Der Rat der Europäischen Union hat im Juli 2022 die endgültige Entscheidung über die Mitgliedschaft Kroatiens in der Eurozone getroffen, infolgedessen alle Preisschilder in Kroatien ab dem 5. September sowohl in der Landeswährung Kuna als auch in Euro angegeben werden müssen.[5]

---

* Übersetzt aus dem Englischen von Thomas Traguth.
1 Lauren Simmonds: Is a Crisis the Best Time for Croatian Eurozone Membership?, in: Total Croatia News, 5.6.2022.
2 Reuters: Croatia's right-wing Eurosceptics seek referendum on euro adoption, 24.10.2021.
3 Europäische Kommission: Flash Eurobarometer 492, Introduction of the euro in the Member States that have not yet adopted the common currency, 2284 / FL492, Juli 2021.
4 Reuters: Croatia's right-wing Eurosceptics seek referendum, 2021.
5 Lauren Simmonds: Is a Crisis the Best Time for Croatian Eurozone Membership?, 2022.

Ernsthafte demografische Probleme

Die Volkszählung von 2021 ergab, dass Kroatien mit 3,89 Mio. heute rund 10 Prozent weniger Einwohner:innen hat als noch 2011, als 4,28 Mio. Menschen im Land lebten. Dieser Bevölkerungsrückgang hat seine Ursachen in der gestiegenen Abwanderung von Arbeitskräften nach Westeuropa nach dem EU-Beitritt sowie einer niedrigen Geburtenrate. Da die Auswander:innen im Allgemeinen jung sind und sich in der arbeitsreichsten Phase ihres Lebens befinden, ist ihre zeitnahe Rückkehr wenig wahrscheinlich. Viele von ihnen sind zudem gut ausgebildet. Am stärksten ist der öffentliche Gesundheitssektor betroffen: Der hohe Grad an Abwanderung zieht erhebliche Probleme für die Aufrechterhaltung des Systems nach sich. Wenn der gegenwärtige Trend anhält, könnte nach Auffassung einiger Forschenden noch vor Ende dieses Jahrzehnts die Zahl der Einwohner:innen auf unter 3,5 Mio. sinken.[6] Die kroatische Regierung bezeichnet dieses Problem als eine der größten Herausforderungen für sich und für die Zukunft des gesamten Landes.

Auswirkungen der russischen Invasion der Ukraine

Nach dem russischen Einmarsch in der Ukraine im Februar 2022 übernahm die kroatische Postbank mit Unterstützung der Regierung in Rekordzeit die in russischem Staatsbesitz befindliche Sberbank Croatia. Die Sberbank ist auch nicht mehr Miteigentümer der kroatischen Fortenova-Gruppe, die auf die Herstellung und den Vertrieb von Lebensmitteln und Getränken spezialisiert ist, und die einen Jahresumsatz von rund 15 Prozent des kroatischen Bruttoinlandsprodukts (BIP) erzielt.[7] Bis Anfang Juni 2022 beantragten und erhielten rund 12.500 ukrainische Staatsangehörige in Kroatien einen vorübergehenden Schutzstatus, wenn sie nicht bereits vor Februar 2022 dort gelebt hatten und somit keinen Anspruch geltend machen konnten. Die kroatische Regierung machte aber wiederholt deutlich, dass kein:e Ukrainer:in zwangsweise aus Kroatien in sein:ihr Heimatland zurückgeführt würde.[8] In der Frage der Beteiligung Kroatiens am Krieg in der Ukraine haben der Premierminister Andrej Plenković und der Präsident der Republik, Zoran Milanović, allerdings unterschiedliche Auffassungen. Während der Premierminister Waffenlieferungen in die Ukraine im Wert von 16,5 Mio. Euro anbot, äußerte der Präsident seinen Wunsch, Kroatien nicht mehr in den Krieg zu verwickeln, „als man aus Trägheit heraus müsse".[9]

Weiterführende Literatur

Hrvoje Butković/Višnja Samardžija/Ivana Rukavina: Foreign Workers in Croatia: Challenges and Opportunities for Economic and Social Development, Zagreb 2022.

---

6 HINA: Croatia Might See its Population Size Shrink to 3.5 million by Decade's End, in: Total Croatia News, 14.1.2022.
7 Lauren Simmonds: Russian Fortenova Co-Ownership Ending Following Ukraine Invasion, in: Total Croatia News, 21.3.2022.
8 Lauren Simmonds: Status of Ukrainians in Croatia Who Are Not Refugees to be Protected, in: Total Croatia News, 8.6.2022.
9 Zeljko Trkanjec: President Milanović: No war atrocities committed in Ukraine, in: Euroactiv, 1.4.2022.

Lettland

Karlis Bukovskis*

Die Außen- und Sicherheitspolitik Lettlands war im vergangenen Jahr von dramatischen Entwicklungen geprägt. Angeschlagen von der Covid-19-Pandemie kam der russische Angriff auf die Ukraine im Februar 2022 für Lettland einem „Jetzt-oder-nie"-Moment gleich. Die lettische Außenpolitik wurde einer weiteren Reifeprüfung unterzogen, als Belarus eine Migrationskrise an der gemeinsamen Grenze kreierte. Lettlands Antwort auf diese Entwicklungen war laut und deutlich und wird, mit der zugesicherten Unterstützung der EU und den NATO–Partnern, die außenpolitische Position des Landes auf Jahre bestimmen.

Die Zahl der Covid-19-Neuinfektionen erreichte im Oktober 2021 und Februar 2022 neue Höchstwerte. Im Herbst verhängte die Regierung mehr als drei Wochen lang nächtliche Ausgangssperren. Von November bis Februar 2022 folgten weitere Beschränkungen für ungeimpfte Personen und die Unterhaltungsindustrie. Bei Ausbruch der Omikron-Variante hob die Regierung die Beschränkungen für Ungeimpfte auf und nahm damit eine bis dahin nie dagewesene Anzahl von Erkrankten in Kauf. Die verhängten Maßnahmen, darunter das Recht der Arbeitgeber, ungeimpfte Personen entlassen zu dürfen, führten zu einem Anstieg an Erstimpfungen von sechzig auf achtzig Prozent.

Im Frühjahr 2022 galt das öffentliche Interesse Russlands Angriff auf die Ukraine, den politischen Parteien und ihren Vorbereitungen auf die bevorstehenden landesweiten Wahlen im Oktober 2022 sowie der Inflation. Die politischen Trennlinien entlang der Impfdebatte traten dabei in den Hintergrund. Stattdessen dominierten die wiedererstarkten traditionellen pro-westlichen/pro-russischen Lager die Vorbereitungen des Wahlkampfes. Die Tagesordnung war bestimmt vom Kampf gegen die politische Einflussnahme Russlands und Instrumente der „soft power" Lettlands: Die Ausstrahlung sanktionierter russischer Fernsehsender wurde gestoppt, die letzten sowjetischen Denkmäler wurden zerstört und Ermittlungen gegen kremlnahe Politiker:innen und politische Aktivist:innen, die mögliche Kriegsverbrechen gegen die Ukraine verteidigt haben sollen, wurden eingeleitet.

Die Preissteigerungen in den Bereichen Energie und Lebenshaltung dominierten im Vorfeld der Wahlen. Während die Regierung die Inflation von fast 17 Prozent dem Krieg in der Ukraine zuschreibt, haben auch die fiskalischen Maßnahmen zur Bewältigung der Pandemie zu den hohen Inflationszahlen beigetragen.[1] Gleichzeitig liegt die Arbeitslosenquote bei rund 6 Prozent und auch die Mindest- und Durchschnittslöhne im Land sind in den letzten Jahren gestiegen. Bei einem Haushaltsdefizit von ca. 5 Prozent und einer Staatsverschuldung von 52 Prozent des Bruttoinlandsprodukts (BIP) weist die lettische Wirtschaft ein solides Wachstum auf. Es wird aber erwartet, dass der Konsum durch die Inflation und die steigenden Preise für Wohnneben–kosten im Herbst und Winter 2022 stark gedämpft wird und dies in der bereits bestehenden wirtschaftlichen und sozialen Schieflage.[2]

---

* Übersetzt aus dem Englischen von Thomas Traguth.
1 Finanzministerium Lettland: Finanšu ministrija: Inflācija jūnijā pietuvojās 20% līmenim, 8.7.2022.
2 Leta, Latvijas Avīze: LM piedāvā kompensēt pusi no siltumenerģijas, elektrības un dabasgāzes cenu kāpuma,10.6.2022.

Die innenpolitischen Entscheidungen Lettlands wurden im vergangenen Jahr weitgehend von externen Faktoren – wie der Pandemie und dem Krieg – diktiert und haben die Ressourcen des Landes erschöpft. Der Kampf gegen den Klimawandel im Rahmen des europäischen „Green Deal" hat nun in Form von Plänen, Zielen oder Strategien auf nationaler Ebene Gestalt angenommen. Lettland erhält fast 2 Mrd. Euro aus der Aufbau- und Resilienzfazilität, was für Entlastung der mehrheitlich pro-europäischen lettischen Bevölkerung sorgt.[3] Diese Werte sind die bisher höchsten seit 15 Jahren und nicht nur mit dem wirtschaftlichen Aufschwung, sondern auch mit der außenpolitischen Gesamtlage zu erklären.

Die Krise an der Grenze zwischen Belarus und der EU sowie wiederholte Versuche einiger hundert Migrant:innen, die EU von Belarus aus zu erreichen, führten von August bis November 2021 zur Ausrufung des Ausnahmezustandes in den östlichen lettischen Gemeinden. Unmittelbar nach dessen Ende beschloss das nationale Parlament den Bau einer Mauer an der Grenze zu Belarus. Diese Grenzkrise war infolge der Nichtanerkennung des Wahlsiegs des belarusischen Präsidenten Aljaksandr Lukaschenko im Jahr 2020 sowie der Verhängung von Sanktionen und des Abbruchs diplomatischer Beziehungen bei gegenseitiger Ausweisung von Diplomaten Ende Juni 2021 entstanden.

Seit dem Angriff Russlands auf die Ukraine am 24. Februar 2022 fokussieren sich Außen-, Sicherheits- und Innenpolitik auf den Abbruch wirtschaftlicher, politischer und kultureller Beziehungen zu Russland, die Beseitigung von Sicherheitsrisiken und -schwachstellen, die Unterstützung von Sanktionen gegen Russland und Hilfe für die Ukraine. Lettland sieht sich durch Russland bedroht und hat die NATO um verstärkte militärische Unterstützung gebeten. Lettland hat der Ukraine Militärhilfe im Wert von mehr als 200 Mio. Euro gewährt, was etwa einem Drittel des eigenen jährlichen Militärhaushalts entspricht. Die lettische Regierung hat sich außerdem dafür ausgesprochen, den eigenen Verteidigungshaushalt auf 2,5 Prozent des BIP zu erhöhen. Die Unterstützung für rund 30.000 ukrainische Geflüchtete in Lettland hat sich zu einer landesweiten Bewegung entwickelt.[4]

Die außenpolitischen Konflikte mit Belarus und Russland bestimmten auch maßgeblich die Beziehungen Lettlands zu Polen und Deutschland. Für Lettland sind beide Länder wichtige und unverzichtbare Partner. Polen war entscheidend daran beteiligt, Maßnahmen gegen die von Belarus und Russland verursachten Probleme zu treffen, während Deutschland weiter von strategischer Bedeutung für Lettland ist. Fragen, die sich aus der Sorge ergaben, die Politik der Regierung Olaf Scholz könne sich zugunsten Russlands auswirken, konnten weitgehend geklärt werden, u. a. auch in bilateralen Treffen. Lettlands wichtigste Sicherheitspartnerschaft bleibt jedoch die zu den USA; die als Reaktion auf die russische Aggression zugesagt haben, ihre Militärpräsenz im Baltikum weiter zu erhöhen. Durch diese Unterstützung gleichgesinnter EU- und NATO-Partner konnte sich die pro-europäische und pro-westliche Orientierung Lettlands weiter festigen.

Weiterführende Literatur

Andris Spruds/Sintija Broka: Latvian Foreign and Security Policy. Yearbook 2022, Riga 2022.
Maris Andzans/Andris Spruds/Ulf Sverdrup: Critical infrastructure in the Baltic states and Norway: strategies and practices of protection and communication, Riga 2021.

---

3 Europäische Union: Eurobarometer, EP Spring 2022 Survey: Rallying around the European flag – Democracy as anchor point in times of crisis – Country Factsheets Latvia, EB041EP, Juni 2022.
4 Edgars Kupčs/Eng.lsm.lv: More military aid to Ukraine approved by Latvian government, in: Eng.lsm.lv, 28.7.2022; Eng.lsm.lv: Latvian government approves 2.5% of GDP defense spending plan, 1.3.2022; Leta, Tvnet: Ukrainas bēgļu skaits Latvijā faktiski sasniedzis 30 000, 23.5.2022.

Litauen

Tobias Etzold

Aufgrund des russischen Angriffskrieges in der Ukraine fühlt sich Litauen in seinem lang gewachsenen Misstrauen gegenüber Russland bestätigt und fürchtet das Land mehr als je zuvor. Die Unterstützung für die Ukraine ist groß. Europapolitisch gab es im vergangenen Jahr keine signifikanten Richtungsänderungen.

Ukraine und Sicherheitspolitik
Nach dem russischen Angriff auf die Ukraine verhängte Präsident Gitanas Nauseda den Ausnahmezustand für Litauen. Er betonte allerdings, dass aufgrund Litauens NATO-Mitgliedschaft keine unmittelbare Gefahr für das Land drohe. Aufgrund des Ausnahmezustands konnte der Schutz der Grenze zu Kaliningrad und zu Belarus, in dem zahlreiche russische Truppen stationiert sind, verstärkt und zusätzliche Truppen dorthin verlegt werden.[1] Doch unter dem Eindruck des Krieges fühlt sich Litauen – eingeklemmt zwischen der russischen Exklave Kaliningrad und Belarus – starkem Druck von allen Seiten ausgesetzt. Die Kaliningradfrage wurde insbesondere im Juni 2022 akut, als Litauen im Zuge der EU-Sanktionen gegen Russland den Eisenbahntransit bestimmter russischer Güter wie Kohle und Metalle nach Kaliningrad unterband und damit den Zorn Moskaus auf sich zog, das von einer Blockade sprach und mit Gegenmaßnahmen drohte. Die EU war von den heftigen Reaktionen Moskaus überrascht, doch Litauen berief sich darauf, lediglich die EU-Sanktionen umzusetzen und war nicht bereit, gegenüber Russland kleinbeizugeben.

Im März beschloss das Parlament Litauens, den Verteidigungsetat von 2,05 auf 2,52 Prozent seines Bruttoinlandsprodukts (BIP) zu erhöhen, ein Mehr von 298 Mio. Euro. 2023 könnten bereits 3 Prozent erreicht werden.[2] Litauen gehört zu den wenigen NATO-Mitgliedsstaaten, welche das 2-Prozent-Ziel erfüllen oder sogar übererfüllen. Das Geld soll in moderne Ausrüstung und in militärische Infrastruktur für eine größere Zahl von NATO-Truppen investiert werden. Letzteres ist eine Voraussetzung für die gewünschte Ausweitung der NATO-Präsenz auf Brigadegröße. Wie Estland forderte auch Litauen mehr Unterstützung und die Stationierung von wesentlich mehr NATO-Truppen in Form von Kampfbrigaden im Land. Die Bundeswehr führt seit 2017 die NATO-Truppe in Litauen an und hat kurz nach der russischen Invasion der Ukraine ihre Truppen von 600 auf 1.000 Soldat:innen aufgestockt. Litauen schätzt Deutschlands Solidarität sowie die sicherheitspolitischen Veränderungen in Deutschland seit Februar und betrachtet das Land als verlässlichen strategischen Partner.[3] Im Juni 2022 sagte die Bundesregierung Litauen weitere Truppen

---

1 Sofie Donges: Reaktionen auf Ukraine-Krieg: Baltische Staaten fordern mehr Unterstützung, in: tagesschau.de, 24.2.2022.
2 Anna Grönberg: Litauen «under större press än någonsin» - ökar försvarsbudgeten kraftigt, in: Huvudstabladet, 20.3.2022.
3 Litauisches Außenministerium: Lithuania's Foreign Minister Gabrielius Landsbergis: The most important message for Lithuania and the region – Germany is ready to make a significant contribution to the establishment of NATO's brigade in Lithuania, 22.4.2022.

zu, belässt diese aber größtenteils erstmal in Deutschland in Einsatzbereitschaft, bis die notwendigen Strukturen vor Ort geschaffen sind.

Die Unterstützung für und die Solidarität mit der Ukraine sind groß, auch in der Bevölkerung. Bereits im Januar lieferte Litauen der Ukraine amerikanische Stinger-Abwehrraketen aus eigenen Beständen. Später beteiligte sich sogar die Bevölkerung: über Crowdfunding kamen 5 Mio. Euro für eine Kampfdrohne zusammen. Wichtig für Litauen war auch die gegenseitige Solidarität und Unterstützung von und für die anderen baltischen Länder, die sich alle in einer ähnlichen Lage befinden. Litauen begrüßte die Entscheidung Finnlands und Schwedens der NATO beizutreten. Außenminister Gabrielius Landsbergis sprach von einer riesigen Verbesserung der Sicherheit im Ostseeraum.[4]

Europa- und Energiepolitik

Die europapolitischen Prioritäten Litauens werden sehr von den eigenen nationalen Bedürfnissen angetrieben. So waren im Sommer und Herbst 2021 für Litauen verstärkte Anstrengungen der EU bei der Sicherung der EU-Außengrenze zu Belarus von besonderem Interesse, als tausende vom belarussischen Machthaber Aljaksandr Lukaschenka instrumentalisierte Flüchtlinge versuchten, nach Litauen einzureisen. Litauen zeigte sich von dem Zustrom überfordert und betrachtete diesen als gemeinsames europäisches und nicht rein osteuropäisches Problem. Die litauische Regierung forderte die EU daher auf, ihr finanziell unter die Arme zu greifen. Ebenso hoffte Litauen in seinem Konflikt mit China auf Unterstützung der EU. Ende 2021 hat China eine Art Handelsboykott gegen Litauen verhängt. Grund war die Ankündigung Litauens, eine taiwanesische Vertretung in Vilnius einzurichten. Als Reaktion löschte und verzollte China keine litauischen Waren mehr. Brüssel reagierte jedoch zurückhaltend und wollte erst einmal abwarten, ob es sich dabei um ein kurzzeitiges oder systemisches Problem handle.[5]

Litauen hatte bereits vor einigen Jahren begonnen, sich von russischen Energieimporten unabhängig zu machen, indem es 2014 ein Terminal für Flüssiggas im Hafen von Klaipėda errichtet hat. Dieser Schritt, der damals aufgrund seiner hohen Kosten noch umstritten war, macht sich heute bezahlt. Im Frühling 2022 konnte Litauen, wie auch die anderen baltischen Länder, den Import von Öl und Gas aus Russland komplett einstellen. Ein Problem ist noch die unabhängige Stromversorgung, da die Länder mit dem BRELL-Ring einem alten mit Belarus und Westrussland synchronisierten Stromnetz angehören. Doch der Wechsel und die Eingliederung in den europäischen Stromverbund sollen 2024 erfolgen. Litauen arbeitet also kontinuierlich auf verschiedenen Ebenen an einer Verringerung seiner Abhängigkeiten und der Erhöhung seiner Sicherheit.

Weiterführende Literatur

Toms Rostoks: Baltic States' Expectations Regarding Germany's Role in Baltic Security, Brief, International Centre for Defence and Security Estonia, 24.1.2022.
Katharina Peetz/David Ehl: Litauens Verhältnis zu Russland – Die Sorge vor weiterer Eskalation ist groß, in: Deutschlandfunk, 27.6.2022.

---

4 Rudolf Herrmann: Mit Finnland und Schweden in der NATO wird die Ostsee zum „NATO-Binnenmeer" – das freut vor allem die baltischen Staaten, in: Neue Zürcher Zeitung, 13.5.2022.
5 Rudolf Herrmann: China schneidet Litauen von Handel ab – Vilnius sucht Hilfe in Brüssel, in: Neue Zürcher Zeitung, 8.12.2021.

Luxemburg

Guido Lessing/Jean-Marie Majerus

Am Tag der Invasion russischer Truppen in die Ukraine erklärte der Luxemburger Verteidigungsminister François Bausch (Déi Greng), man könne „eventuell weitere ein bis zwei Soldaten [nach Litauen] schicken"[1], um die dort im Rahmen der Enhanced Forward Presence (EFP) der NATO bereits stationierten Kräfte zu unterstützen. Gleichzeitig verwies er im Einklang mit seinen Kolleg:innen aus EU und NATO, dass die Ukraine eben kein Mitglied des Nordatlantikpaktes sei und deshalb der Bündnisfall nicht eintrete. Wenngleich sich an diesem Umstand seit Februar nichts geändert hat, wurde auch Luxemburg von einer neuen geostrategischen Realität eingeholt und beteiligt sich mittlerweile sogar an Waffenlieferung an die Ukraine. Kategorisch bleibt bis dato die Ablehnung des von der NATO angestrebten Ziels, die Verteidigungsausgaben auf zwei Prozent des Bruttoinlandsprodukts (BIP) zu erhöhen. Im laufenden Jahr 2022 werden sich diese auf etwa 0,6 Prozent des PIB belaufen.[2]

Erhöht hat sich auch der politische Druck, von den traditionell sehr guten Beziehungen Luxemburgs zu Russland abzulassen. Bei seiner Ansprache an die Luxemburger Abgeordneten am 2. Juni 2022 unterstrich der ukrainische Präsident Wolodymyr Selenskyj denn auch den Anspruch der Ukraine, als freies, demokratisches und unabhängiges Land ohne russische Bedrohung existieren zu können. Neben dem Dank für die (spät angelaufene) militärische und finanzielle Unterstützung seines Landes durch Luxemburg[3] ging es dem ukrainischen Präsidenten dabei vor allem um Unterstützung für weitere europäische Sanktionsrunden gegenüber Russland und für den angestrebten Beitritt des Landes zur EU.

Erwartungen an Europa in Zeiten von Corona

Luxemburgs Außenminister Jean Asselborn unterstrich am 9. November 2021 in seiner Rede vor dem Parlament die positive Rolle der EU bei der Besorgung von Impfstoffen gegen Covid-19. Eine gewisse Unzufriedenheit mit der EU bei der Pandemiebekämpfung erklärt der Luxemburger Europaabgeordnete Christoph Hansen (Europäische Volkspartei, EVP) dadurch, dass die Nationalstaaten im Wesentlichen in Eigenregie Maßnahmen ergriffen haben. Dadurch sei wohl in der Bevölkerung der Eindruck entstanden, weder die europäische Kommission noch das europäische Parlament hätten ihre Arbeit gemacht.[4] Mit Recht verwies Hansen darauf, dass die Pandemiebekämpfung in den Kompetenzbereich der Nationalstaaten und nicht in denjenigen der EU fällt.

---

1 Annette Welsch: Bausch: „Wir sind nicht direkt beteiligt", in: Luxemburger Wort, 24.2.2022.
2 Peter Feist: Die kleine Armee und der Krieg, in: D'Lëtzebuerger Land, 1.4.2022.
3 Michèle Gantenbein: Selenskyi: „Ich danke Luxemburg, dass es an unserer Seite steht", in: Luxemburger Wort, 2.6.2022.
4 Sydney Wildgen: Nach der Pandemie der Krieg - Vertrauen der Luxemburger in EU-Führung sinkt, in: Tageblatt, 14.4.2022.

Der Ruf nach offenen Grenzen

Auch zwei Jahre nach der zeitweiligen Schließung der Grenzen durch die deutsche Bundespolizei unter dem Schild der Pandemiebekämpfung sitzt der Schock über die zeitweise Aussetzung des freien Waren- und Personenverkehrs in Luxemburg tief. Angesichts der Bedeutung offener Grenzen für den nationalen Arbeitsmarkt, der im Jahr 2021 zu 46 Prozent aus Grenzgänger:innen bestand,[5] suchte die Luxemburger Regierung den Schulterschluss mit ihren Benelux-Partnern sowie den baltischen Staaten. Im Juni 2021 schlugen die sechs Staaten der Europäischen Kommission vor, bei Gesetzprojekten zukünftig systematischen deren Auswirkung auf die Grenzregionen zu evaluieren. In ihrem Einsatz für offene Grenzen setzt die Luxemburger Regierung zudem auf ihre Partner in der Großregion als strategische Partner.[6]

In dem Bewusstsein um die Bedeutung des wirtschaftlichen Aufschwungs für den europäischen Zusammenhalt hat die Luxemburger Regierung von Beginn an den vom Europäischen Rat im Juli 2020 verabschiedeten Konjunkturplan NextGenerationEU mitgetragen. Sie steht dabei in einer Tradition mit der Regierung Jean-Claude Junckers, die sich schon im Zuge der Finanzkrise für Eurobonds aussprach. Obwohl die heimische Wirtschaft die Kontraktion des PIB um −1.8 Prozent im Pandemiejahr 2020 im Folgejahr 2021 mit einem Wachstum um 6.9 Prozent bei Weitem überkompensiert hat,[7] gehört das Großherzogtum zu den ersten Staaten, die ihren nationalen Aufbau- und Resilienzplan bei der Kommission eingereicht haben.[8]

Wahlen bei den großen Nachbarn

Die seit den Bundestagswahlen 2021 regierende Ampelkoalition in Deutschland hat in gewisser Hinsicht einen Vorläufer in Luxemburg, wenngleich mit einer anderen Gewichtung zwischen den Parteien.[9] Die Zusammenarbeit mit der neuen deutschen Regierung dürfte sich also als unproblematisch erweisen.

Mit großem Interesse wurden die französischen Präsidentschaftswahlen im April 2022 verfolgt. Obgleich der Sieg Emmanuel Macrons mit Genugtuung aufgenommen wurde, bereitet das gute Abschneiden Marine Le Pens im benachbarten Lothringen Sorgen. 2017 zeigte die Wahlgeographie Lothringens noch, dass die Gemeinden mit hohem Anteil an Grenzgänger:innen weniger zu Le Pen tendierten als im Landesdurchschnitt. 2022 hat die extreme Rechte auch in diesen Gemeinden zugelegt.[10]

Weiterführende Literatur

Rebecca Forman/Elias Mossialos: The EU Response to COVID-19: From reactive policies to strategic decision-making, in: Journal of Common Market Studies 59/2021, S.56–68.
Philippe Poirier (Hg.)/Frédéric Albert/Konstantinos Papastathis: Le vote populiste en Europe, Paris 2020.

---

5 Maurice Fick: Comment le monde du travail évolue-t-il au Luxembourg?, in: RTL, 5 minutes, 30.4.2022.
6 Jean Asselborn: Ministère des Affaires étrangères: Déclaration de politique étrangère, 09.11.2021, abrufbar unter https://gouvernement.lu/dam-assets/documents/actualites/2021/11-novembre/09-asselborn-chd-affetr/Declaration-de-politique-etrangere-2021-Francais-.pdf (letzter Zugriff: 1.8.2022).
7 Nationales Institut für Statistik und Wirtschaftsstudien (STATEC): Note de conjoncture. La situation économique au Luxembourg Évolution récente et perspectives, Juni 2022.
8 Luxemburger Wort: Von der Leyen nimmt Luxemburgs Aufbaupläne an, 18.6.2021.
9 Melanie Amann: Die Kanzlerin und die Gambiakoalition, in: Der Spiegel, 18.10.2021.
10 Bernard Thomas: Les frontaliers et les frontistes. Travailler au Luxembourg immunise-t-il contre le virus d'extrême-droite?, in: D'Lëtzebuerger Land, 15.4.2022.

Malta

Heinz-Jürgen Axt

Wenn es um die Bekämpfung der Covid-19-Pandemie geht, sieht sich Malta als „Europameister". Im Juni 2021 verkündete die Regierung, Malta habe als erstes Land Europas Herdenimmunität erreicht. Die Regierung sprach im Dezember 2021 gar von einem „maltesischen Weltrekord". Kein Land habe es auch nur annähernd so schnell wie Malta geschafft, 96 Prozent der Bevölkerung über 12 Jahre vollständig zu impfen. Das entsprach einem Anteil von 85 Prozent der Gesamtbevölkerung.[1] Die maltesische Regierung konzediert, dass es in einem bevölkerungsarmen Land wie Malta leichter sei, mit den Impfungen voranzukommen, zudem erleichtere die Insellage die Abschottung. Bemerkenswert ist, dass die Bevölkerung ein hohes Vertrauen in das Gesundheitssystem hat, Ärzt:innen und medizinisches Personal genießen hohes Ansehen. Die in anderen Ländern zu beobachtende Bewegung von Impfgegner:innen findet man auf Malta nicht.

Allerdings geht die Regierung auch rigoros vor, als im Sommer 2021 Infektionen mit der Delta-Variante zunahmen: Sie schloss kurzerhand die Sprachschulen, weil sie davon ausging, dass Sprachschüler:innen die Erreger eingeschleppt hätten. Das im Juli 2021 verhängte Einreiseverbot für Ungeimpfte musste sie nach Protesten aus der EU aufheben und durch die Verpflichtung zu einem PCR-Test ersetzten.

Trotz der hohen Impfquote stiegen die Neuinfektionen Ende 2021 wieder an, weshalb die Maskenpflicht nicht nur in Innenräumen, sondern auch auf belebten Plätzen und Straßen verordnet wurde. Gemeinsam mit Italien, Kanada und San Marino wurde deshalb Malta im Dezember 2021 vom deutschen Robert-Koch-Institut zum Hochrisikogebiet erklärt.[2] Mit 1140 Infektionen im 7-Tages-Durchschnitt hatte die Covid-19-Pandemie in Malta am 3.1.2022 einen Höchststand erreicht. Dieser flaute danach zwar ab, war aber am 5.4.2022 schon wieder auf 820 Infektionen angestiegen.[3]

Gefestigte Wirtschaftsentwicklung

Die maltesische Wirtschaft ist 2020 um 8,3 Prozent geschrumpft. 2021 jedoch wuchs sie wieder um 9,4 Prozent. Für 2022 werden 4,2 Prozent Wirtschaftswachstum erwartet. Die Arbeitslosenquote ist im europäischen Vergleich niedrig: 2020 lag sie bei 4,4 Prozent. 2021 sank sie auf 3,5 Prozent und für 2022 werden 3,6 Prozent prognostiziert. Dieselbe Entwicklung ist auch beim Haushaltsdefizit zu erkennen. 2020 lag es bei 9,5 Prozent des Bruttoinlandsprodukts (BIP) und sank 2021 auf 8 Prozent. 2022 soll es auf 5,6 Prozent zurückgehen. Der öffentliche Schuldenstand stellt sich ebenfalls unvermindert relativ positiv dar. Er kam 2020 auf 53,4 Prozent und wird für 2022 auf 58,5 Prozent geschätzt.[4] Die Inflation betrug

---

1 Mathias Rüb: Maltas zerbrechliches Impfwunder, Frankfurter Allgemeine Zeitung, 23.12.2021, S. 4.
2 Frankfurter Allgemeine Zeitung: RKI gibt neue Hochrisikogebiete bekannt, 31.12.2021, S. 1.
3 Ritchie et al.: Coronavirus Pandemic (COVID-19). Malta Coronavirus Pandemic Country Profile, in: Our World in Data, 2022.
4 Europäische Kommission: Spring 2022 Economic Forecast: Russian invasion tests EU economic resilience, Institutional Paper 173, 16.5.2022.

2020 lediglich 0,8 Prozent, doch wird für 2022 bereits mit 4,5 Prozent gerechnet. Der säkulare Anstieg der Preisentwicklung verschont Malta also nicht. Dass Malta dem in vielen Ländern zu beobachtenden Anstieg der Preise gerade auch nach der Invasion Russlands in der Ukraine vergleichsweise widerstehen konnte, hat mit der stabilen inländischen Nachfrage, dem Export von Dienstleitungen insbesondere im Digitalsektor und der positiven Entwicklung des Tourismus zu tun. Malta treibt wenig Handel mit Russland und der Ukraine. Zusammen mit Portugal zählt Malta zu den Staaten, die am wenigsten vom Krieg gegen die Ukraine betroffen sind.[5] Die Abhängigkeit von Energieimporten aus Russland ist gering und Tourist:innen kommen anders als z. B. in Zypern auch kaum aus Russland.

Krieg gegen die Ukraine und „Golden Visas"

Malta steht unvermindert wegen der Vergabe von goldenen Visa („Golden Visas") in der Kritik, die gerade auch Russ:innen ermöglichen, in den Besitz von Unionspässen zu gelangen. Im April 2022 hat die Europäische Kommission Maltas Regierung aufgefordert, die Vergabe von goldenen Visa zu beenden. Andernfalls werde die Kommission den Europäischen Gerichtshof anrufen.[6] Auf jeden Fall müsse Malta überprüfen, ob sich unter den Russ:innen, die ein goldenes Visum in Malta erhalten hätten, auch Personen befänden, die auf der Sanktionsliste der EU stünden.

Dass auf Schiffen, die EU-Bürger:innen gehören, kein Rohöl aus Russland transportiert werden soll, hat nicht nur bei Malta, sondern auch bei Griechenland und Zypern zu Protesten geführt.[7] Die genannten Staaten haben EU-Sanktionen blockiert, wonach Schiffe aus Russland keine Häfen der EU mehr anlaufen können. Wenn es um die Umsetzung der EU-Sanktionen gegen Russland ging, war Malta eher zurückhaltend. Einige der russischen Oligarch:innen, nicht selten im Besitz goldener Visa, ließen ihre Yachten vor Malta vor Anker gehen, um sie dem Zugriff zu entziehen.

Bei den Wahlen im März 2022 haben die regierenden Sozialdemokraten ihr Wahlergebnis mit 55,1 Prozent leicht verbessern können. Gemeinsam mit 12 anderen Mitgliedstaaten aus Osteuropa und Skandinavien hat sich Malta bei der Konferenz zur Zukunft Europas auf die Seite der Reformgegner:innen gestellt, die gegen Vertrags-änderungen und die Ausweitung von Mehrheitsabstimmungen votieren.

Die Flüchtlingsankünfte in Malta sind 2021 zurückgegangen und lagen bei nur noch 832 Personen (2020 waren es noch 2.281 Personen gewesen). Die Geflüchteten stammten vorwiegend aus Ägypten, Eritrea, Sudan und Syrien.[8] Malta gehört dabei allerdings zu den EU-Staaten, die auf die höchsten Anteile von Migrant:innen pro Einwohner:innen kommen.[9]

Weiterführende Literatur

Jacob Borg: How war in Ukraine impacted Malta's election campaign, Times of Malta, 27.3.2022.

---

5 Schengenvisa News: Portugal & Malta Estimated as Least Affected Countries by the War in Ukraine, 28.5.2022.
6 Schengenvisa News: EU Calls on Malta to Terminate Its Golden Passport Scheme, Threatens With Legal Action, 7.4.2022.
7 Frankfurter Allgemeine Zeitung: So soll Russland der Zugang zu Öltankern genommen werden, 6.5.2022, S. 15.
8 UNHCR: Malta Factsheet, 31.12.2021.
9 Europäische Kommission: Statistics on migration to Europe, https://ec.europa.eu/info/strategy/priorities-2019-2024/promoting-our-european-way-life/statistics-migration-europe_en (letzter: Zugriff 7.6.2022).

Niederlande

Mendeltje van Keulen*

Zehn Monate nach den Parlamentswahlen wurde die Koalitionsregierung Rutte-IV im Januar 2022 vereidigt. Die Koalition besteht aus der liberalen Volkspartij voor Vrijheid (VVD), der christdemokratischen CDA, den sozialliberalen Demokraten '66 und der konservativen Christlichen Union und umfasst 20 Minister:innen und neun Staatssekretär:innen. Die Regierung Rutte III war seit Januar 2021 nur noch geschäftsführend im Amt gewesen, nachdem sie Tausende von Eltern zu Unrecht des Kindergeldbetrugs beschuldigt hatte, teilweise nach rassistischen Kriterien, und daraufhin zurücktreten musste.[1] Mark Rutte, der wegen seiner Fähigkeit, Skandale im Inland an sich abprallen zu lassen, auch als „Teflon-Premierminister" bezeichnet wird, ist nach dem Rücktritt von Angela Merkel nun der am zweitlängsten amtierende Regierungschef im Europäischen Rat – nach Ungarns Premierminister Viktor Orbán. Er ist Teil der Gruppe liberaler Staats- und Regierungschef:innen, denen auch der französische Präsident Emmanuel Macron, der belgische Premierminister Alexander De Croo und der luxemburgische Premierminister Xavier Bettel angehören.

Die Niederlande sind, ob sie es wollen oder nicht, ein Teil von Kerneuropa innerhalb der Europäischen Union, da für sie keine Ausnahmeregelungen (Opt-outs) gelten und sie sich aktiv an allen Politikbereichen beteiligen. Der Rutte IV-Koalitionsvertrag ist dabei allerdings noch pro-europäischer als die vorangegangenen. Dies zeigt sich zum Beispiel in der veränderten Haltung gegenüber der Konferenz über die Zukunft Europas, im Rahmen derer die Möglichkeit einer Vertragsänderung nun nicht mehr ganz ausgeschlossen wird. Das neue Kabinett der wiederum gleichen vier Koalitionsparteien hat auch in finanzieller Hinsicht einen neuen Kurs eingeschlagen: „Die nüchterne Haltung von Wopke Hoekstra in der Eurozone ist vorbei", schrieb David Carretta in Il Foglio. Er bezog sich dabei auf die Rolle der Niederlande bei den „sparsamen Vier" und Hoekstras Äußerungen zu wirtschaftlichen Reformen als Vorbedingung für europäische Hilfsgelder, zu einer Zeit als Südeuropa schwer mit der Covid-19-Pandemie zu kämpfen hatte. Hoekstra, der christdemokratische Parteivorsitzende, tauschte seinen Posten mit der sozialliberalen Vorsitzenden Sigrid Kaag: während sie Finanzministerin wurde, leitet er nun das Außenministerium. Der Koalitionsvertrag sieht auch vor, dass die Niederlande sich aktiv für die Schaffung eines Europäischen Sicherheitsrats, für eine verstärkte militärische Zusammenarbeit, eine stärkere Rolle des Europäischen Parlaments und Mehrheitsentscheidungen in einigen, wenn auch nicht allen, Bereichen der EU-Außenpolitik einsetzen wollen.

Das niederländische Parlament diskutiert die Mandate für Ratssitzungen in öffentlichen Ausschusssitzungen und ist bekannt für seine aktive Mitwirkung in allen EU-Dossiers. Laut einem Forschungsprojekt werden an Parlamentsausschüsse durchschnittlich mehr als 700

---

* Übersetzt aus dem Englischen von Thomas Traguth.
1 Mendeltje van Keulen: Niederlande, in: Werner Weidenfeld/Wolfgang Wessels (Hg.): Jahrbuch der Europäischen Integration 2021, Baden-Baden 2021.

Anfragen pro Jahr zu EU-Dossiers, Ratssitzungen und niederländischen Verhandlungs-positionen gestellt. Das bedeutet somit auch, dass in der Praxis die Kapazitäten innerhalb der Ministerien weniger durch die Aktivitäten in Brüssel gebunden sind, als durch das eigene nationale Parlament.[2] Ein schwieriges Thema konnte nun auch abgeschlossen werden: Nach langem Stillstand und einem unerwarteten Seitenwechsel innerhalb der Arbeiterpartei (Partij van de Arbeid) stimmte der Senat im Juli 2022 der Ratifizierung des umfassenden Wirtschafts- und Handelsabkommens mit Kanada (CETA) endgültig zu, sehr zur Erleichterung der folgenden tschechischen Ratspräsidentschaft.

Krieg in der Ukraine

Seit der Invasion Russlands in der Ukraine am 24. Februar 2022[3] haben die Niederlande F16-Kampfflugzeuge nach Polen, eigene Patriot-Flugabwehrraketensysteme in die Slowakei, Truppen nach Rumänien und F-35-Kampfflugzeuge nach Bulgarien entsandt. Nach jahrzehntelangen Haushaltkürzungen wollen die Niederlande im Jahr 2024 das NATO-Ziel von 2 Prozent für Verteidigungsausgaben erreichen. Das Land verfügt zusammen mit Deutschland über gemeinsame Bataillone und beide Regierungen wollen sich noch stärker für eine EU-Verteidigungspolitik einsetzen.

Die Niederlande führten lange Zeit eine Gruppe sparsamer Länder an, die den EU-Beitritt der Ukraine blockierten.[4] Nach einer langen parlamentarischen Debatte entschied man sich dann aber schließlich doch dafür, das notleidende Land als Beitrittskandidaten anzuerkennen. Bei steigenden Energiekosten für Haushalte und anhaltenden Hilfsleistungen für Geflüchtete, besteht allerdings die Gefahr, dass die Unterstützungsbereitschaft der Öffentlichkeit in Bezug auf die Ukraine abnehmen könnte. Nach anfänglicher allgemeiner Befürwortung für die Aufnahme von Menschen aus der Ukraine erreicht das Land nun seine Kapazitätsgrenzen an Unterkünften für Geflüchtete.

Der Krieg hat sich auch auf die niederländische Energiepolitik ausgewirkt. Den Haag erwägt als letzten Ausweg, die Produktion aus dem Groninger Gasfeld zu steigern, obwohl die Bohrungen im Norden des Landes bereits Erdbeben verursacht haben, zu denen im Frühjahr 2022 nun auch ein parlamentarisches Untersuchungsverfahren eingeleitet wurde. Es herrscht wenig Vertrauen in die Zentralregierung in diesem Landesteil, so dass das Kabinett die Förderung von Gas ausgeschlossen hat und stattdessen Kohlekraftwerke, die eigentlich stillgelegt werden sollten, wieder ans Netz genommen hat. Für die Sicherung der Energieversorgung der Zukunft hat die Koalition ebenfalls Pläne für zwei Kernkraftwerke vorgelegt.

Rechtsstaatlichkeit

Die niederländische Regierung gilt als starker Verfechter der Rechtsstaatlichkeit in der Europäischen Union und war Initiator für die Aufnahme der Konditionalität der Rechtsstaatlichkeit in die Vereinbarung über die Aufbau- und Resilienzfazilität (ARF) im Juni 2020. Aus diesem Grund enthielt sich die niederländische Regierung und protestierte zusammen

---

2 Herman Beun/Tibor Hargitai: Op tijd en op de hoogte? Een evaluatie van de EU-informatieafspraken tussen het Nederlandse kabinet en het nationale parlement 2016–2020, The Hague University of Applied Sciences, 23.12.2021.
3 Vgl. hierzu auch die Beiträge „Die Europäische Union und der Krieg in der Ukraine" und „Die Europäische Union und Russland" in diesem Jahrbuch.
4 Vgl. hierzu auch den Beitrag „Östliche Partnerschaft" in diesem Jahrbuch.

mit Belgien, Dänemark und Schweden gegen die Annahme des polnischen Aufbauplans durch die Europäische Kommission im Frühjahr 2022.[5]

Die Auswirkungen von Covid-19-Pandemie, ARF und NextGenerationEU

Die Delta- und Omikron-Varianten von Covid-19 haben die Niederlande schwer getroffen, was ab November 2021 in einem der strengsten Lockdowns Europas resultierte, der das Land auch über Neujahr stilllegte. Dies löste in mehreren Städten starke Proteste aus; im Januar gingen in Amsterdam Tausende auf die Straße. Konfrontiert mit wachsendem öffentlichem Widerstand wurden die Schulen im Januar wieder geöffnet, und die Beschränkungen wurden im März nach landesweiten Impfkampagnen wieder aufgehoben. Die politischen Debatten bezüglich eines vermeintlich immer noch ausstehenden Notfallplans für den Fall einer erneuten Viruswelle gehen somit weiter, insbesondere vor dem Hintergrund möglicher Personalknappheit im Gesundheitswesen.

Als letzter aller EU-Mitgliedstaaten haben die Niederlande der Europäischen Kommission im Juni 2022 ihren nationalen Aufbauplan vorgelegt.[6] Dieses Zögern war auch Ausdruck des ursprünglichen niederländischen Widerstands gegen die Schaffung der ARF, eine Haltung, die schon während der Pandemie auf EU-Ebene deutlich gemacht worden war. Die konkrete Ausgestaltung des nationalen Plans war dann für lokale und regionale Regierungen dahingehend enttäuschend, als sie auf neue Projekte gehofft hatten, statt auf die Verwendung der vorgesehenen fünf Mrd. Euro für die Fortführung bereits bestehender Maßnahmen.

Klima- und Naturpolitik

Der „Green Deal" des niederländischen EU-Kommissars Frans Timmermans sah unter anderem eine umstrittene neue CO_2-Steuer vor. Europäische Hauptstädte schlugen deshalb Alarm, konnten aber mit dem Versprechen eines 72 Mrd. Euro schweren Sozial- und Klimafonds beschwichtigt werden. Dieser Geldtopf stieß aber auf den Widerstand der Niederlande, Deutschlands und der nordischen Länder, die einer weiteren Umverteilung innerhalb der Union skeptisch gegenüberstehen.

Die niederländischen Landwirte protestieren seit dem späten Frühjahr gegen die Pläne der Regierung, Richtlinien der EU zu Natur- und Umweltschutz aus den 1990er Jahren nun vollständig umsetzen zu wollen, um dadurch Naturschutzgebiete zu erhalten.[7] Die Niederlande sind zwar ein kleines und dicht bevölkertes Land, aber aufgrund ihrer intensiven Landwirtschaft und des Gartenbaus doch der zweitgrößte Lebensmittelexporteur der Welt, was die Umwelt wiederum stark belastet. In den vergangenen Jahrzehnten konnte die Regierung diesbezüglich immer wieder Ausnahmeregelungen beantragen oder die Umsetzung von Richtlinien verzögern, was auch wiederholt zu Klagen führte. Die derzeitige Regierungskoalition hat sich aber vorgenommen, Emissionen von Stickoxiden und Ammoniak, die meist in der Viehzucht entstehen, effektiv zu reduzieren. Die Landwirte reagieren darauf mit regelmäßigen Blockaden von Supermärkten, Verteilungszentren und Straßen, um ihren

---

5 Vgl. hierzu auch den Beitrag „Polen" in diesem Jahrbuch.
6 Vgl. hierzu auch den Beitrag „Der Wiederaufbauplan der Europäischen Union" in diesem Jahrbuch.
7 Rat der EU: Richtlinie 92/93/EWG zur Änderung der Richtlinie 75/275/EWG betreffend das Gemeinschaftsverzeichnis der benachteiligten landwirtschaftlichen Gebiete im Sinne der Richtlinie 75/268/EWG (Niederlande), 9.11.1992; Rat der EU: Richtlinie zum Schutz der Gewässer vor Verunreinigung durch Nitrat aus landwirtschaftlichen Quellen, 91/676/EEG, 12.12.1991.

Protest auszudrücken. In ländlichen Gebieten ist das Symbol dieser Proteste überall sichtbar: eine auf dem Kopf stehende niederländische Flagge. Der liberale Minister für Naturpolitik hat jedoch klargestellt, dass man sich nun an die EU-Politik halten müsse, da alle anderen Optionen in der Diskussion mit der Europäischen Kommission bereits ausgeschöpft seien. Dies sieht auch die Koalitionsvereinbarung vor, in der es bezeichnenderweise heißt: „Europäische Richtlinien werden umgesetzt".

Schlussbemerkungen

Die Parlamentswahlen haben zu einer Zersplitterung des niederländischen Parlaments geführt, in dem eine Rekordzahl von 20 Fraktionen vertreten ist (das System kennt keine Sperrklausel). Obwohl die PVV von Geert Wilders zusammen mit dem Forum für Demokratie und dem Neuling JA21 einige Sitze verloren hat, können die radikalen Parteien in der Summe einen Zugewinn an Sitzen verzeichnen. Es gelingt dem erfahrenen Premierminister in seiner vierten Amtszeit jedoch, in den Plenardebatten, die vor jedem Europäischen Rat abgehalten werden, den Kritikpunkten der euroskeptischen Abgeordneten mit Leichtigkeit zu begegnen. Mark Rutte ist seit August 2022 schließlich der am längsten amtierende Premierminister in der Geschichte des Landes und hält nach Viktor Orbán die zweitlängste Mitgliedschaft im Europäischen Rat. Er weiß, dass sich die Koalitionsmehrheit am Ende der europäischen Realität beugen wird, wie schon die Kehrtwende in der Frage des ukrainischen EU-Beitritts gezeigt hat. Nicht zuletzt befürworten gute 80 Prozent der Niederländer:innen die EU-Mitgliedschaft – weit mehr als der EU-Durchschnitt von 61 Prozent – und halten sie vorteilhaft für ihr Land.[8] In Brüssel verfügt der kleine Mitgliedstaat über viel Erfahrung sowie eine aktive Diplomatie und hat den Kreis seiner Koalitionspartner seit dem Brexit noch einmal erweitert. Ein Beispiel hierfür ist das gemeinsam mit Spanien veröffentlichte Non-Paper zur Wirtschafts- und Währungsunion (WWU), mit dessen Erarbeitung auch die bilateralen Beziehungen wieder verbessert werden konnten, nachdem diese infolge der Streitigkeiten um die mangelnde Zahlungsbereitschaft während der Covid-19-Pandemie belastet waren.[9]

Die niederländische EU-Politik hat also mit vielen Unwägbarkeiten zu kämpfen: Die Proteste der Landwirte gegen die Umsetzung der EU-Naturschutzpolitik werden nur schwer aufzulösen sein, die Koalitionsparteien geraten zunehmend unter Druck, und ein Beratungsbericht vom Februar 2022 warnte das Außenministerium und das Parlament, dass ein Mangel an administrativer EU-Kompetenz und fehlende Kapazitäten im öffentlichen Dienst den neuen „proaktiven" EU-Kurs gefährdeten. Es birgt auch ein gewisses Risiko, wenn sich die Niederlande gezwungen sehen, schnell auf deutsch-französische Initiativen für weitere EU-Integration reagieren zu müssen, wie dies im Frühjahr 2020 mit dem europäischen Aufbaufonds und dann wieder im Frühjahr 2021 mit dem Beitrittsgesuch der Ukraine geschehen ist.

Weiterführende Literatur

Niederländisches Außenministerium, Policy and Operations Evaluation Department: Tactical and Practical, Towards future proof Coordination of the Dutch Policy on Europe, 8.2.2022.

---

8 Europäisches Parlament: Netherlands – Socio-demographic trendlines – EP Eurobarometer (2007–2022) Edition 8, April 2022.
9 Niederländische Regierung/Spanische Regierung: Joint paper by Spain and The Netherlands on priority issues in 2022 on the EU's economic and financial policy agenda, 4.4.2022.

Österreich

Katrin Auel/Johannes Pollak

Die österreichische Politik oszillierte in den vergangenen 12 Monaten zwischen der Bewältigung der Covid-19-Pandemie, den nicht enden wollenden Korruptionsaffären der Österreichischen Volkspartei (ÖVP) und, seit Februar 2022, der Invasion der Ukraine mit ihren europapolitischen und ökonomischen Folgen. Dem Rücktritt von Sebastian Kurz im September 2021 folgte die kurze Regierung Alexander Schallenberg, im Dezember 2021 übernahm dann der bisherige Innenminister Karl Nehammer das Amt des Bundeskanzlers. Für das eher an bleierne Stabilität gewöhnte Österreich bedeutete dies eine höchst ungewöhnliche Volatilität in den Regierungsämtern. Der Krieg in der Ukraine führte in Österreich weder zu einer tiefgreifenden Debatte über den sicherheitspolitischen Zustand des Landes, noch zu von der rechtspopulistischen FPÖ gefürchteten Flüchtlingsströmen. Debattiert wird jedoch, wie es zu der enormen Abhängigkeit Österreichs von fossilen Brennstofflieferungen aus Russland kommen konnte. Die Diskussion um die steigende Inflation bekam im Frühjahr 2022 Schwung, vor allem angesichts rasant steigender Energie-, Lebensmittel- und Wohnungspreise. Es bedarf einiger Anstrengung, um europapolitische Markierungen auszumachen.

Innen- und Wirtschaftspolitik

Im Herbst 2021 breitete sich die Delta-Variante des Coronavirus in Österreich aus und führte zu einem 21 Tage währenden allgemeinen Lockdown.[1] Erste Öffnungsschritte wurden am 12. Dezember für geimpfte Personen gesetzt, der sogenannte „Lockdown für Ungeimpfte"[2] hielt bis zum 31. Januar 2022 an und stellte wohl auch einen (erfolglosen) Versuch dar, mehr Menschen zur Impfung zu bewegen. Strittig wurde im österreichischen Nationalrat das Thema Impfflicht diskutiert. Bereits am 3. Dezember 2021 wurde der erste Entwurf des Gesetzes bekannt und kurz darauf, am 20. Januar 2022, verabschiedet. Demonstrationen gegen diverse Corona-Maßnahmen der Regierung, die eine erschreckende Mischung von Menschen zusammenbrachten, die die Wissenschaft leugnen, Verschwörungserzählungen anhängen, antisemitisch eingestellt oder tatsächlich besorgt sind, nahmen in dieser Zeit drastisch zu. Technische, aber auch praktische Bedenken führten Anfang März zu einem Aussetzen der Impfpflicht. Trotz spektakulärer Fallzahlen der nun dominierenden Omikron-Variante entschied sich die Bundesregierung außerdem zu weiteren Öffnungsschritten, schon am 18. März 2022 wurde die Maskenpflicht allerdings wieder eingeführt. Sie endete im Mai 2022, einzelne Bundesländer wie z. B. Wien halten aber zumindest im öffentlichen Verkehr an ihr fest.

---

1 Universität Wien: Austrian Corona Panel Project (ACPP), abrufbar unter viecer.univie.ac.at/corona-blog/themenuebersicht/ (letzter Zugriff: 29.6.2022).
2 Parlament der Republik Österreich: Mückstein: Öffnungsschritte nun möglich, aber Ungeimpfte müssen weiterhin geschützt sein, PK1447, 10.12.2021.

In einem Bericht des Rechnungshofes vom 3. Juni 2022 wird den wechselnden Regierungen ein äußerst schlechtes Zeugnis in Sachen Pandemiemanagement ausgestellt.[3] Im zweiten Halbjahr 2021 stand vor allem die Abfederung der ökonomischen Folgen der Covid-19-Pandemie im Vordergrund. Die Kosten der Pandemiebekämpfung für die Jahre 2020–23 werden auf 98 Mrd. Euro geschätzt.[4] Im sogenannten Corona-Hilfspaket der Regierung[5] wurden alle Maßnahmen gebündelt.[6] Aktuelle Konjunkturprognosen des Instituts für Höhere Studien (IHS) und des Österreichischen Instituts für Wirtschaftsforschung (WIFO) gehen von einem verlangsamten Aufschwung aus, vor allem vor dem Hintergrund des Kriegs in der Ukraine.[7] Zwar wächst die Beschäftigung weiterhin und ist zur Zeit höher als vor Beginn des Ausbruchs der Pandemie, allerdings werden die Aussichten durch einen grassierenden Arbeitskräftemangel sowie eine steigende Inflation (Mai 2022: 8 Prozent) getrübt. Steigende Energiepreise, ausgelöst vor allem durch steigende Gaspreise als Folge des Ukrainekriegs, sowie steigende Wohnungs- und Lebensmittelpreise erfordern ein dringendes Gegensteuern der Politik. Die Abhängigkeit Österreichs von russischen Gaslieferungen (annähernd 80 Prozent) lässt eine kurzfristige Entspannung bei Energiepreisen nicht erwarten. Maßnahmen wie der sogenannte Energiebonus oder die Erhöhung der Pendlerpauschale helfen, aber nur bedingt.[8] Vorgeschlagen und diskutiert wird ein Teuerungsausgleich über die Abschaffung der sogenannten „kalten Progression" und die Senkung der Lohnnebenkosten. Wohlstandsverluste sind für das Jahr 2022 und darüber hinaus zu erwarten.[9]

Vor allem aber war Österreichs Innenpolitik auch im vergangenen Jahr mit der Aufarbeitung alter wie neuer ÖVP Korruptionsskandale beschäftig. Bundeskanzler Sebastian Kurz trat in Folge einer bis heute noch nicht restlos aufgeklärten Inseratenaffäre am 9. Oktober 2021 zurück, nachdem auch der grüne Koalitionspartner Kurz für nicht mehr glaubwürdig erachtete. Außenminister Alexander Schallenberg übernahm das Ruder für ganze 56 Tage, wobei von Anfang an klar war, dass er das Amt nur temporär übernehmen würde: Zu gering war seine Verankerung in der ÖVP, zu unbeholfen auch sein öffentliches Auftreten. Am 2. Dezember stellte er sein Amt zur Verfügung, ein einmaliger, da von der Verfassung nicht vorgesehener, Vorgang. Es folgten die Rücktritte von Finanzminister Gernot Blümel, der ebenfalls im Visier der Wirtschafts- und Korruptionsstaatsanwaltschaft stand und steht, und Bildungsminister Heinz Faßmann, der der Bundesländerlogik in der Besetzung von Minister:innenposten weichen musste. Die konservativ-grüne Koalition wurde

---

3 Rechnungshof Österreich: Pandemiemanagement der Gesundheitsbehörden im ersten Jahr der COVID-19-Pandemie: Bericht des Rechnungshofes, III-658, 3.6.2022.
4 Agenda Austria: Corona reißt ein Milliardenloch in den Staatshaushalt, 5.6.2021, abrufbar unter www.agenda-austria.at/grafiken/corona-staatshaushalt/ (letzter Zugriff: 29.6.2022).
5 Bundesministerium Finanzen: FAQ: Das Corona-Hilfspaket der Österreichischen Bundesregierung, abrufbar unter www.bmf.gv.at/public/top-themen/corona-hilfspaket-faq.html, (letzter Zugriff: 29.6.2022).
6 Parlament der Republik Österreich: Jahresbericht 2021 über Corona-Ausgaben des Gesundheitsministeriums, PK0131, 15.2.2022.
7 Institut für Höhere Studien: Frühlings-Prognose der österreichischen Wirtschaft 2022–2023, 25.3.2022; Österreichisches Institut für Wirtschaftsforschung: Presseaussendung, Konjunkturaufschwung verlangsamt sich, 9.6.2022.
8 András Szigetvari: Faktencheck, Tut wirklich kein Land so viel gegen die Inflation wie Österreich?, in: Der Standard, 7.6.2022.
9 Österreichisches Institut für Wirtschaftsforschung: Maßnahmen zur Bekämpfung der Inflation und ihrer Auswirkungen: Eine gemeinsame Stellungnahme von IHS und WIFO, 8.6.2022, abrufbar unter www.wifo.ac.at/news/massnahmen_zur_bekaempfung_der_inflation_und_ihrer_auswirkungen, (letzter Zugriff: 29.6.2022).

unter dem neuen Bundeskanzler Karl Nehammer fortgesetzt, weitere Wechsel in der Minister:innenriege folgten. Die Handlungsfähigkeit der konservativen Partei wurde auch durch den zur Klärung der Korruptionsvorwürfe gegen ÖVP-Regierungsmitglieder eingesetzten und immer noch tagenden Untersuchungs-ausschuss des österreichischen Nationalrates nicht verbessert.

Europapolitik

Wie auch im Jahr zuvor, spielte die Europapolitik im von politischen Skandalen, Regierungswechseln, Covid-19-Pandemie und Inflation gebeutelten Österreich eine nur untergeordnete Rolle. Die Übernahme des Kanzleramts durch den früheren Innenminister Karl Nehammer bedeutete einen neuen Politikstil (weniger Inszenierung, mehr Sachpolitik), aber kaum Änderungen in den politischen Positionen. Auch für die neue Regierung sollten bei der Europapolitik die gemeinsame Migrationspolitik sowie die Westbalkan-Erweiterung als Schwerpunktthemen im Vordergrund stehen.[10] Kanzler Nehammer bereiste den Westbalkan im März 2022. In der Migrationspolitik sorgte vor allem ein Tweet der neuen Generalsekretärin der ÖVP, Laura Sachslehner, über das Leiden Österreichs unter stark gestiegenen Asylanträgen über Pfingsten 2022 für Aufregung.[11] Eine Rede Nehammers auf dem Kongress der Europäischen Volkspartei (EVP) Anfang Juni 2022 macht deutlich, dass sich an der harten Position der ÖVP in der Migrationspolitik wenig geändert hat.[12]

In ähnlicher Weise setzt die neue Regierung auch die Linie in der europäischen Wirtschafts- und Währungspolitik fort. Österreich war Initiator der „Allianz der Verantwortung" aus acht Ländern in der EU, die sich gegen eine Reform des Stabilitätspakts und eine möglichst rasche Rückkehr zu den Regeln ausgesprochen hatten.[13] Doch auch nach dem Umschwenken wichtiger Koalitionspartner wie Deutschland bleibt Österreich bei seinem harten Kurs. So zeigte sich der neue Finanzminister, Magnus Brunner, zwar bereit, über eine „Vereinfachung" der EU-Fiskalregeln zu sprechen, pochte aber weiterhin auf einen „nachhaltigen Budgetpfad" in der EU.[14] Ähnliches gilt für die Fortsetzung des Aufbauinstruments NextGenerationEU (NGEU). Hier betont die Regierung, dass die „Aufnahme von Schulden in Zusammenhang mit NGEU durch die Europäische Kommission […] einmalig bleiben muss […] und keine dauerhafte 'Schuldenunion durch die Hintertüre' eingeführt wird".[15]

Auf Kollisionskurs mit der Europäischen Kommission ist Österreich auch in der Frage der Einstufung der Atomenergie als „klimafreundlich". Österreichische EU-Abgeordnete sowie Politiker:innen beider Regierungsparteien reagierten mit scharfer Kritik auf den Vorschlag der Kommission, und selbst Bundespräsident Alexander van der Bellen äußerte sich missbilligend, die Kommission sende ein „falsches Signal". Klimaministerin Leonore Gewessler (Grüne) kündigte eine Klage vor dem Europäischen Gerichtshof an.[16]

Deutliche Zustimmung gibt es in Österreich hingegen für die Verfahren gegen Polen und Ungarn nach Art. 7 EUV. Die Einleitung der Verfahren durch die Kommission wurde im Juli 2021 von allen Parteien mit Ausnahme der rechtspopulistischen FPÖ ausdrücklich

---

10 Salzburger Nachrichten: Edtstadler: Paris trotz Wahlen für EU-Ratsvorsitz gewappnet, 26.12.2021.
11 Der Standard: Sachslehner sieht Land unter Asylanträgen leiden, Grüne werfen Rassismus vor, 6.6.2022.
12 Der Standard: Nehammer schlägt bei EVP-Kongress scharfe Töne in Migrationspolitik an, 1.6.2022.
13 Kleine Zeitung: Acht EU-Länder für rasche Rückkehr zum Stabilität- und Wachstumspakt, 10.9.2021.
14 Wiener Zeitung: Brunner für Vereinfachung der EU-Fiskalregeln, 17.1.2022.
15 Bundeskanzleramt: EU-Jahresvorschau 2022: Gemeinsamer Bericht des Bundeskanzlers und der Bundesministerin für EU und Verfassung gemäß Art. 23f Abs. 2 B-VG, III-562, S. 46.
16 Die Presse: EU stuft Atomenergie und Gas als „grün" ein: Gewessler kündigt Klage an, 2.2.2022.

unterstützt.[18] Für die derzeitige Regierung sind „neben der konsequenten Fortführung der laufenden Verfahren nach Art. 7 EUV […] auch die neuen Instrumente zur besseren Absicherung der Rechtsstaatlichkeit wesentlich".[19]

Spätestens seit dem 24. Februar 2022 wurden europa- und außenpolitisch aber alle Themen vom russischen Angriffskrieg auf die Ukraine überschattet. Österreich ist hier aufgrund seiner starken Abhängigkeit von russischen Gaslieferungen sowie der verfassungsrechtlich verankerten Neutralität in keiner einfachen Lage. Hinzu kommen langjährige und enge politische Verbindungen zu Russland.[20] Bisher hat sich Österreich an allen Sanktionen der EU gegenüber Russland, wenn auch im Einzelfall eher zögerlich, beteiligt. Ein mögliches EU-weites Gasembargo lehnt Österreich aber strikt ab. Stattdessen will die Regierung massive Anstrengungen unternehmen, um die nicht zuletzt auch historisch begründete Abhängigkeit von russischen Gaslieferungen drastisch zu reduzieren. Dies soll durch Diversifizierung, vor allem aber durch eine Reduzierung des Gasverbrauchs bis 2027, erreicht werden.[21]

In der Sicherheitspolitik löste der Krieg in der Ukraine hingegen bisher keine Abkehr von der tief in der österreichischen Identität verankerten Neutralität aus. Ganz im Gegenteil: Kanzler Nehammer erklärte die Debatte über den Neutralitätsstatus für beendet, bevor sie überhaupt richtig begann.[22] Österreich versteht sich auch hier als neutraler Brückenbauer, eine Rolle, die Kanzler Nehammer durch seinen viel kritisierten und auf EU-Ebene nicht koordinierten Besuch bei Putin zu unterstreichen suchte.[23] Angesichts der unterschiedlichen geografischen Lage, aber auch des Zustandes des österreichischen Bundesheeres und der mangelnden Bereitschaft die chronische Unterfinanzierung ernsthaft zu beseitigen, stellt sich die Frage eines Beitritts zur NATO wie in Finnland und Schweden zwar nicht. Die Gefahr, dass Österreich europäisch und international zu einem sicherheitspolitischen Trittbrettfahrer wird und an einer Weiterentwicklung der Europäischen Verteidigungsunion nur marginal beteiligt sein wird, ist jedoch real. In der Regierung wird diese Frage paradoxerweise offensiv von den Grünen thematisiert.[24]

Weiterführende Literatur

Bundesministerium für Landesverteidigung: 2022. Sicher. Und morgen? Risikolandschaft Österreich, Wien 2022.
Gustav Gressel: Free-rider for life: Austria's inability to fulfil its defence commitments, in: Clara Sophia Cramer/Ulrike Franke (Hg.): Ambiguous Alliance: Neutrality, Opt-Outs, and European Defence, European Council on Foreign Relations, S. 6–14.
Walter Iber: Die Sowjetische Mineralölverwaltung in Österreich, Wien 2011.
Martin Senn/Franz Eder/Markus Kornprobst: Handbuch Außenpolitik Österreichs, Wiesbaden 2022.
Paul Lendvai: Vielgeprüftes Österreich – Ein kritischer Befund zur Zeitenwende, Wien 2022.

---

18 Parlament der Republik Österreich: EU-Unterausschuss thematisiert Zukunftskonferenz und Artikel 7-Verfahren gegen Polen und Ungarn, PK0847, 6.7.2021.
19 Bundeskanzleramt: EU-Jahresvorschau 2022, III-562, S. 34.
20 Jan Michael Marchart/Günther Strobl: Krieg in der Ukraine: Österreichs fatale Abhängigkeit von russischem Gas, in: Der Standard, 13.3.2022.
21 Kurier.at: Gewessler: „Russische Gaslieferungen nach Österreich uneingeschränkt", 27.4.2022.
22 Salzburger Nachrichten: Nehammer: „Österreich war, ist und bleibt neutral", 17.5.2022.
23 ORF.at: Nehammer bei Putin: „Ergebnislose" Reise sorgt für Kritik, 12.4.2022.
24 Die Presse: Grüne: „Sind Trittbrettfahrer in europäischen Sicherheitspolitik", 18.5.2022.

Polen

Agnieszka K. Cianciara[*]

Mit nur begrenzten politischen und juristischen Instrumenten ausgestattet, verfolgt die Europäische Kommission eine neue Strategie zum Schutz der Rechtsstaatlichkeit im Zusammenhang mit den Auswirkungen der Covid-19-Pandemie.[1] Sie setzt auf den Hebel des Haushalts und den Schutz der finanziellen Interessen der EU. Die Ablehnung des polnischen nationalen Aufbauplans durch die Kommission scheint Ausdruck dieser neuen Herangehensweise zu sein. Im Zuge des russischen Überfalls auf die Ukraine und der darauffolgenden Ankunft einer großen Zahl von Geflüchteten, vor allem in Polen, wurde die Frage aufgeworfen, inwiefern die Kommission über die Verletzungen der Rechtsstaatlichkeit durch die polnische Regierung hinwegsehen sollte, um dadurch die europäische Einheit zu wahren und somit die strategische Position Polens mit seiner zentralen Rolle bei der Unterstützung der Ukraine zu würdigen.

Nationaler Aufbauplan und Konditionalität der Rechtsstaatlichkeit

Um Zuschüsse und Darlehen aus der Aufbau- und Resilienzfazilität (ARF)[2] zu erhalten, musste Polen, ebenso wie die anderen Mitgliedstaaten der EU, seine strategische Verwendung der Mittel in einem nationalen Aufbau- und Resilienzplan (ARP) darlegen. Hintergrund dessen ist nicht nur die Wiederbelebung des Wirtschaftswachstums nach der Covid-19-Pandemie, sondern auch die Erreichung gesamteuropäischer Ziele, insbesondere in den Bereichen des grünen und digitalen Wandels. Alle nationalen Pläne mussten von der Europäischen Kommission genehmigt und vom Rat mit qualifizierter Mehrheit gebilligt werden. Die ARF-Mittel würden es Polen erlauben, den Ausstieg aus fossilen Brennstoffen spürbar zu beschleunigen und, auch unter den Bedingungen des European Green Deal, die Wettbewerbsfähigkeit der eigenen Wirtschaft zu erhalten.[3] Die Kommission ist damit beauftragt, diesen Fortschritt zu überwachen und ist ermächtigt, Zahlungen auszusetzen oder aber zu kürzen, falls vereinbarte Ziele nicht eingehalten werden. Die Mittelvergabe ist dabei an drei Konditionalitätskriterien geknüpft: Makroökonomik, Klima und Rechtsstaatlichkeit. Letzteres stellte sich als besonders problematisch für die polnische Regierung heraus und führte zu erheblichen Verzögerungen, sowohl bei der Genehmigung als auch der Auszahlung der Mittel. Die Kommission erteilte dem Plan Polens eine rote Karte und hielt daraufhin im Herbst 2021 die erste Tranche der Mittel in Höhe von 4,7 Mrd. Euro zurück. Im Mai 2022 war Polen einer von nur drei Mitgliedstaaten, deren nationale Pläne nicht angenommen und

---

[*] Übersetzt aus dem Englischen von Thomas Traguth.
[1] Vgl. hierzu auch den Beitrag „Rechtsstaatlichkeit" in diesem Jahrbuch.
[2] Vgl. hierzu auch den Beitrag „Der Wiederaufbauplan der Europäischen Union" in diesem Jahrbuch.
[3] Melchior Szczepanik: Challenges Related to Implementation of the Recovery and Resilience Facility, in: PISM Bulletin, 65(1761)/2021.

denen keine Gelder (von insgesamt vereinbarten 36 Mrd. Euro für Polen) ausgezahlt worden waren. Andere Staaten hatten bereits ab August 2021 Zahlungen erhalten hatten.[4]

Die Entscheidung der Kommission erfolgte, nachdem sich die Regierung von „Recht und Gerechtigkeit" (PiS) geweigert hatte, das Urteil des Europäischen Gerichtshofs (EuGH) vom 15. Juli 2021 anzuerkennen, in dem Polens Disziplinarordnung für Richter:innen als Verstoß gegen das EU-Recht gewertet wurde.[5] Das Urteil hob insbesondere hervor, dass Polen gegen seine vertraglichen Verpflichtungen gemäß Artikel 19 Absatz 1 des Vertrags über die Europäische Union (EUV) verstoße (dahingehend, dass Mitgliedstaaten „erforderliche Rechtsbehelfe" zu schaffen haben, „damit ein wirksamer Rechtsschutz in den vom Unionsrecht erfassten Bereichen gewährleistet ist."), wie auch gegen Artikel 267 des Vertrags über die Arbeitsweise der Europäischen Union (AEUV) (durch die Einschränkung des Rechts der nationalen Gerichte, den EuGH um Vorabentscheidungen zu ersuchen). Die Reaktion der polnischen Regierung erfolgte, auf Antrag des Premierministers, durch ein Urteil des politisch besetzten Verfassungstribunals vom 7. Oktober 2021. Darin stellte dieses fest, dass polnisches Recht Vorrang vor EU-Recht habe, und dass die EU-Institutionen die Kompetenzen überschritten, welche Polen durch die Verträge übertragen habe, was „Polen als souveränen und demokratischen Staat effektiv verhindere".[6] Die Verhandlungen zwischen der Europäischen Kommission und der Regierung von Recht und Gerechtigkeit wurden über Monate durch den kleineren Koalitionspartner, der rechtsradikalen Partei „Solidarna Polska" unter der Führung von Justizminister Zbigniew Ziobro, torpediert, indem sie die Regierungsmehrheit immer wieder unter Druck setzte. Zwischenzeitlich lief Polen Gefahr, bei der wirtschaftlichen, grünen und digitalen Transformation weiter hinter andere Mitgliedstaaten zurückzufallen.

Die Regierung versuchte daraufhin, den Fokus von den eigenen Vertragsverletzungen auf die angebliche Ungleichbehandlung („Doppelmoral"), Diskriminierung und Unterwerfung durch die Institutionen der EU zu verlagern. Laut Premierminister Mateusz Morawiecki nutzten die EU-Institutionen den Streit um die Rechtsstaatlichkeit dafür, die Standhaftigkeit nationaler Demokratien zu testen und um zu sehen, „inwieweit die europäischen Nationen die unrechtmäßige Machtergreifung durch die EU zulassen werden"; ganz zu Beginn „als wir [Polen] der EU beitraten, waren wir ein wenig beschämt, wie ein armer Verwandter, der sich Gedanken darüber machte, wie er empfangen würde. Aber wir wollen nicht mehr einfach nur demütig in der Ecke stehen".[7] Der Minister für europäische Angelegenheiten Konrad Szymański erklärte weiter, die EU müsse so gestaltet werden „dass Polen sich wohlfühlen kann und dürfe nicht ein Ort sein, an dem wir zwar leben, aber nicht frei reden können".[8] Die liberale Opposition hingegen beruft sich auf einen universellen Standard der Rechtsstaatlichkeit. Wenn die EU solch einzelstaatliche Auslegungen demokratischer Standards hinnehme und auf disziplinarische Maßnahmen gegenüber denjenigen Mitgliedstaaten verzichte, die europäische Grundwerte missachten, würde dies die Demokratie innerhalb der Union untergraben. Das wäre dann „echte Doppelmoral", so der Abgeordnete der Bürgerplattform (Platforma Obywatelska) Sławomir Nitras.[9]

---

4 Alicja Ptak: Poland and EU have agreed "milestones" to unblock funds, says Polish government, in: Notes from Poland, 13.5.2022.
5 EuGH: Urteil vom 15.7.2021, ECLI:EU:C:2021:596, C-791/19.
6 Polnischer Verfassungsgerichtshof (Trybunał Konstytucyjny): Ocena zgodności z Konstytucją RP wybranych przepisów Traktatu o Unii Europejskiej, sygn. akt K 3/21, 7.10.2021.
7 Sejm: Current information, Transcript of the 39th session, IX term, 14.10.2021.
8 Sejm: Transcript of the 39th session, IX term, 2021.
9 Sejm: Transcript of the 39th session, IX term, 2021.

Derartige politische Manöver laden so die eher technischen Debatten zum European Green Deal, der ARF und der Rechtsstaatlichkeit weiter identitätspolitisch auf. Die politisch-ideologische Spaltung vollzieht sich dabei weitgehend entlang der schon bestehenden Polarisierung der polnischen Öffentlichkeit in Bezug auf die EU. Im Herbst 2021 stimmten 46 Prozent in einer Umfrage zu, dass die polnischen Behörden die Empfehlungen und Beschlüsse der EU zur Reform des polnischen Justizwesens umsetzen sollten (während 33 Prozent nicht zustimmten). Allerdings hatten dem 89 Prozent der Wähler:innen der Bürgerplattform aber nur 18 Prozent der Wähler:innen von Recht und Gerechtigkeit zugestimmt. Auch waren 49 Prozent der Befragten der Auffassung, die Blockade des Aufbauplans durch die Europäische Kommission übe „unzulässigen Druck auf die polnischen Behörden" aus, wobei 83 Prozent der Wähler:innen von Recht und Gerechtigkeit und 14 Prozent der Bürgerkoalition (Koalicja Obywatelska, KO) diese Meinung vertraten.[10] 52 Prozent der Befragten stimmen zu, dass „die EU-Mitgliedschaft die Souveränität Polens nicht übermäßig einschränkt", darunter 93 Prozent der Wähler:innen der Bürgerplattform aber nur 22 Prozent von Recht und Gerechtigkeit.[11]

Gerade rechtzeitig vor dem Besuch der Präsidentin der Europäischen Kommission Ursula von der Leyen in Warschau am 2. Juni 2022 hatte der Sejm noch ein neues Gesetz auf den Weg gebracht. Am 26. Mai 2022 verabschiedet und am 13. Juni vom polnischen Präsidenten unterzeichnet, sollte dieses Gesetz die drei von der Kommission geforderten Meilensteine umsetzen: die Abschaffung der umstrittenen Disziplinarkammer für Richter:innen, die Reform der Disziplinarordnung und die Wiedereinsetzung von Richter:innen, die aufgrund von Disziplinarverfahren entlassen worden waren. Die Regierung konnte sich nur schwer eine Mehrheit sichern, da zum einen die radikalen EU-Gegner:innen in der Regierungskoalition zum anderen aber auch die liberale Opposition gegen den Entwurf stimmten, wenn auch aus gegensätzlichen Gründen. Nach Ansicht der Opposition verfehle der Gesetzentwurf das Ziel, die Rechtsstaatlichkeit wiederherzustellen und schaffe so eine Form der „kreativen Verbindlichkeit"[12]. Der Rechtswissenschaftler Laurent Pech nannte es einen Trick zur „scheinbaren Einhaltung" der Vorschriften, bei dem die Kommission vorgibt, die Rechtsstaatlichkeit durchzusetzen, und die polnische Regierung so tut, als würde sie dies befolgen.[13]

Die russische Invasion der Ukraine: Polen zwischen Heiligenschein und Rebellion?

Nach der Machtübernahme der PiS im Jahr 2015 vollzog Polen einen Bruch mit der adaptiven Strategie des „strebenden Heiligen" hin zur konfrontativen Haltung eines „desillusionierten Rebellen", der einen neuen Begriff der Normalität zu prägen versuchte.[14] Dies zeigte sich sowohl im Streit um die Rechtsstaatlichkeit als auch in der Reaktion der polnischen Regierung auf die Migrationswellen von 2015–2016 und 2021–2022 – letztere direkt an der polnisch-belarusischen Grenze. Dort verstieß die Regierung gegen internationales Recht, indem sie Pushbacks anordnete, den Ausnahmezustand verhängte, um Journal-

---

10 Centrum Badania Opinii Społecznej: Polacy o sporze z UE i członkostwie w tej organizacji, 127/2021, 10.2021.
11 Centrum Badania Opinii Społecznej: Polska w Unii Europejskiej, 139/2021, November 2021.
12 Agnes Batory: Defying the Commission: creative compliance and respect for the rule of law in the EU, in: Public Administration 3/2016, S. 685–699.
13 Wojciech Kość: Poland's parliament partially rolls back judicial changes to get EU cash, in: Politico, 26.5.2022.
14 Agnieszka K. Cianciara: Between EU's aspiring saint and disillusioned rebel: hegemonic narrative and counter-narrative production in Poland, in: Journal of Contemporary European Studies 1/2022, S. 84–96.

ist:innen daran zu hindern, über die Situation an der Grenze zu berichten und darüber hinaus jegliche EU-Hilfe verweigerte. Nach Ansicht des linken Abgeordneten Włodzimierz Czarzasty sollte „jeder Mensch, der die Grenze überquert, den Unterschied zwischen dem Despotismus im Osten und der Achtung von Menschenwürde und -rechte im Westen spüren können, denn das sind die beiden Welten, die durch die polnisch-belarussische Grenze getrennt werden"[15], doch das war hier eindeutig nicht der Fall gewesen. Als dann jedoch nach der russischen Invasion vom 24. Februar 2022 Millionen Ukrainer:innen[16] auf der Flucht waren, wurde die Grenze sofort geöffnet und die Geflüchteten in einem nie da gewesenen Akt der Solidarität aufgenommen. Schnell stellten Beobachter die Realitäten zweier polnischer Grenzen gegenüber: die mit der Ukraine, wo Menschen eine herzliche Willkommenskultur erwartete, und eine mit Belarus, wo diejenigen, die zuvor vor Gewalt im Nahen Osten geflohen waren, nun auf Soldat:innen und Stacheldraht trafen.[17]

Im April 2022 sprach sich die polnische Öffentlichkeit fast einstimmig für die Aufnahme von Geflüchteten aus der Ukraine aus: 91 Prozent waren dafür.[18] Zuvor, im September 2021, hatten sich noch 48 Prozent der Befragten (und 72 Prozent der Wähler:innen von Recht und Gerechtigkeit) dahingehend geäußert, dass Polen keine Flüchtlinge aus Ländern aufnehmen solle, in denen ein militärischer Konflikt herrscht. Ebenso hatten 52 Prozent (74 Prozent der Wähler:innen von Recht und Gerechtigkeit) angegeben, dass die polnischen Behörden Geflüchteten an der polnisch-belarussischen Grenze keinen Flüchtlingsstatus gewähren sollten.[19] Der Krieg schien Polen jedoch in ein neues Licht zu rücken, weg von seinem Ruf als Unruhestifter hin zu einem zuverlässigen Partner. Die Regierung nutzte die Gunst der Stunde, um sich innenpolitisch als treibende Kraft für die militärische und humanitäre Hilfe für die Ukraine sowie die Unterstützung von Geflüchteten und die Forderung nach weiteren Sanktionen gegen Russland zu gerieren. Laut Morawiecki habe „man schon lange nicht mehr so wohlwollend über Polen gesprochen, und dies in allen Sprachen der Welt".[20]

Polen hat durch den Krieg aber auch enorme Kosten erfahren. Abgesehen von den unmittelbaren Kosten für die Eingliederung der Geflüchteten und der damit verbundenen Belastungen für die öffentlichen Kassen hat der Krieg auch zu einer Abwertung der Landeswährung sowie einem erhöhten Inflationsdruck geführt. Für die Beschaffung zusätzlicher Mittel auf den internationalen Finanzmärkten kann Polen, im Gegensatz zu den Mitgliedern der Eurozone, nicht auf solch günstige Konditionen zurückgreifen. Umso wichtiger war der Zugang zu den Zuwendungen aus dem ARF, mit denen das polnische BIP bis 2024 um bis zu zwei Prozentpunkte wachsen könnte.[21] Das langfristige Projekt des grünen Wandels in der EU wird auch durch die russische Aggression nicht zum Stillstand kommen. Im Gegenteil: Zusammen mit der Covid-19-Pandemie wirkt sie wie ein Push-Faktor für mehr Effizienz und Autarkie in strategischen Sektoren. Auch Mitgliedstaaten wie Kroatien und Bulgarien haben sich angesichts der wirtschaftlichen Entwicklungen nun für einen Beitritt der

---

15 Sejm: Information of the Government regarding the situation at the Polish - Belarusian border and the actions undertaken, Transcript of the 41 session, IX term, 9.11.2021.
16 Vgl. hierzu auch den Beitrag „Die Europäische Union und der Krieg in der Ukraine" in diesem Jahrbuch.
17 Jo Harper: Poland's two very different borders, in: Politico, 14.4.2022.
18 Centrum Badania Opinii Społencjnej: Polacy wobec uchodźców z Ukrainy, 62/2021, 4.2022.
19 Centrum Badania Opinii Społencjnej: Opinia publiczna wobec uchodźców i sytuacji migrantów na granicy z Białorusią, 111/2021, September 2021.
20 Sejm: Current information, Transcript of the 56th session, IX term, 9.6.2022.
21 Melchior Szczepanik: The Impact of the Russian Aggression Against Ukraine on the EU's Economy, in: PISM Bulletin 40(1957)/2022.

Eurozone entschieden.[22] Die polnische Regierung bewegt sich daher mit Forderungen nach einem „opt-out" aus der Eurozone und dem European Green Deal sowie den anhaltenden Problemen in Fragen der Rechtsstaatlichkeit innerhalb der EU auf schmalem Grat.

Dies erklärt auch die Verhandlungsbereitschaft der polnischen Regierung für einen Kompromiss, im Kern ein leistungsbezogener Plan, in dem die Auszahlung weiterer Gelder aus dem ARF an die Erreichung festgelegter Meilensteine geknüpft ist. Aber auch die EU-Institutionen befinden sich seit Ausbruch des Krieges in einer komplizierten Gemengelage. Die Dringlichkeit der Entscheidungsfindung erhöht den Druck, Einigkeit zu erzielen und Konflikte sowie Meinungsverschiedenheiten zu minimieren, und gibt den rebellischen Mitgliedern wie Ungarn und Polen folglich, wenn auch ungewollt, mehr Manövrierfähigkeit, dies für sich auszunutzen. Obwohl die Europäische Kommission zugesagt hat, „die Einhaltung sehr, sehr genau zu überprüfen"[23], zeigt die Vereinbarung dennoch, dass sich die Anforderungen durchaus in Grenzen halten. Die Entscheidung der Kommission erlaubte Morawiecki sein Gesicht zu wahren, als er im Sejm kurz darauf erklärte, dass

> „wir gegenüber der Kommission nicht nachgeben werden. Wir machen das, was wir ohnehin machen wollten, nämlich Reformen der Disziplinarkammer (...) wir sind ein stolzes Land und wir haben auf Augenhöhe verhandelt. Und wir haben jetzt einen Kompromiss".[24]

Kritiker der Einigung warnten, dass die Union den Kampf für Rechtsstaatlichkeit gerade zu jenem Zeitpunkt verlieren könnte, an dem sie einem Sieg so nahe war wie nie zuvor. Bemerkenswert ist ebenfalls, dass fünf Kommissar:innen, darunter drei Vizepräsident:innen, gegen die Vereinbarung gestimmt hatten. Nach Ansicht von Frans Timmermans würde hiermit das EU-Recht einem politischen Pragmatismus zum Opfer fallen.[25] Die vereinbarten Meilensteine sind recht begrenzt und klammern wesentliche Fragen aus, wie die Anfechtung des Vorrangs des EU-Rechts durch das polnische Verfassungstribunal und die mangelnde Unabhängigkeit des Nationalen Justizrats. Die Unparteilichkeit und Unabhängigkeit der polnischen Justiz wird also weiterhin unterminiert und stellt so auch eine ernstzunehmende Bedrohung für die Rechtsordnung der EU dar. Es ist davon auszugehen, dass die polnische Regierung sich selektiv an die Vereinbarung halten wird, damit weitere Gelder freigegeben werden, dies aber keine Auswirkungen auf die Funktionsweise des Systems insgesamt haben soll. Kritiker argumentieren weiter, dass diese Vereinbarung künftige Verstöße gegen europäische Werte nicht verhindern werde, sondern vielmehr die Autorität und Glaubwürdigkeit der Kommission und des Gerichtshofs zu beschädigen droht. Wie Piotr Buras, Leiter des Warschauer Büros des European Council on Foreign Relations, bemerkte, „in einem Feiglingsspiel gibt die Kommission vor, Schach zu spielen"[26]. Diese Strategie kann aber auch schnell nach hinten losgehen: Wenn die Union schon nicht in der Lage ist, bei ihren derzeitigen Mitgliedstaaten die Einhaltung grundlegender Vorschriften durchzusetzen, wird dies die Skepsis gegenüber der Aufnahme neuer Mitglieder kaum verringern können.

---

22 Vgl. hierzu auch die Beiträge „Bulgarien" und „Kroatien" in diesem Jahrbuch.
23 Zosia Wanat/Lili Bayer/Paola Tamma: EU gives Poland route to pandemic recovery cash, in: Politico, 1.6.2022.
24 Sejm: Transcript of the 56th session, IX term, 2022.
25 Lili Bayer: Amid Commission rebellion, von der Leyen defends Polish recovery cash plan, in: Politico, 2.6.2022.
26 Piotr Buras: Rule of three: how unfinished business threatens the EU, in: ECFR Commentary, 9.6.2022.

Ausblick

Der russische Einmarsch in der Ukraine hat international zu einem Wandel der Wahrnehmung Polens geführt, aber kann dies auch einen Wendepunkt für den Standpunkt und die Rolle Polens innerhalb der Europäischen Union bedeuten? Vor dem Hintergrund der deutschen Schwerfälligkeit und „strategischen Ignoranz"[27], und dies trotz einer erklärten „Zeitenwende", bei gleichzeitiger innenpolitischer Schwächung der Führung von Präsident Emmanuel Macron nach den Parlamentswahlen in Frankreich, könnte Polen die Gunst der Stunde für sich nutzen, um eine Führungsrolle zu übernehmen, wie dies im vergangenen Jahrzehnt nicht möglich gewesen war. Eine solche Rolle könnte sich aber dann als Illusion entpuppen, wenn sie von einem Gefühl der Selbstgerechtigkeit und Schadenfreude gegenüber der Blindheit des Westens bezüglich der wahren Natur des russischen Regimes und den daraus resultierenden Fehlentscheidungen befeuert würde. Es wird auch davon abhängen, ob die polnische Regierung wirklich willens ist, die politische Bürde des Streits um die Rechtsstaatlichkeit abzustreifen und stattdessen vertrauensvoll mit der Europäischen Kommission und dem Europäischen Gerichtshof zusammenzuarbeiten.[28] Es mag ein Wind des Wandels wehen, aber die Erfahrung seit 2015 zeigt, dass europäische Entscheidungen in Polen einem kurzsichtigen parteipolitischen und wahltaktischen Kalkül unterworfen bleiben, und somit aus heutiger Sicht nur wenig Grund zu wirklichem Optimismus besteht.

Weiterführende Literatur

Louise Fromont/Arnaud van Waeyenberge: Trading rule of law for recovery? The new EU strategy in the post-Covid era, in: European Law Journal 27/2021.
Sonja Priebus: The Commission's Approach to Rule of Law Backsliding: Managing instead of Enforcing Democratic Values, in: Journal of Common Market Studies 2022.
Anna Wojciuk: The Battle for Democracy Can Be Won in Warsaw, in: Foreign Policy, 3.5.2022.
Laurent Pech: Covering Up and Rewarding the Destruction of the Rule of Law One Milestone at a Time, in: Verfassungsblog, 21.6.2022.

---

27 Anna Kwiatkowska: Strategiczna ignorancja Berlina, in: Rzeczpospolita, 1.6.2022.
28 Piotr Buras/ Pawel Zerka: Image rites: Poland's new role in Europe, ECFR Commentary, 27.6.2022.

Portugal

António Raimundo*

Nach sechs Jahren relativer politischer Stabilität unter zwei aufeinanderfolgenden sozialistischen Minderheitsregierungen, geführt von Premierminister António Costa, durchlief Portugal von Ende 2021 bis Anfang 2022 eine kurzzeitige politische Krise. Diese Phase politischer Instabilität und Ungewissheit war begleitet von der bislang schwersten Welle von Covid-19-Neuinfektionen und konnte erst überwunden werden, nachdem die Sozialistische Partei (PS) von António Costa die absolute Mehrheit in den portugiesischen Parlamentswahlen Ende Januar 2022 erreichte. Ein solch klares Mandat schaffte stabile innenpolitische Voraussetzungen für die Verwendung der EU-Gelder zur Bekämpfung der Covid-19-Pandemie, die Ankurbelung der Wirtschaft wie auch für die zusätzlichen Herausforderungen, die der Ausbruch des Krieges in der Ukraine mit sich brachte.

Mitte 2022 waren die Konjunkturprognosen für Portugal durchaus positiv, auch wenn die zunehmend spürbaren Auswirkungen des Krieges in der Ukraine das Tempo der wirtschaftlichen Erholung aller Erwartung nach stark beeinflussen werden. Das Bruttoinlandsprodukt Portugals wuchs im Jahr 2021 um 4,9 Prozent und dürfte im Jahr 2022, laut Frühjahrsprognose der Europäischen Kommission, um 5,8 Prozent steigen (deutlich mehr als die für die Eurozone prognostizierten 2,7 Prozent). Zwischenzeitlich bereiten der Gesundheitssektor, die allgemeine wirtschaftliche Lage und dabei insbesondere die Inflation, Grund zur Sorge für die portugiesische Öffentlichkeit.

Parlamentswahlen in Portugal 2022

Nach dem Zusammenbruch der Mitte-Links-PS-Regierung von Premierminister António Costa richtete Portugal am 30. Januar 2022 vorgezogene Parlamentswahlen aus. Drei Monate zuvor hatte Costas Minderheitsregierung bei einer wichtigen Haushaltsabstimmung im Parlament nicht die erforderliche Mehrheit erreichen können. Die zwei kleinen linken Parteien, der Linksblock (BE) und die Portugiesische Kommunistische Partei (PCP), die die Regierung seit 2015 unterstützt und ihr somit den Verbleib an der Macht ermöglicht hatten, stimmten bei der Ablehnung des Haushalts nun mit den rechten Oppositionsparteien. Sie stürzten das Land somit gerade zu dem Zeitpunkt in eine politische Krise, als Portugal die Covid-19-Pandemie zu überwinden versuchte und sich auf die Verausgabung seines Anteils aus dem milliardenschweren EU-Konjunkturpaket (die Konjunktur- und Resilienzfazilität) vorbereitete. In diesem Kontext löste der portugiesische Präsident Marcelo Rebelo de Sousa das Parlament auf und rief, zwei Jahre früher als ursprünglich geplant, neue Parlamentswahlen aus.

Die Wahlen resultierten, zum zweiten Mal in der Geschichte, in einer unerwarteten absoluten Mehrheit für die Sozialistische Partei. Die PS gewann 41,4 Prozent der Stimmen (gegenüber 36,3 Prozent im Jahr 2019) sowie 120 Sitze, vier mehr als für eine Mehrheit erforderlich. Die Mitte-Rechts-Partei der Sozialdemokraten (PSD) kam auf den zweiten

---

* Übersetzt aus dem Englischen von Thomas Traguth.

Platz, und ihr Ergebnis blieb im Vergleich zur vorherigen Wahl 2019 relativ stabil, trotz aller Voraussagen eines knappen Rennens mit der PS. Die beiden Parteien PS und PSD erzielten zusammen rund 70 Prozent der Stimmen und sind somit Ausweis für die fortwährend robuste politische Mitte Portugals. Neu hingegen war der Aufstieg kleiner rechter Parteien, sodass sich dieser Teil des politischen Spektrums noch weiter zersplitterte. Die rechtspopulistische Chega-Partei, die zuvor nur einen Sitz im Parlament gehalten hatte, wurde mit zwölf Sitzen und 7,2 Prozent der Stimmen drittstärkste Partei. Ganz ähnlich steigerte sich auch die rechtsliberale ‚Liberale Initiative' von einem auf acht Sitze und erreichte mit 4,9 Prozent den vierten Platz. Die beiden linksextremen Parteien, die Costas Minderheitsregierung im Oktober 2021 im Stich gelassen hatten, erlitten nun große Verluste. Der BE gewann nur noch fünf Sitze (von ursprünglich 19) und auch die Kommunisten verloren die Hälfte ihrer Sitze mit nun nur noch sechs. Dabei war die Wahlbeteiligung trotz der Covid-19-Pandemie höher als bei den letzten Parlamentswahlen: 51,4 Prozent der registrierten Wähler gaben ihre Stimme ab.[1] Wegen einer Wiederholung der Wahl im „Wahlkreis Europa" der im europäischen Ausland lebenden Portugies:innen, in dem zwei Abgeordnete gewählt werden, musste die Amtseinführung der Regierung verschoben werden. Dies führte zu Verzögerungen im Wahlprozess und der verfassungsgemäßen Vereidigung des Kabinetts, die somit erst am 30. März 2022 stattfinden konnte.

Das Wahlergebnis, mit dem António Costa und seine Partei in ihrer dritten Amtszeit in Folge nun zum ersten Mal alleine regieren konnte, nährte die Hoffnung auf anhaltende politische und wirtschaftliche Stabilität in Portugal für die kommenden Jahre. Auch in Bezug auf die Prioritäten der Regierung Costa ist Kontinuität zu erwarten, insbesondere gegenüber der EU, an der man sich laut offizieller Zielvorgabe "aktiv beteiligen" will.[2] Indem sie das Europa-Ressort nun der direkten Kontrolle des Premierministers unterstellte (statt dem Außenministerium), führte die neue Regierung eine wichtige institutionelle Neuerung ein, die die EU-Politik des Landes prägen wird. Einige Beobachter sahen darin einen Schritt hin zu mehr Sichtbarkeit und verbesserter Kohärenz der portugiesischen Europapolitik. Die Reform führte jedoch auch zu Spekulationen und Kontroversen in den medialen und politischen Debatten des Landes, ob, wie viele vermuteten, António Costa, als einer der dienstältesten Premierminister Europas, bereits seinen Rücktritt noch während der laufenden Legislaturperiode vorbereiten würde, um seine ihm nachgesagten politischen Ambitionen auf eine Spitzenposition in Brüssel zu verfolgen.

Die Auswirkungen der Covid-19-Pandemie

Im November 2021 traf Portugal eine fünfte Welle der Covid-19-Pandemie und neue Beschränkungen wurden eingeführt, bis hin zur wiederholten Ausrufung des "Katastrophenfalls" Anfang Januar 2022. Ihren Höhepunkt erreichte diese neuerliche Welle dann Ende Januar, mit der bis dahin höchsten Anzahl täglicher Neuinfektionen. Mitte Februar hob die portugiesische Regierung erste Beschränkungen auf und erklärte die allgemeine „Alarmbereitschaft", die niedrigste Warnstufe des nationalen Katastrophenschutzes. Als Portugal Ende April die Maskenpflicht in den meisten Innenräumen aufhob, fiel dies mit dem Auftreten der neuen Omikron-Variante zusammen und führte in Folge zu einer sechsten Welle der Pandemie. Im gesamten Mai und Anfang Juni verzeichnete Portugal unter den EU-

---

[1] Ministério da Administração Interna: Resultados Eleições legislativas 2022, abrufbar unter https://www.legislativas2022.mai.gov.pt/resultados/globais (letzter Zugriff: 20.6.2022).
[2] Governo de Portugal: Programa do Governo, 7.4.2022, abrufbar unter https://www.portugal.gov.pt/pt/gc23/governo/programa-do-governo (letzter Zugriff: 20.6.2022).

Ländern die höchste Zahl neuer Covid-19-Fälle und weltweit eine der höchsten Raten neuer Covid-19-Todesfälle pro eine Million Einwohner.[3]

Im vergangenen Jahr konnte sich die portugiesische Wirtschaft jedoch weiter von der tiefen Rezession erholen, die im Jahr 2020 durch die Pandemie ausgelöst wurde und dabei gleichzeitig nachhaltige Fortschritte bei der Impfquote erzielen. Die Krise hat aber auch deutliche Spuren hinterlassen und Armut wie auch soziale Ungleichheit weiter verschärft. Nach Angaben des portugiesischen Statistikamtes hat die Pandemie ebenfalls zu einem Rückgang der Lebenserwartung in Portugal geführt.[4] Bis zum 15. Juni 2022 hatte Portugal insgesamt 4.985.742 bestätigte Infektionen und 23.707 Todesfälle im Zusammenhang mit Covid-19 verzeichnet. Zu diesem Zeitpunkt waren rund 87 Prozent der Landesbevölkerung vollständig geimpft.[5] Wie bereits in früheren Umfragen, bestätigte die Flash-Eurobarometer-Umfrage vom März 2022, dass Portugal mit 91 Prozent der Befragten die höchste Zustimmungsrate für Covid-19-Impfstoffe in der EU aufwies. Die Portugies:innen äußerten mit 85 Prozent auch die höchste Zufriedenheit mit der Art und Weise, wie die EU die Impfstrategie umgesetzt hat.[6]

Die portugiesischen Behörden betonten bei der Vorgehensweise der EU in der Covid-19-Pandemie stets den Gedanken der Solidarität, mit dem Ziel, dass alle Europäer:innen und auch andere Länder weltweit Zugang zu Impfstoff erhalten. Der Beitrag Portugals zu den Bemühungen der Impfstoffverteilung durch die EU bestand insbesondere in seinem Fokus auf Entwicklungsländer, die schon vor der Pandemie angeschlagen waren. Die portugiesische Regierung machte sich auch für gemeinschaftliche Lösungen der Pandemie stark, wie auch für flexiblere und wachstumsfreundlichere EU-Haushaltsregeln. So forderte Premierminister António Costa im November 2021 eine Überprüfung der wirtschaftspolitischen Steuerungsmechanismen, die die Lehren aus den Reaktionen auf vorangegangene EU-Krisen berücksichtigen sollten und warnte dabei vor einem zu schnellen Abbau der Staatsschulden und des Haushaltsdefizits. In diesem Zusammenhang plädierte er auch für ein aus seiner Sicht notwendiges „ständiges Krisenreaktionsinstrument".[7] Diese Ideen wurden später, insbesondere nach dem Ausbruch des Ukraine-Krieges Anfang 2022, weiter präzisiert und wiederholt auf die Agenda gesetzt.

Die Auswirkungen des Krieges in der Ukraine

Portugal ist, im Vergleich zu anderen europäischen Ländern, aufgrund seiner geografischen Entfernung, den begrenzten Handelsbeziehungen und geringer Energieabhängigkeit weniger stark von den Auswirkungen des russischen Angriffskriegs betroffen. Die Risiken dieses Konflikts für die portugiesische Wirtschaft sind vielmehr indirekter Natur, bedingt durch Rohstoffpreise, Lieferketten und Ungewissheit auf den Weltmärkten. Bislang galten

---

3 Our World in Data: Portugal: Coronavirus Pandemic Country Profile, abrufbar unter https://ourworldindata.org/coronavirus/country/portugal (letzter Zugriff: 4.7.2022)
4 Ana Henriques/Denise Fernandes: Pandemic causes drop in Portuguese life expectancy, in: uractiv, 31.5.2022.
5 John Hopkins University: Coronavirus Resource Center: Portugal, abrufbar unter https://coronavirus.jhu.edu/region/portugal (letzter Zugriff: 20.6.2022).
6 Europäische Kommission: Flash Eurobarometer 505. Attitudes on vaccination against COVID-19, 2692 / FL505, März 2022.
7 André Campos: Portuguese PM warns against EU dictating ‚abrupt reductions' in debt, deficit, in: Euractiv, 9.11.2021.

die Beziehungen zwischen Portugal und Russland als freundlich und weitestgehend unproblematisch. Portugal ist aber auch Heimat für eine beachtliche Gemeinschaft ukrainischer Einwander:innen und unterhielt stets gute Beziehungen zu Kyjiw.

Die offizielle Reaktion Portugals auf den russisch-ukrainischen Krieg ist weitgehend mit der EU und der NATO abgestimmt. Portugal verurteilt unmissverständlich die russische Invasion und bringt gegenüber der Ukraine seine Solidarität und Unterstützung zum Ausdruck. Diese Unterstützung umfasste diplomatische, humanitäre, finanzielle, technische und militärische Hilfe unterschiedlicher Art, die sowohl bilateral als auch durch multilaterale Kanäle geleistet wurde. Von den großen politischen Parteien Portugals hat nur die kommunistische Partei (PCP) den Einmarsch Russlands nicht von Anfang an klar verurteilt. Laut einer Studie vom Juni 2022 gaben 81 Prozent der Portugies:innen an, dass sie hauptsächlich Russland für den Ausbruch des Krieges in der Ukraine verantwortlich machten.[8] In einer Eurobarometer-Umfrage im gleichen Monat zeigte sich eine große Mehrheit der Portugies:innen (86 Prozent) zufrieden mit der Reaktion ihrer Regierung auf die russische Invasion wie auch mit der Reaktion der EU (80 Prozent). Die gleiche Umfrage ergab auch, dass die Schaffung „gerechterer Arbeitsbedingungen" (37 Prozent) und die "Bekämpfung der Arbeitslosigkeit" (36 Prozent) für Portugies:innen diejenigen Bereiche sind, denen die EU im Jahr 2022 höchste Priorität einräumen sollte. Abweichend vom Durchschnitt der EU-27 lagen die Themen "Verteidigung und Sicherheit" nur an dritter Stelle (30 Prozent).[9]

Die portugiesische Regierung fordert eine starke Rolle der EU bei der Bewältigung der Kriegsfolgen, ähnlich der Reaktion der Union auf die Covid-19-Pandemie. Inmitten der Energiekrise will sich Portugal auch als Europas neuen ‚Anlandepunkt für Gas' positionieren, mit Verweis auf seine Infrastruktur, die sich für die notwendigen Diversifizierungsbemühungen als nützlich erweisen könnte. Portugal hat sich ebenfalls, gemeinsam mit Spanien, erfolgreich für eine befristete Deckelung der Energiepreise eingesetzt, die die hohen Belastungen der portugiesischen und spanischen Verbraucher:innen abfedern soll. In Bezug auf den Beitritt der Ukraine hat Portugal, wie auch andere EU-Länder, z. B. Dänemark und die Niederlande, jedoch seine Zweifel zum Ausdruck gebracht.

Weiterführende Literatur

Hugo Ferrinho Lopes: An unexpected Socialist majority: the 2022 Portuguese general elections, in: West European Politics, 1.6.2022.

Nuno Monteiro/Carlos Jalali: Um novo normal? Impactos e lições de dois anos de pandemia em Portugal, Fundação Francisco Manuel dos Santos, Lissabon 2022.

Pol Morillas et al.: What Role Should Southern Europe Play After the Pandemic and the War in Ukraine? Towards a Shared Agenda for EU Reform, Elcano Royal Institute, 20.4.2022.

---

8 Ivan Krastev/Mark Leonard: Peace versus Justice: The coming European split over the war in Ukraine, ECFR, 15.6.2022.
9 Europäische Kommission: Special Eurobarometer 526. Key challenges of our times – The EU in 2022, 2694 / SP526, Juni 2022.

Rumänien

Cristian Alexandru Damian*

Rumänien zeigt sich als wahrer Unterstützer der Ukraine und stellt sich hinter alle Sanktionen gegen die Russische Föderation. Mit Blick nach außen verhält sich Rumänien wie erwartet, auch wenn mehr militärische und nicht-militärische Hilfe geleistet werden müsste, um den Anforderungen gerecht zu werden. Im Inneren zeigt sich jedoch ein anderes Bild: die Rechtsstaatlichkeit wird abgebaut, die Massenmedien geraten unter Druck, investigative Journalist:innen werden bedroht und Gesetzesänderungen untergraben zunehmend die Demokratie. Rumänien geht den Weg Ungarns und Polens, und die Europäische Kommission sollte diesen undemokratischen Tendenzen entschiedener entgegentreten.

Der von der Russischen Föderation geführte Krieg gegen die Ukraine hat enorme Auswirkungen auf Rumänien. Flüchtende aus der Ukraine haben dabei eine Welle der Solidarität erfahren (bis Juni 2022 überquerten mehr als 1,2 Millionen die Grenze nach Rumänien) und es waren überwiegend die normalen Bürger:innen aber auch NGOs, die direkte Hilfe leisteten, während die Rufe der Öffentlichkeit nach militärischer und nicht-militärischer Hilfe durch die rumänische Regierung immer lauter wurden. Diese Solidaritätsbekundungen halten bis heute an.

Rumäniens Unterstützung für die Ukraine

Die Haltung Rumäniens war von Anfang an eindeutig für die Ukraine und für Sanktionen gegen die Russische Föderation. Rumänien unterstützte alle Sanktionen gegen die Russische Föderation und forderte darüber hinaus sogar noch härtere Strafen, zog sich dann aber in Fragen der militärischen Unterstützung der Ukraine zurück – oder weigert sich zumindest, öffentlich Auskunft darüber zu erteilen, welche Art von Hilfe tatsächlich geleistet wurde. Laut dem vom Kieler Institut für Weltwirtschaft herausgegebenen Ukraine Support Tracker belaufen sich die Leistungen Rumäniens auf lediglich 10 Millionen Euro, was 0,004 Prozent des Bruttoinlandsprodukts (BIP) des Landes entspricht.[1]

Das bedeutet jedoch nicht, dass Rumänien keinerlei andere Hilfe leistet. Rumänien hat sich, zusammen mit Polen, zu einem Knotenpunkt für den Transport militärischer und nicht-militärischer Hilfsgüter entwickelt, die Häfen werden für Getreideexporte aus der Ukraine genutzt, und Beiträge in sozialen Medien legen nahe, auch wenn diese nicht bestätigt werden können, dass auch Munition der ukrainischen Streitkräfte aus rumänischer Produktion stammt. Trotz dieser Beteiligungen wird die Unterstützung der Ukraine durch die Regierung in der rumänischen Öffentlichkeit als unzureichend empfunden und auch die abschreckenden Maßnahmen müssten verbessert werden (die rumänische Militärausstattung ist veraltet und überwiegend aus der Sowjet-Ära, auch wenn sich Rumänien dem 2-Prozent-Ziel für Verteidigungsausgaben verpflichtet hat).

---

* Übersetzt aus dem Englischen von Thomas Traguth.
1 Arianna Antezza et al.: Ukraine Support Tracker, in ifW Kiel, 2022, abrufbar unter https://www.ifw-kiel.de/topics/war-against-ukraine/ukraine-support-tracker/ (letzter Zugriff: 31.8.2022).

Ein weiteres Beispiel für die Hilfsbereitschaft Rumäniens betrifft die Geflüchteten aus der Ukraine. Rumäniens Bürger:innen und die Zivilgesellschaft des Landes leisten dabei Außerordentliches, durch finanzielle, aber auch nicht-monetäre Beteiligung der nationalen und Lokalregierungen (z. B. Einschulung der Kinder, Sprachunterricht, Unterbringung und soziale Betreuung, etc.).

Auswirkungen auf Wirtschaft und Energiepreise – Rumäniens entscheidender Vorteil
Rumänien erlebte, wie andere EU-Länder auch, einen starken Anstieg der Energiepreise. Die Verteuerung von Energie war bereits Ende 2021 zu verzeichnen und wurde durch den russischen Angriff noch beschleunigt, was im Juni 2022 zu einer Inflation von 15,1 Prozent führte, die hauptsächlich auf den Anstieg der Gaspreise zurückzuführen war (89,5 Prozent im Vergleich zum Juni 2021). Da Rumänien selbst einer der größten Öl- und Gasproduzenten in der EU ist, benötigt es nur einen geringen Anteil an russischem Gas im Verhältnis zum Gesamtenergieverbrauch (weniger als 5 Prozent), gleichzeitig sind die Importe aus Russland in den letzten fünf Jahren infolge einer Allianz aus verantwortungsloser Politikgestaltung und russischer Lobbyarbeit erheblich gestiegen.

Die Reduzierung der russischen Gaslieferungen beeinträchtigt das Wachstum der EU, was Rumänien zu einer Umkehr früherer Fehlentscheidungen veranlasst hat. Nach Jahren der rechtlichen Blockade und politischen Unentschlossenheit hat Rumänien nun erleichterte Bedingungen für die Förderung von Gas im Schwarzen Meer geschaffen, was den Eigenbedarf für mindestens 15–20 Jahre decken dürfte. Das Land könnte so auch als dringend benötigter alternativer Lieferant für benachbarte EU-Länder fungieren (die in hohem Maße von russischem Gas abhängig sind), so auch für die Republik Moldau (die bisher 100 Prozent ihres Gases aus Russland importiert).

Eine vollständige Einstellung russischer Gaslieferungen hätte für Rumänien geringere Auswirkungen als für andere EU-Staaten. Rumänien ist ein bedeutender Energieerzeuger und nutzt selbst einen Mix aus konventionellen Quellen (54,72 Prozent) und erneuerbaren Energien (45,28 Prozent).[2] Auch in der Energieerzeugung aus erneuerbaren Quellen und Kernenergie hat es (mit 75–80 Prozent) einen der höchsten Werte aller EU-Länder. So ist, nach Berechnungen des Internationalen Währungsfonds (IWF), Rumänien eines der Länder, das am wenigsten von einem Stopp russischer Gaslieferungen betroffen wäre.[3]

Sorge um die Republik Moldau
In den ersten Kriegswochen suchten viele Menschen aus der Republik Moldau Schutz in Rumänien. Es wurde befürchtet, dass eine Niederlage der Ukraine eine Invasion Moldaus nach sich ziehen würde, sodass viele das Land fluchtartig verließen. Die Republik Moldau, die gerade im Juni 2022 den Status als EU-Beitrittskandidat erhalten hat, ist ein rumänischsprachiges Land mit einer großen russischen Minderheit, in dem mehr als ein Drittel der Bürger:innen eine doppelte Staatsbürgerschaft mit Rumänien besitzen.

Eine nur begrenzte Widerstandsfähigkeit gegen die russische Informationspolitik und der eingefrorene Konflikt innerhalb der Landesgrenzen (in der abtrünnigen Region Transnistrien) haben die Republik Moldau in ein Spielfeld für russische Anti-EU-Narrative

---

2 Rumänische Energie Aufsichtsbehörde (ANRE): Aggregated data for 2020 energy production; Kohle: 16.51 Prozent, Kernenergie: 20,19 Prozent, Erdgas: 15,92 Prozent, Wasserkraft: 29,08 Prozent, Windenergie: 12,66 Prozent, Biogas: 0,84 Prozent, Solarenergie: 2,69 Prozent, Weitere: 2,1 Prozent.
3 Mark Flanagan/Alfred Kammer/Andrea Pescatori/Martin Stuermer: How a Russian Natural Gas Cutoff Could Weigh on Europe's Economies, in: IMFBlog, 19.7.2022.

und Fake News verwandelt. Provokationen in der Konfliktregion und öffentliche Stellungnahmen gegen die EU-freundliche Haltung der neuen Regierung ließen befürchten, dass Russland nun auch Chișinău ins Visier nehmen würde.

Obwohl sich Rumänien als Hauptbefürworter Moldaus auf seinem Weg zur EU sieht, und ebenfalls dessen wichtigster Geldgeber ist, konnte es Moldau bisher noch keine Alternative für die Abhängigkeit von russischen Gas- und Energielieferungen anbieten. Wichtige Infrastrukturprojekte verzögern sich und die Ziele der vor zehn Jahren begründeten strategischen Partnerschaft zwischen beiden Ländern wurden nur in Teilen umgesetzt.[4] Wenig wurde seit der russischen Invasion unternommen, um den Energie- und Gasbedarf Moldaus zu decken und das Land in seinem Widerstand gegen Druck aus Russland zu stärken.

Nationale Unruhen und politische Krise

Die Regierung, die nach den Wahlen Ende 2020 ins Amt kam, hielt sich dort nur elf Monate (bis November 2021), da die ursprünglichen Versprechen und Reformen (die hauptsächlich von der kleinen Partei „Rettet Rumänien Union", USR, initiiert worden waren) von der Nationalliberalen Partei nicht mitgetragen wurden. Nach Wochen der Unruhen verließ die Union dann die Regierung mit den Liberalen und schloss sich einer großen Koalitionsregierung mit den Sozialdemokraten an. Die neue Koalition stoppte daraufhin, mit Unterstützung von Präsident Klaus Iohannis, alle Reformen im Land und begann mit einer Reihe von Gesetzesänderungen, die das Potenzial bergen, die Demokratie in Rumänien weiter auszuhöhlen.

Eines der letzten reformorientierten rumänischen Portale betitelte die Gesetzesänderungen kurzerhand als „die drei großen Gesetze, die Rumänien in einen Mafia-Staat verwandeln"[5], denn sie würden die Befugnisse der Geheimdienste ausweiten, dabei die Justiz einschränken, die Korruptionsbekämpfung weiter zurückfahren und Unheil im Bildungssektor anrichten. Letzteres zeigt sich gerade in den Plagiatsvorwürfen im Zusammenhang mit der Doktorarbeit des Premierministers Nicolae Ciucă, einen der Lieblinge von Iohannis. Gegen die bekannte rumänische Investigativjournalistin, die diesen Fall aufgedeckt hatte, wurde daraufhin von den rumänischen Behörden ein Ermittlungsverfahren eingeleitet.[6]

Der Rückgang der Rechtsstaatlichkeit

Die Europäische Kommission überwacht im Rahmen des Kooperations- und Kontrollverfahrens (CVM) die Reformen in den Bereichen Justiz und Korruptionsbekämpfung in Rumänien.[7] Dieser Prozess bescheinigt noch einmal den Rückgang der Rechtsstaatlichkeit im Laufe der letzten Jahre, wie auch die politische Einflussnahme auf die Justiz und den geringen Fortschritt bei der Korruptionsbekämpfung. Auch die neuen Justizgesetze, die von der Regierung vorgestellt wurden, weichen von den getroffenen Vereinbarungen mit der Europäischen Kommission aus den Jahren 2021 und 2022 ab. In dem außergewöhnlichen

---

4 Victor Chirilă/Bianca Toma/Alexandru Damian/Oana Ganea: Evaluation of the Strategic Partnership between Romania and the Republic of Moldova (2010–2021) – contribution of the civil society, in: Centrul Român de Politici Europene, 10.1.2022.
5 Cristian Pantazi: The three big laws that are turning Romania into a mafia state. President Iohannis must put a stop to serious derailments in education, justice and national security, in: G4media.ro, 3.8.2022.
6 Alice Taylor/Bogdan Neagu: Romania joins EU black sheep over declining media freedom, in: Euractiv, 1.7.2022.
7 Europäische Kommission: 2022 Rule of Law Report Country Chapter on the rule of law situation in Romania, SWD(2022) 523 final, 13.7.2022.

Schritt eines offenen Briefes richteten sich verschiedene Richterverbände an die Kommission, kritisierten die geplanten Änderungen und unterstrichen noch einmal die ernsthafte Bedrohung für die Unabhängigkeit der Justiz.[8]

Die Korruptionsbekämpfung in Rumänien ist auf dem Rückzug. Die wenigen Richter:innen, die den Mut haben, Ermittlungen gegen Politiker:innen und mächtige Oligarch:innen einzuleiten, fühlen sich bedroht oder nicht mehr sicher. Auch Institutionen, wie der Justizaufsicht, wird von Reformern vorgeworfen, nicht genügend zu leisten und Befugnisse mitunter willkürlich anzuwenden. Auch der Bericht zur Rechtsstaatlichkeit aus dem Jahr 2022 beurteilt das Verhalten des Chefinspektors der Justiz als „besorgniserregend".[9]

Die Bedeutung des Covid-19 Wiederaufbaufonds für Rumänien

Das allgemeine Ziel des rumänischen nationalen Aufbau- und Resilienzplans und des mehrjährigen Finanzrahmens 2021–2027 ist es, die rasche Erholung nach der Covid-19-Pandemie anzukurbeln und so durch entsprechende Förderprogramme und Projekte die Resilienz, Krisenvorsorge und das Wirtschaftswachstum zu unterstützen. Im Vordergrund steht dabei die nachhaltige Entwicklung durch grünen Wandel und Digitalisierung, mit der Verkehrsinfrastruktur als einem besonderen Schwerpunkt für Rumänien (die meisten Investitionen fließen in den Straßenbau).

Insgesamt stehen bis zu 80 Mrd. Euro zur Verfügung, wovon 29,2 Milliarden Euro an spezifische Benchmarks und Reformen geknüpft sind, die entsprechend eingehalten werden müssen. Da der Aufbauplan, der noch von der Vorgängerregierung unter dem federführenden Ressort der „Rettet Rumänien Union" verabschiedet worden war, doch recht ehrgeizig ist, sieht sich die gegenwärtige Regierung nun unter Druck, konkrete Ergebnisse liefern zu müssen. Die Regierung übt immer wieder Kritik an der bestehenden Vereinbarung und versucht, die Reformen abzuändern oder Zielvorgaben zu reduzieren, da sie sich nur begrenzt in der Lage sieht, diese Veränderungen auch wirklich umzusetzen.

Der Gesamtumfang der Mittel stellt für Rumänien eine große Chance dar, historische Defizite zu beheben (vor allem im Verkehrs- als auch im Energiesektor) und dabei Vorbereitungen für den grünen und digitalen Wandel einzuleiten. Wenn es gelänge, die Fördermittel erfolgreich zu investieren, wäre dies ein großer Fortschritt für die rumänische Wirtschaft, auch wenn dies noch größere Anstrengungen seitens der rumänischen Regierung und der lokalen Verwaltungen erfordern wird. Zum gegenwärtigen Zeitpunkt liegt Rumänien allerdings noch weit hinter seinen historischen Möglichkeiten zurück.

Weiterführende Literatur

Europäische Kommission: Working Document, 2022 Country Report – Romania, SWD(2022) 642 final/2, Brüssel, 8.6.2022.
Europäische Kommission: The 2022 European Justice Scoreboard, COM(2022) 234, Luxemburg 2022.
Dixi Group/Watchdog.MD/World Experience/for Georgia/Expert Forum: 2021 Energy transparency index, 2022.
Alexandru Damian/Bianca Toma: Romania Relies on the EU's Solidarity Budget to Overcome the Pandemic in: Micheal Kaeding/Johannes Pollak/Paul Schmidt (Hg.): European Solidarity in Action and the Future of Europe, Cham 2022.

---

8 Forumul Judecatorilor: Open letter of Romanian judges and prosecutors to the European Commission, 11.8.2022, abrufbar unter http://www.forumuljudecatorilor.ro/index.php/archives/6586?lang=en (letzter Zugriff: 31.8.2022).
9 "The rules on disciplinary sanctions as well as the extensive powers and lack of accountability of the Chief Judicial Inspector continue generating concerns for judicial independence, which are expected to be addressed by the new draft justice laws under preparation", Europäische Kommission: 2022 Rule of Law Report Romania, S. 1.

Schweden

Tobias Etzold/Charlotte Wenner

Das vergangene Jahr war in Schweden geprägt von zahlreichen Regierungskrisen, einem Wechsel an der Regierungsspitze, der Covid-19-Pandemie, den Folgen von Russlands Krieg in der Ukraine und der Debatte über einen NATO-Beitritt im Zuge einer gestiegenen Bedrohungsperzeption. Im Mai 2022 brach das Land schließlich mit allen bisherigen Traditionen und Überzeugungen und reichte gemeinsam mit Finnland seinen Antrag auf Mitgliedschaft ein. Schwedens Arbeit in der Europäischen Union blieb dagegen von Kontinuität und der Beibehaltung seiner Grundsätze geprägt, auch im Hinblick auf die Übernahme der EU-Ratspräsidentschaft Anfang 2023.

Innenpolitik

Im Juni 2021 erlebte die Minderheitsregierung von Sozialdemokraten und Grüner Umweltpartei unter Stefan Löfven eine schwere Krise. Ausgelöst wurde die Krise durch eine geplante Mietrechtsreform, durch die Vermieter:innen von Neubauwohnungen trotz des geltenden Mietdeckels höhere Mietpreise verlangen können, die die Linkspartei nicht akzeptierte. Ein Misstrauensvotum gegen Löfven war die logische Folge der seit mehreren Jahren klar formulierten Ablehnung einer solchen Gesetzesänderung durch die Linkspartei. Vorangetrieben und unterstützt wurde es dabei von den Schwedendemokraten, die bereits zuvor wiederholt Löfven ihr Misstrauen ausgesprochen hatten. Am 21. Juni war daher das erste Mal ein Misstrauensvotum gegen einen schwedischen Ministerpräsidenten mit 181 zu 109 Stimmen erfolgreich.[1] Die folgenden Versuche Ulf Kristerssons von der bürgerlichen Moderaten Sammlungspartei ausreichend Unterstützung im Reichstag für eine Regierungsbildung zu finden, scheiterten, weshalb erneut Löfven durch den Reichstagspräsidenten Andreas Norlén zur Findung einer Regierung und zur Wahl als Staatsminister vorgeschlagen wurde. Dank des Prinzips des negativen Parlamentarismus, bei dem es ausreicht, wenn nicht mehr als die Hälfte aller möglichen Stimmen gegen eine:n Kandidat:in ist, auch wenn sie/er selbst keine eigene Mehrheit hat, konnte Ende Juni erneut eine Minderheitsregierung aus Sozialdemokraten und Grünen unter der Führung von Löfven zustande kommen.

Bereits im August gab Löfven jedoch seinen geplanten Rücktritt als Parteichef für November 2021 bekannt und damit sein Rücktrittsgesuch als Ministerpräsident. Seine Nachfolgerin an der Parteispitze, Magdalena Andersson, wurde am 24. November vom Reichstag zur Ministerpräsidentin gewählt.[2] Sie hätte die bis dato bestehende Minderheitsregierung weiterführen können, allerdings führte die am selben Tag erfolgte Abstimmung über den Staatshaushalt zu einem Bruch zwischen den beiden Regierungsparteien. Als Reaktion auf die Absage für den von der Regierung vorgeschlagenen Staatshaushalt und der

---

[1] Sveriges Riksdag: Prövning av yrkande om misstroendeförklaring mot statsminister Stefan Löfven, 21.6.2021, abrufbar unter https://www.riksdagen.se/globalassets/210621-voteringsresultat-misstroende.pdf (letzter Zugriff: 10.8.2022).

[2] Sveriges Riksdag: Prövning av förslag till statsminister, 24.11.2021, abrufbar unter https://www.riksdagen.se/globalassets/01.-aktuellt/202021/srv5-10-mpc21112410220.pdf (letzter Zugriff: 10.8.2022).

Wahl des – maßgeblich von den rechtspopulistischen Schwedendemokraten vorgeschlagenen – Haushalts der Oppositionsparteien verließen die Grünen die Regierungskoalition. Andersson trat daraufhin nur wenige Stunden nach ihrer Wahl zurück, wurde aber am 29. November mit 101 zu 173 Stimmen bei 75 Enthaltungen erneut gewählt[3] und konnte somit als erste Ministerpräsidentin Schwedens ihr Amt antreten. Sie führte seitdem eine Minderheitsregierung, die lediglich aus der sozialdemokratischen Partei bestand. Bei ihrer Wahl hatten sich die Grünen, die Linke und die Zentrumspartei enthalten.

Am 11. September 2022 werden die Wahlen zum schwedischen Reichstag gehalten. Nach der Regierungskrise im Juni 2021 konnten sich die Umfragewerte der Sozialdemokraten wieder erholen und lagen zuletzt konstant bei über 30 Prozentpunkten. Die zweitstärkste Partei, die Moderate Sammlungspartei, pendelt sich bei knapp über 20 Prozent, die Schwedendemokraten bei ca. 18 Prozent ein. Somit konnte weder eine der größeren noch die kleineren Oppositionsparteien aus der Regierungskrise und der Instabilität der Sozialdemokraten im letzten Jahr profitieren. Auch der kurzweilige Zugewinn der Linkspartei um das Misstrauensvotum im Juni 2021 herum ist mittlerweile wieder abgeklungen.[4]

Covid-19-Pandemie

Schwedens sehr liberaler Sonderweg im Umgang mit der Covid-19-Pandemie stand seit Beginn der Pandemie besonders im Ausland immer wieder stark in der Kritik. Eine viel beachtete Studie des Karolinska Instituts, die im März 2022 veröffentlicht wurde und insbesondere die Strategie des ersten Pandemiejahres untersucht, kommt zu dem Ergebnis, dass die schwedische Strategie zwar einzigartig, aber die moralisch, ethisch und wissenschaftlich fragwürdige „laissez-faire"-Herangehensweise eine Konsequenz struktureller gesellschaftlicher Probleme sei. Der Umgang der Regierung mit der Pandemie, das Fehlen eines wissenschaftlich-evidenzbasierten Handelns und die Misskommunikation zwischen einzelnen Akteuren wurden von den Experten:innen scharf kritisiert.[5]

Ukraine und Sicherheitspolitik

Von Beginn von Russlands Krieg in der Ukraine an war Schweden an der Seite der Ukraine. Man brach sogar mit dem gesetzlichen Verbot, Waffen in Krisengebiete zu liefern und sandte ab Ende Februar 2022 auf Basis eines breiten parteienlagerübergreifenden Parlamentsbeschlusses Waffen und anderes militärisches Material in die Ukraine.

Auch für die schwedische Sicherheitspolitik hatte der Krieg Konsequenzen. Hatte eine Mehrheit der Schwed:innen lange eine schwedische NATO-Mitgliedschaft abgelehnt, änderte sich jetzt die sicherheitspolitische Lage, die Bedrohungsperzeption und die Stimmung im Land. Zunächst hatte sich Ministerpräsidentin Magdalena Andersson auch noch kurz nach Beginn der russischen Invasion gegen einen NATO-Beitritt ausgesprochen, da dieser die Sicherheitslage in Nordeuropa und im Ostseeraum weiter destabilisieren könne aufgrund der von Russland zu erwartenden Gegenreaktionen.[6] Zwei Monate später sah sie dann

---

3 Sveriges Riksdag: Prövning av förslag till statsminister den 29 november 2021, 29.11.2021, abrufbar unter https://riksdagen.se/globalassets/01.-aktuellt/202021/provning-av-forslag-till-statsminister-20211129-magdalena-andersson.pdf (letzter Zugriff: 10.8.2022).
4 Novus: Novus/SVT väljarbarometer juli: L fortsätter öka, abrufbar unter https://novus.se/valjarbarometerarkiv/novus-svt-valjarbarometer-juli-l-fortsatter-oka/ (letzter Zugriff: 9.8.2022).
5 Nele Brusselaers et al.: Evaluation of science advice during the COVID-19 pandemic in Sweden, in: Humanities and Social Science Communications 9(91)/2022, 22.3.2022.
6 Linnea Carlén/Jonas Olsson: Andersson om Nato-medlemskap: Skulle destabilisera säkerhetsläget, in: SVT Nyheter, 8.3.2022.

keine Alternative mehr: Die Bündnisfreiheit habe Schweden bislang zwar gut gedient, dies sei aber in der Zukunft nicht mehr im selben Maß der Fall.[7] Jetzt seien andere Maßnahmen zur Wahrung und Stärkung der nationalen Sicherheit erforderlich. Während eine Mehrheit der Sozialdemokraten einen vielbeachteten Kurswechsel vollzog, der vielen nicht leichtfiel und zudem riskant war, sprachen sich Linkspartei, Grüne und die Friedensbewegung bis zum Schluss vehement gegen einen Beitritt aus. Vielen ging die Entwicklung zu schnell, war die Debatte zu einseitig und zu wenig inklusiv. Kritiker:innen sprachen sogar von fehlender demokratischer Legitimierung.[8] Für die Sozialdemokraten bestand damit die Gefahr, bei den Parlamentswahlen im Herbst Stimmen an die linken Parteien zu verlieren.

Andererseits wäre ein Abwarten von den bürgerlichen Parteien im Wahlkampf ausgenutzt worden mit dem Vorwurf, die Sozialdemokraten würden Schwedens Sicherheit vernachlässigen. Am Ende gab es so wenigstens einen seltenen Konsens zwischen den Sozialdemokraten und allen bürgerlichen Parteien. Die Konservativen einzubinden war insofern schlau, als so nicht alle Verantwortung für etwaige scharfe russische Reaktionen auf den Schultern der Sozialdemokraten lag.[9] Die schwedische Regierung legte auch Wert darauf, dass Schweden trotz NATO-Mitgliedschaft auch weiterhin seine eigene unabhängige Außenpolitik und eigenständige internationale Rolle spielen wolle zum Beispiel im Hinblick auf die Wahrung der Menschrechte und Abrüstung.[10] Schließlich stimmte das schwedische Parlament mit einer breiten Mehrheit für den Beitritt. Dennoch ist es in Schweden anders als in Finnland nicht gelungen, eine breite öffentliche Zustimmung herzustellen. Selbst zum Zeitpunkt des NATO-Beschlusses waren nur ca. 55 Prozent der Schweden für den Beitritt. Der Beitritt hing allerdings noch bis in den Sommer hinein am seidenen Faden, da sich der türkische Präsident Recep Tayyip Erdogan aufgrund von Schwedens pro-kurdischer Politik, der Beherbergung von aus türkischer Sicht mutmaßlichen PKK-Terrorist:innen durch Schweden und eines schwedischen Waffenembargos gegen die Türkei dagegenstellte.

EU-Politik

Anders als die Sicherheitspolitik war die schwedische EU-Politik im vergangenen Jahr von Kontinuität geprägt. Die schwedische Regierung formulierte im März 2022 drei politische Ziele, die nicht nur von Bedeutung für die Gestaltung nationaler Politik sind, sondern auch die schwedische EU-Politik leiten: die Segregation zu brechen und Kriminalität zu bekämpfen, das Tempo bei den Antworten auf den Klimawandel zu erhöhen sowie die demokratische Kontrolle über den Wohlfahrtsstaat wiederzuerlangen. Im ersten Halbjahr wird Schweden den halbjährigen Vorsitz im Rat der Europäischen Union übernehmen. Die schwedischen Schwerpunkte dafür stehen bereits fest und spiegeln diese Langzeitziele der Regierung wider: Sicherheit und die Stärkung der globalen Rolle der EU, Bekämpfung organisierter Kriminalität, Beschleunigung der Anpassung an den Klimawandel, Stärkung der Wettbewerbsfähigkeit der EU sowie die Wahrung der Werte der EU.[11] Im Kontext ihrer

---

7 Louise Scharff Thommessen/Ingrid Emilie Waaler/Ingrid Kjelland-Mørdre: Sverige vil inn i Nato: Et enormt skifte i europeisk sikkerhetspolitikk, in: NRK, 15.5.2022.
8 Johan Wicklén: Björn Wiman: En känsla av bristande demokratisk legitimitet, in: SVT Nyheter, 17.5.2022.
9 Mats Knutson: Signal om bred enighet i Natofrågan, in: SVT Nyheter, 16.5.2022.
10 Regeringskansliet: Utrikesdeklaration 2022, 10.6.2022, abrufbar unter https://regeringen.se/tal/2022/06/utrikesdeklarationen-2022 (letzter Zugriff 11.10.2022).
11 Regeringskansliet: Den politiska inriktningen för Sveriges ordförandeskap i EU, 1.6.2022, abrufbar unter https://regeringen.se/regeringens-politik/sveriges-eu-ordforandeskap/den-politiska-inriktningen-for-sveriges-ordforandeskap-i-eu (letzter Zugriff: 10.10.2022).

Schwerpunkte betonte die Regierung die Notwendigkeit grüner Investitionen ohne das Aufnehmen gemeinsamer Schulden sowie gesunde öffentliche Finanzen.

Zu Beginn der angespannten Sicherheitslage in Europa nach Russlands Überfall der Ukraine, regte die schwedische Regierung gemeinsam mit Finnland an, die Solidaritätsklausel der EU (Artikel 42(7) des Vertrags von Lissabon) zu konkretisieren und zu stärken, um im Ernstfall als (Noch-)Nicht-NATO-Mitglieder Schutz genießen zu können. Ein Regierungsbericht kam jedoch zu dem Schluss, dass es in der EU dazu an politischem Willen fehle, und dass das EU-Solidaritätsprinzip daher keine echte Alternative zur NATO-Mitgliedschaft sei.

Ob im Falle eines Regierungswechsels hin zu einer konservativen Regierung mit Unterstützung der rechtsnationalen Schwedendemokraten nach den Wahlen im Herbst Schweden seine bisherige kritisch-konstruktive EU-Politik fortsetzen wird, ist jedoch fraglich. Zwar wollen die Schwedendemokraten nicht mehr, wie noch bis 2019, die EU verlassen, deren Einfluss auf die nationale Politik aber stark zurückdrängen. Bei einem starken Wahlergebnis werden sie sicher versuchen, Einfluss auf die Europapolitik der eigentlich proeuropäischen bürgerlichen Parteien in diese Richtung auszuüben. Nach bewegten und turbulenten vergangenen Jahren könnten in Schweden weitere solche folgen.

Weiterführende Literatur

Douglas Brommesson/Ann-Marie Ekengren/Anna Michalski: Sweden's Foreign and Security Policy in a Time of Flux, UI Brief No. 7, Swedish Institute of International Affairs, Mai 2022.

Mats Engström: Adapting ally: Sweden's bid for NATO membership, European Council on Foreign Relations, Mai 2022.

Tobias Etzold: 'Windwechsel': Auch die Nordischen Länder stehen mit der russischen Invasion vor einer politischen Kehrtwende, Internationale Politik und Gesellschaft Journal, März 2022.

Slowakei

Lucia Mokrá*

Aus europäischer Sicht war der Zeitraum von Sommer 2021 bis Sommer 2022 in mehrfacher Hinsicht von besonderer Bedeutung für die Slowakei. Zum einen brachte der Herbst 2021 eine neue Covid-Welle mit dazugehörigen Beschränkungen, die die Slowakei schwer trafen. Gleichzeitig ging wurden die politischen und wirtschaftlichen Auswirkungen der Pandemie zunehmend systematisch angegangen, und dies in Abstimmung mit der EU, die im Rahmen der neuartigen Aufbau- und Resilienzfazilität den Wiederaufbaufonds NextGenerationEU einrichtete. Die Slowakische Republik war hier einer der ersten Mitgliedstaaten, deren nationaler Aufbauplan vorlag und genehmigt wurde. Allerdings wurde die gerade beginnende Umsetzung geplanter Maßnahmen mit finanzieller Unterstützung der ARF durch den Einmarsch Russlands in die Ukraine jäh unterbrochen, als ukrainische Bürger:innen in benachbarte Länder flüchteten, darunter auch in die Slowakei. Das Land zeigte sich solidarisch und ergriff Sofortmaßnahmen zum Schutz der Vertriebenen, so auch die Anpassung des nationalen Aufbauplans für Maßnahmen zugunsten ukrainischer Bürger:innen mit vorübergehendem Schutzstatus. Während dieser gesamten Zeit hat die Slowakische Republik unter Beweis gestellt, dass sie nicht nur durch politische Erklärungen, sondern auch in Form von konkreten Handlungen fest zu den Werten Europas steht.

Die russische Invasion und der Wendepunkt in der slowakischen Migrationspolitik
Seit langer Zeit besteht eine enge Zusammenarbeit zwischen der Slowakei und der Ukraine gerade auch wegen der gemeinsamen Schengen-Außengrenze, deren Schutz beiden Ländern obliegt. Es ist das Ziel der diplomatischen Beziehungen beider Länder, den politischen Dialog sowie Handels- und Wirtschaftsbeziehungen zu fördern und zu vertiefen und dabei auch die humanitäre und kulturelle Zusammenarbeit zu intensivieren. Ihre Unterstützung für die Ukraine hatte die Slowakei schon in den schwierigen Jahren nach der Krim-Annexion und den darauffolgenden kämpferischen Auseinandersetzungen im Donbas immer wieder zum Ausdruck gebracht.

Der russische Angriffskrieg war ein weiterer schwerer Verstoß Russlands gegen das Völkerrecht, und die Slowakei leistete ihrem Nachbarn daraufhin sofortige Hilfe. Gemessen an der Einwohnerzahl ist sie weltweit der achtgrößte Geber für Hilfsleistungen an die Ukraine. Diese erfolgen in Form von humanitärer Hilfe aber auch im militärischen Bereich sowie durch die Gewährung von Asyl für Vertriebene und durch nationale Fachleute, die sich an Untersuchungen zu Kriegsverbrechen beteiligen. „Unser Hauptinteresse besteht in der Unterstützung der Ukraine, ihrer legitimen Selbstverteidigung und ihrem Kampf auch für unsere Freiheit und Werte", wie Staatssekretärin Ingrid Brocková betone.

Die Slowakei wird auf EU-Ebene oft für ihre ambivalente und durchaus negative Haltung zu Fragen der Migration kritisiert. Die Asylpolizei zeigte aber ein „menschliches Gesicht", als die Menschen aus der Ukraine ihre vom Krieg zerrüttete Heimat in Richtung der

---

* Übersetzt aus dem Englischen von Thomas Traguth.

Slowakei verließen. Ab dem 1. März 2022 konnten sie in der Slowakischen Republik einen vorübergehenden Schutzstatus beantragen. Dies war am 28. Februar 2022 von der Regierung in einer außerordentlichen Online-Sitzung beschlossen worden. Mit dieser derzeit geltenden Änderung des Asylgesetzes kann die Regierung den Menschen aus der Ukraine sofortige Hilfe und Schutz gewähren, ohne dass hierfür eine Entscheidung des Ministerrates der EU erforderlich wäre. Der vorübergehende Schutz ermöglicht ukrainischen Bürger:innen somit den direkten und uneingeschränkten Zugang zum Arbeitsmarkt, zur Gesundheitsversorgung und Bildungseinrichtungen für ihre Kinder. Daraufhin folgte ein weiteres Gesetzespaket, das als „Lex Ukraine"[1] bekannt wurde, und welches durch die Anpassung nationaler Vorschriften Ukrainer:innen, die gezwungen wurden, ihre Heimat zu verlassen, wirkliche Unterstützung bietet, sie willkommen heißt und ihnen Teilhabe ermöglicht. Die Slowakei bekräftigte in den Sitzungen des Europäischen Rates und des Rates der EU nochmals ihre nationale Haltung, wie auch ihre erklärte politische Unterstützung für die Ukraine – sowohl in Bezug auf den EU-Beitritt als auch im Hinblick auf die Sanktionen. Hierzu gehörte auch die slowakische Befürwortung der ukrainischen Resolutionsanträge gegen Russland in der Generalversammlung der Vereinten Nationen.

Rechtsstaatlichkeit in der Slowakischen Republik

Am 14. Oktober 2021 veröffentlichte das World Justice Project (WJP) den Index über Rechtsstaatlichkeit 2021,[2] in dem 139 Länder weltweit im Hinblick auf ihre Rechtsstaatlichkeit bewertet werden. Der Bericht ist der erste dieser Reihe, der veröffentlicht wurde, seitdem die Weltgesundheitsorganisation (WHO) im März 2020 die Covid-19-Pandemie ausgerufen hat und spricht von „langjährigen Negativtrends, die sich in diesem Zeitraum noch weiter verschlechtert haben".

Laut WJP lag die Slowakei 2021 auf Platz 33 von 139 Ländern weltweit, auf Platz 24 von 31 Ländern in der Gruppe der EU, EFTA und Nordamerika und auf Platz 32 der 46 Länder mit hohem Einkommen. Die Slowakische Republik erhielt eine positive Bewertung für ihre Bemühungen im Bereich der Justizreform. Weiterhin werden jedoch die Unzulänglichkeiten des Gesetzgebungsverfahrens kritisiert, so insbesondere die häufige Inanspruchnahme eines verkürzten Legislativprozesses, der mit den Beschränkungen im Zusammenhang mit der Covid-19-Pandemie begründet wird.[3]

Das Thema Rechtsstaatlichkeit ist auch für andere Interessengruppen von Bedeutung, dabei insbesondere für die Geschäftswelt. Vierzehn Wirtschaftsverbände, Arbeitgeberverbände und Handelskammern haben eine gemeinsame Initiative[4] ins Leben gerufen, durch die sie mit professionellen Mitteln auf die sich verschlechternde Lage der Justiz reagieren wollen. Sie rufen zur Korruptionsbekämpfung auf und fordern einen transparenten und systematischen Gesetzgebungsprozess in der Slowakei, inklusive der Überwachung von öf-

---

1 Law No. 92/2022 Coll. of laws on certain other measures in view of the situation in Ukraine, 22.3.2022, in: Slov-Lex, abrufbar unter https://www.slov-lex.sk/pravne-predpisy/SK/ZZ/2022/92/20220330 (letzter Zugriff: 19.8.2022).
2 World Justice Project: Country Press Release, Rule of Law Index 2021. Slovak Republic, 14.10.2021.
3 Katarina Staroňová et al.: Kvalita regulačného procesu počas pandémie Covid-19, Januar 2022.
4 AmCham Slovakia: Rule of Law Initiative, abrufbar unter https://amcham.sk/policy-advocacy/institutional-capital/rule-of-law-initiative (letzter Zugriff: 19.8.2022).

fentlichen Aufträgen – die in die Kritik geraten sind, weil deren Direktvergabe, statt regulärer öffentlicher Ausschreibungen, zu mangelnder Transparenz und überhöhten Ausgaben geführt hat.[5]

Die Auswirkungen der Covid-19-Pandemie und der Aufbauplan – Szenarien für die Zukunft

Die slowakische Wirtschaft rutschte im Jahr 2020 wegen der Pandemie in eine tiefe Rezession, bei einem Rückgang des Bruttoinlandsprodukts (BIP) um 4,8 Prozent und einem Anstieg der Arbeitslosenquote auf 6,7 Prozent. Mit der Aufhebung der Beschränkungsmaßnahmen wuchs die Wirtschaft 2021 dann wieder zügig um 4,8 Prozent. Für 2022 wurde ein Wachstum von 5,2 Prozent prognostiziert, das von inländischen Ausgaben und von Auslandsnachfrage getragen wird. Investitionen und Reformen, die im Aufbauplan vorgesehen wurden, dürften dabei unterstützend auf den Aufschwung wirken, insbesondere ab 2022 und danach. Es war auch zu erwarten, dass auch die Haushaltspolitik mit einem Haushaltsdefizit von 6,2 Prozent für das Jahr 2021 diese Entwicklung weiter unterstützen würde. Der von der slowakischen Regierung vorgelegte Aufbauplan sieht an dieser Stelle auch die volle Ausschöpfung der bewilligten Gelder für nicht rückzahlbare Finanzhilfen in Höhe von 6,3 Mrd. vor.

Der Aufbauplan lässt außerdem erwarten, dass ein guter Teil der Strukturreformen, die bereits in den länderspezifischen Empfehlungen für 2019 und 2020 angemahnt wurden, nun tatsächlich angegangen werden, so im Hinblick auf die Überalterung der Gesellschaft, den Klimawandel, die digitale Transformation und den langfristigen volkswirtschaftlichen Strukturwandel. Der Plan spiegelt somit auch die Empfehlungen des Euroraums wider.[6]

Es wird auch erwartet, dass die von der ARF finanzierten fiskalischen Impulse die Gesamtnachfrage kurz- bis mittelfristig deutlich ankurbeln und dadurch die konjunkturelle Lage der slowakischen Wirtschaft verbessern. Infolgedessen sollen auch die negativen wirtschaftlichen Auswirkungen der Covid-19-Pandemie abgemildert werden. Das BIP dürfte im Zeitraum 2021–2026 um durchschnittlich 1,3 bis 1,8 Prozent stärker wachsen als im Vergleich zum hypothetischen Szenario ohne die Aufbaufazilität. Auch der Arbeitsmarkt dürfte deutlich mehr von der ARF profitieren, als wenn es sie nicht gäbe. Als Ergebnis von Investitionen und Produktivitätssteigerungen wird, den Projektionen zufolge, auch das Wirtschaftswachstum spürbar und nachhaltig angekurbelt werden. Langfristig dürften die im Plan enthaltenen Strukturreformen zu einem beträchtlichen BIP-Anstieg bis 2040 führen. Die größte Rolle soll dabei das Humankapital und die dazugehörige Politik in den Bereichen Bildung, Ausbildung, Forschung, Entwicklung und Innovation spielen. Dies würde den Übergang des Landes zu einem Wirtschaftsmodell mit hohen Wertschöpfungsketten ermöglichen, das auch im digitalen Zeitalter wettbewerbsfähig bleiben kann.

Der slowakische Vorschlag für den nationalen Aufbauplan war einer der zwölf ersten, die der Rat für Wirtschaft und Finanzen (ECOFIN) auf seiner Tagung am 13. Juli 2021 genehmigte. Die Europäische Kommission hatte ihn schon zuvor am 21. Juni 2021 gebilligt. Insbesondere wird in der Annahme des nationalen Aufbauplans auf die Notwendigkeit der Überwachung bei der Implementierung hingewiesen, da es in der Vergangenheit bei der

---

5 Hanna Kováčiková/Ondrej Blažo: Application of the principle of proportionality inn public procurement policy during Covid-19 pandemic, abrufbar unter https://fses.uniba.sk/fileadmin/fsev/o_fakulte/dokumenty/Projekty/Prirucka_pre_aplikovanie_principu_proporcionality_v.pdf (letzter Zugriff: 25.8.2022).
6 Europäische Kommission: Recommendation for a Council Recommendation on the economic policy of the euro area, COM(2020) 746 final, 18.11.2020.

Verausgabung von EU-Mitteln bereits Probleme in Sachen Transparenz und Rechtmäßigkeit gegeben hatte. Obwohl das Konjunkturprogramm an Meilensteine und Reformen gekoppelt ist, hat die Regierung aus den Erfahrungen mit der Verwendung von EU-Mitteln gelernt und zusätzlich ein Begleitgesetz zum Aufbau- und Resilienzmechanismus verabschiedet.[7] Ein wichtiger Teil dessen ist die Befugnis des slowakischen Kabinetts, „Krisenmaßnahmen" zu ergreifen – das bedeutet, falls eine Investition oder Reform innerhalb des festgelegten Zeitraums und Umfangs gefährdet erscheint, werden die notwendigen Maßnahmen nun der Regierung und nicht mehr nur dem zuständigen Ressort vorgelegt.

Zwischen zwei „sturen" Nachbarn oder wie die Slowakei die Wahlen in Polen und Ungarn sieht

Polens regierende Partei Recht und Gerechtigkeit (PiS) hat bei den letzten Parlamentswahlen im Oktober 2021 erneut einen Sieg errungen, der dabei von der höchsten Stimmenzahl in der Geschichte des demokratischen Polens untermauert wurde. Trotz aller bisherigen nationalen politischen Erfolge der PiS verschlechtern sich die Beziehungen zur Slowakischen Republik, die sich unmissverständlich zur Rechtsstaatlichkeit bekennt und viele jener Reformen, wie die Beschneidung der Presse- und Meinungsfreiheit, der Frauenrechte oder der Grundsätze der Gewaltenteilung und Rechtsstaatlichkeit, entschieden ablehnt.

Auch in Ungarn fanden unterdessen Parlamentswahlen statt. Der ungarische Premierminister Viktor Orbán bleibt für weitere vier Jahre mit einer verfassungsgebenden Mehrheit im Amt. Diese ermöglicht es Orbán, seine engen Beziehungen zum russischen Präsidenten Wladimir Putin offen und ohne politische Konsequenzen zur Schau zu stellen. Ungarn – ein EU- und NATO-Mitglied – verurteilte zwar die russische Invasion und unterstützte auch zunächst die EU-Sanktionen gegen Moskau, lehnte dann jedoch die Blockade russischer Energielieferungen sowie bilaterale Waffenlieferungen an Kyjiw ab.

Orbáns Wahlsieg und seine autokratischen Tendenzen, besonders die Einschränkung des Zugangs zu Informationen, wie auch die Uneinigkeit der EU bei den Sanktionen gegen Russland, stellen jetzt auch die Wiederbelebung der Visegrád-Vier (V4) infrage – einer Gruppierung bestehend aus Ungarn, Polen, der Slowakei und der Tschechischen Republik, deren Einheit zunehmenden Spannungen ausgesetzt ist. Die anderen Mitglieder vertreten eine härtere Linie gegenüber Russland als Orbáns Ungarn. Die Präsidentschaft der V4-Gruppe, die die Slowakei am 1. Juli 2022 für ein Jahr übernimmt, könnte sich dabei als ein möglicher Rettungsanker für den regionalen Zusammenschluss erweisen. Allerdings findet sich die Slowakische Republik derzeit in einer äußerst schwierigen geopolitischen und wirtschaftlichen Konstellation wieder. Das Nachbarland im Osten wurde in einen Krieg gezerrt, das Land im Norden, Polen, sieht sich EU-Sanktionen ausgesetzt, weil es das Recht und die Prioritäten der EU nicht anwendet und das Land im Süden, Ungarn, versucht seine eigenen Interessen auf Kosten der Einheit der EU durchzusetzen, während es unter Sanktionen seine Abhängigkeit von Energielieferungen aus Russland zu vermindern sucht. All dies macht die Außenpolitik der Slowakischen Republik und ihre Rolle in der EU, wie auch in ihrem regionalen Zusammenschluss, umso schwieriger.

Weiterführende Liteartur

Europäische Kommission: Analysis of the recovery and resilience plan of Slovakia, SWD(2021) 161 final 21.6.2021.

---

7 Law No. 368/2021 on Recovery and Resilience Support Mechanism, 30.11.2021, abrufbar unter https://www.slov-lex.sk/pravne-predpisy/SK/ZZ/2021/368/20211101.html (letzter Zugriff: 19.8.2022).

Slowenien

Marko Lovec*

Die slowenische Regierung unter der Führung von Janez Janša von der Slowenischen Demokratischen Partei (SDS) übernahm in der zweiten Hälfte des Jahres 2021 die EU-Ratspräsidentschaft. Die Regierung Janša nutzte diese Gelegenheit für einen gemäßigteren Ton in ihrer Europapolitik. Sie wollte Kapital aus der Präsidentschaft schlagen und dadurch von ihren Sympathien für euroskeptische und illiberale Kräfte in der EU und darüber hinaus ablenken. Die russische Invasion der Ukraine im Februar 2022 brachte einen entscheidenden Wendepunkt für die Positionierung Janšas. Mit seiner klaren Haltung gegen das russische Regime erfuhr Janša in den westlichen Medien eine durchaus positive Berichterstattung. Jedoch reichte dies nicht aus, um in den Parlamentswahlen im April 2022 einer großangelegten Mobilisierung der gemäßigten Wählerschaft gegen Janša entgegenzuwirken, die befürchtete, er könne die staatlichen Institutionen, die Medien und die zivilgesellschaftliche Landschaft weiterhin und unumkehrbar im Sinne seiner politischen Ambitionen umgestalten. Die neu gegründete Gibanje Svoboda (Freiheitsbewegung, GS) unter der Führung von Robert Golob gewann schließlich mit einer historischen Anzahl an Stimmen[1], die ihr (in einem Verhältniswahlsystem) fast die absolute Mehrheit sicherte.

Holpriger Start der slowenischen EU-Ratspräsidentschaft

In der zweiten Jahreshälfte 2021 übernahm Slowenien zum zweiten Mal den EU-Ratsvorsitz. Einige der Herausforderungen und Prioritäten dieser Präsidentschaft waren immer noch die gleichen, wie zu Zeiten der ersten slowenischen Präsidentschaft im Jahr 2008, so z. B. die Energie- und Klimapolitik oder der Beitrittsprozess der Westbalkanstaaten in die EU.[2] Allerdings hat sich die Situation in vielerlei Hinsicht geändert: Mit der Einführung des Vertrags von Lissabon hat der Ratsvorsitz einen Teil seiner Befugnisse an EU-Institutionen abgegeben, und Slowenien ist unter den mittel- und osteuropäischen Mitgliedstaaten auch kein leuchtendes Beispiel mehr für eine liberale Demokratie.

Im Vorfeld der slowenischen Ratspräsidentschaft gab es zunehmend Spannungen zwischen den Vertretern der EU-Institutionen und Janšas SDS. Kritik erntete die slowenische Regierung unter anderem dafür, dass sie die Nominierung der delegierten europäischen Staatsanwält:innen verweigerte, die sie als ihre politischen Gegner:innen ansah. Ein weiterer Kritikpunkt betraf die Verweigerung der Finanzierung der slowenischen Presseagentur. Sie sollte den Rücktritt ihres Direktors erzwingen, und so die Ernennung einer regierungsfreundlichen Persönlichkeit ermöglichen. Einige europäische Politiker:innen stellten sogar die Frage, ob die slowenische EU-Ratspräsidentschaft nicht sogar ein Risiko für die EU

---

* Übersetzt aus dem Englischen von Thomas Traguth.
1 State Election Commission: Election to the National Assembly 2022, abrufbar unter https://volitve.dvk-rs.si/en/#/rezultati (letzter Zugriff: 16.6.2022).
2 Rat der Europäischen Union: Slowenischer Vorsitz im Rat der Europäischen Union, abrufbar unter https://wayback.archive-it.org/12090/20220404122812/https://slovenian-presidency.consilium.europa.eu/en/ (letzter Zugriff: 16.6.2022).

darstelle, weil sie euroskeptischen und illiberalen Stimmen in der EU eine Plattform biete, wie etwa dem ungarischen Regime von Victor Orbán, einem engen Verbündeten von Janšas SDS.³ Gleich zu Beginn der Ratspräsidentschaft kam es dann zu einem Zwischenfall, als Regierungsvertreter:innen während des Besuchs des Kommissionskollegiums in Slowenien Bilder von slowenischen Richter:innen zeigten, die im Rahmen einer privaten Feier Hüte mit kommunistischen Symbolen trugen, um dadurch ihre Verbundenheit und politische Affinität zu dem ehemaligen kommunistischen Regime zur Schau zu stellen. Daraufhin verweigerte der EU-Kommissar für Klimapolitik, Frans Timmermans, seine Teilnahme an einem gemeinsamen Fototermin.

Im Herbst 2021 legten sich die Spannungen, da die Regierung nun einen gemäßigteren Ton anschlug und einen pragmatischen Ansatz verfolgte, um weitere Negativschlagzeilen zu vermeiden, die das aus der Präsidentschaft gezogene politische Kapital hätten zerschlagen können. Auf dem „Strategischen Forum Bled", der wichtigsten jährlichen internationalen diplomatischen Veranstaltung in Slowenien, die der slowenischen Ratspräsidentschaft zusätzliche Aufmerksamkeit verschaffte, empfing die Regierung auch eine Reihe von führenden gleichgesinnten euroskeptischen und nationalistischen Politiker:innen aus Mittel- und Osteuropa.⁴ Diese Veranstaltung, die als eine der Hauptveranstaltungen Sloweniens im Rahmen der Konferenz zur Zukunft Europas ausgegeben wurde, entwickelte jedoch keine neuen Ideen zum Umgang mit euroskeptischen Stimmen. Die slowenische Regierung verfolgte darüber hinaus einen eher elitären und regierungszentrischen Ansatz für die Konferenz und unterzeichnete schließlich zusammen mit einer Gruppe von anderen Mitgliedstaaten einen Brief, in dem sie jegliche Reformen der EU-Verträge ablehnten.⁵ Auf dem EU-Westbalkan-Gipfel im Oktober, der hochrangigsten Veranstaltung während der slowenischen Ratspräsidentschaft, konnte die Regierung allerdings keinen nennenswerten Durchbruch in der Frage des Westbalkan-Beitritts erzielen, wie z. B. die Aufhebung der Blockade gegen den Beginn von Beitrittsverhandlungen mit Nordmazedonien und Albanien.⁶

Der Besuch durch eine Erkundungsmission des Europäischen Parlaments unter der Leitung der Europaabgeordneten Sophia in 't Veld im Oktober führte erneut zu Spannungen mit der Regierung, die die Mission zu delegitimieren versuchte. Diesmal war die Regierung jedoch vermehrt darauf bedacht, keine kritischen Reaktionen aus dem Ausland auf sich zu ziehen. Das internationale Umfeld hatte sich zunehmend gegen die euroskeptischen und illiberalen Kräfte gerichtet: in Form von erhöhtem Druck auf diese Regime durch die EU-Institutionen aber auch durch das Scheitern der gemäßigten euroskeptischen Parteien, auf europäischer Ebene eine gemeinsame politische Gruppe zu bilden. Indem die Regierung die delegierten EU-Staatsanwält:innen schließlich ernannte und die Finanzierung der nationalen Presseagentur zusicherte, kam sie zwei wichtigen Bedenken der EU entgegen. Zusammen mit der Einsicht, die Durchführung der Präsidentschaft entsprechendem technisch und bürokratisch versiertem Personal zu überlassen, konnte sich die Regierung nun auch die Fortschritte zuschreiben, die in den verschiedenen Dossiers erreicht worden waren. Das Lob der europäischen Kolleg:innen für die Regierung wurde jedoch durch die Verabschiedung eines Berichts des Europäischen Parlaments zu Slowenien noch im Dezember noch überschattet. In diesem Bericht wurde die Einmischung der Regierung in Justiz und Medien

---

3 Jorge Liboreiro/Shona Murray: Slovenia's EU presidency off to a rough start, in: Euronews, 26.8.2021.
4 Bled Strategic Forum: 2021 Strategic Forum, abrufbar unter https://bledstrategicforum.org/2021-2/ (letzter Zugriff: 16.6.2022).
5 Euobserver: More than a dozen of countries oppose treaty change, 9.5.2022.
6 Europäische Kommission: Presseartikel, EU-Western Balkans Summit in Brdo, 6.10.2021.

angeprangert und es wurden darüber hinaus Bedenken hinsichtlich der Rechtsstaatlichkeit geäußert. Der Bericht wurde mit 356 Ja-Stimmen (u. a. Progressive Allianz der Sozialdemokraten, renew-Europe und Die Grünen/Freie Europäische Allianz) und 284 Nein-Stimmen (die meisten Mitglieder der Europäischen Volkspartei und andere konservative Fraktionen) angenommen.[7]

Vor den Parlamentswahlen 2022 suchte die Regierung die Legitimation von außen, da sie sich im eigenen Land mit heftiger Kritik und neuen politischen Wettbewerbern konfrontiert sah. Nachdem die SDS von Janša sich geweigert hatte, dessen Mandat als Ministerpräsident zu verlängern, kündigte Golob seine Kandidatur für das Amt an. Seiner Freiheitsbewegung schlossen sich unter anderem die ehemalige Richterin Urška Klakočar Zupančič und die Journalistin Mojca Šetinc Pašek an, die daraufhin von Janšas SDS rhetorisch hart angegriffen wurden. In der öffentlichen Wahrnehmung entwickelten sie sich aber bald zu einer ernstzunehmenden Alternative zu Janša und der zersplitterten und schwachen Mitte-Links-Opposition, die man noch im Jahr 2020 für Janšas Rückkehr an die Macht verantwortlich gemacht hatte.

Auswirkungen des Krieges in der Ukraine auf die Wahlen
Mit Beginn des Krieges versuchte Janša, die Situation zu seinem Vorteil zu nutzen und von einigen seiner früheren Amtshandlungen und kontroversen innenpolitischen Debatten abzulenken. Janša verglich dabei den Krieg der Ukraine gegen Russland mit dem slowenischen Unabhängigkeitskampf. Er schloss sich denjenigen an, die ein energisches Vorgehen gegen Russland forderten, sowohl in militärischer als auch in wirtschaftlicher Hinsicht, und war zusammen mit dem polnischen und dem tschechischen Premierminister einer der ersten westlichen Politiker, die nach Kyjiv reisten. Janša erntete hierfür in westlichen Medien eine äußerst positive Berichterstattung.[8] Gleichzeitig verhielt sich die Regierung bezüglich eigener Maßnahmen gegenüber Russland weitaus vorsichtiger, da sie unmittelbare Gegenreaktionen befürchtete. Anfangs stärkte dies die Unterstützung für Janšas SDS im Vergleich zu einigen linken Parteien, die nicht-interventionistische und pazifistische Positionen vertraten, so z. B. Die Linke (Levica). Im weiteren Verlauf des Wahlkampfs rückten die innenpolitischen Themen jedoch wieder in den Vordergrund und die öffentliche Unterstützung für die Freiheitsbewegung nahm weiter zu. Die Regierung deckelte auch die Energiepreise und subventionierte große Teile der Bevölkerung, die von den steigenden Energiepreisen und der Inflation betroffen waren.[9]

Die Wahlen im April verzeichneten eine sehr hohe Wahlbeteiligung von mehr als 70 Prozent, die höchste seit den Wahlen im Jahr 2000. Obwohl die Freiheitsbewegung erst kurz vor den Wahlen gegründet worden war, erzielte sie den größten relativen Zugewinn und den größten Stimmenanteil in der Geschichte des unabhängigen Sloweniens. Sie erhielt 34,53 Prozent der Stimmen und errang 41 Sitze in der 90 Sitze umfassenden Nationalversammlung.[10] Der klare Sieg der GS war zum Teil auf taktisches Wählen wie auch das schlechte Abschneiden der Mitte-Links-Parteien zurückzuführen, von denen nur zwei die

---

7 Europäisches Parlament: Pressemitteilung, Slovenia: Parliament takes stock of the state of the EU values in Slovenia, IPR19221, 16.12.2021.
8 Camille Gijs: Leaders of Poland, Czech Republic and Slovenia to visit Kiev on Tuesday, in: Politico, 15.3.2022.
9 Marko Lovec: Parliamentary elections in Slovenia, briefing, IDM and Reiner Institute: abrufbar unter http://www.idm.at/veranstaltungen/aktuelle-veranstaltungen/item/online-panel-discussion-parliamentary-elections-in-slovenia (letzter Zugriff: 16.6.2022).
10 Zwei Sitze sind für Repräsentant:innen der ungarischen und italienischen Minderheiten reserviert.

Vier-Prozent-Hürde überschritten: die Sozialdemokraten (SD) mit 6,7 Prozent und 7 Sitzen, sowie Levica mit 4,93 Prozent und 5 Sitzen.[11] Andererseits erlangten nur zwei (von vier) Parteien der ehemaligen Regierungskoalition die notwendigen vier Prozent: die SDS (23,5 Prozent, 27 Sitze) und das christlich-liberale Neue Slowenien (NSi) (6,9 Prozent, 8 Sitze), die beide auch Mitglieder der EVP sind. Viele andere Parteien scheiterten an der Sperrklausel, so die Mitte-Links-Parteien von Marjan Šarec (LMŠ) und Alenka Bratušek (SAB) und die Mitglieder der Regierungskoalition (Partei des modernen Zentrums, die in Konkretno, K, umbenannt wurde), und die Rentnerpartei (DeSUS) und ihre Unterstützer, die Slowenische Nationale Partei (SNS).

Golob entschied sich für eine breite Mitte-Links-Koalitionsregierung mit der SD und Levica und lud ebenfalls Einzelpersonen aus der LMŠ und der SAB ein, der Regierung beizutreten, um dadurch einen Mangel an eigener Erfahrung zu kompensieren. Daraufhin wurde der Zusammenschluss der Freiheitsbewegung mit LMŠ und SAB angekündigt. Abgeordnete der LMŠ stellten dabei die Vertretung der Freiheitsbewegung im Europäischen Parlament sicher. Es ist weiterhin zu erwarten, dass Golob für eine gemäßigte pro-europäische Politik einstehen wird. Er unterstützte ebenfalls die Bemühungen zur Umwandlung der Allianz der Liberalen und Demokraten für Europa (ALDE) in die renew-Fraktion im Europäischen Parlament. Tanja Fajon, Vorsitzende der SD und Europaabgeordnete, wurde neue Außenministerin des Landes. Nach eigener Aussage will sie den EU-Beitritt der westlichen Balkanstaaten unterstützen und Kroatien zur Umsetzung der Entscheidung des Schiedsgerichts im bilateralen Grenzstreit der beiden Länder drängen.

Weiterführende Literatur

Fairs Kočan/Marko Lovec: What Can the Slovenian Presidency of the Council of the European Union do for the Western Balkans?, Policy Brief, OGFE, 4.10.2021.

Meta Novak: Slovenia: Nations in transit country report 2022, Freedomhouse, abrufbar unter https://freedomhouse.org/country/slovenia/nations-transit/2022 (letzter Zugriff: 16.6.2022).

Marko Lovec: Slovenian parliamentary elections of 24 April 2022, Blue Bulletin électoral de l'Union européenne (im Erscheinen).

Marko Lovec/Faris Kočan/Melika Mahmutović: The Brussels Bubble: Populism in Slovenia in the EU crises context. Teorija in praksa (im Erscheinen).

---

11 Lovec: Parliamentary elections in Slovenia, 2022.

Spanien

Laia Mestres/Eduard Soler i Lecha*

Zwischen Juni 2021 und Juni 2022 litt Spanien unter den sozialen und wirtschaftlichen Auswirkungen gleich zweier globaler Krisen: der Covid-19-Pandemie und dem Krieg in der Ukraine. Die Hoffnung auf eine schnelle Erholung nach der Pandemie wich der Angst vor Inflation, die im Dezember 2021 bereits 6,5 Prozent erreichte und 2022 wegen der Preisentwicklung bei Energie und Lebensmitteln infolge der russischen Invasion noch weiter anstieg.

Die Beliebtheit der linken Koalitionsregierung von Pedro Sánchez wurde in zwei Regionalwahlen politisch auf die Probe gestellt. Diese verliefen allerdings alles andere als erfolgreich. Sowohl die größte als auch die bevölkerungsreichste Region Spaniens, Castilla y León und Andalusien, wählten rechtsgerichtete Regionalparlamente. Die politische Linke befürchtete daher, dass selbst ihre Sozialpolitik – wie die Anhebung des Mindestlohns oder Arbeitsmarktmaßnahmen zur Verhinderung von Massenentlassungen in der Pandemiezeit wie auch eine Reihe von weiteren progressiven Gesetzen – die eigene Wählerschaft nicht hatte mobilisieren können.

Europa nahm erneut eine Schlüsselrolle für die wirtschaftliche und politische Entwicklung des Landes ein und Spanien sprach sich für Solidarität und Flexibilität in der Bewältigung der wirtschaftlichen Folgen globaler Schocks aus. Der Aufstieg der rechtsextremen Partei Vox wurde als Teil eines europaweiten Trends gesehen, insbesondere nachdem Vox im Januar 2022 mehrere Vorsitzende rechtsextremer Parteien nach Madrid eingeladen hatte, um sich dort auf einen gemeinsamen „Fahrplan für ein souveränes und patriotisches Europa" zu einigen.[1] Sánchez hatte Europa fest im Blick, verbunden mit der Hoffnung, dass sich eine aktive Außenpolitik und die guten Beziehungen zu anderen europäischen Staatschef:innen und den EU-Institutionen auch im eigenen Land bezahlt machen würden.

Der Krieg in der Ukraine und der NATO-Gipfel

Die Reaktion der spanischen Regierung und Gesellschaft auf den russischen Einmarsch in der Ukraine war eindeutig: Spanien lehnte den Angriff auf ein souveränes Land klar ab, sprach sich für Sanktionen gegen den Aggressor aus und bewies Solidarität mit den Opfern. Im Juni 2022 erhielten nach Angaben der Regierung 124.000 ukrainische Staatsbürger:innen Schutz in Spanien, wovon mehr als 8.000 bereits einen Arbeitsplatz gefunden hatten. Schon vor dem Krieg war Spanien ein beliebtes Ziel für ukrainische Migrant:innen gewesen. Trotz der weiten Entfernung und kaum historischen Beziehungen zwischen beiden Ländern, lebten Ende 2021 mehr als 100.000 ukrainische Migrant:innen in Spanien.

Bereits vor dem russischen Angriffskrieg stand Spanien fest an der Seite der NATO und seiner europäischen Verbündeten. Sánchez verurteilte den Einsatz von Migration als Waffe

---

* Übersetzt aus dem Englischen von Thomas Traguth.
1 Fernando Heller: Far-right leaders agree on 'roadmap for sovereign and patriotic Europe', in: Euractiv, 31.1.2022.

durch Belarus gegen Polen und Litauen im November 2021 mit aller Schärfe und argumentierte für insgesamt mehr Solidarität in Migrationsfragen. Im militärischen Bereich erneuerte Spanien auch sein Engagement für die Sicherheit der baltischen Staaten und leitete von April bis August 2021 das Baltic Air Policing der NATO. Im Januar 2022 bot Spanien außerdem an, Kampfjets im Rahmen des NATO-Plans zur Abschreckung Russlands nach Bulgarien zu entsenden und eine Fregatte in die ständige NATO-Flotte einzubringen. Diese Ankündigungen führten allerdings zu Spannungen in der Regierungskoalition. Einige Teile des linken Wahlbündnisses und Juniorpartners Unidas Podemos sprachen sich gegen die Entsendung von Truppen aus und vertraten die Auffassung, dass Spanien nicht zu einer Eskalation des Krieges beitragen sollte.[2]

Mit Beginn der „Spezialoperation" des Kremls kam es zu neuerlichen Spannungen dieser Art. Spanien musste entscheiden, ob es dem Wunsch Kyjiws nach Waffen- und Munitionslieferungen nachkommen würde. Weil die Regierung sehr wohl um die pazifistische Grundhaltung der spanischen Öffentlichkeit wusste, war sie bestrebt, möglichst viele der Hilfsleistungen über multilaterale Einrichtungen zu kanalisieren, z. B. durch die NATO oder die EU mit ihrer eigens eingerichteten Europäischen Friedensfazilität.[3] Obwohl Spanien der Ukraine Anfang März nur nicht-tödliche Unterstützung hatte schicken wollen, kündigte die Regierung nur wenige Tage später an, dass sie auch die Lieferung anderer Waffen beabsichtigte. Im April 2022 versprach Sánchez während seines Besuchs in Kyjiw die Lieferung von 200 Tonnen Munition und Militärgütern für die Ukraine. Spanien zögerte des Weiteren nicht bei der Unterstützung der EU-Sanktionspakete, der Ausweisung von 27 russischen Diplomaten und schließlich war es Sánchez selbst, der Wolodymyr Selenskyj die Unterstützung Spaniens für den EU-Kandidatenstatus der Ukraine übermittelte.[4]

Im Oktober 2021 kündigte NATO-Generalsekretär Jens Stoltenberg an, dass der NATO-Gipfel am 28. und 29. Juni 2022 in Madrid ausgerichtet würde. Der russische Einmarsch in der Ukraine sowie die Beitrittsanträge Schwedens und Finnlands zum Verteidigungsbündnis unterstrichen dabei nochmals die Bedeutung des Madrider Gipfels und der Verabschiedung eines neuen strategischen Konzepts. Insgesamt war der NATO-Gipfel ein diplomatischer Erfolg, und Spanien erneuerte sein atlantisches Engagement, trotz ein paar Streitigkeiten innerhalb der Koalition, und richtete sich auch bezüglich der Verteidigungsausgaben neu aus, inklusive der Verpflichtung zur Einhaltung des 2-Prozent-Ziels bis 2029. Der Atlantizismus Spaniens ging dabei nicht zu Lasten des Ziels, in der EU stärkere Fähigkeiten in den Bereichen Sicherheit und Verteidigung entwickeln zu wollen, wie Spanien dies durch seine klare Annahme des Strategiekompasses und seiner Beteiligung an den meisten PESCO-Projekten (die „Ständige Strukturierte Zusammenarbeit") deutlich gemacht hat.

Eine europäische Antwort auf steigende Energiepreise auf der iberischen Halbinsel

Die hohen Energiepreise bildeten 2022 wohl eines der heikelsten politischen Themen Spaniens. Der Krieg in der Ukraine verstärkte noch einmal den Trend des Preisanstiegs, der schon zuvor aufgrund der weltweit steigenden Nachfrage festzustellen war. Diese Situation führte zu Protesten, Streiks sowie hitzigen gesellschaftlichen und politischen Debatten über

---

2 José Marcos/Paula Chouza/Miguel González: Ukraine crisis shakes up domestic politics in Spain, exposing division over NATO plan, in: El País, 24.1.2022.
3 Vgl. hierzu auch den Beitrag „Gemeinsame Außen- und Sicherheitspolitik" in diesem Jahrbuch.
4 Pedro Sánchez: This afternoon I spoke with President @ZelenskyyUa..., Twitter, 21.6.2022, abrufbar unter https://twitter.com/sanchezcastejon/status/1539300213445349389 (letzter Zugriff: 29.6.2022).

geeignete Gegenmaßnahmen sowohl auf nationaler als auch auf EU-Ebene. Das wohl meistdiskutierte Thema war die Deckelung des Energiepreises. Schon Monate vor der russischen Invasion hatte die spanische Regierung Sofortmaßnahmen auf EU-Ebene vorgeschlagen, um dem Anstieg der Energiepreise entgegenzuwirken und auch um die Kapazitäten der Gasleitungen zwischen der iberischen Halbinsel und dem Rest des Kontinents zu erhöhen.

Dass Spanien und Portugal eine Art Energieinsel bilden, ist für alle Seiten deshalb problematisch, da sie versuchen, ihre Energielieferungen weiter zu diversifizieren. Spanien verfügt zwar über sechs Regasifizierungsanlagen, und damit über mehr als jedes andere EU-Land, sie laufen jedoch aufgrund fehlender Gasverbindungen mit dem übrigen Europa nicht bei voller Kapazität. Eine weitere Besonderheit Spaniens ist die recht geringe Abhängigkeit von russischen Gasimporten (9 Prozent vor Kriegsbeginn), mit Algerien als traditionell größtem Lieferanten, das nun wiederum, seit kurzem, von den USA abgelöst wurde.

Pedro Sánchez drängte die EU-Ebene auf Maßnahmen, mit denen ein Anstieg der Energiepreise verhindert werden sollte. In seinen Worten:

> „Wenn wir wollen, dass der grüne Wandel ein fairer grüner Wandel wird, dann müssen wir auf EU-Ebene über die bestehende Regulierung der Strommärkte diskutieren und uns in Sachen Energie und Erdgas Gedanken zu unserer strategischen Autonomie machen".[5]

Im Rahmen der informellen und formellen Tagungen des Europäischen Rates im Oktober 2021 verteidigte Spanien ganz in diesem Sinne immer wieder die Notwendigkeit, die Strommärkte zu reformieren, Finanzspekulationen mit Emissionsrechten zu bekämpfen und darüber hinaus eine gemeinsame europäische Plattform für den Einkauf von Erdgas zu entwickeln, die sich am Erfolg der gemeinsamen Beschaffungsstrategie für Impfstoffe orientieren sollte. Madrid machte sich für die Änderung der Verordnung zur Entkopplung von Strom- und Gaspreisen stark, ein Vorschlag, der zwar von Frankreich, Griechenland, Italien und Rumänien unterstützt wurde, aber von EU-Energiekommissar Kadri Simson abgeschwächt wurde.

Lissabon und Madrid erarbeiteten einen gemeinsamen Vorschlag, in dem ein Referenzpreis für Gas von 30 Euro pro Megawattstunde für Wärmekraftwerke vorgesehen war, um so die Stromkosten bis mindestens 31. Dezember 2022 zu senken. Dies diente auch als Diskussionsgrundlage für den Europäischen Rat vom 24. und 25. März. Eine sogenannte „iberische Ausnahmeregelung" gestattete beiden Ländern, vorübergehend einseitige Maßnahmen zu ergreifen, auch wenn diese nicht mit den Regeln des EU-Strommarktes vereinbar waren. Die EU Staats- und Regierungschef:innen einigten sich bei dieser Gelegenheit auch auf gemeinsame Gaseinkäufe, in dem Versuch, durch die gebündelte Marktmacht niedrigere Preise aushandeln zu können. Die Europäische Kommission wurde weiterhin mit der Prüfung eines möglichen unfairen Wettbewerbsvorteils beauftragt und gab im Mai schließlich grünes Licht für eine Deckelung des Gaspreises. Am 15. Juni führte die spanische Regierung eine Gaspreisbremse für den Zeitraum von zwölf Monaten ein (also nicht nur bis zum 31. Dezember) innerhalb dessen sich der durchschnittliche Gaspreis zunächst auf 40 Euro pro Megawattstunde, und über die Laufzeit dann bei etwa 50 Euro pro Megawattstunde stabilisieren sollte. Falls das gelänge, würden die Gas- und Stromrechnungen der Haushalte und Unternehmen sinken und auch die Schwankungen der Gaspreise auf den internationalen Märkten würden abgemildert werden.

---

5 Spanische Regierung: Pedro Sánchez calls for a European solution to the shared problem of rising energy prices, 17.9.2021, abrufbar unter https://www.lamoncloa.gob.es/lang/en/presidente/news/Paginas/2021/20210917_med-9-summit.aspx (letzter Zugriff: 24.6.2022).

Die Invasion in der Ukraine hat somit vor Augen geführt, wie wichtig der Ausbau von mehr Verbindungskapazitäten zwischen der iberischen Halbinsel und dem Kontinent geworden ist, aber auch die Verringerung der Abhängigkeit von russischen Kohlenwasserstoffen und die Ausrichtung hin zur Energieautonomie. Hierzu wurden einige Machbarkeitsstudien vorgelegt. Zum einen würde das im Jahr 2018 stillgelegte französisch-spanische Gaspipeline-Projekt MidCat Erdgas (und möglicherweise grünen Wasserstoff) von Nordafrika durch Spanien in die übrige EU leiten. Zum anderen könnte die Regasifizierungsanlage des Hafens von Barcelona, die größte im gesamten Mittelmeerraum, über eine Unterwasser-Pipeline Flüssiggas nach Livorno in Italien liefern.[6]

Ein konstruktiver Partner

Seit Mitte der 1980er Jahre sehen spanische Regierungen ihre europäische Ausrichtung („europeísmo") und den Atlantizismus („atlantismo") als konstitutive Elemente ihrer internationalen Identität und als Instrumente zur Verteidigung eigener Interessen und Werte. Im Sommer 2021 versuchte Madrid, diese beiden komplementären Pole zu bedienen, indem Spanien sowohl die USA als auch die EU bei der Evakuierung europäischer und afghanischer Staatsbürger:innen aus Kabul unterstützte. Der Luftwaffenstützpunkt in Torrejón de Ardoz wurde zu einem Drehkreuz, von dem aus mehr als 1.900 Menschen in andere EU-Staaten und die USA ausgeflogen wurden oder aber in Spanien blieben.

Pedro Sánchez setzte zunehmend auf eine internationale Agenda. Dabei fielen insbesondere die regelmäßigen Kontakte zur Präsidentin der Europäischen Kommission Ursula von der Leyen auf, die der Europäischen Volkspartei angehört, und mit deren Hilfe Kritik der spanischen Volkspartei zumindest ein wenig entkräftet werden konnte. So besuchte von der Leyen Spanien zweimal innerhalb eines Jahres (Madrid im März und Barcelona im Mai). Die Worte von Sanchez bei der Verleihung des 2. Europäischen Baupreises durch den Cercle d'Economia – eine in Barcelona ansässige Wirtschafts- und Bürgervereinigung – verdeutlichen dies sehr klar:

> „Ursula ist eine Verbündete Spaniens, weil sie eine Verbündete Europas ist. In den Jahren unserer Zusammenarbeit habe ich gesehen, wie Ursula ihre Persönlichkeit in die solide technische Funktion der europäischen Exekutive mit einbringt, zusammen mit ihrer politischen Vision, ihrer beeindruckenden Fähigkeit, Tag und Nacht zu arbeiten sowie ihrer Entschlossenheit Einigkeit zu erzielen, Blockaden zu überwinden und zwischen Menschen Brücken zu bauen, um so das Gemeinwohl zu fördern."[7]

Sánchez arbeitete auch hart am Erhalt der guten Beziehungen zu den Staats- und Regierungschefs Frankreichs und Deutschlands und vertiefte diese nach den Wahlen in beiden Ländern noch weiter. Der spanische Regierungschef begrüßte die Ernennung des sozialdemokratischen Bundeskanzlers, Olaf Scholz, mit dem er eine gemeinsame Vision für sozialen und wirtschaftlichen Fortschritt entwickeln wollte. Sánchez setzte sich in der zweiten Runde der französischen Präsidentschaftswahlen auch für Emmanuel Macron ein, und unterzeichnete zusammen mit dem portugiesischen Premierminister António Costa und Scholz einen offenen Brief. Die drei Staats- und Regierungschefs bezeichneten die rechtsextreme Partei von Marine Le Pen als Bedrohung für das europäische Projekt. Sie äußerten sich wie folgt:

---

6 Enric Juliana: Un gasoducto Barcelona-Livorno, in: La Vanguardia, 25.5.2022.
7 Spanische Regierung: Pedro Sánchez: "We are not only creating more jobs, we are creating better jobs", 6.5.2022, abrufbar unter https://www.lamoncloa.gob.es/lang/en/presidente/news/Paginas/2022/20220506_economy-circle.aspx (letzter Zugriff: 24.6.2022).

„Die französischen Bürgerinnen und Bürger haben die Wahl zwischen einem demokratischen Kandidaten, dessen Meinung es ist, dass Frankreich in einer starken und autonomen Europäischen Union stärker ist, und einer rechtsextremen Kandidatin, die sich offen auf die Seite derjenigen stellt, die unsere Freiheit und Demokratie angreifen wollen, also genau jene Grundwerte die wir als unser direktes Erbe der französischen Aufklärung verstehen."[8]

Die spanische Regierung verfolgt das Ziel, Partnerschaften weiter zu diversifizieren und arbeitete so ebenfalls auf die gemeinsame Themenfindung mit kleineren Staaten hin. Finnland und Spanien vereinbarten beispielsweise eine Zusammenarbeit im Bereich Digitalisierung in ihren jeweiligen Aufbauplänen im Rahmen des NextGenerationEU-Fonds. Zusammen mit den Niederlanden legte Spanien ein gemeinsames Dokument vor, das eine Reform der europäischen Haushaltspolitik und die Integration der Finanzmärkte vorsieht, sowie die Anpassung des Stabilitäts- und Wachstumspakts an aktuelle Rahmenbedingungen und die Vollendung der Banken- und Kapitalmarktunion. Die niederländisch-spanische Übereinkunft in dieser Frage, in der die Positionen normalerweise weit auseinanderliegen, unterstrich folglich noch einmal die Notwendigkeit, hier nun einen EU-weiten Konsens zu finden. Mit den traditionellen Partnern des EU-Südens arbeitete man an Vorschlägen zur Senkung der Strompreise und zur Überwindung der festgefahrenen Verhandlungen zum Europäischen Pakt für Migration und Asyl.

Die südlichen Nachbarländer

Die Beziehungen Spaniens zu seinen südlichen Nachbarn waren weitaus problematischer. Im Mai 2021 hatte die Entscheidung Spaniens, Brahim Ghali, den westsaharischen Führer der Polisario Front,[9] medizinisch zu behandeln, eine zehnmonatige diplomatische Krise mit Marokko ausgelöst. Eine der ersten und sichtbarsten Vergeltungsmaßnahmen Marokkos war die Migrationskrise in Ceuta. Rund 10.000 Personen, die meisten von ihnen minderjährige marokkanische Staatsbürger:innen, waren unrechtmäßig in die kleine spanische Enklave an der nordafrikanischen Küste eingedrungen. Spanien warb daraufhin um Unterstützung in der EU, dass alle Institutionen die Haltung vertreten sollten, einen Angriff auf die Grenzen von Ceuta als Angriff auf die Außengrenzen der EU insgesamt zu werten. Dabei versuchte die spanische Regierung aber gleichzeitig auch, versöhnlichere Töne anzuschlagen, dass man Marokko gegenüber nicht feindlich eingestellt sei, sondern sogar zu den Fürsprechenden des Landes in der EU gehöre. So forderte Spanien die EU zu einer intensivierten Zusammenarbeit mit Marokko im Bereich Migration auf und unterstützte die mehrheitliche Entscheidung der EU, Berufung gegen das Urteil über die Nichtanwendbarkeit der Abkommen zwischen der EU und Marokko auf die Gebiete und Erzeugnisse der Westsahara einzulegen.

Im Sommer 2021 signalisierten dann sowohl Marokko als auch Spanien die Bereitschaft, ihre diplomatische Krise beizulegen. Im Juli wurde Arancha González-Laya durch José Manuel Albares als Außenminister abgelöst, der versprach, sich für die Wiederaufnahme der Beziehungen zu Marokko einzusetzen. Im August verkündete schließlich auch König Mohammed VI. von Marokko seine Bereitschaft, von nun an ein neues und bisher ungekanntes Kapitel in den Beziehungen zu Spanien aufzuschlagen, das auf „Vertrauen, Transparenz, gegenseitigem Respekt und der Einhaltung von Verpflichtungen" beruhen

---

8 Pedro Sánchez/António Costa/Olaf Scholz: Votar en Francia: por la extrema derecha o por Europa, in: El País, 21.4.2022.
9 Volksfront zur Befreiung von Saguía el Hamra und Río de Oro; politische und militärische Bewegung mit dem Ziel der Unabhängigkeit der Demokratischen Arabischen Republik Sahara (Westsahara).

sollte.[10] Trotz erster Signale, sollte die Versöhnung noch einige Monate weiterer Verhandlungen in Anspruch nehmen.

Marokko veröffentlichte im März 2022 ein vom spanischen Präsidenten unterzeichnetes Schreiben, in dem der marokkanische Autonomieplan für die Westsahara als „die ernsthafteste, realistischste und glaubwürdigste Grundlage" für die Lösung des Konflikts bezeichnet wurde.[11] Dies beendete die diplomatische Krise begleitet von der Rückkehr des marokkanischen Botschafters nach Spanien und dem Besuch von Sánchez in Rabat. Die Einigung hatte jedoch einen hohen Preis. Die Debatten im spanischen Parlament zeigten, dass weder die Opposition noch die parlamentarischen Unterstützer der Regierung den Schritt mittragen wollten. Algerien, ein langjähriger Unterstützer der Polisario und der Unabhängigkeit Westsaharas, bezeichnete die spanische Entscheidung als „historischen Verrat" und zog den Botschafter aus Madrid ab. Im Juni 2022 ging Algerien noch einen Schritt weiter, indem es den bilateralen Vertrag über Freundschaft, gute Nachbarschaft und Zusammenarbeit aussetzte und Spanien durch seine Bankbehörden mit Einfuhrbeschränkungen belegte. Spanien suchte daraufhin die Unterstützung der EU, mit der Begründung, die algerischen Vergeltungsmaßnahmen verstießen gegen das Assoziierungsabkommen zwischen der EU und Algerien. Die spanische Regierung fand Unterstützung bei der Europäischen Kommission und dem Europäischen Auswärtigen Dienst (EAD).[12] Dies wurde jedoch von bilateralen Strategien anderer Mitgliedstaaten wie Italien, Deutschland oder Frankreich durchkreuzt, die sich gerade mit Nachdruck um die Diversifizierung ihrer Energiegeschäfte bemühten, um so ihre Lieferungen aus Russland mit solchen aus Algerien zu ersetzen.

Nach dem Ausbruch des Krieges in der Ukraine änderte Spanien, wie alle anderen Mitgliedstaaten, seine europäischen und außenpolitischen Prioritäten. Dabei wollte Madrid seinen Partnern in dieser neuen Situation aber auch traditionelle Zugeständnisse machen: gestärkte Bündnisse und Partnerschaften, die Verteidigung des Multilateralismus und der auf Normen basierenden internationalen Ordnung sowie die Notwendigkeit einer größeren Solidarität unter den Europäer:innen angesichts alter und neuer Herausforderungen. Spanien und seine Regierung bereiten sich nun auf die rotierende EU-Ratspräsidentschaft in der zweiten Hälfte des Jahres 2023 vor, und auch auf die Parlamentswahlen, die für Dezember des Jahres angesetzt wurden. Das Zusammentreffen dieser beiden Ereignisse wird die Berührungspunkte der nationalen und europäischen Politik, die jetzt schon unübersehbar sind, noch einmal deutlicher werden lassen.

Weiterführende Literatur

Félix Arteaga et al.: European Strategic Autonomy and Spain's interests in: Real Instituto Elcano, ARI 89/2021, 2.11.2021.

Mario Kölling/Ignacio Molina Álvarez de Cienfuegos: La UE, España y el Covid-19 in: Anuario de la Facultad de Derecho de la Universidad Autónoma de Madrid 3/2021, S. 111–140.

Pol Morillas et al.: What Role should Southern Europe Play after the Pandemic and the War in Ukraine? Towards a shared Agenda for EU Reform in: CIDOB, Notes Internacionals 271, 1.4.2022.

---

10 Marokkanische Presseagentur: SM le Roi adresse un discours à la Nation à l'occasion du 68-ème anniversaire de la Révolution du Roi et du Peuple, MAP-20/08/2021, 20.8.2021.

11 Miguel González: La carta de Pedro Sánchez a Mohamed VI: "Debemos construir una nueva relación que evite futuras crisis", in: El País, 23.3.2022.

12 Europäische Kommission: Algeria: Statement by the High Representative/Vice-President, Josep Borrell, and Executive Vice President, Valdis Dombrovskis, on Algeria's latest measures regarding Spain, IP/22/3616, 10.6.2022.

Tschechien

Volker Weichsel

Tschechien hat am 24. Februar 2022 keine Zeitenwende erlebt. Russlands Angriff auf die Ukraine hat Europa verändert, doch keine Fundamente der Prager Außen-, Sicherheits- und Identitätspolitik im euro-atlantischen Raum zerstört. Denn anders als in Deutschland wurde in Tschechien bereits in den vergangenen Jahren Sicherheit in Europa als kollektive Verteidigung gegen Russland verstanden. In der Energiepolitik wiederum spielte der Autarkiegedanke eine wichtige Rolle. Der russische Markt hatte nur für einzelne Unternehmen eine größere Rolle gespielt, die politische Unterstützung nur bei Präsident Miloš Zeman gefunden hatten. Doch auch Zeman wandte sich unmittelbar nach dem Überfall Russlands auf die Ukraine von Moskau ab. Als Politiker, der seine Worte stets nach dem kalkulierten Effekt auf sein Rating gewählt hatte, war ihm bewusst: Die Zeit des Kokettierens mit besonderen Beziehungen zum Kreml ist vorbei. Allzu sehr erinnerten die auf Kyjiw zurollenden Panzerkolonnen an den sowjetischen Einmarsch in die Tschechoslowakei im Jahr 1968. Eine mediale Debatte über die Beendigung des Kriegs durch Gesprächsangebote an einen vermeintlich friedenswilligen Wladimir Putin gibt es in Tschechien, anders als in Deutschland, nicht.

Anders als in Ungarn, wo es dem nationalpopulistischen Regime von Viktor Orbán immer noch gelingt, die Auseinandersetzung mit der Europäischen Kommission um die korrupte Verwendung europäischer Gelder als Konflikt zwischen dem ungarischen Volk und einer Brüsseler Fremdherrschaft darzustellen, haben die demokratischen Verhältnisse in Tschechien bereits Monate vor dem Angriffsbefehl des russischen Präsidenten einen Umbruch an den Wahlurnen ermöglicht. Bei den Wahlen zum Abgeordnetenhaus Anfang Oktober 2021 war die Regierung von Ministerpräsident Andrej Babiš abgewählt worden, der ebenfalls wegen rechtswidriger Verwendung von Mitteln aus europäischen Strukturfonds im Clinch mit der Kommission gelegen hatte. Einen Wahlkampf wie Orbán in Ungarn zu betreiben und Tschechien als neutrales Land zwischen den Blöcken zu beschreiben, war bereits damals nicht mehr möglich. Dafür hatte die verspätete Aufklärung mehrerer Explosionen in einem Munitionslager im Jahr 2014 gesorgt: Nachdem tschechische Sicherheitsbehörden im April 2021 die Verantwortung des russischen Militärgeheimdienstes GRU für die Explosionen nachgewiesen hatten, wies die Regierung Babiš umgehend Personal der russischen Botschaft aus. Die seit der Krim-Annexion ohnehin kühlen Beziehungen verschlechterten sich rapide, die potentielle Beteiligung des russischen Konzerns Rosatom am Bau eines neuen Reaktorblocks am AKW-Standort Dukovany war vom Tisch.

Der Umbruch vor dem Umbruch: die Wahlen und die neue Regierung

Die Wahlen im Oktober brachten sodann einen eindeutigen Sieg für eine Koalition, die fest auf dem Boden der europäischen Integration steht. Mit knapp 27 Prozent der abgegebenen Stimmen ging das Bündnis SPOLU (Gemeinsam), ein Zusammenschluss der liberal-konservativen Demokratischen Bürgerpartei (ODS), der christsozialen Volkspartei (KDU-ČSL) und der liberal-konservativen Partei TOP09 als stärkste Kraft aus den Wahlen hervor.

SPOLU regiert seit Mitte Dezember gemeinsam mit der tschechischen Piratenpartei und dem Bund unabhängiger Kandidaten und Bürgermeister STAN, die im Verbund auf 15,6 Prozent der abgegebenen Stimmen gekommen waren. Unter dem Parteivorsitzenden Petr Fiala, der nun als Ministerpräsident amtiert, hatte die ODS bereits seit 2014 schrittweise den Anti-EU-Kurs verlassen, auf den sie einige frühere Vorsitzende, wie der spätere Staatspräsident Václav Klaus, gebracht hatten.[1]

Die christsoziale KDU-ČSL und insbesondere die liberal-konservative TOP09 sind ohnehin jene tschechischen Parteien, die seit vielen Jahren für die sachpolitische Bearbeitung europäischer Konflikte in der EU werben, statt über Machtlosigkeit zu klagen und nach Alternativen zu rufen. Gleiches gilt für die linksliberale Piratenpartei sowie den konservativliberalen Bürgermeisterbund. Gemeinsam verfügt das zentristische Mehrparteienbündnis über 108 der 200 Mandate im tschechischen Abgeordnetenhaus. Zugute kommt ihm auch die Spaltung der Opposition. Babišs populistische Partei ANO, die über kein klares inhaltliches Profil verfügt, stellt zwar nach leichten Verlusten immer noch 72 Abgeordnete. Doch sind der Partei die Partner abhandengekommen. Erstmals seit ihrer Wiedergründung Anfang der 1990er Jahre ist die Tschechische Sozialdemokratische Partei, der älteste politische Verband Tschechiens mit Wurzeln im 19. Jahrhundert, nicht mehr in das Abgeordnetenhaus eingezogen. Und auch die Kommunistische Partei Böhmens und Mährens (KSČM), die nie den Wandel von einer Partei für sowjetnostalgische Pensionäre zu einer von mehrheitlich jungen Wählern unterstützten Linkspartei geschafft hat, ist erstmals sei ihrer Neugründung als Nachfolgeorganisation der einstigen kommunistischen Staatspartei aus dem Parlament gefallen.[2] Einzige Oppositionskraft neben ANO ist damit die rechtsextreme Antisystempartei SPD (Svoboda a přímá demokracie, Freiheit und Direkte Demokratie) des Unternehmers Tomio Okamura, die als Bündnispartner für Babiš nicht in Frage kommt.

Deutlich aber sachlich: die Reaktion auf Russlands Angriffskrieg

Als Russland den großangelegten Überfall auf die Ukraine startete, war in Prag damit eine Regierung im Amt, die wie keine ihrer Vorgängerinnen in den vorausgegangenen anderthalb Jahrzehnten für eine feste Verankerung der Tschechischen Republik in den transatlantischen und europäischen Integrationsverbünden steht. Sie hat konstruktiv an der Ausarbeitung und Verabschiedung aller neuen Sanktionspakete der EU gegen Russland, an der Verstärkung der NATO-Ostflanke im Baltikum sowie an der Koordination der militärischen Unterstützung der Ukraine im Kreise der EU- und NATO-Staaten mitgewirkt. Die für die tschechische Politik lange charakteristische Spaltung zwischen einem professionell im Mehrebenensystem der EU agierenden Fachapparat und populistischen Politikern in wichtigen Wahlämtern ist überwunden.

Deutlich wurde diese pragmatische, gerade auch der Berliner Regierung durchaus wohlgesonnene Politik, nicht zuletzt am sogenannten Ringtausch bei Panzern für die Ukraine. Wie auch Polen und die Slowakei war Tschechien zu Beginn des Kriegs mit Berlin übereingekommen, dass es der Ukraine rasch T-72-Panzer sowjetischer Bauart zur Verfügung stellt und dafür im Austausch aus Deutschland Panzer westlichen Typs erhält. Die ukraini-

---

[1] Parteiinterne Kritiker bezeichnen den ehemaligen Hochschullehrer und -rektor Fiala zwar als zu intellektuell und fordern eine „volksnahe" Politik, stellen jedoch bislang keine Gefahr für Fialas Führungsanspruch dar.
[2] In parteinahen Kreisen wird die krude Kreml-Ideologie vom Kampf gegen den ukrainischen Faschismus geteilt, politische Bedeutung hat dies angesichts der überwiegend hochbetagten Wählerschaft der KSČM jedoch nahezu keine mehr.

sche Armee erhielt rasch vertrautes Gerät, die Berliner Regierung konnte die Ukraine militärisch unterstützen und gleichzeitig darlegen, sie liefere keine Waffen in ein Kriegsgebiet; und die ostmitteleuropäischen Staaten erhielten modernere Systeme. Zudem handelte es sich um eine sicherheitspolitische ad-hoc-Kooperation im europäischen Geist, doch jenseits bürokratischer EU-Strukturen, wie sie die Prager Außenpolitik seit langem favorisiert. Sie demonstrierte dann auch, dass das bilaterale Verhältnis zwischen Tschechien und Deutschland deutlich besser ist als das zwischen Warschau und Berlin. Denn während die Außenminister Jan Lipavský und Annalena Baerbock Ende Juli in Prag bekanntgeben konnten, man habe sich auf eine konkrete Zahl deutscher Panzer geeinigt, ist es zwischen Deutschland und Polen zu einem noch nicht ausgeräumten Zerwürfnis über die Modalitäten gekommen.

Während in Warschau im Schatten des Krieges über einen von der Ostsee an die Adria und das Schwarze Meer reichenden Staatenblock nachgedacht wird, der auch als Gegengewicht zur wahrgenommenen deutsch-französischen Dominanz in der EU dienen soll, hält sich Prag von solchen geopolitischen Erwägungen fern. Zwar reiste Ministerpräsident Fiala Mitte März gemeinsam mit seinen polnischen und slowenischen Amtskollegen nach Kyjiw. Doch anders als in Polen wurde dieses Zeichen der Solidarität mit der angegriffenen Ukraine in Tschechien allenfalls in einigen Medienkommentaren zugleich als Spitze gegen Berlin dargestellt, wo zu dieser Zeit der Abschied von der Vorstellung, der Krieg könne dank guter Kontakte nach Moskau beendet werden, gerade erst begonnen hatte.[3] So kann Prag zwar in den Konflikten zwischen Polen und Deutschland um ein schärferes Vorgehen gegen Russland oder eine noch ausgeprägtere Unterstützung der Ukraine kein Mittler sein, nimmt aber eine Mittelposition ein. Tschechien sieht sich im Kreis der Staaten, die sich durch ganz besondere Solidarität zur Ukraine auszeichnen, nicht jedoch wie die baltischen Staaten und Polen als Frontstaat.

Für zusätzliche Entspannung in einer europapolitischen Frage des deutsch-tschechischen Verhältnisses hat der energiepolitische Umbruch des Jahres 2022 geführt. Moskau hat in der Ukraine auch das deutsche Modell – billiges Erdgas aus Russland als Brücke in eine alleine von Erneuerbaren Energien geprägte Zukunft – zerschossen. Statt in Brüssel daran zu arbeiten, dass die Atomkraft europaweit zu einem Auslaufmodell wird, diskutiert Deutschland über eine Verlängerung der Laufzeit der verbliebenen eigenen Kernkraftwerke. Tschechien, das seit Jahrzehnten unbeirrt auf Atomkraft setzt, Anfang der 2000er Jahre zwei neue Reaktoren in Betrieb genommen hat und weitere plant, hat dies mit Genugtuung zur Kenntnis genommen.[4] Das vom deutschen Wirtschaftsminister Robert Habeck vorangetriebene Ölembargo gegen Russland hat die Prager Regierung anders als Ungarn und trotz starker Belastung für die eigene Industrie letztlich mitgetragen.

---

3 Zur auf Kooperation statt Konfrontation ausgerichteten Deutschlandpolitik siehe das Interview mit dem Sicherheitsberater des Ministerpräsidenten: Tomáš Pojar: Válka na Ukrajině je svým významem srovnatelná s pádem Berlínské zdi, in: CZ DefenseCzech Army and Defense Magazine, 24.5.2022; Pojar gehörte jahrelang zur Fraktion der tschechischen Atlantiker, die enge Beziehungen zur USA zwecks Abschwächung Brüsseler Integrationsdrucks anstrebten. Heute spricht er ebenso wie Außenminister Jan Lipavský durchweg positiv über die Wende in der deutschen Politik.
4 Tomáš Ehler: Autarkie und Selbstbestimmung. Tschechiens Energiepolitik im europäischen Spannungsfeld, in: Vladimír Handl/Manfred Sapper/Volker Weichsel (Hg.): Osteuropa. Schlüsselland Tschechien. Politik und Gesellschaft in der Mitte Europas, 4-6/2021, S. 313–334.

Arbeit im Stillen: die Ratspräsidentschaft

Überschattet von den auf die Ukraine fallenden russischen Raketen bereitete die Prager Regierung auch den Vorsitz Tschechiens im Rat der Europäischen Union in der zweiten Jahreshälfte 2022 vor. Unter anderem zu diesem Zweck führte sie das Amt eines mit Querschnittsaufgaben betrauten Europaministers wieder ein, das es Ende der 2000 Jahre bereits einmal für kurze Zeit gegeben hatte. Bekleidet wird es von Mikuláš Bek, einem Musikwissenschaftler, der in der Nachfolge von Ministerpräsident Fiala von 2011 bis 2019 Rektor der Masaryk-Universität in Brno/Brünn war und sich politisch nicht zuletzt mit seinem Einsatz für Menschenrechte in China einen Namen gemacht hatte.

Inhaltlich knüpft die tschechische Ratspräsidentschaft an das Konzept an, das die Vorgängerregierung im September 2020 präsentiert hatte.[5] Zentrale Themenfelder sind etwa die Vertiefung des Binnenmarkts oder eine Beschleunigung der Digitalisierung; Felder also, die gegenwärtig außerhalb des öffentlichen Interesses stehen. Die großen politischen Themen gibt der Krieg in der Ukraine vor, und die EU erscheint weitgehend bedeutungslos. Tatsächlich aber nutzt die tschechische Ratspräsidentschaft die Zeit für die Arbeit an den nur scheinbar unpolitischen Fundamenten der europäischen Integration.

Weiterführende Literatur

Vladimír Handl/Manfred Sapper/Volker Weichsel (Hg.): Osteuropa. Schlüsselland Tschechien. Politik und Gesellschaft in der Mitte Europas, 4-6/2021.

---

5 Tschechische Regierung: Východiska k prioritám předsednictví ČR v radě Evropské Unie abrufbar unter https://www.vlada.cz/scripts/file.php?id=280609 (letzter Zugriff: 15.9.2022).

Ungarn

Tamás Szigetvári*

Nach seinem Sieg in den Parlamentswahlen im April 2022 setzten Ministerpräsident Victor Orbán und seine Fidesz-Regierung die konfrontative Politik gegenüber der EU und ihren Institutionen fort – nicht nur in Bezug auf die EU-Sanktionen gegen Russland. Dabei war die ungarische Regierung verstärkt daran interessiert, sich wegen ihres erhöhten Finanzbedarfs Zugang zu weiteren EU-Mitteln zu sichern – oder diese zumindest nicht zu verlieren.

Die Auswirkungen der Covid-19-Pandemie

Die Aufhebung des landesweiten Ausnahmezustandes wegen der Covid-19-Pandemie war ursprünglich für den 1. Juni 2022 vorgesehen. Jedoch entschied sich die Regierung, diesen noch einmal zu verlängern: Am 3. Mai 2022 legte Ungarns Justizministerin Judit Varga dem Parlament den zehnten Antrag zur Änderung der ungarischen Verfassung vor, wonach die Notstandsgesetze künftig auch im Falle von humanitären Katastrophen und Kriegen in benachbarten Ländern Anwendung finden sollten.

Nach Aussagen Orbáns würde der Ausnahmezustand, ganz ähnlich wie in der Pandemie, die Regierung dazu ermächtigen, schnell zu reagieren und „alle ihr zur Verfügung stehenden Mittel" einzusetzen, um die Ungar:innen und ihr Land vor den Folgen eines Krieges in der Nachbarschaft schützen zu können. Die noch geltenden und mit dem Krieg in Zusammenhang stehenden Notstandsgesetze sollen bis zum 1. November in Kraft bleiben.

Aufbau- und Resilienzfazilität (ARF)

Ungarn wurden im Rahmen der Aufbau- und Resilienzfazilität knapp 16,8 Mrd. Euro zugesprochen: 7,2 Mrd. Euro in Form von nicht rückzahlbaren Zuschüssen und 9,6 Mrd. Euro in Form von Darlehen. Anfangs nahm die ungarische Regierung die ihr zur Verfügung stehenden Darlehen nicht in Anspruch. Erst 2022 begann sie, diese bei der Europäischen Kommission zu beantragen.

Die EU hatte bereits seit Mai 2021, meist aus Sorge vor Korruption, Mittel und Darlehen für Ungarn aus dem Aufbaufonds zurückgehalten.[1] Die Europäische Kommission begründete dies mit Reformen, die die ungarische Regierung in einigen Politikbereichen vornehmen müsse, so z. B. im Bildungswesen, bei der Korruptionsbekämpfung, auf dem Arbeitsmarkt sowie im Steuer- und im Justizwesen. Führende Fidesz-Politiker:innen behaupteten allerdings, es handele sich dabei um eine aus Brüssel gesteuerte politische Attacke gegen das so genannte „Kinderschutzgesetz", das nach Meinung seiner Kritiker:innen der faktischen Einschränkung der LGBTIQ+-Gemeinschaft dient.[2]

---

* Übersetzt aus dem Englischen von Thomas Traguth.
1 Europäische Kommission: Council Recommendation on the 2022 National Reform Programme of Hungary and delivering a Council opinion on the 2022 Convergence Programme of Hungary, in: Amtsblatt der EU C334, 23.5.2022, S. 17 und 136.
2 HungaryToday: Education, Anti-corruption, Poverty Concerns in Recent EC Recommendation Paper on RRF Funds, 25.5.2022.

Ungarn ist bestrebt, einen Kompromiss mit der EU zu finden, um die Pattsituation zu beenden, die den Zugang des Landes zu den Mitteln aus der Aufbau- und Resilienzfazilität verhindert. Der neu ernannte Minister für regionale Entwicklung und EU-Fonds, Tibor Navracsics, wurde als gemäßigte Stimme innerhalb der Fidesz und ehemaliger EU-Kommissar beauftragt, die Unterzeichnung des ungarischen Aufbauplans auszuhandeln.

Allerdings soll nach den Plänen der Regierung ein großer Teil der Mittel aus dem Aufbaufonds nicht mehr für die ursprünglich vorgesehenen Ziele (grüne Transformation, Digitalisierung, Pandemiebekämpfung) ausgegeben werden, sondern für wirtschaftliche Entlastungen zur Abfederung der Auswirkungen des russischen Angriffskrieges. Brüssel zeigt sich unterdessen aber auch aufgeschlossener für eine Verwendung der Gelder zur Verringerung der Energieabhängigkeit von Russland.[3]

Rechtsstaatlichkeit

Im April 2022 kündigte die Europäische Kommission offiziell an, den sog. Konditionalitätsmechanismus erstmalig gegen die ungarische Regierung eizuleiten. Er kann gegen Mitgliedstaaten gerichtet werden, wenn die EU ihre Finanztransfers wegen mangelnder rechtsstaatlicher Prinzipien gefährdet sieht. Die Kommission erklärte, dass es seit mehr als einem Jahrzehnt hinreichend Beweise dafür gebe, dass dies im Falle Ungarns gegeben sei und übersandte der ungarischen Regierung einen Brief, in dem diese Versäumnisse aufgeführt wurden. Darin werden, unter anderem, die Vorwürfe erhoben, das öffentliche Auftragswesen sei von Missbrauch geprägt, behördliche Korruption werde nicht strafrechtlich verfolgt, die Verteilung von EU-Subventionen sei nicht transparent und die Kontenkontrolle werde nur oberflächlich wahrgenommen.

Der offizielle Zeitplan verlangt, dass die ungarische Regierung binnen zwei Monaten auf die Vorwürfe reagieren und Vorschläge zur Verbesserung der Situation unterbreiten muss. Sollte die Antwort in den Augen der Kommission zufriedenstellend ausfallen, würde das Verfahren eingestellt. Falls nicht, würde die Kommission das Verfahren vorantreiben und letztlich dem Rat der EU die Aussetzung von Zahlungen an Ungarn vorschlagen. Die Mitgliedstaaten müssten die Verweigerung dieser Zahlungen dann mit einer qualifizierten Mehrheit im Rat beschließen. Polen ist in der Debatte um Rechtsstaatlichkeit mit der EU schon seit geraumer Zeit ein enger Verbündeter Ungarns und erklärte, es werde mögliche Schritte gegen die ungarische Regierung nicht mittragen. Da die Abstimmungsmodalitäten des neuen Konditionalitätsmechanismus aber eben nur eine qualifizierte Mehrheit erfordern, wäre das Nein Polens allein nicht mehr entscheidend. Des Weiteren hat sich die Gesamtlage in Verbindung mit dem Krieg in der Ukraine grundlegend verändert, sodass Polen insgesamt mehr zu einer Kompromissfindung mit der EU tendiert als noch zuvor. Im Lichte der letzten Wahlen in vielen EU-Ländern ist es insgesamt wahrscheinlich, dass sich eine Mehrheit für die Position der Kommission herausbildet.

Orbán wird hierzu eine Aussprache auf Ebene der Staats- und Regierungschef:innen verlangen können. Sollte diese Möglichkeit eines solchen „Quasi-Einspruchs" genutzt werden, könnte sich das Verfahren über einen Zeitraum von bis zu 9 Monaten hinziehen. Mit anderen Worten: Die finanziellen Sanktionen gegen die ungarische Regierung könnten dann möglicherweise erst 2023 verhängt werden. Die Höhe der auszusetzenden Zahlungen ist dabei abhängig vom Umfang des finanziellen Schadens, den der EU-Haushalt durch das

---

3 Sanjay Sethi/Emese Pásztor: Are Orban's Covid powers now the 'new normal' in Hungary?, in: EUobserver, 23.5.2022.

rechtswidrige Handeln Ungarns erlitten hat. Sicher ist aber, dass der Mechanismus auf alle bewilligten Zahlungen seit dem 1. Januar 2021 anzuwenden ist.

Die Auswirkungen des Krieges in der Ukraine

Der russische Überfall auf die Ukraine gut eine Woche vor den Parlamentswahlen in Ungarn schien Orbáns Wahlkampf kurzerhand auf den Kopf zu stellen. Mit ungeschickten Äußerungen geriet er wegen seiner jahrzehntelangen einträglichen Geschäftsbeziehungen zu Präsident Wladimir Putin zusehends in Erklärungsnot.[4] Orbán gelang es aber, die Fidesz-Stammwählerschaft davon zu überzeugen, dass das aus sechs Parteien bestehende Oppositionsbündnis, das angetreten war, um die Beziehungen zur EU zu verbessern, das Land letztlich in einen Krieg führen könnte, was die Opposition entschieden zurückwies. Orbán verurteilte Russland für seine Invasion, die der Kremls als „besondere Militäroperation" bezeichnete, und erklärte, dass er bei möglichen Sanktionen der EU gegen Moskau sein Veto nicht einlegen würde, selbst dann nicht, wenn er nicht einverstanden wäre. Er untersagte jedoch jegliche für die Ukraine bestimmten Waffentransporte über ungarisches Territorium – wofür er von seinen polnischen Verbündeten scharf kritisiert wurde – und begründete dies mit der Versorgungssicherheit mit Gas und Öl.

Das sechste EU-Sanktionspaket im Juni 2022 zielte auf russische Ölexporte, um Russlands Haupteinnahmequelle zu beschneiden. Ungarn war gegen ein vollständiges Embargo und Orbán legte diesbezüglich mehrmals sein Veto ein. Nach der endgültigen Fassung des Sanktionspakets können nun diejenigen Länder, die Öl zwar über Pipelines beziehen aber keinen direkten Zugang zum Meer haben, vorübergehend weiter russisches Öl importieren. Orbán forderte schließlich noch weitreichendere Zugeständnisse der EU, indem er auf einen größeren Anteil Ungarns an den Seetransporten bestand, sollten die Rohöltransporte durch die Ukraine unterbrochen werden. Bei der Verabschiedung des Sanktionspakets erhob Ungarn auch nochmals seinen Einwand gegen die Sanktionierung des russisch-orthodoxen Patriarchen Kirill wegen dessen Unterstützung für Putin. Während Ungarns Haltung zum russischen Ölembargo noch mit wirtschaftlichen Interessen erklärbar ist, war das Veto gegen die Sanktionierung von Kirill ein klares Signal, dass Orbán selbst unter dem Einstimmigkeitsprinzip noch über ein gewisses Erpressungspotenzial verfügt. So gesehen war Ungarn weniger an einem einvernehmlichen Kompromiss gelegen als vielmehr an der Fortsetzung seines kampfbereiten und konfrontativen Politikstils.[5]

Die Parlamentswahlen und ihre Folgen

Am 3. April 2022 hielt Ungarn Parlamentswahlen ab. Wie bereits in der Vergangenheit erzielte Orbán die Mehrheit der Sitze im neuen Parlament und trat seine vierte Amtszeit in Folge an (seine fünfte insgesamt). Orbán verkündete noch am Wahltag, dass „dies eine faire und gerechte Wahl ist, denn jeder hatte die Chance, die ungarischen Wähler zu überzeugen", auch wenn die OSZE erhebliche Zweifel geäußert hatte: Ihrer Ansicht nach herrschten bei den Wahlen ungleiche Machtverhältnisse, ein Gleichklang der politischen Botschaften zwischen Regierung und regierungsnahen Parteien, Beeinflussung der Medien sowie undurchsichtige Wahlkampffinanzierung – Punkte, die schon 2018 genannt worden waren.

---

4 Justyna Pawlak/Krisztina Than: Orban scores crushing victory as Ukraine war solidifies support, in: Reuters, 4.4.2022.
5 Ambrus Balázs: Simor András nem zárja ki, hogy Magyarország távozik az EU-ból., in: index, 14.6.2022.

Die OSZE hob besonders hervor, dass die Kampagne der Regierungspartei aus dem Staatshaushalt finanziert worden war und sich Fidesz mit der einhergehenden parteiischen und unausgewogenen Medienberichterstattung einen unfairen Vorteil verschafft hatte.[6]

Der Krieg hat die neu gewählte Regierung veranlasst, einen Verteidigungsfonds einzurichten, der sich aus zusätzlichen Steuern finanziert, die auf sogenannte „Überschuss-" oder „Zufallsgewinne" erhoben werden. Diese Sondersteuer ist 2022 und 2023 von Banken, Versicherern, großen Einzelhandelsketten, Energie-, Handels- und Telekommunikationsunternehmen, sowie Fluggesellschaften und Pharmahändlern zu entrichten. Banken, die besonders von den Kriegsfolgen profitiert haben, zahlen den höchsten Steuersatz, wie auch die ungarische Ölgesellschaft Mol, die infolge des Anstiegs des Ölpreises außergewöhnlich hohe Gewinne erwirtschaften konnte.

Eine besondere Aufmerksamkeit erfährt die EU-Politik der neuen Orbán-Regierung vor allem deshalb, weil sowohl führende Wirtschaftsanalyst:innen als auch die Regierung selbst ganz offen zugegeben haben, dass Ungarn die Mittel aus dem EU-Haushalt dringend benötigt. Es besteht daher auf ungarischer Seite eine größere Bereitschaft, Kompromisse einzugehen, was sich aus Sicht der EU mit der sich verschlechternden Haushaltslage Ungarns im vergangenen Jahr erklären ließe. Orbán hat in diesem Zuge zwei seiner engsten Vertrauten, Tibor Navracsics und János Lázár, seinen ehemaligen Büroleiter, mit der Verausgabung und Überwachung öffentlicher Investitionen aus EU-Mitteln betraut. Ihnen obliegt es, die EU-Zuschüsse und Darlehen, die bislang noch nicht ausgezahlt worden sind, einzuholen, zu verhandeln und ggf. neu zu verhandeln. Sie sind ebenfalls dafür verantwortlich, dass die Gelder ihrem Verwendungszweck entsprechend eingesetzt werden.[7] Nach Angaben einiger EU-Beamt:innen schlägt Ungarn in den Verhandlungen nun einen höflicheren Ton an, besteht aber weiter darauf, dass diese zu den Bedingungen Orbáns geführt werden.

Schlussfolgerung

Ungarn hat die Unterstützung seines traditionellen Verbündeten Polen, wie auch vieler anderer Mitgliedstaaten, für seine Auseinandersetzungen mit den EU-Institutionen durch seine warmherzigen wechselseitigen und auch opportunistischen Beziehungen zu Russland verspielt. Die ungarische Regierung ist allerdings aufgrund der sich verschlechternden wirtschaftlichen Lage zunehmend auf die EU-Haushaltsmittel wie auch die ARF-Hilfsgelder angewiesen und wird somit eine kooperativere und kompromissbereitere Haltung gegenüber der EU einnehmen müssen. Es scheint, Orbán hofft immer noch, mit einer findigen Politik möglichst viel aus der EU herausholen zu können, ohne dabei seine eigene Vision für Ungarn oder die neugeschaffenen engen Beziehungen zu Russland aufgeben zu müssen.

Weiterführende Literatur

Andrea Éltető/András Inotai/Norbert Szijjártó: European Solidarity? A View from a Renitent Hungary, in: Michael Kaeding/Johannes Pollak/Paul Schmidt (Hg.): European Solidarity in Action and the Future of Europe. The Future of Europe, Cham 2022, S. 53–57.

Adam Holesch/Anna Kyriazi: Democratic backsliding in the European Union: the role of the Hungarian-Polish coalition, in: East European Politics, 38/2022, S. 1–20.

Hanna Ulatowski: Viktor Orbán: Ein politischer Provokateur, in: Hendrik W. Ohnesorge/Xuewu Gu (Hg.): Weltpolitische Gestaltung in Zeiten von COVID-19. Persönlichkeit und weltpolitische Gestaltung, Wiesbaden 2022, S. 269–285.

---

6 Andrea Hajagos: EBESZ: nem voltak egyenlő feltételek a magyar választáson, in: EuroNews, 4.4.2022.
7 Biró Marianna: The big question is whether Navracsics will bring in the EU money or take the blame, in: Telex, 9.6.2022.

Zypern

Thomas Diez

Keine Fortschritte im Zypernkonflikt, Verzögerungen bei der Umsetzung des Aufbau- und Resilienzplans und dann auch noch der Krieg in der Ukraine – es waren trotz der abklingenden Pandemiefolgen keine guten zwölf Monate für Zypern.

Covid-19-Pandemie und NextGenerationEU

Das beherrschende Thema der vorangegangenen Jahre, die Covid-19-Pandemie, spielte zwischen den Sommern 2021 und 2022 nur noch eine untergeordnete Rolle auf Zypern. Zwar stiegen auch hier die Fallzahlen im ersten Drittel 2022 wieder erheblich an. Die zunehmende Dominanz der Omikron-Variante jedoch erlaubte eine weitgehende Öffnung sowohl für Einreisen als auch für das Passieren der Grünen Linie zwischen dem von der Regierung der Republik Zypern kontrollierten Süden und der international nicht anerkannten Türkischen Republik Nordzypern.

Derweil einigten sich die zyprische Regierung und die Europäische Kommission Ende August 2021 auf den Aufbau- und Resilienzplan, der im Rahmen von NextGenerationEU den wirtschaftlichen Wiederaufschwung nach der Pandemie unterstützen und dabei auch ökologische, finanzielle und soziale Reformprozesse anstoßen soll. Das finanzielle Gesamtvolumen des Plans beläuft sich auf rund 1,4 Mrd. Euro, davon 0,2 Mrd. in Darlehen. Anfang September erhielt Zypern die ersten 157 Mio. Euro als Vorfinanzierung. Die Zahlung der ersten Tranche innerhalb des Plans verzögerte sich dann allerdings aufgrund von innenpolitischen Auseinandersetzungen über die Verpflichtung zur Reduzierung sogenannter „Problemkredite" in den Büchern zyprischer Banken. Erst gegen Ende Juni 2022 deutete sich eine Einigung im zyprischen Parlament über die Frage des Zugangs von Schuldverwaltern zu den Finanzdaten von Schuldnern an, die das letzte Hindernis auf dem Weg zur Verabschiedung des notwendigen Gesetzes darstellte.

Auswirkungen des Krieges in der Ukraine

Wie anderswo wurde auch in Zypern der Fokus auf die Pandemie schlagartig vom russischen Angriffskrieg auf die Ukraine überschattet. Die indirekten Folgen sind für Zypern gravierend – das Land pflegt traditionell gute Beziehungen zu Russland und profitierte lange von russischen Investitionen und Tourist:innen. So kamen 2021 etwa 40 Prozent aller Urlaubssuchenden auf die Insel aus Russland. Auch die wirtschaftlichen Verflechtungen sind enorm. Gleich zu Beginn des Krieges übertrug die sich überwiegend in Staatsbesitz befindliche zweitgrößte russische Bank VTB ihre Aktien in der russisch-zyprischen RCB Bank auf zyprisch registrierte Investmentkonzerne, um die drohenden Sanktionen zu umgehen. Auch waren als Gegenleistung für Investitionen in der Vergangenheit zahlreiche zyprische Pässe an Russ:innen vergeben worden, von denen im April 2022 die ersten acht widerrufen wurden.

Gerüchten nach versuchte die zyprische Regierung in Brüssel anfangs die Sanktionen gegen Moskau zu verhindern, was von Regierungsseite aber dementiert wurde. Das Parlament wie auch Präsident Nikos Anastasiades jedenfalls verurteilten die Invasion aufs Schärfste. Allerdings zeigte man sich auch irritiert, dass der ukrainische Präsident Wolodymyr Selensky bei seiner zugeschalteten Rede vor dem zyprischen Parlament am 7. April 2022 die türkische militärische Intervention von 1974 nicht erwähnte. Griechische Zyprer:innen sehen hier viele Parallelen, wobei sie dabei zwei wesentliche Unterschiede zumeist ignorieren: Dem Eingreifen der Türkei 1974 ging erstens ein von der damaligen griechischen Militärjunta gesteuerter Putsch voran. Zweitens war die Türkei eine der drei Garantiemächte der Republik. Allerdings kann keiner dieser Unterschiede die militärische Operation und dauerhafte Besetzung des Nordens rechtfertigen.

Die Bemühungen um die Förderung von Gas in zyprischen Gewässern haben durch den Krieg eine neue Wendung bekommen, die die widerstreitenden Besitzansprüche zwischen Zypern und der Türkei weiter verstärkt. Derweil bewilligte die Europäische Kommission im Januar 2022 657 Mio. Euro für den Bau des „EuroAsia Interconnectors", der das Stromnetz Zyperns mit dem Griechenlands und Israels verbinden soll.

Der Zypernkonflikt und die Europäische Union

So sind die Debatten über Russlands Krieg in der Ukraine unmittelbar mit dem weiter fortbestehenden Zypernkonflikt verbunden, dessen Lösung auch in den vergangenen zwölf Monaten nicht näher gerückt ist. Die Türkei nimmt zunehmend Einfluss auf den Norden, etwa durch ein Ende Mai bekanntgewordenes geheimes Protokoll, in dem sich die türkischzyprische Regierung gegen die Zahlung von Anleihen zu politischen „Reformen" verpflichtet. Auch die Wahl einer instabilen nationalistischen Regierung unter einem ebenfalls nationalistischen Präsidenten Ersin Tatar hat die Situation nicht verbessert. Im Mittelpunkt stand dabei die einseitige Öffnung von Varosha, einem von der Türkei 1974 militärisch besetzten Badevorort von Famagusta, dessen Zukunft eigentlich nur im Rahmen eines Friedensabkommens bestimmt werden sollte. Die Veränderung des Status von Varosha und das zunehmende Insistieren auf eine Zweistaatenlösung seitens der Türkei und nordzyprischer Regierungsvertreter:innen wurde nicht nur in der Republik Zypern heftig kritisiert, sondern auch von Seiten der UN und der EU. Sowohl Kommissionspräsidentin Ursula von der Leyen als auch Ratspräsident Charles Michel und der Hohe Vertreter der EU für Außen- und Sicherheitspolitik Josep Borrell stellten sich hinter den zyprischen Standpunkt: die Öffnung Varoshas müsste zurückgenommen werden und eine Lösung sei nur im Rahmen der UN und einer bikommunalen, bizonalen Verfasstheit möglich.

Derweil sagte die Europäische Kommission im Dezember 2021 erneut über 30 Mio. Euro in einem Aktionsprogramm für wirtschaftliche und konflikttransformierende Projekte im Norden Zyperns zu. Inmitten der vielen schlechten Nachrichten gab es außerdem auch kleine Schritte des Ausgleichs auf verschiedenen Ebenen. Dazu gehören die Einigung auf die Einführung von 5G-Mobilfunknetzen auf der gesamten Insel, das maßgeblich von der deutschen Botschaft unterstützte bikommunale Schulprojekt „Imagine" sowie eine bikommunale Müllbeseitigungsaktion in Nikosia im September 2021.

Weiterführende Literatur

Hasan Özertem: Back to "the Tradition". Turkey's Changing Position from a Federal to a Two-State Solution to the Cyprus Conflict, Notes de l'Ifri, 15.7.2021.
Günter Seufert: Erdoğan als Bauherr in Nordzypern, SWP-Aktuell 53/2021.

10. Anhang

Abkürzungen

Es hat sich eine Vielzahl von europäischen Abkürzungen etabliert, während eine noch größere Anzahl von EU-Kürzeln wieder verworfen wurde. Aus dem europäischen Alltagsgeschäft und der Europaforschung sind diese nicht mehr fortzudenken, sodass die Terminologische Datenbank IAET (Inter-Active Terminology for Europe) ein nützliches Hilfsmittel darstellt. Unter dem Link http://iate.europa.eu/ lassen sich neben den deutschen Erklärungen auch die nicht immer identischen Akronyme und offiziellen Namensgebungen in anderen Amtssprachen der Europäischen Union nachschlagen.

Die Autor:innen

Dr. Petra Ahrens, Senior Researcher, Universität Tampere, Finnland.

Aljoscha Albrecht, M.Sc., Forschungsassistent, Forschungsgruppe Afrika und Mittlerer Osten, Stiftung Wissenschaft und Politik (SWP), Berlin.

Dr. Franco Algieri, Associate Professor, Head of International Relations Department, Webster University Vienna.

Dr. Katrin Auel, Associate Professor und Leiterin des Forschungsbereichs European Governance and Finance, Institut für Höhere Studien, Wien.

Prof. em. Dr. Heinz-Jürgen Axt, Universität Duisburg-Essen, Gastprofessor, Universität des Saarlandes.

Prof. Dr. Mariano Barbato, Professor, Politikwissenschaft, Universität Passau; Projektleiter „Die Legionen des Papstes", Westfälische Wilhelms-Universität Münster.

Michael L. Bauer, Leiter des Auslandsbüros Libanon, Konrad-Adenauer-Stiftung, Beirut; Vorstandsmitglied der Middle East and International Affairs Research Group (MEIA Research).

Dr. Peter Becker, Forschungsgruppe EU/Europa, Stiftung Wissenschaft und Politik (SWP), Berlin.

Dr. Annegret Bendiek, Forschungsgruppe EU/Europa, Stiftung Wissenschaft und Politik (SWP), Berlin.

Dr. Julian Bergmann, Wissenschaftlicher Mitarbeiter, German Institute of Development and Sustainability (IDOS), Bonn.

Prof. Dr. Silvia Bolgherini, Professorin für Politikwissenschaft, Dipartimento di Scienze Politiche, Università Perugia.

Sarah-Lena Böning, M.Sc., Wissenschaftliche Referentin, Geschäftsstelle des Sachverständigenrates zur Begutachtung der Entwicklung im Gesundheitswesen, Bundesministerium für Gesundheit.

Prof. Dr. Klaus Brummer, Lehrstuhl für Internationale Beziehungen, Katholische Universität Eichstätt-Ingolstadt.

Dr. Birgit Bujard, Senior Research Fellow, Centrum für Türkei- und EU-Studien der Universität zu Köln (CETEUS); Referentin, Strategische Portfolioentwicklung, Alexander von Humboldt-Stiftung, Bonn.

Dr. Karlis Bukovskis, Stellv. Direktor und Wissenschaftlicher Mitarbeiter, Latvian Institute of International Affairs (LIIA), Riga.

Dr. Hrvoje Butković, Senior Research Associate, Department for European Integration, Institute for Development and International Relations (IRMO), Zagreb.

Prof. Dr. Thomas Christiansen, Professor für Politikwissenschaft und Europäische Integration, Luiss University Rome; Executive Editor, Journal of European Integration.

Die Autor:innen

Dr. hab. Agnieszka K. Cianciara, Associate Professor, Department of European Studies und Deputy Director, Institute of Political Studies, Polish Academy of Sciences.

Dr. Anthony Costello, Lecturer, Department of History and Politics, Hope Universität, Liverpool.

Alexandru Damian, Researcher, Romanian Center for European Policies (CRPE), Bukarest.

Dr. Johanna Deimel, unabhängige Balkananalystin, München.

Dr. Doris Dialer, Fachreferentin für Sektion V Europäische, internationale und sozialpolitische Grundsatzfragen, Österreichisches Bundesministerium für Soziales, Gesundheit, Pflege und Konsumentenschutz.

Prof. Dr. Thomas Diez, Professor für Politikwissenschaft und Internationale Beziehungen, Universität Tübingen.

Prof. Dr. Roland Döhrn, Honorarprofessor, Universität Duisburg-Essen; Leiter, Kompetenzbereich „Wachstum, Konjunktur, Öffentliche Finanzen", Rheinisch-Westfälischen Institut für Wirtschaftsforschung (RWI), Essen.

Dr. Julian Dörr, Leiter Digitalisierungs- und Innovationspolitik, Die Familienunternehmer e. V.

Hans-Wilhelm Dünn, Präsident, Cyber-Sicherheitsrat Deutschland e.V., Berlin.

Florence Ertel, M.A., Wissenschaftliche Mitarbeiterin, Jean-Monnet-Lehrstuhl für Europäische Politik und Lehrstuhl für Digital Humanities, Universität Passau.

Dr. Tobias Etzold, Dozent in Europastudien, Technische und Naturwissenschaftliche Universität Norwegens, Trondheim.

Alina Felder, M.A., Postdoctoral Researcher, Bamberg Graduate School of Social Sciences.

Eva Feldmann-Wojtachnia, Leiterin der Forschungsgruppe Jugend und Europa, Centrum für angewandte Politikforschung (C.A.P) der Ludwig-Maximilans-Universität München.

Dr. Sabine Fischer, Senior Fellow, Leiterin der Forschungsgruppe Osteuropa und Eurasien, Stiftung Wissenschaft und Politik (SWP), Berlin.

Tobias Flessenkemper, Leiter, Büro des Europarates in Belgrad; Mitglied des Conseil scientifique, Centre internationale de formation européenne (CIFE), Nizza.

Prof. em. Dr. Christian Franck, Professor Emeritus, Université catholique de Louvain; Professor, Jean-Monnet-Programm der Europäischen Kommission; Gastprofessor, Diplomatische Akademie Wien und Université Saint Louis, Brüssel.

Lykke Friis, PhD, Director, Think Tank Europa, Copenhagen.

Carsten Gerards, Persönlicher Referent der Rektorin und Hauptkoordinator, College of Europe, Brügge.

Gabriel Glöckler, Principal Adviser, Generaldirektion Kommunikation, Europäische Zentralbank (Frankfurt am Main); Visiting Professor, College of Europe (Brügge).

Prof. Dr. Daniel Göler, Jean-Monnet-Lehrstuhl für Europäische Politik, Universität Passau.

Prof. Dr. Alexander Grasse, Professor für Politikwissenschaft und Leiter des Forschungsnetzwerks „Politische Italienforschung/PIFO", Institut für Politikwissenschaft, Universität Gießen.

Dr. Martin Große Hüttmann, Akademischer Oberrat, Institut für Politikwissenschaft, Eberhard-Karls-Universität Tübingen.

Anna Gussarova, Director, Central Asia Institute for Strategic Studies (CAISS).

Prof. Dr. Christoph Gusy, Professor für Öffentliches Recht, Staatslehre und Verfassungsgeschichte, Universität Bielefeld.

Prof. Dr. Björn Hacker, Professor, Fachbereich Wirtschafts- und Rechtswissenschaften, Hochschule für Technik und Wirtschaft Berlin; externer Research Associate, Institut für Europäische Politik (IEP), Berlin.

Simon Hartmann, Referent, FDP Fraktion im Landtag von Nordrhein-Westfalen, Düsseldorf.

Dr. Niklas Helwig, Leading Researcher, Finish Institute for International Affairs (FIIA), Helsinki.

Pauline Hoffmann, Praktikantin, Deutsche Gesellschaft für Auswärtige Politik; Research Assistant, Lehrstuhl für Public Administration and Organization Theory, Universität Konstanz.

Dr. Andreas Hofmann, Postdoktorand, Otto-Suhr-Institut für Politikwissenschaft, Freie Universität Berlin.

Bernd Hüttemann, M.A., Lehrbeauftragter, Universität Passau und Hochschule für Wirtschaft und Recht, Berlin; Generalsekretär, Europäische Bewegung Deutschland e.V.

Tuomas Iso-Markku, M.A., Research Fellow, Finnish Institute of International Affairs (FIIA), Helsinki.

Dr. Klaus Jacob, Leiter der Arbeitsgruppe Policy Assessment, Forschungszentrum für Umweltpolitik der Freien Universität Berlin.

Prof. Dr. Mathias Jopp, ehemaliger Direktor, Institut für Europäische Politik.

Prof. Dr. Michael Kaeding, Professor für Europäische Integration und Europapolitik, Institut für Politikwissenschaft, Universität Duisburg-Essen; Inhaber eines ad personam Jean-Monnet-Lehrstuhls.

Dr. Niels Keijzer, Wissenschaftlicher Mitarbeiter, German Institute of Development and Sustainability (IDOS), Bonn.

Dr. Anna-Lena Kirch, Wissenschaftliche Mitarbeitern, Deutsche Gesellschaft für Auswärtige Politik, Berlin.

Prof. Dr. Henning Klodt, Direktor a. D., Institut für Weltwirtschaft, Kiel; Vorsitzender, Wirtschaftspolitischer Ausschuss, Verein für Socialpolitik; Vorstand, Wirtschaftswissenschaftlicher Club, Institut für Weltwirtschaft, Kiel.

Die Autor:innen

Prof. Dr. Wim Kösters, Professor, Fakultät für Wirtschaftswissenschaft, Ruhr-Universität Bochum; Mitglied des Vorstands, RWI – Leibniz-Institut für Wirtschaftsforschung, Essen.

Dr. Valentin Kreilinger, Senior Researcher, Swedish Institute for European Policy Studies (SIEPS), Stockholm; Visiting Fellow, Centre for Parliamentary Studies (CESP), LUISS Guido Carli Universität, Rom.

Dr. Tobias Kunstein, Mitarbeiter im Rektorat, Universität zu Köln.

Guido Lessing, Research Assistant, Luxembourg Centre for Contemporary and Digital History, University of Luxembourg.

Dr. Barbara Lippert, Forschungsdirektorin, Stiftung Wissenschaft und Politik (SWP), Berlin.

Prof. Dr. Christian Lippert, Institut für Landwirtschaftliche Betriebslehre, Fachgebiet Produktionstheorie und Ressourcenökonomik im Agrarbereich, Universität Hohenheim, Stuttgart.

Marko Lovec, Associate Professor in International Relations, Faculty of Social Sciences, University of Ljubljana; Associated Researcher, European Council on Foreign Relations.

Prof. Dr. Siegfried Magiera, Jean-Monnet-Professor für Europarecht, Deutsche Universität für Verwaltungswissenschaften, Speyer.

Prof. Dr. Remi Maier-Rigaud, Professor für Sozialpolitik, Fachbereich Sozialversicherung, Hochschule Bonn-Rhein-Sieg.

Jean-Marie Majerus, Professor, Centre d'études et de recherches européennes Robert Schuman, Luxemburg.

Prof. Dr. Andreas Marchetti, Gründer und Geschäftsführer, politglott GmbH; Honorarprofessor, Universität Paderborn; Senior Fellow, Zentrum für Europäische Integrationsforschung (ZEI), Universität Bonn.

Daniel Martínek, M.A., Wissenschaftlicher Mitarbeiter, Institut für den Donauraum und Mitteleuropa (IDM) in Wien, Doktorand, Westböhmische Universität in Pilsen.

Dominic Maugeais, Wissenschaftlicher Mitarbeiter, Institut für Europäische Politik (IEP), Berlin.

Prof. Dr. Andreas Maurer, Dipl. Pol., M.A./D.E.E.A., Universitätsprofessor und Jean-Monnet-Chair, Universität Innsbruck; Senior Scholar, Stiftung Wissenschaft und Politik (SWP), Berlin/Brüssel.

Dr. Vittoria Meißner, Wissenschaftliche Referentin der Geschäftsführung, Institut für Europäische Politik (IEP), Berlin.

Dr. Laia Mestres, Research Fellow, Institut Barcelona d'Estudis Internacionals (IBEI); Associated Researcher, Observatory of European Foreign Policy.

Julina Mintel, Studentische Mitarbeiterin, Forschungsgruppe EU/Europa, Stiftung Wissenschaft und Politik, Berlin.

Prof. Dr. Jürgen Mittag, Professor für Sportpolitik und Leiter des Instituts für Europäische Sportentwicklung, Deutsche Sporthochschule Köln.

Dr. jur. Jan-Peter Möhle, Wissenschaftlicher Mitarbeiter, Lehrstuhl für Öffentliches Recht, Staatslehre und Verfassungsgeschichte, Universität Bielefeld.

Lucia Mokrá, Associate Professor of International and European Law, Faculty of Social and Economic Sciences, Comenius Universität, Bratislava; Chairperson, TEPSA – Trans European Policy Studies Association board.

Manuel Müller, Wissenschaftlicher Mitarbeiter, Lehrstuhl für europäische Integration, Universität Duisburg-Essen; Herausgeber „Der (europäische) Föderalist".

Prof. Dr. Matthias Niedobitek, Jean-Monnet-Professor für Europäische Integration, Technische Universität Chemnitz.

Philip Pauen, M.A., Wissenschaftliche Hilfskraft, Center for Advanced Security, Strategic and Integration Studies, Rheinische Friedrich-Wilhelms-Universität Bonn.

Dr. Thomas Petersen, Projektleiter, Institut für Demoskopie Allensbach.

Julian Plottka, Wissenschaftlicher Mitarbeiter, Jean-Monnet-Lehrstuhl für Europäische Politik, Universität Passau; Wissenschaftlicher Mitarbeiter, Professur für Europapolitik, Rheinische Friedrich-Wilhelms-Universität Bonn.

Prof. Dr. Johannes Pollak, Direktor und Professor für Politikwissenschaften, Webster Vienna Private University, Wien; dzt. karenziert am Institut für höhere Studien, Wien; Vorstandsvorsitzender, Institut für Europäische Politik (IEP), Berlin.

António Raimundo, Postdoctoral Researcher, Research Centre in Political Science, University of Minho (CICP-UM); Associate Fellow, Centre for International Studies of Iscte-University Institute, Lisbon (Iscte).

Christian Raphael, B.Sc., Wissenschaftliche Hilfskraft, Centrum für Türkei- und EU-Studien (CETEUS), Universität zu Köln.

Iris Rehklau, Dipl.-Politologin, Expertin für politische Erwachsenenbildung, SeminarsSimulationConsulting (SSC) Europe, Berlin.

Darius Ribbe, M.A., Institut für Politik- und Kommunikationswissenschaft, Universität Greifswald.

Dr. Daniel Schade, Visiting Assistant Professor, Government Department, Cornell University, New York.

Sebastian Schäffer, M.A., MA; Geschäftsführer Institut für den Donauraum und Mitteleuropa (IDM); Generalsekretär Danube Rectors' Conference (DRC); Gründer und Inhaber SeminarsSimulationsConsulting (SSC) Europe, Wien.

Prof. Dr. Joachim Schild, Lehrstuhl für Vergleichende Regierungslehre im Fachbereich Politikwissenschaft, Universität Trier.

Prof. Dr. Ulrich Schlie, Henry-Kissinger-Professor für Sicherheits- und Strategieforschung, Center for Advanced Security, Strategic and Integration Studies (CASSIS), Bonn.

Die Autor:innen

Dr. Otto Schmuck, Leiter, Europaabteilung des Landes Rheinland-Pfalz a. D.; Lehrbeauftragter, Universität für Verwaltungswissenschaften Speyer.

Lucas Schramm, Doktorand, Department of Social and Political Sciences, European University Institute.

Prof. Dr. Tobias Schumacher, Professor für Europastudien, Norwegian University of Science and Technology (NTNU); Lehrstuhlinhaber für Europäische Nachbarschaftspolitik, College of Europe, Natolin, Warschau.

Prof. Dr. Martin Selmayr, Botschafter der Europäischen Kommission in Österreich; Ehrenamtlicher Direktor, Centrum für Europarecht, Universität Passau; Honorarprofessor für Europäisches Wirtschafts- und Finanzrecht, Universität des Saarlandes; Lehrbeauftragter für Europarecht, Donau-Universität Krems und Universität Wien.

Dr. Otto W. Singer, bis 2017 Wissenschaftliche Dienste des Deutschen Bundestages, Fachbereich Kultur und Medien.

Dr. Eduard Soler i Lecha, Senior Research Fellow, Barcelona Centre for International Affairs (CIDOB); Associated Researcher, Observatory of European Foreign Policy.

Ditte Brasso Sørensen, PhD, Chief Analyst, Think Tank Europa, Copenhagen.

Prof. Dr. Burkard Steppacher, Konrad-Adenauer-Stiftung, Berlin; Institut für Politische Wissenschaft und Europäische Fragen, Universität zu Köln.

Tamás Szigetvári, PhD, habil., Associate Professor and Head des International Studies Department, Institute of International Studies and Political Sciences, Pátmány Péter Catholic Universität, Budapest; Senior Research Fellow, Institute of World Economics, Centre for Economic and Regional Studies, Budapest.

Dr. Funda Tekin, Direktorin, Institut für Europäische Politik (IEP), Berlin; External Senior Research Fellow, Centrum für Türkei- und EU-Studien (CETEUS), Universität zu Köln; Mitglied, Flying Faculty, Türkisch-Deutsche Universität, Istanbul.

Hon-Prof. Mag. Dr. Gabriel N. Toggenburg, LL.M., Honorarprofessor für Europäischen Menschenrechtsschutz und das Recht der Europäischen Union, Universität Graz; Senior Legal Advisor, Direktorat der Grundrechteagentur der Europäischen Union.

Prof. Dr. Hans-Jörg Trenz, Professor für Kultur- und Kommunikationssoziologie, Scuola Normale Superiore, Pisa/Florenz/Italien.

Jürgen Turek, M.A., Geschäftsführer, Turek Consulting; Senior Fellow, Centrum für angewandte Politikforschung (C.A.P), Ludwig-Maximilians-Universität München.

Dr. Günther Unser, Akademischer Oberrat a. D., Institut für Politische Wissenschaft, RWTH Aachen.

Dr. Mendeltje van Keulen, Professorin, Hochschule für Angewandte Wissenschaften, Den Haag.

Dr. Nicolai von Ondarza, Stellvertretender Leiter, Forschungsgruppe EU/Europa, Stiftung Wissenschaft und Politik, Berlin.

Thomas Walli, M.A., Senior Scientist, Institut für Politikwissenschaft an der Universität Innsbruck.

Dr. Volker Weichsel, Redaktion der Zeitschrift „Osteuropa", Berlin.

Prof. Dr. Dr. h.c. Werner Weidenfeld, Direktor, Centrum für angewandte Politikforschung (C.A.P), Ludwig-Maximilians-Universität München; Rektor, Alma Mater Europaea der Europäischen Akademie der Wissenschaften und Künste in Salzburg.

Prof. Dr. Wolfgang Weiß, Lehrstuhl für Öffentliches Recht, Deutsche Universität für Verwaltungswissensachaften Speyer.

Charlotte Wenner, M.A., Eberhard-Karls-Universität Tübingen.

Prof. Dr. Wolfgang Wessels, Direktor, Centrum für Türkei- und EU-Studien, Universität zu Köln (CETEUS); Jean-Monnet-Professor ad personam; Vizepräsident, deutsches Konsortium zur Gründung der Türkisch-Deutschen Universität, Istanbul; Ehrenvorsitzender, Vorstand am Institut für Europäische Politik (IEP), Berlin.

Moritz Wiesenthal, Wissenschaftlicher Mitarbeiter, Lehrstuhl für Europäische und Internationale Politik, Europa Universität Viadrina Frankfurt (Oder)

Laura Worsch, Junior Program Manager, Institut für Europäische Politik (IEP), Berlin.

Dr. Wolfgang Zellner, Senior Research Fellow, Institut für Friedensforschung und Sicherheitspolitik, Universität Hamburg.